3일 만에 읽고,
평생 가슴에 남는

재밌는 성경

구약 1

3일 만에 읽고, 평생 가슴에 남는

재밌는 성경

글 김영진 그림 김천정

구약 1

창조와 족장 그리고 율법

창세기에서 사사기까지

성서원

| 머리말 |

『3일 만에 읽고, 평생 가슴에 남는 재밌는 성경』을 쓰게 된 이야기

나는 성경책을 만드는 사람이다. 성경책에 잘 디자인된 아름다운 옷을 입히거나, 또는 우리말로 새롭게 번역하여 읽기 쉬운 내용으로 다듬어 성경책을 발행하기도 했다. 그렇게 성경책 만드는 일을 45년 동안 줄곧 해 왔다. 지금까지 성서원에서 만든 성경책을 권수로 계산하여 한 줄로 쌓아올린다면 100층 높이 초고층 건물이 여러 채 생겼을 것이다. 이처럼 신비롭고 아름다운 성경책의 마을, 그 마을에 45년 동안 살았던 것은 내게 큰 축복이다.

"성서원에서 만든 성경책을 읽고 교회에 다니게 되었다.", "성서원에서 만든 성경책이 너무 예뻐 가방에 넣고 다니며 항상 읽고 힘을 얻는다.", "친구에게 성서원에서 만든 성경책을 선물했더니 너무 좋아하더라." 등등. 이런 말을 들으면 성경책을 발행하고 보급하는 일이 가슴 뿌듯했다. 하나님의 은혜와 사랑에 크게 감사했다.

어린이 잡지 『새벗』을 300호, 400호, 500호 넘게 발행했다. 새벗 문고도 100권까지 냈다. 1978년에는 기존의 성경책을 쉽게 풀어 옮긴 『현대어 성경』을 출간했다. 2012년에 『현대어 성경』을 개정하여 내놓은 『쉬운말 성경』도 독자들의 큰 사랑을 받고 있다.

또 성경 전체인 1,189장을 4연 4행의 시와 산문으로 써서 국민일보에 10년 넘게 연재했다. 그것을 묶어 성경 시집과 산문집을 내기로 했다. 성경 시집은 일목요연하게 정리되어 좋았다. 그런데 산문집은 마음먹은 대로 스토리텔링이 되지 않았다. 오래 고민하다가 성경의 장절을 무시하고, 어린이를 포함하여

남녀노소 누구나 소설처럼, 드라마처럼 읽고 보기에 쉽고 편하고 흥미진진한 『재밌는 성경』을 꾸미기로 작정했다.

'쉽고 간결하고 맛깔스러운 문장으로 성령님이 뭇 영혼에 전하려는 목소리를 재밌고 흥미로운 이야기로 만들자.', '누구나 하나님의 사랑의 품에 안기고 싶고, 예수님과 더불어 친구하고 싶은, 감동을 일으킬 만한 간결하고도 잘 정리된 그런 흥미진진한 이야기 성경책을 써 보자.' 이런 마음으로 기도하면서 한 줄, 한 줄 성경의 이야기를 쓰기 시작했다.

그렇게 작업한 세월은 뼈를 깎는 듯한 고통의 시간임과 동시에 은혜가 넘치는 행복한 시간이었다. 하나님의 말씀과 함께한 매일매일의 순간순간이 얼마나 기뻤는지 모른다. 아침부터 저녁 늦게 잠자리에 누울 때까지 성경 말씀에 푹 젖어 살았다. 성경을 모두가 재미있게 읽을 수 있도록 쉽고도 흥미로운 문장으로 다듬고 기도하는 일로 보내는 시간은, 내 인생에서 가장 은혜롭고 행복한 날들이었다.

성경책은 이야기책이었다. 하나님에 관한 이야기, 사람들에 관한 이야기였다. 사랑과 미움, 순종과 반역, 진실과 타락, 회개와 눈물, 모략과 갈등, 열정과 패기 등이 한데 엉켜 소용돌이치는 드라마틱한 이야기였다. 성경은 매일매일 텔레비전에서 보는 드라마였다. 오늘도 신문을 펼치면 만나게 되는 인물들이 성경책 속에서 집을 짓고 나라를 세워 아옹다옹 살아가는 흥미로운 이야기가 있는 집이었다.

『재밌는 성경』을 꾸미는 동안, 그것과 더불어 작업한 『성경전장의 노래』 성경 1,189장을 시로 지어 즐거이 주를 노래하다. 무려 20년을 성경의 집에서 살았다. 그 긴 세월 동안 성서원의 내 작은 방에서 성경 내용을 이야기로 만들며 외롭게 생활했다. 그러나 그곳은 다만 글을 쓰고 기도하는 장소일 뿐, 내 영은 타임머신을 타고 2천 년 전, 아니 더 멀리 3,500년 전의 성경 드라마 속의 다양한 인물과 함께 어울려 지낸 가슴 벅찬 세월이었다.

마침내 창세기부터 여호수아까지 46개 이야기, 사사기부터 말라기까지 65개 이야기, 마태복음부터 요한계시록까지 64개 이야기, 모두 175개의 알기 쉽고 흥미진진한 재밌는 성경 이야기를 꾸몄다. 『크리스천투데이』에 『재밌는 성경』을 수년 연재하면서 여러분과 함께 그 이야기를 나누기도 했다.

미국의 제16대 대통령 에이브러햄 링컨은 학교 교육도 제대로 받지 못했지만, 오직 성경 한 권으로 대통령까지 되었다. 링컨은 이렇게 말했다. "하나님이 나에게 주신 최대의 선물은 성경이다. 인간이 바라는 모든 것은 성경 속에 다 있다." 정말 그랬다. "성경 속에 모든 것이 다 있다."라는 그 사실을, 이 책을 쓰면서 나 역시 진실로 깨닫게 되었다. 이것이 한국 교회의 성도들에게 고백할 수 있는 나의 결론이다.

『3일 만에 읽고, 평생 가슴에 남는 재밌는 성경』이 더욱 아름답고 알차고 흥미진진한 성경책이 될 수 있었던 것은, 나의 이야기를 한눈에 쏙 들어오게 하는 탁월한 일러스트들이다. 가슴을 울리는 비유적이고 상징적인 일러스트

로 성경의 속살에 한 걸음 더 다가가게 해주신 김천정 화백에게 깊은 감사를 표한다.

끝으로 이 책을 통해 성경 속의 이야기들을 소설이나 드라마처럼 재미있고 흥미롭게 읽고 보는 가운데, 하나님의 구원을 체험하고 아브라함 같은 믿음을 다지며 요셉처럼 높은 비전을 꿈꾸기를 바라면서, 이 땅의 어린이들과 청소년들을 비롯하여 남녀노소 모든 이에게 이 책을 바친다.

성경의 원저자이신 성령님! 감사합니다.

| 차례 |

구약 1

창조와 족장 그리고 율법

창세기에서 사사기까지

구약1

창조와 족장 그리고 율법

창세기에서 사사기까지

구약성경 | 약자표

창 창세기	**왕상** 열왕기상	**전** 전도서	**옵** 오바댜
출 출애굽기	**왕하** 열왕기하	**아** 아가	**욘** 요나
레 레위기	**대상** 역대상	**사** 이사야	**미** 미가
민 민수기	**대하** 역대하	**렘** 예레미야	**나** 나훔
신 신명기	**스** 에스라	**애** 예레미야애가	**합** 하박국
수 여호수아	**느** 느헤미야	**겔** 에스겔	**습** 스바냐
삿 사사기	**에** 에스더	**단** 다니엘	**학** 학개
룻 룻기	**욥** 욥기	**호** 호세아	**슥** 스가랴
삼상 사무엘상	**시** 시편	**욜** 요엘	**말** 말라기
삼하 사무엘하	**잠** 잠언	**암** 아모스	

모으시자 '바다'가 이루어졌고, 물이 없는 마른 땅이 드러나서 '육지'가 되었다. 이에 따라 지구에는 높은 산과 깊은 골짜기, 드넓은 들판과 언덕이 생겨났고, 골짜기와 들판을 따라 지절대며 흐르는 시내와 강도 생겨났다.

하나님은 또 땅에서 자랄 수많은 풀과 나무를 만드셨다. 땅위를 기어가는 덩굴식물에서부터 하늘을 찌를 듯이 키가 큰 메타세콰이어 나무에 이르기까지, 수많은 종류의 나무들이 돋아났다. 원색의 아름다운 꽃들도 생겨났고, 딸기와 사과, 복숭아, 오렌지, 살구, 앵두 같은 맛있는 과일나무도 자라게 되었다. 키가 큰 해바라기도, 바람에 하늘거리는 코스모스도 이때 창조되었다. 벼와 보리, 옥수수, 감자 같은 곡식들뿐만 아니라 딱딱한 껍질로 자신의 열매를 감싸는 호두나 밤 같은 나무들도 이때 창조된 것이다.

넷째 날, 하나님은 지구 위의 거대한 우주 공간에 해와 달과 별들을 만들어서 흩뿌려 놓으셨다. 그리고 일정한 법칙에 따라 우주 공간을 운행하면서 서로가 서로를 돌게 하셨다. 이때부터는 지구 또한 자기 스스로 자전을 함과 동시에 태양 주위를 돌게 되었고, 이에 따라 낮과 밤과 계절이 생겨나게 되었다.

태양이 밝게 비추자 풀과 꽃과 나무들은 일제히 잎과 가지를 흔들며 반겼고, 이를 보신 하나님은 흡족해 하셨다.

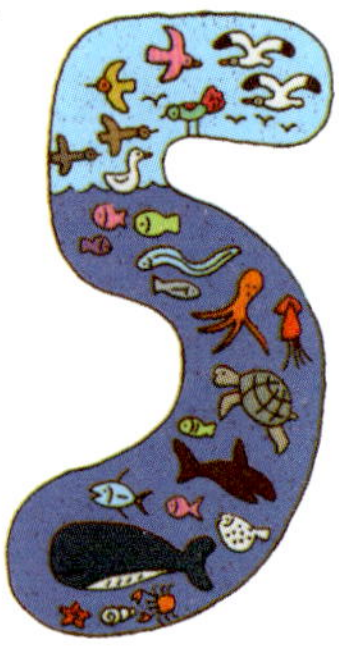

다섯째 날, 하나님은 물 속을 배경으로 살아가는 수많은 생물을 만드셨다. 거대한 상어와 고래에서부터 아름다운 무지개 빛깔의 열대어와 피라미에 이르기까지, 가지각색의 다양한 물고기들이 물 속을 누비면서 살기 시작했다. 거대한 턱을 가진 악어도 생겼고, 흐느적거리는 해파리와 불가사리도 이때 생긴 것들이다. 지느러미를 흔들며 헤엄쳐 다니는 물고기들을 바라보시며 좋아하시던 하나님은, 이번에는 수많은 새들을 창조하셔서 창공을 날아다니게 하셨다. 바다 위를 나는 갈매기도, 우아한 백조도, 아름다운 깃털을 가진 공작도 이때 생긴 것이다. 열을 맞추어서 질서정연하게 날아가는 기러기들도 까욱거리며 생명의 신비함을 노래하고, 비둘기들도 날갯짓하며 평화를 노래 불렀다.

하나님은 바다와 하늘의 생물들을 축복하셨다.

"너희들끼리 서로 사랑하면서 번성하여라."

하나님의 이 말씀이 떨어지자마자 하늘을 나는 모든 새들이 쌍쌍이 짝을 지어 날개를 퍼득였다. 바닷속을 헤엄쳐 다니는 물고기들도 암수가 짝을 지어 일제히 수면 위로 뛰어올랐다.

여섯째 날, 하나님은 기어 다니는 곤충과 파충류와 가축들과 네 발로 뛰어다니는 동물들을 창조하셨다. 뱀과 지렁이는 몸뚱이를 밀고 다니며 세상 구경에 나섰고, 사슴과 양, 말과 기린도 순한 눈을 껌벅이며 하나님이 창조하신 아름다운 세계를 처음으로 만났다. 다람쥐는 폴짝거리며 나뭇가지 사이를 누볐고, 표범과 사자는 으르렁거리면서 자신의 늠름함을 과시했다.

곤충들도 첫 나들이에 나섰다. 나비들이 아름다운 날개를 뽐내며 날아오르자 풍뎅이 같은 곤충들은 알록달록한 점박이 무늬를 자랑했다. 벌들은 색색의 꽃들 사이를 누비며 꿀을 모으기에 바빴다.

하늘을 나는 새들과 땅 위를 누비는 짐승들, 바닷속을 헤엄쳐 다니는 물고기들…. 세상은 아름답고 풍요로웠다. 하나님은 세상을 보시며 좋아하셨다. 하지만 뭔가 빠진 것이 있었다. 하나님의 창조 세계를 돌볼 누군가가 필요하다는 생각이 들었다.

첫사람 아담과 하와 창 2:4-25

하나님은 가장 마지막으로, 사람을 창조하셨다. 하나님께서는 사람이 살아가는 데 필요한 모든 환경을 넉넉히 갖추어 놓으신 다음, 그 모든 것을 누릴 수 있고 다스릴 수 있도록, 마지막에 사람을 창조하신 것이다.

하나님이 자신의 형상에 따라 흙으로 모양을 빚으시고 그 코에 생기를 불어넣자, 인류 최초의 사람인 '아담'이 비로소 숨을 쉬고 움직이기 시작했다. 아담이 살아갈 무대는 에덴 동산으로, 모든 것이 풍족하게 갖추어진 곳이었다. 동산 한가운데로는 강이 흘렀고, 사방에는 아름다운 꽃과 나무들이 우거져 있었다. 강에서는 각종 물고기들이 헤엄을 쳤고, 새들은 나뭇가지 사이를 오가면서 노래를 불렀다.

최초의 사람 아담은 신기한 눈빛으로 에덴 동산의 여기저기를 돌아보았다. 이 꽃 저 꽃을 만져 보고, 동물들을 뒤쫓아 뛰어다니기도 했다. 모든 것들이 더없이 좋았지만, 아담에게는 아무래도 채워지지 않는 것이 있었다. 이것 때문에 아담은 무엇을 하든 가슴 한편이 허전했다. 동물들뿐만 아니라 식물들도 암수의 짝이 있는데, 아담에게는 아직 짝이 없었던 것이다.

하나님은 아담에게 짝을 만들어 주시기로 하고는, 아담을 깊이 잠들게 하셨다. 그리고는 그의 몸에서 갈비뼈 하나를 뽑아 내어, 그것으로 여자를 창조하셨다. 갈비뼈를 빼낸 자리는 하나님이 살로 메웠기 때문에 아무 흉터가 남지 않았다. 아담이 잠에서 깨어났을 때, 하나님은 여자를 아담에게로 데려오셨다. 처음으로 여자를 본 아담의 눈이 크게 떠졌다.

"이는 내 뼈 중의 뼈요
내 살 중의 살이로다."

아담은 너무나 기뻐 이렇게 노래했다. 그의 감격과 기쁨과 놀라움은 말로 다할 수 없었다. 처음 보는 아름다운 여인, 더불어 이야기를 나누며 사랑할 수 있는 자신의 짝이 나타났기 때문이다.

아담은 그녀에게 '하와'라는 이름을 지어 주었다. 아담과 하와는 인류 최초로 부부가 되었고, 인류 최초로 가정을 일구었다. 두 사람은 손을 맞잡고 에덴 동산을 거닐며 맛있는 과일을 따먹고, 여러 동물들에게 정겹게 말을 건넸다. 에덴 동산에는 행복과 평화가 충만했다.

에덴 동산에서 생긴 일 창 2:8–25

에덴 동산에는 악이 없었고 죄도 없었다. 슬픔이나 고통도 있을 리 없었다. 모든 것이 아름답고 평화롭고 충만한 세계였다. 아담과 하와는 다른 짐승들이나 새들처럼 옷을 입지 않았다. 옷을 지어 입을 필요가 없었기 때문이었다. 벌거숭이 그대로였지만, 그들은 아무런 부끄러움도 느끼지 않았다.

하나님은 그들에게 복을 내리셨다.

"자식을 많이 낳아 그 후손들이 온 땅에 퍼져라. 땅을 정복하여라. 바다에 사는 물고기와 하늘을 나는 새와 땅 위에 기어 다니는 온갖 짐승들을 다스릴 권한을 너희에게 준다. 물고기와 새와 짐승들을 다스리고 잘 관리하여라. 모든 풀과 낟알이 열리는 풀과 씨가 들어 있는 과일을 너희들의 먹거리로 삼아라."

이제 사람은 하나님이 창조한 모든 자연 만물을 다스리고 관리하는 우두머리가 되었다. 또, 남자와 여자가 어울려 둘이 한 몸이 되어 살아가는 결혼의 원리도 이때 생겨났다.

이리하여 엿새에 걸친 우주 만물의 창조 사역이 완성되었다. 하나님은 이레째 되는 날을 거룩하게 하여 복을 주신 후, 편히 쉬셨다.

선악과와 하나님의 형벌

이 나무 열매만은 먹지 말아라 창 2:16–17

에덴 동산 한가운데에는 진기한 두 그루의 나무가 있었다. 한 그루는 그 열매를 먹으면 '영원한 생명을 얻게 되는 생명나무'였고, 한 그루는 그 열매를 먹으면 '선과 악을 분별하게 하는 나무'였다.

하나님은 아담에게 말씀하셨다.

"에덴 동산 안에 있는 나무의 열매는 무엇이든 따 먹어도 좋다. 하지만 동산 중앙에 있는 '선과 악을 분별하게 하는 나무'의 열매만은 따 먹어서는 안 된다."

하나님의 지엄하신 명령이었다. 하나님이 이런 명령을 내리신 것은, 말할 나위도 없이 아담과 하와를 위해서였다. 모든 불행은 나와 너를, 나의 이익과 너의 이익을 나누고 분별하는 데에서 시작되기 때문이었다. 불행이란 나에게 좋은 것을 선으로, 나에게 나쁜 것을 악으로 분별하는 마음에서 생기게 마련이다.

"그 열매를 먹으면 죽음을 면치 못할 것이다."

하나님께서는 아담과 하와가 선악을 분별하게 하는 나무의 실과만 따먹지 않으면, 영원히 행복을 누리고 살 수 있도록 해주셨다. 이 얼마나 큰 하나님의 축복인가!

뱀의 유혹 창 3:1–13

아담과 하와는 에덴 동산에서 아무런 부족함 없이 살았다. 모든 것이 넘쳐나는 넉넉한 환경 속에서 언제나 웃음소리가 가득했다. 하지만 이런 행복을 시기한 교활한 짐승이 있었으니, 바로 뱀이었다. 하나님이 만드신 들짐승들 가운데 가장 교활하고 약삭빠른 뱀은, 아담과 하와의 이런 행복을 파괴하고 싶어졌다. 뱀에게 그런 마음이 든 것은, 애초에는 거룩한 천사장이었지만 하나님을 거스르고 배반한 사탄이 뱀에게 깃들었기 때문이었다.

뱀은 하와가 혼자 있는 것을 보고는 다가가서 말을 걸었다.

"내가 듣기로는, 하나님이 너희에게 이 동산에 있는 나무 열매를 어떤 것이든 먹지 말라고 하셨다면서?"

텔레파시로 뱀의 말을 알아들은 하와는 처음에는 웃음부터 나왔다. '이 바보, 아무리 뱀이라고 해도 이렇게 거꾸로 알 수가 있담!'

어쨌든 진실을 알려주면 그만이라고 생각한 하와가 뱀에게 말했다.

"아냐, 하나님께서는 에덴 동산에 있는 나무 열매는 무엇이든 다 먹어도 괜찮다고 하셨어. 하지만 동산 한가운데에 있는 한 나무 열매만은 먹지도 말고, 만지지도 말라고 하셨지. 그걸 먹으면 죽을 것이라고 하셨어."

"그래?"

뱀은 어떻게 그런 슬픈 일이 생길 수 있겠느냐는 표정으로 하와를 동정하는 척했다.

"그럴 리가 없어. 그걸 먹는다고 죽는다니, 그게 말이나 돼? 오히려 그 반대야. 그걸 먹으면 눈이 밝아지는 거야. 그러면 무엇이 좋고 무엇이 나쁜지를 알 수 있게 되지. 내 말이 무슨 뜻인지 알아들어?"

뱀은 잠시 입을 다물고 하와의 반응을 살폈다. 하와는 잠시 생각했다. 하나님도 그런 말씀을 하신 것 같기도 했다. 그걸 먹으면, 선과 악을 알게 된다고 말씀하셨지 않은가. 그렇다면 뱀도 같은 소리를 하는구나.

하와가 의심 없이 받아들이자, 뱀은 그 기회를 놓치지 않았다.

"그걸 먹으면 말이야, 너희도 하나님처럼 된다는 뜻이야. 하나님은 그걸 아시고 그 나무 열매를 먹지 못하게 하신 거야. 이제 이해가 돼?"

하와는 시선을 돌려 그 나무를 쳐다보았다. 과연, 그 나무에 달린 열매는 유별나게 탐스럽고 먹음직스러워 보였다. 그 열매를 따 먹기만 하면 당장이라도 눈이 밝아져 영리해질 것 같았다. 하와는 손을 뻗쳐 그 열매를 따 먹었다. 그러고 나니 아담이 생각났다.

'아담에게도 갖다 주어야지. 그래야 우리가 함께 하나님처럼 지혜롭게 될 거야.'

생각이 이에 미치자, 하와는 냉큼 한 개를 더 따서 아담에게 갖다 주었다. 아담도 덥썩 받아 그 열매를 먹고 말았다.

선악과를 따먹고 나자, 아담과 하와에게는 큰 변화가 왔다. 그동안에는 벌거벗고 지내면서도 부끄럽다는 생각을 한 번도 해본 적이 없었는데, 갑자기 수치스럽다는 마음이 든 것이다. 이것이 바로 '눈이 밝아진다'는 것인가? 그들은 무화과나무 잎사귀를 엮어 얼른 치부恥部를 가렸다.

그날, 해가 뉘엿뉘엿 저물 무렵이었다. 하나님은 여느 날과 마찬가지로 동산을 거닐고 계셨다. 아담과 하와는 하나님의 기척을 알아차리고는, 갑자기 두려운 마음이 들었다. 그들은 하나님의 눈에 띄고 싶지 않아 나무숲 사이에 몸을 숨긴 채 떨고 있었다.

"아담아, 어디 있느냐?"

하나님이 아담을 찾으셨다. 그토록 사랑스럽게 들리던 하나님의 음성이 오늘은 왜 이렇게 무섭게 느껴지는 것일까? 하지만 하나님으로부터는 어디에도 숨을 곳이 없다는 것을 아담은 너무나 잘 알고 있었다. 아담은 마지못해 대답을 하며 앞으로 나섰다.

"하나님이 이리로 오시는 걸 알고는 두려워서 숨었습니다. 벌거벗은 모습인 것이 수치스러웠습니다."

"벌거벗은 것이 수치스러웠다고? 누가 너희에게 그런 것을 알려주었느냐?"

아담은 말문이 막혀 머뭇거렸지만, 하나님은 이미 모든 것을 알고 계셨다.

"내가 그렇게 먹지 말라고 일렀건만 너희들이 그 나무 열매를 먹고 말았구나!"

하나님은 분노하고 계셨다. 아담은 어찌나 두렵고 떨렸는지 어떻게든 이 위기에서 벗어나야겠다는 생각뿐이었다.

"실은 그게… 하나님께서 제 짝으로 정해 주신 이 여자가 제게 주어서, 저는 그냥 받아먹었을 뿐입니다."

하나님은 이번에는 여자를 향해 물으셨다.

"너는 도대체 어쩌자고 이런 일을 저질렀느냐?"

하와도 핑계를 댔다.

"뱀이 그 나무 열매를 한 번 먹어 보라고 자꾸 꼬드겼습니다."

하나님의 형벌이 내려지다 창 3:14–19

하나님은 애초에 이 일의 발단이 된 뱀을 향해 먼저 벌을 내리셨다.

"네가 이런 일을 저질렀으니, 너는 온갖 집짐승과 들짐승 가운데서 저주를 받아 마땅하다. 너는 죽을 때까지 배로 기어 다니며 흙을 먹고 살아야 하리라. 너는 또, 여자와 원수가 되리라. 여자의 후손과 네 후손도 서로 원수가 되리라. 너는 여자의 후손의 발꿈치를 상하게 할 것이지만, 여자의 후손은 네 머리를 상하게 할 것이다."

하나님은 이때 이미, 메시아가 오실 것을 말씀하신 것이었다. 여기에서 '여자의 후손'이란 남자와 여자 사이에서 생겨날 후손이 아니라, 여자 혼자 성령에 의해 잉태하여 태어날 메시아, 곧 예수 그리스도를 지칭한다. 처녀의 몸에서 태어날 '여자의 후손'이 장차 사탄을 이기고 인류를 죄와 죽음에서 건져낼 것임을 예언하신 것이다.

하와에게도 마땅한 벌이 내려졌다.

"너는 아기를 낳을 때마다 큰 고통을 겪어야 하리라. 남편을 네 마음대로 조종하고 싶겠지만, 오히려 남편의 지배를 받으리라."

아담에게도 벌이 내려졌다.

"네가 아내의 말만 듣고 내가 먹지 말라고 했던 열매를 먹었으니, 너는 평생 동안 힘들게 일을 해야만 먹고 살 수가 있으리라. 땅이 저주를 받았으므로 가시덤불과 엉겅퀴가 무성할 것이며, 이마에 땀을 흘리지 않고는 곡식을 거두어 들이지 못하리라."

모든 것이 편안하고 풍족했던 에덴 동산에서의 삶은 하루아침에 막을 내렸다. 고달픈 인생길이 시작된 것이다. 하지만 하나님의 벌은 여기에서 그치지 않았다. 금단의 열매를 먹으면 반드시 죽으리라고 경고하신 대로, 사람에게 무서운 죽음의 저주가 내려졌다.

"너는 본래 흙으로 빚어졌으니 흙으로 돌아갈 것이다."

아담과 하와, 에덴 동산에서 추방당하다 창 3:20–24

하나님은 아담과 하와가 무화과 잎사귀로 치부를 가린 것을 보고는 가죽옷을 지어 입히셨다. 가죽옷을 지어 입히기 위해서는 짐승의 희생이 따랐을 것인데, 이처럼 희생 동물의 피로 인간의 수치가 가리어질 수 있었다. 장차 예수 그리스도의 십자가의 피로 인류의 수치가 가리어진 것처럼.

하나님은 아담과 하와를 에덴 동산에서 쫓아내셨다. 그것은 불가피한 일이었다. 에덴 동산에는 선악과만 있었던 것이 아니고, 생명나무 열매도 있었다. 생명나무 열매를 먹으면 영원히 죽지 않는다. 이제 선과 악을 분별하게 된 아담과 하와가 생명나무 열매를 따 먹는 날에는 죄와 더불어 영생할 것이다.

죄가 무엇인지조차 모르는 애초의 아담과 하와에게는 영원한 생명을 누릴 만한 가치와 자격이 있었다. 하지만 그들은 하나님의 말씀에 복종하지 않고 사탄의 유혹에 넘어감으로써 형벌을 불러왔다. 그들 스스로 타락의 길을 걸은 것이다.

"너희는 흙에서 왔으므로 흙을 갈아 농사를 짓도록 하여라."

아담과 하와는 농사를 짓지 않아도 모든 것이 풍족했던 에덴 동산에서 쫓겨났다. 이제부터는 이마에 땀을 흘려 농사를 짓지 않으면 먹고 살기가 힘들게 된 것이다.

하나님은 그들이 다시 낙원으로 들어오지 못하도록 천사들을 에덴 동산의 입구에 배치하시고, 생명나무에 이르는 길목에는 칼날처럼 날카롭게 이글거리는 불을 두어 접근을 막았다.

인류의 타락과 대홍수

가인이 동생 아벨을 죽이다 창 4장

에덴 동산에서 쫓겨난 아담과 하와에게는 거칠고 힘든 삶이 기다리고 있었다. 메마르고 거친 땅에 스스로 거주지를 마련해야 했고, 땀 흘려 먹을 것을 장만해야 했다. 그러는 중에도 첫 아기가 태어나, 잠시나마 시름을 잊을 수 있었다. 그들은 첫 아이의 이름을 '가인'이라고 지었다.

그 후 하와는 다시 임신하여 가인의 아우 '아벨'을 낳았다. 아이들은 쑥쑥 자라나 첫째인 가인은 농사를 짓는 농사꾼이 되었고, 아우인 아벨은 양을 치는 목자가 되었다. 둘은 어려서부터 부모님이 제단을 쌓고, 그 위에 제물을 올려 하나님께 제사 드리는 모습에 익숙했다. 그래서 두 형제도 그들의 수확으로 제사를 드렸다. 가인은 농산물로, 아벨은 양의 첫 새끼로 제물을 삼았다.

하나님은 정성이 담긴 아벨의 제물은 기쁘게 받으셨지만, 가인의 제물은 받지 않으셨다. 가인은 제물을 바치면서도 감사하는 마음이 없이 불만만 가득했기 때문이다. 가인은 잔뜩 화가 났다. 하나님에 대한 불만에다 아우에 대한 시샘과 증오로 안색이 붉게 변했다. 하나님은 그런 가인을 나무라셨다.

"무엇 때문에 그렇게 화를 내느냐? 왜 안색이 그렇게 변하느냐? 네가 올바른 마음으로 제물을 바쳤다면 내가 왜 받아들이지 않았겠느냐? 그렇게 분노를 다스리지 못한다면, 죄가 네 마음의 문 앞에 도사리고 앉아 있다가 너를 삼키고 말 것이다."

하나님의 경고에도 불구하고 가인은 자기 마음을 다스릴 수가 없었다. 아우에 대한 질투심이 불같이 타올라 견디기 어려울 때가 많았다.

어느 날, 가인은 동생 아벨에게 함께 들판으로 나가자고 꼬드겼다. 한적한 곳에 이르자, 가인은 갑자기 아벨에게 달려들어 그를 쳐 죽이고 말았다. 인류 최초의 끔찍한 살인 사건이었다.

형이 아우를 쳐 죽인 이 비극은 당사자간의 직접적인 이해 관계나 원한 관계가 없는데도 발생하였다는 점에서 충격적이다. 시기와 질투가 분노를 낳고, 분노를 다스리지 못해 결국 끔찍한 죄를 짓고 만 것이다. 살인 사건이 있은 후, 하나님이 가인에게 물으셨다.

"네 아우 아벨은 어디 있느냐?"

"모릅니다."

가인은 천연덕스럽게 대답했다. 그는 오히려 하나님께 대들듯 따졌다.

"제가 아우를 돌보는 사람입니까?"

"가인, 네가 엄청난 일을 저질렀구나. 아벨의 피가 땅에서 나에게 울부짖고 있다."

그제서야 가인은 고개를 떨구었다. 하나님이 엄숙하게 선언하셨다.

"이제 너는 더 이상 땅을 갈아 먹고 살 수가 없다. 땅이 입을 벌려 네가 죽인 아벨의 억울한 피를 받아들였다. 그러니 네가 아무리 땅을 갈아 씨를 뿌려도 땅은 더 이상 낟알을 여물게 하지 않을 것이다. 그러니 이제 너는 정처없이 떠도는 방랑자 신세가 되어야 하리라."

가인은 하나님께 호소했다.

"너무나 가혹하십니다. 정처없이 헤매고 다니노라면 저를 만나는 사람들은 저를 죽이려고 할 겁니다."

이제 막 자기 동생을 죽인 가인이, 죽음을 두려워하고 있었다.

"그런 걱정은 하지 말아라. 내가 네 몸에 표標를 해 주마. 누구든지 너를 죽이는 자는 내가 일곱 배로 벌할 것이다."

가인은 하나님을 떠나갔다. 그는 에덴 동산의 동쪽 땅으로 가서 후손을 낳고 살았다. 가인의 후손들은 세상 문명을 일구며 나날이 번성해 갔다. 한편, 하나님은 슬픔과 허전함에 빠져있는 아담과 하와 부부에게 '셋'이라는 아들을 주셨다.

인류의 조상들과 인구의 급속한 증가 창 5장

에덴 동산 이후, 성경에는 아담의 가족 4인의 이름만 기록되어 있다. 아담과 하와, 가인과 아벨이 그들이다. 그렇다면 가인이 자기를 죽일지도 모른다고 두려워한 사람들은 누구이며, 가인의 아내는 어디에서 왔을까?

성경은 단순한 역사책이 아니라, 하나님이 구원의 길을 보여주시고자 의도하신 특별 계시의 책이다. 따라서 성경은 하나님의 구속 역사救贖歷史의 큰 줄기만을 기록할 뿐, 구구한 설명과 자세한 상황은 생략한다.

이런 관점에서 살펴보면, 오랜 수명을 누린 아담과 하와 사이에서 태어난 자식들은 두 형제뿐 아니라, 많은 아들 딸이 있었을 것이 분명하다. 그들은 불가불 근친 결혼으로 가정을 이루어야 했을 것이다. 이렇게 아담이 생존해 있는 세대 동안만 해도, 아담의 후손이 후손을 낳고, 그 후손이 또 후손을 낳음으로써, 인류의 수효는 자꾸만 불어났을 것이다.

인구는 기하급수적으로 증가하였다. 아담이 930세를 살았다고 하니, 얼마나 많은 자손을 두었을까. 아담뿐 아니라, 아담의 후손들도 긴 수명을 누렸다. 인류의 1세대 아담에 이어 2세대인 셋은 912세, 3세대인 에노스는 905세, 4세대인 게난은 910세, 5세대 마할랄렐은 895세, 6세대인 야렛은 962세를 살았다. 7세대인 에녹은 365년을 살던 중 하늘나라로 갔고, 에녹의 아들인 8세대 므두셀라는 인류 역사상 최장수의 기록인 969세까지 살았고, 9세대인 라

멕은 777세를 살았다. 아담의 10대손인 노아는 950세를 살았다.

아담으로부터 노아에 이르는 고시조 10세대의 평균 수명은 무려 912세였다. 아담으로부터 10대 손까지의 기간은 2천 년 정도이다. 아담에서부터 10대 손에 이르기까지, 인류의 조상들은 성경에 거론된 한 사람씩만 출산한 것이 결코 아니다. 성경에 나타난 인물들은 각 세대의 대표일 뿐이다. 10대에 걸쳐 평균 912세를 살면서 이천 년 동안 얼마나 많은 자녀들을 낳았을 것인지, 가히 상상해 볼 수 있다.

하지만 아담에서 셋으로 이어지는 계보만 있었던 것이 아니다. 하나님 앞을 떠나 살게 된 가인의 계보도 따로 있다. 이렇게 아담에서부터 노아에 이르는 2천여 년 동안 땅 위에는 인구가 급속하게 불어났다.

대홍수와 노아의 방주 창 6:1–9:17

구름 한 점 없는 화창한 어느 날, 노아네 일가족 여덟 명은 모두 나서서 땀을 뻘뻘 흘리며 배를 만들고 있었다. 고기잡이를 하는 집안도 아닌데 웬 배란 말인가? 더구나 그곳은 바닷가가 아니라 산속이었다. 그들은 잣나무를 베고 자르고 다듬어서 거대한 한 척의 배를 만들고 있었다. 그들이 배를 만들기 시작한 것은 벌써 여러 해 전이었다. 이웃들은 이런 노아 가족을 기이한 눈초리로 바라보았다.

"아무래도 이해할 수가 없어. 이런 산속 마을에서 저렇게 큰 배를 도대체 무엇에 쓰겠다는 거지?"

"암만해도 제 정신이 아닌 것 같아."

"미쳐도 혼자서 미쳐야지, 온 가족이 한꺼번에 모두 미친단 말인가?"

"낸들 알겠나. 이 산속 마을에서 배를 만드는 것도 미친 짓이지만, 저 큰 배를 어떻게 바다에까지 끌고 내려가 띄운단 말인가? 저 큰 배를 바다로 끌어내렸다고 치자구. 저걸 뭐에 써먹어?"

"그러니까 미친 짓이지."

사람들은 낄낄대며 조롱했다. 처음엔 동네 사람들이 모여들어 비아냥거리더니, 나중엔 아주 멀리에서까지 사람들이 몰려와 구경하며 조롱하였다.

"하늘에 구멍이라도 뻥 뚫려 대홍수가 난다면 혹 모르지, 이 높은 산까지 물에 잠기게 될지… 그렇지 않는 담에야 저 배가 뜰 날은 없을 것 같아, 안 그런가? 하하하."

"그래그래. 그 말이 맞아. 하하하."

"여러분…!"

노아가 톱질을 멈추고 구슬땀을 손등으로 씻어내더니 허리를 펴고 사람들을 향해 말했다.

"저 미친 늙은이가 지금 우리들한테 무슨 말을 하려나 본데?"

"글쎄, 무슨 할 말이 있는 게지? 물론 미친 소릴 테지만 말일세."

"여러분, 내 말을 들어 보시오."

노아가 목청껏 소리치자 사람들이 잠시 입을 다물었다. 모두 노아의 입을 주목했다.

"난 지금 배를 만드는 게 아니라, 방주方舟를 만드는 중입니다. 방주는 물건을 많이 싣고 물 위에 떠 있으려는 용도지요. 배처럼 어디에서 어디로 가기 위한 용도가 아니란 말입니다."

"미친 늙은이치고는 똑똑한데? 방주와 배를 다 구별할 줄 알다니…."

"저 늙은이가 무슨 소릴 하는지 어디 더 들어 보자구."

노아가 진지하게 말을 이어 나갔다.

"하나님이 제게 말씀하셨습니다. 세상이 너무 악하고 부패하여 온 땅을 다 쓸어 버리겠다고 하셨습니다. 무시무시한 대홍수가 온 땅을 휩쓸어 숨쉬는 모든 생명들이 다 죽게 될 것입니다. 사람들이 타락했고, 죄가 온 땅에 가득 찼기 때문입니다. 여러분이 저와 제 가족을 조롱할 시간에 자신들의 죄를 회개하는 것이 더 현명하지 않겠습니까."

"저런 미친 늙은이…."

사람들은 노아의 훈계에 부아가 치밀어 고래고래 욕설을 퍼붓고, 돌을 집어

던졌다. 그러나 노아 일가족은 조금도 흔들림이 없이 하던 일을 계속할 뿐이었다.

아담이 에덴 동산에서 쫓겨난 후 아담의 10대손인 노아의 때까지는 대략 2,000년. 그 동안 땅 위에는 사람들로 번성했다. 그러나 사람들이 많아진 그만큼 세상에는 온갖 죄악이 넘쳐났다. 마침내 하나님은 세상을 큰 물로 대청소하시기로 작정하셨다. 그러나 노아만은 하나님을 믿고 의로운 삶을 살았기 때문에, 그와 그의 가족만은 구해주기로 하셨다. 하나님은 노아에게 세상을 큰 물로 심판하실 것이라고 알려주시면서 큰 배를 지으라고 명하셨다.

하나님의 명령을 받고 노아가 방주를 짓기 시작한 것은 그의 나이 480세 때였다. 노아는 가족들과 함께 하나님이 지시하신 소재와 규격과 모양대로 무려 60~70년에 걸쳐 거대한 방주를 만들었다. 주로 잣나무를 소재로 방주를 짓고, 물이 조금도 스며들지 못하도록 안팎에 끈끈한 역청을 빈틈없이 칠하였다.

3층으로 된 방주의 규격은 길이가 대략 137m, 폭이 23m, 높이는 14m 정도였다. 이 같은 규모로 지어진 방주 갑판의 총면적은 9,000m^2쯤 되었고, 전체 적재 용량은 39,500m^3로, 오늘날 13,960톤 규모의 배와 맞먹었다.

쉽게 말하자면, 노아의 방주의 길이는 오늘날 미식 축구장의 길이보다 30m 정도 더 길었고, 높이는 현대식 5층 건물의 높이와 비슷한 규모였다. 이렇게 만들어진 방주는 단지 짐을 싣고 물 위에 둥둥 떠 있기만 하면 되었으므로, 한 대당 75m^3의 짐을 실을 수 있는 철도 화차로 따진다면, 대략

530대 분량의 짐을 실을 수 있는 용량이었다.

마침내 거대한 방주가 모습을 드러냈다. 무려 120년이 걸린 대역사였다. 하나님께서 노아에게 말씀하셨다.

"내가 너에게 암수 한 쌍씩 동물들을 보내주겠다. 날아다니는 새들과 기어다니는 곤충들, 들판을 뛰노는 야생 동물들, 들에서 일하는 가축들을 모두 보내주겠다. 몸집이 큰 기린과 코끼리는 물론이고, 북극곰이나 사자도 다 네게 보내줄 테니, 모두 배에 태우도록 하여라."

살아 숨쉬는 모든 생명체들이 방주를 향해 모여들었다. 노아와 가족들은 동물 가족들이 먹을 사료들도 방주 안으로 차곡차곡 들였다. 깨끗한 짐승은 암컷과 수컷 일곱 마리씩, 깨끗하지 않은 짐승은 암컷과 수컷 한 마리씩 들였다.

노아와 일가족과 땅 위에서 숨쉬는 모든 짐승들이 방주 안으로 들어간 지 이레째 되는 날, 노아가 600세 되던 해의 2월 17일이었다. 하늘이 뚫린 듯 비가 장대같이 쏟아져 내리기 시작했다.

물이 불어나서 노아 일행이 탄 방주가 물 위에 뜨기 시작했고, 이리저리 떠다닐 정도가 되었다. 그러고도 비는 멈추지 않아, 땅 위에 솟아 있는 높은 산봉우리까지도 물 속에 잠겼다.

비는 밤낮을 가리지 않고 40일 동안 쉴 새 없이 쏟아져 내렸다. 땅밑에서도 깊은 샘물이 계속해서 터져 솟아올랐다.

땅 위에서 살아 움직이던 모든 육지 동물들은 다 죽었다. 비가 그치고 오래간만에 해님이 얼굴을 내밀었지만, 세상은 온통 물뿐이었다. 물은 150일 동안이나 온 땅을 뒤덮고 있었다.

그 해 7월 17일에는 물이 어느 정도 빠졌는지, 노아의 방주가 아라랏 산 봉우리에 걸리게 되었다. 10월 1일이 되자 높은 산봉우리들이 듬성듬성 모습을 드러냈다.

노아는 땅의 형편을 알아보려고 까마귀 한 마리를 방주 바깥으로 날려보냈다. 까마귀는 땅에서 물이 마를 때까지 이리저리 날아 다니기만 했다.

노아는 땅에서 물이 빠졌는가를 알아보려고 비둘기 한 마리를 날려 보냈다. 비둘기는 내려앉을 땅을 찾지 못하고 다시 배로 돌아왔다. 노아는 손을 내밀어 비둘기가 다시 배 안으로 돌아오게 해주었다.

노아는 그로부터 다시 일주일을 기다렸다가 다시 비둘기를 바깥으로 날려 보냈다.

"애야, 멀리 날아가서, 좋은 소식을 가져다 주려무나."

해가 저물 무렵, 비둘기가 마침내 배로 돌아왔다. 비둘기는 이제 막 새로 움튼 올리브나무 잎사귀를 물고 있었다. 노아는 뭍이 드러나기 시작했다는 것을 알 수 있었다.

일 주일 후, 노아는 비둘기를 다시 날려 보냈다. 이번에는 비둘기가 다시 돌아오지 않았다. 내려앉을 땅을 만나 둥지를 튼 것이 틀림없었다.

노아가 601세 되는 해의 2월 27일, 그러니까 비가 내리기 시작한 지 1년 10여 일 만에, 노아 일가족과 방주 안의 모든 동물들은 방주 바깥으로 나왔다.

방주 밖으로 나온 노아는 가장 먼저 하나님 앞에 제단을 쌓고 희생 제물로 감사의 제사를 올렸다. 하나님은 노아에게 복을 주셨다.

"설령 인간들이 아무리 못된 짓을 하더라도 그것으로 인해 땅을 저주하는 일은 다시 없으리라. 이제 너희는 자손을 많이 낳아 번창하여라. 온 땅을 가득 채워라. 이제 다시는 너희를 홍수로 쓸어버리는 일이 없으리라."

그 순간 노아와 가족들이 문득 고개를 들어 올려다 보니, 하늘에는 일곱 가지 빛깔의 무지개가 찬란하게 떠 있었다 하나님이 말씀하셨다.

"저것은 내가 약속의 표시로 하늘에 걸어둔 무지개이니라. 다시는 이런 홍수를 일으키지 않겠다고 약속하마."

노아는 가족들과 함께, 또 방주에서 일제히 몰려나온 모든 짐승들과 곤충들과 새들과 함께 하나님을 찬양했다.

노아의 후손과 바벨탑 사건

노아와 그의 세 아들 창 9:18-10:32

대홍수 이후, 방주에서 나온 노아 가족은 방주가 머물렀던 아라랏 지역, 오늘날의 아르메니아 지역에 새로운 삶의 터전을 잡았다. 홍수 이후에 땅은 옥토가 되어 있었다. 노아 일가족은 아르메니아 고지대의 산비탈에서도 충분히 농사를 지을 수 있었다. 포도나무도 심고 가꾸었다.

대홍수 이후, 어느덧 많은 세월이 흘렀다. 어느 날, 노아는 포도주를 많이 마시고 크게 취했다. 노아는 벌거벗은 채로 자신의 장막 안에서 잠에 곯아 떨어져 있었다.

"아니, 세상에! 아버지가 벌거벗고 잠을 자고 있잖아?"

그 광경을 가장 먼저 목격한 둘째 아들 함이 깜짝 놀라 외쳤다.

"히히, 거참 우스운걸! 아버지가 저런 벌거숭이 모습을 다 보이다니…."

함은 재미있다는 듯 낄낄대며 웃었다. 그리고 형제들에게 달려갔다.

"셈! 야벳! 내가 무얼 봤는지 알아?"

"왜 그래? 뭐 신기한 것이라도 있어?"

셈과 야벳은 어리둥절해서 함에게 물었다.

"글쎄, 아버지가 말이지…."

함은 뭐가 그리 우스운지 혼자 낄낄거리며 말했다.

"아버지가 술에 취해 벌거벗고 주무시고 계셔."

"뭐? 그게 정말이야?"

함의 말을 듣던 셈과 야벳이 펄쩍 뛰었다.

"그렇다면 아버지 몰래 얼른 덮어 드려야 할 거 아냐?"

그리고는 옷을 집어들고 아버지의 장막으로 향했다.

셈과 야벳은 뒷걸음질로 천천히 아버지의 장막 안으로 들어간 다음, 가지고 온 옷으로 얼른 아버지의 아랫도리를 덮어 드렸다. 그때에도 둘은 얼굴을 돌린 채 아버지의 벌거벗은 모습을 보지 않았다.

얼마나 지났을까, 잠에서 깨어난 노아는 자신의 아랫도리에 덮혀 있는 옷을 보고는 상황을 눈치 챘다. 둘째 아들 함이 벌거벗은 자신을 보고 킥킥대고 웃었다는 것, 첫째 아들 셈과 막내 야벳이 자신의 아랫도리를 가려주었다는 것도 알게 되었다. 노아는 노한 음성으로 선포했다.

"가나안은 형제들에게 비천한 종이 될 것이다."

가나안은 둘째 아들 함의 아들이었다. 노아는 함을 직접 저주한 것이 아니라, 함의 아들 가나안을 통해 함을 저주한 것이다.

"셈의 하나님, 여호와는 찬양을 받을 것이다. 가나안은 셈의 종이 될 것이다."

자신의 수치를 덮어준 첫째 아들 셈에게는 영적이고 종교적인 축복을 내렸다.

"야벳은 흥왕하게 될 것이다. 하나님께서 그에게 더 많은 땅을 줄 것이다. 가나안은 그의 종이 될 것이다."

셈과 함께 자신의 실수를 덮어준 셋째 아들 야벳에게는 물질적이고 세상적인 축복을 해주었다.

노아의 예언은 그대로 성취되었다. 대홍수 이후, 인류는 노아와 그의 세 아들로 말미암아 온 땅으로 후손이 퍼져 나갔다. 대체적으로 셈 계통은 오늘날 중근동 아시아권을, 함 계통은 아프리카권을, 야벳 계통은 아리안 족 혹은 인도게르만 족이라 불리는 유럽권을 형성하였다.

바벨탑 사건과 인류의 분산 창 11:1–10

대홍수 직후에는 노아의 일가족 여덟 명밖에 없었지만, 세월이 흘러감에 따라 노아와 세 아들 및 그들의 가족들에 의해 인구가 폭발적으로 불어났다. 하나님이 '자식을 많이 낳아 온 땅을 가득 채우라'고 특별한 복을 내려주셨기 때문이다.

사람들은 끼리끼리 갈라지게 되었고, 여기저기 흩어져서 살았다. 더 살기 좋은 조건을 찾아 떠돌던 사람들은 유프라테스 강과 티그리스 강 사이의 비옥한 평야 지대를 발견하고, 거기에 정착하여 살기 시작했다. 메소포타미아의 시날 땅이 바로 그곳이었다.

사람들이 모여서 정착 생활을 하면 거기에는 조직이 형성되고, 조직에는 우두머리가 생기게 마련이다. 시날 땅에 사는 사람들을 다스리는 최초의 우두머리는 '니므롯'이라는 사람이었다. 야심만만한 기질을 지닌 그는 특출한 지도자였다.

니므롯은 시날 땅에 높은 탑을 쌓기로 작정했다. 사람들이 사냥을 나간다든지 다른 먹거리를 구하려고 멀리 가더라도 이 탑을 보고는 길을 찾을 수 있도록 하기 위함이었다. 더구나 높은 탑을 쌓게 되면, 다른 지역에 사는 사람들이 자신들의 위용과 힘을 알아주지 않을 수 없을 것이었다. 높이 높이 탑을 쌓다 보니, 지혜가 생겼다.

그들은 돌 대신 흙으로 벽돌을 만들어서 사용하기 시작했다. 벽돌과 벽돌 사이에는 진흙 대신에 역청을 사용하여 탑을 더 견고하게 쌓을 수 있었다.

"우리가 쌓은 이 거대한 탑은 누구도 쓰러뜨리지 못할 거야."

지도자 니므롯은 사람들에게 야심을 불어넣었다.

"높이 높이 탑을 쌓읍시다. 하늘까지 닿도록 탑을 쌓읍시다. 계속해서 탑을 쌓으면 하나님이 계신 곳까지 올라갈 수 있을 것입니다. 그러면 우리는 하나님과 동등하게 될 수 있습니다."

그들은 어느새 하나님처럼 되기 위해 선악과를 따 먹었던 과거를 까맣게 잊고 있었다.

하루가 다르게 탑이 높아져 갔다. 그들은 신바람이 났고 우쭐해졌다. 하나님도 별거 아니라는 생각이 들기 시작했다. 그런 모습을 내려다보신 하나님은 인간들의 행위가 가소롭고 기가 막혔다.

"도대체 어쩌려고 인간들이 이러는 것인가? 이대로 내버려두었다간 못할 짓이 없겠구나."

하나님은 스스로 말씀하셨다.

"자, 그러니 내려가서 저들이 사용하는 언어를 섞어 놓자. 그래서 서로 뜻이 통하지 못하도록 하자."

인간들의 언어가 여러 가지로 나누어진 것은 바로 이때부터였다. 방금까지 말이 통하던 사람들끼리 더 이상 의사소통을 할 수 없는 상황이 벌어지기 시작했다. 바벨탑 쌓기는 저절로 중단되었다.

사람들은 이제 서로 말이 통하는 부류끼리 모이게 되고, 자기들끼리 행동할 수밖에 없었다. 사람들은 그때부터 그곳을 '바벨'이라 불렀는데, '바벨'은 '혼잡'이라는 뜻이다. 하나님의 개입으로 언어가 혼잡하게 된 데서 그렇게 불리게 된 것이다.

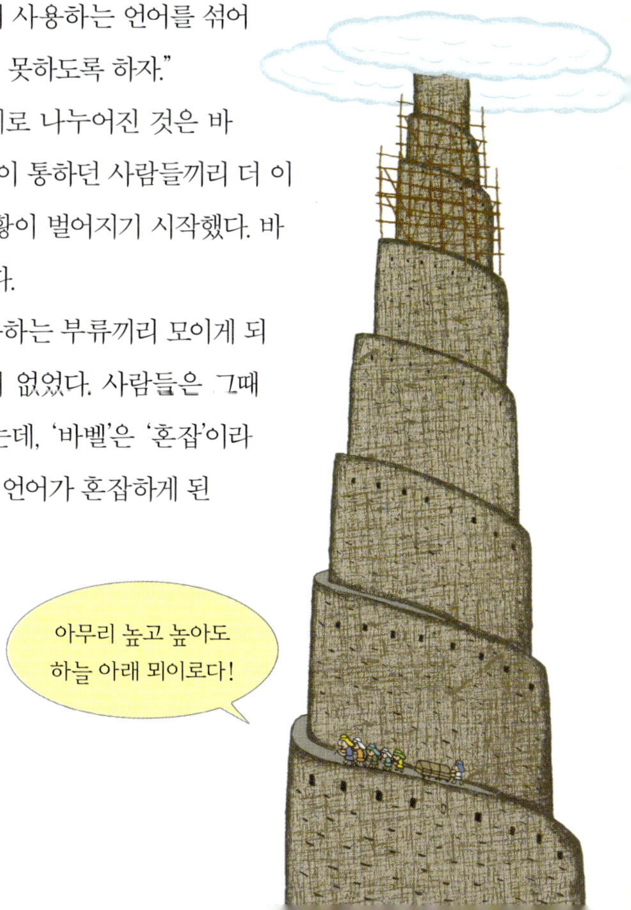

아브람의 소명과 하나님의 약속

하나님이 아브람을 선택하여 부르시다 창 12:1-9

바벨탑 사건 이후, 사람들은 여기저기 흩어져 살았다. 말이 통하는 사람들끼리 한데 모여 마을을 형성하고, 사회를 구성하고, 각자 독특한 문명을 일구었다.

시날 평야의 남쪽 유프라테스 강변에서 멀지 않은 우르 지방은, 일찍부터 문명이 발달된 곳으로, 데라의 일가가 살고 있었다. 데라는 아브람이라는 아들과 며느리 사래, 그리고 아버지를 여읜 손자 롯을 데리고 함께 살고 있었다.

어느 날, 하나님의 말씀이 데라의 아들 아브람에게 임했다.

"너는 고향을 떠나라. 네 친척과 고향 사람들을 떠나 내가 가라고 하는 곳으로 가거라. 나는 네 후손이 엄청나게 불어나게 하여 큰 민족을 이루게 하겠다. 뿐만 아니라 너에게 복을 줄 것이고, 땅 위의 모든 백성들이 너를 통해 복을 받을 것이다. 누구든지 너에게 복을 빌어 주면 내가 그에게 복을 내리겠다. 너를 저주하는 사람은 내가 그를 저주하겠다. 땅 위에 살고 있는 사람들은 모두 너를 통하여 복을 받을 것이다."

하나님의 부르심을 받을 당시, 아브람의 나이는 75세였다. 아브람은 하나님의 말씀에 따라 부친 데라를 모시고, 아직 아이를 낳지 못한 아내 사래와 조카 롯과 함께, 오랫동안 살아온 고향을 떠났다. 우르를 떠나 하란을 거쳐, 멀리 지중해를 끼고 있는 서북쪽의 땅 가나안으로 향했다. 아브람의 부친 데라는 하란에서 205세를 일기로 죽었다.

왜 하나님은 아브람을 불러내셨을까? 그 답은 먼 옛날, 아담과 하와가 에덴 동산에 살고 있던 때로 거슬러 올라가야 나온다. 하와가 사탄의 유혹에 빠져 금단의 열매인 선악과를 따 먹었을 때, 하나님은 사탄에게 장차 '여자의 후손'이 그의 머리를 상하게 할 것이라고 저주하셨다. 사탄이 이 세상에 죄와 죽음을 가져오게 하였지만, 하나님은 '여자의 후손'을 통해 사탄을 이기고 인류를 죄와 죽음에서 구원하실 것이라고 약속하신 것이다.

바로 그 일을 이루기 위하여 하나님은 아브람을 선택하셨다. 언젠가는 아브람의 혈통을 통해 여인의 후손 곧 구세주가 태어나실 것인데, 그가 사탄의 권세를 깨뜨리고 인류를 죄와 죽음에서 건져내어 하나님이 본래 사람에게 주셨던 영생을 회복시킬 것이었다. 아브람의 후손으로 장차 이 땅에 오실 여인의 후손, 그가 바로 하나님의 아들 '예수 그리스도'이다.

아브람이 고향과 친척의 땅을 떠난 것은 대단한 믿음과 결단 없이는 힘든 것이었다. 오랫동안 살던 터전을 떠나 머나먼 낯선 곳으로 이주한다는 것은 모험 중의 모험이었다. 하지만 아브람은 하나님을 믿고 말씀에 순종하여 많은 가축과 종들을 거느리고 가나안 땅으로 출발하였다. 거대한 행렬이었다.

아브람은 부자였다. 많은 종이 있었고, 그 종들의 자녀들도 있었다. 여행을 떠날 당시에 벌써 일흔다섯이었지만, 당시는 2백 세 가까이 살던 시절이었으므로 아직은 늙은이 축에 속하지 않았다. 아브람보다 열 살 아래인 아내 사래는 뛰어난 미모의 귀부인이었다. 아직 한 번도 자식을 낳지 못

하였으므로, 비단 옷을 입고 낙타에 높이 올라탄 그녀의 모습은 귀부인 특유의 위엄이 넘쳐 흘렀다. 아브람의 이주移住 행렬은 마치 마을 하나가 이동하는 것 같은 볼 만한 광경을 연출했다.

아브람 일행은 우르에서 하란까지 1,000km, 하란에서 가나안까지 500km나 되는 길고 먼 여행 끝에 마침내 가나안 땅에 들어섰다. 그 땅의 중앙 고지대에 있는 세겜에 도착하자 하나님이 다시 나타나셨다.

"아브람아, 이 땅을 네 후손들에게 주겠다."

아브람은 그곳에 제단을 쌓고 하나님께 희생 제물을 바쳤다.

아브람과 사래가 이집트에서 곤경에 빠지다 창 12:10-20

아브람은 여기에서 남쪽으로 이동하여 가나안 땅의 남부 지역에 정착했다. 어느 해인가, 가나안 땅에 심한 가뭄이 들었다. 아브람은 식솔들을 이끌고 한 번도 땅이 마르지 않는다는 이집트의 나일 강 주변으로 내려가 살기로 했다. 아브람에게 딸린 식솔과 가축들이 살아가려면 무엇보다도 물이 풍부하지 않으면 안 되었기 때문이었다.

이집트가 가까워지자, 아브람의 마음이 불안해졌다. 아내 사래 때문이었다. 아내 사래가 워낙 미인이어서, 이집트의 왕이 빼앗아갈지도 모른다는 불안감이 들었던 것이다. 당시에는 나그네의 재산과 여인을 빼앗는 일이 너무 흔했다. 많은 일행을 이끄는 족장族長 아브람이 이집트 땅에 들어가면 그곳 사람들의 화제가 될 것이고, 사래의 빼어난 미모가 그들의 관심사가 될 것이 분명했다. 그렇다면 하나님을 모르는 이집트 사람들이 사래를 빼앗기 위해 무슨 짓을 할지 누가 알겠는가.

"여보, 당신은 보기 드문 미인이오. 그 점이 내 마음에 계속 걸리는군요."

"그게 왜 당신을 불안하게 하죠?"

사래는 단순하게 생각한 모양이다.

"이집트 사람들이 당신을 빼앗기 위해 날 죽일 수도 있단 말이오."

사래는 설마 그런 일이 생기겠느냐는 눈빛일 뿐이다.

"그래서 말인데, 이집트 사람들에겐 당신을 내 누이라고 합시다. 그러면 나를 죽이기는커녕 오히려 극진히 대우해줄지도 모르잖소."

"그것도 틀린 말은 아니군요. 우린 남매 사이이기도 하니까요."

사실이었다. 아브람과 사래는 배가 다른 오누이 관계였던 것이다. 아브람의 일행이 이집트 땅에 들어가자 과연, 사래가 보기 드문 미인이라는 소문이 삽시간에 퍼져 나갔다. 아브람이 걱정한 그대로였다. 발 없는 말이 천 리를 간다고 하지 않던가. 소문은 즉시 왕의 신하들의 귀에도 들어갔고, 신하들은 보기 드문 미인이 나타났다고 파라오에게 자랑했다. '파라오Pharaoh'는 '큰 집'이라는 뜻으로, 이집트 왕을 일컫는 공식 명칭이다.

"가나안에서 온 아브람의 일행은 가족은 몇 안 되지만 종들이 많고, 종들에게도 딸린 가족들이 많습니다. 가축 떼도 엄청난 목축업자입니다."

"미인이라고 하는 그 여자가 그 목축업자의 누이라고 했던가?"

"그렇다고 합니다, 폐하."

파라오는 침을 꿀꺽 삼켰다. 파라오에게는 이미 많은 후궁後宮들이 있었다. 그러나 모두가 이집트 여인들이었다. 가나안 땅에서 온 미인, 아니 저 멀리 메소포타미아에서 온 미인은 없었다. 파라오의 호기심과 탐욕이 꿈틀거렸다. 내 나라에 들어온 사람이니, 내가 어떻게 해도 괜찮다는 절대 권력자의 생각을 누가 막을 수 있으랴.

"그 여인과 오라비 되는 사람을 왕궁으로 초청하여라. 그리고 여인의 오라비에게 줄 선물을 준비하여라."

파라오는 아브람과 사래를 왕궁으로 초청하여 큰 잔치를 베풀었다. 이집트 왕은 아브람을 크게 환대하면서, 선물을 푸짐하게 주었다. 많은 종들을 보내주고, 낙타와 소와 나귀와 양 또한 입이 벌어질 만큼 주었다. 아브람이 더 큰 부자가 된 것이다. 하지만 아브람은 그 대가로 아내 사래를 왕의 후궁으로 왕궁에 남겨두어야 했다.

아브람은 허탈하게 왕궁에서 물러났다. 절세의 미인을 후궁으로 맞게 된 이집트 왕은 날아갈 듯한 기분이었다.

그런데 이게 무슨 괴인한 일인가! 그날 밤 파라오의 왕궁에 갑작스레 무서운 질병이 번졌다. 왕 자신은 물론이고 왕자와 공주 등 왕의 가장 가까운 가족들에게 병이 번져나갔다. 왕궁이 발칵 뒤집혔다. 왕궁의 의사들이 급히 불려 들어갔다. 신하들도 모두 소집되어, 긴급 대책 회의가 열렸다.

"제 생각은, 히브리 여인이 왕궁으로 들어오고 난 후에 이런 일이 벌어진 것을 보면, 아무래도 히브리 여인이 부정 탄 여자일지도 모른다는 느낌이 듭니다. 지금까지 한 번도 왕궁에 이런 일이 생긴 적이 없지 않습니까?"

여러 의논 끝에, 한 신하가 이런 발언을 하자 모두들 이구동성으로 그 말에 동의하였다.

"저도 처음부터 그런 생각을 했습니다. 필시 가나안 땅에서 온 그 여인이 화를 불러온 걸 겁니다."

"그렇다면 문제는 의외로 간단하겠군요. 그 여인에게 직접 알아보면 될 거 아닙니까?"

"맞습니다. 그러나 후궁으로 들어온 여인에게 우리가 접근할 수는 없는 노릇이니, 폐하께서 직접 알아보시도록 권하는 게 순서일 듯합니다."

"당장 그렇게 합시다. 시간을 끌다가 폐하와 왕자님들과 공주님들에게 무슨 일이라도 생기면 큰일입니다."

신하들의 보고를 받은 파라오는 즉시 사래를 불러, 사정을 알아보았다. 사래의 입에서 뜻밖의 고백이 튀어 나왔다.

"저는 사실, 아브람의 아내입니다. 이복 남매 사이인데 결혼을 했습니다. 아마도 우리의 신 여호와께서 진노하신 모양입니다."

그 말을 들은 파라오는 겁이 났다. 자신뿐만 아니

라 가족들에게 무슨 불행이 생길지 몰랐다. 파라오는 즉시 아브람을 왕궁으로 다시 불러들였다.

"아브람, 당신은 왜 내게 당신의 아내를 누이라고 속였소? 처음부터 당신의 아내라고 말했으면 내가 그녀를 후궁으로 맞아들였겠소? 지금 당장 아내를 데리고 나가시오. 당신들의 신이 무섭소."

파라오는 이어 말했다.

"즉시 내 나라에서 떠나시오. 모든 재산과 사람들을 다 데리고 가시오. 조금이라도 지체하면, 군사들을 보내 강제로 추방시킬 것이오."

아브람은 아내와 모든 일행을 이끌고 이집트 땅을 떠났다.

아브람이 조카 롯을 떠나 보내다 창 13장

가나안 땅으로 다시 돌아온 아브람은, 이집트 왕의 선물로 더욱 불어난 가축 때문에 정착할 만한 땅을 찾기가 힘들었다. 게다가 조카 롯의 가축들도 상당하여, 목장과 물이 부족했다. 그러다 보니 아브람의 종들과 롯의 종들 사이에 싸움이 벌어지는 일도 드물지 않았다. 이러다가는 삼촌과 조카 사이가 나빠질 우려까지 있었다. 깊은 생각 끝에 아브람이 결단을 내렸다.

"롯아, 너와 나는 한 핏줄이다. 우리가 다투어서야 되겠느냐. 충돌을 피하려면 아무래도 서로가 떨어져서 살아야 할 것 같다. 네 생각은 어떠냐?"

"옳은 말씀입니다. 종들끼리 싸우는 일이 빈번해져서 민망합니다."

"너도 같은 생각이라면, 서로 떨어져서 살기로 하자. 저기 보이는 들녘 어디든 네가 좋다고 생각하는 곳을 먼저 선택하여라. 네가 왼쪽을 택하면 난 오른쪽으로 가고, 네가 오른쪽을 선택하면 난 왼쪽으로 가마."

주변을 한참 둘러보던 롯은 소알까지 이어진 동편의 요단 강 주변을 선택하였다. 물이 넉넉하고 풀도 많은 비옥한 벌판이었다. 마치 이집트의 나일 강 유역처럼 기름진 땅이었다.

"네가 좋다면 그리로 가거라. 나는 가나안 땅에 그대로 있겠다."

롯은 좋은 땅으로 선택해서 그곳으로 떠났다. 그는 그 들녘을 중심으로 천막을 옮겨 다니며 가축을 기르다가, 멀리 성읍들이 여러 개 있는 남쪽으로 점차 이동하여 소돔 성 근처에 머물렀다.

아브람이 조카 롯을 떠나 보낸 후, 하나님이 가나안 땅에 머물고 있는 아브람에게 나타나셨다.

"눈을 들어 동서남북을 바라보아라. 네 눈에 보이는 온 땅을 너와 네 자손에게 주겠다. 뿐만 아니라 네 자손이 땅의 티끌처럼 불어나게 하겠다."

아브람은 의문이 들지 않을 수 없었다. 그들 부부에게는 아직 자식이 없었다. 더구나 이제는 많이 늙어서 자식을 낳기는 그른 일인 것 같았다. 자식이 아무도 없는데 어떻게 후손들이 많아진다는 것인가? 그것이 과연 가능한 일일까?

현실적으로는 아무래도 불가능한 일이지만, 그런 약속을 하신 분이 누군가? 어떠한 불가능도 없는 하나님이 아닌가? 아브람은 믿음으로 그 약속을 받아들였다. 아브람은 식솔을 거느리고 가나안 땅 남부의 헤브론으로 이동하여 그곳에 천막을 치고 정착했다.

하갈과 이스마엘 창 15-16장

아브람이 고향을 떠나 가나안 땅에 들어온 지도 벌써 5년이 넘었다. 나이는 어느덧 80세를 훌쩍 넘겼고, 아들처럼 사랑하던 조카 롯은 멀리 떠나갔다. 아브람은 외로웠다. 자식 하나 없이 나이만 자꾸 먹어갔기 때문이다.

그러던 어느 날, 아브람에게 하나님이 다시 나타나서서 똑같은 약속을 되풀이하셨다. 아브람은 그만 속내를 드러내고 말았다.

"하나님, 저에게는 아직 아들이 없습니다. 이대로라면 제 집에서 태어나고 제가 키운 종이 모든 재산을 물려받을 것입니다."

왜 지금껏 약속을 이행하지 않느냐는 실망이었다.

"아브람아, 그렇지 않을 것이다. 네 몸에서 태어나는 아이가 네 재산을 물려받게 되리라."

하나님은 아브람을 밖으로 나가게 한 후 말씀을 이어 가셨다.

"눈을 들어 하늘을 봐라. 저 별들을 셀 수 있을 만큼 세어 보아라. 네 자손이 저 별처럼 많아질 것이다."

하나님은 다시금 후손이 많아질 것이라고 약속하셨다. 아브람은 이번에도 하나님의 약속을 믿었고, 하나님은 그런 아브람의 믿음을 보시고 그를 의롭다고 여기셨다.

한편, 아브람의 아내 사래는 자식을 낳지 못한 것이 무척 서글펐다. 더구나 이제는 자식을 낳기엔 자신의 나이가 너무 많았다. 그 시절에, 결혼한 여자가 자식을 낳지 못한다는 것은 하나님의 저주로 여겨질 정도였다. 오랜 번민 끝에 사래가 아브람에게 말했다.

"하나님께서 저에게 자식을 주시지 않으시니, 내 몸종 하갈과 잠자리를 같이 하십시오. 하갈의 몸을 빌려 아이를 갖도록 하는 것이 좋을 듯합니다."

그럴 듯한 말이었다. 아브람도 더 이상 선택의 여지가 없다는 생각이 들었다. 아브람은 이집트에서 데려온 사래의 여종 하갈을 소실로 맞아들였다. 그때는 아브람이 가나안 땅에 들어온 지 대략 10년쯤 지난 때였다.

아브람의 아이를 임신한 하갈은 그때부터 갑자기 태도를 바꿨다. 자손이 없는 집에서 임신을 하였으니, 세상이 자기 것인 양 함부로 행동했다. 마치 자신이 안방마님인 양 여주인 사래를 업신여기기까지 했다. 사래는 아무래도 견디기가 어려웠다.

"여보, 하갈은 제가 당신께 내준 제 종입니다. 그런데 하갈이 주인인 나를 대하는 저 태도를 보세요. 마치 자기가 여주인인 듯 행세합니다. 이럴 수가 있나요?"

하갈이 아이를 임신한 것은 무척 기뻤지만, 아브람도 이건 아니다 싶었다.

"하갈은 당신의 종이니 당신 좋을 대로 하구려."

사래는 하갈을 불러 몹시 야단을 쳤다. 또다시 거들먹거리면 그냥 두지 않겠다고 엄포를 놓았다. 하갈은 사래가 두려운 나머지 몰래 집에서 도망치고 말았다.

아브람의 장막에서 도망쳐 나온 하갈은 어디로 가야 할지 몰라 광야를 헤매었다. 광야는 거칠고 험한 곳이다. 도처에 전갈과 독사가 있고, 사나운 들짐승들이 있었다. 강도를 만날 수도 있었다.

하갈은 두려움으로 몸을 떨었다. 임신까지 한 몸이라 동작이 여간 힘든 게 아니었다. 광야를 헤매던 하갈은 겨우 오아시스를 찾았다. 하갈은 물을 마시고 더위를 식히느라 잠시 쉬고 있었다. 그때였다.

"사래의 몸종 하갈아, 너는 어디서 왔으며 어디로 가는 길이냐?"

천사가 나타나 하갈에게 물었다.

"저는 여주인이 무서워 도망하는 중입니다."

그러자 천사가 말했다.

"네 주인 곁으로 돌아가 주인을 섬기도록 하여라. 하나님께서 너의 울부짖는 소리를 들으셨다. 너는 아들을 낳을 것이니, 이름을 '이스마엘'이라 하여라."

'이스마엘'은 '하나님께서 들으셨다'는 뜻이다. 즉, 하나님이 하갈의 부르짖음을 들어주셨다는 의미이다. 하갈은 천사의 말에 큰 위로를 받고 여주인의 집으로 돌아갔다. 하나님께서 지켜주신다는 확신이 들었기 때문이다.

광야에서 어려움을 겪고 돌아온 하갈은 그 후 아브람의 아들을 낳았고, 천사의 말대로 '이스마엘'이라고 이름 지었다. 그때 아브람의 나이 86세였다.

아브라함과 사라

아브라함이 새 이름을 얻다 창 17:1–22

아브람의 나이 99세 되던 때의 어느 날이었다. 아브람에게 하나님이 나타나셨다.

"나는 전능한 하나님이다. 너는 내 말에 복종하며 살면서, 올바르게 사는 사람이 되어라."

아브람이 땅에 엎드리자, 하나님이 계속 말씀하셨다.

"나는 너와 계약을 맺어 네 후손들을 크게 번성하게 할 것이다. 너는 여러 민족의 조상이 될 것이다. 이제부터는 네 이름을 '여러 민족의 아버지'라는 뜻으로 '아브라함'이라고 한다. 네 아내는 '여러 민족의 어머니'라는 뜻으로 '사라'라고 부르도록 하여라."

그날 하나님은 아브라함에게 많은 약속을 하셨다. 아브라함의 후손들 중에서 왕들이 나온다는 것, 자신의 약속을 아브라함의 후손 대대로 지킬 거라는 것, 가나안 땅을 아브라함의 후손들에게 영원한 기업基業으로 반드시 주시겠

다는 것을 약속하셨다.

아브라함은 이스마엘을 통하여 많은 후손들이 생길 것이라고 생각하였다. 하지만 하나님은 도무지 이해하지 못할 말씀을 덧붙이는 것이었다.

"내가 사라에게 복을 내려 아이를 낳게 하고, 그 후손 중에서 많은 왕이 나올 것이다."

아브라함은 엎드린 채 웃음이 나왔다. 내년이면 백 살이 될 늙은이와 아흔 살이 될 아내 사이에 자식이 생기다니….

"하나님, 이스마엘이나 오래 살도록 해주십시오. 대를 이어 재산을 물려받도록 해주십시오. 이스마엘을 통하여 하나님의 약속이 이루어지도록 해주십시오."

아브라함은 이스마엘을 하나님께 부탁했다. 그러자 하나님이 단호하게 말씀하셨다.

"아니다. 네 아내 사라가 네 대를 이을 아들을 낳을 것이다. 그 아들이 태어나거든 이름을 '이삭'이라 하여라. 내년 이맘때 네 아내가 이삭을 낳을 것이다."

할례, 계약의 증표 창 17:23-27

하나님이 아브람에게 나타나 '아브라함'으로 이름을 고쳐 주시고 많은 약속을 해주시던 날, 하나님은 아브라함과 그의 집안에 살고 있는 모든 남자들에게 계약의 징표로 '할례'를 실시하라고 명령하셨다. 할례割禮는 남성 생식기의 끝 부분을 덮고 있는 포피包皮의 일부를 베어내는 시술 행위를 말한다.

할례는 모두에게 실시되어야 했다. 종들도 예외가 아니었다. 당대뿐 아니라, 장차 생겨날 아브라함의 후손들도 반드시 할례를 받아야 했다. 심지어 하나님은 할례를 받지 않으면 자기 백성이 아니라고까지 말씀하셨다.

아브라함은 하나님의 말씀에 순종하였다. 그날 당장 자기 자신을 시작으로 이스마엘과 모든 종들, 종들의 아들들까지, 집안에 있는 모든 남자들에게 할례를 실시하였다. 그때 아브라함의 나이는 99세, 사라는 89세, 그리고 하갈을 통해 낳은 아들 이스마엘은 13세였다.

하나님이 아브라함의 장막을 방문하다 창 18:1–15

아브라함 집안의 모든 남자들에게 할례가 실시된 지 며칠 후의 어느 날 오후였다. 가나안 남부의 광야 지대는 이글거리는 태양열로 뜨거웠다. 아브라함은 자기 장막 앞에 앉아 쉬고 있었다. 그때였다. 저만치 상수리나무 숲에서 나그네 세 사람이 아브라함의 장막을 향해 다가오고 있었다.

'이처럼 무더운 한낮에는 모두가 쉬게 마련인데, 저 나그네들은 얼마나 힘들까?'

아브라함은 얼른 자리에서 일어나 그들을 영접하려고 달려 나갔다. 잠시라도 쉬어가게 하면서, 음식이라도 대접할 생각이었다.

"이리 오셔서 쉬어 가시지요. 물을 떠오도록 할 테니 발도 좀 씻으시구요."

광야 지대는 건조하여 흙먼지가 많았다. 사람들은 샌들을 신고 다녔기에, 집에 들어가려면 발부터 씻는 것이 예의였다. 그래서 주인은 반드시 손님에게 발 씻을 물을 내어주는 게 상식이었다.

"자, 여행길에 피곤하실 테니 나무 그늘에서 좀 쉬시지요. 얼른 먹을 것을 준비해 드리겠습니다."

"고맙소."

아브라함은 종에게 물을 떠다 손님들의 발을 씻어 주게 한 후, 장막 안으로 가서 어서 빵을 준비하라고 일렀다. 그리고는 소 떼가 있는 곳으로 가서 살이 오른 송아지를 골라 종에게 주며 일렀다.

"손님을 대접하려고 하니, 이것을 잡아서 맛있게 요리하도록 해라."

얼마 후, 나그네들은 정성껏 차린 훌륭한 음식을 대접 받을 수 있었다. 한편, 아브라함

의 아내 사라는 장막 안에서 바깥 손님들의 대화를 엿듣고 있었다. 그 당시 여자들은 낯선 남자 손님 앞에는 나타나지 않는 것이 관습이었다.

“부인이신 사라는 어디 있소?”

손님이 아브라함에게 물었다.

“예, 장막 안에 있습니다.”

“그래요? 내년엔 당신 아내 사라가 아들을 낳을 것이오.”

순간, 아브라함은 이들이 보통 인물이 아니라고 느꼈다. 바로 그랬다! 그들 중 한 분은 잠시 사람의 몸을 쓰시고 나타나신 성자 하나님이셨고, 다른 두 명은 천사였던 것이다. 하나님이 두 천사를 대동하고 아브라함의 장막을 친히 방문하신 것이다. 그러나 아브라함은 그때까지도 나그네들의 신분을 모르고 있었다.

한편, 장막 안에서 손님들이 한 말을 들은 사라는 웃음이 절로 나왔다.

“내 나이가 내년엔 아흔 살이고 남편은 백 살이나 되는데, 세상에! 내가 아들을 낳는다니! 여자의 생리가 끊긴 지가 언젠데… 이건 정말 자다가도 웃을 일이네.”

사라가 중얼거리며 웃는 소리를 어떻게 들었는지, 손님이 말했다.

“사라가 웃는군. 사라는 속으로 ‘이렇게 늙은 내가 어떻게 아이를 낳을 수 있단 말인가?’하고 생각한 것이다. 하지만 여호와가 하지 못할 일이 어디 있겠느냐. 사라는 내년에 틀림없이 아들을 낳을 것이다.”

당황한 사라가 장막 안에서 말했다.

“전 웃지 않았습니다.”

하나님이 즉시 말씀하셨다.

“너는 분명히 웃었다.”

소돔과 고모라의 멸망

아브라함이 소돔을 위해 중재하다 창 18:6–33

나그네들이 일어나 길을 떠나자, 아브라함은 배웅을 하기 위해 그들의 뒤를 따라 나섰다. 소돔 성과 고모라 성이 저 아래로 내려다보이는 언덕에 이르자 하나님이 말씀하셨다.

"내가 지금 하려고 하는 일을 어떻게 너 아브라함에게 숨기겠느냐? 소돔과 고모라에서 들려오는 죄악의 아우성을 더 이상은 참고 들을 수가 없구나. 그래서 그들이 얼마나 악한지 직접 내려가서 살펴보려고 한다."

천사 둘이 먼저 소돔 성을 향해 내려갔다. 아브라함은 문득 그곳에 살고 있는 조카 롯이 머릿속에 떠올랐다.

"오 주님, 흠 없이 올바르게 살아가는 사람을 어찌 죄인들과 함께 심판하려 하십니까? 그 안에 죄 없는 사람 50명이 있다면 어찌하시겠습니까?"

"의인 50명만 있으면, 그들을 위해서라도 그냥 놔두겠다."

만약 50명이 안 된다면…, 조카 롯은 죽어야 한단 말인가? 아브라함은

물러서지 않았다. 조카 롯을 구해야 했기 때문이다.

"성 안에 의롭게 살아가려고 애쓰는 사람이 45명만 있으면 어쩌시겠습니까?"

"45명만 있어도 저 성을 심판하지 않겠다."

아브라함이 또 여쭈었다.

"주님, 제가 또 여쭙는다고 화내지 마십시오. 만일 의로운 사람이 40명뿐이라면 어떻게 하실 겁니까?"

"그 40명을 위해서라도 심판하지 않겠다."

"다시 여쭙겠습니다. 성내지 마십시오. 30명밖에 안 된다면 어떻게 하시겠습니까?"

"그 30명을 위해서라도 멸하지 않는다."

아브라함은 아무래도 안심이 되지 않았다. 어떻게든 조카 롯과 그의 가족을 구하려는 마음에서 물러서지 않고 다시 물었다.

"한 번 더 말씀드립니다. 20명밖에 안 된다면 어떻게 하시겠습니까?"

"그 20명을 위해서라도 멸하지 않겠다."

그래도 아브라함의 조바심은 멈추지 않았다. 아브라함은 다시 한 번 매달렸다.

"주님, 제발 노하지 마십시오. 마지막으로 한 번만 더 말씀드리겠습니다. 만약 10명밖에 안 된다면 어쩌시겠습니까?"

"그 10명을 위해서라도 저 성읍을 멸하지 않겠다."

그제서야 아브라함은 안심이 되었다. 소돔 성에 의롭게 살려는 사람이 열 명 정도는 있을 것이라고 생각했기 때문이다. 롯의 가족만 해도 벌써 6명이 아닌가. 롯 부부와 미혼인 두 딸, 두 딸의 약혼자들인 두 사윗감을 합하면 말이다.

소돔과 고모라가 유황불로 멸망당하다 창 19:1–29, 14:1–16

오래 전, 가나안 북방의 메소포타미아 지역 네 나라가 동맹군을 형성하여 가나안 남방의 다섯 도시 연합군과 사해 근방에서 전쟁을 벌인 일이 있었다. 전쟁의 원인은, 가나안 남방의 다섯 도시 국가 나라들이 오랫동안 바쳐오던 조공朝貢을 끊고 메소포타미아의 왕을 배반했기 때문이었다. 전쟁에 휩싸인 가나안 남부의 도시 국가들 중에는 롯이 살고 있던 소돔 성도 포함되어 있었다.

아브라함과 헤어진 롯은 처음에는 소돔 성에서 꽤 멀리 떨어진 외곽의 요르단 평지에 머물렀으나, 차츰 이동하여 마침내 소돔 성 안으로 들어가서 살게 되었다.

전쟁은 가나안 남방 연합군의 패배로 끝났고, 그때 소돔 성에 살고 있던 롯과 그의 가족들도 포로가 되어 메소포타미아로 끌려가고 있었다. 그때 소식을 전해들은 아브라함은 자신의 집안에서 잘 훈련된 건장한 종 318명을 이끌고 급히 추격하여, 조카와 그의 가족들은 물론 빼앗긴 가축까지 모두 되찾아 왔었다. 목숨을 걸고 조카 일가를 구했던 것이다. 예전에 그런 일이 있었다.

그처럼 조카를 사랑하는 아브라함이었다. 그런데 이제 조카 롯이 살고 있는 소돔 성이 멸망할지도 모른다는 이야기를 듣게 되자 얼마나 마음이 안타깝고 아팠을까. 롯의 가족마저 소돔 성의 죄인들과 함께 멸망당한다면…. 아브라함은 안절부절못했다.

그러나 하나님이 하시고자 하는 일을 누가 막으며, 누가 훼방할 수 있단 말인가! 아브라함은 언덕에 선 채 저 멀리 내려다보이는 소돔 성을 걱정스런 얼굴로 하염없이 바라볼 뿐이었다. 롯이 여호와 하나님을 믿으며 의롭게 살고 있다면 혹시 생명은 구할 수 있을지도 모른다는 기대감을 떨쳐버릴 수 없었다.

한편, 먼저 길을 떠난 두 천사는 저녁 무렵에 소돔 성에 닿았다. 마침 성문에 앉아 있던 롯은 두 천사가 가까이 오자 자리에서 일어나 땅에 엎드렸다. 당시에는 나그네를 잘 대접해 주는 것이 관습이었다.

"누추하지만 저의 집에 들르시어 오늘 밤은 쉬시고, 내일 아침 길을 떠나십시오."

그들은 사양하였다. 그러나 롯이 몇 차례 친절하게 권했기 때문에 마침내 롯의 집으로 들어갔다. 그러나 두 천사가 아직 잠자리에 들기도 전에, 롯의 집 앞에 사람들이 몰려왔다. 젊은이로부터 노인에 이르기까지 소돔 성의 많은 남자들이 몰려들어 롯의 집 문을 두드리며 소동을 벌였다. 잘생긴 낯선 사람 둘이 롯의 집에 들었다는 소문이 퍼졌던 것이다.

"이봐. 자네 집에 들어온 손님들이 도대체 누구야? 이리로 끌어내. 우리도 그들과 재미 좀 봐야겠어."

고래고래 아우성이었다. 롯이 하는 수 없이 밖으로 나가서 문을 등뒤로 잠근 채 사정하였다.

"제발 이러지들 마시오. 그들은 우리 집에 찾아온 손님들이오."

"저리 썩 비켜! 우리 말을 안 들으면 너도 가만두지 않을 테다. 떠돌이 주제에 우리 성에 들어와 살면서 우리보고 이래라저래라 재판장 행세를 해?"

막무가내였다. 롯이 통사정을 하였지만, 사악한 욕정에 눈먼 그들은 기어코 끝장을 보겠다는 기세였다.

"정 그렇다면 말이오, 손님 대신 처녀인 내 딸 둘을 내어 주겠소. 당신들 좋을 대로 하시오. 그러나 내 집에 들어오신 손님만큼은 제발 손대지 말아주시오."

그들은 들은 척도 하지 않았다. 오히려 더욱 거칠어졌다.

"이봐, 너는 빠져! 안 그러면 너부터 손을 봐주겠어! 당장 물러 서!"

그들은 소리치면서 롯을 힘껏 밀치고, 롯의 집 대문을 부수려고 기승을 부렸다.

안에 있던 두 손님은 하나님이 보낸 천사였다. 사람들이 천사를 당할 재간은 없다. 천사들은 문 밖으로 손을 내밀어 롯을 집안으로 끌어들인 다음 문을 잠그고는, 밖에 있는 사람들의 눈을 멀게 하였다. 그러자 갑자기 아비규환이 벌어졌다. 앞을 보지 못하게 된 소돔 성 사람들은 우왕좌왕 대문조차 찾지 못해 아우성이었다.

천사가 롯을 향해 침착하게 말했다.

"이 성 안에 가까운 친척이 있소? 이 집에 사는 가족들 말고 말이오. 딸이든 사위든 일가 친척을 모두 데리고 성 밖으로 나가시오. 이 성에는 워낙 못된 짓을 일삼는 사람들이 많아서, 하나님께서 이 성을 쓸어 없애려고 우리를 보내신 것이오."

깜짝 놀란 롯은 얼른 자리에서 일어나, 두 딸과 함께 두 사윗감을 찾아갔다.

"여보게들, 어서 서두르게. 어서! 이 성을 한시라도 빨리 빠져나가야 하네. 여호와께서 죄로 가득 채워진 이 성을 쓸어버리려 하신다네."

그러나 사윗감들은 장인 될 어른의 말을 믿지 않았다.

어느덧 밤이 지나가고, 동쪽 하늘에 태양이 떠오르고 있었다. 천사들은 롯을 재촉했다.

"어서 일어나 아내와 두 딸을 데리고 소돔을 빠져나가시오. 그렇지 않으면 함께 멸망당할 거요."

롯이 꾸물대자, 오히려 다급해진 천사들은 롯의 가족들의 손을 잡아 끌어 성밖으로 데리고 나갔다.

"자, 어서 이곳에서 도망치시오. 절대로 뒤를 돌아보지 말고 곧장 산으로 올라가시오."

롯은 천사가 가리키는 산을 바라보다가 말했다.

"저 산까지 도망하기엔 너무나 힘이 부족합니다. 거기까진 너무 먼 길입니다. 가다가 재앙을 만나 죽을 것입니다. 그러니 저기 저 성, 저 작은 성 소알로 피신하여 살게 해주십시오."

"그럼 그렇게 하시오. 저 소알 성은 그대로 놔둘 것이오. 빨리 서두르시오. 당신들이 저 성에 들어갈 때까지는 소돔을 멸하지 않겠소."

롯의 일가는 즉시 소알 성을 향해 길을 떠났다.

마침내 롯의 일가가 소알에 다다랐을 무렵에는, 해가 떠올라 있었다. 하나님은 소돔과 고모라 위에 무시무시한 심판을 내리셨다. 그 심판은 지금껏 사람들이 한 번도 경험하지 못한 엄청난 형벌이었다. 하늘에서 유황불을 소나기처럼 쏟아 부으신 것이다. 성안은 물론, 성 근처 들녘의 농작물과 모든 풀까지도 순식간에 다 불타버렸다.

유황불이 소돔과 고모라를 무섭게 사르고 있을 때, 롯의 아내는 그대로 두고 올 수밖에 없었던 재물에 생각이 미쳤다. 그것들은 과연 어찌되었을까? 롯의 아내는 자기도 모르게 뒤를 돌아보았다. 절대로 뒤를 돌아보지 말라는 천사의 당부는 까맣게 잊고 있었다. 그러자 바로 그 순간이었다. 그녀는 즉시 그 자리에서 소금기둥으로 변해 버렸다.

롯과 그의 두 딸 창 19:30–38

모든 재산은 물론, 아내마저 잃어버린 롯은 삶이 너무나 무섭고 싫고 허망했다. 하루아침에 잿더미가 되어 버린 소돔과 고모라의 모습이 눈에 밟혀 마음이 안정되지 않았다. 롯은 두 딸과 함께 소알을 떠나 산속 깊은 곳으로 들어갔다. 동굴 하나를 찾아내어 간단한 살림 도구들을 풀고 나니, 그래도 마음이 놓였다.

동굴에서의 생활은 고생스럽고 따분하기 그지 없었다. 어느 날, 롯의 큰 딸이 동생에게 말했다.

"얘, 아버진 자꾸만 늙어 가시고 우리 주변에는 결혼할 상대조차 없다. 이러다간 집안의 혈통도 끊어지고 말겠구나."

그러고 보니 정말 그랬다. 어찌해야 좋단 말인가. 롯의 두 딸은 고민했다.

"얘, 이렇게 하면 어떻겠니?"

언니는 무슨 묘안이라도 생각난 듯 아우에게 말했다.

"아버지의 대를 이으려면 우리가 아버지와 잠자리를 같이 해야 되는 거 아니니? 그렇지?"

"그건 언니 말이 맞아. 그럼 어떻게 해야 되는 거야?"

"아버지에게 술을 드시게 하자. 얼큰하게 취해서 분별력을 잃으면 우리가 아버지와 잠자리를 같이 하는 거야. 자식을 낳으려면 그 길밖에 없잖아."

그날 밤, 롯의 딸들은 아버지에게 술을 대접했다. 롯은 아무런 영문도 모른 채 딸들이 따라주는 술을 연거푸 받아 마시다가 잔뜩 취하고 말았다.

그날 밤, 술에 취해 분별력을 잃은 아버지 곁으로 큰 딸이 들어갔고, 함께 잤다. 다음 날에도 딸들은 다시 아버지에게 술을 먹여 취하게 했다.

"얘, 오늘 밤엔 네가 아버지와 잠자리를 같이 하는 것이 어떻겠니? 그러면 우리 둘 다 아버지의 아이를 낳게 될 거야."

언니의 말대로 이번에는 작은 딸이 아버지와 함께 잤다. 그러나 롯은 너무 취해서 딸들과 동침한 사실을 알지 못했다.

두 딸은 마침내 아버지로 말미암아 임신을 하게 되었고, 둘 다 아버지의 자식을 낳게 되었다. 큰 딸의 아들은 '모압'이라 하였고, 작은 딸의 아들은 '벤암미'라 하였다. 이후 '모압'은 모압 족속의 조상이 되었고, '벤암미'는 암몬 족속의 조상이 되었다.

이삭과 이스마엘

아브라함이 또다시 곤경에 빠지다 창 20장

소돔과 고모라 성의 멸망 이후, 아브라함은 20여 년 동안 머물렀던 헤브론을 떠나 블레셋 땅 그랄로 거처를 옮겼다. 많은 가축떼를 거느렸기 때문에, 풀밭을 찾아 주거지를 옮겨 다니는 경우가 적지 않았다. 그랄 땅은 아비멜렉이 통치하는 왕국이었다. '아비멜렉'은 '나의 아버지는 왕이시다'라는 뜻인데, 블레셋 지역의 '왕'을 가리키는 일반적인 칭호였다.

아브라함은 이집트에서 그랬던 것처럼 그랄 땅에서도 아내 사라를 누이라고 소개했다. 그랄 땅에서도 사라의 미모는 많은 사람들에게 알려졌고, 왕에게도 전해졌다. 아비멜렉은 신하를 보내어 사라를 왕궁으로 데려오게 했다. 오래 전에 이집트 왕이 그랬듯이 아비멜렉 역시 사라를 후궁으로 삼을 욕심이었다.

그날 밤, 하나님이 아비멜렉의 꿈에 나타나 엄히 꾸짖었다.

"다른 사람의 아내를 데려오다니, 너는 죽을 죄를 졌다."

다행히도 아비멜렉은 사라와 아직 동침하지 않은 상태였다.

"저는 아무 잘못도 하지 않았습니다. 아브라함은 이 여인을 자기 누이라고 분명히 말했습니다. 여인도 아브라함을 오라비라고 했습니다. 그런데 왜 제가 죽어야 합니까?"

하나님이 말씀하셨다.

"나도 안다. 그래서 내가 사라의 몸에 손을 대지 못하도록 하는 것이다. 그 여인을 즉시 남편에게로 돌려보내라. 이 여인의 남편은 나의 예언자다. 그가 너를 위해 기도하면 네 목숨을 부지할 것이다. 하지만 이 여인을 남편에게 돌려보내지 않으면, 너와 네 가족들이 모두 죽을 것이다."

그날 밤, 왕비를 비롯한 후궁들 모두가 병이 났다. 아비멜렉 왕궁의 여인들이 다시는 아이를 낳지 못하게 될 병이었다.

다음 날 아침, 왕은 신하들을 불러들여 꿈 얘기를 들려주었다. 신하들도 무서워서 벌벌 떨었다. 왕은 즉시 아브라함을 왕궁으로 불렀다.

"아브라함, 당신은 어쩌자고 우리를 속였소? 우리가 당신에게 뭘 잘못했다고 그러시오."

아브라함은 민망하여 바른 대로 말하였다.

"이곳 사람들은 하나님을 모르기 때문에 나를 죽이고 내 아내를 빼앗아 갈지도 모른다고 생각하였습니다."

그 말을 듣고 보니 과연 일리가 있었다. 왕은 고개를 끄덕이고는, 즉시 사라를 아브라함에게 되돌려 주고 소떼와 양떼와 종들을 선물로 주면서 말했다.

"내 왕국의 어디든지 당신이 살고 싶은 곳에서 마음 놓고 사시오."

그리고는 별도로 은화銀貨 1천 세겔을 아브라함에게 주었다. 은화 1세겔은 은銀 11.5g에 해당되는 무게로, 오늘날의 가치로 따지면 대략 노동자 4일치의 품삯에 해당되는 금액이다. 은화 30세겔은 장정 한 사람을 살 수 있는 몸값에 해당되었다.

"이 돈을 주는 것은, 그대의 일행들에게 나와 사라 사이에 아무런 일도 없었다는 사실을 보증하는 것이오. 사라에게 어떤 수치스러운 일도 없었다는 것을 모두가 알게 될 것이오."

이에 아브라함이 아비멜렉을 위하여 하나님께 기도하자, 아비멜렉 집안에 내려진 병이 일시에 치료되었다. 왕궁의 여인들이 다시 아이를 낳을 수 있게 된 것이다.

약속의 아들 이삭이 출생하다 창 21:1-7

얼마나 기다렸던 아들인가! 100살 된 아브라함과 90살 된 사라에게서, 기적적으로 아들이 태어난 것이다. 그 아들의 이름은 이미 예고된 대로 '이삭'이라 지어졌다. '웃음'이란 뜻인데, 아브라함 부부가 천사에게서 아들의 출생 고지를 받고 도무지 믿기지 않아 웃었기 때문에 붙여진 이름이다.

그 당시에는 아무래도 믿겨지지 않아서 피식 하고 웃는 '의심의 웃음'이었지만, 이제는 '기쁨의 웃음'이 아브라함의 장막에 가득 찼다. 이삭을 품에 안은 노부부의 감격과 기쁨을 어찌 말로 표현할 수 있을까. 약속에 신실하신 하나님을 찬양할 뿐. 출생 여드레 되는 날, 아브라함은 규례에 따라 이삭에게 할례를 시행하였다.

세월이 흘러, 어느덧 아이 이삭이 젖을 떼야 할 날이 왔다. 그 당시 사람들은 보통 세 살 되던 해에 아이의 젖을 떼었고, 그것을 기념하여 큰 잔치를 베풀었다.

아브라함도 큰 잔치를 베풀었다. 이삭은 가장 좋은 옷을 입었고, 많은 사람들에 둘러싸여 사랑과 축복을 듬뿍 받았다. 하지만 이처럼 경사스러운 잔칫날을 못마땅하게 여기는 소년이 있었으니, 하갈이 낳은 이스마엘이었다. 그때 그는 이미 열일곱 살의 청년이었다. 이삭이 태어나기 전에는 이스마엘이 혼자 아브라함 집안의 사랑을 독차지해 왔고, 아브라함의 유일한 상속자였었다. 하지만 이삭이 태어난 후로는 모든 것이 달라져 버렸다. 이스마엘은 하루아침에 찬밥 신세가 되었다.

어쩌면 이렇게 달라질 수 있단 말인가! 이스마엘의 가슴속에서는 시기심과 분노가 날이 갈수록 더해졌다.

이스마엘은 한참 어린 이복동생 이삭을 은근히 괴롭히기 시작했다. 이삭이 젖을 떼던 그 잔칫날에도 이스마엘은 이삭을 짓궂게 놀려대고 있었다.

이스마엘이 장막에서 쫓겨나다 창 21:8-21

이삭의 젖을 떼는 잔칫날, 아브라함과 사라에게는 이삭의 몸짓 하나하나가 눈에 넣어도 아프지 않을 정도로 이쁘고 사랑스럽게 비쳤다. 멀리서 이삭을 지켜보는 사라의 눈에 이스마엘이 이삭을 희롱하는 장면이 목격되었다. 사라는 화가 났다. 사라는 그 즉시 남편을 향해 항의했다.

"그 계집종과 아들 녀석을 당장 이 집에서 내쫓으세요. 그 계집종의 아들이 내 아들과 함께 이 집의 상속자가 될 수는 없어요."

아브라함은 심히 괴로웠다. 어쨌거나 이스마엘도 사랑하는 자기 아들이 아닌가. 더구나 17년을 키워 왔으니 얼마나 정이 들었겠는가. 아브라함은 쉽사리 결단을 내릴 수 없었다. 그런 아브라함에게 하나님이 나타나서 말씀하셨다.

"아브라함아, 이스마엘과 계집종 하갈 때문에 그리 괴로워하지 말아라. 사라의 말대로 해라. 이삭에게서 태어난 자식이 내가 약속한 너의 혈통이다. 그러나 하갈이 낳은 이스마엘도 네 자식이니, 내가 그의 후손 역시 큰 민족을 이루게 할 것이다."

다음 날 아침, 아브라함은 일찍부터 하갈과 이스마엘을 내보낼 채비를 하였다. 가죽부대에 물을 담고 빵을 마련해 준 다음 아들과 그 어머니를 장막에서 내보냈다.

주변 일대는 거친 광야였다. 타는 갈증으로 얼마 안 가 준비한 물이 떨어졌다. 하갈과 이스마엘은 브엘세바 사막을 헤매다가 지칠 대로 지쳤다. 하갈은 이스마엘을 가시덤불 아래에 놓아둔 채 저만치 가서 목놓아 울었다. 모자가 광야에서 영락없이 죽게 되었기 때문이다. 이스마엘도 가시덤불 아래서 갈증과 고통을 참을 수 없어 소리내어 울었다. 그때였다.

"하갈아, 걱정하지 말아라. 하나님께서 네 아이가 우는 소리를 들으셨다. 어서 일어나서 아이를 일으켜 세워라. 네 아들의 후손이 큰 민족을 이룰 것이다."

천사의 소리였다. 용기를 낸 하갈이 울음을 그치고 눈을 들어 주변을 살피자, 샘물이 눈에 띄었다. 하갈은 가죽부대에 물을 담아 가지고 돌아와서 이스마엘에게 먹였다. 다시 힘을 얻은 하갈과 이스마엘은 여행을 계속할 수 있었고, 정착할 만한 땅을 찾을 수 있었다.

세월이 흘러 이스마엘은 건장한 청년이 되었고, 탁월한 사냥꾼이 되었다. 하갈은 이집트 여인을 며느리로 맞아들였다.

하나님이 아브라함을 시험하다 창 22:1–19

이삭은 무럭무럭 자랐다. 온순한 성격이라, 부모님 말씀을 너무나 잘 들었다. 성품이 온유하고 착해서, 아브라함은 외아들 이삭을 끔찍하게 사랑하였다.

이삭은 아버지 아브라함으로부터 여호와 하나님에 대해 많은 것을 배웠다. 하나님이 얼마나 높고 크고 위대하신 분인지를 듣고 저절로 경외하는 마음을 품게 되었다. 아브라함은 나이 100살이 되어 얻은 외아들 이삭이 너무나도 사랑스러웠다.

아브라함의 극진한 보살핌과 애정을 받고 이삭이 제법 남자답게 성장하였을 무렵의 어느 날이었다. 하나님은 아브라함을 시험하기로 작정하셨다. 이삭을 향한 아브라함의 사랑을 보면서, 아브라함이 하나님보다 이삭을 더 사랑하는 것처럼 보였기 때문이다.

"아브라함아, 사랑하는 네 외아들 이삭을 데리고 모리아 산으로 가라. 거기서 제단을 쌓고 이삭을 희생 제물로 삼아 번제를 드려라."

번제는 소나 양 같은 동물을 희생 제물로 잡아 그 고기를 불로 태워 하나님께 올리는 제사이다. 그렇다면 이삭을 불에 태워 죽이라는 말이 아닌가! 아브라함이 아닌 누구에게라도 자기 자식을 바치라는 이런 명령은 도저히 감당하기 버거운 것임을 하나님이 어찌 모를 수 있겠는가? 그런데도 하나님은 지금 그런 끔찍한 명령을 아브라함을 향해 내리고 있는 것이다.

아브라함, 그는 지금까지 하나님의 말씀이라면 전적으로 신뢰하고 절대적으로 순종해 온 믿음의 사람이었다. 그렇기에 하나님도 아브라함을 아끼고 사랑하여 엄청난 복을 내려주셨다.

그러나 지금, 하나님의 이 명령은 무엇이란 말인가. 하나뿐인 외아들, 그것도 나이 100살에 얻은 약속의 아들, 그처럼 온유하고 착한 아들을 제단에 올려서 죽인 다음에 불로 태워서 희생 제물로 드리라는 이 명령은 도대체 무엇이란 말인가. 아무리 생각해도 이해할 수 없었다. 기껏 이렇게 희생 제물로 받으시려고 그토록 오랜 기다림 끝에 이 아들을 낳게 하셨단 말인가. 그렇다면 이삭의 자손들을 번창케 하여 큰 민족을 이루고, 그 혈통에서 많은 왕들이 나오게 하시겠다는 하나님의 약속은 도대체 무어란 말인가.

아무리 생각해도 이해할 수 없는 명령이며, 집행할 수 없는 명령이며, 순종할 수 없는 명령이었다. 아브라함의 마음은 걷잡을 수 없는 번민으로 가득 찼다. 그러나 아브라함은 하나님을 믿었다. 아니, 믿을 수밖에 없었다. 그분은 불가능을 가능케 하시는 여호와 하나님이 아니시던가.

다음 날 아침, 아브라함은 일찍부터 일어나서 묵묵히 제사드릴 준비에 착수하였다. 그는 두 종을 시켜 장작과 며칠 분의 식량, 잠 잘 천막과 불씨를 나귀에 싣게 했다. 번제를 드릴

때 사용할 나무는 아들 이삭에게 직접 지웠다.

아브라함 부자父子와 두 종은 이른 아침 길을 떠났다. 아브라함의 마음속에는 시커먼 먹장구름이 잔뜩 몰려와 있었다. 아브라함 말고는 누구도 아브라함이 어디로, 왜 무엇 때문에 가는지 알지 못했다. 묻지도 않았다. 아브라함이 하나님께 제사를 드리러 간다는 사실만 알 뿐이었다.

아브라함이 살고 있던 브엘세바에서 모리아 산까지는 북쪽으로 계속하여 오르막길을 가야 한다. 가는 중에 이틀 밤을 천막에서 잔 일행은 사흘째 되는 날에야 하나님이 지정하신 모리아 산 밑에 당도했다.

"이삭아, 이제 네가 장작을 등에 져라. 너희들은 여기서 기다리거라."

두 종과 나귀를 산 밑에 두고, 아브라함과 이삭 부자는 묵묵히 산으로 올라갔다. 아브라함은 희생 제물을 잡을 칼과 그 제물을 불태울 불씨를 들었다.

한동안 묵묵히 산을 오르던 이삭은 궁금증이 나서 견딜 수 없었다. 마침내 참지 못하고 이삭이 아버지 아브라함에게 물었다.

"아버지, 칼도 불씨도 다 준비되었는데 희생 제물로 드릴 짐승은 어디 있습니까?"

아브라함은 눈앞이 캄캄했다. '아, 도대체 무어라고 대답해야 한단 말인가? "희생 제물은 바로 너"라는 말을 어떻게 차마 할 수 있단 말인가?' 잠시 후, 아브라함이 낮은 목소리로 대답했다.

"…응, 걱정하지 말아라. 제물은 하나님께서 준비해 주실 거야."

무거운 침묵이 흘렀다. 아브라함은 가슴이 무너져 내리는 것 같았다. 그렇다고 발걸음을 마냥 빨리 할 수도 없는 노릇이었다. 어느 아비가 아들의 목숨을 재촉하고 싶겠는가?

마침내 모리아 산 정상이었다. 아브라함은 천천히 손을 놀렸다. 먼저 바위 위에 장작을 쌓은 다음, 아들 이삭을 끈으로 묶었다. 그제서야 이삭은 아버지가 마음속으로 무슨 생각을 하고 계시는지를 알 수 있었다. 희생 제물은 바로 자기 자신이었다! 이삭은 자기 자신 앞에 닥친 죽음의 수렁보다도 아버지의 아픈 마음이 더 문제였다. 사실, 죽음이라는 것이 어떤 것인지, 그것이 어떤 방식으로 자신에게 닥칠지는, 알 수 없는 일이었다. 지금 이 순간 이삭의 마음을 사로잡은 것은, 아버지의 얼굴 가득 어려 있는 짙은 슬픔이었다. 그 슬픔이 이삭의 마음을 너무나 압도했기 때문에, 감히 아버지에게 아무런 항의의 말도 건넬 수가 없었다.

아브라함은 묶인 이삭을 나뭇단 위에 올려놓았다. 그리고는 천천히 칼을 들었다. 아브라함은 차마 외아들 이삭의 눈을 마주볼 수가 없었다. 이삭을 외면한 채, 눈을 질끈 감고 이삭을 향해 칼을 내려치려 할 찰나였다.

"아브라함아, 아브라함아!"

하나님의 음성이 다급하게 들려왔다. 칼을 든 채 동작을 멈추고 있는 아브라함에게 하나님이 말씀을 이으셨다.

"멈추어라. 그 아이에게 손을 대지 말아라. 그 아이에게 어떤 짓도 하지 말아라. 이제 내가 분명히 알았다. 네가 외아들까지 주저없이 바치려고 하는 것을 보니, 네가 나를 얼마나 사랑하고 신뢰하는지 알게 되었다."

아브라함은 땅이 꺼져라 안도의 한숨을 내쉬었다. 그리고는 감격과 기쁨으로 아들을 묶은 끈을 풀어 주었다. 주변을 둘러보니, 숫양 한 마리가 가시덤불에 뿔이 걸려 꼼짝달싹 못하고 있는 것이 보였다. 아브라함은 그 숫양을 끌고 와서는 이삭 대신에 번제물로 잡아 드렸다.

아들과 다시 집으로 돌아가게 된 아브라함은 기쁨에 겨워 그곳 이름을 '여호와이레'라고 불렀다. '여호와이레'는 '여호와께서 미리 준비해 주신다'는 뜻이다.

이삭의 손을 잡고 집으로 향하는 아브라함을 향해

하늘에서 다시 하나님의 음성이 들려왔다.

"네가 그토록 애지중지하는 외아들까지 아끼지 않고 내게 바쳤으니, 내가 네게 복을 내리리라. 네 후손이 하늘의 별처럼, 바닷가의 모래알처럼 많아지리라. 뿐만 아니라 네 후손에 의해 세상 사람들이 복을 받을 것이다. 네가 나의 말에 순종하였기 때문이다."

사라의 죽음과 막벨라 동굴 창 23장

세월이 흘렀다. 이삭이 37살이 되었을 때, 그의 어머니 사라가 127세의 나이로 세상을 떠났다. 그때 아브라함의 나이는 137세였다.

유목민인 아브라함은 가축 떼는 많았지만 자기 앞으로 소유한 땅은 없었다. 아내인 사라가 죽자, 아브라함은 아내를 장사 지내기 위해 헷 족속의 땅과 그 땅에 딸린 막벨라 동굴을 매입하고자 했다.

동굴의 소유자인 에브론은 아브라함을 존경하여 아무 대가 없이 동굴을 매장지로 내어주겠다고 했지만, 아브라함은 굳이 은화銀貨 400세겔이라는 거액을 지불하고 정식으로 매입하였다. 은화 1세겔은 은銀 11.5g에 해당되는 무게로, 대략 노동자 4일치의 품삯에 해당되는 금액이었다.

이리하여 약속의 땅 가나안에 처음으로 아브라함 소유의 땅이 생겼다. 아브라함은 가나안 남부의 헤브론 지역인 막벨라 동굴에 아내를 장사지낼 수 있었다. 이 지역은 그때부터 아브라함의 소유가 되어 가족 묘지가 되었다. 아브라함 부부(아브라함과 사라)뿐만 아니라 이삭 부부(이삭과 리브가), 야곱 부부(야곱과 레아)의 3대가 장차 이곳에 묻히게 된다.

이삭과 리브가

이삭이 리브가를 아내로 맞이하다 창 24장

사라가 죽은 지 어언 3년. 아브라함과 이삭은 쓸쓸했다. 아브라함의 나이는 140세, 이삭은 어느새 마흔이었지만 아직 총각이었다. 늙은 아브라함은 초조해졌다. 하루바삐 이삭을 결혼시켜야 되겠다고 생각했다. 하나님의 축복으로 엄청난 부자가 되었으나, 자신은 언제 죽을지 모를 노인이었다. 며느리를 맞는 일이 무엇보다 시급한 일이었지만, 그렇다고 가나안 지역에서 우상을 섬기는 원주민을 며느리로 맞을 수는 없었다.

아브라함은 생각 끝에 집안 재산을 관리하는 늙은 종 엘리에셀을 불렀다. 오랜 세월 아브라함 집안에서 일해 온 충직한 청지기였다.

"너는 내 환도뼈 밑에 손을 넣어 내가 시키는 일을 꼭 하겠다고 여호와 하나님의 살아 계심을 두고 맹세하여라. 너는 내 고향 하란으로 가서, 내 친척 가운데서 내 아들 이삭과 혼인할 처녀를 골라 오너라."

환도뼈는 허벅지에 있는 사타구니 뼈를 말한다. 종이 아브라함에게 물었다.

"주인님, 만일 제가 고른 처녀가 저를 따라오지 않을 경우에는 어찌해야 할까요? 도련님을 주인님의 고향으로 데려가도 될까요?"

"안 된다. 하나님께서는 이 땅을 나의 후손에게 주시겠다고 약속하셨다. 그러니 내 아들 이삭이 그리로 가서는 안 된다. 하나님이 이삭의 신부를 고를 수 있도록 도와주실 것이다. 혹시라도 그 처녀가 너를 따라오지 않는다면, 너는

았다.

"그러니 이제 제게 말씀해 주십시오. 어르신들께서 우리 주인님의 뜻을 받아주실 것인지요? 어르신들께서 제 주인 아브라함의 뜻을 받아주셨으면 합니다."

아브라함의 조카가 되는 리브가의 아버지 브두엘과 리브가의 오라비인 라반은 실로 오랜만에 듣는 혈육 소식이 너무나 반가웠다. 거부가 된 아브라함의 정중한 청혼을 망설일 이유는 어디에도 없었다.

"이 일이 하나님의 뜻이신데, 우리가 어찌 된다 안 된다를 말할 수 있겠소. 내 딸을 데려가셔서, 그대 주인의 아들과 결혼시키시오."

아브라함의 종은 감격했다. 그 답을 듣자마자 엎드려 여호와 하나님께 감사를 드렸다. 그는 낙타에 싣고 온 금은 패물과 좋은 옷들을 리브가에게 주고, 가족들에게도 값진 선물을 안겨 주었다.

다음 날 아침, 아브라함의 종은 길 떠날 채비를 서둘렀다. 리브가의 가족이 열흘쯤 쉬었다 가라고 붙잡았지만, 종의 마음은 한시가 급했다.

"저를 붙들지 마십시오. 주인님께 속히 돌아가게 해 주십시오. 주인님은 저를 애타게 기다리고 계실 것입니다."

하지만 리브가의 가족은 하루라도 딸을 더 붙잡고 싶은 심정이었다. 그 먼 길을 한 번 떠나면 언제 다시 보게 될지, 어쩌면 다시 못 보게 될지도 몰랐다. 멀고 먼 땅으로 사랑하는 딸을 보내야 하는 가족의 마음이 어찌 섭섭하고 안타깝지 않을까.

"그러면 리브가를 불러 그녀에게 물어 봅시다."

아브라함의 종도 고개를 끄덕였다. 리브가의 어머니가 딸에게 물었다.

"리브가야, 네 생각은 어떠냐? 이분이 지금 당장 떠나시겠다는 구나. 너도 지금 함께 떠나겠니?"

리브가가 주저 없이 대답하였다.

"예, 지금 따라가겠어요."

아브라함의 종은 출발을 서둘렀다. 리브가는 유모와 함께 아브라함의 종이 데려온 낙타에 올라탔다. 리브가의 가족들은 딸의 앞날을 축복하며 작별을 고했다.

어느 날, 이삭은 날이 저물 즈음에 산책하러 나갔다가 멀리서 한 무리의 낙타 행렬이 다가오는 것을 보았다. 낙타에 타고 있던 리브가도 한 남자가 자기들에게로 다가오는 것을 보았다.

"우리 쪽으로 오고 있는 저 사람은 누구죠?"

리브가가 아브라함의 종에게 물었다.

"예, 제 주인 어른의 아드님이십니다."

리브가는 얼른 너울로 얼굴을 가리고 몸 매무새를 가다듬었다. 여성들은 낯선 사람에게 얼굴을 보이지 않는 것이 그 지방의 풍습이었다.

낙타가 이삭에게 이르자 종은 이제까지의 일을 다 이야기해 주었다. 이삭은 리브가를 자기 어머니가 쓰던 장막으로 데리고 갔다. 리브가는 이삭의 아내가 되었다.

어머니가 세상을 뜬 뒤 늘 외롭고 울적한 나날을 보내던 이삭은, 리브가로 말미암아 인생의 새로운 기쁨을 찾았다.

아브라함이 세상을 뜨다 창 25:1-11

아브라함은 아내 사라가 죽고 난 후 그두라라는 여인과 혼인하여 여섯 명의 자식을 더 두었다. 아브라함은 거의 모든 재산을 아들 이삭에게 물려주었지만, 그두라에게서 난 자식들에게도 재산을 나누어 주어 이삭이 살고 있는 땅을 떠나 동쪽으로 가서 살게 했다.

아브라함은 175세가 되어 세상을 떠났다. 그때 이삭의 나이는 75세, 하갈을 통해 낳은 이스마엘은 89세였다. 아브라함이 죽자, 이복 형제 이삭과 이스마엘은 아버지를 막벨라 동굴에 장사하였다. 아브라함은 아내 사라가 묻힌 그 동굴에 나란히 누웠다.

쌍둥이 형제, 야곱과 에서

쌍둥이 아들 에서와 야곱이 태어나다 창 25:19–28

그로부터 15년 전, 그러니까 아브라함이 160세이고 이삭이 60세일 때, 이삭과 리브가 사이에서 쌍둥이 형제가 태어났다. 이삭이 리브가와 결혼한 후 무려 20년 만에 얻은 첫 아기였다.

두 아이는 뱃속에서부터 심하게 다투었다. 리브가는 뱃속에서 서로 발길질을 하는 두 아이 때문에 고통이 심했다.

"어쩌다 나에게 이런 일이 닥친담!"

도대체 어떡하면 좋으냐고 하나님께 하소연하자, 하나님은 이렇게 대답하셨다.

"두 나라가 네 뱃속에 들어 있구나. 형제가 각자 나라를 이루겠지만, 형이 아우를 섬기겠구나!"

리브가는 과연 쌍둥이를 낳았다. 먼저 나온 형은 온몸이 불그레하고 털투성이여서 '붉다'는 뜻으로 '에서'라고 이름 지었고, 뒤이어 나온 아우는 형의 발뒤꿈치를 야무지게 붙들고 나와서 '붙잡다'는 뜻으로 '야곱'이라고 이름 지었다.

에서는 어려서부터 힘이 세고 거칠더니, 사냥꾼이 되어 밖으로 나다니기를 좋아했다. 동생인 야곱은 조용한 성격에 매끄러운 피부를 가졌으며 집안에서 지내기를 좋아했다. 이삭은 사내다운 장남 에서를 더 사랑하였고, 리브가는 가정적이고 여성적인 성격인 야곱을 더 사랑하였다.

야곱이 형 에서의 장자권을 사다 창 25:29-34

어느 날이었다. 들판에 나가 종일 사냥을 하던 에서가 저녁 무렵 집에 돌아왔다. 에서는 몹시 배가 고팠다. 마침 야곱은 부엌에서 맛있는 팥죽을 끓이고 있었다.

“야곱아, 배고파 죽겠다. 그 팥죽 좀 다오.”

꾀가 많은 야곱은 그 순간 좋은 생각이 났다.

“내가 팥죽을 주면, 그 대신 형은 나한테 뭘 줄 건데?”

“뭘 줄까? 말만 해.”

평소 아우로 태어나 맏아들의 특권이 없는 것을 억울해 하던 야곱은 바로 이때다 싶었다.

“팥죽을 줄 테니까 형의 장자권을 내게 팔아.”

장자권은 상속권이다. 그 시대에 맏아들은 한 집안에서 아버지의 유산을 많이 물려받았을 뿐만 아니라 가문을 잇는 축복까지 받았다. 이처럼 장자권은 결코 가벼운 것이 아니었다. 하지만 들사람 에서는 미련하게도 그것을 대수롭지 않게 여기고는 선뜻 대답하였다.

“좋아, 배고파 죽을 지경인데 장자권이 무슨 소용이냐. 너 가져.”

“맹세할 수 있어?”

“그래. 맹세하마.”

야곱은 약속대로 팥죽을 형에게 주었다. 빵 몇 덩이도 함께 주었다. 이리하여 에서의 장자권은 너무나 간단하게 야곱에게로 넘어갔다.

이삭의 아내와 우물

이삭이 아내 리브가를 누이라고 속이다 창 26:1-16

대략 100년 전쯤, 이삭의 아버지 아브라함이 가나안 땅의 가뭄을 피해 이집트로 내려갔을 때, 그는 아리따운 아내 사라 때문에 목숨을 잃을까 봐 두려워 사라를 누이라고 속인 적이 있었다. 하마터면 사라가 이집트 왕의 후궁이 될 뻔한 위기를 하나님의 도움으로 넘긴 적이 있었다.

역사는 되풀이되는 것인가? 아브라함의 아들 이삭도 아버지가 저지른 잘못을 똑같이 범했다. 가나안 땅에 극심한 흉년이 들자 이삭은 블레셋 땅 그랄로 내려갔다. 아버지 아브라함이 그랬던 것처럼, 이삭은 아리따운 아내 리브가 때문에 자기가 목숨을 잃을까 봐 크게 염려했다. 아름다운 아내를 노리고 누가 무슨 짓을 할지 몰랐다.

아닌 게 아니라, 이삭 일행이 블레셋 땅 그랄에 살기 시작한 지 얼마 안 되어 리브가의 예쁜 얼굴은 사람들의 눈길을 끌었다.

"저 여인은 정말 아름답군요. 누굽니까?"

그랄 사람들은 야릇한 미소를 지으며 이삭에게 물었다.

"아, 제 누이랍니다."

이삭은 가슴이 철렁했다. 아내를 누이라고 말한 것이 양심에 걸렸지만, 살아남기 위해서는 어쩔 수 없다고 생각했다. 따지고 보면, 아내 리브가와는 오촌 친척 관계였으므로 순전한 거짓말은 아니라고 스스로를 위로하였다.

다행스럽게도 별일 없이 세월이 흘렀다. 어느 날, 블레셋 왕 아비멜렉이 지나가던 길에, 이삭이 아내 리브가를 다정스럽게 껴안는 광경을 창문을 통해 우연히 목격하였다. 리브가의 빼어난 미모에 대해서는 블레셋 왕도 이미 소문을 들어 알고 있던 차였다. 그런데 자신이 방금 목격한 광경은 오누이 관계에서는 있을 수 없는 일이었다. 둘은 부부임에 틀림없다고 판단한 블레셋 왕은 이삭을 불러들였다.

"이삭, 내가 보기에 그 여인은 분명 당신의 아내임이 틀림없소. 그런데 어째서 누이라고 우릴 속인 거요?"

"실은… 이곳 사람들이 제 아내를 빼앗으려고 저를 죽일까 봐 두려웠습니다."

이삭은 실토하지 않을 수 없었다.

"그런 법이 어디 있소? 누군가가 그녀를 범했으면 어쩔 뻔했소? 그렇게 되었다면, 당신은 우리에게 큰 죄를 짓게 하는 꼴이 아니고 뭐요?"

이삭은 너무나 부끄러웠다. 언약의 족장 이삭이 하나님을 의지하지 않고 세상적인 처신으로 위기를 모면하려 하다니! 이방인 왕에게 훈계를 들어야 하는 자신의 처지가 너무 초라해졌다.

어찌 되었든 이삭의 사정을 알게 된 블레셋 왕 아비멜렉은, 어느 누구도 이삭이나 이삭의 아내를 범해서는 안 된다고 단속을 해두었다. 누구든지 그들을 다치게 한 경우에는 사형에 처하겠노라고 엄포를 놓았다. 하나님께서는 이삭이 제 스스로의 믿음으로 확보하지 못한 안전을 아비멜렉을 통해 은혜로 확보해 주셨던 것이다.

아비멜렉이 이삭과 평화 조약을 맺다 창 26:17-35

아브라함이 죽은 후, 이삭은 가나안 남방의 블레셋 땅 그랄에서 오래 살았다. 오래전에 아브라함도 그 땅에서 산 적이 있었는데, 그때 아브라함의 종들이 판 우물이 그곳에 그대로 남아 있었다.

이삭은 그랄 땅에서 목축을 하며 농사도 지었다. 농사는 매년 풍작이었고, 양과 소와 노비 등의 재산이 날로 증가하였다. 이를 보고, 블레셋 사람들이 이삭을 시샘하기 시작했다.

그러던 어느 날, 우물 때문에 충돌이 생겼다. 이삭이 잘 되는 것을 시기한 블레셋 사람들이 아브라함 때에 판 이삭의 우물을 흙으로 메워버렸던 것이다. 우물은 가축은 물론 사람들의 생존에도 직결되는 소중한 재산이었다. 그래서 우물 때문에 싸움이 일어나는 일이 적지 않았다.

그랄 왕 아비멜렉은 이삭을 그 지역에서 떠나게 하였다. 이삭은 아비멜렉과 대결할 수도 있었지만 충돌을 원치 않았다. 그래서 그 우물을 포기하고, 그랄을 떠나 골짜기 지대로 거주지를 옮겼다. 그리고 거기서 우물을 팠더니, 맑은 물이 콸콸 터져 나오는 것이었다. 그랄의 목자들이 다시 또 그 우물을 넘보았기 때문에, 이삭의 종들과 자연 충돌이 생겼다. 그랄의 목자들은 그 우물이 자기들의 것이라고 생떼를 썼다.

이삭은 온유한 사람이었다. 이번에도 이삭은 충돌을 피해 그 우물을 포기하고, 더 멀리 이동하여 또 다른 우물을 팠다. 이번에도 물이 쏟아져 나왔다. 그러자 그랄 사람들도 더 이상 어찌해 볼 도리가 없었다.

얼마 후, 이삭은 더 멀리 브엘세바로 거주지를 옮겼다. 하루는 그랄 왕 아비멜렉이 고문과 군사령관을 데리고 이삭을 찾아왔다. 이삭의 세력이 워낙 커진 바람에 이러다가 행여 큰 충돌이라도 생기지 않을까 염려가 되어 찾아온 것이다. 그들은 이삭과 평화 조약을 맺기를 원했다.

"여호와 하나님이 당신과 함께 하신다는 것을 우리는 똑똑히 보았소. 우린 당신을 해칠 생각이 없소. 그러니 당신도 우리를 해치지 않겠다는 조약을 맺는 것이 어떻겠소?"

평화를 사랑하는 온유한 성품의 이삭이 반대할 리 없었다. 이삭은 그들을 위해 잔치를 베풀고 평화 조약을 맺었다. 이 사실은 당시 이삭의 세력이 얼마나 컸는지, 이방 사람들의 눈에도 하나님이 함께 하시며 복을 주신다고 인정할 정도로 이삭의 존재가 대단했음을 보여주는 사건이다.

한편, 이삭의 장자인 에서는 헷 족속의 두 원주민 여인을 아내로 맞았다. 이삭과 리브가는 그런 아들이 탐탁치 않았다. 원주민 여인이 과연 조상들이 믿어 온 여호와 신앙을 이어 나갈 수 있을지 걱정이 되었기 때문이었다.

야곱의 속임수와 에서의 눈물

리브가와 야곱이 이삭을 속이다 창 27:1–17

세월이 흘렀다. 늙은 이삭은 앞이 잘 보이지 않을 정도로 기력이 쇠약해졌다. 어느 날 그는 맏아들 에서를 불렀다.

"에서야, 내가 너무 늙어서 죽을 날이 가까워진 것 같구나. 언제 죽을지 모르니, 너에게 가문의 복을 빌어 주어야겠다. 그러니 들에 나가서 사냥을 해서 들짐승을 잡아오너라. 고기가 먹고 싶구나. 그 고기를 먹으면서 마지막으로 널 축복해 주고 싶다."

장막 밖에서는 리브가가 이 말을 엿듣고 있었다. 리브가는 즉시 야곱에게 그 사실을 알렸다. 원주민을 아내로 둔 에서보다는 야곱에게 더 정이 가고 마음이 쏠렸기 때문에, 리브가는 야곱이 에서보다 더 잘 되기를 바라고 있었다. 리브가는 이삭이 에서를 축복하려 한다는 사실을 귀띔해 준 다음, 야곱에게 말했다.

"그러니 야곱아, 어서 가축 떼가 있는 곳으로 달려가서 살찐 염소새끼 두 마리를 잡아 오너라. 아버지가 좋아하는 요리를 내가 만들어 줄 테니, 너는 그걸 아버지에게 잡수시게 하고 아버지의 마지막 축복을 받아라."

야곱은 아무래도 걱정이 되었다.

"어머니, 형은 털이 많고 나는 매끈하잖아요. 아버지가 축복하시면서 제 몸에 손이라도 대시면 금방 탄로가 날 텐데요. 일이 잘못되면, 축복을 받으려다 오히려 저주를 받을지도 모르잖아요."

"저주를 받게 되면 내가 다 받을 테니, 넌 걱정 말고 어서 염소새끼나 잡아 와라."

리브가의 독촉에 야곱은 서둘러 염소새끼를 잡아 왔고, 리브가 역시 에서가 돌아오기 전에 일을 마무리 짓기 위해 서둘러 요리를 장만하였다.

음식이 다 되자, 리브가는 에서의 옷 중에서 가장 좋은 것을 골라 야곱에게 입히고, 염소새끼의 가죽털로 야곱의 팔을 감아주고, 목 부분도 감싸주었다. 완벽한 위장이었다.

빼앗은 축복, 빼앗긴 축복 창 27:18–40

야곱이 음식을 들고 아버지 앞으로 갔다.

"아버지!"

"넌 첫째냐, 둘째냐?"

야곱은 움찔하였으나 마음을 가다듬고 태연하게 말했다.

"맏이 에서입니다. 아버지께서 해오라고 하신 대로 음식을 준비해 왔습니다."

"어떻게 이렇게 빨리 잡아 왔느냐?"

이삭은 아무래도 의심쩍은 모양이었다.

"예, 오늘은 하나님께서 특별히 도와주신 것 같습니다."

야곱은 애써 능청을 떨었다.

"그래? 이리 좀 가까이 다가오너라. 너를 만져봐야 되겠다."

야곱은 긴장했지만, 용기를 냈다. 야곱이 가까이 다가가자, 이삭은 그의 팔을 만지며 말하였다.

"거참, 이상하구나. 목소리는 야곱인데 손은 에서로구나."

이삭은 야곱에게 축복하려다 말고 다시 물었다.

"네가 정말 에서가 맞느냐?"

"그럼요, 아버지."

어딘가 이상한 데가 없지 않았지만, 이삭은 의심을 떨쳐버리려고 애쓰며 말했다.

"음식을 이리 가져오너라. 네가 사냥해 온 고기를 먹으면서 마음껏 축복해 주마."

이삭은 음식을 맛있게 먹었다. 포도주도 마셨다.

"자, 가까이 와서 내게 입을 맞추어라."

야곱이 다가가 입을 맞추자, 이삭은 그 옷에서 나는 냄새를 맡고 축복하였다.

"내 아들의 몸에서 나는 이 냄새는 하나님께 복을 받은 밭에서 나는 그 향기로다. 하나님께서 이슬을 내리시어 네 밭을 기름지게 하시길 비노라. 곡식과 새 포도주가 너에게 풍성하기를 비노라. 뭇 나라가 너를 섬기리라. 그들이 네게 무릎을 꿇고, 네 피붙이들도 모두 너에게 복종하리라. 너를 저주하는 자는 저주를 받고, 너를 축복하는 사람은 복을 받으리라."

이삭은 마음껏 축복하였다. 야곱은 아버지의 축복을 받자마자 서둘러 아버지의 장막을 떠났다. 마음이 급했던 것이다. 아니나 다를까, 야곱이 떠나자마자 에서가 음식을 들고 아버지의 장막으로 들어갔다.

"아버지, 아버지께서 드실 음식을 마련해 왔습니다. 일어나서 드시고, 저를 축복해 주십시오."

"아니? 넌…, 넌 누구냐?"

이삭은 크게 놀라고 당황하였다.

"저예요. 아버지의 맏아들 에서입니다."

그 말을 듣는 순간 이삭의 온몸이 부들부들 떨렸다. 그렇지만 이제 와서 어쩔 것인가? 여호와의 이름으로 한 번 베풀어진 장자의 축복은 취소될 수도 없었고, 그렇다고 다시 베풀어질 수도 없었다.

"한 발 늦었구나, 에서야! 네 아우 야곱이 이미 네 축복을 가로채 갔다. 그 아이가 가져온 음식을 먹고, 그 아이를 마지막으로 축복해 주었어. 그러니 어쩌겠느냐? 축복을 거두어들일 수는 없는 일이야. 네 아우를 축복해 주신 분은 내가 아니라 하나님이시니까."

에서는 너무나 억울하고 화가 났다. 애써 감정을 누르고, 울면서 이삭에게 매달렸다.

"아버지, 저도 축복해 주세요. 야곱은 저번에도 저를 속였습니다. 팥죽 한 그릇에 제 장자권을 빼앗아갔단 말입니다. 그런데 이제 제가 받을 축복마저 가로채 갔군요. 아버지, 저에게 주실 복은 남기지 않으셨나요?"

에서는 울부짖었다. 이삭은 그런 에서가 무척 안타까웠지만, 야곱에게 이미 베풀어 준 복을 되무를 수는 없는 일이었다.

"네가 살 땅은 척박하며 하늘에서 이슬 한 방울 내리지 않으리라. 너는 칼에 의존하여 살아가리라. 너는 아우를 상전으로 섬겨야 할 것이다. 너 스스로 힘을 길러 아우가 씌워준 굴레를 벗어나거라."

에서에게 주어질 남은 복은, 야곱이 받은 어마어마한 복에 비하면 사실 찌꺼기 복에 가까운 것이었다.

이리하여 하나님의 택한 가문인 아브라함 집안의 축복은 아브라함과 이삭을 거쳐 이제 야곱에게로 이어졌다.

야곱의 피신과 벧엘 들판의 꿈

야곱이 하란으로 피신하다 창 27:41-28:9

에서는 분통이 터져 견딜 수가 없었다. 당장이라도 야곱을 죽이고 싶었다. 그러나 아버지가 매우 연로하셨으므로, 아버지 이삭이 세상을 떠나시면 그때 죽이기로 작정했다.

'너 이놈 야곱, 조금만 기다려라. 내가 반드시 너를 죽이고 말리라.'

에서는 복수의 칼을 갈았다.

리브가의 귀에 에서가 야곱을 죽이려 한다는 말이 들려왔다.

"야곱아!"

리브가는 속히 손을 쓰기로 마음먹고 서둘렀다.

"네 형 에서가 너를 죽여야만 한이 풀릴 모양이다. 암만해도 멀리 피하는 게 좋겠다. 하란에 있는 외삼촌 라반에게 가면 안전할 거야. 거기서 네 형의 분이 풀릴 때까지 머물러 있거라. 때가

되면, 내가 사람을 보내 너한테 기별할 것이다."

리브가는 곧장 남편에게로 가서, 야곱을 하란으로 보내 신붓감을 구해야 되겠다고 말했다.

"생각해 보세요. 에서가 원주민 여자와 사는 꼴이 못마땅한데, 야곱마저 그렇게 되도록 내버려둘 수는 없잖아요. 당신이 그랬던 것처럼, 메소포타미아 고향으로 보내서 친척 가운데서 신부를 얻도록 해야겠어요."

이삭은 쉽게 동의하였다.

"네 어머니의 고향인 하란으로 가라. 거기서 외삼촌 라반의 딸 중에서 아내를 맞도록 해라."

이삭은 야곱에게 단단히 당부한 다음, 먼 길을 떠날 야곱을 위해 축복해 주었다.

아브라함이 종을 시켜 이삭의 신붓감을 구하러 보낼 때는, 열 마리의 낙타에 많은 선물을 싣고 여러 명의 종들이 갔었다. 그러나 야곱은 혼자였다. 큰 부자의 아들인데도 홀홀단신으로 외로운 나그네의 길을 떠나야 했다. 에서가 알면 뒤쫓아와 해칠지도 모른다는 우려 때문에, 리브가가 다른 사람들 몰래 야곱을 떠나보냈기 때문이다.

야곱, 하늘이 열린 꿈을 꾸다 창 28:10-22

야곱의 피난길은 멀고 험했다. 아버지의 장막이 있는 브엘세바에서 외삼촌 라반의 집이 있는 메소포타미아 북부의 하란까지는 북북동 방향으로 500km 정도나 되는 먼 길이었다. 요단 강과 얍복 강을 건너야 하고, 요르단의 구릉 지대와 아라비아 사막의 북동 지역을 통과해야 했다.

홀로 걸어서 가기에는, 사방에 많은 위험이 도사리고 있는 외롭고 힘든 길이었다. 그동안 야곱은 대부호의 아들로서 힘든 일을 해본 적이 없었다. 모든 것을 종들이 알아서 해주었다. 더군다나 야곱은 어머니의 품 안에서 자라다시피 한 나약한 성격이 아닌가!

형 에서의 보복이 두려워 도망가는 길이 아니라면, 야곱으로서는 엄두가 나지 않는 길을 떠난 것이다. 두려움이 엄습해 왔다. 태어난 이후 한 번도 홀로 되어본 적이 없는 그였다. 그러나 그 모든 것이 자신의 욕심이 불러온 죄였으니, 누구를 원망할 수도 없었다.

위로가 되는 것이 있다면, 아버지로부터 받은 축복이었다. 할아버지 아브라함과 함께 하셨던 여호와 하나님, 아버지 이삭과도 함께 하시면서 복을 주신 여호와 하나님, 그분 하나님이 자기도 지켜주시고 복을 내려주시리라. 그런 믿음이 야곱에게 용기를 주었다.

어느 날 해질 무렵이었다. 지칠 대로 지친 야곱은 노숙을 위해 돌 하나를 베개 삼아 다리를 뻗고 누웠다. 지친 야곱은 이내 깊은 잠에 빠졌고, 꿈을 꾸었다.

땅에서부터 하늘까지 닿은 긴 사다리가 보였다. 흰옷 입은 천사들이 그 사다리를 타고 오르락내리락하였다. 그 위에서 여호와 하나님이 말씀하셨다.

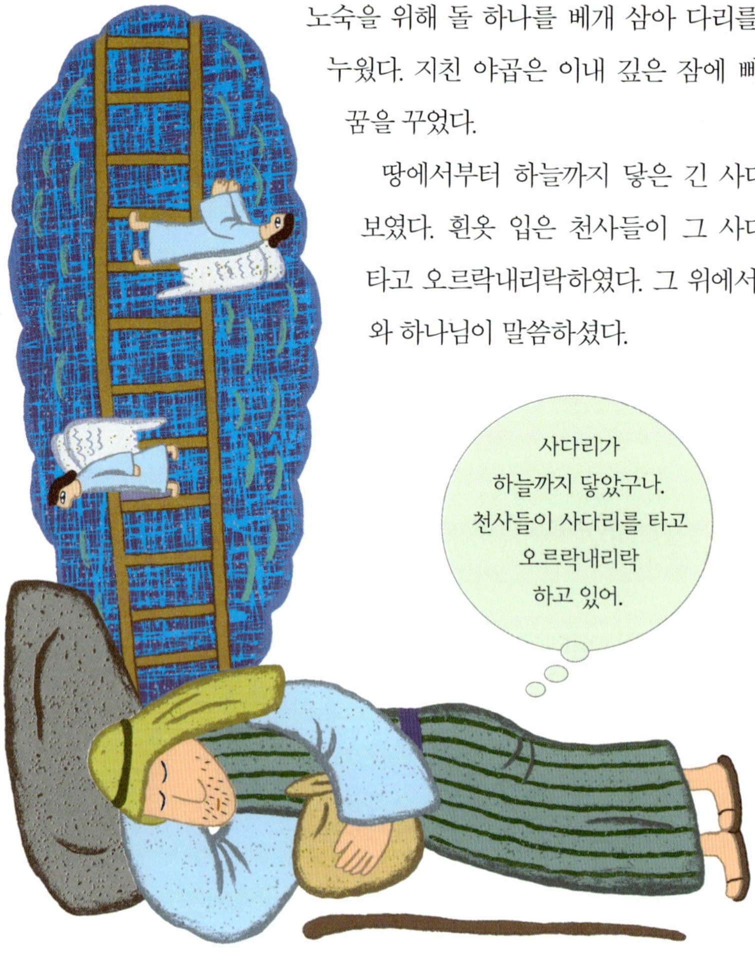

"나는 여호와다. 네 할아버지 아브라함의 하나님이며, 네 아버지 이삭의 하나님이다. 네가 지금 누워 있는 땅을 너와 네 후손에게 주리라. 네 후손이 땅의 티끌처럼 많아져서 동서남북으로 가득하게 되리라. 또한 너와 네 후손으로 말미암아 뭇 나라들이 복을 받으리라."

하나님의 말씀은 계속 이어졌다.

"나는 늘 너와 함께 할 것이다. 네가 어디로 가든지 널 지켜주리라. 넌 이리저리 돌아다니겠지만 다시 이곳으로 돌아오리라. 내가 약속한 것을 다 이루기 전까지는, 난 절대로 네 곁을 떠나지 않을 것이다."

잠에서 깨어난 야곱은 감격했다. 그리고 혼자 중얼거렸다.

'오, 여호와께서 바로 여기에 계시는구나. 그분이 바로 여기에 계신데도 내가 그걸 몰랐구나!'

그의 감격은 다음 순간 두려움으로 변하였다.

'이곳은 얼마나 두려운 곳인가. 바로 여기가 하나님의 집이라니! 이곳이 바로 하늘이 열리는 문이라니…!'

아침이 되자, 야곱은 베개로 삼았던 돌을 세워 비석으로 삼고 그 위에 기름을 부었다. 그런 후에 그곳을 '하나님의 집'이라는 뜻으로 '벧엘'이라 불렀다. 그러고 나서 맹세하였다.

"하나님이 나와 함께 하시고 내가 가는 길마다 나를 지켜주시고 먹을 것과 입을 것을 내게 주시면, 그리하여 마침내 아버지가 계시는 집으로 무사히 돌아가게 하신다면, 저는 여호와를 저의 하나님으로 섬길 것입니다. 이 비석은 '하나님을 섬기는 집'이 될 것입니다. 그리고 저는 하나님께서 저에게 주시는 모든 것의 십분의 일을 반드시 주께 드리겠습니다."

야곱의 하란 생활

야곱이 레아와 라헬을 아내로 맞다 창 29:1-30

길고 고달픈 여행 끝에 야곱은 마침내 하란 근처의 어느 들판에 도착하였다. 그곳 우물가에 이르자, 목자들이 양떼에게 물을 먹이려고 모여들고 있었다.

"어디서 오는 길입니까?"

야곱이 목자들에게 물었다.

"하란에서 오는 길이오."

'하란'이라는 말에 야곱의 귀가 번쩍 띄었다.

"그럼… 혹시 나홀의 손자 라반을 아시는지요?"

"물론 잘 알지요."

"그분께선 안녕하신가요?"

"그럼요. 오, 마침 저기 그분의 딸 라헬이 양떼를 이끌고 이리 오고 있네요."

잠시 후, 라헬이 양떼와 함께 우물가에 도착하였다. 야곱은 일단 라헬이 몰고온 양떼에게 물을 먹인 후, 라헬에게 가서 입을 맞추고는 엉엉 소리내어 울었다. 고달픈 여행 끝에 만난 친척인지라 너무도 반가웠기 때문이다.

"내가 그대 아버지의 조카요. 그대의 고

모인 리브가의 아들이란 말이오."

라헬은 크게 놀랐다. 곧장 집으로 달려가 아버지 라반에게 그 사실을 알렸다. 라반은 곧, 조카를 만나기 위해 달려 나왔다. 야곱이 그동안 있었던 일을 모두 이야기하자 라반은 참으로 반가워하였다.

"오, 네가 정말 우리 피붙이로구나."

식구들 모두가 야곱을 반겨 주었다. 야곱은 외삼촌 라반의 집에서 일을 거들며 머물렀다. 그러기를 한 달쯤 지났을 때였다. 라반이 야곱에게 말했다.

"야곱아, 네가 아무리 내 조카이긴 하지만 이렇게 거저 일을 해서야 되겠느냐. 내가 보수를 얼마나 쳐주면 좋겠느냐?"

야곱이 서슴없이 대답하였다.

"라헬과 결혼을 하도록 허락해 주세요. 허락만 해 주신다면 7년 동안 그냥 일하겠습니다."

라반에게는 두 딸이 있었다. 큰 딸 레아는 총기가 부족한 듯 보였고, 작은 딸 라헬은 미인이었다. 야곱은 그동안 라헬에게 사랑하는 마음을 품게 되었다.

"그래? 하기야 다른 사람에게 주는 것보다는 너에게 주는 게 좋겠구나. 좋다, 그럼 그렇게 하도록 하자꾸나."

7년, 결코 적은 세월이 아니었다. 하지만 야곱은 라헬을 너무나 사랑하였으므로, 라헬을 신부로 맞기 위한 7년의 세월이 전혀 길게 여겨지지 않았다.

마침내 7년이 지나자, 야곱과 라헬의 혼인 잔치가 성대하게 벌어졌다. 첫날 밤이 되자, 라반이 신부를 신방으로 들여보냈다. 야곱은 잔뜩 술에 취한 상태였다. 신부는 눈만 보이도록 온몸과 얼굴을 너울로 가리고 있었으므로, 야곱은 아무런 의심 없이 그녀가 당연히 라헬이려니 생각하고 잠자리를 함께 했다.

그러나 어찌된 일인가. 다음 날 아침이 되어 신부의 얼굴을 본 야곱은 기절초풍할 지경이었다. 사랑하는 신부 라헬이 아니라, 그 언니인 레아였다. 레아와 첫날밤을 치른 것이다.

기가 막힌 야곱은 즉시 라반에게 달려가 항의했다.

"외삼촌, 내가 라헬에게 장가들려고 7년 동안이나 뼈 빠지게 일했는데, 이러

실 수가 있습니까? 왜 라헬이 아닌 레아를 신방에 들여보낸 겁니까? 왜 약속을 안 지키고, 이렇게 나를 속였습니까? 이래도 되는 건가요?"

라반은 태연자약 대답하였다.

"이 사람아, 우리 고장 풍습에는 언니보다 아우가 먼저 결혼하는 법이 없다네. 자넬 속이려는 게 아니야. 내 말을 믿고 잔치 기간인 이레가 끝나기만 기다려 주게. 그럼 라헬도 자네에게 주겠네."

야곱이 조금 안도하자, 라반이 말을 이었다.

"그렇지만 조건이 있어. 라헬을 주는 조건으로, 앞으로 7년 동안 더 일해야 하네."

야곱은 속았다는 느낌이 들었지만, 라헬과 결혼할 수 있다는 말에 거부할 수가 없었다. 라헬과 결혼할 수만 있다면, 7년이 무슨 문제랴!

잔치 기간이 끝나자 라반은 약속대로 작은 딸 라헬을 야곱에게 주어 아내로 맞아들이게 했다. 야곱 또한 약속대로 외삼촌 라반을 위해 7년 동안 열심히 일했다.

하란에서 낳은 야곱의 아들들 창 29:31-30:24

야곱이 외삼촌 라반에게 속아 레아를 첫번째 아내로 맞긴 했지만, 야곱의 사랑은 두 번째 아내가 된 라헬뿐이었다. 레아는 늘 쓸쓸하고 허전했다. 야곱이 라헬을 사랑하고 레아를 사랑하지 않는 것을 보신 하나님은, 레아를 위로하기 위해 그녀로 하여금 여러 아들들을 낳게 하셨다.

레아는 아들 넷을 줄줄이 낳았다. 르우벤, 시므온, 레위, 유다가 그들이었다. 이제 레아는 남편 앞에서 당당한 부인이 되었다.

하지만 웬일인지, 야곱의 사랑을 듬뿍 받는 라헬에게는 자식이 없었다. 자식을 낳지 못한 라헬은 그것이 늘 마음에 걸렸다. 라헬은 궁리 끝에 자식을 얻을 속셈으로 자기의 몸종 빌하를 야곱에게 주었다. 일찍이 아들을 낳지 못한 사라가 자기의 몸종 하갈을 아브라함에게 주었던 것처럼. 당시에는, 여종이 낳은 아이는 여주인의 아들로 간주되었다.

야곱과 라헬의 몸종 빌하 사이에 두 아들이 태어났다. 그 자식들의 이름은 단과 납달리였다. 이리하여 라헬도 몸종을 통해 자식을 가질 수 있었다. 이쯤되자, 두 자매는 아들 낳기 경쟁을 벌였다. 레아는 자기의 몸종 실바를 야곱에게 주어, 실바를 통해 두 아들을 얻었다. 레아는 그들을 갓과 아셀이라고 이름 지었다.

레아는 또, 자신이 직접 두 아들을 낳았다. 잇사갈과 스불론이 그들이었다. 레아는 매우 흡족하였다. 자기가 낳은 아들 여섯에다, 자기 종이 낳은 아들 둘이 있으니, 모두 여덟 형제가 아닌가. 거기에 레아는 또 딸을 하나 낳고 이름을 '디나'라고 지었다.

시샘이 많은 라헬은 언니에게 뒤지는 것이 크게 속이 상했다. 무엇보다 자신이 직접 낳은 친아들이 없다는 것이 안타까웠다. 라헬은 하나님께 매달렸고, 하나님은 라헬에게 아들을 낳게 하셨다. 바로 요셉이었다. 야곱은 많은 아들들 중에서 요셉을 가장 사랑하였다. 사랑하는 라헬이 낳은 외아들인 데다가, 늙어서 낳았기 때문이었다.

나중에 야곱의 고향인 가나안 땅으로 돌아간 후, 라헬은 아들 하나를 더 낳다가 산고産苦로 인해 죽었다. 그 아들이 요셉의 친동생 베냐민이었다. 이렇게 해서 야곱에게는 아들만 12명이 되었다. 이들 열두 명이 훗날 이스라엘 12지파의 조상이 된다.

야곱이 또다시 도망쳐 가나안으로 향하다 창 30:25-31:55

야곱은 사랑하는 라헬과의 결혼을 위해 14년 동안이나 외삼촌 라반의 집에서 일해 주었다. 그 후 6년 동안은 대가를 받고 일하였다. 야곱은 어느 정도의 대가를 받았을까? 야곱은 자신이 받을 노동의 대가를 스스로 제안했다.

야곱은 자신이 치는 양떼 중에서 새끼가 태어나게 되면 점 있는 것, 얼룩무늬 있는 것, 검은 것은 모두 자신의 품삯으로 달라고 했다. 염소떼 중에서도 점 있는 것과 얼룩무늬 있는 새끼는 모두 자신의 품삯으로 쳐달라고 했다.

라반으로서는 손해 볼 것이 없었다. 양들은 순수한 흰색을, 염소들은 순수한 흑갈색을 띠는 것이 거의 전부였고, 태어나는 새끼들도 대개가 그러했기 때문이다. 점 있는 것이나 얼룩무늬 있는 것 또는 검은 것들은 아주 드물게 태어났기 때문에, 라반은 미소를 지으며 흔쾌히 야곱의 계약 조건을 받아들였다.

"좋다, 그리하도록 하자."

라반은 얼른 그러마고 약속하고, 자신의 양과 염소 중에서 얼룩무늬가 있거나 점이 있거나 검은 것들은 따로 골라내어 자기 아들들에게 맡기고, 야곱에게는 흰 양과 검은 염소만 맡겼다. 그리고는 안전 대책으로 야곱이 돌볼 가축 떼와 자기 아들들이 돌보는 가축 떼와의 간격을 사흘 길이 되도록 멀리 떨어지게 하였다. 라반의 생각에, 이렇게 해 놓으면 야곱이 말한 조건을 갖고 태어날 새끼가 없을 것 같았다.

'또 몇 년 동안을 공짜로 부려먹게 생겼구나.'

라반은 속으로 쾌재를 불렀다.

그러나 이게 웬일인가! 해를 거듭할수록 야곱이 말한 조건을 갖고 태어나는 새끼들이 부쩍부쩍 늘었다. 모두 야곱의 재간이었다. 야곱은 나뭇가지 껍질을 벗겨내어 얼룩무늬가 생기게 한 다음, 양들이 개울로 물을 먹으러 와서 교미를 할 때마다 그 나뭇가지를 바라보게 하였다. 그러다 보니 가축이 낳는 새끼들 중에 얼룩무늬가 있는 경우가 많아졌다.

더구나 야곱은 건강한 가축이 교미를 할 때는 껍질을 벗긴 나뭇가지를 그

앞에 갖다 놓았지만, 약한 가축이 교미를 할 때는 그 나뭇가지를 가져다놓지 않았다. 이렇게 되니 줄무늬가 있는 것들은 자연 건강한 축에 속했다.

그리하여 6년이 지나자, 야곱은 엄청난 부자가 되어 있었다.

"야곱이 우리 아버지의 양떼를 다 빼앗아 가는구나."

"야곱이 가진 가축 떼는 본래 다 우리 아버지의 소유가 아닌가."

야곱이 라반보다 더 큰 부자가 되자, 라반과 그의 아들들의 태도가 달라졌다. 그들은 야곱을 시기하고 미워했다. 야곱도 이전과 달라진 그들의 태도를 확연히 느낄 수 있었다. 그 무렵, 하나님이 야곱에게 말씀하셨다.

"야곱아, 네 조상들이 있는 땅으로 돌아가라. 내가 너와 함께 하리라."

야곱이 가족을 떠나 하란 땅으로 온 지 어느덧 20년이 흘러 있었다. 그 긴 세월을 멀리 하란 땅에서 외삼촌 집안의 일만 하면서 살았다. 아버지와 어머니가 그리웠다. 이제는 고향으로 돌아가고 싶었다. 그러나 외삼촌 라반이 야곱을 과연 곱게 보내줄 수 있을까? 아마도 아닐 것이다. 라반은 쉽사리 보내주지 않을 것이 분명했다. 고민 끝에 야곱은 두 아내를 불러, 왜 자신들이 몰래 떠나지 않으면 안 되는지를 이야기했다. 두 아내도 야곱의 뜻에 따르겠다고 했다.

그 무렵 라반은 양털을 깎느라고 멀리 떠나 있었다. 기회였다. 야곱은 가족들과 가축 떼를 이끌고 고향 땅을 향해 길을 떠났다. 형 에서를 피해 고향 집에서 몰래 도망쳐 나온 지 20년, 이제 야곱은 외삼촌 라반을 피해 발걸음을 재촉하고 있었다. 20년 만에 또다시 도망자의 신세가 된 것이다. 달라진 것이 있다면, 20년 전에 도망칠 때는 가진 것 없이 홀홀단신이었으나, 지금은 많은 가족과 종들과 엄청난 가축 떼를 거느리게 되었다는 점이었다. 엄청난 대가족이 500km를 여행하려면 족히 한 달은 걸릴 것이다.

야곱이 몰래 도망친 지 사흘, 라반은 그제야 야곱의 도주 사실을 보고 받았다. 라반은 부랴부랴 추격대를 조직했다. 그리고 칠일 동안 밤낮으로 추격한 끝에 야곱 일행이 있는 곳에 이르렀다. 그런데 바로 그날 밤이었다. 라반의 꿈에 하나님이 나타나, 좋은 말로든 나쁜 말로든 야곱과 시비하지 말라고 경고하셨다.

다음 날, 라반은 야곱에게로 갔다. 하지만 이미 하나님의 경고를 받았는지라, 라반은 야곱에게 나쁜 말을 할 수가 없었다. 두 사람은 서로 해치지 않기로 언약을 맺고, 그 증거로 돌무더기를 쌓았다. 그리고 그곳 이름을 갈르엣이라고 하였다. '갈르엣'은 '증거의 무더기'라는 뜻이다.

라반과 야곱은 하룻밤을 함께 보내면서 많은 이야기를 나누었다. 다음 날 아침, 라반은 자신의 딸들과 외손자들에게 입을 맞추고 복을 빌면서 석별의 정을 한껏 나눈 다음, 다시 하란으로 돌아갔다.

야곱의 귀향과 얍복 강변의 씨름

야곱이 천사와 씨름하다 창 32장

20년 만의 귀향이 어찌 기대와 흥분으로 가슴 설레지 않을 수 있으랴. 그럼에도 불구하고 야곱은 고향이 가까워질수록 오히려 두려움이 증폭되어 갔다. 복수의 칼을 갈고 있었던 형 에서 때문이었다. 고향을 떠날 때, 돌아와도 괜찮을 상황이 되면 사람을 보내 기별하겠다던 어머니의 약속은 어떻든 지금껏 이루어지지 않고 있었다.

가나안 땅에 들어선 야곱은 우선 형 에서의 마음이 어떤지를 미리 알아보기로 했다. 야곱은 종들을 보내면서 당부했다.

"내 형 에서를 만나거든 정중하게 인사를 올리도록 해라. '형님의 아우 야곱은 지금까지 외삼촌 라반의 집에 머물러 지내면서, 많은 가축을 얻어 부자가 되었습니다. 그래서 형님께 인사를 드리러 왔으니 부디 너그러운 마음으로 아우를 봐 주십시오.' 이렇게 전갈을 하도록 해라."

그러나 돌아온 종들의 보고는 야곱의 마음을 더욱 불안하게 했다.

"주인님의 형님께 다녀왔습니다. 형님도 주인님이 돌아오신다는 소식을 들으신 모양입니다. 그분도 4백 명의 종들을 거느리고 주인님을 만나려고 이리로 오고 있는 중입니다."

야곱은 이 말을 듣고 생각했다. '이젠 죽는구나. 나도, 내 가족도, 나의 가축 떼도 다 죽일 작정이로구나.'

야곱은 즉시 가축 떼를 둘로 나누어 거리를 두게 했다. 에서가 와서 한쪽을 공격하더라도 나머지 절반은 도망칠 수 있도록 하기 위함이었다. 야곱은 다급한 마음으로 하나님께 기도하였다.

"할아버지 아브라함의 하나님, 아버지 이삭의 하나님, 하나님께서는 저에게 고향 땅 저의 피붙이들이 있는 곳으로 다시 돌아가라고 하셨습니다. 사실 저는 하나님께서 베풀어 주신 모든 은총을 받을 만한 자격조차 없는 몸입니다. 20년 전에 요단강을 건널 때는 지팡이 하나가 전부였습니다. 그런데 지금은 이렇게 큰 부자가 되었습니다. 하나님, 저를 구해 주십시오. 형 에서가 우리 가족을 모두 죽일지도 모릅니다. 하나님은 제가 하는 일마다 다 잘되게 해주신다고 약속하셨습니다. 제 후손을 셀 수 없도록 많게 주신다고 약속하셨습니다. 하오니 주님, 약속을 잊지 마시고 제발 저를 기억해 주십시오."

다음 날, 야곱은 형의 마음을 누그러뜨릴 한 가지 묘안을 떠올렸다. 많은 예물을 미리 보내는 것이었다. 야곱은 종들을 시켜 암염소 2백 마리, 숫염소 20마리, 암양 2백 마리, 숫양 20마리, 어미 낙타 30마리와 그 새끼들, 암소 40마리, 황소 10마리, 암나귀 20마리, 새끼 나귀 10마리 등, 큰 목장 하나를 차릴 만한 6백 여 마리의 가축을 형에게 예물로 보내도록 준비시켰다.

야곱은 그 예물을 한꺼번에 보내지 않고 몇 무리로 나누어 각각 1km 정도씩 거리를 두게 하고 차례로 출발시켰다. 형 에서를 기쁘게 하고 감동시키려는 계산이었다. 첫 무리만 자기에게 보내지는 예물로 알았는데 그 뒤를 이어 또 한 무리가 오고, 또 다른 무리가 오면, 그 많은 예물에 흐뭇해져 마음이 풀어질 수도 있을 것이기 때문이었다.

종들이 예물용 가축 떼를 이끌고 얍복 강을 다 건넌 후에 밤이 되기를 기다려, 이번에는 두 아내와 두 소실과 자녀들, 가축 떼 모두를 건너 보냈다. 이제 남은 자는 야곱뿐이었다. 야곱은 홀로 얍복 강변에서 밤을 보내게 되었다. 큰 근심과 두려움에 휩싸인 채 야곱은 밤새도록 홀로 기도했다.

그날 밤, 기도하고 있는 야곱에게 느닷없이 어떤 사람 하나가 나타났다. 야곱은 그 사람을 붙들고 밤새도록 씨름을 했다. 밤이 지나고 날이 새도록 그들은 온 힘을 다해 싸웠다. 관객 없는 고독한 싸움이었다. 야곱은 이 사람에게 지면 죽기라도 하는 듯 혼신의 힘을 다 쏟아 싸웠다. 낯선 사람은 도저히 이길 수 없음을 알았는지 야곱의 엉덩이를 힘껏 후려쳤다. 엉덩이뼈가 부러졌다. 그 상처로 인해 야곱은 다리를 절게 되었다.

동녘이 밝아오고 날이 새려 하자 낯선 이가 말했다.

"날이 새니 이젠 가야겠다. 어서 놔라."

그때서야 야곱은 낯선 그자가 천사라는 사실을 알았다. 그렇다면 그냥 보내줄 수 없었다. 야곱은 엉덩이뼈가 부러져 큰 고통을 느꼈으나, 천사를 힘껏 부여잡고 놔주질 않았다. 그야말로 죽기 살기로 매달렸다.

"저를 축복해 주실 때까지는 절대로 놓아줄 수 없습니다."

"네 이름이 뭐냐?"

끈질지게 매달리는 야곱에게 천사가 물었다.

"야곱입니다."

"이제는 야곱이라 부르지 마라. 너는 하나님과 씨름하였고 사람들과도 싸워 이겼다. 그러니 이제부터는 네 이름을 '이스라엘'이라고 하여라."

'이스라엘'은 '하나님과 겨루어 이겼다.'라는 뜻이다. 야곱이 끈질지게 매달려 마침내 하나님에게서 기도의 응답을 받아낸 것을 기념하는 이름이었다. 야곱은 천사와 씨름을 한 그 곳을 '브니엘'이라고

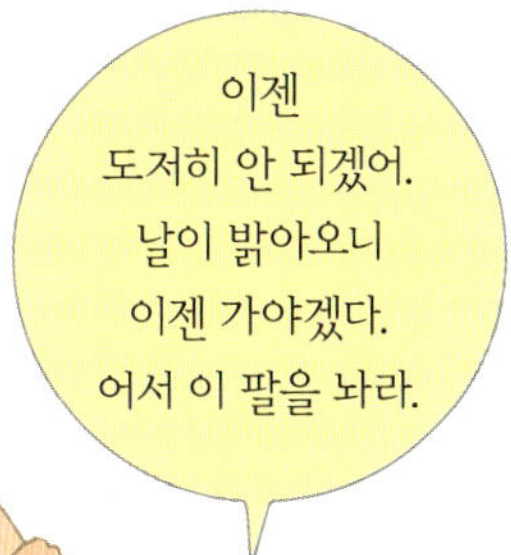

야곱의 슬픔과 벧엘의 제단

야곱의 딸 디나가 강간을 당하다 창 34장

하란에서 가나안 땅으로 돌아온 야곱이 형 에서와 화해하고, 이후 세겜 땅에 정착하여 산 지도 어느덧 10년이 흘렀다. 하루는 야곱의 딸 디나가 호기심에 끌려 세겜 땅의 여자들을 보려고 혼자 외출을 했다.

마침 그곳을 지나던 그 땅의 추장 세겜이 디나를 보고는 홀딱 반하고 말았다. 세겜은 디나를 강제로 자기 집으로 끌고 가서 욕보였다. 그런 후에 세겜은 디나의 아름다운 미모와 매력에 빠져 어떻게든 그녀의 마음을 사려고 애썼다.

세겜은 자기 아버지를 조르기 시작했다.

"아버지, 부탁이 있는데요. 꼭 들어주셔야 해요."

그 당시, 결혼의 결정권은 부모에게 있었다.

"그래, 무슨 말이냐?"

"우리 땅을 사서 장막을 치고 사는 유목민의 족장 야곱에게 딸이 하나 있는데요, 이름이 디나입니다. 저는 그녀를 무척 사랑합니다. 지금 우리 집에 와 있습니다. 제가 그녀를 데리고 왔어요. 그녀와 결혼할 수 있도록 아버지께서 좀 도와주세요."

한편, 야곱은 외동딸 디나가 원주민에게 납치되어 강간당했다는 소식을 들었다. 끓어오르는 분노를 참을 수 없었다. 그러나 아들들과 종들이 가축 떼를 몰고 목초지를 찾아 멀리 나가 있었기 때문에 그들이 돌아오기만을 애타게 기다리고 있었다. 그러던 차에, 세겜의 아버지 하몰이 야곱을 찾아왔다.

“내 아들 세겜이 따님에게 반하고 말았소. 그러니 둘을 결혼시킵시다. 앞으로 우리 서로 잘 지내봅시다. 당신의 딸들이 우리 아들들과 결혼하고, 당신의 아들들도 우리 딸들과 결혼하고 말입니다. 그러면 우리가 사돈지간이 되니 얼마나 좋습니까. 여기서 마음 푹 놓고 살고 싶은 곳에서 사셔도 됩니다. 우리와 거래해서 돈도 많이 버십시오. 적극 협조해 드리겠습니다.”

한편, 소식을 전해 듣고 목초지에서 급히 돌아온 이스라엘의 아들들은 하나같이 수치와 슬픔과 분노를 삭이지 못하였다.

“그놈이 감히 우리 누이를 강간하다니, 우릴 어떻게 본 거야? 우릴 얼마나 하찮게 여겼으면 그런 짓을 하지? 여호와 하나님이 우리 아버지와 함께 하시는데, 그런 우리 아버지의 딸을 감히 건드리다니…”

그러나 세겜 족장은 포기하지 않았다. 정말로 디나를 사랑했기 때문이다. 그는 또다시 디나의 부친과 오라비들을 찾아와 간청하였다.

“제게 은혜를 베풀어 따님을 제 아내로 삼게 해주신다면, 원하는 건 무엇이든지 다 드리겠습니다. 말씀만 하십시오.”

야곱의 아들들은 이 문제를 놓고 의논했다. 그들은 세겜 일가에게 복수하지 않고는 도무지 명예를 회복할 수 없고, 분노와 슬픔을 씻을 수 없다는 데 의견을 모았다. 특히 디나에게 친오빠가 되는 레아의 아들들인 시므온과 레위의 복수심은 아무도 말릴 수 없을 정도였다. 그들은 끔찍한 복수를 다짐했다. 그리고 성공적인 복수를 위해 하나의 방책을 짜냈다.

“당신의 뜻은 잘 알겠습니다. 그런데

우리는 할례 받지 않은 사람과는 결혼하지 않습니다. 만일 당신이 할례를 받는다면 혼인을 생각해 보겠습니다. 뿐만 아니라 당신네 성읍 주민들이 우리들과 같이 모두 할례를 받는다면, 우리도 당신네 딸들과 혼인할 수 있습니다. 그렇게 되면, 우린 한 민족처럼 사이좋게 지낼 수 있을 것입니다. 그러나 할례를 받지 않는다면, 우리는 누이를 데리고 다른 곳으로 갈 것입니다."

세겜은 어떻게든 디나와 결혼하겠다는 생각에 그 제안을 기꺼이 수락하였다. 세겜의 아버지 하몰도 동의했다. 그러자 세겜은 지체하지 않고 성읍 백성들에게 그 사실을 알렸다.

"우리가 야곱 사람들을 만나고 왔소. 아주 친절한 사람들이더군요. 우리 땅은 넓습니다. 우리가 그들과 혼인도 하고 거래도 하면서 함께 사는 것이 좋겠소. 다만 그들이 제시한 조건이 한 가지 있는데, 우리 성읍의 남자들이 모두 그 사람들처럼 할례를 받아야 한다는 것이오. 우리가 그 사람들과 피차 결혼하면 저 사람들의 많은 재산도 사실상 우리 것이나 마찬가지가 되는 거요. 그러니 우리 모두 할례를 받고 그들과 함께 살도록 합시다."

반대하는 사람이 없었다. 세겜 성에서 가장 영향력 있는 추장의 제안인 데다가, 야곱 일가는 많은 가축 떼를 거느린 큰 부자였기 때문이다. 그리하여 세겜 성 안의 모든 남자들은 일시에 할례를 받았다.

할례를 받은 지 사흘 후, 할례로 인한 몸의 고통이 가장 클 때였다. 야곱의 아들들은 집안의 모든 종들을 동원하여, 세겜 남자들이 할례 때문에 모두 고통스러워하고 있을 때를 노리고 세겜 성을 불시에 공격하였다. 복수심에 불타는 시므온과 레위가 앞장 서서 지휘하였다. 그들은 세겜 성의 모든 남자들을 죽였다. 하몰과 그의 아들 세겜도 죽였다. 그리고는 세겜의 집안에 있던 디나를 데리고 나왔다.

하지만 복수는 여기서 끝나지 않았다. 야곱의 아들들은 세겜 성 주민들의 재산도 모조리 약탈하였다. 그들의 아내들과 자식들도 포로처럼 잡아 왔다. 가축들도 끌고 왔다. 전투에 이긴 승자가 전리품을 노획해 오는 것처럼, 세겜 성을 철저히 약탈하였다.

사태가 이 지경에 이르자, 야곱은 걱정이 태산이었다. 아들들은 벌집을 건드리고 만 것이다. 그는 특히 이번 일을 주동하고 앞장선 시므온과 레위를 불러 야단을 쳤다.

"너희들이 큰 골칫거리를 만들었다. 이 땅에 사는 다른 종족들이 우리를 그대로 두겠느냐? 우리 가족을 몰살시킬 것이다. 그들은 우리보다 수효도 많은데, 우리가 어찌 그들과 맞서 싸운단 말이냐? 이 일을 어쩌면 좋단 말이냐? 우리 집안이 망하게 생겼다."

시므온과 레위가 대들었다.

"아버지, 그러면 저놈들이 우리 누이를 창녀 취급하며 희롱해도 좋다는 말씀입니까?"

야곱이 벧엘로 올라가 제단을 쌓다 창 35:1-15

큰 어려움에 빠진 야곱에게 하나님의 말씀이 임했다.

"야곱아, 지금 벧엘로 가거라. 거기서 제단을 쌓고 제사를 드려라. 그곳은 네가 형 에서를 피해 도망칠 때 내가 네게 나타났던 곳이 아니냐?"

그렇다! 30여 년 전, 형 에서의 복수를 피해 하란으로 도망치던 야곱이 들판에서 잠을 잘 때 꿈 속에서 하나님을 뵈었던 곳이 바로 벧엘이었다. 야곱은 그곳에 돌로 기둥을 세우고 하나님께 서원을 했었다. 자기를 평안히 가나안 땅으로 돌아오게 해주신다면 돌을 세운 이곳에서 하나님께 감사의 제사를 드리고 자신의 십분 일을 하나님께 드리겠노라고.

가나안 땅으로 돌아온 지 어느덧 10여 년이 흘렀건만, 야곱은 벧엘에서의 서원을 까맣게 잊고 있었다. 그렇게 하나님과의 약속을 잊고 세상 속에 살고 있을 때, 디나 사건이 일어나고 세겜 학살 사건이 터진 것이다. 하나님의 명령은 바로 그런 시점에 주어졌다.

그때서야 야곱은 아차! 싶었다. 야곱은 즉시 집안을 정결하게 하는 일을 시작했다. 집안의 모든 이방 우상들을 수거하여 세겜 근처 상수리나무 아래에 묻고, 모든 사람들로 하여금 새 옷으로 갈아입게 했다. 그런 다음, 하나님께 제사를 드리기 위해 세겜을 떠나 벧엘로 갔다.

야곱 일행에게 감히 시비를 거는 사람은 아무도 없었다. 세겜 성의 무시무시한 사건이 인근 마을 사람들에게 다 알려졌기 때문이었다. 하나님께서 그들에게 두려운 마음을 심어주신 것이다.

벧엘로 간 야곱은 제단을 쌓고 하나님께 희생 제물을 바치고 제사를 드렸다. 그런 야곱에게 하나님이 나타나셔서 말씀하셨다.

"네 이름을 다시는 '야곱'이라 부르지 않으리라. 앞으로는 '이스라엘'이라고 부를 것이다."

야곱의 이름이 '이스라엘'로 개명된 것이다. 사실 이것은 얍복 강에서 천사와 씨름을 한 이후에 이미 말씀하신 내용이었다. '야곱'은 '(발꿈치를) 붙잡은 자'라는 뜻이고, '이스라엘'은 '하나님과 겨루어 이긴 자'라는 뜻이다. '야곱'이라는 이름이 과거 인간적인 속임수와 술수로 살아온 생활을 대변하는 부끄러운 이름이라면, '이스라엘'이라는 이름은 하나님께 매달려 기도하는 신앙의 삶을 가리키는 영광스런 이름이라 할 수 있다.

라헬이 죽고, 이삭이 죽다 창 35:16–36:43

서원한 대로 하나님께 제사를 드린 후, 야곱은 벧엘을 떠나 베들레헴으로 향했다. 야곱 가족이 베들레헴 근처에 이르렀을 때, 해산할 때가 다 된 라헬에게 심한 산고産苦가 찾아왔다. 힘겨운 출산이었다.

라헬은 간신히 아들 하나를 더 낳고 세상을 떠났다. 그 아들이 요셉의 아우이며 형제들 중 막내가 된 '베냐민'이었다. 야곱에겐 12번째 아들이었다.

야곱에게는 아내 둘과 소실 둘이 있었지만, 누구보다도 라헬을 끔찍하게 사랑했었다. 그녀와 결혼하기 위해 무려 14년의 세월을 외삼촌 라반을 위해 대가 없이 봉사하지 않았던가! 그런 그녀가 아이를 낳고 나서 죽고 말았으니, 야곱의 슬픔이 얼마나 컸으랴!

야곱은 라헬을 그곳에 장사지내고 묘비를 세운 후 베들레헴으로 가서 거기에 머물렀다. 얼마 후에는 다시 그곳을 떠나 늙은 아버지가 있는 가나안 남방의 헤브론으로 이주했다.

야곱이 아버지 이삭이 살고 있는 헤브론으로 돌아올 당시, 그의 나이는 어언 108세였다. 야곱보다 60세 많은 이삭은 168세였다. 야곱의 어머니 리브가는 벌써 오래 전에, 그러니까 야곱이 하란의 외삼촌 집에 있을 때 세상을 떠났다. 리브가는 그토록 사랑하는 야곱을 멀리 친정으로 도피시킨 후 한 번도 야곱을 다시 보지 못하고 눈을 감았던 것이다. 속임수에 대한 대가였다.

오래전, 야곱이 장자의 축복을 받기 위해 에서라고 속일 때에도 이삭은 시력이 나빠 사물을 제대로 분별하지 못했었다. 그 이후로도 이삭은 점점 더 노쇠해졌고, 야곱이 헤브론 집으로 돌아온 이후 12년 동안을 더 살다가 180세를 일기로 세상을 떠났다. 아버지 아브라함이 있는 곳으로 돌아간 것이다. 그때 쌍둥이 아들 에서와 야곱은 120세였다.

에서와 야곱은 아버지 이삭을 할아버지 아브라함과 할머니 사라, 그리고 먼저 돌아가신 어머니 리브가가 잠들어 있는 헤브론 땅의 가족묘인 막벨라 동굴에 장사지냈다. 장차 야곱도 그의 첫째 아내인 레아와 함께 이 가족묘에 장사된다.

아버지를 장사지낸 후, 형 에서는 자신의 모든 가족과 가축 떼를 이끌고 사해死海 남단의 동남쪽으로 이동하여 세일 산의 산악 지대에 터전을 잡았다. 거기에서 후손을 낳고 문명을 일구어 에돔 족속의 시조가 되었다. 반면, 동생 야곱은 아버지 이삭이 살던 가나안 땅의 헤브론에 터전을 잡고 거기에서 계속 거주하였다.

요셉의 꿈과 형들의 음모

꿈쟁이 요셉 창 37:1-11

야곱의 열한 번째 아들 요셉이 열일곱 살이 되었을 때, 요셉의 형들은 이미 어른이었다. 형제들은 모두 아버지의 양 떼와 염소 떼를 돌보면서 살았다. 때로는 가축 떼를 이끌고 물과 풀을 찾아 멀리까지 가서 한동안 그곳에서 지내다 오는 경우도 있었다. 요셉도 일을 거들었다.

요셉은 아버지 야곱의 사랑을 가장 많이 받았고, 그래서 가장 좋은 옷을 입었다. 요셉은 성격이 순수하고 올곧아서 형들의 잘못을 보면 그냥 넘기지 않고 아버지에게 모두 말하였다. 바로 그런 점 때문에 배 다른 형들이 요셉을 좋아할 리가 없었다. 형들은 요셉을 시샘했고 미워했다.

어느 날, 요셉은 형들에게 자신이 꾼 꿈을 이야기했다.

"형님들, 내 꿈 얘기를 좀 들어보세요. 우리 형제들이 밭에서 곡식 단을 묶고 있었거든요. 그런데 내 곡식단이 벌떡 일어서자 형님들의 곡식단이 내 곡식단을 죽 둘러서더니 꼿꼿이 서 있는 내 곡식단에게 넙죽넙죽 절을 하지 뭐예요."

가뜩이나 미운 털이 박힌 요셉이 이런 얼토당토않은 꿈 이야기를 하니, 형들이 가만 있을 리 없었다.

"뭐야? 아니 그럼 네가 우리의 왕이라도 된다는 소리야? 네가 우릴 다스린다는 거야, 뭐야?"

꿈 이야기 때문에 형들은 요셉을 한층 더 미워하게 되었다.

얼마 안 가서 요셉은 또다시 꿈을 꾸고, 형들에게 또 새로 꾼 꿈 얘기를 했다.

"형님들, 어젯밤에 또 꿈을 꾸었는데 말이죠, 해와 달과 열한 개의 별이 나에게 절을 하더군요."

요셉에 대한 형들의 시기와 미움은 한층 증폭되었다. 야곱도 그 이야기를 듣고는 요셉을 꾸짖었다.

"그것도 꿈이라고 자랑스럽게 떠벌였단 말이냐? 그래, 나와 네 어미와 네 형제들이 모두 너에게 절을 할 거란 말이냐?"

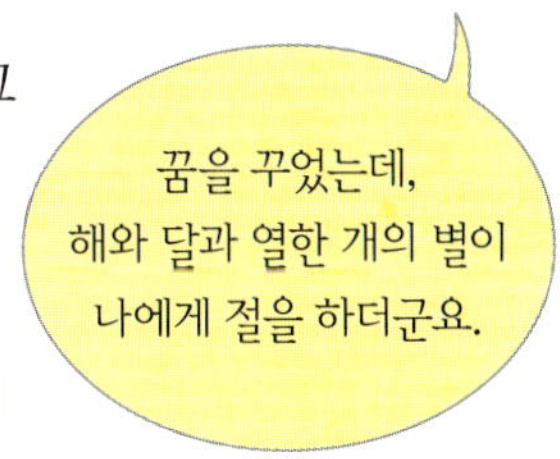

야곱은 요셉을 꾸짖긴 했지만, 요셉의 꿈이 아무래도 심상치가 않아 마음에 담아 두었다.

요셉이 노예가 되어 이집트로 팔려가다 창 37:12–31

그 후 요셉의 형들은 양떼를 이끌고 멀리 북쪽 땅 세겜으로 갔다. 그곳은 야곱 가족이 한때 머물러 살았던 지역으로, 높은 지대이긴 했지만 물과 풀이 비교적 풍성하여 양떼를 치기에 좋은 곳이었다. 그들이 집을 떠난 지 여러 날이 지나자, 아버지 야곱은 아들들의 사정이 궁금해서 요셉을 불러 일렀다.

"얘야, 네가 한번 형들에게 가보고 오너라. 형들과 가축들이 잘 있는지 궁금하구나."

"예, 아버지."

헤브론 골짜기를 출발한 요셉은 여러 날이 걸려 세겜에 도착했다. 세겜은 야곱의 집이 있는 헤브론에서 북쪽으로 70km 정도 떨어진 먼 곳이었다. 힘들게 세겜까지 왔지만, 요셉은 형들을 쉽사리 찾을 수 없었다. 이곳저곳을 헤매고 다녔지만, 형들도 양떼도 보이지 않았다. 워낙 무리가 커서 쉽게 발견할 수 있을 텐데도 웬일인지 눈에 띄지 않았다. 요셉이 이리저리 헤매고 다니는 걸 본 어떤 사람이 말을 걸었다.

"누굴 찾고 있느냐?"

"예, 형들을 찾고 있습니다. 양 떼를 치는 목자들인데요, 세겜으로 갔다던데 혹시 못 보셨습니까?"

"아, 그 사람들? 벌써 여길 떠났어. 도단으로 간다고 하던데…."

요셉은 그 사람 말대로 더 멀리 북쪽의 도단으로 갔다. 도단은 세겜에서 북쪽으로 30km 정도 떨어진 곳이었다. 그만 집으로 돌아가도 되었지만, 17세 소년 요셉은 아버지의 심부름을 끝까지 완수하려고 했다.

가나안 땅 중부의 고원 지대에 위치한 도단은, 예로부터 좋은 목초지로 잘 알려졌고, 시리아에서 이집트로 향하는 주요 장사꾼들의 상업도로의 길목에 자리하고 있었다.

"어? 저게 누구야?"

양을 치던 형들은 멀리서 요셉이 다가오고 있는 것을 보았다.

"저기 꿈쟁이가 오는군."

"이번 기회에 저 녀석을 아주 없애버리는 게 어때?"

형들은 음흉한 미소를 지으며 서로 수군거렸다.

"그래, 저 녀석을 웅덩이에 처넣고 없애 버리는 거야."

"저 녀석을 없애 버린다면, 저 녀석이 꾸었다는 꿈들은 모두 개꿈이 되고 말겠네. 하하하…."

모두가 아버지의 사랑을 독차지하고 있는 배 다른 요셉을 눈엣가시처럼 여기고 있었다.

"그런데 아버지에겐 뭐라고 하지?"

형제들 중 누군가가 말했다.

"그야 녀석이 들짐승에게 잡혀 먹혔다고 하면 그만이지 뭐. 녀석의 옷에 짐승의 피를 묻혀 가면 감쪽같이 속을걸."

"그래, 그러면 되겠군."

잠자코 듣고 있던 르우벤이 나섰다.

"아무리 그래도 죽이는 건 너무하잖아."

야곱의 열두 아들들 중 장남인 르우벤은 아무래도 책임감이 있었던지 요셉을 죽이는 것에는 반대했다.

"그래도 우리 동생인데…, 피를 흘리게 하지는 말자. 웅덩이에 처넣기만 하는 거야."

르우벤이 이렇게 말한 것은, 다른 형제들이 보지 않을 때 몰래 꺼내어 아버지에게로 되돌려 보낼 속셈에서였다. 그들이 요셉을 처넣을 구덩이는, 바싹 마른 우물이었다. 구덩이가 깊어서 한 번 빠지면 혼자서는 도무지 나올 수 없었다.

"그래, 그게 더 좋겠다."

아홉 명의 아우들은 모두 만형 르우벤의 제안에 따르기로 했다.

"형님들! 저 왔어요, 요셉이에요. 그동안 잘들 있었나요?"

형들을 만났다는 기쁨에, 요셉은 멀리서부터 힘껏 달려왔다. 요셉은 숨을 헐떡거리며 반갑게 형들에게로 다가왔다. 자신을 죽이려는 형들의 음흉한 음

모는 꿈에도 생각지 못한 채.

매정한 형들은 반갑게 다가서는 요셉을 향해 일시에 달려들어 옷을 벗긴 후, 구덩이에 던져 넣었다.

"형님들, 왜 그래요. 제발 꺼내 주세요. 절 살려주세요!"

요셉은 무섭고 두려워 울부짖으면서 형들에게 애원했다.

"형님들, 저 요셉이에요. 형님들의 동생인 요셉이란 말예요. 제가 잘못했어요. 제발 절 꺼내 주세요."

요셉은 무조건 잘못했다고 빌며 살려달라고 애걸했지만, 아무도 거들떠보지 않았다. 모두가 속이 후련한 듯 외면했다.

"자, 이제 저녁이나 먹읍시다."

한 형제의 말에 그들은 아무 일도 없었다는 듯 빙 둘러앉아 음식을 먹기 시작했다. 한참 밥을 먹고 있는데, 저쪽에서 이집트로 가는 이스마엘 족속의 장사꾼 무리들이 다가왔다. 그들의 낙타에는 유향과 몰약과 향품 등 여러 진기한 상품이 실려 있었다. 그걸 본 유다가 형제들에게 말했다.

"가만, 우리가 우리 아우를 죽인들 뭘 하겠어. 거짓말을 해서 그 일을 숨긴다고 해도 우리 마음이 편할 것 같애? 아무리 미워도 동생은 동생이야. 차라리 내 생각엔, 저 이스마엘 상인들에게 팔아넘기는 편이 좋을 것 같아. 이집트로 팔려 가면 노예가 될 거고, 그렇다면 다시는 만나지 못하게 될 테니 죽은 거나 다를 게 없잖아."

"하긴 그것도 그렇네…."

누군가가 동의하였다.

"내 생각에도 그게 좋을 것 같아. 팔아넘기면 돈도 생길 거 아냐?"

모두들 좋다고 동의하였다. 그들은 요셉을 다시 구덩이에서 꺼내어 이스마엘 상인들과 흥정을 했다. 장정 한 사람의 몸값이 당시에는 은화 30세겔이었다. 요셉은 아직 온전한 장정 몫을 하지 못한다고 하여 은화 20세겔에 상인들의 손에 넘겨졌다. 야곱의 사랑을 독차지하면서 왕자처럼 귀하게 살아온 요셉이, 타인도 아닌 자기 형들에 의해 낯선 상인들에게 팔아넘겨져 머나먼 타국으로 가게 된 것이다. 이제 요셉은 몸값으로 거래되는 비천한 노예의 신세가 되었다.

요셉이 이스마엘 상인들에게 팔려갈 때, 맏형 르우벤은 마침 그 자리에 없었다. 르우벤은 나중에 요셉을 구덩이에서 몰래 꺼내어 아버지에게 돌려보낼 생각이었다. 그런데 르우벤이 돌아와 구덩이에 가 보니 요셉이 보이지 않는 것이 아닌가? 르우벤은 당황했다. 아우들이 기어코 일을 벌인 모양이라고 생각했다.

"아니, 도대체 요셉을 어떻게 한 거야? 너희들이 결국 죽였구나! 그렇지?"

"죽이지 않았어. 상인들에게 팔아넘겼어."

아우들은 르우벤에게 사정 이야기를 했다. 르우벤도 어쩔 수 없었다. 이제는 아버지 야곱에게 사실을 들키지 않고 요셉의 죽음을 그럴 듯하게 둘러대는 일이 시급했다. 요셉의 형들은 염소를 죽인 다음 그 피를 요셉의 옷 여기저기에 발랐다.

요셉 때문에 야곱이 슬피 통곡하다 창 37:32-36

요셉의 형들이 헤브론의 집으로 돌아왔다. 야곱은 가장 먼저 요셉의 모습을 찾았으나 웬일인지 요셉이 보이지 않았다. 어린 아들을 멀리 보내 놓은 야곱은 안절부절못하며 요셉을 손꼽아 기다렸던 터였다. 요셉이 형들의 소식을 갖고 무사히 돌아오기를 학수고대했건만, 다른 아들들은 모두 돌아왔는데 요셉이 보이지 않는 것이었다. 게다가 다른 아들들의 표정이 매우 우울하고 슬퍼 보였다. 야곱은 가슴이 철렁했다.

"너희들에게 요셉을 보냈는데, 못 만났느냐?"

아들 하나가 슬픈 얼굴로 다가오더니 야곱 앞에 찢어지고 피 묻은 옷을 내놓았다.

"아버지, 이게 요셉의 옷 맞나요? 돌아오는 길에 이런 옷이 떨어져 있길래, 아무래도 요셉의 옷인 것 같아서 갖고 왔어요."

피 묻은 옷을 본 야곱은 숨이 턱 막힐 지경으로 놀랐다.

"그래, 이건 요셉의 옷이야. 이게 도대체 어찌된 일이냐?"

"아무래도 사나운 들짐승에게…."

차마 말을 맺지 못하였다.

"뭐라고? 요셉이 들짐승에게 당했단 말이냐? 요셉이…, 우리 요셉이 들짐승에게 당하다니…! 이럴 수가…, 도대체 이럴 수가!"

야곱은 요셉의 피 묻은 옷을 끌어안고 목 놓아 울었다. 사랑하던 아내 라헬이 어렵게 낳은 첫아들, 금지옥엽으로 키운 요셉이 이렇게 비참하게 죽다니…. 그것도 자신이 보낸 심부름 때문에 이런 개죽음을 당한 것이 아닌가!

야곱은 북받치는 슬픔과 괴로움을 가눌 길이 없어 자기 옷을 찢고 굵은 베옷을 걸쳤다.

"요셉이 죽다니…, 요셉이 죽다니…, 나도 어서 빨리 저승으로 가고 싶은 마음뿐이구나!"

보다 못한 자식들이 여러 말로 위로하였으나 아무런 소용이 없었다. 야곱의 귀에는 어떤 말도 들어오지 않았다. 요셉을 따라 야곱 자신도 차라리 죽고 싶은 마음뿐이었다.

"내 아들 요셉아, 나도 너를 따라 무덤으로 내려가고 싶구나. 아들아, 내 아들 요셉아…!"

사랑하는 아들을 잃은 야곱은 통곡으로 나날을 보냈다.

한편, 이스마엘 상인들에게 팔린 요셉은 어찌 되었을까? 요셉을 이끌고 이집트로 내려간 상인들은, 이집트 왕의 경호대장인 보디발에게 요셉을 팔아넘겼다.

유다와 다말

시아버지 유다와 며느리 다말 창 38:1-12

요셉의 이야기는 잠시 뒤로 미루고, 야곱의 넷째 아들인 유다와 그의 며느리 다말 사이에 일어난 흉칙하면서도 놀라운 사건을 뒤따라가 보자. 성경에서 이 이야기가 중요한 비중을 차지하는 것은, 장차 유다의 가문에서 '여인의 후손' 곧 메시아 예수가 태어날 것이기 때문이다.

세월이 흘렀다. 요셉을 팔아넘긴 일이 있고 나서 상당한 세월이 흐른 후, 유다는 헤브론의 아버지 집을 떠나 독립했다. 헤브론에서 60리쯤 떨어진 아둘람 계곡으로 내려가 살다가, 그곳 원주민인 가나안 여인을 만나 결혼하여 첫째 아들 엘과 둘째 아들 오난과 셋째 아들 셀라를 낳았다.

세월이 흘러 맏아들 엘이 다말과 결혼하였다. 그러나 엘은 못된 짓만 일삼다가 하나님께 벌을 받아 자식 하나 없이 일찍 죽었다. 당시에는 형이 자식 없이 죽으면, 다른 형제가 미망인이 된 형수와 결혼하게 되어 있었다. 형의 동생이 형수와 결혼하여 자식을 낳음으로써 형의 이름으로 가문을 이어가도록 하는 풍습이 있었다. 이 같은 풍습이 생긴 것은, 자식을 낳아 가문을 이어가는 일이 다른 무엇보다도 중요한 일로 여겨진 그 시대의 전통 때문이었다.

그래서 유다는 둘째 아들 오난에게 말했다.

"얘 오난아! 형이 자식 없이 죽었으니 어쩌겠느냐? 네가 형수와 결혼해서 아들을 낳도록 해라. 그게 형제 된 도리가 아니냐?"

오난은 마지못해 형수와 결혼하여 동침했다. 그러나 아들을 낳아도 어차피 자기 아들이 아니라 형의 아들로 인정될 것이므로, 오난은 마음이 뒤틀렸다. 그래서 일부러 방바닥에다 사정하여 형수로 하여금 임신을 하지 못하게 했다. 하나님은 그 일을 괘씸하게 여기시고, 오난을 벌하여 일찍 죽게 하셨다.

두 아들을 잃고 보니, 유다는 근심이 깊어졌다.

"며느리야, 이제 네 남편의 대를 이을 셋째가 아직 저렇게 어리니 어쩌겠니? 저 아이가 클 때까지 당분간 친정에 가 있어야겠다."

유다는 며느리를 일단 친정으로 돌려 보내야겠다고 생각했다. 며느리 다말은 시아버지의 말대로 친정으로 돌아갔다. 여러 해가 흘렀고, 유다의 아내가 죽었다. 유다는 아내의 장례를 치렀고, 애도 기간이 지나자 슬픔도 달랠 겸 친구와 함께 양털을 깎으러 딤나로 올라갔다.

다말이 낳은 쌍둥이 형제 창 38:13-30

한편, 다말은 시아버지가 양털을 깎으러 딤나로 올라온다는 말을 듣고 과부의 옷을 벗고 새 옷으로 단장한 후, 너울로 얼굴과 몸을 감싼 채 성문에 앉아 있었다. 막내아들 셀라가 성장하여 어른이 되었는데도 자신과 함께 살도록 해주지 않았기 때문에, 다말은 시아버지의 씨라도 얻고 싶었다.

성문으로 들어가려던 유다는 너울로 얼굴을 가린 여자가 새 옷을 입고 있는 것을 보고는 몸을 파는 여인으로 알았다. 아내를 여의고 쓸쓸했던 유다는 여자 생각이 간절했다. 그 여인이 자신의 며느리인 줄은 꿈에도 생각하지 못했다.

"나하고 자지 않겠소?"

유다가 먼저 말을 걸었다.

"좋아요. 대가는 뭐죠?"

"염소새끼 한 마리면 되겠소?"

흥정이 시작되었다.

"좋아요. 그런데 언제 주실 거죠? 염소새끼를 줄 때까지, 다른 것을 저에게 맡겨야 합니다."

"그럽시다. 뭘 맡기면 되겠소?"

변장한 다말은 망설이지 않고 요구하였다.

"당신 손에 있는 지팡이와 끈 달린 도장을 맡기세요."

흥정은 끝났다. 그날 밤 유다는 그 여인과 잤고, 여자는 유다의 아이를 임신했다. 날이 밝자, 다말은 얼른 일어나 집으로 돌아간 후 언제 그랬냐는 듯이 다시 과부의 옷을 입었다.

다음 날, 유다는 함께 온 친구를 보내어 성문에서 여인을 찾아 새끼염소를 전해주고 대신 지팡이와 도장을 찾아오라고 부탁하였다. 하지만 그 친구는 유다가 말한 몸 파는 여인을 찾을 수 없었다. 사람들을 붙잡고 물어 보았더니, 이곳에는 몸 파는 여자가 없다는 대답들이었다. 친구는 유다에게 돌아가 말했다.

"아무리 찾아도 그런 여자는 없더군. 사람들의 말이 그곳에는 애초부터 몸 파는 여인이 없다고 하던걸."

"하는 수 없지 뭐. 자꾸 찾으면 소문만 날 테니 그냥 포기하세. 난 약속을 지키려고 자넬 보냈는데…."

석 달쯤 지나서였다. 어떤 사람이 유다를 찾아와 귀띔해 주었다.

"당신 며느리가 어떤 사내와 눈이 맞아 임신을 했다는군."

"뭐야? 저런 고얀…. 다말을 끌어내어 불태워 죽여라!"

간음죄가 엄하게 다스려지던 때였다. 며느리의 간통 소식에 화가 머리끝까지 오른 유다는, 가문의 명예를 더럽힌 며느리 다말을 화형火刑에 처하도록 명령했다.

다말이 붙잡혀 시아버지 앞으로 끌려 왔다. 이제 곧 죽게 될 처지였다.

"제가 임신한 것은 사실입니다."

다말이 입을 열었다.

"하지만 이 물건의 주인으로 말미암아 임신을 했습니다. 이 물건들이 누구의 것인지 보시지요."

유다는 놀라지 않을 수 없었다. 다말이 내놓은 물건은 다름 아닌, 자신의 지팡이와 끈 달린 도장이었다. 유다는 한눈에도 그것이 자신의 것임을 알 수 있었다.

'아…, 그 여자가 바로 며느리였다니….'

후회했지만 이미 때는 늦었다.

"며느리에겐 잘못이 없군. 내 잘못이야. 내가 그녀를 셋째 셀라와 혼인시켜야 되는 건데, 그 약속을 지키지 않았으니…."

유다는 며느리 다말을 집으로 데리고 갔다. 그러나 다시는 동침하지 않았다. 달이 차자, 다말이 쌍둥이 형제를 낳았다. 한 아기가 먼저 손을 내밀었다. 산파가 "네가 먼저 나왔다."하며 아기의 손에 붉은 줄을 메어주었더니 다시 엄마 뱃속으로 쏘옥 들어가 버렸다. 그러자 다른 아기가 머리를 내밀며 먼저 나와버렸다. 먼저 나온 아이는 '베레스'라 이름 지었고, 나중 나온 아이는 '세라'라 이름 지었다. 형과 동생이 출생하는 과정에서 바뀌었지만 세라가 형이 되었다. 이처럼 형제는 시아버지와 며느리라는 부적절한 관계를 통해 태어났지만, 죄가 많은 곳에 은혜가 넘치듯 장차 '여인의 후손' 메시아는 쌍둥이 동생 베레스 가문을 좇아 이 땅에 탄생하게 된다.

요셉의 누명과 투옥

요셉의 이집트 생활 창 39:1–6

이제 다시 요셉의 이야기로 돌아가 보자. 노예의 몸이 되어 이집트로 팔려간 요셉은 어찌 되었을까?

타는 듯한 사막을 지나 멀리 이집트로 끌려간 열일곱 살의 귀공자 요셉은 파라오 왕궁의 경호대장 보디발의 집에 노예로 팔려갔다. 보디발은 이집트 왕의 신임을 받는 경호대장으로, 막강한 권세와 높은 지위에 걸맞게 대저택에서 많은 노예들을 거느리고 살았다.

아버지의 사랑을 독차지했던 요셉은 이제 노예로서, 힘든 일을 해야 했다. 요셉은 비록 노예의 신분이었지만 마음으로 하나님을 섬기면서, 누구보다 성실하게 일했다. 우상을 섬기는 이집트인들과 달리, 요셉에게는 여호와 하나님이 항상 함께 하셨기 때문에 그가 맡아서 하는 일은 모두가 형통하였다. 요셉은 자기와 함께 하시는 하나님을 굳게 믿었고, 하나님께 늘 감사하면서 하루하루를 진실되고 성실하게 살았다.

불평은 불평을 낳고, 증오는 증오를 낳는다. 다른 것을 낳을 수 없다. 콩 심는 데에 팥이 날 수 없는 것과도 같다. 마찬가지로, 감사는 감사를 낳고, 사랑은 사랑을 낳는다. 어딜 가든, 무엇을 하든, 정직하고 성실하게 감사하면서 살아가는 사람은 모든 사람들에게 인정받고 사랑과 신임을 받게 마련이다.

보디발도 요셉이 남다르다는 사실을 알게 되었다. 요셉의 성실하고 진실된 삶의 태도를 높이 평가하게 되었다. 요셉에게는 무슨 일을 시켜도 실수는커녕 아주 훌륭하게 성공적으로 해내곤 했기 때문이었다.

"흠…, 저 아이가 노예만 아니라면 장차 큰 인물이 될 텐데…."

시간이 흐를수록 요셉은 더욱 더 주인 보디발의 신임을 받게 되었다. 보디발은 마침내 요셉을 자기 집안의 총무로 삼았다. 나이 지긋한 노예도 있었고 더 오래 일한 노예도 많았지만, 보디발은 요셉으로 하여금 집안의 모든 노예를 관리하고 모든 재산을 다루게 했다.

히브리인 요셉이 보디발 집안의 총무로 일하게 되면서부터, 하나님께서는 그 집안에 복을 크게 내리셨다. 그 결과, 보디발의 집안은 날로 번창해 갔다. 요셉은 서슴없이 고백하곤 했다. 여호와 하나님께서 자신과 함께 하셔서 자신이 하는 모든 일을 잘 되게 해주시는 것이라고.

"내가 보기에도 그렇다. 과연 너의 하나님 여호와가 너를 도우시는 것 같구나. 네가 우리 집안을 관리하면서부터는 우리 집안 사람 누구든지 아픈 사람이 없어졌다. 가축들도 질병이 없어졌고, 새끼를 많이 낳았다. 그 덕분에 재산이 몰라보게 늘어났다. 아무리 생각해도 너 때문인 게 틀림없다. 너는 참으로 특별한 아이로구나."

보디발도 요셉의 말에 전적으로 공감하였다.

보디발의 아내가 요셉을 유혹하다 창 39:7-20

탁월한 미인이었던 어머니 라헬을 닮아서인가? 요셉은 잘생기고 몸매도 좋았다. 라헬을 보고 첫눈에 반한 야곱은 그녀와 결혼하려고 무려 14년 동안이나 품삯을 받지 않고 일했다. 라헬이 얼마만한 미인이었는지 미루어 짐작할 수 있는 일이다. 요셉의 할머니인 리브가 역시 뛰어난 미인이었다. 그래서 할아버지 이삭은 다른 사람들이 그녀를 욕심내어 자기를 해칠까 봐 누이라고 거짓말을 하기도 했다. 요셉의 증조할머니 사라 또한, 이집트 왕이 그녀를 보자마자 후궁으로 삼으려 했을 정도로 미인이었다.

그런 집안 혈통을 증명하듯, 요셉은 건장하게 잘생긴 청년이 되어 있었다. 그런 요셉을 언젠가부터 눈여겨보는 사람이 있었으니, 바로 보디발의 아내였다. 보디발의 젊은 아내는 집안을 이리저리 돌아다니며 일을 처리하는 요셉을 볼 때마다 저런 건장한 미남 청년과 사랑을 나누고 싶다는 강한 욕망을 품곤 했다.

아무리 똑똑하고 잘났어도 노예를 죽이고 살리는 권한은 주인에게 있다. 주인이 죽으라면 노예는 죽어야 한다. 노예가 주인에게 불복종하면 주인은 언제라도 그를 죽일 수 있었다. 요셉은 그런 노예 신분이었다.

"요셉아, 이리 들어오너라."

어느 날, 요셉을 눈여겨보며 욕망의 불꽃을 태우던 보디발의 아내가 마침내 그를 불러들였다.

"예, 주인마님. 부르셨습니까?"

"그래. 너는 내가 하라는 대로 해야지?"

"물론입니다, 주인마님. 말씀만 하십시오."

타오르는 욕정의 눈빛으로 요셉을 바라보던 여주인이 은근하게 말했다.

"나와 함께 침실로 가자."

요셉은 놀라고 당황하여 눈을 크게 떴다. 주인마님과 동침이라니…?!

"왜 그러느냐? 내 명령을 감히 거절하려느냐?"

뿌리치기 어려운 유혹이었다. 건장한 청년의 몸속에는 뜨거운 남자의 피가 끓고 있었다. 더구나 주인마님과 가까워지게 되면 노예의 신분에서 해방될 가능성도 높았다. 이거야말로 저절로 찾아온 행운이 아닌가! 그러나 요셉은 여호와 하나님을 경외하는 신앙의 인물이었다.

"마님, 주인님께서는 이 집안의 모든 것을 저에게 맡기셨습니다. 주인님은 제가 하는 일에 일체 간섭하지 않으십니다."

요셉은 겸손한 자세로 말을 이었다.

"그러나 주인님은 마님까지 저에게 맡기지는 않으셨습니다. 그런데 제가 어찌 감히 주인마님과 동침하여 죄를 지을 수 있겠습니까?"

그날은 그렇게 넘겼다. 그러나 여주인은 요셉을 포기하지 않았다.

'잘난 체하지만, 그래 봤자 기껏 노예일 뿐이다. 노예인 주제에 내 말을 듣지 않겠다고? 어디 두고 보자. 저도 남자라면, 내 유혹을 오래 버텨내지 못할 것이다.'

그릇된 사랑의 포로가 된 여주인은 끈질겼다. 여주인은 기회 있을 때마다 요셉에게 눈짓하고 유혹하였다. 그까짓 노예에게 거절을 당하다니! 여자로서의 자존심을 회복하기 위해서라도 기어코 요셉과 동침하고야 말겠다고 오기를 부리는 것인가? 어쩌면 그럴지도 몰랐다.

그러던 어느 날, 여주인에게 좋은 기회가 왔다. 안채에서 홀로 있을 때, 요셉이 볼일이 있어 안채로 들어온 것이다. 단 둘뿐이었다! 평소엔 가족도 많고 노예도 많아 좀처럼 생기지 않던 절호의 기회였다.

"요셉, 이리 와. 침실로 가자."

이번에는 거절하지 못하도록 아예 요셉의 옷자락을 움켜잡고 침실로 끌다시피 했다. 당황한 요셉은 거절할 여유조차 없었다. 요셉의 옷자락을 움켜쥔 그녀의 손에는 잔뜩 힘이 들어가 있었다. 그러니 억지로라도 뿌리칠 수밖에 없었다. 그렇다! 뿌리쳐야만 했다.

요셉은 힘껏 몸을 돌려 그녀를 뿌리친 후, 침실 밖으로 황망히 도망쳐 나갔다. 그러나 여주인의 손에는, 엉겁결에 벗겨진 요셉의 겉옷이 들려 있었다.

"누구 없느냐? 밖에 아무도 없느냐?"

뒤따라 나온 여주인은 참을 수 없는 수모와 분노를 이기지 못하고 고함을 질렀다. 비명에 가까운 주인마님의 소리에 놀란 집안 사람들이 달려왔다. 여주인은 요셉의 겉옷을 치켜들고 소리쳤다.

"주인이 데려온 히브리 녀석이 감히 나를 욕보이려 했다. 갑자기 내 침실로 뛰어들어 나를 덮치려 했단 말이다. 내가 소리치니까 다급해서 이렇게 옷까지 벗어둔 채 도망쳤다. 이게 증거다."

보디발의 아내는 요셉의 옷을 흔들며 분하고 억울한 듯 가쁜 숨을 몰아쉬고 있었다. 여주인은 요셉에게 앙갚음할 심산으로 남편 보디발이 집으로 돌아올 때까지 그 옷을 곁에 두고 있었다.

"뭐요? 요셉이?"

아내의 말을 들은 보디발은 화가 머리끝까지 치솟았다. 믿는 도끼에 발등 찍힌다더니, 이 꼴이 뭔가.

"요셉을 당장 끌어내어 시위대 감옥에 넣어라."

요셉에게는 변명의 기회조차 주어지지 않았다. 곧바로 감옥행이었다. 그나마 처형을 당하지 않았다는 것이 다행이라고나 할까.

주인 여자를 욕보이려 한 노예가 있다면, 그 당시엔 물어볼 것도 없이 당장 처형감이었다. 하지만 보디발은 요셉을 처형시키지 않고 감옥에 보내는 것으로 끝냈다. 평소 요셉의 신실함을 워낙 인정하고 있었던 데다 아내의 말을 곧이 곧대로 다 믿지는 않았기 때문일 것이다.

죄 없는 죄수, 옥중의 요셉 창 39:20-23

경호대 감옥은 좀 특별한 곳이었다. 경호대장의 집 안에 있는 그 감옥은, 왕에게 잘못을 저지른 사람들을 가두는 곳이었다. 반역죄를 지었거나 고위직 관리들이 부정을 저질렀을 때, 그들을 가두어 놓고 특별 관리하는 감옥이었다. 경호대장 보디발 집안의 노예였던 요셉은 바로 그 경호대 감옥에 죄수로 갇혔다.

요셉은 앞이 캄캄하였다. 물론 억울하기 그지없었다. 음란한 여자의 악한 유혹을 뿌리치다가 도리어 파렴치한 강간범으로 몰려 감옥에 갇혔으니 원통한 일이 아닐 수 없었다.

그러나 요셉은 하나님이 함께 하는 사람이며 의로운 사람이었다. 감옥에 있다 한들, 어찌 하나님이 그를 도우실 수 없겠는가.

감옥에서도 성실함과 근면함과 정직함으로 신의를 지키며 의연하게 행동하는 요셉은 얼마 안 가서 간수장의 눈에 띄었다. 간수장은 요셉이 보통 죄수와는 다른, 아주 쓸 만한 청년임을 알아보았다.

"요셉, 오늘부터 너는 죄수들의 총무다. 너를 줄곧 지켜보았는데, 너라면 잘할 줄로 믿는다."

간수장은 죄수 요셉을 옥중 총무로 지명했다. 경호대장 보디발이 노예 요셉을 가정 총무로 삼았던 것처럼.

요셉은 할 일이 많아졌다. 죄수들을 관리하는 일에서부터 이런저런 옥중의 사무적인 일과 간수장을 보조하는 일까지. 요셉은 그런 일들을 잘 해냈고, 간수장의 신임이 더욱 두터워져 갔다.

이상한 것은, 요셉이 옥중 총무가 된 후부터는 죄수들의 말썽도 없어지고, 간수장이 따로 신경 쓰지 않아도 모든 일이 잘 풀려 나간다는 점이었다. 그 비결은 어디에 있었을까? 하나님을 전적으로 믿고 신뢰하는 요셉의 신앙 덕분이었다. 억울한 죄수의 신분이었지만, 요셉은 누구도 원망하거나 미워하지 않았다. 오히려 감옥에서조차 세심하게 돌보아 주시는 여호와 하나님께 감사할 따름이었다.

요셉의 꿈 해석과 출세

요셉이 두 시종장의 꿈을 해석해 주다 창 40장

어느 날, 감옥에 죄수 두 명이 새로 들어왔다. 그들은 이집트 궁중의 고위 관리들로서, 한 명은 왕이 먹을 식탁을 책임지는 시종장이었고, 다른 한 명은 왕이 마시는 술을 책임 맡은 시종장이었다. 둘은 왕 앞에서 큰 실수를 범하여 왕의 노여움을 산 죄로 감옥에 들어온 것이었다.

하루는 요셉이 죄수들을 둘러보는데, 그 두 죄수가 유독 깊은 근심에 잠겨 있었다.

"무슨 걱정이라도 있습니까? 안색이 안 좋으시군요."

도와줄 일이 없을까 해서 요셉이 물었다.

"우리 둘 다 지난밤에 꿈을 꾸었다네. 하지만 어찌나 마음이 뒤숭숭한지…. 어디 속시원하게 해몽해 줄 사람이 있어야지."

"그렇습니까? 꿈을 해몽하는 능력은 하나님이 주시지요. 제가 한 번 들어볼까요?"

왕의 술을 맡은 시종장이 먼저 입을 열었다.

"꿈속에서 말이야, 내 앞에 포도나무가 서 있는데 가지가 셋이야. 그 가지에 싹이 나고 꽃이 피더니 포도송이가 열리더군. 내 손에는 평소 왕이 드시는 술잔이 들려 있었어. 그래서 탐스러운 포도송이를 따서 그것을 으깨어 즙을 짜가지고 그 잔에 담아 왕께 올렸지."

꿈을 듣자마자, 요셉의 꿈풀이가 이어졌다.

"포도나무 가지 셋은 사흘을 뜻하고요, 왕께 술잔을 올린 것은 예전에 맡으셨던 관직으로 복직되는 것을 뜻합니다. 축하드립니다. 사흘만 참으십시오. 좋은 소식이 있을 것입니다."

술 시종장의 얼굴이 활짝 펴졌다. 요셉이 말을 이었다.

"부탁이 있습니다. 복직되시면, 저를 기억해 주십시오. 저는 이곳에 들어올 만한 죄를 짓지 않았습니다. 억울한 누명을 썼습니다. 그러니 왕께 말씀드려 저를 여기서 구해 주십시오."

"헛헛… 그래? 아, 물론이지. 아, 이젠 살았구나!"

술 맡은 시종장은 복직된다는 말에 기분이 좋아 연신 웃음을 터뜨리며 약속했다.

"내 꿈도 해몽해 주게나."

요셉의 해몽이 기막히게 좋은 걸 옆에서 지켜본 다른 시종장이 기대감으로 눈빛을 반짝이며 입을 열었다.

"난 말일세, 꿈속에서 내가 빵을 담아 두는 바구니 셋을 머리에 이고 있었네. 바구니에는 왕의 식탁에 올릴 온갖 빵이 들어 있었지. 그런데 새들이 날아오더니 그 빵을 쪼아 먹더군."

순간, 요셉의 얼굴이 어두워졌다. 요셉은 잠시 망설였다. 하지만 듣기 좋으라고 거짓으로 해몽할 수는 없었다.

"저…, 그 해몽은 이렇습니다. 바구니 세 개는 역시 사흘을 뜻합니다. 말씀드리기 죄송스럽습니다만, 사흘 후 왕은 시종장님의 목을 쳐서 나무에 매달 것입니다. 그러면 새들이 날아와 시신을 쪼아먹게 될 것입니다. 이런 해몽을 하게 되어 죄송합니다!"

왕의 식탁 맡은 시종장은 얼굴이 흙빛으로 변했다.

그로부터 사흘 후, 요셉의 해몽은 한 치도 어김없이 그대로 적중되었다. 왕의 술 맡은 시종장은 다시 복직되어 예전의 지위를 찾았고, 왕의 식탁 맡은 시종장은 끌려나가 처형을 당했다.

요셉이 파라오의 꿈을 해몽하다 창 41:1–36

그로부터 2년의 세월이 흘렀다. 요셉은 여전히 죄수였다. 요셉의 해몽대로 복직된 술 시종장은 요셉의 부탁을 까맣게 잊었다. 은혜를 망각한 것이다. 그러나 요셉은 절망하지 않았다. 오래전, 이집트에 노예로 팔려오기 전에 자신이 꾼 두 번의 꿈을 잊지 않고 가슴 속에 고이 품고 있었다. 그 꿈대로, 때가 되면 언젠가는 분명 높은 자리에 오를 것이다. 그래서 형님들은 물론 아버지까지도 자기에게 절하게 되는 날이 올 것이다.

희망은 용기와 인내를 수반한다. 희망은 현재의 나쁜 환경에 매달리지 않고, 밝은 미래를 바라보고 살 수 있는 힘의 원천이 되어준다. 요셉은 누구도 원망하지 않고, 하나님이 세워주실 때를 믿음으로 기다렸다. 그게 꿈의 힘이다.

드디어 때가 왔다. 꿈쟁이 요셉에게 꿈을 해석해주고 석방될 수 있는 절호의 기회가 찾아온 것이다.

이집트 왕이 희한한 꿈을 꾸었다. 꿈속에서, 왕은 나일 강가에 서 있었다. 강물에서 살찌고 건강한 일곱 마리의 암소가 올라오더니 갈대밭에서 풀을 뜯어먹었다. 그런데 뒤이어 뼈와 살이 달라붙은 듯 비쩍 마른 암소 일곱 마리가 강에서 올라와 살찐 소 곁에 서더니, 그 살찌고 건강한 소 일곱 마리를 모두 잡아먹는 게 아닌가!

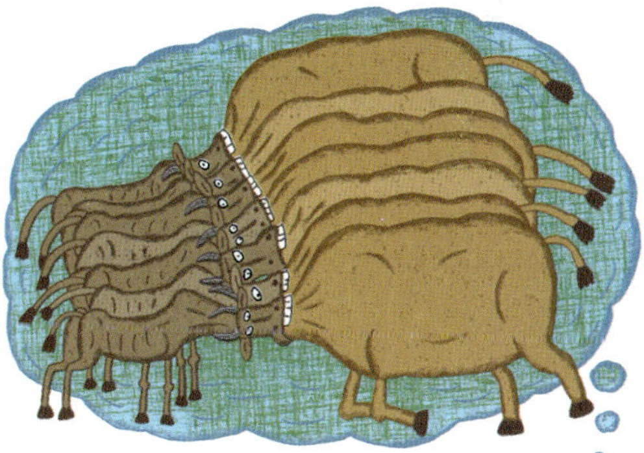

파라오는 깜짝 놀라 잠을 깼다. 마음이 뒤숭숭하고 심란해졌다.

'이게 대체 무얼 말해주는 꿈인가? 불길한 꿈이로다….'

파라오는 곧 다시 잠들었고, 또 한 차례 꿈을 꾸었다.

꿈속에서, 이번에는 아주 알차게 잘 익은 이삭 일곱 개가 한 줄기에서 나왔다. 이어서 쭉정이 같은 이삭이 그 줄기에서 또 일곱 개가 나왔다. 그 이삭들은 마치 뜨거운 샛바람을 맞은 듯 볼품없이 바싹 말랐다. 그런데 나중에 나온 쭉정이 같은 이삭 일곱 개가 먼저 나온 알찬 이삭 일곱 개를 눈 깜짝할 사이에 집어 삼키는 게 아닌가!

파라오는 놀라서 꿈에서 깼다. 불길하도다… 불길한 꿈이로다…. 등에서 식은땀이 흘렀다. 흉몽인가? 길몽인가? 파라오는 도무지 갈피를 잡을 수 없었다. 날이 밝아오자마자 이집트 왕은 서둘러 온 나라의 유명한 박사들과 마술사들을 모두 소집했다. 그리고 자신이 꾼 꿈을 들려준 후, 해몽을 요구하였다. 그러나 허사였다. 아무도 꿈을 해석하지 못했다.

파라오는 더욱 답답해졌다. 파라오의 왕궁이 꿈 해몽 사태로 뒤숭숭할 때, 파라오의 술잔을 책임지고 있는 술 시종장의 머릿속에는, 문득 2년 전 감옥에서 만난 요셉이 떠올랐다.

"폐하! 아뢰올 말씀이 있습니다."

그는 즉시 왕에게 가서 자신의 허물을 고백하였다.

"폐하, 제 잘못을 용서하십시오. 오늘에야 비로소 생각났습니다. 2년 전, 저와 음식을 맡아보는 시종장이 함께 경호대 감옥에 들어갔을 때 우리 두 사람이 같은 날에 꿈을 꾼 적이 있었습니다. 그때 요셉이라는 가나안 땅에서 온 노예 죄수가 있었는데, 그 죄수가 우리들의 꿈을 아주 정확하게 해몽해 주었습니다. 그가 해몽해 준 그대로, 꿈을 꾼 지 사흘째 되는 날에 저는 복직되었고, 음식을 맡아보던 시종장은 처형되었습니다."

"그것이 사실인가?"

왕의 안색이 갑자기 환해졌다.

"그걸 왜 이제서야 말하는가? 당장 그 죄수를 이리 데려오너라."

왕의 긴급 특명이 내려졌다. 신

하들은 급히 경호대 감옥으로 달려가서 요셉에게 왕의 명령을 알렸다. 요셉은 수염을 깎고 좋은 옷으로 갈아입은 뒤 곧장 파라오의 왕궁으로 인도되었다.

"그대가 요셉인가?"

"예, 폐하."

"내 꿈을 해몽하는 자가 없도다. 그런데 너는 해몽을 잘한다고 들었다. 사실인가?"

"폐하, 제가 꿈 해몽을 잘하는 것이 아니라 하나님이 꿈 해석의 능력을 제게 주신 것입니다. 이제 폐하가 꾼 꿈의 해석도 하나님께서 알려주실 것입니다. 폐하가 꾼 꿈을 말씀해 주십시오."

파라오는 요셉에게 은근히 희망을 걸고, 자신이 꾼 꿈 이야기를 들려주었다. 꿈 이야기를 다 듣고 난 요셉은 조금도 망설임 없이 파라오의 꿈을 해석하였다.

"폐하, 폐하가 꾼 두 가지 꿈은 사실은 한 가지 뜻을 갖고 있습니다. 하나님께서 이 나라의 미래를 폐하께 미리 알려주신 꿈입니다."

왕과 신하들이 사뭇 흥미롭다는 표정으로 요셉의 말에 귀를 기울였다.

"살찌고 건강한 암소 일곱 마리와 알차게 여문 일곱 이삭은 모두 7년을 가리킵니다. 그 뒤에 나타난 마르고 흉측한 일곱 마리의 암소와 쭉정이같이 바싹 마른 일곱 이삭 역시 7년을 나타냅니다. 앞의 것은 7년의 풍년을 뜻하고, 뒤의 것은 7년의 흉년을 뜻합니다. 하나님은 앞으로 7년 동안 이집트 전역에서 그 유례를 찾아볼 수 없을 만큼 엄청난 풍년이 들게 하셨다가, 이어서 7년 동안은 전국 방방곡곡에서 역시 유례가 없는 극심한 흉년으로 기근이 들게 하실 것입니다. 이 사실을 폐하께 알려주신 것입니다. 폐하께서 연달아 꿈을 두 번 겹쳐 꾸신 것은, 하나님이 반드시 이 일을 이룰 것임을 뜻합니다."

"그럼, 언제 그런 일이 일어난단 말이냐?"

"가까운 시일 내에 그런 일이 반드시 일어날 것입니다. 그러므로 폐하께서는 거기에 대비하여 현명하고 지혜로운 인재를 뽑아 나라 일을 맡기셔야 할 것입니다."

거침없는 요셉의 꿈 해몽에 모두들 넋을 잃었다. 요셉의 꿈 해석이 너무나 명쾌하고 조리가 있었으므로 모두들 연신 머리를 끄떡거렸다.

"폐하께 덧붙여 말씀드리고 싶은 것은…."

"그래, 어서 말해 보아라."

왕이 채근하였다.

"일곱 해 동안 대풍년이 들 때, 해마다 수확량의 5분의 1을 거두어 들여 잘 저장해 두어야 합니다. 그래야만 그 뒤를 이을 7년 동안의 대흉년에 백성들이 굶주려 죽는 일이 없을 것입니다."

요셉이 일약 총리가 되다 창 41:37–45

파라오를 비롯한 궁중의 모든 신하들이 크게 감탄해 마지 않았다. 명쾌한 꿈 해석뿐 아니라 그 대비책까지 완벽하게 제시되었기 때문이었다.

크게 감동한 파라오는 즉석에서 신하들에게 말하였다.

"하나님이 이 사람에게 신비한 능력을 주셨도다. 우리가 이런 인재를 어디서 찾을 수 있겠는가."

이어서 요셉에게 말하였다.

"그대같이 지혜로운 사람을 어디서 찾겠는가. 그러니 그대가 이 나라를 다스리도록 하시오. 이제부터는 이 나라의 온 백성이 그대의 말을 따를 것이다. 나 파라오는 그대 요셉을 이집트의 총리대신으로 임명하노라."

세상에 이런 파격적인 인사가 또 있을까. 한낱 이방인의 노예였다가 죄수가 된 비천한 신분에서, 하루아침에 한 나라의 총리가 되다니! 파라오는 자신의 손가락에 끼고 있던 인장 반지를 빼내어 그 즉시 요셉의 손가락에 끼워 주었

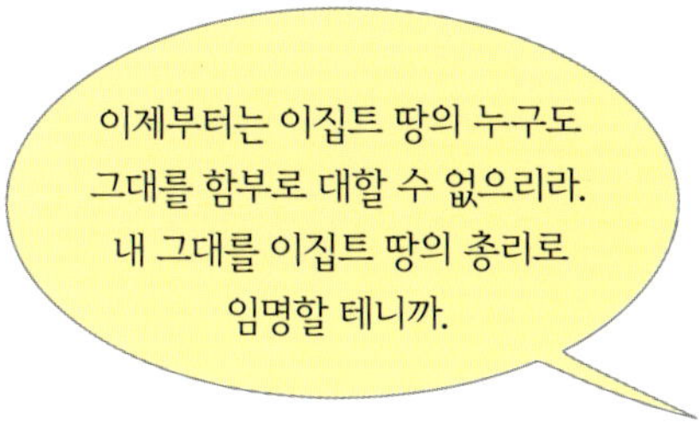

다. 그리고는 곧이어 고급 세모시 옷을 입히고, 목에는 금목걸이를 걸어 주었다.

"모두들 요셉 앞에 엎드려라. 나는 파라오다. 파라오의 권위로 엄히 말하노라. 이집트 온 땅에서 그대의 허락 없이는 손가락 하나, 발가락 하나 꼼짝하지 못하리라."

파라오는 요셉이 왕 다음의 제2인자, 곧 이집트의 총리가 된 것을 엄숙하게 선언했다.

하루 아침에 요셉은 엄청난 권세를 한 손에 쥐었다. 모든 법령도, 명령도 요셉의 손가락에 낀 인장이 찍혀야만 효력을 발휘하게 된다. 요셉이 거부하면 되는 일이 있을 수 없고, 요셉이 명령하면 안 되는 일이 있을 수 없었다.

이제 요셉은 더 이상 노예나 죄수가 아니었다. 거대한 나라 이집트에서 왕 다음가는 높은 지위에 앉은 것이다. 요셉의 나이 30세, 노예가 되어 이집트로 팔려온 지 13년이 지난 때였다.

총리 요셉의 신분에 걸맞는 후속 조치들이 취해졌다. 왕은 요셉에게 귀족 중의 귀족인 제사장의 딸을 아내로 맞도록 골라주었고, 대저택에서 살게 했다. 호화로운 수레도 선물로 주었다. 왕이 타고 다니는 것 다음으로 좋은 것이었다.

요셉과 형들의 상봉

7년의 대풍년, 7년의 대흉년 창 41:46–57

요셉의 꿈 해석은 그대로 적중되었다. 요셉의 해몽에 의하면, 파라오의 꿈은 일종의 예언이었다. 하나님이 하실 일들을 꿈을 통해 파라오에게 보여주셨고, 요셉으로 하여금 그 의미를 알게 해주신 것이다.

이집트의 총리가 된 요셉은 전국을 시찰하였다. 직접 농경지를 확인하고, 풍년 때의 예산과 흉년 때에 대비하는 예산을 수립했다. 요셉은 국정을 돌보느라 눈코 뜰 새 없이 바쁜 나날을 보냈다.

드디어 7년의 풍년이 시작되었다. 단순한 풍년 정도가 아니었다. 곡식을 쌓을 곳이 없을 정도로 대풍년의 연속이었다. 엄청난 곡물이 거두어져 전국의 곡물 창고마다 넘치도록 쌓아 올려졌다. 처음에는 수확량을 일일이 계산하였으나, 워낙 그 양이 많아 나중에는 아예 계산조차 하지 못할 지경이었다. 파라오와 백성들의 기쁨은 한없이 컸다.

그 무렵, 요셉에게도 큰 기쁨이 생겼다. 아들 둘을 낳은 것이다. 맏이는 '므낫세'라 이름 지었고, 둘째는 '에브라임'이라 이름 지었다. 요셉은 두 아들의 이름 속에 자신의 신앙을 담아 고백하였다. '므낫세'는 '(하나님이 나로 하여금) 고난을 잊어버리게 하셨다'는 뜻이고, '에브라임'은 '(하나님이 나로 하여금) 풍성하게 하셨다'는 뜻이다.

7년의 대풍년이 끝났다. 7년의 대풍이 끝나자, 요셉의 말대로 역사상 전례

없는 극심한 흉년이 시작되었다. 7년 대흉년의 시작이었다. 이집트 땅만 흉년이 든 것이 아니라, 주변의 모든 나라들과 먼 나라들까지도 흉년이었다. 극심한 식량난으로, 많은 나라들과 백성들이 굶주림에 빠져 울부짖었다.

이집트 사람들은 걱정이 없었다. 각 성읍의 창고마다 가득가득 쌓아둔 곡식을 적절하게 방출했기 때문이었다. 그러자 멀고 가까운 여러 나라 백성들이 소문을 듣고 이집트로 곡물을 사러 오기 시작했다.

요셉의 꿈이 이루어지다 창 42:1–25

극심한 흉년이 시작될 때, 요셉의 나이는 39세쯤이었다. 열일곱 살에 이집트로 팔려온 이후, 어언 20여 년의 세월이 흐른 셈이었다.

흉년이 들기는 이집트 북쪽의 가나안 땅도 마찬가지였다. 야곱의 집도 전례없는 식량난에 시달렸다. 야곱에게 딸린 식솔들은 11명이나 되는 아들들과 그들의 아내들, 그 자식들과 손자들을 포함하면 수백 명에 달하였다. 남자만 70명에 육박하는 대가족인 데다가 많은 종들이 딸려 있었기 때문이었다.

"참으로 답답하구나. 아무런 대책도 없이 이렇게 서로 얼굴만 쳐다보고 있을 테냐? 머잖아 우리 가족도 양식이 다 떨어져 굶어 죽을 판이다. 소문에 의하면, 이집트에는 곡식이 많다는구나. 너희들이 내려가서 우리를 위해 식량을 사 오도록 해라."

야곱은 막내 베냐민을 제외한 열 명의 아들들을 이집트로 내려 보냈다. 요셉이 없는 지금, 베냐민은 야곱이 가장 사랑했던 아내 라헬이 낳은 마지막 아들이었다. 베냐민을 형들과 함께 내려 보내지 않은 것은, 야곱이 베냐민을 특별히 사랑했기 때문이었다.

야곱의 아들들은 아버지의 뜻에 따라 오랜 여행 끝에 이집트에 도착했다. 요셉은 여러 나라에서 온 사람들에게 곡식 파는 일을 직접 감독하고 있었다.

요셉의 형들은 곡식을 사려고 요셉에게 나아가 무릎을 꿇고 엎드려 절하였다. 요셉은 한눈에 형들을 알아보았다.

'앗, 저들은… 형들이 아닌가?'

속으로는 무척 반가웠지만, 겉으로는 모르는 척했다. 하지만 형들은 어려서 헤어진 요셉을 알아보지 못했다. 벌써 20년 이상의 세월이 흐른 데다, 설마 이집트의 총리가 되어 있으리라고는 꿈에도 상상할 수 없었기 때문이었다.

자기 앞에 엎드려 절하는 형들을 보고, 요셉은 어렸을 때의 꿈이 떠올랐다. 형들의 곡식단들이 자기 곡식단에게 절하던 그 꿈을. 그 꿈이 20여 년의 긴 세월이 흐른 지금 눈앞에서 현실로 나타나고 있었다. 요셉은 형들이 쓰는 언어를 너무나 잘 알고 있었으나, 일부러 모르는 척 통역관을 세워 놓고, 이집트 말로 거칠게 물었다.

"너희들은 어디서 왔는가?"

"예, 가나안에서 식량을 사러 왔습니다."

통역관을 사이에 두고 요셉과 형들 간에 대화가 오갔다.

"음-, 식량을 사러 왔다? 거짓말! 너희들은 이 나라를 살피러 온 정탐꾼들이다."

억울했다. 기절할 노릇이었다. 형들은 벌벌 떨었다. 저렇게 높은 분이 자신들을 정탐꾼으로 몰면, 죽음을 면치 못할 것이 틀림없었다.

"아닙니다, 절대로 아닙니다! 총리 각하, 저희들은 순수한 사람들로서, 가나안 땅에 살고 있는 야곱이란 사람의 아들들입니다. 본디 열두 형제였습니다만, 막내는 지금 아버지와 함께 있고 동생 하나는 일찍 죽었습니다."

그들의 입장에서는 그른 말이라고 할 수 없었다. 하지만 요셉은 정탐꾼이 틀림없다고 다시금 엄하게 다그쳐 놓고 말을 이었다.

"그래? 너희들의 말이 진실이라면 너희 중에 한 명이 가나안으로 가서 막내 동생을 데리고 오너라. 그동안 나머지는 이곳 감옥에 가두어 두겠다. 만일 그렇게 하지 못하면, 너희들은 정탐꾼이 틀림없다."

요셉은 형들을 사흘 동안 감옥에 가두어 두었다. 그후 그들을 감옥에서 풀어준 다음 조건을 제시하였다.

"나는 하나님을 모시고 사는 사람이다. 그러니 너희들이 내가 말하는 조건을 그대로 따른다면 너희를 살려줄 것이다. 너희들 모두를 감옥에 가두지는 않겠다. 너희들 중에서 한 사람만 가두어 두겠다. 나머지는 돌아가서 막내를 데리고 오너라. 너희들의 말이 사실이라는 것을 증명하기만 하면 된다. 그렇게만 하면, 너희를 죽이지 않겠다. 너희 말을 믿고 너희에게 곡식을 팔겠다."

형들은 벌벌 떨었다. 요셉의 제안을 받아들일 수밖에 없었다. 요셉의 형들은 자기들끼리 한탄하였다.

"우리가 아우에게 못된 짓을 했으니 이런 벌을 받는 거야."

"그래, 아우가 살려 달라고 애걸복걸할 때 매몰차게 모른 체했었지. 다 그 죗값인 게야."

그러자 맏형 르우벤이 아우들에게 나무라듯 푸념하였다.

"그러게 내가 뭐라 하더냐. 그 아이를 해치지 말라고 했었지? 그런데 내 말을 듣지 않더니, 이런 일을 당하는 거다. 우리가 그 아이를 죽게 하였으니, 우리가 지금 그 대가를 받는 게 당연하지."

형들은 이집트의 총리가 자기들의 대화를 못 알아듣는

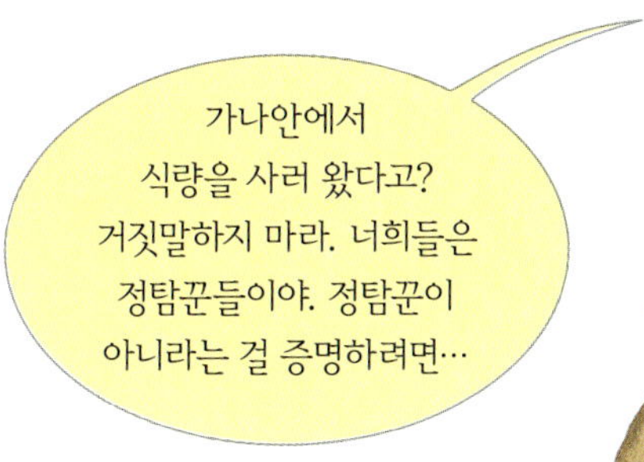

줄 알고 편하게 대화하였다. 그러나 형들의 대화를 다 알아듣는 요셉의 가슴은 찢어질 듯 아팠다. 그는 형들 앞에서 황급히 떠나 잠시 목놓아 울었다. 그리고는 마음을 진정시킨 후 다시 돌아와서 신하들에게 형제들 중 하나를 결박하라고 지시했다. 인질로 묶인 자는 둘째 시므온이었다.

"이 사람들이 돌아올 때까지 그를 감옥에 가둬 두어라."

이어 요셉은 신하들에게 별도로 지시하였다.

"이 사람들이 가져온 자루에 곡식을 가득 채우고 그들이 낸 돈도 그 자루에 도로 넣어라. 그들이 고향으로 가는 동안에 먹을 식량은 별도로 챙겨 주어라."

야곱이 베냐민 문제로 심히 괴로워하다 창 42:26-38

형제들은 참으로 두렵고 황당하였다. 일단 고비는 넘겼지만, 시므온을 감옥에 혼자 둔 채 돌아가는 발걸음은 천근만근 무거웠다.

날이 어두워져 어느 여관으로 들어간 후였다. 한 형제가 나귀에게 먹이를 주려고 곡물 자루 하나를 풀었다가 기겁을 했다. 자루 속에서 돈다발이 쏟아져 나왔기 때문이었다.

"아니, 이 돈이 왜 여기 있지?"

그가 다른 형제들을 소리쳐 불렀다. 모두들 돈자루 주변에 모여들어 웅성거렸다.

"이건 우리가 곡물 값으로 지불한 돈 아냐?"

"그 돈이 왜 우리들 자루 속에 들어 있는 거지?"

모두들 안색이 창백해졌다. 아무래도 무슨 불길한 일이 또다시 닥칠 것만 같았다.

"하나님은 왜 우리에게 이런 시련을 주시는 것인가?"

형제들은 근심에 싸여 집으로 들어섰다. 오가는 데에 한 달 가까이 걸린 긴 여행이었다. 그들은 아버지 야곱에게 그간의 사정을 보고했다. 야곱은 반가움도 잠깐, 근심으로 가슴이 터질 것 같았다. 시므온은 현재 감옥에 갇혀 있고, 막내인 베냐민을 데리고 가야만 시므온을 풀어준다니 아무리 궁리해도 이해가 가지 않았다. 하지만 더욱 더 이상한 일은, 분명히 이집트 관리에게 지불했다는 돈이 자루마다 그대로 다 들어 있는 것이었다. 이게 도대체 웬 영문인가? 야곱은 정신을 차리기 힘들 지경이었다.

"야단났구나, 이 일을 어쩌면 좋단 말이냐? 요셉이 이미 없어지더니 시므온에게도 불행이 일어나고, 이젠 베냐민까지도 잃게 생겼구나. 왜 이리 괴로운 일만 생긴단 말이냐."

맏이 르우벤이 간곡하게 설득하였다.

"아버지, 너무 근심하지 마세요. 제가 책임지고 베냐민을 이집트로 데리고 가겠습니다. 만일 베냐민을 무사히 데려오지 못하면, 그땐 아버지께서 저의 아들 녀석들 둘을 죽이십시오. 베냐민을 꼭 다시 데리고 오겠습니다."

그러나 야곱은 완강하게 고개를 흔들었다.

"안 된다, 안 돼! 베냐민의 형 요셉은 이미 죽었지 않느냐? 베냐민마저 죽일 수는 없는 일이야. 그 아이마저 죽는다면, 나는 엄청난 한을 품고 저세상으로 가게 될 거다."

야곱은 고집을 꺾지 않았다. 형제들도, 늙은 아버지 야곱도, 슬프고 괴로운 나날이었다.

요셉과 동생 베냐민의 만남

베냐민이 형들과 함께 이집트로 내려가다 창 43장

흉년은 한 해로 끝나지 않았다. 야곱의 가족들 중에는 그 누구도 흉년이 7년이나 계속 이어지리라고는 상상도 하지 못했다. 그 해에는 이집트에서 가져온 곡식으로 끼니를 이을 수 있었지만, 이듬해에 다시 흉년이 들자 심각한 식량난에 빠지고 말았다. 그대로 앉아서 굶어 죽을 수는 없는 노릇이었다. 야곱은 고민을 거듭하다가 마지못해 다시 아들들을 불렀다.

"얘들아, 다시 한 번 이집트로 가서 식량을 구해 와야겠구나."

넷째인 유다가 나섰다.

"이집트의 총리가 분명히 말했습니다. 막내 동생을 데리고 오지 않으면 자기를 절대로 만나 볼 수 없을 거라고 경고했어요. 그러니 베냐민 없이 그냥 가면 곡식을 사 올 수 없을 거예요."

"그러게 이놈들아, 왜 동생이 하나 더 있다는 말을 해서 나를 이토록 괴롭히는 거냐?"

야곱이 가슴을 치며 말했다.

"우리가 말하고 싶어서 했겠습니까? 그 총리가 우리를 정탐꾼으로 몰면서 우리 집안 사정을 꼬치꼬치 캐물으니까 사실대로 말한 것뿐입니다. 누가 이런 일이 생길 줄이야 꿈엔들 짐작이나 했겠습니까?"

유다가 말을 이었다.

“아버지, 지금 곡식을 사 오지 못하면 아버지는 물론이고 저희의 어린 자식들이 다 굶어 죽습니다. 막내는 제가 책임지겠습니다. 만일 막내에게 무슨 일이 생기면, 그땐 제가 평생 아버지에게 어떤 대가라도 달게 받겠습니다. 그동안 우리가 이렇게 지체하지 않았다면 벌써 두 번이나 이집트에 다녀오고도 남았을 겁니다.”

맞는 말이었다. 계속 우물쭈물대다가는 꼼짝없이 온 가족이 굶어 죽을 판이었다. 야곱이 마침내 결단을 내렸다.

“하는 수 없구나. 그래, 막내 베냐민을 데리고 가거라. 우리 땅에서 나는 가장 좋은 토산물을 많이 가지고 가서 이집트의 그 총리에게 선물로 드려라. 유향과 꿀과 향료는 꼭 챙겨 가지고 가거라. 그때 자루 속에 들어 있던 돈이 문제가 될지도 모르니, 꼭 다시 돌려드려라. 전능하신 하나님이 너희들을 잘 돌보아 주시기를 기도하마.”

당시 가나안 땅 남부 지방에서 애굽까지는 대략 열흘 길이었다. 야곱의 아들들은 힘겨운 여행 끝에 마침내 이집트에 도착하였다. 그들은 총리 요셉 앞에 다시 모습을 나타냈다.

형제들 가운데에서 막내인 베냐민의 모습을 확인한 요셉은 가슴이 뛰기 시작했다. 자기와 같은 어머니 라헬의 배에서 태어난 유일한 아우 베냐민이 아닌가. 눈물이 왈칵 쏟아질 정도로 기뻤으나 요셉은 겉으로 내색을 못하고 종에게 일렀다.

“저 사람들을 모두 내 집으로 안내하고, 나와 점심을 함께 먹도록 잘 차리도록 하여라.”

갑자기 총리의 집으로 초대를 받은 형제들은 기쁘기는커녕 두려움이 앞섰다.

"이거 큰일났네. 이건 분명히 지난 번 우리들의 자루 속에 들어 있던 그 돈을 문제 삼으려는 걸 거야. 그걸 핑계로 우릴 종으로 삼으려는 건 아닐까…."

총리의 저택 앞에 이르자, 형제들은 요셉의 종에게 지난 번 자루 속에 들어 있었던 돈에 대해 자초지종을 이야기하였다. 종은 그 이야기를 듣고도 화를 내기는커녕 친절하게 대답하였다.

"그런 걱정은 하지 마시오. 당신들의 하나님께서 그 돈을 자루 속에 넣으신 모양이지요. 우린 곡물 값을 이미 다 받았으니, 그 돈은 모르는 일이오."

암만해도 알 수 없는 일이었다. 안으로 들어가 조금 기다리고 있으니 그동안 잡혀 있던 시므온이 형제들에게로 인도되었다. 형제들은 시므온을 둘러싸고 서로 기뻐하였다.

총리의 종들은 물을 떠다 주어 형제들에게 발을 씻게 했고, 그들의 나귀에게도 물을 먹였다. 더군다나 주인 요셉이 자기들과 점심을 함께 하려고 집으로 온다는 것이 아닌가. 그 말을 듣자 형제들은 안도와 우려가 겹쳤다. 친절하게 잘해주는 것으로 보아 일이 나쁘게 풀리지는 않을 것 같은데, 이렇게까지 극진한 대우를 받는 이유를 아무래도 이해할 수 없었기 때문이었다. 형제들은 일단 준비해 온 예물들을 꺼내 놓았다.

요셉이 들어오자, 열한 형제는 예물을 드리면서 일제히 엎드려 절을 올렸다. 얼마만인가! 열두 형제가 모두 이렇게 한 자리에 모여 있는 것이.

"늙은 아버지가 계신다고 했는데, 지금도 살아 계시는가?"

"예, 지금도 건강하게 살아 계십니다."

"그래? 음… 처음 보는 저 사람이 그대들의 막내란 말이지?"

"그렇습니다, 베냐민이라고 합니다."

요셉은 베냐민을 바라보았다. 태어나면서 어머니가 산고로 죽는 통에 어머니 얼굴조차 보지 못하고 자란 친동생이었다. 요셉은 북받치는 격정을 참을 수 없었다. 마음이 활활 불타는 듯했다. 급히 자리에서 일어나 안방으로 들어갔다. 요셉은 엉엉 목놓아 울었다. 한참을 울다가 정신을 가다듬고 얼굴을 씻은 후 다시 식사 자리로 돌아왔다.

점심은 진수성찬이었다. 총리인 요셉의 상은 따로 차려졌다. 요셉은 형들의 자리를 나이 순서대로, 서로 마주 보도록 정해 주었다. 열한 형제는 놀라지 않을 수 없었다. 자신들의 나이를 모를 것이 분명한 총리가 어떻게 이토록 정확하게 나이 순서대로 앉힐 수 있단 말인가? 더욱 더 이상한 일은, 총리가 자기 상의 맛있는 음식들을 형들의 상으로 돌려주는 과잉 친절이었다. 총리는 막내인 베냐민에게는 특히 더 신경을 써서 다른 형제들보다 한결 좋은 음식을 먹어 보라고 권하곤 했다.

영문을 알 수 없긴 했지만, 어쨌든 분위기는 좋았다. 형제들은 모처럼 긴장을 풀고 총리와 더불어 기쁘게 먹고 마셨다.

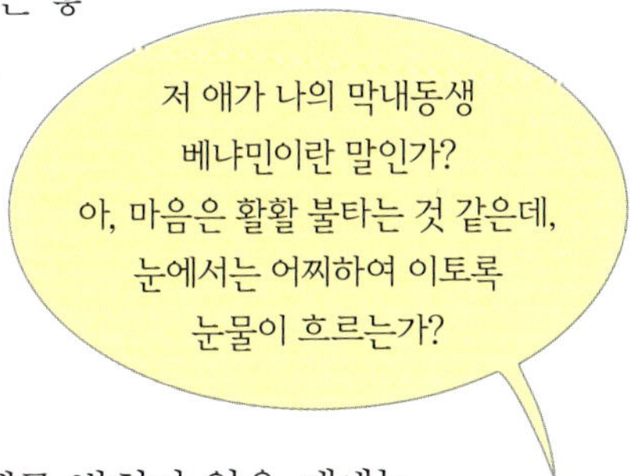

형제들이 베냐민을 감싸다 창 44장

요셉이 속마음을 감추면서까지 자신의 정체를 밝히지 않은 데에는, 이유가 있었다. 형들의 마음을 확인하고 싶었기 때문이었다. 형제된 자신을 죽이려다가 마지못해 노예로 팔아넘긴 그 잔인성, 그 비정함이 이제는 과연 변한 것인가? 그것만은 확인하고 넘어가야 했다.

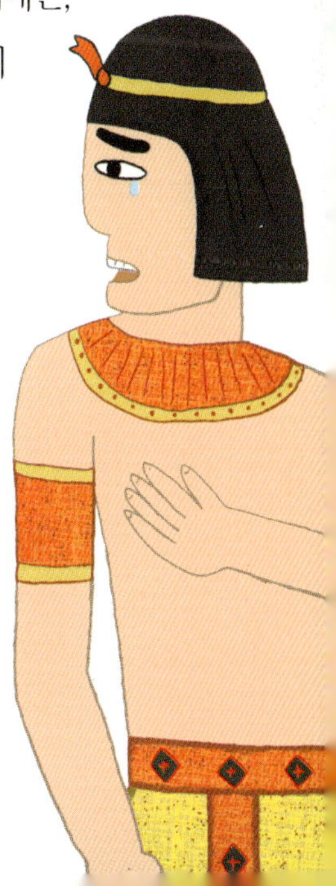

식사가 끝난 후, 요셉이 종에게 은밀히 지시했다.

"저 사람들의 자루마다 곡물을 가득 채워 주고, 값으로 낸 돈도 다 도로 넣어 주어라. 그리고 내 은잔을 저 막내라는 사람의 자루 속에 넣어두어라."

형제들의 발걸음은 날아갈 것 같았다. 시므온과 베냐민을 데리고 아버지에게로 돌아가게 된 데다 식량도 원하는 만큼 살 수 있었기 때문이었다. 형제들은 서로 웃고 떠들면서 길을 재촉했다.

형제들이 성문을 벗어나 그리 멀리 가지 않았을 때였다. 뒤에서 말발굽 소리가 들리더니 그들을 멈춰 세웠다. 총리대신의 종이 급히 뒤쫓아오더니 형제들을 향해 성난 목소리로 호령했다.

"이놈들, 너희들에게 그토록 친절을 베풀었건만 어찌하여 우리 주인님이 쓰시는 은잔을 훔쳐간단 말이냐? 그 은잔이 우리 주인님께서 얼마나 아끼시는 것인지 모른단 말이냐? 주인님께서는 점을 치실 때에도 반드시 그 은잔을 사용하신단 말이다. 천하에 배은망덕한 놈들 같으니라고!"

아닌 밤중에 홍두깨요, 마른하늘에 날벼락이었다. 형제들은 한목소리로 절대로 은잔을 훔치지 않았다고 펄쩍 뛰었다.

"맹세코 저희들은 그런 짓을 하지 않았습니다. 그분이 어떤 어른이신데 감히 그 어른의 은잔을 훔친단 말입니까? 아시다시피 저희들은 지난 번 자루에 들어 있던 돈까지도 도로 가지고 온 사람들입니다."

다른 형제가 말을 이었다.

"이럴 거 없이 우리 자루들을 모두 뒤져 보십시오. 만약 은잔이 나오면 그는 죽이고 우리 모두 그 어르신의 노예가 되겠습니다. 그러면 되겠습니까?"

얼마나 자신만만한 제안인가. 그러나 총리의 종은 뜻밖의 말을 했다.

"나의 주인님께서는 은잔을 훔친 사람만 노예로 삼겠다고 하셨다. 나머지는 다 돌아가도 된다."

모두들 나귀에서 자루를 내려 풀어놓았다. 요셉의 종이 맏이로부터 막내에 이르기까지 차례대로 자루들을 뒤졌다. 자루들 속에는 웬일인지 지불한 돈이 모두 그대로 들어 있는 것이 아닌가? 그런데도 요셉의 종은 그런 것에는 전혀 신경조차 쓰지 않았다. 종의 관심은 오직 은잔뿐인 것 같았다.

"앗, 여기 있군!"

막내 베냐민의 자루에서였다. 형제들은 모두 기절할 듯 놀랐다. 저마다 옷을 찢으며 괴로워하였다. 베냐민이, 하필이면 베냐민이…, 하필이면 베냐민을 노예로 두고 가게 되다니….

“자, 이 사람은 우리가 데리고 가겠다. 너희들은 모두 고향으로 돌아가도 좋다.”

종이 베냐민을 붙잡았다. 형제들은 베냐민을 그렇게 놓아둔 채로 떠날 수가 없었다.

“막내를 두고는 이대로 못 갑니다. 저희들도 막내와 함께 총리대신께 가겠습니다.”

형제들은 짐을 수습하고 다시 성으로 돌아왔다. 총리대신은 아직 집에 있었다. 형제들은 그 앞에 무릎을 꿇고 땅에 엎드렸다.

“어쩌자고 너희들이 내게 이런 짓을 하였느냐? 은잔을 훔쳐간다고 내가 모를 줄 알았느냐? 내가 점을 쳐서 다 알아낸다는 걸 모른 게로구나.”

넷째인 유다가 앞으로 나서 얼른 입을 열었다. 책임지고 베냐민을 데리고 돌아오겠다고 큰소리쳤던 자신이 아닌가.

“입이 열 개인들 드릴 말씀이 있겠습니까. 증거물이 나왔으니, 저희들의 결백을 입증할 방법이 없습니다. 은잔을 가지고 있는 막내뿐 아니라 우리 모두 총리 각하의 노예가 되겠습니다.”

“아니다, 그럴 필요 없다. 훔친 그 자만 종으로 삼겠다. 너희들의 늙은 아버지께 걱정을 끼쳐 드려서는 안 되니 어서 고향으로 돌아가라.”

유다가 총리에게 다가서며 애원하였다.

“총리 각하, 꼭 드릴 말씀이 있으니 부디 허락해

주십시오. 제발 노하지 마시고, 한 마디만 들어 주십시오. 간청합니다."

"그래, 말해 보아라."

총리대신이 허락하자, 유다가 애절하게 호소하였다.

"지난번에 총리 각하께서 저희들의 아비나 아우가 있느냐고 물으셨습니다. 그래서 저희들은 숨김없이 사실대로 말씀 드렸습니다. 늙은 아비와 막내동생이 있다고 말씀드렸습니다. 막내동생은 부친께서 아주 늘그막에 얻으셨습니다. 막내와 어머니가 같은 형이 하나 있었는데, 그는 그만 먼저 죽었습니다. 그래서 아버지는 막내를 유독 애지중지하십니다. 그런데 총리 각하께서 그 아우를 반드시 데리고 오라고 하셔서, 저희가 아주 어렵게 아버지를 설득하여 겨우 이집트에 데리고 온 것입니다. 아버지는 이렇게 말씀하셨습니다. '너희도 알다시피 내가 그토록 사랑하던 아내 라헬에게서 태어난 아이는 두 아들뿐이다. 그런데 그중 한 녀석은 이미 내 곁을 떠나고 없다. 아마도 들짐승을 만나 찢겨져 죽임을 당한 것이 분명하다. 집을 나간 후 이토록 감감무소식이니까 말이다. 그런데 이번에는 너희가 하나 남은 이 아이마저 데리고 가겠다면 난 무슨 보람으로 산단 말이냐? 혹시라도 이 아이에게 불행한 일이 생기면 난 가슴에 한을 품고 저세상으로 가게 될 것이다. 그러니 이 아이만은 데려가지 말아라.' 이렇게 애원하셨습니다. 그런데 만일 저희들이 막내를 여기에 두고 저희들끼리만 집으로 돌아간다면 늙으신 아버지는 충격으로 쓰러져 죽으실지도 모릅니다. 그러하오니 총리 각하, 엎드려 간곡히 청합니다. 늙으신 아버지를 위해서라도 막내는 형들과 함께 보내주시고, 그 대신 저를 노예로 삼아 주십시오. 저는 막내를 두고는 절대로 돌아가지 못합니다."

애끓는 호소였다. 요셉은 북받치는 격정을 참을 수 없어, 종들을 모두 방안에서 내보냈다. 이제 방안에는 형제들과 요셉뿐이었다.

요셉의 눈물과 야곱의 기쁨

요셉이 형들에게 자신의 정체를 밝히다 창 45:1-15

유다를 비롯한 모든 형제들이 훌쩍거리며 울었다. 요셉도 더는 참을 수 없어 마침내 형제들 앞에서 사실을 밝혔다.

"형님들, 내가 요셉입니다!"

그 히브리 말과 함께 요셉의 입에서 커다란 울음이 터져 나왔다. 어찌나 큰 소리로 울었던지, 밖에 있던 종들과 근처에 있던 이집트 사람들도 모두 들을 수 있을 정도였다.

형제들은 도대체 이게 무슨 소린가 싶었다. 그들은 모두 할 말을 잃은 채 어리둥절한 표정으로 요셉과 형제들의 얼굴을 번갈아 돌아볼 뿐이었다.

"형님들, 내가 바로 요셉입니다. 아버지는 아직도 살아 계십니까?"

형제들은 어안이 벙벙했다. 다들 놀라서 한마디 말도 꺼내지 못했다.

"형님들, 이리 가까이 오세요."

형제들이 쭈뼛거리며 요셉에게로 다가갔다.

“내가 형님들의 아우 요셉입니다. 저를 잘 보세요. 오래 전에 형님들이 팔아 넘겼던 바로 그 요셉입니다. 그렇다고 걱정하지 마세요. 저를 이리로 오게 한 것은 형님들이 아니라 하나님이시니까요. 그게 다 우리 가족을 살리기 위해 하나님께서 미리 계획하셨던 일입니다.”

크게 두려워하는 형제들의 마음을 편하게 해주려고 애쓰며 요셉이 말을 이었다.

“형님들, 앞으로도 흉년이 이어질 것입니다. 아직도 5년이나 더 남았습니다. 하나님은 형님들과 우리 가족의 목숨을 구하시려고 저를 미리 이곳으로 보내신 것입니다. 저는 이집트의 총리입니다. 이 나라는 내 말 한 마디에 움직입니다. 하나님은 우리 가족에게 큰 복을 내리셨습니다.”

그제서야 형제들은 요셉의 말을 믿기 시작했다. 자세히 뜯어보니, 아닌게 아니라 어릴 적 동생의 모습이 그대로 살아 있었다. 형제들은 놀란 가슴을 진정시킬 수가 없었다. 동시에 요셉이 자기들의 악행에 대해 원한을 품기는커녕 오히려 위로하려고 애쓰는 모습을 보자니, 형들의 가슴은 미안함의 눈물로 가득 찼다.

“형님들, 서둘러 고향으로 가셔서 아버지께 전해 주세요. 하나님이 나를 이집트 온 땅을 다스리는 총리로 세우셨으니, 지체하지 마시고 이리로 오시라고 하세요. 가축 떼도 다 이끌고 오셔서 여기서 가까운 고센 땅에 정착해 사시도록 하세요. 걱정 없이 편안하게 사시도록 내가 정성껏 돌봐 드리겠습니다. 극심한 흉년은 아직도 5년이나 남았습니다. 아셨죠?”

요셉은 가까이에 있는 베냐민에게 말했다.

“베냐민아, 내가 바로 네 형이다. 이 형이 이집트에서 어떤 사람인가를 너도 똑똑히 보았지? 아버지께 네가 본 것들을 사실대로 말씀드려라. 그래서 반드시 이곳으로 모시고 와야 한다.”

요셉은 아우의 목을 힘껏 끌어안고 목놓아 울었다. 형들과도 입을 맞추며 한 명씩 끌어안고 울었다. 그제서야 형들도 말문이 터져서 이런저런 이야기를 나누면서 감격의 눈물을 흘렸다.

야곱 일가가 이집트로 이주하다 창 45:16–46:27

요셉이 고향의 형제들을 만났다는 소식이 이집트 전역으로 퍼져 나갔다. 파라오와 신하들은 모두 자기 일처럼 기뻐하였다. 파라오는 요셉에게 말했다.

"그대의 형제들에게 가나안의 고향 집으로 가지고 갈 선물을 많이 챙겨 주시오. 아버지와 가족들을 모두 이집트로 데려 오라고 하시오. 내가 이집트에서 좋은 땅을 주겠소. 필요한 모든 것을 다 제공해 줄 것이니, 애써 살림살이들을 챙겨 가지고 올 필요가 없다고 하시오."

요셉은 파라오가 말한 대로 아버지와 부녀자들이 타고 올 좋은 수레, 좋은 옷들, 여행 기간에 먹을 양식을 챙겨 주었고, 형제들이 갈아입을 옷들도 챙겨 주었다. 사랑하는 동생 베냐민에게는 다섯 벌의 옷과 은화 300세겔을 주었다. 아버지에게는 따로 나귀 열 마리에 곡식을 실어 보내고, 이집트의 가장 좋은 특산물들도 듬뿍 챙겨 보냈다.

"형님들, 혹시라도 가시는 길에 서로 싸우지 마세요. 내가 이집트에 온 것은 누구의 잘못도 아니니 마음 편하게 다녀오세요."

가나안 땅에서 아들들에게 요셉 소식을 들은 야곱은 꿈만 같았다. 그토록 눈에 밟혔던 사랑하는 아들 요셉이, 죽은 줄로만 알았던 요셉이 살아 있다니! 더구나 이집트의 총리라는 높은 지위에 올라 있다니!

야곱은 아들들의 말에 충격을 받고, 도무지 믿기지 않았다. 하지만 자초지종 이야기를 모두 전해 듣고, 요셉이 보낸 많은 선물들과 이집트로 타고 갈 화려한 고급 수레를 보고서야 아들들의 말에 믿음이 가기 시작했다.

살다보니 이런 좋은 날도 오는구나! 야곱은 한시라도 빨리 요셉을 보러 가야겠다고 이주를 서둘렀다. 그때 야곱의 나이 130세였다.

야곱은 온 가족과 가축 떼를 이끌고 길을 떠났다. 자신과 며느리들과 손녀들과 어린아이들은 수레를 타고, 아들들과 성장한 손자들은 낙타와 나귀를 타고, 종들은 가축 떼를 몰면서 이집트를 향해 남쪽으로 이동하였다.

야곱 일행은 가나안 남방의 국경 도시인 브엘세바에 이르렀다. 그곳은 일찍이 야곱의 조부 아브라함과 부친 이삭이 하나님께 제단을 쌓고 예배 드리

던 곳이었다. 야곱은 그 옛날 선친들이 쌓아 놓은 제단에서 하나님께 희생 제물을 드렸다. 그러자 밤에 하나님이 환상 가운데 나타나셔서 야곱을 위로하셨다.

"야곱아, 나는 네 조상의 하나님이다. 이집트로 내려가는 것을 겁내지 말아라. 내가 거기서 너로 큰 무리를 이루게 하여 다시 이곳으로 올라오게 할 것이다. 너는 네 아들 요셉의 품에서 평안히 눈을 감게 될 것이다."

가나안을 떠난 야곱과 그 아들들과 손자들은 67명이나 되었다. 이집트에 있는 요셉과 그의 두 아들을 포함하면 모두 70명인 셈이었다. 여기에는 야곱의 딸들과 며느리들과 손녀들은 포함되지 않았으니, 이집트로 내려간 야곱 일행이 정확히 몇 명이었는지는 알 길이 없다.

야곱 일행이 이집트의 고센 땅에 정착하다 창 46:27-47:12

야곱 일행은 지루한 여행 끝에 이집트의 고센 땅에 가까이 이르렀다. 야곱은 넷째 아들 유다를 먼저 요셉에게 보냈다.

야곱 일행이 고센 땅에 도착하자, 미리 연락을 받은 요셉이 수레를 타고 마중 나왔다. 헤어진 지 22년만의 부자 상봉이었다. 요셉은 호화스러운 수레에서 내려 아버지한테로 달려갔다. 그동안 생사조차 알 길이 없었던 늙으신 아버지를 끌어안고 오랫동안 흐느꼈다.

"요셉아, 네가 정녕 내 아들 요셉이 맞느냐. 네가 정말 살아 있다니…! 내가 살아서 네 얼굴을 다 보다니, 이젠 죽어도 여한이 없겠구나."

"아버지, 제가 아버지의 아들 요셉입니다. 아버지…!"

아버지 야곱도, 아들 요셉도, 그리고 모든 가족들과 종들도 함께 흐느끼며 울었다. 상봉의 감격과 기쁨이 오래도록 이어졌다.

이윽고 어느 정도 진정이 되자, 요셉은 형 다섯과 함께 파라오의 왕궁으로 갔다.

"폐하, 저의 아버님이 온 가족과 가축 떼와 모든 재산을 이끌고 고센 땅에 도착하였습니다."

파라오가 크게 반가워하며 요셉의 형제들에게 물었다.

"먼 길을 오느라고 고생이 많았겠군. 그래, 자네들의 생업은 무엇인가?"

형제들 중 하나가 대답하였다.

"예 폐하, 저희들은 선조 대대로 목축업을 하는 목자들입니다. 가나안 땅에는 기근이 심해 가축을 칠 곳이 없으므로 잠시 머무르려고 이곳에 왔습니다. 하오니, 목축에 적당한 고센 땅에서 살도록 허락해 주시면 감사하겠습니다."

그러자 파라오가 요셉을 향해 말했다.

"이집트 온 땅이 그대의 관할 하에 있으니 그대의 아버지와 형제들에게 살기 좋은 땅을 주시오. 내 양 떼와 소 떼도 그들에게 치게 하면 좋겠소."

파라오의 허락이 떨어지자, 요셉은 아버지 야곱을 모시고 가서 왕에게 소개하였다. 파라오가 야곱에게 나이가 어떻게 되느냐고 물었다.

"나그네처럼 떠돌며 살아 온 지가 어느덧 백서른 해입니다. 저의 조상님들보다는 그리 오래 산 것은 아니지만, 험난한 인생 길을 걸어왔습니다."

야곱은 파라오에게 복을 빌어주고 그 자리에서 물러났다.

요셉은 파라오가 명령한 대로 아버지와 형제들이 고센 땅에서도 기름진 좋은 땅을 차지하고 살도록 해주었고, 모든 가족들의 양식을 대어주며 정성껏 보살폈다.

요셉의 통치와 야곱의 축복

계속되는 흉년과 요셉의 양곡 관리 창 47:13-26

해를 거듭할수록 흉년이 심해졌다. 총리 요셉은 양식을 사러 오는 모든 이집트 사람들에게 곡식을 팔았다. 그러나 계속 되는 흉년으로 곡식을 살 돈이 떨어지자 살 길이 막막해진 백성들이 요셉을 찾아와 사정하였다.

"총리 각하, 저희들은 이제 돈이 없어 꼼짝없이 굶어 죽을 수밖에 없는 형편입니다. 부디, 다른 방법으로라도 양식을 구할 수 있게 선처를 베풀어 주십시오."

"그렇다면 너희들이 가진 다른 재산이라도 가지고 오너라. 기꺼이 양식과 바꾸어 주겠다."

그러자 이집트 백성들은 가축을 가지고 와서 곡식으로 바꾸어 갔다. 그러나 해가 바뀌어도 비는 내리지 않았고, 농사를 지을 수 없었다. 백성들은 또다시 총리에게 애원하였다.

"총리 각하, 우리에게 남아 있는 것이라고는 이 몸과 농토가 전부입니다. 농토가 있으면 뭘 합니까. 가물어 농사를 지을 수 없으니 무용지물입니다. 그렇다고 그냥 앉아서 굶어 죽을 수는 없으니, 바라옵건대 토지와 곡식을 바꾸어 주십시오."

이집트 백성들은 그렇게라도 하지 않을 수 없었다. 총리 요셉은 그들의 청을 들어주었다. 그래서 이집트의 모든 경작지를 곡식을 주고 사들였다. 그리하여 이집트의 모든 돈과 토지가 파라오의 소유로 바뀌었다. 온 백성이 파라오의 종이 된 것이나 마찬가지였다.

"자, 내 말을 잘 들으시오."

총리 요셉이 이집트 백성들에게 선포하였다.

"그동안 내가 백성의 밭과 몸까지 사서 파라오에게 바쳤소. 이제 내가 곡물의 씨앗을 줄 테니, 각자 자기가 농사 짓던 땅에 파종하시오. 수확의 5분의 1은 파라오에게 바치고, 나머지는 농사 지은 사람의 몫이오. 그 다음 해부터는 파종할 씨앗도 스스로 충당하도록 하시오."

이집트 백성들은 오랜 대흉년의 기간 동안에도 굶어 죽지 않고 살 수 있게 선처해 준 요셉의 은혜에 감사하며 그대로 따를 것을 약속하였다. 이리하여 총리 요셉은 이집트에 새로운 토지법을 확립하였다.

야곱이 요셉의 두 아들을 축복하다 창 47:27-48:22

야곱이 이집트의 고센 땅에 정착하여 생활한 지 어언 17년이 흘렀다. 이제 야곱의 나이는 147세였다. 그동안 그의 자손들은 이집트의 고센 땅에서 왕성하게 번창하였다.

죽을 날이 다가올 것을 예감한 야곱은 요셉을 불러 당부했다.

"아들아, 내가 죽으면 나를 이 땅에 묻지 말아라. 조상님들이 묻혀 있는 가나안의 헤브론 땅에 장사 지내 다오. 그래야 내 마음이 기쁘겠다. 맹세해 주겠느냐?"

"그럼요, 아버지. 아버지의 말씀대로 꼭 그렇게 하겠습니다."

그로부터 얼마 후, 요셉은 아버지가 병들어 누워 계시다는 소식을 듣고 두 아들 므낫세와 에브라임을 데리고 찾아갔다. 누워 지내던 아버지는 침상에서 일어나 앉으며 요셉에게 뜻밖의 말을 했다.

"요셉아, 네가 이집트에서 낳은 두 아들을 내 아들로 삼겠다. 그렇게 되면, 므낫세와 에브라임은 네 형들과 똑같이 내 유산을 상속받게 된다. 앞으로 낳게 될 네 아들만 너의 아들로 해라."

눈이 어두워져 앞을 잘 볼 수 없었던 야곱은, 아들로 삼은 두 손자들의 머리에 손을 얹고 축복하였다. 그런데 이상하게도 오른쪽에 있는 형 므낫세에게 왼손을 얹고, 왼쪽에 있는 동생 에브라임에게 오른손을 엇갈리게 얹고 축복하는 것이었다.

"나의 조부 아브라함과 부친 이삭을 보살펴 주신 하나님, 이 두 아이에게 복을 내리소서. 세상에서 번창하게 하소서."

아버지의 손이 엇갈린 것을 보고, 요셉이 아버지의 엇갈린 손을 바꾸어 주었다. 당시의 풍습에 따르면 오른손은 왼손보다 더 능력 있는 강한 손으로 간주되었기에, 요셉은 아버지의 오른손이 장자인 므낫세의 머리에 얹혀지기를 바랐던 것이다.

"나도 안다, 내 아들아. 나도 알고 있다."

자신도 잘 알고 있다는 듯이, 야곱은 여전히 손을 엇갈리게 한 채로 또 축복하였다.

"너희들은 하나님의 복을 받아 자손이 번성하며 크게 잘 될 것이다. 사람들은 언제나 이렇게 복을 빌 것이다. '에브라임처럼, 므낫세처럼, 하나님이 그대에게 복 내리시기를 비노라!'고."

그날 야곱은 요셉의 두 아들 므낫세와 에브라임을 자신의 아들로 삼고, 그들에게 축복하였다.

야곱의 12아들, 이스라엘의 12지파 창 49장

죽음이 임박한 야곱은 자신의 열두 아들들을 불러 일일이 축복해 주었다. 야곱의 12아들은 장차 이스라엘 12지파의 조상이 될 것이었다. 그들의 이름은 르우벤, 시므온, 레위, 유다, 스불론, 잇사갈, 단, 갓, 아셀, 납달리, 요셉, 베냐민이었다.

야곱은 열두 아들 중 유다에 대해서는 특별히 이렇게 축복했다.

"유다야, 네 형들이 너를 칭송하리라. 네가 원수들의 목덜미를 잡으리라. 네 형제들이 네게 절하리라. 네 말을 들으리라. 유다는 언제나 왕의 홀笏을 한 손에 잡을 것이며, 자손들이 내내 왕이 될 것이다. 네 자손에서 크신 임금이 오시리라. 뭇 백성이 그분께 허리 굽혀 경배하리라."

이 축복은 장차 야곱의 아들들이 왕국을 이룰 때 유다 지파에서 왕이 나오고, 그 자손들에게 왕권이 세습될 것이며, 나아가 왕 중 왕, 곧 모든 사람이 경배할 '여인의 후손' 그리스도가 유다 지파의 혈통을 좇아 탄생한다는 메시아 예언이다. 성령의 영감이 깃든 야곱의 이 예언대로, 장차 사탄을 쳐부수고 인류를 죄와 죽음에서 건져내실 '여인의 후손' 곧 예수 그리스도는 과연 유다 지파에서 태어나게 된다.

야곱과 요셉의 죽음 창 50장

열두 아들을 저마다의 그릇에 맞게 축복한 야곱은 다시 자리에 누웠고, 마침내 기운이 다하여 숨을 거두었다. 향년 147세였다.

요셉은 파란만장의 인생을 살아온 아버지 야곱의 시신에 입맞추었다. 오랫동안 대성통곡한 후, 요셉은 아버지의 시신을 미라로 만드는 작업을 명령하였다. 그것은 왕에게나 해당되는 성대한 장례 절차였다. 미라를 만드는 데는 대략 40여 일이 걸린다. 이집트는 요셉 총리의 부친 야곱에게 존경의 뜻을 나타내 보이기 위해 전 백성이 70일 동안이나 애도하는 기간을 가졌다.

요셉은 아버지의 유언대로 가나안의 헤브론 땅, 막벨라 동굴에 아버지를 장사 지내기로 했다. 어마어마한 장례 행렬이 이집트의 고센을 출발하여 가나안을 향해 북쪽으로 올라갔다. 이집트의 왕실 관료들과 고위 관리들, 각처의 거물급 유지들이 야곱의 많은 가족들과 종들과 함께 장례 행렬에 들어 있었다. 그 뒤로는 호위군대와 수많은 조문객들이 뒤따랐다. 가나안 사람들은 이런 엄청난 장례 행렬을 한 번도 구경하지 못한 터라 보는 사람들마다 눈이 휘둥그레졌다.

아버지의 장례를 마치고 다시 이집트의 고센으로 돌아온 요셉의 형들은, 아버지가 돌아가신 이제부터는 앞날이 어떻게 될 것인지 갑자기 두려운 마음이 들었다.

"그동안 요셉이 아버지 때문에 우리에게 보복하지 않았지만, 이젠 서서히 앙갚음을 하려고 할 거야. 안 그래?"

형제들 중 한 명이 근심어린 표정으로 말했다.

"맞아. 나 같아도 반드시 앙갚음을 할 거야. 사실 우리가 생각해도, 우리가 저지른 짓이 그냥 넘기기엔 너무 커."

"그럼 어쩌지? 그냥 이대로 앉아서 당해야 하는 거야?"

형제들은 근심에 싸여 대책을 숙의하고는, 함께 요셉을 찾아갔다.

"어쩐 일이세요? 형님들이 이렇게 모두 오시다니, 무슨 일이라도 있으신가요?"

그러자 형들이 요셉에게 말했다.

"아버지께서 돌아가시기 전에 아우님에게 이렇게 말씀하시지 않았소? 형들이 네게 잘못한 일을 이제는 너그러이 덮어 주라고. 이 형들도 아버지의 하나님을 모시고 살고 있으니 못난 형들의 허물을 용서해 주시게. 정말 우리가 못된 짓을 하였으니…."

요셉의 눈시울이 뜨거워졌다.

"우리는 이제부터 모두 아우님의 종일세."

형들은 일제히 요셉 앞에 엎드렸다.

"형님들, 이 아우를 두려워하지 마세요. 내가 어찌 하나님을 대신할 수 있단 말입니까. 형님들이 나를 해치려 한 것은 사실이지만, 하나님은 오히려 그 일을 통하여 우리 모두를 살리셨습니다. 내가 형님들을 잘 보살펴 드릴 테니 아무 걱정 마시고 사세요."

요셉의 마음 씀씀이에 형들은 모두 감격의 눈물을 흘렸다.

세월이 흘러, 야곱이 세상을 떠난 지도 어느덧 54년이 지났다. 죽음이 눈앞에 다가온 것을 예감한 요셉은, 아버지 야곱이 했던 대로 가족들에게 똑같은 맹세를 시켰다.

"하나님은 분명 너희들을 이 땅에서 이끌어내어 우리 조상들에게 약속한 가나안 땅으로 인도하실 것이다. 그때가 되면 내 유골도 반드시 함께 가지고 가서 우리 조상들이 묻힌 가나안 땅에 묻도록 해라."

마지막 유언을 마친 요셉은 평안히 임종을 맞았다. 향년 110세였고, 이집트의 총리가 된 지 80년 만이었다. 이집트 사람들은 요셉의 시신도 미라로 만들어 장사 지냈다.

요셉의 죽음과 함께, 아브라함에서부터 시작되어 이삭과 야곱과 그의 열두 아들, 특히 요셉으로 이어진 족장들의 이야기는 막을 내린다. 아브라함과 이삭과 야곱과 요셉으로 이어지는 4대 족장 이후의 이야기는, 야곱의 열두 아들의 후손인 이스라엘 12지파의 이야기로 이어진다.

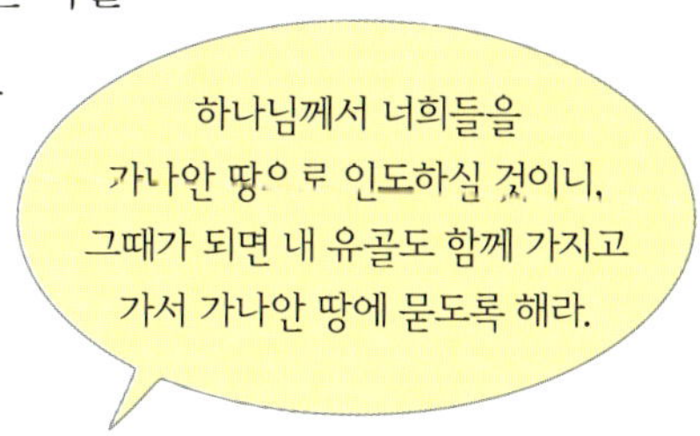

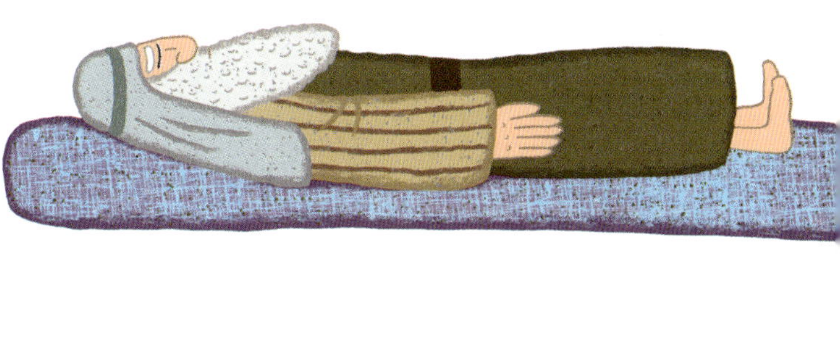

모세의 출생과 성장

한 아기가 물에서 건져지다 출 1:1-2:10

야곱이 온 가족을 이끌고 이집트로 내려간 지도 어언 350여 년이 흘렀다. 야곱도, 요셉을 비롯한 그의 열두 아들들도 모두 죽었지만, 그들의 거주지였던 이집트 북부의 고센 땅에는 그 후손들이 나날이 번창해 가고 있었다.

이집트의 왕인 파라오는 이스라엘 백성들이 이집트 땅에서 날로 번성해 가는 것을 못마땅한 시선으로 바라보기 시작했다. 만약 전쟁이라도 일어나서 이스라엘 백성들이 적과 한 패가 된다면 큰일이라고 생각했기 때문이었다. 그래서 이집트의 파라오는 이스라엘 백성들을 핍박하고 노예화하는 강력한 압제 정책을 펼쳤다.

그럼에도 불구하고 이스라엘의 백성들은 하나님의 축복 속에 더욱 더 불어났다. 그러자 파라오는 이스라엘의 자손들, 곧 히브리 족속의 사내아이가 태어나면 즉시 나일 강에 던져 죽이라는 가혹한 명령을 선포하기에 이르렀다.

"응애~ 응애~"

그런 시기에, 어느 히브리인 가정에서 한 사내아이가 태어났다. 그 아기의 울음소리는 우렁찼고, 모습은 매우 준수하였다. 만일 그 아기의 출생이 이집트 사람들에게 알려지기라도 하면, 그 아기는 태어나자마자 죽을 수밖에 없는 기구한 운명이었다. 아기의 어머니는 사랑하는 아들을 그냥 죽게 내버려둘 수 없었다.

아기의 어머니는 석 달 동안 아이를 몰래 키웠다. 하루하루가 피 말리는 긴장의 연속이었다. 하지만 아기가 자라면서 울음소리가 커지자 더 이상은 집안에 숨겨둘 수가 없게 되었다.

달리 방법이 없었다. 어머니는 갈대로 상자를 만들어 물이 스며들지 못하도록 역청과 나무진을 단단히 칠한 후에 아기를 그 안에 담았다. 그리고는 나일 강가로 나가 갈대상자를 강물에 띄웠다. 이집트 사람들 중 누군가가 아기를 발견하여 잘 키워주기를 바라는 마음뿐이었다.

때마침 이집트의 공주인 파라오의 딸이 나일 강변으로 목욕을 하러 나왔다가 갈대 수풀 사이에서 상자를 보았다.

"어머? 저게 뭐지?"

공주는 시녀에게 강물에 떠 있는 갈대 상자를 가져오라고 시켰다. 상자를 열어보니, 놀랍게도 사내아이가 그녀를 향해 방긋 웃음을 짓고 있는 것이 아닌가! 공주는 히브리인의 아들임을 즉각 알아 차렸다. 히브리인 부모 중 누군가가 아기를 살리려고 이런 모험을 감행한 것이리라!

공주는 마음이 흔들렸다. 갈대 상자 안에서 방긋 웃고 있는 아기의 순수함에 강하게 마음이 끌렸기 때문이다. 잠시 머뭇거리던 공주는 아기와 눈이 마주치자 자기도 모르게 상자 속에서 아기를 들어올렸다. 공주는 아기를 왕궁으로 데려가 키우기로 마음먹었다.

이런 광경을 멀찌감치 떨어져 지켜보고 있는 어린 소녀가 있었다. 버려진 아기의 누이인 미리암이었다. 강물에 버려진 동생이 어찌되나 걱정이 되어 내내 갈대 상자를 지켜보고 있었던 것이다. 이집트 공주가 갈대 상자

를 발견하고 그 안의 아기를 건져 올리자, 소녀는 잽싸게 공주에게 다가갔다.

"이 아기에게 젖을 먹여 줄 유모가 필요하지 않나요? 그럴 만한 사람을 알고 있거든요."

공주가 고개를 끄덕이자 소녀는 곧 자신과 어린 동생의 엄마를 데리고 왔다. 공주는 그 여인이 아기의 생모인 것을 몰랐다. 공주는 여인에게 말했다.

"이 아기에게 나 대신 젖을 먹여 키워 주세요. 거기에 대한 삯은 치러 드릴 것입니다."

이리하여 아기는 친엄마의 품 속에서 젖을 먹으며 무럭무럭 자라났다.

세 살 무렵, 아이가 젖을 떼게 되자 유모는 아이를 공주에게로 데려갔다. 공주는 그 아이를 양자로 삼고, 이집트의 궁정에서 키웠다. 공주는 아이를 '물에서 건져냈다'고 하여 아이에게 '모세'라고 이름 지어 주었다.

모세가 이집트 궁정에서 성장하다 출 2:11-25

파라오의 명령에 의해 태어나자마자 죽어야 할 운명을 지닌 한 히브리 사내아이가 자신을 죽이라고 명령을 내린 파라오의 그늘 밑에서 쑥쑥 자라났다. 더구나 아이는 이집트의 왕자 신분으로, 왕자들이 받는 다양하고 깊이 있는 궁정 교육을 모두 받았다. 장차 한 나라의 왕이 되어 백성들을 통치해야 할 왕자이니만큼, 당대 최고의 학자들이 총동원된 최고의 엘리트 교육이었다.

세월이 흘러 모세는 어느덧 어엿한 어른이 되었다. 어느 날, 모세는 자기 동족인 히브리인들이 힘들게 일하는 모습을 보았다. 이집트 관리가 히브리 사람 하나를 채찍으로 내리치고 있었다. 모세는 피가 끓어올랐다. 주변을 살펴보니, 다행히 아무도 보는 이가 없었다. 모세는 즉시 그 이집트 관리를 죽이고, 시체를 모래 속에 파묻어 버렸다.

다음날, 모세는 히브리인들끼리 싸우는 광경을 보고는 말리려 들었다. 그러자 그 중 한 사람이 말했다.

"그래, 이집트 사람을 죽이듯이 나도 죽일 생각이오?"

그 말을 들은 순간, 모세는 가슴이 덜컥 내려앉았다. 자신의 살인 범죄가 소문이 난 것을 알았기 때문이었다.

파라오가 모세를 찾는다는 말을 들은 모세는, 거기서 잡히게 되면 죽음이 있을 뿐임을 즉시 알아차렸다. 이집트 땅을 벗어나 멀리 도망치는 것만이 살 길이었다. 모세는 필사의 탈출을 감행하였다. 몇 날 며칠을 무작정 걷고 또 걸어서 마침내 이집트 국경을 벗어났다. 하지만 국경을 벗어났다고 해서 안심할 일이 아니었다. 모세는 시나이 반도의 사막을 통과하여 홍해의 동편 지류 건너편 땅에 도착하였다. 보름 이상이 걸린 거칠고 험난한 여정이었다.

미디안 땅에 도착한 모세는 몹시 지쳐 있었다. 어느 우물 곁에 앉아 쉬고 있는데, 일곱 명의 아가씨들이 양 떼를 몰고 와서 물을 먹였다. 아가씨들은 그곳 제사장인 이드로의 딸들이었다. 그녀들이 물을 먹이고 있는데 한 떼의 다른 목자들이 와서는 우물을 독차지하려고 아가씨들을 쫓아내려고 들었다. 그 광경을 지켜보던 모세가 몸을 일으켜 목자들에게 다가갔다.

"여보시오, 당신들은 왜 여자들을 괴롭히는 거요? 여자들도 자기네 양떼에게 물을 먹이도록 하시오. 여자들이 먼저 왔으니 여자들이 먼저 물을 먹인 다음에 당신들의 양떼에게 물을 먹이도록 하시오. 그게 옳지 않소?"

"아니, 우리가 어떻게 하든 당신이 웬 참견이오?"

목자들이 화를 내며 모세를 쳐다보았다. 그 순간, 목자들은 움찔했다. 모세의 의젓하고 당당한 모습에 기가 질렸다. 모세가 누군가? 당시 문명의 대국인 이집트에서, 그것도 궁정에서, 최고의 학문과 무술을 익힌 왕자가 아니던가. 왕자로서 풍겨져 나오는 권위와 품격 때문인지 목자들은 자기도 모르게 서로 눈치만 힐끔힐끔 살피더니 뒤로 주춤주춤 물러났다. 그렇게 모세는 여자들을 도와 그녀들의 양떼에게 물을 먹였다.

양떼에게 충분히 물을 먹인 제사장의 딸들은 발걸음을 재촉하여 집으로 돌아왔다. 그리고 아버지에게 우물가에서 있었던 일을 말했다.

"아버지, 세상에 그렇게 훌륭한 사람은 처음 보았어요. 옷은 비록 남루했지만 이집트의 왕족처럼 입었고요, 말투에는 위엄이 있고요, 목자들을 꾸짖는 표정에는 권위가 있었어요. 대단한 사람임에 틀림없어요. 그분이 행패 부리는 목자들을 꾸짖어 눌러 놓더니 직접 물을 길어 우리 양떼에게 먹여 주었어요. 우리에게 행패 부리던 목자들은 그 사람에게는 감히 덤벼들 엄두가 안 나는지 기가 죽어 슬금슬금 물러나던 걸요."

제사장의 딸들은 신나게 늘어놓았다. 그러자 딸들이 전하는 소식에 아버지는 꾸짖듯이 말했다.

"이런…너희들을 그렇게 도와준 사람을 어찌하여 집으로 모시고 오지 않았단 말이냐? 그런 은인에게 식사라도 대접하는 게 옳지 않으냐?"

제사장 이드로는 즉시 하인들을 우물로 보내 모세를 데려오게 하였다. 모세를 본 제사장은 모세의 비범함을 단번에 알아보았고, 그를 자기 집에 머물게 했다. 모세 역시 마땅히 갈 곳도 없는 몸인지라, 마다할 수가 없었다.

시간이 좀 흐르자 이드로는 자신의 딸들 중에서 십보라를 모세에게 주었다. 미디안 땅에 둥지를 틀게 된 모세는 아들을 얻고, 목자로서 살아갔다.

모세의 소명과 이집트 귀환

하나님이 모세를 부르시다 출 3:1-4:17

도망자 모세는 차츰 안정을 찾아갔다. 장인 이드로의 양 떼를 치며, 정착한 지도 어언 40년의 세월이 흘렀다. 홧김에 이집트인을 죽인 후, 파라오에게 쫓겨 죽기 살기로 탈출하던 때는 40세의 혈기왕성한 장년이었는데, 이젠 어느새 팔십의 노인이었다. 낯선 아라비아 사막은 그의 고향처럼 편안해졌고, 목자의 일은 천직이라도 되는 양 익숙해졌다.

모세는 때로 양떼를 이끌고 먼 곳까지 가야 했다. 주변이 워낙 건조한 기후여서 물과 풀을 찾기가 쉽지 않았기 때문이다.

어느 날 모세는 작정하고 먼 길을 떠났다. 40년 전에 그가 도망쳐 온 방향, 곧 서쪽으로 가고 또 가면 홍해의 동편 줄기가 있고, 그 바다를 북쪽으로 우회하여 건너면 시나이 반도로 들어서게 된다. 시나이 반도에는 시내 산이라고도 하고 호렙 산이라고도 불리는 높은 산이 있었는데, 주변에는 오아시스가 있었고 운이 좋으면 목초지도 만날 수 있었다. 모세는 장인의 목자들과 함께 그곳에 가서 양떼를 먹인 적이 몇 차례 있었다. 그곳은 집과 워낙 멀리 떨어진 곳이라 한 번 가면 한동안 그곳에 머물러야 했다.

모세는 양떼를 몰고 호렙 산을 향해 길을 떠났다. 제사장의 여러 목자들도 함께 갔다. 야영할 천막과 음식, 물을 비롯한 일상용품을 낙타에 가득 싣고서였다. 마침내 호렙 산에 도착하여 천막을 친 모세는 산기슭에서 양떼를 먹이

고 있었다.

모세는 얼굴을 들어 멀리 서남쪽 하늘을 바라보았다. 그리로 가고 또 가면, 태어나서 40년의 세월을 보낸 이집트가 나오리라. 이집트 관리를 살해하여 모래 속에 묻어 버렸던 끔찍한 일이 생생하게 떠올랐다. 자신의 동족을 가혹하게 다루는 이집트 관리를 보자 분노가 치솟아 홧김에 저지른 일이, 그의 운명을 이렇듯 바꿔 놓은 것이다.

'나의 동족은 지금도 이집트 사람들의 땅에서 피땀 흘리며 노예 생활을 하고 있겠지. 비참하게 전락해 버린 내 민족의 울분과 고통은 언제나 끝이 날까.'

모세의 눈이 촉촉이 젖어 들었다. 모세는 헛된 생각을 떨쳐 버리려는 듯 머리를 거세게 가로저으며 양떼를 인도하여 더 깊은 산속으로 들어갔다.

그때였다. 모세가 깜짝 놀라 발걸음을 멈춰 세운 것은. 떨기나무에 불이 붙어 활활 타고 있었다. 불이 나면 큰일이 아닐 수 없다. 모세가 다시 한 번 살펴보니, 아무래도 이상했다. 불이 붙어 타오르고 있는데도 떨기나무가 없어지지 않고 그 모습 그대로인 것이다! 떨기나무에 불이 붙었다면 속히 타서 나무 자체가 없어져야 마땅한데도, 웬일인지 떨기나무는 여전히 같은 기세로 불이 활활 타오르고 있었다.

너무나 기이하여 모세는 자기도 모르게 떨기나무 가까이로 다가갔다. 바로 그때, 불꽃 속에서 위엄에 찬 음성이 들려왔다.

"모세야, 모세야."

모세는 너무도 놀라 그 자리에 멈추어 섰다. 본능적으로 그 소리는 지상의 것이 아님을 알 수 있었다. 모세는 떨리는 목소리로 간신히 대답했다.

"예, 제가 여기 있습니다."

하나님의 음성이 이어졌다.

"나에게로 더 가까이 오지 말라. 네가 서 있는 곳은 거룩한 땅이다. 그러니 네 신발을 벗어라."

모세는 영문을 알 수 없었지만, 본능적으로 냉큼 가죽신을 벗었다.

"나는 네 조상의 하나님이다. 아브라함의 하나님, 이삭의 하나님, 야곱의 하나님이다."

모세는 두려웠다. 조상님들의 입으로 전해져 내려오던 하늘과 땅의 주재자이신 하나님 여호와를 직접 뵙다니! 모세는 놀랍고 두려워 그 자리에서 땅에 엎드리고, 소맷자락으로 얼른 얼굴을 가렸다. 감히 여호와 하나님을 정면으로 마주볼 수가 없었기 때문이다. 하나님은 계속 말씀하셨다.

"나는 내 백성이 이집트에서 고통당하는 소리를 보고 들었다. 이집트 사람들의 학대로 신음하는 내 백성의 소리를 들었다. 그 아픔과 슬픔이 얼마나 큰지 내가 다 안다. 내가 내 백성을 이집트 사람의 손에서 건져내어 젖과 꿀이 흐르는 땅, 곧 가나안 족속과 헷 족속과 아모리 족속과 브리스 족속과 히위 족속과 여부스 족속이 사는 땅으로 인도할 것이다. 이제 내가 너를 이집트 왕에게 보내 너로 하여금 내 백성 이스라엘을 이집트에서 인도하게 할 것이다."

아니 이게 무슨 말인가! 모세는 너무나 놀라 상대가 하나님이라는 사실을 깜박 잊을 지경이었다.

"제가요? 아니, 제가 뭔데 감히 이집트 왕에게 갑니까? 제가 무슨 힘으로 그 강한 파라오에게서 우리 히브리 민족을 인도하여 낸단 말입니까?"

하지만 하나님은 단호하였다.

"내가 정녕 너와 함께할 것이다. 네가 내 백성을 이집트에서 이끌어 낸 후, 너희는 이 산에서 나에게 예배를 드릴 것이다."

모세는 하나님의 명령에 순순히 따를 수 없었다. 그것은 그가 감당하기에는 너무나 엄청난 사명이었기 때문이다.

"생각해 보십시오. 제가 이스라엘

자손에게 가서 '너희 조상의 하나님이 나를 당신들에게 보내 이집트 땅에서 너희들을 인도하여 내라고 하셨다'라고 말하면, 그들이 제 말을 과연 믿어 줄까요? 그들은 아마 너를 보낸 하나님의 이름이 뭐냐고 따질 것입니다. 그러면 전 뭐라고 대답해야 합니까?"

모세의 항변에 하나님이 천천히 대답하셨다.

"나는 '스스로 있는 자'다. 가서 이스라엘 자손에게 말하라. 스스로 있는 자가 너를 보냈노라고. '여호와께서는 너희 조상의 하나님, 아브라함의 하나님, 이삭의 하나님, 야곱의 하나님이시다. 그분이 나를 너희에게 보냈다.' 이렇게 대답하라. 여호와는 나의 영원한 이름이다. 너희가 대대로 기억할 이름이다."

그래도 모세는 두려웠다. 그런 말을 인정해 줄 사람이 있을 것 같지 않았다. 떨리고 두려웠지만, 모세는 다시 입을 열지 않을 수 없었다.

"아무래도 이스라엘 자손들이 하나님께서 제게 이런 말씀을 하셨다는 사실을 믿어주지 않을 것 같습니다."

"그래? 네 손에 들고 있는 게 무어냐?"

"예, 지팡이입니다."

"그걸 땅에 던져라."

모세는 시키는 대로 지팡이를 땅에 던졌다. 그랬더니 이게 웬일인가? 지팡이가 살아 있는 뱀으로 변해 꿈틀거리는 것이었다. 모세는 무서워서 얼른 몸을 피했다.

"네 손을 내밀어 그 꼬리를 잡으라."

두려웠지만 모세는 시키는 대로 하지 않을 수 없었다. 모세가 떨리는 손으로 뱀꼬리를 잡았더니, 뱀은 다시 지팡이가 되었다. 모세는 어리둥절했다. 과연 하나님의 말씀만 믿고 가도 될지 아직도 미심쩍었다.

"이런 일이 일어나면, 이스라엘 백성들은 그들의 조상의 하나님이신 여호와께서 너에게 나타났다는 것을 믿을 것이다."

모세는 달리 이의를 제기할 엄두가 나지 않았다. 하지만 선뜻 이집트로 갈 용기가 나지 않았다. 모세의 마음을 보신 하나님이 다시 말씀하셨다.

"네 손을 품에 넣었다 빼어 보아라."

모세는 시키는 대로 하였다. 멀쩡한 손을 품에 넣었다가 빼어 보니 놀랍게도 나병 환자의 손으로 변해 있었다. 기겁을 할 노릇이다.

"그 손을 다시 품에 넣었다가 빼어 보아라."

모세가 시키는 대로 하였더니, 흉측하게 병들었던 손이 어느새 예전처럼 깨끗하고 건강한 손으로 변해 있었다. 모세는 더 이상 여호와 하나님을 의심할 수 없었다.

"이제 되었느냐? 이스라엘 자손이 너를 믿지 않거든 지금 보여준 두 가지 표적을 보여주어라. 그래도 믿지 않으면, 나일 강 물을 조금 떠다가 땅에 부어라. 물이 피로 변할 것이다."

"예, 알겠습니다. 그러나…."

번개처럼 머리를 스치는 걱정이 있었다. 모세는 주눅이 든 표정으로 말을 이었다.

"하나님, 저는 원래 말을 잘 할 줄 모릅니다. 어눌합니다. 이런 입으로 어떻게 이집트 왕을 만나 이스라엘 백성을 보내 달라고 담판을 짓습니까? 기왕이면 제가 아닌, 말을 잘하는 사람을 보내십시오."

어떻게든 모세는 사명을 피할 생각이었다. 하나님은 마침내 화를 내셨다.

"모세야, 이집트에는 말 잘하는 네 형 아론이 있다. 네가 이집트로 가면 아론이 너를 마중 나올 것이다. 아론이 너의 대변인이 되어 줄 것이다."

더 이상 피할 수 없었다. 모세는 꼼짝없이 순종하기로 하였다.

모세가 이집트로 돌아가다 출 4:18-31

호렙 산에서 하나님의 소명을 받은 모세는 양떼를 이끌고 다시 미디안 땅으로 돌아갔다. 장인 이드로에게 그간의 사정을 말하고 이집트로 돌아가야겠다고 하자, 이드로는 기꺼이 허락해 주었다.

이집트에서 도망쳐 나온 지 어느덧 40년, 모세는 이제 팔십 세가 되어 살인과 시체 암매장이라는 끔찍한 죄를 범하고 도망쳐 나온 땅 이집트로 돌아가게 된 것이다. 장인 이드로와 작별한 모세는 아내와 아들들을 나귀에 태우고 머나먼 이집트 땅으로 길을 떠났다. 그의 손에는 하나님의 이적으로 뱀이 되었던 지팡이가 들려 있었다. 어딜 가나 하나님이 함께하실 것이라는 확신이 모세의 마음을 든든하게 해주었다.

모세가 이집트로 돌아가고 있을 때, 하나님은 모세의 형 아론에게 광야로 나가서 모세를 맞이하라고 하셨다. 그리하여 아론과 모세는 헤어진 지 40년 만에 상봉의 기쁨을 나누었다. 둘은 오래도록 껴안고 또 입을 맞추었다.

아론은 모세를 인도하여 이스라엘의 지도자들에게 소개하였다. 모세는 하나님이 이스라엘 자손의 고통을 돌아보셨고, 그 고통으로부터 해방시키기 위해 자기를 보내셨다고 말했다.

모세와 아론은 이집트에 도착하자마자 이스라엘의 모든 장로들을 한자리에 불러 모았다. 아론은 그들에게 하나님이 모세에게 하신 말씀을 다 전해 주었다. 모세는 자신이 들은 말씀이 진실되다는 증거로, 지팡이가 뱀이 되고 나병이 든 손이 금방 깨끗해지는 이적을 보여주었다. 그러자 이스라엘 장로들은 모세의 말을 믿고, 머리 숙여 하나님께 경배했다.

"조상들로부터 입으로만 전해져 내려오던 여호와 하나님께서 우리를 구해주신다니 꿈만 같군요. 젖과 꿀이 흐르는 비옥한 땅으로 우리를 인도하신다니, 이제야 살게 되었군요."

어르신 장로가 기쁨을 감추지 못하여 눈물을 그렁거리며 말했다.

"그러게 말입니다. 우리 조상 야곱이 70명을 이끌고 이 땅에 들어온 지 자그마치 430년입니다."

"이러고 있을 게 아니라 돌아가서 이 사실을 우리의 동족들에게 알립시다. 모두들 얼마나 기뻐하겠습니까. 이 지겨운 땅을 마침내 떠나게 되었다니 말입니다…"

모세와 파라오의 대결

파라오에게 출애굽을 요구하다 출 5:1–21

모세와 아론은 지체할 수 없었다. 고통받는 히브리인들을 하루라도 빨리 구해주고 싶었다. 두 사람은 이집트 왕 파라오를 만나 하나님의 뜻을 전하고자 왕궁으로 들어갔다. 그 옛날 모세를 죽이려고 했던 왕은 이미 죽은 지 오래되었으므로, 40년 전에 일어난 모세의 살인 사건을 문제 삼는 사람은 없었다.

파라오는 2백만 명에 달하는 히브리인들을 대표한다는 두 사람이 면담을 요청해 오자 응하지 않을 수 없었다. 히브리 노예들은 국가의 대공사에 없어서는 안 되는 나라의 중추적인 노동력이 아닌가.

"그래, 나에게 무슨 용건이 있는 거냐?"

파라오가 짐짓 위엄을 보이며 비웃듯이 물었다.

"폐하, 우리 히브리인의 하나님 여호와께서 우리를 폐하께 보내셨습니다. 하나님은 우리에게 사흘 길쯤 광야로 나가서 제사를 지내라고 말씀하셨습니다. 그렇게 하지 않으면 여호와께서는 우리를 병으로 죽게 하시거나 칼로 치실 것입니다. 우리를 보내 주소서."

"뭐라고?"

파라오는 어처구니가 없다는 표정으로 단번에 거절하였다.

"그러면 그동안엔 국가의 큰 공사를 중단하란 말이냐? 안 된다. 나는 여호와 하나님이 누군지도 모른다. 당장 물러가라."

파라오는 화가 나서 담당 관리를 불러 엄하게 명령하였다.

"히브리인들이 배가 부른 모양이다. 일을 더욱 더 힘들게 시켜라."

혹 떼려다 혹 붙인 셈이었다. 모세의 출현이 결과적으로는 히브리인들을 한결 더 고통스럽게 만든 것이다. 그들의 작업은 진흙에 갈대를 잘게 썰어 넣고 짓이겨 반죽함으로써 벽돌을 만드는 것이었다. 지금까지는 진흙과 짚이 제공되었기 때문에 히브리인들은 반죽을 하여 벽돌로 만드는 일만 해왔다. 그런데 모세와 아론이 파라오와 첫 회담을 가진 후, 파라오는 히브리인들의 작업량을 배가시켰다. 히브리인들이 짚을 직접 구해 와서 벽돌을 만들되, 생산량은 예전과 똑같아야 한다는 명령이 떨어진 것이다.

"광야로 나가서 하나님께 제사를 지내겠다는 것은 그들이 그만큼 한가하고 게을러졌기 때문이다. 그러니 더 힘들게 일을 시켜라. 모세의 홀리는 말에 귀를 기울일 틈도 없게 만들어라."

파라오의 명령이었다. 히브리인들은 이제 들판으로 나가서 마른 줄기를 찾아다가 벽돌을 만들어야 했다. 더구나 예전과 똑같은 양의 벽돌을 만들어야 한다는 조건이었기 때문에 목표를 달성한다는 것은 거의 불가능한 일이었다. 목표량을 채우지 못하면 혹독한 매질이 가해졌다. 히브리인 작업반장들은 파라오를 찾아가 부당함을 호소했지만 아무 소용이 없었다. 마침내 히브리인들의 입에서 불평과 원망이 터져 나왔다.

"모세가 우리를 더 괴롭게 만들었어. 공연히 파라오를 화나게 해서 우리만 더 죽을 지경이 되었다구."

"누가 아니래. 우리를 가만 내버려두었더라면 차라리 좋을 뻔했어."

능력의 대결 출 5:22-7:13

모세는 괴로웠다. 동족의 온갖 원성을 들으려니 너무나 답답했다. 모세는 엎드려 하나님께 기도했다.

"하나님, 왜 저를 보내셔서 하나님의 백성에게 더 큰 괴로움을 겪게 하십니까? 왜, 하나님은 주의 백성을 구원하지 않는 것입니까!"

하나님은 즉시 응답하셨다.

"내가 큰 능력을 보여주면 파라오는 결국 내 백성을 내보내지 않을 수 없을 것이다. 나는 이스라엘 조상들에게 약속한 것처럼 너희를 젖과 꿀이 흐르는 가나안 땅으로 인도할 것이다. 그러니 다시 파라오에게 가서 내 백성을 내보내라고 요구하여라."

"하나님, 하나님의 백성조차 제 말을 믿지 않는데 하물며 파라오가 듣겠습니까?"

자신감을 상실한 모세가 따지듯 되물었다. 그러자 하나님이 모세에게 말씀하셨다.

"파라오가 네 말을 순순히 듣지는 않을 것이다. 그러나 내가 크고 놀라운 증거를 보이면, 이집트 사람들도 결국은 내가 여호와 하나님이라는 것을 분명히 알게 될 것이다."

모세와 아론은 용기를 내어 다시 파라오의 궁정으로 갔다. 하나님의 말씀을 다시 전했지만, 파라오는 코웃음을 치며, 그것이 하나님의 말씀이라는 증거를 대라고 했다. 그 말을 들은 아론이 지팡이를 파라오 앞에 내던졌다. 그러자 지팡이가 뱀으로 변했다. 뱀은 파라오를 향해 혀를 날름거렸다. 그러자 파라오도 궁정의 마술사들을 불렀다. 마술사들이 자기들의 지팡이를 던지자 지팡이들이 뱀으로 변했다. 파라오는 이것 보라는 듯이 기고만장했나.

하지만 곧이어 놀라운 일이 벌어졌다. 아론의 지팡이가 마술사들이 만든 여러 마리의 뱀들을 다 잡아먹어 버린 것이다. 파라오는 안색이 변했지만, 자신이 졌다는 것을 조금도 인정하지 않았다.

모세와 아론은 궁정을 나올 수밖에 없었다.

애굽 땅에 임한 10대 재앙

첫 번째 재앙–나일 강물이 피로 변하다 출 7:14-25

하나님은 모세에게 나타나셔서, 아침에 파라오가 나일 강으로 나올 것이니 강가에서 그를 만나라고 하셨다. 하나님은 나일 강물이 피로 변하고, 강의 물고기들이 모두 죽는 이적을 보여주실 거라고 하셨다.

하나님의 약속에 모세는 힘을 얻었다. 모세와 아론은 궁정 곁의 나일 강가에서 파라오를 만났다. 80년 전 이집트 공주가 갈대 상자에 담긴 어린 모세를 물에서 건져 올린 그쯤이었을 것이다.

"이번에는 무슨 일로 날 찾은 것이냐? 예전과 똑같은 요구를 한다면, 나도 항상 같은 대답뿐이니 그냥 돌아가라. 그리고 다시는 나에게 오지 말라."

파라오는 모세를 만나자마자 차갑게 말했다.

"제가 요구하는 것은 단순히 제 개인적인 것도 아니고, 히브리인들의 요구를 대변하는 것도 아닙니다. 우리의 하나님 여호와의 명령입니다. 그런데도 여호와의 뜻을 거역하시니, 이제 여호와 하나님이 어떤 분이신지 보여드릴 것입니다. 그분께선 이집트의 자랑인 저 나일 강물을 피로 변하게 하실 것입니다."

나일 강물이 피로 변한다는 모세의 말을 듣자, 파라오는 비웃었다. 세계 최강의 나라 이집트에서 신처럼 떠받들어지는 자신이, 고작 노예들의 신을 두려워할 이유가 어디 있겠는가. 파라오는 그렇게 생각했다.

아론이 모세의 지팡이를 들어 강물을 지팡이로 내리쳤다. 그러자 놀라운 일이 벌어졌다. 그 맑고 푸르던 강물이 순식간에 붉은 핏물로 변하는 것이었다. 강에서 살던 물고기들도 모두 죽었고, 곧 냄새가 진동하기 시작했다.

더욱 심각한 문제는 사람들이 마실 물이 없어졌다는 것이었다. 물을 구하기 위해 여기저기서 아우성이 벌어졌고, 땅을 깊게 파야만 겨우 마실 물을 구할 수 있었다. 하지만 파라오는 조금도 고집을 꺾지 않았다.

두 번째 재앙–개구리가 온 땅을 뒤덮다 출 8:1–15

하나님의 말씀이 다시 모세에게 임했다.

"파라오에게 가서 내 백성을 내보내라고 말하여라. 만일 거절하면, 이번에는 개구리 떼가 이집트 온 땅을 뒤덮을 것이다."

모세는 파라오에게 가서 하나님의 말씀을 전했다. 그러나 파라오는 조금도 고집을 꺾지 않았다.

"뭐, 이번에는 개구리라고? 얼마든지 해보아라. 어림없는 수작 같으니라구!"

아론이 지팡이를 쥐고 나일 강 위로 손을 내밀자, 셀 수조차 없는 개구리 떼가 물에서 기어 올라오더니 순식간에

이집트 전체를 덮어 버렸다. 궁전은 물론 이집트의 모든 집안과 거리, 들판은 온통 개구리 천지였다. 아궁이와 부뚜막 같은 데는 물론이고 이불 속에까지 개구리가 들어와 개굴개굴 울어댔다. 지천으로 덮인 개구리를 밟지 않고는 한 발자국도 옮겨놓을 수 없을 지경이었다. 심지어 식탁 위에까지 개구리가 뛰어 올라와 밥조차 제대로 먹을 수 없었다. 온통 개구리 세상이었다! 이집트에서 자식을 많이 낳게 한다는 다산多産의 신으로 섬겨졌던 개구리가 이젠 귀찮고 고통스런 대상일 뿐이었다.

이삼일 동안 개구리 때문에 미칠 지경이 된 파라오가 마침내 모세와 아론을 불러 제안하였다.

"좋다! 너희의 신 여호와에게 개구리를 없애 달라고 빌어라. 그러면 히브리인들이 제사를 지낼 수 있도록 내보내 주마."

파라오가 굴복했다고 생각한 모세는 기쁜 마음으로 하나님께 개구리를 없애 달라고 기도하였다. 그러자 그 많던 개구리들이 한꺼번에 죽어 나자빠졌다. 이번에는 이집트 온 땅에 개구리 썩는 냄새가 진동하였다. 사람들은 여기저기에 땅을 파고 죽은 개구리를 쓸어다 묻었다.

세 번째 재앙-먼지가 이로 변하다 출 8:16-19

파라오는 약속을 지키지 않았다. 개구리가 온 땅에서 없어지자 한숨 돌린 파라오가 마음을 바꿨기 때문이다. 노예처럼 부리는 히브리인들의 신에게 굴복한다고 생각하니, 파라오는 도저히 용납할 수가 없었다. 그러자 하나님은 즉시 또 다른 재앙을 준비하셨다.

"모세야, 아론에게 지팡이로 땅의 먼지를 치라고 해라. 온 이집트 땅의 먼지가 이로 변할 것이다."

이는 작지만 사람이나 짐승에게 붙어서 피를 빨아 먹는 징그럽고 더러운 해충이다. 모세가 하나님의 지시대로 하자마자, 이집트 땅 위의 모든 먼지들이 한꺼번에 모두 이로 변했다.

이는 사람과 짐승의 몸에 붙어 피를 빨아 먹었다. 사람들은 몸이 근질거려서 긁어대기 시작했다. 파라오의 왕궁이라고 예외가 아니었다. 파라오도 미칠 지경으로 몸을 긁어대며 마술사들에게 너희들도 똑같이 해 보이라고 고래고래 호통을 쳤다. 그러나 이집트의 마술사들은 갖은 애를 다했지만 이를 만드는 데에는 실패했다.

"이 재앙은 이스라엘의 신이 직접 하는 일인가 봅니다."

마술사들이 포기하듯 아뢰었다. 그래도 파라오는 굴복하지 않았다.

네 번째 재앙–파리 떼가 온 땅에 들끓다 출 8:20–32

하나님의 말씀이 다시 모세에게 임했다.

"가서, 파라오에게 말하라. 내 백성을 내보내어 나를 섬기게 하지 않으면 파리 떼가 이집트 온 땅을 뒤덮게 할 것이라고 전해라. 그러나 내 백성 이스라엘이 사는 곳에는 파리가 한 마리도 들어가지 않게 할 것이다."

고집 센 파라오는 이번에도 모세의 요청을 거절하였다. 그러자 이집트 온 땅이 파리 떼로 뒤덮였다. 어찌나 파리가 많은지 귀와 코로 들어오는가 하면, 입만 벙긋 해도 그 즉시 입 안으로 들어왔다. 파리 떼가 이렇게 극성을 부리니, 음식을 만들 수도 없었고 먹을 수도 없었다.

그런데 이상한 일은, 그 수많은 파리 떼가 이스라엘 자손들이 살고 있는 고센 땅에는 한 마리도 얼씬하지 않는다는 점이었다. 마침내 파라오가 모세와 아론을 불렀다.

"좋다, 너희가 원하는 제사를 너희 신에게 드려라. 그러나 이 나라 안에서 해야 한다."

모세는 고개를 저었다.

"그렇게는 안 됩니다. 우리가 이 나라 안에서 소나 양을 죽여 제사를 지내면, 이집트 사람들이 우릴 돌로 쳐 죽일 것입니다. 이 땅에는 그런 짐승을 섬기고 절하는 사람들이 많기 때문입니다. 그러니 우리는 하나님의 명령대로 광야로 사흘 길을 나가서 우리 여호와 하나님께 제사를 드리겠습니다."

파라오는 모세의 말에 일리가 있다고 여겼는지 순순히 허락했다.

"좋다, 너희를 보내겠다. 그러나 너무 멀리 가서는 안 된다."

모세는 하나님께 기도하여 파리가 없어지게 하였다. 그러자 파라오가 또 다시 변덕을 부렸다. 하루가 지나자 광야로 나가도록 허락한 것을 취소한 것이다.

다섯 번째 재앙–짐승들이 병들어 죽다 출 9:1–7

모세는 화가 났다. 보내 주겠다는 파라오의 말을 듣고 너무 기쁜 나머지 동족들에게 마침내 이집트를 떠나게 되었노라고 신바람 나서 보고를 하고 나면 번번이 뒤집어지곤 하니 난감한 일이 아닐 수 없었다. 모세는 답답한 심정으로 하나님께 호소하였다. 하나님은 진노하셔서 모세에게 말씀하셨다.

"다시 파라오의 왕궁으로 들어가서 전하도록 해라. 이번에도 이스라엘 백성을 내보내 주지 않으면, 이집트의 모든 가축이 다 병들어 죽는다고 하여라. 이번에도 이스라엘 백성의 가축은 한 마리도 죽게 하지 않을 것이다."

파라오는 모세가 전하는 말을 듣고서도 고집을 굽히지 않았다. 그러자 다음 날부터 소를 비롯한 이집트의 모든 가축들이 병들어 죽기 시작했다. 파라오는 겁에 질렸다.

"모세의 말이 과연 정말이란 말인가? 우리 백성의 가축들이 이렇게 병들어 죽는데도, 이스라엘 백성들의 가축은 멀쩡하단 말이냐?"

파라오는 부하들을 보내, 이스라엘 백성들의 가축들의 실태를 조사하게 했다.

"놀라운 일입니다. 고센 땅을 두루 다니며 히브리인들의 마을을 조사해 보았으나, 그들의 가축은 한 마리도 죽지 않았습니다."

"그래? 어찌 그럴 수가 있단 말인가!"

신하의 보고를 받은 파라오는 은근히 짜증이 났다. 하지만 아무래도 굽히고 싶지 않았다. 그는 여전히 여호와의 존재를 인정치 않은 채, 도리어 마음이 더욱 모질게 굳어져 갔다.

여섯 번째 재앙-악성 피부병이 생기다 출 9:8-12

하나님이 모세에게 이미 말한 대로, 파라오는 강퍅하여 아무래도 마음을 굽히지 않았다. 하나님께서는 또 다른 여섯 번째 재앙을 준비하셨다. 모세와 아론에게 큰 가마솥 밑의 검은 그을음을 두 웅큼 가지고 파라오 앞으로 가서, 그가 보는 앞에서 잿더미를 하늘로 날리라고 하였다.

모세와 아론이 하나님의 말씀대로 그을음을 공중으로 날리자, 사방팔방으로 날아다니던 재는 사람이든 짐승이든 가리지 않고 달라붙어 악성 피부병을 일으켰다. 모두들 온종일 몸을 긁어대기 바빴다. 견딜 수 없이 가렵고, 구역질 나는 냄새가 진동했다. 긁은 데는 쓰리고 피가 났다. 도무지 정신을 차릴 수 없을 지경이었다.

"흥, 해볼 테면 얼마든지 해보라지."

파라오는 그래도 굴복하지 않고 버텼다.

일곱 번째 재앙-우박이 쏟아지다 출 9:13-35

파라오의 옹고집은 우연한 것이 아니었다. 하나님께서는 그의 강퍅한 마음을 통해 이스라엘의 하나님 여호와가 어떤 신인지 온 천하에 알려주길 원하셨기에, 파라오의 강퍅한 마음을 그대로 내버려두신 것이다.

하나님은 일곱 번째 재앙을 준비하셨다. 모세는 또다시 왕궁으로 들어가서 파라오에게 하나님의 뜻을 전하였다. 이스라엘 백성을 보내주지 않으면, 이번에는 하늘에서 무시무시한 우박이 쏟아져 사람과 짐승이 죽고 모든 농산물이 다 망가지게 될 것이라고 했다. 사람과 가축을 살리려면, 지붕 있는 곳으로 피난시켜야 된다는 것도 알려주었다.

히브리인들의 신 여호와 하나님이 이번에는 무시무시한 우박을 내려 큰 피해가 생길 것이라는 소문이 금방 파다하게 퍼졌다. 이미 여섯 차례의 무서운 재앙을 경험한 이집트 사람들은 두려워 떨며 가족과 가축을 모두 지붕 아래로 숨겼다. 그러나 여호와 하나님을 여전히 두려워하지 않는 사람들은 평소처럼 가축을 부리며 들에서 일을 하고 있었다.

"어쩌다 우연히 일어난 자연적인 재앙이겠지…, 여호와는 무슨 얼어죽을!"

잠시 후, 거센 폭풍이 몰아치기 시작했다. 천지를 진동하는 우렛소리와, 하늘과 땅을 다 태울 듯이 번쩍이는 번갯불, 나무와 농작물이 다 쓰러지고 뽑히도록 불어대는 강한 바람이 불더니, 우박이 후두둑 쏟아지기 시작했다. 지금껏 보지도 듣지도 못한 무시무시한 우박이었다. 얼마나 컸던지, 사람이건 짐승이건 그 우박에 맞기만 하면 정신을 잃고 그대로 쓰러져 죽었다. 그러나 이번에도 이스라엘 백성들이 살고 있는 고센 땅에는 우박이 쏟아지지 않았다.

마침내 이집트의 파라오도 손을 들었다.

"내가 잘못했다. 너희 하나님이 옳아. 그러니 제발 너희 하나님께 빌어 다오. 더 이상은 견딜 수 없으니 당장 우박을 그치게 해다오. 그러면 너희를 즉시 내보내 주겠다."

모세와 아론이 여호와 하나님께 기도하자 우박과 우레가 즉시 그쳤다. 그러나 이번에도 파라오는 약속을 어겼다. 교만하고 고집 센 파라오는 아쉬울 때만 보내준다고 약속하고는, 상황이 바뀌면 언제 그랬느냐는 식이었다.

"여호와가 누구냐? 나는 모르는 일이다. 이스라엘 백성들은 내 땅에서 한 치도 나갈 수 없다."

그러나 이스라엘 백성들은 무서운 재앙이 자기들을 피해 간 지금까지의 경험들을 통해 그들의 조상 대대로 전해져 내려오는 여호와 하나님이 어떤 분인지를 생생하게 깨닫게 되었다. 그렇게 전능하신 분이고 자신들을 보호해 주시는 여호와 하나님이시니, 압제의 땅 이집트에서 반드시 자신들을 해방시켜 주실 것을, 그리하여 아브라함과 이삭과 야곱에게 약속한 젖과 꿀이 흐르는 가나안 땅으로 자신들을 인도해 주시리라는 것을 갈수록 더욱 확신하게 되었다.

여덟 번째 재앙–메뚜기 떼가 지면을 뒤덮다 출 10:1–20

모세는 또 하나님의 명령을 듣고 파라오에게 가서 말했다.

"하나님의 백성을 보내주지 않으면, 이번에는 메뚜기 떼의 재앙이 닥칠 것입니다. 메뚜기 떼가 이집트 땅의 집집마다 날아들고 모든 농작물을 모조리 먹어 치울 것입니다."

모세와 아론은 그 말을 전한 뒤 파라오의 대답도 듣지 않은 채 왕궁 밖으로 나갔다. 그러자 신하들이 파라오에게 애타게 사정하였다.

"폐하, 우린 일곱 차례의 무서운 재앙으로 이미 다 망했습니다. 차라리 그들의 요구를 들어주어 자기들의 신을 섬기게 허락하십시오. 지금 이 땅의 백성들이 다 죽게 생겼습니다."

신하들이 매달리듯 줄줄이 애원하자, 파라오도 마음이 한풀 꺾였는지 모세를 불러오라고 하였다. 신하들이 부지런히 밖으로 나가 모세와 아론을 다시 파라오 앞으로 데리고 왔다.

"좋다, 가는 것을 허락한다. 그러나 남자들만 가야 한다."

"아닙니다. 우리는 모두 갑니다. 남녀노소는 물론이고 가축까지 가야 합니다. 우리의 하나님 여호와께 제사를 드려야 되니까요."

파라오가 펄쩍 뛰었다. 파라오는 몹시 불쾌한지 자리에서 벌떡 일어나 안으로 들어가 버렸다.

"네 손을 이집트 땅 위에 뻗어라. 그러면 메뚜기 떼가 몰려와서 우박에도 피해를 입지 않고 남은 것들까지 다 먹어 치울 것이다."

하나님의 명령에 따라 모세가 팔을 뻗었다. 그러자 그때부터 온종일 강한 동풍이 불어왔다. 다음 날 아침이 되자, 하늘이 새까매질 정도로 메뚜기 떼가 몰려오기 시작했다. 메뚜기들은 농작물과 밭작물, 그리고 나무와 풀 같은 식물을 단숨에 갉아 먹어 치웠다. 푸른빛을 띤 것이라곤 아무것도 남아 있는 것이 없었다.

파라오는 머리를 쥐어뜯으며 급히 모세를 불러들였다.

"내가 잘못했다. 너희 하나님과 너희에게 내가 죄를 지었다. 이번 한 번만 더 용서하여라. 제발 너희 신에게 빌어 다오. 더 이상 견딜 수가 없다."

모세는 파라오의 말을 믿고, 여호와 하나님께 기도했다. 그러자 동풍이 갑자기 방향을 틀더니 강렬한 서풍으로 변했고, 서풍은 메뚜기 떼를 몰아가더니 홍해에 모조리 쓸어넣었다. 한 마리의 메뚜기도 찾아보기 힘들었다.

아홉 번째 재앙-칠흑 같은 어둠이 깔리다 출 10:21-11:10

파라오는 이번엔 약속을 지켰을까? 아니었다! 고집 센 파라오는 위기 모면용으로 잘못을 인정하는 체하였을 뿐, 마음 깊은 곳에서는 잘못을 인정하고 회개한 것이 아니었다. 파라오는 재앙이 멈추자마자 언제 용서를 빌었느냐는 식으로 오만하고 교활한 본래 모습으로 돌아갔다.

"모세야, 하늘을 향하여 지팡이를 든 네 손을 뻗어라. 이집트 온 땅에 어둠이 덮일 것이다."

모세가 하늘을 향하여 손을 뻗자, 즉시 칠흑 같은 어둠이 덮였다. 달빛이나 별빛 한 줄기 찾아볼 수 없는, 깜깜한 어둠이 온 세상을 뒤덮었다. 그야말로 어둠 자체였다. 한 치 앞도 보이지 않았다. 앞에 있는 사람조차 보이지 않았다. 아무것도 보이지 않으니 움직일 수가 없었다. 움직이려면 소경처럼 더듬거려야 했다. 그런 무서운 어둠이 사흘 동안이나 계속되었다. 그런데 놀라운 사실은, 이스라엘 사람들이 사는 지역에는 환한 햇볕이 들어온다는 것이었다. 이 같은 어둠의 재앙은 이집트 사람들이 최고 신으로 섬기던 그들의 태양신 '라Ra'를 무색하게 만들기에 충분했다.

파라오는 더 견딜 수 없어, 다시 모세를 불렀다.

"오냐, 너희 백성을 데리고 가라. 그러나 소와 양을 데리고 가서는 안 된다."

"안 됩니다. 우리는 가축도 데리고 가야 합니다."

모세가 단호하게 대답했다. 파라오는 화가 나서 목소리를 높였다.

"모세, 그리고 아론! 너희들은 오늘 이 왕궁을 나간 다음에는 다시는 왕궁에 나타나지 말아라. 만약 또다시 나타나는 날에는 죽여 버릴 것이다."

모세도 굽히지 않았다.

"우리도 다시는 이곳에 발을 들여놓고 싶지 않습니다. 그래서 분명히 해둡니다. 하나님께서는 이집트 땅에 있는 '처음 태어난 것들'이 모두 죽을 것이라고 하셨습니다. 폐하의 장남을 비롯하여 모든 이집트 사람의 장남들이 다 죽고 가축들의 첫 새끼도 다 죽을 것이라고 하셨습니다. 이집트 전역에 지금껏 들어보지 못한 엄청난 곡소리가 진동할 것입니다. 그러나 이스라엘의 자손에게는 이런 비극이 생기지 않을 것입니다. 그런 일들로 인해, 사람들은 우리 하나님 여호와께서 이스라엘 자손과 이집트 백성을 구별하고 계심을 확실히 알게 되겠지요. 그렇게 되면 도리어 폐하와 폐하의 신하들이 우리에게 제발 이 땅을 떠나 달라고 절하면서 애원하게 될 것입니다. 그때에야 우리가 이 땅에서 떠날 것입니다."

최후의 통첩이었다. 모세도 화가 많이 나 있었다. 열 번째 재앙을 선포한 모세와 아론은 미련 없이 파라오의 왕궁을 나왔다.

열 번째 재앙-처음 태어난 것들이 모두 죽다 출 12:1-30

모세는 마음이 급해졌다. 하나님이 열 번째 재앙을 내리시면, 그것은 최후의 재앙이 될 것이었다. 그 재앙이 내려지면, 온 이스라엘 백성과 가축들은 430년 동안 정착하여 살아 온 이집트 땅을 떠나게 되리라. 그러니 서둘러 떠날 준비를 해야 했다.

모세는 즉시 이스라엘의 지도자인 장로들을 한 자리에 소집하였다.

"잘 들으시오. 우리 종족들로 하여금 오늘 이웃의 이집트 사람들에게 가서 금이나 은으로 된 장식품들을 얻어 오게 하시오. 그것은 오랫동안 이 땅에서 노예처럼 일해 온 노동에 대한 정당한 대가가 될 것입니다. 그런 다음, 한 가족이 한 마리씩의 어린 양을 잡아 해가 진 후 그 피를 대문 양쪽의 기둥과 그 위의 인방에 바르시오. 그날 밤에는 누구도 대문 밖으로 나가서는 안 됩니다. 왜냐하면 피를 바른 집안의 생명은 하나님께서 다 보호해 주실 것이지만, 그렇지 않은 집안에서는 장남은 물론 그 집에서 기르는 짐승의 첫 새끼까지 다 죽을 것이기 때문입니다."

긴장과 흥분 속에서 모세가 말을 이어갔다.

"어린 양의 피를 바른 후에는 집안에서 그 고기를 불에 구워 가족들끼리 함께 나누어 먹어야 합니다. 누룩을 넣지 않은 빵과 쓴 나물도 함께 먹어야 합니다. 주의할 것은, 음식을 아침까지 남겨 두어서는 안 된다는 점입니다. 당장에라도 멀리 여행을 떠날 수 있도록 만반의 준비를 갖추고 음식을 먹도록 하십시오. 허리에는 띠를 매고, 발에 신을 단단히 신고, 손에는 지팡이를 잡고 먹어야 합니다. 이 땅을 떠나기 위한 마지막 준비이니만큼 조금도 소홀함이 없어야 합니다. 이제 모두들 돌아가서 제가 말한 그대로 이스라엘 백성들에게 전하십시오."

이스라엘 사람들로서는 참으로 분주한 하루였다. 금은 패물을 구해 오랴, 살던 집을 정리하고 장거리 여행을 떠날 짐을 챙기랴, 양을 잡으랴, 발효시키지 않은 빵을 만들 준비를 하랴, 쓴 나물을 뜯어다 삶아서 데치랴, 그야말로 정신없이 하루를 보냈다.

이스라엘 백성들은 모세의 지시에 따랐다. 날이 어두워지자 어린 양의 피를 문의 양쪽 기둥과 그 위의 인방에 발랐다. 그때부터 집 밖에는 사람이라곤 얼씬도 하지 않아 그들이 사는 마을들은 죽음의 도시처럼 깊은 침묵 속에 잠겼다.

그날 밤, 하나님께서 이집트 사람들을 치셨다. 파라오의 왕궁에서부터 첫 왕자가 죽어 곡소리가 나기 시작하였다. 신하의 첫 아들도, 죄수의 첫 아들도, 상인이나 농부나 어부나, 못된 사람이나 선한 사람이나, 누구를 막론하고 이집트 사람들의 첫 아들은 다 죽어갔다. 그리고 가축의 첫 새끼도 다 죽었다.

그 밤에 죽음이 이집트 전역을 휩쓸고 지나갔다. 전국 곳곳에서 비명과 절규와 비통한 울음소리가 터져 나왔다. 하늘과 땅이 떠나갈 듯 한꺼번에 울어대는 통곡의 밤이었다. 그러나 이스라엘 자손들이 사는 집에서는 울음소리가 나오지 않았다. 이집트를 떠날 준비를 갖춘 이스라엘 사람들은 모세의 지시에 따라 누룩 없는 빵과 쓴 나물과 구운 양고기를 먹고 있었다.

출애굽과 홍해의 이적

마침내 이스라엘 백성이 이집트를 떠나다 출 12:31–13:22

파라오는 경악했다. 엄청난 대재앙에 얼마나 놀랍고 무서웠던지, 앞뒤 가릴 것 없이 급히 신하를 보내 모세를 불러들였다.

"지금 당장 떠나라. 사람이건 가축이건 네가 원하는 대로 모두 다 데리고 어서 빨리 이 땅에서 나가라. 어물거리지 말고 속히 떠나라."

파라오가 마침내 여호와 하나님 앞에 완전히 굴복한 것이다. 파라오는 병사들을 고센 땅으로 급파하여 히브리인들의 집집마다 찾아다니며 '속히 이 나라를 떠나라'고 외쳤다.

"아직 준비가 덜 되었소. 빵도 많이 만들어야 하고…."

"아예 밀가루를 가지고 가면 될 게 아니오? 당신들이 이 땅에 계속 머물러 있으면, 우리가 다 죽는단 말이오. 즉시 떠나시오. 빨리 서두르시오."

"그렇다면 당신네들의 금은 패물이나 옷을 주겠소? 긴 광야 여행이라 그런

게 많이 필요하오."

"물론이오. 당장 떠나 주기만 한다면 무엇이든 달라는 대로 모두 주겠소. 지금 그게 문제겠소? 모두 죽는 판국에…."

얼마나 두렵고 다급했던지, 이집트 사람들은 이스라엘 사람들의 요구를 모두 충족시켜 주면서 빨리만 떠나 달라고 애원하였다.

가나안 땅에 극심한 가뭄이 들어 먹을 양식을 구하러 이집트로 이주한 야곱의 가족은 남자 어른만 70명 정도였다. 이제 430년이 지나는 동안 거의 2백만 명으로 증가된 야곱의 후손들, 곧 이스라엘 백성들은 여호와 하나님의 도움으로 혹독한 압제와 시련의 노예 세월을 마감하고 드디어 이집트를 떠나게 되었다.

마지막 열 번째 재앙이 있던 날, 이집트 사람들의 첫 아들은 모두 죽고 이스라엘 백성들은 무사히 살아남은 그 역사적인 날, 이스라엘 백성들의 종교 달력으로 니산 월(오늘날의 태양력으로는 3월과 4월 어간) 14일. 이스라엘 백성들이 이집트의 압제에서 해방되던 그날은 3,500여 년이 흐른 지금까지도 이스라엘의 최대 명절로 지켜지고 있다. 이름하여 유월절逾越節: Passover.

마침내 출애굽! 이스라엘의 남녀노소만도 2백여 만 명에 이르렀다. 거기에 그들이 기르는 가축들과 잡족까지 섞여 모두 여정에 올랐으니, 세간과 짐을 실은 수레와 마차가 꼬리에 꼬리를 물고 이어졌다. 하나님께서는 낮에는 구름기둥으로, 밤에는 불기둥으로 이스라엘 백성들을 안전하게 인도하셨다.

이스라엘 백성들이 약속의 땅 가나안을 향해 첫 발을 내디딘 그날, 그 역사적인 해방과 구원의 그날은 그때로부터 대략 1,500여 년이 흐른 후, '여인의 후손' 된 메시아 곧 예수 그리스도가 인류를 죄와 죽음의 압제에서 구원하기 위해 골고다 십자가에 못 박힌 날과 같은 시기이기도 하다.

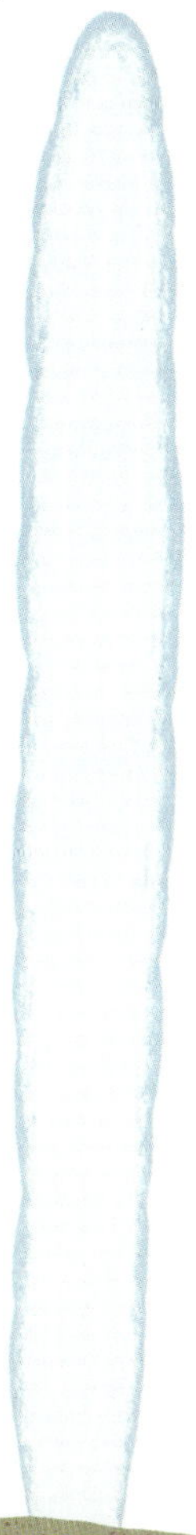

파라오가 군대를 이끌고 추격해 오다 출 14:1-9

파라오는 속이 부글부글 끓었다. 모세가 이끄는 이스라엘 백성들이 이집트를 떠나 광야로 출발하고 나자, 교만과 고집의 화신인 파라오는 이내 후회하였다. 수백만 명에 달하는 노예 백성이 일시에 사라지게 될 처지이니, 그동안 히브리 종족이 감당해 왔던 엄청난 노동력을 어떤 방식으로 대체할 것인가? 더구나 열 번에 걸친 대재앙으로 이미 엄청난 피해를 입은 터여서, 국가 자체가 위기에 빠져 있는 형편이었다.

무엇보다도 일찍이 나일 문명을 찬란하게 꽃피우게 했던 이집트의 신들이 한낱 노예 백성인 히브리인들의 신 여호와에게 패배하였다는 사실을 아무래도 받아들일 수가 없었다. 결정적인 열 번째 재앙으로 인해 허탈감과 좌절감, 그리고 큰 두려움에 빠졌던 파라오는 재앙이 목전에서 사라지자 또다시 변덕이 생겨 두 주먹을 불끈 쥐었다.

'이대로 주저앉을 수는 없다. 무슨 수를 써서라도 기어코 그놈들을 다시 잡아오고야 말겠다.'

그러던 차에 반가운 보고가 들어왔다. 이스라엘 백성들이 광야에서 길을 잘못 들어 헤매고 있다는 보고였다.

'그럼 그렇지, 기회가 왔구나.'

파라오는 기다렸다는 듯이 명령을 내렸다.

"모두들 들어라! 우리의 영광스러운 신들의 이름으로, 신의 아들 파라오의 이름으로 명령한다. 속히 군대를 이끌고 이스라엘 백성들을 추격하여 다시 잡아오도록 하라. 그들과 그들이 끌고 간 가축들과 재산도 모두 다시 찾아오도록 하라."

파라오는 병거에 올라 직접 군대를 진두지휘했다. 그 뒤를 이집트의 정예 기병대와 병거 부대가 뿌연 먼지를 일으키며 질풍노도처럼 광야를 내달렸다. 이스라엘 백성들이 떠난 지 며칠이 지났으므로, 파라오와 그의 군대는 밤낮을 가리지 않고 맹렬히 추격했다.

홍해가 갈라지다 출 14:10–15:21

모세가 이끄는 이스라엘 백성들은 처음에는 북쪽 지중해 방향으로 길을 잡았다가, 하나님의 지시로 진행 방향을 갑자기 바꾸어 동쪽으로 이동하기 시작했다. 그렇게 동쪽으로 며칠을 이동하다가 마침내 걸음을 멈추고 말았다. 이게 어찌된 일인가! 그들 앞에는 홍해의 푸른 물결이 가로막고 있었던 것이다.

"아니? 바다가 앞에 있잖아."

"낭패로군. 되돌아갈 수도 없고, 앞으로 계속 갈 수도 없으니…."

"이제 어쩌지?"

이스라엘 백성들이 웅성거렸다. 더구나 저 멀리 뒤쪽에서는 이집트 군대가 자욱한 먼지를 일으키며 노도처럼 달려오고 있었다. 이스라엘 백성들은 겁에 질려 우왕좌왕하며 어찌할 바를 몰랐다.

"오 여호와 하나님, 우리를 이렇게 죽게 하시렵니까? 여기까지 죽을 고생을 하며 왔는데, 다시 이집트로 잡혀가게 하시려는 섭니까? 우리는 어찌해야 합니까?"

울부짖는 기도가 터져 나왔다. 모세를 원망하는 소리도 곳곳에서 터져 나왔다.

"이집트에는 우리를 묻을 장소가 없었단 말이냐? 우리를 광야로 끌어내어 여기서 죽게 할 작정이었더냐?"

"차라리 이집트 사람들을 섬기면서 사는 게 좋을 뻔했다. 우리를 그냥 내버려둘 일이지 왜 쓸데없이 이끌어 내어 광야에서 죽게 한단 말이냐?"

모세는 우선 백성들을 안심시키지 않으면 안 되었다.

"여러분, 두려워하지 마시오. 하나님께서 우리를 어떻게 구하시는지 똑똑히 보도록 하십시오. 하나님께서는 우리를 대신하여 반드시 싸워 주실 것입니다. 여러분이 지금 보고 있는 이집트 군대를 다시는 볼 수 없게 될 것입니다."

그러자 놀라운 일이 벌어졌다. 그동안 낮에는 구름기둥을, 밤에는 불기둥을 앞세워 이스라엘 백성들을 인도해 오신 하나님께서는 그 검은 구름기둥을 뒤로 이동시켜 이집트 군대의 시야를 어둡게 만드셨다. 이집트 군대는 추격의 속도가 떨어져서 이스라엘 백성들을 따라잡을 수가 없게 되었다. 하지만 이스라엘 백성들 쪽의 구름은 밝게 빛나 앞을 잘 볼 수 있었다.

"지팡이를 든 네 손을 바다 위로 내밀어라."

하나님의 명령에 따라 모세가 홍해를 향해 손을 뻗쳤다. 그러자 갑자기 거센 동풍이 불어오더니 바다를 좌우로 가르기 시작했다. 얼마 지나지 않아 바다 가운데로 길이 났다. 뜨거운 바람이 계속해서 불었으므로, 질퍽했던 바다 밑바닥도 이내 마른 땅처럼 단단하게 굳었다. 놀라운 기적이 일어난 것이다! 모세를 비롯한 모든 이스라엘 백성들은 감격했다. 아무래도 믿어지지 않았다. 하지만 그것은 꿈이 아닌 엄연한 현실이었다.

"자, 어서 출발하시오. 어서!"

모세가 앞장서서 갈라진 바다 가운데로 들어서자, 모두들 그 뒤를 따랐다. 물과 물이 갈라져 거대한 절벽을 이룬 그 사이를 이스라엘 백성들이 황급히 건너기 시작했다. 그들이 다 건넜을 때, 바싹 추격해 온 이집트 군대도 바다 가운데로 들어섰다. 그러자 하나님께서 모세에게 말씀하셨다.

"네 손을 바다 위로 다시 내밀어 바닷물이 합쳐지도록 하라."

모세가 하나님의 지시대로 지팡이를 든 손을 바다 위로 내밀자, 좌우로 갈라져 벽을 이룬 바닷물이 다시 합쳐지기 시작하였다.

"앗! 큰일 났다. 바닷물이 도로 합쳐진다. 어서 뒤로 도망쳐라."

이집트 군대는 그야말로 혼비백산했다. 황급히 돌아서서 도망치려 하였으나 이미 때는 늦었다. 헛수고였다. 도로 합쳐진 성난 바다는 순식간에 허리에 차오르더니 이내 머리까지 덮어 버렸다. 물속에서 허우적거리는 것도 잠시, 이집트 군대는 바닷물 속에 잠겨 흔적도 없이 사라져버렸다.

나일 문명을 자랑하던 찬란한 이집트, 그 이집트가 자랑하던 파라오의 병거 부대가 순식간에 홍해에 잠겨 사라지는 순간이었다. 잠시 후, 그들의 시체와 옷가지들이 성난 파도 위로 하나씩 떠오르기 시작했다. 이리하여 이집트 병거 부대는 철저히 멸망했고, 그들의 노예와 다름없었던 이스라엘 백성은 비로소 완전한 해방과 자유를 얻게 되었다.

이스라엘 백성들은 환호했고 감격했다. 자신들을 구원하기 위하여 하나님께서 베풀어 주신 경이로운 기적 앞에 가슴이 벅차올라 한동안 말을 잃었다. 얼마 후 이스라엘 백성들은 너무도 기쁘고 감격하여 탬버린을 흔들고 춤추면서 노래하기 시작했다. 모세가 이끄는 이스라엘 남성 합창대가 먼저 노래하자, 아론과 모세의 누이인 미리암이 이끄는 이스라엘 여성 합창대가 화답했다. 그것은 환희와 구원의 찬양이었다.

너희는 찬양하라
이집트의 기마와 기병을 바다에 던져 넣으신 분
그지없이 높으시고 영화로우신 분
여호와 하나님을 찬양하라

광야 생활과 하늘의 양식

쓴물이 단물이 되다 출 15:22–27

홍해를 무사히 건넌 감격과 기쁨도 잠시, 이스라엘 백성들에게 또 다른 어려움이 닥쳐왔다. 그것은 타는 듯한 목마름이었다. 홍해를 건넌 이스라엘 백성들은 모세를 따라 광야 길을 걷고 또 걸었다. 아직도 얼마나 더 걸어가야 하는지, 그들은 알지 못했다. 광야 길은 하루가 한 달처럼 길고 지루했다.

사흘 길을 걸어 수르 광야에 도착했을 때였다. 가축이 먹을 풀은 조금씩 있었으나 사람이 마실 물은 없었다. 음식은 이집트에서 빠져 나올 때 가져온 것이 아직은 조금 남아 있어 당장 주린 배를 채울 수 있었으나, 물이 없어서 큰 일이었다. 그들은 걷고 또 걸어서 마라에 이르렀다. 거기에는 커다란 오아시스가 있었다.

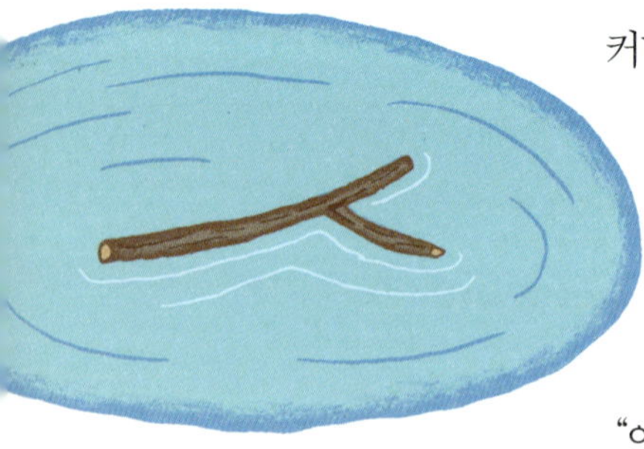

"와, 물이다!"

이스라엘 백성들이 환호했다. 하지만 기쁨은 잠시였다. 물맛이 어찌나 쓴지 도저히 마실 수 없었다. 차라리 없는 것만 못했다.

"이젠 꼼짝없이 다 죽게 생겼군."

"광야에서 목말라 죽게 되다니…, 결국 이렇게 될 줄 알았어."

그동안 참고 견디던 이스라엘 백성들에게서 원성이 터져 나오기 시작했다. 그들은 모세를 향해 원망을 쏟아냈다. 홍해가 갈라져 바다를 건넜던 기적의 감격과 흥분은 까맣게 잊었고, 파라오를 굴복시키고 이집트에서 자신들을 구원해 내신 하나님의 능력과 사랑도 모두 잊었다.

그런 백성들의 모습에 모세는 가슴이 답답할 뿐이었다. 달리 방법이 없어 모세는 하나님께 기도하였다. 그러자 하나님의 응답이 임했다. 하나님은 모세에게 근처에 있는 한 나무를 가리키면서 그것을 물에 던지라고 지시하였다. 모세가 나무를 뽑아 물속에 던지자 그 즉시 물이 달아졌다. 그제서야 이스라엘 백성들은 원망을 그치고 앞다퉈 물을 마셨다. 그런 후 짐승들에게도 물을 주었다.

하늘에서 양식이 내려오다 출 16장

마라에서 갈증을 해소한 이스라엘 백성들은 길을 재촉하여 또 다른 오아시스인 엘림에 당도하여 거기에 천막을 쳤다. 그곳에는 샘이 여럿 있었고 야자수도 많았다. 이스라엘 백성들은 거기에서 충분한 휴식을 취할 수 있었다. 오랜만의 안식이었다.

이스라엘의 종교력으로 정월 15일에 이집트의 고센 땅 라암셋을 떠난 이스라엘 백성들은 숙곳과 에담과 바알스본을 거쳐 홍해를 건넜고, 수르 광야와 마라를 거쳐 이곳 엘림에 이른 것이다. 이집트를 떠난 지 어느덧 보름이 훌쩍 지나 있었다.

엘림에서 얼마 동안 휴식을 취한 이스라엘 백성들은 다시 몸을 추스르고 광야 여행을 계속했다. 갈 길이 아직도 멀었다. 이스라엘 백성들은 또 다시 먼지가 푹푹 일어나는 메마른 광야 길을 걷고 또 걸었다. 엘림과 시내 산 사이에 있는 신 광야에 이르자, 거기에 일단 천막을 쳤다. 그때가 이스라엘 종교력으로 2월 15일, 이집트를 떠난 지 딱 한 달이 되는 날이었다. 이미 한 달 동안이나 광야를 여행한 터라 아이들과 노인들과 여자들은 물론이고, 건장한 남자들도 몹시 지쳐 있었다. 그러자 불평을 늘어놓는 사람들이 생기기 시작했다.

"이젠 먹을 것도 없으니 굶어죽을 일만 남았군."

"그러게 말일세. 죽기 전에 고기라도 실컷 먹어 봤으면 원이 없겠네."

"나는 차라리 이집트 생활이 그립네. 이런 광야에서 굶어죽기보다는 이집트에서 노예처럼 살다 죽는 편이 훨씬 좋을 뻔하였지. 거기서는 그래도 고기와 빵은 실컷 먹지 않았는가…."

원성이 점점 높아갔다. 그들은 노골적으로 모세를 원망하였다. 이스라엘 백성들의 불평을 들으신 하나님이 모세에게 말씀하셨다.

"내가 오늘 밤에는 고기를 실컷 먹게 해주겠다. 또, 내일 아침에는 하늘에서 먹을 양식을 내려주겠다."

그날 저녁 무렵, 거대한 메추라기 떼가 동풍에 실려 날아오더니 이스라엘 백성들이 천막을 치고 머물러 있는 곳에 소낙비처럼 우수수 떨어져 내렸다.

"앗! 이게 어찌 된 일이지?"

백성들은 놀랍고 반가웠다. 모두들 땅에 떨어진 메추라기를 바구니에 주워 담기에 바빴다. 통통한 몸집에 작고 둥근 머리와 짧은 날개를 가진 메추라기는, 구워먹든 쪄먹든 삶아먹든 맛이 있었다. 그날 이스라엘 백성들의 저녁 식탁은 메추라기 요리로 모처럼 푸짐하였다.

다음 날 아침, 잠에서 깬 이스라엘 백성들은 땅에 싸라기 같은 것이 쌓여 있는 것을 보았다. 작고 둥근 싸라기 같은 것이 천막 사방에 지천으로 깔려 있었다.

"이건 또 뭐야?"

"만나?"

만나란 '이것이 뭐야?'라는 뜻이다. 이스라엘 백성들은 이름도 모르는 그 하얀 가루를 손으로 집어 먹어 보았다. 달기가 꿀맛 이상이었다.

"이것은 하나님께서 주신 하늘 양식이오. 오늘 먹을 만큼만 거두시오. 날마다 아침이면 만나가 풍성하게 내려올 테니, 욕심 부리지 마시오. 반드시 오늘 먹을 만큼만 거두도록 하시오."

모세의 설명에 이스라엘 백성들은 그날 하루치의 만나를 거두어 먹었다. 햇살이 뜨겁게 내려 쪼이자, 땅에 남아 있던 만나는 모두 녹아 감쪽같이 없어졌다. 모세의 말을 듣지 않고 욕심껏 거두어들인 사람들도 물론 적지 않았다. 하지만 남은 만나는 썩어서 구더기가 생기고 악취가 나서 다 내다버려야 했다.

하늘에서 만나가 내린 지 엿새째가 되자 모세가 다시 이스라엘 백성들에게 말했다.

"오늘은 이틀 먹을 만큼의 분량을 거두어 들이도록 하시오. 내일은 안식일이라서 만나가 내려오지 않습니다."

그 말을 듣지 않고 평소처럼 하루분만 거두어들인 사람들이 더러 있었다. 그들은 다음 날 아침에 만나를 거두려고 나갔다가 허탕을 쳤다. 모세의 말대로 만나가 내려오지 않았기 때문이었다. 그 후 이스라엘 백성들은 모세의 말에 순종하여, 안식일에는 모두 쉬었다. 만나는 이스라엘 백성이 가나안 땅에 들어가 그 땅의 농작물을 먹기까지 40년 가까이 그들의 식량이 되어 주었다.

반석에서 물이 쏟아지다 출 17:1–7

이스라엘 백성이 신 광야를 지나 르비딤에 이르렀을 때였다. 주변은 풀 한 포기 없는 돌산이 에워싸고 있었다. 물 한 모금 찾을 수 없는 건조 지대였다.

"우리에게 물을 주시오."

"우리 자식들과 가축들이 모두 목말라 죽게 생겼소."

"어쩌자고 우리를 이집트에서 데리고 나와 광야에서 죽게 하는 것이오."

또다시 불평과 아우성이 터져 나왔다. 그동안 하나님이 보여주신 여러 가지 놀라운 기적들을 경험하고도 백성들은 조금도 달라진 것 같지 않았다. 모세는 안타까웠다

"하나님, 도대체 이 백성을 어찌 하면 좋습니까? 이대로 두었다간 저를 돌로 쳐 죽일 태세입니다."

답답한 모세가 하나님께 호소하였다.

"산에 올라가 네 지팡이로 바위를 쳐라. 물이 쏟아져 나올 것이다."

모세는 곧장 산으로 올라가 바위 하나를 지팡이로 쳤다. 그러자 맑은 물이

콸콸 쏟아져 나왔다. 백성들과 가축들이 실컷 물을 마실 수 있었다.

아말렉 족속의 기습 공격을 물리치다 출 17:8-16

물 때문에 아우성을 피우며 금방이라도 반란을 일으킬 것 같았던 백성들은 목마름이 가시자 언제 그랬느냐는 듯 평온을 되찾았다. 그러나 또 다른 예상치 못한 뜻밖의 난관이 그들을 기다리고 있었다. 아말렉 족속의 침공이었다.

르비딤 산지에는 아말렉이라는 부족이 살고 있었다. 오래전, 야곱의 쌍둥이 형 에서가 결혼한 이방인 여자 두 명 중 한 여자에게서 난 후손이 아말렉 족속이었다. 그들은 야곱이 가족을 이끌고 이집트로 이주한 후 400년이 지나는 동안 큰 민족을 이루었으나 한 군데에 정착하지 못하고 이리저리 광야를 이동하며 살다가 르비딤 산지에 일시적으로 머물고 있었다. 그런데 신 광야를 떠나 이동을 시작한 이스라엘 백성들이 이들 아말렉 족속이 머물고 있는 르비딤 지역을 지나게 된 것이다.

아말렉 족속은 일정한 거처 없이 광야를 유랑하던 호전적인 유목 민족이었기에, 자신들의 땅을 지나가는 이스라엘 백성들을 그냥 놓아두지 않았다. 그들은 매복하고 있다가 광야 여행에 지친 이스라엘 백성들의 뒷 행렬을 기습적으로 공격하였다. 노약자와 아이들이 대부분인 대열이었다. 그것은 비겁한 짓이었다.

이스라엘로서는 예상치 못한 기습 공격을 당한 셈이었다. 모세는 급히 여호수아를 불러 건장한 이스라엘 남자들을 소집하여 아말렉에 맞서 싸우라고 명령하였다. 당시 여호수아는 모세의 부관으로서 군사적인 능력이 탁월한 인물이었다.

모세는 전투 상황을 살펴보려고 근처에 있는 산의 꼭대기로 올라갔다. 전투 장면이 시야에 들어왔다. 이스라엘의 열세였다! 전투 경험이 없는 데다 훈련도 제대로 되지 않은 이스라엘 군사들이 아말렉의 호전적인 전사들에게 분명히 밀리고 있었다.

모세는 손을 높이 들고 하나님께 기도하였다. 그러자 갑자기 전세가 역전되어 이스라엘이 아말렉을 이기기 시작했다. 하지만 모세가 피곤하여 손을 내리니까 이스라엘이 다시 아말렉에게 밀리기 시작했다. 모세가 손을 올리면 이스라엘이 이기고, 손을 내리면 아말렉이 이기는 현상이 나타난 것이다.

모세는 계속 손을 들고 기도할 수밖에 없었다. 그러나 모세도 피곤하고 지쳐서 마냥 손을 들고 있을 수가 없었다. 힘이 부쳐 저절로 손이 내려졌고, 그러면 또 아말렉이 이스라엘을 이기는 국면이 전개되었다.

"손을 내리면 안 되겠습니다. 계속 손을 들고 기도하십시오. 저희들이 양쪽에서 손을 붙들어 드리겠습니다."

모세의 형 아론과 미리암와 남편으로 보이는 훌은 모세를 바위 위에 앉게 하고 양쪽에서 각기 모세의 팔을 붙들었다. 그리하여 해가 질 때까지 모세의 손은 내려오지 않았고, 아말렉 족속과의 전투는 이스라엘의 완전한 승리로 끝났다.

모세는 승리를 일군 그 자리에 제단을 쌓고, 그 이름을 '여호와 닛시'라고 하였다. '여호와 닛시'는 '여호와는 나의 깃발'이라는 뜻이다. 이렇게 이집트를 떠난 후 처음 치러진 전투에서 이스라엘은 하나님의 도우심으로 거칠고 강한 아말렉 족속의 기습 공격을 거뜬히 물리칠 수 있었다.

장인 이드로가 모세를 방문하다 출 18장

아말렉 족속을 무찌른 후, 모세와 이스라엘 백성이 시내 산 부근의 르비딤 광야에 진을 치고 있을 당시였다. 미디안에 살고 있던 모세의 장인 이드로가 모세를 찾아왔다. 이스라엘 백성들이 이집트에서 해방되어 가나안으로 향하고 있다는 소식을 전해들은 이드로는 그동안 자신이 데리고 있던 모세의 아내와 자식들을 모세에게 데려다 주어야겠다고 마음먹었다. 그리하여 먼 길을 여행하여 마침내 모세에게 이른 것이다.

"장인 어르신, 이게 얼마만입니까? 그동안 별고 없으셨습니까?"

"잘 있었다네, 자네도 평안한가?"

모세는 장인을 반갑게 맞으면서 문안을 여쭈었다. 그런 후 장인을 자신의 장막으로 인도해 들이고 그동안 있었던 일들을 낱낱이 말해 주었다.

"오, 진정 찬양을 받으실 분이로다. 이스라엘을 이집트에서 구출하신 여호와야말로 세상의 모든 신들보다 정녕 위대하구나."

모세의 말을 모두 전해들은 이드로는 여호와의 능력에 연신 감탄을 발했다.

다음 날 아침, 이드로는 모세가 모든 이스라엘 백성들의 재판을 도맡아 하느라고 혼자 애쓰는 모습을 보았다.

"그대는 왜 수많은 백성들의 재판을 혼자서 처리하는가?"

이드로는 모세에게 이스라엘 백성들 중에서 유능한 인물들을 골라 세우는 것이 좋겠다고 조언을 했다. 그들의 능력에 따라 열 명, 쉰 명, 백 명, 천 명을 맡아 다스릴 권한을 부여하여, 작은 사건들은 그들이 맡아 처리하게 하고, 큰 사건만 모세가 처리하는 게 좋다고 말해 주었다.

장인의 말을 듣고 보니 정말 일리가 있었다. 그래서 그대로 시행했더니, 과연 일이 한결 수월해지고 잘 돌아갔다. 이스라엘의 행정 조직이 그런 대로 정비된 것이다. 이드로는 얼마간 이스라엘 진영에 머물다가 모세의 배웅을 받으며 미디안 고향으로 돌아갔다.

십계명과 시내 산의 계약

시내 산에서 율법을 받기 위해 준비하다 출 19:1-15

광야 여행은 고달팠다. 하지만 그 황량하고 뜨거운 광야 여행을 낮에는 구름기둥이 앞서가며 시원한 그늘을 만들어 주었기에 이동할 만했고, 밤이면 불기둥이 앞서가며 주변을 따뜻하게 밝혀주었기에 일교차가 심한 밤에도 추위를 견딜 수 있었다. 그토록 세심하게 배려해 주신 하나님의 보호하심과 인도하심으로 이스라엘 백성들은 이집트를 떠난 지 두 달 만에 홍해의 두 갈래 만灣 사이에 위치한 시나이 반도 동편의 높고 험준한 시내 산 밑에 이르렀다.

더 이상 구름기둥과 불기둥이 움직이지 않았으므로 이스라엘 백성들은 일단 산기슭의 광야에 천막을 쳤다. 줄잡아 2백만 명은 될 테니 천막 수가 적어도 20만 개는 넘었을 것이다. 산 위에서 눈을 들어 광야를 바라보면 온통 이스라엘 사람들의 천막만 끝없이 펼쳐져 있었다. 낮에는 구름기둥이, 밤에는 불기둥이 여전히 이스라엘 백성들의 진영 주변에서 그들을 보호하고 있었다.

이스라엘 백성들이 시내 산 기슭에 머물 태세가 갖추어지자, 하나님이 시내 산 위에서 모세를 부르셨다. 모세는 급히 산으로 올라갔다. 산 위에서 하나님의 말씀을 들은 모세는 산에서 내려오자마자 이스라엘 열두 지파의 지도자인 장로들을 소집하여 하나님의 말씀을 전하였다.

"하나님께서 말씀하시기를, 내 백성 이스라엘이 나에게 순종하면 내가 그들로 제사장의 나라로 만들어 특별한 관계를 유지할 것이라고 하셨습니다. 그리고 하나님은 사흘 후에 저 시내 산 위에 친히 내려오셔서 우리 백성들에게 직접 말씀하시겠다고 하셨습니다. 그러기 위해 우리가 준비해야 할 것이 있습니다."

모세는 긴장하고 있는 지도자들에게 몇 가지 당부를 했다.

"첫째, 하나님이 임재하실 산에 울타리를 쳐야 합니다. 그분은 지극히 거룩하신 분이라 사람이든 짐승이든 누구든지 그분을 보기만 하면 모두 죽습니다. 그러므로 누구라도 시내 산에 오르거나 얼씬거려서는 안 됩니다. 둘째, 온 이스라엘 백성들이 옷을 깨끗이 빨아 입고 하나님의 강림을 기다려야 합니다. 그리고 그때까지는 부부 관계를 삼가야 합니다."

이스라엘 백성들은 모세의 지시에 따라 모두 옷을 빨아 입고, 육체의 욕망을 절제함으로써 율법을 받기 위한 마음의 준비를 갖추었다.

십계명이 주어지다 출 19:16–20:17

하나님은 모세에게 말씀하신 대로 사흘째 아침이 되자 시내 산 위에 내려오셨다. 온 산이 짙은 구름으로 덮이면서 번개의 섬광과 땅을 뒤흔드는 우렛소리가 진동하였다. 거대한 시내 산이 흔들리며 연기와 불꽃이 시내 산 꼭대기를 감쌌다.

하늘에서 우렁찬 나팔소리가 들려오더니, 시내 산 꼭대기에서부터 하나님의 음성이 온 이스라엘 백성이 다 들을 만큼 큰 소리로 들려왔다. 하나님은 먼저 모세를 불러 이스라엘 백성들이 절대로 시내 산 사면에 쳐놓은 울타리 안으로 들어오지 말 것을 명했다. 그런 후에 하나님의 백성으로서 이스라엘 백성들이 마땅히 지켜야 할 핵심적인 계명을 직접 들려주셨다. 십계명이었다.

"나는 너희의 하나님 여호와다. 너희를 종살이하던 이집트 땅에서 이끌어 낸 하나님이다."

하나님은 이스라엘 백성들에게 자신이 누구신가를 확실하게 알려준 후, 말씀을 이어가셨다.

"너희는 내 앞에서 다른 신을 섬겨서는 절대 안 된다."

"너희는 어떤 형상이든지 그 모양을 본떠 만들어서는 안 되고, 그 앞에 절하며 섬겨서는 안 된다."

"너희는 너희 하나님의 이름 '여호와'를 함부로 불러서는 안 된다."

"너희는 안식일을 기억하여 거룩하게 지켜야 한다. 엿새 동안은 힘써 일하고 이렛날은 너희 하나님 여호와 앞에서 쉬어야 한다."

"네 부모를 공경하여라."

"살인을 해서는 안 된다."

"간음해서는 안 된다."

"도둑질해서는 안 된다."

"네 이웃에게 불리하도록 거짓 증언을 해서는 안 된다."

"네 이웃의 소유는 무엇이든 탐내서는 안 된다."

시내 산에서 계약을 맺다 출 20:18–24:11

이스라엘 백성들은 심히 두려웠다. 땅을 뒤흔드는 천둥소리, 빽빽한 연기, 우렁찬 나팔 소리 가운데 시내 산 위에 강림하신 여호와 하나님의 장엄한 권위와 빛나는 영광이 두려웠다. 그래서 그들은 모세에게 간청하였다.

"하나님께서 직접 우리에게 말씀하시면 우리가 죽을 것 같습니다. 당신이 대신 하나님의 말씀을 듣고 우리에게 전해 주십시오. 우리가 그대로 따르겠습니다."

이스라엘 백성들은 시내 산에서 멀찌감치 떨어져 있었고, 모세는 짙은 구름으로 싸여 있는, 하나님이 강림해 계시는 시내 산으로 가까이 나아갔다. 십계명 이외에도 하나님은 시내 산에서 모세에게 여러 가지 율법을 자세하게 일러주셨다. 율법은 하나님의 백성 된 이스라엘이 하나님의 거룩한 백성답게 살아가기 위해서 지켜야 할 법이었다.

하나님은 이스라엘 백성들이 지켜야 할 다양한 법을 주셨다. 개인의 권리에 대한 법, 과실 치사 및 과실 치상에 관한 법, 절도죄에 관한 법, 손해 배상에 관한 법, 처녀를 범한 자에 관한 법, 사형에 처할 죄인들에 관한 법, 약자 보호에 관한 법, 종교적 의무 사항에 관한 법, 사회 정의와 사회 복지에 관한 법, 세 가지 명절에 관한 법, 그리고 약속의 땅 가나안에 들어가서 해야 할 일들에 관해서도 세밀하게 일러주셨다.

시내 산 위에서 하나님으로부터 직접 이스라엘 백성들이 지켜야 할 각종 율법을 받은 모세는 산에서 내려와 그 율법들을 이스라엘 백성들에게 전달했다.

"여호와께서 말씀하신 대로 다 따르겠습니다."

이스라엘 백성들은 한 목소리로 대답하였다. 그러자 모세는 시내 산 기슭에다 제단을 쌓고 열두 지파를 상징하는 열두 기둥을 세운 후 짐승을 잡아 제사를 드렸다. 짐승의 피를 먼저 제단에 뿌린 다음 이스라엘 백성들에게도 뿌리면서 계약을 맺었다. 하나님은 이스라엘의 하나님이 되어 이스라엘을 보호하고 지키기로, 이스라엘은 하나님의 백성이 되어 하나님의 말씀에 따르고 순종하기로, 하나님과 이스라엘 사이에 공식적인 계약이 체결된 것이다.

이렇게 함으로써 이제 이스라엘 백성들은 명실상부 하나님과 언약을 맺은 백성이 되었고, 천하 만민을 구원하기 위한 제사장 나라로서의 기틀을 갖추게 되었다.

모세가 시내 산 위에서 사십 일 동안 머무르다 출 24:12–31:18

하나님은 다시 모세를 시내 산 위로 부르셨다. 하나님 자신이 친히 기록한 십계명 돌판을 주기 위해서였다. 하나님의 부름을 받은 모세는 다시 시내 산 위로 올라갔다. 빽빽한 구름이 여전히 시내 산을 뒤덮고 있었다. 모세는 구름 속을 뚫고 들어가 시내 산 꼭대기에 올랐다. 그리고 그 산에서 사십 일 밤낮 동안을 하나님과 더불어 지냈다.

그 기간 동안 하나님은 모세에게 성막을 지을 것을 명령하시면서, 성막 건축을 위해 필요한 예물을 바칠 것과 성막 안에 안치될 기물들의 모형에 대해 계시하셨다. 증거궤, 진설병을 두는 상, 등잔대와 부속 기구들, 번제단, 분향할 제단, 놋 물두멍 등의 모형에 대해 자세히 일러주셨다. 그리고 이 같은 성막의 기물들을 안전하게 보호할 수 있는 성막의 덮개들과 널판과 고정 띠와 휘장 등에 관해서도 구체적으로 계시하셨다.

뿐만 아니라 거룩한 성막에서 봉사할 제사장에 관해서도 자세하게 계시하여 주셨다. 제사장이 입을 옷, 제사장을 세우는 위임식, 제사장이 주관할 제사 등에 관해서도 일일이 설명해 주셨다. 그 외에도 각종 거룩한 기물들과 제사장의 정결 의식을 위해 쓰일 거룩한 향기름을 만드는 방법, 분향단에 사용될 거룩한 향을 만드는 방법도 가르쳐 주셨다.

끝으로 하나님은 성막과 성막의 부속 기물들을 실제로 제작할 총책임자로 유다 지파에 속한 훌의 손자이며 우리의 아들인 브살렐들을 친히 선택하여 부르셨고, 그의 수석 조수로는 단 지파에 속한 아히사막의 아들 오홀리압을 붙여 주셨다. 그런 다음 하나님은 안식일을 거룩하게 지킬 것을 당부하심으로써 모든 말씀을 마치셨다. 말씀을 마치신 하나님은 직접 쓰신 십계명 돌판 두 개를 모세에게 주셨다.

금송아지 숭배 사건

백성들이 금송아지를 숭배하다 출 32:1–15

모세는 하나님의 부르심을 받고 산에 올라가면서, 자기를 대신하여 형 아론을 지도자로 세워 놓았었다. 산 아래의 백성들은 그 산에 하나님이 강림해 계신 것을 알 수 있었다. 산꼭대기에 불이 붙은 것처럼 눈부신 영광의 빛이 계속 머물러 있었기 때문이다. 그곳에서 모세는 40일 밤낮으로 하나님을 만나고 있었다.

한편, 산 밑에서 모세를 기다리던 백성은 별 생각이 다 들었다. 너무나 오랫동안 모세가 산에서 내려오지 않았기 때문이다. 이스라엘 백성들은 아론에게 가서 자신들의 생각을 전하였다.

"아론, 틀림없이 모세에게 무슨 일이 일어난 모양이오. 이대로 마냥 기다릴 수만은 없지 않소. 우리를 인도해 줄 신을 만들어 주시오."

모세의 형 아론은 나약하고 의심 많은 인간이었다.

"좋소, 모두들 금 귀걸이를 나에게 가져오시오."

이스라엘 백성들은 남녀노소 가리지 않고 저희 귀에 걸린 금 귀걸이를 떼어 아론에게 가져왔다. 아론은 그것을 녹여 이집트에서 보아 왔던 대로 수송아지 우상을 만들었다.

"자, 보시오. 이것이 우리를 이집트에서 인도해 낸 신이오. 내일 다같이 모여서 축제를 벌입시다."

그 당시의 사람들은 여러 가지 우상을 만들어 섬기는 데 익숙해 있었다. 신은 어떤 형태로든 눈에 보이는 형상으로 존재해야 믿을 수 있다고 생각하는 사람들이 많았다. 하지만 하나님은 영靈이시므로, 사람들의 눈에 보이지 않았다.

그래서 이스라엘 백성들은 얼마 전에 친히 십계명을 선포하신 여호와 하나님 대신에, 이집트의 수송아지 우상으로 대체한 것이다. 여호와 하나님을 수송아지로 형상화했으니, 지독한 신성 모독이었다. 천지 만물을 만드신 지극히 거룩하신 여호와 하나님이 한낱 말 못하는 짐승의 형태로 탈바꿈시켰으니 말이다.

하나님은 자기를 형상화시킨 우상을 엄격히 금하셨다. 창조주 하나님은 어떤 형태로든 눈에 보이는 사물로 형상화될 수 없는 지극히 거룩하신 영적 존재이기 때문이다.

이튿날, 이스라엘 백성들은 일찍 일어나 금송아지에게 제사를 드렸다. 그런 다음, 먹고 마시며 정신없이 뛰놀았다. 이집트에서 수송아지 우상을 섬길 때처럼 음탕스럽게 미친 듯이 축제를 벌였다.

금으로 만든 수송아지 우상을 섬기는 광란의 축제가 한창 벌어지고 있을 때, 시내 산 정상의 하나님은 모세에게 말씀하셨다.

"지금 즉시 산 아래로 내려가라. 이스라엘 백성들이 송아지 우상을 만들어 그것을 섬기고 있다. 참으로 부패하고 고집 센 백성이구나!"

하나님은 이스라엘 백성들의 우상 숭배에 크게 실망하고 노여워하셨다.

"이제 나를 말리지 말라. 내가 저들을 모두 멸망시키고 말겠다. 너만은 살려 두어, 너를 통해 큰 나라를 만들어 다시 시작하겠다."

모세는 두렵고 떨렸다. 하나님의 진노가 왜 저토록 큰지 알 수 없었으나 너무 두려운 나머지 급히 엎드려 간절하게 간구하였다.

"오, 하나님! 하나님께서 이 백성을 진멸시키면 이집트 사람들이 뭐라 하겠습니까? 자기 백성을 죽이려고 이집트에서 이끌어 낸 모양이라고 하지 않겠습니까? 이스라엘 백성들의 하나님은 자기 백성을 가나안까지 데리고 갈 능력이 애초에 없었다고 할 겁니다. 그러하오니 하나님! 아브라함과 이삭과 야곱에게 '내가 너희 자손을 하늘의 별처럼 많게 할 것'이라고 하셨던 약속을 부디 기억해 주십시오. 제발 이 백성을 멸하지 마옵소서."

심금을 울리는 애절한 간구였다. 목숨을 내걸고 필사적으로 매달리는 기도였다. 모세의 간절한 중보 기도에, 하나님도 노기를 가라앉히고 마음을 바꾸었다. 이스라엘 백성들을 진멸시키겠다는 뜻을 돌이키셨다.

모세의 분노와 중보기도 출 32:15-34:35

모세는 하나님이 새겨주신 십계명 돌판 두 개를 들고 산 아래로 내려갔다. 마음은 천근만근 무거웠다. 산기슭이 가까워지자 저 아래에서 떠들썩한 소리가 들려왔다. 산중턱에서 모세를 기다리고 있던 여호수아가 말했다.

"백성들의 천막에서 싸우는 소리가 납니다."

"아니다. 내가 듣기에는 노랫소리 같다."

더 가까이 내려가자 과연 흥겨운 노랫소리가 들려왔고, 춤추는 모습이 보였다. 햇볕을 받아 눈부시게 빛나는 금송아지 형상도 시야에 들어왔다. 수송아지 우상을 둘러싸고 이스라엘 백성들이 한바탕 떠들썩한 축제를 벌이고 있었다. 그제서야 모세는 하나님이 왜 그토록 진노하셨는지 깨달았다.

"아니, 어떻게 저럴 수가!"

모세도 분노가 치밀어 올라왔다.

'절대로 만들지 말라고 금지시킨 우상을 만들다니! 그것도 하나님이 시내산에 강림하고 계시는 동안에, 이집트의 수송아지 우상에게 절하며 춤을 추다니, 어떻게 이럴 수가 있단 말인가, 어떻게 이럴 수가!'

모세는 분노를 주체할 수 없어, 하나님이 친히 새겨주신 십계명 돌판을 백성들을 향해 던져 버렸다. 돌판은 바위에 부딪혀 산산조각이 났다. 모세는 이스라엘 백성들이 만든 수송아지 우상을 끌어내린 후, 불로 녹인 다음 금가루를 만들고 그것을 물에 타서 백성들로 하여금 그 물을 마시게 했다. 이렇게 하여 모세는 하나님이 우상을 얼마나 싫어하시는지, 또 우상이 얼마나 보잘것없는 존재인지를 똑똑히 보여주었다.

모세는 형 아론에게 소리쳤다.

"형은 도대체 어찌하여 이런 짓을 합니까? 금송아지 우상을 왜 만들었어요? 이것이 얼마나 큰 죄인지 몰라요?"

아론은 잠시 어찌할 바를 모르다가 이내 변명을 늘어놓았다.

"모세, 이 백성이 악한 것을 너도 잘 알지 않느냐? 그들이 내게 우리를 인도할 신을 만들어내라고 졸라댔어. 산으로 올라간 네가 오랫동안 소식이 없으니, 분명 무슨 일이 생겼다고 생각한 거야."

이스라엘 백성들 중에 분명 선동한 자들이 있었을 것이다. 하나님을 거역하고 우상을 좇는 무리들이 이 일을 주도한 것이다. 모세는 그런 자들은 마땅히 벌을 받아야 한다고 생각했다.

"여러분 가운데 하나님을 따르고자 하는 사람은 다 내게로 오시오."

모세가 이스라엘 진영을 향해 외치자, 아론을 비롯한 레위 지파 사람들이 얼른 모세 앞으로 나왔다.

"여러분들은 칼을 뽑아 아론에게 이 송아지를 만들게 한 악한 자들을 하나도 남기지 말고 모조리 죽이시오."

추상같은 모세의 명령이 떨어졌다. 레위 지파 사람들은 즉각 우상을 만들게 하거나 숭배한 자들을 가려내어 모조리 죽였다. 그날, 자그마치 3천여 명이 죽었다.

시내 산 기슭은 피비린내가 진동했다. 한바탕 죽음의 폭풍이 휩쓸고 간 후 모세는 사람들을 향하여 다시 외쳤다.

"여러분들은 하나님 앞에 큰 죄를 지었습니다. 그래서 나는 다시 산에 올라가 하나님께 용서를 빌겠습니다."

모세는 다시 산으로 올라가서 간절히 기도하였다.

"여호와 하나님, 이 백성이 우상을 만드는 큰 죄를 지었습니다. 만일 하나님께서 이 백성의 죄를 용서하실 수 없다면, 하나님께서 손수 쓰신 생명책의 기록에서 제 이름을 지워 주십시오."

목숨은 물론이고 영혼조차 내건 참으로 비장한 기도였다. 모세는 울면서 매달렸다. 그러자 하나님이 응답하셨다.

"누구든지 나에게 죄를 짓는 사람은 그 이름을 내가 생명책에서 지워 버릴 것이다. 이제 너는 이 백성을 가나안 땅으로 인도하여라. 나의 천사가 앞장설 것이다."

이어서 하나님은 다시 두 개의 돌판을 깎아 내일 아침까지 시내 산 꼭대기로 가져오면, 모세가 깨뜨린 돌판에 새겼던 내용을 다시 써 주시겠다고 약속하셨다.

다음 날 아침, 모세는 두 개의 돌판을 들고 혼자 산으로 올라갔다. 그리고는 먼저처럼 40일 동안을 그 산에 머물렀다. 그러니까 모세는 모두 80일 동안 시내 산 꼭대기에 머문 셈이다.

모세는 또다시 하나님 앞에서 많은 계시를 받고 산에서 내려왔다. 십계명이 기록된 돌판 두 개를 가지고서였다. 산에서 내려오는 모세의 얼굴은 하나님의 영광으로 광채가 났다. 아론을 비롯한 이스라엘 백성들은 두려워서 감히 그의 얼굴을 가까이에서 바라볼 수가 없었다. 모세는 아론과 백성들의 지도자들을 가까이 불러 그들에게 산 위에서 있었던 일들을 모두 이야기해 주었다. 그리고 수건으로 얼굴을 가렸다.

모세는 자주 산 위로 올라가 하나님과 대화하였다. 하나님께 나아갈 때는 수건을 벗었지만, 산에서 내려와 백성들을 만날 때는 얼굴의 빛나는 광채 때문에 수건으로 얼굴을 가렸다. 하나님과 오래 대화를 하는 동안 모세의 얼굴에는 하나님의 영광의 빛이 반영되었고, 그런 하나님의 영광의 빛 앞에 사람들은 얼굴을 들 수 없었던 것이다.

성막과 절기와 성일

성막을 건축하다 출 35-40장

산에서 내려온 모세는 성막 건축을 시작할 것을 백성들에게 알렸다.

"하나님께서는 내게 성막을 만들라고 하시면서, 치수와 구조와 소재까지 일일이 알려주셨습니다. 성막은 우리가 가나안에 들어가기까지 하나님을 섬기는 집으로서, 하나님이 그곳에 친히 내려오셔서 우리들의 제사를 받으시는 곳이 될 것입니다."

모세는, 성막이 하나님의 집이지만 우리 자신을 위해 꼭 필요하다고 설명해 주었다. 즉, 우리가 하나님 앞에 죄를 지으면 죄의 대가는 죽음이므로 반드시 죽을 수밖에 없고, 그래서 하나님께 속죄 제사를 드려야 하는데, 그 장소가 곧 성막이라고 깨우쳐 주었다. 그러므로 성막은 하나님의 집이면서, 동시에 사람을 위한 집이었다.

모세는 하나님께서 일러주신 대로 먼저 성막의 설계 도면을 그려 주고, 치수를 적어 넣고, 성막 건축에 필요한 자재 목록을 만들었다.

"금과 은과 각종 보석과 구리, 좋은 천, 기름, 향료 등 많은 자재들이 필요합니다. 하나님께 바치고 싶은 사람들은 내게 가져오도록 하시오."

실제로 건축을 담당할 책임자로 브살렐과 오홀리압을 선정했다. 그들은 예술적 재능이 탁월하여 금은보석을 가공하여 여러 가지 아름다운 장식물을 만들고, 나무를 조각하고, 정교하게 수를 놓아 성막을 장식하였다. 손재주가 좋은 여인들은 휘장을 짜고, 남자 기술자들은 금속을 녹여 필요한 여러 가지 도구를 만들었다.

대규모의 성막과 그 안에 있어야 할 여러 기구를 만드는 데 거의 반 년의 세월이 흘렀다. 증거궤, 분향단, 촛대, 떡상, 번제단을 비롯하여 각종 필요한 성전 기구들이 하나님이 모세에게 일러준 그대로 모두 제작되었다.

모세는 하나님이 말씀하신 대로 성막에서 봉사할 제사장을 세웠다. 모세의 형 아론이 대제사장으로 위임되었고, 아론의 네 아들들이 제사장으로 위임되었다. 그리고 앞으로 아론의 혈통을 이은 그의 후손들이 제사장 직분을 이어 나가도록 제도화하였다.

브살렐과 오홀리압은 제사장들만 입는 특수한 모양의 제사장 의복도 만들었다. 푸른색의 긴 옷자락 끝에 작은 종을 달아 제사장이 걸을 때마다 딸랑거리는 소리가 나도록 하였다. 그 위에 에봇이라는 옷을 덧입게 하였는데, 소재는 푸른색, 보라색, 분홍색, 황금색 실로 짠 옷감이었다.

특히 목에 거는 넓적한 가슴받이에는 이스라엘 열두 지파를 상징하는 열두 개의 각종 보석을 박았고, 제사장의 머리에 쓰는 관에는 '여호와께 성결'이라는 글자를 새겨 넣었다. 이런 제사장 의복은 제사장이 성막에 들어가 하나님께 제사를 올릴 때만 착용하였다. 이렇게 해서 하나님이 임재할 처소인 성막과 그 성막에서 하나님께 제사를 드릴 제사장이 준비되었다.

성막에서 제사를 드리다 레 1–22장

그 당시 이스라엘 백성들은 가나안을 향해 이동하면서 생활을 하였으므로, 이동할 때마다 성막을 거두어 운반하면서 그대로 옮겨 놓은 다음 하나님께 제사를 드렸다.

제사는 엄격한 절차와 격식과 형식에 따라 드려졌다. 제사의 종류로는 번제와 소제와 속죄제와 속건제와 화목제의 다섯 가지가 있었고, 각각 규정된 제사 방법이 있었다. 제사를 드리는 방법에는 네 가지가 있었다. 제물을 번제단 위에서 불로 태워 드리는 화제, 제물을 높이 들었다가 내리는 방법으로 드리는 거제, 제물을 높이 든 후에 위아래 또는 앞뒤로 흔들어서 드리는 요제, 그리고 제물에 포도주나 기름이나 피 등을 부어 드리는 전제가 있었다.

제사에 참여하는 일반 백성들은 성막 안쪽으로는 들어가지 못했고, 바깥 넓은 뜰에 서 있었다. 뜰 주위는 높은 울타리와 휘장이 쳐 있었다. 뜰의 가운데에는 번제단이 설치되어 있었고, 그 옆에 물이 담겨 있는 커다란 놋쇠 그릇 세수대야가 놓여 있었다. 아론과 그의 네 아들들은 제사를 지내기 위해 성막 안으로 들어갈 때마다 거기에서 먼저 손을 씻었다.

성막 뜰 앞에는 성막의 본체가 있는데, 바깥쪽을 성소라 했고, 안쪽을 지성소라 했다. 제사장들은 성소까지만 들어갈 수 있었고, 지성소에는 대제사장만 일 년에 한 번 들어갈 수 있었다. 당시에는 아론 한 사람만이 그곳에 들어갈 수 있었던 셈이다. 지성소는 하나님이 임재해 계시는 지극히 거룩한 곳이기 때문이었다.

성소 안의 우측에는 밤낮으로 켜 두어야 하는 일곱 가지로 이루어진 황금 등잔이 있었고, 좌측에는 이스라엘 열두 지파를 나타내는 열두 개의 빵이 진열된 황금 탁자가 놓여 있었다. 그 열두 개의 빵들은 안식일마다 새로운 것으로 바뀌었다. 그리고 성소 안의 중앙, 그러니까 지성소 바로 앞에는 분향 제단이 위치했다. 거기에서는 향이 계속 타오르고 있었다.

성소의 맨 안쪽, 거룩하고 거룩한 곳인 지성소에는 십계명을 새긴 두 개의 돌판이 들어 있는 법궤가 안치되었다. 법궤는 성막 안의 여러 성물들 중에서도 가장 소중한 것으로 여겨졌다. 순금으로 만들어진 법궤의 뚜껑 위에는 날개를 편 채 마주 바라보고 있는 두 천사의 형상이 있었다. 법궤 뚜껑은 속죄판이라 불려졌는데, 하나님이 제사 드리는 사람들의 죄에 대해 용서를 베풀어 주는 자리임을 뜻한다. 말하자면 그곳은 하나님이 백성들의 제사를 받고 죄의 용서를 베풀어 주기 위해 임재해 계시는 지상의 거처였다.

성막이 완성되자, 모세는 아론과 그의 네 아들, 곧 나답과 아비후와 엘르아살과 이다말에게 성스러운 기름을 부어 거룩한 제사장 직분을 부여하였다. 이어서 황금탁자에 진설병을 차리고, 황금등대의 일곱 가지 등잔에 거룩한 불을 붙이고, 분향 제단에 향기로운 향을 살랐다.

마침내 성막 건축을 시작한 지 6개월 가량이 지난 때, 곧 이스라엘 백성들이 이집트에서 떠나온 지 제 2년째 되던 해의 정월 초하루에 이스라엘 백성들은 성막을 건축하여 하나님께 바쳤다.

이처럼 성막 건축이 종결되자, 짙은 구름이 성막을 덮더니 찬란한 광채가 지성소를 가득 채웠다. 하나님의 영광이 속죄판 위의 황금으로 만든 두 천사 사이에서 빛났다. 이때부터 하나님의 영광이 지성소의 두 천사 사이에서 늘 빛나고 있어, 하나님께서 거기 계심을 사람들의 눈에 항상 나타내 보이셨다. 이제 하나님은 모세를 산으로 불러 올리지 않았다. 하실 말씀이 있으시면 언제라도 성막에서 모세에게 말씀하셨기 때문이다.

구름기둥은 언제나 성막 위에 머물렀다. 하나님이 이스라엘 백성의 이동을 원하실 때는 먼저 구름기둥이 성막 위로 높이 솟아오르게 하여 움직였고, 이스라엘 백성들은 그 구름기둥을 따라 이동하였다. 그러니까 성막 위에 구름기둥이 머물고 있는 동안에는 한 달이든 두 달이든 이스라엘 백성들은 그 자리에 머물러 있었다. 이처럼 구름기둥은 광야 길의 인도자요 길잡이 역할을 했다. 이스라엘 백성들이 광야를 행진하는 내내 낮에는 구름기둥이 성막을 덮고 있었고, 밤에는 그 구름에서 불이 비치어 이스라엘 백성들의 눈앞을 환히

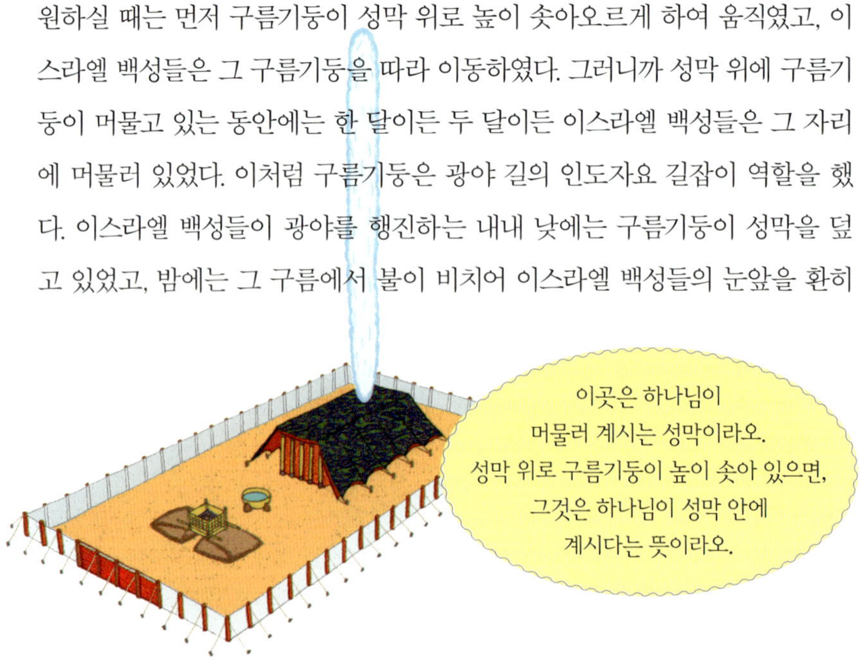

밝혀 주었다.

성막에서는 늘 제사가 드려졌다. 백성들이 죄를 짓지 않는 날이 없었기 때문에 날마다 속죄 제사가 드려지지 않을 수 없었다. 제사에는 반드시 제물이 있어야 했다. 짐승을 죽여 그 피를 흘려야만 속죄가 이루어졌다. 사람의 죄를 대신하여 짐승이 피를 흘리고 죽는 것이다. 이 같은 성막의 희생 제사는, 장차 인류의 죄를 대속代贖하기 위해 이 땅에 오실 '여인의 후손' 곧 예수 그리스도의 십자가 희생을 예표한다.

절기와 성일을 지키다 레 23-25장

하나님은 이스라엘 백성들로 하여금 각종 절기와 거룩한 날들을 명심하여 지키도록 명령하셨다. 그러한 절기와 성일들은 모두 하나님의 창조 사역 및 구속 사역과 관련된 것이었다. 따라서 이스라엘 백성들이 그러한 절기와 성일을 잘 지킴으로써 자신들의 삶 속에서 하나님의 능력과 은혜와 사랑을 잊지 말고 늘 기억하면서 감사해야 했다.

이스라엘 백성들이 반드시 지켜야 할 절기 중에서 특히 중요한 3대 절기가 있으니, 유월절과 오순절과 초막절이다. 유월절逾越節은 유대 종교력의 첫째 달인 아빕(니산)월 14일 저녁 때에 지키는 이스라엘 최대 절기로서, 여호와 하나님께서 이스라엘 백성들을 이집트의 종살이에서 해방시켜 주신 것을 기념하는 절기이다.

이스라엘 백성들을 파라오의 압제에서 구출해 내기 위해 하나님은 이집트 땅에 자그마치 아홉 번에 걸쳐 각종 재앙을 내리셨다. 그래도 파라오가 굴복하지 않자, 그 당시의 달력으로 니산월 14일 밤에 마지막 열 번째의 결정적인 재앙을 내리셨다. 고귀한 왕자의 신분에서부터 감옥의 죄수에 이르기까지, 부자의 아들에서 노예의 아들까지, 이집트 사람들의 집집마다 모든 장남이 그 하룻밤 사이에 모조리 다 죽는 재앙이었다. 뿐만 아니라 모든 이집트 사람들의 가축 중에서 첫 새끼도 모두 죽었다. 전무후무한 재앙이 일어난 그 끔찍한 밤에, 이스라엘 사람들이 살고 있는 고센 땅에는 아무런 일도 일어나지 않았다.

그 밤에 이스라엘 백성들은 집집마다 어린 양을 잡아먹었고, 그 피를 집의 양쪽 문기둥과 인방에 발랐다. 그 피가 있는 이스라엘 집에는 죽음이 찾아오지 않았던 것이다. 그리하여 다음 날, 이스라엘 백성들은 430년 동안의 종살이에서 벗어나 이집트 땅을 탈출하게 되었던 것이다.

하나님이 이집트의 장자들을 치신 그날 밤은 이스라엘 백성들에게는 죽음이 그냥 넘어간 특별한 날, 곧 구원의 날이요 생명의 날이었다. 그날 밤을 이름하여 '넘어 지나간'(pass over) 날, 곧 유월절이라 했다. 죽음이 자신들의 집을 그냥 넘어간 날이므로, 그날 밤을 특별히 기념하는 축제가 벌어지게 되었다. 하나님은 그날을 기념하여 자자손손 유월절을 지키라고 명령하셨다. 그날을 기억하는 것은 곧 하나님을 기억하는 것이며, 생명을 얻되 풍성히 얻게 하시는 하나님을 경험하는 날이다.

아울러 그날은 장차 예수 그리스도가 이 땅에 오셔서 죄인들을 위하여 십자가에서 피 흘리실 날로 예비되었다. 어린 양의 피로 죽음에서 벗어났듯, 하나님의 어린 양이신 예수 그리스도의 피로 온 인류가 죄로 인한 죽음에서 벗어나 영생을 얻게 될 것이었다. 그러므로 유월절은 이스라엘에게 국한된 구원의 날에 머물지 않고, 온 인류에게 영원한 구원의 날이 되는 것이다.

한편, 유월절은 무교절로 곧장 이어졌는데, 무교절은 유월절 바로 다음 날인 아빕월 15일부터 일주일 동안 지켜졌다. 무교절은 이스라엘 백성들이 이집트 땅을 급히 빠져나온 그때의 사건을 기념하는 절기이다. 무교절 동안에 이스라엘 백성들은 이집트에서 보낸 고난의 세월을 상징하는 쓴 나물을 누룩을 넣지 않은 딱딱한 빵과 함께 먹으면서 그 당시의 고생을 기념했다.

3대 절기 중 두 번째로 꼽히는 오순절五旬節은, 문자 그대로 50일째 날에 지키는 절기이다. 유월절 다음 날부터 7주 후, 즉 50일째 날은 밀을 추수하는 때라고 하여 '맥추절'이라고도 하고, 7일이 일곱 번 지난 때라고 하여 '칠칠절'이라고도 한다. 이 날은 신약 시대에 이르러 성령이 강림한 날이기도 하여 오늘날 기독교에서는 '성령 강림절'로 지키고 있다.

3대 절기 중 마지막 세 번째인 초막절草幕節은, 유대 종교력 제7월 15일부터 일주일 동안 지키는 절기로서, 7일 동안 야외에다 초막을 지어놓고 거기에 거하면서 이스라엘 백성들이 이집트를 떠난 후 40년 동안 광야에서 장막 생활을 한 것을 기념한다. 따라서 초막절은 '장막절'이라고도 불려졌다. 이때에는 한 해의 수확을 마감하고 그것을 곡간에 거두어들인 후가 되었기 때문에 '수장절'이라고도 불렸다. 이스라엘 백성들이 광야에서 온갖 고초를 겪으며 천막 생활을 했던 경험을 기념하는 뜻에서, 야외에서 일주일 동안 그때의 초막 생활을 재현하는 절기였다.

하나님은 절기 외에도, 이스라엘 백성들에게 거룩한 날들 곧 성일聖日을 지키라고 명령하셨다. 무엇보다 안식일을 기억하여 꼭 지키라고 하셨다. 안식일安息日은 사람으로 하여금 엿새 동안의 수고로부터 벗어나 편안히 휴식을 취하면서 하나님을 기억하도록 명하신 날이었다.

본래 이날은 엿새 동안에 천지 만물을 창조하시고, 제7일째 되는 날에 안식을 취하신 하나님의 창조 사역에 근거하여 주어진 성일이었다. 하지만 출애굽 사건 이후에는 이스라엘 백성들을 해방시킨 하나님의 구속 사역에 근거하여 구원의 날을 기념하는 성일로 승화되었다.

구약 시대에는 매주 금요일 해가 진 후부터 그 다음 날인 토요일 해가 지기 전까지를 안식일로 지켰다. 그러다가 신약 시대에 이르러, 예수 그리스도가 십자가에 못 박혀 죽으시고 사흘째인 일요일 곧 한 주간의 첫째 날에 다시 살아나신 부활의 사건이 있은 후부터, 기독교에서는 주님의 부활을 기념하는 주일主日로 정해 하나님께 예배 드리는 날로 지키고 있다.

하나님은 또, 이스라엘 백성들에게 안식년을 지키라고 명하셨다. 안식년安息年은 제7년째 되는 해에 지키는 성년聖年으로서, 땅이 휴식을 취하도록 한 해

동안은 경작을 금하셨다. 또한 그 해에는 채무자의 빚 지불을 면제해 주도록 하셨다.

하나님은 또, 이스라엘 백성들에게 희년을 지키라고 명하셨다. 희년禧年은 안식년이 일곱 번 지난 다음 해 곧 50년째 되는 해에 지키는 성년聖年으로서, 숫양의 뿔로 만든 나팔을 크게 붊으로서 희년의 시작을 알렸다. 희년에는 농사를 짓지 않음으로써 땅을 일 년간 묵혔고, 모든 토지는 본래의 땅 주인에게 돌려주었으며, 노예 약정서를 불태움으로써 노예를 종살이에서 해방시켰고, 채무자의 빚을 모두 탕감해 주었다.

따라서 가난하고 억눌린 사람들에게 희년은 그야말로 재산을 되찾고 자유를 얻는 기쁨과 감격의 해가 아닐 수 없었다. 희년이 오면, 나팔소리가 이스라엘 온 땅에 울려 퍼졌다. 그것은 자유와 회복을 선포하는 축복의 나팔 소리였다. 이 같은 희년을 통해서 우리는 죄와 죽음의 얽매임에서 우리를 해방시키고 참된 자유를 가져다주실 '여인의 후손', 곧 메시아 예수의 구원 사역을 대망할 수 있다.

이외에도 이스라엘 백성들이 지켜야 할 성일로는 매달 초하루를 기념하여 지키는 월삭月朔이 있었고, 유대 종교력으로 제7월의 첫 날을 기념하여 지키는 나팔절이 있었다. 그리고 유대 종교력으로 제7월의 10일에 지키는 속죄일贖罪日이 있었는데, 이날은 일 년 중에서 대제사장이 지성소에 들어갈 수 있는 유일한 날이었다. 이날에 이스라엘 백성들은 노동을 금하고 금식을 했으며, 대제사장은 희생 제물의 피를 가지고 지성소 안으로 들어가 한 해 동안 쌓인 백성들의 죄를 용서받았다. 이 같은 속죄일이 갖는 의미는, 말 그대로 장차 온 인류의 대속代贖 제물이 되신 예수 그리스도의 십자가 피로 말미암는 속죄贖罪의 사상이었다.

광야 행진과 메추라기

또다시 광야 행진을 시작하다 민 1–10장

어느덧 시간이 흘러 출애굽 제2년 2월 20일, 마침내 구름이 성막에서 높이 떠올랐다. 이스라엘 백성들의 광야 행진이 또다시 시작된 것이다. 이스라엘 백성들은 원년 정월 15일에 이집트를 떠났으므로, 계산해 보면 이때는 이집트를 떠난 지 만 1년하고도 1개월 5일이 흐른 때였다. 그리고 이스라엘 백성들은 이집트를 떠난 지 2개월 만에 시내 산에 이르렀기 때문에, 그들이 시내 산에 머문 지는 만 11개월하고도 5일이 지난 때였다.

하나님은 왜 시내 산 기슭의 드넓은 광야에서 1년이 다 되도록 이스라엘 백성들을 머물게 하셨을까. 하나님은 무슨 까닭으로 처음 약속한 그대로 이스라엘 백성들을 속히 가나안 땅으로 인도하여 안정된 정착 생활을 하도록 허락하지 않으셨을까. 이스라엘 백성들이 지체하지 않고 정상적인 속도로 이동한다면, 비록 우회하는 길이더라도 석 달이 채 안 걸렸을 것이다. 그런데 왜 1년이 가까이 광야에서 머물게 하셨는가.

이런 의문이 드는 것은 당연하다. 그러나 하나님은 그 백성을 잘 아신다. 죄로 기울어지기 쉬운 인간의 속성을 너무도 잘 아신다. 그래서 시내 산 밑에서의 11개월은 이스라엘 백성들을 가르치고 연단시키는 데 필요한 교육과 훈련의 시간이었다.

그래서 먼저 기본법이라 할 수 있는 십계명과, 그 외에도 인간이 살아가면서 하나님과의 관계에서, 사람과 사람 사이의 관계에서 지켜야 할 여러 가지 율법을 모세를 통하여 가르치셨다. 또 성막을 짓게 하여 하나님을 섬길 수 있도록 했고, 제사 제도를 정비하고 제사장을 세워 하나님께 죄를 용서함 받을 수 있는 길을 열어 놓으셨다. 게다가 여러 절기와 거룩한 날들을 일러주어 하나님의 백성답게 살아갈 수 있게 하셨다.

그뿐만이 아니었다. 그 기간 동안에 하나님은 모세로 하여금 이스라엘 백성들의 인구 조사를 실시하게 하여, 조사 결과에 따라 부대를 편성하고 행군 순서를 정하게 하셨다. 또한 레위 지파를 따로 구분하여 성막을 옮길 때에 각 가문에 따라 맡아서 해야 할 일들을 지시해 주셨다. 이렇게 시내 산 기슭에 머무는 기간 동안, 하나님은 오합지졸과도 같은 이스라엘 백성들을 어엿한 하나님의 언약 백성으로, 가나안을 향해 행군해 나아가는 당당한 여호와의 군대로 세우셨다.

그 모든 일이 마무리되자, 비로소 가나안을 향하여 움직일 때가 온 것이었다. 그래서 어느 날 아침 곧 출애굽 제2년 2월 20일 아침에, 마침내 성막에서 구름이 떠올랐던 것이다.

"와, 구름이 떠오른다. 구름기둥이 움직인다."

성막 위에 머물러 있던 구름이 위로 높이 떠오른 것이 그 얼마만인가. 이스라엘 백성들은 들뜨지 않을 수 없었다.

모세는 출발을 서둘렀다. 각 지파의 지도자들을 불러 즉시 출발할 수 있도록 준비시켰다. 아론과 두 아들은 성막 안에 있던 법궤와 성스러운 기구들을 운반할 수 있도록 잘 싸서 레위 지파 사람들에게 주었다. 레위 지파 사람들은 성막의 휘장을 걷고 기둥을 챙겼다. 성막을 운반하는 작업은 규정에 따라 매우 조심스럽게 이루어졌다.

백성들은 각자 자기들의 천막과 짐과 가축을 거두어 수레나 가축의 등에 실으면서, 출발 준비에 부산하였다. 오랜만의 이동이고 보니 모두들 흥분된 모습이었다. 한 자리에서 일 년 가까이 머물러 있었으니 얼마나 지루하였겠는가.

이윽고 출발을 알리는 우렁찬 나팔소리가 이스라엘 진영 전체에 울려 퍼졌다. 이집트에서 급히 허둥거리며 나올 때와는 달리, 질서 정연한 행군이 시작되었다. 구름기둥이 멀찌감치 앞서 가면, 구름기둥을 따라 모세와 아론과 법궤를 멘 제사장들이 앞장서 나갔고, 그들의 뒤를 따라 각 지파별로 정해진 행군 순서대로 나아갔다. 법궤가 떠날 때마다 모세는 큰 소리로 기도하였다.

"하나님, 당신의 원수들을 쫓아 주십시오. 하나님을 미워하는 자들을 당신의 눈앞에서 쫓아 주십시오."

법궤가 머무를 때에도 기도하였다.

"하나님, 이제 돌아오십시오. 이스라엘에게로 돌아오십시오."

시내 산을 출발한 후부터 낮에는 구름기둥이, 밤에는 불기둥이 이스라엘 백성들의 행군 대열을 앞서 이끌어 갔다. 이스라엘 백성들은 구름기둥과 불기둥을 따라 행진했다.

70인의 장로를 선발하다 민 11:1–17

잠자는 시간을 빼고 계속 이동한 지 사흘이 지나자 구름기둥이 멈추었다. 하나님의 정지 신호였다. 이스라엘 백성들은 먼저 성막부터 세우고 자신들이 머물 천막을 쳤다.

아침이 되자 언제나처럼 만나가 천막 주변에 하얗게 내려 있었다. 누군가가 만나를 거두면서 불평을 터뜨렸다.

"에잇, 이젠 만나에도 질렸어. 신물이 난다구. 허구한 날 똑같은 만나만 먹어야 하나니 원."

그러자 약속이라도 한 듯 여기저기에서 원성이 터져 나왔다.

"누가 아니래. 사람이 이것저것 골고루 먹어야 살지."

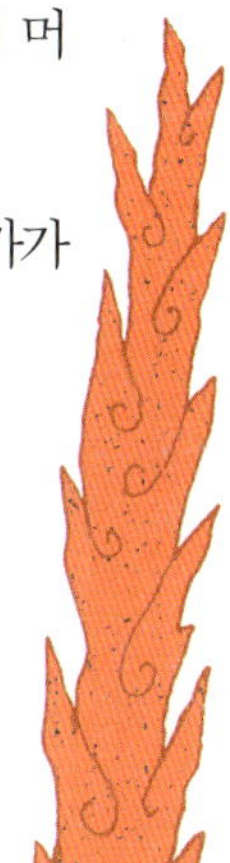

"난 고기가 먹고 싶어 못살겠어."

"난 신선한 야채와 과일이 먹고 싶어 죽을 지경일세."

아이들도 엄마 아빠를 향해 불평을 터뜨렸다.

"엄마, 과일 좀 먹었으면 좋겠어. 하나님은 왜 과일과 고기를 안 주시는 거지? 그런 건 하나님께 없는 거야?"

"낸들 알겠니. 나는 생선이 먹고 싶어 죽을 지경이란다."

모세는 백성들의 불평 소리에 화가 났다.

'하나님이 이렇듯 먹고 마시게 하는데도 감사하기는커녕 불평과 원망이나 늘어놓다니…'

모세는 문득 하나님이 자신에게 너무 벅찬 일을 맡기셨다는 생각이 들었다.

'하나님은 이 힘든 일을 왜 하필 나에게 맡기셨단 말인가. 내가 무슨 재주로 이 많은 백성들에게 고기를 먹일 수 있단 말인가.'

모세는 용기를 잃었다. 책임을 감당할 수 없다고 생각하자 차라리 죽었으면 좋겠다는 생각마저 들었다. 하나님은 모세의 어려움을 다 알고 계셨다. 그래서 모세에게 명하셨다.

"모세야, 너는 이스라엘 백성 중에서 나이 지긋하고 능력 있는 남자 칠십 명을 선발하여 성막 입구까지 데려오너라."

하나님은 모세의 짐을 덜어주려고 70명의 지도자 장로들을 세우기로 하신 것이다. 그때부터 그들 70명의 지도자 장로들은 모세를 보좌하여 백성들을 다스리는 일에 책임을 분담하였다. 모세는 그들에게 재판권을 주면서, 반드시 정직하고 공정한 재판을 하라고 당부하였다.

한 달 동안 먹을 고기가 주어지다 민 11:18–35

이스라엘 백성들의 고기타령은 그칠 줄을 몰랐다. 백성들의 불평을 모르는 바 아니었지만 모세로서는 어쩔 도리가 없었다. 70명의 장로들과 머리를 맞대고 지혜를 모았지만, 부녀자와 노인을 제하고도 60만 명이 넘는 백성들에게 고기를 먹일 묘안은 떠오르지 않았다. 그때 하나님이 말씀하셨다.

"내가 이 백성으로 하여금 한 달 동안 먹고도 남을 고기를 주겠다."

모세는 하나님의 말씀을 듣고도 얼른 믿어지지 않았다. 하루 이틀도 아니고 무려 한 달 동안이라니…. 어디서 그 많은 고기를 조달한단 말인가. 그들이 소유한 가축을 한꺼번에 다 도살한다고 해도 한 달 동안 고기를 먹을 수는 없었다. 좀처럼 의구심을 떨쳐버리지 못하는 모세에게 하나님이 다시 말씀하셨다.

"모세야. 내 손이 짧아서 이 일을 못할 것 같으냐. 내 말대로 이루어지는 것을 똑똑히 보아라."

책망이 아니라, 모세를 안심시키려는 위로의 말씀이었다. 그러던 어느 날, 건조한 바람이 불어오기 시작했다. 바람은 점점 강해졌다. 그 바람을 타고 어디선가 메추라기 떼가 날아오더니 이스라엘 백성들의 진영에 떨어지기 시작했다.

통통한 몸집을 가진 그 날짐승은 이스라엘 백성들의 진영이 뒤덮일 정도로 무수히 날아와 떨어졌다. 날아보려고 푸드덕거리며 날갯짓을 했지만 워낙 낮게 내려온 데다가 바람이 강해 아이들조차 맨손으로 쉽게 잡을 수 있었다.

구우면 참새구이 같은 맛을 내는 같은 메추라기가 그날 하루 종일 낮과 밤을 가리지 않고 날아왔고, 그 다음 날도 또 날아왔다. 이틀 동안에 날아와 떨어진 메추라기가 이스라엘 백성들의 진영 사면에 각기 하룻길 거리로 두 규빗 정도 되었다. 하룻길은 통상 32km요 한 규빗은 46cm 정도이므로, 자그마치 진영 사방으로 32km 거리에 1m의 높이로 메추라기가 떨어져 쌓였던 것이다.

이스라엘 백성들은 집집마다 상상을 초월할 만큼씩 많은 메추라기를 잡았다. 저마다 자신들의 천막 둘레에 메추라기를 산더미처럼 높이 쌓아 놓았다. 적게 잡은 사람도 10호멜 즉 2.3kl(킬로리터)를 잡을 정도였다. 그 정도의 양이라면, 질리도록 먹는다고 해도 한 달 이상은 너끈히 먹고도 남을 분량이었다. 이스라엘 백성들은 고기가 부패하지 않도록 천막 곁의 모래 위에 널어 말렸다. 건조한 공기와 작열하는 태양볕으로 고기가 잘 말라, 두고두고 먹어도 괜찮게 되었다.

이스라엘 백성들이 한창 메추라기 고기를 즐기고 있을 때, 하나님의 진노가 그들에게 임했다. 그동안 하나님이 베풀어 준 허다한 기적의 보살핌을 경험하고도 어려운 일이 닥칠 때마다 모세를 원망하고 하나님에게 불평을 늘어놓는 불순종하는 자들에게 벌을 내리신 것이다. 잘못을 저질러도 징계가 없으면, 잘못에 대한 뉘우침이나 살아가는 도리에 대한 깨달음도 없을 것이기 때문이다. 그 벌은 질병으로 왔고, 백성들 중 탐욕스런 자들은 죽기까지 하였다.

미리암과 아론이 모세에게 시비를 걸다 민 12장

살아가노라면 어려움이 겹쳐서 오는 경우가 적지 않다. 그러나 모세는 자신의 누이와 형이 문제를 일으킬 줄은 일찍이 짐작조차 못했다. 모세의 누이 미리암과 형 아론이 모세를 시기하기 시작한 것이다.

광야 여행 중에 모세는 첫 번째 아내 십보라를 잃었고, 얼마 후 에디오피아 여인을 아내로 맞아들였다. 이에 모세의 누이 미리암과 형 아론은 모세가 이방인 여자를 아내로 맞아들인 것을 문제 삼아 모세를 비난했다. 모세의 누이요 여선지자인 미리암이 주도적으로 비난했다면, 모세의 형이요 대제사장인 아론은 이에 소극적으로 동조한 셈이었다. 겉으로는 모세의 이방 결혼을 문제 삼았지만, 실은 모세의 탁월한 지위에 시기심을 느끼고 교만한 마음으로 모세를 비방한 것이다.

미리암과 아론도 이스라엘 백성들 중에 나름대로 권위가 있었지만, 그들에게는 모세와 같은 중보자의 자격과 권위가 없었다. 그래서 자신들도 모세처럼 독보적인 권위를 갖고 백성들을 다스리고 싶었다. 이는 모세를 지도자로 세우신 하나님의 권위에 도전한 것이나 다름이 없었다. 이런 그들의 마음을 알면서도 모세는 모르는 척 묵묵히 지냈다. 백성들의 일만으로도 골치가 아픈 터에, 누이와 형조차 문제를 일으키니 모세의 마음이 얼마나 상하였을까.

그러나 하나님이 먼저 크게 진노하셨다. 모세를 지도자로 세우신 분은 바로 하나님이셨다. 그러니 그들의 비방은 곧 하나님에 대한 비방이었다. 하나님은 모세와 아론과 미리암을 성막으로 부르셨다.

"내가 예언자에게는 환상이나 꿈으로 내 뜻을 전하여 준다. 그러나 나의 종 모세는 나와 얼굴을 맞대고 이야기한다. 나는 모든 것을 모세에게 말한다. 모세는 내 모습도 볼 수 있다. 그런 나의 종 모세를 감히 시기하다니, 너희가 두렵지도 않으냐?"

하나님이 말씀하시는 동안, 성막 위를 덮고 있던 구름이 옮겨가고 있었다. 미리암은 얼마나 두려웠던지 얼굴이 창백해졌다. 그 순간, 그녀의 몸은 사람들이 '저주받은 천형天刑'이라고 하여 가장 두려워하는 한센씨병, 곧 나병에 걸렸다. 한 번 걸리면 낫지 않는 병, 그 당시에는 치료할 길이 없는 병이었다. 그 병에 걸리면 이웃은 물론, 가족들과도 격리되어 외롭게 지내야 했다. 심하면 발가락과 손가락이 문드러져 떨어져 나갈 것이며, 마침내 흉측한 몰골이 되어 고통 중에 신음하면서 죽어갈 것이었다.

이를 지켜보던 아론이 겁에 질려 아우에게 용서를 빌었다.

"오 모세, 우리 지도자여. 우리가 참으로 어리석었네. 우리 죄를 용서해 주고, 누이 미리암도 벌을 면하도록 해주게. 이 형이 이렇게 비네."

나병에 걸린 누이를 바라보는 모세의 가슴은 찢어지는 듯 아팠다. 그는 즉시 하나님께 간절하게 기도하였다.

"오, 하나님, 부디 누이 미리암을 용서해 주시고 병을 고쳐 주십시오."

잠시 후, 하나님의 음성이 들려왔다.

"미리암을 백성들과 격리시켜 진영 바깥으로 내쫓았다가 이레가 지난 후에 돌아오게 하여라."

미리암은 지체없이 이스라엘 백성들의 진영 바깥으로 쫓겨났다. 누구와도 접촉할 수 없는 장소로 옮겨졌다. 하지만 이스라엘의 진영은 이레 동안 움직이지 않았다. 미리암이 완치되어 진영 안으로 돌아왔을 때에야 다시 이동을 시작했다.

정탐꾼들의 보고와 백성들의 거역

가나안 땅에 열두 정탐꾼을 파견하다 민 13:1–14:10

이집트를 떠나온 지 1년 6개월이 되어갈 무렵, 이스라엘 백성들은 드디어 가나안의 남부에 인접한 지역에 도착하였다. 시내 산에서 대략 250km쯤 되는 곳에 위치한 바란 광야의 가데스 바네아였다. 하나님이 자신들에게 주시기로 약속한 땅을 눈 앞에 둔 이스라엘 백성들은 감회가 새로웠다. 지긋지긋한 광야 생활에 종지부를 찍고, 젖과 꿀이 흐르는 비옥한 가나안 땅에 정착해서 살아갈 것을 생각하니, 밤잠을 이룰 수 없을 정도로 흥분되었다.

모세는 하나님의 지시를 받고 이스라엘의 각 지파에서 건장하고 민첩하고 용감한 지도자 청년 한 명씩을 선발하였다. 가나안 땅의 사정을 미리 파악하기 위해 열두 명의 정탐꾼을 보낼 생각이었다. 가나안을 차지하려면 그 땅의 여러 사정을 미리 파악하지 않으면 안 되었기 때문이다. 그곳에는 어떤 사람들이 살고 있는가? 그들의 방어력은 어느 정도인가? 그곳의 땅은 어떠하며, 그곳의 농산물은 무엇인가? 이런 것들을 상세하게 알아야만 정복을 위한 작전을 수립할 수 있을 것이었다.

열두 명의 정탐꾼들에게 중요한 임무가 부여되었다. 만약 가나안 정복에 실패하는 날에는 다시 이집트로 돌아갈 수도 없을 것이고, 그들이 지나온 황량한 광야의 어디에도 정착할 수도 없는 진퇴양난의 위기를 만나게 되는 것이다.

"잘 들으시오. 가나안 전역을 다니면서 아주 자세하게 그 땅을 조사해 오도록 하시오. 그곳 사람들의 상태가 어떤지 살펴보고, 토지의 상태도 알아오고, 그 땅에서 수확한 과일도 가져오시오. 당신들의 임무가 실로 막중하오. 자, 힘을 내시오."

정탐꾼들은 모세의 명을 받고 멀고 험한 정탐의 길에 올랐다. 그때는 마침 포도가 첫 수확을 앞두고 있을 무렵이었다. 그들은 신 광야를 거쳐, 이스라엘의 조상 아브라함이 한때 정착하여 살았고 그의 묘지가 있는 헤브론을 거쳐 가나안 땅으로 몰래 숨어 들어갔다.

가나안은 그리 넓지 못한 땅이다. 동쪽에는 바다의 해수면보다 훨씬 깊은 요단 강 협곡 지대가 있고, 중앙에는 해발 800m가 넘는 산이 남북으로 길게 이어져 있다. 서쪽으로는 지중해를 끼고 있는 평야 지대가 남북으로 길게 누워 있는데, 야생화들이 편서풍에 흔들리는 아름다운 풍광을 보여주곤 한다. 가나안은 지형의 변화가 많고 기후도 다양하지만, 주변 지역에 비하면 강과 개천이 흐르고 거대한 남수호가 있는 비옥한 약속의 땅임에 틀림없었다.

정탐꾼들은 가나안 땅을 샅샅이 답사하였다. 그 땅의 농산물과 그 땅에 살고 있는 종족들, 외침을 막기 위한 그들의 성벽과 무장한 군사들의 상황을 일일이 살펴보았다. 그런 것들을 샅샅이 정탐하는 데 40일이 소요되었다.

정탐꾼들은 가나안 땅에서 재배된 포도송이를 가져왔다. 한 송이가 얼마나 큰지 막대기에 꿰어 두 사람이 어깨에 메고 와야 했다. 석류와 무화과도 가지고 왔다. 정탐꾼들이 돌아왔다는 소문이 순식간에 이스라엘 진영에 퍼지고, 백성들이 모여들었다.

"과연 가나안은 젖과 꿀이 흐르는 비옥하고 아름다운 땅입니다. 거기서 가져온 이 포도송이를 보시면 짐작이 될 것입니다."

"와…."

이스라엘 백성들은 입을 벌리고 감탄하였다. 하나님이 자신들에게 그렇게 좋은 땅에서 살게 하시려고 인도하셨다는 것을 생각하니, 그동안 황량한 사막 지대를 지나온 모진 고생이 순식간에 잊혀질 지경이었다.

"그러나 여러분…."

정탐꾼들의 보고가 이어졌다.

"하지만 우리가 그 땅을 차지한다는 것은 불가능해 보입니다!"

갑자기 찬물을 끼얹은 듯 조용해졌다. 청천벽력이 아닐 수 없었다. 모두들 긴장하여 다음 말을 기다리느라 숨소리조차 들리지 않았다. 그 땅을 차지할 수 없다니, 세상에 이런 날벼락이 또 어디 있단 말인가.

"그곳 사람들은 우리와 비교조차 안 될 만큼 체구가 크고 강하기 때문입니다. 그 땅의 성읍들은 높고 견고한 성벽으로 둘러싸여 있고, 거기 사는 사람들 중에는 거인들도 적지 않습니다. 어찌나 큰지, 그들 옆에 서 보니 우린 마치 메뚜기 같았습니다. 우리가 그 땅에 들어가 살려다간 오히려 그들에게 잡아먹힐 것입니다."

기대감으로 잔뜩 흥분해 있던 이스라엘 백성들은 순식간에 절망과 비탄 속으로 빠져들었다. 두려움과 슬픔 때문에 모두들 어쩔 줄을 몰랐다. 즉각 여기저기서 원성이 터지기 시작했다.

"고생고생하며 여기까지 왔는데 이 무슨 날벼락이람. 이제 우린 어쩌면 좋지?"

"이 광야에서 죽느니 차라리 이집트 땅에서 노예로 살다 죽는 편이 훨씬 좋았을 텐데…."

"하나님이 원망스럽군. 어쩌자고 우릴 이 먼 곳까지 데리고 와서 죽게 한단 말인가."

"우리의 처자식들이 가나안 족속의 노예가 될지도 모르겠군. 이럴 바에는 차라리 지금이라도 서둘러 이집트로 돌아가는 편이 낫지 않아?"

정탐꾼의 보고에 주눅이 든 이스라엘 백성들은 공포에 떨면서 소란을 피워

대고 있었다. 하나님이 설마 그들을 죽이려고 그곳까지 인도해 왔겠는가? 젖과 꿀이 흐르는 가나안 땅을 주겠노라고 조상 때부터 수없이 약속하신 하나님이 바로 그들을 이곳까지 인도해 오신 것이 아닌가? 홍해를 가르고, 만나를 내리고, 바위를 쳐서 물이 나오게 했던 그 하나님이 못할 일이 어디 있겠는가? 그런데도 이스라엘 백성들은 그 순간 전능하신 하나님을 까맣게 잊고 소동을 일으키고 있었다.

"이집트로 돌아갑시다, 여러분! 저 거인 족속에게 죽고 싶지 않으면, 다시 돌아가는 길밖엔 없지 않겠소. 이제부터라도 새로운 지도자를 세우고 이집트로 돌아갑시다."

아예 본격적으로 선동하는 사람까지 나왔다.

"여러분! 잠시 조용해 주십시오. 보고가 다 끝난 게 아닙니다. 우리들의 말도 들어 보십시오."

열두 명의 정탐꾼들 가운데 누군가가 군중을 향해 목청껏 외쳤다. 여호수아였다. 그의 뒤를 이어 갈렙도 소리쳤다. 열 명 정탐꾼의 나약한 보고와 이에 동조하는 백성들의 소란스런 행위에 두 정탐꾼은 옷을 찢으며 크게 외쳤다.

"그렇습니다, 여러분. 우리의 보고를 한번 들어보십시오. 우린 견해가 다릅니다."

군중 속에서 누군가가 비웃듯이 대꾸하였다.

"다르다고? 다를 게 뭐야? 다 같이 갔다 왔는데 뭐가 다르다는 거야?"

여호수아와 갈렙의 소리가 귀에 들어오지 않는다는 듯 냉소적인 반응이었다.

"예, 분명히 다릅니다. 우리의 말을 끝까지 들어보세요."

여호수아가 말을 이었다.

"가나안은 정말 좋은 땅입니다. 우리가 정착해서 풍요롭게 살 수 있는 조건을 다 갖추고 있습니다. 물론 그 땅에는 거인들도 있긴 있습니다. 그러나 여러분, 가나안 땅은 하나님께서 우리에게 주신다고 몇 번씩이나 약속한 땅입니다. 하나님의 약속입니다. 여러분, 이 점을 잊지 마십시오. 하나님이 우리와 함께 하시면, 그 땅은 우리의 것이 됩니다. 하나님이 틀림없이 우리를 지켜주실 것입니다. 우리를 위해 싸워 주실 것입니다. 저들이 아무리 거인들일지라도 하나님이 우리와 함께 하시면 저들은 우리의 밥이 되고 말 겁니다. 뭘 두려워합니까?"

곁에 있던 갈렙도 여호수아를 거들었다.

"그렇습니다, 여러분! 하나님이 우리 편이니 두려워할 것 없습니다. 지금 당장 올라가 그 땅을 차지하도록 합시다."

그러나 여호수아와 갈렙의 확신에 찬 보고는 이스라엘 백성들의 귀에 들어오지 않았다. 이미 그들은 열 명의 정탐꾼들에 의해 크게 동요되었기 때문이다.

"거짓말! 저 두 놈은 우릴 죽게 만들고 우리의 처자식들을 저들의 노예가 되게 할 놈들이다. 쳐 죽이자."

누군가가 선동했다. 그 말이 끝나기가 무섭게 군중들은 돌멩이를 집어들고 두 사람을 향하여 던지려 했다. 하나님 편을 들었던 사람에게 큰 위기였다. 바로 그때였다. 하나님의 영광이 성막 위에 나타난 것은. 동요하던 백성들은 일시에 동작을 멈추었다.

광야 유랑 40년의 징벌을 받다 민 14:11-38

하나님은 진노하셨다. 백성들의 소리를 모두 들으셨던 것이다. 차라리 새 지도자를 세워 이집트로 돌아가서 죽겠다는 원망과 불신의 소리를 들었을 뿐만 아니라, 믿음으로 바른 보고를 하는 여호수아와 갈렙을 돌멩이로 쳐 죽이려 하는 무지하고 야만스러운 행동을 모두 다 보고 계셨다.

"이 백성이 도대체 언제까지 나를 이렇듯 멸시할 것인가? 내 능력을 그렇게도 수없이 보여주었건만, 아직도 나를 믿지 못하다니! 이제 그들은 내 백성이 아니다. 내가 그들을 모두 멸하고, 모세, 너에게서 큰 민족을 새로 일으켜야겠다. 너는 어떠냐?"

모세는 그럴 수 없었다. 우매하지만 불쌍하고 나약한 백성을 포기할 수 없었다. 그래서 모세는 시내 산 아래에서 금송아지 우상을 만들었을 때처럼 이 백성을 용서해 달라고 하나님께 애원하였다.

"하나님, 지금 여기서 이 백성을 없애 버리시면 이집트 사람들이 뭐라고 하겠습니까? 이스라엘의 하나님은 약속을 해놓고도 자기 백성을 가나안 땅으로 데리고 갈 능력이 없어서 광야에서 없애 버렸다고 욕하며 빈정거릴 것입니다. 하나님, 하나님은 오래 참으시고, 자비로우시며, 죄를 용서하시는 여호와라고 말씀하지 않으셨습니까? 자비를 베푸시어 부디 이 백성을 용서하여 주소서."

모세는 간절히 애원했다. 어떠한 경우에도 결코 훼손될 수 없는 하나님의 영광과 약속에 근거하여 매달렸다. 여호와 하나님은 실로 오래 참으시는 분이시고 자비로우신 분이시다. 하나님은 모세의 기도를 듣고 외면할 수 없었다.

"좋다. 네 말대로 이번에도 용서해 주마. 그러나 나의 영광을 보고도 또다시 나를 시험하고 내 말을 믿지 못하는 자들은 내가 너희의 조상 아브라함 때부터 주겠다고 약속한 가나안 땅에 결코 들어가지 못할 것이다. 그들은 광야에서 40년 동안을 방랑하면서 그동안에 모두 죽을 것이다. 광야에 시체를 파묻을 것이다. 그러나 그들의 어린 자식들은 약속의 땅으로 들어가게 될 것이다. 스무 살 이상 된 어른들 중에서는 오직 나를 신뢰한 여호수아와 갈렙만이 가나안 땅으로 들어가게 될 것이다."

이어 하나님은 모세에게 지시하셨다.

"이제 너희들은 내일 발길을 돌려 홍해가 있는 쪽의 광야로 들어가라."

실로 비극이었다. 이 얼마나 안타까운 결과인가. 온갖 고초를 겪으며 가나안 국경까지 왔는데, 앞으로 며칠이면 약속의 땅으로 들어갈 수 있는데, 그 땅을 눈앞에 두고 이제 와서 다시 광야로 돌아가야 하다니! 메마르고 뜨거운 광야에서 40년 동안을 헤매다가 죽어가야 한다니!

고라 일당이 모세와 아론을 거스리다 민 16장

광야 생활은 힘들고 지루했다. 이 광야에서 저 광야로 떠도는 생활을 하는 동안, 하나님이 경고하셨던 것처럼 하나님을 거역한 백성들이 하나씩 둘씩 죽어 나갔다.

상황이 그러한데도 이스라엘 백성들 사이에서는 또다시 불평 불만이 싹텄다. 백성들의 불평 불만을 등에 업고 레위 지파에 속한 고라가 반기를 들었다. 고라가 들고 일어나자 다단과 아비람과 온도 따라 일어났다. 그들은 당黨을 짓고 모세와 아론에게 도전했다. 그러자 이스라엘 회중 가운데 이름 있는 대표자 250명이 고라 일당을 지지하고 나섰다.

"모세와 아론, 당신들이 우리보다 나은 게 도대체 뭐요? 뭔데 당신들만 이스라엘 회중 위에 군림하는 거요? 이건 너무 지나친 거 아니오? 특히 아론, 왜 그대와 그대 아들들만 제사장이 되는 거요? 그건 대체 누가 정한 법칙이오?"

모세는 어처구니가 없었다.

"고라, 그대야말로 지나치지 않은가? 하나님이 레위 후손인 그대들에게 성막에서 섬기는 거룩한 일을 맡기지 않았는가? 그런데도 그게 불만스러워 이제 제사장직까지 요구한단 말인가?"

모세는 더 이상 방치할 사안이 아니라고 판단했다. 그래서 아론의 권위에 도전하는 고라 일당과 고라의 말에 동조하는 250명의 지도자들을 향해 엄하게 말했다.

"하나님께서 내일 알려주실 것이오. 과연 누가 하나님의 사람이며, 누가 거룩하며, 누가 하나님 앞에 나아갈 수 있는지, 하나님께서 직접 여러분에게 알려주실 것이오. 그러니 내일은 향로에 숯불을 담아 가지고 성막 문 앞으로 모이시오. 아론도 숯불을 담은 향로를 가지고 나올 것이오. 그러면 하나님께서 모든 백성들 앞에서 친히 제사장으로 세울 사람을 뽑을 것이오."

다음 날, 고라와 다단과 아비람을 비롯한 250명의 지도자들이 향로에 숯불을 담아 들고 성막 문 앞으로 모였다. 모세와 아론도 그들과 함께 섰다. 이스라엘 백성들도 구름 떼처럼 모여들었다. 그러자 하나님의 빛나는 영광이 성막 위에 나타났다. 하나님께서 모세와 아론에게 말씀하셨다.

"너희 둘은 저들에게서 떨어져 따로 서라. 내가 단번에 저들을 없애 버리겠다."

모세와 아론이 땅에 엎드려 하나님 앞에 호소하였다.

"하나님, 한 사람이 죄를 지었는데 어째서 온 백성을 멸하려 하십니까? 그들을 다 벌하지 마십시오."

"그렇다면 고라와 다단과 아비람의 거처 주변에서 모두들 멀리 물러서라고 일러라."

모세가 하나님의 말씀을 백성들에게 전하였다.

"여러분, 여러분은 고라와 다단과 아비람의 거처에서 멀리 물러 서시오. 그들의 소유는 아무것도 건드리지 마시오. 만약 그들의 소유물을 건드리면, 그들이 저지른 잘못에 휘말려 함께 죽을 것이오. 만일 이 사람들이 보통 사람이 죽는 것처럼 죽는다면 하나님께서 나를 세운 것이 아닙니다. 그러나 하나님께서 땅을 갈라지게 하여 그들을 삼킨다면, 여러분은 그들이 하나님께 도전한 죄로 징벌을 받는다는 사실을 깨달아야 하오."

모세의 말이 끝나기가 무섭게 고라 일당들이 딛고 서 있던 땅이 갈라지기 시작했다. 그러더니 순식간에 땅이 입을 벌리고 그들과 그들의 천막과 살림살이들을 한꺼번에 몽땅 삼켜 버렸다. 반역자들이 산 채로 모두 땅 속으로 들어간 것이다. 그들을 모두 집어 삼킨 후, 땅은 예전처럼 도로 합쳐졌다.

그 광경을 지켜보던 사람들은 자기들 발 밑의 땅도 갈라질 것 같은지 두려움에 떨며 뿔뿔이 달아났다. 한편, 향로에

향을 피워 가지고 성막 문 앞으로 나왔던 250명의 지도자들은 여호와에게서 나온 무서운 불길에 의해 순식간에 불타 죽었다.

이 얼마나 무서운 심판인가. 고라 일당이 그토록 무서운 징벌을 받은 것은, 단순히 모세와 아론에게 반발한 죄 때문이 아니었다. 모세와 아론을 지도자로 세우신 하나님의 권위에 정면으로 도전했기 때문이었다. 이와 같이 하나님은 이스라엘 백성들 가운데서 불순종하는 반역자들을 가려내어 일벌 백계로 심판하셨다.

마른 지팡이에 싹이 나다 민 17장

고라 일당과 250명의 지도자들이 하나님의 징벌로 죽임을 당한 이튿날, 이스라엘 백성들은 그 사태의 책임을 오히려 모세와 아론에게 물어 그들을 원망하였다. 이에 하나님은 무서운 전염병으로 불평하는 자들을 징벌하셨고, 그 결과 또다시 14,700명이 집단으로 죽음을 당하는 어처구니없는 비극이 발생하였다. 깨닫지 못하는 백성들의 무지와 어리석음이 재앙을 자초한 것이다.

이런 사건 후에 하나님은 이스라엘 백성 앞에서 직접 제사장을 선택하기로 작정하셨다. 그래야만 또다시 반역하는 일이 발생하지 않을 것이기 때문이었다.

"모세야, 백성들에게 알려서 이스라엘 12지파의 족장들로 하여금 저마다 지팡이 하나씩을 가져오라고 하여라. 그 지팡이에 각자 자기 지파의 이름을 써라. 아론은 레위 지파의 족장이니, 그 지파의 지팡이에는 아론의 이름을 써라. 그리고 그 지팡이들을 내가 내 백성을 만나는 성막의 법궤 앞에 놓아두어라. 그러면 내가 누구를 제사장으로 뽑을 것인지를 보여주겠다. 내가 택한 자의 지팡이에는 싹이 돋을 것이다."

모세는 하나님의 지시에 따라 12지파의 족장 이름이 적혀 있는 12개의 지팡이를 모은 다음 성소의 법궤 앞에 놓아두었다.

다음 날 아침, 이스라엘 백성들은 하나님께서 과연 누구를 제사장으로 택하셨는지 보려고 성막 문 앞에 모여들었다. 고라 일당이 그랬던 것처럼, 지금까지 사람들은 아론이 대제사장임을 인정하려 들지 않았다. 아론의 동생인 모세가 임명했다는 이유에서였다. 그러나 이제 하나님께서 백성들이 보는 앞에서 직접 대제사장을 세우시면, 누구도 거기에 대해 시비를 걸거나 도전할 수 없을 것이다.

잠시 후, 모세가 성소 안에서 12개의 지팡이를 들고 나왔다. 열두 개의 지팡이 중 한 지팡이에서 놀랍고도 신비스러운 일이 벌어졌다. 지팡이에서 싹이 돋아나고 꽃이 핀 것이다. 조금 전까지만 해도 분명 마를 대로 마른 지팡이였는데, 무슨 조화로 싹이 나고 꽃이 필 수 있단 말인가! 더구나 지팡이에는 살구 열매까지 맺어 있는 것이었다. 그 지팡이는 아론의 지팡이였다!

열한 지파를 대표하는 열한 명의 족장들은 각기 자기의 지팡이를 찾아들고 아무 말 없이 자신들의 천막으로 돌아갔다. 하나님이 모세에게 말씀하셨다.

"꽃이 핀 아론의 지팡이를 법궤 앞으로 도로 가져다가 보관하여라. 그것은 반역자들에게 증표가 되어, 다시는 나에게 대들다가 죽는 일이 생기지 않게 해줄 것이다."

고달픈 40년 광야 방랑의 세월

바위에서 물이 터져 나오다 민 20:1-13

고라 일당의 비극적인 사건이 있은 후, 이스라엘 백성들은 또다시 광야를 이리저리 떠돌다가 신 광야의 가데스에 자리를 잡았다. 그때가 출애굽 40년째 되는 정월이었다. 이스라엘 백성들은 가데스의 뼈저린 반역 사건이 있은 후 38년 동안 광야를 떠돌다가 예전의 그 자리, 곧 가나안 땅에 정탐꾼들을 보낸 그 자리로 다시 돌아온 것이다. 그곳은 모세의 누이 미리암이 죽어서 묻힌 땅이기도 했다.

그곳은 마실 물이 없고 건조한 땅이었다. 이스라엘 백성들은 극심한 갈증으로 거의 죽어가고 있었다. 그들은 목마름을 견디지 못해 모세와 아론에게 몰려와 따졌다.

"어쩌자고 우리를 물 한 모금 마실 수 없는 이 몹쓸 곳으로 데리고 왔소? 여긴 아무것도 없지 않소? 과일 한 조각은 물론, 물 한 모금도 마실 수 없으니 어찌 산단 말이오. 목말라 죽을 지경이오."

가는 곳마다 물을 달라는 아우성이었다. 모세와 아론도 갈증으로 목이 타들어 가는 것은 마찬가지였지만, 백성들이 또다시 불평하고 원망하는 모습을 보니 안타깝기 그지없었다. 두 사람은 성막 문으로 나아가 하나님 앞에 엎드렸다. 하나님께 기도하는 길밖에 다른 방법이 없기 때문이었다. 마침내 하나님의 영광이 나타나면서 그들에게 음성이 들려왔다. 하나님이 모세에게 말씀하셨다.

“너는 지팡이를 가지고 백성들을 불러 모아라. 그리고 모든 사람들이 보는 데서 형 아론과 함께 바위에게 물을 내라고 명령하여라. 그러면 바위에서 물이 터져 나와 온 백성과 가축들이 마음껏 먹을 수 있을 것이다.”

모세는 지팡이를 집어들고 백성들을 불러 모았다. 백성들은 원망과 짜증으로 투덜거리면서도 마지못해 모여들었다. 그 모습을 보자 모세는 그만 화가 북받쳐 올랐다. 모세가 성난 소리로 외쳤다.

“반역자들아, 잘 들어라! 우리가 이 바위에서 물이 터져 나오게 해 주랴?”

그런 다음, 모세는 보란 듯이 지팡이를 높이 들어 성난 동작으로 바위를 거세게 두 차례 내리쳤다. 그러자 놀랍게도 바위에서 맑은 샘물이 콸콸 쏟아져 나오는 것이었다. 이스라엘 백성들은 크게 놀랐지만, 다음 순간 서로 먼저 물을 마셔대느라 아귀다툼을 벌이기 시작했다. 바위의 물은 이스라엘 백성들과 가축이 모두 마실 만큼 충분히 쏟아져 나왔다.

갈증 문제는 이제 해결되었다. 그러나 하나님은 모세의 태도가 못마땅했다. 모세의 역할은 하나님 노릇을 하는 데에 있는 것이 아니라, 하나님의 영광을 드러내는 데에 있었다. 바위를 향해 명령함으로써 물이 쏟아져 나오게 하는 것으로 충분히 하나님의 영광을 드러낼 수 있었는데도, 모세는 잔뜩 화를 내면서 마치 마술을 부리듯 바위를 쳐서 물이 터져 나오게 했던 것이다.

하나님은 모세와 아론을 나무라셨다.

“너희들은 이스라엘 백성들 앞에서 나의 영광과 거룩함을 드러내지 못했다. 그러므로 너희는 내가 주겠다고 약속한 그 땅으로 백성을 인도하여 들이지 못할 것이다.”

한 순간의 혈기가 부른 비극이었다. 이 얼마나 무서운 선고인가. 그토록 고생하며 백성을 오랫동안 이끌어 왔는데, 꿈에도 그리던 약속의 땅 가나안에 들어가지 못하고 광야에서 인생을 마감하게 될 처지가 된 것이다.

광야에서 세대 교체가 이루어지다 민 14-36장

떠돌이 인생은 고달프다. 한두 해도 아니고, 10년, 20년…을 계속해서 메마른 사막 지대에서 떠돌자니, 불편하고 힘들고 지친 나날의 연속이었다. 더구나 이집트에서 나온 1세대는 하나님의 언약을 받고서도 자신들의 불순종 때문에 소망의 땅 가나안에 들어가지 못하고 광야에서 다 죽을 것이라는 사실을 충분히 알고 있었다. 그러니 하루하루의 삶이 공허하고 무기력할 수밖에 없었다.

그와 달리, 이집트 탈출 2세대, 곧 광야로 나온 이후에 출생한 젊은이들은 언젠가는 조상들에게 하나님이 약속하신 젖과 꿀이 흐르는 그 축복의 땅에 들어가게 될 것이라는 희망을 양식 삼아 살아갈 수 있었다.

가나안 정탐꾼들의 부정적인 보고 한 마디에 동요되어 인생을 망친 1세대의 백성들은, 자신들의 불신과 불순종을 자책할 때가 많았다. 하지만 이젠 세월이 흐르고 흘러 모든 것을 포기하고 체념에 휩싸여 있었다.

하나님은 그래도 항상 이스라엘 백성들과 함께 하셨다. 그들이 광야에서 살아갈 수 있도록 늘 도와주셨다. 떠돌이 광야 생활 중에도 매일 아침 신선한 만나를 듬뿍 내려주어 양식으로 삼게 하셨고, 옷이 낡아서 해어지고 떨어지면 벌거숭이가 될 처지인지라 이집트에서 입고 나온 그들의 옷을 떠나올 때의 상태대로 유지해 주셨으며, 먼 거리를 떠도는데도 이집트에서 신고 나온 가죽신이 닳지 않도록 그 모습 그대로 유지해 주셨다.

고기가 먹고 싶다고 고기타령을 하면 고기를 주셨고, 목이 마르다고 물 투정을 하면 바위에서 물을 내어 먹이셨다. 낮에는 구름기둥으로 그늘을 만들어 서늘한 가운데 사막을 여행하도록 도우셨으며, 밤이면 차가운 사막 특유의 높은 일교차를 고려하여 불기둥으로 따뜻하게 해주면서 길을 환히 밝혀 주셨다. 백성들은 수없이 하나님을 거역하고 배신하였으나, 하나님은 사랑의 채찍으로 징계하셨을 뿐 자기 백성을 포기하거나 버리지 않으셨다.

그리하여 광야의 유랑 생활은 계속되었고, 세월은 유유히 흘러갔다. 그러는 동안 하나님의 경고대로 이집트를 빠져나온 나이 많은 1세대 백성들은 하나씩 둘씩 광야에서 죽어갔다. 하지만 힘든 광야 생활 중에서도 새로운 생명은 계속 태어나 자라났고, 그렇게 서서히 세대 교체가 이루어졌다.

약속의 땅, 가나안을 향하여

에돔 왕이 길을 내주지 않다 민 20:14-21

40년 떠돌이 광야 생활이 끝나갈 무렵, 하나님은 이스라엘 백성들을 점진적으로 가나안 땅이 가까운 곳으로 이동시켰다. 그러나 가나안 남쪽에서 바로 북쪽으로 올라가는 길이 아니라, 멀리 동쪽으로 우회하는 여로였다. 이스라엘 백성들은 물이 너무도 짜서 생명이라고는 아무것도 살지 못하는 사해死海 곧 죽음의 바다를 돌아 동쪽으로 이동하는 길목을 통과하게 되었다.

세일 산이 있는 그곳은 오래전에 야곱의 쌍둥이 형 에서가 살던 곳으로, 그때까지도 그의 후손들이 정착해서 살고 있었다. 이스라엘 자손과 형제가 되는 그 종족은 '에돔 족속'이었고, 그들의 나라는 '에돔Edom'이라 불렸다.

하지만 야곱 일행이 이집트로 이주한 이래, 이미 4백 년이 넘는 동안 그들 형제의 종족은 서로 만나지 못하며 지내왔고, 이제 이스라엘 백성이 에돔 땅을 통과하려면 충돌이 불가피했다. 워낙 많은 이스라엘 백성들이 이동하고 있었으므로, 에돔 족속의 눈에는 단순한 통과로 비치기가 어려울 것이었다. 그들은 이스라엘 백성들이 자기들의 땅을 침략하려는 것으로 오해할 여지가 충분했다.

가나안 남부 신 광야에 위치한 가데스에서, 모세는 몇 명의 사신을 선발하여 미리 에돔 왕에게 보냈다. 형제가 되는 종족 간의 충돌을 피하기 위해서였다.

"왕이여, 저는 당신의 형제 이스라엘입니다. 우리는 단지 왕의 땅을 고이 통과하고자 할 뿐입니다. 우리의 목적지는 이곳에서 멀리 떨어진 저 요단 강 건너편의 가나안 땅입니다. 우리의 통과를 허락해 주시면, 절대로 이 땅 백성들을 다치게 하거나 어떤 손해도 끼치지 않을 것임을 약속하겠습니다. 부디 허락해 주시길 바랍니다."

그러나 에돔 왕은 모세의 말을 믿지 않았다. 에돔의 백성보다 이스라엘 백성들이 훨씬 많았기 때문에 우선 두려움이 앞섰다. 더구나 이들은 이집트의 파라오까지 굴복시킨 민족이 아닌가!

"안 되오. 나는 허락할 수 없소. 다른 길로 돌아가시오. 안 그러면, 군대를 동원하여 저지하겠소."

싸늘한 답변이었다. 당시 이스라엘은 광야에서 40년을 유랑하면서 온갖 산전수전을 다 겪으며 연단을 받았으니, 에돔과 맞서 싸우면 충분히 승산이 있었다. 그럼에도 불구하고 모세는 형제국과의 싸움을 원치 않았다.

모세는 섭섭했지만, 에돔 왕의 거절로 발길을 돌리지 않을 수 없었다. 모세는 광야 여행에 지칠 대로 지친 백성들을 이끌고 멀리 남동쪽으로 우회하는 길로 들어섰다. 에돔의 경내를 통과하는 길보다 몇 배나 먼 길이었다. 가데스에서 다시 남쪽으로 내려가서 홍해 쪽의 아르논 골짜기를 지난 다음 다시 북쪽으로 방향을 바꿔 모압 족속이 살고 있는 영토로 이동하는, 아주 먼 길이었다.

대제사장 아론이 세상을 떠나다 민 20:22-29

이스라엘 백성들이 가데스에서 출발하여 에돔의 동쪽 변경인 호르 산에 이르렀을 때였다. 대제사장인 모세의 형 아론은 너무 늙어 기력이 쇠하였다. 하나님은 모세에게 아론이 곧 죽을 것이라고 말씀해 주시면서 새로운 대제사장을 세우도록 준비하라고 하셨다.

"모세야, 아론과 그의 아들 엘르아살을 데리고 호르 산으로 올라가라."

모세는 죽음을 맞이할 대제사장 아론과 그의 대제사장 직분을 승계할 아

론의 아들 엘르아살과 더불어 호르 산으로 올라갔다. 모세는 대제사장 아론으로 하여금 백성들에게 마지막 고별 인사를 하게 했다. 이스라엘 백성들은 그 세 사람이 산으로 가는 모습을 묵묵히 바라볼 뿐이었다. 다시는 그 모습을 볼 수 없는 대제사장 아론의 뒷모습을 바라보는 백성들은, 슬픔에 북받쳐 모두 울먹거렸다.

이윽고 그들의 모습이 보이지 않았다. 호르 산 정상에 오르자 모세는 아론의 정교하게 수놓아 만들어진 대제사장 의복을 벗겨 그의 아들 엘르아살에게 입혔다. 하나님 앞에서 대제사장직의 승계가 공식적으로 이루어진 것이다. 모세와 엘르아살은 아론의 손에 다정하게 입을 맞추어 작별 인사를 했다. 아론은 편안히 눈을 감았다. 123세를 일기로 그의 영혼은 하나님 곁으로 돌아갔다.

모세와 엘르아살은 산에서 내려왔고, 이스라엘 백성들은 40년 가까이 자신들의 대제사장으로서 손을 들어 축복하던 아론의 모습을 생각하며 한 달 동안 애도하였다.

구리뱀을 바라보라 민 21:4–9

이집트를 떠나온 지 40년째 되던 해의 6월 초순경, 아론을 장사 지낸 이스라엘 백성들은 호르 산을 떠나 홍해 쪽으로 돌아갔다. 에돔이 영토를 통과하는 것을 허락하지 않았기 때문에, 에돔의 서쪽 변방을 우회하여 홍해의 아카바 만灣 북단 쪽으로 방향을 잡았다. 그 길은 바란 광야를 통과하는 길이었다.

광야 행진은 고달팠다. 가도 가도 모래 언덕에 뜨거운 불볕이었다. 백성들은 늘 갈증에 시달렸다. 길에서 시작되고 길에서 끝나는 나날이 이젠 정말 견디기 어려웠다. 40년 가까이 양식으로 먹어온 만나도 지겹기만 했다. 모두들 욕구불만이 가득 차올랐다.

"정말 죽을 지경이군. 이런 고생을 언제까지 해야 되는 거야? 평생 동안 사막이나 떠돌다가 인생 끝장나는 것 아냐?"

불평불만이 여기저기서 터져 나왔다.

"애당초 우리를 이집트에서 끌어낸 게 문제였어. 느닷없이 나타난 모세가 문제의 장본인이라니까."

"차라리 빨리 죽는 편이 낫겠어. 하루하루가 너무 고통스럽고 짜증스러워."

"어쩌자고 우릴 이집트에서 끌어내어 이 거친 광야를 헤매게 하는 거야? 우린 모세에게 속았다구."

아우성이 점점 높아 갔다. 원성은 모세에게서 그치지 않고, 하나님에게까지 미쳤다.

"젖과 꿀이 흐르는 땅은 무슨 얼어죽을! 당장 마실 물조차 없는데…."

믿음 없는 백성들의 모습을 보신 하나님은 진노하셨다. 하나님은 무서운 독이 있는 불뱀을 백성들에게 보내셨다. 한 번 물리면 온몸이 불덩이가 될 정도로 열이 나서 고통스럽게 죽어갔다.

불뱀은 때와 장소를 가리지 않고 백성들을 공격했다. 천막 안이라고 해서 결코 안전하지 않았다.

"불뱀이닷! 악…."

도처에서 단말마의 비명소리가 터져 나왔다. 뱀에 물려죽는 사람이 부지기수였다. 이스라엘 진영은 삽시간에 아수라장이 되었다.

이스라엘 백성들은 이번에도 모세에게

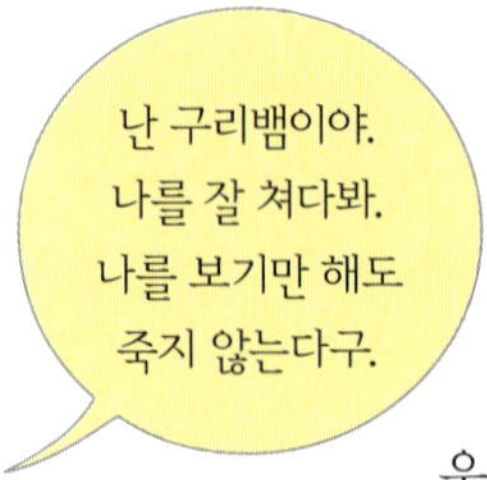

달려갔다.

"제발 우리를 살려 주십시오. 우리가 잘못했습니다. 제발 하나님께 기도하여 우리를 살려 주십시오."

걸핏하면 푸념하고 불평하는 백성들이 모세라고 어찌 얄밉지 않으랴. 하지만 아무리 미워도 저버릴 수 없는 백성들이었다. 모세는 백성을 사랑하는 마음이 지극하였다. 백성들의 호소를 들은 모세는 하나님께 기도하였다. 불뱀을 거두어 달라고.

"구리로 뱀을 만들어 모두가 볼 수 있도록 장대에 높이 걸어 두어라. 이미 뱀에 물린 사람이라도 그 구리뱀을 바라보는 사람은 죽지 않을 것이다."

하나님의 말씀에 따라 모세는 서둘러 구리로 뱀을 만들었다. 그리고는 그 구리뱀을 장대에 높이 매어 달아 놓았다. 신기한 일이 벌어졌다. 뱀에 물려 독이 몸 안에 퍼진 사람도 구리뱀을 바라보기만 하면 원상대로 회복되는 것이다.

왜 구리뱀을 쳐다본 사람들이 살아날 수 있었는가? 구리뱀 자체에 독을 치료하는 신비한 능력이 있었기 때문이 아니었다. 그것은 구리뱀을 쳐다보라는 하나님의 말씀에 순종한 결과였다. 불신앙과 불순종은 죽음을 가져오지만, 믿음과 순종은 언제든지 생명을 가져다준다.

이 구리뱀은 그로부터 대략 1,500여 년이 흐른 후 '죄'라는 무서운 불뱀에 물려 죽어가는 인류를 죽음으로부터 구원하기 위하여 골고다 십자가에 높이 매달리신 '여인의 후손' 곧 메시아 예수를 예시한다. 십자가에 매달리신 메시아 예수를 믿음과 순종으로 바라보기만 하면, 누구든지 불뱀의 독에서부터 해방되어 새 생명을 누릴 수 있는 것이다.

요단 강 동편 땅의 정복

아모리 왕 시혼을 격파하다 민 21:10-32

에돔을 우회한 이스라엘은 이제 모압 동편으로 향하고 있었다. 에돔 동편에서 모압 동편으로 이어지는 길은 협소한 데다 거칠었다. 모든 길이 골짜기에서 골짜기로 이어졌다. 거친 길을 가면서도 이스라엘 백성들은 이제 하나님을 원망하지 않았다. 약속의 땅 가나안이 멀지 않았기 때문이었다. 소망이 그들의 고통과 시련을 능히 감당할 수 있는 것으로 만들어준 것이다.

모압 동편의 길을 돌아서 가는 동안에는 줄곧 물을 얻는 축복도 받았다. 아르논 골짜기에서도, 브엘에서도, 물을 얻을 수 있었다. 이스라엘 백성들은 힘든 여정 중에서도 하나님을 찬양하는 샘물의 노래를 불렀다.

샘물아 솟아라, 힘차게 솟아라
터져나오는 물줄기를 따라 우리 함께 노래하리라
백성의 지도자들이 홀笏과 시빵이로 가리켜 보이면
귀한 사람들이 이 우물을 팠다네

이스라엘 백성들은 마침내 모압 지방의 계곡에 이르렀다. 이 계곡은 사해 동편의 비스가 산이 가까웠다. 비스가 산 너머는 약속의 땅 가나안이었다. 이제는 더 이상 돌아가는 길도 없어서, 모세는 아모리 족속의 왕 시혼에게 사신을 보냈다.

"왕이여, 지금 우리는 가나안으로 가는 중입니다. 아주 먼 길을 오랫동안 걸어왔습니다. 부득이 왕의 땅을 통과하고자 하오니 부디 허락해 주십시오. 허락만 해주신다면, 우리는 어떤 손해도 끼치지 않을 것입니다. 우물물을 마시게 된다면 물값은 내도록 하겠습니다. 그러니 어떻게든 당신 나라를 지나갈 수 있게 해주십시오."

모세의 정중한 요청에도. 아모리 왕 시혼은 한마디로 거절했다. 뿐만 아니라 군사를 동원하여 이스라엘을 치러 광야로 나왔다.

사실 아모리 족속은 이스라엘을 두려워하고 있었다. 이스라엘 백성들에게는 여러 가지 신통한 이적들이 발생한다는 소문을 익히 들어 알고 있었기 때문이다. 그런 기적이 그들의 신 여호와 하나님 때문이라는 소문도 충분히 들어서 알고 있는 터였다.

아모리 족속은 그모스라는 우상을 섬기고 있었다. 그모스를 굳게 믿었던 그들은, 이번 기회에 그들의 신 그모스가 이스라엘의 신 여호와보다 강하다는 사실을 입증해 보이고 싶었다.

"흥, 이스라엘 백성들이 우리 땅을 그냥 얌전하게 지나간다고? 어림없는 소리! 그들은 숫자도 많고 힘도 있는데, 어찌 얌전하게 그냥 통과만 하겠는가 말이다. 반드시 우리를 공격할 것이다. 그러니 이스라엘 백성들이 우리 땅에 들어오지 못하도록 싸우는 길 밖에 없다. 당장 모든 군대를 동원하여 그들과 싸울 태세를 갖춰라!"

시혼 왕은 군대를 끌고 나와 이스라엘에 먼저 공격을 시작했다. 이스라엘 군대도 공격에 맞섰다. 전투를 감당할 수 있는 장정만 60만 명이 넘는 데다, 여호와 하나님이 함께 하신다는 믿음이 있기에 사기가 충천했다.

전투는 치열했다. 그러나 아모리 왕의 군대는 여호와 하나님이 함께 하시는 이스라엘 군대를 당할 길이 없었다. 이스라엘의 대승리였다. 이스라엘은 시혼을 쳐 죽이고 그가 다스리던 아모리 족속의 견고한 성읍들을 모두 점령했다. 이제 아모리 왕 시혼의 나라는 이스라엘의 차지가 되었다. 이리하여 이스라엘은 요단 동편에 자리를 잡게 되었다.

바산 왕 옥을 격파하다 민 21:33-35

아모리 왕 시혼과의 전투에서 승리한 이스라엘은 아르논 강 북쪽의 비옥한 고원 지대인 아모리 족속의 땅을 차지하였다. 하지만 이스라엘은 거기서 안주할 수 없었다. 최종 정착지가 될 가나안 땅으로 들어가야 했기 때문이다. 그리하여 이스라엘은 다시 이동을 시작하여 북쪽으로 올라가 바산에 이르렀다. 바산에는 높은 성벽을 두른 견고한 성읍들이 많았다.

바산 왕 옥은 어마어마한 거인이었다. 그가 사용하는 철 침상은 길이가 4m요 폭이 1.8m나 되었다. 바산 왕 옥은 이스라엘이 가까이 오자 군대를 총동원하여 싸울 태세를 갖추었다. 모세는 북쪽으로 계속 진군하여 얍복 강을 건너 바산 왕 옥을 만나 전투를 벌였다.

전투에 나선 이스라엘 군사들은 놀라지 않을 수 없었다. 엄청난 거인이 앞장서서 진두지휘하는 모습을 보자, 모두들 저절로 겁을 집어먹었다. 그런 어마어마한 거인은 한 번도 본 적이 없었기 때문이었다. 그때, 하나님께서 말씀하셨다.

"겁먹지 말아라. 너희는 이미 아모리 왕 시혼을 꺾었다. 이번에도 반드시 이길 것이다. 저 바산의 비옥한 땅을 너희에게 주겠다."

하나님의 말씀에 용기를 얻은 이스라엘 백성들은 담대하게 적군과 맞서 싸웠다. 전투에서 군사들의 숫자와 무기와 작전보다 더 중요한 요소는 전투에 임하는 군사들의 용기요, 사기다. 사기가 충천한 군사는 누구도 이길 수 없다. 이번에도 이스라엘은 대승리를 거두었다.

이스라엘은 거인 왕 옥과 그의 군대를 진멸시키고, 바산 왕국을 차지하였다. 큰 성읍이 60개나 되었지만 차례로 싸워 모두 함락시켰다. 하나님이 함께 하시는 이스라엘을 이길 군대는 없었다. 하나님은 아모리 땅의 악한 백성들을 제거시키고 그들의 재물과 성읍들을 이스라엘 백성에게 주셨다.

이제, 아모리 왕 시혼의 영토였던 사해 동쪽의 야르뭇 강 이북에서부터 바산 왕 옥의 영토였던 얍복 강 이남까지가 모두 이스라엘의 차지가 되었다. 그곳은 요단 강 동쪽 지역으로 매우 비옥한 땅이었다. 특히 초원 지대가 많아 목축하기에 아주 적합했다.

모압 왕 발락과 점술가 발람

모압 왕이 유명한 점술가 발람을 초청하다 민 22:1–20

이스라엘의 최종 목적지는 요단 강 서쪽의 가나안 땅이었다. 일찍이 하나님께서 이스라엘에게 주시겠다고 약속하신 젖과 꿀이 흐르는 땅 가나안이 그들의 최종적인 정착지가 되어야 했다. 모세는 이스라엘 백성들을 이끌고 나아가, 마침내 멀리 가나안 땅이 보이는 모압 평지에 진을 쳤다. 그곳은 여리고 맞은편이고, 요단 강 건너편이었다.

모압 평지에서는 서쪽으로 요단 강이 한눈에 내려다보였다. 이스라엘 백성들은 이제 멀지 않아, 저 강을 건너 약속의 땅으로 들어가게 될 것을 믿어 의심치 않았다. 그들의 뒤쪽인 동편으로는 아바림 산맥에 속해 있는 비스가 산과 느보 산이 버티고 있었다. 그 산들에서 내려다보면, 200만 이스라엘 백성들의 천막이 열십자 십자가 행진 대열로 바다처럼 물결치는 모습이 장관을 이루었다.

그 땅은 모압 왕 발락이 다스리고 있었다. 이스라엘에 관한 소문은 발락도 익히 들어온 터였다. 이스라엘의 신 여호와가 자기 백성을 구해내기 위해 열 가지 재앙을 이집트 전역에 내린 이야기, 홍해가 갈라져서 바닷길이 열린 이야기, 심고 거두지 못하는 떠돌이 생활인데도 그들의 위대한 신 여호와가 매일 먹을 것을 하늘에서 내려준다는 이야기, 그리고 가깝게는 아모리 왕 시혼과 바산 왕 옥과 싸워 대승을 거두었다는 이야기….

발락은 이스라엘의 신 여호와가 무시무시한 하나님이 되심을 내심 인정하고 있었다. 그 모든 것들이 이스라엘에 가능했던 것은 그들 자신의 능력이 아니라, 그들의 신 여호와의 능력 덕분이 아니겠는가? 그렇다면 문제는 이스라엘 백성들이 아니라, 그들의 신 여호와이다. 이스라엘과 맞서려면, 그들의 신 여호와의 힘을 막아낼 방법을 찾아야 한다. 발락은, 그 길을 모색하는 편이 현명할 것이라고 생각했다.

모압 왕 발락은 신하들과 대책을 논의했다. 이스라엘과의 정면 대결은 다 부질없는 노릇일 테니, 어떻게든 지혜를 짜내어 이스라엘 백성을 자기 땅에서 몰아내는 것이 최선일 것이다. 발락은 불안하고 초조했다. 날이 갈수록 번민이 깊어갔다. 그러던 중 발람이라는 이름이 문득 뇌리에 떠올랐다.

"옳거니! 그래, 발람이 있었지. 발람이라면 어떻게든 묘책을 찾아낼 수 있을 거야."

발람은 널리 알려진 점술가占術家였다. 나름대로 종교적인 체험이 깊었고 예언이 맞아 떨어지는 경우가 종종 있다고해서 이름을 떨치고 있었다. 여러 신들에 대해 연구가 깊었던 그는, 최근 들어서는 이스라엘의 신 여호와에 대해서도 많은 관심을 갖고 있었다. 이집트와 광야에서 여호와가 하신 일들이 너무나 기이하고 놀라웠기 때문에, 발람도 여호와에 매료되어 이것저것 많은 것을 연구하고 있었던 것이다.

모압 왕 발락은 많은 예물과 함께 발람에게 사신을 보냈다. 모압 땅에서 발람이 살고 있는 메소포타미아 지역까지는 무려 600km 정도나 떨어져 있었기 때문에, 모압의 사신들이 나귀를 타고 가더라도 일주일은 족히 걸렸다. 마침내 발락 왕의 사신들이 발람이 사는 곳에 닿았다. 사신 중 한 명이 나서서 말했다.

"그대의 명성은 익히 들었소. 그대가 복을 빌면 복을 받고, 저주를 내리면 저주를 받는다는 것을 잘 알고 있소. 지금 이집트에서 나온 한 민족이 우리 땅의 국경 지대에 와 있소. 속히 와서 그 백성을 저주해 주시오."

모압의 사신들은 진귀한 예물을 내놓으면서 모압 왕의 뜻을 전달했다. 발람은 마음이 솔깃했다.

"여기에서 하룻밤을 지내시면서 기다려 보시오. 여호와 신께서 나에게 무어라 말하는지 알아보고 대답하리다."

밤중에 하나님께서 발람에게 나타나셨다.

"그 백성은 내가 복을 내린 백성이다. 그 백성을 저주하고자 그들을 따라가면 안 된다."

다음 날 아침, 발람은 전날 밤 하나님에게 들은 대로 모압 왕의 사신들에게 대답했다.

"안 되겠습니다. 그냥 돌아가 주십시오. 여호와께서는 내가 당신들과 같이 가는 것을 허락하지 않으셨소."

모압 왕의 사신들은 고국으로 돌아가서 발락 왕에게 사실대로 보고하였다. 그러나 모압 왕은 포기하지 않았다. 그는 처음 보낸 사람보다 더 신분이 높은 사람에게 전보다 보낸 예물보다 더 진귀하고 많은 예물을 보냈다.

"보시오. 그대가 이스라엘을 저주해 준다면, 원하는 것은 무엇이든 들어주겠소. 부디 내 청을 거절하지 말아 주시오."

"안 되겠소. 아무리 많은 금은 패물을 많이 준다고 해도 나는 갈 수가 없소. 여호와의 명령을 어길 수가 없소."

모압 왕의 사신들은 크게 실망했다. 풀이 잔뜩 죽은 모습으로 모압으로 돌아갈 채비를 했다.

"잠깐! 잠깐만 기다려 보시오. 하룻밤만 여기서 묵어 보시오. 내가 여호와께 다시 물어 보겠소."

발람의 마음은 모압 왕이 보낸 엄청난 예물에 은근히 끌리고 있었고, 모압 왕이 약속한 대우에 귀가 솔깃해 있었다. 가능하면 모압 왕의 사신들을 따라가고 싶었다. 그는 하나님의 마음이 변했기를 바랐다.

"정 가고 싶다면 그들을 따라가라. 그러나 너는 내가 이르는 대로만 말해야 한다."

발람은 신바람이 났다. 이제 운명이 달라지나 싶었다. 다음 날 아침 그는 나귀에 안장을 얹고 모압의 고관들을 따라나섰다.

나귀가 입을 열어 말하다 민 22:21–35

하나님은 좋아라 길을 따라 나서는 발람을 보고 괘씸하게 여기셨다. 하나님이 자신을 보내고 싶어하지 않는다는 것쯤은 익히 알고 있는 발람이 아닌가. 발람 자신이 꼭 가고 싶어했기에 허락을 내린 것뿐인데, 덩실덩실 춤이라도 출 것처럼 즐거워하는 모습을 보자니 하나님은 마음이 언짢아졌다.

하나님은 도중에 발람을 책망하려고 천사를 보냈다. 하나님의 천사는 칼을 빼든 채 발람이 가고 있는 길 한가운데를 가로막고 서 있었다.

발람이 탄 나귀는 하나님의 천사를 보고는 깜짝 놀라 길에서 벗어나 밭으로 들어갔다.

"어라? 이놈의 나귀가!"

발람은 나귀에게 채찍질을 하여 길로 들어서게 했다. 하나님의 천사는 어느새 포도밭의 좁은 길을 가로막고 서서 나귀의 길을 가로막았다. 길 양쪽은 담벼락이었다. 발람이 탄 나귀는 천사를 비켜 가려고 벽 쪽으로 몸을 바짝 붙였다. 그러다가 벽에 몸을 비비는 바람에 발람의 다리가 벽에 긁히고 말았다.

"에잇, 이 몹쓸 나귀!"

화가 잔뜩 난 발람은 더욱 호되게 나귀를 채찍질했다. 그러는 사이에 하나님의 천사는 더욱 다가가서 나귀가 왼쪽이나 오른쪽 어디로도 빠져 나갈 틈이 없도록 몰아세웠다. 나귀는 겁을 집어먹고, 발람을 태운 채 그 자리에 털썩 주저앉고 말았다.

나귀가 자꾸 엉뚱한 짓을 하니 발람은 화가 머리끝까지 치밀어 올랐다. 발람은 들고 있던 지팡이로 나귀의 등을 힘껏 내리쳤다. 바로 그때, 하나님이 나귀의 입을 열어 주셨다.

"내가 도대체 무슨 나쁜 짓을 했다고 세 번씩이나 때리시죠?"

"몰라서 묻느냐? 네가 나를 세 번이나 놀리지 않았느냐? 만일 내 손에 칼이 있었더라면 너를 당장 쳐 죽였을 것이다."

분이 풀리지 않은 발람이 씩씩거리며 나귀를 세차게 몰아 세웠다.

"주인님, 나는 당신의 나귀가 아닙니까? 지금까지 당신을 태우고 다녔지만, 내가 언제 이렇게 날뛴 적이 있었습니까?"

"그야 없었지."

발람이 시큰둥하게 대답했다. 이때, 하나님이 발람의 눈을 열어 주셨다. 그제야 발람도 칼을 뽑아 든 채 길을 막고 서 있는 천사를 보게 되었다. 발람은 그제서야 진상을 알 수 있었다. 자신이 하나님의 심기를 불편하게 했기 때문에 천사를 보내신 것이 분명했다. 그는 얼른 고개를 숙이고 땅에 엎드렸다.

"발람, 넌 왜 세 번이나 나귀를 때렸느냐? 나는 네가 옳지 못한 길을 가기에 네 길을 막으려고 나타났다. 나귀가 나를 피했기에 망정이지, 그렇지 않았더라면 나는 너를 죽였을 것이다. 물론, 나귀까지 죽일 이유는 없지."

"제가 잘못했습니다. 당신이 길을 막고 서 계신 줄은 꿈에도 몰랐습니다. 제가 길을 가는 것이 못마땅하시다면, 지금이라도 당장 돌아가도록 하겠습니다."

발람은 자신이 모압 왕의 사신들을 따라나선 것이 잘못인 줄 스스로도 잘 알고 있었다. 하나님이 허락하셨다고는 하지만, 그것은 어디까지나 자신이 구태여 가고자 원했기 때문이었다. 어쨌든 하나님의 노여움을 샀으니 목숨을 보전하기가 어려울 것이다. 발람은 두려워 벌벌 떨었다.

"아니, 굳이 돌아갈 필요까지는 없다. 가던 길을 계속 가라. 다만 너는 내가 시키는 대로만 말해야 한다."

발람이 이스라엘에 축복을 선포하다 민 22:36-23:12

모압 왕 발락은 초조했다. 발람이 과연 와줄 것인가? 발락이 애가 타게 기다리고 있는데 사신들이 발람과 함께 오고 있다는 전갈을 받았다. 모압 왕은 기뻐 어쩔 줄을 모르며 국경까지 먼 길을 마중 나갔다.

"어서 오시오. 왜 지금에야 오셨소? 내가 당신을 대우해 드리지 않을 줄 알았소이까?"

"왕이시여, 오긴 왔지만, 제 뜻대로 할 수 있는 것은 아무것도 없습니다. 저는 단지 하나님이 이르시는 것만 말씀드릴 수 있습니다."

"아무튼 잘 왔소. 먼 길에 피곤하실 테니, 피로부터 푸시지요."

모압 왕 발락은 소와 양을 잡아 잔치를 베풀었다.

다음 날 아침, 모압 왕은 발람을 데리고 높은 언덕에 자리한 바알 산당에 올라갔다. 거기에서는 넓게 펼쳐진 이스라엘 사람들의 진지가 내려다보였다.

발람이 발락에게 요청했다.

"이곳에 일곱 개의 제단을 쌓고, 수송아지 일곱 마리와 숫양 일곱 마리를 잡아오도록 하십시오."

바알 산당이 있는 언덕에는 곧바로 일곱 제단이 쌓아졌고, 일곱 마리의 수송아지와 일곱 마리의 숫양이 제물로 준비되었다. 점술사 발람은 각 제단마다 수송아지 한 마리와 숫양 한 마리씩을 바쳤다. 그런 후 발람이 모압 왕에게 부탁했다.

"왕께서는 희생제물 옆에 그대로 서 계십시오. 저는 잠시 자리를 뜨겠습니다. 하나님께서 제게 나타나 무엇인가를 말씀해 주시면, 그대로 왕께 전해 드리겠습니다."

얼마 후, 발람은 모압 왕과 신하들이 있는 곳으로 돌아왔다. 부탁한 대로, 모압 왕과 신하들은 거기 그대로 서 있었다. 발람은 하나님께서 일러주신 말씀을 시를 읊듯이 전달했다.

"발락은 나를 데려와 이스라엘을 저주해 달라고 하였지만
하나님께서 저주하시지 않는 자를 내가 어찌 저주하랴?
여호와께서 욕하시지 않는 자를 내가 어찌 욕하랴?
야곱의 자손은 티끌처럼 많아 헤아릴 수 없고
이스라엘은 먼지처럼 많아 셀 수가 없구나!"

모압 왕과 신하들은 당황했다.

"아니? 지금 뭐 하는 거요? 원수를 저주해 달라고 모셔왔는데 도리어 복을 빌어 주다니!"

발람이 태연하게 대꾸했다.

"왜들 이러시오? 저는 여호와께서 제 입에 주시는 말씀을 그대로 말했을 뿐입니다."

"자, 그렇다면 다른 곳으로 한 번 가 봅시다. 거기서는 이스라엘 진지가 다 보이지 않고 일부만 보일 터이니, 거기에서 그들을 저주하도록 하시오."

발람이 재차 이스라엘에게 축복을 선포하다 민 23:13-26

모압 왕은 발람을 비스가 산 위로 데려갔다. 발람과 모압 왕은 이스라엘의 하나님 마음에 들고자 여기에도 일곱 제단을 쌓고, 각 제단에다 수송아지와 숫양을 한 마리씩 희생제물로 바쳤다.

"이 자리에 그대로 계십시오. 저는 지난번처럼 하나님을 만나고 오겠습니다."

한참 후, 발람은 모압 왕과 신하들이 기다리고 있는 곳으로 돌아왔다. 초조하게 기다리던 모압 왕 발락이 다그쳐 물었다.

"그래, 이번에는 무어라고 말씀하셨소?"

발람은 풀 죽은 모습으로 마치 노래하듯이 하나님이 전하라고 하신 말씀을 모압 왕과 신하들 앞에서 크게 읊었다.

"발락이여, 내 말에 귀를 기울이시오.
하나님께서 그들을 이집트에서 이끌어 내셨으니,
어떤 마술이 있어 야곱을,
어떤 주술이 있어 이스라엘을 쓰러뜨리랴.
보라, 사자처럼 우뚝 일어선 그 백성을!
암사자처럼 불끈 일어나고
수사자같이 힘차게 일어나니
움켜쥔 것을 먹어치우지 않고는 그 속이 풀리지 않는구나."

모압 왕의 표정이 크게 일그러졌다. 신하들도 얼굴이 붉으락푸르락 당황해서 어쩔 줄 몰랐다.

"그만하시오! 그들에게 저주를 퍼부어 달라고 하였더니 끝내 내 부탁을 외면하는구려. 정히 그렇다면 그들에게 축복만은 하지 말아 주시오."

"그러기에 제가 미리 말씀드리지 않았습니까. 저는 하나님께서 일러 주시는 대로 말할 수밖에 없다고 말입니다."

발람도 시큰둥하게 대꾸했다.

"좋소. 그렇다면 우리 한 번만 더 해봅시다. 내가 당신을 다른 곳으로 안내하겠소. 혹시 거기서는 하나님이 이스라엘을 저주하도록 허락해 주실지도 모르지 않소."

발람이 또다시 이스라엘에게 축복을 선포하다 민 23:37–24:25

모압 왕 발락은 어떻게든 이스라엘을 저주해야 한다는 일념을 포기할 수가 없었다. 그래서 이번에는 점술사 발람을 데리고 브올 산 꼭대기에 올라갔다. 여기서도 발락 왕은 발람이 요청한 대로 일곱 개의 제단을 쌓고, 각 제단마다 수송아지와 숫양 한 마리씩을 제물로 바쳤다.

발람은 눈을 들어 저 아래 모압 평야에 펼쳐진 이스라엘의 장막을 바라보았다. 이스라엘 사람들의 장막은 지파별로 질서 정연하게 자리를 잡고 있었다. 그때, 하나님의 영이 발람에게 내렸다. 발람은 눈을 뜬 채로 황홀 상태에 빠져 노래하듯 예언을 읊었다.

"야곱아, 너의 장막은 과연 좋구나.
이스라엘아, 너의 사는 곳이 어찌 그리 아름다운가?
엎드리고 웅크린 너의 모습이 사자와도 같구나.
누가 감히 너희를 건들쏘냐.
너희를 축복하는 자마다 축복을 받을 것이며,
너희를 저주하는 자마다 저주를 받으리라."

발락은 화가 치밀어 두 주먹을 불끈 쥐고는 발람에게 말했다.

"그만하시오. 나는 이스라엘을 저주해 달라고 당신을 부른 것이오. 그런데 도대체 이게 무슨 짓이오? 저주를 내리기는커녕 오히려 세 번씩이나 원수에게 축복을 빌어 주다니! 이제 그만 됐으니, 당신이 살던 땅으로 당장 돌아가시오!"

"저는 처음부터 분명히 말했습니다. 금은보화를 준다고 해도 하나님의 말씀을 전달할 뿐이라고 말입니다. 이제 저는 내 고향 땅으로 돌아갈 것입니다. 하지만 돌아가기 전에, 이스라엘이 당신의 백성에게 어떻게 할 것인지 알려 드리겠습니다."

그런 다음 발람은 노래를 불렀다.

"한없이 높으신 분의 뜻을 깨달아 눈이 열린
나 발람이 신비한 환상을 보고 말하노니
훗날 야곱에게서 찬란히 빛나는 한 별이 나오리라
이스라엘에게서 한 왕이 나오리라
그가 모압을 후려치고 셋의 후손들을 모조리 내리치리라."

발람이 예언한 '한 별'과 '한 왕'이란 가깝게는 다윗 왕을 가리키는 말이었지만, 궁극적으로는 이스라엘의 모든 대적을 쳐부술 메시아 예수를 가리키는 말이었다. 하나님은 이방의 점술가인 발람의 입을 통해서도 장차 오실 '여인의 후손' 곧 모든 원수를 쳐부수고 인류에게 구원을 가져다 줄 메시아 예수를 암시한 것이다.

예언을 마친 발람은 모압을 떠나 자기가 살던 고향을 향해 길을 떠났다. 모압 왕 발락도 혹 떼려다 혹을 붙인 채 자기 갈 곳으로 갔다.

요단 강 동편 땅에서

발람이 악한 꾀를 내다 민 25장, 31장

메소포타미아의 유명한 점술가인 발람은 집으로 돌아가면서도 기분이 개운치 않았다. 어쩔 수 없이 하나님의 말씀을 모압 왕 발락에게 전하기는 했지만, 이스라엘을 저주해 주기만 한다면 모압 왕이 주겠다고 했던 엄청난 보물과 대우에 아무래도 미련이 남았다.

'무슨 좋은 수가 없을까?'

탐욕의 노예가 된 발람은, 어떻게 해서든 이스라엘에게 해를 끼칠 방법이 없을지 골똘히 궁리했다.

'그렇지, 바로 그거야!'

발람은 고향으로 향하던 발걸음을 갑자기 돌려 세워, 가까운 곳에 있는 미디안 족속에게 향했다. 미디안 족속을 통해 이스라엘에게 해를 끼치면, 모압 왕에게서 어떻게든 보상을 받을 수 있으리라는 계산이 섰기 때문이었다.

"이스라엘을 해칠 수 있는 좋은 방법이 있소. 내 말대로만 한다면, 저들은 자기들의 하나님이신 여호와에게 저주를 받을 것이오. 이스라엘 백성들을 찾아가 그들과 친해지시오. 그런 다음엔 모압 여자들을 그들에게 보내어 그들을 바알 축제에 초대하시오. 이스라

엘 백성들이 초청에 응해 바알 축제에 오기만 한다면, 일은 성사된 것이나 다름없소. 그러면 저들의 하나님은 이스라엘 백성에게 진노하셔서 틀림없이 저들에게 저주를 내릴 것이오."

오랫동안 이스라엘의 신 여호와를 연구해 온 발람은 이스라엘의 하나님 여호와가 가장 싫어하는 것이 우상 숭배라는 것을 너무나 잘 알고 있었다. 그래서 이 같은 절묘한 꾀를 생각해 낼 수 있었던 것이다.

발람의 꾀는 적중했다. 모압 여인들의 초청을 받은 이스라엘 백성들은 바알 축제에 참여하여 음란한 제전祭典에 동참했다. 먹고 마시고 모압 여인들과 음행을 저지르면서 모압의 신인 바알에게 절을 했다. 그중에는 이스라엘의 지도자급들도 상당수 포함되어 있었다.

이를 보신 하나님은 진노하시면서 모세에게 명령하셨다.

"바알 축제에 참여한 지도자들을 그대로 두어서는 안 되겠다. 그들을 잡아다가 모든 사람이 보는 대낮에 목을 매달아라. 그래야 내 진노가 풀릴 것이다."

모세는 이스라엘 재판관들에게 명령했다.

"바알 축제에 참가하여 바알에게 절한 자들을 찾아내어 모두 처형하도록 하시오."

그 무렵, 이스라엘 진중에는 무서운 돌림병이 퍼지고 있었다. 병에 걸린 사람들은 영문도 모른 채 속속 죽어갔다.

이런 일로 이스라엘 백성들이 크게 상심하여 장막문 앞에 모여 통곡하고 있을 때였다. 시므온 지파에 속하는 한 지도자급 인사가 이스라엘의 온 무리들이 보는 앞에서 미디안 여자를 데리고 자기 장막 안으로 들어가는 것이었다. 아론의 손자이며 엘르아살의 아들인 제사장 비느하스가 이 광경을 보고는 크게 분노했다. 그는 당장 창을 집어들고 두 남녀를 뒤따라 장막 안으로 들어갔고, 한창 엉겨붙어 있는 두 남녀를 단숨에 찔렀다.

창이 남자와 여자의 배를 한꺼번에 꿰뚫었다. 그 일이 있고 나자 이스라엘 진영을 덮치고 있던 무서운 돌림병이 뚝 그쳤다. 그때까지, 돌림병으로 목숨을 잃은 이스라엘 백성들이 무려 2만 4천 명이었다. 발람의 탐욕으로 인해 생긴 엄청난 비극이었다.

하나님은 모세를 향해 명령했다.

"이제 미디안을 쳐라! 그들이 너희를 꾀어 이 지경이 되게 하였다."

모세는 즉각 군사를 소집하였다. 이스라엘 12지파에서 지파별로 천 명씩 뽑아 모두 1만 2천 명의 정예부대를 구성하였다.

"가라, 미디안을 쳐서 원수를 갚아라!"

모세가 출전 명령을 내렸다. 군사들은 결연한 마음으로 출전하여 미디안을 쳐부수었다. 미디안 남자들은 모조리 잡아 죽였다. 미디안 족속의 다섯 왕들도 모두 잡아 죽였다. 그들 중에는 사악한 꾀를 냈던 점술가 발람도 섞여 있다가 죽음을 당했다. 이렇게 이스라엘은 미디안 족속에 대해 철저히 원수를 갚았다.

인구 조사를 실시하다 민 26장

무서운 돌림병이 물러간 다음, 하나님은 모세에게 특별한 명령을 내리셨다.

"인구 조사를 실시하라. 이스라엘 백성 중에서 싸움터에 나갈 수 있는 스무 살 이상의 남자들을 가문별로 헤아려 보아라."

당시 이스라엘은 요단 강이 가까운 모압 평야에 진을 치고 있었다. 요단 강 건너편에는 여리고가 있었다. 거기에서 모세는 하나님께서 지시하신 대로 스무 살 이상의 남자들을 대상으로 하는 인구 조사를 실시하였다.

이전에도 인구 조사를 실시한 적이 있었다. 이집트에서 나온 지 얼마 안 되어 시내 산 기슭에서 역시 스무 살 이상의 남자들을 대상으로 인구 조사를 실시했었다(이집트 탈출 제2년 2월 1일). 그때 이스라엘의 인구는 60만 3,550명이었다. 물론 이 숫자는 스무 살 이상의 남자들만 계산한 것이므로, 조사에서 제외된 여자들과 스무 살 이하의 어린 자식들까지 합하면 적어도 200만 명 이상이었을 것이다.

이제 가나안 입성을 앞두고 두 번째 인구 조사를 실시하는 셈이었다(이집트 탈출 제40년). 첫 인구 조사가 광야 행진을 위한 조직 정비 차원에서 이루어진 것이라면, 이번의 인구 조사는 가나안 정복 전쟁을 앞두고 싸움터에 나갈 수 있는 군대의 정비와 더불어 가나안 정복 전쟁 후에 있을 지파별 땅의 분배를 염두에 두고 이루어지는 것이었다.

모세와 대제사장 엘르아살의 주관하에 이스라엘 12지파별로 인구 조사가 질서 정연하게 실시되었다. 조사 결과, 스무 살 이상으로 싸움터에 나갈 만한 남자들의 수효는 모두 60만 1,730명이었다. 1차 인구 조사 때와 비교하여 1,820명이 줄어든 수효였지만, 거의 변화가 없다고 할 수 있었다.

하지만 놀라운 변화가 있었다. 40여 년 전 시내 산 기슭에서 실시된 1차 인구 조사에 포함된 사람들 중 이번 2차 인구 조사에도 포함된 사람은, 모세를 제외한다면 단 두 명뿐이라는 사실이었다. 그 두 명은, 여호수아와 갈렙이었다. 왜 이런 사태가 일어났을까?

40여 년 전 가데스 바네아에서 벌어진 거역 사건 때문이었다. 그때 가나안 땅을 살피고 돌아온 열 정탐꾼의 부정적인 보고를 받은 이스라엘 백성들은, 가나안 땅으로 들어가기를 포기하고 다시 이집트로 돌아가자고 아우성을 지르다가 하나님의 징벌로 이집트에서 나온 1세대가 광야에서 모조리 죽어야만 하는 무서운 형벌을 받았던 것이다.

그때 열두 정탐꾼 중에서 여호수아와 갈렙만이 '올라가서 가나안 땅을 취하자'는 믿음을 보였기에, 그 믿음대로 두 사람은 광야에서 죽지 않고 살아서 가나안 땅에 들어갈 것이라는 약속을 하나님께 받았던 것이다.

이집트 탈출 1세대는 40년 동안의 광야 생활을 통해 여호수아와 갈렙을 제외하면 모조리 죽었기 때문에 인구가 많이 줄어들어야 했겠지만 인구가 그대로 유지되었던 것은, 그 사이에 하나님의 축복으로 새로운 세대가 광야에서 태어나고 자랐기 때문이었다.

여호수아가 모세의 후계자로 임명되다 민 27:12-23

인구 조사가 끝난 후 하나님이 모세를 부르셨다.

"모세야, 너는 이제 산으로 올라가 내가 이스라엘에게 주마고 약속한 땅을 보아라. 그 땅을 보고 난 후, 너도 네 형 아론처럼 네 조상에게로 돌아갈 것이다."

모세가 이제 곧 임종을 맞이하게 될 것이라는 말씀이었다. 그 말씀을 들은 모세는, 자신의 죽음보다도 자신이 죽고 난 뒤의 이스라엘 백성들이 더 걱정이 되었다.

"하나님, 이스라엘 백성들을 목자 없는 양떼처럼 내버려두지 마십시오. 이 백성을 이끌어 갈 사람을 세워 주십시오."

"눈의 아들 여호수아가 있지 않느냐? 여호수아는 나의 영을 받은 인물이다. 너는 그의 머리 위에 손을 얹고, 대제사장 엘르아살과 이스라엘 백성들이 보는 앞에서 그를 너의 후계자로 임명하여라."

모세의 후계자로 여호수아가 결정되는 순간이었다. 여호수아는 이스라엘을

기습 공격한 아말렉 족속과 전투가 벌어졌을 때 선봉에 서서 군사들을 지휘하여 승리로 이끈 용감한 장수였고 탁월한 군사 지도자였다. 앞으로 수없이 치를 가나안 정복 전쟁에서 이스라엘 군대를 지휘하는 데에 적임자를 꼽는다면 단연 여호수아였다. 더구나 그는 훈련받은 믿음의 인물이었다. 오랫동안 모세를 최측근에서 보좌한 인물로, 모세가 율법을 받기 위해 시내 산에 오를 때 혼자서 모세를 수행할 정도로 신실하고 신망이 두터운 사람이었다.

이 같은 오랜 신앙의 훈련이 있었기에, 여호수아는 가나안 땅을 살피고 돌아온 열 명의 정탐꾼들이 부정적인 보고로 이스라엘 백성들을 좌절시킬 때, 갈렙과 더불어 '당장 올라가서 취하자.'고 당당하게 주장할 정도로 가나안 땅에 대한 하나님의 약속을 조금도 의심치 않은 믿음의 용사가 될 수 있었다.

모세는 하나님께서 지시하신 대로 여호수아를 불러 대제사장 엘르아살과 온 이스라엘 백성들 앞에 세우고, 그에게 손을 얹어 후계자로 임명하였다. 바야흐로 모세의 시대가 저물고 여호수아의 시대가 밝아온 것이다.

요단 강 동편의 땅이 분배되다 민 32장

이스라엘은 그 당시 아모리 족속의 두 왕 곧 헤스본 왕 시혼과 바산 왕 옥의 왕국을 정복함으로써 요단 동편의 비옥한 땅을 이미 차지하고 있었다. 그 지역에는 초원 지대가 많았기 때문에 가축 떼를 놓아 먹이기에 적절한 조건을 갖추고 있었다.

그런데 이스라엘 열두 지파들 중에 르우벤 지파와 갓 지파가 특히 많은 가축 떼를 소유하고 있었다. 그들은 넓게 펼쳐진 요단 동편의 초원 지대를 보자 욕심이 생겼다. 그래서 두 지파의 대표자들이 모세를 찾아가 말했다.

"이곳 요단 강 동편 땅은 초원 지대가 많고 우리에게는 가축 떼가 많습니다. 우리에게 이 땅을 분배해 주셨으면 좋겠습니다."

"어찌 그런 말씀을 하시오. 그렇다면 요단 강을 건너가지 않겠다는 말씀이오? 그럴 수는 없는 일이오. 그리 되면 다른 형제들의 사기가 꺾이게 될 것이오. 그대들은 벌써 잊었단 말이오? 가데스 바네아에서 가나안 땅으로 올라가기를 거부하다가 하나님의 진노를 사서 광야에서 40년 동안이나 헤맸던 끔찍한 그 일을 말이오."

모세는 그들을 엄히 꾸짖었다.

"그러면 이렇게 하는 것이 어떻겠습니까? 우선 여기에 가축 떼를 넣어 둘 우리를 만들고 우리 식구들이 살 만한 튼튼한 성을 쌓도록 허락해 주십시오. 우리에게 딸린 식구들과 가축 떼는 이곳 성에 머물게 하고, 우리 장정들은 이스라엘의 선발대가 되어 요단 강을 건너가 앞장서서 가나안 족속들과 싸우겠습니다. 그렇게 해서 다른 형제 지파들도 거기서 땅을 모두 분배받으면, 그때에야 다시 이곳으로 돌아오도록 하겠습니다. 부디 숙고해 주시기 바랍니다."

"그래요? 좋소. 그렇다면 그렇게 하도록 합시다. 그대들은 반드시 약속을 지키도록 하시오."

"고맙습니다. 맹세코 약속을 지키도록 하겠습니다."

모세는 두 지파의 다짐을 단단히 받고, 대제사장 엘르아살과 후계자 여호수아와 이스라엘 지파들의 지도자들에게 지시했다.

"그들이 말한 대로 모두 지킨다면, 요단 강 동편의 땅을 그들에게 분배해 주도록 하여라."

이렇게 해서 아모리 족속의 두 왕 곧 헤스본 왕 시혼과 바산 왕 옥이 다스리던 야셀 지역과 길르앗 지역 및 바산 지역은 르우벤 지파와 갓 지파에게 조건부로 미리 분배되었다. 그 땅을 정복하는 데 큰 공로를 세운 므낫세 지파의 절반 사람들에게도 이 땅을 차지하도록 해주었다. 그래서 '므낫세 반 지파'라는 말이 나오게 된 것이다.

모세의 마지막 설교와 임종

모세가 최후의 설교를 하다 신 1–32장

이스라엘 백성들은 그 즈음 요단 강 동편의 모압 평야에 진치고 있었다. 요단 강 건너편이 바로 약속의 땅 가나안이었지만, 그곳에는 크고 강력한 여리고 성이 위치하고 있었다.

때는 이집트 탈출 제40년째 되던 해의 11월 1일, 그 동안 모압 평야에서 제 2차 인구 조사를 마치고, 여호수아를 후계자로 세웠으며, 요단 강 동편의 땅을 두 지파와 므낫세의 반 지파에게 미리 분배해 준 모세는, 조만간 요단 강을 건너 약속의 땅으로 들어갈 이스라엘의 신세대 백성들에게 마지막 당부를 했다. 최후의 유언과도 같은 고별 설교였다.

모세는 모두 세 차례에 걸쳐 긴 설교를 했는데, 그 설교를 통해 모세는 하나님께서 이스라엘 백성들에게 말하라고 분부하신 모든 것들을 빠짐없이 일러 주었다.

먼저 모세는 이집트에서 탈출한 후에 이스라엘 백성들과 함께 걸어온 40년 광야 생활을 잠시 회고하였다. 시내 산 기슭에서 행정 체계를 정비한 일, 가데스 바네아에서 하나님께 거역하다가 징벌을 받은 일, 아모리 족속의 두 왕을 정복한 일, 요단 동편의 땅을 두 지파에게 분배한 일 등등을 감회어린 심정으로 돌아보면서, 때마다 함께 해 주시고 도움을 베풀어 주신 하나님의 크신 은혜와 사랑을 분명히 상기시켜 주었다.

다음으로 모세는 하나님의 거룩한 언약 백성으로서 이스라엘이 마땅히 지키고 순종해야 할 하나님의 율법과 계명에 대해 길게 설교했다. 십계명을 비롯하여 예배와 성결과 절기와 거룩한 날들에 관한 여러 규례들을 다시 한 번 하나하나 상기시켜 주면서, 오직 하나님의 말씀에 따를 것을 권면하였다.

마지막으로 모세는 이스라엘 백성들에게 엄중한 경고를 했다. 하나님의 말씀에 순종할 경우에 임하는 여러 축복을 말해줌과 동시에, 하나님의 말씀에 불순종할 경우에 당할 각종 무서운 재앙과 끔찍한 저주를 자세하게 말해 주었다. 머잖아 우상의 땅 가나안으로 들어갈 이스라엘 백성들로 하여금 정신을 바짝 차리도록 해주기 위함이었다.

3차에 걸친 긴 설교를 모두 마친 모세는 이스라엘 백성들과 언약을 맺었다. 하늘과 땅을 증인으로 삼고 여호와 하나님 앞에서 이스라엘 백성들로 하여금 순종의 맹세를 하게 함으로써 '모압 평야의 언약'을 세웠다. 그런 후 모세는 하나님의 말씀을 모두 두루마리 책에다 기록한 다음, 그것을 레위인들에게 주면서 지성소 안의 법궤 옆에다 잘 보관하고, 그것으로써 언제나 이스라엘 백성들을 일깨워 주는 증거로 삼으라고 지시하였다.

모세가 이스라엘을 축복하고 임종을 맞다 신 33–34장

이제 모세의 임무는 다 끝났다. 모세는 죽기 전에 이스라엘 백성들에게 마지막으로 복을 빌어 주었다. 모세는 먼저 이스라엘은 하나님과 언약을 맺은 참

으로 복된 민족임을 일깨워 준 다음, 이스라엘 열두 지파의 이름을 일일이 불러가면서 각 지파에게 적합한 축복을 선포하였다.

그런 다음 모세는 하나님이 전에 이르신 대로 느보 산 꼭대기에 올랐다. 하나님은 약속하신 대로 젖과 꿀이 흐르는 약속의 땅 가나안을 모세에게 보여주셨다. 여리고 계곡에서 멀리 지중해에 이르는 가나안 땅 전체를 보여주셨다.

모세는 눈 아래 펼쳐지는 약속의 땅을 감회어린 눈빛으로 오랫동안 바라보았다. 어느새 그의 눈가가 촉촉히 젖어 들었다. 너무나도 감격에 겨웠기 때문이었다. 비록 자신은 그곳으로 들어가지 못하지만, 사랑하는 이스라엘 백성들이 들어가 평화롭게 살 땅이라고 생각하니 여간 흐뭇하지 않았다.

"모세야, 보고 있느냐? 바로 저 땅이 내가 아브라함과 이삭과 야곱에게 맹세하여 그들의 후손들에게 주겠다고 약속한 땅이다."

모세는 하나님의 말씀과 함께 그곳에서 평안히 미소를 지으며 눈을 감았다. 이리하여 모세는 120세를 일기로 하나님 곁으로 돌아갔다. 그는 모압 땅의 벳브올 맞은편 골짜기 어디엔가에 묻혔다고 하지만, 아직까지도 그가 묻힌 장소는 알려져 있지 않다.

하나님의 특별하신 은총으로 모세는 죽는 순간까지도 눈빛이 형형하였고 기력은 정정하였다. 하나님의 충실한 종이 되어 이스라엘 백성들을 430년 이집트 종살이에서 이끌어 내어 약속의 땅 입구까지 인도하여 온 위대한 영도자, 시내 산에서 하나님과 직접 대면하여 십계명을 수여받고 율법을 전수받아, 이스라엘 백성들에게 전달해 준 위대한 선지자, 그 후로 이스라엘은 두 번 다시 모세와 같은 지도자를 갖지 못했다.

위대한 지도자를 떠나 보낸 이스라엘 백성들은 모압 평야에서 30일 동안 모세의 죽음을 애도했다. 이제부터 이스라엘 백성을 이끌어갈 지도자는 눈의 아들 여호수아였다. 이스라엘 백성들은 여호수아의 지휘 하에 요단 강을 건너 가나안 땅으로 들어갈 채비를 하였다. 때는 이스라엘 백성들이 이집트에서 나온 지 만 40년 되던 해의 정월이었다.

여리고 성의 두 정탐꾼과 기생 라합

여리고 성에 정탐꾼을 파견하다 수 1:1–2:7

모세가 죽은 후, 하나님이 여호수아에게 말씀하셨다.

"내 종 모세는 죽었다. 그러니 이제는 네가 이 백성을 거느리고 요단 강을 건너가서 내가 주겠다고 약속한 가나안 땅을 정복하라. 힘을 내고 용기를 가져라. 아무것도 두려워 말라. 네 평생에 아무도 너를 당할 자가 없을 것이다. 내가 모세와 함께 했던 것처럼 너와 함께 할 것이다."

하나님의 격려를 받은 여호수아는 용기를 얻었다. 여호수아는 즉시 지휘관들을 소집하여 가나안 땅으로 들어갈 만반의 준비를 시켰다. 이스라엘 진영은 그날부터 분주해졌다. 음식을 장만하랴, 이동 준비를 하랴, 전투 준비를 하랴, 매우 부산하게 움직였다. 이때는 요단 강을 건너기 3일 전으로, 이집트 탈출 만 40년째 되던 해의 정월 7일경이었다.

가나안의 첫 성이자 관문인 여리고 정복이 관건이었다. 천혜의 입지 조건을 갖춘

여리고 성은 크고 견고하여 난공불락의 성으로 널리 알려져 있었다. 여호수아는 여리고 성 공격을 앞두고 건강하고 재빠른 정탐꾼 두 명을 미리 보냈다. 여리고 성에 대한 정확한 정보가 공격의 승패를 결정짓는 중요한 요소였기 때문이었다.

이스라엘의 두 정탐꾼은 여리고 성 안으로 숨어 들었다. 그들은 성벽의 두께와 여리고 군사들의 방어 상태를 비롯하여, 그곳 주민들의 분위기와 동태를 낱낱이 살폈다. 그러다가 여리고 성벽 위의 어느 집으로 들어갔다. 성벽의 폭이 워낙 넓어 그 위에 집을 짓고 사는 사람들이 있었다. 그들이 들어간 곳은 기생 라합의 집이었다.

하지만 정탐꾼들이 라합의 집으로 들어가는 것을 목격한 병사들이 있었다. 병사들은 즉각 상관에게 보고했고, 상관은 왕에게 그 사실을 보고했다. 여리고 성은 당시 이스라엘의 공격에 대비하여 잔뜩 경계를 하고 있던 터라, 정탐꾼들을 그냥 지나치지 않은 것이다.

"수상한 자들이 성읍으로 들어왔다고 합니다. 틀림없이 이스라엘의 정탐꾼인 듯합니다."

"뭐라고? 즉시 그 자들을 잡아 오도록 하라."

여리고 왕의 지엄한 명령에 군사들이 라합의 집으로 몰려갔다. 라합은 직업상 외지 손님들을 많이 접했으므로, 일찍부터 이스라엘에 관한 소문을 익히 들어 잘 알고 있었다. 이스라엘의 신 여호와에 대해서도 상당한 지식을 갖고 있었다.

이스라엘의 신 여호와가 이집트의 파라오를 굴복시키고 자기 백성을 이끌어낸 사실, 홍해를 가르고 이스라엘 백성들을 건너게 한 사실, 더구나 최근에는 요단 강 건너편에서 아모리 족속의 강력한 두 왕을 쳐부수고 그들의 땅을 모두 빼앗았다는 사실을 모르는 여리고 사람은 거의 없었다. 이제 그들이 멀지 않아 요단 강을 건너 여리고 성을 공격해 올 것이라는 소문에, 여리고 사람들은 크게 두려워하고 있었다. 그 어떤 신도 이스라엘의 하나님을 당해 낼 수 없으리라는 것을 잘 알고 있었다.

'적을 당할 수 없다면, 적의 편이 되는 것만이 살아 남는 방법이다. 더구나 그들의 위대한 신을 나의 신으로 섬기게 된다면 얼마나 좋은 일인가.'

평소에 라합은 그렇게 생각하고 있었다. 그녀의 마음에는 어느덧 흔들림 없는 믿음이 자리하고 있었던 것이다.

여리고 군사들의 수색 작전이 시작되자 라합은 자신의 집에 묵고 있는 자들이 이스라엘의 정탐꾼임을 알아차렸다. 이제 선택은 그녀의 몫이었다. 꾸물댈 시간이 없었다. 이스라엘의 편이 되어 그들을 숨겨줄 것인가, 여리고 군사들에게 협조하여 그들을 잡히게 할 것인가? 라합은 그 순간 결심했다. 이스라엘의 신 여호와를 거스를 수가 없노라고.

"이쪽으로 오세요, 얼른!"

라합은 지체 없이 두 명의 정탐꾼을 인도하여 지붕에 널어놓은 삼나무 껍질 속에 숨겨 주었다.

"문 열어! 빨리!"

마침내 군사들이 들이닥쳤다. 라합은 아무 일도 없었다는 듯 태연하게 문을 열었다.

"이 집에 수상한 자들이 들어왔지? 어디 있느냐?"

군사들이 다짜고짜 험하게 물었다. 라합은 당황하지 않고 침착하게 대답하였다.

"예, 조금 전에 두 사람이 제 집에 왔었습니다. 그러나 성문이 닫히기 전에 떠나자면서 이내 나갔습니다. 어디까지 갔는지는 모르겠지만, 서둘러 뒤쫓아가면 붙잡을 수 있을 겁니다."

얼마나 시치미를 잘 뗐는지, 군사들은 조급한 마음에 라합의 집안을 뒤져볼 생각도 않고 황급히 성문 쪽으로 달려갔다.

두 정탐꾼이 기생 라합과 약조를 맺다 수 2:8–24

여리고 군사들이 멀어진 것을 확인한 라합은, 지붕으로 올라가 정탐꾼들에게 말했다.

"이스라엘의 정탐꾼이 맞죠?"

신분이 노출된 것을 알고 그들이 긴장하자, 라합은 차분하게 안심시켰다.

"걱정하지 말아요. 군사들이 들이닥쳤지만 따돌렸으니 마음 놓으세요. 지금쯤 당신들을 잡기 위해 성 밖으로 나가 헤매고 있을 겁니다."

"정말 고맙소. 그런데 당신은 여리고 사람이면서 왜 우리를 숨겨 주는 것이오?"

"예, 말씀 드리지요. 저는 당신들이 이집트에서 나올 때 무시무시한 재앙이 그곳에 임한 것을 압니다. 홍해를 마른 땅처럼 건넌 것도 잘 알고 있습니다. 요단 강 동쪽에 있던 아모리 족속의 두 왕을 전멸시킨 것도 잘 압니다. 모두 당신들의 위대한 하나님 여호와 덕분이란 것도 잘 알고 있습니다. 그러니 이 여리고 성도 당신들의 차지가 될 것이 뻔합니다. 여리고 사람들은 당신들이 쳐들어온다는 소문에 잔뜩 겁에 질려 있습니다. 모두 넋을 잃은 상태입니다. 그래서 특별히 부탁을 드리고자 합니다."

"무슨 부탁이오?"

"제가 당신들을 살려주었으니, 당신들도 저와 제 가족을 살려주십시오. 이 성읍을 공격하여 함락시킬 때 저와 제 가족들을 살려주십시오."

두 정탐꾼은 잠시 서로 눈을 마주치며 의견을 주고받았다.

"조건이 있소. 이후에라도 우리에 대해 일체 비밀로 해준다면, 당신의 청을 들어주겠소."

"저는 이미 목숨을 걸고 당신들을 숨겨준 사람입니다. 맹세코 그 약속을 꼭 지키겠습니다."

"좋소. 우리도 약속하겠소."

라합은 마음이 놓였다. 이제 남은 일은 그들을 무사히 탈출시키는 것이었다.

"지금은 성문이 닫혀 성 밖으로 나갈 수 없습니다. 창문으로 밧줄을 내려드릴 테니 서둘러 빠져 나가십시오. 여기에 오래 있으면 위험합니다. 성 밖에는 당신들을 찾는 군사들이 쫙 깔렸으니, 잡히지 않도록 산으로 들어가 사흘쯤 숨어 있다가 수색이 끝나면 그때 빠져나가도록 하세요."

"고맙소. 우리가 이 성을 공격해 올 때 당신은 이 창문에 우리를 내려준 이 붉은 밧줄을 매어두고 부모형제 모두가 이 집에 모여 있으시오. 반드시 약속을 지킬 테니, 당신도 다른 사람들에게 우리의 일을 절대로 누설하지 마시오."

이스라엘의 두 정탐꾼은 라합의 도움으로 밧줄을 타고 성벽을 내려와 여리고 성 밖으로 도망쳤다. 그리고 라합의 말대로 사흘 동안 꼼짝없이 산에 숨어 지내다가, 무사히 요단 강을 건널 수 있었다. 그들은 여호수아에게 가서 보고했다.

"하나님께서 여리고 성을 우리에게 주신 것이 분명합니다. 여리고 백성들은 우리를 몹시 두려워합니다."

정탐꾼들의 보고에, 이스라엘 백성들은 용기 백배하였다.

요단 강 도하와 여리고 성의 정복

요단 강을 건너다 수 3장

드디어 가나안 입성의 날이 왔다. 만반의 준비를 마친 이스라엘 백성들은 이른 아침부터 긴 행렬을 이루며 요단 강을 향해 언덕을 내려갔다. 제사장들이 법궤를 메고 행렬의 선두에 섰다.

요단 강은 북부 갈릴리 호수에서 남부 사해 바다까지 직선 거리로는 100km 정도지만, 마치 뱀처럼 구불구불 흐르는 데다가 위아래의 표고 차이가 200m나 되어 빠른 물살로 유명한 강이었다. 더구나 그 무렵은 일년 중 강물이 가장 크게 불어나는 우기雨期였다. 이때에는 평균적으로 강물의 깊이가 3~4m, 너비가 30m 정도 되었다.

강 양편의 골짜기에서 흘러내린 물이 많아 강물은 황토빛이었으며, 강물 높이는 양쪽 언덕까지 넘실댈 정도였다. 그런 강을 건넌다는 것은 힘세고 수영 잘하는 장정이라도 급류에 휩쓸려 떠내려가기 십상이었다. 그런데 이스라엘에는 어린아이들과 여자들과 노인들은 물론이고, 가

축과 짐을 가득 실은 수레까지 있지 아니한가. 낭패였다. 어쩔 것인가?

"법궤를 멘 제사장들은 요단 강에 다다르면 강물 속으로 들어가 그 자리에 서 있으라."

여호수아는 하나님의 명령을 제사장들에게 전달했다. 여호수아의 명령에 따라 제사장들이 법궤를 메고 요단 강물에 발을 들여놓았다. 그러자 이것이 어찌된 일인가! 위에서 흘러 내려오던 강물이 갑작스럽게 뚝 멈추더니, 점차 쌓여 거대한 둑을 이루는 것이었다.

"와, 강물이 멈추었다!"

오래 전에 홍해가 갈라지던 광경을 제대로 목격한 사람은 여호수아와 갈렙뿐이었지만, 광야에서 태어난 이스라엘의 신세대 백성들도 그 놀라운 기적에 대해서는 어려서부터 귀에 못이 박히도록 들어온 터였다. 그런데 그와 같은 기적이 눈앞에서 실제로 일어나자 모두들 벌어진 입을 다물지 못했다. 요단 강의 규모는 홍해에 비할 바가 아니지만, 이제 자신들의 눈앞에서 강물의 흐름이 끊기고 물이 쌓여 거대한 둑이 형성되는 것을 직접 목격하게 된 것이다. 이스라엘 백성들은 말라버린 강바닥을 쉽게 건널 수 있었다. 40년 전 홍해의 기적이 다시 한 번 재현된 것이나 다를 바가 없었다.

기념비를 세우고 유월절을 지키다 수 4:1–5:12

법궤를 멘 제사장들은 물이 빠진 강바닥 한가운데에 버티고 서 있었다. 여호수아는 모든 사람들에게 어서 빨리 건너라고 채근하였다. 200만 명에 달하는 그 많은 사람들이 요단 강을 건너는 데는 거의 반나절이 걸렸다. 법궤를 멘 제사장들은 모든 이스라엘 백성이 강 건너 기슭에 닿을 때까지 꼼짝 않고 그 자리에 서 있었다.

여호수아는 각 지파별로 한 명씩 차출해 둔 힘센 장정 12명에게 명령하였다.

"저 요단 강 한복판으로 들어가서 큰 돌 한 개씩을 메고 나와라. 클수록 좋다."

각 지파를 대표하는 장정들이 큰 돌을 하나씩 메고 나오자, 여호수아는 강 한복판에서 법궤를 메고 서 있던 제사장들에게 이제 나오라고 지시하였다. 제사장들이 강기슭으로 나오자, 멈추어 쌓였던 거대한 강물이 다시 세차게 흐르기 시작하였다. 보기만 해도 무시무시한 급류였다.

"강바닥에서 가지고 나온 돌들을 나란히 세워라. 이 돌들은 세월이 흐른 후 우리의 자손들에게 기념비가 될 것이다. 우리가 무사히 건널 수 있도록 하나님께서 요단 강을 마르게 하신 놀라운 기적을 베풀었음을 증거하는 기념비가 될 것이다. 이 기념비를 볼 때, 후손들은 하나님의 전능하심을 깨닫고, 오직 하나님만을 경외하며 섬겨야 한다는 것을 알게 될 것이다."

요단 강을 건넌 이스라엘 백성들은 길갈에 진을 쳤다. 길갈은 여리고에서 북동쪽으로 대략 3km 지점에 위치한 곳으로, 가나안 정복 전쟁 당시 이스라엘 백성들의 군사 기지가 되었다. 이곳에서 이스라엘 백성들은 광야 행진 도중에는 시행하지 못했던 할례割禮를 거행함으로써 이집트에서의 모든 수치를 없애 버렸다.

한편, 이스라엘 백성들이 요단 강을 건넌 시기는 때마침 이집트를 떠난 날을 기념하는 유월절 축제가 시작되는 날이었다. 그래서 이스라엘 백성들은 근처의 여리고 평야에서 천막을 치고 기쁨과 감격 속에 유월절을 지켰다.

유월절 축제가 끝난 다음 날, 이스라엘 백성들은 가나안 땅의 산물을 처음으로 먹었다. 그러자 다음 날부터 만나가 멎었다. 광야 여행 40년 동안 하늘에서 줄곧 내려오던 광야의 음식 만나가 더 이상 내려오지 않은 것이다. 이스라엘 백성이 들어선 가나안 땅에는 식량이 얼마든지 있었기 때문이었다.

여리고 성을 돌고 돌다 수 6:1-14

"이스라엘 백성들이 요단 강을 건넜다고? 어떻게 그런 일이…."

여리고 성 사람들은 경악했다. 그들은 두려움에 가슴이 철렁 내려앉았다. 그들은 감히 싸울 엄두조차 내지 못하고, 성문을 굳게 걸어 잠근 채 숨죽이고 있었다. 드나드는 사람의 그림자 하나 보이지 않았다.

소문이 파다하게 퍼졌다. 이스라엘의 신 여호와가 정말 위대하다는 것, 아직껏 이스라엘과 싸워 이긴 나라가 하나도 없다는 것, 홍해를 둘로 갈랐던 그들의 신이 이번에는 요단 강을 마르게 하였다는 것, 여리고 성에 대한 그들의 침공이 임박하였다는 것…. 여리고 사람들은 겁에 질려 어찌할 바를 모르고 벌벌 떨고 있었다.

여리고 성은 크고 견고했다. 가파른 경사지의 정상에 위치한 여리고 성의 성벽은 하늘을 찌를 듯 높았고, 성벽 너비는 20m나 되었다. 가히 난공불락의 요새였다. 정상적인 군사 작전으로는 거의 공략이 불가능한 천연적인 요새와 방벽을 갖추고 있었다. 그래서 여리고 성은 아직껏 누구에게도 침범을 허용치 않고 있었다.

여호수아는 여리고 성을 앞에 두고 깊은 생각에 잠겼다. 가나안 정복 전쟁에서 여리고 성이 차지하는 비중은 실로 막대했다. 여리고 성은 요단 강 동편에서 가나안 본토의 중부로 진입하는 교통의 요로에 위치한 오아시스 성읍으로서, 매우 중요한 군사적 요충지였다. 이스라엘은 여리고 성을 장악해야만 가나안 땅의 중심부로 곧장 쳐들어갈 수 있었고, 동시에 가나안 남북의 군사적 연합을 차단할 수 있었다.

가나안 땅을 정복하려는 이스라엘로서는 어떤 희생을 감수하고서라도 반드시 여리고 성을 정복해야만 했고, 반대로 가나안 땅을 지켜야 하는 여리고 백성들로서는 무슨 수를 동원해서라도 그 성을 사수해야만 했다. 그러니 여리고 성 전투는 가나안 정복 전쟁에서 기선을 잡느냐, 기선이 꺾이느냐를 결정하는 최초이자 가장 중요한 전투였다.

여호수아는 믿음의 인물이었다. 그는 오랫동안 모세를 최측근에서 보좌하면서 하나님의 지시대로만 따르면 만사형통이라는 사실을 40년 경험을 통해 잘 알고 있었다. 그래서 여호수아는 여리고 성 공격을 앞두고 하나님의 지시만을 기다리고 있었다.

부녀자들은 요단 강을 건너 처음 진 쳤던 길갈에 머물게 하고, 20세 이상으로 전투에 참여할 남자들만 여리고 성 가까이에 진격해 있었다.

마침내 하나님의 지시가 떨어졌고, 여호수아는 하나님의 지시를 받아 시행에 들어갔다. 그런데 하나님의 지시라는 것이 너무나 우스꽝스러운 것이었다. 마치 어린애들의 유치한 장난과도 같은 짓을 시키신 것이다.

"여호수아야, 너희는 군대를 동원하여 매일 한 번씩 여리고 성 주위를 돌아라. 엿새 동안 계속해서 여섯 번을 돌아라."

여호수아는 하나님의 지시대로 날마다 여리고 성을 돌게 했다. 정예 부대가 앞장서고, 그 뒤를 일곱 명의 제사장들이 각기 뿔나팔을 불면서 뒤따르고, 그 뒤에는 네 명의 제사장들이 법궤를 어깨에 메고 따랐다. 맨 뒤에는 이스라엘의 후위 부대가 역시 대오를 맞추어 뒤따랐다.

거대한 행렬이 아침마다 이어졌다. 일곱 제사장들이 불어대는 뿔나팔 소리만 널리 울려 퍼졌다. 여호수아의 지시에 따라 아무도 소리를 내지 않았고, 모두가 묵묵히 행진할 뿐이었다. 여리고 성을 한 바퀴를 돌고 나면 모두들 자기의 천막으로 들어가 쉬었다.

이런 광경을 지켜보는 여리고 사람들은 어리둥절하지 않을 수 없었다.

"왜들 저러지? 공격은 안 하고 대체 뭐 하는 거야?"

"글쎄, 도무지 모를 노릇이군. 심리전이라기엔 어린애들 병정놀이 같이 유치하군."

"무슨 꿍꿍이 속인지 원!"

"도대체 무슨 작전을 펼치려고 저런 짓을 하는 거지?"

여리고 사람들은 모두들 수군거렸다. 왕도 군사들도 어리둥절하긴 마찬가지였다. 특히 성벽을 수비하는 군사들은 하루 이틀 시간이 흐를수록 긴장이 고조되었다. 그렇다. 적을 모르면 두려움뿐이며,

두려움은 사기를 저하시키고, 사기 저하는 패배를 초래한다.

한편, 여리고 성벽 위에 살고 있는 라합은 창문을 굳게 닫아 놓고 매일 한 번씩 틈새로 밖을 살폈다. 언제 쳐들어올지 몰라 가족들은 모두 그녀의 집에 모여 있었다. 하지만 이스라엘 군대의 공격이 시작되지 않아서, 아직은 창문에 붉은 밧줄을 내걸지 않고 있었다.

여리고 성이 함락되다 수 6:15-27

이스라엘의 행진이 계속되었다. 엿새 동안 똑같은 방식으로 행진이 이어진 다음 마침내 이레째 되는 날이 밝아왔다. 그날은 동이 틀 무렵부터 성을 돌기 시작했다. 다른 날과는 달리 행렬의 행보가 훨씬 빨라졌다. 느릿느릿 여유 있던 예전과는 분위기가 딴판이었다. 뭔지는 몰라도 의미심장한 변화였다. 그들은 한 바퀴를 서둘러 돌더니, 또 한 바퀴를 도는 것이었다. 성 안에 팽팽한 긴장감이 돌았다. 성 밖에서는 세 바퀴째를 돌고, 이어 네 바퀴째로 이어졌다. 그제서야 성안 사람들은, 이스라엘의 행렬이 빨라진 것이 여러 바퀴를 돌기 위해서였다는 것을 알아차렸다. 다섯 바퀴째를 돌 때는 아무래도 무슨 일이 일어날 것만 같은 느낌이 들었다.

"도대체 몇 바퀴를 돌려는 거지?"

성벽 수비군이 긴장된 얼굴로 동료에게 물었다.

"낸들 알겠나. 거 참, 해괴하군."

다른 날보다 일찍 시작된 성벽 돌기였으나, 여섯 바퀴째 돌 때는 이미 늦은 오후였다. 그들은 지치지도 않는지 여전해 보였다. 적의 동태가 무엇을 의미하는지 전혀 모를 때는 두려움이 점점 더 커져 간다.

이스라엘 백성은 드디어 일곱 번째 성벽 돌기를 시작하는 중이었다. 라합은 온종일 성 밖 동태를 살피느라 창문 틈새에서 시선을 떼지 못하다가 정탐꾼들과 약조한 대로 붉은 밧줄을 창문에 매달았다. 미리 알려두는 것이 안전할 것 같아서였다.

여리고 성의 바깥 분위기가 갑자기 바뀌었다. 일곱 번째 성벽 돌기를 마친 이스라엘 행렬이 멈추어 서는 듯싶더니 요란스러운 나팔소리가 울려 퍼졌다. 이스라엘 군사들은 나팔 소리와 함께 일제히 손을 흔들어대며 큰 함성을 질러 댔다.

"와아아아아아아아!"

지축을 흔드는 듯한 함성이었다. 그러자 이변이 생겼다. 그토록 견고하던 여리고 성벽에 금이 가더니, 마침내 무너져 내리기 시작하는 것이었다. 성벽이 무너지리라고는 꿈에도 상상할 수 없었던 여리고 사람들은 미처 달아날 겨를도 없이 당할 수밖에 없었다.

"돌격 앞으로! 와아아아!"

사기충천한 이스라엘 군사들이 큰 함성과 함께 성 안으로 밀물처럼 몰려 들어왔다. 순식간에 벌어진 상황이었다. 성 안이 아수라장으로 변했다. 이스라엘의 칼과 창이 여리고 성 주민과 가축들을 닥치는 대로 죽였다. 철저한 진멸이었다. 우상을 섬기는 사악하고 부패한 가나안 원주민을 모두 죽이라고 하나님이 명령하셨기 때문이다. 하지만 여호수아는 여리고 사람들의 재산은 터럭만큼도 손대지 말라고 엄명하였다.

그러나 불순종의 자식은 어디에나 있게 마련인가. 유다 지파 소속인 갈미의 아들 아간이라는 자가 그런 사람이었다. 그는 금은보화와 값진 옷들이 노획되어 산더미처럼 쌓여 있는 것을 보자 탐심이 생겼다. 아간은 시끌벅적한 와중에 아무도 보지 않는 틈을 타서 금덩어리 한 개와 시날산産 값진 외투 한 벌을 훔쳐다가 자기 천막으로 가져가서 바닥을 파고 묻었다. 감쪽같았다.

하나님의 명령에 따라 이스라엘 군대는 여리고 성과 그 안에 있는 것들을 모조리 불태웠다. 불에 타지 않는 은금과 청동 제품과 철 제품은 하나님의 성막 안에 보관되었다.

한편, 라합과 그의 가족은 어찌 되었는가? 여리고 성을 진멸시키는 와중에서도 여호수아는 라합을 기억하고 있었다. 그래서 여리고 성을 살피러 갔던 두 정탐꾼들에게 특별 지시를 내렸다.

"너희는 맹세한 대로 즉시 기생 라합의 집으로 들어가서 그녀와 그녀에게 속한 모든 것을 안전하게 데리고 나오라. 속히 서두르라!"

약조를 맺은 대로 기생 라합의 집에는 붉은 밧줄이 내걸려 있었다.

"옳거니, 저 집이구나."

두 정탐꾼은 서둘러 기생 라합의 집으로 들어가 그녀와 그녀에게 딸린 부모 형제와 일가 친척을 인도하여 여리고 성 바깥의 이스라엘 진영 안전한 곳으로 데려다 놓았다. 라합 가족은 그때부터 이스라엘 백성들 가운데 섞여 여호와 하나님을 섬기며 살았다.

아이 성의 실패와 아간의 범죄

아이 성 정복에 실패하다 수 7:1-5

여리고 성을 함락시킨 후, 여호수아는 다음 차례로 가까이에 있는 아이 성을 공격하기 위해 몇 사람의 정탐꾼을 미리 보냈다. 돌아온 정탐꾼들의 보고는 낙관적이었다.

"아이 성은 규모도 작고 병력도 많지 않아 쉽게 점령할 수 있습니다. 군대를 많이 보낼 필요조차 없습니다. 2, 3천 명 정도면 충분히 함락시킬 수 있을 것 같습니다."

크고 견고한 성 여리고를 함락시킨 직후라서인지, 이스라엘 정탐꾼은 작은 성 아이를 얕잡아 보았다. 여호수아도 정탐꾼들의 보고를 그대로 믿고, 3천 명 정도의 군사들만 아이 성으로 보냈다.

그러나 이 어찌된 일인가! 만만하게 여기고 쳐들어간 이스라엘 군사들은 도리어 적잖은 인명 피해를 입고 아이 성 군사들에게 쫓기는 신세가 되었다. 여호수아와 이스라엘 백성들은 예상을 뒤엎는 전투 결

과에 크게 당황하였다. 큰 성 여리고에서는 단 한 명의 인명 손실도 없었는데, 작은 성 아이에서는 성을 함락시키는 데에도 실패하였거니와 도리어 36명의 젊은 생명을 잃었다.

이집트에서 나온 후 최초의 참패였다. 이스라엘 백성들은 덜컥 겁이 났다. 앞으로 수없이 많은 전투를 치러야 하는데, 작은 아이 성조차 차지할 수 없다면 무슨 수로 가나안 정복을 한단 말인가. 이스라엘 백성들은 회의와 낙심에 빠졌다. 연전연승의 이스라엘 군대에 대해 잔뜩 겁을 집어먹고 움츠려 있던 가나안 민족들은, 이제 힘을 얻어 적극적으로 공격해 올 것이 뻔했다. 이스라엘 군대도 얼마든지 물리칠 수 있다는 자신감을 갖게 되었을 것이기 때문이다. 이스라엘의 위기였다.

범죄자를 찾아내어 처형하다 수 7:6–26

여호수아와 이스라엘 장로들은 옷을 찢고 머리에 먼지를 뒤집어 쓴 채 저물도록 법궤 앞에 엎드렸다. 여호수아가 통곡하며 울부짖었다.

"여호와여, 우리가 어찌해야 합니까? 이 땅 사람들은 우리가 패배하였다는 소문을 듣고, 우리를 공격해 올 것입니다. 우리가 이방인들에게 패하면 저 이방인들이 여호와 하나님을 어떻게 생각하겠습니까. 우리의 하나님이 자기들의 우상보다 약하다고 비웃으며 조롱할 것입니다. 정녕 이스라엘이 이대로 멸망당해야 합니까."

여호수아는 낙망하고 좌절했다. 모세와 함께 하신 하나님께서 자기에게도 함께 하실 것이라고 분명히 약속하셨건만, 무엇 때문에 이런 참담한 일이 일어났는지 도무지 알 수 없었다. 하나님의 도움 없이 가나안 땅을 정복한다는 것을 상상조차 할 수 없었다.

"어찌하여 엎드려 있느냐?"

하나님의 음성이 들려왔다.

"어서 일어나라. 이스라엘이 내 앞에 죄를 지었다. 여리고에서 내가 손대지 말라고 한 것을 도적질한 자가 있다."

하나님은 여리고 성을 가나안 땅의 첫 제물로 삼아 모조리 진멸하기를 원하셨다. 사람과 가축은 몰살하고, 물건은 불로 태우고, 불에 타지 않은 금은 보석과 놋과 철 제품은 하나님의 성막에 보관되어야 했다. 그런데 누군가가 그 진멸할 물건에 손을 댄 것이다. 아이 성 패전의 원인은 바로 그 자 때문이었다. 이제 범인을 색출하여 그를 처벌하지 않으면, 앞으로도 하나님이 이스라엘과 함께 하지 않을 것이었다.

"이스라엘 백성들을 다 모아라. 내가 누구의 짓인지 알려주리라."

다음 날 이른 아침, 제사장들이 나팔을 불어 전체 이스라엘 백성들을 모이게 했다. 제비뽑기를 통해 범인을 색출하기 위해서였다. 지파 별로 모두 모여들었다. 먼저 유다 지파의 사람들이 제비에 뽑혔다. 이어 유다 지파 사람들 중 가문별로 제비를 뽑게 하자, 세라의 집안이 다시 제비에 뽑혔다. 다음으로는 세라 집안에서도 삽디의 가족이 제비에 뽑혔다. 범위가 점점 축소되다가, 마침내 삽디의 가족 중 아간이 제비에 뽑혔다. 하나님은 그가 바로 진멸할 물건에 손을 댄 범인임을 밝히신 것이다.

"아간, 네가 무슨 짓을 한 것이냐. 숨기지 말고 낱낱이 고하여라."

아간의 얼굴이 창백해졌다. 그는 부들부들 떨면서 사실대로 말하였다.

"잘못했습니다. 금 덩어리와 은과 외투를 훔쳐서 제 천막 바닥을 파고 묻어 두었습니다."

여호수아는 즉시 사람을 보내어 아간의 천막 바닥을 파게 했다. 과연, 아간이 말한 물건들이 나왔다. 물증이 확보된 것이다.

"아간, 네가 우리를 괴롭혔구나. 이

제 하나님께서 너를 괴롭힐 것이다."

여호수아가 아간과 그의 자녀들을 이끌고 가까운 골짜기로 올라갔다. 아간에게 딸린 그의 가축과 천막과 훔친 물건들도 모두 거두어 함께 싣고 갔다. 성난 이스라엘 백성들이 뒤따랐다. 그리고는 그 골짜기에서 아간과 그의 가족을 모조리 돌로 쳐 죽였다. 아간의 재산도 몽땅 불태웠다. 그런 후, 그 위에 돌을 쌓아 돌무덤을 만들었다. 그제서야 여호와의 극렬한 분노가 가라앉았다.

아이 성을 정복하다 수 8장

아간의 문제가 마무리되자, 하나님이 다시 여호수아에게 말씀하셨다.

"이제 두려워하지 말아라. 아이 성을 다시 공격하도록 하라. 내가 그 성을 너희에게 주겠다. 모든 전리품과 가축은 너희들이 가져도 좋다."

여호수아는 치밀한 작전 계획을 세웠다. 공격 전날, 용감한 군사 3만을 뽑아 한밤중에 쥐도 새도 모르게 아이 성 뒤편에 매복시켰다. 성벽 서쪽에는 5천 명을 따로 매복시켰다.

날이 밝자, 여호수아는 아이 성을 정면에서 공격해 들어갔다. 한번 승리를 맛본 아이 왕은 자신만만했다. 그는 성문을 활짝 열고 군사들을 모두 이끌고 나와 이스라엘 군사들과 정면으로 맞서 싸우려 했다. 이스라엘 사람은 한 명도 성 안에 발을 들여놓지 못하게 하겠다는 전략이었다.

"돌격! 와아아아."

제2차 아이 성 전투가 시작되었다. 그런데 잠시 싸우는 듯하던 여호수아 군대가 갑자기 겁먹은 양 광야 쪽으로 도망치기 시작했다. 아이 성 군사들은 신바람이 나서 뒤를 쫓았다.

아이 성의 군사들을 성에서 멀리 유인하려는 여호수아의 전략에 아이 왕이 말려든 것이었다. 어느 정도 도망치던 여호수아가 뒤돌아서서 손에 든 창을 아이 성 쪽을 향하여 내뻗었다. 그것은 아이 성 뒤편에 매복하고 있던 군사들로 하여금 공격하라는 신호였다. 그 신호에 맞추어 전날 밤부터 매복해 있던 이스라엘 군사들이 일제히 성으로 쳐들어갔다. 성문이 활짝 열려 있었기에 단번에 몰려 들어갈 수 있었다. 아이 성 안에서는 시뻘건 불길과 새까만 연기가 치솟아 올랐다. 성 안에는 한 명의 군사도 없었던 것이다.

이스라엘 군사들을 신나게 뒤쫓던 아이 성의 군사들은 자기들 성읍이 불길에 휩싸여 타오르고 있는 것을 보았다. 추격하던 아이 성 군사들이 크게 동요하여, 어쩔 줄을 모르고 우왕좌왕했다.

그러자 도망치던 여호수아 군대가 갑자기 방향을 바꾸어 아이 성 군사들을 공격하기 시작했다. 이미 아이 성을 점령한 이스라엘 군사들도 성 밖으로 몰려 나와 뒤에서 아이 군사들을 공격했다. 협공 작전이었다. 순식간에 앞뒤로 포위당한 아이 성 군사들은 도망갈 겨를도 없었다. 이스라엘 군사들은 아이 왕을 사로잡았고, 그의 군사들을 모조리 죽여 한 사람도 도망치지 못하게 했다. 이스라엘의 완전한 승리였다.

가나안 중부의 여리고 성과 아이 성을 정복한 이스라엘 백성들은, 모세가 부탁한 대로 아이 성에서 북쪽으로 32km 지점에 위치한 세겜 땅의 에발 산으로 가서 하나님께 희생 제단을 쌓았다. 그리고 그곳에서 축복과 저주의 율법을 낭독했다.

기브온 사람들의 속임수와 아모리 다섯 왕의 정복

기브온 사람들이 이스라엘과 우호 조약을 맺다 수 9장

아이 성과 가까운 가나안 땅 중부 지역에는 큰 성 기브온이 있었다. 그곳 사람들은 히위 족속으로서 진멸의 대상이었다. 기브온 사람들 역시 이스라엘에 관한 소문을 충분히 듣고 있었던 터라 두려워 떨고 있었다. 아이 성을 무너뜨린 이스라엘의 다음 공격 목표는 분명 기브온 성일 것이기 때문이었다.

기브온 성의 지도자들은 근심에 찬 얼굴로 회의를 하였다.

"큰일이오. 우리에겐 이스라엘을 당할 능력이 없소이다. 그들은 여리고 성 사람들을 다 죽이고 불살랐소이다. 아이 성도 마찬가지였소. 이제 곧 우리를 공격해 올 터인데, 이를 어찌하면 좋단 말이오?"

"그들의 신 여호와가 문제요. 어떤 신들도 이스라엘의 신 여호와를 당해 내지 못한다고 들었소."

이스라엘과 맞서 싸울 수는 없는 노릇이었다. 그것은 민족의 몰살을 의미했다. 그러나 뾰쪽한 수가 없었다. 모두들 묘안을 짜내느라 전전긍긍했다.

"이러면 어떨까요?"

무거운 침묵을 깨고 누군가가 좋은 생각이 났다는 듯 입을 열었다. 모두의 시선이 그에게 집중되었다.

"이스라엘과 우호 조약을 맺어 위기를 모면하는 것이 어떨까 합니다."

"우호 조약?"

"어떻게 말이오?"

모두들 눈이 빛났다.

"계책을 쓰는 겁니다."

"어디 속 시원히 말해 보시오."

기브온 성의 지도자들은 구구한 의논 끝에 속임수를 써서라도 민족의 몰살을 면해 보자는 데 의견이 일치하였다.

얼마 후, 기브온 성읍의 사절단이 이스라엘 진영을 향해 출발하였다. 그들은 모두 낡은 옷과 닳아빠진 신발을 신고 있었다. 나귀에는 꿰맨 포도주 부대를 얹고, 곰팡이가 쓸고 말라 바삭바삭한 빵도 챙겼다. 누가 보더라도 영락없이 오랜 동안 광야 여행에 찌든 나그네의 모습이었다.

기브온 사절단은 가까운 길갈에 진을 치고 있는 이스라엘 진영으로 가서 여호수아와 백성의 지도자들을 만났다.

"우리들은 먼 나라에서 왔습니다. 이스라엘의 소문을 듣고 찾아왔는데, 당신들의 친구가 되어 우호 조약을 맺고 싶습니다."

"그래요? 그러나 당신들이 누군지도 모르는데 어떻게 친구가 된단 말이오? 혹시 이 근처에 사는 사람들은 아니오?"

"아닙니다. 우리들은 당신들의 하나님 여호와께서 이집트에서부터 하신 일들을 다 들어서 잘 알고 있습니다. 보십시오. 이 낡은 옷, 곰팡이 쓴 빵, 해진 신발…. 우리가 얼마나 먼 곳에서 오랫동안 여행해 왔는지 보시면 알지 않습니까. 그러니 우리의 정성을 보아서라도 우리와 우호 조약을 맺고 서로 친구가 되었으면 좋겠습니다."

아주 태연한 능청이었고, 그럴싸한 행색이었다.

그동안 수많은 적들과 싸워온 이스라엘은 멀리서 친구가 되겠다고 찾아온 사절단이 반갑지 않을 수 없었다. 그래서 여호수아와 이스라엘 장로들은 하나님께 여쭈어보지도 않고 그들과 우호 조약을 맺었다. 여호와의 이름으로 맹세코 그들과 그 백성의 목숨을 보장해 주겠다는 내용도 포함되었다.

우호 조약을 체결한 지 사흘 후, 이스라엘 백성들은 그들이 이웃 기브온 성에서 온 사절단이라는 사실을 알게 되었다. 여호수아와 이스라엘 장로들은 몹시 당황했고 화가 났다. 이스라엘 백성들은 지도자들을 원망했다. 그러나 어쩔 수 없었다. 이미 우호 조약을 체결한 다음이니 약속을 이행하지 않을 수 없는 노릇이었다. 약속은 약속이었다. 더구나 거룩하신 여호와 하나님의 이름으로 체결한 약속이었다.

여호수아는 기브온 사람들을 불러 놓고 말했다.

"당신들이 우리를 속였다. 그러나 조약을 맺었으니 당신네들을 죽이지는 않겠다. 그렇다고 거짓에 대한 책임을 묻지 않을 수 없다. 당신들은 우리를 속인 거짓된 죗값을 치러야 한다."

기브온 사람들은 목숨을 살려준다는 말이 황송해서 무슨 벌이든 달게 받겠다고 하였다.

"너희는 우리의 노예가 되어야 한다. 성전에서 하나님께 제사 드릴 때 물을 길어 오고, 제물을 태울 장작을 패야 한다."

이스라엘을 속인 대가는 이스라엘의 노예가 되는 것으로 일단락 지어졌다. 그날로부터 기브온 사람들은 하나님의 성전에서 하나님을 섬기는 데 필요한 모든 허드렛일에 종사하였다.

해가 머물고 달이 멈추다 수 10:1-27

예루살렘 왕 아도니세덱은 크게 두려워하고 있었다. 그렇지 않아도 여리고와 아이를 함락시킨 이스라엘의 계속되는 승전 소식에 잔뜩 긴장하고 있던 터에,

이번에는 인구도 많고 성읍도 큰 기브온이 이스라엘과 우호 조약을 맺었다는 소식까지 접하자 더욱 겁에 질렸다. 동시에 기브온 성읍의 배신에 대한 분노가 솟구쳤다.

'기브온이 우리를 배신하다니….'

예루살렘 왕 아도니세덱은 자신들을 배신한 기브온을 가만 놔두어서는 안 되겠다고 판단했다. 적극적으로 대처해서 어떻게든 또 다른 이탈을 막아야 했다.

그는 궁리 끝에 주변의 왕국들과 연합군을 만들어 배신자 기브온을 응징하기로 결심했다. 기브온만 무찌르면, 이스라엘도 한풀 꺾일 것이라고 생각하였다.

아도니세덱은 주변에 있는 네 왕에게 사신을 급파하였다. 그들은 헤브론 왕과 야르뭇 왕과 라기스 왕과 에글론 왕이었다.

"기브온이 우리를 배신했소. 우리가 연합군을 형성해서 배신자 기브온을 응징합시다. 그렇지 않으면, 이스라엘의 기세를 꺾기 힘들 것이오. 속히 힘을 합쳐 기브온을 공격합시다."

그렇지 않아도 모두들 이스라엘의 승승장구에 위기의식을 느끼고 있었던 터라, 아도니세덱의 계획에 모두가 적극 동조했다. 이스라엘에 대항할 연합군이 신속하게 편성되었다. 그들 다섯 왕국은 모두가 가나안의 막강한 세력인 아모리 족속들이었다.

한편, 다섯 나라 연합군이 쳐들어온다는 보고를 받은 기브온 왕은 여호수아에게 사신을 급파했다.

"속히 와서 우리를 도와주십시오. 아모리 족속의 다섯 왕들이 동맹군을 만들어 지금 쳐들어오고 있는 중입니다. 상황이 아주 급합니다."

전갈을 받자, 여호수아는 즉시 이스라엘 전군에 출정 명령을 내렸다.

"모두 들으라, 지금 우리와 우호 조약을 맺은 기브온이 아모리 족속의 다섯 왕들에게 공격을 받고 있다. 즉시 가서 기브온을 구하고, 아모리 연합군을 무찌르자!"

여호수아는 사기충천한 이스라엘 군대를 이끌고 기브온으로 향했다. 길갈의 이스라엘 진영을 떠나 가나안 서쪽의 중앙 고지대를 향하여, 밤새도록 쉬지 않고 달려갔다. 여호수아는 승리를 보장해 주신 하나님의 약속을 받았으므로 두려울 것이 없었다.

이스라엘 군대가 기브온에 이르자 아모리 족속의 다섯 연합군들이 이미 도착해 있었다. 밤새도록 행군해 온 이스라엘 군사들은 휴식할 틈도 없이 기습적으로 공격을 감행했다. 아모리 족속의 연합군은 아연 당황했다. 이스라엘 군대가 그토록 빨리 들이닥칠 줄은 예상치 못했기 때문이었다.

우왕좌왕, 혼비백산. 이스라엘 군사들의 기세에 눌린 아모리 족속의 연합군은 훨씬 많은 숫자에도 불과하고 제대로 싸워보지도 못한 채 너도나도 도망치기에 바빴다. 이스라엘 군사들은 맹렬하게 뒤쫓았다. 이번에 아모리 족속의 다섯 연합군을 제압하면, 그 다섯 나라를 한꺼번에 점령한 결과가 온다. 그러니 적당히 살려서 돌려보내면 안 되었고, 철저히 무찔러 전의를 완전히 꺾어 놓아야만 했다.

쫓고 쫓기는 싸움이 계속되는 동안, 하늘에서 갑자기 주먹만한 우박이 쏟아지기 시작했다. 하나님이 이스라엘을 도와 큰 우박을 쏟아부었던 것이다. 이집트에 재앙이 임했을 때 이집트 사람들에게만 우박이 쏟아졌던 것처럼, 이번에도 도망하는 적군들에게만 우박이 집중적으로 쏟아져 내렸다. 그날 기브온 전투에서는 이스라엘의 칼과 창과 화살에 죽은 사람보다 우박에 맞아 죽은 적군이 훨씬 많았다.

온종일 전투가 계속되었다. 해가 서서히 기울고 있었다. 해가 지면, 상당수의 적군이 어둠을 틈타 무사히 도망칠 것이었다. 여호수아는 하늘을 향하여 소리쳤다.

"해야, 기브온 위에 머물러라.
달아, 너도 아얄론 골짜기에 멈추어라!"

그러자 이게 무슨 일인가! 여호수아의 기도가 끝나자마자, 해가 그 자리에 멈추었고 달도 멈추어 섰다. 해가 온종일 꼬박 움직이지 않고 그대로 멈추어 섰다. 인류 역사를 통해 이 같은 기적은 이전에도 없었고 이후에도 없었다. 오직 이때뿐이었다.

해가 멈춤으로써 낮이 길어진 이 사건은, 지구의 자전이 멈춤으로써만 가능하다. 우주적인 대이변이 일어난 것이다. 하나님이 이스라엘 편에 서서 친히 싸워 주시느라 지구의 자전을 멈추게 하셨던 것이다.

해가 멈추고 낮이 길어지자 이스라엘의 추격전은 계속되었고, 아모리 족속의 다섯 연합군은 계속 쫓기면서 또 죽임을 당했다. 아모리 연합군의 다섯 왕들도 정신없이 쫓기다가 어느 동굴 속으로 급히 은신하였다. 막게다 동굴이었다. 그 같은 정보가 여호수아에게 보고되자 여호수아가 명령하였다.

"동굴 입구를 큰 바위로 막고 일부는 그곳을 지켜라. 다른 군사들은 도망하는 적을 계속 쫓아라. 한 놈도 성 안으로 들여 보내지 말라."

이스라엘 군사들은 아모리 족속의 다섯 연합군을 크게 무찔러 거의 모두 전멸시켰다. 막게다 동굴에 숨어 있던 아모리 족속의 다섯 왕도 붙잡아 처형시켰다. 이스라엘의 대승리였다. 가나안 원주민 부족들은 더욱 겁에 질려, 이스라엘 앞에서 숨소리를 죽이고 벌벌 떨었다.

가나안 온 땅의 정복과 분배

이스라엘이 가나안 온 땅을 장악하다 수 10:28-11:23

기브온 전투에서 아모리 족속의 다섯 연합군을 일거에 격파한 이스라엘 군대는 기세를 몰아 가나안 남부에 있던 여러 성읍들을 파죽지세로 격파해 나아갔다.

먼저 막게다를 정복한 이스라엘은 립나, 라기스, 에글론, 헤브론, 드빌을 차례로 정복했다. 여호수아 군대는 성읍을 정복할 때마다 거기에 사는 사람들을 하나도 살려두지 않고 모조리 칼로 쳐 죽였다. 하나님이 그렇게 명령했기 때문이었다.

이스라엘 군대가 수행하는 가나안 정복 전쟁은 단순히 가나안 사람들의 영토를 빼앗으려는 포악하고 잔인한 침략 전쟁이 아니었다. 그것은 죄악과 우상의 성읍을 철저히 멸하고, 그 땅에 하나님의 왕국을 건설하려는 여호와의 거룩한 전쟁이었다. 이스라엘 군대는 곧 하나님의 공의를 실현하는 정의의 집행

관이었기에, 추호의 타협이나 동정이 있을 수 없었다.

이제 이스라엘 백성들은 가나안 땅의 중부와 남부를 정복하였다. 남부의 산악 지대와 야산 지대와 비탈진 지역의 여러 종족과 여러 성읍을 완전히 장악하였다. 참으로 무적의 이스라엘 군대였다. 아직 이스라엘 군대와 싸우지 않은 가나안 지역의 종족들은 큰 공포에 사로잡혔다.

이스라엘의 승승장구 소식에 가슴을 졸이던 가나안 북부 지역의 종주국인 하솔 왕국의 야빈 왕은 대비책을 서둘렀다. 그대로 앉아서 당할 수는 없는 노릇이었다. 야빈 왕은, 아직 이스라엘에게 점령당하지 않은 나라들을 총동원하여 이스라엘 군대와 맞서 싸우기로 결심했다.

하솔 왕 야빈은 인근 여러 나라에 사신을 보내어 연합해서 이스라엘과 싸우자고 요청했다. 모두 힘을 합치면 이스라엘이 아무리 강해도 한 번 해볼 만하지 않겠느냐고 선동했다.

그가 특사를 보낸 나라들은 다음과 같았다. 마돈 왕, 시므론 왕, 악삽 왕, 그리고 북부 산악지대를 다스리고 있는 왕, 긴네렛 남쪽의 아라바 왕, 서쪽 지중해변에 아직 남아 있는 왕, 요단 강 동서쪽의 가나안, 아모리, 헷, 브리스 족속의 왕들, 산악지대의 여부스 왕, 미스바 지역의 헤르몬 산기슭에 있는 히위 왕 등이 그들이었다. 말하자면 가나안 땅의 남은 종족들을 총동원하는 셈이었다.

가나안 북부 연합군의 숫자는 바닷가의 모래알처럼 엄청나게 많았다. 이스라엘 군대에게는 없는 병거와 말도 많이 보유하고 있었다. 병거는 두 마리의 말이 끄는 전투용 수레로서 고대 전쟁에서 오늘날의 탱크와 같은 구실을 했다. 칼과 창과 활 이외에는 전투 장비가 별로 없는 이스라엘 군대로서는 여간 벅찬 상대가 아니었다.

"두려워 말라. 내가 그들을 이스라엘에게 넘겨줄 것이다."

출정을 앞둔 여호수아에게 하나님이 말씀해 주셨다.

여호수아는 이스라엘 전군을 이끌고 길갈 본영을 떠나 북쪽으로 밤새도록 행군하여, 메롬 물가에 진을 치고 있던 가나안 북부 연합군을 갑자기 들이덮

쳤다. 전투는 그야말로 대접전이었다. 전체가 보병인 이스라엘 군대는 엄청난 수효의 북부 연합군과 위력 있는 병거와 기동력 빠른 기병들과 맞서 용감하게 싸웠다.

전투는 여러 날 계속되었다. 시간이 흐를수록 가나안 북부 연합군의 전열이 흩어지고 무너져 내렸다. 상대적으로 이스라엘 군대는 더욱 강해졌고 사기가 충천해졌다. 이스라엘의 승리였다. 이스라엘, 그들은 과연 무적의 군대였다. 전능하신 하나님이 그들의 총사령관이기 때문이었다.

적군들이 흩어져 도망치기 시작하자, 이스라엘 군사들은 끝까지 추격했다. 북서부 해안의 시돈에 이르기까지, 동부의 미스바까지 뒤쫓아가 적들을 남김없이 소탕했다. 상상을 초월하는 엄청난 승리였고, 전리품 또한 태산 같았다.

이스라엘 군대는 가나안 북부 지역에서 종주국 행세를 하던 하솔 성읍을 불태우고 그곳 주민들을 모조리 칼로 쳐 죽였다. 그러나 그 외의 성읍들은 불태우지 않았다. 이렇게 이스라엘이 가나안 북부까지 장악함으로써 6~7년에 걸친 가나안 정복 전쟁은 대략 마무리된 셈이었다.

12지파에게 가나안 땅을 분배하다 수 12-22장

이스라엘은 가나안 남부의 16왕과 북부의 15왕을 합하여 모두 31왕을 굴복시켰고, 그들이 다스리던 성읍을 정복하였다. 이렇게 이스라엘이 가나안 땅의 크고 강력한 성읍들을 정복함으로써 가나안 전역을 장악한 것은 사실이지만, 가나안 땅 전부를 모두 정복한 것은 아니었다. 아직도 가나안 땅 도처에는 정복해야 할 지역들이 여러 군데 있었다.

그렇지만 이제는 가나안 땅을 이스라엘 각 지파에게 분배하고 그곳에 정착할 정도는 충분히 된 셈이어서, 그 땅을 이스라엘 12지파에게 분배하기로 하였다. 아직 정복하지 않은 지역들은 그곳을 분배받은 각 지파가 해결할 몫이었다.

땅을 분배하는 작업은 여호수아와 대제사장 엘르아살이 주도하였고, 분배 방식은 제비뽑기를 통해 이루어졌다. 하나님은 제비뽑기 방식을 통해 각 지파에게 땅을 분배해 주신 것이다.

먼저 요단 강 동쪽의 땅이 분배되었다. 그곳은 초원 지대였으므로 가축 떼를 많이 거느린 르우벤 지파와 갓 지파에게 분배되었고, 그곳을 정복하는 데 큰 공을 세운 므낫세 반 지파에게도 분배되었다.

이어 요단 강 서편 지역의 땅이 분배되었다. 유다 지파를 선두로 요셉 자손의 두 지파 곧 므낫세 지파와 에브라임 지파, 베냐민 지파, 시므온 지파, 스불론 지파, 잇사갈 지파, 아셀 지파, 납달리 지파, 그리고 단 지파의 순서대로 땅이 분배되었다.

레위 지파는 땅 분배에서 제외되었다. 왜냐하면 레위 지파는 성막에서 하나님을 섬기는 제사장 지파로 특별히 구별되었기 때문이었다. 그래서 레위 지파 사람들은 다른 생업에 종사하지 않고, 성막을 중심으로 하나님께 봉사하고 백성들에게 율법을 가르치는 일을 도맡았다. 여호수아는 레위 지파에게도 48개의 성읍과 그 주변의 들판을 주었지만, 그것은 기본적인 정착 생활을 위해 필요했기 때문이었다.

레위 지파의 성읍들 중에서 여섯 개의 도피성이 지정되었다. 도피성逃避城은 악의에 의한 고의성 살인이 아닌, 말하자면 실수로 살인을 저지른 과실 치사범들이 피의 보복자들로부터 도피하여 정당한 재판을 받을 때까지 몸을 피할 수 있는 성읍이었다. 도피성의 위치는 요단 강 양쪽에 각각 세 군데 씩, 모두 여섯 군데가 이스라엘 전역에 골고루 퍼져 있었다. 게데스, 세겜, 헤브론, 골란, 라못, 베셀이 그곳이었다.

가나안 정복 전쟁이 종료되고 이스라엘 각 지파에게 땅도 분배되었으므로, 이제 여호수아는 예전에 약속된 대로 그 동안 가나안 정복 전쟁에 참여했던 요단 강 동편 지역의 지파들, 곧 르우벤 지파와 갓 지파와 므낫세 반 지파에게 그들이 분배받은 땅으로 돌아 가게 했다.

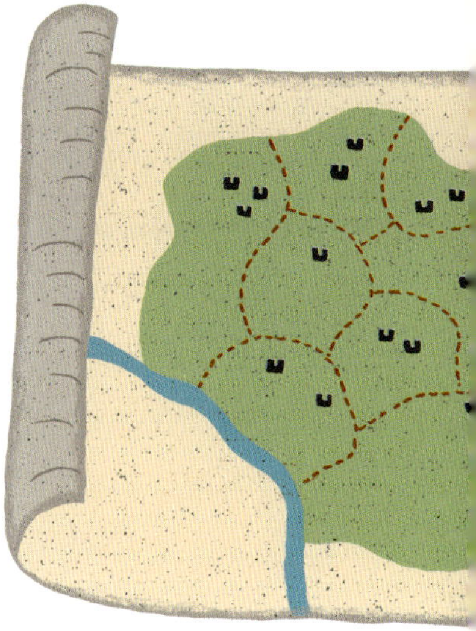

"가나안 전쟁이 끝날 때까지 힘껏 도운 너희 세 지파는 다시 요단 강을 건너가 너희 가족들이 있는 곳으로 가라."

여호수아는 그들을 축복하고, 많은 전리품을 주어 돌려보냈다. 물론 요단 강 서쪽에 정착한 지파들에게도 많은 전리품을 나누어 주었다. 이렇게 해서 하나님이 이스라엘의 3대 조상인 아브라함과 이삭과 야곱에게 거듭 약속한 땅, 그리고 모세에게도 약속한 젖과 꿀이 흐르는 가나안 땅이 드디어 이스라엘 백성의 소유가 되었다. 하나님의 약속이 성취된 것이다.

여호수아가 유언을 마치고 임종을 맞다 수 23–24장

이스라엘이 가나안 땅을 정복한 지도 오랜 세월이 지났다. 모세와 함께 이집트에서 나온 1세대인 여호수아도 많이 늙었다. 여호수아는 자신의 죽을 날이 임박한 것을 알고 이스라엘 백성들을 향하여 유언과도 같은 고별사를 했다. 이집트의 고달팠던 종살이 생활을 경험하였고, 이집트 탈출과 광야 40년의 생활을 경험한 여호수아는 그런 시절을 경험하지 못한 2세대에게 간절한 마음으로 입을 열었다.

"여러분, 하나님은 약속하신 대로 이 땅을 우리들에게 주셨습니다. 앞으로도 여러분이 하나님을 의지하면, 그분은 여러분들을 위해 싸워 주실 것입니다. 그러니 절대로 가나안 땅의 우상들에게 한눈 팔지 말고, 오직 여호와 하나님께만 충성을 바쳐야 합니다. 나는 이제 나이가 많아 가야 할 길을 가지만 여러분은 자자손손 여호와 하나님만을 사랑해야 합니다."

이스라엘 백성들은 숙연해졌다. 여호수아는 이어, 그 동안 걸어온 이스라엘의 역사를 잠시 회고하면서 하나님의 도우심을 상기시켰다. 그리고 마침내 결연한 어투로 말했다.

"여러분, 이제 여러분들은 어떤 신을 섬길 것인지 결단을 내려야 합니다. 이스라엘의 신 여호와를 섬길 것입니까? 아니면 가나안의 신들을 섬길 것입니까? 나와 내 집은 오직 여호와만을 섬길 것입니다."

그러자 이스라엘 백성들이 일제히 맹세하였다.

"우리들도 역시 여호와만을 섬기겠습니다. 여호와만이 우리의 하나님이십니다. 그분의 말씀에 따르겠습니다."

여호수아는 이스라엘 백성들과 계약을 맺고 증거의 돌을 세웠다. 그런 후, 백성들을 각기 처소로 돌려 보냈다. 이 일을 마친 다음 여호수아는 임종을 맞았다. 향년 110세였다. 이스라엘 백성들은 그의 시신을 에브라임 산지의 딤낫세라에 장사하였다.

그로부터 얼마 후, 대제사장인 아론의 아들 엘르아살도 세상을 떠났다. 그도 역시 에브라임 산지에 장사되었다. 오래전에 이집트의 총리를 지낸 요셉의 유해도 그의 유언에 따라 세겜 땅에 묻혔다.

이스라엘 백성들은 여호수아가 죽은 이후에도 여호와를 잘 섬겼다. 여호수아 시대의 장로들이 살아 있는 동안에도 줄곧 여호와를 섬겼다. 그렇게 세월은 흘렀다.

가나안 땅의 정착과 사사 시대의 개막

이스라엘이 가나안 땅에서 정착해 나가다 삿 1장

이스라엘 백성들이 분배받은 가나안 땅 곳곳에는 가나안 원주민들이 아직 거주하고 있는 곳이 적지 않았다. 여호수아 시대에 가나안 땅 전반에 대한 지배권은 장악했지만, 구석구석에는 정복되지 않은 땅도 많았던 것이다.

이스라엘 백성들이 가나안에서 안전하게 정착하려면, 정복하지 못한 땅을 정복함으로써 그 땅에 남아 있는 가나안 족속들을 완전히 몰아내야 했다. 이스라엘의 장로들은 앞으로 어떻게 해야 하는지, 하나님께 물었다.

"유다 지파가 올라가라."

하나님은 먼저 유다 지파가 가나안 원주민들과 싸우러 올라가야 한다고 말씀하셨다. 유다 지파 사람들은 자기들만의 힘으로는 역부족이라고 느껴 같은 구역 내에 있는 시므온 지파에게 협력을 요청했다.

그들 두 지파는 먼저 베섹 전투에서 아도니베섹이 이끄는 가나안 족속 및 브리스 족속과 싸워 1만 명을 죽이는 큰 전과를 거두었다. 그리고 도망치는 아도니베섹을 추격하여 사로잡은 두 지파의 연합군은 당시의 관습대로 엄지손가락과 엄지발가락

을 잘랐다. 다시는 전쟁에서 무기를 잡지 못하게 하고, 또 도망치지 못하도록 하기 위함이었다. 아도니베섹은 몹시 괴로워하면서 이렇게 탄식했다.

"내가 전에 70명이나 되는 왕들을 잡아 그들의 엄지손가락과 엄지발가락을 잘라낸 후 그들로 하여금 내 상다리 밑에서 부스러기나 주워 먹게 하였더니, 이제 히브리인의 신이 내가 한 짓을 그대로 내게 갚으시는구나!"

두 지파의 연합군은 이어 예루살렘으로 올라가 그곳의 성읍들을 점령하고, 다시 남쪽으로 내려가 헤브론과 드빌을 정복하였다. 그야말로 승승장구였다.

유다 지파는 베냐민 지파와도 연합하여 스밧과 남부 지중해안의 평야 지대인 가사, 아스글론, 에그론을 점령하였다. 그리고 여호수아와 함께 이집트 탈출 1세대에 속하는 갈렙은 가나안 땅의 거인 족속을 무찌르고 헤브론에 정착하였고, 베냐민 지파는 예루살렘에 살고 있던 여부스 족속을 몰아냈다. 에브라임 지파와 므낫세 지파는 벧엘을 점령하였다.

가나안 땅 곳곳에서 지파 별로 전투가 계속되었고, 대부분 이스라엘이 승리하였다. 하지만 몇몇 지파들은 가나안 족속을 쫓아내는 데 실패하거나 소극적이어서 가나안 원주민들과 공존하기도 했다. 이렇듯 가나안 땅에는 가나안 원주민들이 이스라엘 백성과 함께 살아가는 경우가 적지 않았지만, 그들은 이스라엘의 힘에 눌려 거의 노예 같은 삶을 살았다.

사사들의 시대가 전개되다 삿 2:1–3:6

하나님은 모세와 여호수아를 통해 이스라엘 백성들에게 분명히 명령하셨다. 가나안 족속들을 진멸함으로써, 그들의 우상 문화에 빠져드는 일을 미리 차단해야 한다고.

하지만 이스라엘 백성들은 가나안 족속들을 몰아내는 데 적극적이지 않았다. 가나안 족속들과 타협하여 그들과 공존하는 길을 택하거나, 그들을 노예로 삼아 종살이를 시키는 데 만족했다.

이스라엘 백성들은 가나안 땅의 안정된 정착 생활에 만족했고, 점차적으로 하나님을 잊고 살기 시작했다. 평화와 번영 속에서 교만해졌고 방탕해져 갔다. 가나안 원주민들이 여기저기 남아 있는 관계로, 그들이 섬기는 우상을 함께 섬기는 일조차 생겨났다. 하나님과의 약속도 잊고 여호수아와 맺은 맹세도 망각한 채 자기 욕심을 좇아 제멋대로 살아가는 사람들이 자꾸만 늘어갔다.

마침내 하나님이 진노하셨다. 어쩌면 그렇게 쉽사리 하나님의 은혜를 잊을 수 있단 말인가! 하나님의 도움 없이는 이스라엘의 오늘이 있을 수 없었다는 사실을 어쩌면 그렇듯 쉽게 망각할 수 있을까! 하나님은 이스라엘 백성들을 깨우쳐 주기 위해 그들을 고통과 역경 가운데로 몰아 넣으셨다. 전쟁으로 치시고, 흉년으로 치셨다. 이스라엘은 고통과 위기에 직면하면 하나님을 찾았고, 그럴 때마다 하나님은 사사士師를 보내어 그들을 구원하셨다. 사사란 '백성을 다스리는 자'를 뜻하는 말로, 평화시에는 재판관 노릇을 하며 백성들을 다스렸고, 전쟁시에는 군사 지도자가 되어 이스라엘을 이끌었다.

사사의 활약으로 다시 살아갈 만하면 이스라엘은 다시 하나님을 잊고 우상을 섬기면서 제멋대로 살았다. 그러면 하나님은 또다시 그들을 치셨다. 이와 같이 타락과 징계와 회개와 구원, 그런 다음엔 또다시 타락으로 이어지는 악순환이 계속되었다. 이스라엘은 거듭거듭 하나님을 배반하고 거역했지만, 하나님은 몇 번이고 이스라엘을 용서하시고 구원하셨다.

사사 옷니엘과 에훗과 드보라

최초의 사사 옷니엘 삿 3:7-11

이스라엘이 하나님을 잊고 이방 우상을 섬기자, 하나님은 이스라엘을 적군의 손에 넘겨주셨다. 이스라엘은 자그마치 8년 동안이나 메소포타미아의 왕의 지배를 받으며 극심한 압제하에서 신음했다. 그들은 형편이 어려워지자 또다시 하나님께 도와달라고 부르짖었다. 하나님은 한 구원자를 뽑아 세우셨는데, 그가 바로 이스라엘 최초의 사사가 된 옷니엘이었다. 그는 믿음의 용사인 갈렙의 조카였다.

사사 옷니엘은 하나님의 도우심으로 메소포타미아 왕과 싸워서 그를 물리쳤다. 옷니엘은 그 후 죽을 때까지 40년 동안이나 이스라엘을 다스렸다. 왕을 세우지 않고 이렇게 하나님이 구원자를 세워 다스리던 시대를 '사사 시대'라고 한다. 사사는 '판관判官'이라고도 불렸는데, 그것은 평소에는 사사가 이스라엘 백성들의 재판관 역할을 하기 때문이었다.

왼손잡이 사사 에훗 삿 3:12-30

옷니엘이 죽자, 이스라엘은 또다시 타락하여 악을 행하였다. 하나님을 잊고 바알과 아세라 같은 가나안의 우상들을 섬겼다. 그러자 하나님의 징벌이 임했다.

이번에는 요단 강 건너편의 모압 왕 에글론에게 18년 동안이나 압제를 받게 하였다. 마침내 이스라엘 백성들은 더 이상 견딜 수 없어 자기들의 죄를 뉘우치고 하나님께 도움을 부르짖었다. 하나님은 그들의 기도를 들으시고, 베냐민 지파에서 에훗을 뽑아 사사로 세우셨다. 그는 왼손잡이였다.

에훗은 모압 왕 에글론을 직접 찾아갔다. 조공을 전해 준다는 명분이었다. 그때에 에훗은 양날이 예리하게 선 칼을 오른쪽 다리 옷 속에 숨겨 갔다. 살찐 뚱보 왕 에글론은 서늘한 방에서 교만하게 으스대며 에훗을 맞이하였다. 에훗은 에글론에게 조공을 바친 다음, 이렇게 말했다.

"왕께 은밀하게 여쭐 말씀이 있습니다. 다른 방으로 가시지요."

에글론이 의심 없이 다른 방으로 에훗을 데리고 갔다. 에훗은 귓속말을 하려는 듯 모압 왕에게 다가갔다. 그리고는 속삭였다.

"왕께 하나님의 전갈을 가지고 왔습니다."

그 말에 모압 왕이 자리에서 일어났다. 그 순간 에훗은 지체하지 않고 오른쪽 다리 속에 숨겨둔 예리한 칼을 뽑아 왕을 찔렀다. 왕은 에훗이 왼손잡이인 줄 몰랐기 때문에 그의 오른쪽 다리에 신경 쓰지 않았던 것이다.

순식간에 일을 마치고 왕의 집무실을 나온 에훗은 그 문에 자물쇠를 채운 후 유유히 도망쳤다. 한동안 왕이 돌아오기를 기다리던 신하들은 무언가 이상하여 왕이 들어갔던 옆방으로 가 보았다. 문이 잠겨 있었다.

"어찌된 일이지?"

한 신하가 궁금한 듯 다른 신하들에게 말했다.

"쉿, 아마도 왕께서 낮잠을 주무시는 모양이오. 깨우지 말고 조용히 기다려 봅시다."

그러나 아무리 기다려도 기척이 없자, 신하들은 나쁜 느낌이 들어 왕을 불러 보았다. 그래도 아무 반응이 없자 방문을 두드렸다. 역시 아무 반응이 없었다. 더욱 이상하게 생각한 신하들이 급히 열쇠를 가져다가 자물쇠를 열고 들어가 보니, 왕은 피를 흘리고 죽어 있었다.

모압의 왕궁에 난리법석이 일어났다. 경황이 없어 우왕좌왕하는 사이에 에훗은 이스라엘로 도망하여 급히 군사들을 불러모아 그들을 이끌고 모압을 공격하였다. 왕을 잃은 모압 군사들은 사기가 꺾여 우왕좌왕하다가 도망치기에 바빴다. 그날 전투에서 이스라엘 군사들은 날쌔고 힘센 모압 군인을 1만여 명이나 쳐 죽였다. 이 전투로 모압은 이스라엘의 지배하에 들어가게 되었고, 다시는 이스라엘을 넘보지 못하였다. 그로부터 80년 동안 이스라엘에는 평화가 깃들었다.

여사사女士師 드보라 삿 4:1–11

에훗의 뒤를 이어 삼갈이 이스라엘의 사사가 되었다. 그는 이스라엘을 괴롭히는 블레셋 군사들을 혼자서 6백 명이나 쳐 죽였는데, 특별한 무기를 사용한 것이 아니라 소를 모는 데 쓰는 막대기 하나로 해치워, 이스라엘을 압제에서 건져냈다.

오랫동안 평화와 번영이 지속되면 사람들은 하나님을 잊고 자기 멋대로 살기 시작한다. 자만이 심해지면 자기 스스로 걸려 넘어져 시련과 고난의 화를 불러들인다.

평화가 지속되자 이스라엘은 다시 타락했다. 하나님은 또다시 죄악의 길로 들어선 이스라엘 백성들을 징벌하여 그들을 가나안 족속의 왕 야빈의 손에 넘기셨다. 그는 하솔을 수도로 삼고 인근 지역을 다스리고 있었다.

당시 야빈은 쇠로 만든 튼튼한 병거 9백 대로 무장한 막강한 군대를 거느리고 있었다. 그는 20년 동안이나 이스라엘을 심하게 억압하였다. 고통과 괴로움을 견디다 못한 이스라엘 백성들이 또다시 하나님께 도와달라고 울부짖었다.

그때 이스라엘을 다스리고 있던 사사는 드보라였다. 그녀는 랍비돗의 아내로서 여자 예언자였다. 당시 그녀는 야자나무 그늘에 천막을 치고 억울한 일로 찾아오는 백성들에게 재판을 베풀고 있었다.

어느 날, 하나님께서 드보라에게 가나안 왕 야빈의 압제에서 이스라엘을 구하라고 명령하셨다. 드보라는 바락이라는 납달리 지파의 유능한 장수를 불러 하나님의 말씀을 전하였다.

"바락, 그대는 1만 명의 병사를 거느리고 다볼 산으로 가시오. 하나님께서 가나안 왕 야빈의 총사령관인 시스라와 그들의 쇠로 만든 병거를 기손 강으로 이끌어 내실 것이오. 거기서 그들을 쳐부수시오. 하나님이 그대에게 승리를 주실 것이오."

"나 혼자서 말입니까?"

바락은 고개를 저었다. 자신감이 없는 표정이 역력했다. 가나안 왕의 막강한 군대와 대적하려니 아무래도 겁이 났을 것이다. 20년 동안이나 압제를 받아온 데다 쇠로 만든 9백 대의 병거 부대를 떠올리니 힘에 부치다는 생각부터 앞섰다.

"당신이 나와 함께 가 주신다면 모를까, 나 혼자서는 안 갑니다."

드보라는 하나님이 승리를 보장해 주셨다는 말에도 의심을 하는 바락에게 은근히 화가 났다.

"좋습니다. 내가 함께 가지요. 그러나 당신은 이번 전투에서 공을 세우지 못할 것입니다. 하나님께서 야빈의 총사령관인 시스라를 여자의 손에 넘겨주실 것입니다."

드보라가 함께 올라간다는 말을 듣고서야 바락은 1만 명의 이스라엘 군사들을 거느리고 다볼 산으로 갔다. 가나안 왕 야빈의 군대 총사령관인 시스라는 바락과 드보라가 이끄는 군사들을 맞아 싸우기 위해 그 무서운 9백 대의 철병거와 많은 군사들을 이끌고 기손 강으로 이동하였다. 이것을 보고 여사사 드보라가 바락에게 일렀다.

"자, 우리도 행동을 개시합시다. 조금도 걱정 마시오. 하나님께서 장군보다 앞서 나가셔서 싸워 주실 것입니다. 우리가 반드시 이깁니다."

총사령관 시스라가 여자의 손에 죽다 삿 4:12–5:31

바락이 군대를 이끌고 계곡으로 내려갔다. 드보라의 말대로, 하나님이 앞서 가시며 바락의 군대를 도우셨다. 시스라가 이끄는 철병거 부대와 군사들을 어지럽게 만드셨다. 그리하여 시스라의 군대는 바락의 군대 앞에서 여지없이 무너져 내렸다. 위용을 자랑하던 그 많은 철병거도 무용지물이었다. 그들은 제대로 싸워 보지도 못하고 좌충우돌 우왕좌왕하다가 죽어갔다.

겁먹은 시스라의 군사들이 혼비백산 도망하기 바빠졌다. 시스라는 패배를 직감했다. 그는 타고 있던 병거를 버리고 도보로 도망치기 시작했다. 경황이 없는 중에서도 시스라는 기왕이면 안전지대로 가기 위해 겐 족속인 헤벨 가문이 살고 있는 쪽으로 도망하였다. 헤벨 가문은 평소 하솔 왕 야빈과 친분 관계를 맺고 지냈기 때문이었다.

시스라는 마침내 겐 족속 헤벨의 천막에 이르렀다. 천막에는 헤벨의 아내 야엘이 혼자 있었다. 겐 족속은 오래전에 모세가 이집트에서 한 애굽인을 죽이고 도망하여 40년을 함께 살았던 미디안 족속의 한 파였다. 모세의 아내와 장인도 겐 사람이었다. 이스라엘이 이집트에서 빠져 나올 때, 겐 사람인 모세의 처남은 그곳 지리에 밝아 모세를 도와 길 안내를 해 주었으며, 이스라엘 백성들이 가나안 땅에 정착한 이후에도 이스라엘 사람들과 함께 살았다.

시스라가 나타나 도움을 요청하자, 야엘은 웃으며 그를 천막 안으로 맞아들였다. 야엘은 그를 담요로 덮어 주며 말했다.

"나리, 어서 오십시오. 어서 들어오셔서 좀 쉬도록 하세요."

"목이 마르니, 우선 물부터 좀 주시오."

시스라는 지칠 대로 지쳐 있었다. 야엘은 시스라의 요구에 물 대신 우유를 주었다. 고맙게 받아 마신 시스라는 야엘에게 부탁하였다.

"천막 앞에 있다가 혹시 누가 와서 싸움터에서 도망 온 사람이 여기 있느냐고 찾거든 안에 아무도 없다고 해주시오. 부탁입니다."

"예, 그러죠. 걱정 마시고 편히 쉬세요."

야엘은 그가 눕자 담요를 덮어 주고 밖으로 나갔다. 시스라는 기진맥진한 상태였는지라 이내 깊은 잠에 빠져들었다. 그가 깊은 잠에 빠지자, 야엘은 천막의 말뚝 하나를 뽑아 들고 망치를 든 채 살금살금 천막 안으로 들어갔다.

그녀는 시스라가 잠이 깨지 않도록 조심스럽게 접근하여, 잠든 시스라의 관자놀이에 말뚝을 대고 망치로 힘껏 내리쳤다. 어찌나 힘껏 내려쳤던지, 말뚝은 시스라의 관자놀이를 뚫고 땅바닥에 박혔다. 지쳐 잠에 곯아 떨어졌던 시스라는 아무 소리도 못 내고 그 자리에서 죽었다.

야엘은 다시 천막 밖으로 나가 서 있었다. 때마침 바락이 군사들을 이끌고 시스라를 추적하여 찾아왔다.

"어서 오십시오, 장군님. 장군께서 찾고 있는 적군의 총사령관을 보여 드리겠습니다."

그녀는 바락을 천막 안으로 데리고 들어가 관자놀이에 말뚝이 박혀 죽어 있는 시스라를 보여주었다.

바락은 즉시 이스라엘 진영으로 달려가 드보라에게 야엘이 한 일을 보고하였다. 그들은 하나님을 찬양하며 기쁨으로 승리의 노래를 불렀다.

"너희는 여호와를 찬양하라
여호와의 승리를 노래하라
시스라를 쳐 죽인 야엘이여, 여느 여인보다 복을 받아라
여호와여, 여호와의 원수들을 그처럼 망하게 하시고
여호와를 사랑하는 자들로 해처럼 힘차게 떠오르게 하소서."

그 후 가나안 왕 야빈은 이스라엘에게 점점 쫓기고 눌리다가 마침내 완전히 망하고 말았다. 이스라엘 땅에는 40년 동안 평화가 찾아 들었다.

사사 기드온과 삼백 용사

미디안 족속이 이스라엘을 압제하다 삿 6:1–10

세상에는 어이없는 일들이 많다. 이스라엘 백성들의 행동도 어이없기는 마찬가지였다. 그쯤 하나님을 경험하였으면 다시는 그분께 불순종하지 않아야 하고, 더군다나 이방인들의 우상을 섬기는 못된 짓은 하지 않아야 마땅한 일이었다. 그런데 또다시 거역이라니!

평화와 번영의 세월이 흐르자 이스라엘은 다시 하나님께 등을 돌렸고, 하나님은 그 백성에게 다시 채찍을 드셨다. 이번에는 미디안 족속을 통해서 징벌을 가하셨다.

미디안 사람들은 일정한 장소에 정착하지 않고, 이리저리 떠돌아다니면서 약탈을 일삼는 못된 습성을 지니고 있었다. 그들은 이스라엘의 남쪽에서 낙타를 타고 메뚜기 떼처럼 우르르 몰려와 농작물뿐만 아니라 소나 양 같은 가축들조차 모조리 빼앗아 갔다. 그들이 한 번 지나가면 남는 것이 아무것도 없었다. 게다가 그들은 악랄하여 토지조차 황폐하게 만들었다.

미디안 족속에게 약탈당하고 압제를 받으면서 이스라엘은 헐벗고 굶주렸다. 그러면서도 미디안 사람들이 무서워 제대로 저항조차 하지 못했다. 모두가 겁을 먹고 주눅이 들어 산으로 도망하여 동굴이나 바위틈에 숨어 지내곤 했다.

그러기를 7년, 이스라엘 백성들은 마침내 굶주려 죽을 지경이 되었다. 도무지 살아갈 수가 없었다. 비참한 처지에 놓인 그들은 더 이상 견딜 수 없어서 또다시 하나님께 살려 달라고 매달리며 부르짖었다.

기드온이 사사로 부름받다 삿 6:11-24

이스라엘 백성 중에 므낫세 지파에 소속된 기드온이라는 농부가 있었다. 어느 날, 기드온은 미디안 사람들에게 빼앗기지 않으려고 몰래 포도주 짜는 틀에다 밀 이삭을 털고 있었다. 그때 낯선 사람이 나타나 상수리나무 아래에 앉더니 기드온을 보고 말했다.

"용감한 용사여, 여호와께서 너와 함께 하신다."

기드온은 그 말이 믿어지지 않아 반문하였다.

"그렇다면 우리가 왜 이런 고통을 당해야 하는 겁니까? 옛날에 여호와께서 우리를 이집트에서 해방시키실 때 여러 가지 크고 놀라운 기적을 행하셨다고 누누이 들어오기는 했습니다. 지금도 그 여호와께서 우리와 함께 하신다면, 왜 그런 기적을 베풀어 주시지 않는 겁니까? 내 생각에는 아무래도 여호와 하나님께서 우리를 버리신 것 같습니다. 그렇지 않고서야 이렇게 오랫동안 미디안 사람들에게 짓밟히도록 방치해 둘 리가 없지 않습니까."

먼 옛날 여호와께서 천사들과 함께 아브라함의 천막을 방문했을 때에도, 아브라함은 그 사실을 모르고 그들을 나그네로서 맞이하여 대접했던 적이 있었다. 기드온을 방문한 나그네도 실은 잠시 사람의 몸으로 변형된 성자 하나님이었으나, 기드온이 아직껏 몰라보고 있는 것이다.

"기드온, 너는 힘있는 사람이다. 용기를 내라. 아무 걱정 말고 어서 가서 네 동족 이스라엘을 미디안의 압제에서 구출하여라. 내가 너를 보내니 두려워하지 말아라."

기드온은 비로소 낯선 나그네가 보통 사람이 아니라는 생각이 들었다. 그 위엄과 그 말의 내용이 사람의 말이라기에는 너무나 이상했기 때문이다.

"오, 주님. 하지만 제가 어떻게 미디안의 압제에서 이스라엘을 구출해 낼 수가 있겠습니까. 저의 가문은 므낫세 지파 가운데서도 가장 힘이 없는 데다가,

그나마 저는 우리 집안에서 가장 보잘것없는 자입니다."

하지만 기드온을 향한 하나님의 의지는 이미 정해진 것이었다.

"내가 너와 함께 한다. 걱정 말아라. 너는 미디안 족속을 마치 한 사람 해치우듯 아주 쉽게 해치울 것이다."

기드온은 아무래도 그 나그네의 신분을 확인할 필요가 있다고 생각했다.

"주께서 저를 그렇게 잘 보셨다면, 지금 그렇게 말씀하신 분이 주님이라는 증거를 보여주십시오. 그 전에 일단 제가 주님께 드릴 예물을 가지러 갔다 오겠습니다. 이곳을 떠나지 마십시오."

"그러마. 네가 돌아올 때까지 여기 있겠다. 어서 다녀 오거라."

오래전에 아브라함이 하나님의 사자를 맞이하여 그랬던 것처럼, 기드온도 서둘러 집으로 돌아가 음식을 장만하였다. 우선 새끼염소 한 마리를 잡고, 밀가루에 누룩을 넣지 않고 반죽하여 빵을 만들었다. 그는 국까지 마련하여 얼른 상수리나무 밑으로 갔다.

"고기와 빵을 이 바위 위에 올려놓아라. 그리고 그 위에 국물을 부어라."

기드온은 시키는 대로 하였다. 하나님의 사자는 들고 있던 지팡이 끝을 그 음식에 갖다 대었다. 그러자 바위에서 일시에 불이 나오더니 짧은 시간에 고기와 떡을 다 태워 버렸다. 기드온은 놀라지 않을 수 없었다. 기드온이 놀란 얼굴로 돌아보니 하나님의 사자는 이미 사라지고 없었다. 그제서야 기드온은 그 사람이 여호와의 사자라는 사실을 알아차렸다.

"오 주님, 제가 감히 여호와의 천사를 두 눈으로 보았습니다."

기드온은 너무나 두려워 벌벌 떨었다. 여호와를 직접 본 사람은 죽을 수밖에 없다고 생각했기 때문이다. 그러자 다시 그 음성이 들려 왔다.

"안심하여라. 네가 나를 보았다고 해

서 죽는 일은 없을 것이니 두려워 말아라."

기드온은 너무도 감격하여 그 자리에 제단을 쌓아 하나님께 바치고, 그 이름을 '여호와 샬롬'이라고 붙였다. 그 뜻은 '여호와는 평강이시다.'이다. 주님을 보았지만, 주님에게서 죽지 않고 살 것이라는 평강의 말을 들었기 때문이었다.

기드온이 우상의 제단을 부수다 삿 6:25-32

그 당시 이스라엘 백성들은 우상 섬기기에 열심이었다. 하나님은 그들의 우상숭배로 인해, 그들을 미디안 족속에게 압제받고 약탈 당하도록 내버려두셨던 것이다. 기드온의 아버지도 우상인 바알을 섬기기 위해 제단까지 만들어 놓았고, 더불어 아세라 우상도 만들어 섬길 정도였다. 여호와의 천사가 나타난 그날 밤, 하나님께서 기드온에게 명령하셨다.

"네 아비가 쌓은 바알의 제단을 허물고 그 옆의 아세라 상像을 없애 버려라. 그 자리에 나를 위해 제단을 쌓고 희생 제물을 드려라."

그것은 사실, 감당하기 힘든 명령이었다. 동네가 발칵 뒤집힐 것이고, 누구의 짓인지 꼭 밝혀낼 것이며, 이어 가혹한 형벌이 따를 것이다. 우상을 달랜다는 명목으로 우상을 부순 기드온 자신을 우상에게 제물로 바치려고 들지도 모를 일이었다. 그러나 기드온은 결심했다. 하나님의 지엄하신 명령을 거역할 수 없었다.

그날 밤, 기드온은 일을 거들어 줄 열 명의 종들을 데리고 산으로 올라가서 하나님의 명령대로 집행하였다. 아니나 다를까, 다음 날 아침이 되자 동네가 발칵 뒤집혔다. 바알 제단은 허물어지고, 나무로 만든 아세라 상은 도끼에 찍혀 나갔으며, 그 자리에 다른 제단이 만들어지고 제물까지 드린 흔적이 있지 않은가.

"도대체 어떤 놈의 짓이지? 겁도 없이 이런 끔찍한 짓을 저지르다니!"

마을 사람들은 화를 내면서도 두려워하였다. 분노한 바알 신의 재앙이 마을에 임하지 않을까 크게 걱정이 되었다.

수소문한 결과 기드온의 소행임이 밝혀지자, 분노한 마을 사람들이 기드온의 집으로 우르르 몰려갔다. 당장 무슨 일이라도 저지를 험악한 분위기였다. 이미 기드온으로부터 사건의 자초지종을 들어 알고 있던 아버지 요아스가 그들을 맞이하였다.

"왜들 이러시오? 자, 자, 진정하고 내 말 좀 들어보시오. 바알의 제단과 아세라 상 때문이라면 내가 할 말이 있소이다."

그는 의연하게 말을 이었다.

"내 아들 기드온은 어제 여호와 하나님이 보내신 사자를 만나서 그분이 시키는 대로 하였소. 그러니 바알을 위하겠다고 섣불리 나서면, 오늘 아침 죽음을 면치 못할 테니 그리들 아시오. 여러분들 한번 생각해 보시오. 그동안 우리는 아무런 힘도 없는 우상을 섬겨 왔소. 만약 바알이 진정 힘 있는 신이라면 내 아들이 그 제단을 헐어버렸는데도 왜 가만히 있었겠소? 당장 기드온을 죽였을 게 아니겠소?"

듣고 보니, 틀린 말이 아니었다. 그래서 그날 마을 사람들은 기드온에게 '여룹바알'이라는 이름을 붙여 주었다. '바알이 그와 맞설 것'이라는 뜻이었다.

기드온이 확실한 증표를 요구하다 삿 6:33-40

기드온에 관한 소문이 날개 달린 듯 퍼져 나갔다. 미디안의 압제에 시달리던 이스라엘 사람들은, 하나님이 기드온과 함께 하신다는 말을 듣고 그에게로 몰려왔다. 때마침 미디안 족속과 아말렉 족속과 요단 강 동편 사막에 사는 족속들이 이스라엘을 치기 위해 대거 요단 강을 건너와 이스르엘 골짜기에 집결하였다. 엄청난 숫자였다. 무수한 메뚜기 떼와 같았고, 바닷가의 모래와도 같았다.

기드온이 나팔을 불었다. 함께 나가서 싸울 용사들을 불러 모으기 위한 신호였다. 기드온의 나팔 소리에 여러 지파의 젊은이들이 속속 몰려 들었다. 하지만 미디안 연합군의 엄청난 수효에 비하면 그 정도의 군사는 아무것도 아니었다. 기드온은 문득 이스라엘이 과연 적을 물리칠 수 있을지, 과연 하나님께서 자신과 함께 하시는지, 하나님께 분명한 증표를 얻고 싶어졌다. 기드온은 마당 한가운데에 양털뭉치를 놓고 기도했다.

"하나님, 저에게 증거를 보여주십시오. 하나님께서 저를 통해 이스라엘을 구원하시려거든, 오늘 밤 이 양털 위에만 이슬이 내려 흠뻑 젖게 하여 주십시오."

아침이 되자 마당으로 나간 기드온은 다른 곳은 전혀 젖어 있지 않은데도 양털만 흠뻑 이슬에 젖어 있는 것을 확인하였다. 양털을 짰더니 물이 줄줄 흘러 나왔다. 하지만 기드온은 더욱 더 확신을 갖고 싶었다.

"하나님, 제가 이런 요청을 또 드린다고 노여워하지 마십시오. 오늘 밤에는 양털 뭉치가 아닌 마당에만 이슬이 내려 젖게 하여 주십시오."

다음 날 아침, 마당으로 나간 기드온은 하나님의 분명한 증표를 다시금 확인할 수 있었다. 마당은 온통 이슬에 축축하게 젖어 있었으나, 양털뭉치는 바싹 말라 있는 것을 볼 수 있었기 때문이다.

기드온이 삼백 명의 용사를 선발하다 삿 7:1–8

하나님이 함께 하신다는 확신, 적군과 싸우면 이긴다는 확신을 가진 군대보다 더 강한 군대가 있을 수 있을까. 그보다 더 우월한 전략이 있을 수 있을까. 기드온은 사방에서 몰려든 3만 2천의 자원병 민병대를 이끌고 이스르엘 골짜기 남쪽에 진을 쳤다. 미디안과 아말렉의 연합군으로 조직된 엄청난 수효의 적군이 맞은편 언덕 아래의 평지에 진 치고 있었다. 그날 하나님이 말씀하셨다.

"기드온아, 너를 따르는 군사들이 너무 많다. 너희들이 만약 이긴다면 너희들은 너희들 자신의 힘으로 이겼다고 여기고 하늘 무서운 줄을 모를 것이다.

그러니 군사들에게 알려라. 누구든지 전쟁터에 나가기가 두려운 사람은 이제라도 집으로 돌아가라고 하여라."

기드온은 깜짝 놀랐다. 적군의 수효가 얼마인데, 3만 2천 명이 많단 말인가? 그러나 하나님의 명령이라 어쩔 수 없었다. 기드온은 그 사실을 군사들에게 알렸다.

"들으라, 너희들 중에 싸움터에 나가기가 두려운 자가 있다면 지금이라도 돌아가도록 하라."

그날 무려 2만 2천 명이 고향으로 돌아갔다. 이제 남은 이스라엘 군사는 1만 명뿐이었다. 하나님이 그것을 보시고 말씀하셨다.

"그래도 아직 많다. 그들을 모두 데리고 물가로 내려가라. 내가 거기서 사람을 가려내어 데리고 가라는 사람은 데리고 가고, 보내라고 하는 사람은 누구든지 다 집으로 보내라."

도무지 이해할 수 없는 명령이었다. '도대체 누굴 데리고 싸우라는 말일까?' 기드온은 한동안 어안이 벙벙했지만, 하나님의 명령을 거역할 수는 없는 일이었다. 기드온이 남은 군사들을 모두 데리고 물가로 가자, 하나님이 다시 말씀하셨다.

"모두 물을 먹게 하여라. 물을 떠서 혀로 핥아 먹는 사람은 따로 세워 두어라. 무릎을 꿇고 물을 마구 들이키는 사람도 따로 세워라."

기드온은 영문을 몰랐지만, 하나님이 시키는 대로 하였다. 두 손으로 물을 떠서 핥아 먹는 사람을 따로 세워 보았더니 3백 명뿐이었다. 나머지는 모두 무릎을 꿇고 물을 마신 자들이었다.

"물을 손으로 떠서 핥아먹은 3백 명에게 내가 미디안 사람을 넘겨주겠다. 그 외의 사람들은 모두 집으로 돌려보내라."

그래서 9천 7백 명이 집으로 돌아갔다. 남은 자들은 3백 명이었다. 그야말로 아주 적은 수효였다. 집으로 돌아간 사람들이 두고 간 식량과 신호용 나팔을 3백 명이 확보하였다. 미디안의 대군은 그 아래 평원 지대에 진을 치고 있었다.

기드온이 미디안 연합군을 쳐부수다 삿 7:9-25

그날밤 하나님이 기드온에게 말씀하셨다.

"일어나 미디안의 진지로 내려가라. 내가 그들을 너의 손에 넘기겠다. 두렵거든 부하 한 명만 데리고 가라. 가서 적들이 뭐라고들 하는지 들어보아라. 그러면 용기가 나서 미디안 진영을 공격하게 될 것이다."

기드온은 부하 한 명을 데리고 어둠을 뚫고 산 아래로 내려갔다. 미디안 연합군의 수효가 어찌나 많은지 그들의 천막이 평원을 뒤덮고 있었다. 그들의 짐을 운반하는 낙타 또한 바닷가의 모래처럼 많았다. 두 사람은 미디안의 진영 가까이 숨어들었다. 때마침 두 명의 군사가 천막 안에서 말하는 소리가 들렸다.

"꿈 한 번 이상하군. 내가 꿈을 꾸었는데 말이야, 보리빵 한 개가 우리 진영으로 굴러오더니 우리 천막들을 넘어뜨리는 거야. 속수무책이었어."

"그래? 그 빵 한 개가 혹시 요아스의 아들 기드온의 칼날을 가리키는 게 아닐까? 그들의 신 여호와가 우리의 모든 군대를 기드온의 손에 넘겨주시려는 모양이지?"

기드온은 놀라지 않을 수 없었다. 그들이 도대체 어디에서 하나님이 우리와 함께 하신다는 말을 들었을까? 기드온은 용기백배하여 이스라엘 진영으로 돌아왔다.

"자, 전원 출전이다. 빨리 일어나라. 하나님께서 미디안 사람을 우리 손에 붙이셨다."

단지 3백 명뿐인 소수의 병력은 하나같이 잽싸게 움직였다. 기드온은 3백 명의 군사들에게 나팔과 빈 항아리와 횃불을 나눠 주었다. 횃불은 적에게 발견되지 않도록 항아리 속에 감추었다.

3백 명의 군사들은 1백 명씩 3개 조로 나누어져, 한 조는 적군의 왼쪽으로, 다른 조는 오른쪽으로, 또 한 조는 뒤쪽으로, 들쥐처럼 소리를 죽이며 다가갔다. 미디안의 진영은 깊은 잠에 빠져 기드온 군사들의 접근을 전혀 눈치채지 못하였다.

한밤중, 기드온이 이끄는 조가 일시에 나팔을 힘껏 불었다. 고요하던 밤하늘이 놀랄 지경이었다. 곧이어 모두가 들고 있던 큰 항아리를 힘껏 바위에 내던져 깨뜨리면서, 그 속에 있던 횃불을 높이 치켜들며 소리쳤다.

"여호와 만세! 기드온 만세!"

이를 신호로, 다른 조에서도 나팔이 크게 울려 퍼지면서 항아리가 와장창 깨뜨려졌고 횃불이 환하게 타올랐다. 천둥 번개가 땅에서 일어난 듯하였다. 동시에 300명의 용사들이 힘을 다해 일제히 함성을 내질렀다.

"여호와 만세! 기드온 만세!"

잠들었던 적군들에게는 청천벽력이었다. 온 땅을 뒤흔드는 함성 소리에 적들은 혼비백산했다. 기드온과 300명의

용사들은 각자 자기 자리에 서서 적진을 둘러싼 채 움직이지 않았다.

적병들은 크게 당황했다. 어디를 보아도 불타오르는 횃불이요 적군이 아닌가. 진격의 나팔 소리와 고함 소리가 사방에서 동시에 터져나오지 않는가. 그 순간, 미디안 연합군은 엄청난 대군의 기습 공격을 받았다고 착각했다. 그들은 모두 아우성치며 달아나기에 바빴다.

적군들은 어찌나 경황이 없고 두려웠던지 칼과 창을 집어들고 아무에게나 덤벼들었다. 모두가 적군으로 보였기 때문이었다. 그러는 동안에도 300명의 용사들은 계속해서 나팔을 불어댔다. 적들은 그것이 자기들을 부추기는 응원 나팔이라도 되는 양 자기들끼리 서로를 쫓고 쫓기고 죽고 죽이고 난장판을 벌였다.

얼마 지나지 않아 적군들은 황망히 도망치기 시작하였다. 그때서야 기드온은 도망하는 적군을 추격하라고 명령했다. 혼비백산 적군들은 단숨에 요단 강까지 쫓겨 갔다.

수많은 적군들이 자기들끼리 피 터지게 싸우다가 거의 살육당하였고, 도망간 자들은 미디안 왕 세바와 살문나를 비롯하여 일부에 불과하였다. 12만 명이 죽었고, 1만 5천 명 정도가 도망쳤다. 그러나 그들을 그대로 남겨 두었다간 또다시 화근을 일으킬 것이 뻔했다. 기드온은 그들을 끝까지 추적하여 완전히 소탕할 것을 결심했다.

미디안의 두 왕을 사로잡아 처형하다 삿 8:4-21

노방병들이 요단 강을 건너가자 기드온의 군사들도 뒤따랐다. 그러나 밤새도록 싸우고 뒤쫓던 기드온의 군사들도 워낙 지치고 배가 고팠다. 숙곳에 이르렀을 때 기드온은 그곳 사람들에게 먹을 것을 좀 달라고 청했다. 그들도 이스라엘 사람인 데다가 그들의 적을 무찌르고 있는 중이었기 때문에 당연한 요구이기도 했다. 그런데도 그들은 미디안에게서 받을 후한을 더 두려워했다.

숙곳의 지도자들은 한마디로 거절했다.

"우리가 무슨 까닭으로 당신들에게 먹을 것을 주어야 한단 말이오? 미디안의 두 왕 세바와 살문나를 붙잡기라도 했단 말이오? 우리는 식량을 제공할 수 없소이다."

기드온이 화가 나서 말했다.

"좋소. 여호와께서 세바와 살문나를 내 손에 넘겨주셔서 그들을 사로잡는 날, 내 다시 돌아와 들가시와 찔레로 당신들의 살을 찢어 버리겠소."

기드온과 그의 군사들은 주린 배를 움켜쥐고 다시 미디안의 도망병들을 뒤쫓다가 브누엘이라는 성읍에 들러 역시 먹을 것을 요구하였다. 그러나 그들의 반응도 숙곳과 똑같았다. 미디안 왕의 보복이 두려웠던 것이다.

기드온은 정말 화가 났다.

"내가 승리하고 돌아오는 길에 당신들이 세운 저 망대를 허물어뜨리겠소."

그 무렵, 미디안의 도망병들은 갈골이라는 곳에 진을 치고 어느 정도 안도하는 중이었다. 기드온의 군사들은 사막의 외곽으로 돌아가 그들을 기습적으로 공격했다. 당황한 미디안 군대는 또다시 흩어져 도망하기 시작했다. 미디안의 두 왕인 세바와 살문나도 경황없이 도망치다가 결국은 기드온의 군사들에게 사로잡혀 쇠사슬에 묶이는 신세가 되었다. 나머지 적군들도 거의 섬멸되다시피 하였다.

전쟁을 마치고, 적으로부터 많은 전리품을 획득한 기드온의 군사들이 사로잡은 미디안의 두 왕을 이끌고 그들이 지나온 숙곳으로 갔다.

"자, 여기 사로잡은 세바와 살문나를 보아라."

그러면서 기드온은 자신이 전에 말한 대로 숙곳을 징벌했다. 그곳의 장로 77명을 잡아 들가시와 찔레나무 가시로 사정없이 찌르고 때렸다. 브누엘에 가서는 그 성의 망대를 무너뜨림으로써 굶주린 군사들을 돕지 않은 죄를 물었다. 그런 다음, 기드온은 오랫동안 이스라엘을 압제한 미디안의 두 왕 세바와 살문나를 자신이 직접 칼을 뽑아 처죽였다.

기드온이 금으로 에봇을 만들다 삿 8:22-28

하룻밤 사이에 300명의 군사들만으로 메뚜기 떼처럼 많은 미디안 연합군을 보기 좋게 무찌른 기드온은, 이스라엘 백성들로부터 열화와 같은 환영과 축하를 받았다. 누가 먼저랄 것도 없이 이스라엘 백성들은 기드온을 자신들의 왕으로 삼고자 하였다.

"여러분, 기드온을 우리의 왕으로 섬깁시다."

"그럼, 그래야지. 기드온은 우리의 왕이시다!"

"기드온뿐만 아니라, 그의 자손들까지 대를 이어 우리의 왕이 되게 합시다."

미디안의 오랜 압제에서 해방된 이스라엘 백성들은 기쁨에 겨워 한 목소리로 기드온을 왕으로 추대했다. 그러나 기드온은 사양했다.

"아니오. 그럴 수 없소. 나와 내 자손들이 이 백성을 다스리다니요? 이 백성을 다스릴 분은 오직 여호와 하나님 한 분뿐이십니다."

이어서 기드온이 말했다.

"여러분들에게 한 가지 부탁이 있습니다. 여러분들이 거두어들인 전리품들 중에서 금귀고리 하나씩을 내게 주시오."

그들이 무찌른 적군들은 아라비아 유목민들이라 그들이 즐겨하던 관습대로 모두들 금귀고리나 팔찌나 반지 등을 착용하고 있었던 것이다.

"드리고 말고요. 기꺼이 드리죠."

그렇게 모은 금귀고리의 양이 엄청났다. 기드온은 그것으로 에봇을 하나 만들어 자기 고향 오브라에 두었다. 에봇은 대제사장의 제사 의복으로, 가슴과 등을 가렸던 소매 없는 조끼 모양의 상의였다. 그러자 이스라엘 백성들이 오브라로 몰려와서 금 에봇을 우상처럼 섬겼다.

기드온의 승리 이후, 미디안은 기세가 꺾여 이스라엘 사람들에게 복종하게 되었고 고개를 들지 못했다. 사사 기드온의 통치 아래에서 이스라엘 백성들은 40년 동안 평화를 누렸다. 기드온은 오래도록 살다 죽어서 조상들의 묘지에 평화롭게 묻혔다.

아비멜렉의 비극과 사사 입다의 서원

아비멜렉이 끔찍한 살육극을 벌이다 삿 8:29–9:6

기드온에게는 아내가 많아서 자식이 무려 70명이나 되었다. 세겜이라는 성읍에는 소실이 하나 있었는데, 그녀가 아들을 낳자 기드온은 '아비멜렉'이라고 이름을 지어 주었다.

기드온이 세상을 떠나자, 이스라엘 백성은 또다시 우상을 섬겨 하나님께 등을 돌렸다. 미디안 족속을 무찔러 이스라엘 땅에 40년 동안 평화를 가져다 준 기드온의 공헌도 까맣게 잊고 그의 후손들을 외면하였다.

그런 가운데, 기드온의 소실 자식인 세겜 출신의 아비멜렉은 스스로 왕이 되려는 음모를 꾸몄다. 아비멜렉은 세겜에 사는 외삼촌들에게 넌지시 물어 보았다.

"한 사람이 왕이 되어 세겜을 다스리는 것과 70명의 왕이 세겜을 다스리는

것 중 어느 것이 더 좋겠습니까? 외삼촌들이 세겜 사람들에게 물어봐 주십시오."

아비멜렉의 외삼촌들은 그를 대신하여 세겜 사람들에게 이 말을 전했다. 세겜 사람들의 여론은 물어보나마나였다.

"그야 70명보다는 한 명이 다스리는 편이 좋겠지요."

아비멜렉은 자신이 기드온의 아들임을 알렸고, 세겜 사람들은 그가 자신들과 한 혈육이라는 말을 듣고는 모두 아비멜렉의 편을 들었다. 그들은 자신들이 보관하고 있던 보화 중에서 은 70개를 꺼내 아비멜렉에게 바치기도 했다.

아비멜렉은 그 돈으로 할 일 없이 싸돌아다니는 건달들과 불량배들을 고용해서 아버지의 가족들이 살고 있는 오브라로 갔다. 거기서 아비멜렉은 기드온의 아들들, 곧 자기의 이복 형제 70명을 모두 한 바위 위에서 쳐 죽이는 엄청난 참극을 일으켰다. 그러나 기드온의 막내아들인 요담만은 몸을 숨겨 가까스로 목숨을 건졌다.

그런 일이 있고 난 직후, 세겜 사람들은 아비멜렉을 자신들의 왕으로 추대하였다.

아비멜렉이 비참한 최후를 맞다 삿 9:7-57

한편, 목숨을 건져 은신 중에 있던 기드온의 막내아들 요담은 아비멜렉이 세겜의 왕이 되었다는 소문을 듣고, 어느 날 세겜에 있는 그리심 산 꼭대기에 올라가 큰 소리로 외쳤다.

"세겜 사람들이여, 제 말을 한 번 들어 보십시오. 하루는 나무들이 모여 자기들의 왕을 세우기로 하고 먼저 올리브나무에게 가서 우리의 왕이 되어 달라고 말했습니다. 그러자 올리브나무가 대답하기를 '내 기름은 하나님과 사람들에게 모두 유익한데, 그 좋은 일을 그만두고 어찌 다른 나무들을 지배하겠는가?' 하면서 사양하였습니다.

나무들은 무화과나무에게 몰려가서 똑같은 부탁을 하였습니다. 무화과나무가 대답하기를 '나 원 참, 살다 보니 별 소릴 다 듣겠군. 맛있는 무화과를 내지 말고 다른 나무들 위에서 우쭐대라니 생각조차 하기 싫소이다.' 라며 사양하였습니다.

나무들은 포도나무에게 몰려가서 똑같은 부탁을 하였습니다. '거참, 큰일날 소리 하지 마시오. 내 어찌 이 달콤한 포도를 그만 낸단 말이오. 내가 내는 포도주는 많은 사람들을 흥겹게 하고 하나님도 기뻐하시거늘 이 좋은 일을 그만두고 나무들이나 괴롭히는 역할을 하라니 원.' 하면서 역시 거절하였습니다.

그래도 나무들은 포기하지 않고 급기야 가시나무에게 몰려가서 똑같은 부탁을 하였습니다. '그게 진정이오? 정말 나를 왕으로 세우고 싶소? 그렇다면 지금 당장 내 그늘 아래 몸을 숨기시오. 안 그러면 이 가시덤불에서 불을 뿜어 모두 태워버리겠소.'라고 엄포를 놓으면서 덥석 왕이 되었습니다.

세겜 사람들이여, 내 말을 잘 들어보십시오. 당신들이 가시나무와도 같은 아비멜렉을 왕으로 세운 게 잘한 일이라고 생각하십니까? 미디안의 압제에서 나라를 구한 나의 아버지 기드온을 생각해 보시오. 그분의 아들들에게 잘 해주지는 못할망정, 그의 아들 70명을 한 자리에서 죽여 버린 저 서자 출신의 아비멜렉을 단지 당신들과 같은 세겜 사람이라는 이유로 왕으로 추대하고 떠받들다니요. 이게 말이나 된다고 생각하십니까?

내 분명히 말해두지만, 아비멜렉이 머잖아 가시나무처럼 불을 내뿜어 당신들을 집어삼킬 것이오. 그러면 당신들도 불을 내뿜어 아비멜렉을 집어삼킬 것입니다."

일장 연설을 마친 요담은 아비멜렉의 보복이 두려워 다시 피신하여 몸을 숨겼다. 과연 요담의 예언은 적중하였다. 아비멜렉이 세겜의 왕위에 오른 지 불과 3년 만에 요담의 말이 현실로 다가왔다. 세겜 사람들과 아비멜렉 간에 사이가 크게 나빠져 서로 원수가 된 것이다.

그런 갈등을 틈타 가알이란 자가 세겜 사람들을 선동하여 아비멜렉에게 반기를 들었다. 그러나 스불의 밀고로 가알과 세겜 사람들은 아비멜렉에게 도리어 보복을 당하였다. 가알은 세겜에서 쫓겨나게 되었고, 세겜 사람들은 무차별적으로 살육을 당했다. 가시나무 같은 아비멜렉에게서 불이 나와 세겜 사람들을 사른 꼴이다.

아비멜렉은 거기서 그치지 않고 자신을 배반한 세겜 사람들을 더욱 철저하게 응징하기 위해 세겜 성루에 피신해 있던 남녀 1천 명 가량을 불태워 죽였다. 그 후에도 아비멜렉은 근처의 데베스 성읍을 공격하여 주민들을 몰살시키려 하였다.

그러자 성읍 사람들이 모두 망대로 피신했고, 아비멜렉은 망대에 가까이 다가가서 불을 지르려고 하였다. 그때 한 여인이 망대 위에서 맷돌짝을 내던졌고, 그것이 아비멜렉의 머리 위에 떨어져 그의 두개골을 부수었다. 가시나무 같은 왕의 부끄럽고 비참한 최후였다. 요담의 예언대로, 세겜 사람들에게서 불이 나와 아비멜렉을 사른 것이다.

사사 입다가 암몬 족속을 물리치다 삿 10-11장

아비멜렉이 죽은 후에는, 두 명의 사사가 잇달아 등장하여 이스라엘을 다스렸다. 잇사갈 지파에서 돌라가 등장하여 23년 동안 다스렸고, 이어 길르앗 사람 야일이 등장하여 22년 동안 다스렸다.

야일이 죽은 후 이스라엘 백성들은 또다시 하나님을 떠나 온갖 이방의 우상을 섬겼다. 하나님은 그 백성을 또다시 이방 사람들의 손에 넘기셨다. 이번에는 암몬 족속이 이스라엘을 압제하여, 무려 18년 동안이나 이스라엘을 억압하고 괴롭혔다. 그러자 이스라엘 백성들이 또다시 잘못을 빌면서 하나님께 도움을 부르짖었다.

때마침 길르앗 사람 가운데 굉장한 용사가 있었다. 그의 이름은 입다였다. 그런데 그는 창녀의 몸에서 태어났기에, 본처의 자식들에게서 구박을 받고 고향에서 쫓겨나 다른 지방에서 살아가고 있었다.

그럴 즈음에 암몬 사람들이 이스라엘에 쳐들어 왔다. 그렇지만 이스라엘 중에는 암몬 사람들과 맞서 싸울 만한 군사 지도자가 없었다. 가장 먼저 공격을 받게 될 길르앗 지역의 장로들은 걱정이 태산 같았다.

"우리에겐 입다가 있지 않소? 그를 군대 지휘관으로 삼읍시다."

"그렇지만 그는 창녀의 몸에서 태어난 자라 어째 영 내키지가 않소이다."

"지금 우리가 이것저것 따질 때요? 당장 모두가 죽게 생긴 판인데…."

길르앗 장로들은 하는 수 없이 입다를 찾아가서 자신들의 지휘관이 되어 암몬 족속과 싸워 달라고 청했다.

"나를 쫓아낼 때는 언제고, 이제 다시 돌아와 달라니 말이나 되오?"

"제발 와서 우릴 도와주시오. 암몬 사람들을 물리쳐 준다면, 그대는 우리의 통치자가 될 것이오. 맹세하오."

입다는 길르앗의 장로들을 따라가 이스라엘 군대의 지휘관이 되었다. 그때에 여호와의 영이 입다에게 내렸고, 입다는 암몬과의 전쟁을 앞두고 여호와께 맹세로서 서원을 하였다.

"만일 하나님께서 암몬 자손을 내 손에 넘겨주시면, 제가 승리하고 돌아올 때에 제 집 문에서 가장 먼저 나를 맞으러 나온 그를 하나님께 희생 제물로 바쳐 드릴 것입니다."

서원을 마친 다음에 입다는 암몬 사람들의 진지로 쳐들어갔다. 하나님은 그들을 입다의 손에 붙였다. 이스라엘의 승리였다. 암몬 왕은 입다에게 항복을 하고 말았다.

전쟁에서 크게 승리한 입다는 의기양양 미스바에 있는 자기 집으로 개선하였다. 그때에 저 멀리 입다의 집에서 누군가가 탬버린을 흔들고 춤을 추면서 입다를 맞으러 나왔다.

"앗! 저게 누구냐?"

입다는 소스라치게 놀랐다. 그녀는 입다의 외동딸이었다.

"아이고, 이 자식아! 어쩌면 좋단 말이냐. 네가 이 아비의 가슴을 후벼 파는구나. 내가 여호와께 맹세로 서원하였으니, 돌이킬 수도 없게 되었구나. 도대체 이를 어쩌면 좋단 말이냐. 아이고, 내 딸아!"

입다는 슬픔에 못 이겨 자기 옷을 잡아 찢으며 울부짖었다.

"아버지, 아버지가 하나님께 서원하였으면 그대로 행하십시오. 하나님께서 암몬 족속을 넘겨주셨는데 제 한 몸쯤이야 아무러면 어떻습니까?"

딸은 의연하게 대답하였다. 그리고 이어 말했다.

"아버지, 하지만 한 가지 청이 있습니다. 제게 두 달만 시간을 주십시오. 처녀로 죽는 이 몸, 친구들과 함께 산으로 들어가 실컷 울게나 해 주십시오."

입다의 외동딸은 친구들과 함께 산으로 들어가 처녀로 죽는 것을 슬퍼하여 두 달 동안 실컷 울었다. 두 달이 지나자 딸은 아버지에게 돌아왔고, 입다는 울면서 여호와께 서원한 것을 지켰다. 이로부터 이스라엘에는 하나의 관습이 생겨났다. 이스라엘의 젊은 여인들은 해마다 때가 되면 산으로 들어가 입다의 딸을 애도하면서 나흘 동안 슬피 울다가 돌아왔다.

삼손의 출생과 그의 기적

삼손이 태어나다 삿 12:8–13:25

입다가 죽은 후, 이스라엘에는 세 명의 사사가 연이어 등장하여 이스라엘을 다스렸다. 베들레헴 사람 입산이 7년, 스불론 사람 엘론이 10년, 비라돈 사람 압돈이 8년 동안 이스라엘의 사사가 되어 그 백성을 지도하였다.

하나님은 이스라엘 백성들이 위기에 처할 때마다 사사를 세워 그 백성을 위기에서 건져냈으나, 그들은 근본적으로 변화되지 못한 채 살 만해지면 다시 우상 숭배에 빠지기 일쑤였다. 이스라엘 백성들이 또다시 하나님 보시기에 악한 짓을 저지르자, 하나님은 이번에는 블레셋 사람들을 통하여 그들을 징벌했다. 블레셋 사람들은 악명 높은 해양 족속으로, 이스라엘의 남서쪽 지중해변의 평야에 도시 국가를 이루며 살아가고 있었다. 그들은 무려 40년 동안이나 이스라엘을 압제하고 괴롭혔다.

이토록 어수선하고 괴로운 시절, 단 지파에 마노아라는 사람이 있었다. 그에게는 아내와의 사이에 자식이 없었다. 그런데 어느 날, 마노아의 아내가 홀로 있을 때 여호와의 천사가 나타났다.

"너는 본디 아이를 낳지 못하지만 이제 곧 아들을 낳을 것이다. 그러니 포도주나 독주를 마시지 말고, 부정한 음식도 먹어서는 안 된다. 이 아이가 태어나면 아이의 머리털을 잘라서는 안 된다. 그 아이가 블레셋으로부터 이스라엘을 구할 것이다."

이듬해 마노아의 아내가 아들을 낳자, 그 이름을 '삼손'이라고 지었다. '태양의 사람'이라는 뜻이다. 삼손은 자라면서 힘이 장사라 당할 사람이 아무도 없었다.

삼손이 수수께끼를 내다 삿 14장

어느덧 어엿한 청년이 된 삼손이 하루는 블레셋 땅 딤나에 갔다가 우연히 아름다운 여자를 만났다. 그녀를 본 순간, 삼손은 그녀에게 홀딱 반하고 말았다. 그는 집으로 돌아오자마자 부모에게 그녀와 결혼하게 해 달라고 떼를 썼다.

"말도 안 되는 소릴 하는구나. 우리 이스라엘에도 아리따운 처녀들이 얼마든지 있는데, 하필이면 이방인 처녀와 결혼을 하겠다고? 더구나 블레셋 사람들은 우리를 괴롭히는 철천지 원수가 아니냐."

하지만 삼손은 포기하지 않았다. 그로부터 얼마 후, 삼손이 딤나에 있는 한 포도원에 이르렀을 때였다. 난데없이 어린 사자 한 마리가 나타나 그에게 달려들었다. 사납고 힘센 사자가 으르렁거리며 덤벼들자 삼손은 맨손으로 싸울 수밖에 없었다. 그러나 삼손은 사자를 마치 염소 새끼 다루듯 맨손으로 찢어 죽였다.

삼손은 블레셋 여자를 만나려고 자주 딤나에 갔다. 그날도 딤나에 가서 여인을 만나고 돌아오는 길에, 삼손은 자기가 죽인 사자 새끼가 생각나서 그 시체를 확인하러 갔다. 시체는 말라 있었는데, 벌들이 그 속에 집을 짓고 꿀을 잔뜩 모아 놓았다. 삼손은 그 꿀을 따서 자기도 먹고 부모님에게도 가져다 드렸다.

삼손은 마침내 부모의 허락을 받아 블레셋으로 내려가서 성대한 혼인 잔치를 열었다. 블레셋 사람들은 젊은 남자 서른 명을 잔치에 데려와 삼손과 함께 먹고 마시게 했다. 잔치는 일주일 내내 계속되었다. 잔치 도중에 수수께끼 놀이가 벌어졌다.

"여러분, 내가 수수께끼를 하나 내겠소. 수수께끼를 푸는 사람에게는 베옷 서른 벌과 겉옷 서른 벌을 드리겠소. 그러나 여러분 중 아무도 수수께끼를 풀지 못하면, 당신들이 내게 베옷 서른 벌과 겉옷 서른 벌을 주어야 하오."

삼손의 제안에, 모두들 신바람이 나서 동의하였다. 삼손이 수수께끼를 내었다.

"먹는 자에게서 먹는 것이 나오고, 힘센 자에게서 달콤한 것이 나왔소. 그게 뭐겠소?"

블레셋 젊은이들은 사흘 동안 머리를 짜 보았으나 도무지 그 답을 찾을 수 없었다. 그들은 삼손의 신부에게 접근하여 은근히 협박하였다.

"신랑을 꾀어 그 수수께끼의 답을 우리에게 알려줘. 만일 그렇게 하지 않는다면 네 집을 몽땅 불태워 버릴 거야. 잘 생각해 봐. 혼인 잔치에 초대받아 온 우리들이 홀랑 옷을 벗어두고 가야 하겠어?"

그러자 신부는 삼손에게 울면서 졸랐다.

"당신은 나를 사랑하지 않는 모양이죠? 우리 동족들에게 수수께끼를 내놓고도 신부인 나에게조차 그 답을 말해주지 않잖아요. 제발 답 좀 알려 줘요. 뭐예요?"

삼손이 위로하듯 말했다.

"난 내 부모님께도 그 답을 알려주지 않았소."

"부모는 부모고 신부는 신부죠. 나를 정말 사랑한다면, 나에게조차 답을 비밀로 하지는 않을 거예요."

급기야 신부는 울음을 터뜨렸다. 삼손은 하는 수 없이 신부에게 답을 알려주었다. 잔치가 끝날 무렵, 신부측 초청으로 잔치에 온 서른 명의 젊은이들이 비웃듯이 삼손에게 답을 말했다.

"꿀보다 단 것이 어디 있겠으며 사자보다 힘센 것이 어디 있겠느냐."

삼손은 화가 났다. 자기의 경험에서 나온 수수께끼인지라 누구도 알아낼 수 없는 수수께끼였는데도 정답을 정확하게 맞힌 것은 자기 신부가 그들에게 답을 알려준 것이 틀림없었기 때문이다.

"당신들이 우리 집 암소로 밭을 갈았군 그래. 그렇지 않았다면 내 수수께끼의 답을 어떻게 알아냈겠어?"

신부에 대한 배신감과 블레셋 젊은이들에게 농락당한 수치감, 그리고 그 많은 옷을 억울하게 내주게 된 것에 이만저만 화가 나는 것이 아니었다. 하지만 약속 또한 지키지 않을 도리가 없었다.

삼손은 근처에 있는 블레셋 도시 아스글론으로 가서 그곳 주민 서른 명을 쳐죽이고 그 옷을 빼앗아다가 블레셋 젊은이들에게 나누어 주었다.

삼손이 블레셋 사람들에게 복수하다 삿 15장

화를 못 이긴 삼손은 신부를 그냥 놔둔 채 자기 집으로 돌아와 버렸다. 그 일이 있은 지 얼마 후, 화가 가라앉은 삼손은 신부가 그리워졌다. 새끼 염소를 선물로 준비한 삼손은 블레셋의 신부집으로 찾아갔다. 그런데 장인이 집에 들어오지 못하도록 삼손을 가로막으며 억장이 무너지는 소리를 했다.

"자네가 내 딸을 싫어하는 것 같아 결혼식 때 들러리 섰던 남자에게 아내로 주어 버렸네. 그러니 그 아이는 포기하고, 언니보다 예쁜 그 애 동생을 아내로 데려가면 어떻겠나?"

삼손은 화가 나서 참을 수가 없었다.

"내가 너희 블레셋 놈들을 그냥 둘 것 같으냐? 내가 무슨 짓을 해도 너희들은 할 말이 없을 것이다."

삼손은 여우 3백 마리를 잡아 꼬리와 꼬리를 묶은 후 홰를 그 꼬리에 매단 다음 거기에 불을 붙여 추수가 시작되려는 밭에 풀어놓았다. 꼬리에 불이 붙은 여우들이 놀라 날뛸 것은 뻔한 일. 놀란 여우들이 곡식 밭과 올리브 밭과 포도원으로 마구 내달렸다. 눈 깜짝할 사이에 그 너른 블레셋 평야의 모든 것이 불타 버렸다. 블레셋 사람들은 발을 동동 구르며 안타까워했지만 소용없는 일이었다. 누군가가 말했다.

"틀림없이 삼손이란 자의 소행이야. 신부를 다른 데 시집 보냈다고 화가 나서 이런 몹쓸 짓을 저지른 거야."

그 말을 들은 블레셋 사람들이 떼를 지어 딤나로 몰려가 삼손의 장인과 그의 딸을 불태워 죽였다. 삼손은 장인과 신부가 타죽은 것을 알고는 화가 치솟아올라 닥치는 대로 블레셋 사람들을 쳐죽였다. 그리고는 에담에 있는 어느 바위 동굴에 들어가 피신해 있었다.

사태는 걷잡을 수 없이 악화되었다. 블레셋 사람 천 명이 삼손을 잡으려고 유다로 쳐들어 온 것이다. 유다 사람들은 거칠고 포학한 그들을 보자 겁을 집어먹고 떨면서 사연을 물었다.

"우린 삼손을 잡으러 왔다. 그가 우리에게 저지른 짓을 앙갚음 해야겠다. 얼른 그 자를 내놓아라."

삼손이 에담의 동굴에 숨어 있다는 정보를 알아낸 유다 사람들은 자그마치 3천 명이나 그리로 몰려갔다. 삼손 한 사람 때문에 유다 전체가 피해를 입을 수는 없다고 판단했기 때문이었다.

"삼손, 자네는 우리가 블레셋의 지배를 받고 있는 줄 잘 알고 있지 않은가? 어찌하여 그토록 무모한 짓을 저질러 위기를 자초한단 말인가?"

삼손이 항변하였다.

"그들이 먼저 못된 짓을 저질렀소. 난 내가 받은 대로 갚아 주었을 뿐이오."

"이 사람아, 아무리 그래도 그렇지. 아무튼 우리는 자네를 죽이려고 온 것은 아닐세. 자네를 묶어 블레셋 사람들에게 넘겨주면 큰 화는 면하게 될 걸세."

"그렇다면 나를 죽이지 않겠다고 약속하시오."

"약속하지. 우린 절대로 자넬 죽이지 않을 거네."

삼손은 동족들에게 순순히 몸을 맡겼다. 동굴로 들어간 유다 사람들이 새로 꼰 밧줄로 삼손의 몸을 묶어 밖으로 데리고 나오자, 블레셋 사람들은 환호성을 터뜨렸다. 블레셋 사람들의 환호성이 터지는 바로 그 순간이었다. 삼손을 묶은 밧줄이 마치 타다 남은 실오라기처럼 힘없이 툭툭 끊어져 나간 것은. 이렇게 될 수 있었던 것은 그 순간 하나님의 기운이 삼손의 손을 타고 흘렀기 때문이었다.

마침 거기에 죽은 지 얼마 안 되는 당나귀 턱뼈 하나가 놓여 있었다. 삼손은 그 당나귀 턱뼈를 집어들고 일천 명의 블레셋 사람들을 공격하기 시작했다. 순식간에 많은 사람이 연달아 쓰러져 죽자, 블레셋 사람들은 겁을 먹고 도망치기 바빴다.

삼손은 블레셋 사람들을 뒤쫓아가 닥치는 대로 후려쳤다. 일천대 일의 싸움, 하지만 결과는 삼손의 일방적인 승리였다. 주변에는 온통 블레셋 사람들의 시체가 널부러져 있었다. 단 한 명이 보잘것없는 당나귀 턱뼈 하나로 일천 명과 싸워 그들을 쳐죽인 것은 전무후무한 사례일 것이다.

싸움이 끝나자, 삼손은 지쳐 쓰러질 지경이었다. 게다가 심한 갈증을 느꼈다. 삼손은 소리 높여 호소했다.

"하나님, 하나님께서는 제게 크나큰 승리를 주셨습니다. 그런데 지금 제가 목말라 죽을 지경입니다. 이러다가는 저 할례 받지 못한 이방인들에게 붙잡힐지도 모릅니다."

그 순간, 근처 우묵하게 꺼진 곳에서 갑자기 샘물이 터져 나왔다. 삼손은 정신없이 벌컥벌컥 물을 들이마셨다. 그러자 비로소 제정신이 들었다.

괴력의 사나이 삼손 삿 16:1-3

그 후 다시 블레셋 땅으로 내려간 삼손은 블레셋의 큰 도시인 가사에서 한 창녀를 만나 동침하였다. 가사 사람들은 삼손이 왔다는 소식을 듣고는 그가 잠든 집을 에워쌌다. 여인의 집을 포위한 채 삼손이 나가지 못하도록 성문도 닫아걸었다. 날이 새면 삼손을 잡아다가 죽일 계획이었다.

삼손은 한밤중에 자리에서 일어나 밖으로 걸어 나갔다. 아무도 감히 대적할 생각조차 내지 못했다. 삼손은 곧장 성문으로 가서, 그 큰 성문의 두 기둥과 빗장까지 통째로 뽑아서 어깨에 메고 50km나 떨어져 있는 내륙 도시 헤브론 맞은편의 산 꼭대기로 올라가 그것을 던져 버렸다.

실로 믿기 힘든 괴력이었다. 세상에 그런 힘을 가진 장사는 아직껏 없었다. 하나님께서 블레셋 사람들의 압제에서 이스라엘을 구해 내려고 삼손에게 특별히 놀라운 힘을 주셨기 때문에 가능한 일이었다.

삼손의 머리털과 그의 최후

삼손과 들릴라 삿 16:4–14

그 후 삼손은 들릴라라고 하는 한 블레셋 여인을 사랑하게 되었다. 블레셋의 관리들은 삼손이 소렉 골짜기에 있는 들릴라의 집에 들락거린다는 정보를 얻자마자 그녀를 찾아왔다.

"삼손의 그 엄청난 힘이 어디서 솟아나는지, 또 우리가 어떻게 해야 그를 붙잡을 수 있는지, 그 비밀을 알아내 다오. 그러면 그 대가로 은화 1,100개를 주겠다."

그 당시 은화 한 개는 어른 일꾼 4일치의 품삯에 해당했으므로, 은화 1,100개는 어마어마한 돈이었다. 삼손이 들릴라를 사랑한 만큼, 들릴라도 삼손을 진정 사랑하였을까? 만약 그렇다면 삼손이 아무리 블레셋의 적이라 해도, 또 은화 1,100개가 아무리 값지다 하여도, 삼손의 약점을 잡는 일에 협조하지는 않았을 것이다. 그러나 들릴라는 동족애 때문이었는지 아니면 삼손보다 돈을 더 사랑했는지는 알 수 없는 일이지만, 블레셋 관리들에게 적극적으로 협조하였다.

"삼손, 당신의 그 엄청난 힘은 도대체 어디서 나오는 거죠? 참 궁

금해요. 당신의 그 엄청난 힘을 못 쓰게 하려면 어떻게 해야 되는 거예요? 정말로 당신에겐 궁금한 게 너무 많아요. 나에게만 살짝 알려주세요."

삼손은 건성으로 대답하였다.

"푸른 칡넝쿨 있잖아, 마른 것 말고 싱싱한 것으로 일곱 가닥을 꼬아 나를 묶으면 힘이 없어져서 보통 사람처럼 될 거야."

들릴라는 옳다구나 싶어서 그 사실을 블레셋 관리들에게 알렸다. 들릴라로부터 비법을 전해들은 블레셋 관리들은 푸른 칡넝쿨을 구해다가 들릴라에게 넘겨주고 자신들은 집안에 숨어 대기하고 있었다. 들릴라는 삼손이 잠든 사이에 푸른 칡넝쿨 일곱 가닥으로 그의 몸을 꽁꽁 묶은 후에 크게 소리쳤다.

"삼손, 어서 일어나세요. 블레셋 사람들이 당신을 잡으러 왔어요!"

삼손이 놀라 벌떡 일어났다. 그는 자신의 손이 묶인 것을 보고는 별일 아니라는 듯이 툭툭 끊어 버렸다. 그를 묶었던 일곱 줄의 칡넝쿨은 타다 남은 실오라기처럼 맥없이 끊어져 나갔다.

"삼손, 나를 속였잖아요. 당신은 날 우습게 생각하는군요. 나를 속이다니, 정말 속상해 죽겠어요."

들릴라는 짜증과 앙탈과 애교를 부려가며 이번에는 사실대로 말해 달라고 끈질기게 졸라댔다.

"거참. 왜 그렇게 알고 싶어하는 거지? 좋아, 정히 알고 싶다면 알려주지. 한 번도 사용한 적이 없는 새 밧줄로 내 몸을 묶으면 돼."

들릴라는 블레셋 관리들이 구해다 준 새 밧줄을 준비하고 있다가 삼손이 잠든 사이에 그를 단단히 묶고 크게 소리쳤다.

"삼손, 어서 일어나세요. 블레셋 사람들이 당신을 잡으러 왔어요!"

집안에 숨어 대기하고 있던 블레셋 관리들은 이번에야말로 삼손을 체포할 수 있겠다고 기대하면서 숨죽여 지켜보고 있었다. 하지만 이번에도 아니었다. 놀란 삼손이 벌떡 일어나 팔을 뻗치자 새 밧줄 역시 불에 탄 실오라기처럼 힘없이 툭툭 끊어져 나갔다.

들릴라는 정말 화가 났다. '나를 믿지 않는구나.' 하고 생각하니, 사랑한다는 말도 모두 거짓말이라고 생각하게 되었다.

"당신은 여전히 나를 놀리는군요. 또 속였잖아요. 당신이 나를 사랑한다는 말이 진짜예요? 저를 사랑한다면, 이번엔 속이지 말고 사실대로 말해 주세요."

어찌나 보채는지 귀찮아진 삼손이 또다시 입을 열었다. 들릴라는 이번에야말로 제대로 알려주는 모양이라고 기대하며 바짝 긴장하였다.

"내 머리카락을 일곱 타래로 나누어 베틀에다 놓고 씨줄로 짜서 그걸 말뚝으로 땅에 박으면 돼."

'음, 바로 그거였군.'

들릴라는 회심의 미소를 지으며 기회를 엿보고 있었다. 그러던 중 삼손이 베틀 곁에서 곤하게 잠들자 들릴라는 '이때다' 싶어 얼른 삼손이 일러준 대로 하였다.

"삼손, 블레셋 사람들이 당신을 잡으러 왔어요!"

삼손이 벌떡 일어나 뛰쳐나갔다. 그 바람에 머리를 묶은 말뚝까지 힘없이 쑥 뽑혀 나갔다. 힘은 조금도 손상되지 않고 여전했다.

삼손이 블레셋 사람들에게 붙잡히다 삿 16:15-22

"삼손, 당신은 정말로 날 사랑하지 않는군요. 세 번이나 거짓말을 하다니. 어떻게 저한테 이럴 수 있죠? 한 번만 더 묻겠어요. 이번에도 사실대로 말해주지 않으면, 다시는 당신을 만나지 않겠어요."

들릴라는 거의 날마다 앙탈도 부리고 울기도 하고 얼러대기도 하면서 힘의 비밀을 알려달라고 삼손을 졸라댔다. 들릴라와의 관계를 끊을 생각이 아닌 한 더 이상 버틸 수 없을 지경이었다. 마침내 삼손은 절대 말해서는 안 될 힘의 비밀을 털어놓았다. 사랑하는 그녀를 잃고 싶지 않아서였다.

"알겠소. 이번에는 사실대로 말하리다."

삼손의 표정이 사뭇 진지해졌다.

"내가 어머니 뱃속에 있을 때부터 하나님이 나를 특별히 구별하여 하나님을 섬기는 나실인으로 가려 뽑으셨소. 나실인은 태어날 때부터 머리털을 평생 자르지 않아. 그래서 내 머리가 이렇게 긴 거야. 내 힘의 비밀은 바로 이 긴 머리카락에 있는 거야. 이제 됐어?"

들릴라는 본능적으로 이번에는 거짓이 아니라고 느꼈다. 분명 삼손의 태도가 예전과는 달랐다.

"이번엔 틀림없어요. 삼손이 마침내 속을 다 털어놓았어요. 힘의 비밀을 알아냈다구요. 그러니 이번엔 내게 줄 돈과 밧줄을 준비해 가지고 오세요. 꼭 삼손을 잡게 될 거예요."

블레셋의 관리들은 그 말에 흥분되어 모든 준비를 갖추고 그녀의 집안에 숨어들었다.

들릴라는 자기 무릎에 삼손을 뉘어 잠들게 했다. 위험을 아는지 모르는지 삼손은 이내 잠에 곯아떨어졌다. 삼손이 깊이 잠들자, 들릴라는 블레셋 사람들을 불러 일곱 가닥으로 땋아 길게 늘어뜨린 삼손의 머리털을 바짝 자르게 하였다.

나실인 삼손, 그의 머리털이 잘려지고 있었다. 한 평생 절대로 잘라서는 안 되는 배냇머리를 이방의 한 여인과의 사랑에 빠져 그녀의 무릎을 베고 자다가 어처구니없이 잃고 마는 참으로 불행한 일이 발생하였다. 그것은 하나님과 맺은 신성한 약속을 깨뜨린, 돌이킬 수 없는 실수였다.

삼손의 머리털이 다 잘리자, 들릴라가 또 소리쳐 깨웠다.

"삼손, 블레셋 사람들이 당신을 잡으러 왔어요!"

"아, 귀찮아. 이 녀석들이 아직도 혼이 덜 난 모양이로군."

투덜거리며 일어난 삼손, 그러나 이게 어찌 된 일인가! 하나님은 그를 떠났고, 그의 힘도 어디론가 사라지고 없었다. 들릴라의 무릎 위에서 곤하게 잠든 사이, 그는 보통 사람으로 변해 있었다. 배냇머리가 없어진 것이다.

"어? 이게 어찌 된 일이지?"

블레셋 사람들이 덮쳐들자 삼손은 그들을 떨쳐내려 힘을 썼다. 하지만 그는 전혀 힘을 쓸 수가 없었다. 그냥 발버둥만 치는 꼴이 되고 만 것이다. 그제서야 삼손은 자신의 머리털이 잘려 나간 것을 알아차렸다. 한쪽에서 들릴라가 야릇한 표정으로 서 있었다. 삼손은 포기하고 고개를 떨구었다.

블레셋 사람들은 쾌재를 불렀다. 오랜 숙원이던 삼손을 드디어 체포했기 때문이었다. 그들은 놋쇠 줄로 삼손을 이중 삼중으로 꽁꽁 묶은 다음, 예리한 칼끝으로 삼손의 두 눈을 도려냈다. 그런 후에야 블레셋 사람들은 전에 삼손이 성문을 기둥째 뽑아갔던 큰 성읍 가사로 그를 압송해 갔다.

눈먼 죄수 삼손 삿 16:23-31

힘도 빠지고 눈까지 먼 삼손은 가사의 감옥에 갇혔다. 누구도 넘볼 수 없었던 천하장사에서 하루아침에 불쌍한 죄수 신세가 되었다. 사랑하는 애인 들릴라의 배신은 삼손의 마음에 깊은 상처를 남겼다. 더구나 하나님으로부터 직접 나실인으로 구별된 거룩한 신분도 이젠 상실된 것이나 마찬가지였으니, 그 허무감과 좌절감은 어떤 말로도 표현할 길이 없었다.

또 하나의 견디기 힘든 고통이 삼손을 짓눌렀다. 날마다 연자맷돌을 돌리는 중노동을 해야 했던 것이다. 하루하루가 고통의 연속이고 순간순간이 치욕의 연속이었다.

그러나 희망이 싹트기 시작했다. 머리털이 감옥 안이라고 해서 자라나지 말라는 법이 어디 있겠는가. 머리털이 길어질수록 힘이 점차 되돌아 왔다. 삼손을 사로잡은 데 도취된 블레셋 사람들은 그런 사실을 까맣게 잊고 있었다. 그들에게 삼손은 더 이상 아무것도 아니었다.

삼손의 머리털이 꽤 자라서 예전의 힘을 되찾았을 무렵, 블레셋 사람들은 그들의 신 다곤의 신전에 모여 성대하게 제사를 드리고 축제를 벌였다. 모두들 먹고 마시고 취하여 노래하며 춤추느라고 정신이 없었다. 신전에 들어오지 못해 지붕 옥상에 올라가서 구경하는 사람만도 3천 명에 이르렀으니, 블레셋 역사상 유례가 없는 인파였다.

다곤 신전 안에는 왕을 비롯한 대신들과 고급 관리들, 제사를 집전하는 제사장들, 각 성읍에서 초대받은 성주들, 블레셋에서 행세깨나 하는 유지들이 다 모여 있었다. 신전에 들어가지 못해 신전 지붕에 올라간 사람들은 일반 민중이었다.

"우리의 위대한 다곤 신이여, 우리의 원수 삼손을 잡아 주신 다곤 신이여, 위대하신 다곤 만세!"

블레셋 사람들은 흥에 겨워 외쳤다.

"삼손을 끌어내라! 그 꼬락서니를 구경하며 실컷 웃어 보자!"

여기저기서 아우성이 터져 나왔다. 온통 난리 법석이었다.

"그거 좋은 생각이군. 그 자를 당장 끌어내어 모두 구경하게 하라. 맘껏 조롱하며 즐기도록 하라."

블레셋 왕의 허락이 떨어지자, 또다시 신바람 함성이 크게 터져 나왔다. 잠시 후, 사슬에 꽁꽁 묶인 눈먼 삼손이 군사들에게 이끌려 더듬거리며 다곤 신전으로 들어섰다. 그 모습을 본 군중들은 또다시 함성을 내질렀다.

"와-! 삼손이다!"

"우리 농사를 다 망쳐 놨던 자가 저 놈이야?"

"우리 블레셋 사람을 수천 명이나 죽인 원수!"

"어이 삼손, 힘 좀 써 보시지. 그 좋은 힘 다 어디 갔나?"

블레셋 사람들은 삼손을 마구 조롱하며 놀려댔다. 왕도, 신하들도, 초대 받은 사람들과 지붕 위의 사람들도 열광하며 아우성을 쳐댔다.

"부탁이 있소."

삼손이 자기 손을 붙잡고 인도해 주는 젊은이에게 말했다.

"신전을 받치고 있는 큰 기둥이 있는 데로 나를 좀 데려다 주오. 몸을 좀 기대고 싶어서 그러오."

"네 부탁이 아니라도 넌 거기 서 있어야 하는 거야. 거기가 신전의 중앙이라서 모든 사람들이 한눈에 너를 볼 수 있을 테니까."

삼손은 거대한 신전 중앙의 큰 기둥 두 개 사이에 세워졌다. 팔을 들어 더듬는 삼손의 양손에 양쪽의 큰 기둥 두 개가 만져졌다.

'바로 여기구나! 제대로 되었어!'

삼손은 마음속으로 생각했다. 이어, 간절하게 기도를 드렸다.

"오, 여호와 하나님, 이번만 저를 돌보아 주십시오. 한 번만 더 저에게 힘을 주십시오. 저의 두 눈을 도려낸 저 블레셋

놈들의 원수를 갚게 해 주십시오."

삼손은 비장한 마음으로 팔을 벌려 한 손은 왼쪽 기둥에, 또 다른 한 손은 오른쪽 기둥에 대고 목청껏 소리쳤다.

"나 삼손이 오늘 블레셋 놈들과 함께 죽으리라!"

이어서 혼신의 힘을 다해 두 기둥을 밀기 시작했다.

우람한 신전 기둥이 소리를 내며 흔들리기 시작했다. 블레셋 사람들이 놀라 입을 열지도 못하는 순간, 두 기둥이 밀려나면서 신전 지붕이 요란한 소리와 함께 무너져 내렸다.

지붕 위에 있던 사람들은 비명소리와 함께 아래로 곤두박질치며 우르르 떨어졌다. 신전 안에 있던 왕을 비롯한 수많은 블레셋 지도자들은 거대한 지붕에 눌려 비명과 함께 돌더미 속에 깔렸다. 그야말로 아비규환이었다. 순식간에 수많은 사람들이 떼죽음을 당했다.

삼손도 그 자리에서 장렬하게 최후를 마쳤다. 그날 삼손이 죽인 블레셋 사람들이 그가 살아 있을 때 죽인 사람들보다 훨씬 많았다.

삼손의 일가 친척들은 삼손의 시체를 거두어 그의 아버지 마노아의 무덤 곁에 장사지냈다.

한꺼번에 많은 지도자를 잃은 블레셋 사람들은 워낙 많은 희생을 당하여 국력이 쇠약해진 데다가, 이스라엘의 신 여호와가 두려운 나머지 감히 이스라엘을 넘보지 못하였다. 삼손이 블레셋으로부터 이스라엘을 구원한 것이다.

영적인 암흑기, 사사 시대 삿 17-21장

여호수아가 죽은 후 이스라엘의 초대 왕인 사울이 등장하기까지, 340여 년 동안 이스라엘에는 왕이 없었다. 그 대신 하나님이 직접 뽑아 세우신 사사들에 의해 나라가 다스려졌다.

사사 시대에 등장한 사사들은 모두 12명이었다. 최초의 사사는 갈렙의 조카인 옷니엘이었고, 마지막 사사는 초인적인 힘을 지닌 삼손이었다.

사사 시대는 영적 암흑기였다. 이스라엘 백성은 틈만 나면 하나님을 떠나 이방의 우상을 섬겼다. 율법은 무시되었고, 공의는 땅에 떨어졌다. 아무나 제사장이 되었고, 우상을 하나님처럼 섬겼다. 하나님의 말씀을 가르쳐야 할 레위인들조차도 예사로 첩을 두었다. 성읍마다 불량배들이 설쳐서 간음과 살인이 다반사로 일어났다. 동족끼리 피비린내 나는 싸움을 벌이기도 했다. 올바른 가르침이 없으니, 사람들은 무엇이 옳은 일인지조차 몰라 각자 알아서 자기 눈에 옳은 대로 행하였다. 340년 사사 시대는 그렇게 혼돈 속에서 흘러갔다.

3일 만에 읽고, 평생 가슴에 남는

재밌는 성경 구약1

초판 1쇄 발행 2016년 6월 1일
초판 2쇄 발행 2016년 12월 5일

지은이 김영진
그린이 김천정
펴낸이 김영진
펴낸곳 (유)성서원

주소 경기도 고양시 덕양구 덕은로 60-12 우)412-170
주문 및 문의 전화 02-765-0011~7
팩스 02-743-6811
성서원 북카페 http://cafe.naver.com/biblehouse1972
온라인 서점 www.bibleeshop.com(T.02-597-1599)
홈페이지 www.biblehouse.co.kr
출판 등록일 1997년 7월 8일(제300-1997-79호)

ISBN 978-89-360-2059-0
ISBN 978-89-360-2062-0 (세트)

●잘못된 책은 바꾸어 드립니다.
●책값은 뒤표지에 있습니다.

3일 만에 읽고,
평생 가슴에 남는

재밌는 성경

구약 2

3일 만에 읽고, 평생 가슴에 남는

재밌는 성경

글 김영진 그림 김천정

구약 2

역사와 열왕 그리고 예언

룻기에서 말라기까지

성서원

| 머리말 |

『3일 만에 읽고, 평생 가슴에 남는 재밌는 성경』을 쓰게 된 이야기

나는 성경책을 만드는 사람이다. 성경책에 잘 디자인된 아름다운 옷을 입히거나, 또는 우리말로 새롭게 번역하여 읽기 쉬운 내용으로 다듬어 성경책을 발행하기도 했다. 그렇게 성경책 만드는 일을 45년 동안 줄곧 해 왔다. 지금까지 성서원에서 만든 성경책을 권수로 계산하여 한 줄로 쌓아올린다면 100층 높이 초고층 건물이 여러 채 생겼을 것이다. 이처럼 신비롭고 아름다운 성경책의 마을, 그 마을에 45년 동안 살았던 것은 내게 큰 축복이다.

"성서원에서 만든 성경책을 읽고 교회에 다니게 되었다.", "성서원에서 만든 성경책이 너무 예뻐 가방에 넣고 다니며 항상 읽고 힘을 얻는다.", "친구에게 성서원에서 만든 성경책을 선물했더니 너무 좋아하더라." 등등. 이런 말을 들으면 성경책을 발행하고 보급하는 일이 가슴 뿌듯했다. 하나님의 은혜와 사랑에 크게 감사했다.

어린이 잡지 『새벗』을 300호, 400호, 500호 넘게 발행했다. 새벗 문고도 100권까지 냈다. 1978년에는 기존의 성경책을 쉽게 풀어 옮긴 『현대어 성경』을 출간했다. 2012년에 『현대어 성경』을 개정하여 내놓은 『쉬운말 성경』도 독자들의 큰 사랑을 받고 있다.

또 성경 전체인 1,189장을 4연 4행의 시와 산문으로 써서 국민일보에 10년 넘게 연재했다. 그것을 묶어 성경 시집과 산문집을 내기로 했다. 성경 시집은 일목요연하게 정리되어 좋았다. 그런데 산문집은 마음먹은 대로 스토리텔링이 되지 않았다. 오래 고민하다가 성경의 장절을 무시하고, 어린이를 포함하여

남녀노소 누구나 소설처럼, 드라마처럼 읽고 보기에 쉽고 편하고 흥미진진한 『재밌는 성경』을 꾸미기로 작정했다.

'쉽고 간결하고 맛깔스러운 문장으로 성령님이 뭇 영혼에 전하려는 목소리를 재밌고 흥미로운 이야기로 만들자.', '누구나 하나님의 사랑의 품에 안기고 싶고, 예수님과 더불어 친구하고 싶은, 감동을 일으킬 만한 간결하고도 잘 정리된 그런 흥미진진한 이야기 성경책을 써 보자.' 이런 마음으로 기도하면서 한 줄, 한 줄 성경의 이야기를 쓰기 시작했다.

그렇게 작업한 세월은 뼈를 깎는 듯한 고통의 시간임과 동시에 은혜가 넘치는 행복한 시간이었다. 하나님의 말씀과 함께한 매일매일의 순간순간이 얼마나 기뻤는지 모른다. 아침부터 저녁 늦게 잠자리에 누울 때까지 성경 말씀에 푹 젖어 살았다. 성경을 모두가 재미있게 읽을 수 있도록 쉽고도 흥미로운 문장으로 다듬고 기도하는 일로 보내는 시간은, 내 인생에서 가장 은혜롭고 행복한 날들이었다.

성경책은 이야기책이었다. 하나님에 관한 이야기, 사람들에 관한 이야기였다. 사랑과 미움, 순종과 반역, 진실과 타락, 회개와 눈물, 모략과 갈등, 열정과 패기 등이 한데 엉켜 소용돌이치는 드라마틱한 이야기였다. 성경은 매일매일 텔레비전에서 보는 드라마였다. 오늘도 신문을 펼치면 만나게 되는 인물들이 성경책 속에서 집을 짓고 나라를 세워 아옹다옹 살아가는 흥미로운 이야기가 있는 집이었다.

『재밌는 성경』을 꾸미는 동안, 그것과 더불어 작업한 『성경전장의 노래』 성경 1,189장을 시로 지어 즐거이 주를 노래하다. 무려 20년을 성경의 집에서 살았다. 그 긴 세월 동안 성서원의 내 작은 방에서 성경 내용을 이야기로 만들며 외롭게 생활했다. 그러나 그곳은 다만 글을 쓰고 기도하는 장소일 뿐, 내 영은 타임머신을 타고 2천 년 전, 아니 더 멀리 3,500년 전의 성경 드라마 속의 다양한 인물과 함께 어울려 지낸 가슴 벅찬 세월이었다.

마침내 창세기부터 여호수아까지 46개 이야기, 사사기부터 말라기까지 65개 이야기, 마태복음부터 요한계시록까지 64개 이야기, 모두 175개의 알기 쉽고 흥미진진한 재밌는 성경 이야기를 꾸몄다. 『크리스천투데이』에 『재밌는 성경』을 수년 연재하면서 여러분과 함께 그 이야기를 나누기도 했다.

미국의 제16대 대통령 에이브러햄 링컨은 학교 교육도 제대로 받지 못했지만, 오직 성경 한 권으로 대통령까지 되었다. 링컨은 이렇게 말했다. "하나님이 나에게 주신 최대의 선물은 성경이다. 인간이 바라는 모든 것은 성경 속에 다 있다." 정말 그랬다. "성경 속에 모든 것이 다 있다."라는 그 사실을, 이 책을 쓰면서 나 역시 진실로 깨닫게 되었다. 이것이 한국 교회의 성도들에게 고백할 수 있는 나의 결론이다.

『3일 만에 읽고, 평생 가슴에 남는 재밌는 성경』이 더욱 아름답고 알차고 흥미진진한 성경책이 될 수 있었던 것은, 나의 이야기를 한눈에 쏙 들어오게 하는 탁월한 일러스트들이다. 가슴을 울리는 비유적이고 상징적인 일러스트

로 성경의 속살에 한 걸음 더 다가가게 해주신 김천정 화백에게 깊은 감사를 표한다.

끝으로 이 책을 통해 성경 속의 이야기들을 소설이나 드라마처럼 재미있고 흥미롭게 읽고 보는 가운데, 하나님의 구원을 체험하고 아브라함 같은 믿음을 다지며 요셉처럼 높은 비전을 꿈꾸기를 바라면서, 이 땅의 어린이들과 청소년들을 비롯하여 남녀노소 모든 이에게 이 책을 바친다.

성경의 원저자이신 성령님! 감사합니다.

| 차례 |

구약 2

역사와 열왕 그리고 예언

룻기에서 말라기까지

구약 2

역사와 열왕 그리고 예언

룻기에서 말라기까지

구약성경 | 약자표

창 창세기	왕상 열왕기상	전 전도서	옵 오바댜
출 출애굽기	왕하 열왕기하	아 아가	욘 요나
레 레위기	대상 역대상	사 이사야	미 미가
민 민수기	대하 역대하	렘 예레미야	나 나훔
신 신명기	스 에스라	애 예레미야애가	합 하박국
수 여호수아	느 느헤미야	겔 에스겔	습 스바냐
삿 사사기	에 에스더	단 다니엘	학 학개
룻 룻기	욥 욥기	호 호세아	슥 스가랴
삼상 사무엘상	시 시편	욜 요엘	말 말라기
삼하 사무엘하	잠 잠언	암 아모스	

나오미와 모압 여인 룻

모압 여인 룻이 나오미의 며느리가 되다 룻 1:1–4

진흙 속에 피어난 한 떨기 백합화처럼, 흑암의 사사 시대에서 기적처럼 솟아난 아름다운 이야기가 있다. 모압 여인 '룻'의 이야기가 바로 그것이다.

가나안 정복 전쟁을 승리로 이끈 이스라엘의 강력한 지도자 여호수아가 죽고 난 뒤, 이스라엘은 혼란에 빠져 있었다. 미디안 족속의 압제와 약탈이 극성을 부리던 시대에, 이스라엘 땅 베들레헴에는 엘리멜렉이라는 사람이 살고 있었다. 그는 사랑하는 아내 나오미와 장성한 두 아들과 단란한 가정을 일구며 살아가고 있었다.

그러던 중, 극심한 흉년이 닥쳤다. 여러 해 동안 흉년이 계속되자 엘리멜렉은 고민 끝에 가족을 이끌고 고향을 떠나기로 했다. 요단 강 건너편 모압 땅으로 이주하기로 한 것이다. 그곳에는 가뭄이 들지 않아, 농산물이 잘 자라고 가축 떼가 번성한다는 소문을 들었기 때문이다.

모압 사람들은 아브라함의 조카 롯의 후손들로, 우상을 숭배하는 족속이었다. 모압 족속은 하나님의 심판으로 소돔과 고모라가 멸망할 당시 극적으로 살아난 아브라함의 조카 롯이 자기 큰딸과의 근친상간을 통해 얻은 아들 모압의 후손들이었다. 온갖 죄악이 저질러지는 추악한 땅이었기에 엘리멜렉은 망설이지 않을 수 없었다. 하지만 네 명의 일가가 극심한 흉년 속에서 생명을 유지하려면 모압 땅으로 이주하는 길밖에 달리 방도가 없었다.

'그래, 떠나자. 이대로 굶어죽을 수는 없는 노릇 아닌가.'

엘리멜렉은 가족을 이끌고 이스라엘 땅 베들레헴을 떠났다. 요단 강 계곡을 건너 요단 강 동편 고원의 평야 지대로 이주한 엘리멜렉 가족은 한동안 별탈 없이 지냈다. 이방인들의 사회에서 하나님에 대한 신앙을 유지해 나가는 것이 쉬운 일은 아니었지만, 무엇보다 먹을 것이 해결되니 일단은 심리적인 안정감을 느끼고 있었다. 하지만 그것도 잠시뿐, 마른 하늘에 이게 무슨 날벼락인가!

어느 날, 나오미의 남편인 엘리멜렉이 병이 들더니 시름시름 앓다가 세상을 뜨고 말았다. 미망인이 된 나오미는 모압 땅에서 슬픈 나날을 보냈다. 그나마 그녀가 슬픔을 견딜 수 있었던 것은 장성한 두 아들이 곁에 있었기 때문이었다.

세월이 흘렀다. 나오미의 두 아들 말론과 기룐은 모압 여인들에게 마음이 끌렸다. 그녀들은 야생마처럼 건강하고 날렵하고 아름다웠다. 나오미는 두 아들이 고향 처녀들에게 장가 들기를 바랐지만, 과연 언제 베들레헴으로 다시 돌아가게 될지 알 수 없는 일이었다. 장성한 두 아들의 결혼을 언제까지나 내일로 미룰 수만도 없는 일이어서, 나오미는 두 아들이 원하는 대로 모압 처녀와 차례로 결혼시켰다. 큰 아들 말론의 아내가 된 큰 며느리의 이름은 '룻'이었고, 둘째 아들 기룐의 아내가 된 둘째 며느리의 이름은 '오르바'였다.

나오미는 새 가족이 된 모압 여인들에게 이스라엘의 하나님에 대해 가르쳐 주었다. 이집트에서 해방된 이스라엘 민족이 광야 생활 40년을 거쳐 가나안 땅에 정착하기

까지의 놀라운 역사를 낱낱이 들려주었다. 하나님의 놀라운 기적들로 점철된 이스라엘 백성의 이집트 탈출과 가나안 정복의 이야기는, 이스라엘의 하나님이 얼마나 위대한 신인가를 알려주기에 충분했다. 모압 출신의 두 며느리는 믿음이 투철한 시어머니 나오미의 영향으로, 모압의 우상 종교를 버리고 하나님을 믿게 되었다. 특히 큰 며느리인 룻의 믿음은 뜨겁고 순수했다.

나오미가 룻과 함께 고향으로 돌아가다 룻 1:5-18

세월이 흘렀다. 나오미 일가가 베들레헴을 떠나 모압 땅에 이주한 지도 어언 십여 년이 지났을 무렵, 나오미의 가정에 큰 비극이 몰아닥쳤다. 장남 말론이 죽더니, 얼마 지나지 않아서 차남 기룐도 형의 뒤를 따라 세상을 떠난 것이다. 나오미 집안의 모든 남자들이 아내들만 뒤에 남겨두고 죽고 만 것이다. 집안에는 세 여인의 한숨과 눈물만이 가득 찼다.

외로움과 눈물이 세 여인의 벗이 되었다. 낯선 모압 땅에서 남편과 두 아들을 잃은 나오미는 삶에 대한 의욕을 잃고 말았다. 며느리들마저 친정으로 떠나가면, 나오미는 낯선 이방 땅에서 홀홀단신 외로운 신세가 될 것이다. 때마침 고향 땅 베들레헴에 풍년이 들었다는 소식이 들려왔다.

'그래, 고향으로 돌아가자. 친구들과 친척들이 사는 고향 땅에 돌아가서 여생을 보내자. 여기서 이렇게 처량하게 살아야 할 이유가 없지 않은가.'

나오미는 굳게 마음먹고, 두 며느리에게 자신의 뜻을 밝혔다.

"얘들아, 나는 이제 내 고향 베들레헴으로 돌아가야겠다. 그러니 너희들은 각자 친정으로 돌아가서 새로운 삶을 찾아라. 하나님이 너희들을 잘 보살펴 주시기를 기도하마."

"아닙니다. 어머니! 저희들도 어머니를 따라가겠습니다."

젊은 두 며느리가 뜻밖에도 시어머니를 따라가겠노라고 나섰다. 친정인 모압 땅에 남아서 재혼을 하고 새 보금자리를 꾸밀 수도 있으련만, 며느리들은 웬일인지 굳이 시어머니를 따라가겠다는 것이다.

"얘들아! 너희들의 마음은 고맙지만, 그럴 필요가 없다. 너희들은 아직 젊으니 새 남편을 맞아야 해."

나오미는 자신의 굳은 결심을 거듭 밝히면서, 며느리들에게 작별의 입맞춤을 했다.

"아닙니다, 어머니. 저희들은 어머니를 따라가겠어요."

며느리들의 결심도 보통이 아니었다. 며느리들은 소리 높여 울면서 시어머니를 붙잡았다. 그동안 며느리들은 시어머니 나오미와 뗄 수 없을 만큼 정이 든 것이다.

며칠 후, 나오미와 두 며느리는 베들레헴을 향해 길을 떠났다. 나오미에게는 처량하고 슬픈 귀향길이었고, 룻과 오르바에게는 민족과 종교와 문화가 다른 낯선 땅으로의 여행길이었다.

나오미 일행은 요단 강에 이르렀다. 이제 강만 건너면 이스라엘 땅이었다. 요단 강을 건너기 전, 나오미는 다시금 두 며느리를 불러 앉혔다.

"힘든 길을 여기까지 함께 와 줘서 정말 고맙구나. 너희들은 그 동안 나와 내 아들들에게 참으로 잘해 주었다. 늘 고맙게 생각하고 있었다. 그러나 요단 강을 건너면 너희들의 고향으로 다시 돌아가가기 쉽지 않다. 그러니 이제 여기서 그만 헤어지도록 하자. 나는 내 고향 베들레헴으로 가고, 너희들은 다시 너희들의 고향 모압 땅으로 돌아가거라. 하나님께서 너희들에게 복을 내려주시기를 빌겠다."

"아닙니다, 어머니. 저희들도 요단 강을 건너 어머니와 함께 어머니의 고향에 가서 살겠습니다."

룻도, 오르바도 눈물을 흘리며 시어머니를 붙잡았다.

"안 된다, 얘들아. 나는 늙은 몸이고, 더 이상 아무런 희망이 없다. 너희들에게는 너희들의 고향으로 돌아가는 게 행복이다. 하나님께서 나를 치셨는데, 너희를 보면 더욱 마음이 아파진다. 자, 이제 그만 발걸음을 돌리거라."

나오미와 두 며느리는 서로를 껴안고 한동안 함께 울었다. 얼마 후, 작은 며느리 오르바는 나오미에게 작별 인사를 하고, 오던 길로 되돌아갔다.

"룻, 너도 어서 가거라. 갈 길이 멀어 나도 오래 지체할 수가 없구나. 어서 네 동서처럼 고향으로 돌아가려무나."

"어머니, 전 절대로 돌아가지 않겠습니다. 어머니께서 가시는 곳이면 저도 어디든지 가겠습니다. 어머니의 하나님이 제 하나님이고, 어머니의 민족이 제 민족입니다. 어머니께서 돌아가시는 그 땅에서 저도 함께 죽겠습니다. 오직 죽음만이 어머니와 저를 갈라놓을 수 있을 것입니다. 무슨 말씀을 하셔도 저는 어머니를 끝까지 따르겠이요."

룻의 결심은 확고했다. 더 이상 설득할 수가 없었다. 나오미는 룻이 진정으로 이스라엘 사람이 되어 자신과 함께 살기를 원한다는 것을 재삼 확인하고, 더 이상 돌아가라고 강요하지 않았다. 두 사람은 요단 강을 건너 이스라엘 땅 베들레헴으로 향했다.

룻과 보아스

룻의 갸륵한 효성 룻 1:19–2:23

나오미와 룻이 베들레헴에 도착하자, 두 사람에 관한 소문으로 온 마을이 떠들썩했다. 마을 사람들은 앞다투어 나오미에게 몰려들었다.

"나오미, 남편과 두 아들은 어찌되었소? 함께 온 저 여인은 누구요?"

나오미는 슬픈 얼굴로 대답했다.

"나를 더 이상 '나오미'라 부르지 마시오. 나는 괴로운 여자이니, 차라리 나를 '마라'라고 불러 주시구려."

'나오미'는 '즐거움'이라는 뜻이고, '마라'는 '괴로움'이라는 뜻이었다.

"나오미, 어째서 그런 말을 하시오?"

고향 사람들이 놀라면서 되물었다. 나오미는 한숨을 내쉬며 아픈 사연을 이야기했다. 고향 사람들은 나오미의 슬픈 사연을 전해 듣고는 혀를 끌끌 차며 가슴 아파하였다. 그리고 젊은 나이에도 고향과 친척을 떠나 시어머니를 따라온 며느리 룻을 침이 마르도록 칭찬했다.

그 무렵, 베들레헴에는 부유한 지주인 '보아스'란 사람이 살고 있었다. 그는 여호수아 군대가 가나안 정복을 위해 맨 처음 여리고 성을 공격할 당시 그 성에 살면서 이스라엘의 정탐꾼들을 도와준 기생 라합의 아들로, 나오미의 죽은 남편인 엘리멜렉의 친척이기도 했다.

룻과 나오미가 베들레헴으로 귀향한 때는, 보리를 추수할 무렵이었다. 객지에서 모든 것을 잃은 나오미는 고향으로 돌아왔지만 먹고 살기가 막막했다. 며느리 룻은 생각 끝에 이삭이라도 주우려고 들판으로 나갔다. 이스라엘 사회의 율법에 의하면, 수확 중에 밭에 떨어진 이삭은 가난한 사람들이 주워 가도록 남겨두게 되어 있었다. 룻은 보아스의 소유인 밭에 나가서 이른 아침부터 저녁 늦게까지 이삭을 주웠다.

어느 날, 보아스가 추수를 감독하려고 자기 밭을 찾았다. 몇 명의 여인들이 수확하는 일꾼들을 뒤따르며 이삭을 줍는 모습이 눈에 들어왔다.

"흠, 저 여자는 처음 보는 얼굴인데, 누구인가?"

낯선 룻을 바라보면서 보아스가 감독에게 물었다.

"룻이라고 하는 모압 여자입니다."

"모압 여자? 모압 여자가 어떻게 여기에서 이삭을 줍고 있단 말인가?"

"모르고 계셨습니까? 저 여자가 나오미와 함께 돌아온 모압 여자랍니다."

'그렇군. 과부가 된 나오미가 며느리와 함께 왔다더니, 바로 저 여자로군.'

보아스는 룻에게 다가가 친절하게 말을 걸었다.

"보시오, 그대가 룻이요? 당신 시아버지가 나와는 친척이었소. 그러니 아무 걱정하지 말고, 내 밭에서 원하는 대로 마음껏 이삭을 줍도록 하시오. 목이 마르거든, 일꾼들에게 물을 달래서 마시도록 해요. 하나님이 당신에게 복을 내려주시기를 빌겠소."

보아스의 친절에 룻은 다소곳이 머리 숙여 감사하다는 인사를 보냈다.

"일꾼들이 점심을 먹을 때, 같이 먹도록 하시오. 조금도 꺼려하지 말고…."

보아스는 룻을 식사 자리에 초대했을 뿐만 아니라, 손수 먹을 것을 챙겨 주었다. 룻은 보아스의 호의로 일꾼들과 함께 점심을 먹었다. 룻이 자리를 떠나자, 보아스가 일꾼들에게 특별히 지시했다.

"룻이 이삭을 많이 줍도록 해 주게. 일부러 이삭을 떨어뜨려 주어도 좋아."

각별한 배려였다. 후손도 없이 죽은 불쌍한 친척의 며느리인데다가, 과부 된 시어머니를 섬기려고 자신의 나라를 떠나 낯선 타향을 마다하지 않고 따라온 정성과 효심이 갸륵하고 아름다웠기 때문이었다.

그날 저녁, 룻이 이삭을 잔뜩 주워서 집으로 돌아오자 나오미가 놀라워하며 물었다.

"아니, 어디서 이렇게 많은 이삭을 주웠느냐?"

"예, 어머니. 보아스라는 분의 밭에서 주웠어요. 그분이 저에게 따뜻한 호의를 베풀어 주셨어요."

"오! 그래? 보아스는 우리 가족에게 극진하게 해주더니, 우리에게도 이토록 잘 해주는구나. 우리와는 친척 사이이니, 이제는 다른 밭으로 갈 것 없이 보아스의 밭에만 가서 이삭을 줍도록 해라."

"예, 어머니. 그렇게 하겠습니다."

룻은 매일같이 보아스의 들판에 나가, 보리와 밀 수확이 모두 끝나기까지 이삭을 주웠다. 이른 아침부터 저녁 늦도록 쉬지 않고 이삭을 주워 시어머니를 정성껏 봉양했다.

룻이 보아스와 결혼하다 룻 3:1–4:22

타작을 앞둔 전날, 나오미가 룻을 불러 앉혀 놓고 말했다.

"내 딸아, 나는 네가 복되기를 바란다. 우리 이스라엘의 율법에는 독특한 관습이 있단다. 자식을 낳지 못하고 죽은 사람이 있으면 가까운 친족 남자가 고인을 대신하여 대를 이어주는 제도가 있어. 네 남편이 자식 없이 죽었으니 네 죽은 남편을 대신할 남자와 결혼하여 자식을 낳아야 한다. 그래야 가문을 이어갈 수 있어. 너의 새 남편이 될 사람은 네 남편의 형제가 첫 순서이지만, 그 형제마저 죽고 없으니 이제는 가까운 친척이 순서에 따라 그 역할을 해야 된단다. 보아스도 그중 한 사람이란다."

그날, 시어머니 나오미는 며느리 룻에게 이스라엘의 계대결혼繼代結婚에 관한 법을 자세히 설명해 주었다. 그런 다음 나오미는 타작마당으로 가서 보아스의 잠자리에 몰래 들어가라고 일러주었다.

보아스도 속내를 드러내지는 않았으나, 효심과 신앙심을 두루 갖춘 정숙한 룻에게 마음이 끌리고 있었다. 룻은 시어머니가 일러준 대로 보아스의 타작마당으로 내려가서, 잠들어 있는 보아스의 곁에 가만히 몸을 뉘었다. 한밤중에 잠이 깬 보아스는 돌아눕다가 룻을 보고는, 깜짝 놀랐다.

"댁은 뉘시오?"

"저는 어른의 종 룻입니다. 집안의 어르신으로서 저를 맡아 주셔야 할 분이라고 들었습니다."

"걱정마시오, 룻. 그대가 바라는 것은 무엇이든지 다 들어주리다."

보아스는 룻을 자신의 아내로 맞아들이기로 마음 먹고, 모세 율법에 따라 절차를 밟았다. 먼저 룻과의 계대결혼에 우선권을 갖고 있는 가까운 친척 남자를 찾아낸 다음 증인들을 세우고, 그 남자에게 계대결혼의 의무를 수행할 것인지를 확인했다.

후손 없이 죽은 친척의 아내를 돌보아야 하는 의무에는 재산과 노력이 요구되는 일인지라, 우선권이 있는 남자는 룻과의 결혼을 포기했다. 그러자 다음 순위자인 보아스가, 룻과 결혼

하고 그녀를 돌보아 줄 것을 장로들 앞에서 선언했다.

보아스는 마침내 룻을 아내로 맞았다. 보아스와 룻 사이에서, 아들이 태어났다. 그들은 아들을 '오벳'이라 이름 지었다. 나오미의 기쁨은 말로 표현할 수 없을 정도로 컸다. 베들레헴 성읍의 사람들은 모두 나오미를 칭송하였다.

"오, 복된 나오미여! 마침내 주께서 엘리멜렉의 가문을 이을 후사를 당신께 주셨군요. 이 아기가 자라서 큰 인물이 되길 빌겠소. 이 아이는 일곱 아들보다 더 귀한 며느리가 낳은 아들로, 당신의 생명을 회복시키고 늘그막에는 당신을 잘 돌보아줄 것이오."

그런데 보라! 이 오벳이 자라서 이새를 낳았는데, 이새가 바로 다윗을 낳았던 것이다. 다윗이 누구인가? 이스라엘의 지혜로운 임금이요, 장차 태어나실 예수 그리스도의 직계 조상이 아닌가!

모압 여인 룻은 다윗 왕의 증조 할머니가 된 셈이었다. 예수 그리스도의 영광스러운 족보에도 그 이름을 올리게 되었으니, 실로 큰 축복이 아닐 수 없었다.

한나의 기도와 사무엘의 출생

한나의 기도 삼상 1:1–19

엘리가 이스라엘의 제사장이었던 시절, 이스라엘 땅 에브라임 산지에 있는 라마다임 성읍에 엘가나라는 사람이 살고 있었다. 그에게는 두 아내가 있었는데, 본처는 한나였고 두 번째 처는 브닌나였다. 한나가 오래도록 자식을 낳지 못하자 부득이 자식을 얻기 위해 두 번째 아내를 맞은 것이다. 그 시절에는 아들을 낳아 가문을 이어나가는 것이 최고의 가치였으므로, 경건한 사람이라도 일부일처제를 지키지 않는 경우가 적지 않았다.

엘가나의 두 번째 아내인 브닌나는 자녀가 여럿인 반면, 본처인 한나는 단 한 명의 자녀도 낳지 못했다. 결혼한 여자가 자녀를 낳지 못하는 것은 큰 수치였다. 때문에 브닌나는 언제나 우쭐하고 당당한 반면, 한나는 수치심과 죄의식으로 늘 움츠리며 살아야 했다. 브닌나는 자녀를 낳지 못하는 한나를 괴롭히면서 제멋대로 방자하게 행동했다.

한나는 외딴 곳으로 가서 홀로 슬피 울면서, 아들을 낳게 해달라고 하나님께 간절히 기도하곤 했다. 남편이 위로했지만, 한나의 슬픔은 줄어들지 않았다. 신앙심 깊은 한나가 기댈 데라고는 하나님밖에 없었다.

남편 엘가나는 하나님을 섬기는 사람이었다. 그는 율법에 따라 해마다 가족들을 데리고 실로에 있는 하나님의 성막으로 올라가서 하나님께 제사를 드렸다. 엘가나는 후처인 브닌나보다 한나를 더 사랑했기 때문에, 제사를 드린 후 분배하는 제물의 몫을 한나에게 갑절이나 더 주었다. 이를 알게 된 브닌나는 질투가 나서 한나를 비웃으며 더욱 심히 괴롭혔다.

"자식도 낳지 못하는 주제에 남편 사랑을 독차지하다니…, 사람이 염치가 있어야지."

한나의 가슴은 찢어지는 듯 아팠다.

"한나, 울지 말아요. 당신은 나에게 열 명의 자식보다 더 소중한 사람이오."

남편 엘가나의 따뜻한 위로에도 한나의 괴로운 마음은 쉽게 가라앉지 않았다. 한나는 성막으로 올라가서, 하나님께 울면서 기도했다.

"하나님, 저를 불쌍히 여기시고 저에게 아들을 낳게 해주십시오. 주께서 아들을 낳게 해주신다면, 아들을 하나님께 바치겠습니다."

한나는 입술을 들먹이면서 간절하게 기도했다. 이 광경을 지켜보던 제사장 엘리는, 한나가 술에 취해 주정을 하고 있는 것으로 오해했다.

"여인이여, 언제까지 그렇게 술주정이나 하고 지낼 참이오? 어서 술을 끊도록 하시오."

제사장의 책망에 한나는 깜짝 놀랐다.

"제사장님, 저는 그런 여자가 아닙니다. 저는 술에 취하지 않았습니다. 저는 술을 입에 대지도 않습니다. 저의 슬픈 마음을 하나님께 호소하고 있었습니다."

제사장 엘리는 동정심이 생겨 한나를 위로했다.

"여인이여, 평안히 가시오. 하나님께서 그대의 기도에 응답해 주실 것이오."

한나는 마음이 한결 편안해졌다. 하나님이 자신의 기도를 들어 주실 것이라는 믿음이 생겼다. 그녀의 얼굴에 비로소 웃음이 찾아들었다.

다음 날, 엘가나는 아침 일찍 가족을 데리고 하나님의 성막에 올라가 예배를 드린 후, 고향 땅 라마로 돌아갔다.

사무엘이 출생하다 삼상 1:20-2:11, 2:18-21

한나는 마침내 잉태를 하여 아들을 낳았다. 그녀는 아들의 이름을 '사무엘'이라 지었다. '하나님께 기도하여 낳은 아들'이라는 뜻이었다. 일년이 지나 실로의 성소에 올라가야 할 시기가 되었지만 한나는 젖먹이인 사무엘을 데리고 갈 수 없어 홀로 집에 남기로 했다. 그녀는 남편에게 말했다.

"나는 사무엘이 젖을 떼기까지 실로에 가지 않겠어요. 하지만 사무엘이 젖을 뗄 정도로 자라면, 하나님께 서원한 대로 이 아이를 하나님께 바쳐서 하나님의 성전에서 살게 하겠어요."

사무엘이 세 살 무렵이 되어 젖을 떼자, 한나는 남편과 함께 성소로 올라가 제사장 엘리를 만났다.

"제사장님, 저를 기억하시나요? 몇 년 전, 제사장님 옆에서 주께 기도를 드린 적이 있는 여자입니다. 저는 아이를 갖게 해 달라고 기도를 드렸고, 주께서는 제 간구를 들이 주셨습니다. 이제 이 아이를 주께 바칩니다. 이 아이의 인생은 주님의 것입니다."

대제사장 엘리는 한나를 축복하면서, 기꺼이 사무엘을 거두어 주었다. 한나는 다시 고향 라마로 돌아갔다. 그녀는 아들 사무엘을 하나님께 바치게 된 것에 대해 슬퍼하기는커녕 오히려 하나님께 찬양을 드리며 감사 기도를 드렸다.

해마다 한 번씩 온 가족이 실로에 올라갈 때면, 한나는 사무엘의 새 옷을 만들어 가곤 했다. 사무엘은 성전에서 하나님을 섬기고 율법을 배우면서 건강하게 자라났다. 그런 사무엘을 볼 때마다 한나는 여간 대견하고 자랑스러운 게 아니었다.

세월이 흘렀다. 대제사장 엘리는 늙어서 눈이 많이 어두워졌다. 그러나 소년 사무엘이 곁에서 시중을 잘 들었기 때문에 직무를 수행하는 데에는 별 문제가 없었다. 대제사장 엘리는 한나의 아름다운 믿음과 헌신이 대견하여, 그들 부부를 축복해 주었다.

"기도로 얻는 자식을 기꺼이 하나님께 바쳤으니, 주께서 그대들의 가정에 더 많은 자녀를 허락하셔서 그 아이를 대신해 주기를 빕니다."

그 후 한나는 하나님의 축복으로 아들 셋과 딸 둘을 더 낳았다. 한나는 넘치는 기쁨과 감사로 살아가게 되었다.

엘리 가문의 몰락과 사무엘의 소명

저주 받은 엘리 가문 삼상 2:12–17, 27–36

제사장 엘리에게는 '홉니'와 '비느하스'라는 두 아들이 있었다. 그들 형제는 아버지와 달리 이스라엘 백성 모두가 싫어할 정도로 못된 짓을 저지르는 불량배들이었다.

이스라엘 백성은 그들 형제가 엘리의 뒤를 이어 성전의 책임자가 될까 봐 크게 걱정하였다. 사실 그들의 불량한 행동은 어릴 때부터 시작되었지만, 아버지인 제사장 엘리가 그들을 크게 꾸짖어 바로 잡아주지 못했던 것이다. 날이 갈수록 못된 짓을 일삼던 두 아들은 성막 어귀에서 일하는 여인들과 동침하는 죄를 저지르고 말았다. 하나님은 크게 분노하셨다. 하나님은 엘리에게 선지자를 보내어 그의 가문을 저주하셨다.

"누구든지 나를 귀하게 여기는 사람들을 나도 귀하게 여길 것이다. 나를 멸시하는 자들은 멸시를 당할 것이다. 너희 가문이 대를 이어 나를 섬기도록 네 조상에게 약속했지만, 이제부터는 그렇게 하지 않을 것이다. 너희 가문에서는 노인이라고는 찾아볼 수 없게 될 것이다. 네 두 아들 홉니와 비느하스는 같은 날에 죽게 될 것이다."

하나님의 부르심을 받는 사무엘 삼상 3장

어느 날 밤, 사무엘은 여느 때처럼 잠자리에 누웠다. 그런데 엘리가 부르는 소리가 났다. 사무엘은 자리에서 일어나 급히 달려갔다.

"절 부르셨습니까?"

"아니다, 부르지 않았다. 돌아가서 자거라."

제사장 엘리는 사무엘이 꿈을 꾼 모양이라고 생각했다. 사무엘은 잠자리로 돌아와 다시 누웠다.

"사무엘아!"

다시 사무엘을 부르는 소리가 들려왔다. 사무엘은 즉시 자리에서 일어나 엘리에게 달려갔다.

"예, 제가 여기 있습니다."

"아니다. 난 널 부른 적이 없어. 어서 가서 자거라."

사무엘은 고개를 갸웃거리며 자리로 돌아왔다. 사무엘이 다시 잠이 들려고 하는데, 또다시 그를 부르는 소리가 들려왔다. 벌써 세 번째였다.

"사무엘아, 사무엘아!"

사무엘은 자리에서 일어나 또다시 엘리에게로 갔다.

"아니다, 난 널 부른 적이 없어."

제사장 엘리도 의아해 했다. 그러나 다음 순간, 제사장은 비로소 그 음성의 정체를 알 것 같았다.

"사무엘아, 이번에 또 너를 부르는 소리가 들리거든 '주의 종이 여기 있습니다. 듣겠사오니, 말씀하십시오.'라고 대답하여라."

사무엘은 바짝 긴장하고, 다시 잠자리에 누웠다. 이번에는 그를 부르는 음성이 기다려졌다. 아니나 다를까, 이내 똑같은 소리가 들려왔다.

"사무엘아, 사무엘아!"

이번에는 사무엘이 즉각 대답했다.

"말씀하소서. 주의 종이 듣겠나이다."

사무엘은 비로소 하나님의 음성을 직접 듣게 되었다.

"내가 이스라엘에 일어날 일을 말하리라. 엘리 집안에 벌을 내릴 것이다. 엘리 집안에 대한 내 저주가 그대로 이루어질 것이다. 엘리는 자기 자식들이 지은 죄를 알면서도 바로잡지 못했다. 엘리 집안이 지은 죄는 어떤 제물이나 예물로도 용서받지 못할 것이다."

소년 사무엘은 무서워서 몸을 떨었다. 아침이 되었지만 입을 열 수 없을 정도로 두려웠다. 그러자 제사장이 먼저 사무엘에게 물었다.

"사무엘아, 하나님이 네게 무슨 말씀을 하셨는지 나에게 솔직히 말해 다오. 하나님이 네게 말씀하신 것을 조금이라도 숨기면, 하나님이 네게 큰 벌을 내리실 것이다."

사무엘은 하나님께 들은 말씀을 남김없이 전했다. 다 듣고 난 엘리 제사장이 긴 한숨을 토하며 낮게 중얼거렸다.

"하나님의 선하신 뜻대로 하소서."

사무엘은 엘리 제사장과 함께 성전에서 하나님을 섬기며 살았다. 주께서는 자라나는 사무엘과 늘 함께 하셔서, 사무엘에게 주신 자신의 말은 무엇이나 다 이루어지게 해 주셨다. 사무엘이 예언하는 말들은 하나도 땅에 떨어지지 않고 그대로 실현되었다. 이스라엘 백성들은 성장해 가는 사무엘을 지켜보면서, 사무엘을 하나님의 예언자로 받아들이게 되었다.

하나님의 법궤

블레셋 족속과 하나님의 법궤 삼상 4:1-4

이스라엘의 남서쪽 지중해 해안에는 블레셋 사람들이 살고 있었다. 그들은 지중해의 섬나라 크레테 섬에서 살던 해양 족속이었는데, 그곳에서 쫓겨나서 팔레스타인 땅의 해변으로 건너온 이주민들이었다. 그들은 매우 호전적이고 거칠었다. 블레셋 족속은 철기 문명을 배경으로 강력한 군대를 갖추고 있었기 때문에, 변변찮은 무기를 지닌 이스라엘로서 상대하기가 벅찼다. 그들은 기회만 있으면 이스라엘 땅으로 쳐들어와 재산을 약탈하고 농작물을 노략했다.

엘리가 제사장이던 시절, 블레셋 사람들이 이스라엘을 공격해 왔다. 블레셋 군대는 아벡에 진을 치고, 이스라엘 군사들은 에벤에셀에 진을 쳤다. 블레셋 사람들이 전열을 지어 공격해 오자 이스라엘 사람들도 이에 맞섰다. 하지만 이스라엘 측이 패하여 죽은 사람이 4천여 명에 이르렀다.

이스라엘 진영에서는 지도자들이 모여 대책을 강구하다가, 하나님의 법궤를 메고 싸움터에 나가자고 결론을 내렸다. 이스라엘 백성들은 십계명 돌판이 담겨 있는 법궤를 신성한 물건으로 인식하고 있었다. 일찍이 여호수아 군대가 가나안 정복을 위해 요단 강을 건널 때에도 제사장들이 법궤를 메고 요단 강으로 들어서자 흐르던 강물이 멈추었고, 여리고 성 함락 작전 때는 법궤를 메고 성을 돌자 성벽이 무너져 내렸었다.

엘리 집안에 하나님의 징벌이 내리다 삼상 4:5-22

블레셋과의 전쟁에서 이기기 위해 법궤를 앞세우기로 결정을 내린 이스라엘 장로들은, 사람들을 실로에 보내 법궤를 운반해 오게 했다. 엘리의 두 아들인 홉니와 비느하스가 성전에 있다가 이스라엘 진영으로 법궤를 운반해 왔다. 법궤가 이스라엘 진영에 도착하자 이스라엘 군사들은 열광하며 함성을 질렀고, 그 순간 땅이 진동했다.

블레셋 진영에서는 갑자기 들려오는 이스라엘 진영의 큰 함성에 의아해 했다. 그들은 즉각 진상을 알아보았다.

"이스라엘이 섬기는 신의 법궤가 이스라엘 진영에 들어왔다고 합니다."

"무엇이? 법궤가 들어왔다고?"

블레셋 군대의 지도자들은 당혹감을 감추지 못했다. 이스라엘의 법궤에 대해 들은 바가 많았기 때문이다.

'이제 어찌해야 한단 말인가? 저 막강한 이스라엘의 신들의 손에서 누가 우리를 구할 수 있단 말인가? 저 신들은 광야에서 온갖 재앙으로 이집트 사람들을 쳤던 바로 그 신이 아니냐!'

블레셋 진영은 두려움에 휩싸였다. 하지만 블레셋 군대의 지휘관들은 두려움에 떠는 군사들을 향해 외쳤다.

"블레셋 사람들이여, 마음을 단단히 먹어라! 사나이답게 용감해져라, 그렇지 않으면 너희는 히브리 사람들의 노예가 되고 말 것이다!"

전열을 가다듬은 블레셋 군대가 저돌적으로 이스라엘 진영으로 쳐들어왔다. 이스라엘 군사들은 맥을 못 추고 무너지기 시작했다. 이스라엘의 철저한 패배였다. 이스라엘은 블레셋에 하나님의 법궤를 빼앗기고 말았다. 3만 명의 이스라엘 군사가 전사했고, 남은 자들은 뿔뿔이 흩어져 도망치기에 바빴다. 그날, 엘리 제사장의 두 아들 홉니와 비느하스도 전사했다.

한편, 제사장 엘리는 길가에 나와서 전투 소식을 초조하게 기다리고 있었다. 당시 엘리의 나이는 98세였다. 눈이 어두워 앞을 제대로 보지 못하는 엘리의 귀에 소란스런 소리가 들려왔다.

"이게 무슨 소리냐?"

한 병사가 달려와서 엘리에게 보고했다.

"저는 싸움터에서 돌아오는 길입니다. 우리가 크게 패하고 말았습니다. 제사장님의 두 아들은 전사했고, 하나님의 법궤도 빼앗겼습니다!"

"뭐라고? 그게 정말이냐? 그, 그게…."

충격을 받은 엘리 제사장은 앉아 있던 의자에서 뒤로 넘어지고 말았다. 목뼈가 부러진 그는 그 자리에서 즉사했다. 임신 중에 있던 비느하스의 아내는 시아버지와 남편이 죽었다는 소식을 듣고는, 갑자기 진통을 하면서 아기를 낳았다. 하지만 산통이 너무나 컸다. 그녀는 죽으면서 마지막 한 마디를 남겼다.

"법궤를 빼앗겼으니, 영광이 이스라엘에게서 떠났구나!"

법궤의 힘 삼상 5:1-6:12

블레셋 사람들은 환호했다. 전투에서 예상치 못한 대승을 거둔 데다, 그들이 두려워하던 이스라엘 신의 법궤마저 빼앗았기 때문이었다. 블레셋 군대는 의기양양하여 그들의 수도 아스돗으로 개선했다.

그곳에는 그들이 주신으로 섬기는 다곤Dagon 신의 신전이 있었다. 다곤은 상반신은 인간의 형상이고 하반신은 물고기 모양을 한 신이었다. 그들은 법궤를 다곤 신상 옆에 놓아두었다.

다음 날 아침, 다곤 신전에 들어간 아스돗 주민들은 깜짝 놀랐다. 다곤 신상이 법궤 앞에 얼굴을 땅에 처박고 쓰러져 있었던 것이다. 그들은 부랴부랴 다곤을 일으켜 세워 제 위치에 놓아두었다.

그러나 다음 날 아침 다곤 신전에 들어간 사람들은 또다시 놀라운 광경을 목격했다. 이번에도 다곤 신상이 법궤 앞에 고꾸라져 있었는데, 머리와 두 손목이 부러진 채 몸통만 신전의 문지방에 걸쳐 있었다. 그들은 불길한 마음에 사로잡혔다. 그 즈음부터 이상한 질병이 무서운 속도로 아스돗 성읍에 번지면서 많은 사람이 죽어갔다.

"이건 분명 이스라엘의 신이 우리와 다곤 신을 저주하는 거야. 이스라엘의 신이 들어 있는 법궤가 우리 성읍에 있기 때문이야. 이스라엘의 법궤를 이곳에 놓아두면 안 되겠어."

아스돗 주민들은 두려운 눈빛으로 불평을 터뜨렸다. 여론은 갈수록 악화되고 질병은 더욱 번져갔지만, 다곤 신은 침묵할 뿐이었다.

"이 일을 어쩌면 좋겠소?"

아스돗 주민들은 블레셋의 통치자들을 불러모아 대책 회의를 열었다. 블레셋의 통치자들은 법궤를 다른 곳으로 옮길 것을 제안했다.

법궤는 아스돗에서 멀지 않은 또 다른 블레셋 도시인 가드로 옮겨졌다. 그러자 이번에는 가드 성읍에 질병이 번지면서 사람들이 죽어갔다. 가드 사람들은 법궤를 인근의 성읍인 에그론으로 보냈다. 에그론 사람들은 법궤가 자기들의 성읍으로 오는 것을 보자 부르짖었다.

"아니, 우리를 다 죽일 작정이오? 우리는 법궤를 받을 수 없소!"

그들은 블레셋의 통치자들을 불러모아 놓고 이스라엘의 법궤를 돌려 보내어, 자신들을 죽지 않게 해달라고 통사정했다.

법궤가 블레셋 사람들에게 넘어간 지 일곱 달이 되었을 때, 블레셋 사람들은 제사장들과 유명한 점쟁이들을 불러모아 놓고 이렇게 물었다.

"저 법궤를 어떻게 해야 좋겠습니까? 제자리로 돌려보내야 하는 것은 당연한 것 같은데, 어떤 방법으로 돌려보내야 할지 방법을 알려주시오."

"그냥 돌려보내서는 안 됩니다. 이스라엘의 신에게 제물을 바쳐야 합니다."

"무슨 제물을 어떻게 바치면 좋겠소?"

"어미소 두 마리로 법궤를 실은 수레를 끌게 하시오. 그 어미소들의 송아지들은 떼어서 집으로 돌려보내십시오. 수레에 법궤와 예물로 바칠 금붙이들을 실은 다음, 소 두 마리가 가고 싶은 대로 수레를 끌고 가도록 내버려두시오. 소가 수레를 끌고 벧세메스로 가면 이스라엘의 신이 우리에게 재앙을 가져온 것이고, 소가 자기들의 새끼가 있는 곳으로 돌아오면 재앙은 이스라엘의 신에게서 나온 것이 아님을 알 수 있을 것입니다."

블레셋 사람들은 제사장들과 점쟁이들의 의견대로 예물을 갖추어 수레에 싣고, 소들로 하여금 멋대로 끌고 가게 했다. 그러자 두 마리의 어미소는 약속이라도 한 듯 새끼가 있는 쪽은 돌아보지도 않고 곧장 벧세메스를 향해 올라가는 것이었다. 울면서….

블레셋 사람들은 그 모양을 지켜보면서 수군거렸다.

"블레셋 땅에 내린 무서운 재앙은 이스라엘의 신이 내린 재앙임이 분명해!"

돌아온 법궤 삼상 6:13–7:2

벧세메스 들판에서 보리를 베고 있던 이스라엘의 농부들은 깜짝 놀랐다. 블레셋 사람들에게 빼앗겼던 법궤가 수레에 실려 다시 돌아오고 있지 않은가!

벧세메스 사람들은 일곱 달 만에 돌아온 법궤를 보려고 사방에서 몰려왔다. 그들에게는 잃었던 자식이 돌아오는 것에 못지않은 큰 기쁨이었다. 그러나 법궤를 다루는 데는 하나님의 엄격한 지침이 있다. 이스라엘 지파 중 오직 레위인만이 법궤를 옮길 수 있으며, 만일 다른 사람이 만지거나 그 안을 들여다

보면 죽음을 면치 못했다.

레위인들은 법궤를 바위 위에 옮겨 놓은 후 제물을 올리고 번제를 드렸다. 그때 법궤 속이 궁금한 벧세메스 사람들이 법궤 뚜껑을 열고 그 안을 들여다 보았다. 그 일로 인하여 70명이나 죽는 불상사가 일어났다.

벧세메스 사람들은 크게 울면서, 법궤에 대한 두려움으로 몸을 떨었다. 그들은 기럇여아림 사람들에게 전갈을 보내 법궤를 가져가라고 했다. 기럇여아림 사람들은 의논 끝에 법궤를 가져가서 언덕 위에 따로 떨어져 살고 있는 아비나답의 집에 들여놓고, 그의 아들 엘리아살을 거룩하게 구별하여 법궤를 지키게 했다. 법궤는 그 곳에서 20년 동안 머물렀다.

이스라엘의 지도자가 된 사무엘

사무엘, 이스라엘의 지도자 자리에 오르다 삼상 7:3–5

장성한 사무엘은 이스라엘 백성의 존경과 사랑을 한 몸에 받았다. 하나님도 그를 사랑하셨다. 40년 동안 이스라엘의 지도자로 활동했던 제사장 엘리가 죽자, 사무엘이 그 뒤를 이어 이스라엘의 지도자가 되었다. 하나님은 모세나 엘리야에게 말씀하신 것처럼 친히 사무엘에게 말씀하셨다.

사무엘은 이스라엘 백성들에게 말했다.

"이스라엘이 이방인들의 우상을 버리고 하나님께 돌아오면, 하나님께서는 블레셋으로부터 우리를 안전하게 지켜주실 것입니다. 그러니 이제부터는 오직 하나님만 섬기십시오."

이스라엘 사람들은 사무엘의 말에 따라 우상들을 없애고 하나님만을 섬기기 시작했다.

사무엘은 이스라엘 백성들을 모두 미스바에 모이게 했다. 이스라엘 전체 백성을 대상으로 대회개 운동을 펼칠 작정이었다. 미스바는 베냐민 지파에 속한 성읍으로, 예루살렘

에서 북쪽으로 대략 13km 떨어진, 이스라엘 땅의 중앙부에 위치하고 있었다.

미스바의 회개 운동과 에벤에셀의 승리 삼상 7:6–14

많은 사람들이 미스바에 모였다. 그들은 사무엘의 인도 하에 하나님 앞에서 금식하며 회개하였다. 여호수아가 죽고 사사 시대로 접어든 이후 일찍이 이스라엘 땅에 이런 회개 운동이 없었다.

"뭣이? 이스라엘 백성들이 모두 미스바에 모였다고?"

이스라엘 백성들이 미스바에 모여 회개하며 기도하고 있을 때, 블레셋의 통치자들은 지금이야말로 공격의 호기라고 판단하여 이스라엘 땅으로 쳐들어 왔다.

블레셋의 침공 소식을 들은 이스라엘 백성들은 크게 두려워하였다. 하지만 그들은 하나님을 의지했고, 또 위대한 영도자 사무엘이 있다는 사실에 마음을 굳게 다졌다. 백성들은 사무엘에게 계속 기도해 달라고 부탁했다. 사무엘은 어린 양을 하나님께 제물로 바치고 기도하였다.

"만군의 하나님, 이제 크신 권능으로 이스라엘 백성들을 블레셋의 침공에서 구원하소서!"

그때였다. 갑자기 하늘이 어두워지면서 비바람이 휘몰아쳤다. 연이어 산천이 뒤흔들리는 천둥과 함께 화살 같은 번개가 블레셋 진영으로 떨어졌다.

"아악, 악…, 이게 어찌 된 일이냐!"

블레셋 군대는 겁을 먹고, 뿔뿔이 흩어져 도망치기에 바빴다. 이스라엘은 하나님의 도우심에 고무되어 도망치는 블레셋 사람들을 계속 추격하여 큰 승리를 거두었다.

전투가 끝나자 사무엘은 블레셋 군대를 추격해간 지점에 큰 돌을 징표로 세우고 '에벤에셀'이라고 명명하였다. '하나님께서는 이곳에 이를 때까지 도우셨다.'는 뜻이다.

사무엘이 이스라엘의 지도자로 활동하는 동안, 블레셋은 두 번 다시 이스라엘을 공격해 오지 않았다. 그뿐만이 아니었다. 이스라엘은 블레셋 사람들에게 빼앗겼던 에그론에서 가드에 이르기까지의 여러 성읍들과 해변 지역을 되찾았다.

이스라엘 백성들, 왕을 세워 줄 것을 요구하다 삼상 7:15–8:22

이스라엘 땅에 평화가 찾아왔다. 백성들은 사무엘의 지도하에 태평성대를 누렸다. 사무엘은 해마다 이스라엘의 주요 성읍들을 순회하면서 나라를 다스렸다.

세월이 흘러 사무엘도 나이가 들자, 두 아들 '요엘'과 '아비야'를 이스라엘의 지도자로 세우고 자신은 고향 라마로 돌아갔다. 하지만 사무엘의 아들들은 아버지와 같지 않았다. 요엘과 아비야는 탐욕이 많아서 뇌물을 받고 잘못된 판결을 하기 일쑤였다. 공정한 재판을 해야 할 지도자로서 있어서는 안 되는 일이었다.

"세상에, 그런 일이 어떻게 있을 수 있어? 요엘과 아비야가 뇌물을 받고 엉터리 판결을 내린 거라구!"

여론이 들끓자, 이스라엘의 장로들은 라마에 있는 사무엘을 찾아갔다.

"우리는 당신의 아들들을 따를 수 없습니다. 그들은 당신 같지 않고 불의합니다. 차라리 우리도 다른 나라들처럼 왕을 세워 주십시오."

사무엘은 가슴이 아팠다. 사무엘은 그 문제로 하나님께 기도를 드렸다. 하나님께서 그에게 응답하셨다.

"백성들의 요구를 들어주어라. 그들은 너를 버린 것이 아니라, 나를 버린 것이다. 하지만 왕을 세우게 되면 장차 어떻게 될 것인지, 먼저 그들에게 상세히 일러주어라."

사무엘은 이스라엘 백성들에게 왕정 제도의 허점과 피해에 관해 일러주었다. 왕을 세우게 되면 반드시 후회하게 될 것이라는 사실을 여러 가지 예를 들어가면서 알려주었다.

"여러분, 여러분이 만약 당신들 위에 왕을 세운다면, 그는 당신들의 아들들을 징집하여 왕을 호위하게 할 것이고, 당신들의 딸들을 데려다가 왕궁에서 일을 시킬 것이오. 그뿐인 줄 아시오. 당신들의 농토 중 좋은 것은 왕이 빼앗아서 자기 신하들에게 나누어줄 것이오. 당신들은 왕에게 세금도 바쳐야 할 것이오. 사실상 당신들은 왕의 노예가 되는 것이오. 여러분은 여러분이 선택한 왕으로부터 벗어나게 해 달라고 울부짖을 것이지만, 그때가 되면 주께서는 여러분의 호소를 들어주지 않으실 것입니다. 그러니 잘 생각해 보시오."

사무엘은 장로들을 설득해서 돌려보내려고 했다. 그러나 그들은 뜻을 굽히지 않았다.

"아닙니다. 우린 왕을 원합니다. 우리도 다른 나라들처럼 왕이 있고 군대가 있어야 합니다. 우린 지금까지 침략을 받으면 부랴부랴 군대를 소집해야 했습니다. 하지만 강력한 왕이 있으면 그가 앞장서서 전쟁에 나갈 것입니다. 우리들에게 왕을 세워주십시오."

사무엘은 슬픈 마음으로 다시 하나님께 기도를 드렸다. 하나님은 이스라엘 백성들이 그토록 왕을 원한다면 이스라엘 장로들의 말대로 그들에게 왕을 세워 주라고 하셨다. 사무엘은 장로들에게 말했다.

"알았소! 여러분들의 뜻대로 왕을 세울 테니, 일단 각자의 성읍으로 돌아가 기다리시오."

사울과 사무엘의 만남 삼상 9장

베냐민 지파에 '기스'라는 사람이 있었다. 그는 부자이고 성읍의 유지였다. 그에게는 '사울'이라는 아들이 있었는데, 훤칠한 용모에 키가 컸다. 보통 사람들은 그의 어깨 높이밖에 되지 않았다.

어느 날 기스는 암나귀 몇 마리를 잃어버리자, 아들 사울에게 하인을 데리고 가서 나귀를 찾아오라고 했다. 사울과 하인은 온 사방을 헤매고 다녔지만 나귀를 찾지 못했다.

"안 되겠다. 벌써 사흘째다. 식량도 다 떨어졌으니, 이젠 나귀를 포기하고 집으로 돌아가자. 아버지가 나귀보다 우리 걱정을 더 많이 하시겠구나."

하지만 이 산 저 산을 헤맨 데다 너무 멀리까지 온 탓에 집으로 돌아가는 길마저 잃고 말았다. 마침 아주 유명한 선지자가 그곳에 산다는 소문을 들었던 터라, 사울과 하인은 사무엘을 찾아가기로 했다.

사울이 사무엘을 찾아오기 하루 전날, 사무엘은 하나님의 음성을 들었다.

"사무엘아, 내일 이맘때쯤 베냐민 땅에서 한 젊은이가 너를 찾아올 것이다. 너는 그에게 기름을 부어 이스라엘의 왕으로 삼아라. 그가 블레셋으로부터 이 백성을 구할 것이다."

사울과 그의 하인이 사무엘에게 가까이 오자, 하나님께서 다시 사무엘에게 말씀하셨다.

"보라, 내가 말한 그 청년이 바로 이 자다. 그가 내 백성을 다스릴 사람이다."

사울이 사무엘에게 다가와서 선견자의 집이 어디인지 묻자, 사무엘은 자신이 바로 그가 찾고 있는 선지자라고 밝히면서 이렇게 말했다.

"청년이여, 내일 당신이 집에 돌아갈 수 있게 해주겠소. 당신이 알고 싶어하는 것도 다 알려주겠소."

사무엘은 사울이 나귀에 대해 말하지 않았는데도 그 문제를 언급하였다.

"사흘 전에 잃었던 나귀는 이미 찾았으니

걱정마시오. 그리고 이스라엘 백성이 모두 당신을 원하고 있소. 당신과 당신의 집안은 이스라엘을 다스리게 될 것이오."

사울은 크게 놀랐다. 그리고는 황송한 듯이 대답했다.

"어찌 그런 말씀을 하십니까? 저와 저희 집은 이스라엘 중에서도 가장 작은 지파인 베냐민 지파입니다. 당치도 않은 말씀입니다."

사무엘은 사울을 데리고 자기 집으로 가서 윗자리에 앉게 하고 좋은 음식을 대접하였다. 다음 날 아침, 사무엘은 길을 나선 사울을 따라나섰다. 마을 끝에 이르자, 사무엘은 사울과 함께 걸음을 멈추었다.

"당신 하인을 앞서 보내시고, 당신은 잠깐 기다리시오. 당신에게 하나님의 말씀을 전해 주겠소."

이스라엘의 첫 번째 왕, 사울

사울이 이스라엘의 첫 번째 왕이 되다 삼상 10장

하인이 먼저 떠나자 사무엘은 준비해 온 기름병을 열어 사울의 머리에 붓고, 그에게 입을 맞춘 후 말했다.

"주께서 당신에게 기름을 부어 당신을 주의 백성 이스라엘의 영도자로 세우셨소. 이제 당신이 집을 향해 가다 보면, 두 사람을 만나게 될 것이오. 그들은 잃었던 나귀를 다시 찾았다고 하면서, 당신의 아버지가 당신을 걱정하고 있다는 말을 전할 것이오. 조금 더 가면 세 사람을 만날 것이오. 그들은 당신에게 빵 두 덩이를 줄 것이니 받도록 하시오. 또 가다 보면 이번엔 예언자 무리를 만날 것인데, 그때 하나님의 영이 당신에게 내릴 것이오. 당신도 그들과 함께 예언을 하며 새 사람으로 변할 것이오. 이것이 하나님이 당신을 왕으로 선택한 표적들이오."

참으로 놀라운 일이었다! 모든 것이 사무엘이 말한 그대로였다.

그로부터 일주일 후, 사무엘은 이스라엘의 모든 지파를 미스바로 불렀다. 그들이 원하는 왕을 세우기 위해서였다. 하지만 사무엘의 마음은 무거웠다. 이스라엘이 왕을 세우면 하나님과는 멀어지게 될 것임을 알고 있었기 때문이다.

사무엘은 미스바에서 제비뽑기의 방법을 통해 왕을 세우는 절차를 진행했다. 먼저 이스라엘 12지파 중에서 왕이 나올 지파로 베냐민 지파가 선택되었다. 베냐민 지파 중에서는 기스의 가문이 뽑혔고, 마침내 기스의 아들 사울이 왕으로 뽑혔다.

"사울은 어디 있소? 앞으로 나오시오."

사무엘이 사울의 이름을 불렀다. 그러나 사울은 보이지 않았다. 사람들은 사울을 찾느라고 웅성거렸다. 이스라엘의 첫 번째 왕이 될 사울이 도대체 누구인지, 호기심이 대단할 수밖에 없었다. 아무리 찾아도 사울을 찾지 못하자, 사람들은 하나님께 기도를 드렸다.

"하나님, 사울은 어디 있습니까? 사울을 찾게 해주십시오."

그러자 하나님은 사울이 짐짝들 사이에 숨어 있다고 가르쳐 주셨다. 사울은 큰 체격과는 달리 수줍음을 많이 탔던 것이다. 사람들이 사울을 찾아내어 사무엘 앞으로 데려갔다. 사무엘이 백성들에게 말했다.

"자, 이 사람을 보시오! 백성들 가운데 이만한 인물은 없소."

과연 사울은 큰 키에 잘생기고 체격이 좋았다. 실로 남자 중의 남자였다. 이스라엘 백성들은 흥분하여 외쳤다.

"사울 만세! 이스라엘 왕 만세!"

그러나 아직 사울이 공식적으로 왕위에 오른 것은 아니었다. 왕이 될 사람으로 뽑혔을 뿐이었다. 사울은 일단 그의 고향 기브아로 돌아갔다. 그를 왕으로 지지하며 따르는 사람들도 많았지만, 반대하는 사람들 또한 많았다. 그들은 사울의 능력을 의심했다.

"정말 이 사람이 적들의 손에서 우리를 구할 수 있을까?"

사울이 암몬 족속을 물리치고 왕위에 오르다 삼상 11장

이스라엘 지파들 중 요단 강 건너 동편에는 세 지파가 땅을 분배 받아 정착해서 살고 있었다. 갓, 르우벤, 므낫세 지파였다. 그곳은 원래 아브라함의 조카 롯의 후손들인 암몬 족속의 땅이었으나, 가나안 정복 당시에 이스라엘이 점령한 땅이었다. 그래서 그 주변에는 여전히 암몬 족속이 살고 있었다.

당시 암몬 족속의 통치자인 나하스는 거칠고 잔인한 사람이었다. 그는 군대를 이끌고 이스라엘의 성읍 길르앗 야베스를 침공해 왔다. 그곳 백성들은 두려워서 성읍 장로들을 나하스에게 사절로 보내, 그를 섬길 테니 평화 조약을 맺자고 제안했다.

나하스는 사절들을 한껏 비웃으면서 대답했다.

"종이 되어 우리를 섬기겠다고? 좋다! 그러나 한 가지 조건이 있다. 내가 너희들의 오른쪽 눈알을 모두 빼내어 온 이스라엘을 욕보이겠다. 그렇게 하게 해 준다면 평화 조약을 맺어 주겠다."

길르앗 야베스 성읍의 장로들은 아연실색하였으나, 그렇다고 당장 거절할 수가 없었다. 거절하는 즉시 암몬 족속의 공격이 시작될 것이며, 그렇게 되면 아무런 방비책이 없는 길르앗 야베스 성읍의 주민들은 죽거나 노예로 잡혀갈 것이다. 장로들은 이렇게 제안했다.

"우리에게 일주일의 시간을 주십시오. 그래도 우리에게 대책이 서지 않으면 조건을 수락하겠습니다."

일주일의 시간을 번 성읍의 장로들은, 요단 강 서편의 지파들에게 사신을 보내 도움을 요청했다. 사신이 도착하는 성읍마다 백성들이 소리 높여 울었다. 베냐민 지파도 이 소식을 듣고는, 놀라고 두려워서 울음을 터뜨렸다. 밭에서 소를 몰고 오다가 그 소식을 전해들은 사울은 분노를 터뜨렸다. 바로 그 순간, 하나님의 영이 사울에게 내렸다.

사울은 그 자리에서 소 두 마리를 잡아, 여러 토막으로 자른 다음 한 토막씩을 이스라엘의 모든 지파에게 보내면서 이렇게 일렀다.

"누구든지 사울과 사무엘을 따라 싸우러 가지 않으면 이 소처럼 될 것이다."

백성들은 겁을 집어먹고, 모두들 싸움터로 가겠다고 나섰다. 순식간에 33만 명이 사울 앞에 집결했다. 사울은 길르앗 야베스에서 온 사신에게 말했다.

"돌아가서 전하라. 내일 낮에는 너희 성읍이 구원을 얻을 것이다."

다음 날, 사울은 33만 명의 군사들을 세 부대로 나누어 요단 강을 건너 길르앗 야베스로 향했다. 이스라엘 군사들은 새벽에 암몬의 군대를 기습했다. 암몬 군대는 갑작스런 공격에 어쩔 줄 모르고 허둥댔다. 한낮의 더위가 기승을 부릴 무렵, 암몬 군사들은 다 죽거나 흩어지고 한 명도 남지 않았다. 통쾌한 승리였다.

사울은 일약 이스라엘의 영웅으로 떠올랐다. 사울을 지지해 온 사람들은 이번 기회에 사울을 비난하고 반대한 사람들을 처형하자고 들먹거렸다. 하지만 사울은 이 감격스러운 승리의 날에 동족을 죽이는 일은 하지 말라고 명령을 내렸다.

사무엘은 이스라엘의 모든 백성을 길갈로 모이게 한 후, 하나님께 감사 제사를 드렸다. 아울러 사울을 이스라엘의 초대 왕으로 공식 추대했다. 사울이 왕이 될 당시 그의 나이는 30세였다.

사울의 타락과 다윗의 등장

사울 왕이 하나님께 버림받다 삼상 13–14장

사울이 이스라엘 왕이 된 지 2년, 블레셋과 전투가 벌어졌다. 블레셋은 전차와 기마병을 동원하여 대대적으로 공격해 왔다. 이에 맞선 이스라엘 군대에는 변변찮은 무기가 없었다. 제대로 된 칼이나 창을 가진 것은 사울 왕과 왕의 아들인 요나단 정도였다.

이스라엘 군사들은 공포에 사로잡혔다. 불안하고 초조하기는 사울 왕도 마찬가지였다. 블레셋과 싸우기 전에 사울 왕은 사무엘을 통해 하나님의 도움을 받고 싶었다. 하지만 사무엘이 오기로 약속한 시간에 오지 않았다. 그러자 군사들이 흩어지기 시작했다.

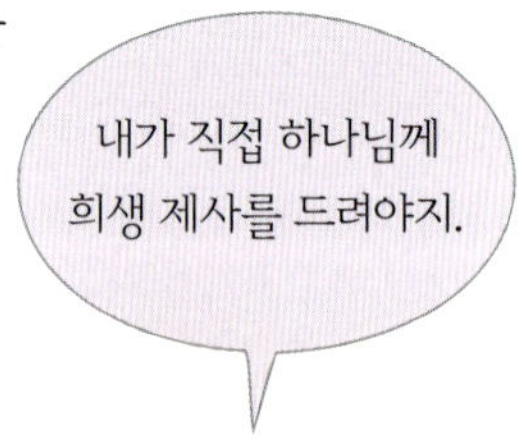

"안 되겠다. 제물을 이리 가져오너라."

마음이 급한 나머지 사울 왕은 오직 제사장만이 주관해서 드려야 하는 희생 제사를 자신이 직접 주관해서 드렸다. 제사를 드리고 나자마자 사무엘이 사울에게 도착했다.

"아니, 왕은 지금 무엇을 하신 것이오?"

사무엘이 준엄하게 묻자, 사울은 이런저런 변명을 했다.

"왕은 아주 어리석은 일을 하였소. 왕이 하나님의 율법을 어겼으니, 앞으로 왕의 나라가 길게 가지 못할 것이오. 주께서는 이미 당신의 마음에 드는 사람을 뽑아서, 당신의 백성을 다스릴 영도자로 정해 놓으셨소."

사무엘은 하나님의 말씀을 전달한 후, 사울을 떠나갔다. 하지만 하나님은 사울의 아들 요나단의 신앙과 용맹을 가상하게 보시고, 블레셋과의 전투에서 승리하게 해 주셨다.

사울 왕이 또다시 하나님의 명령을 거역하다 삼상 15장

그로부터 여러 해가 지난 어느 날, 사무엘이 왕궁으로 들어와 사울 왕 앞에 섰다.

"당신은 이스라엘 백성의 왕이오. 하나님이 말씀하시기를, 아말렉을 공격하여 남녀노소를 모두 죽이고, 그들의 모든 가축까지 다 죽이라고 하셨소. 아말렉 사람들의 소유는 아무것도 남기지 말고 모조리 없애시오. 왜냐하면 그들은 우리 조상들이 이집트를 떠나 가나안 땅으로 여행할 때 갑자기 대열의 끝자락을 공격하여 노인들과 어린아이 등 약한 사람들을 잔인하게 죽였기 때문이오."

사울은 즉각 이스라엘 전역에서 군사를 소집했다. 아말렉 족속을 진멸하라는 하나님의 명령을 받은 사울 왕은 21만 명의 병력을 이끌고 아말렉을 공격하기 위해 남쪽의 브엘세바와 시내 산 사이에 있는 네게브 사막으로 향했다. 사울 왕은 남부의 광범위한 사막 지대에서 일사불란한 공격을 전개하여 아말렉 족속의 왕 아각을 생포하고, 그 백성을 진멸하였다. 가축들도 모두 죽였다. 그러나 기름진 가축들은 죽이지 않고 남겨두었다. 이스라엘의 대승리였다.

하지만 그날 밤, 하나님이 사무엘에게 나타나서 말씀하셨다.

"나는 사울을 왕으로 세운 것을 후회한다. 그는 내 명령을 따르지 않았다."

사울이 자기 공적을 내세우기 위해 아말렉 왕 아각을 죽이지 않고 생포한

것이며, 또한 아말렉 족속의 기름진 가축들을 남겨둔 것을 지적하신 것이다. 사무엘은 밤이 새도록 울면서 하나님께 기도하였다.

이튿날 아침 일찍, 사무엘은 사울을 만나기 위해 길을 떠났다. 길을 가던 중에 사울이 갈멜 성읍에 승전비를 세우고 길갈로 내려갔다는 소식을 들었다. 사울은 하나님께 돌릴 영광을 자기에게 돌린 것이다.

길갈에서 사무엘이 왔다는 보고를 받은 사울 왕은 승리에 대한 칭찬을 기대하며 그를 반갑게 맞았다.

"어서 오십시오. 하나님께서 당신에게 복을 내리시기를 빕니다. 나는 하나님의 명령대로 다 행하였습니다."

"그렇다면…."

사무엘의 표정이 어두워졌다.

"지금 들리는 저 소리는 다 무엇이오? 가축들의 저 울음소리 말입니다."

"아, 그거요? 아말렉 족속의 가축들 중에서 살찐 소와 양들을 좀 끌고 왔습니다. 하나님께 제물로 바치기 위해서입니다. 그 외엔 다 죽였습니다."

사울은 자랑스러운 듯이 말했다. 그러자 사무엘이 슬픈 표정으로 대꾸했다.

"어젯밤 하나님께서 내게 하신 말씀을 전해야겠소. 당신은 어찌하여 하나님의 말씀을 따르지 않았소?"

"아니, 무슨 말씀입니까? 나는 하라는 대로 다 행했습니다. 아말렉 땅에 쳐들어가서 아각 왕을 사로잡아 왔으나 그 백성들은 다 죽였고, 살찐 짐승은 하나님께 드리려고 가져왔으나 나머지는 다 죽였습니다. 무엇이 잘못되었단 말입니까?"

당당하게 말하는 사울 왕을 향해 사무엘이 단호하게 말했다.

"정녕 모른단 말씀입니까? 하나님은 살찐 소를 제물로 바치는 것보다 말씀에 순종하는 것을 원하십니다. 왕이 하나님의 말씀을 거역하였으므로, 하나님께서도 당신을 왕의 자리에서 물러나게 하실 것입니다."

그제서야 사울 왕은 사태의 심각성을 깨닫고 사무엘의 옷자락을 붙잡으며 사정했다. 사무엘은 일단 아각 왕을 데려오라고 했다. 아각은 마침내 죽음의 괴로움에서 벗어나게 된 모양이라고 좋아하면서 사무엘 앞으로 나왔다.

"너의 칼에 많은 여자들의 자식이 죽었다. 네 모친도 그런 어머니들처럼 자식을 잃으리라."

아각 왕에 대한 준엄한 사형 선고였다. 사무엘은 아각 왕을 쳐죽이도록 명했다.

사무엘은 그 길로 고향 라마로 돌아갔다. 그리고 죽는 날까지 사울 왕에게 가지 않았다. 사울 왕을 생각하면, 마음이 괴롭고 슬펐기 때문이었다.

목동 다윗이 기름부음을 받다 삼상 16장

예루살렘에서 가까운 남쪽 지방에 베들레헴이라는 작은 마을이 있었다. 예루살렘으로 들어가는 길목에 위치하고 있어서 여관이나 음식점이 많은 마을이었다. 주변이 목초지여서 목축업도 성행했고, 밀과 보리 농사도 짓는 곳이었다.

베들레헴에는 대략 백 년 쯤 전에 룻과 보아스가 살던 집이 있었다. 룻과 보아스 이후에는 그들의 아들 오벳이 그 집에서 살다가 죽었고, 이제는 그들의 손자 이새가 그 집에서 여덟 아들과 함께 살고 있었다.

어느 날, 뿔에 기름을 담아 든 하나님의 선지자 사무엘이 그 마을을 방문했다. 하나님께서 사울을 이스라엘의 첫 번째 왕으로 세우셨으나 그가 하나님께 불순종하므로, 이제 사울을 대신할 새 왕을 택하여 세우시려고 사무엘을 보낸 것이다. 하나님은 이새의 아들들 중에서 새 왕을 뽑아 세울 계획을 갖고 계셨다.

베들레헴 성읍의 장로들은 사무엘의 갑작스런 방문에 두렵고 떨리는 마음으로 그를 영접했다.

"어쩐 일이십니까? 불길한 일로 오신 것은 아니겠지요?"

"하나님께 제사를 드리러 왔소. 그러니 모두들 몸과 마음을 정결하게 하고, 나와 함께 제사를 드립시다. 그리고 이새와 그의 아들들도 참석하라고 전하시오."

사무엘의 초청을 받은 이새와 그의 아들들은 사무엘에게로 왔다. 사무엘은 이새의 아들들을 장남부터 차례로 자기 앞으로 나오게 했다. 사무엘은 이새의 맏아들 엘리압을 보자 마음이 흡족했다. 키도 크고 용모도 준수했기 때문이었다.

'왕으로 기름부음을 받을 자가 바로 이 자로군.'

사무엘이 속으로 생각하는데, 하나님께서 사무엘에게 말씀하셨다.

"아니다. 외모를 보고 사람을 판단하지 말아라. 나는 사람의 중심을 본다. 엘리압은 내가 택한 사람이 아니다."

사무엘은 둘째 아들 아비나답을 불렀고, 다음으로 셋째 아들 삼마를 불렀다. 그렇게 일곱째 아들까지 모두 차례대로 불렀다. 그러나 그들 중 왕으로 선택된 사람이 아무도 없었다. 참으로 이상한 일이었다. 하나님은 사무엘에게 분명히 베들레헴 마을에 사는 이새의 아들들 중에서 새로운 왕을 세울 것이라고 말씀하시지 않았던가!

"이새여, 당신에게는 아들이 모두 일곱이오?"

사무엘이 이새에게 물었다.

"아닙니다. 막내아들이 남아 있습니다. 그 아이는 지금 들판에서 양떼를 돌보고 있습니다."

"그래요? 당장 그를 불러 오시오. 그 아이가 오기 전에는 식사를 하지 않겠소."

사무엘이 단호하게 말했다. 이새는 서둘러 막내를 불러들였다. 마침내 열일곱 살의 다윗이 사무엘 앞에 나타났다. 준수한 용모에, 눈이 총명하게 빛났다. 사무엘이 다윗을 보자, 비로소 하나님께서 사무엘에게 말씀하셨다.

"그가 바로 내가 새로 택한 자이니, 그 아이에게 기름을 부어라."

사무엘은 무릎 꿇고 앉은 다윗의 머리에 기름을 부었다. 새로운 왕이 탄생하는 순간이었다. 그러나 다윗이 즉각 왕위에 오른 것은 아니었다. 아직 사울 왕이 살아 있었기 때문이다.

기름부음을 받은 다윗은 하나님의 영에 크게 감동되었다. 반면, 하나님께 버림받음으로 악한 영에 사로잡힌 사울 왕은 그 무렵부터 우울증이 심해졌다.

"왕이시여! 우울하실 때는 음악 연주를 듣는 것이 좋습니다. 수금을 잘 타는 사람이 있는데, 한 번 불러 볼까요?"

신하들이 사울 왕에게 제안했다.

"그래? 그게 누구냐?"

"예, 베들레헴 마을에 살고 있는 이새의 아들 다윗입니다. 나이는 아직 어려도, 그는 수금을 잘 타고 용감한데다 용모도 준수합니다."

그러자 사울은 다윗을 왕궁으로 불러들였다. 다윗은 사울 왕 앞에서 멋진 솜씨로 수금을 연주했다. 그때마다 사울 왕에게서는 악한 영이 떠나갔고, 그래서 마음이 편안해졌다.

다윗의 활약과 사울의 질투

다윗과 골리앗 삼상 17장

다윗이 기름부음을 받고 왕궁 악사가 된 지 얼마 후, 블레셋이 또 다시 이스라엘에 쳐들어 왔다. 블레셋 군대와 이스라엘 군대는 엘라 골짜기를 사이에 두고 진을 쳤다.

당시 블레셋의 병사들 중에는 장대한 거인이 있었다. 그는 키가 무려 270cm에 이르렀다. 그가 입은 청동 갑옷의 무게는 57kg에 달했고, 창의 무게는 7kg이나 되었다. 그의 이름은 '골리앗'으로, 보기만 해도 지레 겁을 먹게 만드는 괴물 장수였다. 그는 산골짜기가 쩌렁쩌렁 울리는 우렁찬 목소리로 이스라엘을 모욕하면서 싸움을 걸어왔다.

"이스라엘 놈들아, 뭣들 하는 거냐? 너희들 중에서 용사 한 명을 뽑아 내게로 보내라. 그가 나를 쳐 죽인다면, 우리가 모두 너희들의 종이 되겠다. 그러나 만일 내가 그를 쳐 죽이면, 너희가 우리의 종이 되어 우리를 섬겨야 한다."

이스라엘 진영이 잠잠하자 골리앗이 다시 외쳤다.

"이스라엘 족속들아! 내 말이 들리지도 않느냐? 어서 나와 붙어서 싸울 자를 내보내라!"

이스라엘 진영은 쥐죽은 듯 고요했다. 거인 골리앗을 상대로 싸우겠다고 나서는 병사가 있을 리 없었다. 사울 왕조차 겁을 먹고 구경만 할 뿐이었다. 의기양양해진 블레셋 군대는 40일 내내 골리앗을 전면에 내세워 이스라엘을 자극하고 모욕하는 소리를 질러댔다.

"핫핫핫, 머저리 같은 이스라엘 놈들아! 그렇게 나와 싸울 용기가 없느냐? 누구든지 어서 나오너라. 내가 상대해 주마."

한편, 소년 다윗은 사울 왕이 전쟁터에 나가자 베들레헴 집으로 돌아가 아버지의 양떼를 돌보았다. 당시 다윗의 큰 형 셋은 사울 왕을 따라 전쟁터에 나가 있었다.

"다윗아!"

어느 날 아버지 이새가 그를 불렀다.

"얘야, 네 형들에게 양식을 가져다줄 때가 되었다. 이 볶은 곡식과 빵은 형들에게 갖다 주고, 이 치즈 열 덩어리는 형들의 대장에게 드려라. 형들이 모두 잘 있는지 안부를 살피고 오너라."

다음 날 이른 아침, 다윗은 아버지가 싸준 짐을 메고 전쟁터로 찾아갔다. 진지를 찾아간 다윗은 형들을 만나 이야기를 나누고 있었다. 그때였다. 골리앗의 천둥소리 같은 목소리가 다시 들려오기 시작한 것은.

"야, 이스라엘 겁쟁이들아, 어서 나와 겨룰 용사를 내보내라. 핫핫핫."

잔뜩 겁을 집어먹은 이스라엘 군대는 여전히 묵묵부답이었다.

"어휴, 또 그 자로군. 저 골리앗을 죽이는 자에게는 사울 왕이 많은 상금을 주고 자기 딸과 결혼시킨다고 했다지. 하지만 저 괴물 같은 골리앗과 누가 감히 싸우려고 나서겠어. 저 놈에게 매일 모욕을 당하고 있을 수밖에. 이런 지도 벌써 40일이 넘었어."

다윗은 형들과 그 주변 병사들이 나누는 이야기를 들었다. 다윗은 도저히 참을 수 없었다.

"뭐라고요? 저 할례도 받지 않은 이방인이 어떻게 하나님의 군대를 모욕할 수 있습니까? 저자를 내가 죽이고 말겠습니다."

그 소리를 들은 맏형 엘리압이 크게 화를 냈다.

"다윗! 너는 여기에서 도대체 무엇을 하고 있는 거냐? 몇 마리 안 남은 양들은 누구에게 맡겼어? 자기 주제도 모르고 날뛰다니, 건방진 녀석 같으니라구!"

그러나 다윗은 포기하지 않고 형에게서 떠나, 다른 병사들에게로 가서 이렇게 말했다.

"내가 나가서 저 골리앗과 싸울 것입니다. 내가 반드시 저 자를 죽이겠소!"

다윗이 이렇게 큰 소리 치자 모두들 놀랐다. 다윗이 한 말이 소문으로 퍼져 나가, 사울 왕에게까지 보고되었다. 사울은 즉시 그를 데려오라고 했다. 하지만 막상 다윗을 본 사울 왕은 실망하지 않을 수 없었다.

"얘야, 너는 아직 어리다. 골리앗은 어려서부터 무기를 다루면서 자란 용사가 아니냐? 그만두어라."

하지만 다윗의 결심은 확고했다.

"아닙니다, 임금님. 저는 비록 어리지만 들판에서 아버지의 양떼를 지키다가 사자나 곰이 나타나 새끼 양을 물어가면, 뒤쫓아가서 때려 눕히고 양을 구했습니다. 그 맹수들의 입에서 저를 구해주신 하나님이 저 블레셋 사람의 손에서 반드시 저를 구해 주실 것입니다. 저에게 기회를 주십시오."

목동이며 궁중 악사인 다윗의 용기와 신앙에 감동 받은 사울 왕은 마침내 출전을 허락했다.

"정 그렇다면 나가서 싸워라. 하나님께서 너와 함께 하시기를 빈다."

사울 왕은 다윗에게 자기의 투구와 갑옷과 칼을 내주었다. 그러나 다윗이 갑옷을 입고 걸어보니 불편해서 싸울 수가 없었다. 다윗은 갑옷을 벗어놓고, 목동의 지팡이와 물매만 가지고 골리앗을 향해 걸어 나갔다. 계곡을 지날 때 다윗은 주먹만한 매끄러운 돌 다섯 개를 주워 주머니에 넣었다. 칼을 대신할 자신만의 무기였다.

이스라엘 진영을 바라보고 있던 골리앗은 누군가가 다가오자 쾌재를 불렀다.

'드디어 한 놈이 나오는군. 본때를 보여 줘야지.'

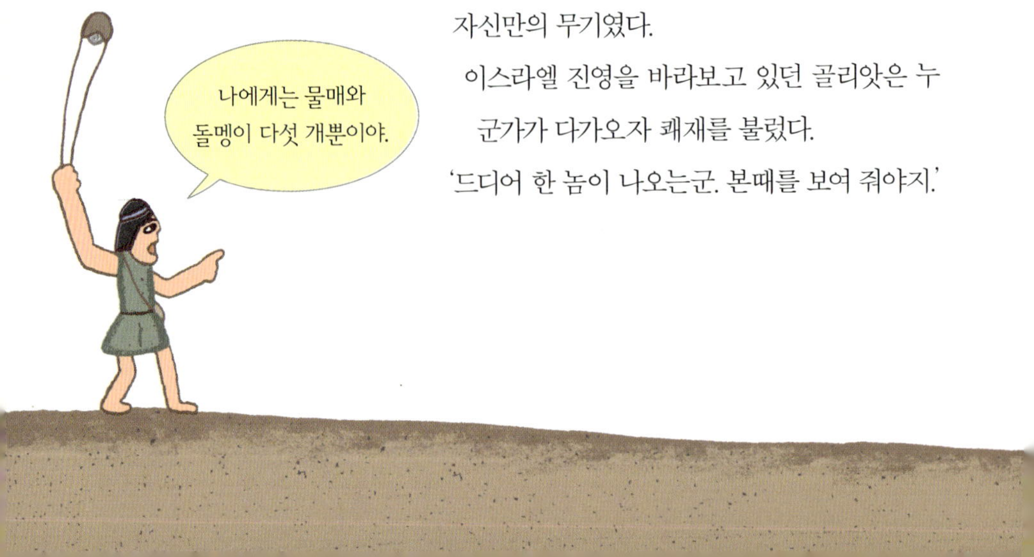

골리앗도 블레셋 진영을 떠나 골짜기로 내려왔다. 가까이 다가오는 다윗을 본 골리앗은 화가 나서 크게 고함쳤다.

"아니, 넌 애송이가 아니냐? 내가 개냐? 막대기 하나로 감히 나와 싸우러 오다니!"

다윗은 묵묵히 골리앗에게 다가갔다.

"꼬마야, 우리의 신들이 너를 저주할 것이다. 그래, 어서 오너라. 내가 오늘 네 시체를 새들과 짐승들의 밥으로 주겠다."

다윗도 골리앗을 향해 소리쳤다.

"이 할례도 받지 않은 블레셋 놈아! 너는 창과 칼과 방패를 들고 내게 덤비지만, 나는 네가 모욕하는 만군의 하나님의 이름으로 너와 싸우겠다. 오늘 하나님께서 너를 내 손에 넘겨수실 것이다. 내가 네 목을 베고, 너희 병사들의 시체를 새들과 짐승들의 먹이가 되게 할 것이다. 그래서 온 땅이 이스라엘에 하나님이 계신 줄 알게 할 것이다."

성난 골리앗이 성큼성큼 앞으로 다가왔다. 그는 상대도 안 된다는 듯 교만한 웃음을 띠고 있었다. 다윗도 골리앗을 향해 무섭게 돌진했다. 다윗은 주머니에서 돌을 꺼내 물매에 얹히고 휙휙 물매를 돌린 다음 골리앗을 향해 돌을 날렸다.

"쉭, 퍽!"

바람을 가르고 힘차게 날아간 다윗의 물맷돌이 단 한 번에 거인 골리앗의 이마 중앙에 정확하게 꽂혔다. 그러자 장대한 거인이 맥없이 고꾸라졌다. 다윗은 달려가서 골리앗의 큰

칼을 뽑아 그 칼로 골리앗을 죽인 후, 그의 목을 베었다.

"어어, 저게 어찌 된 일이냐?"

그 광경을 지켜보던 블레셋 군대는 사기가 땅에 떨어져 즉각 도망치기 시작했다. 이스라엘 군대는 함성을 지르며 그들을 추격했다. 이스라엘 군대는 블레셋의 큰 성읍인 에그론 성문까지 패잔병들을 추격하여 닥치는 대로 죽였다. 이스라엘의 일방적인 승리였다. 다윗은 골리앗의 머리를 들고 사울 왕 앞으로 갔다.

"젊은이, 그대의 부친은 누구이시냐?"

사울 왕은 크게 기뻐하며 다윗의 신상에 대해 이것저것 물었다.

"임금님, 주의 종은 베들레헴 사람 이새의 아들입니다."

"음, 그래. 잘 싸웠다. 네가 이스라엘을 블레셋의 손에서 구했구나. 네게 후한 상금을 내릴 것이다."

질투에 사로잡힌 사울 왕 삼상 18:6-9

다윗의 공로로 위기에 빠진 이스라엘이 대승을 거두고 돌아오자, 이스라엘 백성은 모두 거리로 나와 사울 왕과 다윗을 열광적으로 환영했다.

"사울이 죽인 자는 수천이요, 다윗이 죽인 자는 수만이로다!"

여인들의 이 같은 노래는 혜성처럼 등장한 목동 다윗이 사울 왕의 인기를 능가하고 있음을 보여주었다. 그러자 사울 왕의 심사가 뒤틀렸다. 왕은 불쾌감을 감추려 애썼다.

'다윗은 수만을 죽이고 나는 수천을 죽였다고? 이러다간 다윗에게 왕의 자리를 빼앗기고 말겠구나.'

이때부터 사울 왕은 질투어린 시선으로 다윗을 바라보기 시작했다.

다윗은 왕궁에 머물게 되면서, 사울 왕의 장남 요나단과 절친한 사이가 되었다. 순수한 마음과 올바른 신앙을 가진 왕자 요나단은 다윗을 자기 생명처럼 아끼고 좋아했다. 요나단은 자신의 겉옷을 벗어 다윗에게 입히는가 하면,

자기의 활과 화살도 선물로 주었다. 둘은 영원한 친구의 언약을 맺었다.

다윗의 활약은 눈부셨다. 사울 왕은 다윗을 군대의 대장으로 임명했다. 신하들도 백성들도 모두 다윗을 따랐다. 하지만 사울 왕은 마음이 편치 않았다. 왕의 귓가에는, 사울은 수천 명을 죽이고 다윗은 수만 명을 죽였다는 여인들의 노랫소리가 쟁쟁하게 들려왔기 때문이다.

'이러다간 다윗에게 왕의 자리마저 빼앗기고 말겠어!'

사울의 핍박과 다윗의 도피

쫓기는 다윗 삼상 18:10-19:7

다음 날, 악령이 사울 왕에게 들어가자 왕은 발작을 일으켰다. 다윗은 평소처럼 얼른 수금을 가져다가 연주를 시작했다. 그때 사울의 손에는 창이 들려 있었다.

'내가 다윗을 벽에 박아 죽여 버리겠어.'

사울 왕은 다윗을 향해 창을 던졌다. 다윗이 급히 몸을 피했다. 사울은 다시 창을 던졌지만, 이번에도 다윗은 용케 창을 피할 수 있었다. 하나님이 다윗과 함께 하신다는 것을 알게 된 사울은, 다윗이 더욱 두려워져서 그를 왕궁에서 내보냈다. 그러면서도 어떻게든지 다윗을 죽여야겠다고 더욱 마음을 굳혔다.

'그래, 다윗을 전쟁터에 보내서 적의 손에 죽게 하는 거야!'

어느 날, 사울 왕은 다윗을 불러들여 명령을 내렸다.

"블레셋 군인 백 명을 죽이고 그들의 양피를 베어 오면, 내 딸을 네 아내로 삼게 해주겠다."

때마침 사울의 둘째 딸 미갈은 다윗을 사랑하고 있었다. 백성들도 다윗과 미갈의 결혼을 지지했다. 다윗은 군대를 이끌고 전선으로 나갔다. 사울 왕은 다윗이 블레셋 사람들의 손에 죽기를 바랐지만, 그의 뜻은 이루어지지 않았다. 오히려 다윗은 블레셋 군인 2백 명을 죽이고 당당하게 개선했다. 사울 왕은 어쩔 수 없이 자기 딸 미갈을 다윗의 아내로 주었다.

그러나 다윗의 존재는 사울 왕에게 더없이 위험스러운 존재였다. 다윗은 지혜로웠고 용맹스러웠다. 전투마다 승리를 거두고 개선하니, 날로 명성이 높아졌다. 이스라엘 백성들의 마음이 다윗에게로 기울어지는 것은 너무나 당연했다.

"요나단!"

고심 끝에 사울 왕은 자신의 왕위를 계승할 왕자를 불렀다.

"잘 듣거라. 다윗은 위험한 인물이다. 그가 살아 있으면, 네가 왕이 될 수 없을 것이다. 그는 언젠가는 우리 왕가를 무너뜨리고 자기가 왕이 될 것이다. 더 늦기 전에 다윗을 없애버려야 한다. 기회를 봐서 그를 죽여라."

사울 왕은 요나단은 물론 신하들에게도 다윗을 제거하도록 은밀하게 명령을 내렸다. 그러나 요나단은 다윗에게 깊은 우정을 품고 있었다. 요나단은 다윗을 찾아가서 말했다.

"다윗, 내 아버지가 자네를 죽이려고 하니 은밀한 곳에 몸을 숨기게. 내가 아버지의 마음을 떠보고 자네에게 알려줄 테니 그동안에는 몸을 숨기고 있게."

그런 후 요나단은 곧장 아버지에게 가서 물었다.

"아버지, 다윗은 아버지의 충실한 신하로서 아버지를 위해 많은 공을 세웠습니다. 목숨을 아끼지 않고 골리앗을 죽여 나라를 위기에서 구한 적도 있습니다. 그러니 다윗을 죽이지 마십시오. 어째서 아무 이유도 없이 죄 없는 사람을 죽이려고 하십니까?"

왕자 요나단의 진심어린 간청에 사울 왕이 대답했다.

"그래, 네 말이 맞다. 살아계신 주님의 이름으로 맹세하마. 다윗을 죽이지 않겠다."

요나단은 그 사실을 즉각 다윗에게 알리고, 그를 다시 왕에게로 데려왔다. 그때부터 다윗은 다시 왕궁 생활을 지속할 수 있었다.

사울 왕에게서 다윗이 도피하다 삼상 19:8-24

얼마 후, 블레셋이 또다시 이스라엘을 침공해 왔다. 다윗은 지체 없이 1천 명의 병사를 이끌고 출동했다. 다윗이 이끄는 군대는 한 번도 패한 적이 없었다. 그날의 전투에서도 다윗은 적군을 크게 무찌르고 개선했다. 하지만 기뻐해야 할 사울 왕은 다윗을 더욱 질투하며 두려워하게 되었다.

'음, 날이 갈수록 다윗의 위세가 대단해지는군. 빨리 손을 써야 할 텐데….'

다윗을 볼 때마다 사울 왕은 빨리 그를 제거해야겠다는 조급증이 일어날 지경이었다.

어느 날, 사울 왕에게 다시 악령이 들어왔다. 다윗이 사울 왕을 위해 수금을 연주하고 있을 때, 사울은 예전처럼 다윗을 향해 창을 던졌다. 다윗이 잽싸게 몸을 피해 창은 다윗 뒤쪽의 벽에 꽂혔다. 다윗은 즉시 집으로 도망쳐 갔다.

그날 밤, 사울 왕은 병사들을 다윗의 집으로 보내 그를 죽이라고 명령했다. 병사들이 들이닥쳤을 때, 다윗의 아내인 공주 미갈은 남편을 창문으로 도피시켰다. 다윗의 침대 속에는 다윗의 겉옷을 입은 우상을 대신 눕혀 놓았다.

다윗을 놓쳤다는 사실을 알게 된 사울은 자기 딸 미갈에게 야단을 쳤다.

"넌 어쩌자고 나를 속이고 이런 짓을 했느냐? 내 원수를 도망치게 하다니, 무슨 짓이냐?"

미갈이 교묘하게 대답했다.

"그이가 나를 위협했어요. 자기를 도망치게 해주지 않으면 죽이겠다고요."

다윗은 멀리 라마로 도망가서 사무엘의 집에 몸을 숨겼다.

사울 왕은 집요하게 다윗을 죽이려고 했다. 다윗이 라마에 있다는 보고가 들어오자, 왕은 다시 병사들을 보내어 다윗을 죽이게 했다. 그러나 세 차례나 실패로 돌아가자, 사울 왕 자신이 직접 병사들을 이끌고 라마로 갔다. 그러나 다윗과 함께 하시는 하나님의 역사로 사울은 다윗을 죽이지 못했다.

다윗과 요나단의 우정

다윗과 요나단 삼상 20:1–23

다윗은 불안한 나날을 보냈다. 이유를 알 수 없는 암살의 칼날이 늘 자기를 향하고 있었고, 더구나 배후에서 조종하는 자는 절대 권력을 지닌 사울 왕이었다.

'언제까지 이렇게 숨어 다녀야 한단 말인가.'

다윗은 생각다 못해 요나단을 은밀하게 찾아갔다.

"요나단, 도대체 무엇 때문이지? 자네 아버님이 왜 날 그토록 죽이려고 하시는지 난 그 이유를 알아야겠어."

다윗은 요나단에게 단도직입적으로 물었다.

"다윗, 걱정하지 말게. 아버님이 자네를 죽이지는 않을 거야! 그런 일은 있을 수 없어. 아버지는 큰 일이든 작은 일이든, 언제나 내게 먼저 알려주신다네. 그러니 내가 아버님을 만나서 알아보도록 하겠네."

"요나단, 내 생각은 달라. 자네와 내가 매우 친하다는 사실을 아시기 때문에, 이 문제에 대해서는 말씀하시지 않을 거야."

"그럴지도 모르지. 하지만 자네 일이라면 내가 할 수 있는 모든 방법으로 돕겠네."

요나단이 안타까운 마음으로 말했다. 다윗은 잠시 생각에 잠겼다가 입을 열었다.

"요나단, 고맙네. 그렇다면 부탁 하나 할게. 내일이 초하루야. 초하루는 대신들이 폐하와 함께 식사를 하는 날이잖아. 하지만 난 불참할 거야. 폐하는 분명히 자네에게 내가 불참한 이유를 물으실 걸세. 그럼 집안 일로 고향 베들레헴에 다녀올 일이 있다면서 내가 자네에게 허락해 달라고 했다고 말해 주게. 그래서 자네가 그렇게 하도록 허락을 내렸다고 하게. 폐하께서 '잘 했다'고 하시면 괜찮지만, 화를 내신다면 날 죽이려고 작정하신 게 분명해."

다윗과 요나단은 워낙 중요한 이야기라서 다른 사람들의 눈과 귀를 피해 들판으로 나간 다음, 이야기를 계속했다.

"아무런 걱정하지 말게. 아버님이 자넬 죽이려고 한다면 내가 반드시 알려주겠네. 나를 믿고 기다려 주게."

요나단은 그 동안의 모든 일로 미루어 볼 때 하나님께서 언젠가는 다윗을 이 나라의 왕으로 삼으실 것이라고 확신하고 있었다. 그러나 요나단은 다윗을 사랑하고 믿었기 때문에 조금도 질투하거나 미워하지 않았다.

"다윗, 힘을 내게. 하나님께서 자네를 지켜주시므로 자네를 해치려는 적들은 모두 심판하실 거야. 하나님께서 반드시 자네를 안전하게 지켜주실 것이라 믿네."

요나단은 다윗에게 왕궁 근처의 들판에 숨어 있게 했다. 아버지 사울 왕의 마음을 알아본 다음, 활쏘기 연습을 한다는 핑계로 다시 그 들판에 나오겠다고 했다.

"다윗, 자네는 이 바위 옆에 숨어 있게. 내가 활을 쏜 다음 화살 줍는 시종에게 큰 소리로 외치겠네. 만일 시종에게 너무 멀리 갔다고 외치면 자네가 안전하다는 신호이고, 화살이 더 먼 곳에 있으니 아직 더 가야 한다고 외치면 아버지가 자네를 해치려 한다는 신호야. 그러면 속히 길을 떠나 몸을 피하도록 하게."

사울 왕의 진심 삼상 20:24-42

매월 초하루는 왕궁에서 잔치가 벌어지는 날이었다. 그런데 그 자리에 있어야 할 다윗의 모습이 보이지 않았다. 사울 왕은 모르는 척 지나갔다. 하지만 다음 날에도 여전히 다윗이 보이지 않자 왕은 요나단에게 물었다.

"다윗은 어디 있느냐? 다윗이 어제도 오늘도 나오지 않는 이유가 뭐지?"

요나단이 기다렸다는 듯이 대답했다.

"급한 일이 생겨 고향 베들레헴에 다녀와야 된다면서 저에게 허락을 내려 달라고 간청했습니다. 해마다 이맘때가 되면, 집안의 온 식구가 모여 제사를 올린다고 합니다."

요나단의 말에 사울 왕은 버럭 화를 냈다.

"요나단, 이 어리석은 것아. 다윗이 살아 있으면 네가 왕이 되지 못한다는 걸 왜 모르느냐? 그를 반드시 죽여야 한다. 당장 사람을 보내어 그놈을 잡아오너라. 그자는 죽어 마땅한 놈이다."

"아버님, 다윗이 도대체 무슨 잘못을 저질렀다고 그러십니까?"

요나단도 물러서지 않았다.

"뭐라고? 감히 나에게 대들어?"

사울 왕은 버럭 소리를 지르며 의자에서 일어나더니, 아들을 향해 창을 던지려고 했다. 요나단은 그제서야 아버지의 뜻을 확실히 알고는, 분노와 절망감으로 자리를 박차고 나갔다.

다음 날 아침, 요나단은 어린 시종을 데리고 다윗이 숨어 있는 들판으로 가서 활을 쏘았다. 일부러 화살을 멀리 쏘았다. 시종이 화살을 찾으려고 달려가자 요나단이 큰 소리로 외쳤다.

"더 멀리 가거라. 화살은 더 먼 곳에 떨어졌다."

깊은 슬픔이 배인 목소리였다. 시종이 화살을 찾아오자, 요나단은 시종에게 활과 화살을 주면서 먼저 왕궁으로 돌아가라고 명했다. 시종이 돌아가자, 바위 뒤에 숨어 있던 다윗이 나왔다.

"다윗!"

"요나단!"

둘은 서로를 껴안고 오래도록 슬피 울었다.

"평안히 가게. 우리가 주의 이름을 걸고 맹세한 우정을 잊지 말게. 주께서 자네와 나 사이뿐만 아니라 자네의 후손들과 내 후손들 사이에도 증인이 되어 주실 것이네."

요나단이 작별 인사를 했다. 다윗은 정처없는 도피의 길에 올랐다.

사울의 추격과 다윗의 충성

사울 왕의 집요한 추격 삼상 21:10–22:5, 23:15–29

'아무래도 안 되겠어. 이스라엘 땅에서는 숨을 데가 없어. 다른 나라로 도망가야겠어.'

다윗은 마침내 이스라엘을 떠나기로 마음먹었다. 사울 왕의 집요한 추격으로부터 안전하려면, 멀리 타국으로 피신하지 않으면 안 될 상황이었다. 다윗은 남쪽을 향해 길을 떠났다. 그가 도착한 곳은 이스라엘과 이집트 사이에 위치한 지중해 해안의 블레셋 땅 가드였다.

그러나 그곳은 안전 지대가 아니었다. 오히려 더 위험한 땅이었다. 가드 사람들 중에 다윗을 알아보는 자들이 있었던 것이다.

"저 자는 골리앗을 죽인 이스라엘의 다윗임이 분명해. 전에 우리가 이스라엘로 쳐들어갔을 때 우리와 싸웠잖아. 우린 크게 패배했고, 이스라엘 사람들은 사울은 수천을 죽였는데 다윗은 수만을 죽였다고 노래를 불렀어. 맞아. 저 자는 이스라엘의 영웅 다윗이야."

다윗은 곧 체포되어 왕궁으로 호송되었다. 사자 굴에 들어온 셈이었다.

다윗은 사람들 앞에서 미친 사람 흉내를 내기 시작했다. 문짝에 글씨인지 그림인지 알아볼 수 없는 낙서를 끄적이고, 침을 질질 흘려 수염을 적셨다. 누가 보아도 미친 사람이었다.

"저자는 미친 놈이 아니냐? 나에게 미친 사람이 부족해서 저런 자를 왕궁에 데려왔단 말이냐? 저런 자를 나의 왕궁에 들여놓아서는 안 돼!"

가드 왕이 노발대발했다.

위기를 모면한 다윗은 즉시 블레셋을 떠나 다시 조국 땅으로 돌아가서, 유다 남부에 있는 아둘람 성읍의 한 동굴에 몸을 숨겼다. 그곳에는 크고 작은 석회암 동굴들이 많았다.

다윗을 모르는 이스라엘 사람들은 없었다. 많은 사람들이 죄 없는 다윗을 죽이려고 하는 사울 왕을 미워했다. 그런 사람들이 하나 둘 다윗을 찾아왔다. 다윗의 부모와 가족들도 먼 길을 걸어 아둘람 동굴로 찾아왔다. 다윗은 그들의 우두머리가 되었고, 4백 명 정도가 다윗을 따르며 함께 지냈다.

아둘람 동굴 지대는 크고 작은 수많은 동굴들이 있는 곳으로, 도피자들이 몸을 숨기기에는 안성맞춤이었다. 다윗 일행은 한동안 그곳에서 머물다가 요단 강 건너편 구릉에 펼쳐진 풍요로운 모압 땅으로 이동했다.

그곳에서 지낸 지 얼마 후, 하나님의 예언자 갓이 다윗을 찾아와 다시 이스라엘 땅으로 돌아가라고 일러주었다. 다윗은 예언자의 말에 순종하여, 4백 명의 부하를 거느리고 요단 강을 건너 유다 땅으로 들어왔다. 하지만 늙으신 부모님은 모압 땅에 남겨두었다.

다윗 일행은 넓은 숲을 발견하고 그곳으로 들어갔다. 헤렛 수풀 지대였다. 그러나 소문을 들은 사울 왕의 군대가 그곳을 수색하기 시작했다. 다윗은 급히 다른 곳으로 피신했다.

다윗은 부하들과 함께 피신 생활을 계속했다. 며칠씩 계곡의 동굴에 숨어 있기도 했다. 그 무렵, 요나단이 다윗의 은신처를 알아내고 은밀하게 찾아왔다.

"다윗, 걱정 말게. 하나님께서 자넬 지켜주실 거야."

"요나단, 고맙네. 우리의 우정은 영원할 거야."

다윗과 요나단은 어떤 일이 생겨도 서로의 가족을 보호해주고 도와주기로 굳게 다짐했다.

한편, 사울 왕은 다윗을 숨겨주면 그 지역 사람들을 모두 죽이겠다고 포고령을 내렸다. 지역 주민들은 다윗의 소재가 파악되면 즉시 보고하기로 되어 있었다. 사울 왕은 정보가 들어오는 대로 군대를 이끌고 나가 그 지방을 샅샅이 수색하곤 했다. 다윗은 일행이 4백 명이나 되었으므로 몸을 숨기기가 쉽지 않았다. 피해 다니던 다윗과 일행은 급기야 사울 왕의 군대에게 포위당하는 지경에 이르고 말았다. 포위망이 압축되면, 도망칠 길이 아무 데도 없었다.

'아, 이대로 잡혀 죽는단 말인가.'

다윗은 절망에 빠졌다. 그 순간, 왕궁에서 사울 왕에게 전령이 급히 도착했다.

"폐하, 급보입니다. 블레셋이 또 공격해 왔습니다. 급히 돌아가야만 합니다."

위기일발의 순간에 하나님께서 다윗을 도우신 것이다. 적군의 공격을 받게 되었으니, 일단 그들을 물리치는 것이 급선무였다. 사울 왕은 다 잡은 다윗을 그냥 두고 가는 것이 억울했지만, 상황이 상황인지라 블레셋과 맞서기 위해 황급히 군대를 철수하여 돌아갔다.

다윗이 사울 왕의 목숨을 살려주다 삼상 24장

구사일생으로 살아난 다윗은 더 안전한 곳으로 몸을 피하기 위해 유대 광야의 남쪽 황무지로 이동했다. 사해 남서부 지역의 황량한 엔게디 지역에는 거대한 자연 동굴이 도처에 널려 있었다. 다윗 일행은 어느 큰 굴로 은신했다.

블레셋과 싸워 이긴 사울 왕은 또 다시 정예 병사 3천을 이끌고 다윗을 추적했다. 엔게디 광야에 이르자 그들은 본격적으로 동굴 수색 작전을 펼쳤다. 그러나 동굴이 워낙 많고 규모가 커서 다윗 일행을 찾아내기가 수월하지 않았다.

어느 날, 사울 왕은 용변을 보기 위해 어느 굴 속으로 들어갔는데, 우연하게도 다윗 일행이 숨어 있는 바로 그 동굴이었다.

"대장님, 마침내 하나님께서 원수를 제거할 절호의 기회를 주셨습니다. 사울을 죽이고 이스라엘의 왕이 되십시오."

다윗의 부하가 다윗에게 속삭이듯 말했다. 다윗은 사울 왕에게 다가가 칼을 뽑았다. 그리고 사울의 옷자락을 베어 왔다. 그런 다음, 자기 부하들에게 엄명했다.

"누구도 왕의 몸에 손을 대서는 안 된다."

사울 왕이 동굴 밖으로 나가 군대를 이끌고 길을 떠나자, 다윗이 멀리서 뒤를 따라가며 소리쳤다.

"왕이시여!"

사울 왕은 다윗을 발견하자 깜짝 놀랐다. 다윗은 즉각 그 자리에서 무릎을 꿇고 왕에 대한 신하의 예를 갖추고 말했다.

"왕이시여, 폐하께서는 다윗이 폐하를 해치려 한다는 터무니없는 소문을 정녕 믿고 계시는 것입니까? 오늘 하나님께서는 왕의 목숨을 저에게 주셨으나, 저는 하나님께서 기름 부어 세우신 왕을 해칠 수 없었습니다. 이걸 보십시오. 저는 다만 폐하의 옷자락만 잘랐을 뿐입니다. 보시다시피, 저는 폐하를 해칠 생각이 추호도 없습니다."

"뭣이? 내 옷자락을?"

사울이 자기 옷을 살펴보자, 정말 겉옷의 일부가 잘려나가고 없었다. 사울 왕은 눈물을 흘리며 다윗에게 말했다.

"내 아들 다윗아! 나는 너를 죽이려 하는데, 너는 나를 살렸구나. 세상의 어

느 누가 원수를 손에 넣고서도 그냥 살려 보내 주겠느냐? 오늘 네가 나를 살려주었으니, 하나님께서 너에게 좋은 것으로 베풀어주실 것이다. 나는 네가 왕이 될 것임을 이제야 알겠구나. 네가 왕이 되면 나의 후손들을 죽이지 않겠거니와, 선조들의 가문에서도 내 이름을 지워버리지도 않겠다고 주의 이름으로 맹세해 다오."

다윗은 절대로 보복하지 않겠다고 기꺼이 약속했다. 그러자 사울은 왕궁으로 돌아갔고, 다윗은 다시 광야의 은신처로 돌아갔다.

어리석은 남편과 현명한 아내 삼상 25장

그 무렵, 사무엘이 그의 고향 라마에서 세상을 떠났다. 다윗은 사무엘의 죽음을 크게 슬퍼했다. 사무엘은 자신에게 기름을 부었던 정신적 후원자였기 때문이다.

다윗은 자신의 위치가 더욱 불리하게 된 것을 깨닫고는, 시나이 반도의 바란 광야로 도피해 들어갔다. 그를 따르는 추종자는 더욱 늘어나서 이제는 6백여 명에 달했다.

하루는 다윗 일행이 3천 마리의 양과 1천 마리의 염소를 소유한 '나발'의 땅을 지나게 되었다. 그는 완고하고 인색하기로 소문난 사람이었다. 그의 아내 '아비가일'은 미인인 데다 총명한 여인으로 소문이 자자했다. 다윗은 양털을 깎는 시기가 되자 열 명의 부하를 보내어 나발을 찾아가 저갈하게 했다.

"나발이여, 당신이 건강을 누리시길 빕니다. 당신의 집안이 형통하시기를 빕니다. 당신이 하는 일들이 모두 잘 되기를 빕니다. 당신의 양치기들이 우리와 함께 있었을 때, 우리는 그들에게 해를 끼친 적이 없고, 갈멜에 있는 동안에는 양 한 마리도 잃어버린 일이 없습니다. 우리는 당신의 가축을 하나도 해치지 않고 잘 보호해 주었습니다. 이제 우리가 이렇게 찾아왔으니, 우리에게 호의를 베풀어 당신의 종들에게 음식을 좀 나누어 주시기 바랍니다."

그러자 나발은 다윗의 부하들에게 화를 냈다.

"다윗이 너희들을 보냈다고? 다윗이란 자가 도대체 누구야? 요즘에는 도망친 종들이 많다던데, 내가 그런 놈들까지 먹여 살려야 되겠느냐? 양털 깎는 일꾼들을 위해 마련한 빵과 포도주와 고기를 왜 내가 누구인지도 모를 작자들에게 나눠 주어야 한단 말이냐? 썩 돌아가라!"

당시의 이스라엘에서는, 먹을 것을 요청하는 사람에게 음식 제공을 거절하는 것이 대단한 실례였다. 더구나 나발은 다윗을 모독하기까지 한 것이다.

그 소식을 전해 들은 다윗은 진노했다. 그는 400명의 부하들을 이끌고 나발의 집으로 향했다. 그 사실을 나발의 종이 알고는 나발의 아내 아비가일에게 달려갔다.

"큰일났습니다, 마님! 다윗은 우리가 양떼를 칠 때 잘 대해 준 사람인데, 음식을 좀 달라는 그분의 요청을 주인님이 박절하게 거절했다고 합니다. 지금 다윗이 화가 나서 부하들을 이끌고 오고 있는 중입니다. 속히 방도를 강구해야 됩니다."

아비가일은 지혜로운 여자였다. 사태의 심각성을 알아차린 그녀는 빵 200덩이, 포도주가 가득 든 가죽 부대 두 개, 손질해 놓은 양 다섯 마리, 볶은 곡식 열 말, 건포도 100덩이, 말린 무화과 200덩이를 준비하게 하여, 나귀에 실어 보내고 자신도 뒤를 따랐다. 다윗 앞에 도착한 그녀는 즉시 나귀에서 내려

다윗 앞에 엎드리고 남편의 잘못을 사과했다.

"내 주여, 이 천한 계집종이 당신이 보낸 사람들을 만나보지 못하여 이런 불상사가 생겼으니, 허물을 용서해 주시기 바랍니다. 제 남편은 어리석은 자입니다. 장차 당신이 이 나라의 왕위에 오르실 때, 오늘 부질없이 피 흘리지 않은 것을 다행으로 여기실 것입니다. 제가 준비한 예물을 받으시고, 부디 노여움을 거두시길 바랍니다."

다윗은 아름답고 지혜로운 아비가일의 처신에 감동했다.

"그대가 올바른 분별력으로 미리 막아주지 않았더라면 오늘 나는 피를 흘리고 내 손으로 사람을 죽일 뻔했습니다. 그대의 요청을 받아들일 터이니, 평안히 집으로 돌아가시오."

다윗은 아비가일이 준비한 음식을 받아들이고, 그녀를 돌려보냈다. 아비가일이 집에 돌아와 보니, 나발은 자신이 마치 왕이라도 된 듯이 호화로운 술잔치를 벌이고 있었다. 아비가일은 날이 밝을 때까지 나발에게 아무 말도 하지 않았다.

다음 날 아침, 나발이 잠에서 깨어나 맑은 정신이 되자 그녀는 그동안 있었던 일을 말해 주었다.

"당신은 다윗에게 큰 잘못을 저질렀어요. 다윗이 부하들을 이끌고 당신을 죽이려고 오는 것을 내가 간신히 막았어요."

"뭐라고? 다윗이 나를?"

나발은 심장이 멎을 정도로 놀랐다. 너무 놀란 나발은 열흘 동안 끙끙 앓다가 그만 죽고 말았다. 나발의 사망 소식을 들은 다윗은 즉시 아비가일에게 사람을 보냈다. 다윗의 종들이 그녀에게 다윗의 뜻을 전하자, 아비가일은 그들을 향해 몸을 굽혀 절을 하면서 말했다.

"이 몸은 내 주인님의 여종이니, 내 주인님을 섬기는 종들의 발을 기꺼이 씻어 드리겠습니다."

아비가일은 다윗의 종들을 깍듯이 대접한 후, 자신의 몸종 다섯을 데리고 다윗에게로 가서 그의 아내가 되었다.

사울 왕을 다시 살려 준 다윗 삼상 26장

그 후, 다윗이 사해 서편의 광야에 머물고 있을 때였다. 그 지방 사람들이 사울 왕에게 사람을 보내어 다윗이 그곳에 숨어 있다고 밀고를 했다. 사울은 다윗을 해치지 않겠다던 약속을 까맣게 잊은 채 3천 명의 병력을 이끌고 다윗을 찾아 나섰다.

다윗은 사울 왕이 왔다는 정보를 듣고, 그들의 동태를 살피고 있었다. 거대한 원형의 진지 한가운데에 사울 왕의 천막이 있었다. 다윗이 부하들을 향해 말했다.

"누가 나와 함께 적진 중앙으로 쳐들어 가겠느냐?"

그러자 아비새가 나섰다. 다윗과 아비새는 밤중에 적진 속으로 침투해 들어갔다. 먼 길을 추격해 온 사울 왕의 병사들은 깊이 잠들어 있었다. 아무도 그들의 침입을 알지 못했다. 두 사람은 드디어 사울 왕의 천막으로 들어갔다. 사울 왕도 깊은 잠에 빠져 있었다. 그의 머리맡에는 물병이 있었고, 그 옆의 땅바닥에는 창이 꽂혀 있었다. 왕을 호위하는 군사령관 아브넬도 깊이 잠들어 있었다. 아비새가 다윗에게 속삭였다.

"대장님, 하나님께서 원수 사울을 당신의 손에 넘겨주셨습니다. 제가 창으로 단번에 찔러 죽이겠습니다."

"아니다. 죽이지 말아라. 하나님께서 기름 부은 자를 죽이면 죄가 된다. 오직 하나님만이 그를 치실 수 있다. 우린 왕의 창과 물병만 가지고 이곳을 빠져나가자."

두 사람은 왕의 창과 물병만 들고, 진지를 빠져 나와 건너편 산꼭대기로 올라갔다.

"사울 왕의 군사령관 아브넬아! 대답하라. 아브넬아!"

다윗이 크게 고함치자, 사울 왕의 진영이 잠에서 깨어났다.

"감히 왕을 들먹이며 나를 부르는 너는 누구냐?"

아브넬이 대꾸했다.

"아브넬아, 너는 이스라엘 군대에서 최고의 장군이 아니냐? 그런데 너는 어찌하여 왕을 지키는 임무를 그렇게 소홀히 할 수 있느냐? 방금 왕을 죽이려고 왕의 천막 안에까지 들어간 사람이 있다. 너는 하나님이 기름 부어 세우신 왕을 보호하지 않았으니, 마땅히 죽을 죄를 지었다. 자, 이걸 보아라. 왕의 머리맡에 있던 물병과 창이다."

사울도 다윗의 음성을 알아듣고 천막에서 나왔다.

"이건 다윗의 목소리가 아니냐?"

천막 밖으로 나와 산꼭대기의 다윗을 올려다보는 사울에게 다윗이 소리쳤다.

"왕께서는 도대체 무엇 때문에 이 종을 쫓고 계십니까? 제가 무슨 짓을 했습니까? 제가 왕께 무슨 잘못을 저질렀습니까? 보잘것없는 저를 왜 쫓아다니시는 것입니까? 왜 저의 피를 원하십니까? 지금 왕은 벼룩 한 마리를 잡기 위해 출동하신 것과 다를 것이 없습니다."

사울은 금세 자신의 잘못을 깨달았다. 사울은 감정의 기복이 심한 사람이었다.

"내 아들 다윗아, 내가 죄를 지었구나. 내게로 오너라. 너는 오늘도 나를 죽일 수 있었는데 죽이지 않았구나. 이제 맹세하마. 두 번 다시 네게 해를 끼치지 않겠다."

"왕께서는 부하를 보내어 왕의 창을 가져가십시오. 오늘 제가 왕의 생명을 소중히 여긴 것처럼, 하나님께서 저의 생명을 소중히 여기셔서 저를 온갖 환난에서 구해 주실 것입니다."

사울 왕이 대답했다.

"내 아들 다윗아, 네게 복이 있을 것이다. 네가 반드시 승리하겠고, 큰 일을 해낼 것이다."

다윗의 망명과 사울의 전사

다윗이 블레셋으로 망명하다 삼상 27:1-7

사울 왕은 군대를 이끌고 돌아갔지만, 다윗은 사울 왕을 신뢰할 수 없었다. 언제 사울 왕의 손에 붙잡혀 죽을지 모를 일이었다. 그렇다고 언제까지나 쫓고 쫓기는 숨바꼭질 노릇을 할 수도 없는 일이었다.

"그래, 이스라엘을 떠나자. 그 길만이 내가 살 길이다. 그렇게 되면, 왕도 나를 추격하는 것을 포기하겠지."

다윗은 조국을 떠나 망명의 길을 떠났다. 그는 6백 명의 추종자들과 가족들을 이끌고 길을 떠나, 블레셋의 다섯 성읍 중 하나인 가드에 도착했다. 가드 왕 아기스는 다윗 일행을 반갑게 맞아 주었다.

다윗은 한동안 가드에 손님처럼 머물렀다. 가드 왕 아기스는 블레셋의 남쪽 광야에 있는 시글락을 그에게 내주었다. 다윗과 그의 일행은 블레셋 땅에 정착했다. 다윗은 1년 4개월 동안 시글락에서 살았다.

다윗이 약탈자 아말렉 족속을 응징하다 삼상 28:1-2, 29-30장

블레셋이 또다시 이스라엘을 침공하기 위해 군사들을 모집했다. 다윗은 블레셋 족속들에게 신세를 지고 있는 형편이어서, 블레셋을 도우려고 병사들을 이끌고 가드로 갔다. 가드 왕 아기스는 다윗과 그 휘하 병력을 자기의 친위대로 삼았다.

블레셋은 가드, 아스돗, 아스글론, 가사, 에그론 등 다섯 개의 큰 성읍으로 구성된 도시 국가 연맹 형태의 나라로, 각 성읍마다 왕이 있었다. 그런데 다른 성읍의 왕들은 가드 왕 아기스와 생각이 달랐다.

"그 자는 예전에 이스라엘 사람들이 '사울이 죽인 자는 수천이요, 다윗이 죽인 자는 수만이로다!'라고 칭송하던 바로 그 다윗이 아니오? 그런 자를 우리가 어떻게 신뢰할 수 있단 말이오? 당장 그를 돌려보내시오."

네 성읍의 왕들은 다윗이 이스라엘의 지휘관으로서 전에 블레셋과의 전투에서 큰 전과를 올린 사람이라는 점을 우려하지 않을 수 없었다. 만약 다윗이 전투 중에 등을 돌려 이스라엘 편에 붙기라도 한다면 큰 낭패를 당할 것이 뻔했기 때문이다. 가드 왕 아기스는 어쩔 수 없었다.

"다윗, 섭섭하게 생각하지 마시오. 나는 그대를 믿지만, 다른 왕들이 도무지 믿으려 들지 않는구려. 그러니 그대는 이번 전투에 참전하지 말고, 그대의 처소로 돌아가는 것이 좋겠소."

가드 왕의 말에, 다윗은 부하들을 이끌고 시글락으로 돌아갔다. 다윗에게는 참으로 다행한 일이었다. 만일 그가 이스라엘과의 전투에서 블레셋 편에서서 싸운다면, 그것은 조국에 대한 배신 행위가 명백하기 때문이다. 이스라엘에 배신 행위를 하고서 어찌 이스라엘의 왕위에 오를 수가 있겠는가?

'오, 하나님! 감사합니다.'

다윗도 내심 가슴을 쓸어내리며 시글락으로 향했다.

그런데 이런 낭패가 어디 있는가! 다윗 일행이 시글락을 비운 사이 아말렉 사람들이 쳐들어온 것이다. 시글락에 돌아온 다윗과 그의 부하들은 슬픔과 분노로 몸을 떨었다.

성은 잿더미로 변해 있었다. 부녀자들은 납치를 당하고, 재물은 약탈을 당했다. 다윗의 두 아내 아히노암과 아비가일도 끌려갔다.

눈앞에 펼쳐진 참상에 다윗과 그의 부하들은 말을 잃었다. 극도로 분노한 일부 백성들은 다윗의 잘못된 선택으로 이런 비극이 생겼다면서 다윗을 돌로 치려고 했을 정도였다. 다윗도 크게 상심하고 당혹했지만, 곧 용기를 내어 부하들을 이끌고 아말렉 사람들을 추격하려고 나섰다.

하지만 아말렉 사람들은 광야의 떠돌이였다. 어디로 갔는지 행방을 알 수 없었다. 더구나 시글락 성읍 주변은 마을조차 없는 드넓은 야산이어서 목격자를 찾는 것조차 힘들었다. 다윗은 하나님 앞에 기도하는 수밖에 없었다. 그러자 하나님께서 응답하셨다.

"그들을 뒤쫓아라. 빼앗긴 것을 되찾게 될 것이다."

다윗은 즉각 6백 명의 부하들을 거느리고 끝없는 광야로 달려 나갔다. 브솔 시내 앞에 이르렀을 때, 다윗의 부하들 중 200명은 너무 피곤하여 더 이상 추격할 수 없는 지경에 이르러 있었다. 다윗은 400명의 부하들을 이끌고 계속 추격했다.

"앗, 저기 누군가가 쓰러져 있다!"

다윗의 부하들이 들판에 쓰러져 있는 사람을 발견했다. 그는 사흘 동안이나 물과 음식을 먹지 못하여 거의 죽어가고 있었다. 다윗은 그를 보살펴서 기력을 되찾게 해주었다. 그는 본래 이집트 사람이었으나 아말렉 족속의 노예가 된 사람이었다. 그런데 그의 몸이 병들자 주인이 그를 버리고 간 것이다.

"그래? 그렇다면 아말렉 사람들이 있는 곳을 가르쳐 주지 않겠느냐?"

"저를 죽이지 않겠다고 약속해 주십시오. 또, 제 주인에게 넘겨주지도 않겠다고 하나님의 이름을 걸고 맹세해 주십시오. 그러면 제가 길을 안내하겠습니다."

"오냐, 약속하마. 즉시 우리를 아말렉 사람들이 있는 곳으로 인도하라."

한편, 아말렉 사람들은 자신들의 진영에 도착하자 여러 성읍을 약탈한 재물로 한

바탕 큰 잔치를 벌였다. 그들은 마음껏 먹고 마시며 흥에 겨워 취하여, 모두들 정신없이 곯아떨어졌다.

그날 밤, 다윗은 4백의 군사로 그들을 습격했다. 전투는 다음 날 저녁까지 계속되었다. 다윗의 일방적인 승리였다. 낙타를 타고 도망친 4백여 명의 젊은 아말렉 사람들을 제외하고는 모두를 멸절시켰다. 다윗은 납치당한 두 아내와 부녀자들, 가축들을 되찾았다. 거기에 아말렉 사람들의 재물까지 차지하게 되었다.

다윗은 탈취한 노획물을 부하들에게 골고루 분배해 주었다. 추격 도중에 낙오한 200명의 부하들에게도 차별없이 나누어 주었다. 그런 후, 그 동안 아말렉 사람들에게 약탈당했던 유다의 여러 성읍들에도 빼앗은 재물을 나누어 주었다. 시글락 백성들은 크게 기뻐했고, 유다의 장로들은 다윗을 칭찬하기에 바빴다.

사울 왕이 전사하다 삼상 31장 ; 대상 10장

그 무렵, 멀리 북쪽 이스라엘 땅으로 쳐들어간 블레셋 군대는 사울의 군대와 길보아 산에서 큰 전쟁을 벌였다. 하지만 이스라엘의 사울 왕은 예전의 그가 아니었다. 죄 없는 다윗을 쫓느라 군대의 힘을 소비한 데다 오랫동안 악령에 시달린 탓에 그의 몸과 마음은 쇠약해질 대로 쇠약해져 있었다.

전투는 블레셋의 일방적인 승리였다. 수많은 이스라엘의 병사들이 전사하거나 도망쳤다. 다윗의 절친한 친구인 요나단을 비롯하여, 사울 왕의 세 왕자들도 모두 전사했다.

"사울을 찾아라! 반드시 그를 찾아 죽여야 한다!"

블레셋 군대의 지휘관들은 이스라엘의 왕 사울을 찾기 위해 혈안이 되었다. 사울은 도망치다가 뒤쫓아오는 자들에게 화살을 맞고 말았다. 사울은 자신의 무기를 들고 다니는 부하에게 명령했다.

"네 칼을 뽑아서 어서 나를 죽여 다오. 어찌 내가 저 할례받지 못한 자들에게 붙잡혀 수모를 당할 수 있겠느냐?"

"하지만 어찌 제가 감히 왕을…."

그 자는 겁을 집어먹고 감히 칼을 빼들지 못했다. 사울은 자신의 칼을 뽑아 들고 그 위에 엎어졌다.

그 광경을 목격한 왕의 무기담당 병사도 사울 왕과 같은 방법으로 자기 칼을 땅에 세우고 그 위에 엎드러져 죽었다. 이스라엘의 첫 번째 왕이 되어 한때 블레셋을 떨게 만들었던 사울의 비참한 최후였다.

다음 날, 전사자들의 물건을 탈취하러 온 블레셋의 병사들이 왕자 셋과 사울 왕의 시체를 찾아냈다. 그들은 사울 왕의 갑옷을 벗겨 그들의 나라로 보내어 자기들의 신전에 보관케 했고, 네 부자의 시체는 벧산 성벽에 못 박아 매달아 놓고 구경거리가 되게 했다.

벧산 인근에 살고 있던 길르앗 야베스 사람들이 이 소식을 전해 들었다. 그들은 사울 왕에게 큰 신세를 진 적이 있었다. 암몬 사람들에게 꼼짝없이 죽게 되었을 때, 사울 왕의 도움으로 구원을 받았던 것이다.

"사울 왕의 시신이 저토록 모욕을 당하다니, 그대로 둘 수 없다. 죽음을 각오하고서라도 시신을 수습하여 평안히 장사시켜 주는 것이 도리가 아니겠는가!"

길르앗 야베스 성읍의 장사들이 자기 일처럼 적극적으로 나섰다. 그들은 밤을 틈타 벧산으로 올라가서 죽기를 각오하고 싸운 끝에 사울 왕과 그의 세 아들들의 시신을 탈취하여 돌아왔다. 그들은 시신을 화장하여 그 뼛가루를 길르앗 야베스 땅의 한 나무 아래에 파묻고, 7일 동안 금식하며 이스라엘 왕과 왕자들의 죽음을 슬퍼했다. 길르앗 야베스 사람들의 애도 속에, 이스라엘 왕 사울의 40년 통치는 쓸쓸히 막을 내렸다.

다윗의 등극과 국토의 확장

새 왕도王都 예루살렘 삼하 2:1–4, 5:1–12 ; 대상 11:1–9

사울 왕과 왕자들이 모두 죽게 되자, 이스라엘에는 새로운 왕이 필요하게 되었다. 다윗은 예언자 사무엘로부터 일찍이 왕으로 기름부음을 받았기 때문에, 이제 곧 하나님께서 자신을 왕으로 세우실 것이라고 믿었다.

다윗은 자기가 왕이라는 것을 선포하기 위하여 어디로 가야 하는지를 하나님께 여쭈어 보았다. 하나님께서는 그에게 헤브론으로 가라고 하셨다. 다윗은 잿더미로 변해 버린 시글락을 떠나, 부하들과 함께 이스라엘의 남부 도시 헤브론으로 갔다. 헤브론은 해발 930m나 되는 고성古城으로, 아브라함과 이삭과 야곱의 무덤이 있는 유서 깊은 곳이었다.

많은 사람들이 헤브론으로 모여들었다. 백성들은 다윗에게 기름을 부어 그를 왕으로 세우고, 충성을 맹세했다. 사울 왕을 피해 도망다니던 다윗은 일약 이스라엘의 왕이 되었다. 그의 나이 서른 살 때의 일이었다. 그는 40년 동안 이스라엘을 통치했다.

왕이 된 다윗은 7년 동안 헤브론을 왕도로 삼고 통치하다가 30km 북쪽의 예루살렘으로 수도를 옮겼다.

해발 850m의 중앙 고지대에 위치한 예루살렘은 북쪽은 바위 절벽이고, 동쪽과 서쪽과 남쪽은 깊은 골짜기로 둘러싸여 있어서 외적의 침략에 방어하기가 유리한 지형이었다.

예루살렘은 번창해 갔다. 예루살렘은 다윗과 그의 신하들이 살고 있다고 하여 '다윗의 성'이라고 불렸다. 예루살렘에는 많은 주택이 세워지고, 북방의 두로 왕이 보낸 삼나무로 번듯한 왕궁도 건축되었다.

예루살렘으로 돌아온 법궤 삼하 6–7장 ; 대상 13장, 15–17장

어느 날 다윗은 법궤가 아직도 기럇여아림에 있다는 사실을 떠올렸다. 블레셋이 침공하여 법궤를 빼앗아갔으나 재앙이 뒤따르자 그들은 두려운 나머지 법궤를 이스라엘에 되돌려 보냈다. 그 후 70년 동안 법궤는 기럇여아림에 머물러 있었다. 다윗이 신하들에게 법궤를 옮겨 오자고 제안하자, 모두들 환영했다.

마침내 두 마리의 소가 끄는 새 수레에 법궤가 실리고, 예루살렘을 향해 길을 떠났다. 사람들은 수레를 따르면서 수금과 비파와 소고와 제금으로 연주하며 노래하고 춤을 추었다. 왕도 기쁨을 억제할 수 없어 친히 수금을 탔다. 그야말로 축제 분위기였다.

수레가 나곤의 타작마당에 이르렀을 때였다. 수레를 끌던 소가 갑자기 뛰자 법궤가 떨어지려고 했다. 소를 몰던 웃사가 엉겁결에 법궤를 손으로 받쳤다. 그 순간 웃사는 그 자리에 거꾸러져 죽었다. 하나님께서는 더러운 손이 신성한 법궤에 닿는 것을 용납하지 않으셨던 것이다. 이것을 본 다윗은 감히 주의 법궤를 모실 생각을 할 수가 없었다. 백성들도 법궤에 접근하지 못하게 되었다.

다윗은 법궤를 그곳에 사는 오벧에돔의 집에 옮겨 놓고, 석 달 동안이나 손을 대지 못했다. 그러자 하나님께서는 법궤가 안치된 오벧에돔의 집에 큰 복을 내려 주셨다.

이 소문을 들은 다윗은 용기를 내어 법궤를 옮겨 올 것을 결심했다. 이번에는 모세의 규정에 따라 레위 사람들만 법궤를 어깨에 메게 했다. 법궤를 멘 사람들이 여섯 걸음을 옮기도록 아무런 사고가 없자, 다윗은 소와 양을 잡아서 하나님께 제물을 바쳤다. 다윗은 백성들과 함께 노래하고 춤추면서 법궤를 모시고 왔다.

예루살렘에 이르자 미리 준비해두었던 성막 안에 법궤를 모셔 놓고, 제물을 바쳤다. 다윗은 주의 이름으로 사람들을 축복하고는, 빵 한 덩이와 건포도빵 한 개, 고기 한 덩이씩을 선물로 나누어 주었다.

성막의 법궤는 이스라엘 신앙의 중심이다. 다윗은 찬양대를 조직하고 연주팀을 만들어 하나님께 영광을 돌리는 예배를 드리게 했다. 그리고 자신이 직접 지은 찬양시로 하나님을 찬양했다.

어느 날 다윗은 자신은 호화로운 왕궁에 살면서 하나님의 법궤는 초라한 성막에 모시고 있다는 사실이 마음에 걸렸다. 다윗은 성전을 짓기로 마음먹고 예언자 나단에게 말했다.

"나는 이렇게 백향목으로 지은 궁전에서 사는데, 주님의 법궤는 아직도 장막에 모셔져 있군요."

나단은 다윗의 뜻을 알고는 기뻐했다. 그날 밤 하나님께서 다윗에게 전하실 말씀을 나단에게 일러주셨다.

"너는 나의 종 다윗에게 전하라. 나 주는 이스라엘 자손을 이집트에서 이끌어낼 때부터 내가 머물 집을 지으라고 한 적이 없다. 나는 양떼를 치는 너를 데려다가 이스라엘 백성의 왕을 삼았다. 네가 어디를 가든 내가 함께 하리라. 네가 조상들의 뒤를 따라 잠들게 되면 네 아들을 왕으로 세우리니, 그가 나의 집을 지을 것이며, 나는 그의 나라를 견고하게 세우리라."

하나님은 어찌하여 다윗이 지으려고 하는 성전을 거부하시고 그의 뒤를 이을 아들의 손에 의해 성전을 짓게 하셨을까. 그것은 다윗이 많은 전쟁을 치르면서 손에 피를 묻혔기 때문이었다. 거룩한 하나님의 성전을 피비린내 풍기는 손으로 세울 수는 없는 것이다. 다윗은 나단이 전해준 하나님의 말씀을 듣고 자기 자손에게 왕위를 계승시켜 주신다는 약속에 감사하면서, 성전 건축은 포기했다.

다윗의 국토 확장 삼하 8장, 10장 ; 대상 18–19장

다윗이 왕이 되었다는 소식을 들은 남방의 블레셋 사람들은 온 군대를 이끌고 이스라엘을 공격해 왔다. 한때 자기네 나라에서 망명생활을 한 다윗을 일찌감치 제압하려는 욕심이 앞섰기 때문이었다. 우상을 앞세우고 공격해 온 블레셋은 다윗에게 패하여, 우상을 방치한 채 도주했다. 이스라엘 군대는 블레셋의 우상을 불살라 버렸다. 그 후에도 다윗은 블레셋을 공격하여 그들의 다섯 성읍 중 하나를 빼앗는 데에 성공했다.

다윗은 동쪽 요단 강 건너편의 모압을 공격하여 전투 능력을 가진 사람들은 모두 죽이고 노인들과 부녀자만 살려두었다. 모압은 다윗 왕국에 조공을 바치게 되었다.

북동쪽의 다마스커스에 위치한 소바 왕국이 영토를 확장하기 위해 유프라테스 강 쪽으로 진군해 오자, 다윗은 또 군대를 이끌고 나아가 전차 1천 대, 기마병 700명, 보병 2만 명을 포획했다. 소바 왕을 돕기 위해 주변 지역의 아람 군대가 지원에 나섰으나 다윗은 그들도 격파하여 2만 2천 명을 죽였다. 이스라엘은 많은 노획물을 가져왔을 뿐만 아니라 아람으로부터 조공을 받게 되었다. 이스라엘의 승승장구였다.

다윗의 국토 확장은 계속되었다. 사해 남부의 건조한 협곡과 산악지대를 장악하고 강도질을 일삼는 에돔을 공격하여 1만 8천 명의 군사를 죽이고 점령하여 그곳에 이스라엘 수비대를 두었다.

요단 강 건너편의 비옥한 구릉지대에 자리한 모압 족의 왕 나하스가 죽었다는 소식이 들려오자, 다윗은 조문 사절단을 보냈다. 나하스는 사울 왕 시절에 길르앗 야베스에 살고 있는 이스라엘 사람들의 오른쪽 눈을 모두 뽑아버리겠다고 협박했던 자였다. 다윗 왕이 보낸 사절단이 암몬 사람들의 땅에 이르렀을 때, 암몬 왕의 대신들이 나하스의 아들인 하눈 왕에게 말했다.

"다윗 왕이 사절단을 보낸 것은 임금님의 선친께 조의를 표하기 위해서가 아니라, 우리 도성을 정탐하여 이 나라를 정복할 속셈이 있어서일 것입니다."

이 말을 들은 하눈은 사절단의 수염을 깎아 버리고, 의복도 잘라내어 양쪽 엉덩이가 드러나도록 만든 다음 돌려보냈다.

다윗은 사절단들에게 수염이 자랄 때까지 여리고에 머물도록 조치하고, 요압 장군에게 군대를 이끌고 모압을 공격하라고 명했다. 한편 하눈은 다윗이 대군을 이끌고 공격해 올 것을 예상하고 여러 나라들에 원군을 청하여 대비했다. 요압은 자신의 앞뒤에 적들이 포진해 있는 것을 알아차리고, 예루살렘으로 전령을 보내 원군을 요청했다. 다윗 왕은 직접 대군을 거느리고 암몬으로 향했다. 대격돌이 예상되었지만, 전투는 이스라엘의 일방적인 승리로 끝났다.

다윗의 백전백승 소식이 널리 번져 나가자, 여러 나라에서 선물을 보내며 화친을 요청했다. 이스라엘은 어느덧 주변의 여러 나라들로부터 조공을 받는 강대국으로 성장해 있었다.

다윗의 신의와 다윗의 죄악

약속을 지키는 다윗의 신의 삼하 9장

나라가 튼튼해져서 태평성대를 누리게 되자 다윗은 문득 요나단을 떠올렸다. 오랫동안 자기를 추격하며 죽이려 했던 사울 왕의 아들이었지만 두 사람은 누구보다 절친한 친구였다. 다윗은 어떤 경우에도 요나단의 가족을 돌보아주기로 했던 자신의 약속을 잊지 않고 있었다. 다윗은 수소문 끝에 과거 사울 왕의 종이었던 시바를 찾아냈다.

"사울의 집안에서 살아남은 사람이 있는가? 그런 사람이 있으면 요나단을 생각해서라도 잘 보살펴주고 싶구나."

시바가 대답했다.

"요나단의 아들 므비보셋이 살아 있습니다. 그는 할아버지 사울 왕과 아버지 요나단 왕자가 블레셋과의 전투에서 전사할 때 겨우 다섯 살이었습니다. 패전 소식을 들은 유모가 어린 왕손을 숨기려고 품에 안고 급히 도망치다가 아이를 떨어뜨려 다리를 다쳤는데, 절름발이가 되고 말았습니다."

친구의 하나뿐인 아들이 장애인이라니, 다윗은 마음이 아팠다.

"그가 있는 곳을 아느냐?"

"예, 폐하. 마길이라는 사람의 집에 신분을 숨긴 채 살고 있습니다."

"내게 데려오너라."

서둘러 왕 앞에 데려온 므비보셋은 엎드린 채 두려움으로 몸을 떨었다. 원수 사울의 손자이니 살려두지 않을 것이라고 생각한 것이다.

“므비보셋, 두려워하지 마시오. 나는 그대의 아버지 요나단에게 입은 은혜를 갚으려고 하오. 그대의 할아버지 사울의 땅을 그대에게 돌려주겠소. 그리고 이제부터는 왕궁에서 나와 함께 식사를 하도록 하시오.”

다윗은 사울이 차지했던 땅을 므비보셋에게 주고 시바로 하여금 그 땅을 경작하게 했다. 므비보셋은 예루살렘에 살면서 왕과 함께 식사를 하는 특별대우를 받았다.

다윗과 밧세바 삼하 11장

우기雨期가 끝나고 건기乾期가 시작되었다. 우기에는 전투를 중단하는 관례에 따라 이스라엘도 반 년 정도는 조용했다. 그러나 동쪽의 암몬이 들먹거리자 다윗은 요압 장군에게 그들을 공격하게 했다. 요압은 암몬의 왕도王都 랍바를 점령했다. 다윗은 예루살렘의 왕궁에 머물고 있었다.

어느 날 오후였다. 낮잠을 즐기던 다윗은 침상에서 일어나 옥상으로 나갔다. 넓은 옥상을 거닐며 바람을 쐬던 다윗은 문득 걸음을 멈추지 않을 수 없었다. 아래쪽 저택의 정원에서 알몸으로 목욕하는 여인의 모습이 보였기 때문이다.

다윗은 여인에게서 시선을 뗄 수 없었다. 하얀 피부와 매끄러운 곡선이 다윗을 사로잡았다. 도저히 지나칠 수 없었다. 다윗은 망설이다가 결국 사람을 불렀다.

“지금 당장 저 여인이 누구인지 알아오너라.”

잠시 후, 심부름꾼이 돌아왔다.

“엘리암의 딸이고, 헷 사람 우리아의 아내입니다. 이름은 밧세바입니다.”

“밧세바에게 가서, 왕이 초대한다고 전하여라.”

그날 저녁, 밧세바가 왕 앞에 나타났다. 과연 아름다운 여인이었다. 한눈에 반해버린 다윗은 그날 밤 그녀와 잠자리를 함께 했다.

그 후 밧세바가 사람을 왕에게 보내 소식을 전했다.

"이 몸이 폐하의 아기를 잉태했습니다."

다윗은 이스라엘의 절대 군주였지만, 이스라엘은 하나님의 나라였다. 하나님이 모세에게 주신 율법이 무엇보다 우선이었고, 왕도 율법을 벗어날 수는 없는 일이었다. 다윗은 고민에 빠졌다. 유부녀 밧세바와의 관계는 엄연히 간음죄에 해당했기 때문이었다. 더구나 이제는 밧세바에게 아기까지 생겼으니, 이를 어찌할 것인가?

고민하던 다윗에게 문득 묘책이 떠올랐다. 가급적 빨리 우리아로 하여금 아내인 밧세바와 잠자리를 함께 할 기회를 마련해 준다면, 그녀가 잉태한 아기를 남편의 아기로 위장할 수 있을 것이다.

생각이 여기에 미친 다윗은 모압과의 전쟁터에 나가 있는 사령관 요압에게 전령을 보내어 우리아를 급히 불러들였다. 영문도 모르고 왕 앞에 불려간 우리아에게 다윗은 요압 장군과 병사들의 안부와 상황을 상세히 묻고 나서 이렇게 말했다.

"이제 집으로 가서 발을 씻고 편히 쉬도록 하시오."

그러나 우리아는 집으로 가지 않고 왕궁 문간에서 다른 신하들과 함께 잠을 잤다. 우리아가 집에 돌아가지 않았다는 보고를 들은 왕은 초조해졌다. 다윗은 다시 우리아를 불렀다.

"그대는 오랫동안 집을 떠나 있지 않았소? 그런데 어찌하여 집에 가서 편히 쉬지 않는 거요?"

우리아가 대답했다.

"지금 모압 땅에서는 요압 장군을 비롯한 모든 전우들이 들판에서 밤을 보내고 있습니다. 어찌 저만 집으로 가서 아내와 편히 쉴 수 있겠습니까? 맹세코 그럴 수는 없습니다."

가슴이 뭉클해지는 충성심이었다. 하지만 다윗은 야비한 술수를 중단하지 않았다.

"그대의 충성심을 높이 평가하오. 그러니 오늘은 나와 함께 즐기고 집에 가서 푹 쉰 후 내일 전선으로 떠나도록 하시오."

그날 저녁, 왕은 우리아를 거나하게 취하게 했다. 그러나 식탁에서 일어난 우리아는 집으로 가지 않고, 신하들과 함께 왕궁에서 지냈다.

다윗은 결단하지 않을 수 없었다. 충성스러운 밧세바의 남편 우리아를 제거하지 않으면 안 된다고. 그렇다. 그가 죽으면 간음죄에서 벗어날 수 있고, 아울러 그녀를 아내로 맞을 수도 있게 된다.

다윗은 다음 날 아침 우리아의 손에 요압 장군에게 보내는 편지 한 통을 들려 전선으로 보냈다. 내용은 간략했다.

'장군, 우리아를 전투가 가장 치열한 전방으로 배치하시오. 그런 뒤 다른 군인들을 갑자기 후퇴시켜 그가 혼자 싸우다가 전사하게 하시오.'

요압은 적의 수비가 가장 단단한 지점을 알고 있었다. 그는 우리아를 그런 곳에 배치하여 우리아를 전사하게 했다.

밧세바는 남편의 전사 소식을 듣고 슬퍼하며 울었다. 장례가 끝나자 다윗은 사람을 보내어 밧세바를 왕궁으로 데려다가 결혼했다. 간음으로 잉태한 아기는 아들이었다.

야비한 죄인-바로 당신이오 삼하 12:1-25

어느 날 주께서는 예언자 나단을 다윗에게 보냈다. 늙은 예언자는 다윗에게 이야기를 들려주었다.

"어느 마을에 부자와 가난한 사람이 함께 살고 있었습니다. 부자는 양과 소가 무척 많았지만, 가난한 사람은 새끼 양 한 마리가 전부였습니다. 그는 새끼 양과 함께 먹고 물도 같은 그릇으로 마셨습니다. 잘 때도 품에 안고 자면서, 마치 딸처럼 애지중지했습니다. 어느 날 마을의 부자에게 한 나그네가 찾아왔습니다. 부자는 자기 가축이 아까워서 가난뱅이가 딸처럼 키우는 새끼 양을 빼앗아다가 나그네를 대접했습니다."

그러자 다윗은 분노하면서 나단에게 외쳤다.

"저런 고얀 놈! 그런 자는 마땅히 죽어야 하오. 그자는 새끼 양 주인에게 네 배로 갚아야 하오."

나단이 다윗을 지그시 바라보면서 말했다.

"왕이 바로 그 사람이오."

다윗은 소스라치게 놀랐다. 나단은 놀라는 다윗을 향해 차분하게 말을 이었다.

"하나님께서는 당신을 왕으로 세우시고, 사울의 손에서 구원하셨으며, 여러 명의 아내를 거느리게 했습니다. 그런데 그것도 부족해서 우리아에게는 하나뿐인 아내를 빼앗으려고 그를 암몬 족의 손에 죽게 했습니다. 이제 하나님께서는 그 죄를 물어 왕가에 벌을 줄 것입니다. 칼이 왕가에서 떠나지 않을 것이며, 왕비들이 왕 앞에서 다른 남자들과 대낮에 동침할 것입니다. 왕은 은밀하게 죄를 저질렀지만, 하나님은 대낮에 이런 일을 행하실 것입니다."

다윗은 자신의 죄를 지적 받자 큰 충격을 받고 즉각 회개했다.

"내가 하나님께 죄를 지었습니다."

그러자 나단이 말했다.

"하나님께서는 왕의 죄를 용서하실 것입니다. 그러니 왕은 죽지 않을 것입니다. 그러나 밧세바에게서 낳은 아들은 죽게 될 것입니다."

나단이 집으로 돌아간 후, 밧세바가 낳은 아들이 아프기 시작했다. 다윗은 밤새도록 엎드려 주께 간구했다. 어떠한 음식도 입에 대지 않았다. 하지만 이레가 되자 아이는 죽고 말았다.

신하들이 모여서 걱정스러운 얼굴로 수군거렸다. 아이의 죽음을 왕에게 알릴 수 없어서였다. 아이를 살려 달라고 금식하며 땅바닥에 엎드려 애절하게 기도하는 왕에게 그 아이의 죽음을 보고하기가 두려웠던 것이다.

"아이가 죽었느냐?"

신하들의 수상쩍은 행동과 수군거림에서 직감한 듯 왕이 물었다.

"예, 그러하옵이다. 폐하."

왕이 자리에서 일어났다. 그는 말없이 안으로 들어가 몸을 씻고 깨끗한 옷으로 갈아입은 후 곧장 성전으로 들어가서 경배하고, 다시 왕궁으로 돌아왔다. 이어서 푸짐한 식탁을 차려오게 하여 맛있게 먹기 시작했다. 그 광경을 지켜보던 신하들은 왕의 행동을 도무지 이해할 수 없어서 마침내 이렇게 물었다.

"폐하, 아이가 살아 있을 때는 금식을 하시며 그토록 슬퍼하시더니, 막상 아이가 죽고 나자 음식을 드시니 어찌된 영문인지 신들은 이해할 수가 없습니다."

다윗이 아무렇지도 않다는 투로 대답했다.

"아이가 살아 있을 때는 주께서 혹시나 살려 주실까 해서 금식하며 슬피 울었던 것이오. 하지만 이제 아이가 죽었으니 굶는다고 무슨 소용이 있겠소? 나는 아이가 있는 곳으로 갈 수 있지만, 아이는 내가 있는 곳으로 돌아올 수 없는 몸이 되었소."

이듬해, 다윗과 밧세바 사이에서 두 번째 아들이 태어났다. 솔로몬이다.

암논의 죄악과 압살롬의 보복

왕자와 공주의 불행 삼하 13:1–19

사랑은 아름답고 행복한 것이지만 짝사랑은 슬프고 괴로운 것이다. 더구나 사랑할 수 없는 상대를 짝사랑한다면 불행은 이미 예고된 것이다.

다윗 왕에게는 여러 왕비가 있었다. 밧세바에게서 3남 솔로몬이 태어났고, 마아가에게서 2남 압살롬과 다말 남매가 태어났으며, 아히노암에게서 장남 암논이 태어났다. 압살롬과 다말 남매는 그 중에서도 특출한 미남 미녀였다.

장남 암논이 이복 동생 다말에게 사랑하는 마음을 품게 되었다. 암논은 자기 누이인 다말 때문에 병이 날 지경이었다. 그럴 수밖에 없는 것이 다말은 처녀였고, 자신은 그녀의 이복 오빠에다가 결혼한 몸이었으니 그 사랑이 성사되기를 기대하는 것은 거의 불가능한 일이었기 때문이었다.

암논이 상사병으로 파리해져 있을 때였다. 그의 사촌이며 절친한 친구로 지내는 요나답이 찾아와서 사연을 물었다.

"내가 내 아우 압살롬의 누이 다말을 사랑하게 되었기 때문이라네."

그러자 요나답이 말했다.

"왕자님께서는 지금부터 이불을 뒤집어쓰고 누워 계십시오. 부왕께서 문병을 오시거든 이렇게 간청하십시오. '다말이 와서 제게 음식을 좀 해주면 좋겠어요.'"

마침내 다윗 왕이 아들의 병상에 찾아오자, 암논은 요나답이 시키는 대로 말했다.

“제 누이인 다말이 와서 요리를 해주면, 제가 맛있게 받아 먹을 것 같습니다.”

다윗은 지체 없이 다말을 암논에게로 보냈다.

다말이 왔을 때, 암논은 자리에 누워 있었다. 다말은 암논이 보는 데서 빵을 구워다가 차려놓았다.

“오빠, 좀 들어 보세요.”

그러나 암논은 관심을 보이지 않고 사람들을 모두 내보냈다.

다말만 남게 되자 암논이 말했다.

“다말, 그 빵을 내 침상으로 가지고 와서 네 손으로 직접 먹여 다오.”

다말이 암논의 입에 먹을 것을 넣어주려고 하자 그가 다말을 와락 끌어안으며 속삭였다.

“누이야, 나와 동침하자. 이 오빠는 너를 지극히 사랑하다가 병들었단다.”

놀란 다말이 몸을 빼며 말했다.

“나를 욕되게 마세요. 이스라엘에서는 이런 일을 하지 못하게 되어 있습니다! 이러지 마세요, 오빠. 이런 수치를 당하면 제가 설 자리가 어디에 있겠습니까? 오빠 역시 못된 치한으로 여겨지게 될 것입니다. 아버님께 나를 아내로 달라고 말씀해 보세요. 아버지께서 허락하실지도 모르잖아요.”

그러나 암논은 다말을 그냥 보낼 수가 없었다. 그는 힘으로 밀어붙여서 그녀에게 몹쓸 짓을 했다.

하지만 막상 몸을 범하고 나자 암논은 그녀가 보기 싫어졌다. 그녀를 사랑

했던 마음은 순식간에 사라지고, 미워하는 마음이 오히려 더 커져 버렸다. 암논이 그녀를 향해 말했다.

"어서 일어나 이 방에서 나가거라!"

다말이 말했다.

"이제 와서 저보고 나가라고요? 저는 못 나갑니다. 나를 내보내는 것은 오빠가 방금 제게 하신 행위보다 훨씬 더 나쁩니다."

다말의 항의는 들은 체도 않고 암논이 하인들을 불러 명령했다.

"이 계집을 내보내고 문빗장을 질러라."

하인들이 그녀를 밖으로 쫓아내고 빗장을 질렀다. 다말은 어이없고 원통하여 공주들이 입는 아름다운 색동옷을 찢고는 재를 머리에 뿌리고 큰 소리로 울면서 그 자리를 떠났다.

압살롬의 보복 삼하 13:20–37

다말의 친오빠 압살롬이 그 사실을 알게 되었다. 압살롬은 암논의 파렴치하고 잔인한 만행을 용서할 수 없었다. 그러나 암논은 장자로서 장차 왕위를 이어받을 우선권을 갖고 있었다. 어설프게 보복에 나선다면 큰 낭패를 당할 것이 뻔했다.

"다말, 지금은 조용히 참고 이 오빠 집에 있거라. 우리가 성급하게 굴면 안 된다."

다말은 압살롬의 집에서 버림받은 여인처럼 비참하게 살았다. 압살롬은 암논을 미워하면서도 내색을 하지 않았다. 다윗 왕은 큰 왕자의 몹쓸 짓을 알고는 진노했으나 어떤 조치를 내리지는 않았다. 그렇게 2년의 세월이 흘렀다.

양털을 깎는 때가 오자, 압살롬은 주변 사람들을 초대하여 잔치를 벌였다. 압살롬은 다윗 왕에게 가서 말했다.

"아버님, 이번에 제가 양털을 깎게 되었습니다. 아버님께서도 신하들과 함께 참석해 주셨으면 합니다."

"우리가 다 가면 네게 짐만 될 것이다. 멀리서 즐거운 축제가 되기를 빌어 주마."

압살롬은 다시 한 번 간청했지만, 왕은 여전히 거절했다. 그러자 압살롬이 말했다.

"아버님께서 못 가신다면 맏형 암논이라도 우리와 함께 가도록 허락해 주십시오."

압살롬이 이렇게 조르자 왕은 암논을 비롯한 모든 왕자들을 압살롬과 함께 보냈다. 압살롬은 자기의 하인들에게 미리 명령해 두었다.

"암논이 술에 취하면 내가 너희에게 신호를 보낼 테니 지체하지 말고 그를 해치워라. 두려워하지 말고 죽여 버려라."

왕자들은 둘러앉아 실컷 먹고 마셨다. 암논은 압살롬이 권하는 대로 받아 마셨다. 다말을 욕보인 지 어느덧 2년이 흘렀지만 그동안 아무런 반응이 없었으니 이젠 다 괜찮아진 것이라고 스스로 안심한 모양이었다. 그러나 암논이 만취하자 압살롬이 신호를 보냈고, 그의 하인들이 칼을 뽑아 암논을 죽였다. 축제 마당은 순식간에 공포의 아수라장으로 변했다. 다른 왕자들은 노새를 타고 도망가느라고 허둥거렸다.

그들이 가고 있는 중에, 충격적인 소식이 왕에게 전달되었다.

"압살롬 왕자님이 왕자님들을 모두 한 자리에서 죽였습니다, 폐하. 한 사람도 살아남지 못했다고 합니다."

다윗은 자리에서 일어나 옷을 찢으며 땅에 엎드려졌다. 옆에 있던 신하들도 옷을 찢으며 슬퍼했다. 왕궁이 온통 경악과 비탄에 젖어 있을 때 암논으로 하여금 다말을 겁탈하도록 기회를 만들어 주었던 요나답이 나서서 말했다.

"폐하, 왕자들이 다 죽지는 않았을 것입니다. 압살롬 왕자님은 암논이 다말을 욕보인 날부터 보복을 하겠다고 별렀습니다. 그러니 큰 왕자님만 죽었을 것입니다."

그때, 왕자들이 왕궁으로 돌아오는 모습을 파수꾼들이 확인하고 보고해 왔다. 압살롬은 그 길로 외할아버지의 나라로 도망쳤다.

압살롬의 반역과 다윗의 도피

압살롬의 반역 삼하 13:38–39, 14:21–15:37, 16:5–14

아픈 상처도 세월이 흐르면 잊혀지게 마련이다. 3년이라는 세월이 흐르자 다윗 왕은 큰아들 암논이 죽은 것에 대해서도 어느 정도 잊게 되었고, 한편으로는 압살롬이 보고 싶어졌다. 다윗은 요압 장군을 압살롬이 망명해 있는 그술로 보내어 데려오게 했다. 그러나 예루살렘으로 돌아온 왕자는 왕의 명령으로 왕궁에 들어가지 못하고 자기 집에 머물게 되었다.

큰 형이 죽어 왕위 계승자 2순위가 된 압살롬은 나라 안에서 그만큼 잘생긴 사람을 찾아볼 수 없을 만큼 미남이었다. 일년에 한 번 잘라내는 머리의 무게가 3kg이나 되었다. 압살롬 왕자는 예루살렘의 화젯거리였다. 그에게는 아들 3형제와 딸 하나가 있었는데, 그 딸 다말이 또한 미인이었다.

예루살렘의 왕자 저택에서 늘 호화로운 생활을 즐기는 압살롬은 그러나 이태 동안이나 아버지의 얼굴을 대하지 못했다. 압살롬은 군대장관 요압을 시켜 왕에게 탄원했다. 이럴 바에야 차라리 그술에서 지내도록 내버려두지 왜 불러들였느냐는 것이었다. 그 말에 왕은 마음이 바뀌어 비로소 압살롬을 왕궁으로 불러들였다. 5년 만의 부자 상봉이었다.

압살롬은 전차와 여러 필의 말을 지니고 있었고, 외출할 때는 50명의 호위병을 거느리고 다녔다. 그는 아침 일찍부터 성문으로 가는 길목을 지키고 있다가, 소송 문제로 성으로 들어가는 사람들의 억울한 사정을 들어주고는 이렇게 덧붙였다.

"내가 이 나라의 재판관이 된다면 억울한 사정을 다 풀어줄 수 있을 텐데, 안타까운 일이오."

백성들 사이에서는 압살롬의 칭찬이 자자할 수밖에 없었다.

압살롬은 아버지가 장차 솔로몬에게 왕위를 물려줄 것임을 잘 알고 있었다. 백성들의 마음을 사로잡으려고 애쓴 것은, 반역을 위한 친절이었다.

예루살렘으로 돌아온 지 4년째 되는 어느 날, 압살롬은 아버지를 찾아가 말했다.

"저는 그술에 있을 당시 하나님께 서원한 적이 있습니다. 저를 예루살렘으로 돌아가게 해주신다면 헤브론에 가서 주께 예배를 드리겠다고 했습니다. 그러니 이제 그 서원을 이루도록 허락하여 주십시오."

"그렇다면 헤브론에 다녀오너라."

왕이 허락하자 압살롬은 지체 없이 길을 떠났다. 압살롬은 예루살렘을 떠날 때 2백 명의 부하와, 다윗의 신하 아히도벨을 자기 편으로 만들어 데리고 갔다. 동시에 전국 곳곳에 부하들을 파송하여 나팔소리가 울려 퍼지면 백성들에게 '압살롬이 헤브론에서 왕이 되었다!'고 외치게 했다.

온 나라에서 동시에 자신을 왕으로 받아들이도록 할 계획이었다. 이런 계획이 암암리에 퍼져 나가자 많은 지지자들이 압살롬에게 몰려왔다.

다윗은 압살롬을 사랑하고 있었으며, 동시에 그가 매우 위험한 인물이라는 점도 알고 있었다. 압살롬이 반역을 도모했고, 인심이 그에게 쏠려 있다는 보고를 받은 왕은 당황했고 두려워했다. 그는 이미 늙은 몸이었다. 큰 왕자를 죽인 압살롬이니 아버지인들 죽이지 못하겠느냐는 생각이 들었다. 다윗은 압살롬과 대항하여 싸울 생각도 기력도 없었다.

"당장 왕궁을 빠져 나가자. 여기에 그대로 있다가는 도성 전체가 피바다가 될 것이다."

다윗은 왕궁에 후궁 10명만 남겨둔 채 온 가족을 거느리고 예루살렘을 떠났다. 신하와 백성들도 그를 따라나섰다. 젊은 시절 사울 왕을 피해 도망치던 그가 늙은 몸이 된 이제 와서는 아들을 피해 도망가다니, 이 얼마나 기구한 운명인가.

레위인들이 법궤를 메고 행렬에 끼었고, 6백 명의 가드 사람들이 뒤를 따랐다. 다윗 왕이 제사장 사독에게 말했다.

"법궤를 다시 도성 안으로 모셔 가시오. 주께서 나를 어여삐 여기신다면 나를 다시 예루살렘으로 돌아가게 해주셔서 이 법궤를 뵙게 될 것이오. 그대는 그대의 아들 아히마아스와 아비아달의 아들 요나단도 함께 데리고 예루살렘으로 가시오. 압살롬이 설마 제사장을 해치겠소? 나는 그대들이 소식을 전해 줄 때까지 광야의 이 나루터에서 기다릴 것이오."

비장한 이별이었다. 그들이 예루살렘으로 돌아가자 다윗은 눈물을 흘리며 올리브 산으로 올라갔다. 밧세바와의 간통죄를 모면해 보려고 그녀의 남편 우리아를 위험 지역으로 보내 전사하게 한 야비하고 교활한 행위가 이런 피비린내를 불러 오는 것이라는 생각이 들었다.

"폐하, 폐하의 신하 아히도벨이 압살롬의 반역에 가담했다고 합니다."

한 신하의 보고에 다윗은 더욱 힘이 빠졌다. 아히도벨은 이스라엘 최고의 전략가였고 다윗의 탁월한 참모였다.

"오 하나님, 아히도벨의 모략을 어리석은 것이 되게 해주소서."

다윗은 하나님께 간절히 기도를 드렸다.

올리브 산 마루턱을 조금 지나자 신하 후새가 찢어진 옷에 흙으로 머리를 덮어쓴 채 왕을 맞이했다.

"후새, 당신은 예루살렘으로 들어가 압살롬에게 가서 말하시오. 나는 다윗의 신하였으나 이제부터는 당신의 신하가 되겠다고. 압살롬을 속여서 아히도벨의 계략을 헛되게 하도록 하시오. 제사장과 그 아들도 성 안에 들어가 있으니, 그대가 압살롬에게 들은 것을 모두 제사장에게 알려주시오. 그러면 그들이 내게 소식을 전해줄 것이오."

다윗 왕이 바후림 마을에 이르렀을 때였다. 사울 집안의 먼 친척인 시므이라는 자가 다윗과 신하들에게 돌팔매질을 하면서 저주를 퍼부었다.

"꺼져! 꺼져! 피비린내 나는 살인자야! 네가 사울의 집안 사람들에게 흘린 피를 주께서 갚아주시는 것이다. 그래서 네가 차지한 나라에서 피를 흘리는 거야. 주께서는 이 나라를 네 아들인 압살롬에게 넘겨주셨다. 네가 피를 많이 흘렸으니, 너는 이제 망하게 된 거다."

신하들이 시므이를 처단하겠다고 나섰지만, 다윗은 만류했다.

"내 몸에서 태어난 아들도 지금 나를 죽이려고 하오. 주께서 그에게 하라고 명하신 것이니 계속 저주하도록 내버려두시오! 내가 오늘 이런 수모를 당한 것 때문에 주께서 나의 비참한 꼴을 지켜보시고 혹시 좋은 일로 갚아 주실지 누가 알겠소?"

다윗과 신하들이 길을 따라 내려가는 동안에도 시므이는 반대편 산비탈을 내려오면서 돌을 던지고 흙먼지를 뿌리면서 저주를 그치지 않았다.

아히도벨과 후새의 계략 삼하 16:15-17:29

다윗이 피난길에 오른 후 압살롬은 예루살렘 성으로 진입하여 왕궁을 차지했다. 다윗과 뜻을 함께한 대제사장도, 그리고 다윗의 신실한 신하 후새도 다윗을 배신한 것처럼 위장하고 예루살렘에 있었다.

압살롬이 후새를 추궁했다.

"당신은 내 아버지의 좋은 친구요 충성스러운 신하인데 어찌하여 아버지를 따라 가지 않고 예루살렘에 머물러 있는 것이오?"

"저는 하나님과 이스라엘 온 백성이 택하여 세운 왕을 섬깁니다. 하나님과 백성이 폐하의 아버지를 왕으로 세웠을 때 그 왕을 섬겼듯이, 이제는 새 왕을 충실하게 섬기겠습니다."

압살롬은 후새의 말을 믿고, 아히도벨에 이어 두 번째 고위직을 주었다.

"자, 그럼 우리가 어떻게 해야 좋을지 아히도벨의 계략을 들어 봅시다."

아히도벨이 기다렸다는 듯 거침없이 입을 열었다.

"먼저 왕권을 다져야 합니다. 온 백성에게 이제는 다윗이 아닌 압살롬이 왕이 되었다는 사실을 분명하게 알려주어야 합니다. 그러려면 주변 모든 나라들이 그렇듯이 차기 왕권 계승자가 전前 왕의 후궁들을 후궁으로 취해야 합니다. 폐하의 부친이 남겨둔 열 명의 후궁들과 잠자리를 함께 하시어 그들을 후궁으로 삼으십시오."

압살롬은 아히도벨의 의견을 받아들였다. 압살롬은 옥상에 장막을 세우게 하고, 거기에서 부왕의 후궁들을 데리고 들어가 잠자리를 함께 했다.

그 후 아히도벨은 압살롬에게 말했다.

"폐하, 저에게 1만 2천의 병력을 주셔서 오늘 밤 즉각 다윗을 뒤쫓게 하소서. 지쳐 있을 때 기습하면 다윗과 신하들은 도망치기 바쁠 것입니다. 제가 다윗을 죽이면, 다른 사람들은 모두 임금님께 돌아올 것입니다."

그러자 신하들은 모두 한 목소리로 아히도벨의 의견에 찬성했다.

"그리 되기만 하면 백성들은 더 이상 갈등하지 않고 폐하를 왕으로 섬기게 되어, 나라가 평안해질 것입니다. 아히도벨의 계략대로 하소서."

그러자 압살롬은 아히도멜의 계략을 후새에게 들려주고, 의견을 물었다.

"폐하, 아히도벨의 계략은 별로 좋다고 생각되지 않습니다."

그는 어떻게든 다윗을 살리기 위해 반대의견을 펼쳤다.

"왜냐하면 폐하의 부친과 그 부하들은 뛰어난 용사들입니다. 더구나 새끼를 빼앗긴 곰처럼 격분해 있을 게 분명합니다. 다윗은 병법에 탁월하므로 밤에는 기습당하지 않도록 잠을 자지 않고 철저하게 대비합니다. 만약 폐하의 군대가 섣불리 공격하다가 오히려 역습을 당해 몇 명이 죽기라도 한다면 삽시간에 소문이 나서, 폐하의 군대는 사기가 저하될 것입니다."

후새는 차분하고 설득력 있게 말을 이어 나갔다.

"저는 이렇게 하는 것이 좋으리라 생각됩니다. 우선 이스라엘 전역에서 군대를 모집하여 바닷가의 모래알같이 많은 대군을 이룬 후 폐하께서 친히 싸우러 나가십시오. 그러면 폐하의 승리가 확실할 것입니다."

압살롬도 신하들도 모두 이번에는 후새의 계략을 지지했다. 후새는 시간을 벌어 다윗과 그 일행이 멀리 도망하도록 돕는 것과 동시에 반격 태세를 갖추게 하려는 전략이었다.

사정이 이렇게 돌아가자 아히도벨은 큰 충격을 받았다. 왕이 자기의 의견을 버리고 후새의 의견을 수용한 것은 그를 더 신임한다는 증거였기 때문이다. 그는 나귀를 타고 고향으로 돌아가 집을 정리한 후 스스로 목을 매달아 죽었다.

후새는 다윗의 지시대로 예루살렘에 있는 대제사장 사독과 그의 아들 아비아달에게 그동안의 정황을 알리고, 다윗에게 앞뒤 사정을 전하게 했다. 요나단과 아히마아스는 하마터면 압살롬의 병사에게 잡힐 뻔했지만, 위기를 모면하고 다윗에게 달려가 후새의 말을 전했다.

"지금 즉시 길을 떠나 요단 강 건너편으로 가시랍니다. 압살롬이 병사를 이끌고 추격해 오면 매우 위험합니다."

다윗은 피곤한 몸을 쉬어 가려다가 그날 밤 요단 강을 건넜다. 새벽이 되어서야 그들 일행은 강 건너편으로 갔다. 압살롬은 마음이 변하여 군대를 이끌고 다윗의 뒤를 좇았다.

이스라엘 백성 대부분은 왕자의 반역에도 불구하고 아직도 다윗 왕을 지지하고 있었다. 그리하여 왕이 필요로 하는 물자를 제공하고, 다윗을 직접 도와 압살롬과 싸우려고 많은 이들이 모여들었다.

압살롬의 죽음과 다윗의 슬픔

부자간의 한 판 승부 삼하 18:1-18

병사가 수천에 이르자 다윗은 요압과 아비새와 잇대를 각각 천부장으로 임명하여 전투조직을 마친 후 비장하게 선언했다.

"나도 너희와 함께 나가서 싸울 것이다."

"안 됩니다, 폐하."

부하들이 만류하고 나섰다.

"그들은 우리들 절반이 죽더라도 아무 관심이 없을 것입니다. 관심은 오직 폐하에게만 있을 뿐입니다. 우리들 만 명보다 폐하 한 분이 더 소중합니다. 폐하께서는 전투에 나가지 마시고 성 안에 머무시면서 우리를 도와주십시오."

한편 많은 병력을 이끌고 요단 강을 건넌 압살롬은 아버지와의 한판 승부를 위해 다윗이 머물고 있는 성읍 가까운 숲 속에서 전투준비를 완료하고 대기하고 있었다. 다윗의 군대는 세 명의 천부장이 지휘하는 가운데 성 밖으로 나아갔다. 길르앗에서 부자간의 전투가 전개될 것이었다.

"나를 생각해서라도 내 아들 압살롬을 심하게 대하지 말아주게."

다윗은 지휘관들에게 당부했다. 아버지의 왕관을 빼앗으려고 반란을 일으켰을 뿐만 아니라 아버지를 죽이려고 덤벼드는 아들인데도 아버지의 사랑은 도저히 지울 길이 없었다.

마침내 전투가 벌어졌다. 다윗의 군대가 압살롬의 군대를 압도하여, 순식간에 2만여 병사들이 전사했다. 패배한 압살롬의 군대는 사방으로 흩어져 도주하기에 바빴다. 어찌나 황망하게 도망쳤던지, 숲 속의 가시덤불과 늪지대에 빠져 죽은 숫자가 칼과 화살에 맞아 죽은 병사보다 더 많았다.

압살롬은 다윗의 군대를 피하여 숲 속을 뚫고 도주하기 시작했다. 그가 탄 나귀도 제 정신이 아닌 듯 달려갔다. 그런데 이런 어처구니없는 일이! 상수리나무 밑을 달리던 압살롬의 머리칼이 나뭇가지에 걸리고 말았다. 순간 그는 나무에 매달려 버둥거렸고, 나귀는 주인을 버려둔 채 걸음아 날 살려라 도주했다.

그 장면을 목격한 병사가 요압에게 달려가 보고했다.

"압살롬이 상수리나무에 매달려 있습니다."

"그걸 그냥 두고 왔단 말이냐? 그를 당장 죽였더라면 내가 포상으로 은 열 냥과 용사의 띠를 주었으리라."

요압의 질책에 병사가 대답했다.

"은 천 냥을 주신다 한들 제 손으로 왕자를 죽일 수는 없습니다. 다윗 왕께서 당신과 아비새와 잇대에게 압살롬을 죽이지 말라고 명령하는 소리를 저도 들었습니다. 제가 압살롬을 죽였더라면 제 목숨이 살아남지 못했을 것입니다."

"너와 이렇게 꾸물거릴 시간이 없다."

요압은 즉각 호위병들을 데리고 압살롬이 아직도 매달려 있는 상수리나무로 달려갔다. 그는 단창 세 자루를 던져 압살롬의 심장을 찔렀다. 그러자 호위병 십여 명이 달려들어 압살롬을 때려 죽여 버렸다. 병사들은 압살롬의 시신을 끌어내려 큰 구덩이 속에 던져 넣었다.

압살롬의 죽음으로 전투는 막을 내렸다. 병사들은 압살롬의 시체 위에 돌멩이를 던져 돌무덤을 만들었다.

비탄에 젖은 다윗 삼하 18:18-19:8

예루살렘에서 후새가 준 정보를 다윗에게 알리러 왔던 대제사장의 아들 아히마하스는 한시 바삐 승전의 기쁜 소식을 왕에게 전하고 싶었다.

"제가 폐하께 달려가 이 소식을 전하겠습니다."

아히마하스가 요압에게 청했다.

"왕자가 죽었다는 소식을 들으시면 얼마나 슬퍼하시겠느냐. 그러니 나쁜 소식을 전하는 자가 되지 말거라."

요압은 가까이에 있던 에디오피아 병사를 불러 왕에게 보냈다. 그러자 아히마하스가 또 다시 간청했다.

"제가 저 에디오피아 병사의 뒤를 따라가겠습니다."

"안 된다. 왜 하필이면 나쁜 소식을 폐하에게 전하려고 그러느냐? 그런 보고를 해보았자 상을 받지는 못할 것이다."

그래도 아히마하스는 포기하지 않고 간청했다. 요압이 하는 수 없이 허락하자, 아히마아스는 들판을 달려 에디오피아 병사를 앞질러 성으로 갔다.

성문 위의 파수꾼이 달려오는 사람을 보았다. 그는 전선의 소식을 학수고대하는 왕에게 소리쳐 보고했다.

"누군가 달려오고 있습니다."

"한 명이 달려오고 있다면 틀림없이 좋은 소식일 것이다."

다윗의 반응이 채 끝나기도 전에 파수꾼의 목소리가 또 들려왔다.

"그 뒤에 또 한 명이 달려오고 있습니다."

"그자도 좋은 소식을 가져오는 것이 분명하다."

"폐하, 앞서 오는 사람은 대제사장 사독의 아들 아히마하스 같습니다."

파수꾼의 다급한 보고에 다윗이 말했다.

"그가 좋은 소식을 가져오는 모양이구나."

아히마하스는 성문에 도착하자 다윗 앞에 엎드려 얼굴을 땅에 댔다.

"폐하의 하나님을 찬양합니다. 주께서는 반역하는 자들을 폐하의 손에 넘겨주셨습니다."

승전 소식이었다. 다윗은 감격했지만, 다음 순간 왕자 압살롬의 소식이 궁금해졌다.

"압살롬은 어찌 되었느냐? 다치지는 않았느냐?"

아히마하스는 차마 압살롬이 죽었다는 소식을 전할 수 없었다.

"요압 장군이 저를 폐하께 보낼 때, 큰 소동이 일어난 것 같지만 무슨 일인지는 모르겠습니다."

마침 에디오피아 병사가 숨을 헐떡이며 도착하자 다윗은 아히마하스를 곁에 대기시켜 놓고는 에디오피아 병사를 맞았다.

"폐하, 보고 드립니다. 주께서 폐하를 대적하던 모든 원수를 물리치셨습니다."

"왕자 압살롬은 어찌 되었느냐?"

"폐하, 폐하를 배반하는 모든 적들이 다 압살롬처럼 되기를 원합니다."

"그럼 압살롬이 죽었다는 소리냐!"

다윗은 슬픔을 억제할 수 없어 성문 위의 다락방으로 올라가 통곡했다.

"압살롬아, 내 아들 압살롬아, 차라리 내가 죽었더라면 좋았을 것을!"

반란군을 완전히 제압하여 나라를 견고하게 지킨 기쁨보다 왕자를 잃은 슬픔이 훨씬 큰 것을 어찌할 것인가. 이 소식이 백성에게 전해지자 백성들 역시 승전의 기쁨은 잠시였을 뿐, 모두 슬퍼했다. 목숨을 걸고 반역자들과 싸워서 이기고 돌아온 군사들 역시 기쁨과 자랑스러운 긍지를 접어두고 우울해졌다.

요압은 왕의 충신답게, 다윗의 친구답게, 왕 앞에 나아가 바른 말을 했다.

"폐하께서는 오늘 폐하를 위해 싸워서 폐하를 비롯하여 왕자님들과 공주님들, 왕후님과 후궁들의 생명을 구원한 모든 신하들의 얼굴을 들 수 없게 하셨습니다. 폐하께서는 폐하를 사랑하는 사람들보다 폐하를 미워하는 무리를 더 사랑하십니다. 만약 압살롬이 살고 우리가 다 죽었더라면 폐하께서는 오히려 더 기뻐하셨겠습니다. 폐하, 지금 곧 밖으로 나가셔서 신하들과 병사들을 격려해 주십시오. 그렇게 하시지 않는다면 신하들과 병사들 모두 한 사람도 남지 않고 왕을 떠나고 말 것입니다. 그렇게 되면 폐하께서 지금까지 당하신 어떠한 환난보다 더 혹독한 고난을 당하게 되실 것입니다."

요압의 말은 옳았으며, 필요한 조치였다. 다윗은 그 말을 듣고 자리에서 슬픔을 떨치고 일어났다.

다윗의 환궁과 세바의 반란

개선하는 다윗 삼하 19:9–43, 20:3

그로부터 며칠이 지나자 이스라엘 곳곳에서는 다윗을 지지하는 소리가 고조되었다.

"다윗 왕은 우리를 적국 블레셋으로부터 구원했을 뿐만 아니라 다른 많은 적군의 손에서 우리를 건져주신 위대한 지도자요. 그런데 지금 압살롬의 반란을 피해서 요단 강 건너편 땅에 망명중이시오. 생각해 보시오. 우리는 한때 압살롬을 우리의 왕으로 섬기려고 했지만, 압살롬은 이제 죽고 없소. 그렇다면 다윗 왕을 다시 예루살렘으로 모셔 와야 할 게 아닌가요?"

압살롬을 지지했던 사람들조차 적극적으로 다윗을 지지하게 되자, 왕은 신하들과 함께 예루살렘으로 돌아가기 위해 길을 떠났다. 다윗이 속한 유다 지파 사람들은 기쁨을 억제할 수 없어 요단 강까지 마중 나갔다. 왕의 일행이 강을 건너려고 하자 온통 축제 분위기가 연출되었다. 그러나 모두 기뻐한 것은 아니다. 오히려 두려워 떠는 사람도 있었다. 시므이가 그 사람이다. 그는 베냐민 지파 사람 일천 명과 함께 강을 건넌 다윗 앞에 무릎을 꿇었다.

"폐하, 저를 용서하여 주소서. 폐하께서 예루살렘을 떠나시던 날 이 종이 저지른 허물을 마음에 두지 마소서. 용서를 비는 마음으로 이렇게 멀리 달려와 먼저 폐하를 찾아뵈었습니다."

시므이, 그는 다윗이 압살롬의 반역으로 예루살렘을 떠났을 때 그와 그 신하들에게 돌을 던지며 저주한 자였다.

다시는 다윗의 시대가 오지 않으리라 확신하고 모멸과 저주를 퍼부었던 시므이를 바라보던 아비새가 다윗에게 귓속말을 했다.

"주께서 기름 부어 왕으로 세운 분을 저주한 자니 마땅히 죽여야 합니다."

그러나 다윗은 이렇게 기쁜 날 사람을 죽이고 싶지 않았다.

"시므이, 너를 죽이지 않겠다."

그러자 이번에는 오랫동안 씻지도 않고 옷도 갈아입지 않아 거지 중에서도 상거지 꼴을 한 절친한 친구였던 요나단의 절름발이 아들 므비보셋이 다윗 앞으로 나왔다.

"므비보셋, 너는 어찌하여 내가 예루살렘을 떠날 때 함께 가지 않았더냐?"

그토록 보살펴 주었건만 왕좌에서 물러날 것 같으니까 배신한 것이라고 생각한 다윗이 꾸짖었다.

"폐하, 저는 절뚝발이라서 나귀를 타고 폐하를 따르려고 했습니다. 그러나 저의 하인 시바가 폐하와 일행을 위해 만든 음식만 나귀에 싣고 폐하께 가서 제가 반역했다고 모함을 했습니다. 제가 어찌 폐하를 배신할 수 있단 말씀입니까."

"그랬구나. 그렇다면 내가 그때 너의 땅을 모두 시바에게 준다고 했는데, 그 땅을 둘이 절반씩 갖도록 하여라."

그러나 므비보셋은 왕의 오해를 풀어 드리기 위해 찾아온 것이지 땅을 되찾으려는 것은 아니었다. 그는 아버지 요나단의 너그러운 성품을 닮은 것이 분명했다.

"폐하, 그러실 필요 없습니다. 저는 폐하께서 무사히 돌아오신 것만으로 매우 기쁩니다. 땅은 시바에게 주신 것이니 그대로 두십시오."

이번에는 80세 노인인 바르실래가 다윗에게 왔다. 거부인 그는 다윗이 사울에게 쫓기던 시절 많은 도움을 준 사람이었다.

"바르실래, 반갑소. 당신은 나와 함께 예루살렘으로 갑시다. 이제부터는 내가 당신을 도우며 살겠소이다."

"아닙니다, 폐하. 이 늙은이가 살면 얼마나 살겠습니까. 더구나 저는 왕궁이나 도시생활이 익숙하지 못합니다. 단지 폐하를 모시고 요단 강을 건너려고 왔을 뿐이오니 고향으로 돌아가게 해주십시오. 다만 여기 제 아들 김함을 데리고 왔사오니 폐하께서 그에게 일을 시켜 주시기 바랍니다."

다윗은 김함을 데리고 예루살렘으로 돌아갔다. 내란이 종식되자 다윗의 왕권은 견고해졌으며, 오랜만에 평화가 찾아왔다. 다윗은 왕궁을 지키라고 남겨두었으나 아들 압살롬과 동침한 후궁 열 명을 죽을 때까지 감금했다.

세바의 반란 삼하 20:1–23

그러나 평화는 오래 가지 못했다. 베냐민 지파에 세바라는 사람이 있었다. 자기네 지파에서 상당한 세력을 얻어 영향력을 행사하던 그는 다윗이 요단 강을 건너올 때 다른 사람들과 함께 기뻐하고 환영하는 입장이었다. 그러나 다윗이 속한 유다 지파 사람들이 12지파 모두의 왕인 다윗을 자기네 지파의 왕인 것처럼 으스댔기 때문에 다른 지파들과 연합하여 반발하게 되었다. 세바는 그들을 선동하고 지휘하고 반대하는 다윗 세력의 중심이 되었다. 유다 지파와 베냐민 지파를 제외한 10개 지파가 모두 다윗에게 등을 돌리고 있었다.

또다시 내전의 위기가 닥치자 다윗은 지체 없이 아마사를 진압군 총사령관으로 임명하고 유다 지파에서 병력을 모집하라고 명령했다. 아마사의 사령관 임명은 평소 다윗의 군사령관으로 많은 공훈을 세웠을 뿐만 아니라 압살롬의 반란을 진압하는 데 충성을 다한 요압 장군의 힘을 은근히 빼는 조치이기도 했다.

아마사는 왕이 정해 준 기한 안에 장병들을 모으지 못했다. 그러자 다윗은 요압의 아우 아비새에게 명령했다.

“세바는 압살롬보다 더 위험한 인물이다. 그러니 지체하지 말고 나의 근위대와 요압이 지휘하던 정예 부대를 이끌고 세바를 공격하라. 그들이 요새화된 성읍으로 숨어 들어가기 전에.”

다윗은 대단히 긴장했다. 세바의 반란은 압살롬의 반란보다 규모가 크고 명분도 있었기 때문이었다.

아비새는 왕궁과 예루살렘 성을 무방비 상태로 남겨둔 채 요압을 비롯해 최정예 근위대와 상비군 병력을 모두 이끌고 예루살렘을 떠나 북으로 향했다. 얼마 안 가서 기브온 큰 바위 곁에 이르렀을 때 아마사가 그들 일행을 맞으러 나왔다. 요압이 아마사에게 접근하여 매우 반갑고 기쁘다는 뜻으로 입을 맞추려고 했다. 요압의 칼이 칼집에 들어 있는 것이 아마사의 눈에 띄었기 때문에 아마사는 마음놓고 요압의 친절을 받아들였다. 요압은 입을 맞추려는 시늉을 하며 아마사에게 접근하여 손에 들고 있던 단검으로 아마사의 배를 찔렀다. 그의 창자가 선혈과 함께 흘러나왔다.

요압의 부하 하나가 피투성이의 아마사 시체 곁에 서서 소리쳤다.

“요압과 다윗을 지지하는 자는 모두 요압을 따르라.”

누가 감히 요압을 거부할 수 있겠는가. 그들은 모두 아비새와 그의 형 요압을 따라 세바가 있는 곳을 향해 진군했다.

팔레스타인의 북동쪽 끝, 곧 납달리 지파의 최북단에 위치한 아벨과 벧마아가와 베림 성에 이르렀다. 용맹으로 무장한 요압의 군대는 성읍을 포위하고 공격태세를 취했다.

그 성에는 지혜로운 여인이 있었다. 그녀는 성벽 위에 올라서서 요압에게 가까이 오도록 청했다. 요압이 성벽 가까이 접근하자 여인이 말했다.

“당신이 요압 장군이세요?”

“그렇소.”

"성읍을 공격할 때는 먼저 화평과 항복의 뜻을 물어야 한다는 게 모세의 율법입니다. 그런데 어찌하여 이 거룩한 성읍을 파멸시키려 하십니까?"

요압이 펄쩍 뛰었다.

"결코 그렇지 않소. 우리는 다윗 왕께 반역한 세바라는 자를 잡으러 왔소. 그자만 내주면 우리는 이 성에서 즉시 떠날 것이오."

여인이 대답했다.

"그렇다면 우리가 그자의 머리를 잘라서 성벽 너머로 던져 드리겠습니다."

여인이 사람들에게 달려가서 지혜로운 말로 설득하자, 주민들은 힘을 합해 세바를 붙잡아 머리를 베었다. 그들은 반역자 세바의 머리를 성벽 아래로 던졌다. 요압은 여인과 약속한 대로 즉각 군대를 철수시켜 예루살렘으로 돌아갔다. 그 공로로 요압은 군대장관에 임명되었다.

다윗의 거역과 회개 삼하 24장 ; 대상 21장

다윗의 인생은 파란만장, 그 자체였다고 할 수 있다. 도망자에서 왕이 되었고, 하나님의 엄청난 축복을 받았는가 하면 견디기 힘든 징벌도 받았다. 하나님께 순종하고 의지하는 왕이었는가 하면, 자기의 능력을 과시하고 싶은 충동으로 하나님 앞에 교만하고 불순종하는 왕이기도 했다. 또 정욕에 눈이 멀어 신하의 부인과 정을 통하고 충신을 죽음으로 몰아넣기까지 했던 왕이다.

세월이 많이 흘러 이제 다윗의 남은 인생도 그리 많지 않은 때였다. 하루는 왕이 신하들을 불러 특별한 명령을 내렸다.

"단에서 브엘세바까지, 이 나라 온 땅에서 인구 조사를 실시하여 내게 보고하시오."

요압이 입을 열었다.

"왕의 하나님께서 이 백성을 불어나게 도와주셔서, 이 백성이 지금보다 백 배나 더 많아지기를 원합니다. 하지만 폐하, 주께서 다 돌보아 주실 텐데, 어찌하여 인구 조사를 하려 하십니까?"

그러나 왕은 온 군대를 동원하여 인구 조사를 실시하라고 명령했다.

왕의 지엄한 명령을 누가 어기랴. 요압을 비롯한 모든 군 지휘관들과 병사들, 관리들이 전국으로 흩어져 인구 조사를 실시했다. 팔레스타인 전역에서 인구 조사가 실시되었다. 9개월 21일 만에 조사를 마치고 예루살렘으로 돌아온 요압이 왕에게 보고했다.

"전투를 수행할 수 있는 젊은 남자만 유다 지파에서 50만이고, 그 외의 모든 지파에서 80만에 달합니다."

칼을 빼서 다룰 수 있는 장병만도 130만이라는 보고에 다윗은 마음이 흐뭇했다. 이 나라를 누가 침공해 오겠으며, 방어하지 못할 적이 어디 있겠는가.

그러나 다윗은 하나님을 믿고 의지하는 사람이었고, 하나님의 뜻에 순종하는 겸손한 사람이었다. 그는 잠시나마 하나님께 의존하지 않고 군사력에 의존하려던 생각이 하나님 앞에 얼마나 큰 죄가 되는지 깨달았다. 그는 자신이 하나님께 큰 죄를 지었다는 자책감으로 무릎을 꿇고 기도하기 시작했다.

"주 하나님, 이 종이 큰 죄를 저질렀습니다. 간구하오니 이 종의 죄를 사하여 주소서. 종이 심히 미련한 짓을 행했습니다."

하나님도 괘씸하게 여기던 중이었다. 죄에는 벌이 따르는 법. 다윗이 회개한 다음 날 주의 말씀이 예언자 갓에게 내렸다.

"다윗에게 말하라. 내가 세 가지를 보여줄 테니 그 중에 하나를 택하라고 하라. 그 택한 것을 내가 행하리라."

갓이 다윗에게 가서 하나님의 뜻을 전했다.

"이 나라에 7년 동안 기근이 닥치는 것과, 적군의 침략으로 왕께서 석 달 동안 도피하는 것, 이 나라 전역에 사흘 동안 무서운 전염병이 도는 일 중 한 가지를 선택하십시오."

어느 것도 선택할 수 없는 무서운 재앙이었다. 그러나 교만에 대한 하나님의 징계를 피해갈 수는 없는 일이었다.

"적군의 손에 당하느니 하나님의 손에 빠지기를 원하오."

사흘 동안의 전염병을 선택한다는 말을 에둘러서 표현한 것이다.

그날 아침부터 하나님의 천사가 팔레스타인 전역에 전염병을 창궐케 했다. 도처에서 사람들이 죽어갔다. 전쟁을 한들 이처럼 많은 사람이 사흘 동안에 죽을 수 있을까. 무려 7만 명이 죽어갔다.

하나님의 천사가 드디어 예루살렘에 이르렀다. 이제 그 손을 들기만 하면 엄청난 재앙이 휩쓸 것이었다. 그때 하나님께서 긍휼을 베푸셨다.

"이제 족하다. 그 손을 거두라."

그때 천사는 아라우나의 타작마당 곁에 서 있었다. 다윗이 하나님께 간절히 기도하고 있을 때였다.

"제가 범죄했고 악을 행했습니다. 종의 백성이 죄를 지은 게 아닙니다. 그러니 이 백성을 치지 마시고 저와 제 가문을 치십시오."

하나님이 예언자 갓을 다윗에게 보내어 그 뜻을 전하셨다.

"폐하, 아라우나의 타작마당에서 하나님께 제단을 쌓고 제사를 올리십시오."

다윗은 그 지시를 따르기 위해 길을 떠났다. 아라우나는 왕이 신하들과 함께 오고 있는 것을 보고는, 밖으로 나가 얼굴을 땅에 대고 엎드려 왕을 맞이했다.

"내가 그대의 타작마당을 사서 주께 제단을 쌓아 백성에게 내리는 재앙을 그치게 하려고 왔소."

"폐하, 이 땅과 제물로 드릴 소와 제사에 소요되는 모든 재료를 다 폐하께 드리오니 그냥 사용하여 주옵소서."

그러나 다윗은 은화 50세겔을 지불하고 그 마당과 소를 사서 제단을 쌓고 하나님께 번제와 화목제를 드렸다. 화목제는 화해를 간구하는 마음에서 드리는 제사다. 이에 하나님께서 이스라엘에 내리던 재앙을 그치셨다.

아도니야의 거사와 솔로몬의 등극

황혼기의 다윗 왕상 1:1–10

아무리 천하장사라도 나이가 들어 늙으면 힘이 빠지고 기력이 쇠약해지게 마련이다. 조약돌 몇 개로 거인 골리앗을 물리쳤던 다윗 왕도 어느덧 인생의 종착역에 다다랐다. 기력이 약해지니 추위를 많이 타서, 이불을 많이 덮어도 몸에 온기를 느낄 수 없었다. 이런 사정을 아는 신하들이 왕에게 말했다.

"젊은 처녀를 구해서 임금님을 모시도록 하는 것이 좋겠습니다. 처녀를 품고 주무시면 임금님의 몸이 따뜻해질 것입니다."

신하들은 전국 방방곡곡을 뒤져서 아름다운 처녀를 구하여 왕에게 데려왔다. 아리따운 처녀 아비삭은 왕의 시중을 들며 왕을 섬겼지만, 왕은 그 처녀와 잠자리를 같이 하지는 않았다.

그 무렵 다윗의 넷째 아들인 아도니야가 자신은 왕이 될 사람이라고 말하면서, 마치 왕이나 된 것처럼 행세하고 다녔다. 호화로운 전차를 타고 다니면서 50명의 호위병을 거느리고 다녔다. 아도니야는 잘생긴 데다 언변도 좋아서 따르는 사람들이 적지 않았다.

어느 날 아도니야는 왕자들과 궁중의 여러 사람들을 모아놓고 잔치를 벌이고는 자신이 왕이라고 선포했다. 그 자리에는 제사장 아비아달과 요압 장군 등 주요 인사들이 있었지만, 아도니야의 동생인 솔로몬 등은 없었다.

초대받지 못한 사람들 왕상 1:11–31

예언자 나단이 솔로몬의 어머니 밧세바 왕비를 찾아가서 이 소식을 전했다.

"학깃의 아들 아도니야가 자신이 왕이라고 선포를 했다는데, 아직 소식을 듣지 못했습니까? 폐하도 알지도 못하는 사이에 그런 일이 벌어졌습니다. 이제는 당신뿐만 아니라 당신의 아들 솔로몬도 생명이 위험합니다. 그러니 지금 곧 폐하에게 가서 말씀하십시오."

밧세바는 곧 다윗 왕을 찾아갔다. 밧세바가 엎드려 큰절을 하자, 왕이 물었다.

"웬일이시오?"

밧세바가 대답했다.

"폐하께서는 왕의 뒤를 이어 왕위에 오를 사람은 제 아들 솔로몬이라고 제게 맹세하셨습니다. 그런데 이제 아도니야가 왕이 되었고, 폐하께서는 그런 사실조차 알지 못하고 계십니다. 지금 온 이스라엘 백성은 폐하만 바라보고, 폐하께서 누가 폐하의 뒤를 이어 왕이 될 것인지 말씀해 주시기를 기다리고 있습니다. 폐하께서 이대로 세상을 떠나신다면, 저와 제 아들 솔로몬은 죄인으로 취급받게 될 것입니다."

밧세바가 왕에게 그런 이야기를 하고 있을 때, 나단이 도착했다. 나단은 왕 앞으로 가까이 다가가 엎드려 절을 한 뒤 왕에게 아뢰었다.

"나의 주 왕이시여, 아도니야는 오늘 소와 양과 살찐 송아지들을 잡아 큰 잔치를 베풀면서 자신이 왕이 되었음을 선포했습니다. 그

자리에는 왕자들과 장군들과 제사장 아비아달이 초대되었습니다. 그들은 지금 아도니야와 함께 먹고 마시면서 '아도니야 왕 만세!'라고 외치고 있습니다. 이런 일이 모두 폐하의 지시로 이루어진 것입니까? 폐하께서는 누가 왕의 뒤를 이어 왕위에 오를 것인지, 이 종에게는 말씀해 주시지 않았습니다."

그러자 다윗 왕이 밧세바를 다시 불러오게 한 후, 이렇게 말했다.

"주께서 살아 계심을 두고 분명히 맹세하겠소. 나는 일찍이 그대의 아들 솔로몬을 나의 후계자로 세워 왕으로 삼겠다고 맹세했었고, 오늘 그것을 실천할 것이오."

밧세바는 엎드려 절을 하면서 말했다.

"폐하, 만수무강하소서!"

왕으로 결정되는 솔로몬 왕상 1:32–53

다윗 왕은 신하들을 불러모아 놓고 명령했다.

"그대들은 내 아들 솔로몬을 내가 타고 다니는 노새에 태우고, 기혼으로 내려가시오. 거기서 솔로몬에게 기름을 부어 그를 이스라엘의 왕으로 선포하시오. 그런 다음 솔로몬을 다시 이곳으로 데리고 와서, 나의 왕좌에 앉히시오. 나는 그를 이스라엘과 유다의 통치자로 임명하는 바이오."

이리하여 제사장 사독과 예언자 나단을 비롯한 신하들은 솔로몬을 다윗 왕의 노새에 태우고 기혼으로 가서, 솔로몬에게 기름을 부었다. 백성들은 "솔로몬 왕 만세!"를 외치면서 솔로몬 왕을 모시고 예루살렘 도성으로 올라왔다. 피리를 불면서 모두가 큰 소리로 환호성을 질렀기 때문에 땅이 흔들릴 정도였다.

아도니야와 그에게 초대받은 손님들도 환호 소리를 들었다. 나팔 소리가 들리자 요압 장군이 물었다.

"성 안이 왜 이렇게 시끄러운가?"

그가 말을 끝내기도 전에 제사장 아비아달의 아들 요나단이 뛰어와서 뜻밖의 소식을 전했다.

“다윗 왕께서 솔로몬을 왕으로 세우셨습니다. 제사장 사독과 예언자 나단은 기혼에서 솔로몬에게 기름을 부어 왕으로 세웠습니다. 거기에서 그들이 모두 환호성을 올리며 예루살렘으로 올라가자 온 도성이 흥분의 도가니가 되었습니다. 여러분이 방금 들으셨던 함성이 바로 그 소리입니다.”

아도니야와 그의 손님들은 모두 놀란 나머지 자리에서 일어나 뿔뿔이 흩어졌다. 아도니야는 이제 솔로몬 왕에 의해 반역자로 처단될 운명이었다. 아도니야는 성막으로 달려가서 제단의 뿔을 붙잡았다. 제단의 뿔을 붙들고 있는 동안에는 아무도 죽일 수 없다는 모세 율법의 규정이 있다.

솔로몬은 아도니야가 제단의 뿔을 붙잡고 있다는 보고를 받고 말했다.

“그가 그럴 만한 사람임을 스스로 보여준다면, 그의 머리카락 하나도 건드리지 않겠다. 그러나 그가 잘못된 것이 밝혀지면 그는 반드시 죽게 될 것이다.”

새 왕 솔로몬은 사람을 보내 그를 제단에서 붙잡아 왔다. 아도니야가 솔로몬 왕 앞에 엎드려 절을 하자, 솔로몬이 그에게 자비를 베풀었다.

“그대는 집으로 돌아가 근신하도록 하시오.”

다윗의 유언과 죽음 왕상 2:1–12

다윗은 죽을 때가 가까워지자 자기 아들 솔로몬에게 유언을 했다.

“나는 이제 모든 세상 사람들이 가야 하는 길로 가게 되었다. 아무쪼록 강하고 대장부답게 살아야 한다. 또한 네 하나님 주께서 원하시는 삶을 살도록 하여라. 모세의 율법에 기록된 그분의 모든 계명과 지시에 따라 살아라. 그러면 네가 어디로 가든지, 무슨 일을 하든지, 다 잘될 것이다.”

다윗은 죽어서 다윗 성에 묻혔다. 솔로몬은 아버지 다윗의 왕위를 이어받아, 자신의 통치 기반을 확고하게 다지기 시작했다.

처형되는 아도니야 왕상 2:13–35

어느 날 아도니야가 솔로몬의 어머니 밧세바를 찾아와서 말했다.

"아시다시피, 이 왕위는 저의 것이었습니다. 모든 이스라엘 사람들이 제가 왕이 되기를 바랐었습니다. 그러나 상황이 바뀌어 왕위는 동생에게로 돌아갔습니다. 이제 한 가지 청이 있습니다. 거절하지 마시고 들어 주십시오."

밧세바가 말해 보라고 하자 그가 말을 이었다.

"솔로몬 왕께 청하여 수넴 여자 아비삭을 저의 아내로 삼게 해주십시오. 왕은 어머니의 청을 거절하지 않으실 것입니다."

밧세바가 대답했다.

"좋다. 내가 왕께 그대로 전하겠다."

밧세바가 아도니야의 청을 대신 전해 주려고 솔로몬 왕에게 가자, 왕은 엎드려 절을 하며 맞이했다. 왕은 왕좌에 앉은 다음, 자기 오른편에 특별한 자리를 마련하여 어머니를 앉게 했다. 밧세바가 말했다.

"내가 사소한 부탁이 하나 있어서 왔으니 거절하지 말고 들어 주시오."

"어머니, 안심하고 말씀하십시오. 거절하지 않겠습니다."

"수넴 여자 아비삭을 임금의 형 아도니야에게 주어 아내로 삼게 해주세요."

솔로몬 왕이 어머니 밧세바에게 대답했다.

"무슨 이유로 아비삭을 아도니야에게 주라고 하십니까? 차라리 그에게 왕위를 넘겨주라고 하시지 그러세요? 더구나 그는 나의 형이 아닙니까? …아도니야가 자기 목숨을 걸고 이런 요청을 한 것이니, 제가 아도니야를 즉각 처벌하지 않는다면 하나님께서 제게 천벌을 내리실 것입니다. 이제 저를 세워 왕위에 앉게 하시고, 약속하신 대로 저에게 이 나라의 통치권을 맡겨 주신 주의 살아 계심을 두고 맹세합니다. 아도니야는 오늘 당장 처형당할 것입니다."

솔로몬 왕은 즉각 신하를 보내어 아도니야를 쳐 죽이게 하였다. 그리고 아도니야를 따르던 제사장 아비아달에게는 제사장의 직책을 빼앗은 다음 고향으로 돌려보냈고, 요압 장군은 처형했다. 이리하여 솔로몬 왕은 권력을 장악하게 되었다.

솔로몬의 지혜와 성전 건축

지혜를 구하는 솔로몬 왕상 3:1-15 ; 대하 1:1-13

솔로몬은 이집트 왕과 동맹을 맺고 그의 딸과 결혼했다. 그는 바로의 딸을 데려다가, 다윗 성에서 살게 했다. 당시에는 주께 예배 드릴 성전이 아직 지어지지 않았기 때문에, 백성들은 아직도 산당에서 제사를 지내고 있었다.

솔로몬은 주를 사랑하며, 아버지 다윗의 행실을 그대로 이어받았다. 하지만 그는 여러 산당에서 번제와 희생제를 지냈다. 한 번은 가장 유명한 산당이 있는 기브온으로 가서 제사를 지내러 갔다. 솔로몬은 거기에서 천 마리의 짐승을 잡아 희생제물로 바쳤다.

그날 밤 기브온에서 잠을 자는데, 꿈에 주께서 솔로몬에게 나타나 말씀하셨다.

"내가 네게 무엇을 해주기를 바라느냐? 무엇이든지 원하는 것을 구하라."

솔로몬이 대답했다.

"주께서는 저를 아버지 다윗 왕의 자리에 앉게 해주셨지만 저는 아직 어리고, 어떻게 처신해야 할지 알지 못합니다. 주께서 선택하신 백성들은 너무 많아서 셀 수조차 없을 지경입니다. 그러니 저에게 당신의 백성들을 바르게 인도할 수 있도록 지혜로운 마음을 주십시오. 그렇지 않으면 제가 어떻게 이토록 많은 당신의 백성을 다스릴 수 있겠습니까?"

주께서는 솔로몬의 간구를 기쁘게 여기시고, 흔쾌히 말씀하셨다.

"너는 오래 살게 해 달라거나 큰 부자가 되게 해 달라거나 원수들을 죽여 달라고 간구하지 않고, 백성을 올바르게 다스리기 위하여 내게 지혜를 간구했다. 네가 간구한 것을 다 들어주리라. 나는 너에게 지혜롭고 총명한 마음을 주어, 이전에나 이후에나 너와 같이 지혜로운 이가 없게 할 것이다. 뿐만 아니라 나는 네가 간구하지 않은 부귀와 영화도 네게 주리라. 너는 평생토록 어떠한 왕도 너와 비교할 수 없을 만큼 많은 것을 누리리라. 또 네가 네 아버지 다윗처럼 진실하게 나의 모든 명령을 지킨다면, 나는 네가 오래 살도록 장수의 복도 줄 것이다."

솔로몬이 깨어 보니, 꿈이었다. 그는 예루살렘으로 돌아와 번제와 화목제를 드리고, 신하들에게 잔치를 베풀어 주었다.

명재판관 솔로몬 왕상 3:16–28

어느 날 두 명의 여자가 왕을 찾아와서, 왕 앞에 섰다.

한 여자가 말했다. "임금님, 이 여자와 저는 한 집에서 같이 삽니다. 제가 아들을 낳을 때, 이 여자도 함께 있었습니다. 그런데 제가 아들을 낳은 지 사흘째 되는 날, 이 여자도 아들을 낳았습니다. 집 안에는 우리 둘밖에 없었습니다. 그런데 그날 밤에 이 여자가 잠을 자다가 자기 아이를 깔아 죽이고 말았습니다. 그러자 이 여자는 밤중에 일어나서 제가 잠든 사이에 제 옆에 뉘어 둔 제 아이를 가져갔습니다. 제 옆에는 죽은 자기 아들을 놓아 두었습니다. 다음 날 아침, 제가 아이에게 젖을 먹이려고 보니, 아이가 죽어 있었습니다. 아이를 자세히 살펴보니 제가 낳은 아들이 아니었습니다."

이때 다른 여자가 소리쳤다.

"아니야! 살아 있는 아이가 내 아들이고, 죽은 아이가 네 아들이야!"

먼저 말한 여자도 대들었다.

"아니야! 죽은 것이 네 아이고, 살아 있는 아이가 내 아이야!"

두 여자는 이렇게 왕 앞에서 서로 다투었다. 솔로몬이 말했다.

"서로가 살아 있는 아이는 자기 아이요, 죽은 아이는 다른 사람의 아이라고 주장하는구나."

왕이 신하에게 칼을 가져오라고 하자, 신하들이 칼을 가져왔다. 왕이 신하들에게 명령했다.

"살아 있는 아이를 정확하게 두 쪽으로 잘라서, 이 두 여자에게 반씩 나누어 주어라."

그러자 살아 있는 아이의 어머니는 아이에 대한 사랑으로 마음이 찢어지는 것 같아서, 이렇게 외쳤다.

"안 됩니다, 임금님! 차라리 이 아이를 저 여자에게 주세요! 제발 죽이지 마세요!"

그러나 다른 여자는 말했다.

"어차피 내 아이도 될 수 없고 저 여자의 아이도 될 수 없으니, 정확하게 둘로 나누어 주십시오!"

그러자 왕이 즉각 판결을 내렸다.

"살아 있는 아이를 첫 번째 여인에게 주어라. 아이를 죽이지 말아라. 저 여인이 아이의 어머니이다. 저 악한 여인은 벌을 주라!"

왕이 이런 판결을 내렸다는 소식이 온 이스라엘에 전해지자, 사람들은 모두 왕의 지혜에 감탄하면서도 왕을 두려워하게 되었다. 정의로운 재판을 하도록 하나님께서 왕에게 지혜를 주셨다는 것을 알게 되었기 때문이다.

왕국의 번성 왕상 4장 ; 시 72장, 127장 ; 잠언

유다와 이스라엘의 백성들은 바닷가의 모래알처럼 불어났고, 부족함 없이 먹고 마시며 행복하게 지냈다. 솔로몬 왕은 유프라테스 강에서부터 블레셋 땅에 이르기까지, 또 멀리 이집트 국경에 이르기까지의 여러 왕국을 다스렸다. 이들 나라들은 모두가 솔로몬 왕에게 복종하여 조공을 바쳤다.

솔로몬 왕이 하루에 소비하는 식량은 고운 밀가루 30여 섬, 거칠게 빻은 밀가루가 60여 섬, 우리에서 사육한 소가 10마리, 목장에서 키운 소가 20마리, 양이 100마리였고, 그 밖에도 사슴과 노루와 산양과 날짐승 들을 소비했다.

솔로몬은 유프라테스 강 서쪽의 모든 나라를 다스렸고, 주변의 국가들과 평화롭게 지냈다.

솔로몬이 살아 있는 동안 단에서 브엘세바에 이르기까지 이스라엘과 유다의 온 백성이 저마다 무화과나무와 포도나무를 가꾸며 평안하게 잘 살았다. 솔로몬 왕은 전차를 끄는 말을 두는 마구간을 4만 칸이나 갖고 있었고, 1만 2천 필의 말을 보유했다.

각 지방장관들은 한 달씩 맡아서 솔로몬 왕과 왕의 식탁에 참여하는 사람들이 소모하는 식량을 부족함 없이 제공했다. 그들은 군마와 다른 말들에게 먹일 보리와 짚도 맡은 바 할당량을 가져왔다. 하나님께서는 솔로몬에게 지혜와 통찰력을 주시고, 바닷가의 모래알만큼이나 헤아릴 수 없을 만큼 넓은 이해력을 주셨다.

솔로몬의 지혜는 동방의 누구보다도, 또 이집트의 어떤 현인들보다도 더 뛰어났다. 솔로몬의 명성은 사방의 모든 민족에게 점점 더 퍼져 나갔다. 그가 지은 잠언은 3천이 넘었고, 그가 지은 노래는 1,005편이나 되었다. 그가 짓고 노래한 잠언과 시편의 요지는, 하나님을 경외하는 마음을 잊지 말라는 것이었다.

아들아, 나의 가르침을 잊지 말고, 네 마음에 깊이 새겨라.
그러면 너는 오래오래 번영을 누리면서 살 수 있을 것이다.

사랑과 신실함을 버려서는 안 되느니, 목걸이처럼 늘 두르고 다녀라.
네 마음속 명판에 이 두 가지 덕목을 꼭 새겨 두어라.
그러면 하나님도 사람도 모두 너에게 깊은 애정을 갖고,
네게 호의를 보내 줄 것이다.
마음을 다하여 주를 믿고 의지하고,
너 자신만의 알음알이에 기대지 말아라.
무슨 일을 하든지 그분을 생각하여라.
그분이 네게 바른 길을 가르쳐 주시리라.
네 스스로 지혜롭다고 여기지 말아라.
주를 경외하고, 악을 멀리 하여라.
이것이 네 몸을 건강하게 하고 네 뼈를 튼튼하게 하는 길이다.
(잠언 3:1–8)

그는 레바논의 백향목에서부터 담벽에 붙어 자라는 우슬초에 이르기까지 온갖 종류의 식물에 대해 설명할 수 있었고, 짐승들과 새들, 기어다니는 짐승과 물고기에 대해서도 잘 알고 있었다. 세상의 모든 왕들과 민족들이 솔로몬의 지혜로운 말을 듣고자 찾아왔다.

솔로몬의 성전 건축 왕상 5–7장 ; 대하 2:1–5:1

이스라엘 백성이 이집트에서 나온 지 480년, 솔로몬이 왕위에 오른 지 4년째 되는 해, 솔로몬 왕은 성전을 짓기 시작했다. 건축에 사용할 목재는 레바논에서 백향목과 잣나무를 벌목하여 바닷길로 운반해 왔다. 돌은 채석장에서부터 다듬은 것만 사용했기 때문에, 공사 현장에서는 쇠망치나 끌과 같은 연장을 일체 사용하지 않아서 그런 소리가 전혀 들리지 않았다.

성전이 다 지어지자, 솔로몬은 들보와 백향목 널빤지로 지붕을 덮게 했다.

성전 건축이 끝나자 주께서 솔로몬에게 말씀하셨다.

"네가 성전을 건축하고 있으니 내가 너에게 약속한다. 네가 나의 법도와 규례를 지키고 나의 계명을 준수하면, 내가 네 아버지 다윗과 맺은 약속을 너를 통하여 이루어 주겠다. 나는 이스라엘 백성 가운데 살면서, 내 백성 이스라엘을 영원히 버리지 않을 것이다."

솔로몬 왕은 성전 건축과 내부 시설을 완성하고, 성전에 필요한 기구들도 모두 마련한 다음 아버지 다윗이 주께 예물로 봉헌한 금과 은과 모든 기구들을 성전의 창고에 갖다 두었다.

성전 봉헌식 왕상 8장 ; 대하 5:2–7:10

솔로몬 왕은 이스라엘의 모든 지파와 씨족들을 대표하는 장로들을 예루살렘의 자신이 있는 곳으로 불러 모았다. 주의 언약궤를 시온, 곧 다윗 성에서 옮겨 온 다음, 솔로몬 왕과 왕 앞에 모인 이스라엘 사람들은 궤 앞에 많은 희생제물을 바쳤다. 소와 양이 어찌나 많은지 이루 다 셀 수 없을 정도였다.

궤 속에는 모세가 호렙 산에서 그 안에 넣은 돌판 두 개 외에는 아무것도 들어 있지 않았다. 그 돌판에는 이스라엘 백성이 이집트 땅에서 나올 때 주께서 그들과 맺으신 언약이 새겨져 있었다. 제사장들이 성전에서 나오자 구름이 성전을 가득 채웠다. 주의 영광이 성전에 가득 차자, 제사장들이 구름 때문에 더 이상 직무를 수행할 수가 없었다.

그러자 솔로몬이 기도를 드렸다.

"주께서는 캄캄한 구름 속에서 사실 것이라고 말씀하셨습니다. 이제 제가 이처럼 웅장한 집을 지었사오니 이곳에서 영원히 거하소서."

솔로몬 왕은 몸을 돌이켜 성전 앞에 서 있는 온 이스라엘의 무리를 바라보고 그들 모두를 축복해 주었다. 이어서 왕이 말했다.

“이스라엘의 하나님, 주를 찬양합니다. 나는 다윗 왕의 아들로 태어나 왕이 되었고, 이스라엘의 하나님 주께 경배할 수 있도록 이렇게 성전을 지었습니다. 주께서는 우리 조상들을 이집트에서 이끌어내신 후 그들과 언약을 맺으셨는데, 오늘 우리는 그 언약이 들어 있는 궤를 이 성전에 모시게 되었습니다.”

솔로몬은 이스라엘의 온 회중이 보는 가운데 주의 제단 앞으로 나아가 하늘을 향해 두 손을 펴고, 기도를 드렸다.

“이스라엘의 하나님이시여, 주님과 같으신 하나님은 하늘에도 없고 땅에도 없습니다. 온전한 마음으로 주님을 섬기는 이들에게는 주께서 누구에게나 언약을 지켜 주시고, 변함없는 사랑을 베풀어 주십니다. 주께서는 나의 아버지 다윗 왕에게 하신 약속을 지켜 주셨습니다. 오늘 이렇게 보는 바와 같이, 주께서는 당신이 친히 약속하신 것은 반드시 그대로 이루어 주십니다. 이스라엘의 하나님이신 주여, 주께서는 아버지 다윗 왕에게 말씀하셨습니다. ‘네 후손들이 너처럼 진실하게 나를 섬기기만 하면 그들 가운데서 이스라엘의 왕위에 앉을 사람이 영원히 끊어지지 않을 것이다.’ 이제 주께서 하신 그 약속도 지켜 주소서. 이스라엘의 하나님이시여, 아버지 다윗 왕에게 하신 그 약속을 이제 그대로 이루어 주소서. 그러나 하나님께서 어찌 땅 위에서 사실 수가 있겠습니까? 저 높은 하늘이라 할지라도 당신께는 부족한 것입니다. 하물며 제가 지은 성전이야 말해 무엇하겠습니까? 그러나 나의 하나님, 이 종의 기도와 간구를 들어 주십시오. 오늘 주께 호소하며 부르짖는 이 종의 기도에 응답해 주소서. 이곳은 주께서 ‘내 이름이 거기에 있을 것이다.’라고 하신 그곳이니, 밤이나 낮이나 항상 이 성전을 지켜보소서. 이 종이 이곳을 향해 기도하면 그 기도를 들어 주소서. 저뿐 아니라 주의 백성이 간구할 때도 들어 주

소서. 주께서 계시는 하늘에서 저희 기도를 들으시고, 들으실 때마다 용서해 주소서."

주의 제단 앞에 무릎을 꿇고 하늘을 향해 두 손을 펴든 채 기도를 드리던 솔로몬 왕이 기도를 마치고 일어났다. 그는 이스라엘의 온 회중을 바라보고 큰 소리로 축복했다.

"우리 모두 주 하나님을 찬양합니다. 주께서는 약속하신 대로 주의 백성 이스라엘에게 평화를 주셨습니다. 주께서는 자신의 종 모세에게 약속하신 것들을 하나도 빠짐없이 다 이루어 주셨습니다. 주께서 우리 조상과 함께 계셨던 것처럼 저희와 함께 해주시기를 빕니다. 주께서 우리를 버리지 마시고, 떠나지 마시기를 빕니다. 우리 마음이 주를 향하고, 언제나 주님의 말씀에 따라 살며, 주께서 우리 조상에게 주신 주의 가르침과 계명과 법도를 저희로 지키게 하소서. 우리 하나님 주여, 오늘 드린 이 모든 간구를 밤낮으로 기억해 주소서. 주의 백성 이스라엘과 이 종을 항상 붙들어 주시고, 우리의 형편을 보살펴 주소서. 그러면 땅의 모든 사람들이 주만이 참 하나님이요 다른 신은 없다는 것을 알게 될 것입니다. 그러므로 여러분도 우리 하나님 주께 온전히 마음을 바쳐 순종하고, 오늘과 같이 앞으로도 언제나 주의 가르침과 계명에 따라 살아야 합니다."

솔로몬 왕은 그곳에 모인 온 이스라엘 백성과 함께 주께 제사를 드렸다.

솔로몬은 화목제물로 소 2만 2천 마리와 양 12만 마리를 바쳤다. 이와 같이 왕과 모든 이스라엘 백성은 주께 성전을 봉헌하였다.

하나님의 응답 왕상 9:1-9 ; 대하 7:11-22

솔로몬이 성전과 궁전을 짓는 공사를 다 끝마침으로써 자신이 이루고자 하는 바를 다 마쳤을 때, 주께서는 예전에 기브온 산당에 나타나셨던 것처럼, 두 번째로 솔로몬에게 나타나셨다. 주께서 솔로몬에게 말씀하셨다.

"나는 너의 기도와 간구를 다 들었다. 나는 네가 지은 이 집을 거룩한 곳으로 삼겠다. 나는 눈과 마음으로 언제나 이곳을 지켜볼 것이다. 네가 너의 아버지 다윗처럼 진실하고 충성스럽게 나를 섬기며 내 모든 명령에 따라 살면, 나는 너의 왕권을 확립하여 네 후손들도 영원히 이스라엘 백성을 다스리는 왕이 되도록 해 주겠다. 그러나 너와 네 후손들이 나를 저버리고 내 계명을 따르지 않고 오히려 다른 신들을 섬기고 예배하면, 내가 너희들에게 준 이 땅에서 너희를 모조리 쫓아내겠다. 내가 오늘 거룩하게 해 놓은 이 성전도 헐어 버리겠다. 그러면 세계 만민이 이스라엘 백성을 비웃고 멸시할 것이다. 이 성전이 완전히 폐허가 되면 지나가는 사람들이 너무 놀라서 비웃으면서 말할 것이다. '주께서는 어찌하여 이 땅과 성전을 이 지경으로 만들어 놓으셨을까?' 그러면 사람들은 이렇게 대답할 것이다. '그들의 하나님을 저버렸기 때문이랍니다. 하나님께서는 이집트에서 그들의 조상을 이 땅으로 구출해 냈으나 그들은 다른 신들을 섬기고 경배를 드렸습니다. 그것 때문에 주께서 그들에게 재앙을 내리신 것입니다.'"

솔로몬의 영광과 타락

스바 여왕의 방문 왕상 10:1-13 ; 대하 9:1-12

솔로몬 왕의 명성이 주의 이름과 함께 온 세상에 널리 알려지자 스바의 여왕이 그 소문을 듣고, 여러 가지 어려운 질문들로 솔로몬을 시험해 보고자 찾아왔다.

스바 여왕은 향료와 금과 보석을 낙타에 잔뜩 싣고 예루살렘에 도착하여 솔로몬에게 찾아갔다. 그녀는 솔로몬에게 온갖 것을 다 물어 보았다. 솔로몬은 그녀가 무엇을 묻든 막힘없이 대답했다. 어떠한 것을 물어도 그녀에게 척척 설명하는 것이었다.

스바 여왕은 솔로몬의 지혜를 확인하고는, 그가 지은 성전을 둘러보았다.

여왕은 솔로몬의 식탁에 오르는 음식들, 식탁에 앉는 신하들의 모습, 시종들의 옷 차림새, 술잔을 올리는 시종들의 모습, 성전에 드리는 번제물 등을 지켜보고, 너무 놀라서 넋을 잃을 정도였다.

그녀가 왕에게 말했다.

"제 나라에서 폐하가 이룩하신 것과 폐하의 지혜에 대해서 들은 소문이

조금도 과장된 것이 아니군요. 여기 와서 제 눈으로 직접 보기 전까지는 그런 소문을 믿지 못했었습니다. 하지만 여기 와서 보니, 소문은 실제의 절반에도 미치지 못하는 것 같습니다. 폐하의 지혜와 부유함은 제가 듣던 소문보다 훨씬 더 뛰어납니다. 폐하의 백성은 참으로 행복합니다! 날마다 폐하 곁에 머물면서 폐하의 지혜로운 말을 듣는 폐하의 신하들은 얼마나 행복하겠습니까!"

스바 여왕은 120달란트의 금과 많은 향료와 보석을 왕에게 선물로 주었다. 솔로몬은 어느 누구에게서도 그렇게 많은 향료를 받아 본 적이 없었다.

오빌에서 금을 싣고 온 히람의 배들은 오동나무 재목과 보석을 대량으로 실어 왔다. 솔로몬은 오동나무로 성전과 왕궁의 난간을 만들고, 음악가들이 연주할 수금과 비파도 제작했다. 그렇게 많은 오동나무 목재가 예루살렘에 반입된 일은 그때 이후로 오늘날까지 한 번도 없었다.

솔로몬도 관례에 따라 답례하는 것 이상으로, 스바 여왕이 원하는 것이나 요청하는 것은 모두 선물로 주었다. 스바 여왕은 신하들과 함께 자기 나라로 돌아갔다.

솔로몬의 영광 왕상 10:14-29 ; 대하 9:13-28

솔로몬 왕에게 해마다 들어오는 금은 666달란트였다. 그 밖에도 상인과 무역상들에게서 세금으로 금이 들어왔고, 지방 장관들과 아라비아의 왕들에게서도 금이 들어왔다.

솔로몬 왕은 금을 두드려 펴서 만든 방패 200개를 만들었는데, 방패마다 600세겔의 금이 들어갔다. 그는 또 금을 두드려 펴서 만든 작은 방패 300개를 만들었는데, 방패마다 3마네씩의 금이 들어갔다. 왕은 이것들을 '레바논 숲의 궁'에 간수했다.

왕은 상아로 큰 왕좌를 만들고 거기에 순금을 입혔다. 왕좌에는 여섯 계단이 있었고, 등받이 꼭대기는 둥글게 되어 있었다. 의자 양쪽 팔걸이에는 사자가 한 마리씩 서 있었다. 여섯 계단의 양쪽에도 각기 여섯 마리씩 사자가 서 있었다. 일찍이 어느 나라에서도 이런 왕좌를 만든 적이 없었다.

솔로몬 왕이 쓰는 그릇은 물론이고, '레바논 숲의 궁'에서 사용하는 그릇들도 모두 순금으로 만들어졌다. 은그릇은 하나도 없었다. 솔로몬 왕 당시에는 은이 크게 귀하게 여겨지지 않았기 때문이다.

솔로몬 왕은 무역 선단들도 보유하고 있어서, 히람 왕의 상선들과 함께 해상 무역을 했다. 솔로몬의 상선들은 3년마다 한 번씩 금과 은과 상아와 원숭이와 공작새 등을 싣고 돌아왔다.

솔로몬 왕은 세상의 어떤 왕보다도 더 부유하고 슬기로운 통치자였다.

세상의 모든 사람이 그를 찾아와서 하나님께서 그에게 주신 지혜를 경청하고자 했다. 찾아오는 사람마다 솔로몬에게 금과 은, 의류, 무기, 향료, 말, 노새 같은 선물을 갖다 바쳤다. 이런 일은 해를 거듭하면서 되풀이되었다.

솔로몬이 전차와 말을 소집했더니, 전차가 1,400대, 말이 1만 2천 마리에 달했다. 솔로몬은 전차 부대가 주둔하는 성읍을 따로 마련했고, 예루살렘에도 자기 소속하에 배치해 두었다. 솔로몬이 다스리던 시대에는 예루살렘에 은이 돌처럼 흔했고, 백향목은 평지의 뽕나무처럼 많았다.

이방 여인들과 우상 숭배 왕상 11:1-13

솔로몬 왕은 바로의 딸 외에도 모압 사람, 암몬 사람, 에돔 사람, 시돈 사람, 헷 사람 등 많은 이방 여자들을 사랑했다. 일찍이 주께서는 다른 민족들과의 연합에 대해 이스라엘 사람들에게 말했다. "너희는 다른 민족과 결혼을 해서는 안 된다. 그들이 너희를 꾀어 그들의 신들을 섬기게 할 것이기 때문이다."

그런데도 솔로몬은 이방 여자들과 사랑에 빠진 것이다. 그가 왕비로 맞은 여자가 700명이요, 그 밖에도 첩이 300명이나 되었다. 이런 여인들이 솔로몬의 마음을 빗나가게 했다.

솔로몬이 늙어 가자 그들은 솔로몬의 마음을 다른 신들에게로 기울어지게 했다. 그는 이제 자기 아버지 다윗과는 달리, 주를 온전히 섬기지 않았다. 솔로몬은 이방 사람들이 섬기는 우상을 섬기기 시작했고, 우상을 섬기려고 예루살렘 동쪽 산 위에 산당을 짓기도 했다. 그리고는 이방의 아내들이 하자는 대로, 그들의 신에게 분향도 하고 제물도 바쳤다.

솔로몬이 이스라엘의 하나님으로부터 마음이 떠나자, 주께서는 진노하셔서 솔로몬에게 두 번씩이나 나타나셨다. 주께서는 솔로몬에게 다른 신들을 섬기지 말라고 경고하셨지만, 솔로몬은 주의 명령을 따르지 않았다.

주께서 솔로몬에게 말씀하셨다.

"너는 나와 맺은 언약을 위반하고 나의 명령을 따르지 않았다. 그러므로 나는 왕국을 분열시켜 너의 신하에게 넘겨줄 것이다. 네 아버지 다윗을 생각해서 네 생전에는 그렇게 하지 않겠지만, 네 아들 대에는 나라를 갈라놓을 것이다. 하지만 나라 전체를 다 빼앗지는 않을 것이고, 나의 종 다윗과 내가 선택한 예루살렘을 위해 한 지파만은 네 아들에게 줄 것이다."

여로보암과 르호보암

예언자 아히야와 여로보암 왕상 11:26-40

느밧의 아들 여로보암은 솔로몬의 신하 중 한 사람이었다. 솔로몬이 다윗 성의 밀로 궁을 건축하고 다윗 성의 성벽을 보수할 때였다. 여로보암은 일꾼들 중 단연 탁월한 데가 있어서 솔로몬의 눈에 띄었다. 솔로몬은 그를 부역꾼들의 감독으로 앉혔다.

어느 날 여로보암은 예루살렘에서 나오는 길에 예언자 아히야를 만났다. 아히야는 새 옷을 입고 있었다. 여로보암을 보자 아히야는 입고 있던 새 옷을 벗어, 열두 조각으로 찢었다. 그리고는 여로보암에게 말했다.

"여로보암, 당신이 이 찢어진 옷자락 가운데 열 조각을 가지시오. 이스라엘의 하나님께서 이렇게 말씀하셨소. '내가 솔로몬의 손에서 나라를 빼앗아 열 지파를 네게 주겠다. 그러나 내 종 다윗과 예루살렘 성을 생각해서 한 지파만은 솔로몬이 다스리도록 남겨두겠다. 이는 솔로몬이 나를 떠나 우상을 섬겼기 때문이다. 그러나 나는 솔로몬의 손에서 나라 전체를 다 빼앗지는 않겠다. 나의 종 다윗을 생각해서, 솔로몬이 살아 있는 동안에는 그를 계속해서 통치자로 세울 것이다. 하지만 나는 그의 아들에게서는 나라를 빼앗아 너에게 열 지파를 맡기겠다. 솔로몬의 아들에게는 내가 한 지파만을 주어서, 내 이름을 간직하도록 선택한 예루살렘 도성의 불빛이 다윗의 이름과 함께 기억되도록 할 것이다. 하지만 나는 너를 택하여, 이스라엘의 왕이 되게 하겠다. 네가 나의 명령에 순종하여 나의 가르침과 계명에 따라 살면, 나는 항상 너와 함께 할 것이다. 나는 다윗에게 왕조를 세워 주었던 것처럼 네 왕조도 견고하게 세워서 이스라엘을 너에게 주리라."

솔로몬은 여로보암을 죽이려고 시도했지만, 여로보암은 이집트로 도망쳐서 시삭 왕에게로 갔다. 그는 거기에서 솔로몬이 죽을 때까지 머물러 있었다.

원로들의 조언을 무시한 르호보암 왕상 12:1-15 ; 대하 10:1-15

솔로몬이 죽어서 다윗 성에 묻히자, 이스라엘 사람들은 르호보암을 왕으로 세우려고 세겜으로 갔다. 솔로몬 왕을 피하여 이집트에 피신해 있던 여로보암은 이 소식을 듣고, 이집트에서 돌아왔다. 이스라엘 사람들이 이집트로 사람을 보내 그를 데려온 것이다. 여로보암은 이스라엘 사람들을 거느리고 르호보암에게로 가서 말했다.

"당신의 아버지 솔로몬 왕은 우리에게 무거운 멍에를 지워 주었습니다. 이제 우리의 짐을 가볍게 덜어 주십시오. 그러면 우리가 당신을 섬기겠습니다."

르호보암이 대답했다.

"알았소! 돌아갔다가 사흘 후에 다시 오도록 하시오."

이 말에 사람들이 모두 흩어졌다. 르호보암 왕은 먼저 부왕 솔로몬을 섬기던 원로들과 의논했다.

"제가 이 백성에게 뭐라고 대답해야 좋겠소?"

원로들이 대답했다.

"폐하께서 이 백성의 종이 되어 그들을 섬기고자 한다면, 그들의 요구를 받아들이십시오. 그러면 그들이 평생토록 폐하께 순종할 것입니다."

그러나 르호보암은 원로들의 충고를 받아들이지 않고, 자신과 함께 자라고 자신을 받드는 젊은 사람들에게 조언을 부탁했다.

"그대들은 어떻게 생각하시오? 나의 아버지께서 자신들에게 부과한 멍에를 덜어 달라고 요구하는 이 사람들에게 내가 뭐라고 대답해야 하겠소?"

왕과 함께 자란 젊은이들은 대답했다.

"멍에를 가볍게 해 달라고 말하는 사람들에게 이렇게 말씀하십시오. '내 새끼손가락이 내 아버지의 허리보다 더 굵다. 나는 나의 아버지가 너희에게 지워준 짐보다 더 무거운 짐을 지워 주겠다. 나의 아버지는 너희를 가죽 채찍으로 때렸지만, 나는 쇠채찍으로 몰아치겠다.'"

사흘 후 여로보암이 온 백성을 거느리고 르호보암을 찾아왔다. 왕은 젊은이들이 충고한 대로 그들에게 가혹한 대답을 했다.

"나의 아버지가 너희에게 무거운 멍에를 지워 주었지만, 나는 그보다 더 무거운 멍에를 지워 주겠다. 나의 아버지는 가죽 채찍으로 너희를 몰아쳤지만 나는 쇠채찍으로 너희를 몰아치겠다."

왕은 이렇게 백성의 호소를 들어주지 않았다. 일이 이렇게 뒤틀린 것은 주께서 그렇게 의도하셨기 때문이었다. 주께서는 예언자 아히야를 보내어 느밧의 아들 여로보암에게 하신 말씀을 성취하고자 하셨던 것이다.

북쪽 지파들의 반란 왕상 12:16-19 ; 대하 10:16-19

르호보암 왕이 온 이스라엘의 요구 사항을 들어주지 않자, 그들은 왕을 향해 외쳤다.

"이새의 아들 다윗에게서 우리가 받을 몫이 무엇이 있단 말이냐? 이스라엘 백성이여, 모두 일어나 집으로 돌아가자. 다윗이여, 이제는 당신 집안이나 돌보아라!"

이리하여 이스라엘 백성은 각자 집으로 돌아갔다. 하지만 유다의 여러 성읍에 살고 있는 이스라엘 사람들은 여전히 르호보암의 통치를 받았다.

르호보암은 북쪽 사람들을 진정시키려고 부역 감독관인 아도니람을 보냈지만, 그들은 그를 돌로 쳐 죽이고 말았다. 르호보암은 전차를 타고 간신히 예루살렘으로 도망해 왔다.

이때부터 이스라엘 지파들은 다윗 왕조를 거역하기 시작했다.

여로보암을 왕으로 세우다 왕상 12:20-33 ; 대하 11:1-4

여로보암이 돌아왔다는 소식이 온 이스라엘에 전해지자, 이스라엘 사람들은 그들만의 모임을 갖고 여로보암을 모셔다가 왕으로 추대했다. 이제 다윗 왕조를 섬기는 백성들은 유다 지파뿐이었다.

르호보암은 예루살렘으로 돌아와, 유다의 모든 집안과 베냐민 지파에 소집령을 내려 18만의 병사를 모았다. 이스라엘의 가문들과 싸워서 솔로몬의 아들로서 왕국을 다시 회복하고자 함이었다.

그러나 하나님께서 예언자 스마야에게 이런 말씀을 전하셨다.

"너는 유다 왕 솔로몬의 아들 르호보암에게, 유다와 베냐민 가문 사람들과 그밖의 여러 백성들에게 이와 같이 전하여라. '주께서 이렇게 말씀하셨다. 너희는 너희의 형제인 이스라엘 자손과 싸우지 말아라. 각자 자기 집으로 돌아가라. 그것이 나의 뜻에 따르는 일이다.'"

그러자 그들은 모두 주의 말씀에 따라 각자 자기 집으로 돌아갔다.

여로보암은 에브라임의 산간 지대에 있는 세겜을 요새화시킨 후 거기에서 살다가, 부느엘 성을 세우고 그리로 옮겨 갔다. 여로보암의 마음에 이런 생각이 떠올랐다.

'이 백성이 예루살렘에 있는 성전에 제사를 드리러 다닌다면, 그들의 마음이 다시 유다 왕 르호보암에게로 기울어지게 될 것이다. 그러면 그들은 나를 죽이고 르호보암을 다시 왕으로 삼게 될 것이다.'

여로보암은 신하들과 의논한 끝에 금송아지 두 마리를 만들어 놓고 이스라엘 백성에게 말했다.

"여러분이 예루살렘으로 제사를 드리러 다닌다는 것은 너무 번거로운 일이오. 여기 이 신이 여러분을 보호해줄 신이오! 이집트에서 여러분을 이끌어 낸 바로 금송아지 신이오!."

그는 금송아지 하나는 벧엘에 세워 놓고, 또 하나는 단에 세워 놓았다. 이는 분명 죄가 되는 일이었다. 이스라엘 백성들은 저 멀리 단에까지 금송아지를 예배하러 다녔다. 여로보암은 여러 고지대에 산당을 짓고, 레위 자손이 아닌 여러 지파 출신들을 제사장으로 임명했다.

여로보암의 죄악과 그의 몰락

악한 왕 여로보암 왕상 13:1-10

8월 15일은 북왕국의 여로보암 왕이 벧엘에 만든 금송아지 우상을 예배하도록 정해 놓은 날이다. 그날에는 제사장들과 신하들과 많은 백성이 제단 앞에 모여 큰 행사를 연다. 북왕국 사람들이 남왕국의 예루살렘 성전으로 예배 드리러 가는 것을 막기 위해 정책적으로 만든 우상 숭배 행사였다.

왕이 제단 옆에 분향하고 있을 때, 그 자리에는 유다 왕국에서 온 하나님의 사람이 섞여 있었다. 그는 여로보암 왕이 제단에 올라가 분향하는 모습을 보고는 이렇게 외쳤다.

"하나님께서 말씀하십니다. '훗날 다윗 가문에 요시아라는 왕이 등장할 것인데, 그가 여로보암 왕이 만든 제단을 파괴하고 제사장들을 죽일 것이다.' 이것이 하나님의 말씀이라는 증거로, 제단이 갈라지고 그 위에 있는 재가 쏟아져 내릴 것이오."

왕은 분노하여 예언자를 손으로 가리키며 명령을 내렸다.

"저 자를 당장 붙잡아라!"

그 순간 예언자를 가리키고 있던 왕의 손이 마비되었다. 마치 마른 장작개비처럼 뻣뻣하게 굳어버린

것이다. 왕은 물론 가까이에 있던 신하들과 제사장들도 당혹감과 두려움으로 어찌할 바를 몰랐다. 그때, 우상의 제단이 갈라지며 분향한 재가 쏟아져 내렸다. 예언자가 말한 대로였다.

두려워진 왕은 체통도 잊은 채 예언자 앞으로 다가가 비굴하게 간청했다.

"청컨대 나를 위해 하나님께 기도를 드려서 이 손을 회복시켜 주시오. 부탁이오."

예언자가 그를 위해 하나님의 은혜를 구하자, 마비된 손이 온전하게 회복되었다. 왕은 두려움과 고마움으로 다시 청했다.

"나와 함께 왕국으로 가서 먹을 것을 좀 드십시오. 내가 예물을 준비해 드리겠소."

"왕의 재산의 절반을 내게 준다고 해도 나는 왕과 함께 가지 않을 것입니다. 먹지도 마시지도 않고 곧장 돌아갈 것입니다. 하나님께서 그렇게 하라고 말씀하셨기 때문입니다."

예언자는 그 말을 남기고 곧장 길을 떠났다.

예언자의 비명횡사 왕상 13:11-34

우상의 도성 벧엘에는 늙은 예언자 한 사람이 살고 있었다. 여로보암의 우상 숭배 정책 때문에 북왕국에는 하나님의 예언자가 없었지만, 그만이 유일하게 남아 있었다. 그는 그날의 금송아지 숭배 행사에 참가하지 않았지만 그의 자식들은 참가했다가 기이한 광경을 목격하고는 급히 집으로 달려가 그 사실을 아버지에게 알렸다.

"그 예언자가 어느 길로 가더냐?"

아들들이 길을 알려주자 아버지는 서둘러 나귀에 안장을 지우고는 예언자를 뒤쫓았다. 그는 상수리나무 그늘에서 쉬고 있는 그 예언자를 만나게 되었다.

"당신이 유다에서 온 하나님의 사람이신가요?"

"그렇습니다만…."

"반갑습니다. 그런데 무척 지쳐 보이는군요. 저희 집에 들어가서 식사라도 하시고 쉬어 가시는 게 좋겠습니다. 예루살렘까지 가려면 길이 멉니다."

유다에서 온 예언자가 단호하게 대답했다.

"친절은 고맙습니다만, 나는 당신의 집에 들어가지 않을 것입니다. 하나님께서 이곳에서는 먹지도 마시지도 말라고 하셨기 때문입니다."

늙은 예언자도 포기하지 않았다.

"나도 당신과 같은 하나님의 예언자요. 천사가 내게 당신을 내 집으로 데리고 와서 먹고 마시게 하라고 일렀는데, 나 또한 거역할 수가 없소."

이쯤 되니 사양도 거절도 할 수 없게 되었다. 예언자는 늙은이를 따라 그의 집으로 가서 그와 함께 식탁에 앉아 음식을 먹었다. 그때 늙은 예언자에게 하나님의 말씀이 임했다. 늙은 예언자가 유다에서 온 예언자를 향해 외쳤다.

"주께서는 네게 이곳에서는 먹지도 마시지도 말라고 하셨는데 네가 먹고 마셨으니, 네 시체는 네 조상들의 묘실墓室에 들어가지 못하리라."

하나님의 사람이 먹고 마시고 나자, 늙은 예언자는 나귀에 안장을 얹어 그가 편하게 타고 가도록 배려해 주었다. 그러나 보내는 사람이나 떠나는 사람이나 마음이 편할 리 없었다.

하나님의 사람은 길을 가다가 사자를 만났다. 사자는 날카로운 이빨로 예언자를 물어뜯었다. 그는 비명 한 마디 지르지 못한 채 숨을 헐떡이다가 죽고 말았다.

지나가던 사람들이 이것을 보고는 늙은 예언자에게 알려주었다. 예언자는 자식들과 함께 그곳으로 갔다. 사자는 나귀와 함께 여전히 시체를 내려다보고 있었다. 그는 그 시체를 나귀에 실어다가 자기의 묘실에 장사했다. 그는 슬피 울면서 아들들에게 유언을 했다.

"내가 죽으면 같은 묘실에 나를 장사하되 내 뼈를 그의 옆에 안치하라. 벧엘과 사마리아에 있는 모든 우상의 제단은 그가 말한 대로 다 파괴될 것이다."

그러나 여로보암 왕은 이런 일을 겪고서도 우상 숭배 정책을 바꾸지 않았다.

건국 왕조 여로보암의 비운 왕상 14:1-20, 15:25-32

그 무렵 여로보암의 아들 아비야에게 중병이 들었다. 왕은 실로에 살고 있는 예언자 아히야를 찾아가고 싶었지만, 하룻길이나 되는 데다 우상 숭배 정책 때문에 감히 하나님의 예언자를 대면할 용기가 생기지 않았다. 그는 아내에게 말했다.

"여보, 당신이 평민처럼 가장하고 아히야에게 가서 물어보시오. 그는 전에 내가 이스라엘의 왕이 된다고 예언한 하나님의 예언자요. 당신이 왕비라는 사실을 철저히 감추고, 병든 왕자가 어찌될 것인지 알아보고 오시오."

왕비는 평민복을 입고 길을 떠났다. 꼬박 하루를 걸어 마침내 실로에 있는 아히야의 집에 당도했다.

그녀가 대문을 들어설 무렵, 하나님께서 아히야에게 말씀하셨다.

"지금 여로보암 왕의 왕비가 병든 왕자에 대해 물으려 오고 있으니, 너는 내가 이르는 대로 말하라."

아히야는 늙어서 눈이 어두웠기 때문에 사람을 알아보지 못했다. 그러나 그녀가 들어오는 소리를 듣고는 방 안에서 이렇게 말했다.

"왕비여, 어서 들어오시오. 어째서 그렇게 변장을 했소? 나는 당신에게 하나님께 받은 가슴 아픈 말을 들려주려고 기다리고 있었소."

왕비는 민망하고 두려워 안절부절못했다. 아히야의 입에서는 하나님의 말씀이 술술 이어졌다.

"여로보암에게 가서 하나님이 하신 말씀을 전하시오. '내가 다윗의 나라를 갈라 네게 맡겨 주었지만, 너는 악을 행하고 우상을 숭배하면서 나를 배신했다. 그러므로 이제 너의 가문에 재앙이 닥칠 것이다. 너의 병든 아들은 죽어서 무덤에 묻히게 될 것이지만, 너의 가문에 속한 사람들이 거리에서 죽으면 개들이 시체를 뜯어먹을 것이고, 들에서 죽으면 새의 밥이 될 것이다. 너의 가문은 씨도 남지 않고 멸절될 것이다. 우상을 숭배한 이스라엘 백성들도 이 땅에서 쫓겨나 유프라테스 강변으로 흩어질 것이다. 네가 하나님께 범죄하고 백성들도 범죄하게 했기 때문이다.'"

하나님의 말씀을 왕비에게 전한 예언자 아히야는 잠시 입을 다물었다가 부드러운 목소리로 말했다.

"왕비여, 그만 일어나 왕궁으로 돌아가시오. 왕비의 발이 왕궁이 있는 디르사 성에 들어설 때, 왕자가 죽을 것이오."

왕궁으로 향하는 왕비의 발걸음은 무거웠다. 왕비가 지친 걸음으로 천천히 디르사 성문에 들어서자마자, 왕궁에서 곡 소리가 터져 나오기 시작했다.

왕자를 장사 지낸 얼마 후 여로보암 왕도 세상을 떠났다. 왕이 된 지 22년 만이었다. 그의 아들 나답이 뒤를 이어 왕이 되었다.

나답은 자기 아버지 못지않게 악한 왕이었다. 아버지에게서 보고 듣고 배운 것이 우상숭배요 악행뿐이어서 좋은 왕이 될 것을 기대하기 어려웠지만, 아버지보다 오히려 한 술 더 떠서 하나님을 분노하게 했다. 하나님은 이미 여로보암 왕조를 저주하셨기 때문에 북왕국 이스라엘을 무참하게 무너뜨릴 것이었다. 그 일은 나답이 왕이 된 지 불과 2년 만에 현실로 나타났다.

호전적인 남부 해안지대의 블레셋은 남북으로 갈라진 이스라엘을 공격해 왔다. 나답 왕 2년에도 블레셋은 깁브돈을 침략하여 장악하고 있었다.

깁브돈은 작은 성읍이지만 전략상 중요한 고지대였다. 나답은 깁브돈을 되찾기 위해 모든 군사를 이끌고 출전했다. 나답의 병력이 깁브돈 성을 포위하고 공격을 시도하려고 할 때, 군대의 지휘를 맡고 있는 바아사가 모반을 일으켜 그 자리에서 왕을 죽였다. 나답은 블레셋과 싸우기도 전에 바아사가 주동하는 모반으로 생을 마감했다.

북왕국 이스라엘의 여로보암 왕조는 불과 2대에 마감되고, 바아사 왕조가 등장했다. 바아사는 권력을 장악하자 여로보암 가문에 속하는 모든 사람들을 죽여 버렸다. 후한을 없애기 위해서였다. 일찍이 하나님께서 예언자 아히야를 통해 여로보암의 아내에게 들려준 저주가 그대로 이루어진 것이다.

바아사와 시므리와 오므리

제 2왕조 바아사의 비극 왕상 15:33–16:14

북왕국 이스라엘을 통치한 바아사는 여로보암의 종교정책을 그대로 유지하여 하나님 앞에 악행을 저질렀다. 하나님은 남왕국 유다의 예언자 예후를 바아사에게 보내어 그의 왕조에 무서운 심판을 예고했다.

"내가 왕이 될 수 없는 신분의 너를 나의 백성 이스라엘의 왕으로 삼았는데, 너는 여로보암의 죄를 이어받아 내 백성 이스라엘로 하여금 우상을 섬기게 했다. 너는 나 주를 격노케 했으니 내가 네 집을 쓸어버려 여로보암의 집안같이 되게 할 것이다. 너의 가문에 속한 사람들은 성읍에서 죽으면 개가 뜯어먹을 것이고, 들에서 죽으면 새의 밥이 될 것이다."

그러나 바아사는 돌이키지 않은 채 즉위 24년 만에 죽었고, 그의 아들 엘라가 뒤를 이었다. 엘라가 즉위한 지 2년째 되는 어느 날, 궁내대신 아르사의 집에서 큰 연회가 벌어졌다. 왕과 신하들이 만취되어 있을 때, 도성의 경비를 책임지고 있던 장군 시므리가 휘하 병력을 이끌고 아르사의 집을 공격, 한 순간에 왕을 죽이고 권좌를 찬탈했다. 시므리는 후한을 없애기 위해 엘라의 모든 가족은 물론 친구들조차 씨를 남기지 않고 살해했다.

바아사 왕조 역시 2대에 끝났다. 여로보암 왕조와 마찬가지로 2대의 즉위 2년 만에 신하의 모반에 의해 종지부를 찍은 것이다. 우상 숭배에 대한 하나님의 엄중한 심판이었다.

제 3왕조 시므리의 7일 천하 왕상 16:15-20

시므리가 바아사처럼 모반에 의해 왕권을 찬탈하고 디르사의 왕궁에서 학살극을 연출하고 있을 당시, 군사적 요충지인 깁브돈에서는 블레셋으로부터 성을 되찾으려는 전투가 전개되고 있었다. 전장의 최고 지휘관은 오므리 장군이었다. 시므리와 오므리는 이스라엘 군을 각각 절반씩 맡아 지휘하고 있었다.

깁브돈 전선에 시므리의 모반과 학살 소식이 전해지자 장교와 병사를 가리지 않고 분노가 끓어올랐다. 그들은 시므리가 왕이 된 것을 인정할 수 없었다.

"잔인무도하게 학살을 자행하고 왕의 자리에 오르다니, 이대로 방관할 수 있는가?"

"우리 사령관님이 왕이 된다면 모를까, 어떻게 시므리가 왕이 된단 말인가?"

진영은 벌집을 쑤신 듯 웅성거렸다.

"시므리 같은 인간이 왕이 된다면 살아남을 백성이 없을 거야."

"속히 시므리를 제거하지 않으면 안 돼."

"이 기회에 차라리 우리 사령관님을 왕으로 추대하는 게 좋겠어."

드디어 시므리는 안 되고 오므리여야 한다는 열화 같은 함성이 터져 나오기 시작했다. 그리하여 오므리의 부하들은 존경하는 그들의 사령관을 왕으로 추대하기에 이르렀다. 다수의 백성들도 이에 동참했다.

"이제 우리의 급선무는 블레셋과의 전투가 아니라, 디르사로 진격하여 시므리와 그 일당을 제거하는 것이오."

이리하여 왕이 된 시므리 장군과 전선에 있던 오므리 장군 사이에 내전이 벌어졌다. 오므리의 군사들은 성을 포위하고 공격을 개시했다. 시므리의 부하들은 전선에서 달려온 오므리의 부하들에게 점점 밀리고 있었다. 시므리가 왕이 된 지 며칠 되지 않았기 때문에 군대는 아직 체계가 잡히지 않은 상태였다.

시므리의 방어군은 그날을 견디지 못하고 무너지고 있었다.

"패색이 짙습니다. 오므리의 군사들이 이제 곧 성 안으로 밀려 들어올 것입니다. 피하십시오."

왕궁의 가장 높은 곳에 있는 요새에서 보고를 받은 시므리는 성벽을 내려다보다가, 단호하게 명령을 내렸다.

"지금 즉시 왕궁에 불을 질러라. 왕궁을 불태워라."

왕궁에 불이 붙었고, 시므리는 그 불길에 타 죽었다. 쿠데타로 찬탈한 그의 왕권의 수명은 7일 동안뿐이었다.

제 4왕조 오므리와 사마리아 성 왕상 16:21-28

북왕국 이스라엘은 건국 왕조 여로보암이 불과 2대에 신하의 모반으로 망했고, 모반으로 왕권을 찬탈한 제2왕조 바아사 역시 2대에 이르러 군사 쿠데타로 막을 내렸다. 제3왕조라 할 수 있는 시므리는 불과 7일 동안 왕위에 있었고, 시므리 정권을 무너뜨린 오므리가 제4왕조를 이루었다.

새 왕조의 초기는 순탄하지 않았다. 백성의 거의 절반 정도가 디브니를 지지하며 따랐기 때문이다. 디브니는 백성들의 존경과 사랑을 받는 거목이었다. 더구나 오므리와 싸운 시므리의 추종 세력들은 오므리를 두려워할 수밖에 없는 입장이었다. 따라서 그들도 디브니에게 합세했다.

오므리는 시므리를 제거한 직후부터 디브니의 세력과 힘겨루기를 해야 했기 때문에 사실 이스라엘 왕이라 할 수도 없었다. 그런 세월이 자그마치 5년이나 지속되었다. 혼란스럽고 불안한 나날이었다. 왕이 사실상 두 사람인데다가 계속되는 내전으로 인명과 재산의 피해가 막심했다.

긴 내전은 오므리가 디브니를 죽임으로써 마감되었다. 그 사이 국론은 양분되었고, 국력은 쇠퇴했다. 민심은 극도로 흉흉했다. 오므리는 디르사에서 6년 동안 이스라엘을 다스렸다.

오므리는 예루살렘 북쪽 56km에 위치한 사마리아 산지를 은 2세겔(68kg)로 사들여 성을 건축하고 왕궁을 지어 이스라엘의 새 왕도로 삼았다. 하나님은 일찍이 율법으로 토지 매매를 금하셨는데도 북왕국은 왕으로부터 백성에 이르기까지 일상적으로 하나님을 떠나 있었다.

오므리가 왕으로 있는 12년 동안 초기에는 내전을 치르느라 편한 날이 없었고, 후기에는 건국 왕 여로보암 못지않게 우상을 섬겨 하나님을 격노케 했다.

아합과 폭정과 엘리야의 예언

악명 높은 아합과 이세벨 왕상 16:29-34

오므리가 죽자 그의 아들 아합이 왕이 되었다. 그는 역대 이스라엘 왕들 중에서 가장 악랄한 왕이었다.

아합은 여로보암에 못지않게 우상을 숭배했고, 한 술 더 떠서 이웃나라 시돈의 왕 엣바알의 딸 이세벨을 아내로 맞아들였다. 엣바알은 원래 바알 신전의 제사장이었으나 펠레스 왕을 암살하고 권좌에 오른 자여서 철저한 바알 숭배자이자, 살인자요 탐욕자였다. 그의 딸 이세벨 역시 바알 숭배자임은 물론 야비하고 탐욕스럽고 악랄하기가 그 아비를 능가하는 여자였다.

악랄한 아합과 호흡이 잘 맞는 왕비 이세벨은 수도 사마리아에 바알 신을 위한 거대한 신전을 지었으며 우상인 아세라 상도 세웠다. 왕비 이세벨은 아세라 우상을 위해 4백 명이나 되는 이교 제사장을 두었다. 아합은 바알 신전에 450명의 제사장을 두었다. 나라 전체의 정서가 어느덧 이교도의 우상숭배를 당연시하는 상황에 이른 것이다.

그러나 하나님을 믿고 율법을 지키려고 애쓰는 사람이 완전히 사라진

것은 아니었다. 아직도 진실한 하나님의 제사장들이 없지 않았다. 왕비 이세벨은 악랄한 여자여서 하나님의 제사장들을 죽이면서까지 이교도 신앙을 퍼뜨렸고, 이교도의 나라로 만들려고 온갖 술수를 동원했다. 하나님의 제사장들을 회유하여 변절시키고, 죽이기까지 했다. 그리하여 북왕국 이스라엘에서는 주 하나님과 그 율법이 잊혀졌고, 제사가 사라졌으며, 그 자리에 바알과 아세라가 들어섰다.

행복한 왕 왕상 15:5–24 ; 대하 14:1–15:19

한편 남쪽 나라 유다에서는 북왕국이 격동의 혼란기를 보내고 있는 것과는 달리 착한 왕 아사가 줄곧 나라를 다스려 평화로운 가운데 번영을 누리고 있었다. 아사는 왕국이 남북으로 분열된 후 르호보암과 아비얌에 이어 세 번째로 유다의 왕위에 올랐으며, 북왕국과는 달리 우상이 발견되면 즉각 파괴해 버리고 온 백성으로 하여금 하나님만 섬기게 했다. 그동안 남왕국에도 우상숭배가 상당히 번져 있었기 때문에, 주 하나님만을 섬기게 하는 그의 종교정책은 종교개혁이나 다름이 없었다.

그의 재임 초기 10여 년 동안 유다에는 전쟁이 없었다. 그래도 아사는 성 주위에 더 높고 견고한 성벽을 쌓고, 58만의 정예 부대를 훈련시켰다. 그런데 상식을 초월하는 엄청난 대규모 병력이 유다를 침공해 왔다. 아프리카의 북동부에 위치한 에티오피아에서 자그마치 100만 대군이 밀려온 것이다. 아사 왕이 아무리 성벽을 높이 쌓았어도, 군대를 제아무리 잘 훈련시켰어도, 58만으로 100만 대군을 당할 능력은 없었다. 속수무책으로 나라를 송두리째 내어주어야 할 기막힌 상황이었다. 100만을 상대로 싸운다는 생각은 해본 적이 없었고, 따라서 대비가 전혀 되어 있지 않았다.

왕은 일단 군대를 지휘하여 골짜기에 진을 쳤다. 그러나 그는 군대의 힘에 의존할 수 없다고 냉정하게 판단을 내렸다. 그렇다고 싸워보지도 않고 항복할 수는 없는 노릇이었다. 그렇다면 방법은 오직 하나, 하나님께 무릎 꿇고 도움을 청하는 것뿐이었다.

“주 하나님!”

아사 왕은 전략도 세우지 않고 오직 하나님을 믿고 기도했다.

“우리는 약합니다. 하나님만이 우리를 도우실 수 있습니다. 우리 주 하나님, 우리를 도우소서. 우리가 주님을 의지합니다. 우리는 하나님의 이름으로 저 대군과 싸울 것입니다.”

전투가 시작되었다. 숫자로는 분명 열세였다. 그런데도 적군은 유다의 군대를 당하지 못했다. 얼마 지나지 않아 에티오피아 군대는 꽁무니를 빼기 시작했다. 사기충천한 유다의 군대는 맹공을 퍼부었다. 에티오피아의 백만 대군은 이내 패주하기 시작했다. 얼마나 다급했던지 그들은 장비와 무기, 식량과 가축과 전차 들을 모두 내버려 둔 채 몸만 달아나기에 바빴다. 상상하지 못하던 대승리였다. 그날의 노획품은 실로 어마어마했다.

다시 평화가 찾아왔다. 백만 대군을 물리친 유다를 그 어떤 나라가 넘볼 수 있겠는가? 주변의 나라들은 유다가 섬기는 하나님이 두려워서 얼씬도 하지 못했다. 하나님은 착한 왕 아사에게 예언자를 보내어 칭찬하셨다.

“왕께서 하나님과 함께하시는 한 하나님께서도 왕과 함께하십니다. 하나님은 왕이 찾으실 때마다 나타나실 것입니다. 그러나 왕이 하나님을 버리면 하나님도 왕을 버리십니다. 하나님께서 왕에게 전하라는 말씀입니다.”

아사 왕은 크게 용기를 얻어 온 백성을 들판에 모이게 하여 승리를 자축하는 한편 우상숭배를 뿌리뽑고 오직 주 하나님만을 섬기기로 서약하는 행사를 가졌다. 우상을 섬기다가 3년밖에 통치하지 못한 아버지 아비야 왕의 전철을 다시는 되풀이하지 않겠다는 강한 의지를 보인 것이다. 나아가 그는 어머니 미가가 아세라 목상을 만든 사실을 알고는 황태후

에서 폐위시켰다.

아사 왕은 41년 동안이나 유다를 다스렸다. 하나님께서 함께 하셨기 때문에 복 있는 나라, 복 있는 왕이 된 것이다.

엘리야의 예언 왕상 17:1–16

사마리아 동쪽 멀리 요단 강 건너편의 길르앗 지방에 살고 있는 엘리야가 어느 날 불현듯 왕궁에 모습을 나타냈다. 하나님의 제사장이든 예언자든 모두 목숨을 부지하기 어려운 시절, 하나님의 말씀을 전하려고 왕궁에 나타났다는 것은 죽기를 각오한 사명감이 아닐 수 없다.

"폐하께 드릴 중요한 예언이 있다면서 엘리야라는 사람이 접견을 요청해 왔습니다."

"엘리야? 뭐 하는 자냐?"

아합이 시큰둥하게 물었다.

"길르앗 지방의 디셉 사람이라 합니다. 주 하나님의 예언자로 알려져 있습니다."

"지금 뭐라고 했느냐? 주 하나님이라고? 그자가 지금 왕궁에 들어와 있단 말이냐?"

사마리아 성에 들어오면 당장 처형될 신분인데 감히 왕에게 접견을 요청하다니! 그는 아마도 대단히 우매한 자이거나 죽음을 두려워하지 않는 용감한 자일 것이다.

아합은 호기심이 발동하여 벌떡 자리에서 일어나면서 그자를 데려오라고 명령했다. 가죽 옷을 걸친 낯선 사나이가 왕 앞에 나타났다.

"그대가 엘리야인가?"

"그렇습니다."

"내게 예언할 게 있다고? 예언? 당신은 어떤 신의 예언자인가?"

엘리야는 조롱 섞인 아합의 얼굴을 정면으로 응시하며 당당하게 말했다.

"주 하나님께서 내게 말씀하신 것을 전해 드리고자 요단 강 건너편에서 왔습니다."

순간 아합의 얼굴에 분노가 스쳤다. 바알과 아세라를 숭배하는 나라의 왕 앞에서 감히 주 하나님의 이름을 들먹이다니!

"이스라엘의 주 하나님의 이름으로 맹세컨대, 내 말이 있을 때까지는 이 땅에 비와 이슬이 한 방울도 내리지 않을 것입니다."

대범하고 거칠게 할 말을 다한 엘리야는 잠시도 지체하지 않고 왕궁을 떠났다. 그러자 하나님의 말씀이 그에게 임했다.

"이곳에 머물지 말고 지금 당장 요단 강을 건너 그릿 시냇가에 몸을 숨기고 그 물을 마셔라. 내가 까마귀들을 명하여 네게 먹을 것을 보내리라."

엘리야에게 사마리아는 죽음의 땅이었다. 그는 곧장 그곳을 떠나 요단 강을 건넜고 그릿 시냇가로 갔다. 그곳에는 넉넉지 않지만 아직 물이 흐르고 있었다. 엘리야에게는 아침과 저녁으로 까마귀들이 찾아왔다. 그들은 엘리야에게 고기와 빵을 가져다 주었다. 아합이 자기를 찾아 죽이려고 군사들을 보낼 것이 틀림없었지만, 하나님이 함께 하신다는 확증으로 위로가 되었다.

그러나 얼마 지나지 않아 그릿 시내도 마르고 말았다. 이슬 한 방울 내리지 않는 건조한 날이 계속되었기 때문이었다. 가뭄의 재앙이 북왕국 이스라엘을 뒤덮고 있었다.

하나님의 말씀이 다시 엘리야에게 내렸다.

"북쪽 시돈 땅 사르밧으로 가서 지내라. 거기에 사는 한 과부에게 네게 먹을 것을 대주라고 일러두었다."

엘리야는 160km나 멀리 떨어진 북서쪽을 향해 길을 떠났다. 강을 건너고 들을 지나고 레바논 산맥의 남부지역을 넘어야 하는

험하고 먼 길이었다. 구름 한 점 없는 하늘에서 내려쪼이는 햇볕은 눈을 뜰 수 없을 만큼 눈이 부셨다. 먼지만 푹푹 일어나는 산과 들을 지나 지중해 연안에 있는 두로와 시돈 사이의 작은 성읍 사르밧에 도착했을 때는, 건장한 엘리야도 지칠 대로 지쳐 있었다.

그가 사르밧 성문에 이르렀을 때였다. 한 여인이 마른 나뭇가지를 줍고 있는 모습이 눈에 들어왔다. 엘리야는 여인을 향해 간신히 입을 열었다.

"내게 물 한 모금 주실 수 있소?"

그대로 내버려 두면 그 자리에 쓰러질 것 같았다.

과부가 일을 멈추고 성 안으로 들어가려 하자 엘리야가 다시 불러세웠다.

"미안하지만 빵도 한 조각 부탁합니다."

과부는 잠시 머뭇거리다가 말했다.

"당신의 하나님께서 살아 계심을 두고 맹세하지만, 저에게는 빵 한 조각도 없습니다. 우리 집에 남은 것이라고는 항아리 밑바닥에 깔린 밀가루 한 줌과 기름 몇 방울뿐입니다. 나는 지금 나뭇가지를 주워다가 빵을 구워, 아들과 함께 먹을 생각입니다. 그걸 마지막으로 먹고 죽을 참입니다."

엘리야는 기운 없는 과부에게 용기를 심어 주고 싶었다.

"절망하거나 두려워하지 마시오. 집으로 가셔서 방금 말씀하신 대로 하십시오. 하지만 먼저 빵을 구워 나에게 가져오도록 하시오. 그런 다음 아들과 함께 드시도록 하세요. 이스라엘의 주 하나님께서 말씀하셨습니다. '나 주가 비를 내리게 할 그날까지 항아리 안의 밀가루가 떨어지지 않을 것이고, 기름병의 기름도 마르지 않을 것이다.' 그러니 아무 걱정 말고 하나님을 믿으시오."

과부는 엘리야의 말을 믿었다. 그래서 즉시 그가 시키는 대로 먼저 엘리야를 위하여 빵 하나를 만들어 대접하고, 나머지로 아들과 먹을 빵을 만들었다. 항아리와 기름병은 완전히 바닥이 났다. 그러나 엘리야의 말대로 항아리에는 항상 밀가루가 남아 있었고 기름병에도 늘 기름이 남아 있는 것이었다. 하루 이틀이 아니라 날마다 계속되는 신기한 현상이었다.

엘리야의 이적과 갈멜 산의 대결

초유의 부활 사건 왕상 17:17–24

가난한 과부는 이제 걱정이 없어졌다. 하나님의 예언자를 만나 먹고 마시는 문제가 해결되었기 때문이었다. 과부는 어찌나 고마운지 엘리야를 집으로 모시고 가서 통풍이 잘 되고 넓은 이층방을 내주었다. 그러나 불행한 일이 과부에게 생겼다. 그녀의 사랑하는 아들이 병들어 눕더니, 빠른 속도로 악화되어 결국 숨을 거두고 만 것이다.

과부는 목 놓아 울다가 엘리야를 보자 따지기 시작했다.

"하나님의 사람이여, 이게 도대체 무슨 일입니까. 어찌하여 당신의 하나님께서는 저의 아들을 죽게 하시는 것입니까? 이유가 무엇입니까? 이 어미의 죄 때문인가요?"

"그 아이를 내게 주시오."

엘리야는 아이를 여인의 품에서 받아 안고 자기가 머무는 다락방으로 올라가 침상에 뉘어 놓고는, 하나님께 기도하기 시작했다.

"주 하나님! 주께서는 정녕 이 과부의 아들을 죽게 하시어 이 집에 재앙을 내리시렵니까?"

엘리야는 아이의 몸 위에 세 번 엎드리고 나서 주께 호소했다.

"하나님, 이 아이를 살려주소서."

그러자 하나님께서는 엘리야의 기도를 들으시고 아이가 다시 숨을 쉬게 하

셨다. 아이가 살아난 것이다. 죽은 아이를 살려 달라고 부르짖는 엘리야의 믿음에 하나님은 부활로 응답하셨다. 인류 역사에 기록으로 남은 최초의 일시적 부활 사건이다. 엘리야는 아이를 다시 안고 내려가, 그 어미에게 주며 말했다.

"보시오! 당신의 아들이 살아났소!"

과부는 기뻐서 어쩔 줄을 모르며 아이를 얼싸안고 얼굴을 비벼대다가 엘리야를 향해 말했다.

"당신은 진정 하나님께서 보내신 분입니다."

갈멜 산의 대결 왕상 18:1–24

가뭄은 3년 동안 계속되었다. 건기乾期에는 비가 없는 대신 이슬이 내렸지만, 이슬도 한 방울 내리지 않았다. 엘리야의 예언이 그대로 적중한 것이다. 아합 왕과 왕비 이세벨을 비롯한 모든 백성이 눈만 뜨면 하늘을 쳐다보았으나 손바닥만한 구름 한 점 구경할 수가 없었다.

탄식 소리가 대지를 뒤덮었다. 강바닥은 메말라 갈라졌고, 밀과 보리 등 농작물은 거둘 것이 아무것도 없었다. 올리브와 무화과를 비롯한 과목들조차 꽃을 피우지 못했다. 양과 염소와 소 들은 풀 한 포기 찾을 수 없어 피골이 상접했다. 사람들이 간직해 두었던 식량도 바닥이 났다. 어디를 가나 굶주림에 시달려 영양실조에 걸린 생기 잃은 모습들뿐이었다.

아합의 궁내대신 가운데 오바댜라는 사람이 있었다. 그는 철저하게 하나님을 경외하는 신하여서, 이세벨이 하나님의 제사장들을 죽일 때 백 명의 예언자를 두 개의 동굴에 나누어서 숨겨 놓고 음식을 조달해 줌으로써 죽음을 모면케 한 의로운 사람이었다.

어느 날 아합 왕이 오바댜에게 말했다.

"나와 함께 온 나라를 살펴 보자. 모든 강과 개천과 계곡을 다 찾아 보자. 혹시 풀이 있는 곳이 있을지도 모르니 뒤져 보자. 어떻게든 말과 노새를 살려야 하지 않겠는가?"

왕이 친히 나설 만큼 절박한 상황이었다. 왕과 오바댜는 전국의 두 구역으로 나누어 각기 샘물과 풀을 찾아 헤매고 다녔다.

그 무렵 사렙다의 과부 집에 머물고 있던 엘리야에게 하나님의 말씀이 내렸다. 이스라엘에 가서 아합 왕을 만나라는 명령이었다. 하나님의 말씀에 따라 길을 떠난 엘리야는, 이스라엘 땅에 들어서자 마침 물을 찾아 헤매고 있는 오바댜를 만나게 되었다. 엘리야를 보자 오바댜는 흠칫 몸을 떨었다. 아합은 이 무서운 가뭄의 원인이 엘리야에게 있다고 생각하고는, 그를 잡아 죽이려고 전국을 샅샅이 뒤지고 있었기 때문이었다. 그런 엘리야가 조금도 꺼리는 기색 없이 당당한 모습으로 이스라엘 땅에 나타난 것이다. 오바댜는 위대한 하나님의 예언자를 알아보고는 그 앞에 엎드려 절을 했다.

"당신은 엘리야가 아니십니까?"

"그렇습니다. 왕에게 가서 엘리야가 여기 있다고 전해 주십시오."

오바다는 놀라서 다급히게 물었다.

"저를 죽이실 작정입니까? 당신의 하나님께서 살아 계심을 두고 맹세하지만, 아합 왕은 당신을 찾기 위해 방방곡곡을 뒤졌습니다. 그런데 예언자님은 지금 저에게 왕에게 가서 '엘리야가 여기 있다'고 알리라고 하십니다. 내가 여기를 떠나면 주의 영이 당신을 어디로 옮겨놓을지, 저로서는 알지 못합니다. 제가 가서 아합 왕에게 예언자님을 보았다고 말하여 왕이 이곳에 와서 예언자님을 찾지 못하면, 저를 죽이고 말 것입니다. 이세벨이 주의 예언자들을 죽일 때, 제가 무슨 일을 했는지 듣지 못하셨습니까? 저는 주의 예언자 100명을 굴속에 숨겨 두고 빵과 물을 대주었습니다. 그런데도 저를 아합에게 보내시어 왕으로 하여금 저를 죽이게 하실 참이십니까?"

엘리야가 분명하게 약속했다.

"만군의 주 하나님을 두고 맹세합니다. 내가 오늘 여기서 왕을 만날 것입니다."

오바댜는 엘리야의 비장한 각오와 맹세를 믿고 즉시 아합에게 달려가 사실대로 보고했다. 아합은 호위병을 이끌고 지체 없이 달려와서 엘리야가 기다리는 장소로 갔다. 왕궁에 나타나서 3년 반 동안 비가 내리지 않는다고 저주한 그 엘리야가 그때의 가죽옷을 걸친 그 모습 그대로 거기에 있었다.

"엘리야, 그대는 이스라엘을 재앙에 빠뜨린 장본인이 아닌가?"

그러자 엘리야가 당당하게 말했다.

"이스라엘을 재앙에 빠뜨린 것은 내가 아니라 왕과 선왕先王 오므리입니다. 주의 명령을 어기고 바알을 숭배한 것이 그 원인입니다. 지금이라도 그 증거를 보여드릴 테니, 온 이스라엘 백성과 바알의 예언자 450명, 아세라 예언자 400명을 갈멜 산으로 모이게 하십시오. 그러면 내가 바알과 아세라, 주 하나님 중에서 누가 진정한 신인지를 여러분들게 보여 드리겠습니다."

아합은 왕궁으로 돌아가는 즉시 엘리야의 제안을 실행에 옮겼다. 이스라엘 전국에 흩어져 있는 바알 예언자들과 아세라 예언자들에게 갈멜 산으로 모이라는 동원령을 내리고, 백성들도 이 구경거리를 놓치지 말라고 독려했다.

정해진 때가 되자 지중해 연안에 돌출해 있는 해발 546m의 갈멜 산이 온통 인파로 뒤덮였다. 오래전부터 희생제물을 드리는 제단이 있던 곳이었다.

대결을 제안한 엘리야가 군중을 향해 외쳤다.

"여러분은 언제까지 주 하나님과 바알 사이에서 망설이시겠습니까? 만일 주가 하나님이라면 주를 따르고, 바알이 하나님이라면 그를 따르도록 하십시오.”

아무도 반응하지 않았다. 그러나 많은 이스라엘 사람들은 자기들이 주를 떠나 바알을 숭배하고 있는 현실을 마음 아파하고 있었다. 어떤 이는 큰 소리로 ‘지금이라도 주 하나님을 믿겠습니다’라고 고백하고 싶은 심정이었다. 군중은 당황, 긴장, 후회, 수치심, 호기심, 뻔뻔함 등등 다양한 표정이었다. 엘리야의 목소리가 이어졌다.

“여기 주를 하나님으로 섬기는 예언자는 나 혼자뿐입니다. 그러나 바알을 섬기는 예언자는 450명이고, 아세라를 섬기는 예언자는 400명입니다. 이제 송아지 두 마리를 잡아서 한 마리는 바알 신을 위해 쌓은 제단의 장작더미 위에 올려놓고, 다른 한 마리는 주를 위해 쌓은 제단의 장작더미 위에 올려놓으십시오. 양쪽 장작더미에 불을 붙여서는 안 됩니다. 그런 후, 바알을 섬기는 사람들은 바알 신에게 불을 내려 달라고 기도하십시오. 나는 주 하나님께 불을 내려 달라고 기도하겠습니다. 기도를 듣고 불을 내려 제물을 태우는 신이 참된 하나님이십니다.”

엘리야의 승리와 이세벨의 핍박

침묵하는 바알 왕상 18:25-40

엘리야의 제안에 누구도 이의를 제기하지 않았다. 엘리야가 바알 예언자들에게 말했다.

"당신들의 숫자가 많으니 당신들이 먼저 하시오."

그들은 송아지를 잡아서 그들의 제단 장작더미에 올려놓고 둘러서더니 산이 떠나가도록 큰 소리로 기도를 했다.

"바알 신이시여, 우리의 기도를 들으시고 제단에 불을 내려주소서!"

아무 일도 없었다! 그 많은 예언자들이 함께 간절히 기도하는데도 불은 내려오지 않았다. 그들은 펄쩍펄쩍 뛰는 춤을 추면서 기도를 계속했다. 하지만 아무런 응답이 없었다. 몇 시간이 흘러 정오에 이르렀는데도 기도와 춤만 있을 뿐 아무런 응답이 없었다.

"목소리를 더 높여 보시오."

엘리야의 조롱 섞인 말이었다.

"더 크게 부르짖어 보시지 그러세요! 어쩌면 당신들의 신이 깊은 생각에 잠겨 있는지도 모르고, 너무 바쁜지도 모르오. 여행을 떠났는지도 모르겠소. 아니면 깊이 잠이 들어 있어서 더 큰 소리로 깨워야 하나 보지요."

바알의 예언자들과 제사장들은 눈에 핏발을 세워 가며 목청껏 기도를 했다.

"오 바알 신이여, 응답하소서. 제단에 불을 내려주소서."

태양이 지중해 저쪽으로 절반이나 기울었다. 안달이 난 바알의 예언자들과 제사장들은 그들의 신을 제사하는 방법의 하나인 끔찍한 자해自害로 온몸이 피투성이가 되어 광란하듯 몸부림쳐 울부짖었다. 저녁이 가까워도 그들의 신은 침묵으로 일관했다. 마침내 엘리야가 나섰다.

"여러분, 내게로 가까이 오시오."

지루해하던 사람들이 엘리야 앞으로 모여들었다.

"허물어진 하나님의 제단을 다시 쌓읍시다. 우리 민족의 열두 지파에 따라 큰 돌 열두 개를 주워다가 단을 쌓읍시다."

사람들은 기대감으로 바짝 서둘러 엘리야의 지시대로 했다.

"이제는 그 단 위에 장작을 쌓아 올리고 송아지를 잡아서 올려놓으시오."

사람들은 엘리야에 의해 기적이 일어날 거라는 기대감으로 순종했다. 엘리야는 제단 주위에 사방으로 도랑을 파게 하고, 그 다음엔 항아리 네 개에 물을 퍼다가 제물과 장작더미 위에 부으라고 했다. 사람들이 물을 퍼다가 장작더미 위에 붓자, 엘리야는 한 번 더 그렇게 하라고 지시했다.

사람들이 엘리야의 말에 따르자, 엘리야가 말했다.

"이제 세 번째로 물을 갖다 부으시오."

사람들이 다시 한 번 물을 부었다. 이제 물은 제단 주위로 흘러내려 도랑을 채웠다. 일부러 불을 붙여도 도저히 불이 붙지 못할 상황이었다.

"아브라함과 이삭과 야곱의 하나님!"

엘리야가 제단 앞에서 기도하기 시작했다.

"주께서는 이스라엘의 하나님이시며 저는 주님의 종입니다. 제가 주님의 말

씀대로 이 모든 일을 행하고 있음을 이 백성이 알게 하여 주소서. 주여, 지금 응답하셔서 주만이 이 백성의 참된 하나님이심을 알게 하시고, 그들의 마음을 돌이켜 주소서."

모두가 예의 주시하고 있는 가운데, 놀라운 일이 벌어졌다. 기도가 끝나자마자 하늘에서 불이 내려와 제물과 장작을 모조리 태워 버렸다. 불은 제단의 돌과 그 주위의 흙을 덥히고, 도랑의 물을 말려 버렸다.

사람들은 두려워 떨며 순식간에 무릎을 꿇었다.

"주님이야말로 참된 하나님이십니다. 주님이야말로 참된 하나님이십니다."

그들은 한 목소리로 외쳤다. 바알과 아세라는 인간의 손으로 만들어진 한낱 우상에 불과하며, 주만이 참된 하나님이심이 여실히 드러나게 된 것이다.

엘리야가 외쳤다.

"여러분, 바알의 예언자들을 모조리 붙잡으십시오. 한 사람도 놓치지 마십시오."

백성들이 예언자들을 붙잡아 오자, 엘리야는 그들을 기손 강가로 끌고 가서 죽이게 했다.

3년 6개월 만에 내리는 비 왕상 18:41–46

아합 왕은 갈멜 산에서 모든 것을 지켜보고 있었다. 백성들이 850명의 바알 예언자들과 제사장들을 잡아 죽이러 가는데도 저지할 수가 없었다. 바알과 아세라 신은 신으로서의 역할을 포기했거나 아예 존재하지 않는 그야말로 인간에 의해 만들어진 우상에 불과하다는 것이 명백하게 드러난 셈이었다.

엘리야가 왕에게 다가와서 말했다.

"내 귀에는 벌써 큰 비가 오는 소리가 들립니다."

아합은 이게 무슨 소린가 하여 아무 대꾸도 하지 못한 채 다음 말을 기다렸다.

"이제 곧 비가 내릴 것입니다. 돌아가서 안심하시고 음식을 드십시오."

엘리야는 더 위로 올라가서 땅에 엎드려 얼굴을 두 무릎 사이에 끼고 기도를 하기 시작했다. 한동안 기도를 한 엘리야가 하인에게 말했다.

"산꼭대기에 올라가서 바다 쪽을 보고 오너라."

하인이 돌아와서 보고했다.

"아무것도 보이지 않습니다."

엘리야는 하인을 일곱 번이나 산꼭대기로 올려 보냈다. 일곱 번째로 꼭대기에 올라갔다 온 하인이 흥분된 목소리로 보고했다.

"저 바다 멀리 손바닥만한 구름이 일어났습니다."

"넌 왕에게 가서 전해라. 비가 쏟아져서 길이 막히기 전에 전차를 타고 왕궁으로 돌아가시라고."

잠시 후 구름이 일더니 서풍이 불어 왔다. 구름은 시꺼멓게 하늘을 뒤덮더니 이내 장대비가 쏟아져 내렸다. 아합은 전차를 타고 이스르엘로 향하던 중, 옷자락을 걷어올려 허리를 동이고 춤추듯 속보로 앞서가는 엘리야를 목격하게 되었다. 주의 능력이 엘리야에게 내리자 그는 전차보다 빠른 속도로 달려갈 수가 있었던 것이다.

도망자 엘리야 왕상 19장

아합은 엘리야가 믿는 주 하나님이 흠뻑 비를 내려주셨다고 생각하니 고맙고 감사한 마음이었다. 비로소 해갈이다. 산과 들에서 생명들이 소생할 것이다. 가축들은 살이 찔 것이다. 바알과 아세라 신이 못한 일을 주 하나님은 해내신 것이다. 아합은 왕궁으로 돌아오자 왕비 이세벨에게 지금까지의 일을 말해 주었다.

바알과 아세라를 섬기는 예언자들과 제사장들이 모두 죽었다는 이야기를 들은 이세벨은 독을 품고 펄쩍 뛰었다.

"엘리야, 네가 나의 예언자들을 죽인 것처럼 나도 너를 죽이고 말겠다. 내일 이맘때까지 너를 죽이지 못하면, 신들이 내리는 어떤 벌이라도 달게 받겠다."

이세벨은 즉각 병사들을 보내며 24시간 안에 엘리야를 살해하라고 엄명했다. 병사들이 엘리야를 찾아 죽이려 한다는 소문은 그들의 발걸음보다 빠르게 번져 갔다. 엘리야의 귀에도 소식이 들어갔다. 엘리야는 위기를 벗어날 생각으로 남쪽의 유다 왕국을 향해 발걸음을 재촉했다. 평민으로 가장한 자객이 뒤따를 것에 대비하여 며칠 동안 부지런히 발을 놀려 브엘세바에 이르렀다. 유다 왕국의 남방 한계선이 있는 고도古都였다. 일찍이 아브라함이 백 세에 낳은 외아들 이삭을 모리아 산에서 제물로 바치라는 하나님의 특별한 지시를 받은 곳이었다.

엘리야는 하인을 그곳에 남겨두고 홀로 남쪽으로 네게브 사막을 하룻길이나 더 걸었다. 불 같은 태양과 극심한 갈증에 육체적 피로가 겹쳐 더 이상 걸을 힘이 없었다. 그는 로뎀나무 그늘에 주저앉았다. 사해 주변과 유대 남부의 광야에 자생하는 로뎀나무는 키가 2m 정도에 불과하지만, 잔가지가 많아 좋은 그늘을 만들어 주었다.

엘리야는 갈멜 산의 치열한 대결에서 승리하여 우상의 예언자들을 다 죽였으므로 이제부터는 북왕국 이스라엘도 우상을 떠나 주 하나님을 섬기게 될 줄로 믿었었다. 그러나 못된 왕비 이세벨이 살아 있는 한 종교정책을 근본적으로 바꿀 수는 없다는 사실이 분명해졌다. 그렇다면 헛수고였단 말인가. 허탈감과 깊은 좌절감으로 엘리야는 살고 싶은 의욕마저 상실할 지경이었다.

"하나님, 이 못난 자가 살 만큼 살았으니 차라리 이 생명을 거두어 주십시오. 조상들에게로 돌아가는 것이 더 낫겠습니다."

그는 나무 그늘에 맥없이 앉아 있다가 쓰러져 잠이 들었다. 얼마나 지났을까, 누군가가 잠든 그를 어루만지며 깨웠다.

"일어나 먹어라."

주리고 목마른 그는 먹으라는 소리에 눈이 번쩍 뜨였다. 과연 그의 옆에 돌에 구운 빵과 한 병의 물이 놓여 있었다. 주변에는 아무도 눈에 띄는 사람이 없었다. 그렇다면 천사가 나타났단 말인가. 엘리야는 물과 빵을 다 먹고 잠시 앉아 있었다. 그 천사를 만나고 싶었다. 그러나 피로감과 식곤증이 겹쳐서인지 이내 다시 잠이 들었다. 한동안 곤하게 자고 있는데 다시 또 누군가가 어루만지며 깨웠다.

"갈 길이 멀고 고될 테니 일어나 먹어라."

부드러운 음성이 들려왔다. 주위를 둘러보아도 사람은커녕 사람의 발자국 하나 발견되지 않았다. 그의 옆에는 아까처럼 구운 빵과 물병이 놓여 있었다. 먹고 푹 자서 한결 피로가 풀린 엘리야는 그 음식을 먹고 나서 다시 길을 떠났다.

엘리야는 밤낮을 가리지 않고 걷고 또 걸었다. 대략 400km에 가까운 시나이 반도의 호렙 산에 도달하는 데는 40일이 걸렸다. 호렙 산은 일찍이 모세에게 하나님께서 나타나셔서 이집트에서 이스라엘 백성을 구해 내라고 사명을 주신 곳이고, 이집트 탈출 이후에는 모세가 십계명을 받은 산이기도 하다.

어느 굴 속으로 들어가 밤을 보내는데, 갑자기 주님의 음성이 들려왔다.

"엘리야야, 여기에서 무엇을 하고 있느냐?"

"주님, 저는 이스라엘의 하나님이시요 만유의 주인이신 주를 섬겨 왔습니다. 하지만 이스라엘 백성은 주님을 떠났고, 주님을 섬기던 제단도 허물어졌습니다. 하나님의 예언자들은 모두 살해되고 저만 홀로 남아 있습니다. 그런데 이제 저들은 저마저 죽이려고 합니다."

"굴에서 나가서 산 위에 서 있거라. 내가 지나갈 것이다."

부드럽지만 장엄한 명령이었다. 엘리야는 즉시 자리에서 일어나 산으로 올라갔다. 거센 바람에 산이 갈라지고 바위가 부서졌다. 하지만 주께서는 바람 속에 계시지 않았다. 바람이 휩쓸고 지나간 후엔 지진이 일어났지만, 주께서는 그 지진 속에도 계시지 않았다.

지진이 끝나자 불이 일어났다. 하지만 주께서는 불 속에도 계시지 않았다. 불이 지나가고 나자 이번에는 고요히 속삭이는 음성이 들려왔다. 엘리야가 겉옷으로 얼굴을 가리고 굴 입구에 서 있을 때였다.

"엘리야야, 너는 왜 여기 서 있느냐?"

"저는 만유의 주인이신 주를 섬겨 왔습니다. 하지만 이스라엘 백성은 주님을 버리고 떠났으며, 주님을 섬기던 제단도 허물어 버리고 주님의 예언자들까지 모두 죽였습니다. 이제는 저만 홀로 남아 있는데 저까지 잡아 죽이려고 합니다."

"너는 지금 광야를 지나 다마스커스로 가서 아람 왕 벤하닷 대신 하사엘에게 기름을 부어 새 왕이 되게 하고, 이스라엘 왕 아합 대신 예후에게 기름을 부어 이스라엘의 새 왕이 되게 하여라. 아벨므홀라에 살고 있는 사밧의 아들 엘리사에게도 기름을 부어 너를 대신하여 예언자가 되게 하여라. 하사엘의 칼을 피하는 자를 예후가 죽일 것이요, 예후의 칼을 피하는 자를 엘리사가 죽이리라."

하나님의 말씀이 이어졌다.

"내가 이스라엘 백성 가운데서 바알에게 무릎을 꿇지 않은 7천 명을 남겨 두었다."

하나님께 충성하는 사람은 다 죽었다고 생각했는데, 아직도 7천 명이나 남아 있다니! 엘리야는 비로소 새 힘이 솟아올랐다.

그 시대의 예언자는 이스라엘 왕의 우상 숭배 정책을 반대해야 하는 입장이어서 생명을 담보하지 않고는 안 되는 힘든 일이었다. 그렇다고 비굴하게 도피할 수도 없었다. 하나님께서 주신 사명이기 때문이다. 이제 사명을 다하고 하나님의 나라로 가게 된다고 생각하니 엘리야는 기쁘기조차 했다.

엘리야는 하나님의 명령을 시행하기 위해 시내 산의 동굴을 떠나 멀고 먼 여로에 올랐다. 다시 북왕국 이스라엘 땅으로 들어간 엘리야는 먼저 요단 강 서편의 아벨므홀라를 찾아갔다.

엘리야는 들에서 일을 하고 있는 사밧의 아들 엘리사를 만났다. 그는 두 마리 소가 한 조가 되어 끄는 쟁기 열두 개로 밭을 갈고 있었는데, 그 자신은 열두 번째 쟁기를 붙들고 있었다. 엘리야는 그에게 다가가서 자기가 입고 있던 겉옷을 벗어 그에게 걸쳐 주었다. 예언자 엘리야를 알아본 엘리사는 그 가죽옷이 자기 어깨에 걸쳐지게 됨으로써 자기가 엘리야의 후계 예언자가 된다는 것을 잘 알고 있었다. 그것은 모든 부귀영화를 버리고 엘리야처럼 고난의 길을 걸어야 한다는 뜻이기도 했다. 그는 하던 일을 멈추고 엘리야의 뒤를 따르며 말했다.

"집에 가서 부모님께 작별인사라도 할 시간을 좀 주십시오. 그런 다음 따르겠습니다."

엘리야가 대답했다.

"안 될 이유가 없지. 어서 다녀오도록 하게."

엘리사는 집으로 돌아가 소 두 마리를 잡아서 동네 사람들과 작별의 잔치를 한 다음, 늙은 엘리야를 따라나섰다.

벤하닷의 침공과 아합의 승리

10만의 침략군을 물리친 7,232명 왕상 20:1-21

이스라엘의 북동쪽 메소포타미아로 가는 길목에 위치한 아람(수리아)은 큰 나라였다. 근동 지역에서 32개나 되는 군소 국가들로부터 조공을 받고, 전쟁 시에는 군대를 파병 받았다. 그 당시 아람 왕은 벤하닷 2세였다.

그는 패권을 잡으려는 욕망에 불타, 이스라엘을 통째로 삼키려고 침략해 왔다. 32명의 속국 왕들도 군대를 이끌고 와서 합세했다. 그들은 이스라엘의 수도 사마리아를 단숨에 포위했다. 그들이 침략한 이유는 두 가지였다.

첫째는 이스라엘이 남쪽의 유다 왕국과 북쪽의 두로 왕국과 힘을 합쳐 요단 강 동편으로의 국토 확장 시도를 미리 방지하고, 이스라엘을 속국으로 삼아 패권을 지중해 세계로까지 확대하려는 욕심이었다. 이스라엘의 군대는 불과 7천에 불과했기 때문에 제대로 싸워 보지도 못하고 사마리아 성을 내어줄 형편이었다.

아합 왕을 비롯한 사마리아 사람들이 잔뜩 겁에 질려 있을 때 벤하닷 2세가 보낸 사신이 그의 전갈을 가지고 왔다.

'나 벤하닷이 이르노니 당신의 금과 은은 물론 당신의 아름다운 왕비와 후궁들, 왕자들과 공주들을 모두 내놓아라.'

아합은 다리가 흔들릴 지경으로 두려웠다. 450명이 온종일 몸부림치며 기도해도 반응조차 보이지 않았던 바알 신에게 무엇을 기대한단 말인가. 그렇다고 하나님께 의지할 입장도 아니었다. 그는 주 하나님을 위한 제단을 허물고, 하나님의 예언자들을 모두 죽여 버렸지 않았는가. 아합은 항복의 뜻이 담긴 굴욕적인 답신을 써 보내야만 했다.

'위대하신 대왕 폐하의 말씀대로 저와 저의 모든 것은 폐하의 것입니다.'

벤하닷에게는 그 답신이 만족스럽지 않았다. 그는 다시 아합 왕에게 사신을 보냈다.

'아합 왕은 들으라. 내일 이맘때 나 벤하닷의 신하들을 당신에게 보내겠다. 그들이 왕궁과 신하들의 집까지 다 수색하여 마음에 드는 것은 모두 내게 가져올 것이며, 젊고 건장하며 아름다운 모든 사람도 데려갈 것이다.'

무서운 재난을 앞두고 당황한 아합 왕은 신하들과 장로들을 긴급 소집했다. 아합은 벤하닷의 요구를 사실대로 알리고 대책을 논의했다. 결론은 하나였다.

"벤하닷의 요구를 거절해야 합니다."

의외로 단호하고 강경한 결정이었다. 왕궁과 백성들의 금은보화와 모든 재물을 노획해 가고, 젊고 건강하고 아름다운 사람은 모두 다 포로로 잡아가겠다는 것을 어찌 허락할 수 있단 말인가.

아합은 벤하닷의 사신들에게 전갈하게 했다.

'위대하신 아람 왕 벤하닷 폐하, 처음의 요구에는 응하겠지만, 두 번째 요구는 들어줄 수가 없습니다.'

답신을 받아든 벤하닷은 회심의 미소를 입가에 띠웠다. 벤하닷은 최후의 통첩을 보냈다.

'내 요구를 거절했으니 내가 사마리아를 완전히 진멸하여 한 줌의 먼지도 남기지 않겠다. 내가 그렇게 하지 않는다면

신들에게 무슨 벌을 받아도 좋다.'

이쯤 되자 아합은 분노를 치솟았다. 죽을지언정 싸워야겠다는 의지가 치밀어 올랐다. 아합이 사신들에게 답했다.

'가서 당신들의 왕에게 전하시오. 우리 속담에 길고 짧은 것은 대봐야 안다고 했소.'

벤하닷은 32명의 속국 왕들과 진수성찬을 벌여 놓고 먹고 마시다가 아합에게 갔던 사신의 보고를 받았다.

"건방진 놈, 대봐야 안다고? 아하하하하, 고작 7천의 병력으로 우리의 십만 대군과 싸워 보겠다고? 당장 쓴맛을 보여줘야겠군. 즉각 공격 준비를 하라."

한편, 고민에 싸여 있는 아합 왕에게 하나님이 보낸 예언자가 찾아왔다. 아합은 지푸라기라도 잡으려는 절박한 심정에서 예언자의 말을 들어보기로 했다. 예언자가 말했다.

"주 하나님께서 저 큰 군대를 임금님께 넘겨주신다고 하셨습니다."

믿어지지 않는 소식에 아합은 깜짝 놀랐다.

"그게 정말이오? 하지만 우리가 어떻게 이긴단 말입니까? 우리는 소수인데 누구를 앞세워 적들과 싸워야 합니까?"

예언자가 대답했다.

"지방장관들이 거느리고 있는 젊은 장교들을 내세우시오."

아합은 즉시 지방장관들이 거느린 젊은 장교들을 소집하자 모두 232명이었다. 아합은 예언자의 말대로 그들을 선발대로 내보냈다. 정예군 7천이 만반의 준비를 갖추고 한 걸음 뒤에서 그 뒤를 따랐다. 역부족이었지만 궁색한 방어가 아니라 적극적인 선제 공격으로 전략을 짠 것이다.

벤하닷과 32명의 왕들은 천막 안에서 흥청거리며 마셔대고 있었다. 그때 보고가 들어왔다.

"이스라엘 군이 성 밖으로 나오고 있습니다."

벤하닷이 명령을 내렸다.

"그들이 화친을 청하러 나왔거나 싸움을 하러 나왔거나 무조건 생포하라."

이스라엘의 소수 병력은 하나님께서 이기게 하신다는 소식을 들은 터라 두려움이 없었다. 그들은 적군을 닥치는 대로 죽이기 시작했다. 아람 군대는 용맹스러운 이스라엘 군의 돌연한 기습공격에 당황하여 크게 흔들렸다. 그들은 허둥거리며 도망치기 시작했다.

벤하닷 왕은 몇몇 기병들과 함께 간신히 도주했다. 아합 왕은 진격하여 말과 전차들을 크게 무찔렀고, 아람 군대에 큰 타격을 입혔다. 상상도 할 수 없었던 대승리였다.

어리석은 왕 아합 왕상 20:22-43

승리에 취해 있는 아합 왕에게 예언자가 다시 찾아왔다.

"벤하닷은 내년 봄에 다시 공격해올 것이므로 그동안 군사력을 키워서 대비해야 합니다."

한편 패주한 아람 왕은 그들의 수도 다마스커스에 이르자 대책회의를 소집했다. 신하들이 왕에게 말했다.

"이스라엘의 신은 산의 신이기 때문에 그들이 우리보다 강했던 것입니다. 그러나 평지에서 싸운다면 틀림없이 우리가 이길 것입니다."

"지휘 체계를 혁신해야 됩니다. 32명의 왕들이 자기 군대를 지휘하다 보니 일사불란한 지휘 계통이 서지 않아 긴박한 상황에서 혼란스러웠던 것도 패인의 하나입니다. 따라서 지휘 체계에 왕들을 두지 마시고 그들의 군대마저 폐하의 직속 군대장관들을 임명하여 지휘토록 하시어서 지휘 계통을 단순하게 일원화할 필요가 있습니다."

"이번 전투에서 상실한 병력과 전차와 말을 보충하여 충분히 훈련시킨 후 내년 봄에 다시 공격하는 게 좋을 듯합니다."

벤하닷은 신하들의 의견을 받아들였다. 예전처럼 32개국 군대를 모아 연합군을 형성하되 왕들의 출전을 막고 직접 임명한 아람의 장교들에게 병력을 지휘하게 하고, 결손 병력과 군사 장비를 보충하여 훈련시켰다.

봄이 돌아오자 벤하닷은 다시 대군을 이끌고 이스라엘로 갔다. 그러나 사마리아 성이 있는 중앙 고지대로 올라가지 않고, 갈릴리 호수에서 멀지 않은 평야에 진을 쳤다. 이번에도 10만 대군이었다.

또다시 대군을 상대로 싸워야 하는 이스라엘로서는 두려움이 앞섰다. 그들의 병력은 적군의 10분의 1에도 못 미쳤기 때문이다.

또 다시 예언자가 아합 왕을 찾아와 말했다.

"걱정하지 말고 나가 싸우시오. 적군은 이스라엘의 신을 산의 신이라고 믿고 들에서 싸우려고 진을 폈습니다만, 주 하나님은 거기에서도 이기게 하실 것입니다. 하나님께서 그 큰 군대를 모두 왕의 손에 넘겨주시겠다고 하셨습니다. 그러면 왕은 비로소 주께서 전능하신 하나님인 줄 알게 될 것입니다."

아합은 군대를 지휘하여 아람 군대가 진 치고 있는 평야로 내려갔다. 전선은 초긴장 상태였다. 엿새가 지나도록 아람의 10만 대군도 움직이지 않았고, 이스라엘 군도 미동조차 하지 않았다. 이레째 되는 날, 드디어 전투가 벌어졌다. 험악한 대접전이었다. 그러나 어찌된 일인가. 아람 군대가 형편없이 무너지기 시작했다. 온종일 계속된 전투에서, 10만의 아람 군대는 대풍에 떨어지는 낙엽처럼 쓰러져 갔다. 대세가 현저히 기울었음을 판단한 아람 군대는 패주하기 시작하더니 가까이에 있는 아벡 성으로 도피했다. 작은 성 아벡은 그들이 들이닥친 직후 무너지면서 2만 7천이나 되는 아람 패주병들을 압사시켰다. 벤하닷 왕은 측근의 신하들과 함께 아벡 성으로 도망친 후, 어떤 집으로 뛰어들어 은신한 채 곧 뒤따라와 수색할 이스라엘 군을 의식하며 두려워 떨고 있었다.

한 신하가 입을 열었다.

"소신이 듣기에 이스라엘 왕은 인자하다고 합니다. 여기에 숨어 있다가 잡히기보다는 굵은 베옷을 입고 새끼줄로 머리를 두른 다음 이스라엘 왕을 찾아가면 목숨만은 살려줄 것으로 생각됩니다."

다른 신하들도 거들었다.

"여기서 잡히는 것보다는 찾아가서 항복하는 편이 안전할 것입니다."

달리 방법이 없었기 때문에 벤하닷은 신하들의 의견에 따르기로 했다.

"폐하께서 친히 앞장서시면 안 됩니다. 우리들이 먼저 이스라엘 왕에게 가는 편이 좋을 듯싶습니다."

한 신하의 의견이 받아들여졌다. 몇 명의 신하가 이스라엘 군인들에게 투항하여 아합 왕에게 인도되었다. 베옷에 새끼줄을 머리에 두른 채 초라해진 그들을 향해 아합이 물었다.

"너희들의 왕은 죽었느냐?"

"저희들은 폐하의 종 벤하닷의 간청을 올리려고 왔습니다."

"뭐라고? 벤하닷이 아직 살아 있단 말이냐? 그는 내 형제나 다름이 없다. 그러니 그를 데려오너라."

아합은 오만에 빠져 벤하닷을 살려 주었을 뿐만 아니라 그를 자기의 전차에 태우기까지 했다. 두 번이나 침략한 그를 왕으로 예우한 것이다. 벤하닷은 이에 감격한 듯 아합에게 최고의 경의를 표하며 입을 열었다.

"폐하, 오늘의 은혜를 잊지 않겠습니다. 이 은혜에 보답하고자 나의 부친이 폐하의 부친께서 왕으로 계실 때 빼앗은 성읍들을 모두 반환하겠습니다. 뿐만 아니라 우리 나라의 수도 다마스커스에 폐하의 이름을 딴 거리를 만들겠습니다. 폐하의 존귀한 이름과 명예가 다마스커스에 영원히 남을 것입니다."

아합은 흐뭇한 나머지 그 약속을 받아들이고 벤하닷을 그의 나라로 돌려보냈다.

벤하닷과 그의 신하들이 돌아가자 두 번이나 승리를 예언해 준 예언자가 다시 아합에게 나타나서 격양된 목소리로 말했다.

"왕께서는 큰 실수를 하셨습니다. 하나님께서 말씀하시기를, 내가 멸하기로 작정한 사람을 너의 손으로 놓아 주었으니 네가 그의 목숨을 대신하리라 하셨습니다."

벤하닷 대신 아합을 죽이겠다는 하나님의 예언이었다. 아합은 그 말에 마음이 심히 언짢아져서 근심하며 사마리아로 돌아갔다.

아합의 탐욕과 이세벨의 악행

도둑질한 왕 왕상 21:1-16

그 후 이스라엘은 한동안 평화를 누렸다. 아람의 십만 대군을 두 번이나 연거푸 무찌른 승전 소식이 주변 나라들에 알려지면서 누구도 이스라엘을 넘보지 못했기 때문이다.

어느 날 왕궁 테라스를 거닐던 아합의 눈에 기름진 포도원이 들어왔다. 왕궁 바로 옆에 있는 그 포도원은 나봇의 소유로, 조상 대대로 이어져 내려오는 땅이었다. 포도원을 바라볼 때마다 욕심이 발동했지만, 모세의 율법에 의해 땅의 매매가 불가능하므로 군침만 삼켜오던 왕이었다.

'저 포도나무를 다 없애 버리고 아름다운 정원을 만들면 얼마나 좋을까.'

생각이 이에 미치자 아합은 포도원을 바라볼 때마다 왕궁 정원으로 만들고 싶은 욕구가 강해졌다. 아합의 왕궁은 '상아 궁전'으로 불릴 만큼 호화롭고 아름다웠다. 포도원을 아름다운 정원으로 꾸민다면 그의 왕궁은 한결 돋보일 것이다.

왕은 어느 날 나봇을 왕궁으로 불러들여 흥정했다.

"그대의 포도원을 나에게 넘겨주게. 궁궐과 가까우니, 그곳을 내 채소밭으로 가꾸고 싶네. 그 대신 내가 더 좋은 포도원을 주든가, 원한다면 돈으로 계산해 줄 수도 있네."

나봇이 망설이지 않고 대답했다.

"조상 대대로 내려오는 땅을 폐하께 드리거나 매매하는 것은 주 하나님의 율법에 의해 금지되어 있습니다."

아합도 달리 어찌할 방법이 없었다. 그때부터 아합은 실망과 분노로 잠도 오지 않고 밥맛도 떨어졌다. 그는 아예 자기 침실에서 나오지도 않았다.

왕비 이세벨이 왕의 근황을 듣고 아합의 침실로 찾아갔다. 수척한 왕에게 이세벨이 걱정스러운 얼굴로 물었다.

"무슨 근심이 그다지 크시기에 식사도 하지 않습니까?"

아합은 침상에서 일어나 앉으며 입을 열었다.

"이스르엘 사람 나봇에게 포도원을 나에게 팔라고 했었지만, 그는 거절하고 있소."

왕비는 경멸하는 눈빛으로 말했다.

"이스라엘의 왕이 그만한 일로 근심을 하시다니요? 일어나서 음식을 드십시오! 기운을 내세요. 제가 당장 손을 써서 이스르엘 사람 나봇의 포도원을 임금님의 소유로 만들어 놓겠습니다."

왕비 이세벨은 이스라엘 사람이 아니라 이웃 나라 시돈의 공주였다. 그의 아버지 시돈 왕은 바알 신의 제사장이었다. 그녀는 아합 왕과 결혼한 후 이스라엘의 종교를 바알 숭배로 바꾸고, 많은 예언자와 제사장들을 처형했으며, 저 위대한 예언자 엘리야도 죽이려 했었다. 그녀에게 주 하나님의 율법 따위는 안중에 없었다.

왕비 이세벨은 즉시 성읍의 장로들에게 편지를 쓴 다음 왕의 도장을 찍어 보냈다.

'백성들은 금식하고 나봇을 끌어다가 높은 자리에 앉히시오. 맞은편에는 두 명의 불량배들을 앉혀

놓고, 나봇이 하나님과 왕을 저주했다고 증언하게 하시오.'

왕비의 악랄하고 잔인한 성격을 익히 알고 있는 장로들은 감히 그 명령을 어길 수 없었다. 금식이 선포되고, 나봇이 죄인으로 끌려 나오고, 거짓 증언자들이 동원되었다. 엉터리 재판이 이루어진 것이다.

재판이 끝나자 사람들은 나봇을 성 밖으로 끌고 나가 돌로 쳐 죽였다. 그러나 왕비는 여기서 멈추지 않고 나봇의 아들들도 모조리 죽이라고 했다. 그래야만 그 포도원이 상속자가 없어져 소유권을 확보할 수 있을 것이라고 생각한 것이다.

이세벨은 자기의 지시대로 집행되었다는 보고를 받자, 즉시 왕에게 갔다.

"나봇은 죽었습니다. 이제 그의 포도원은 왕의 것입니다."

피는 피를 부르고 왕상 21:17-29

이세벨에 의해 잔인한 살상극이 벌어진 직후, 예언자 엘리야에게 하나님의 말씀이 임했다.

"아합에게 가라. 그는 지금 나봇의 포도원을 차지하려고 그리로 갔다. 그에게 가서 이렇게 전하라. '네가 사람을 죽이고 그의 땅까지 빼앗는구나. 개들이 나봇의 피를 핥아먹은 곳에서 네 피도 핥아먹을 것이다. 이세벨도 개들이 먹을 것이며, 네 가문이 다 멸망할 것이다.'"

엘리야는 즉시 나봇의 포도원으로 가서 아합을 만났다.

“하나님이 나를 보내셨습니다. 엄청난 재앙이 왕가에 내릴 것입니다. 나봇이 피 흘린 곳에서 왕의 피를 개가 핥고, 왕비의 시체는 개들이 뜯어먹게 될 것입니다. 왕의 자손들도 다 멸망할 것입니다.”

엘리야는 하나님의 말씀을 그대로 전했다. 왕비 때문에 주 하나님을 버리고 바알 신을 섬기는 왕이지만, 왕의 핏줄은 주를 섬기는 이스라엘 자손이었다. 그는 엘리야가 전해 준 하나님의 말씀에 턱과 다리가 덜덜 떨리도록 무서웠다. 아람의 10만 대군을 두 번이나 이기게 하신 주 하나님이 아닌가. 그 하나님이 죽는다면 죽을 것이고, 개의 밥이 된다면 개의 밥이 될 것이다. 왕자와 공주들이 모두 죽는다면 그렇게 될 것이다.

왕궁으로 돌아온 아합은 도저히 두려움을 극복할 수 없었다. 그는 옷을 찢고, 굵은 베옷으로 갈아입은 다음 음식을 입에 대지 않았다. 왕비든 왕자든 누구도 만나지 않고 회개하고 있었다.

그 무렵 하나님께서 다시 엘리야에게 나타나셨다.

‘아합이 크게 뉘우치고 있다. 그의 회개를 받아들여 그가 살아 있는 동안에는 재앙을 내리지 않으리라. 그러나 그의 자식들에게는 재앙을 내릴 것이다.’

아합 왕의 전사와 하늘의 불

행복한 왕 여호사밧 왕상 22:1–23, 41–50 ; 대하 17:1–18:22

북왕국 이스라엘을 아합이 통치하고 있을 당시, 남왕국 유다에서는 백성들의 사랑과 존경을 받던 아사 왕이 41년의 통치를 끝으로 사망했고, 그의 아들 여호사밧이 뒤를 이었다. 아들 역시 아버지와 마찬가지로 훌륭한 왕이 되었다. 나라는 번영하고 백성은 평화를 누렸다.

여호사밧은 이스라엘과의 북쪽 국경을 수비하기 위해 국경의 성읍들에 든든하게 성벽을 두르고 방위 부대를 주둔시켰다. 아버지 아사 왕이 이스라엘로부터 빼앗은 에브라임도 수비를 견고히 했다. 한편 여호사밧은 모든 우상들과 산당들을 유다 왕국에서 완전히 제거하는 종교 정책을 폈다. 하나님께서는 다윗처럼 굳건한 신앙을 가진 여호사밧을 기뻐하셨으므로 그에게 많은 재물을 주어 국력을 키우고 국방력을 강화할 수 있게 하셨다.

유다 왕국은 점점 강대해져서 예루살렘을 비롯한 전국에 잘 훈련된 116만의 병력을 확보했다. 여호사밧의 아름다운 신앙으로 나라가 견고해지며 번영하는 것을 지켜본 이웃 나라들은 감히 유다 왕국을 넘보지 못했고, 더 나아가 많은 선물을 보내며 주 하나님을 두려워하여 섬기게 되었다. 왕은 국력과 국방을 견고히 하는 한편, 백성으로 하여금 하나님을 잘 섬기도록 하기 위해 율법학자들을 세우기도 했다.

하지만 여호사밧은 일생일대의 실수를 저지르고 말았다. 자기의 아들 여호람을 아합의 공주 아달랴와 결혼을 시킨 것이다. 양국의 관계를 회복하려는 의도였지만, 그로 인해 훗날 이스라엘의 우상 종교가 다시 유다 왕국에 번지게 되었다. 어쨌든 두 나라는 사돈을 맺음으로써 한동안 사이 좋게 지낼 수 있었다.

3년쯤 지났을 때 여호사밧이 신하들을 거느리고 북왕국을 방문했다. 아합은 온 신하들과 귀족들을 참석시켜 성대한 연회를 베풀었다. 덕담을 나누며 만찬을 즐기던 중 아합이 넌지시 여호사밧에게 물었다.

"길르앗라못이 원래 우리 영토였다는 걸 알고 계시지요? 아람의 군대가 쳐들어와 빼앗아 간 그 땅을 다시 찾으려면 아람과의 일전이 불가피합니다. 어떻습니까? 우리는 한민족이니 힘을 합쳐서 우리의 땅을 다시 찾도록 도와주시지 않겠습니까?"

남북 연합군을 결성하자는 제의에 여호사밧은 원칙적으로 동의했다.

"그러나 먼저 하나님께 여쭈어 보는 게 순서가 아닌지요?"

"지당하신 말씀입니다."

하나님을 외면하고 우상 종교에 빠져 있던 아합이었으나 일단 여호사밧의 비위를 건드리면 안 되겠기에 순순히 그의 제안을 수용했다. 그는 즉시 명령을 내려 예언자들을 소집했다. 그러나 바알과 아세라 우상을 숭배하는 북왕국이었으므로 하나님의 예언자라고 불러 모은 4백여 명은 사실상 거짓 예언자들이었다. 그들이 왕궁 뜰에 운집하자 두 왕이 나란히 보좌에 앉았다. 먼저 아합 왕이 그들에게 물었다.

"내가 길르앗라못을 다시 찾기 위해 아람과 싸우러 올라가고자 하는데, 하나님의 뜻은 과연 어떠하신지 알고 싶소. 하나님께 여쭈어 봐 주시오."

예언자들은 거의 이구동성으로 외쳤다.

"길르앗라못으로 올라가 싸우소서. 승리할 것입니다."

그들은 왕의 마음을 알아채고 왕의 비위를 맞추고자 이렇게 외쳤다. 침묵으로 지켜보던 여호사밧이 아합에게 물었다.

"달리 물어볼 만한 예언자가 없습니까?"

"이믈라의 아들 미가야라는 예언자가 있기는 합니다만, 나는 그를 별로 좋아하지 않습니다. 그는 나에 대하여 늘 흉한 예언만 하거든요."

"그가 하나님의 예언자라면 그의 예언을 놓고 감정적으로 대응하는 것은 잘못입니다. 나는 미가야의 예언을 듣고 싶습니다."

아합은 기분이 내키지 않았지만 급히 미가야를 데려오게 했다. 미가야가 오고 있는 동안, 그들 앞에 늘어서 있던 4백여 명의 거짓 예언자들 중 시드기야라는 예언자가 나서더니 쇠로 만든 뿔들을 두 왕 앞에 내보이며 말했다.

"보소서. 하나님께서는 이 쇠뿔로 아람 군대를 찔러 이기게 하신다고 말씀하셨습니다. 그러니 지체 말고 길르앗라못을 되찾으러 진격해 가소서."

그러나 그 예언 역시 하나님이 주신 말씀이 아니라 거짓 예언자가 자기 마음대로 한 말이었다. 다른 예언자들도 모두 이 말에 동의했다.

마침내 기다리던 예언자 미가야가 두 왕 앞에 모습을 나타냈다. 아합이 미가야에게 물었다.

"우리가 길르앗라못 성읍을 공격하는 것이 어떻겠소? 그만두어야 하겠소?"

"그 성을 치십시오. 틀림없이 승리하실 것입니다. 주께서 그 성을 왕의 손에 넘겨주실 것입니다."

아합 왕이 그에게 말했다.

"정말이오? 맹세코 그렇게 말할 수 있겠소? 주의 이름을 말할 때에는 진실만을 말하시오."

그제야 미가야가 정색을 하고 대답했다.

"저는 이스라엘 군사들이 목자 없는 양 떼처럼 온 산에 흩어져 있는 장면을 보았습니다. 주께서 제게 말씀하셨습니다. '저들에게는 이제 지도자가 없다. 각자 자기 집으로 평안히 돌아가게 하라.'"

백성의 목자는 왕이다. 목자가 없다는 것은, 왕이 전사한다는 뜻이다. 최고 사령관인 왕이 전사하면 그 군대는 오합지졸로 변하여 도망치기에 바쁠 것이다.

아합은 그 말뜻을 정확하게 알아차리고 여호사밧에게 말했다.

"내가 뭐라고 했습니까? 미가야는 한 번도 내가 하려는 일이 잘 된다고 한 적이 없답니다."

미가야의 예언이 계속되었다.

"하나님께서 보좌에 앉아 계시는데 그 좌우에 하늘의 군대가 모시고 선 모습이 내게 보입니다. 하나님께서 물으십니다. '누가 아합 왕을 꾀어 길르앗라못으로 올라가서 죽게 하겠느냐?' 그러자 한 영이 말합니다. '내가 거짓말하는 영이 되어 모든 예언자들의 입에 있겠습니다.' 그래서 모든 예언자들이 한결같이 거짓 예언을 한 것입니다. 그러나 하나님께서 내게 말씀하셨습니다. 아합 왕이 길르앗라못으로 올라가면 그곳에서 죽을 것이라고."

아합의 속임수 왕상 22:26–38 ; 대하 18:25–34

아합은 미가야의 솔직한 예언을 들었으나 고집을 굽히지 않았다. 전에 두 차례나 아람과 싸워 이긴 경험이 있는 아합은 다른 4백 명의 예언을 따랐다.

"미가야를 옥에 가두어라. 내가 승리하고 돌아올 때까지 죽지 않을 만큼만 먹여라. 그가 자기의 예언이 틀린 것을 확인하게 될 것이다."

아합은 여호사밧과 함께 길르앗라못으로 진격했다. 아합은 적군이 일차적으로 최고 사령관인 왕의 생명을 노린다는 것을 알고 있었으므로 속임수를 쓰기로 했다. 자기의 왕복을 병사에게 입히고 그 병사의 군복을 자신이 입었다. 그는 어떻게든지 살아 돌아가서 미가야의 예언이 틀렸음을 입증하고 싶었다. 여호사밧 왕은 당당하게 왕의 차림으로 동행했다.

한편 아람 왕은 30명의 전차를 탄 지휘관들을 불러 병사들과 싸우지 말고 이스라엘 왕 아합을 찾아 죽이라고 특명을 내렸다. 접전이 시작되자 30명의 지휘관들은 전차를 달리며 아합을 찾는 데 혈안이 되었다.

"저기, 이스라엘의 왕이다!"

한 지휘관이 소리치며 달려가자 여러 명의 지휘관이 그리 몰려갔다. 여호사밧은 적군의 고함소리를 듣고, 자기를 아합 왕으로 오인하고 있다는 사실을 알아차렸다.

"나는 이스라엘 왕 아합이 아니오."

지휘관들은 가까이 다가와서 아합이 아님을 확인하자 여호사밧을 내버려 두고 전차를 몰아 갔다. 그때 아람의 한 병사가 쏜 화살이 위장한 아합 왕의 갑옷 사이에 맞았다. 아합이 전차병에게 말했다.

"어서 전차를 돌려 빠져 나가자. 내가 부상을 입었다."

온종일 전투가 격렬하게 벌어져서, 왕은 계속해서 아람 군대에 에워싸여 있을 수밖에 없었다. 그의 상처에서 흘러내린 피가 전차 바닥에 가득 고였고, 저녁때가 되자 왕은 숨을 거두었다.

전투가 끝나자 이스라엘 병사들은 왕이 죽어 있는 전차를 사마리아로 끌고 가서 장사를 지냈다. 병사들이 사마리아 연못으로 전차를 끌고 가서 피를 씻어내자 들개들이 냄새를 맡고 달려와 그 피를 핥아 먹었다. 그곳은 아합의 아내 이세벨이 포도밭을 빼앗기 위해 나봇을 피 흘려 죽게 한 곳이었고, 연못은 창녀들이 목욕하는 곳이었다.

하늘에서 내려온 불 왕상 22:51-왕하 1:18

사악하고 비열한 왕 아합은 죽고, 그의 아들 아하시야가 아버지를 이어 왕위에 올랐다. 아하시야는 이세벨의 영향으로 우상 바알을 숭배했다.

하나님이 계심에도 우상을 숭배하던 아하시야는 즉위 2년 만에 사마리아의 왕궁 난간에 기대어 있다가 추락하여 중상을 입는 불상사를 당했다. 그는 침상에 누워 신음하다가 고통이 심하여 이러다가 죽을지도 모른다는 불안감에 휩싸였다. 그는 저 남쪽의 블레셋에 거대하게 세워진 우상 바알세붑에게 신하를 보내어 자신의 운명을 여쭈어 보게 했다.

아하시야의 신하가 남쪽을 향해 길을 떠났다. 적어도 엿새는 가야 할 길이었다. 그러나 신하는 엿새를 걸을 필요가 없었다. 사마리아를 떠나 채 국경을 벗어나기도 전에 얼굴도 의복도 거칠기가 야수 같은 노인 한 사람이 길을 가로막고 섰기 때문이다. 그의 목소리는 노인답지 않게 거칠었다.

"바알세붑을 찾아 멀리 가는구려. 그럴 필요 없소이다. 아하시야 왕에게 돌아가서 전하시오. 이스라엘에 하나님이 안 계셔서 바알세붑에게 물으려 가느냐고. 우상을 숭배한 벌로 왕이 반드시 죽는다고 전하시오."

신하는 노인의 위엄에 눌려 오던 길을 되돌아 갔다. 일찍 돌아온 신하에게 왕이 놀란 눈으로 물었다.

"어찌하여 되돌아 왔느냐?"

신하는 머뭇거리다가 어렵게 입을 열었다.

"길에서 노인 한 분을 만났습니다. 그가 꾸짖었습니다. 이스라엘에 하나님이 없어서 바알세붑에게 물으러 가느냐고요. 그러면서 왕에게 돌아가서 반드시 죽는다고 전하라고 했습니다. 아무래도 범상치 않은 노인이었습니다."

왕은 신하에게 화를 내려다가 마음에 섬뜩하게 집히는 게 있어 다시 물었다.

"어떻게 생겼더냐? 옷은 무얼 입고?"

"가죽털 옷을 입고 있었고, 허리엔 가죽 띠를 두르고 있었습니다."

왕은 그 노인이 누구인지 알 것 같았다. 하나님의 예언자들은 대개 거친 가죽옷에 가죽띠를 매고 다녔다. 더구나 그토록 독설을 퍼부어 대는 사람이라면 겁없는 엘리야가 분명했다. 그는 아버지를 찾아와 몇 번이나 나쁜 소식만 전한 자가 아니던가. 그 자가 내게도 악담을 퍼붓다니….

아하시야 왕은 엘리야를 만난 장소를 물은 뒤 50명의 병사를 급파하여 그를 데려오라고 명령했다.

"정중하게 모셔 오너라. 왕의 초청이라고 전하라."

명령을 받은 오십부장은 부하들을 거느리고 엘리야를 찾아 나섰다. 엘리야는 기다렸다는 듯 산마루 길목에 앉아 있었다. 오십부장이 다가가 말했다.

"하나님의 사람이여, 왕께서 모셔 오라십니다. 어서 내려가시지요."

엘리야는 아합과 이세벨과 마찬가지로 자신을 죽이려 한다는 사실을 알고 있었다. 더구나 오십부장의 말투와 태도는 오만과 빈정거림으로 가득차 있었다.

"나를 하나님의 사람이라 했느냐? 내가 정말로 하나님의 사람이라면 하늘에서 불이 내려와 너희들 50명을 태워 버릴 것이다."

이 무슨 날벼락인가. 엘리야의 말이 끝남과 동시에 하늘에서 불이 내려오더니 오십부장과 그의 부하들을 순식간에 태워 버렸다. 갈멜 산에서 바알의 제사장들과 대결할 때 엘리야의 기도에 하늘에서 불이 내려와 물에 흠뻑 젖은 제물을 불사른 상황과 너무나 흡사했다.

불행한 소식을 전해 들은 아하시야 왕은 하나님의 사람을 두려워하기는커녕 오히려 악이 치받쳐 올라 또다시 50명의 병사를 엘리야에게 보냈다. 오십부장은 같은 장소에서 엘리야를 만나자 명령조로 말했다.

"하나님의 사람이여, 빨리 왕궁으로 내려오라는 어명이시오."

하나님의 진노를 경험하고도 두려움을 모르는 완악한 아하시야 왕과 그 부하들에게 엘리야는 예전과 똑같이 하나님의 심판을 선언했다.

"내가 하나님의 사람이라면 하늘에서 불이 내려와 너와 너의 부하 50명을 태울 것이다."

하나님은 또다시 하늘에서 불을 내려 그들을 순식간에 태워 버렸다. 이쯤 되면 하나님이 두려워서라도 포기해야 할 아하시야 왕은 어찌나 교만하고 고집 불통이던지 또다시 50명의 병사를 오십부장의 지휘하에 엘리야에게로 보냈다. 세 번째로 엘리야를 찾아간 오십부장은 앞서 갔던 두 오십부장과는 달리 하나님을 두려워하는 겸손한 사람이었다. 그는 엘리야 앞에 무릎을 꿇고 엎드렸다.

"하나님의 사람이여, 나와 50명의 부하들 생명을 귀히 여겨 주시기를 간청합니다."

엘리야가 잠시 침묵하고 있을 때 하나님께서 일러주셨다. 두려워 말고 그들을 따라 왕궁으로 들어가라고.

왕은 여전히 침상에 누워 있었다. 신하들이 엘리야를 침상으로 안내했다.

"하나님이 계신데도 멀리 있는 바알세붑에게 물으려 하는 왕이여, 그 침상에서 다시는 내려오지 못할 것입니다."

그의 선언은 단호했다. 아하시야는 엘리야의 예언대로 죽었다.

왕에게는 아들이 없었으므로 그의 형제 요람이 아하시야의 뒤를 이어 이스라엘의 제 9대 왕이 되었다.

여호사밧의 승리와 여호람의 비극

전투 없이 승리한 여호사밧 왕상 22:41–50 ; 대하 19:1–20:34

북왕국에 머물다가 아합이 죽자 귀국한 남왕국의 여호사밧 왕은 예루살렘으로 돌아오자 하나님의 예언자 예후로부터 책망을 들었다.

"왕께서 악한 자를 돕고 하나님을 미워하는 자를 사랑한 것은 하나님의 진노가 내릴 일이 아닐 수 없습니다. 하지만 왕께서는 이 나라의 우상들을 없애고 오직 하나님만 찾으시니 이는 주께서 기뻐하시는 일입니다."

여호사밧은 그때부터 국토의 남쪽 끝 브엘세바에서부터 북쪽 끝의 에브라임 산지에 이르기까지를 순회하며 적극적으로 신앙회복 정책을 펼쳤다. 오직 하나님만 섬기도록 계몽하고 다스리는 한편, 재판관들에게는 하나님 앞에서 공정한 재판을 하도록 지침을 내렸다. 북왕국이 하나님께 역행하는 것과 달리 남왕국 유다는 오직 하나님 중심의 정치를 펴 나갔다.

나라가 평온하고 하나님 신앙이 정착되어 갈 무렵, 왕에게 급보가 들어왔다.

"요단 강과 사해 건너편의 모압과 암몬과 그 남부의 에돔이 연합하여 쳐들어오고 있습니다. 그들은 이미 사해 서쪽의 엔게디 광야에 이르렀습니다."

한때 다윗이 사울 왕을 피해 도피한 적이 있는 엔게디 광야에 집결한 3국의 연합군은 유다 왕국에 큰 위협이었다. 더구나 에서의 후손인 에돔 족은 거칠고 잔인하기로 유명했다.

여호사밧 왕은 지체 없이 성전으로 올라가 하나님께 도움을 청했다. 아울러 온 백성이 금식하며 기도하라는 명을 내렸다. 백성들은 어린아이에 이르기까지 각처에서 예루살렘으로 올라와 성전에서 간구했다. 왕은 나아가 성전 뜰에 운집한 백성에게 그의 믿음을 피력하기도 했다. 주의 손에 권세와 능력이 있음과, 이 땅은 하나님께서 아브라함의 자손인 우리에게 주셨다는 것을 상기시키고, 우리가 성전에서 기도하면 하나님께서 반드시 들어주신다는 믿음을 선포했다.

남녀노소가 모여 기도하는 가운데 하나님의 신이 야하시엘에게 내렸다.

"하나님께서 내게 말씀하셨습니다. 적군을 두려워 말라고 하십니다. 이 전쟁은 하나님의 싸움이라고 하셨습니다. 따라서 우리가 싸울 필요가 없다는 것입니다. 너희는 가만히 서서 내가 너희를 어떻게 구하는가 보라고 하십니다. 내일 그들과 싸우면 하나님께서 우리를 이기게 하실 것입니다."

그들은 기도했고, 하나님의 계시를 믿었다. 군사들이 출정하기에 앞서 여호사밧 왕은 백성들에게 확신을 심어 주었다.

"모두들 하나님을 믿어라. 예언자를 통해 주신 말씀을 신뢰하라. 그러면 우리가 이길 것이다."

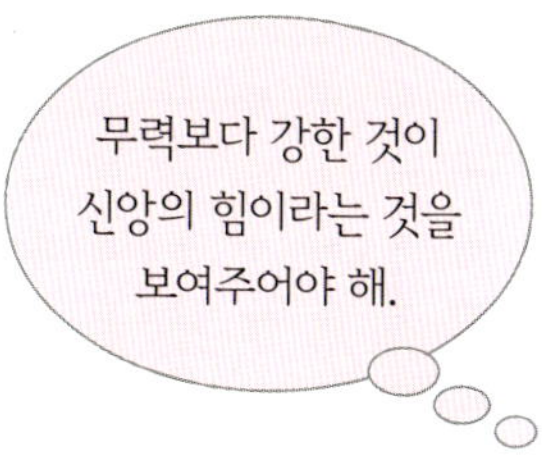

여호사밧 왕은 무장한 군대를 앞세우지 않고 예복을 갖추어 입은 찬양단을 앞세워 출정하게 했다. 찬양단은 '주께 감사드리자. 주의 사랑은 영원

하시다'라는 찬양을 부르며 행진했다. 유사 이래 이런 군대는 없을 것이다.

찬양하는 군대가 전진해 나아가자 이상한 일이 벌어졌다. 매복해 있던 모압과 암몬의 군대가 에돔의 군대를 적군으로 오해하고는 갑자기 공격하기 시작했다. 연합군의 느닷없는 기습공격에 놀란 에돔 군대는 제대로 싸워 보지도 못하고 순식간에 진멸되었다. 사기 충천한 모압과 암몬의 군대는 적과 아군을 분별하지 못하는지, 이번에는 서로를 공격하기 시작했다. 골짜기와 들판에 엄청난 시체가 쌓였다.

전쟁터에 도착한 여호사밧의 군대는 망루에 올라가 적진을 살펴보다가 깜짝 놀랐다. 살아 있는 적군이 한 명도 보이지 않았기 때문이다. 온 사방을 둘러보아도 모압과 암몬과 에돔의 군대는 모두 시체로 변하여 땅을 뒤덮고 있었다. 그들의 기도를 들으신 하나님께서 과연 싸우지 않고 이기게 하신 것이다.

여호사밧의 군대는 죽어 나자빠진 적군들로부터 사흘에 걸쳐 재물과 보화를 거두어들였다. 나흘째 되는 날, 그들은 한 자리에 모여 하나님께 감사 드린 후 예루살렘을 향해 개선했다.

그들이 거둔 대승리의 소문이 주변의 여러 나라로 급속히 번져나가자, 주변의 나라들은 하나님이 함께 하시는 유다 왕국을 심히 두려워했다.

여호사밧 왕은 25년 동안 유다 왕국을 다스리다가 수명이 다하여 죽었다. 하나님이 기뻐하시는 일을 많이 한 여호사밧의 뒤를 이어 32세 된 그의 아들 여호람이 즉위했다.

불행한 왕 여호람 왕하 8:16-24 ; 대하 21장

여호사밧과 아합이 사돈을 맺었다는 이야기를 기억할 것이다. 그 일로 남과 북의 두 왕이 매우 가까워졌으며, 여호사밧은 아합이 전사한 아람 군대와의 전투에 함께 출정한 적이 있었다. 새 왕이 된 여호람은 아합과 이세벨의 딸 아달랴와 부부 사이였다.

이세벨이 아합과 결혼하여 북왕국을 우상을 섬기는 나라로 만든 것처럼 그들의 딸 아달랴는 남편이 왕이 되자 자신의 어미인 이세벨처럼 영향력을 행사하여 하나님을 섬기던 유다 왕국으로 하여금 이방의 우상을 섬기게 만들었다. 우선 여호람이 우상을 섬겼고, 백성들에게도 우상을 섬기도록 강요했다.

우상 숭배에 대해 아합 왕에게 여러 차례 경고한 적이 있는 예언자 엘리야는 여호람 왕에게 편지를 보내어 우상 숭배에 대해 무섭게 경고했다. 하나님께서 너의 백성과 너의 자녀들과 아내들과 재물들에 재앙을 내릴 것이며, 나아가 네가 중병이 들어 창자가 빠져 나올 것이라는 경고였다.

하나님께서는 유다 왕국이 우상을 숭배하게 되자 진노하셨다. 하나님은 남쪽의 호전적인 블레셋과, 저 멀리 동쪽의 아라비아로 하여금 유다를 침략하게 하셨다. 그들은 예루살렘까지 쳐들어와 강탈을 일삼았다. 심지어 왕궁에까지 들어가 여호람의 막내 아들 여호아하스 하나만 남겨두고 다른 왕자들과 왕비들은 물론 금은보화를 강탈해 갔다.

큰 재앙이 유다 왕국을 휩쓸고 간 후, 엘리야의 경고대로 여호람이 병들어 누웠다. 창자가 심하게 아픈 병이었다. 아무도 왕의 병을 고칠 수 없었다. 왕은 2년 동안 병상에 누워 신음하다가 세상을 떠났다. 그 마지막 2년은 그가 살아온 40년 생애에서 38년 동안 겪은 모든 고통을 다 합쳐도 모자랄 만큼의 아픔이었다.

여호람은 창자가 빠져나와 죽었다. 왕으로 8년을 지냈으나 하나님을 외면하고 우상숭배 정책을 펴는 악정만 일삼다가 죽은 것이다. 왕의 죽음에도 백성들은 애도하지 않았다. 더 나아가, 그 시신을 왕실 묘에 장사 지내지도 않았다. 하나님과 백성들로부터 철저하게 외면당한 불행한 인생이었다.

엘리야의 승천과 엘리사의 이적들

불수레 타고 하늘로 왕하 2:1-18

하나님의 예언자 엘리야는 사악한 시대에 살면서 권력자들로부터 많은 핍박을 받았다. 그러나 하나님이 주시는 말씀을 왜곡하거나 보태지도 빼지도 않고 그대로 전했으며, 하나님이 함께 하시는 권세와 능력으로 예언자로서의 활동을 전개했다.

그는 털가죽 옷을 입고 가죽띠로 허리를 두른 모습으로 바알 신을 숭배하는 자들과 누가 진정한 신인지 승부를 걸었다. 이제 그는 자신의 역할을 마칠 때가 되었다.

하나님은 길갈에 있는 엘리야에게 벧엘로 떠나라고 지시하셨다. 마침 함께 있던 제자 엘리사가 벧엘로 따라가겠다고 나섰다.

"주께서 확실히 살아 계심을 두고 맹세하지만, 저는 결코 선생님 곁을 떠나지 않겠습니다."

엘리야는 하는 수 없이 엘리사를 데리고 예언자 학교가 있는 벧엘로 길을 떠났다. 그들을

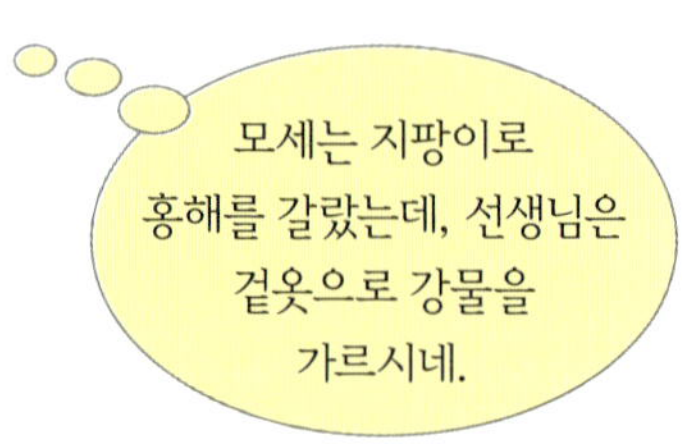

맞으러 나온 예언자 학교의 수련생들이 엘리사에게 물었다.

"주께서는 오늘 엘리야 선생님을 데려가시려고 하시는데, 알고 계십니까?"

엘리사가 대답했다.

"그렇소, 나도 알고 있으니 입 다물고 있으시오!"

그때 엘리야가 다시 말했다.

"엘리사, 자네는 여기 남아 있게. 주께서는 나를 여리고로 가라고 하시네."

그러나 엘리사는 포기하지 않았다.

"하나님의 이름으로 맹세합니다. 선생님이 살아 계시는 한 저는 선생님 곁을 잠시도 떠나지 않겠습니다."

엘리야는 엘리사가 따라오는 것을 더 이상 말리지 않았다. 그들이 마침내 요단 강가에 이르렀을 때였다. 엘리야가 입고 있던 겉옷을 벗어 둘둘 말더니 그것으로 강물을 내리쳤다. 그러자 강물이 갈라졌다. 두 사람은 물에 젖지 않고 강을 건넜다.

강을 건너자 엘리야가 물었다.

"내가 네게 무엇을 하여 주었으면 좋겠는가?"

엘리사는 기다렸다는 듯 대답했다.

"스승님의 영을 갑절로 받도록 해주십시오."

엘리야는 그러는 제자를 물끄러미 바라보다가 대답했다.

"참으로 어려운 것을 요구하는군. 하지만 주께서 나를 데리고 올라가시는 광경을 자네가 보게 된다면, 아마도 자네 요청대로 될 것이네. 그러나 만일 그렇지 않다면 자네 요청은 이루어지지 않을 것이네."

두 사람은 나란히 걸으며 이런 이야기를 주고받았다. 바로 그때 상상도 못할 기이한 일이 그들 앞에 전개되었다. 하늘로부터 불말과 불수레가 내려왔다. 감히 똑바로 바라보기가 두려웠으나 엘리사는 그 모습을 똑바로 주시했다.

엘리야가 그 불수레에 몸을 실었다. 불말과 불수레는 회오리바람을 타고 하늘로 솟아올랐다. 엘리사가 감격하여 소리쳤다.

"나의 아버지여, 나의 아버지여! 이스라엘의 전차와 기병이시여!"

엘리사는 엘리야가 더 이상 보이지 않게 되자 입고 있던 옷을 두 조각으로 찢었다. 그는 넋 나간 사람처럼 불수레가 하늘 저 멀리 사라져 가는 모습을 끝까지 지켜보았다. 홀로 된 그는 두리번거리다가 엘리야의 겉옷이 떨어져 있는 것을 발견했다. 엘리사는 그것을 들고 다시 요단 강으로 가서 엘리야의 하나님이 어디 계시냐고 소리치며 엘리야가 그랬던 것처럼 그 옷으로 강물을 쳤다. 그러자 강물이 좌우로 갈라지면서 마른 땅이 드러나 그는 걸어서 강을 건너왔다.

멀리서 그 광경을 지켜보던 예언자 학교의 수련생들이 엘리사에게 다가와 그 앞에 무릎을 꿇었다. 위대한 예언자 엘리야의 영이 엘리사와 함께 있다는 것을 알았기 때문이다.

"우리에게 힘센 젊은이 50명이 있습니다. 우리들이 엘리야를 찾겠습니다. 하나님의 영이 엘리야를 들어올려 산이나 골짜기에 내던졌을지도 모르지 않습니까?"

하지만 엘리사는 이를 거절했다. 엘리야가 하늘로 들려 올라간 것을 확신했기 때문이다. 그래도 젊은이들은 엘리야가 어디엔가 떨어져 있을지도 모르니 찾게 해 달라고 졸랐다. 마침내 엘리사는 그럼 찾아 보라고 허락해 주었다.

50명의 건강한 젊은이들은 사흘 동안 산과 골짜기를 찾아 헤매었다. 그들은 뒤늦게야 옛날 에녹을 데려가신 것처럼 엘리야도 산 채로 하나님이 하늘로 데려 가셨음을 믿게 되었다. 그후 엘리사는 주로 벧엘에 살면서 하나님의 선지자로 활약했다.

가난한 여인과 엘리사 왕하 4:1–7

엘리사는 엘리야의 제자였지만 스승과 다른 점이 많았다. 그는 엘리야처럼 엄격하지도 않았고, 왕에게 가서 경고하지도 않았으며, 왕과 충돌하거나 왕의 핍박을 받지도 않았다.

엘리사가 활동을 시작한 때는 북왕국 이스라엘에서 아하시야가 죽고 그 형제 요람이, 남왕국 유다에서는 착한 여호사밧이 통치하고 있을 때였다. 여호사밧이 세상을 뜨자 그의 아들 여호람이 즉위했는데, 앞서 밝힌 대로 새 왕은 우상을 숭배했던 이세벨의 딸을 아내로 맞아서 우상 숭배에 물들게 되었다. 하나님은 아버지와 달리 우상을 숭배하는 여호람을 블레셋과 아라비아의 침략을 받게 함으로써 징계하셨다.

엘리야는 북왕국에 살고 있으면서도 편지를 보내 남왕국의 왕 여호람에게 경고의 메시지를 보낸 적이 있지만, 그의 제자 엘리사는 서민 속에 묻혀 살면서 민중들에게 하나님의 긍휼과 자비를 베풀며 가르쳤다.

하루는 가난한 여인이 엘리사를 찾아왔다. 예언자 교육을 받던 생도의 아내였는데, 가난 속에서 두 아들을 양육하는 홀어머니였다.

"제 힘으로는 어찌할 도리가 없어 이렇게 도움을 청하러 왔습니다."

여인이 힘겹게 입을 열어 호소했다.

"제가 빚을 갚지 못하니까 채권자가 찾아와서 저의 두 아들을 데려가 종으로 삼으려 합니다. 저희를 도와주십시오."

절박한 나머지 죽은 남편의 스승을 찾아온 과부의 뺨에 두 줄기 눈물이 흘러내렸다.

"내가 어떻게 하면 당신을 도울 수 있겠소?"

엘리사는 잠시 입을 다물었다가 다시 물었다.

"집에 갖고 있는 게 뭔지 말해 보시오."

여인은 얼굴을 들지 못한 채 간신히 대답했다.

"집에 있는 거라고는 기름 한 병이 전부입니다."

그러자 엘리사가 고무된 듯 말했다.

"그렇다면, 지체하지 말고 동네 모든 집들을 두루 다니며 빈 그릇을 빌려 오시오. 되도록 많이. 그런 다음 문을 닫고 두 아들과 함께 그 빌려 온 빈 그릇에 집에 있는 기름을 부으시오. 가득 차면 옮겨 놓고 다른 빈 그릇에 부으시오. 빌려온 빈 그릇이 다 차도록 계속하시오."

여인은 하나님의 예언자를 믿었다. 예언자를 믿는다는 것은 곧 하나님을 믿는다는 뜻이다. 여인은 즉시 집으로 돌아가 예언자가 시키는 대로 했다. 우선 많은 빈 그릇을 빌려 왔고, 아무도 들어오지 못하게 문을 잠그고, 집에 있던 한 병의 기름을 그 빈 그릇들에 부었다. 한 병의 기름이 다른 빈 그릇을 차례로 가득 채워 나갔지만, 애초의 기름병에는 여전히 기름이 남아 있었다. 마치 기름병에서 기름이 샘솟아 나오기라도 하듯이.

"빈 그릇이 없습니다, 어머니."

두 아들의 소리에 여인은 감격하여 다시 엘리사에게 달려갔다. 결과를 들은 엘리사가 말했다.

"그 기름을 팔아 빚을 갚으시오. 남는 돈은 생활비로 쓰도록 하시오."

부자 여인과 엘리사 왕하 4:8–37

엘리사는 엘리야가 그랬던 것처럼 종종 갈멜 산에 올랐다. 그 길목에 위치한 성읍 수넴에는 부유한 귀부인이 살고 있었다. 여인은 하나님의 사람 엘리사를 위하여 종종 식사를 대접하곤 했다.

어느 날, 그 여인이 남편에게 제안했다.

"여보, 우리 집에 자주 들르시는 예언자를 위하여 옥상에 조그마한 방을 하나 들입시다. 침대와 식탁과 의자와 촛대 등을 갖추어 놓도록 합시다. 그분이 우리 집에 들르면 거기서 쉬어 가실 수 있도록 말이에요."

여인의 집에 방이 마련된 후 엘리사는 그곳을 지나갈 때마다 자고 가게 되었다. 어느 날 침상에 누워 쉬고 있던 엘리사가 무슨 생각을 했는지 종 게하시에게 주인 여자를 불러오라고 했다. 잠시 후 주인 여자가 문 앞에 왔다.

"이렇게 여러 모로 친절을 베풀어 주어서 늘 고맙게 생각하고 있습니다. 나도 보답을 하고 싶은데, 내가 왕이나 군대장관에게 개인적인 부탁을 할 만하니 부인께서 필요하시다면 말씀하십시오."

여인은 눈인사로 고마움을 표하며 말했다.

"감사합니다만 별로 부탁드릴 게 없습니다."

여인은 겸손하게 인사를 남기고 물러갔다.

엘리사가 다시 종을 불러 물었다.

"게하시야, 부인을 위하여 무엇을 해주는 게 좋겠느냐?"

"제 생각에…, 부인께는 아들이 없습니다. 남편은 늙었구요."

엘리사는 비로소 무언가 보답할 수 있다는 기쁨으로 다시 종을 보내 부인을 올라오라고 했다. 부인이 문 밖에 이르자 엘리사가 시원스럽게 말했다.

"부인, 내년 이맘때쯤이면 부인께서 아들을 안게 될 것이오."

부인이 즉시 반응했다.

"저를 속이지 마십시오. 제가 아들을 낳다니요."

아브라함 부부가 100세와 90세에 아들을 낳았다고는 하지만, 여인은 자신과 남편이 이미 자식을 낳을 수 없을 만큼 늙었다는 사실을 익히 알고 있었다. 그러나 마음은 한없이 기뻤다. 정말 아들을 낳기만 한다면 그들 부부에게 그보다 더 큰 경사가 어디 있겠는가.

하지만 여인은 얼마 안 가서 자신의 몸에 태기가 생긴 것을 알게 되었다. 그녀의 기쁨은 형언할 길이 없었다.

엘리사의 말대로 1년이 되자 아들이 태어났다. 무럭무럭 자라나는 아들을 바라보는 부모의 마음은 그야말로 행복이었다. 그런데 갑작스럽게, 실로 예측하지 못했던 불행이 부인의 가정에 엄습해 왔다. 아이가 대여섯 살 된 추수 때였다.

아이는 추수하러 가는 아버지를 따라 들로 나갔다. 그날따라 몹시 더웠다. 건조한 태양이 보리밭을 불사를 만큼 강렬하게 내려쬐였다. 한낮쯤 되었을 때 갑자기 아이가 머리를 움켜쥐며 신음소리를 토했다.

"아버지, 머리가, 머리가, 어지러워요."

놀란 아버지가 하인에게 소리쳤다.

"아이를 업고 속히 집으로 돌아가거라."

하인이 아이를 업고 엄마에게 달려갔다. 엄마는 아이를 그늘에 눕히고 시원한 물로 머리를 적셔 주었으나 아이는 한낮이 지날 무렵 죽고 말았다. 이런 비통을 그녀는 경험한 적이 없었다. 통곡할 겨를조차 없었다. 부인은 죽은 아들을 엘리사를 위해 만든 방으로 옮겨 침상에 눕힌 다음 곧장 밭으로 달려 나갔다.

"여보, 나귀와 종을 내게 주세요. 급히 엘리사 예언자에게 갔다 오겠어요."

남편은 뜻밖의 요구를 이해할 수 없었다.

"무슨 일이오? 오늘은 예배 드리는 날도 아닌데 왜 갑작스레 그 먼 길을 갔다 오려는 거요?"

"아무 일 없으니 걱정하지 마세요. 급히 다녀올게요."

여인은 안장 얹은 나귀에 올라타자 종을 다그쳤다.

"빨리 서둘러라. 내가 말하기 전까지는 나귀를 멈추지 말고 달리도록 하여라."

엘리사가 머물고 있는 갈멜 산까지는 백리 길이었다. 나귀는 땡볕 내려쬐이는 들길을 먼지를 일으키며 달려갔다. 여인은 절망하지 않았다. 생리적으로 낳을 수 없는 아들을 낳게 하신 이가 하나님의 예언자이니 이 아들은 하나님의 특별하신 선물이 아닌가. 그렇다면 이렇게 허무하게 죽도록 방치하지 않을 것이다. 반드시 살려 낼 것이다. 그녀의 마음에는 하나님의 사람 엘리사 예언자를 만나면 된다는 믿음뿐이었다.

멀리서 부인이 오는 모습을 바라본 엘리사는 게하시를 보내 집안이 두루 평안한지 문안을 전했다. 여인은 급히 엘리사를 만나야 하기 때문에 모두 평안하다고 대꾸해 주고 엘리사가 머무는 집으로 종종걸음으로 들어가 그의 발 아래 엎드리며 엘리사의 발을 끌어안고 통곡했다. 그녀의 무례한 행동을 보다 못한 게하시가 냉큼 여인을 물리치려 했다.

"가만 두어라. 마음이 괴로운 모양인데 하나님께서 나에게 알려주지 않으셨구나."

여인이 흐느끼며 말했다.

"제가 언제 아들을 달라고 부탁했습니까?"

엘리사는 설명을 듣지 않고도 그 아들이 죽었음을 알아차렸다.

"게하시야, 내 지팡이를 들고 속히 아이에게 달려가라. 가다가 누굴 만나더라도 말을 하지 말고 달려가서 아이의 얼굴에 내 지팡이를 놓아라."

게하시가 허리를 질끈 동여 매고 지팡이를 들고 달려갔으나 여인은 한 발짝도 물러날 기미를 보이지 않았다.

"저는 결코 예언자님을 떠나지 않겠습니다."

예언자와 함께 집으로 가겠다는 강한 의지였다. 엘리사는 하는 수 없이 여인과 함께 길을 떠났다. 먼저 간 게하시가 엘리사의 지시대로 지팡이를 아이의 얼굴에 올려놓았으나 아이는 요지부동이었다. 뒤따라 온 엘리사가 방으로 들어가 문을 잠그고 먼저 하나님께 기도한 후 죽은 아이 위에 엎드려 자기 입을 아이의 입에, 자기 눈을 아이의 눈에, 두 손을 아이의 손 위에 포개었다. 그러자 죽은 아이의 차가운 몸이 조금 따뜻해지기 시작했다.

엘리사는 잠시 방 안을 거닐다가 재차 아이 위로 올라가 엎드려서 먼저처럼 반복했다. 그러자 죽은 아이가 일곱 번 재채기를 하더니 눈을 떴다.

"게하시야, 부인을 올라오라고 하여라."

잠시 후 방으로 들어온 부인은 죽은 아들이 건강한 모습으로 침상에 누워 있는 것을 보았다. 여인은 엘리사의 발 앞에 엎드려 감사하고 다시 살아난 아들을 품에 안았다.

치유받은 나아만과 징벌받은 게하시

나병에서 치유된 아람의 총사령관 왕하 5:1–19

이스라엘 북동부 지역에 자리잡은 아람은 이스라엘을 여러 차례 공격해 왔었다. 아합 왕이 죽은 것도 아람과의 전쟁 중에 일어난 일이다. 아람의 총사령관인 나아만 장군은 혁혁한 무공으로 큰 승리를 거둔 적이 여러 번이어서 벤하닷 왕의 총애를 한몸에 받았다.

그런 나아만 장군에게 큰 불행이 닥쳤다. 종종 하늘이 내린 벌이라고 알려진 한센씨병, 곧 나병에 걸린 것이다. 시간이 흐를수록 피부가 문드러져 나가서 사랑하는 가족들조차 그를 은근히 기피하게 되자 그는 죽고 싶은 마음뿐이었다.

아람의 병사들이 떼를 지어 이스라엘의 국경지대 성읍을 약탈한 적이 있었다. 이런 비열한 약탈 행위가 국경 가까운 곳에서 심심찮게 일어났는데, 한 번은 이스라엘의 소녀 하나가 납치되어 왔다. 그는 나아만 장군의 부인을 시중드는 하녀가 되었다.

이스라엘 하녀는 주인의 몹쓸 병을 보면서 마음이 안타까웠다. 보다 못한 그는 어느 날 주모에게 지나가는 말로 가볍게 입을 열었다.

"주인님이 사마리아에 계신 하나님의 예언자를 만나시면 병을 고치실 텐데요."

계집종에 불과한 그녀의 가벼운 말은 그러나 엄청난 반향을 불러일으켰다.

아직 그 누구도 나병에 걸렸다가 치료된 사람이 있다는 말을 들어본 적 없는 데다가, 증세가 매우 심각해져 가는 주인 어른의 치료 문제라서 흘려들을 소리가 아니었다.

"하나님의 예언자가 누구냐?"

주모로부터 그 소식을 들은 마님이 하녀를 불러 꼬치꼬치 따져 물었고, 그 정보는 즉시 나아만 장군에게 보고되었다. 장군은 부푼 가슴으로 왕궁에 들어가 왕에게 보고했다. 왕궁이 들썩거릴 지경으로 엄청난 파장이 일어났다.

"장군, 지체할 것 없이 속히 사마리아로 가시오. 내가 이스라엘의 요람 왕에게 친서를 써 줄 테니 충분한 선물을 준비해서 떠나시오. 장군이 치료되기만 하면 이는 우리 나라의 경사요."

나아만은 왕의 친서를 들고 많은 군인들이 대오를 이루어 호위하는 가운데 사마리아를 향해 길을 떠났다. 그는 훌륭한 말들이 끄는 호화로운 수레에 올라탔고, 뒤에는 귀금속 등 고가품의 선물이 가득 실린 수레가 따랐다. 나아만 일행은 일단 사마리아의 왕궁으로 들어갔다. 엘리사가 있는 곳을 모를 뿐만 아니라 왕에게 전달할 아람 왕의 친서가 있기 때문이다.

북왕국의 요람 왕은 아람의 나아만 장군이 벤하닷 왕의 친서를 갖고 왔다는 보고에 가슴이 내려앉았다. 무슨 트집이라도 잡아서 침공할 빌미를 삼으려는 게 아닐까 하는 의구심이 생겼기 때문이다. 누구보다도 아람의 호전성을 잘 알고 있으니 그럴 만도 했다.

과연 친서 내용은 생트집을 잡기 위한 핑계거리처럼 보였다. 요지는 이렇다.

'내 신하 나아만을 요람 왕에게 보내니 그의 나병을 고쳐서 보내주기 바라오.'

요람은 엘리사에 대해 제대로 된 정보를 갖고 있지 않았다. 아합 왕 때부터 우상을 숭배해 오는 나라였으므로 하나님이나 그의 예언자에 대해서는 무관심을 넘어 지극히 배타적이었기 때문이다.

왕은 깊은 고민에 빠져 괴로워했다. 무슨 재주로 나병을 고쳐서 보낸단 말인가. 이는 분명 전쟁을 일으키려는 트집 잡기일 것이다.

왕의 고민은 나라 안에 퍼져 나갔다. 아람의 장군이 많은 군대를 거느리고 오더니 심각한 위기가 오는 모양이라고 백성들도 불안해졌다. 엘리사도 그 소식을 듣고 왕에게 사람을 보냈다.

'왕께서는 걱정하지 마시고 아람의 나아만 장군을 저에게 보내십시오. 그러면 그가 이스라엘에 하나님의 예언자가 있음을 알게 될 것입니다.'

왕은 구세주를 만난 기쁨으로 지체 없이 나아만을 엘리사에게 보냈다. 위엄 있고 웅장하고 멋진 나아만의 행렬이 드디어 엘리사의 집 앞에 이르렀다. 그러나 이런 무례가 어디 있단 말인가. 엘리사도 그 누구도 문 앞에 나와 영접하는 자가 없었다. 나아만은 모욕감으로 얼굴이 붉어졌고, 마음은 분노로 채워졌다. 잠시 후 집 안에서 심부름 나온 사람이 엘리사의 말을 전했다.

"장군께서는 요단 강에 들어가 일곱 번 몸을 씻으시랍니다. 그러면 몸이 전과 같이 깨끗하게 된다고 하십니다."

나아만은 참을 수가 없었다. 아람 왕국의 지체 높은 총사령관이며 일등공신이며 부유한 귀족인 그는 지금껏 이런 푸대접을 받은 적이 없었다. 그는 모욕감을 참을 수 없어 화를 벌컥 냈다.

"돌아가자. 예언자가 직접 나와서 나를 맞아서, 하나님의 이름을 부르며 병든 자리를 어루만져 고쳐 줄 거라 생각했는데 기껏 요단 강물에 들락거리라니…. 강물에 씻어서 낫는다면, 요단 강보다 훨씬 크고 깨끗한 우리

나라의 강물에 씻는 것이 더 나을 것 아닌가."

잠시도 지체하고 싶지 않은 나아만은 행렬을 돌리도록 명령했다. 오던 길로 돌아서는 모습에 나아만을 존경하고 사랑하는 부하들과 종들은 안타까운 마음을 금할 길이 없었다.

"장군님, 예언자께서 그보다 더한 일을 하라고 해도 하셔야 합니다. 요단 강물에 씻기만 하면 몸이 깨끗해진다는데 못할 게 뭐가 있습니까. 하라는 대로 하셔서 치료되기를 원합니다."

"예 주인님, 몸만 깨끗하게 된다면 그보다 더한 일도 하셔야 됩니다."

부하들과 종들이 이구동성으로 거듭 호소하자 나아만도 마음이 누그러졌다. 나아만은 마침내 요단 강으로 방향으로 돌리라고 명령하기에 이르렀다. 먼 타국까지 왔다가 화가 나서 그냥 돌아간다는 것은 어리석은 짓이었다. 그대로 두면 이 천형의 병으로 죽을 터이니, 굴욕이건 수치건 다 접어두고 몸을 위해 하라는 대로 해보는 게 현명하다는 판단이 섰기 때문이다.

행렬이 요단 강에 이르자 나아만은 작심하고 옷을 벗었다. 그는 부하들의 부축을 받으며 요단 강 물속으로 들어갔다. 깊지 않은 물속에 들어선 그는 예언자의 말대로 일곱 번을 물속으로 잠기면서 몸을 씻었다.

일곱 번의 어린아이 장난 같은 몸 씻기를 마치고 물에서 올라온 나아만과 그의 많은 부하들은 동시에 탄성을 터뜨렸다. 피부가 썩어 들어가면서 보기 흉하게 희끗거렸는데, 그 몸이 마치 어린아이의 깨끗한 피부처럼 변해 있는 것이 아닌가.

이스라엘에 오기까지 하나님에 대해 들어서 알고 있는 나아만은 비로소 주야말로 참된 하나님이심을 깨달았다. 그는 다시 엘리사의 집으로 행렬을 돌렸다.

"하나님의 예언자여, 저는 이 세상에 이스라엘의 하나님 외에는 다른 신이 없다는 것을 알았습니다. 청컨대 제가 드리는 선물을 받아 주십시오."

엘리사는 거절했다. 그의 병을 고친 것은 자기가 아니라 하나님이시기 때문이다. 나아만이 자기 병을 고치신 분이 하나님이라는 사실을 확실히 알면 그것으로 족하다는 생각이어서, 엘리사는 나아만의 호의를 끝내 고사했다.

"그렇다면 노새 두 마리에 실을 흙을 주십시오. 그것으로 단을 쌓고 이제부터 오직 주 하나님께만 제사를 올리겠습니다. 한 가지 용서를 바라는 것은, 우리 왕께서 림몬 신을 섬기기 때문에 저도 할 수 없이 림몬에게 절을 해야 한다는 것입니다. 이제부터는 림몬에게 절을 하더라도 제 마음속으로는 오직 주만이 하나님이심을 믿겠습니다."

그들은 긴 대화를 나누고 작별인사를 했다.

문둥이가 된 엘리사의 종 왕하 5:20–27

엘리사의 종 게하시는 주인이 귀한 선물을 거절하는 것이 마음 아팠다. 금이 6천 개에 은이 10달란트(약 340kg), 당시로서는 최고급 의복인 비단옷이 10벌이나 되지 않던가. 참으로 엄청난 거액이다. 그 일부만이라도 내 것으로 만들 수 있다면 나의 남은 생애를 걱정하지 않아도 될 것이다.

생각이 이에 미치자 게하시는 냉큼 일어나 나아만 장군의 행렬을 급히 뒤좇아갔다. 나아만은 행진을 멈추게 하고 그를 기다렸다. 분명 엘리사가 보냈다고 생각되어서였다. 나아만이 수레에서 내려 그를 기다렸다.

"어쩐 일이냐?"

"예언자께서 보내셔서 왔습니다."

"무엇이냐. 어서 말해 보아라."

게하시는 능청스럽게 거짓말을 시작했다.

"방금 에브라임 산지에서 예언자 수련생 두 명이 찾아왔습니다. 그들에게 필요한 은 한 달란트와 옷 두 벌을 주셨으면 합니다."

나아만이 기뻐서 말했다.

"두 사람이라면 두 달란트를 가져가라."

나아만은 은 두 달란트와 비단옷 두 벌을 게하시에게 주었다. 그는 부하 두 명에게 은 두 달란트를 두 개의 자루에 나누어 담아서 메어다 주게 했다.

게하시는 언덕에 이르자 나아만의 부하들을 돌려보내고, 선물을 감추어 놓은 다음 태연하게 엘리사에게 돌아갔다.

"게하시야, 어딜 갔다 오느냐?"

게하시는 뜨끔했으나 뻔뻔스럽게 대답했다.

"아무데도 안 갔습니다."

"나아만이 수레에서 내려 너를 맞을 때 너의 마음을 다 알아차리고 있었다. 어찌 은과 옷을 받았느냐? 나아만의 병이 너에게로 옮아 너의 자손 대대로 그 병을 앓을 것이다."

준엄한 징계가 떨어졌다. 게하시는 놀랍고 두려워 밖으로 물러났다. 그 순간 그는 자기 몸이 나병으로 덮여 있는 사실을 확인할 수 있었다.

엘리사의 활약과 아람 군대의 패퇴

나라를 위기에서 구한 엘리사 왕하 6:8–23

아람의 벤하닷 왕이 이스라엘을 침공했다. 아합 왕 시절에 두 차례나 침공했다가 참패한 아람은 이스라엘의 선제공격으로 시작된 세 번째 전투에서 병사의 전투복으로 위장한 아합 왕을 죽임으로써 승리를 거두었다. 그 후 오랫동안 두 나라 사이에는 전쟁이 없었는데, 이제 또다시 침략해 온 것이다.

아람 왕 벤하닷은 이번 침공에서 이스라엘을 완전히 쓰러뜨려 지배하고자 치밀한 전략을 수립하고 전선으로 나갔다. 두 차례의 침공 중 한 번은 산에서, 다음에는 골짜기에서 싸우다가 패한 경험이 있기 때문에, 이번에는 주도면밀한 매복 작전을 펼쳐서 기선을 제압한다는 전략을 세웠다.

아람 군대는 이스라엘 군대가 이동하는 장소를 골라 은밀하게 병력을 매복시켰다. 그런데 어찌된 일인가. 이스라엘 군사들은 번번이 아람 군대가 매복한 길목을 피해 가는 것이었다.

"우리의 작전 정보를 미리 이스라엘 군에게 넘겨주는 첩자가 내부에 있음이 분명하지 않은가?"

벤하닷이 으르렁거렸다. 그는 신복들을 모아 놓고 방법을 모색키로 했다.

"우리 군대 안에 간첩이 있음이 분명하다. 그자를 색출해 내라."

그러나 간첩은 없었다. 작전은 실패를 거듭할 뿐이었다.

신복 중 하나가 왕에게 조심스럽게 말했다.

"폐하, 우리 중에는 반역자가 없습니다. 이스라엘에는 엘리사라는 예언자가 있는데, 그는 폐하께서 침실에서 속삭이는 말까지 다 알아서 이스라엘 왕에게 알려줍니다."

사실이라면 얼마나 심각한가. 왕은 잠시 생각에 잠겼다가 결심한 듯 명령했다.

"엘리사, 그자가 지금 어디에 있느냐? 당장 군사를 보내어 생포해 와라."

그가 도단에 있다는 사실이 알려지자 아람 왕은 즉시 병력을 그곳으로 보냈다. 엘리사를 제거하지 않고는 이길 수 없다는 판단 때문이었다.

야밤을 틈타 아람의 병력이 도단 성을 포위했다. 아침 일찍 일어나 밖으로 나간 엘리사의 시종은 이상한 분위기에 긴장하며 주변을 살펴보다가 성 위로 올라갔다. 그리고는 소스라치게 놀랐다. 적군의 기병과 전차와 많은 병력이 포위하고 있는 것을 보았기 때문이다.

"큰일났습니다. 이를 어찌하면 좋습니까?"

시종이 엘리사에게 뛰어들며 다급하게 포위상태를 알렸다.

"두려워할 것 없다. 적군보다 우리 편이 더 많다."

그러나 시종은 그 말뜻을 이해할 수 없었다. 엘리사는 즉시 기도를 시작했다.

"주여, 원컨대 저 시종의 눈을 열어서 보게 하소서."

그러자 시종의 눈이 뜨였다. 하늘에서 내려온 불전차와 불말이 산에 가득했다. 엘리사를 지켜주기 위한 천사 부대였다.

아람 군대가 엘리사의 집으로 접근해 오자 엘리사는 그들 모두의 눈을 멀게 만들어 달라고 하나님께 기도했다. 다음 순간 아람 군사들은 눈이 멀어 허둥거렸다. 엘리사가 그들에게 말했다.

"길을 잘못 들었구려. 여기는 당신들이 찾는 곳이 아니오. 나를 따라오면 당신들이 찾는 곳으로 데려다 주겠소."

엘리사의 친절한 말에 그들이 모두 따라나섰다. 엘리사는 사마리아 성 한복판으로 그들을 데리고 들어간 후 다시 기도했다.

"주여, 이제 그들의 눈을 다시 열어 주소서."

그러자 그들은 자신들이 사마리아 도성의 한가운데 와 있는 것을 알고는 놀라지 않을 수 없었다.

요람 왕은 화살 하나 쓰지 않고 많은 적군을 사로잡은 기쁨으로 날아갈 듯한 기분이었다.

"엘리사, 이들을 모두 죽여야겠지요? 우리를 침략한 자들이니…."

왕의 물음에 엘리사가 침착하게 대답했다.

"아닙니다. 죽이지 마십시오. 그들에게 음식과 물을 주어서 먹고 마시게 한 다음 그들의 왕에게 돌려보내십시오."

왕은 그 말에 순순히 따랐다.

사마리아의 참상 왕하 6:24-7:2

아람과 이스라엘 사이에는 그 후 한동안 전쟁이 없었다. 그러나 벤하닷 왕은 이스라엘을 완전 정복하겠다는 야심을 포기한 적이 없었다. 몇 년이 지난 후 벤하닷은 또다시 군대를 총동원하여 이스라엘 공격에 나섰다.

아람 군대는 기습적으로 이스라엘로 진격하여 사마리아 성을 전격 포위했다. 도성을 포위한 상태에서 버티기만 하면 피 흘리지 않고 이길 수 있다는 계산이었다. 외부와 완전 차단시키자 성읍 안의 식량난이 심각해졌다.

먹을 수 있는 가축은 모두 잡아 먹었고, 율법으로 금하고 있는 나귀 고기도 없어서 못 먹는 판이었다. 먹을 것도 별로 없는 나귀 머리 하나가 장정 한 사람이 320일을 쉬지 않고 일해야 벌 수 있는 은화 80세겔에 거래되었다. '비둘기 똥'이라 불리는 들콩 반 되 값이 은 5세겔이나 했다.

어느 날 요람 왕이 신하들과 함께 성벽 위를 순찰했다. 굶주림으로 죽어가는 백성들의 파리한 얼굴과 절망에 빠진 눈동자가 왕을 향해 두려움과 원망을 쏟아내고 있었다.

비탄에 젖은 왕 앞에 한 여인이 소리치며 달려왔다.

"억울합니다. 도와주십시오."

"무슨 일이냐?"

신하가 가로막으며 물었다. 여인은 다른 여인을 가리키며 말했다.

"이웃에 사는 저 여자가 오늘은 네 아들을 삶아 먹고 내일은 내 아들을 삶아 먹자고 해서 제 아들을 삶아 먹었습니다. 그런데 저 여자는 자기 아이를 삶아 먹자니까 숨겨두고 내주지를 않습니다. 제 아들은 이미 삶아서 같이 먹었습니다."

왕은 자기 옷을 찢으며 슬퍼했다. 왕은 누구보다 엘리사가 원망스러웠다. 아람의 침입을 번번이 이기도록 한 엘리사가 이번에는 꿈쩍도 안하고 있지 않은가. 지난 번 사마리아 성 안까지 들어온 아람 군대를 그냥 돌려보내자고 한 것도 새삼 괘씸하게 여겨졌다. 아람의 총사령관 나아만 장군의 나병을 고쳐 준 것도 엘리사가 아닌가. 그렇다면 그가 아람 편이란 말인가. 그렇지는 않더라도 이 지경에 빠졌는데도 그는 왜 이렇게 잠잠한가.

"엘리사를 죽여 없애라."

왕은 참다 못해 분노에 찬 소리로 명령했다.

왕이 보낸 사자가 엘리사의 집으로 향하고 있을 때, 엘리사는 장로들과 자기 집에 머물고 있었다.

"나를 잡으러 왕의 사자가 오고 있소. 문을 안으로 잠그고 열어 주지 마시오."

이내 왕의 사자가 도착했다. 그러나 문이 굳게 잠겨 있었다. 뒤이어 왕이 직접 엘리사의 집으로 왔다. 엘리사는 문을 열지 않을 채 왕에게 말했다.

"하나님께서 말씀하시기를, 내일 이맘때는 사마리아 성문에서 상등품 밀가루 한 말이 1세겔에, 보리 두 말이 1세겔에 거래될 거라고 하셨습니다."

지금 성 안이 기아로 절규하고 있는데 어떻게 하루 사이에 식량이 헐값에 거래될 만큼 풍족해질 수 있단 말인가. 왕은 엘리사가 죽음을 모면하기 위해 터무니없는 거짓말을 했다고 생각했다. 그 마음을 간파한 듯 왕의 경호대장이 비웃는 소리를 했다.

"엘리사, 어떻게 그런 일이 있을 수 있겠소. 설사 하나님께서 하늘 창고를 활짝 열어도 그런 일은 생기지 않을 것이오."

엘리사가 지체 없이 대꾸했다.

"당신 눈으로 그 광경을 목격할 것이오. 그러나 그것을 먹지는 못할 것이오."

네 명의 나병환자 왕하 7:3-20

바로 그날, 네 명의 나병환자가 주린 배를 움켜쥐고 성문 앞에 앉아 있었다. 천형으로 몸은 더할 나위 없이 괴로웠고, 사랑하는 가족과 강제 격리되어 마음까지 의지할 데 없는 신세였다. 아람 군대의 포위로 성문을 드나드는 사람마저 끊겼으니, 이젠 주려 죽을 형편이었다.

"우린 왜 이렇게 앉아서 죽어야 하지? 성 안에 들어간다 해도 모두 굶어 죽을 형편이니 희망이 없고, 이렇게 가만히 앉아 있어도 굶어 죽을 게 분명하잖은가. 이래도 죽고 저래도 죽을 바에야 차라리 아람 군대의 진지로 들어가 항복하자. 그들이 우리를 살려준다면 다행이고, 죽이면 죽는 거다."

그들은 황혼 무렵에 적군 진지를 향해 길을 떠났다. 그리 멀지 않은 거리여서 어둠이 덮이기 전에 적군 진지에 도착했다. 그런데 참으로 이상한 일이었다. 네 명이 접근하는데도 그들에게서는 아무런 반응도 나타나지 않는 것이었다. 침묵 이상의 적막이 진지를 덮고 있었다.

그들은 천천히 진지 안으로 들어갔다. 이게 어찌된 일인가. 진지가 텅 비어 있는 것이었다. 이 천막 저 천막을 들추어 보았지만 모두 비어 있었다. 적군이라고는 단 한 명도 남아 있지 않았다. 그러나 그들의 모든 물건은 고스란히 남아 있었다. 저녁을 먹다가 도망친 듯 음식이 풍성하게 남아 있었다.

황혼 무렵, 아람 군사들이 이제 막 저녁식사를 하려고 할 때였다. 갑작스럽게 들려오는 지축을 흔들어대는 말발굽 소리와 함께 큰 군대가 진격해 오는 소리가 들려왔다. 병사들의 창과 칼과 방패가 서로 부딪치는 소리가 요란스러웠다. 수많은 적군이 기습 공격해 오고 있는 것이 틀림없었다.

"이건 분명 대군이 공격해오는 소리다! 이스라엘이 몇 나라에서 원군을 지원 받아 대규모로 기습 공격을 해오는 거야! 꾸물대면 다 죽을지도 모른다. 모두들 일단 몸만 빠져 나가라."

24시간이면 회복된다고 엘리사에게 말씀하신 하나님께서, 네 명의 나병환자가 다가오는 소리를 증폭시켜 대군의 소리로 들리게 한 것이었다.

나병환자들은 좋은 음식으로 배가 터지도록 먹은 후 천막들을 뒤져 귀금속들을 진뜩 챙겼다. 이세 부사가 된 나병환자들은 잠시 다음 행동을 생각했다. 그때 한 나병환자가 말했다.

"우리만 배부르면 되는 거야? 성 안에서는 굶어 죽어가고 있는데. 우리들의 가족도 거기 있지 않은가?"

"그 생각을 못했군. 우리 모두 속히 성으로 달려가서 이 사실을 왕에게 알려야 해. 적군이 도망했다는 걸."

이미 짙은 어둠이 덮여 있었다. 그러나 그들은 불편한 몸을 잽싸게 움직여 굳게 잠긴 사마리아 성문 앞에 이르렀다.

"우리가 방금 아람 진영에 갔다 왔습니다."

나병환자가 성 안의 병사에게 소리쳤다.

"적군이 다 도망치고 없습니다. 천막들이 다 비어 있습니다. 장비들을 그냥 둔 채 모두 가버렸습니다. 우리 넷이 똑똑히 보았습니다."

나병환자들을 잘 아는 병사는 이상히 여기면서도 사안의 중대성을 감안하여 직속 대장에게 보고했고, 대장은 왕궁으로 달려가 전했고, 이내 왕에게 보고되었다.

"아람군이 계략을 꾸민 것이리라. 그자들은 우리가 굶주리고 있는 실상을 알고 있어. 우리가 성 밖으로 나가면 우리를 사로잡고 성을 점령할 것이다."

왕은 나병환자들의 보고를 믿지 않았다. 한 신하가 말했다.

"사실 여부를 직접 가서 확인해 보는 것이 좋을 듯싶습니다."

그 말에 왕은 곧 군사를 보내 확인하도록 조치했다. 다녀온 군사들은 나병환자들의 말이 사실임을 확인해 주었다. 아람 군대가 어찌나 황망하게 도망쳤는지, 그들의 많은 군사 장비와 무기들과 음식물이 지천이고, 병사들의 군복과 소지품들이 그대로 방치되어 있다는 것이다.

소문은 빠르게 성 안에 번졌다. 그러나 누구 하나 선뜻 성 밖으로 나가려 하지 않았다. 아무래도 믿어지지 않아서 함정일 수 있다고 생각했기 때문이다. 하지만 그런 망설임은 오래 가지 않았다. 몇몇이 성 밖으로 나갔고, 아람 진영으로 달려갔다. 사람들은 그 뒤를 무리 지어 달려갔다. 순식간에 성난 밀물을 방불케 했다. 넘어지고 다치고 비명 지르며 달려갔다. 아무래도 큰 사고가 날 조짐이었다. 왕은 급히 경호대장에게 명령하여, 성문에서 질서를 지키도록 했다. 그러나 한꺼번에 너무 많은 사람이 그야말로 결사적으로 몰려 나가다 보니 넘어져 밟혀 죽는 사람도 생겼다.

발 빠르게 아람의 진영까지 갔다 오는 사람들은 배불리 먹었을 뿐만 아니라 밀가루와 보릿자루 등을 가져와서 성문 밖에서 값을 불러 댔다.

"자, 보리 두 말에 한 세겔입니다!"

"고운 밀가루 한 말에 한 세겔이오!"

경호대장은 엘리사에게 들은 말이 사실로 나타나고 있는 현상을 지켜보며 어안이 벙벙하여 어찌할 바를 몰랐다. 그러는 사이에 그는 파도처럼 밀려 나가는 사람들에 의해 넘어지고 말았다. 헤아릴 수 없이 많은 발이 그를 밟고 지나갔다. 엘리사의 말대로, 그는 그 흔해진 먹거리를 전혀 먹지 못한 채 세상을 떠났다.

하사엘의 등장과 예후의 거사

신하에게 죽는 아람 왕 벤하닷 왕하 8:7-15

여러 해가 지난 후 엘리사는 아람의 왕도 다마스커스로 갔다. 벤하닷 왕은 늙고 병들어 누워 지내는 형편이었다.

그는 하나님의 사람 엘리사가 왔다는 보고를 받자 눈빛이 달라졌다. 여러 차례 이스라엘을 침공했으나 번번이 패했는데, 그 원인이 엘리사 때문임을 너무나 잘 알고 있었다. 또 군사령관 나아만의 나병이 깨끗이 나은 것도 이스라엘의 엘리사 덕분이었음을 생생하게 기억하고 있었다. 왕은 이스라엘의 하나님이 신들 중 최고라는 것도 이미 알고 있었지만 선조들로부터 전해져 오는 우상 숭배에서 벗어나지 못하고 있었다. 그렇더라도 엘리사가 왔다면 그의 하나님에게 자신이 죽을 것인지 살 것인지를 확실하게 알아볼 수 있으며, 나아만을 치료해 준 것처럼 나도 치료할 수 있다는 기대감이 있었다.

"하사엘, 선물을 갖고 가서 엘리사를 맞이하고, 그의 하나님께 내 병이 나을 수 있을지 여쭈어 봐 달라고 하여라."

왕은 엄청난 선물을 내주었다. 다마스커스의 명품들과 값진 보화 등을 낙타 40마리에 실어 주었다. 하사엘은 왕명을 받들어 엘리사를 영접하고 선물을 전했다. 그는 엘리사 앞에 공손하게 절을 한 다음 말했다.

"당신을 존경하는 우리 벤하닷 왕께서 병이 나을지 당신의 하나님께 여쭈어 달라고 하셨습니다."

엘리사가 지체 없이 대답했다.

"당신 왕에게 가서 전하시오. 그 병으로 죽지는 않는다고요."

다음 말이 이어졌다.

"하지만 왕은 반드시 죽을 것이오."

하사엘은 무슨 뜻인지 잘 분별되지 않아 아무 말도 하지 못했다. 그러는 사이 엘리사는 하사엘을 민망할 만큼 쏘아보더니 굵은 눈물을 흘렸다.

"아니, 예언자께서 왜 갑자기 우십니까?"

영문을 모르는 하사엘에게 엘리사가 침울한 목소리로 말했다.

"하사엘이라고 했소? 당신이 장차 이스라엘 백성에게 행할 악행을 내가 알고 있소. 당신은 사마리아 성에 불을 지르고, 장정들을 칼로 죽이고, 어린아이를 메어치고, 임신한 여인의 배를 가를 것이오."

"엘리사여, 말도 안 됩니다. 나는 보잘것없는 사람에 지나지 않습니다. 내가 어떻게 그런 일을 저지를 수 있단 말입니까?"

엘리사의 대답은 하사엘을 한결 놀라게 하고도 남았다.

"당신이 아람의 왕이 될 것이오. 하나님께서 내게 알려주셨소."

왕궁으로 돌아가는 하사엘은 한동안 어리둥절했으나 마음이 점차 복잡미묘하게 변화되어 갔다. 벤하닷은 죽을 것이며, 신하에 불과한 자신이 그 뒤를 이어 대국 아람의 왕이 된다니! 그는 현기증이 났다. 그러면서도 왕관을 쓴 자신의 모습이 떠올라 황홀해졌다. 왕이 된다니, 내가 천하를 호령하는 왕이 된다니!

하지만 벤하닷 왕이 지금의 중병으로 죽지 않지만 죽는다는 게 도대체 무슨 뜻일까? 어떻게, 언제 죽는다는 것일까. 왕궁에 도착하자 벤하닷이

침상에 누운 채 물었다.

"엘리사가 무어라고 하더냐?"

"예, 폐하. 정녕 나으시리라 했나이다."

벤하닷은 그 순간 밝은 표정으로 변했다. 하사엘은 그러나 반드시 죽는다는 말은 들려주지 않았다.

하사엘은 집으로 돌아가면서, 집에 도착해서도, 식사 중에도, 잠자리에 누워서도, 골똘히 생각에 잠겼다. 왕이 된 자신을 그려 보고, 벤하닷이 과연 언제 어떻게 죽을 것인가에 대한 생각뿐이었다.

'언제, 어떻게, 언제 어떻게, 왕이 죽을까. 여하튼 한시 빨리 죽었으면 좋겠군.'

그는 문득 왕의 침상까지 출입할 수 있는 자신의 손으로 그 늙고 병들어 기동조차 못하는 왕의 숨통을 끊어버리면 되지 않겠느냐는 생각이 스쳤다. 순간 온몸에 소름이 끼쳤다. 그러나 다음 순간, 그 병들고 늙은 왕을 해치우기란 식은죽 먹기라는 생각이 들었다. 비명도, 몸부림도 없이 죽을 것이다. 그는 반드시 죽는다고 했고, 내가 그 뒤를 이어 왕이 된다고 했으니, 그렇다면 그를 죽이기에 성공할 것이며, 왕이 되는 것도 확실하지 않은가.

'기다릴 게 뭐람. 내가 왕이 되는 일인데…."

하룻밤 잠을 설치고 다음날 일찍 일어난 하사엘은 차라리 침착해졌다. 왕궁으로 들어가는 모습에는 마치 왕이 된 듯 오만한 모습조차 엿보였다. 그러나 하나님 외에 누가 그 마음을 헤아릴 수 있을까.

왕의 침소로 들어간 하사엘은 왕이 마시는 물병의 물로 수건을 적셔 주검처럼 누워 있는 왕의 코와 입을 힘껏 틀어막았다. 늙고 병든 왕은 이렇다 할 저항도 못한 채 이내 숨을 거두었다.

아람의 새 왕이 된 하사엘은 엘리사가 예언한 그대로 고약한 군주가 되었다.

예언자가 기름 부은 예후 왕하 9:1-16

하루는 엘리사가 예언자 학교 생도 중에서 젊은 제자 한 명을 은밀히 불렀다.

"너는 지체하지 말고 이 기름병을 갖고 길르앗 라못으로 가거라. 거기 이스라엘 군대가 주둔해 있는데, 장군들 중에서 예후를 찾아서 이 기름을 머리에 부어라. 골방으로 데리고 들어가서 은밀하게 해야 한다. 그리고는 뒤도 돌아보지 말고 속히 그곳을 빠져나와라. 그가 이스라엘의 왕이 되리라."

예후는 북왕국 이스라엘의 왕 요람의 신하이다. 기운도 넘치고 용기도 있고 과단성이 있는 예후 장군은 전에 아람 왕국에게 빼앗긴 길르앗 라못을 탈환한 후 아직 그곳에 주둔하고 있었다. 일찍이 이세벨의 남편 아합 왕이 길르앗 라못을 공격했다가 전사했고, 그의 후계자인 요람 왕이 유다의 왕 아하시야와 함께 재차 공격하여 성공한 후였다.

아합 왕의 시체를 이스라엘로 운구했을 때, 그 피를 씻은 연못의 물을 개들이 핥아먹었다는 이야기를 독자 여러분은 기억할 것이다. 하나님은 일찍이 아합과 이세벨은 물론 그 가족들까지 심판하실 것임을 예언자를 통하여 일러주었지만, 그의 아내 이세벨은 아직 살아 있었다. 나봇을 죽이고 그의 포도밭을 빼앗은 그 악랄한 여인에 대한 심판이 아직 이루어지고 있었는데, 하나님은 예후를 그 심판자로 선택하셨다.

엘리사의 제자는 즉시 길을 떠나 길르앗 라못으로 갔다. 그가 진영으로 찾아가 안내된 곳에는, 여러 명의 장군들이 함께 앉아 환담을 나누고 있었다.

"저는 예언자 엘리사의 제자인데 선생님의 심부름으로 장군님께 드릴 말씀이 있어 왔습니다."

예후가 물었다.

"우리 모두에게 말이오? 아니면 어떤 장군에게요?"

"예후 장군님께 전할 말씀입니다."

은밀성을 눈치 챈 듯 예후가 앞장서서 집 안으로 예언자를 안내했다. 예언자는 기름병을 꺼내며 말했다.

"이스라엘의 하나님께서 말씀하십니다. '이스라엘의 하나님 주께서 말씀하십니다. '내가 네게 기름을 부어 내 백성 이스라엘의 왕으로 삼는다. 너는 네가 섬기는 아합의 가문을 멸망시켜라. 그가 나의 예언자들과 종들의 피를 흘렸기

때문이다. 이세벨에게도 원수를 갚아 주려고 한다. 이세벨의 시체는 개들에게 뜯어먹힐 것이고, 그녀의 시체를 묻어 줄 사람이 없을 것이다.'"

하나님의 말씀을 전한 젊은 예언자는 예후의 머리에 기름을 부은 후 도망치듯 달아났다. 예후는 장군들과 함께 있던 천막으로 돌아왔다.

"장군, 그 젊은이가 장군에게 무슨 말을 하던가요? 예언자 엘리사가 보낸 건 맞습니까?"

"별거 아니오. 다 알게 될 테니 가만히들 계시구려."

예후의 대답에 궁금증이 증폭된 장군들이 너도나도 지금 얘기해 달라고 채근했다.

"우리가 엿듣지 않았으니 무슨 재주로 은밀하게 나눈 이야기를 알 수 있겠습니까. 장군, 그러지 말고 들려주시구려. 예언자 엘리사의 심부름이라면 필경 특별한 전갈이었을 것입니다. 그 위대한 예언자가 직접 오지 않은 것은 은밀한, 그러니까 중요한 하나님의 뜻을 전하기 위함일 것이라는 짐작이 듭니다만…."

예후는 용기와 대범성과 추진력을 갖춘 사람이었다. 그는 이쯤 되었으니 비밀로 할 내용이 아니라는 생각이 들었다. 자기를 따르며 신뢰하는 동지들인데다가 그들 모두가 악랄한 아합과 그 후계자 요람 왕을 미워하고 있었기 때문이다. 더구나 예언자의 말이 사실이라면 자신이 이스라엘의 왕이 되는 데에는 누구보다도 동지들의 도움이 절실했다. 예후는 비장하게 상기된 얼굴로 자리에서 일어나 결의에 찬 목소리로 말했다.

"하나님께서 예언자를 통하여 내 머리에 기름을 부으시면서 내가 이스라엘의 왕이 된다고 하셨습니다."

장군들은 한동안 어안이 벙벙한 듯 서로의 얼굴을 바라보았다. 엄청난 소식이었기 때문이다. 그러나 이내 한 장군이 힘차게 입을 열어 그들의 의중을 대변하듯 소리쳤다.

"드디어 때가 왔습니다. 하나님께서 장군님을 왕으로 세우시려고 기름을 부으셨으니 이제야 나라가 바로 서지 않겠습니까. 예후 장군님이 이스라엘의 왕이 되시다니, 이런 경사가 어디 또 있겠습니까!"

"예후 장군 만세!"

"예후 왕 만세!"

장군들이 흥분하여 소리쳤다. 이어 그들은 자기들의 옷을 벗어 예후의 앞에 펼쳐 깔았다. 예후를 왕으로 예우하는 행동이었다. 장군 한 명은 나팔수를 급히 불러 왕의 행차를 알리는 나팔을 불게 했다.

"여러분, 조용히 하시오. 사마리아 왕궁에서 이 소식을 알면 무슨 일이 일어날지 여러분은 이미 알 것이오. 나팔소리를 멈추고, 목소리를 낮추시오. 성문을 모두 잠그고 한 사람도 출입하지 못하도록 엄히 단속하시오."

아합이 사돈 사이인 유다 왕 여호사밧과 길르앗 라못을 탈환하러 갔다가 전사한 적이 있는데, 요람이 왕이 된 후 또다시 유다 왕 아하시야와 두 번째로 길르앗 라못을 공격하여 아람 군대와 싸우다가 부상을 당하여 이스르엘로 치료차 가 있는 상황이다. 그런데 요람 왕의 신하인 장군들이 전선에서 반역을 일으켰다는 정보가 흘러 나간다면 그 반역에 대한 보응은 죽음이 아니고 무엇이겠는가.

"여러분, 정보가 새기 전에 결행합시다. 지금 당장 군대를 지휘하여 요람 왕이 있는 이스르엘 성으로 진격합시다. 속전속결이 아니면 성공하기 어렵소."

"그러나 장군님, 하나님께서 예언자를 통하여 장군님께서 이스라엘의 왕이 된다고 기름을 부으셨으니 왕이 되십니다. 실패란 있을 수 없지 않겠습니까."

한 장군의 말에 다른 장군이 맞장구를 쳤다.

"그렇습니다. 하나님께서 세우신 왕인데 실패란 있을 수 없습니다. 꾸물거릴 이유가 없습니다. 가급적 빨리 행동에 옮깁시다."

"좋소. 왕이 있는 이스르엘 평야의 성으로 지금 진격합시다."

드디어 예후가 명령을 내렸다. 그는 앞장서서 말을 달렸다. 장군들과 부하들이 일제히 그 뒤를 따랐다.

그 시각, 이스르엘의 왕궁에서는 부상 당한 요람 왕이 침상에 누워 치료를 받고 있었다. 곁에는 그와 함께 길르앗 라못까지 갔다가 돌아온 남왕국 유다의 왕 아하시야가 있었다. 아하시야의 어머니가 아합의 딸이기에 그토록 가깝게 지내는 두 왕이었다.

아합 가문의 몰락과 예후의 숙청

예후 왕조의 탄생과 아합 가문의 비참한 최후 왕하 9:17-28 ; 대하 22:6-9

이스르엘 성벽 망대에는 밤낮을 가리지 않고 파수꾼이 서 있었다. 그날도 사방을 두루 살피던 파수꾼의 시야에 멀리서 먼지가 일고 있는 것이 보였다. 먼지의 움직임으로 보아 숫자가 적지 않은 것이 분명했다. 먼지를 일으키는 대열의 속도가 빠른 것으로 미루어 보아 말을 타고 오는 군대의 이동이 틀림없었다. 파수꾼은 즉시 성문 수비대장에게 보고했다. 대장은 망대로 올라가 사실을 확인한 후 왕궁에 보고했다.

"한 무리의 군사들이 달려오고 있습니다. 적군은 아닌 듯합니다."

"그렇다면 우리 병사들이란 말이냐? 어디서 오는 누구인지 알아보도록 하라. 전령을 보내서 무슨 일인지 자세히 알아 오라."

왕명에 따라 전령이 말을 달려 예후에게 달려 나갔다.

"장군님, 예고도 없이 갑작스레 오시니 무슨 일이십니까?"

예후가 대답했다.

"무슨 일이든 그게 너와 무슨 상관이냐? 너도 내 뒤를 따르라."

한편 망대에서 전령을 기다리던 수비대장은 전령이 돌아오지 않자 다시 왕에게 보고했고, 왕은 똑같은 명령을 내렸다. 다른 전령을 말을 태워 급히 보내라는 것이었다. 그 전령도 예후에게 똑같은 질문을 던졌다.

"임금님께서 말씀하시기를, 웬일로 오는 사람들이냐고 물으셨습니다."

예후가 대답했다.

"무슨 일이건 네가 알 바 아니다. 너도 내 뒤를 따르라."

위엄 있는 장군의 명령에 전령은 다시 묻지 못하고 대열의 말미로 들어갔다. 두 번째 전령도 돌아오지 않자 망대에서는 긴장했다. 수비대장은 한 무리의 군사들이 누구인지 긴장하며 살피다가 그들이 갑자기 속력을 내어 달려오기 시작하자 황망히 왕궁으로 달려갔다.

"폐하, 전령들이 가기만 하면 돌아오지 않습니다. 아무래도 군사의 무리는 길르앗 라못에 주둔해 있는 예후 장군과 그 부하들인 것 같습니다. 그들이 맹렬한 기세로 달려오고 있습니다."

부상으로 누워 있던 왕은 몸을 일으키며 말했다.

"예후? 그가 전선에서 달려온다면 매우 위급한 상황이 생긴 게 아니겠느냐?"

요람 왕은 불길한 예감이 스쳤다. 아람 군대의 거센 반격이 시작되었거나 다른 나라가 그들의 연합군으로 가세하여 공격해 오는 상황을 예상한 것이다.

"내가 나가겠다. 행차를 준비하라. 아하시야 왕의 전차도 준비하라."

이스라엘의 요람 왕과 유다의 아하시야 왕은 곧 두 대의 전차를 타고 성 밖으로 달려 나갔다. 호위하는 군사들이 뒤를 따랐다. 그들이 성문을 벗어나 전에 아합의 아내 이세벨이 나봇을 죽이고 빼앗은 포도원에 이르렀을 때, 예후가 이끄는 군사들과 만났다.

"예후 장군, 무슨 일이오? 전선은 평안합니까?"

그러자 예후가 위풍당당하게 일갈했다.

"그대의 어머니 이세벨이 우상을 섬기며 온갖 사술에 빠져 있는데 어떻게 이 나라 일이 잘 되어 갈 수 있겠소?"

요람은 신하의 불손하기 그지없는 태도에서 즉각 반역이 일어났음을 깨달았다. 요람은 전차를 돌려 도망치면서 유다 왕 아하시야에게 외쳤다.

"아하시야 왕, 반란이 일어났소!"

그러나 요람은 도망칠 수가 없었다. 예후가 잽싸게 시위를 당겨 요람 왕을 쏘았다. 화살은 그의 염통을 꿰뚫었다. 요람은 자기의 전차에 피를 쏟으며 쓰러졌다.

"요람의 시체를 나봇의 포도밭에 던져라. 요람의 아비 아합이 왕으로 있을 때 하나님께서 억울하게 죽임 당한 나봇과 그 아들들의 피값을 반드시 그 밭에서 갚겠다고 하셨으니, 그 시체를 밭에 던지는 게 마땅하다."

아하시야 왕은 요람이 죽어 쓰러지는 것을 보자 겁을 먹고 도망치기 시작했다. 예후가 그 뒤를 따르며 포효했다.

"유다 왕을 죽여라."

장군들이 예후의 뒤를 따랐다. 아하시야는 도망가다가 비탈길에서 화살을 맞았으나 계속해서 전차가 달려가는 바람에 므깃도에 이르러서야 숨을 거두었다. 아하시야가 아합의 사위였으므로 그 일족으로 간주된 것이다. 아하시야의 신하들은 시신을 거두어 전차에 싣고 예루살렘으로 가서 다윗 왕가의 묘실에 장사 지냈다.

왕후 이세벨의 최후 왕하 9:30-37

아합의 왕비였고 예후에게 죽은 요람의 어머니인 이세벨은 왕궁에서 비극적인 정황을 보고받았다. 그러나 그녀는 겁을 내지 않고, 침착하게 거울 앞에 앉아 아름답게 화장을 하고 머리를 빗질했다. 마침내 예후와 그 군사들이 이스르엘 성으로 들어섰다.

왕궁 2층 창가에 앉아 예후 일행을 내려다보고 있던 이세벨이 외쳤다.

"왕을 죽인 역적 예후야, 네 뜻대로 잘 되어 가느냐?"

냉혹한 여인을 올려다보면서 예후가 외쳤다.

"거기 누구 없느냐? 내 편이 될 자가 거기 없느냐?"

그러자 신하 두어 명이 2층 창문에 얼굴을 내밀었다.

"그 여자를 집어 던져라."

예후가 그들을 향해 외쳤다. 그러자 그들은 기다렸다는 듯 이세벨을 번쩍 들어 창 밖으로 내던졌다. 이세벨의 몸이 곤두박질하여 돌바닥에 떨어지면서 피가 벽과 말들에게까지 튀어 올랐다. 예후는 말을 탄 채 그녀의 시체를 밟고 넘어갔다.

왕궁을 접수한 예후 일행은 잔치를 벌이고 축배를 들었다.

"그 저주받은 여자의 시신을 거두어다가 묻어 주어라. 어쨌든 그녀는 왕의 딸이었고, 왕비였다."

시신을 수습하기 위해 부하들이 현장으로 갔다. 그러나 현장에는 그녀의 머리와 발과 손바닥 일부만이 남아 있었다. 개들이 뜯어먹은 후였던 것이다. 일찍이 예언자 엘리야를 통하여 하나님께서 '이스르엘 토지에서 개들이 이세벨의 고기를 먹으리라'고 한 예언이 이루어진 것이다.

예후의 철저한 숙청 왕하 10장

아합 왕에게는 여러 명의 아내와 70명이나 되는 아들이 있었다. 그들은 사마리아 성에 살고 있었다. 일찍이 예언자 엘리야는 아합의 집안이 완전히 멸망한다고 예언했다. 지금 예후가 그 일을 하고 있었다. 그들은 하나님의 예언자들을 박해하여 죽였는가 하면, 하나님을 떠나 우상을 숭배하는 정책을 펴고, 탐욕을 채우기 위해 억울한 피를 흘리기를 주저하지 않았다.

예후는 사마리아의 고위직 관리들과 왕자들의 교육을 담당한 학자들에게 특사를 보내 왕자들을 모두 죽이라는 친서를 전달했다. 예후의 명령을 거부할 사람은 이제 아무도 없었다. 사마리아 성은 피비린내가 진동했다. 70명의 왕자들이 모두 죽임을 당했기 때문이다.

그들은 예후의 명령에 따라 70개의 머리를 광주리에 담아 예후에게 보냈다. 예후는 그 머리를 두 무더기로 쌓아 다음날 아침까지 성문 어귀에 전시하게 했다. 그리고는 아합에게 속한 모든 사람들, 그의 측근들조차 남김없이 죽였다.

사마리아의 왕자들은 물론 이스르엘의 아합 측근자들까지 모두 없애 버린 예후는 곧 이어 사마리아로 행차했다. 도중에 그는 낯선 귀인들을 만났다.

"당신들은 누구인가?"

그들 중 하나가 대답했다.

"우리는 유다 왕 아하시야의 형제들이오. 사마리아와 이스르엘에 있는 아합 왕의 왕자들과 왕후를 뵈러 가는 길이오."

그렇다면 아하시야 왕이 아합의 딸에게서 낳은 아들들이며, 아합의 외손자들인 셈이다.

"저자들을 모두 잡아라."

예후가 지체 없이 명령했다. 그의 부하들이 달려들어 순식간에 왕자들과 호위병 등 42명을 사로잡았다.

"다 죽여라."

예후의 군사들은 그들 42명을 양털 깎는 집 웅덩이 곁에서 다 죽였다.

예후는 아합 집안의 남자들이라면 씨를 없앨 작정이었다. 그것이 하나님의 뜻임을 알고 있었기 때문이다. 그러나 여자들은 죽이지 않았다.

사마리아에 도착한 예후는 백성들을 모아놓고 말했다.

"아합은 바알을 섬기는 데 소극적이었소. 그러나 나 예후는 정성을 다해 바알을 섬기려고 하오. 그러므로 이제 바알의 모든 예언자들과 그를 섬기는 모든 이들과 그의 제사장들을 모두 불러 모으시오. 내가 바알을 위해 큰 제사를 드리고 축제를 열려고 하니 한 사람도 빠지지 않도록 하시오. 누구든지 빠지는 사람은 목숨을 부지하지 못할 것이오."

예후의 명령이 온 이스라엘에 전달되었다. 지정된 날짜와 장소로 바알 숭배자들과 그 예언자들, 제사장들이 모여들었다. 사마리아의 바알 신전에는 발 디딜 틈이 없을 지경이었다.

"바알을 섬기는 자들에게 예복을 내다 주어라."

예후의 명령으로 바알 숭배자들은 제사 때 입는 예복을 받았다.

"이 자리에 바알을 섬기지 않는 자들은 다 나가시오. 주를 섬기는 자는 모두 나가시오."

번제가 시작되었다. 예후는 밖으로 나가서 80명의 병사를 배치하며 명령했다.

"제복 입은 바알 숭배자들 중 한 명이라도 도망가게 한다면 자기 생명으로 그 생명을 대신할 줄 알아라."

예후는 바알을 섬기는 자들을 한 장소에서 한꺼번에 죽이기 위해 이런 계략을 꾸민 것이었다. 그날 바알 숭배자들은 바알 신전에서 모두 죽임을 당했다.

이어서 예후는 바알과 아세라 목상 등 우상과 거기에 관련된 물건들을 모두 파괴하고 불살라 버렸다. 바알 신전 터는 대중이 이용하는 화장실로 만들어져 똥오줌의 처리장이 되었다.

예후 장군은 용감하고 과감하고 민첩하여 하나님이 예언자들을 통해 예고하신 그대로 아합의 집안을 가혹하게 심판하셨고, 우상의 전을 헐었으며 우상 숭배자들을 죽였다. 하나님은 이를 기뻐하시어 예후에게 말씀하셨다.

"내가 보기에 네가 옳은 일을 행하고, 아합 가문에 내리기로 작정한 모든 형벌을 네가 그대로 다 집행했으니, 너의 4대 자손까지 이스라엘의 왕이 될 것이다."

그러나 예후는 율법을 가르치고 지키게 하는 일에는 소홀했다. 우상은 없앴으나 하나님 신앙으로 회복시키지는 못한 것이다. 예후는 훌륭한 군인이었지만 훌륭한 통치자는 아니었다.

이스라엘 백성은 우상 숭배에 익숙해져 있었다. 유다 왕국에서 분열하여 북왕국을 세운 첫 번째 왕 여로보암이 자기 백성으로 하여금 남왕국 유다의 예루살렘에 있는 하나님의 성전에 가서 예배 드리는 것을 금지하면서 그 대신 금송아지 우상을 두 개나 만들어 섬기게 했던 탓이 컸다. 금송아지 우상은 여전히 하나님을 대치하는 신으로 남아 있었다.

물론 이스라엘 사람들 전부가 우상을 숭배하지는 않았다. 하나님은 북왕국 이스라엘에도 지속적으로 예언자들을 세워 전능하신 창조주 하나님의 능력을 보이면서, 책망하고 예언했다. 따라서 하나님만 믿는 사람도 적지 않았다. 그러나 절대 다수가 우상 숭배에 빠져 있었으므로 하나님은 최악의 경고를 보내기에 이르렀다. 앞으로 동북쪽의 강대국들로부터 침략을 받아 멸망할 것과 그들에게 포로로 잡혀 갈 것이라고 예언한 것이다.

예후가 통치하는 시대에 그 비극은 시작되었다. 이스라엘의 북동부에 위치한 호전적인 나라 아람의 왕 하사엘이 대군을 이끌고 요단 강 동편의 갓, 르우벤, 므낫세 지파가 살고 있는 성읍들을 침공하여 점령했다.

예후는 28년 동안 이스라엘을 통치하고 죽었다.

태후 아달랴와 대제사장 여호야다

잔인무도한 아달랴 왕하 11:1-3 ; 대하 22:10-12

예후가 아직 이스라엘의 왕이던 시절, 남왕국 유다 왕궁에서는 잔인하기 그지없는 탐욕의 화신 아달랴가 피비린내를 풍겼다. 아달랴는 예후에 의해 죽은 유다의 왕 아하시야의 어머니이자, 아합과 이세벨의 딸이다. 즉 아하시야 왕은 아합의 외손자이다. 따라서 친 이스라엘 정책을 쓰면서 이스라엘의 길르앗 라못 전투에 따라 나가기도 했다. 아하시야는 예후가 반란을 일으켜 이스르엘 성으로 쳐들어갈 때 이스라엘 왕과 함께 예후를 맞이하러 나왔다가 죽었다.

아하시야의 통치 기간은 불과 1년 정도였다. 그 짧은 기간에도 그는 우상을 섬기던 북왕국 아합과 이세벨의 영향으로 하나님 앞에 죄를 지었다.

그의 어머니 아달랴는 아들이 예후에게 죽은 후 남편 여호람의 형제 여섯을 모두 죽였는가 하면, 아하시야의 아들들도 모두 죽였다. 그들이 자기의 손자인데도 왕이 되는 것을 막기 위해 모두 죽인 것이다. 오로지 자기가 직접 왕이 되려는 탐욕 때문이었다.

그러나 하나님은 다윗의 씨를 보호하셨다. 아하시야의 누이 여호세바는 대제사장 여호야다의 아내였다. 그는 왕자들이 다 죽어가는 참혹한 왕궁을 바라보면서 죽음을 각오하고 왕자 하나를 살려냈다. 아직 젖먹이에 불과한 어린 왕자 요아스가 그 주인공이다. 그는 젖먹이 왕자를 유모와 짜고 왕궁에서 훔쳐내어 성전에 은닉시켰다. 아무도 그 사실을 아는 이가 없었다. 고모가 왕자를 살려낸 것이다.

성전은 그를 숨기기에 안성맞춤이었다. 아합과 이세벨의 우상숭배에 익숙한 아달랴가 하나님의 성전에 접근하는 일이 없었기 때문이다. 구사일생으로 살아난 젖먹이 왕자 요아스가 성전에 숨어 지내는 동안에는, 이세벨의 딸 아달랴가 유다 왕국을 통치했다.

대제사장이 주도한 반역 왕하 11:4–8 ; 대하 23:1–7

유다 백성들은 하나님께서 다윗의 자손들로 왕위를 이어 간다고 하신 약속을 잊지 않았다. 하지만 다윗 자손의 대는 아달랴에 의해 끊겼고, 이방 여인이며 우상을 섬기는 그녀에 의해 나라가 통치되고 있었다. 이는 유다 왕국의 백성들에게 치명적인 상처를 주었다.

다윗 왕가의 혈통인 요아스 왕자가 일곱 살이 되었을 때였다. 그의 고모부인 대제사장 여호야다는 드디어 중대 결단을 내렸다. 어린 왕자를 더 이상 성전에 숨겨두지 않고 당당하게 세상에 알리기로 한 것이다. 그는 깊은 기도 끝에 몇 사람의 심부름꾼을 보내 은밀하게 군대의 지휘관들을 예루살렘 성전으로 초대했다.

"오늘 내가 여러분을 은밀하게 초대한 이유는…."

대제사장은 잠시 입을 다물었다가 말을 이었다.

"7년 전, 아달랴는 모든 왕손들을 죽이고 이 나라의 통치자가 되었소. 그는 북왕국 이스라엘의 악명 높은 아합과 이세벨의 딸로서, 우상숭배자입니다. 하나님께서 다윗을 왕으로 세우시고 그 자손이 계승하도록 약속하신 유다 왕국인데, 언제까지 아달랴가 이 나라를 통치하도록 방치해야 하겠습니까?"

"대제사장님, 우리는 물론 이 나라의 온 백성은 아달랴를 원치 않습니다. 그러나 대안이 없지 않습니까. 왕위 계승권자들은 다 죽고 말았으니 누구를 왕으로 세운단 말입니까?"

한 백부장이 울분을 토했다.

"그렇다면…."

대제사장 여호야다가 경직된 얼굴로 말을 이었다.

"내가 한 가지 묻겠소. 만일, 다윗의 혈통으로 왕위를 계승할 자격이 있는 사람이 남아 있다면, 아달랴를 대신하여 그분을 왕위에 오르게 할 마음이 그대들에게는 있소?"

지휘관들은 일제히 서로의 얼굴을 둘러보며 눈을 빛냈다.

"대제사장님, 빙빙 돌릴 것 없습니다. 우리에게 사실대로 말씀해 주십시오."

한 지휘관의 직설적인 요구에 대제사장은 잠시 눈을 감았다가 입을 열었다.

"여러분을 이렇게 오시라고 했으니 다 말하지요. 그러려고 초대한 것이니까요. 그런데 먼저 약속을 해야 되겠소. 워낙 중차대한 비밀이라서. 어떻소. 내가 원하는 약속을 해 주겠소? 여러분 모두 말이오."

"어떤 약속입니까?"

"두 가지요. 첫째 절대 비밀을 지킨다는 약속이오. 둘째는 왕위 계승의 정통성을 갖고 있는 왕자가 살아 있다면 그를 우리의 왕으로 세운다는 약속이오."

모두들 술렁거렸다. 왕자가 살아 있다니, 다 죽은 줄 알았는데 살아 있는 왕자가 있다니!

"그 말씀이 진실이라면 백 번이라도 맹세하겠습니다. 어서 진실을 말씀해 주십시오."

"그렇습니다. 맹세하고말고요. 살아 계신 왕자님이 계시다면 당연히 왕으로 추대해야지요. 우리가 목숨 걸고 나서겠습니다."

이구동성으로 동의했다.

"여러분을 믿겠소. 그럼 먼저 하나님 앞에서 모두들 맹세하시오."

"예, 맹세합니다!"

"여러분, 아달랴가 왕자들을 죽일 때 내 아내 여호세바가 젖먹이 어린 왕자 요아스를 그 유모와 함께 왕궁에서 탈출시켜 지난 7년 동안 이 성전에 숨겨 왔습니다. 내 아내가 요아스 왕자의 고모라는 것은 여러분도 모두 알고 있을 것입니다."

"그랬군요. 요아스 왕자 만세! 왕자님이 살아 계시다니, 하나님 감사합니다!"

지휘관들이 감격하여 소리쳤다.

"자, 진정하시고 일곱 살 된 요아스 왕자를 만나게 하리다."

기다렸다는 듯이 여호세바와 유모가 요아스를 데리고 들어왔다. 지휘관들이 일제히 일어나 어린 왕자를 바라보며 무릎을 꿇어 예를 갖추었다.

"자, 여러분은 왕자님 앞에서 왕자님께 충성을 다하겠다고 맹세할 수 있습니까?"

대제사장의 말에 그들은 약속이라도 한 듯 일제히 소리쳤다.

"왕자님께 충성을 맹세합니다!"

이방인의 통치를 받는다는 것은 그들에게 수치였다. 그들은 하루라도 속히 다윗 왕가의 혈통인 요아스 왕자가 왕위에 오르기를 간절히 원했다. 그리고 그들 자신이야말로 그 중요한 일을 해내야 할 운명이었다. 그것은 집권자 아달랴에 대한 반역으로, 자칫 죽음을 초래할 위험성이 내재되어 있었다. 그들은 이것을 너무나 잘 알고 있었다.

"자, 이제 숨겨져 있던 왕자님이 노출되었으니 서둘러 왕위에 오르지 않으면 왕자님과 우리 모두의 생명이 위험에 빠질 것이오. 그러니 내 계획을 먼저 말하겠소. 듣고 나서 더 좋은 의견이 있으면 말해 주기 바라오."

대제사장은 자신의 계획을 발표했다.

"우선 왕자를 지켜 드려야 하오. 이번 안식일에 들어오는 근무자들 3분의 1은 왕자를 주의하여 지키고, 3분의 1은 성전 남동쪽 문을 지키면 왕자를 충분히 지킬 수 있을 것이오. 그날 근무를 끝내고 나가는 사람들의 3분의 2는 무장하고 왕자를 지키되 침범하는 자는 죽여야 할 것이오. 우선 왕자를 이렇게 완벽하게 경호하는 가운데 장로들을 초청하여 대관식을 거행토록 합시다. 지체하면 위험하니 서누르자는 것이오."

"좋으신 생각입니다. 지체하면 왕자님 신변이 위험하고, 왕자님 신상에 문제가 생기면 우리에게 희망이 없습니다. 대제사장님 계획대로 추진하는 것이 현재로서는 가장 적절할 것으로 생각됩니다."

"동의합니다. 그대로 하시지요."

"좋소. 그러면 지휘관 여러분들이 잘 지휘하여 차질이 없도록, 실수 없도록 하시오. 나는 대관식을 준비하겠소."

요아스의 등극과 타락

일곱 살의 어린 왕 왕하 11:9–21 ; 대하 23:8–21

지휘관들은 일사불란하게 움직였다. 대제사장은 왕관과 홀을 준비했다. 군인들의 삼엄한 경비 속에서 대제사장은 어린 왕자를 인도하여 성전 중앙에 세웠다. 좌우에는 호위병들이 둘러섰다. 초청 받은 장로들은 긴장했다. 대제사장은 어린 왕자의 머리에 왕관을 씌우고 율법책을 준 다음 머리에 기름을 부었다. 일곱 살의 어린 왕자가 정식으로 왕이 되는 순간이었다. 백성들과 군인들은 성전이 떠나가도록 박수를 쳐대며 '요아스 왕 만세!'를 외쳤다. 거대한 기쁨의 함성이 울려 퍼졌다. 예루살렘이 놀랄 지경이었다. 축하의 나팔소리가 한결 분위기를 고조시켰다.

스스로 여왕이라 칭하는 아달랴는 왕궁에서 그 소리를 들었다. "요아스 왕 만세!"라는 함성과 나팔소리를.

"성전에서 무슨 일이 생겼느냐? 이게 무슨 소리냐?"

아달랴는 흥분하여 성전으로 달려갔다. 호위병들이 그를 따랐다. 사람들이 잔뜩 들어선 성전의 단 위에 작은 아이 하나가 왕관을 쓰고 손에 홀을 잡은 모습으로 앉아 있고, 그 주변을 무장 군인들이 호위하고 있었다. 백성들은 경축의 나팔을 불어대며 큰 소리로 환호하고 있었다.

"반역이로다! 반역이로다!"

아달랴는 옷을 찢으며 소리쳤다. 그 모습을 본 대제사장 여호야다가 한 지휘관에게 큰 소리로 명령했다.

"저 이방 여자를 성전에서 몰아낸 다음 죽여라. 누구든지 아달랴를 따르는 자는 칼로 죽여라."

성전에서 피 흘리지 않기 위한 조치였다. 그러자 사람들이 아달랴가 도망갈 길을 터주었다. 아달랴는 다급하여 도망쳤다. 그러나 이미 대세를 파악한 호위병들은 따라붙지 않았다. 여인은 왕궁으로 가는 큰길로 달아났다. 그러나 뒤쫓아간 병사들이 그를 죽였다. 권력의 탐욕으로 남편의 형제들과 손자들까지 다 죽인 흡혈귀 같은 이방 여인의 참혹한 최후였다. 흥분한 백성들은 곧장 바알의 신전으로 몰려가 순식간에 신전을 파괴하고 그 제사장을 죽였다.

한편 왕관을 쓴 요아스는 백성과 함께 주 하나님만 섬기겠다고 약속하고 왕궁으로 행진하여 들어갔다. 거리에는 호위병들과 기쁨이 충만한 백성들로 미어터질 지경이었다.

요아스의 치적과 악행 왕하 12:1–16 ; 대하 24:1–22

요아스가 즉위한 것은 북왕국에서 반역을 일으켜 집권한 예후가 왕이 된 지 7년째였으며, 그 후 40년을 통치했다.

요아스 왕은 고모부인 대제사장 여호야다가 살아 있는 동안에는 하나님을 섬기는 정직한 왕이었다.

솔로몬이 지은 성전이 150여 년 세월이 흐르는 동안 부분적으로 퇴락한 곳이 드러나자, 왕은 제사장들에게 성전 보수를 지시했다. 그 비용은 제사장들

이 아는 사람들로부터 자원하여 내는 헌금으로 충당하도록 했다. 그러나 어찌된 일인지 요아스가 서른 살이 되도록 성전은 전혀 수리되지 않았다. 왕은 답답하여 대제사장과 제사장들을 불렀다. 그때의 대제사장 여호야다는 이미 113세였다. 요아스가 일곱 살에 즉위할 당시 여호야다는 90세였다.

"성전 보수를 명령한 지 꽤 오랜데 아직 한 군데도 보수하지 않았으니 이게 어찌 된 일이오?"

요아스는 답을 들으려 하지 않았다. 궁색한 변명을 듣고 싶지 않았기 때문이다.

"이제부터는 아는 사람에게서 헌금을 받지 마시오. 모든 백성이 성전 보수를 위해 자진해서 헌금하도록 하는 게 좋겠소."

제사장들은 묵묵히 수용했다. 대제사장 여호야다는 목수를 시켜 만든 나무상자에 돈이 들어갈 구멍을 낸 다음 성전 입구에 가져다놓았다. 사람들은 드나들면서 성전 수리에 사용할 돈을 자유롭게 헌금했다. 상자에 돈이 차면 대제사장과 왕궁의 서기가 함께 꺼내어 계수한 후 성전 보수를 책임 맡은 기관에 넘겼고, 그곳에서는 그 돈을 수리비로 사용했다. 성전이 아름답게 수리되는 모습을 본 백성들은 더 정성껏 많은 돈을 헌금했다. 이윽고 수리가 끝난 성전은 아름다운 옛 모습을 회복했다.

대제사장 여호야다가 살아 있는 동안 요아스는 그의 충고와 교훈에 따라 좋은 정치를 폈다. 그러나 대제사장이 130세로 세상을 떠나자 왕도 바뀌기 시작했다. 여호야다는 다윗 왕가에 큰 공을 세웠으므로 왕실 묘지에 장사되는 영광을 누렸다.

시간이 흐르자 여러 성읍의 고위 관리들과 장로들이 왕을 찾아와, 다른 신을 섬기도록 허락해 달라고 진언했다. 예전에 섬긴 적이 있는 아세라 목상과 바알 등을 섬기자는 것이었다. 어리석게도 요아스 왕은 이를 수락했다. 왕과 백성들은 다시 우상숭배에 빠져들었다.

하나님은 이런 상황을 방치하지 않으셨다. 먼저 예언자들을 보내어 경고했다. 그러나 요아스는 여전했다.

여호야다의 아들 스가랴에게 어느 날 하나님의 영이 내렸다. 그는 백성들 앞에 서서 외쳤다.

"여러분, 어찌하여 주의 명령을 거역하고 우상을 섬깁니까? 여러분이 하나님을 버렸으니 하나님도 여러분을 버리실 것입니다."

스가랴의 경고는 날이 갈수록 강경해졌고, 당연히 요아스 왕을 향해서도 경고를 마다하지 않았다. 그 소식을 들은 왕은 자기가 태어났을 때 악랄한 할머니의 손에 의해 죽을 위기에서 살려내고 왕으로 만들어 준 스가랴의 아버지 여호야다의 은혜를 생각하지 않고 그를 죽이라고 명령했다.

그의 명령은 성전 바깥뜰에서 집행되었다. 돌로 쳐 죽인 것이다. 그는 죽어가면서 기도했다.

"주여, 이 일을 살피시고 벌을 내려주소서."

요아스에 대한 하나님의 징계 왕하 12:17-21 ; 대하 24:23-27

그로부터 일 년 후, 하나님은 아람 왕 하사엘을 통해 우상숭배와 죄악에 빠진 북왕국 이스라엘과 남왕국 유다를 징계하셨다.

하사엘은 벤하닷 왕이 병들어 누워 있을 때 젖은 수건을 얼굴에 덮어 질식사시키고 왕관을 찬탈한 왕이다. 하사엘은 먼저 가까운 북왕국 이스라엘을 공격했다. 이스라엘 왕은 예후의 아들 여호아하스였다. 그는 평소 우상을 섬겼으나 다급해지자 하나님께 전심전력으로 기도했다. 하나님께서는 그의 기도에 응답하시어 하사엘의 군대를 물리치게 해주셨다. 하사엘은 이어 남왕국 유다를 공격했다. 그는 여러 성읍을 침공하여 방백들을 죽이고 약탈하면서 예루살렘으로 올라갔다. 요아스는 두려웠다. 하사엘의 군대가 많지 않은데도 유다의 군대는 여지없이 패하는 것이었다. 하나님께서 그를 징계의 도구를 사용하시기 때문이다.

다급해진 요아스는 성전 금고의 금과 은을 모두 꺼내어 하사엘에게 바쳤다. 이를 본 백성들은 분개했다.

47세의 요아스는 큰 시련으로 병들어 누웠다. 왕이 된 지 40년째였다. 그의 신하 사밧과 여호사밧이 모의하여 왕을 죽이기로 했다. 그들은 성전 뜰에서 대제사장이던 여호야다의 아들 스가랴를 돌로 쳐 죽이게 한 요아스 왕은 마땅히 죽여야 된다고 확신하고 있었다. 두 신하는 어느 날 밤 왕이 누워 있는 침실로 들어가 그를 죽였다.

백성들은 왕이 죽자 장사를 지내 주었으나 그가 하나님을 떠난 사람이므로 왕실 묘지에 장사하지는 않았다. 그는 아직 젊은 나이였다. 그가 하나님을 잘 섬겼더라면 더 오래 살면서 백성들의 존경과 하나님의 사랑을 받았을 것이다.

예후 왕조와 엘리사의 죽음

예후 왕조 3대 왕하 13:1–13

유다 왕 요아스가 자기를 키워 준 대제사장의 아들 스가랴를 죽인 배은망덕으로 신하들에 의해 살해된 것은 그의 나이 47세 때였다. 일곱 살에 왕이 되어 40년을 통치하는 동안 북왕국 이스라엘에서는 왕이 세 명이나 바뀌었다. 군사 쿠데타로 아합 왕을 제거하고 집권한 예후와 그의 아들 여호아하스, 예후의 손자 요아스가 그들이다.

하나님은 아합을 제거한 예후에게 4대에 걸쳐 이스라엘을 다스리게 하시겠다는 약속을 하셨고, 그대로 이루어 주셨다.

예후는 왕이 된 후 28년을 통치하면서 바알의 우상과 그 제사장들을 제거했다. 그러나 벧엘과 단에 있는 금송아지 우상은 그대로 두었다. 그러자 백성들은 하나님 대신 금송아지 우상을 숭배했다.

예후가 죽은 후 그의 아들 여호아하스가 왕이 되었는데, 그 역시 금송아지 우상

을 숭배했다. 하나님은 그 벌로 잔인하기로 소문난 수리아의 왕 하사엘로 하여금 이스라엘을 침공하게 하셨다.

위기에 몰린 이스라엘은 어찌나 급했던지 하나님을 찾았다. 전능한 신은 주 하나님뿐임을 상기했기 때문이다. 하나님께서는 그들의 기도에 응답하셔서 하사엘과 그 병사들을 수리아로 돌아가게 하셨다. 그때 이스라엘 병력은 고작 50명의 기병과 전차 10대, 병사 1만이 전부였다. 하나님이 도우시지 않았다면 단숨에 수리아의 밥이 되었을 것이다.

여호아하스 왕은 17년을 다스리고 죽었다. 그 뒤를 이어 그의 아들 요아스가 왕의 자리에 올랐다. 요아스는 그의 아버지처럼 금송아지를 숭배했다. 그렇다고 아합처럼 나쁜 왕은 아니었다.

엘리사의 최후 왕하 13:14-19

요아스가 통치하던 시절, 예언자 엘리사가 노환으로 침상에 누웠다. 왕은 그 소식을 듣고 몹시 가슴 아파했다. 엘리사는 요아스의 통치를 도와주었으며 좋은 충고도 해주던 예언자였기 때문이다.

'엘리사가 세상을 떠나면 큰일이 아닌가. 적군이 쳐들어오면 누가 나를 도운단 말인가. 그는 나라 일에도 많은 도움을 주었는데….'

요아스 왕은 걱정스러운 얼굴로 엘리사에게 문병을 갔다. 왕은 예언자의 파리하게 병든 얼굴을 보자 눈물이 쏟아졌다. 왕은 체면을 생각하지 않고 눈물로 뺨을 적시며 흐느껴 울었다.

"내 아버지여, 내 아버지여!"

엘리사가 힘없이 입을 열었다.

"활과 화살을 가져오십시오."

왕은 지체 없이 옆방에 가서 활과 화살을 가져왔다.

"화살을 메기십시오."

늙은 예언자의 힘없는 말을 따라 젊은 왕은 힘센 팔로 화살을 시위에 메겼다. 그러자 엘리사가 간신히 병상에서 몸을 일으키더니 여윈 손을 왕의 큼직한 손에 얹으며 말했다.

"동쪽 창문을 여십시오."

왕이 창문을 열자 다시 말했다.

"쏘십시오."

왕이 화살 하나를 창 밖으로 쏘았다.

"지금 쏜 그 화살이 하나님의 구원의 화살입니다. 이스라엘을 구하는 화살입니다. 왕이 아람 군대를 무찔러 이길 것입니다."

늙은 예언자는 힘겹게 말을 이었다.

"화살을 들고 땅을 치십시오."

왕이 세 번 땅을 쳤다.

그러자 엘리사가 화를 내다.

"다섯 번이고 여섯 번이고 쳤어야 합니다."

엘리사가 안타까운 듯 말을 이었다.

"세 번만 쳤으니 아람 군대를 세 번 이길 것입니다."

힘겹게 간신히 말을 마친 엘리사는 지쳐서 누웠고, 이내 숨을 거두었다.

죽은 사람이 살린 죽은 사람 왕하 13:20-25

이스라엘은 시체를 매장하지 않는다. 개인의 장사는 작은 굴을 파서 시체를 안에 넣고, 가족 무덤은 굴을 크게 파서 여러 구의 시신을 넣는다. 입구는 돌로 막는다. 엘리사의 시체도 굴 속에 넣어졌다.

엘리사를 장사한 지 얼마 후, 멀지 않은 곳에서 어떤 사람이 죽었다. 그의 친구들이 슬픔에 젖어 시체를 장사 지내러 가고 있었다. 마침 요단 강 건너에서 모압의 도둑들이 떼를 지어 오는 것이 그들의 시야에 들어왔다. 무자비하게 살상을 자행하고 약탈하는 도둑들인지라 죽은 자의 친구들은 무섭고 당황하여 어찌할 바를 모르다가 급한 김에 시체를 가까이 있는 다른 사람의 무덤에 던져 넣었다.

그 무덤은 얼마 전 장사를 지낸 엘리사의 무덤이었다. 굴 속에 던져진 그 시체는 엘리사의 시체에 닿자 즉시 되살아났다. 그는 혼자 걸어서 무덤 밖으로 나왔다.

그 후 이스라엘이 아람을 이긴다는 엘리사의 마지막 예언은 그대로 이루어졌다.

신하로서 왕을 죽이고 권좌를 찬탈했던 아람 왕 하사엘이 죽고 그 아들 벤하닷이 뒤를 이었다. 하사엘은 무슨 생각에서인지 자기가 죽인 왕의 이름을 따서 아들 이름을 지어 주어 하사엘 왕을 전후하여 벤하닷이라는 동명이인의 왕이 다시 등장하게 되었다. 북왕국 이스라엘의 요아스 왕은 하사엘의 아들 벤하닷 왕을 무찔렀으며, 하사엘이 이스라엘에서 빼앗은 여러 성읍들을 되찾았다.

유다 왕 아마샤의 승리와 패배

에돔을 이긴 아마샤 왕하 14:1-7 ; 대하 25:1-16

47세에 죽은 남왕국 유다의 왕 요아스의 뒤를 이어 25세 된 그의 아들 아마샤가 왕이 되었다. 그는 아버지처럼 초기에는 좋은 왕이었지만, 나중에는 나쁜 왕이 되었다. 그의 가장 중요한 정책은 견고한 국방이었다. 그가 강한 군대를 이루고자 20세 이상의 남자만 조사했더니 건장한 남자가 30만은 되었다. 왕은 그들 외에 북왕국 이스라엘에서 은 1백 달란트를 주고 10만이나 되는 용병을 고용했다. 가슴 뿌듯할 만큼의 대군을 거느렸으니, 이제는 그 어떤 이방의 나라들과 싸워도 이길 수 있다는 자신감이 들었다. 바로 그 무렵 예언자 한 사람이 왕을 찾아왔다.

"폐하, 이스라엘 용병들과 함께 전쟁터에 나가서는 안 됩니다. 왜냐하면 하나님께서 북왕국 이스라엘과 함께 하시지 않기 때문입니다. 그들은 이교도들처럼 우상을 섬깁니다. 하나님께서는 능히 이기게도 하시고 지게도 하시니 하나님의 뜻을 따르십시오."

왕은 난처하여 잠시 생각하다가 입을 열었다.

"그들에게 이미 은 1백 달란트를 주고 계약했으니 그냥 돌려보내면 손해가 크지 않소?"

"폐하, 하나님께서는 더 많은 것으로 폐하께 주실 수 있나이다."

왕은 마침내 예언자의 충고를 수용하여 이스라엘의 용병들을 돌려보내도록 조치했다. 용병들은 전투도 하지 않고 돌아가게 되어 좋아해야 할 텐데 그 반대로 펄펄 뛰며 분노했다. 그들은 귀국 길에 유다의 여러 성읍들을 습격하여 살인과 약탈을 자행했다. 희생자가 자그마치 3천 명에 달했다.

아마샤는 아직도 30만 대군을 거느리고 있었다. 그는 늘 에돔 족을 싹 쓸어 버려야겠다는 야심을 갖고 있었다. 메소포타미아 문명권과 이집트의 나일 문명권을 연결하는 주요 교역로 가까이에 위치한 곳에서 약탈을 일삼으며 살아가는 에돔 족이 유다 왕국에 직접적으로 피해를 끼치는 것은 아니었다. 그러나 그들은 이삭의 쌍둥이 아들이며 야곱의 형인 에서의 후손이면서 이집트를 탈출하여 나올 때도 중간에서 심히 괴롭혔고, 아우 야곱의 후손인 이스라엘 백성을 부단히 괴롭혀 왔다. 앞으로도 그들은 기회만 오면 이스라엘 백성을 괴롭힐 것이 뻔했다.

아마샤는 30만 대군을 이끌고 에돔 족의 근거지인 세일 산으로 진격했다. 남동쪽으로 내려가서 사해 아래로 길게 뻗어 홍해의 아카바 만으로 이어지는 아라바 골짜기를 동쪽으로 가로지르면 해발 8백 미터가 넘는 세일 산이 우뚝 솟아 있다. 사냥과 전투에 용맹스러운 힘센 에돔 족과의 싸움은 예언자의 말대로 하나님이 이스라엘 용병을 돌려보내면 더 많은 것을 주신다고 약속한 대로 대승을 거두게 하셨다.

예언자의 말대로 10만의 용병을 되돌려 보내고도 강한 에돔 족을 공격하여 큰 승리를 얻었으니 이 얼마나 감사한 일인가. 그런데도 아마샤는 감사는커녕 어처구니없는 배신을 자행했다. 하나님의 큰 진노를 사기에 충분한 배신이었다. 에돔이 섬기는 신상을 예루살렘의 왕궁으로 옮겨간 것이다.

고대에는 그 나라의 신상을 노획해 가는 것이

하나의 전통이긴 했으나 유다 왕으로서는 하나님을 섬기므로 손대어서는 안 될 금지목록 1호였다. 우상을 만들지도 말고 우상에 절하지도 말라는 하나님의 엄격한 계명을 어긴다는 것은 하나님의 진노를 스스로 끌어들이는 어리석은 짓이었다. 더구나 아마샤는 왕궁에 둔 그 신상에게 분향하며 경배했다.

하나님이 한 예언자를 왕에게 다시 보냈다.

"하나님께서 폐하께 말씀하십니다. 에돔의 신들은 폐하의 군대로부터 자기 백성조차 구원하지 못했거늘 왕은 어찌하여 그런 우상을 숭배하십니까?"

아마샤는 화가 났다. 이름도 모를 백싱 하나가 나타나서 예언자를 자칭하며 감히 왕을 책망하다니.

"나는 너를 내 참모로 삼은 적이 없다. 입 다물고 물러가라."

그러나 예언자는 할 말을 다했다.

"폐하께서 하나님의 경고를 듣지 아니하시니 하나님께서 폐하를 멸하시기로 작정하신 줄 아십시오."

하나님의 경고를 무시한 아마샤의 최후 왕하 14:8-22 ; 대하 25:17-28

아마샤는 에돔을 이기고 의기양양하여 북왕국 이스라엘의 요아스 왕에게 사자를 보내어 싸움을 걸었다. 요아스는 이스라엘과 비교하면 대국이라 할 수 있는 아람과 전투를 끝낸 뒤였다. 그 전투에서 승리하여 예전에 빼앗겼던 성읍들을 되찾았다. 그런데 또 동족끼리 전투를 벌여 백성을 죽게 하고 싶지 않은 게 요아스의 심정이었다. 요아스는 사자를 유다 왕국에 보냈다.

"아마샤 왕이여, 당신은 얼마 안 되는 에돔 족을 무찔렀다고 교만해져서 의기양양한 모양인데, 당신의 왕궁에서 편히 지내는 편이 좋을 것이오. 화를 스스로 끌어들여 당신과 당신 나라가 함께 망하게 해서야 되겠소."

그러나 아마샤는 어떻게든지 북왕국 이스라엘과 전쟁을 벌여 승패를 가르고 싶었다. 누구도 말릴 수 없었다.

드디어 남북의 두 형제 나라 사이에 전쟁이 벌어졌다. 요아스 왕이 많은 군대를 이끌고 예루살렘을 향해 공격해 왔다. 아마샤의 군대는 맥을 못 추고 도주했다. 아마샤 왕은 요아스 왕에게 사로잡히고 말았다.

요아스는 예루살렘까지 쳐들어가 견고한 성벽을 2백 미터 가까이 무너뜨렸으며, 성전으로 들어가 금과 은으로 만든 여러 기물들을 탈취했고, 왕궁으로 들어가 귀한 보물들과 많은 사람을 볼모로 잡아 사마리아로 돌아갔다. 이런 참담한 패배는 남왕국 유다의 역사상 보기 드문 사례였다.

그 후 북왕국의 요아스 왕이 죽었다. 아마샤는 남왕국으로 돌려보내졌다. 그러나 아마샤 왕은 백성들의 존경은커녕 원망의 대상으로 전락했다. 무모한 전쟁을 일으켜 엄청난 피해만 입혔기 때문이다.

백성들은 아마샤를 왕으로 인정하려 들지 않았다. 우상을 숭배하면서 무모한 전쟁을 일으켜 고통을 입혔기 때문에 저런 왕은 차라리 없느니만 못하다고 생각했다. 드디어 신하들이 모반을 도모했다. 아마샤는 그 정보를 알아차리고는 남쪽 해변에 있는 블레셋의 라기스로 달아났다. 그러나 군사들이 뒤쫓아가 그를 죽인 다음 시체를 예루살렘으로 옮겨 왔다. 하나님의 경고를 무시한 아마샤 왕의 비참한 최후였다.

아마샤는 자신의 아버지 요아스처럼 처음에는 하나님을 경외하며 백성을 다스렸으나 나중에는 교만해져서 전쟁을 일삼고 우상을 숭배했다. 그러다가 아버지처럼 자기 백성의 손에 죽고 말았다. 아마샤의 뒤를 이어 16세의 왕자 웃시야가 왕관을 썼다.

북왕국 이스라엘의 쇠락

악한 왕들 왕하 14:23-29, 15:8-31

북왕국의 왕들 중 연속적으로 등장한 악명 높은 여섯 왕들의 이야기는 이렇다.

여로보암 2세는 13번째 왕으로 41년을 통치했다. 북왕국을 건국한 왕이 같은 이름의 여로보암이기 때문에 13대 왕은 여로보암 2세로 불린다. 군사 쿠데타로 집권한 예후 왕조의 세 번째 왕인 그는, 예후 가문의 다른 왕들처럼 금송아지를 숭배했다.

그러나 그의 업적은 자랑할 만하다. 이웃의 숙적 아람과 몇 차례 전쟁을 하여 승리했다. 아람이 종종 이스라엘을 공격하여 인명과 재산을 빼앗아 갔기 때문에 하나님께서 그들을 물리치신 것이다. 아람에 대한 승리로 잃어버린 성읍들을 되찾아 영토를 회복한 그는 남왕국 유다와의 전쟁에서도 대승을 거두어 남부 지방으로 연결되는 통로를 확보했다. 과거 솔로몬이 통치하던 단일 왕국 시대처럼 북왕국 이스라엘은 거대한 영토를 확보하고 번영을 거듭하여 남북의 분열 이후 가장 살기 좋은 시대를 만들었다.

그러나 번영의 이면에는 사치와 방종이 따랐으며, 부유함이 한쪽으로 몰려 부자와 가난한 자들 간의 차별이 심해졌고, 하나님을 멀리하고 우상을 섬기는 등 종교적 타락이 극심해졌다. 하나님께서는 이 시대를 치유하기 위해 예언자 호세아와 아모스를 세워 경고하고 책망하며 바르게 돌이키려 했다.

호세아 예언자는 이렇게 외쳤다.

"이 땅에는 하나님의 말씀도 없고, 하나님을 아는 지식도 없고, 온갖 욕설과 거짓과 살인과 도둑질뿐이로구나. 너희가 회개하지 않으면 모두 멸망할 것이다."

아모스 예언자는 이렇게 외쳤다.

"하나님께서 이 죄 많은 왕국을 내려다보고 계신다. 하나님께서 이 나라를 없애 버릴 것이며, 백성 가운데 죄인은 칼에 맞아 죽을 것이다."

여로보암 2세는 국가적 번영과 영토의 확장을 이룬 업적이 컸지만, 그런데도 백성을 극도로 타락하도록 방치한 죄가 큰 왕이었다.

북왕국 이스라엘의 마지막 왕들 왕하 15:8-29

여로보암 2세의 뒤를 이은 그의 아들 스가랴는, 불과 반 년 만에 자기의 신하 살룸에 의해 살해되었다. 이로써 예후의 왕조는 하나님께서 약속하신 대로 4대에 끝났다.

살룸 왕은 스가랴를 죽이고 왕이 되었으나 불과 한 달 만에 므나헴이라는 사람에게 살해되었다. 그는 자기를 환영하지 않는다는 이유로 많은 백성을 잔인하게 공격했는데, 심지어 임신한 여인의 배를 칼로 가르는 잔인성을 보이기도 했다. 므나헴은 금송아지를 숭배하면서 10년 동안 이스라엘을 통치했다. 그는 야만적이고 잔인한 왕이었다.

이웃의 대국 앗시리아가 공격해 왔을 때도 하나님을 경외하는 왕이라면 당연히 하나님께 도움을 청했을 것이다. 그러나 므나헴은 1천 달란트의 은을 줄 테니 침공하지 말아 달라고 애원했다.

앗시리아가 므나헴의 후견인이 된 셈이다. 그는 그 많은 은을 충당하기 위해 백성들에게 막대한 세금을 부과했다.

이스라엘은 하나님을 잊고 살았다. 나라 안이 온통 방종으로 흘렀다. 우상숭배가 어찌나 극심했던지 자기 자식을 몰록이라는 우상에게 서슴없이 바쳤다. 어린 자식을 우상 몰록의 팔에 안기고 불을 때면 그 아이가 타 죽는 것이다. 그들은 자식을 그렇게 바치면 우상이 기뻐한다고 믿었다. 이제 나라 안에서 착한 일은 찾아보기 힘들었고, 하나님은 잊혀졌고, 이교도들과 조금도 다름없이 우상숭배를 일삼았다.

므나헴이 죽자 그의 아들 브가히야가 즉위했다. 아버지와 조금도 다를 게 없을 만큼 악독했던 브가히야는 불과 2년 동안 통치하다가 신하에게 죽었다. 그를 죽인 베가 장군이 왕이 되어 20년을 통치했다.

반역과 살인 등 악랄한 방법으로 왕조가 뒤바뀌면서 계속적으로 6명의 악한 왕이 북왕국 이스라엘을 통치하는 동안, 남왕국 유다에서는 단 한 사람의 왕이 나라를 다스렸다. 웃시야 왕이다.

유다 왕 웃시야와 요담

나병환자가 된 왕 왕하 15:1-7 ; 대하 26장

이스라엘 왕들이 대를 이어가며 악행을 저지르고 우상을 숭배하다가 죽어가는 동안 남왕국 유다에서 16세에 제10대 왕이 된 웃시야는 착할 뿐만 아니라 하나님을 잘 섬겼다. 따라서 유다 왕국은 평화를 구가했다.

웃시야는 52년을 통치하는 동안 농업 개발로 농민 생활을 향상시켰다. 국방에도 역점을 두어 예루살렘 성벽의 문을 새로 만들고, 망대를 세우고, 부서진 성벽을 보수했다. 병기도 개발하여 그때까지 어느 나라에서도 본 적이 없는 새로운 무기를 만들어 성벽 위에 배치했다. 큰 돌이나 화살을 쏘는 병기였는데, 당시로서는 대단한 위력을 자랑하는 신병기였다.

이렇게 견고하게 방어에 힘쓰는 한편 군대를 강화하여 2,600명의 용사들을 근간으로 하여 30만 7,500명의 군대를 두었다. 나라도 크게 번영하여 살기 좋은 세상을 이루었다.

웃시야는 그 이름이 멀리 이집트에도 전해질 만큼 칭송이 자자했다. 그는 대군을 거느리고 남쪽으로 내려가 호전적인 블레셋을 공격하여 많은 성읍들을 빼앗고 그 성벽을 허물었다. 또 동쪽으로 진격하여 아라비아를 공격했으며, 요단 강 건너편의 암몬 족에게는 조공을 바치게 했다.

유다 왕국은 이제 누구도 넘보지 못할 만큼 부강해졌다. 이렇게 축복하신 하나님께 감사해야 할 웃시야는 점점 교만해져서 자기가 잘나고 위대해서 모든 일이 잘 되어 간다고 생각하기에 이르렀다. 욕심이 자라 탐욕이 되듯 교만도 자라나면 자기 위에 아무것도 없다고 생각하게 된다. 웃시야가 그랬다. 그는 자기도 제사장들처럼 성전에 들어가 금 향로에 향을 피워도 괜찮을 거라는 생각이 들었다. 하지만 그것은 제사장만의 고유 권한이며 임무였다.

어느 날 웃시야 왕은 드디어 일을 저지르고 말았다. 직접 금 향로를 들고 성전으로 들어간 것이다. 이를 목격한 몇몇 제사장들이 모든 제사장에게 이 끔찍한 일을 급히 알렸다. 제사장 아사랴가 즉시 제사장들 중 용맹스러운 80명을 데리고 왕을 뒤좇아 성전으로 들어갔다.

아사랴가 큰 소리로 입을 열었다.

"폐하, 하나님께 향을 피워 올리는 것은 왕이 하실 일이 아닙니다. 아론의 자손 중에서 몸과 마음을 깨끗이 한 제사장들에게만 허락된 일입니다. 어서 성전에서 나가십시오. 폐하는 하나님께 범죄했으므로 하나님께 영광을 얻지 못할 것입니다."

웃시야 왕은 제사장을 향해 벼락같이 화를 냈다. 그 순간 향로를 잡고 분향하려던 왕의 이마에 희끗거리는 반점이 생겨났다. 나병이었다. 제사장들은 나병의 발병과 완치를 확인해 주는 일도 했으므로 누구보다 신속정확하게 그 증세를 알아볼 수 있었다.

나병은 율법상 가장 부정한 병이었다. 그 병에 걸리면 누구든 가족과 사회로부터 격리되어 성 밖으로 좇겨나게 되어 있었다.

제사장 아사랴가 다시 입을 열었다. 강경한 어조였다.

"폐하, 속히 성전에서 나가셔야 합니다. 폐하의 이마에 나병이…."

이마를 만져본 왕은 어찌나 두렵고 떨리든지 지체 없이 도망치듯 성전에서 물러났다.

웃시야는 이제 왕이 아니었다. 그는 왕궁에서 격리되어 외롭게 별궁에 갇혀 지내야 했다. 정사를 돌볼 수도 없게 되었으므로, 25세 된 그의 아들 요담이 왕위에 올랐다.

유다의 제11대 왕, 요담 왕하 15:32-38 ; 대하 27장

요담은 아버지 웃시야처럼 좋은 왕이었다. 아버지의 뒤를 이어 예루살렘 방어를 위한 견고한 성곽 공사를 계속했고, 산에는 요새를 세웠다. 암몬 족이 바치던 조공을 멈추자 그들을 공격하여 승리함으로써, 3년 동안 해마다 1백 달란트의 은(약 3톤 반)과, 밀 일만 석, 보리 1만 석을 조공으로 받았다.

요담은 용맹스럽고 하나님을 경외하는 왕이었다. 그가 전쟁을 수행할 때마다 하나님이 그를 도우셔서 승리하게 하셨다. 이처럼 왕이 하나님을 공경하자 나라가 편안해졌고 부유해졌다. 요담은 16년 동안 나라를 다스리다가 죽었다.

유다 왕 아하스와 북왕국 이스라엘의 멸망

재앙을 부른 유다 왕 아하스 왕하 16:1–4 ; 대하 28:1–15

착한 왕 요담의 아들 아하스는 20세에 유다의 새 왕이 되었다. 그의 부친은 물론 조부였던 웃시야 왕도 착한 왕으로 기록되었다. 그런데 어찌된 일인지 웃시야의 손자이며 요담의 아들인 새 임금 아하스는 역대 왕들 가운데 가장 악랄한 왕이 되었다. 그는 조부와 부친의 훌륭한 업적들을 송두리째 뒤집어 엎었다.

그는 우상 섬기기에 열정을 쏟았다. 특히 북왕국에서 섬기는 바알 신상을 만들어 놓고 섬겼다. 북왕국 이스라엘과 수리아 왕이 연합하여 앗시리아를 대적하는 동맹을 권유했을 때는 이를 거부하고 예루살렘 방어 준비에 들어갔는데, 이때 바알 신상 앞에 자기의 아들을 희생제물로 바치기조차 했다. 전쟁을 면하게 해 달라는 기원을 그런 식으로 한 것이다.

우상숭배가 백성들에게 급속히 번져 갔다. 언덕 위나 나무 아래에서 이교도의 신을 섬기는 행위가 자행되었다. 하나님은 그 죄를 벌하시기 위해 수리아 왕 르신과 이스라엘 왕 베가의 연합군으로 유다를 침공케 했다.

전쟁은 유다의 완전한 패배였다. 수리아는 많은 유다 백성을 포로로 잡아갔다. 이스라엘 왕 베가도 유다의 군사 12만 명을 죽이며 완승을 거둔 후 여자와 어린이 등 20만 명을 사마리아로 잡아갔다. 죽거나 포로로 잡혀가 가족과 이별한 유다 백성들의 통곡소리가 천지를 뒤흔들었다.

그때 북왕국 이스라엘의 수도 사마리아에 오벳이라는 하나님의 예언자가 있었다. 그는 이스라엘 군사들이 형제의 나라인 유다의 여자들과 어린이들을 노예로 삼기 위해 잡아왔다는 소식을 듣자 어이없고 화가 났다. 그는 싸움터에서 돌아온 병사들에게 외쳤다.

"유다에 대한 하나님의 진노로 하나님께서는 그들을 이스라엘의 손에 붙이셔서 우리가 전쟁에 이겼소. 하지만 수많은 살육을 저지른 데다 이처럼 예루살렘 백성들을 노예로 잡아왔으니 이는 하나님 앞에 큰 죄요. 그러니 지금 당신들이 잡아온 포로들을 돌려보내시오. 그렇지 않으면 하나님의 진노가 당신들에게 내릴 것이오."

그러자 일부 이스라엘의 장로들이 나서서 병사들에게 호소했다.

"유다의 포로들을 사마리아 성에 들이지 마시오. 우리는 이미 하나님을 노하시게 했소. 우리의 죄와 허물을 하나님 앞에 더하지 맙시다."

오벳 예언자의 경고와 지도자급 장로들의 호소가 먹혀들어 이스라엘 병사들은 그들이 잡아온 포로들과 노획물들을 그들 앞에 내놓았다. 장로들은 포로들에게 옷을 입히고 먹을 것을 주면서 돌려보냈다. 부상자들은 나귀에 태워 보냈다. 그러나 이미 많은 백성들이 수리아의 수도 다마스커스로 끌려간 후였다. 비통한 유대 땅에서 아하스 왕과 유다의 백성들은 그래도 회개할 줄을 몰랐다.

미련한 왕 왕하 16:5-20 ; 대하 28:16-27

수리아와 이스라엘의 연합군이 쳐들어오기 전, 예언자 이사야는 아하스 왕을 찾아가 하나님의 뜻을 전달했었다. 적군이 승리하지 못한다는 점과 그 두 나라가 오래 지속하지 못한다고 통고했던 것이다. 그런데도 아하스는 하나님의 예언자가 전하는 말에 귀를 기울이지 않고 우상에게 자신의 아들을 제물로 드리는 악행을 저질렀다. 유다 왕국의 이 비극은 우상숭배에 대한 하나님의 진노였던 것이다.

그래도 아하스 왕은 깨닫지 못하고 또 다른 정치적 수단을 선택했다. 앗시리아 왕에게 성전의 보물들을 모두 꺼내어 공물로 보내며 도와달라고 요청한 것이다. 이를 수락한 앗시리아 왕은 군대를 이끌고 수리아의 다마스커스로 진격했다. 수리아가 중간에 가로막고 있어서 이스라엘이나 유다를 침공할 수 없었던 앗시리아로서는 여간 좋은 기회가 아닐 수 없었다.

앗시리아는 쉽게 수리아를 이겼다. 아하스는 앗시리아 왕에게 감사의 뜻을 전하기 위해 그가 점령하고 있는 다마스커스로 갔다. 거기서 수리아인들이 섬겼던 우상의 제단을 본 아하스는 그 제단의 구조와 모양을 상세하게 그려 예루살렘의 제사장 우리아에게 보냈다. 그 우상의 신전이 무척 마음에 들었기 때문이다. 제사장은 왕이 보낸 구조와 모양대로 제단을 만들었다. 왕이 제사장과 더불어 더 가증한 악을 도모한 것이다.

다마스커스에서 돌아온 왕은 제사장과 함께 새로 만든 우상의 단에 올라가 제사를 지냈다. 예루살렘에 있는 하나님의 성전은 이미 사실상 문을 닫은 상태였다. 왕은 계속해서 전국에 같은 모양의 제단을 만들게 했다.

아하스 왕이 앗시리아를 끌어들인 것은 결정적인 실수였다. 이제 이스라엘로 가는 길이 열린 앗시리아가 가만히 있을 리 없다. 앗시리아는 내친 김에 이스라엘을 정복하기 위해 만반의 준비를 갖추었다.

멸망하는 이스라엘 왕하 17장, 18:9–12

솔로몬 왕이 죽은 후 남북으로 갈라져 남쪽은 유다 지파가 전통적으로 왕위를 계승했으나 북왕국 이스라엘은 여러 차례의 정변과 군사 쿠데타로 왕조가 바뀌는 수난을 겪었다. 이스라엘은 유다보다 넓은 영토와 갑절의 백성이 있었으나 일찍이 우상숭배에 빠져 조상 대대로 섬겨오던 하나님을 철저하게 배교하는, 그야말로 하나님을 진노케 하는 죄를 저질러 왔다.

하나님은 그런 죄악의 나라 이스라엘을 지상에서 쓸어 버리시기로 작정하셨다. 그렇다면 그들만의 힘으로는 더 이상 버틸 재간이 없게 된다.

그동안 하나님께서는 여러 예언자들을 보내 경고하셨고 책망하셨지만, 그들은 귀를 기울이지 않았다.

베가 왕은 20년 동안 이스라엘을 다스리다가 호세아의 손에 죽었다. 호세아는 9년 동안 통치했다.

호세아의 통치 9년에 앗시리아 왕이 이스라엘을 공격해 왔다. 이미 수리아를 점령한 그들은 파죽지세로 이스라엘을 덮쳤다. 앗시리아 왕은 호세아 왕을 신하로 삼고 공물을 바치게 했다.

그러나 이미 이스라엘의 운명은 기울어지고 있었다. 호세아 왕은 한동안 공물을 바치다가 이를 거역했다. 그는 은밀하게 이집트의 힘을 빌려 앗시리아와 싸울 준비를 하고 있었다. 그러나 이를 안 앗시리아 왕은 즉시 대군을 보내어 사마리아 성을 포위했다. 자그마치 3년 동안이나 포위 공격 끝에 이스라엘 왕국은 무너지고 말았다. 호세아 왕은 포로로 잡혀 갔다.

기원전 930년에 여로보암에 의해 이스라엘의 10개 지파가 모여 세운 이스라엘은 기원전 722년 완전히 멸망했다.

앗시리아는 이스라엘 백성을 포로로 잡아가서 자신들의 여러 성읍에 흩어지게 했다. 그리하여 몇 년이 지나자 이스라엘 백성은 이교도들과 조금도 다름이 없게 되고 말았다. 사마리아에는 앗시리아 사람들이 대거 이주해 와서 현지인들과 결혼하여 살았다. 이러한 혼혈정책으로 12지파 중 남왕국에 속한 유다 지파와 베냐민 지파를 제외한 열 지파는 사실상 사라진 셈이다.

그 후부터 유다 지파와 베냐민 지파 사람들은 사마리아 사람들을 그들의 조상 아브라함으로부터 이어져 온 순수한 자기네 혈통으로 간주할 수 없어 이방인으로 취급하고 멸시하게 되었다.

유다 왕 히스기야의 신앙과 승리

하나님이 기뻐하시는 왕 왕하 18:1-8 ; 대하 29-31장

남왕국 유다에서 25세의 히스기야가 왕이 된 때는 북왕국 이스라엘이 앗시리아에 의해 패망하기 6년쯤 전이었다. 악한 왕 아하스의 아들인 히스기야는 아버지와 달리 다윗 왕을 연상시키는 좋은 왕이다. 그는 다윗처럼 하나님이 보시기에 정직했으며, 종교개혁을 단행하여 국내에 널려 있는 우상과 그 신전들을 가차없이 파괴했으며, 아버지에 의해 폐쇄되다시피 했던 하나님의 성전을 회복시켰다.

나아가 왕은 이집트 탈출을 기념하는 유월절을 회복시켜 전국의 백성들이 예루살렘에 와서 축제를 지키도록 조치했다. 그로 인해 전국에서 많은 인파가 몰려와 7일 동안의 유월절 축제에 참여했다. 뿐만 아니라 그는 하나님의 계명을 잘 지켜 유다의 전후 여러 왕들 중 보기 드물게 하나님만 섬기는 왕이 되었다. 그는 백성으로 하여금 모든 생산품의 십일조를 성전에 드리게 했다.

예루살렘의 위기 왕하 18:9-37 ; 대하 32:1-19

앗시리아가 사마리아를 포위한 것은 히스기야 재위 4년이었고, 그로부터 3년 후 성이 함락되어 북왕국 이스라엘은 지상에서 영원히 사라졌다. 잔인하기 그지없는 앗시리아는 정복지의 백성들을 거의 모두 포로로 잡아가서 노예로 만드는가 하면 잔인한 살상과 약탈의 만행을 저질렀다. 더구나 호시탐탐 주변국들을 공격하여 제압함으로써 그 당시 가장 두려운 군사대국으로 부상했다.

유다 왕국의 백성들도 앗시리아가 쳐들어오지나 않을까 늘 초조하고 불안했다. 이미 국경을 맞대고 있는 북왕국 이스라엘을 무참하게 짓밟지 않았던가.

두려움은 급기야 현실로 다가왔다. 히스기야가 왕이 된 지 14년 만에 앗시리아 왕 산헤립이 대군을 이끌고 유다를 침공해 온 것이다. 유다 백성들은 겁을 먹고 우왕좌왕했다. 그러나 어찌된 일인지 히스기야 왕은 두려워하지 않았다. 앗시리아 군대가 아무리 많은 병력으로 공격해 와도 하나님께서 도와주시면 이길 수 있다는 확고한 신념이 있었기 때문이다.

히스기야는 우선 신하들과 논의한 끝에 예루살렘 성 밖의 모든 샘들을 막고 훼손된 성벽을 보완하는 공사를 서둘렀다. 차제에 성벽을 조금 높였다. 뿐만 아니라 성벽 밖에 새로 성벽 하나를 더 쌓았다. 예루살렘 방어를 위해 사람이 할 수 있는 만반의 준비를 다한 것이다. 이어서 군대를 지휘할 대장들을 임명한 후 그들에게 훈시했다.

"앗시리아 왕과 그의 군사들을 두려워하지 말아라. 우리의 하나님께서 그들보다 위대하시다. 하나님께서 우리를 대신하여 싸워 주실 것이다."

세계 정복의 길에 나선 듯 의기양양한 앗시리아 왕 산헤립의 대군은 곧장 예루살렘으로 향하지 않고 유다의 여러 성읍을 탈취하면서 남부 해안 국가인 블레셋으로 향했다. 그리고는 전령을 예루살렘으로 보냈다. 전령은 성벽 밖에서 큰 소리로 외쳐댔다. 백성들이 성 위로 모여들었다. 왕궁에서도 히스기야의 신하들과 장군들이 성 위에서 백성들과 함께 그 전령이 외치는 소리를 들었다.

"예루살렘 백성들아, 너희 왕을 믿지 말아라. 너희 왕 히스기야가 우리 앗시리아의 왕 산헤립의 손에서 너희를 구원하지 못한다는 것쯤은 알아야 한다. 우리를 이길 나라는 지상에 없다. 어떤 신도, 너희가 믿는 하나님도, 앗시리아를 당해내지 못한다. 위대하신 산헤립 대왕의 말씀이시다."

히스기야 왕의 신하가 산헤립의 전령에게 소리쳤다.

"우리 말로 하지 말고 당신네 말로 하라. 우리 신하들은 당신네 말을 다 알아듣는다. 유다 말로 하면 성 위의 우리 백성들이 알아듣는다."

"쓸데없는 소리 말아라. 너희 백성들이 알아듣게 하려고 너희 말로 하는 것이다. 우리의 산헤립 왕께서 너희 백성들에게 말하라고 하셨다."

전령은 더욱 목청을 돋우어 소리쳤다.

"너희 왕 히스기야가 하나님이 도와주신다고 해도 믿지 말아라. 예루살렘 성은 앗시리아 왕 산헤립의 수중에 들어올 것이다."

천사가 없앤 18만5천의 적군 왕하 19장 ; 대하 32:20-33

앗시리아 전령은 그가 외친 내용을 글로 적어 히스기야 왕에게 보냈다. 이른바 산헤립 왕의 최후 통첩이었다. 히스기야 왕은 그 문서를 들고 성전으로 들어가 펼쳐 놓은 후 하나님께 기도했다.

"하나님께서는 하늘과 땅을 창조하셨으며, 이 땅의 모든 나라들 위에 유일한 신이십니다. 그런데 산헤립이 하나님의 백성을 치러 왔습니다. 주 하나님, 모든 나라들이 오직 주만이 하나님이신 줄 알 수 있도록 산헤립으로부터 이 나라와 백성을 구해 주소서."

히스기야는 믿었다. 다른 나라들이 산헤립에게 패배한 것은 그 나라들의 신이 모두 우상에 지나지 않기 때문이다. 그러나 유일하신 우리의 하나님은 우리를 반드시 지켜 주시리라. 기도를 마친 히스기야는 글을 써서 예언자 이사야에게 보냈다.

'앗시리아 왕 산헤립이 공개적으로 하나님을 모독하는 소리를 우리 하나님께서 들으셨을 것입니다. 따라서 우리 하나님께서 그를 꾸짖을 것입니다. 예언자께서는 하나님이 우리를 도우시도록 기도해 주십시오.'

왕의 사자는 산헤립의 전령이 성 밖에서 외친 소리를 모두 이사야에게 전했다.

"내가 편지를 써 줄 테니 왕께 전하시오."

이사야는 즉석에서 답신을 썼다.

'하나님께서 말씀하셨습니다. 나는 왕이 산헤립을 두고 기도하는 소리를 들었다. 앗시리아 왕이 나를 모욕하고 거역했으니 그 코에 쇠고리를 꿰고, 입에 자갈을 물려 그가 왔던 길로 돌려보낼 것이다. 그는 예루살렘 성으로 들어오지 못한다. 내가 이 성을 지키고 너희를 구원할 것이다.'

그날 밤, 참으로 놀라운 일이 예루살렘 성 밖에서 전개되었다. 자그마치 18만 5천이나 되는 대군으로 성을 포위하고 있던 앗시리아 군대가 모두 잠자다가 죽은 것이다. 이집트를 탈출하던 밤에 양의 피를 바르지 않은 모든 집을 하나님의 천사가 지나갔고, 그 집에서 장남과 가축의 첫 새끼가 다 죽은 것처럼, 예루살렘 성 밖에서도 하나님의 천사가 지나가며 그들을 모두 죽인 것이다.

다음 날 아침 성 밖은 적군의 시체로 뒤덮여 있었다. 군대를 잃은 왕 산헤립은 자기 나라로 도주했다. 그러나 그를 기다린 것은 죽음이었다. 왕은 그들의 신전에 들어가다가 아들이 찌른 칼을 맞고 죽었다.

히스기야 왕이 앗시리아의 예루살렘 공격에 대비하여 동북쪽 성 밖의 기혼 샘에서 성 안의 저수시설인 실로암까지 연결한 525m의 지하 수로공사는 기적의 터널로 평가되며, 지금까지 고스란히 남아 있다.

유다 왕 므낫세와 아몬

12세의 어린 왕 왕하 21:1–9 ; 대하 33:1–9

현대의 정치인은 물론 옛 군왕에게도 역사는 최고의 교과서다. 그런데 역사라는 거울을 통해 자신의 모습을 발견하지 못하는 경우가 비일비재하다. 히스기야 왕의 아들 므낫세도 그 부류에 속하는 왕이다.

열두 살의 어린 나이에 왕좌에 오른 므낫세는, 오직 하나님에 대한 신앙 하나로 앗시리아의 산헤립 왕이 이끌고 온 18만 5천 대군을 제거한 아버지의 신앙을 외면했다. 역대 유다 왕 중 히스기야 왕이 가장 모범적이었다면 그의 아들 므낫세는 가장 악한 왕으로 기록될 만큼 대조적이다. 그러면서도 남왕국과 북왕국의 역대 왕 중 가장 긴 55년 동안 왕의 자리에 있었다.

그는 아버지가 파괴하고 제거한 우상의 신전과 우상들을 다시 세웠다. 그에 관한 성경의 기록은 두 가지 내용으로 압축된다. 그는 바알과 아세라, 태양과 별 등을 숭배하는 다신교 신앙의 국가로 정책을 바꾸고, 이에 저항하는 예언자들과 하나님 신앙을 지키려는 사람들을 무차별 살해했다. 하지만 그는 하나님의 진노로 쇠사슬에 묶여 앗시리아에 포로로 잡혀가서 온갖 수모와 고난을 겪었고, 이 과정에서 비로소 우상숭배의 죄를 회개하고는 다시 예루살렘으로 돌아와 하나님 신앙의 회복을 위해 노력하게 된다.

므낫세의 악정과 심판의 재앙 왕하 21:10–18 ; 대하 33:10–20

그는 성전 마당에 우상과 그 제단을 세우고 백성들에게 숭배를 강요했다. 심지어는 어린 왕자를 이교도의 우상인 몰록의 제단에 희생제물로 바쳐 죽이기도 했다.

하나님은 그러한 므낫세에게 예언자를 보내어 경고하셨으나 그는 오히려 예언자에게 악행을 저질렀다. 므낫세가 무죄한 사람의 피를 얼마나 많이 흘렸던지, 예루살렘 이쪽 끝에서 저쪽 끝까지 피가 흘러 넘쳤다는 기록이 있을 정도이다.

하나님을 섬기던 아버지 세대의 사람들은 가고 없었다. 므낫세 세대의 사람들은 이제 하나님을 버렸고, 잊었다. 그들의 신은 바알이요 아세라요 태양과 달과 별이었다.

더 이상 간과할 수 없는 지경에 이르자 하나님께서는 예언자를 통해 왕과 그 백성에게 마지막으로 경고하셨다.

'므낫세가 이토록 악한 짓을 자행하니 내가 큰 재앙을 내리겠다. 예루살렘에 내린 재앙의 소식을 듣는 사람마다 놀라지 않을 수 없으리라. 사람이 접시를 뒤집어 안팎을 닦는 것처럼, 예루살렘 안팎을 쓸어버리리라.'

하나님의 자기 백성에 대한 사랑은 세상의 어떠한 사랑과도 비교할 수 없다. 하지만 사랑이 크면 증오도 크다. 그래서 사랑하는 백성이 잘못을 저지르면 하나님께서 심판하신다.

드디어 재앙이 밀려왔다. 북왕국을 무너뜨린, 그리고 히스기야 왕 당시에 예루살렘을 포위했다가 왕과 이사야 예언자의 기도로 18만 5천의 대군이 하룻밤 사이에 전멸당한 쓰라린 경험을 갖고 있는 강대국 앗시리아가 또다시 예루살렘을 침공한 것이다. 그들은 파죽지세로 예루살렘으로 밀려와 복수라도 하듯 살상과 강탈을 벌이고, 많은 백성을 포로로 잡아갔다. 므낫세 왕은 마치 짐승처럼 쇠사슬로 묶인 채 아라비아 사막을 통과하는 8백여 km의 험난한 길을 끌려갔다.

인간이 감당하기에는 한계를 벗어난 고통과 수모를 당한 므낫세 왕은 마침내 자신의 잘못을 깨닫고 회개하기에 이르렀다. 늦게나마 아버지가 믿던 하나님 신앙으로 돌아간 므낫세는 그 동안 자신이 저지른 주홍같이 붉은 죄를 회개하며 간절히 기도했다. 하나님께서는 그 기도를 들으시고 므낫세를 다시 예루살렘으로 돌아가도록 선처하셨다. 귀국한 왕은 그때부터 자신이 세운 모든 우상과 우상의 제단을 철거하여 잘못된 종교정책의 흔적들을 제거해 갔다. 아울러 성을 이중으로 쌓아 외침에 대비했으며, 변방의 성읍들에도 군대를 수눈시켰다.

므낫세의 아들 아몬 왕하 21:19-26 ; 대하 33:21-25

므낫세가 죽자 그의 아들 아몬이 즉위했다. 그러나 아몬은 아버지 시절에 세워진 우상의 제단들 중 아직 남아 있는 우상에게 제사를 드렸다. 마치 므낫세의 악정 시절을 연상시키는 우상숭배와 악행들을 보다 못한 신하들이 아몬을 궁중에서 암살했다. 즉위한 지 2년 만인 스물네 살 때의 일이었다. 백성들은 왕을 죽인 신하들을 제거하고 아몬의 아들 요시야를 새 왕으로 세웠다.

유다 왕 요시야의 신앙과 개혁

종교개혁의 현장을 지휘한 왕 왕하 22:1–2 ; 대하 34:1–7

아버지의 암살로 불과 여덟 살의 어린 왕이 탄생했다. 요시야 왕은 다윗의 혈통에 정당한 왕위 계승자인데다가 백성들이 그를 원했으므로 나이는 어려도 암살의 위험은 없었다. 선왕 아몬의 암살 사건이 이 어린 왕을 특별히 보호하게 하는 정서로 작용했다.

요시야는 어린 나이에도 다윗의 신앙을 본받아 좌로나 우로 치우치지 않고 바르게 나아갔다. 열여섯 살이 되자 오직 하나님만 의지하게 되었고, 스무 살 때부터는 우상의 잔해들을 제거시키면서 직접 그 현장에 나가 지휘하는 적극성을 보였다. 그는 우상숭배를 뿌리 뽑겠다는 의지로 남은 잔재를 가루처럼 부수게 한 후 그 가루를 우상을 섬기던 사람들의 무덤에 뿌리게 했다.

예루살렘에서 시작된 이런 우상 뿌리뽑기는 유대 전체와 옛 북왕국의 영토였던 이스라엘 땅으로까지 확대 실시했다. 왕은 직접 현장으로 순회할 때 무거운 도끼와 망치를 휴대한 목수들을 데리고 다녔다. 옛 북왕국은 우상숭배의 온상이었으므로 성읍마다 온통 바알과 아세라 신상과 그 제단이 설치되어 있는 실정이었다. 북왕국이야말로 우상숭배의 죄에 대해 하나님께서 심판하시어 멸망한 나라였던 것이다. 요시야 왕은 우상을 가루가 되도록 부수게 했다.

위대한 발견 왕하 22:3–9 ; 대하 34:8–17

예루살렘 성전의 보수 공사가 시작되었다. 대제사장 힐기야는 공사 현장을 두루 돌아보며 감독하고 지휘했다. 대제사장으로서는 성전의 모습을 회복시키는 작업이 큰 기쁨이 아닐 수 없었다.

작업 현장을 둘러보던 대제사장은 성전 구석에서 두루마리 문서 뭉치를 발견했다. 오래 묵은 두루마리였다. 그는 즉시 학자들을 불러 두루마리 문서의 내용을 알아보게 했다.

"이 문서는 분명 모세가 기록한 율법책의 사본임에 틀림없습니다!"

율법학자들이 흥분했다. 대제사장도 흥분하지 않을 수 없었다. 우상숭배 정책이 강화되면서 누군가가 성전 구석에 숨겨두었던 모세의 율법서가 빛을 본 것이다.

그 귀하고 소중한 문서는 즉시 왕에게 전달되었다. 8백여 년 전, 가나안 땅에 들어오기 전에 모세에 의해 기록된 율법 문서는 지성소의 법궤 안에 소장되었으며, 7년마다 한 번씩 대제사장이 꺼내어 백성들에게 읽어 주도록 되어 있었다. 그 오랜 세월에 수많은 필사본이 만들어졌겠지만, 이제 와서는 거의 찾아볼 수 없는 실정이었다. 우상숭배 정책에 밀려 사본들이 거의 사라졌으며, 아울러 연구되지 않고 가르쳐지지 않아, 하나님의 백성인 그들조차 하나님을 모르게 되었던 것이다. 그러므로 율법책의 발견은 그들의 신앙을 온전하게 회복시키는 계기가 될 수 있었다.

요시야 왕의 서약 왕하 23:1–3 ; 대하 34:18–33

왕은 율법책을 가져온 사람으로 하여금 낭독하게 했다.

'이 책에 기록된 율법을 따르지 않으면 하나님께서 이 백성의 괴로움을 더 하실 것이다. 이 백성이 나를 버리고 다른 신에게 분향하며 그 행위로 나를 분노케 하므로 내가 나의 분노를 이곳에 쏟으매 꺼지지 않을 것이다.'

율법책에 기록된 무시무시한 형벌이 두려워진 왕은 하나님의 예언자에게 사람을 보내어 알아보게 했다. 여자 예언자 훌다는 하나님의 뜻을 이렇게 전하게 했다.

'내가 이 도성과 주민에게 내리기로 작정한 재앙을 네가 알고, 옷을 찢고 울면서 나의 경고를 두려워했다. 그러니 내가 네 기도를 들어주겠다. 너는 이 도성의 멸망을 직접 보지 않을 것이다. 그런 일이 있기 전에 너는 네 조상들의 묘실에 안치될 것이다.'

예언자에게서 하나님의 뜻과 계획을 전해 들은 요시야 왕은 즉시 백성의 장로들과 제사장들은 물론 노인에서부터 젊은이에 이르기까지 모두 성전으로 모이게 했다. 왕은 성전에서 발견된 율법책을 끝까지 읽어준 후 유다 백성으로 하여금 주와 맺은 언약을 새롭게 다짐하게 했다. 주께 순종하고 마음과 정성을 다하여 주의 모든 계명과 가르침에 따를 것이며, 그 책에 기록된 언약의 말을 확언하게 했다. 그러자 온 백성이 동의하고 그 언약을 지키기로 맹세했다.

예언의 성취 왕하 23:4-25 ; 대하 35:1-19

요시야 왕 18년, 곧 그의 나이 26세에 예언자 사무엘 시절 이래 가장 대규모의 유월절 행사가 예루살렘에서 이루어졌다. 온 나라가 축제 분위기였다. 백성들과 지도

자들은 모처럼 하나님을 제대로 섬기는 기쁨을 누렸다.

그 후 요시야 왕은 온 나라 안의 모든 우상과 그 잔해들을 흔적조차 없이 씻어내기로 작정했다. 먼저 성전에 있는 우상을 섬기는 데에 사용된 그릇들을 모두 태워 그 재를 멀리 내다 버리게 하고, 점쟁이와 마술사의 집들도 부수었다. 그런 다음 몰록이라는 우상의 팔에 어린아이를 안겨 놓고 불에 태워 제물로 바치던 도벳 골짜기로 가서 다시는 몰록 숭배가 불가능하도록 아예 그 골짜기를 메워버리게 했다. 또 예루살렘 동쪽에 있는 올리브 산에 솔로몬이 이교도 아내들을 위해 만들었던, 4백여 년 동안 그 자리에 서 있는 낡은 우상을 제거하고 죽은 사람들의 뼈를 그 제단에서 태워서 다시는 그 제단에 제사 드리지 못하게 했다.

그 다음에는 북쪽으로 16km 떨어진 벧엘로 갔다. 거기에는 북왕국의 여로보암 왕이 3백여 년 전에 세운 금송아지 우상과 그 제단이 번듯하게 설치되어 있었다. 요시야 왕은 벧엘의 묘지에서 파낸 유골을 그 제단에서 불태웠다. 그렇게 하면 그 누구도 그 제단에서 제사를 지내지 않기 때문이다.

작업이 진행되고 있을 때 우연히 눈을 들어 바라본 주변의 언덕에 비명이 새겨진 작은 비석 하나가 시야에 들어왔다.

"저 비석이 무엇이냐?"

왕이 물었다.

"저건 유다 왕국에서 온 하나님의 종의 무덤입니다. 그는 이교의 제단이 다윗의 후손으로 태어날 요시야에 의해 이 제단에서 사람의 뼈가 불태워질 것을 왕의 이름까지 거명하며 예언한 바 있습니다. 오늘 그 예언의 말씀이 성취되었습니다."

요시야의 최후 왕하 23:26-30 ; 대하 35:20-27

하나님의 율법을 엄격하게 지키며 이교의 신상과 제단들을 파괴하고 불태우면서 온 백성이 하나가 되어 하나님을 섬기게 한 요시야의 시대는 외적의 침공도 없는 태평성대였다. 하나님께서 요시야를 위하여 그 나라와 백성에 내릴 재앙을 유예하셨기 때문이다.

요시야의 통치 31년이 되는 해였다. 이집트 왕 느고가 서북방 유프라테스 강가에 있는 갈그미스를 공격하기 위해 원정을 떠났다. 느고는 원정을 떠나며 요시야에게 사신을 보냈다.

'우리 이집트는 유다 왕국을 공격하지 않습니다. 앗시리아를 도와 갈그미스를 치기 위해 당신네 나라를 거쳐서 갈 뿐입니다. 나는 하나님의 명령을 받고 갈그미스를 공격하러 가는 길이니, 우리가 가는 길을 방해하지 말기 바랍니다.'

팔레스타인은 강대국의 틈바구니에 끼어 그들의 전쟁터가 된 적이 한두 번이 아니었다. 팔레스타인을 자기네 국토로 만들려고 쳐들어온 적도 여러 차례였다. 요시야는 이집트가 원정을 명분으로 내 나라를 삼키려는 술수를 부린다고 생각했다.

왕은 군대를 이끌고 북북서 해안에 인접한 므깃도로 갔다. 일찍이 솔로몬 왕이 500두의 전투마를 훈련시킨 므깃도는 아프리카와 유럽, 아시아가 만나는 요충지여서 전투가 빈발하는 곳이었다.

요시야 왕은 이집트 군대가 앗시리아로 가기 위해 경유하지 않을 수 없는 므깃도에서 이집트와 일전을 벌일 참이었다. 그는 이집트 왕 느고가 직접 사령관으로 출정한 사실을 중시하여 자신은 전투에 참여하지 않은 것처럼 꾸미기 위해 변장을 하고 방어선을 구축했다. 하지만 전투가 벌어진 지 얼마 안 되어 이집트 군인이 쏜 화살이 요시야 왕에게 명중했다. 왕은 치명상을 입고 전사했다.

요시야 왕의 시신은 예루살렘으로 운구되어 왕조의 묘지에 안장되었다. 어진 왕의 죽음은 전국을 슬픔으로 빠뜨렸다. 예언자 예레미야도 애도의 노래를 지어 불렀다.

요시야의 뒤를 이어 차남 여호아하스가 왕의 자리에 올랐다.

예레미야의 소명과 예언

하나님을 떠난 백성이여 왕하 23:31–35 ; 대하 36:1–4 ; 렘 1–35장

예루살렘 북동쪽 4.8km에 위치하는 아나돗에서 제사장의 아들로 태어난 예레미야는 요시야 왕 13년에 예언자로 소명을 받았다.

'나는 네가 태어나기 전에 너를 예언자로 선택했다.'

하나님의 계시에 어린 예레미야는 몹시 두려워했다.

"하나님, 저는 아직 너무 어려서 말할 줄을 모릅니다."

"너는 아이라고 하지 말아라. 내가 너를 누구에게 보내든, 너는 가서 내가 시키는 대로 전하라. 내가 너와 함께 할 것이니 두려워하지 말아라."

요시야 왕이 이집트의 왕 느고와 싸우다가 죽은 후, 유다 왕국은 몰락의 길로 접어들고 있었다. 유다의 새 왕 여호아하스는 즉위하자마자 하나님을 떠나 우상을 숭배하는 등 악을 행하다가 불과 석 달 만에 이집트 왕 느고에 의해 폐위당했다. 느고는 여호아하스의 형제 엘리야김을 왕으로 세웠다. 그리고 이름을 '여호야김'이라 고치게 하고, 많은 조공을 바치라고 요구했다. 속국의 신세로 전락한 것이다. 여호아하스는 이집트에 인질로 잡혀갔다.

이집트는 앗시리아 원정에서 승리하여 사실상 패권국가로 부상했으므로 유다 왕국의 배신을 징계한 셈이었다. 예레미야는 이 무렵 본격적인 활동을 시작했다.

하나님께서는 충분한 경고 없이는 징계하지 않으신다. 언제나 오래 참으신다. 하나님께서는 예레미야를 통해 경고하셨다.

'이 백성이 하나님을 잊었다. 예루살렘 거리를 돌아다녀 보아도 하나님을 믿는 사람이 하나도 없다. 모두가 하나님이 가증하게 여기시는 우상숭배에 빠져 있다. 모두가 악해져서, 돌보아 주어야 할 고아와 과부를 오히려 압제한다. 나그네를 박해하고, 억울한 피를 흘리게 한다. 하나님께서 말씀하신다. 내 백성이여 다시 돌아오라. 내가 너희를 치료하고 복을 주리라.'

하지만 누구도 예레미야의 경고에 귀를 기울이지 않았다. 우상숭배에 빠져 버리면 하나님의 말씀을 듣는 귀가 닫혀지는 것인가? 모두가 냉담했지만, 예레미야는 계속하여 외쳤다.

'너희가 하나님을 버리고 다른 신들을 섬기는 것처럼, 너희가 이 나라를 떠나 다른 나라에 가서 그 나라를 섬기게 되리라. 예루살렘과 이 나라 땅은 황폐해지리라. 너희가 하나님의 말씀을 버렸고, 하나님의 경고도 듣지 않기 때문이다.'

무서운 저주였다. 나라는 완전히 망하고, 그 백성은 포로로 잡혀간다는 것이다. 정치 지도자는 물론 종교 지도자들도 어느덧 예레미야를 미워하기 시작했다. 늘 저주성 발언을 하나님의 말씀이라며 떠들어대는 그가 곱게 보일 리 없었다. 지도자들은 예레미야를 붙잡아서 차꼬를 채운 다음 협박했다. 차꼬란 앉은 채 두 발목을 묶는, 나무로 만든 형틀이다.

예레미야의 메시지에서 언급되는 이스라엘 백성이 잡혀가서 섬기게 된다는 나라는 앗시리아를 제압하고 일어난 신바빌로니아 제국이었다. 이집트는 앗시리아와의 전쟁에서 이긴 후 잠시 패권국가로 부상했으나 신바빌로니아가 등장하면서 이집트는 남으로 물러났다. 두 강대국 사이에 낀 유다 왕국은 우왕좌왕했다. 친 남부(이집트)와 친 북방(바빌로니아)으로 갈등이 야기되고 세력이 갈라졌다. 예레미야는 하나님이 주신 지혜와 계시로 장차 북방세력이 침입하여 이 나라를 초토화시킬 것을 알고 있었다. 그러나 회개하여 우상을 버리고 하나님께 돌아오기만 하면 재앙을 면케 하신다는 하나님의 계시가 있었기에 예레미야는 두려워하지 않고 경고의 메시지를 보낼 수 있었다.

불태워진 예언 두루마리 왕하 23:36-37 ; 대하 36:5 ; 렘 36장

이집트로 사로잡혀간 여호아하스 왕의 뒤를 이어 느고에 의해 새 왕이 된 여호아하스의 아우 여호야김은 11년을 통치하는 동안 악정을 서슴지 않았다. 그는 이집트에 보낼 조공을 마련하느라 백성들에게 과중한 세금을 징수했다. 예레미야는 왕에게 경고했다.

'하나님께서 말씀하셨습니다. 표범보다 빠르고 굶주린 늑대보다 사나운 갈대아인을 이 나라에 보내어 이 나라를 빼앗게 하실 것입니다. 머나먼 바빌로니아에서 기병들이 몰려올 것입니다.'

그 말에 화가 난 여호야김 왕은 예레미야를 감옥에 가두라고 명령했다. 예레미야는 늘 함께 있는 제자 바룩을 불러 하나님께서 주시는 예언을 기록하게 했다. 양피지 두루마리에 기록된 예언은 모두가 하나님의 경고였다.

'이 두루마리를 금식일에 성전으로 가지고 가서 백성들이 모인 자리에서 읽어 주어라. 듣는 자들이 회개하고 하나님께 돌아올지도 모른다.'

바룩은 금식일에 성전에 모인 백성들에게 구술된 예언을 읽어 주었다. 그 자리에는 레위인 미가야가 있었다. 그는 예레미야의 예언이 심상치 않다고 느껴 그 사실을 지도층인 장로들에게 알렸다.

"바룩을 불러 직접 들어보는 게 좋겠군요."

그들의 의견이 일치하자 바룩이 불려 왔다.

"전에서 백성들에게 읽어 준 그 두루마리를 우리에게도 읽어 주게."

장로들의 요청에 바룩은 두루마리를 읽어 내려갔다. 듣는 이들의 표정이 점점 긴장과 두려움으로 가득 찼다. 신바빌로니아 제국의 무서운 침공과 늑탈이 따를 것을 명백하게 경고하고 있었기 때문이다.

"이 사실을 왕께 보고하지 않으면 안 됩니다. 국가와 민족의 운명이 걸려 있습니다. 하나님이 주신 예언이라니 이대로 가면 반드시 그날이 현실로 다가올 게 아닙니까."

장로들은 두려움으로 수군거렸다.

"이렇게 합시다. 이 사실을 보고하면 왕께서 예레미야와 바룩을 죽일지도 모르니, 두 사람에게 몸을 숨기게 한 후 우리는 왕께 갑시다."

예레미야는 감옥에서 나와 있었으나 장로들의 뜻을 받아들여 바룩과 함께 은신했다.

장로들이 왕에게 나아가 모든 백성이 회개하지 않으면 무서운 재앙을 하나님께서 내리신다는 예레미야의 예언을 전했다.

"그걸 내 앞에서 읽도록 하라. 자세히 들어 보겠다."

장로들은 숨겨 두었던 두루마리를 가져왔다. 서기관이 왕 앞에서 읽어 내려갔다. 여호야김 왕은 따뜻한 난롯가에 앉아 경청했다. 그러나 끝까지 들을 필요를 느끼지 않았다. 못마땅해진 왕은 읽는 것을 중단시키고 그 두루마리를 가져오게 하더니 칼을 뽑아 잘라 버렸다. 그래도 성이 안 찼는지 그는 반으로 잘린 양피지 두루마리를 활활 타오르는 난롯불 속으로 던져 버렸다. 그의 아버지 요시야 왕은 성전에서 모세의 율법이 적힌 두루마리가 발견되자 두려움과 슬픔으로 자기 옷을 찢으며 회개했는데, 그의 아들인 여호야김 왕은 하나님의 예언이 담긴 말씀을 태워버린 것이다. 이제 유대 왕국에 희망이 사라져 버렸다.

"예레미야와 바룩을 체포하라."

여호야김이 분노하여 명령했다.

한편 하나님께서는 은신 중인 예레미야에게 말씀하셨다.

'왕이 불태워 버린 두루마리의 내용을 다시 기록하여라. 그리고 왕에게는 특별히 경고하는 내용을 덧붙여라. 하나님의 경고를 무시하고 예언의 두루마리를 불사른 여호야김, 네 나라가 끝나리라. 네 뒤를 이을 왕이 없게 되리라. 너는 죽어서 낮에는 작열하는 태양에 노출되고 밤에는 찬 이슬을 맞게 되리라.'

바빌로니아의 침공과 예루살렘의 함락

바빌로니아의 침공 왕하 24장 ; 대하 36:6–10 ; 렘 37–39장

앗시리아를 무너뜨린 후 남방의 이집트를 비롯, 주변의 여러 나라를 정복하여 대제국이 된 바빌로니아의 느부갓네살 왕은 의기양양했다. 세상에 두려운 적국이 없기 때문이다. 느부갓네살은 유프라테스 강에서 나일 강에 이르는 대제국의 황제였다. 유다의 여호야김도 3년 동안 바빌로니아의 속국 노릇을 했다.

여호야김이 바빌로니아에 등을 돌리고 다시 친親이집트로 기운 것은 한때 이집트가 바빌로니아를 이겼을 때였다. 그러나 그 기간은 참으로 일시적이었다. 느부갓네살은 강한 대군을 거느리고 배신한 여호야김을 징벌하기 위해 예루살렘으로 진격하여 무차별적으로 파괴하고, 많은 백성과 함께 여호야김을 붙잡아 쇠사슬로 묶은 채 바빌로니아로 끌고 갔다. 한 나라의 왕인데도 그의 무덤이 없게 된 것은, 예레미야의 예언대로 죽어서 들에 버려졌기 때문이다.

느부갓네살은 18세 된 여호야김의 아들 여호야긴을 유다의 왕으로 임명했다. 왕이 된 여호야긴은 아버지처럼 우

상을 섬기고 악행을 자행했다. 그러자 불과 석 달 만에 느부갓네살이 다시 군대를 거느리고 예루살렘으로 왔다. 이번에는 왕과 왕비, 태후와 신하 등 1만여 명을 포로로 붙잡아 바빌로니아로 끌고 갔다. 몇 년 전에는 예루살렘 성전에서 금은 그릇 등 보물을 노획하여 가져갔는데, 이번에는 왕궁과 성전에 남은 모든 금은보화를 남김없이 늑탈해 갔다.

느부갓네살은 쓸모없는 사람들만 남겨둔 채 기술자와 장정들과 궁녀 등 사용가치가 있는 모든 사람을 포로로 붙잡아 갔다. 아라비아 사막을 포함한 8백여km의 거리를 도보로 끌려가는 그들의 고통을 어찌 말로 표현할 수 있을까. 도중에 병들고 굶주리고 지쳐서 죽는 사람이 부지기수였다. 예레미야를 통해 경고성 예언을 하신 하나님께서 회개하지 않는 백성에게 재앙을 내리신 것이다.

느부갓네살은 남은 백성을 다스리도록 여호야긴의 숙부 시드기야를 왕으로 세우고, 바빌로니아를 배반하지 않겠다는 약속을 받았다. 그러나 시드기야는 악한 왕이었다. 예레미야는 시드기야에게 바빌로니아와의 약속을 지키라고 상기시켜 주었다. 그런데도 몇 년이 지나자 그는 바빌로니아에 등을 돌렸고, 느부갓네살이 그냥 넘어갈 리가 없다. 그는 분노하여 대군을 이끌고 쳐들어와 예루살렘 성을 포위했다.

이집트와 싸워서 진데다 바빌로니아에게 세 차례나 침공을 받으니, 예루살렘은 초토화되었다. 예루살렘 사람들은 모두가 예레미야를 미워했다. 바빌로니아에게 포로로 잡혀간다고 예언했는가 하면, 시드기야 왕에게는 바빌로니아에 등을 돌리지 말라고 충고하니, 예레미야를 바빌로니아와 내통하거나 친바빌로니아주의자임에 분명하다는 생각들을 하게 되었다. 그의 경고성 예언을 하나님의 말씀으로 듣지 않았기 때문이다.

바빌로니아 군대는 예루살렘을 완전 포위했다. 당시의 관리들은 시드기야의 친이집트 외교와 반바빌로니아 정책을 지지했다. 이집트는 바빌로니아 군대가 예루살렘을 포위하자 약속한 대로 군대를 예루살렘으로 보내어 시드기야를 도우려고 했다. 이에 느부갓네살은 양쪽을 경계하느라 서둘러 예루살렘을 공격하지 못하고 포위망만 유지하고 있었다. 예레미야는 친이집트주의자들에 의해 투옥되었다.

이집트 군대는 바빌로니아 군대와 본격적으로 전투할 의사가 없는지 싱겁게 퇴각하고 말았다. 그리하여 예루살렘은 기원전 588년 1월 중순부터 586년 7월 중순까지 포위 상태로 지내야 했다. 백성은 굶주림과 전염병과 포위의 공포 속에서 떨어야 했다.

어느 날 왕은 은밀하게 예레미야를 불러내어 물었다.

"혹시 하나님께서 말씀하신 것이 있소? 있으면 정직하게 말해 주시오."

예레미야가 시드기야에게 대답했다.

"있습니다. 왕은 바빌로니아 왕에게 붙잡힐 것입니다."

왕은 아무 대꾸도 하지 않았다. 갈등과 고민으로 묵묵히 고개를 숙이고 있었다. 예레미야는 왕에게 구덩이로 된 감옥에만은 다시 들어가지 않게 해달라고 청원했다. 왕은 그 부탁을 들어주어 예레미야를 시위대 뜰에 있게 하고 음식을 주라고 했다. 그러나 항복을 권유했다는 말을 들은 신하들은, 예레미야를 죽여 버리자고 했다. 그러나 그들은 예레미야를 죽이지는 못하고 다시 구덩이로 된 감옥에 처넣었다. 감옥의 밑바닥은 진흙수렁이어서 견디기에 너무 힘든 곳이었다.

진흙수렁에 빠져 기력이 쇠진해져 죽을 수밖에 없게 된 예레미야의 소식을 들은 흑인 내시 에벳멜렉이 왕 앞에 나아가 그 사실을 고했다.

"예레미야는 곧 죽을 것입니다. 거기서는 살아나올 수가

없습니다. 신하들이 거기다 넣었습니다."

왕은 자기가 명령한 대로 집행되지 않았음을 알고 즉시 명령을 내렸다.

"왕궁에서 30명을 데리고 가서 예레미야를 진흙수렁에서 꺼내 주도록 하시오."

환관은 서둘러 장정 서른 명을 데리고 감옥으로 달려갔다. 헌 옷가지와 천을 길게 줄로 만들어 컴컴한 구덩이로 내려 보내며 소리쳤다.

"자, 줄이 내려가니 겨드랑이 밑을 단단히 묶고 줄을 꼭 잡으세요. 끌어올리겠습니다."

예레미야는 일단 죽음을 모면했다. 왕은 여전히 항복하지 않고 버티었다. 예레미야는 시위대 뜰에서 감시를 받았다. 신선한 공기와 태양이 하나님의 손길처럼 그를 지켜주었다.

기원전 586년–예루살렘 함락의 비극 왕하 25:1–21 ; 대하 36:11–21 ; 렘 40:1–6

바빌로니아 군대는 예루살렘 성벽을 헐기 시작했다. 왕과 신하들은 한밤중에 허물어진 성벽을 넘어 동쪽 비탈길로 도망치기 시작했다. 그러나 날이 새자 도주 사실을 안 바빌로니아 군대가 말을 달려 추격해 왔다. 왕과 일행은 예루살렘에서 30여 km쯤 떨어진 요단 강 가까이의 여리고에서 체포되고 말았다. 예루살렘의 느부갓네살 왕 앞에 끌려간 그들 중 신하들과 아이들은 그 자리에서 잔인하게 죽임을 당했다. 왕자들도 아버지가 지켜보는 앞에서 처참하게 살해당했다. 시드기야 왕은 두 눈을 뽑히고 쇠사슬로 묶여 바빌로니아로 끌려갔다. 그는 바빌로니아의 감옥에 갇혀 지내다가 햇볕도 못 보고 죽었다.

기원전 1040년에 왕국이 시작되고, 1010년에 유다 지파의 다윗이 왕이 되어 유다 왕국이 출범한 이래 그의 후손들이 계승해 온 왕조는 424년 만에 비참하게 종막을 고했다.

이듬해, 바빌로니아는 다시 예루살렘에 군대를 보내 성전과 왕궁 등을 약탈한 후 대대적으로 파괴하고 불태웠다. 이제 예루살렘은 사람이 살 수 없을 지경으로 황폐해졌다. 예루살렘 주민들은 노인과 병자 들만 남고 모두 포로로 끌려갔다. 예레미야도 포로로 붙잡혀 갔다. 그러나 예루살렘 북쪽 8km쯤 떨어진 라마에 이르렀을 때 바빌로니아의 근위대장이 예레미야에게 말했다.

"이 모든 일은 그대의 백성이 이스라엘 신에게 죄를 짓고 그 신의 말씀을 따르지 않았기 때문에 생긴 일이오. 그러나 나는 지금 그대의 팔에 묶인 쇠사슬을 풀어 주겠소. 그대가 원한다면 나와 함께 바벨론으로 갑시다. 그대가 바라지 않는다면, 함께 가지 않아도 좋소. 유다 어느 곳이든지 그대가 원하는 곳으로 가서 살도록 하시오."

예레미야는 예루살렘을 선택했다. 초토화된 예루살렘에 돌아온 예레미야는 비탄의 노래를 지어 불렀다.

슬프도다, 예루살렘 성이여
사람들 복작거리던 이곳이 어찌 이리 적막한가
밤새우며 애곡하니 눈물이 뺨을 적신다
유다는 사로잡혀 갔도다
나의 탄식이 많고 나의 마음이 곤비하도다

한편 포로로 잡혀간 사람들은 그들대로 탄식의 노래를 불렀다.

우리가 바벨론의 강가에 앉아
시온을 기억하며 울었도다
우리를 사로잡은 자가 우리에게 시온의 노래를 부르라 한다
타국에 포로로 잡혀온 우리가 어찌 시온의 노래를 부를 수 있으랴

회복의 예언 렘 29:10-14, 51장

유다 왕국은 작지만 강한 나라였다. 그들이 하나님을 믿고 섬길 때는 번영과 평화를 누렸고, 우상숭배에 빠지면 심판의 재앙이 닥쳤다. 그런데도 유다는 하나님 중심으로 살지 못하다가 바빌로니아에 의해 완전히 멸망하고 말았다.

그러나 심판은 잘못에 대한 징계일 뿐이다. 하나님은 자기 백성을 포기하고 버린 것이 아니다. 하나님의 사랑은 변함이 없다. 예레미야는 이 사실을 전하면서 포로생활 70년이면 다시 돌아오게 된다고, 희망에 찬 회복의 메시지를 선포했다.

'하나님께서 말씀하신다. 그들은 나의 백성이 되고 나는 그들의 하나님이 되리라. 나는 그들을 쫓아버린 나라에서 다시 불러 모을 것이다.'

예레미야는 덧붙여 바빌로니아가 하나님의 심판을 받아 멸망할 것도 예언했다. 이러한 예언이 기록된 양피지 두루마리가 바빌로니아의 유다인 포로들에게 전달되었다. 그는 두루마리의 예언을 포로들에게 읽어 준 후 거기에 돌을 묶어서 유프라테스 강물에 던졌다.

"바빌로니아는 이렇게 가라앉습니다. 다시는 일어서지 못하게 됩니다."

하나님의 예언은 어김없이 이루어진다. 바빌로니아는 유다를 멸망시키고 한 세대가 지나기도 전에 페르시아에 의해 멸망당했다. 47년 만인 기원전 539년의 일이다.

다니엘의 신앙과 해몽

의지와 신념의 소년 단 1장

유다 왕국이 바빌로니아에 완전히 무너지기 19년 전인 기원전 605년, 그들은 예루살렘의 왕족과 귀족의 자제들 중 용모가 준수하고 학문에 밝은 지혜로운 아이들을 선별하여 포로로 붙잡아 갔다. 예루살렘 1차 침공에서 성전의 금과 은으로 만든 기물들을 노획물로 챙겨 바빌로니아로 돌아간 직후였다. 그때부터 유다 왕국은 바빌로니아에 종속되어 자주 독립국의 지위를 상실했다.

느부갓네살 황제의 특명으로 붙잡혀 간 유다의 탁월한 젊은이들은 훈련과 교육을 통해 인재로 등용될 계획이었다. 바빌로니아 왕궁으로 붙잡혀 간 소년들 중에서도 다니엘을 비롯한 하나냐, 미사엘, 아사랴 등 네 사람은 학문과 지혜가 명철하여 돋보였다. 왕은 그들의 유다식 이름을 바빌로니아식으로 개명했다. 다니엘은 벨드사살, 하나냐는 사드락, 미사엘은 메삭, 아사랴는 아벳느고로 바뀌었다.

왕은 그들에게 관심이 많았다. 왕은 그들의 건강을 위해 왕실에서 먹는 음식과 포도주를 똑같이 공급해 주었다. 하지만 다니엘 등 네 소년은 그러한 특혜에 감사하기는커녕 갈등과 고민에 빠졌다. 하나님을 경외하는 그들로서는 모세의 율법이 금하는 음식을 먹어서는 안 되기 때문이었다.

율법에 의하면, 고기는 아무것이나 먹을 수 없도록 제한되어 있었다. 피가 완전히 제거되지 않으면 먹을 수 없었고, 우상의 제단에 올렸던 음식도 먹지 못했다. 왕의 식탁에 오르는 산해진미를 그대로 먹었다가는 율법을 범하게 된다. 다니엘과 그의 세 친구는 왕의 특별한 호의를 거절하는 모험을 결심했다. 왕보다 하나님이 우선이라는 절대 신앙 때문이었다.

다니엘은 시종장에게 왕궁의 음식과 술을 먹지 않도록 해 달라고 부탁했다.

"그러다가 건강이 나빠지기라도 하면 그 책임을 내가 지게 된다. 잘못되면 내가 사형을 당할지도 몰라."

우리 때문에 시종장이 사형을 당하다니…. 얼마나 끔찍한 일인가. 잠시 갈등이 생긴 다니엘은 그러나 믿음으로 극복해 냈다.

"그런 일은 절대로 생기지 않습니다. 저희들에게 열흘 동안만 채식을 하도록 허락해 주십시오. 물론 물도 마시게 해 주시고요. 그런 다음 우리 얼굴빛을 왕실 음식을 먹은 다른 젊은이들과 비교해 보시기 바랍니다. 그 이후에는 감독관님 마음대로 처분하십시오."

감독관은 네 젊은이의 말대로 열흘 동안 시험해 보기로 했다.

그로부터 열흘 동안 네 소년은 채소와 물만 먹었다. 그런데도 어찌된 일인지 왕의 산해진미와 고급 포도주를 마시는 다른 소년들보다 다니엘과 그 친구 세 명은 얼굴에 윤기가 흐르고 더 건강해 보였다.

바빌로니아의 언어와 학문과 관습을 배우는 3년이 지났을 때 그들 네 사람은 준수한 지도자 청년으로 성장했다. 교육이 끝나자 그들 모두 왕 앞에 불려 나갔다. 왕은 이런저런 질문을 하고 답변을 들었다. 한동안 담화를 나눈 왕은 그들 중에서 특히 지혜와 지식이 돋보이는 네 명을 선정하여 왕궁에 머물면서 왕을 돕는 관리로 임명했다.

생각나지 않는 꿈 단 2장

어느 날 아침, 왕은 지난 밤의 꿈을 아무래도 기억해 낼 수가 없었다. 뭔가 의미심장한 꿈을 꾼 것이 분명한데도 이상하게 꿈의 내용이 전혀 생각나지 않았다. 왕은 전국에서 유명하다는 마술사와 주술사, 점성가 들을 왕궁으로 불러들였다.

“내가 지난 밤에 꿈을 꾸었는데, 무슨 뜻인지 알 수가 없어 마음이 심란하오.”

“꿈을 말씀해 주시면 저희들이 해몽하겠습니다.”

모두가 입을 모아 말했다.

“무슨 꿈을 꾸었는지 도무지 생각나지 않으니 어떻게 말한단 말인가. 내가 꾼 꿈을 알아내고, 해몽까지 해야 한다.”

기막힌 노릇이다. 아무리 왕이라지만 이런 억지가 어디 있을까.

“폐하, 지금까지 아무리 위대하고 막강한 임금님이라고 해도, 마술사나 주술사, 점성가에게 그 같은 것을 요구한 적은 없습니다. 폐하께서 물으신 것은 너무 어렵습니다. 신이 아니라면 그런 것을 알지 못할 것입니다. 사람으로서는 그런 것을 알아낼 길이 없을 것입니다.”

왕은 화가 치밀었다. 이른바 유명한 마술사와 주술사, 점성가 들이 그런 것도 알아내지 못한다면 평범한 사람들과 무엇이 다르단 말인가.

“내 말을 똑똑히 들어라. 이건 왕의 명령이다. 너희는 내가 잊어버린 꿈의 내용을 알아내고 해석하라. 그렇게 못하면 너희들을 모조리 처형하리라. 그러나 꿈의 내용을 알아내고 해몽해 준다면, 많은 선물과 상을 내리리라.”

하지만 신이 아니고서야 어찌 남이 꾼 꿈을 알아낸단 말인가.

“저자들을 모두 죽여라. 이 나라의 모든 마술사와 주술사, 점성가 들을 다 죽이라. 모두 엉터리들이다.”

왕의 진노로 많은 생명이 죽게 되었다. 왕실 시위대장 아리옥이 왕의 명령대로 바빌론의 현인들을 처형하려

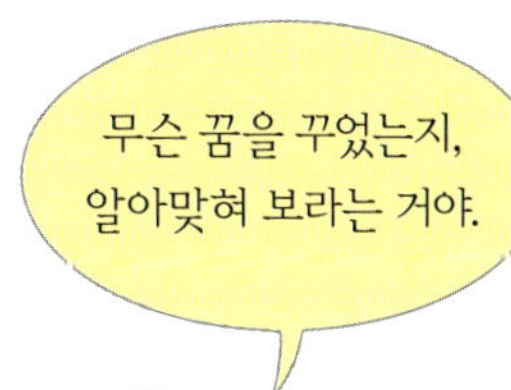

고 나갈 때, 다니엘이 그에게 다가가 물어 보았다.

"시위대장님, 폐하께서는 어떤 명령을 내리셨습니까?"

시위대장이 자초지종을 말해 주었다. 아리옥의 이야기를 들은 다니엘은 즉시 왕궁으로 들어갔다.

"폐하, 저에게 시간을 주시면 폐하께서 꾸신 꿈을 알아내고 해몽하겠습니다."

왕은 다니엘의 당돌한 제안을 받아들였다. 다니엘은 왕궁에서 나오자 즉시 세 친구를 집으로 불렀다.

"방법은 하나뿐이야. 그 꿈을 알게 하실 이는 하나님뿐이시지. 우리 같이 기도하세. 꿈을 알아내지 못하면 우리도 다 죽네."

그들은 그날 밤 하나님께 간절히 기도했다. 그러자 하나님께서는 왕의 꿈을 환상으로 보여주셨다. 다니엘은 하나님께 찬송과 영광을 돌리고, 다음날 시위대장 아리옥을 다시 찾아갔다.

"저를 폐하 앞으로 데려다 주십시오. 그러면 제가 폐하께서 꾸신 꿈을 해몽해 드릴 것입니다."

아리옥은 다니엘과 함께 즉시 왕궁으로 들어갔다.

"폐하시여! 유다의 포로들 중에서 폐하의 꿈을 알아내고 해몽할 사람을 찾았습니다."

다니엘이 왕 앞에 서자 느부갓네살이 호기심 어린 얼굴로 물었다.

"그래, 네가 정말 내가 꾼 꿈의 내용을 안단 말이냐?"

"예, 폐하. 폐하께서 물으신 것은 어떠한 마술사나 주술사, 점성가라도 답변할 수 있는 성질의 것이 아닙니다. 이렇게 비밀스런 일을 알려 주실 수 있는 분은 하늘에 계신 하나님뿐이십니다. 하나님께서는 임금님께 앞으로 어떤 일이 일어날 것인가를 보여 주셨습니다."

다니엘은 잠시 숨을 고른 다음 말을 이었다.

"폐하께서는 꿈에 큰 신상을 보셨습니다. 크고 빛나고 무섭게 생긴 그 신상의 머리는 순금으로 만들어져 있었고, 가슴과 두 팔은 은으로, 배와 엉덩이는 청동으로, 다리는 쇠로, 그리고 정강이의 일부는 쇠로, 일부는 흙으로 만들어져 있었습니다. 그런데 어디서 돌 하나가 날아오더니 그 신상의 발을 부수었습니다. 그 영향으로 신상이 전부 가루처럼 부서지더니 마치 타작마당의 겨 같이 바람에 날아가 버렸습니다. 신상을 부순 돌이 큰 산처럼 커지더니 온 세상에 가득 찼습니다. 폐하께서 꾸신 꿈이 바로 이것입니다."

머리는 순금, 가슴과 두 팔은 은, 배와 엉덩이는 청동, 다리와 정강이 일부는 쇠로 된 이 신상이 무엇을 뜻하는 꿈인지, 독자 여러분도 맞혀 보세요.

느부갓네살은 놀라지 않을 수 없었다. 그가 마음속으로 경탄을 거듭하고 있는데, 다니엘이 말을 이었다.

"폐하, 해몽은 이렇습니다. 폐하께서는 그 신상의 '금으로 된 머리'이십니다. 하나님께서는 임금님께 나라와 권세와 영광을 주시어 모든 것을 다스리게 하셨습니다. 폐하께서 세우신 이 나라보다 조금 못한 나라가 뒤를 이어 등장합니다. 은 같은 나라가 그것입니다. 그 다음에는 청동 같은 나라가 나타나서 세상을 다스립니다. 네 번째로 등장하는 나라는 마치 쇠같이 강해서 모든 나라를 정복할 것입니다. 쇠와 진흙으로 된 열 발가락은 강철 같은 그 나라가 갈라지는 것을 뜻합니다. 그 나라들 중 일부는 쇠같이 강하고 일부는 진흙같이 약할 것입니다. 마지막으로 돌 하나가 날아와 신상을 부수어 버린 것은 하나님께서 그 나라들을 다 쳐부수어 티끌같이 사라지게 하신다는 뜻입니다. 그 후 하나님의 영원한 나라가 세워지게 될 것입니다."

느부갓네살은 경악하지 않을 수 없었다. 어찌 그 꿈을 알고, 어찌 이토록 명쾌하게 풀이한단 말인가. 이 세상에는 수많은 신이 있다지만 다니엘이 말하는 하나님이야말로 가장 위대한 신이며, 가히 신 중의 신이라고 하지 않을 수 없었다. 다니엘이 섬기는 히브리 신이 이토록 위대하단 말인가.

왕은 체면과 권위를 다 잊은 채 다니엘 앞에 엎드려 절했다.

"너희가 섬기는 하나님이야말로 모든 신들 가운데서도 뛰어나신 신이요, 모든 왕들의 주인이시다. 그러하시기에 그 비밀스런 일을 밝히 드러내신 것이 아닌가!"

느부갓네살은 다니엘을 바빌로니아의 총리로 삼고, 모든 학자들의 머리로 삼았으며, 고귀한 선물을 듬뿍 주었다. 다니엘은 세 친구를 왕에게 청하여 지방 관리가 되게 했다.

다니엘이 풀이한 꿈은 그 후 역사적인 사실로 나타났다. 바빌로니아 제국이 무너지자 페르시아가 등장했으며, 그 다음에는 헬라 제국이, 뒤를 이어 로마 제국이 등장하여 아프리카와 아시아와 유럽의 세 대륙을 정복했다. 로마 시대에 하나님이 이 땅에 오셨다. 임마누엘의 하나님, 예수 그리스도가 이 땅에 오셔서 하나님의 나라를 건설하신 것이다.

다니엘의 세 친구들

강요되는 우상숭배 단 3:1-7

바빌로니아 제국은 기원전 605년에 강대국 앗시리아를 정복하고 세워짐으로써 주변 국가를 두렵게 했고, 짧은 기간에 세력을 크게 확장했다. 바빌로니아에는 유대인뿐만 아니라 멀리 이집트와 아라비아를 포함한 중근동 지역과 아시아인 등 많은 사람들이 포로로 잡혀와서 정착하게 되었다. 신흥 강대국이 지닌 특유의 매력에 끌려 스스로 이주해 온 사람도 많았다.

참된 하나님을 모르기 때문에 나라마다 민족마다 나름대로 자신들의 신을 갖고 있었다. 느부갓네살은 다니엘의 신도 그런 신들 중의 하나로 생각했다. 그는 자기가 섬기는 신이 이렇게 강대한 나라를 만들어 이끌게 한 신이라고 믿었다. 그래서 그는 그 위대한 신을 모든 사람이 숭배하는 것이 좋겠다고 생각하여 거대한 신상으로 만들게 했다.

너비 3m에 높이가 30m나 되는, 참으로 거대한 신상이 세워졌다. 멀리서도 잘 보이도록 메소포타미아 평원지대에 세웠다. 왕은 자기가 통치하는 모든 나라의 고위 관리들에게 신상의 낙성식에 참석하라고 명령했다. 어마어마한 규모의 국가적 행사가 된 것이다.

"이제 악기가 연주되면 모든 사람이 인종이나 민족이나 신분에 관계없이 모두 느부갓네살 황제의 신상 앞에 엎드려 절하시오. 폐하의 엄하신 명령이오. 이행치 않는 자는 누구든지 타오르는 불가마 속에 던져 넣을 것이오."

불가마 속의 세 사람 단 3:8-30

포로로 잡혀와서 고위직에 오른 다니엘과 그의 친구들을 주변에서는 시기하고 질투했다. 다니엘의 세 친구들은 당연히 신상 앞에 절하지 않았고, 이를 지켜본 몇몇 신하들이 왕에게 보고했다.

"폐하, 폐하께서는 신상 제막식 때 풍악이 울리자마자 모두 엎드려 신상 앞에 절하라는 명을 내리셨습니다. 엎드려 절을 하지 않는 자는 불가마 속에 집어 던지겠다고 하셨습니다. 그런데 지방 관리들인 사드락과 메삭과 아벳느고는 폐하의 명을 어겼습니다. 이들은 폐하께서 섬기는 신들을 섬기지 않을 뿐만 아니라, 폐하께서 세우신 신상 앞에 절을 하지도 않았습니다."

"그들을 당장 불러들여라."

노기 찬 소리에 시위대 장교가 병사들을 이끌고 가 그들을 데려왔다.

"지금이라도 꿇어 엎드려 금신상 앞에 절을 하여라. 만약 너희가 내 말을 듣지 않는다면 당장 너희를 활활 타오르는 불가마에 집어던질 것이다. 그렇게 되면 어떤 신이 너희를 내 손에서 구해 줄 수 있겠느냐?"

세 사람은 조심스럽게, 그러나 분명한 어조로 대답했다.

"폐하. 우리를 불가마 속에 넣으신다면 우리 하나님께서 그 불 속에서 우리를 지키실 것이며, 폐하의 손에서도 건져내실 것입니다. 설령 그분이 우리를 건져 주시지 않더라도, 우리는 폐하께서 섬기는 신을 섬길 수 없습니다."

어찌 이리 당돌할 수 있을까. 용기인가 배짱인가. 결과적으로 왕을 더 분노케 할 뿐인 소리가 아닌가. 과연 느부갓네살은 분노를 참을 수 없게 되었다. 낯빛이 하얗게 변할 지경으로 화가 나서 벼락 같은 소리로 명령했다.

"저놈들을 즉시 불가마에 던져 넣어라. 불가마를 평소보다 일곱 배 뜨겁게 하라."

쇠를 녹이는 불이다. 일곱 갑절을 뜨겁게 한다면 사람을 넣자마자 뼈까지 녹아 버릴 것이다. 그러고는 가장 힘센 군인들을 골라, 그 세 사람을 꽁꽁 묶어 활활 타오르는 불가마에 집어던지라고 명했다.

무슨 일이 일어났을까? 과연 하나님은 그들을 그 불 속에서 지켜주실 수 있을까?

잠시 후 시위대에서 힘깨나 쓰는 젊고 건장한 몇 명의 병사들이 세 사람을 단단히 묶은 후 타오르는 불길 속으로 밀어 넣었다. 불가마가 너무 뜨거웠기 때문에, 사드락과 메삭과 아벳느고를 집어던졌던 군인들은 그 불에 타 죽고 말았다.

신하들과 함께 처형을 지켜보던 느부갓네살이 갑자기 자리에서 벌떡 일어서며 비명처럼 말했다.

"불 속에 던진 자가 셋이 아니더냐?"

"예, 셋입니다. 폐하."

"보아라. 넷이 보이지 않느냐? 결박되지 않은 한 사람은 누구냐?"

이런 일이 있을 수 있을까. 분명 또 한 사람이 결박된 세 사람과 함께 불 속에 있었다.

"네 번째 사람은 마치, 마치 사람 같지가 않구나. 신의 아들인 모양이다. 불 속에서 상하지도 않다니!"

왕은 어찌할 바를 모르다가 불가마에 다가가서 소리쳤다.

“지극히 높으신 하나님의 종 사드락과 메삭과 아벳느고야, 이리로 나오라!”

그러자 세 사람이 불 속에서 걸어나왔다. 모두들 입을 열지 못했다. 세 사람 모두 머리카락 하나 상하지 않고 입고 있던 옷자락조차 온전했다. 불에 그을린 냄새조차 없었다.

“사드락과 메삭과 아벳느고의 하나님을 찬송하리로다! 하나님께서 천사를 보내어 자기를 믿는 이들을 구원하셨도다.”

왕은 감격하여 전국에 특별 조서를 내렸다. 누구든지 하나님을 비난하지 말며, 모두 섬겨야 한다고.

왕은 사드락, 메삭, 아벳느고에게 더 높은 벼슬을 주었다.

느부갓네살 왕의 꿈과 궁궐 벽의 글씨

이상한 꿈 단 4:1–27

어느 날 밤, 느부갓네살 왕은 무서운 꿈을 꾸었다. 바빌론에 있는 현인들을 모두 불러모아 그 꿈을 해몽하라고 일렀지만, 누구도 해석하지 못했다. 그러던 중 다니엘이 왕 앞에 나타나자, 왕은 꿈 이야기를 들려준 다음 해몽을 부탁했다.

하늘까지 닿는 나무,
모든 사람들이
우러러보는 나무….
나는 느부갓네살 왕이
꾼 꿈 속의 나무야.

"땅 한가운데에 키가 크고 거대한 나무가 한 그루 서 있었다. 그 나무는 점점 더 커지더니, 급기야는 하늘까지 맞닿을 만큼 엄청나게 큰 나무가 되었다. 하늘 아래에서 사는 사람이라면 누구라도 그 나무를 볼 수 있었다. 나무 잎사귀는 너무나 아름다웠고, 세상 사람들이 모두 먹고도 남을 정도로 열매가 많이 열려 있었다. 들짐승이 그 나무 그늘 아래서 편히 쉬고, 하늘을 나는 새들도 가지에 깃들였다. 그런데 하늘에서 한 거룩한 사람이 내려오더니 이렇게 외쳤다. '그 나무를 베어 버려라. 가지를 자르고, 잎사귀를 훑어 버려라. 열매를 모두 다 흩어 버려라. 나무 아래에서 쉬고 있는 들짐승도 모두 쫓아 버려라. 나뭇가지에 둥지를 틀고 있는 날짐승도 모두 쫓아 버려라. 그러나

그루터기는 쇠줄과 청동 줄로 꽁꽁 묶어 그대로 두어라. 하늘 이슬에 젖게 그냥 두어라. 짐승과 어울려 지내도록 그냥 놔두어라. 짐승 같은 마음을 지니고 일곱 해가 지나도록 그렇게 지내게 하여라. 이는 천하 모든 나라가 한없이 높으신 하나님의 관할 아래 있다는 것, 그분은 자신이 원하는 사람에게는 아무리 보잘것없는 사람이라도 그에게 나라를 맡길 수 있다는 것을 보여주시려는 것이다.'"

다니엘은 놀라서 한동안 입을 열지 못했다. 왕이 그의 번민을 알아차릴 정도였다.

"나쁜 꿈인 모양이구나. 그러나 걱정 말고 해석해 보아라."

다니엘이 무겁게 입을 열었다.

"폐하, 놀라지 마십시오. 그 꿈은 폐하에 관한 것입니다. 그 꿈이 차라리 폐하의 원수들에 대한 것이었다면 나을 뻔했습니다. 그 큰 나무는 폐하를 가리킵니다. 폐하의 권세와 영광이 땅끝까지 미친다는 뜻입니다. 그러나 폐하께서는 들짐승처럼 들에서 7년을 지내시게 됩니다. 하나님이 이 세상과 인생을 다스리신다는 사실을 폐하가 깨우치시게 되면 폐하는 이 나라를 다시 통치하게 되실 것입니다."

1년 만에 성취된 끔찍한 예언 단 4:28-33

꿈을 꾼 지 일년이 지난 어느 날이었다. 왕은 왕궁 정원을 거닐며 자신이 이룩한 거대한 도성을 내려다보았다. 왕은 자기가 이룬 대제국의 업적이 매우 자랑스럽게 생각되었다. 그래서 독백하듯 중얼거렸다.

"보라, 얼마나 웅장한가! 내 힘과 권세로, 나의 영광과 위엄을 위해, 내가 이 위대한 바빌론을 건설하지 않았던가!"

왕의 독백이 끝나기가 무섭게 하늘에서 위엄이 넘치는 우람한 소리가 들려왔다.

"느부갓네살아, 내가 하는 말을 잘 들어라. 너의 왕권은 이제 네게서 떠났다. 너는 이제 사람들이 사는 곳에서 쫓겨나 들판에서 소처럼 풀을 뜯으며 살게 될 것이다."

대제국의 황제 느부갓네살은 미쳐 버렸다. 그는 자기가 짐승이라고 생각했다. 느부갓네살은 결국 신하들에게 쫓겨나서 들에서 소처럼 풀을 뜯어먹고 살게 되었다. 그의 머리카락은 독수리 깃털처럼 더부룩하게 자라났고, 손톱과 발톱도 새 발톱처럼 자라났다.

손가락이 벽에 쓴 이상한 글씨 단 5:1–29

7년이 지난 후에야 느부갓네살은 제정신을 차렸고, 곧 이어 다시 왕의 자리에 올랐다.

느부갓네살이 죽은 후 벨사살이 왕권을 행사하던 시절의 일이다. 어느 날 벨사살은 궁전의 대연회장에서 고위 관리 등 귀인 1천 명을 초청하여 초호화판 파티를 열었다.

벨사살 왕은 술을 마시다가 선왕 느부갓네살이 예루살렘 성전에서 가져온 금잔과 은잔 들을 내오게 했다. 왕은 그 잔으로 잔치에 참석한 귀족들과 왕비들, 후궁들에게 술을 마시게 하고 싶었다.

손님들은 술을 마시면서 금, 은, 쇠, 청동, 나무와 돌로 만든 신들을 찬양했다. 바로 그때, 경이와 경악을 금할 수 없는 일이 벌어졌다.

벨사살 왕은 경련하듯 손을 떨더니 술잔을 떨어뜨렸다. 바보처럼 입이 벌어졌고, 다리가 후들후들 떨렸다. 듣지도 보지도 못한 이변이 벌어졌기 때문이었다. 거대한 연회장의 높고 흰 벽에 거인의 팔뚝만큼 굵은 손가락 하나가 나타나더니, 천천히 움직이면서 글씨가 써졌다. 전혀 알 수 없는 이상한 글자였다.

겁먹은 얼굴들이 여기저기서 극도의 두려움으로 신음소리를 냈다. 저게 뭐지? 저게 무슨 뜻이야? 어느 나라 문자지?

손가락이 몇 개의 글자를 남기고 사라지자 연회장이 갑자기 웅성거렸다. 모두들 불길한 예감에 휩싸여 서로에게 이 놀라운 경험의 의미를 알아보려 했다.

왕은 주술사와 점쟁이와 점성가들을 불러오라고 소리 질렀다. 그들이 들어오자 왕이 말했다.

"그래, 너희들 중에 저 글자를 읽을 줄 아는 자가 있느냐? 누구든지 그 뜻을 알려주는 자에게는 자주색 옷을 입혀 주고, 금목걸이도 목에 걸어 주겠다. 또 이 나라에서 세 번째로 높은 자리에 앉혀 주겠다."

자주색 옷은 왕과 왕족이나 입을 수 있는 옷이었다. 서열 3위라면 왕과 왕세자 다음이니, 총리가 된다.

왕실의 현인들이 모두 그 자리에 들어왔으나, 아무도 그 글자를 알아보는 이가 없었다. 벨사살 왕은 어쩔 줄 몰라 얼굴빛이 더욱 창백해졌다. 귀족들도 안절부절못했다.

왕과 귀족들이 법석 떠는 소리를 왕의 모친, 곧 태후가 듣고는, 연회장으로 들어섰다. 태후가 왕에게 말했다.

"왕이시여! 만수무강하소서. 그렇게 허둥지둥하지 마소서. 근심을 떨쳐 버리소서. 이 나라에는 하나님의 거룩한 영을 받은 이가 있습니다. 지혜롭고 통찰력이 있어서 선왕께서도 그 사람을 바빌론 안에 있는 마술사와 점쟁이와 점성가 들을 관할하는 우두머리로 삼으셨습니다. 그의 이름은 다니엘입니다. 그는 저 글을 읽고 해석할 수 있을 것입니다."

다니엘이 불려 나오자 왕이 말했다.

"네가 나의 부왕이 유대에서 사로잡아 온 다니엘이냐? 거룩한 하나님의 영이 그대에게 있어서 그대는 어떤 어려운 문제도 다 풀 수 있다고 들었다. 그러니 이제 저 벽에 씌어 있는 글자를 읽어 보고, 무슨 뜻인지 말해 보아라. 그러면 내가 그대에게 자주색 옷을 입혀 주고, 금목걸이도 목에다 걸어 주겠다. 또, 이 제국에서 세 번째로 높은 자리에 앉혀 주겠다."

"폐하, 상과 선물은 거두시든지, 다른 사람에게나 주시도록 하십시오. 저는 그저 폐하를 위해서, 벽에 씌어 있는 글자를 읽고 그 뜻을 알려 드리겠습니다."

다니엘은 잠시 숨을 고르고 말을 이었다.

"지극히 높으신 하나님께서 느부갓네살 황제에게 대제국을 주셨고, 권세와 영광과 존엄을 주셨습니다. 그러나 느부갓네살 황제는 마음이 교만해지고 자존심이 너무 커져서, 왕좌에서 쫓겨나시고, 모든 영광을 박탈당하셨습니다. 그분은 7년 동안이나 소처럼 풀이나 뜯어먹고, 하늘에서 내리는 이슬을 맞으면서 밤을 보내셨습니다. 그분은 결국 지극히 높으신 하나님께서 세상 나라를 다스리며, 당신 뜻대로 사람을 뽑아 세상 나라를 다스리게 하신다는 사실을 깨달으셨습니다. 하지만 그분의 아들이신 폐하께서는 이 사실을 분명히 알고 계시면서도, 겸손하게 살아오지 못하셨습니다. 오히려 하늘에 계신 주님을 거슬러 그분의 성선에서 쓰던 잔들을 내오게 하셔서, 폐하와 폐하께서 초대하신 귀족들, 왕비들, 후궁들이 그것으로 술을 마시게 하셨습니다. 폐하께서는 또 보지도 듣지도 이해하지도 못하는 은과 금, 청동, 쇠, 나무와 돌로 만든 신들을 찬양하십니다. 그러면서도 폐하께서는 폐하의 살고 죽는 문제를 결정하시는 하나님, 폐하께서 하시고자 하는 모든 일을 결정하시는 하나님께는 영광을 돌리시지 않았습니다. 바로 그렇기 때문에 하나님께서 그 손을 나타나게 하시어 이런 글을 쓰게 하신 것입니다. 저 벽에 씌어진 글자는 메네, 메네, 데겔, 바르신입니다. '메네'는 하나님께서 임금님의 나라가 지속될 햇수를 헤아리고 계신다는 것입니다. '데겔'은 '폐하를 하나님이 가지고 계신 저울에 달아보니 너무 가볍다'는 뜻입니다. '베레스'는 '폐하께서 다스리고 계시는 이 제국이 두 동강이 나서 메대와 페르시아 사람들에게 넘어갈 것'이라는 뜻입니다."

나라가 망한다는 기막힌 해석이다. 아무도 입을 열지 못하는 무거운 침묵이 한동안 흘렀다.

잠시 후 왕이 입을 열었다. 침통한 목소리였다.

"나의 약속을 집행하겠다. 다니엘에게 자색 옷을 입히고 금 목걸이를 걸어주어라. 그를 이 나라의 셋째 지위에 명하노라."

페르시아 제국과 사자굴 속의 다니엘

페르시아 제국의 출현 단 5:30-31

바로 그날 밤, 기원전 539년 10월 10일, 메대와 페르시아 연합군이 바빌로니아 성에 진입했다. 바빌로니아의 동쪽에 위치한 페르시아의 왕 키루스는 정복욕에 불타는 야심가였다. 그는 이웃의 큰 나라 메대 왕국을 정복하고 그 군대까지 이끌고 바빌로니아 정복에 나섰다. 그러나 바빌론 성은 난공불락이었다. 높고 두꺼운 성벽, 잘 훈련된 강한 군대, 성 안에 20년은 먹을 수 있는 식량이 비축되어 있는데다 유프라테스 강물이 성벽 밑으로 흘러 들어가니 물 부족 사태도 생기지 않는, 다시 말해 성을 장기간 포위하고 있어도 흔들리지 않을 나라였다. 성을 넘어보려 시도해도 피해만 컸지 헛수고였다.

성 안에서는 밖에 페르시아 군대가 있어도 전혀 동요되지 않았다. 몇 번 공격을 시도하다가 결국은 되돌아갈 게 뻔했기 때문이다. 따라서 왕궁에서는 그토록 고관대작들이 다 모이는 호화판 잔치를 열 수 있었다.

바로 그날 밤, 페르시아 병사들은 강물 줄기를 돌리는 작업을 완료했다. 성벽 밑으로 흘러 성 안으로 들어가던 물줄기가 다른 데로 흐르게 된 것이다. 페르시아 군대는 물이 없어진 통로로 조용히 입성에 성공했다.

한편 왕궁에서는 다니엘의 해석을 듣고 한편으로는 두려워하면서도, 성 밖에 진을 치고 있는 적들이 성벽을 넘어올 수는 없을 것이라고 믿고 별다른 위기감을 느끼지 않는 사람들이 많았다.

그 시각, 바빌론 성 안에 들어온 페르시아 병사들은 바빌로니아 병사들과의 접전도 없이 왕궁을 포위했다. 다니엘의 해석이 끝나고 자색 옷과 금 목걸이와 서열 3위의 벼슬이 주어진 그 시각, 페르시아 군대의 작전 상황은 종료 직전이었다.

페르시아 군대가 왕궁 안으로 진입했다. 왕과 신하 등 귀인들이 경악할 사태에 놀라 허겁지겁 도망치려 했으나 이미 때가 늦었다.

그날 밤, 벨사살 왕이 죽었다. 대제국 바빌로니아는 그로써 불과 66년 만에 대단원의 막을 내렸다. 이로써 키루스가 다스리는 거대한 제국 페르시아의 깃발이 높이 올랐다.

사자 굴에 넣어라 단 6:1-9

페르시아의 바빌로니아 점령은 60여 년간 바빌로니아에 종속되어 있던 여러 나라들의 지배자가 바뀌었음을 뜻했다. 서남쪽으로는 옛 앗시리아와 아라비아 지역의 주변국들, 팔레스타인과 이집트의 일부, 동으로는 멀리 인도에 이르기까지, 광대한 영토와 여러 민족 및 나라의 지배자로 페르시아가 새롭게 떠오른 것이다.

페르시아의 왕 키루스는 새로 점령한 바빌로니아에 62세의 다리우스를 왕으로 세워 통치하게 했다. 다리우스는 바빌로니아가 점령한 넓은 영토를 다스리기 위해 행정구역을 120개로 나누고 120명의 지방장관을 임명했다. 그들 위에 총리 3인을 세워 120도를 총괄케 했다. 그 3인의 총리 중 한 사람이 다니엘이었다.

다니엘은 지혜롭고 명철하여 직무 수행에 빈틈이 없었고, 늘 국가에 유익을 끼쳤다. 다리우스 왕은 다니엘을 3인의 총리 중에서도 머리로 세워 전국을 총괄하는 유일한 국무총리로 우뚝 세우려 했다.

하지만 다른 두 총리와 신하들은 다리우스 왕의 계획을 알아차리고는 어떻게든 다니엘의 허물을 찾아내기에 골몰했다.

"다니엘의 일거수일투족을 면밀히 감시하여 약점을 잡아야 됩니다. 흠없는 인간이 세상에 있을라구요."

두 총리와 뜻을 같이하는 여러 신하들은 눈에 불을 켜고 다니엘에게서 결함이나 실수를 찾아내려고 했지만 허사였다.

"어떻든 다니엘이 전국을 총괄하는 국무총리가 되어서는 절대 안 됩니다. 우리가 다 그 수하에 들어가는 것이니 말이오."

"방법은 오직 한 가지뿐입니다."

어떤 신하의 말에 모두들 귀가 쫑긋해졌다.

"그게 뭔지 어서 말하시오."

그가 천천히 말을 이었다.

"다니엘은 유대인 포로가 아닙니까. 바빌로니아 시절 느부갓네살 왕 때 신상에 절하지 않았던 그의 동료들처럼 완고한 신앙을 갖고 있습니다. 눈에 보이지도 않는 하나님을 믿기 때문에 어떠한 신상이든 그 앞에서는 절을 하지 않습니다. 그러니 다니엘을 걸고 넘어지려면 그가 믿는 하나님의 법을 문제 삼아야 합니다."

다른 신하들이 모두 고개를 끄덕였다. 신하들은 한동안 논의한 끝에 다니엘을 빠뜨릴 함정 하나를 고안해 냈다.

그들은 다리우스 왕을 찾아가 말했다.

"폐하, 총리들과 행정장관들과 중앙의 모든 신하들이 폐하의 권세와 권위를 더 높이기 위하여 한 가지 법을 제정하기를 청원하나이다. 폐하께서는 이 나라와 120도를 다스리시는 왕이십니다. 그러므로 이 나라의 총리들과 지방

장관들과 모든 신하들은 오직 폐하만 우러러보며 폐하만을 믿고 따라야 백성들도 본 받을 것입니다. 따라서 시한을 30일로 정하여 그 기간에는 폐하의 모든 고위관직에 있는 신하들이 폐하 외에는 그 어떤 신이나 사람에게도 기도하지 못하도록 하는 법령을 만들어 전국에 공포하기를 원하나이다. 만약 이 법령을 범하는 자가 있으면 즉각 사자 굴에 던져넣도록 해야 할 것입니다."

다리우스는 신하들의 충성심이 갸륵하여 쾌히 허락했다.

다리우스 왕은 이 금지령에 도장을 찍어 어명으로 공포하였다.

입을 다문 사자들 단 6:10-28

다니엘은 바빌로니아에 포로로 잡혀온 이후 특별한 대우와 지위를 누리며 67년을 살아 왔다. 바빌로니아 말기에는 은퇴한 몸이었으나 페르시아가 성 밑 물줄기 통로로 침입하여 벨사살 왕을 죽이기 직전에 벨사살에 의해 다시 총리로 임명된 극적인 사건 이후, 페르시아의 다리우스 왕도 다니엘의 지혜와 총명과 명성을 익히 아는 터여서 국무총리로 기용했다.

소년 시절 바빌로니아로 잡혀와서 노인이 된 지금까지 다니엘은 한 번도 하나님께 기도를 쉬지 않았다. 그 기도, 그 신앙이 다니엘을 살아가게 하는 원동력이었다. 왕을 제외한 어떤 신이나 사람에게도 기도하지 못하게 한 법령이 공표된 사실을 알았지만, 다니엘은 기도를 멈출 수가 없었다.

다니엘은 그 법령이 공표된 후에도 매일 하루에 세 번씩 서쪽 예루살렘을 향한 창문을 열어 놓고 하나님께 기도했다.

오전 9시, 정오, 하오 3시의 기도는 유대인에게는 관습처럼 되어 있었다. 그는 이날까지 함께 하시면서 보호하고 인도하시는 하나님께 감사하고, 예레미야의 예언이 이루어져 아브라함의 후손들이 다시 자유를 얻어 본국으로 돌아가서 성전을 재건하고 하나님의 율법을 따르며 살아가게 해 달라고 기도했다.

다니엘을 모함하려던 자들은 다니엘이 하나님께 기도하며 간구한다는 것을 알아냈다. 그들은 왕에게 몰려가, 그가 금지령을 어겼다고 고발했다.

"폐하시여! 폐하께서는 금지령을 내리셔서 삼십 일 동안 임금님 외에는 그 누구에게도, 그 어떤 신에게도 무엇이든 간구해서는 안 된다고 금지령을 공포하셨습니다. 그 금지령을 어기는 자가 있으면 사자 굴에 던져넣기로 하시지 않았습니까?"

왕이 대답했다.

"그 법령은 메대와 페르시아의 법에 따라 고칠 수 없도록 확정된 것이다. 설마 내 신하 중에서 그 법을 위반한 자가 있다는 소리는 아니겠지?"

믿어지지 않는다는 표정이었다.

"폐하, 절대로 그래서는 안 될 총리 다니엘이 폐하의 법을 범했습니다. 그것도 하루에 세 번씩 서쪽 창문을 열어 놓고 그가 믿는 하나님이라는 히브리 신에게 기도를 합니다."

다리우스 왕은 소름 끼치게 놀랐다. 그토록 신임하는 총리, 그토록 지혜롭고 명철한 사람이 없는데, 그를 120도를 전부 다스리는 유일한 총리로 세우려 하는데, 그를 사자 굴에 넣어야 하다니!

"그게 사실인가?"

"허다한 증인이 있습니다, 폐하."

왕은 번민했다. 다니엘을 어떻게든 구해 낼 방도가 없을까 궁리했지만 별 뾰족한 수가 없었다. 해가 다 지도록 왕이 아무런 명도 내리지 않자 다니엘을 고소했던 무리들이 다시 왕을 찾아갔다.

"폐하시여, 우리 메대와 페르시아에서 선포된 법령은 절대로 바뀔 수 없다는 것을 기억해 주십시오."

이제 더 이상 다니엘을 구할 방법이 없었다. 왕의 법을 왕이 지키지 않으면 누가 지킨단 말인가. 마침내 왕의 명령이 떨어졌다. 다니엘을 사자굴에 집어넣으라는.

왕의 명령이 떨어지자 무리들은 기다렸다는 듯이 다니엘을 잡아다가 사자굴에 집어던졌다. 왕이 다니엘에게 말했다.

"네가 늘 섬기는 하나님께서 너를 구해 주시기를 빈다."

사람들은 돌을 굴려다가 굴 입구를 막고, 왕과 귀족들은 반지 도장을 찍어서 그곳을 봉하였다. 아무도 다니엘을 굴에서 구해 내지 못하도록 그렇게 한 것이다.

다리우스 왕은 슬픈 마음으로 왕궁으로 돌아왔다. 왕은 자신을 위해 차려진 산해진미의 식탁을 거들떠보지 않은 채 뜬 눈으로 밤을 지냈다.

다음날 새벽, 왕은 급히 사자굴로 갔다. 궁금해서 견딜 수가 없었다. 사자굴 입구에 서자 왕은 큰 소리로 외쳤다.

"하나님의 종 다니엘아, 그대가 늘 섬겨 오던 하나님께서 그대를 사자들에게서 구해 주셨느냐?"

안타까운, 그러나 이미 상황이 종료되었을 것이 뻔해서 그 목소리는 점점 작아졌다.

"폐하, 만수무강하소서."

왕은 기절할 지경으로 놀랐다. 분명히 다니엘의 목소리였다. 그것도 사자 굴

안에서 들려오는 소리였다.

"폐하, 나의 하나님께서 천사들을 보내서 사자들의 입을 막으셨습니다."

놀랍고 기뻐서 왕이 소리쳤다.

"즉시 돌을 치우고 다니엘을 끌어올려라."

병사들이 달려들어 막았던 돌을 들어내고 다니엘을 끌어올렸다. 그는 어디 한 군데 상한 곳이 없이 멀쩡했다.

왕은 즉시 명령을 내렸다.

"지금 당장 다니엘을 고소한 자들을 모두 잡아들여라. 그 아내와 자식들까지 모두 잡아들여서 다니엘을 넣었던 그 사자 굴에 던져넣어라."

여러 명의 신하가 그날 사자 굴에 던져졌다. 그들의 발이 바닥에 닿기도 전에 사자들이 길길이 뛰어오르며 그들을 물어뜯기 시작했다.

왕은 그가 통치하는 모든 지역에 조서를 내렸다. 모든 백성은 다니엘을 구원하신 살아 계시는 하나님을 두려워하며 섬기라는 내용이었다. 다니엘은 다시 총리직에 올랐다.

키루스 황제의 칙령과 성전 재건

황제의 경이로운 칙령 대하 36:22-23 ; 스 1:1-4

예언자 예레미야는 바빌로니아에 의해 유다가 멸망하고 유다인들이 포로로 잡혀간 후 메소포타미아에 붙잡혀 사는 유다인들에게 희망의 메시지를 전한 적이 있다. 70년이 지나면 다시 예루살렘으로 돌아오게 된다는 광복의 메시지였다.

다니엘은 소년 시절에 잡혀와 어느덧 70년의 세월을 바빌로니아에서 살아왔다. 그동안 바빌로니아와 페르시아에서 극한적인 위기도 겪었지만, 하나님의 도우심으로 국무총리를 하는 등 고위직을 지낸 다니엘이었다.

기원전 539년에 바빌로니아를 점령하고 페르시아가 역사의 전면에 등장한 지 3년이 되었을 때, 황제 키루스가 전체 페르시아를 통치하기 시작했다. 키루스는 바빌로니아나 앗시리아와는 달리 그들이 통치하는 모든 국가와 민족에게 신앙의 자유를 주었다. 나아가 유다인에게는 특별한 은혜를 베풀었다. 그가 전국에 내린 칙령은 가히 경이로운 내용이었다.

'하늘의 하나님께서 세상의 모든 나라들을 내 손에 맡기셨다. 하나님께서는 또, 유다의 예루살렘에 자신의 성전을 짓도록 나

에게 분부를 내리셨다. 여러분 중에서 하나님을 섬기는 백성은 누구든지 이제 유다 땅에 있는 예루살렘으로 올라가서 이스라엘의 하나님이신 주님의 성전을 짓도록 하라. 이 나라 백성들은 금과 은 등 물자로 예루살렘 성전의 건축을 돕도록 하라!"

파격적인 칙령이었다. 나아가 키루스 왕은 바빌로니아의 느부갓네살 왕이 예루살렘 성전에서 노획해 온 궁정 창고에 보관중인 금은 그릇 등도 다시 가져가라고 했다.

페르시아 황제가 어떤 이유로 어떻게 이런 파격적인 조치를 취할 수 있었을까.

이런 일이 생기기 200여 년 전, 이스라엘에는 이사야라는 예언자가 있었다. 그는 하나님의 아들 메시아가 어떻게 출생하며 어떻게 죽을지에 대해 마치 눈으로 목격한 듯 리얼하게 묘사하여 예언했다. 그의 예언 가운데는 키루스라는 황제가 유다인 포로를 돌려보내 예루살렘을 재건하게 한다는 내용도 있었다. 키루스가 태어나기도 전에 그 이름까지 거론되었다. 하나님께서는 이사야에게 말씀하셨다.

'키루스는 나의 목자이다. 그가 예루살렘을 중건하고, 성전의 기초를 세운다. 나 주는 나의 기름받은 키루스의 오른손을 잡고 많은 나라들로 그 앞에 항복하게 하며, 성문을 열어서 닫지 못하게 하겠다.'

키루스 황제의 유다인에 대한 파격적인 은혜는 그가 다니엘로 인해, 혹은 다른 정보에 의해 하나님을 알게 되었는지는 알 수 없으나, 분명한 것은 하나님께서 예언하신 내용이 역사적으로 이루어졌다는 점이다.

감격과 희망의 행진 스 1:5–2:70

포로로 잡혀가던 때와 비교하면 자유롭게 귀환하는 길은 축복의 길이다. 800km나 되는 멀고 험한 길이지만 5만여 명에 달하는 1차 귀환자들은 발걸음에 힘이 넘쳤다. 대부분이 포로 2세의 젊은이들이다. 폐허가 된 예루살렘의 재건이라는 고달픈 과업을 이루어야 할 그들은 건조한 사막을 지날 때도, 가파른 언덕길을 오를 때도, 강을 건너고 들판을 지날 때도, 부푼 희망과 감격으로 지칠 줄을 몰랐다.

수개월의 긴 여행 끝에 그들 1진 행렬이 예루살렘에 도착했다. 무너져 내린 성벽, 황폐한 도시는 들짐승들이 우리를 틀었고, 거대하던 성전은 몇 개의 기둥과 잔해로 보는 이의 가슴을 찢었다. 먼 여로를 지나온 그들은 엄습해 오는 피로감으로 폐허 위에 주저앉았다.

방해 받는 성전 재건 스 3-4장

70년 만에 돌아와 성전을 재건하는 감격적인 일에 착수했지만, 북쪽 지방의 사마리아 사람들이 방해를 일삼았다. 그들은 모두 아브라함의 후손들로 한 핏줄이었지만, 기원전 722년 이후, 그러니까 약 180여 년 전부터는 앗시리아의 혼혈 정책으로 인해 피가 많이 흐려져 있었다. 앗시리아는 수많은 이스라엘 남자들을 포로로 잡아간 대신 앗시리아인 남자들을 북왕국의 수도인 사마리아에 보내 그곳 여인들과 결혼시켜 정착시켰다. 그 결과 남왕국 유다 사람들은 사마리아에서 태어난 사람들을 순수한 아브라함의 혈통으로 인정할 수 없게 된 것이다.

예루살렘으로 돌아온 유다인들이 성전을 재건한다는 소문을 듣자 사마리아인들은 지도자인 스룹바벨과 대제사장 예수아를 찾아왔다.

"우리도 하나님을 섬깁니다. 그러니 성전 재건에 우리도 합세하게 해주십시오."

스룹바벨과 예수아와 이스라엘 가문의 어른들은 사마리아인들을 의심하지 않을 수 없었다. 우상숭배를 하고 있으면서도 하나님을 섬긴다고 하니 자신들의 순수한 신앙이 훼손될 염려가 있었기 때문이다.

"여러분은 하나님의 성전을 건축하는 것과는 상관이 없습니다. 페르시아 왕 키루스가 명령한 대로, 이스라엘의 하나님께 성전을 짓는 일은 우리만이 해야 할 일이오."

거절당한 사마리아인들은 화가 났다. 그들은 어떻게든 성전 재건을 방해하기로 결정하고 여러 각도로 궁리했다. 그들은 일단 페르시아 황제의 참모들에게 은밀하게 뇌물을 보내어 유다인들이 뜻을 이루지 못하도록 로비 활동을 전개했다.

유다인의 은인이라 할 수 있는 키루스는 얼마 못 가서 죽었다. 기원전 529년에 중앙아시아와 코카시아 지방 사이의 카스피 해 유목민 원정 때 전사했다. 그 뒤를 이은 황제들에게도 사마리아인들의 방해공작은 그치지 않았다. 그러다가 아닥사스다가 황제로 즉위했다.

사마리아인들은 그들 땅을 주관하는 페르시아의 총독 등 실력자들을 동원하여 아닥사스다 황제에게 상소문을 올렸다.

'유다인들이 예루살렘 성벽을 다시 쌓고 있습니다. 그 일이 완성되면 그들이 황제 폐하를 배반할 것은 뻔합니다. 예루살렘에 관한 역사 기록을 찾아보시면 그들이 상습적으로 배신을 일삼아 왔음을 확인할 수 있습니다. 바빌로니아의 느부갓네살 왕이 예루살렘을 초토화시킨 것도 그런 배신에 대한 보복이었습니다. 이제 예루살렘 성벽이 완공되면 그들은 황제 폐하를 배신할 것이며, 그로 인해 폐하는 유프라테스 강 서편의 모든 땅을 잃게 될 위험성이 높습니다. 그들은 조공을 거부하고 그들의 국가를 재건할 것입니다. 그러니 그들의 모든 재건 공사를 중단시켜야 합니다.'

아닥사스다 황제는 그들의 주장을 받아들여 다음과 같이 답장을 보냈다.

'예루살렘은 과연 배반의 도시였다. 내가 다시 명령을 내릴 때까지 예루살렘의 모든 재건 공사를 중단할 것을 명한다.'

이로써 예루살렘 성벽 재건과 성전 재건은 완전히 중단되었다.

제 2성전 스 5-6장 ; 학 1-2장 ; 슥 1-14장

예루살렘 성벽과 성전 재건이 중단된 지 16년이라는 긴 세월이 흘러갔다. 그 기간 내내 예루살렘 사람들은 자기들이 살 집을 짓고 먹고 사는 일에만 열중했다. 성전이 없으니 하나님께 제사가 없고, 신앙은 게으르고 약해졌다.

재건을 중단시킨 아닥사스다가 죽고 다리우스가 뒤를 이어 황제가 된 지 2년, 예루살렘에서는 예언자 학개와 스가랴가 분연히 일어서서 백성들의 안일과 나태를 질책했다.

"하나님의 성전은 황폐해졌는데도 당신들은 제대로 된 집을 짓고 산단 말이오? 과연 옳은 일이오? 파종해도 수확이 적고, 먹어도 배부르지 않고, 입어도 따뜻하지 않고, 품삯을 받아 지갑에 넣어도 새어나가는 이유가 무엇인지 모르시오? 하나님께서 말씀하십니다. 산에 올라가 나무를 베어다가 성전을 지으라고. 그리하면 하나님께서 그로 인해 기뻐하시며 영광을 얻는다고 하셨소. 성전을 지읍시다. 이것이 가장 중요하고 급한 일이오."

성전 공사에 앞장선 사람은 페르시아가 유다인을 돌려보낼 때 인솔자요 지도자의 한 사람으로 보낸 스룹바벨이었다. 유다 왕가의 후손인 그는 포로 시절에도 포로들에게 존경을 받았고, 귀국 때에는 아예 예루살렘의 총독으로 임명되었다.

예언자들의 예언에 따라 총독 스룹바벨이 재건 작업에 앞장서자 온 백성이 그 뒤를 따랐다. 분위기가 쇄신되었다. 나태와 안일이 근면과 열정으로 바뀌었다. 성전을 완공하면 하나님께서 복을 주시겠다고 약속하셨다는 예언자들의 예언도 그들의 사기를 돋우었다. 그러나 이번에는 유프라테스 강 서편 지역을 총괄하는 페르시아의 총독이 훼방꾼으로 등장했다. 예상 밖이었다. 그러나 예언자

들의 예언에 따라 재개된 공사였으므로 아무도 주저하거나 공사를 중단하지 않았다.

강 서편 총독 닷드내가 주축이 된 훼방자들은 황제에게 상소문을 올렸다.

'다리우스 폐하, 예루살렘에 견고하고 웅장한 성전 건축공사가 한창 진행중입니다. 누구의 지시로 하느냐고 물었더니 키루스 황제께서 칙령을 내려 성전을 재건하고, 바빌로니아가 노획한 성전의 금은 보물들까지 돌려주었다고 하는 바, 이는 반드시 진상을 조사할 필요가 있다고 사료됩니다.'

다리우스 황제도 정말 그런 일이 있었는지 의아하게 여겨졌다. 더구나 보물을 되돌려주었다니!

황제의 명령으로 즉각 국가 문서에 대한 조사가 이루어졌다. 키루스의 칙령은 사실이었다. 거기에는 성전 재건 비용을 페르시아가 부담한다는 내용도 들어 있었다. 다리우스 황제는 강 서편 총독에게 명령서를 보냈다.

'누구든지 성전 건축 공사를 막지 말라. 강 서편 지역에서 거두어들이는 세금에서 건축 비용을 충당할 것이며, 그들이 하나님께 드릴 가축 제물을 요구하는 대로 공급하라.'

황제의 파격적인 명령에 강 서편 총독은 복종할 수밖에 없었다. 그리하여 16년 동안 공사가 중단되었던 성전 공사는 공사 재개 4년 만에 완공되었다. 다리우스 황제 즉위 6년의 일이었고, 총 20년의 세월이 걸린 셈이었다. 바빌로니아의 느부갓네살 황제에 의해 파괴된 지 70년 만의 완전한 회복이었다.

아하수에로 왕과 에스더

왕궁 잔치와 왕비의 폐위 에 1장

이야기는 아하수에로 황제 재위 3년(기원전 483년)으로 거슬러 올라간다. 키루스에 의해 5만에 달하는 유다인들의 1차 포로귀환이 있은 후의 일이다. 아직도 페르시아 전역에는 허다한 유다인들이 흩어져 살고 있었다.

아하수에로는 동쪽으로 인도에서부터 서쪽으로 팔레스타인과 아프리카 북북동 지역 및 유럽의 동쪽 일부를 포함한 127개의 행정구역을 통치하고 있었다. 이 대제국의 황제가 어느 날 제국의 신하들을 위해 궁중잔치를 베풀었다. 127도에서 총독을 비롯한 요직의 신하들과 장군들, 귀족들이 초대되었다. 줄잡아 1만 5천여 명이 참석한 연회였다. 초호화판 수산의 왕궁이 엄청난 규모의 잔치를 한꺼번에 치를 수 없었으므로 먼 거리에서 오고 가며 참석자들이 교체되면서 이어지는 잔치가 자그마치 180여 일에 달했으니, 과연 페르시아 제국의 영광과 권세는 대단했다.

수산은 페르시아의 3대 도시의 하나로, 왕궁은 겨울궁으로 쓰였다. 호사스럽고 엄청난 규모의 잔치가 끝나자 황제는 마지막으로 수산에 살고 있는 주민들을 왕궁 뜰로 초청하여 7일 동안 잔치를 베풀었다. 수산의 모든 남자들이 왕궁에 들어가서 구경도 못해 본 희귀한 음식을 먹고 왕궁의 술을 마시니 그야말로 현기증이 날 지경으로 어리벙벙해졌다. 왕비 와스디는 따로 수산의 여인들을 초청하여 후원 뜰에서 잔치를 베풀었다.

잔치의 마지막 날, 황제가 기분 좋게 취했다. 그는 문득 빼어난 미인 와스디 왕비를 백성들에게 자랑하고 싶었다. 그래서 왕궁에서 요직에 있는 내시 7명을 후원으로 보냈다.

"왕비 와스디를 불러오시오. 왕비의 관을 쓰고 어전으로 나오게 하시오."

하지만 왕비 와스디는 황제의 뜻을 따르지 않았다. 그 시대의 관습상 여자가 남자들만 모인 곳에 얼굴을 드러내고 간다는 것은 상상도 못할 금기사항이었다. 황제가 취하지만 않았어도 그런 엉뚱한 명령을 내리지는 않았을 것이다.

"감히 내 명령을 거역한단 말인가?"

내시들의 보고를 받은 황제는 화가 치밀어 올랐다. 내시들은 부들부들 떨었다. 황제가 애당초 그릇된 명령을 내렸고, 왕비가 거절하는 것은 당연한 일이었다. 내시들은 왕궁 법도를 그 누구보다 환히 알고 있는 사람들이다. 문제는 황제의 절대권한이다. 마음대로 사람을 죽일 수 있는 권력자, 더구나 술에 취했고 화가 많이 났으니 그들에게 무슨 날벼락이 떨어질지 예측불허였다.

잔치는 끝나도 황제의 분노는 끝나지 않았다. 황제는 법과 전례에 박식한 일곱 명의 박사들을 불러 잔치 마지막 날의 일을 말해 주고 자문을 구했다.

"이런 경우 법대로 하려면 어떻게 처리해야 하는가?"

황제의 표정과 말투로 미루어 왕비에 대한 분노가 대단하여, 처벌을 마음으로 정한 것이 분명했다. 이런 경우 황제가 먼저 법을 어겼다고 지적할 만한 용기를 지닌 자는 없었다.

"폐하, 왕비께서는 황제 폐하뿐만 아니라 이 나라의 신하들과 백성들에게 잘못을 저질렀습니다. 왕비께서 폐하의 명령을 따르지 않았다는 사실이 이 나라에 알려지면 모든 신하들과 백성들의 아내들이 왕비처럼 남편을 무시할 것입니다. 그러니 임금님께서 좋으시다면, 와스디 왕후가 다시는 임금님 앞에 나타나지 못하도록 어명을 내리시고, 그러한 어명을 바꿀 수 없도록 기록된 법률로 만들어 놓으십시오. 그런 다음에는 임금님께서 더 훌륭한 여인을 택하여 왕후로 삼으셔야 옳을 것입니다."

황제는 이 제안을 좋게 여기고 전국에 칙령을 내리도록 했다. '남편은 자기 집안을 다스려야 하며, 남편이 쓰는 말이 그 가정에서 쓰는 일상 언어가 되어야 한다.'

미모의 새 왕비 에 2:1–18

그로부터 4년쯤 지난 어느 날, 황제 아하수에로는 문득 폐위시킨 빼어난 미모의 왕비 와스디가 그리워졌다. 그러나 칙령으로 전국에 공표했으니 번복은 불가능했다. 폐위는 지나친 조치였다는 후회가 들었다. 이런 눈치를 챈 신하들이 나섰다.

"폐하, 새 왕비를 간택하셔야 될 때입니다."

"새 왕비라고?"

황제의 눈치를 살피던 신하가 자신감을 얻어 말을 이었다.

"전국에 명을 내리시어 모든 고을에서 가장 아름다운 처녀들을 뽑아 올리게 하시고, 그 중에서 마음에 드는 처녀를 택하여 왕비를 삼으소서."

그리하여 아하수에로 황제의 명에 따라 아름다운 미모의 처녀들이 심사를 거쳐 왕궁으로 보내졌다.

수도 수산 성에서도 미인을 가려냈다. 에스더라는 처녀도 선발되었다. 그녀는 예루살렘에서 포로로 잡혀온 부모에게서 태어난 유다인으로, 부모를 잃고 사촌 모르드개의 양녀가 되어 그의 집에서 살고 있었다.

전국에서 뽑혀 온 처녀들이 왕비 후보로 왕궁에 모여들었다. 왕궁에서는 온갖 향유로 목욕을 시키는 등 아름답게 치장시키고, 왕궁의 법도와 예절교육도 시켰다. 아하수에로 황제는 그 많은 미인들을 한 사람씩 면접하면서 이모저모를 살펴보았다. 미모뿐만 아니라 왕비가 갖추어야 할 덕망을 지녔는지도 중요했다. 미인은 많았지만, 마음에 쏙 드는 처녀는 눈에 띄지 않았다.

하지만 황제는 에스더를 보자마자 마음에 들어했다. 황제가 보기에도 에스더는 다른 처녀들보다 훨씬 더 우아하고 아름다웠다. 황제는 마침내 에스더의 머리에 관을 씌우고, 와스디를 대신하여 왕후로 삼았다.

모르드개의 신앙과 하만의 무서운 음모

황제 암살 음모 에 2:19-23

모르드개는 왕궁 경비대의 고위직 신분이었다. 대궐 문지기가 아니라 왕궁의 안전을 위해 정보를 수집하는 등 책임 있는 지위였다.

그는 에스더가 왕비 후보로 후궁 안에 머무는 동안 그 뜰 앞을 서성거리기 일쑤였다. 소식이 궁금해서였다.

에스더가 왕비로 발탁되고 난 후에도 모르드개는 자신의 근무처인 왕궁 정문의 집무실에 앉아 바쁜 나날을 보냈다. 왕비가 된 에스더를 만날 길은 없었지만, 왕비의 시녀들을 통해 연락은 주고받을 수 있어서 그나마 다행이었다.

그러던 어느 날, 모르드개는 자신의 경비대에 소속된 두 내시가 황제를 살해하려는 음모를 꾸민다는 정보를 입수하게 되었다. 그들은 황제의 침소를 출입하며 시중드는, 그야말로 황제의 신임을 받는 최측근이었다. 그런 그들의 음모가 이미 실현단계에 이르러 있었다.

모르드개는 그들을 체포해서 조사할까 생각하다가, 왕비 에스더를 떠올렸다. 황제가 위

기에 처한 이런 극비사항을 에스더를 통해 황제에게 직접 전달하면 처리가 빠르고 정확할 것이며, 아울러 에스더의 왕비 지위도 한결 강화될 것이다.

모르드개는 에스더의 시녀를 통해 그 사실을 알렸다. 놀란 에스더가 황제에게 알렸다.

"이 끔찍한 음모를 왕궁 문을 지키는 경비대의 모르드개가 적발했습니다."

황제는 즉각 두 내시를 체포하도록 했고, 그들의 배반과 암살 음모를 직접 심문했다. 그 음모는 사실로 입증되어, 두 내시는 교수형에 처해졌다.

국무총리 하만의 증오 에 3:1–6

이스라엘 민족이 430년의 이집트 생활을 마감하고 모세의 인도로 홍해를 건너 약속의 땅 팔레스타인으로 향했을 때 아말렉 족속은 지친 그들을 기습 공격하여 많은 피를 흘리게 한 적이 있었다. 이들은 혈통을 거슬러 올라가면 야곱의 쌍둥이 형 에서의 후손들이었다.

야곱의 후손과 에서의 후손은 숙명적으로 숙적이고 앙숙이었다. 페르시아 제국은 영토가 넓고 여러 민족이 포함되어 있었다. 유다인 다니엘이 총리를 지냈는가 하면, 역시 유다인인 에스더는 왕비가 되었고, 유다인 모르드개는 왕궁 경비대에 소속되어 있었다. 아하수에로 재위 12년 1월에는 아말렉 족속인 하만이 황제 다음가는 지위인 총리로 있었다.

황제의 신임을 얻어 최고위직에 임명된 하만의 권세는 하늘을 찌를 것 같았다. 황제는 왕궁의 문에서 일하는 신하들은 하만이 드나들 때 무릎을 꿇고 절을 하라고 명령했다. 왕궁 정문의 경비실에 있는 모르드개는 그에게 절을 한 적이 없었다. 수레를 타고 출입하는 하만은 그 사실을 몰랐다.

"모르드개, 당신은 하만에게 절하지 않는 유일한 관리요. 이유가 무엇이오?"

그의 동료가 이상해서 물었으나 모르드개는 아무런 대답이 없었다.

"높은 직분에 있는 사람들도 하만이 지나갈 때마다 엎드려 절을 하는 건 황제의 명령이기 때문이오. 하만이 당신의 태도를 알면 가만 두지 않을 것이오.

그러니 남들처럼 절을 하도록 하시오."

모르드개는 동료의 충고를 듣지 않았다. 왕비가 그의 사촌이며 양녀이기 때문은 아니었다. 자신이 황제의 암살음모를 적발한 공로를 세웠기 때문도 아니었다. 그는 모세의 율법에 따라 누구에게든 숭배를 할 수가 없었다. 더구나 하만은 조상 대대로 내려오는 숙적인 아말렉 족속이었다.

어디에나 좋아하는 사람이 있으면 싫어하는 사람도 있게 마련이다. 모르드개를 염려하는 사람 곁에는 모르드개를 미워하는 사람도 있었다.

"모르드개는 총리대신께서 왕궁을 출입하실 때 단 한 번도 절을 한 적이 없습니다."

그 소리를 들은 하만은 화가 치솟았다. 나에게 절을 하지 않는 인간이 이 나라에 있다니….

"그 자가 어느 종족인가?"

"예루살렘에서 잡혀온 유다인입니다."

"유다인?"

'그럼 그렇지. 내가 아말렉 족이라는 걸 아는 모양이로군.'

하만은 고개를 끄떡였다. 그는 한동안 생각에 잠기더니 회심의 미소를 입가에 띄웠다.

'모르드개쯤이야 당장 내 힘으로 처치할 수 있지만, 서두를 것은 없어. 페르시아 제국 안에서 모든 유다인의 씨를 말려 버려야 해. 그것이 더 큰 문제야. 그래, 단 하루 동안에, 제국 안의 모든 유다인들을 노인에서 젖먹이까지 다 제거하는 거야. 우리 민족의 원수를 갚는 거지. 모르드개, 두고 보아라. 내게 엎드려 절하지 않은 죗값이 얼마인가를 알 날이 오리라.'

유다인 말살 정책 에 3:7–15

20세기에 히틀러의 유대인 말살정책은 650만의 희생자를 냈다. 그보다 2,500년 전인 기원전 5세기에도 유대인 말살정책이 수립된 적이 있었다. 기원전 474

년 1월, 페르시아의 수도 수산에서 총리인 아말렉 사람 하만에 의해.

유대인을 전멸시킬 대학살은 하만의 치밀한 계획과 정책수립 과정에 참여한 측근 세력들에 의해 제비뽑기로 11개월 후인 12월 13일이 거사일로 확정되었다. 이제 방법만 남아 있었다. 하만은 신중했다. 모르드개 때문에 그 종족을 다 죽이자고 하면 황제는 자기를 먼저 죽일지도 모른다. 그러니 무엇보다, 설득력 있는 대의명분이 있어야 한다. 이런 엄청난 일은 황제의 허락과 포고가 있어야만 가능하다. 하만은 측근들과 숙의를 거듭한 끝에 황제 앞으로 나아갔다.

"폐하, 만수무강하소서."

그는 잠시 입술을 적시고 말을 이었다.

"폐하의 제국은 거대한 영토와 다민족으로 구성되어 있습니다. 일찍이 지상에 이런 대제국이 존재한 바 없으니 페르시아는 위대한 제국이며 이 위대한 제국을 통치하시는 폐하께서는 천하에 으뜸가는 명예와 권세를 지니고 계십니다. 이 나라 백성은 어느 민족이든 이 나라의 법을 준수해야 하고, 그래야만 평화와 번영이 지속될 수 있습니다. 그러한데도 우리 나라에 유별난 민족이 있습니다. 그들의 전통적인 법은 우리의 법과 상치되는 부분이 많은데, 그 종족은 자신들의 이상한 법을 준수하느라 대제국 페르시아의 법을 지키지 않습니다. 그들이 다른 종족까지 오염시켜 폐하의 법을 무시하고 자기들이 지키던 법을 따르게 되면, 이 나라는 불화와 갈등이 야기되어 분열이 일어날 위험성이 있습니다. 그러므로 하루속히 그들을 완전히 제거하는 것이 페르시아 제국과 폐하께 유익합니다. 이는 매우 중요한 일이며, 또 그 민족의 저항이 우려되므로 폐하의 이름으로 조서를 전국에 보내어 황제의 명으로 시행하지 않으면 안 됩니다. 이를 위하여 신 하만이 은 1만 달란트를 왕실 금고에 바치겠습니다."

그는 목적을 이루기 위하여 대의명분과 함께 은 34만kg을 황제에게 뇌물로 바쳤다.

"나라를 걱정하는 그대의 충정이 고맙군. 도대체 어떤 민족인가?"

"바빌로니아에 의해 예루살렘에서 잡혀온 유다인들입니다."

"오, 그들이라면 독특한 데가 있지. 보이지도 않는 주를 하나님으로 섬긴다지?"

"그들은 천 년 전에 모세가 만든 율법을 따릅니다. 그 법은 우리 페르시아의 법에 많이 위배됩니다."

아하수에로 황제도 유다인에 대한 상식은 갖고 있었다. 그러나 편견도 많았다. 아무튼 황제는 나라의 평안과 번영을 위해 하만의 제안을 거절할 이유가 없다고 생각했다.

"총리는 그 일을 집행하라. 예산은 유다인들을 없애고 몰수하는 재산으로 충당하라. 총리의 손에 이 일을 위임하노라."

황제는 어인御印이 새겨진 반지까지 빼주며 기꺼이 허락했다.

하만은 떨 듯이 기뻤다. 자기 마음대로 황제의 문서를 작성하여 전국에 보내게 되었으며, 1만 달란트의 은을 뇌물로 주었으나 유다인들을 다 죽이고 재산을 몰수한다면 모든 비용을 제하고도 많은 이득이 생길 것이다. 황제의 어인을 찍어 반포하면 결코 취소되거나 변경될 수 없는 엄격한 법이 있으므로, 그는 황제의 마음이 바뀌기 전에 모든 일을 끝내고자 서둘렀다.

그는 서기관들을 불러 그 나라의 여러 민족이 쓰는 언어별로 문서를 작성시켰다.

'올해 12월 13일 하루 동안에 페르시아 제국의 영토에 살고 있는 모든 유다인은 남녀노소 전부를 죽인다. 그들의 재산은 몰수한다. 이를 위하여 각 도의 총독과 관리들은 준비에 만전을 기하라.'

1월 1일에 이미 제비를 뽑아 때를 정한 하만은 1월 13일에 서기관들을 동원하여 공문을 작성하고 황제의 이름으로 옥새를 찍어 127도에 전령을 통해 발송했다. 유다인의 운명은 결정되었다.

에스더의 용기와 하만의 몰락, 그리고 부림절

희생을 각오한 용감한 왕비 에 4–5장

엄청난 파장이 페르시아 전 지역을 강도 높게 뒤흔들었다. 특히 유다인들의 두려움과 눈물이 강물처럼 흘렀다. 그들은 베옷을 입고 잿더미에 뒹굴며 통곡했다. 왕궁 경비대의 모르드개도 그 소식을 듣고 부들부들 떨었다. 하만의 소행임을 알았기에 더욱 치가 떨렸다. 이렇게 분하고 허망한 일이 있을 수 있단 말인가. 하나님께서 택하신 백성의 운명은 어떻게 될 것인가. 나는, 우리는, 어떻게 해야 하는가. 가만히 앉아서 그날을 기다린단 말인가. 어떤 조치를, 인간이 할 수 있는 모든 수단과 방법을 강구해서 민족을 구원하는 것이 옳지 않을까.

모르드개는 잠을 이룰 수 없었다. 그는 옷을 찢었고, 굵은 베옷과 재를 뒤집어 쓴 채 울부짖으며 통곡했다.

아침이 오자 모르드개는 베옷을 입은 그대로 왕궁 문 앞으로 가서 통곡했다. 그런 복장으로는 왕궁에 출입할 수 없으므로 그는 울고 또 울었다. 왕비 에스더의 시녀와 내시가 그 소식을 듣고 나가 보니 참으로 가관이었다. 그들은 즉시 에스더에게 사실을 알렸다. 에스더는 걱정스러웠으나 어찌된 영문을 몰라 우선 새 옷을 내시와 시녀에게 주면서 모르드개에게 전하라고 했다. 그러나 모르드개는 그 옷을 거들떠보지도 않고 여전히 울어댔다. 필시 깊은 곡절이 있으리라.

에스더는 가까이 시중 드는 내시 하닥에게 이유를 소상히 알아오라고 보냈다.

"엄청난 음모가 진행되고 있소. 왕비 에스더를 포함한 모든 유다인이 12월 13일에 죽임을 당하오. 하만이 은 1만 달란트를 황제께 드리고 유다인을 모함하여 다 죽이라는 칙령을 내려 이미 전국 127도에 전령을 급파했소. 이것이 전국에 보낸 공문의 초본이오. 왕비에게 증거로 주시오. 그리고 잊지 말고 이 말을 꼭 전해주시오. 왕비가 친히 황제께 가서 내 민족을 구해 달라고 간청하라고 일러주시오."

내시 하닥을 통해 사정을 알게 된 에스더는 놀라움과 두려움으로 한동안 말을 잊었다. 에스더는 하닥을 다시 모르드개에게 보냈다.

"왕비께서 전하시랍니다. 왕비도 폐하의 부르심이 없이는 폐하 어전에 드시지 못하는 법이 있습니다. 만약 부르심이 없었는데 폐하께 갔다가 폐하께서 받아들인다는 뜻으로 금홀을 내밀면 살고, 그렇지 않으면 죽습니다. 에스더 왕비께서는 한 달 동안이나 폐하의 부르심을 받지 못하셨습니다."

왕비가 나서지 않는다면 방법이 없지 않은가.

"하닥, 내 말을 왕비에게 그대로 전해 주시오. 유다인이 몰살당하는 그날 왕궁에 있는 에스더 왕비 또한 홀로 살아남지는 못할 것이오. 만약 왕비가 나서주지 않는다면 하나님께서 다른 방법으로 우리 민족을 구원하실 것입니다. 그러나 내 생각에는, 이 위기에서 민족을 구하시려고 하나님께서 유다인 에스더를 왕비로 삼았을 것입니다."

하닥이 그 말을 전하자 에스더가 말했다.

"하닥, 모르드개에게 전하거라. 모르드개는 수산의 모든 유다인을 모아서 나를 위해 밤낮 사흘을 금식하며 기도하라고 일러라. 나도 나의 시녀와 함께 사흘을 금식한 후에 규례를 어기고 폐하께 나아갈 것이다. 규례를 어겼다고 나를 죽이면, 기꺼이 죽을 각오가 되어 있다고 하여라."

모르드개는 지체 없이 에스더의 말대로 시행했다.

사흘 후, 에스더는 약속한 대로 황제의 어전 뜰로 나아갔다. 보좌에 높이 앉은 황제가 시야에 들어왔다. 죽고 사는 것이 결정되는 순간이었다. 황제가 자기에게 금홀을 내밀지 않으면 에스더는 죽는다. 극도로 긴장한 에스더는 그러나 황제를 보자 편안한 마음이 되면서 미소를 지었다. 알 수 없는 평안과 여유가 느껴졌다.

황제는 오랜만에 왕비 에스더의 아름다운 모습을 보고는 반가웠다. 저토록 사랑스러운 왕비를 내가 왜 이토록 무관심하게 지냈는가 후회되었다. 그는 금홀을 에스더에게 내밀었다. 에스더가 가까이 다가가서 금홀 끝을 만졌다.

"사랑하는 왕비 에스더여, 무슨 일이오? 내게 무슨 소청이 있으시오? 무엇이든 들어 드리리다. 나라의 절반이라도 드리리다."

"폐하시여! 제가 오늘 폐하를 위하여 잔치를 마련해 놓았으니, 임금님께서 기쁘게 여기신다면, 오늘 하만과 함께 제가 차린 잔치에 와 주소서."

"그거 반가운 소식이오. 그럽시다."

황제는 즉각 신하들에게 명령했다.

"어서 하만을 궁궐에 들어오라고 하라."

그리하여 황제는 하만을 대동하고, 에스더가 베푼 잔치에 참석했다.

황제는 술을 마시다가 에스더에게 물었다.

"그대의 소원은 무엇이오? 그대가 요청한다면, 이 나라의 절반이라도 떼어 주겠소."

"폐하, 허락하신다면 내일도 이렇게 폐하와 총리대신을 위하여 잔치를 열겠습니다. 제 간청은 내일 말씀 드리겠습니다."

"하하하, 말하기 힘들어하는걸 보니 정말 이 제국의 절반이라도 달라고 할 것 같구려. 서슴지 말고 말하시오. 다 주리다."

하만은 날아갈 듯 기뻤다. 그는 집으로 돌아가자 사람을 보내어 친구들을 초청했다. 자랑이 하고 싶어서였다.

"여보게들, 폐하께서 나를 신하들 가운데 가장 높은 지위를 주셨는데, 오늘은 왕비께서 친히 후원에 잔치를 준비하시고 폐하와 나만 초청하셨지 뭐요. 이런 영광이 어디 있소? 폐하만 나를 끔찍이 생각해 주신다 했더니 왕비께서도 나를 이토록 높여 주시니 내 참으로 기분이 좋고 행복하구려. 그뿐인 줄 아시오? 내일도 왕비께서 폐하와 나만을 위해 또 잔치를 준비하신답니다. 하하하!"

하만은 그러나 다음 순간 약간 침울한 표정으로 바뀌었다.

"아니? 갑자기 어디가 아프시기라도 하시오?"

한 친구가 물었다.

"아니오. 불쾌한 일이 하나 있다오. 폐하와 왕비께서 나 하만을 이토록 높여 주시는데 딱 한 사람, 왕궁 문의 모르드개라는 작자만 나를 거들떠보지도 않소. 건방진 인간이지. 지가 감히 나 하만에게 절을 안해?"

곁에 있던 그의 아내 세레스가 놀란 눈을 치켜뜨며 말했다.

"아니 그런 몰상식하고 무례한 위인을 왜 그냥 두십니까? 내일 폐하께 말씀하셔서 그 인간을 장대에 매달아 처형하도록 하세요. 미리 장대를 세우시고 그 자를 매달게 한 후 왕비의 잔치에 가시는 게 나을 것 같습니다. 존귀하신 총리대신께서 그 작자 때문에 마음이 상하시면 안 되니까요."

하만의 수모와 모르드개의 영광 에 6장

그날 밤, 황제는 이상하게 잠이 오지 않아 뒤척이다가 시종을 불러 왕궁실록을 가져다가 읽으라고 명했다.

"궁정 문을 지키는 모르드개가 폐하의 암살 음모를 적발하여…."

수년 전 자신의 암살 음모를 다룬 내용에 이르자 황제가 몸을 일으켰다.

"나를 살린 모르드개에게 무슨 관직이나 상을 내렸더냐?"

"그런 기록이 없는 것으로 보아 아무 상도 없었던 것 같습니다, 폐하."

"그럴 수가…. 여봐라. 밖에 누구 없느냐?"

마침 하만이 뜰에 들어서고 있었다. 그는 집에서 들은 대로 이미 20m가 넘는 장대를 자기 집 뜰에 세우고 모르드개의 처형을 허락 받으려는 참이었다.

"하만 총리대신께서 뜰에 있습니다."

밖에 대기하던 시종의 보고였다. 황제는 하만을 가까이로 불러 이렇게 물었다.

"내가 특별히 영화롭게 해주고 싶은 사람이 있는데 어떻게 하는 것이 좋겠는가?"

하만은 내심 자기를 가리킨다고 생각했다.

"폐하께서 친히 영화롭게 해 주시기로 작정한 사람이 있으시다면, 폐하께서 입으시는 옷과 폐하께서 타시는 말을 내오게 하시고, 그의 머리에 관을 씌운 다음 대신들 중에서 가장 높은 사람에게 그 옷과 말을 맡기시어 폐하께서 영화롭게 하시려는 그 사람에게 폐하의 옷을 입히게 하고, 그를 폐하의 말에 태워 이 수산 성을 다니게 하소서. 모든 주민들이 보는 앞에서 그가 말을 끌고 가면서, '폐하께서 특별히 영화롭게 하기를 원하시는 사람에게는 이렇게 상을 베풀어 주십니다!' 하고 선포하게 하소서."

"그거 좋겠다. 하만, 자네는 지금 즉시 왕궁 문으로 가서 모르드개에게 지금

말한 대로 시행하라. 자네가 말한 그대로. 그리고 자네가 가장 높은 신하이니 그 앞에 서서 외치며 성 안을 돌라."

누구 명령인데 거역하랴. 하만은 자신이 죽이려고 했던 모르드개를 황제처럼 말에 태우고 성 안을 돌며 외쳐야만 했다. 이 수모와 분노를 어찌하랴. 성 안을 다 돌고 나자 모르드개는 자신의 근무처인 대궐 문으로 가고, 하만은 씩씩거리며 급히 집으로 돌아갔다.

"아니, 어떻게 나에게 이런 일이 있을 수 있을까…."

그는 화가 나서 아내와 친구들에게 자기에게 일어난 일을 빠짐없이 이야기했다. 다 듣고 난 친구들과 아내는 수심에 찼다.

"큰일이군요."

아내가 크게 한숨을 내쉬며 말했다.

"당신이 유다 사람 모르드개 앞에 무릎을 꿇었으니, 이제는 그를 당해낼 수가 없을 것입니다. 계속 맞서다가는 당신이 망할 것이 틀림없습니다."

아내의 눈에는 모르드개를 처형하기 위해 마당 저쪽에 세워둔 장대가 들어왔다. 그녀의 말이 끝날 즈음, 내시들이 하만을 데려가기 위해 왕궁에서 찾아왔다. 왕비의 잔치에 참석하도록 하기 위해서였다.

하만이 받는 보응과 모르드개의 출세 에 7-8장

왕비의 잔치에 참석한 하만은 마음이 편치 않았다. 어제의 하만은 왕비의 잔치가 비길 데 없는 즐거움이었는데, 오늘의 하만은 불편하기 짝이 없었다.

기분 좋을 만큼 취기가 오른 황제가 아름다운 에스더를 빤히 바라보며 말했다.

"그렇게 말하기 힘든 부탁이 무언지 어디 들어 봅시다. 당신의 소원이라면 나라의 절반이라도 주겠소."

"폐하시여! 제가 만일 폐하께 은총을 입었고, 또 폐하께서 이 몸을 어여삐 여기신다면, 제 목숨을 살려 달라는 것이 제 소원입니다. 저의 동족을 살려 주

십시오. 이것이 저의 간청입니다. 지금 저와 제 동족은 다 죽어 멸절될 위기에 처해 있습니다. 저와 제 동족이 노예로만 팔려도 저는 아예 침묵을 지키고, 그 문제로 폐하를 괴롭히지 않았을 것입니다."

황제는 놀란 얼굴로 에스더에게 물었다.

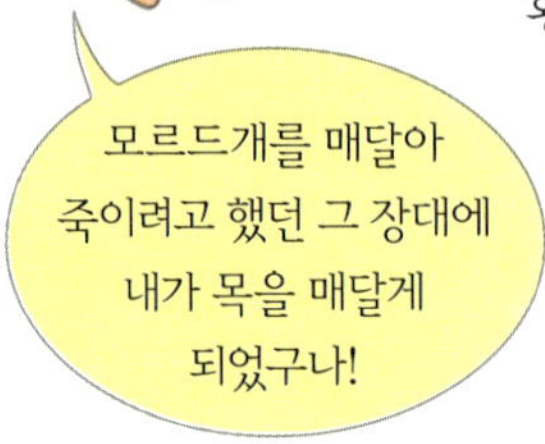

"그게 무슨 소리요? 당신과 당신 민족을 다 죽이다니, 도대체 어떤 자가 그런 짓을 한단 말이오?"

"폐하, 저 사람 하만입니다."

황제는 어이없는 시선으로 하만을 노려보다가 몸을 돌려 후원 뜰로 급히 걸어갔다. 왕은 대단히 분노하고 있었다. 하만은 너무나 두려웠다. 황제의 분노로 보아 틀림없이 자기를 죽일 것 같았다. 그는 얼른 에스더가 앉아 있는 긴 의자의 한쪽에 무릎을 꿇고 엎드려서 애걸하듯 호소했다.

"제발, 제발 이 생명만이라도 살아 남게 해주십시오."

그때 성난 황제가 다시 급한 걸음으로 돌아왔다. 황제는 하만이 왕비의 의자에 엎드린 모습을 보자 더욱 화가 났다.

"내가 왕궁에 있는데도 이놈이 감히 왕후를 겁탈하려 하는구나!"

황제가 보는 각도에서는 마치 하만이 왕비의 옷자락을 잡고 있는 것처럼 보였는지도 모른다. 바로 그때 황제의 경호대가 달려들어 수건으로 하만의 얼굴을 감싸 버렸다. 죽을 목숨이라는 뜻이었다.

왕을 모시는 내시들 중 한 명이 말했다.

"폐하, 하만은 폐하를 해치려는 음모를 알려 준 모르드개를 매달아 죽이려고 장대까지 세워 놓았습니다. 그 장대가 지금도 하만의 집 뜰에 서 있는데, 높이가 50자나 됩니다."

"그렇다면 그 장대에 하만을 매달아 죽여라."

황제의 명령은 즉각 시행되었다. 하만이 자신이 모르드개를 죽이려고 세운 장대에 매달려 죽었다. 그를 처형한 다음에야 황제의 진노가 풀렸다.

에스더는 황제에게 모르드개와의 관계를 다 말하고, 하만이 꾸민 유다인 학살 음모를 소상히 털어놓은 후 민족의 구원을 눈물로 호소했다. 황제는 하만을 대신하여 모르드개로 총리를 삼고 하만에게 주었던 자신의 인장반지를 모르드개에게 맡겼다.

"왕비와 모르드개는 뜻대로 조서를 쓰고 어인을 찍어 전국에 알려라."

두어 달 만에 세상이 뒤바뀌었다. 3월 23일, 황제의 서기관들이 소집되고, 모르드개가 시키는 대로 그 나라에 살고 있는 모든 민족의 언어로 조서를 썼다. 준마를 탄 전령이 인도에서 아프리카에 이르는 127도의 총독과 관원들에게 급파되어 황제의 조서를 전달했다.

'이 나라의 모든 마을과 성읍에 사는 유다인들에게 자신의 생명을 보호하기 위해 정당 방위의 특권을 부여한다. 유다인들은 어느 지역, 어느 족속이든 유다인을 상대로 무장하고 나서는 이들이 있으면, 그들만이 아니라 그들의 처자식들까지 모조리 살해하고 그들의 집과 재산을 약탈하고 차지할 수 있다. 이 일은 모든 지역에서 12월 13일 하루 동안에 이루어져야 한다."

하만에 의해 보내진 조서가 완전히 뒤바뀌었다. 이제는 유다인들을 죽이려고 했던 자들이 오히려 유다인들을 두려워하게 된 것이다.

새로운 경축일 부림절 에 9장

드디어 그날이 왔다. 하만이 그의 측근들과 제비를 뽑아 전국의 유다인 죽이기를 실행에 옮기기로 정해진 12월 13일이 밝아 왔다. 전국의 모든 성과 마을에서는 유다인이 아닌 자들이 자칭 유다인 행세를 하는가 하면, 많은 사람들이 유다인으로 귀화했다. 대다수가 유다인들에게 호의적이 되어 유다인들을 도와주려고 했다. 각 도의 총독을 비롯한 관리들 역시 유다인을 적극 지원했다.

모르드개는 몇 달 사이에 모르는 사람이 없을 정도로 유명해졌다. 유다인들은 수효가 많지 않았지만 이제 페르시아 전역에서 가장 우월한 민족으로 부상했고, 부러움을 샀다. 그런 분위기에서 거사일인 12월 13일을 맞이한 유다인들은 황제의 조서에 따라 마을과 성읍에 모여서 하만에게 동조하여 유다인을 죽이려고 했던 사람들과 반反유다주의자들, 유다인을 괴롭혀온 자들을 가차없이 도륙했다. 유다인 거주자가 있는 곳에서는 크고 작은 모든 성과 마을에서 피비린내가 진동하며 비명과 절규가 메아리쳤다.

왕궁이 있는 대도시 수산에서는 그날 하루 동안 하만의 아들 열 명을 비롯하여 5백 명이 유다인의 손에 죽었다.

보고를 받은 황제가 왕후에게 말했다.

"유다인들이 이 수산 성에서만 500명을 죽이고, 하만의 아들 열 명까지 모조리 죽였으니, 이 나라의 모든 지역과 마을에서는 어떠했겠소? 이래도 그대에게 남은 소원이 있으면 말해 보시오. 내가 그대로 이루어 주겠소."

에스더가 대답했다.

"임금님께서 이 일을 옳게 여기신다면, 오늘 수산 도성에서 유다인들이 한 일을 내일도 계속하도록 허락해 주소서. 그리고 하만의 아들 열 명의 시체는 장대에 매달아 주소서!"

왕은 즉각 에스더의 소원대로 시행하도록 명령을 내렸다. 수산에는 왕의 조서가 새로이 공고되었고, 하만의 열 아들의 주검은 장대에 매달렸다.

12월 14일, 수산 성의 유다인들이 다시 집결하여 성중의 원수 300명을 더 죽였다. 그러나 원수들의 재산은 역시 약탈하지 않았다. 수산 성을 제외한 전국에서 13일 하루 동안에 죽은 사람들은 7만 5천 명이었다.

모르드개는 황제의 허락을 얻어 또다시 전국에 조서를 내렸다.

'해마다 12월 14일과 15일을 명절로 지켜라. 이날은 슬픔이 변하여 기쁨이 되고 애통이 변하여 좋은 날이 되었으니 잔치를 베풀고 즐기며 서로 예물을 주며 가난한 자를 구제하라.'

유다인들에게 새로 생긴 이 명절은 부림절이라 불린다. 하만이 '제비'를 뽑아 정한 날이라고 하여 붙여진 이름이다. 부림절은 3천여 년이 흐른 지금까지도 유다인의 명절로 지켜지고 있다.

학사 에스라와 총독 느헤미야

에스라와 2차 포로 귀환 스 7-8장

포로로 잡혀간 유다인들 중에는 뛰어난 자들이 많았다. 다니엘과 그의 세 친구는 오직 하나님만 섬기다가 사자굴에 던져지기도 하고 타오르는 불가마 속에 던져지기도 했다. 그러나 그때마다 하나님께서 그들을 보호하시어서 머리카락 하나 상하지 않았다. 다니엘은 황제가 꿈을 꾸고 잊어버린 내용을 알아내고 해석했으며, 벽에 하나님이 손가락으로 쓰신 문장을 홀로 읽고 해석했다. 다니엘은 바빌로니아 제국과 페르시아 제국에서 총리를 역임했다. 이런 일련의 기적적 사건들은 바빌로니아와 바빌로니아의 뒤를 이어 등장한 페르시아 제국의 몇몇 황제들과 신하 및 그 백성들에게 유다인의 하나님에 대한 인식을 심어 주었다. 따라서 유다인에게 호의를 베푼 황제도 여럿이었다.

키루스 황제는 유다인을 예루살렘으로 돌려보내 성전을 재건하도록 은혜를 베풀었는가 하면, 다리우스 황제는 성전 재건의 비용을 제공했고, 아하수에로 황제는 죽을 운명에 처한 유다인들을 구원했다.

하나님을 배신하고 우상을 숭배하다가 나라가 망하여 포로 신세가 된 유다인의 비극적 재앙은, 그들을 포로로 잡아간 강대한 제국에 하나님을 알리는 효과를 거두었다. 포로기 이후의 유다인들은 예레미야의 예언대로 다시 하나님을 찾고 율법을 배우고 준수하려는 노력을 기울였다.

에스라는 이집트에서 모세와 함께 그들의 백성을 인도하여 낸 모세의 형 아론의 16대손으로, 수산 성에 살고 있었다. 그의 인격과 신앙과 명성은 유다인뿐만 아니라 페르시아인들에게도 널리 알려져 있었다. 에스라는 모세의 율법을 연구한 학자로서, 스스로 그 율법을 준수하며 가르칠 뿐만 아니라 제사장이었다. 그의 말이라면 황제도 마다하지 않았다.

에스라의 요청으로 아닥사스다 황제가 칙령을 내렸다. 나라 안에 있는 유다인 중에 예루살렘으로 돌아가고 싶은 사람은 누구든지 에스라와 함께 돌아가라는 내용이었다. 왕은 또한 자신의 참모들과 함께 이스라엘의 하나님께 바치도록 은과 금을 내주었고, 바빌로니아의 온 지방에서도 하나님의 성전을 위해 헌금을 바치게 했다.

에스라는 1,754명의 동족과 함께 1월 1일 수산을 출발하여 긴 여정 끝에 4월 1일 예루살렘으로 돌아왔다. 그는 군대의 호위를 요청하지 않았다. 하나님께서 함께 하시며 인도하신다는 믿음으로 금식기도 후 길을 떠났다. 과연 하나님은 그들의 긴 여로에 함께 하시어서 인명과 재물의 손실 없이 무사히 도착하게 하셨다.

순수한 신앙의 보존을 위하여 스 9-10장

예루살렘은 이미 회복되었다. 성전 제사도 정상적으로 이루어지고 있었다.

에스라는 제사장이며 율법학자요 유력한 지도자로서 개혁에 착수했다. 예루살렘은 이미 상당한 다민족 사회가 되어 있었다. 타민족 속에 섞여 오랜 세월 살아오다 보니 불가피했을 것이다.

하지만 또다시 배교로 인한 하나님의 심판이 반복되지 않게 하려면, 나아가 하나님의 율법을 준수하고 순수한 신앙으로 살아가게 하려면 율법에 기초한 개혁이 이루어져야 했다. 그것은 일단 이방인과의 결혼을 금지하는 것이었고, 이미 결혼했더라도 이혼하여 이방인의 문화와 종교를 차단하는 것이었다.

회복된 예루살렘에서 하나님의 새 역사를 창조하려면 율법적 엄벌주의를 견지하지 않을 수 없었다. 비타협이야말로 그들 종교의 순수성을 유지하는 토대가 될 수 있었기 때문이다.

에스라는 성전 앞에서 기도했다. 속옷과 겉옷을 찢은 채 무릎을 꿇고 손을 들어 기도했다.

"하나님, 낯이 뜨거워 얼굴을 들지 못하겠습니다. 우리의 죄악과 허물이 하늘에 미쳐서, 나라가 망했고 백성들은 포로로 잡혀가 고난을 겪었습니다. 하나님의 은혜로 이처럼 회복되었건만 이 백성이 아직도 더럽고 가증한 죄악에서 벗어나지 못하고 있습니다."

통곡하며 회개하는 에스라를 보고 사람들이 모여들었다. 그들도 에스라처럼 눈물로 기도하기 시작했다. 예루살렘의 분위기는 타민족 여인을 이미 아내로 맞았더라도 헤어져야 된다는 쪽으로 흘러갔다. 몇몇 지도자들은 에스라를 찾아와 우리가 적극 도울 테니 개혁을 실시하라고 격려하고 응원했다.

개혁은 순조롭게 진행되었다. 에스라는 타민족 여인과의 결혼 실태를 두 달간에 걸쳐 조사한 후 이혼 명령을 내렸다. 일부 반대 세력이 없지 않았지만, 거의 대부분이 자발적으로 이혼했다. 배교를 원천적으로 봉쇄하고 오직 하나님 앞에 바로 서기 위한 신앙 회복 운동이었다.

예루살렘 총독 느헤미야 느 1-6장, 8장

많은 이들이 고국으로 돌아갔지만, 수산을 비롯한 페르시아 전역에 흩어져 사는 유대인이 아직도 적지 않았다. 수산에 사는 느헤미야도 그 중의 한 사람이었다. 그는 아닥사스다 황제의 신뢰를 받는 고위직으로 일하고 있었다.

그는 예루살렘에서 온 사람으로부터 슬픈 소식을 들었다.

"비극입니다. 성벽은 무너진 그대로 있고, 성문은 불탄 그대로 흉물스럽습니다. 더구나 포로를 면하고 잔류했던 사람들의 생활은 비참하기 그지없습니다."

동족이 겪는 비극과 재건되지 못한 채 방치되어 있는 성벽을 떠올리니 잠이 오지 않았다. 그는 금식하며 기도했다. 황제 앞에 있을 때도 수심을 감출 길이 없었다. 황제가 느헤미야에게 물었다.

"그대의 안색이 왜 그리 좋지 않소? 병이라도 난 것이 아니오? 틀림없이 마음에 무슨 큰 걱정이 있는 것 같소."

"폐하시여, 만수무강하소서! 우리 조상들이 묻혀 있는 성읍이 황폐하게 되었고, 성문들이 불에 타 없어졌으니 어찌 제 얼굴에 슬픈 기색이 없을 수 있겠습니까?"

황제가 다시 느헤미야에게 물었다.

"그대가 바라는 것이 있으면 말해 보시오."

느헤미야가 대답했다.

"폐하시여, 폐하께서 제 소원을 기쁘게 들어주실 수 있다면, 저를 유다로 돌아가게 해주십시오. 제 조상들이 묻혀 있는 성읍을 재건하도록 해 주소서."

황제는 기꺼이 허락했다. 조건은 다시 돌아오라는 것이었다.

때는 에스라가 예루살렘으로 간 지 13년, 아닥사스다 황제 즉위 20년 1월이었다. 황제는 느헤미야를 예루살렘 총독으로 임명하고 군대 지휘관들과 기마병을 따로 보내 주었다. 이때도 상당수의 유다인들이 그 대열에 합류하여 고국으로 돌아갔다.

예루살렘에 도착한 느헤미야는 사흘 동안을 푹 쉰 후 밤중에 성벽을 둘러보았다. 소문대로 황폐하고 흉물스럽고 초라했다. 그는 지도자들을 불러 성벽의 재건과 성문 복원을 의논하고 지시했다.

공사는 순조롭게 진행되었다. 사마리아 사람들과 주변 세력들이 가끔씩 방해를 하며 빈정거렸다.

"너희들이 쌓는 허술한 성벽은 여우가 올라가도 무너질 것이다."

느헤미야는 화가 났으나 참고 기도했다.

“우리에게 이토록 수모를 주는 저들을 기억하소서. 그들의 조롱이 그들에게 돌아가게 하소서.”

모두들 얼마나 열심히 일했던지 무너진 부분이 속속 복원되고 불타 버린 성문이 세워져 갔다. 그러자 주변의 훼방자들이 이대로 두어서는 안 되겠다고 생각했는지 힘을 합하여 무력 공격을 시도했다. 역사적으로 유다인과 반목해온 동부의 암몬 족, 남부의 호전적인 아스돗 족, 감정적으로 대립관계인 북부의 사마리아인들이 연합하여 국가 건설을 막으려 한 것이다. 성벽이 재건되면 그 자체만으로 방위 능력이 강화되고, 사실상 유다 왕국이 재건될 것이라고 생각했기 때문이다.

느헤미야 총독은 굽히지 않았다. 성벽 안쪽에 무기를 든 젊은이들을 배치하여 수비하는 한편 중단 없이 공사를 진행했다. 밤이면 백성들도 옷을 입은 채 손에 무기를 들고 잠을 잤다.

적들은 느헤미야에게 성 밖에서 만나자고 여러 차례 요청했지만, 느헤미야는 응하지 않았다. 그러자 편지를 보내 왔다.

‘느헤미야, 당신은 페르시아 황제가 보낸 총독인데 성벽을 재건하고 스스로 왕이 되려는 모반을 획책하고 있다. 이미 소문이 자자하다. 당신이 성벽 공사를 중단하지 않으면 이 사실을 페르시아의 아닥사스다 황제 폐하에게 보고할 수밖에 없다.’

느헤미야는 그런 모함에도 전혀 위축되지 않고 하나님께 기도하면서 공사를 계속했다.

내부적으로도 문제가 발생했다. 예루살렘 주민들이 거세게 항의하고 나왔다. 기근과 세금 때문에 살아갈 수 없다는 불평이었다. 안팎의 시련에도 불구하고 총독 느헤미야는 열심히 기도하면서 자신의 할 일을 계속하여 공사를 시작한 지 52일 만에 숙원의 예루살렘 성벽 재건 공사를 끝마쳤다. 그러자 적들도 더 이상 넘보지 않았다.

제사장이며 율법학자인 에스라는 백성을 성전으로 모으고 모세의 율법책을 읽어 주었다. 모두들 숙연해졌다. 그들은 새롭게 하나님의 율법을 배우고 깨달아 갔다. 비로소 하나님의 특별한 사랑을 받는 선민의식으로 무장되어 가고 있었다. 외형적인 예루살렘 회복에 이어 종교적 회복이 이루어진 것이다.

마지막 예언자 말라기와 신구약 중간사

마지막 예언자 말라기 말 1-4장

느헤미야가 예루살렘 총독으로 있을 당시, 말라기라는 예언자가 있었다. 그는 구약시대의 마지막 예언자로서, 특히 구세주가 세상에 오신다는 것을 예언했다. 일찍이 여러 예언자들에 의해 메시아(구세주)가 유다 지파에서 태어난다고 예언된 바 있으나, 아직 성취되지 않은 상태였다. 그것을 말라기 예언자가 다시 일깨웠다.

'내가 이제 사자를 보내어, 내 앞길을 예비하게 하겠다. 너희가 그토록 고대하던 주께서 갑자기 주의 성전에 오실 것이다. 너희가 원하던 계약의 사자가 오실 것이다.'

하나님께서 메시아를 보내시기 전에 세례 요한을 보내시어 준비를 하게 하겠다는 뜻이다. 그런 후에 메시아의 오심을 희망하며 고대하면서도 영적인 나태와 안일에 빠져 있는 이 세상에 메시아를 보내신다고 했다. 영적으로 깨어 있지 못하기 때문에 메시아의 강림은 갑작스러운 사건이 될 것이다.

'그분이 오실 그날을 어느 누가 감당할 수 있으랴? 주께서 나타나실 때 누가 감히 견뎌낼 수 있으랴? 그분은 용광로의 불과 같고, 빨래통의 잿물과 같으실 것이기 때문이다.'

말라기는 메시아의 오심은 물론 재림에 의한 심판까지도 예언했다. 누구도 그 심판을 견디지 못할 것이다. 금을 녹이는 불처럼 심판하고 표백제로 쓰는 잿물처럼 말끔하게 심판하실 것이다. 그때에는 악인과 의인이 확연히 구별될 것이다. 극렬한 용광로에 던져지는 것 같을 심판의 날에 교만한 자와 악을 행하는 자는 다 마른 들풀처럼 타 버릴 것이다.

"그러나 내 이름을 경외하며 사는 너희에게는 의로움의 태양이 떠오를 것이다. 모든 것을 다시 회복시키는 치유의 햇빛이 비칠 것이다. 그러면 너희는 외양간에 갇혀 있다가 풀려 나온 송아지들처럼 기뻐서 뛸 것이다."

패권霸權의 변천變遷 단 2장

예루살렘의 왕족 출신 다니엘이 소년 시절에 바벨론으로 잡혀가 있던 초기의 어느 날 느부갓네살 왕이 이상한 꿈을 꾸었다. 그러나 의미심장한 꿈이라는 의식은 강해지는데 꿈의 내용은 도무지 기억나지 않았다. 그 꿈을 다니엘이 알아냈다. 거대한 신상의 꿈이었다.

금으로 된 머리, 은으로 된 가슴과 팔, 놋으로 된 배와 넓적다리, 철로 된 종아리, 철과 진흙으로 섞인 발이다. 그런데 사람이 던지지 않은 돌 하나가 날아와서 신상의 철과 진흙으로 된 발을 쳐서 부수어 뜨렸다. 신상은 머리부터 발까지 가루처럼 부서져서 날아가 버렸는데, 그 날아온 돌은 태산처럼 거대해져 세계를 덮었다.

다니엘이 그 꿈을 해몽하였다. 그 당시의 바벨론 제국으로부터 패권을 장악하는 나라들이 어떻게 변천하는가를 예고하는 꿈이었다.

구약성경 시대에 이미 바벨론 제국(머리)을 정복하고 페르시아 제국(가슴과 팔)이 출현하였으며(기원전 539년), 이어서 마케도니아의 알렉산더 대왕이 동방 원정으로 페르시아를 무너뜨리고 헬라 제국을 건설하였고(기원전 334년), 뒤를 이어 로마 제국(기원전 63년)이 그 판도 위에 등장하여 패권을 장악하였다.

즉 기원전 603년의 예언이 어김없이 이루어진 것이다. 그 마지막 패권국가인 로마의 통치하에서 메시아, 곧 예수 그리스도가 태어났다. 사람이 던지지 않은 돌 하나가 거대한 신상을 깨뜨려 가루로 만들어 없애고 세계를 덮는다는 그 하나의 돌이 곧 하나님께서 이 땅에 보내신 예수 그리스도이며, 지상에 편만해질 복음이다.

신약성경은 예수 그리스도의 탄생에서 시작된다. 구약성경은 예수 그리스도가 탄생하기 400여 년 전에 기록이 끝났다. 다시 말해 구약과 신약의 중간에 400여 년의 공백이 있다. 성경에는 그 시대의 기록이 없다. 그러나 당시의 역사적 문헌들을 통해 400여 년 동안 이스라엘을 중심으로 일어난 패권의 변천 과정을 비롯한 많은 정보와 만날 수 있다.

좀 앞서가는 내용이긴 하지만, 신약성경은 예수 그리스도의 복음과 교회의 탄생 및 복음의 확산 과정, 그리고 다시 오실 예수 그리스도를 소개한다. 다시 오실 그리스도(재림)의 이해도 도울 겸 왜 하나님은 선지자들의 시대가 끝나고도 400여 년이나 구세주를 보내시지 않고 기다리게 하셨는지를 이해하는 데 도움을 주기 위해 덧붙인다.

역사에는 두 줄기가 있다. 하나는 일반사一般史요, 다른 하나는 기독교인이 아니면 낯선 구속사救贖史다. 일반사와 구속사는 별개의 역사는 아니다. 일반사 속에 구속사가 포함되어 있다고 해도 되고, 구속사를 위하여 일반사가 있다고 보아도 된다. 물론 필자는 후자를 지지한다.

400여 년의 중간사(中間史:이 역사 구분은 구약과 신약의 중간역사라는 개념이므로 일반사一般史에는 없는 개념이다. 구속사적救贖史的 역사분류이기 때문이다) 시대로 돌아가보면 쉽게 이해할 수 있다. 즉 페르시아 시대는 가장 넓은 영토를 통치하였는데, 여러 종류의 우상종교가 성행하였다. 그들은 하나님을 알지 못하였다. 그 넓은 영토를 마케도니아의 알렉산더가 정복하고 헬라 문화를 심었다. 알렉산더의 급사急死로 그의 제국이 분열되었으나 분열된 왕국들 역시 마케도니아 사람들의 왕국이다. 그들, 즉 헬라인들에 의해 그 넓은 영토가 2세기 가량 통치되었다. 통치자들은 그들이 우월감을 갖고 있던 헬라 문화를 심었다. 헬라의 언어와 사상과 예술과 학문을 열정적으로 심었다. 그 후 로마가 일어나 그 자리를 정복하였는데, '모든 길은 로마로 통한다'고 회자膾炙되듯, 로마는 도로의 제국이다. 지중해 세계, 곧 유럽과 서아시아에서 중근동 일대와 북아프리카에 이르는 로마 제국의 영토는 그곳이 어디든 로마로 통하는 도로를 개설한 제국이다. 물론 정복 전쟁과 정복 후의 통치를 위한 필요로 이루어진 것이지만, 이것이 모두 복음을 이 땅에 보내기 위한 하나님의 섭리였다. 헬라에 의해 언어 소통이 이루어지고 로마에 의해 국경이 사라지고 교통이 편리해진 그 환경 위에 예수 그리스도가 이 땅에 오셔서 복음을 전하였으며, 그의 사도들은 로마 판도의 곳곳을 다니며 복음을 전하였다. 복음의 확산 속도가 빠른 것은 말할 나위도 없다.

그렇다면 중간사 시대만 보더라도 페르시아에서 로마에 이르는 역사는 하나님께서 복음을 이 땅에 보내시기 위해 사전 정지整地 작업을 하신 게 된다.

자, 그렇다면 예수 그리스도의 재림의 때는 언제일까. 미리 알면 인류는 자멸한다. 그때를 미리 알려주지 않는 이유가 여기에 있다. 그러나 우리가 분명히 알 수 있는 것은, 지금도 하나님은 재림의 준비를 진행하고 계시다는 사실이다. 구약과 신약의 중간기 400여 년을 이스라엘 사람들은 신의 침묵기라고 부르기도 하였는데, 하나님은 그 시간에 일하셨다. 마찬가지로 지금도 하나님의 구속사는 진행되고 있다. 일반사는 구속사라는 주제를 담은 그릇일 뿐이다.

3일 만에 읽고, 평생 가슴에 남는

재밌는 성경 구약2

초판 1쇄 발행 2016년 6월 1일
초판 2쇄 발행 2016년 12월 5일

지은이 김영진
그린이 김천정
펴낸이 김영진
펴낸곳 (유)성서원

주소 경기도 고양시 덕양구 덕은로 60-12 우)412-170
주문 및 문의 전화 02-765-0011~7
팩스 02-743-6811
성서원 북카페 http://cafe.naver.com/biblehouse1972
온라인 서점 www.bibleeshop.com(T.02-597-1599)
홈페이지 www.biblehouse.co.kr
출판 등록일 1997년 7월 8일(제300-1997-79호)

ISBN 978-89-360-2060-6
ISBN 978-89-360-2062-0 (세트)

3일 만에 읽고,
평생 가슴에 남는

재밌는 성경

신약

3일 만에 읽고, 평생 가슴에 남는

재밌는 성경

글 김영진 그림 김천정

신약

예수와 복음 그리고 편지

마태복음에서 요한계시록까지

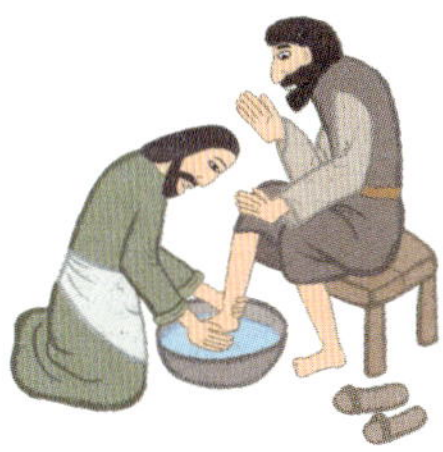

성서원

| 머리말 |

『3일 만에 읽고, 평생 가슴에 남는 재밌는 성경』을 쓰게 된 이야기

나는 성경책을 만드는 사람이다. 성경책에 잘 디자인된 아름다운 옷을 입히거나, 또는 우리말로 새롭게 번역하여 읽기 쉬운 내용으로 다듬어 성경책을 발행하기도 했다. 그렇게 성경책 만드는 일을 45년 동안 줄곧 해 왔다. 지금까지 성서원에서 만든 성경책을 권수로 계산하여 한 줄로 쌓아올린다면 100층 높이 초고층 건물이 여러 채 생겼을 것이다. 이처럼 신비롭고 아름다운 성경책의 마을, 그 마을에 45년 동안 살았던 것은 내게 큰 축복이다.

"성서원에서 만든 성경책을 읽고 교회에 다니게 되었다.", "성서원에서 만든 성경책이 너무 예뻐 가방에 넣고 다니며 항상 읽고 힘을 얻는다.", "친구에게 성서원에서 만든 성경책을 선물했더니 너무 좋아하더라." 등등. 이런 말을 들으면 성경책을 발행하고 보급하는 일이 가슴 뿌듯했다. 하나님의 은혜와 사랑에 크게 감사했다.

어린이 잡지 『새벗』을 300호, 400호, 500호 넘게 발행했다. 새벗 문고도 100권까지 냈다. 1978년에는 기존의 성경책을 쉽게 풀어 옮긴 『현대어 성경』을 출간했다. 2012년에 『현대어 성경』을 개정하여 내놓은 『쉬운말 성경』도 독자들의 큰 사랑을 받고 있다.

또 성경 전체인 1,189장을 4연 4행의 시와 산문으로 써서 국민일보에 10년 넘게 연재했다. 그것을 묶어 성경 시집과 산문집을 내기로 했다. 성경 시집은 일목요연하게 정리되어 좋았다. 그런데 산문집은 마음먹은 대로 스토리텔링이 되지 않았다. 오래 고민하다가 성경의 장절을 무시하고, 어린이를 포함하여

남녀노소 누구나 소설처럼, 드라마처럼 읽고 보기에 쉽고 편하고 흥미진진한 『재밌는 성경』을 꾸미기로 작정했다.

'쉽고 간결하고 맛깔스러운 문장으로 성령님이 뭇 영혼에 전하려는 목소리를 재밌고 흥미로운 이야기로 만들자.', '누구나 하나님의 사랑의 품에 안기고 싶고, 예수님과 더불어 친구하고 싶은, 감동을 일으킬 만한 간결하고도 잘 정리된 그런 흥미진진한 이야기 성경책을 써 보자.' 이런 마음으로 기도하면서 한 줄, 한 줄 성경의 이야기를 쓰기 시작했다.

그렇게 작업한 세월은 뼈를 깎는 듯한 고통의 시간임과 동시에 은혜가 넘치는 행복한 시간이었다. 하나님의 말씀과 함께한 매일매일의 순간순간이 얼마나 기뻤는지 모른다. 아침부터 저녁 늦게 잠자리에 누울 때까지 성경 말씀에 푹 젖어 살았다. 성경을 모두가 재미있게 읽을 수 있도록 쉽고도 흥미로운 문장으로 다듬고 기도하는 일로 보내는 시간은, 내 인생에서 가장 은혜롭고 행복한 날들이었다.

성경책은 이야기책이었다. 하나님에 관한 이야기, 사람들에 관한 이야기였다. 사랑과 미움, 순종과 반역, 진실과 타락, 회개와 눈물, 모략과 갈등, 열정과 패기 등이 한데 엉켜 소용돌이치는 드라마틱한 이야기였다. 성경은 매일매일 텔레비전에서 보는 드라마였다. 오늘도 신문을 펼치면 만나게 되는 인물들이 성경책 속에서 집을 짓고 나라를 세워 아옹다옹 살아가는 흥미로운 이야기가 있는 집이었다.

『재밌는 성경』을 꾸미는 동안, 그것과 더불어 작업한 『성경전장의 노래』 성경 1,189장을 시로 지어 즐거이 주를 노래하다. 무려 20년을 성경의 집에서 살았다. 그 긴 세월 동안 성서원의 내 작은 방에서 성경 내용을 이야기로 만들며 외롭게 생활했다. 그러나 그곳은 다만 글을 쓰고 기도하는 장소일 뿐, 내 영은 타임머신을 타고 2천 년 전, 아니 더 멀리 3,500년 전의 성경 드라마 속의 다양한 인물과 함께 어울려 지낸 가슴 벅찬 세월이었다.

마침내 창세기부터 여호수아까지 46개 이야기, 사사기부터 말라기까지 65개 이야기, 마태복음부터 요한계시록까지 64개 이야기, 모두 175개의 알기 쉽고 흥미진진한 재밌는 성경 이야기를 꾸몄다. 『크리스천투데이』에 『재밌는 성경』을 수년 연재하면서 여러분과 함께 그 이야기를 나누기도 했다.

미국의 제16대 대통령 에이브러햄 링컨은 학교 교육도 제대로 받지 못했지만, 오직 성경 한 권으로 대통령까지 되었다. 링컨은 이렇게 말했다. "하나님이 나에게 주신 최대의 선물은 성경이다. 인간이 바라는 모든 것은 성경 속에 다 있다." 정말 그랬다. "성경 속에 모든 것이 다 있다."라는 그 사실을, 이 책을 쓰면서 나 역시 진실로 깨닫게 되었다. 이것이 한국 교회의 성도들에게 고백할 수 있는 나의 결론이다.

『3일 만에 읽고, 평생 가슴에 남는 재밌는 성경』이 더욱 아름답고 알차고 흥미진진한 성경책이 될 수 있었던 것은, 나의 이야기를 한눈에 쏙 들어오게 하는 탁월한 일러스트들이다. 가슴을 울리는 비유적이고 상징적인 일러스트

로 성경의 속살에 한 걸음 더 다가가게 해주신 김천정 화백에게 깊은 감사를 표한다.

끝으로 이 책을 통해 성경 속의 이야기들을 소설이나 드라마처럼 재미있고 흥미롭게 읽고 보는 가운데, 하나님의 구원을 체험하고 아브라함 같은 믿음을 다지며 요셉처럼 높은 비전을 꿈꾸기를 바라면서, 이 땅의 어린이들과 청소년들을 비롯하여 남녀노소 모든 이에게 이 책을 바친다.

성경의 원저자이신 성령님! 감사합니다.

| 차례 |

신약

예수와 복음 그리고 편지

마태복음에서 요한계시록까지

신약

예수와 복음 그리고 편지

마태복음에서 요한계시록까지

신약성경 | 약자표

마 마태복음	고후 고린도후서	딤전 디모데전서	벧후 베드로후서
막 마가복음	갈 갈라디아서	딤후 디모데후서	요일 요한1서
눅 누가복음	엡 에베소서	딛 디도서	요이 요한2서
요 요한복음	빌 빌립보서	몬 빌레몬서	요삼 요한3서
행 사도행전	골 골로새서	히 히브리서	유 유다서
롬 로마서	살전 데살로니가전서	약 야고보서	계 요한계시록
고전 고린도전서	살후 데살로니가후서	벧전 베드로전서	

갑자기 벙어리가 된 제사장

기다리고 기다리며 창 3:15 ; 사 9:6 ; 미 5:2

구약과 신약 사이 400여 년을, 아니 더 까마득한 과거로 돌아가 2000여 년 전 그들의 조상 아브라함 시대 이후부터 이스라엘의 후손들은 특별한 한 인물의 출현을 기다릴 수밖에 없는 운명이었다. 더 거슬러 올라가면 인류의 발상지인 에덴에서 하나님은 약속하셨다. '여자의 후손'이 태어나 사탄의 머리를 깨뜨린다고. 역시 그리스도의 출현을 예고한 대목이다.

그들의 기다림은 침략자들에 의해 늑탈당하고 속박되어 신음하는 괴로운 시기에 한결 절실하였다. 하나님이 보내시는 구세주가 그들 가운데 오셔서 그 모든 고통스러운 상황에서 구원하시고 아픈 상처를 치유, 참 평안과 행복을 주시리라 믿기 때문이다. 그러므로 그리스도에 대한 예언의 연구도 깊어졌다.

그리스도가 태어나기 7세기 전에 예언자 이사야는 '그는 전능하신 하나님, 영존하시는 아버지, 평강의 왕'이라고 묘사하였으며, 동시대의 예언자 미가는 '이스라엘을 다스릴 왕의 근본은 상고에, 태초에'라고 밝힘으로써 이사야와 더불어 그 신분이 하나님임을 언급하였고, 베들레헴에서 태어난다고 출생지까지 적시하였다. 유다 지파, 즉 다윗의 혈통에서 태어난다는 점도 예언되었다.

기다리고 기다리던 구세주가 드디어 이 땅에 태어날 때가 임박하였다.

천사의 예고 눅 1:5-23

예루살렘 주변의 한 산간 마을에 늙은 제사장 부부가 살고 있었다. 무엇 하나 부족할 것 없는 가정이었지만, 그들 부부는 늘 마음 한구석이 텅 비어 있었다. 그들 사이에는 아이가 없었기 때문이었다. 제사장인 사가랴와 그의 아내 엘리사벳은 이제 너무 나이가 들어 아기를 갖는다는 것은 꿈도 꿀 수 없는 처지였다.

어느 날 사가랴는 제사장으로서 일을 할 차례가 되어 성전에 올라갔다. 성소에 들어가서 제단 위에 향을 피우는 것이 그의 할 일이었다.

사가랴가 향을 피우는데, 제단 오른쪽에서 환한 빛이 비추었다. 놀란 사가랴의 눈에 천사의 모습이 보였다. 그는 두려운 나머지 입을 열 수가 없었다.

"두려워하지 말아라. 하나님께서 너의 간절한 기도를 들으셨다. 네 아내 엘리사벳이 아들을 낳을 것이니, 아기의 이름을 요한이라고 하여라. 그는 주님이 보시기에 큰 인물이 될 것이다. 그는 포도주나 다른 술을 일체 입에 대지 않을 것이며, 어머니 뱃속에서부터 성령으로 충만할 것이다. 그는 많은 유대인들을 그들의 주 하나님께로 돌아오게 할 것이다. 그는 백성들로 하여금 주님을 맞아들일 준비를 하게 할 것이다."

사가랴는 천사의 말을 믿을 수가 없었다. 그는 더듬거리면서 말했다.

"…저는 늙었습니다. 제 아내도 늙었습니다. 제가 그 말을 어떻게 믿을 수가 있겠습니까?"

그러자 천사가 말했다.

"나는 하나님을 모시는 가브리엘이다. 이 기쁜 소식을 네게 전하라고 나를 보내신 분은 바로 하나님이시다. 네가 내 말을 믿지 않았으니, 내 말이 현실로 이루어질 때까지, 너는 입이 열리지 않아 말을 못하게 될 것이다."

밖에서 기도하면서 기다리던 사람들은 제사장이 오랫동안 나오지 않자 모두들 이상하게 생각하고 있었다.

마침내 사가랴가 밖으로 나왔다. 그러나 그는 아무런 말도 할 수가 없었다. 천사가 말한 대로 벙어리가 되었기 때문이었다. 그는 손짓을 해가면서 천사를 만났다고 알렸지만, 제대로 전달할 수가 없었다.

메시아 예고와 세례 요한의 출생

처녀를 방문한 천사 눅 1:26-38

사가랴가 벙어리가 되고, 그의 늙은 아내 엘리사벳이 천사의 말대로 임신을 한 지 6개월쯤 되었을 때였다. 북쪽 갈릴리 지방의 작은 마을 나사렛에 살고 있는 엘리사벳의 친척인 마리아에게 천사가 나타났다. 마리아는 다윗의 혈통인 유다 지파의 요셉이라는 남자와 결혼하기로 되어 있는 처녀였다. 천사가 말했다.

"마리아여, 두려워하지 말아라. 하나님께서 너에게 놀라운 은혜를 내리셨다.

마리아는 천사의 말을 듣고 놀라서 몸을 떨면서도, 그 말이 도대체 무슨 뜻인지 궁금해졌다.

"너는 이제 곧 임신하여 아들을 낳게 될 것이니, 아기 이름을 예수라고 하여라. 그는 위대한 분이 될 것이며, 지극히 높으신 분의 아들이라 불릴 것이다. 주 하나님께서는 그에게 그의 조상 다윗의 왕위를 잇게 하실 것이다. 그는 야곱의 집을 영원히 다스릴 것이며, 그의 나라는 끝없이 이어질 것이다."

마리아는 너무 놀라 어찌할 바를 몰랐다.

"하지만 처녀인 제가 어떻게 아기를 가진단 말입니까?"

"성령께서 네게 임하실 것이다. 장차 태어날 아기는 지극히 높으신 하나님의 아들이시다. 믿어지지 않거든 네 친척 엘리사벳을 만나 보아라. 엘리사벳은 임신한 지 여섯 달이 되었다. 그녀는 임신할 연령이 지난 늙은 여자가 아니었느냐? 하나님의 말씀은 무엇이든 다 이루어진다."

마리아는 제사장 사가랴와는 달리 천사의 말을 그대로 믿었다.

"저는 주님의 종입니다. 당신이 말씀하신 대로 이루어질 줄로 믿습니다."

그러자 천사가 마리아에게서 떠났다.

늙은 부인과 처녀에게 일어난 기적 눅 1:39–56

마리아는 이 놀라운 사실을 홀로 숨기고 있기가 너무나 벅찼다. 그렇다고 아무에게나 알려져도 안 되는 일이었다. 약혼 중에 있는 처녀가 임신을 하는 것은 명백히 간음죄로 여겨질 것이 뻔했다.

마리아는 천사의 말대로, 일단 예루살렘 근처에 사는 엘리사벳을 찾아가 보기로 했다. 한 번도 임신한 경험이 없는, 더구나 이미 임신 연령이 훨씬 지난 엘리사벳이 임신 6개월째라면, 마리아 또한 자신에게 일어날 일을 더욱 더 확신할 수 있을 것이었다.

마리아는 엘리사벳을 만나기 위해 길을 떠났다. 엘리사벳은 남편이 벙어리가 된 게 마음이 아팠지만, 그보다는 평생 소원이었던 아기를 갖게 된 기쁨이 훨씬 더 컸다.

마리아의 인사를 받는 순간, 엘리사벳은 자기 뱃속에서 아기가 기뻐하면서 움직거리는 것을 분명히 느낄 수 있었다. 마리아의 이야기를 들은 엘리사벳은 그 모든 것이 하나님께서 하시는 일임을 믿을 수 있었다. 엘리사벳이 큰 소리로 말했다.

"마리아야, 너는 여인들 가운데서 큰 복을 받았구나. 네 태중에 있는 아기도 복을 받았구나. 내 주님의 어머니께서 나를 찾아 주시다니, 이 얼마나 영광스러운 일인가! 네가 인사하는 소리를 듣자마자, 내 태중의 아기가 기뻐서 뛰놀았다. 너는 정말 축복받은 여인이다!"

두 여인은 장차 태어날 아기와 하나님의 약속에 대해 시간 가는 줄 모르고 이야기를 나누었다. 마리아는 그곳에서 석 달을 머물다가 엘리사벳이 만삭이 되었을 때 집으로 돌아갔다.

세례 요한의 출생 눅 1:57–80

마리아가 돌아가고 한 달쯤 지난 후, 엘리사벳이 아들을 낳았다. 동네가 발칵 뒤집히는 경사였다. 당시의 관습대로 아이가 태어난 지 여드레가 되는 날 할례를 하고, 아이의 이름을 짓기 위해 가까운 친척들이 그 집에 모였다.

"아버지의 이름을 따서 사가랴로 하는 게 가장 좋지 않겠습니까?"

친척 한 사람이 사가랴를 보며 말했다. 옆에 앉은 엘리사벳이 얼른 말했다.

"아닙니다. 요한이라고 지어야 합니다."

"네에?"

모두들 의아해하는 표정이었다.

"아니, 사가랴의 집안에는 요한이라는 이름이 없는데 그게 무슨 소리요?"

답답해진 사가랴가 손짓으로 서판書板을 달라고 하였다. 그때까지도 그는 입이 열리지 않아서 꼼짝없이 벙어리 신세였다. 서판이 그의 앞에 놓이자, 그가 서판에 아기의 이름을 썼다. '요한.'

친척들은 모두 믿어지지 않는다는 표정이 되었다. 모두들 멍하니 서판의 이름을 바라보고 있을 때, 열 달 동안이나 벙어리로 지내던 사가랴가 드디어 말을 하기 시작했다.

"이 아이는 지극히 높으신 이의 예언자입니다. 주님이 오실 길을 예비할 것입니다. 이제 사람들은 주님으로부터 죄를 용서받고 구원을 받게 될 것입니다."

그 일로 온 동네 사람들이 두려워하였고, 소문이 널리 퍼져 나갔다.

마리아의 약혼자 요셉의 꿈 마 1:18–25

엘리사벳의 집에서 돌아온 마리아는 점점 배가 불러왔다. 처녀가, 더구나 약혼한 남자가 있는 처녀가 그 약혼자와 육체 관계도 맺은 일이 없이 임신을 하였으니, 끔찍한 사건이 아닐 수 없었다. 간음죄를 저지른 사람은 돌로 쳐 죽이도록 정해져 있었다. 그렇지 않더라도 가문의 수치요, 당사자로서는 얼굴을 들고 다닐 수 없는 일이었다.

그러나 마리아로서는 임신 사실을 수치로 느끼지도 않았고, 숨길 필요도 없었다. 그것은 거부할 수 없는 하나님의 뜻이요 섭리였다.

마리아는 조용히 집안에 머물며 태어날 아기를 위하여 기도하고 찬송하면서 하나씩 출산 준비를 하였다.

한편 약혼자인 요셉은 마리아의 임신 소식을 듣자, 한동안은 몹시 불쾌하고 분노하여 잠을 이룰 수가 없었다. 이건 용서할 수 없는 명백한 배신이며, 율법을 범한 무시무시한 죄가 아닌가. 이제 나는 도대체 어떻게 대응해야 한단 말인가. 감정대로라면 당장이라도 고발을 해서 처형을 받게 하고 싶지만, 그러기에는 아직 어린 마리아의 인생이 너무 가혹하지 않은가. 배신감과 분노는 시간이 흘러감에 따라 연민으로 바뀌는가 하면, 연민은 또다시 분노와 증오로 바뀌곤 했다. 요셉은 마침내 결심했다.

'그래, 결혼을 포기하자. 조용히 마음을 가라앉히고, 그녀를 깨끗이 잊어버리자.'

이렇게 결론을 내린 요셉은 그날 밤, 다른 날과는 달리 쉽게 잠이 들었다. 꿈속에서 천사가 나타나 말했다.

"다윗의 자손 요셉아!"

요셉이 반응할 사이도 없이 천사가 말을 이었다.

"마리아와의 결혼을 꺼리지 말아라. 마리아는 성령으로 아기를 임신한 것이다. 아기를 낳거든 이름을 예수라고 하여라. 그는 인류를 죄에서 구원해 줄 것이다."

꿈이었다. 너무나도 선명한 꿈이었다. 그는 망설이지 않고 마리아와 결혼을 했다.

세상에 한 번도 없었던 거룩한 밤

마구간에서 태어난 메시아 눅 2:1–7

로마는 기원전 753년에 도시국가로 탄생하였다. 초기의 왕정王政이 실패하고 오랜 공화정共和政을 유지해 오다가 기원전 27년에 첫 번째 황제가 탄생하였다. 저 유명한 율리우스 카이사르가 바로 그 사람이다.

황제가 된 그는 로마의 속국들에 인구 조사령을 내렸다. 인구를 정확하게 조사를 해야 세금을 제대로 거둘 수 있기 때문이었다. 사람들은 모두 자신들이 태어난 본적지에 가서 호적을 등록해야 했다.

요셉은 만삭이 되어 가는 마리아를 나귀에 태워 먼 길을 떠났다. 북쪽 나사렛 마을에서 중부의 산정도시山頂都市 예루살렘의 남쪽 약 7km에 위치한 베들레헴은 요셉의 선조들이 대대로 살아온 땅이었다. 다윗 왕도 그곳에서 태어나, 그 비옥한 들판에서 양을 치는 목자로 소년 시절을 보냈다.

요셉과 마리아가 도착했을 때, 작은 마을 베들레헴은 많은 사람들로 붐비고 있었다. 예루살렘에 이르는 길목이어서 여관이 몇 개 있었지만, 이미 만원이었다. 여행자들 중에는 요셉처럼 호적에 등록하기 위해 베들레헴에 온 사람들이 적지 않았다.

"이거 야단났군. 방을 구해야 되는데…."

길가에서 잠을 잘 수도 없는 노릇이 아닌가. 요셉은 여관 종업원을 붙잡고 하소연했다.

"저는 괜찮지만, 아내가 만삭이라 몸을 누일 곳이라도 있어야 합니다."

"방은 이미 다 찼고, 마구간이라도 괜찮으시다면…."

요셉은 서둘러 마구간을 빌렸다. 마리아는 마른 풀로 덮인 자리에서 그날 밤, 아기를 낳았다. 마리아는 강보로 아기를 싸서 빈 말구유에 뉘었다. 초라한 마구간은 금세 성스러운 장소로 변했다. 마리아와 요셉의 마음에는 기쁨이 차올랐다.

경배하는 목자들 눅 2:8–21

그날 밤, 베들레헴의 비옥한 들판에는 양떼를 지키는 목자들에게 대낮의 햇빛보다 더 밝은 빛이 비췄다. 태양보다 밝은 눈부신 빛이었다. 그렇게 밝은 빛을 본 적이 없는 목자들은 모두 어리둥절해졌다. 그 밝음 속에 천사가 나타났다. 목자들은 어찌나 놀랍고 두렵던지 기절할 지경이었다.

"무서워 말아라. 나는 모든 사람에게 기쁜 소식을 전하려고 왔다. 오늘 밤 다윗의 고향 베들레헴에 세상을 구원하실 그리스도가 태어나셨다. 갓난아기는 강보에 싸여 구유에 누워 있다. 너희는 그분을 뵙게 될 것이다."

천사의 말이 끝나자마자 수많은 천사가 하늘을 덮을 듯이 나타나더니 하나님을 찬양하는 노래를 불렀다.

'지극히 높은 곳에서는 하나님께 영광이요,
땅에서는 주님이 기뻐하시는 사람들에게 평화로다.'

목자들은 넋을 잃었다. 양떼도 잊고 있었다. 눈부시게 밝으면서도 아름다운 그 빛, 천사들의 고운 자태와 천상의 맑은 노랫소리에 목자들은 정신을 잃을 지경이었다.

천사들이 사라지자, 목자들도 정신을 차렸다.

"이러고 있을 때가 아냐. 어서 베들레헴으로 가서 구유에 누인 아기를 찾아 보자."

목자들은 베들레헴을 향해 발걸음을 재촉하였다. 여행자 부부가 마구간에서 아들을 낳았다는 소문이 어느새 마을에 퍼져 있어서 목자들은 이제 막 아기가 태어난 마구간을 쉽게 찾을 수 있었다.

과연 천사가 알려 준 그대로 아기가 구유에 누워 있었다. 목자들은 장차 세상을 구할 분이신 아기 앞에 엎드려 경배하였다. 마구간을 나선 그들은, 만나는 사람마다 아름다운 천사가 나타나서 전해 준 하나님의 말씀을 이야기하면서 하나님을 찬양했다.

아기가 태어난 지 여드레째 되는 날, 마리아와 요셉은 아기의 이름을 천사가 일러 준 대로 '예수'라고 지었다.

별의 인도를 따라 마 2:1–8

그 무렵 예루살렘에는 보기 드문 일이 벌어졌다. 여러 마리의 낙타와 함께 외국인 여행자들이 그곳에 나타난 것이다. 낙타에 타고 있는 세 사람의 신분은 복장과 기품으로 보아 예사 신분이 아니었다. 그들은 오랜 시간에 걸쳐 아주 먼 길을 온 듯 지쳐 보였다. 사막을 통과한 게 분명하였다.

그들은 별을 연구하는 박사들로, 멀리 동방에서 오는 길이었다. 그들은 어느 날 밤하늘에서 아직껏 보지 못했던 특별히 큰 별 하나를 발견하였다. 그런 별이 나타난 것은, '위대한 왕, 왕 중 왕이라 할 위대한 왕'이 세상에 태어난다는 뜻이었다. 크고 빛나는 그 별은 따라오라는 듯 서서히 서쪽을 향해 움직이기 시작하였다.

박사들은 값진 선물을 마련한 후, 낙타를 타고 여행을 떠났다. 더운 낮에는 잠을 자고 밤이 되어 시원해지면 별을 따라 여행을 계속했다. 그리하여 마침내 예루살렘까지 오게 된 것이다.

그들은 길가의 구경꾼들에게 물었다.

"유대인의 왕으로 태어나신 분이 어디 계십니까? 우리는 먼 동방에서 그분의 별을 보고 그분에게 경배하러 왔습니다."

그 말은 들은 사람들 중 한 명이 즉각 헤롯 왕에게 달려가 보고했다. 헤롯은 로마에 의해 팔레스타인을 다스리는 왕으로 임명된 분봉왕이었다. 헤롯은 즉시 그들의 정체를 파악하라고 명령했다.

장차 왕이 될 아기가 태어났으며, 그 아기에게 경배하기 위해 멀리 동쪽의 페르시아 땅에서 박사들이 찾아왔다는 보고를 받은 헤롯 왕은 긴장했다. 자신의 아들도 아닌 사람이 유대의 왕이 된다니, 그것이 무슨 뜻인가?

'그렇다면, 반역을 일으켜 왕이 될 위험한 인물이 태어났다는 뜻인가?'

생각이 여기에 이르자 헤롯 왕은 정신이 번쩍 들었다. 그는 곧 박사들을 궁중으로 불러오게 하였다.

헤롯이 박사들에게 물었다.

"그 별이 처음 나타난 때가 언제요?"

헤롯의 물음에 손님 중 한 사람이 대답하였다.

"일 년이 조금 더 됩니다. 별에 대해 연구하느라 시간이 지체되었습니다."

다른 손님이 말했다.

"별이 이동을 시작한 건 우리가 출발하기 조금 전이었습니다. 우리는 우리를 인도하던 별이 예루살렘에 이르자 사라져서 더 이상 어디로 가야 할지, 아니면 예루살렘에서 그 아기를 찾아야 되는지 난감하게 되었습니다."

동방의 손님이 말했다.

"염려 마시오. 우리 서기관 학자들에게 알아 보면 될 것이오."

헤롯은 즉시 학자들을 소집시켰다. 예언서와 율법서를 연구하는 서기관 학자들이 헤롯에게 말했다.

"그리스도께서는 베들레헴에서 태어나실 것입니다. 성경에는 '유대 땅 베들레헴아, 너는 결코 유대의 고을 중에서 가장 작은 고을이 아니다. 네게서 한 다스리는 자가 나와 내 백성 이스라엘의 목자가 될 것이다.'라고 쓰여 있습니다."

헤롯은 심각해져서 동방에서 온 박사들에게 말했다.

"베들레헴에서 태어날 것이라고 합니다. 우리 서기관 학자들의 의견이오."

"베들레헴이 어딥니까?"

"아주 가까운 남쪽이오. 한 시간 정도면 가는 거리지요."

헤롯은 동방 박사들에게 이렇게 당부했다.

"베들레헴에 가서 아기를 찾거든, 돌아가는 길에 나에게 꼭 알려 주시오. 나도 가서 그 아기에게 경배를 해야지요."

손님들은 왕의 친절과 호의에 감사하고, 반드시 그렇게 하겠다고 약속한 후 길을 떠났다.

헤롯의 핍박과 아기 예수의 피난

영아 학살 명령 마 2:9–18

헤롯 왕궁을 나온 동방 박사들은 한결 마음이 놓였다. 어둡기 전에 도착할 수 있는 가까운 거리인 데다가, 마을의 이름까지 알았으니 아기를 찾는 건 문제가 아니었다.

"엇? 저 별을 보시오! 별이 다시 나타났소!"

일행 중 한 명이 손을 들어 하늘을 가리키며 기뻐했다. 모두들 하늘을 바라보았다. 과연 그 별이었다. 그 별이 다시 남쪽으로 그들을 인도하였다.

"우리가 찾아가는 분은 유대인들의 문헌에 의하면 그들의 이름으로 메시아, 우리가 좀 알고 있는 헬라어로는 그리스도라 하였소. 세상의 구세주, 영원한 왕이라니 그분을 뵙는 것만으로도 영광 중의 영광이 될 것입니다."

그들은 모두 흥분하여 발걸음을 빨리 하였다. 아직 일몰 전인데도 그 별은 홀로 찬란한 빛을 내뿜고 있었다. 오랜 여행에 지친 그들이었지만, 몸이 날듯이 가벼워졌다.

얼마 안 가서 그들은 별의 인도에 따라 베들레헴에 도착했다. 그들은 아기 예수를 보고는, 준비해 온 유향과 몰약과 황금을 예물로 바쳤다.

날이 어두워졌으므로 그들은 베들레헴에서 하룻밤을 보내기로 했다. 바로 그 밤에 천사가 나타나서 그들에게 말했다.

"헤롯에게는 가지 말아라."

짧지만 단호한 명령이었다. 그들은 다음날 아침 일찍 그들이 떠나온 먼 나라로 발걸음을 옮겼다. 그러나 헤롯 왕에게는 들르지 않고, 다른 길을 택했다.

그날 밤, 마리아의 남편 요셉도 꿈을 꾸었다. 천사가 나타나서 말했다.

"헤롯 왕이 아기를 죽이려고 한다. 어서 일어나 아기와 마리아를 데리고 이집트로 피신하여라. 내가 돌아오라고 할 때까지 그곳에 있어라."

잠에서 깬 요셉은 지체할 수가 없었다. 그는 급히 마리아를 깨워, 떠날 준비를 하게 하였다. 짐을 꾸리고, 아기가 춥지 않도록 강보로 잘 싸서 품에 안았다. 날이 채 밝기도 전에 그들은 베들레헴을 떠나 남쪽 길로 접어들었다. 완만한 내리막길이 계속되었다. 이집트는 그들의 여행 속도로 이레나 여드레쯤 걸릴 것이다.

다음날 오후, 예루살렘 왕궁의 헤롯은 안절부절못하고 서성거리고 있었다. 동방에서 왔다는 박사들에게서 아무런 소식이 없었기 때문이다. 그는 시위대장을 불러 베들레헴에 동방에서 온 사람들이 아직 머물고 있는지 알아 오라고 하였다. 저녁 늦게야 보고가 들어왔다. 그들은 이른 아침 길을 떠났다는 것이다.

"감히 나와의 약속을 어기다니…."

왕은 화가 나서 식식거렸다. 시위대장이 말했다.

"그들이 어느 길로 갔든 추격대를 보내면 찾을 수 있을 것입니다."

헤롯은 한동안 침묵하다가 미친 사람처럼 버럭 소리쳤다.

"다 죽여라. 베들레헴 아기들을 다 죽여 버려! 젖먹이 사내아기들은 다 죽여라. 그러면 왕이 된다는 그 아기도 죽게 되겠지. 그들이 별을 처음 발견한 것이 1년 조금 전이라고 하였으니 두 살 아래의 사내아이들은 다 죽여야 한다."

베들레헴에서는 통곡소리가 터져 나오기 시작했다. 일찍이 예언자 예레미야가 말한 대로 자식을 잃은 어미들의 눈물이 베들레헴을 적셨다.

나사렛 사람 예수 마 2:19–23

베들레헴의 아기들이 죽어가고 있는 동안, 아기 예수는 이집트에서 엄마 품에 안겨 지내고 있었다. 얼마 후, 베들레헴에 엄청난 비극을 가져왔던 헤롯도 목숨이 다해 죽었다. 헤롯이 죽자, 천사가 요셉의 꿈에 나타나서 말했다.

"아기와 어머니를 데리고 이스라엘 땅으로 돌아가라. 아기의 목숨을 노리려던 자들이 죽었다."

요셉은 짐을 꾸려 나귀에 싣고 마리아와 예수를 태운 후 다시 북쪽을 향해 먼 길을 떠났다. 돌아가는 길은 마음이 한결 가벼웠다.

요셉은 예수의 출생지이면서 조상들의 고향인 베들레헴에 정착해서 살기로 하였다. 하지만 예루살렘이 가까워지자 생각을 바꾸지 않을 수 없었다. 헤롯 왕의 뒤를 계승한 그의 아들 헤롯 아켈라오 왕이 아버지를 능가하는 학정을 벌이고 있다는 소문이 들려왔기 때문이다.

그들이 망설이고 있을 때, 이번에도 꿈에 천사가 나타나 지시하였다.

"너희가 살던 갈릴리의 나사렛으로 가라."

북부의 나사렛, 요셉과 마리아가 살던 마을, 그곳은 헤롯 아켈라오의 통치 지역이 아니라 그의 동생 헤롯 안디바가 통치하는 지역이었다.

예수는 나사렛에서 어린 시절을 보냈다. 훗날 사람들은 예수를 지칭할 때 '나사렛 예수'라고 하였다. 예수라는 이름이 많았기 때문에 구별하기 위해 그 사람의 출신 지명을 앞에 붙인 것이다. 그러나 이런 칭호는 우연이 아니다. 일찍이 여러 예언자들이 메시아에 대하여 '나사렛 사람'이라 불릴 것을 예언한 바 있기 때문이다.

실종된 소년, 그는 누구인가

성전聖殿은 내 아버지의 집 눅 2:40-52

나사렛의 예수는, 다른 소년들과 마찬가지로 열두 살 때까지 회당에 가서 율법을 공부하였다. 목수인 아버지를 도와 나무도 운반하고, 대패질도 하고 망치질도 하였다. 예수는 쑥쑥 자라났다. 용모도 아름다웠고, 또래의 아이들이 다 따를 정도로 지혜로웠다.

유대의 소년들은 열두 살이 되면 어른 대접을 받았고 큰 명절로 지키는 유월절 행사에 참가해야 했다. 예수도 열두 살이 되자 부모님을 따라 예루살렘으로 가서 유월절을 보내기로 했다. 나사렛에서 예루살렘까지는 약 100km나 되는 먼 거리였다.

유월절의 예루살렘은 인파로 뒤덮인다. 팔레스타인 지역의 모든 남자들은 물론 여자들도 모여들고, 먼 타국에 살고 있는 유대인들도 긴 여행을 마다하지 않고 모여들기 때문이다. 시골 아이들에게는 그야말로 눈이 휘둥그레지는 장면이었다.

유월절 축제는 7일 동안 계속되었다. 먼 먼 옛날 모세에 의해 이집트를 탈출한 사건을 기념하여 지키는 축제였

다. 해방의 기쁨을 누리며 하나님의 은혜에 감사하는 행사였다.

축제가 끝나자 사람들은 그들의 거주지로 끼리끼리 이동하기 시작했다. 나사렛 사람들도 한 무리를 이루어 이동하였다. 그 앞뒤에는 방향이 같은 사람들이 역시 무리를 이루어 대화를 나누며 이동하였다. 아이들은 아이들대로 장난을 치며 뛰어다녔다. 그 와중에 웬일인지 예수가 눈에 띄지 않았다.

"예수가 없어요."

마리아의 근심어린 눈빛에 요셉이 긴장하며 주변을 향해 외쳤다.

"예수야! 예수야!"

예수는 어디에서도 모습을 찾을 수 없었다. 요셉과 마리아는 황망히 발걸음을 돌려 다시 예루살렘으로 향했다. 그들은 만나는 사람들에게 예수의 특징들을 설명해 주며 혹시 본 적이 없는지를 물었으나 허사였다.

예루살렘에는 아직 많은 사람들이 붐볐다. 성전을 다 돌아다녀 보고 탐문해 보았지만 허사였다. 그렇게 사흘이 지났다. 이젠 찾기를 포기해야 할 지경에 이를 만큼 지치고 힘들었다. 그들 부부는 마지막으로 그들이 출입할 수 있는 성전의 구석구석까지 살피다가 예수를 발견하였다. 너무나 뜻밖의 광경이 그들의 눈앞에 펼쳐지고 있었다. 소년 예수는 나이 지긋한 율법학자들과 한자리에 앉아 율법에 대해 토론하고 있었다. 소년의 탁월한 율법 지식에 학자들은 경이로워하는 표정이 역력하였다. 예수는 학자들에게 얼른 대답할 수 없는 어려운 질문을 하기도 했고, 학자들의 어려운 질문에 놀라울 정도로 지혜로운 답변을 하기도 했다. 그들 앞으로 마리아가 나서서 말했다.

"예수야, 아버지와 내가 너를 찾느라 얼마나 애를 태웠는지 아니?"

반가움과 책망이 섞인 말이었다. 그러자 예수가 대답했다.

"왜 나를 찾으셨습니까? 내가 내 아버지의 집에 있어야 한다는 것을 모르셨습니까?"

오히려 당당한 반응이었다. 예수는 하나님을 두고 자기 아버지라고 말했지만, 요셉과 마리아는 그 말뜻을 잘 알아듣지 못했다.

예수는 부모를 따라 나사렛으로 돌아왔다.

광야에서 외치는 소리

엘리야인가 그리스도인가 마 3:1–12 ; 막 1:1–8 ; 눅 3:1–17 ; 요 1:19–28

소년 예수를 잃어버렸던 사건으로부터 18년 정도가 흘렀다. 그 무렵, 요단 강 하류의 광야에서는 요한이 사람들을 모아 놓고 하나님의 말씀을 전하고 있었다. 그는 낙타 털옷을 두르고 허리에는 가죽띠를 맨 채 광야에서 메뚜기와 들꿀을 먹고 산다고 했다.

죄를 회개하라고 외치는 요한의 말에 따라, 자기 죄를 뉘우치고 요한에게 세례를 받는 사람들이 많아져 갔다.

요한은 예수보다 여섯 달 먼저 늙은 제사장 사가랴와 엘리사벳 사이에 태어난 아들이었다. 예수의 모친 마리아와 가까운 친척의 아들이니, 예수와 친척인 셈이다.

예수는 이제 서른 살의 건장한 체격을 갖춘 목수였다. 그도 광야에서 외치는 사람이 있다는 소문을 들었다. 그 외치는 사람의 모습은 마치 예언자 엘리야를 상기시킨다고 했다.

"죄악의 길에서 돌아서라. 도끼가 이미 나무뿌리에 닿았으니, 좋은 열매를 맺지 않는 나무는 다 찍혀 불 속에 던져질 것이다."

요한은 몰려드는 사람들에게 요단 강에서 회개의 세례를 베풀었다.

"예언자 엘리야가 되살아난 것 같지 않은가?"

"그럴 리는 없겠고, 어쩌면 우리가 기다리던 메시아인지도 몰라."

세례를 주는 요한의 이름은 빠른 속도로 퍼져나갔다. 더 많은 사람들이 전국에서 몰려들어 회개의 세례를 받았다.

"요한? 요단 강에서 회개의 세례를 준다?"

마침내 예루살렘의 종교 지도자들이 긴장하였다. 일시적이려니 했는데 날이 갈수록 지지자가 늘어가고 영향력이 커져 갔기 때문이다.

"그를 조사해 보아야 되겠군요. 그가 어떤 사람인지 알아 오시오."

예루살렘의 종교 지도자들이 파송한 조사원들이 요한에게 갔다.

"당신이 우리가 기다리던 그리스도인가요?"

"아니오."

요한의 대답은 간단명료하였다.

"그럼 예언자 엘리야인가요?"

"아니오."

"그럼 누구입니까? 예루살렘의 대제사장을 비롯한 제사장들과 율법학자들이 당신의 정체를 알아 오라고 우리를 보냈습니다. 그러니 대답을 하십시오."

요한은 담담하게 대답하였다.

"나는 주님의 길을 예비하려고 광야에서 외치는 자일 뿐이오. 내 뒤에 그리스도가 오십니다. 그분은 저보다 몇 배나 훌륭하신 분이십니다. 나는 그분의 신발 끈을 풀어 드릴 자격조차 없는 사람이오. 그분은 손에 키를 들고 타작마당의 곡식을 까불러 알곡은 모아 곳간에 들이고 쭉정이는 불에 태우실 것입니다."

요한과 그리스도 마 3:13–17 ; 막 1:9–11 ; 눅 3:21–22 ; 요 1:29–34

요한의 활동은 계속되었다. 점점 더 많은 사람들이 전국에서 찾아왔다. 그들은 요한의 회개를 외치는 설교에 무릎을 꿇었고, 요단 강으로 내려가 회개의 세례를 받았다. 사람들이 긴 줄을 섰다.

세례가 한참 진행 중일 때, 요한은 자기 앞에 선 한 남자를 보고는 몸을 움직일 수가 없었다. 세례를 받기 위해 온 그 사람에게 요한은 세례를 줄 생각도 잊은 채 한동안 넋 나간 사람처럼 그를 바라볼 뿐이었다. 친척 아우 예수였다.

"내게 세례를 주시오."

예수가 부드럽게 말했다. 사람들이 이상하다는 듯 바라보고 있었다. 요한은 다른 때와는 다른 말투로 겸손히 말했다.

"아닙니다. 저는 당신에게 세례를 줄 수 없습니다. 내가 당신에게 세례를 받아야 합니다."

그러자 예수가 부드러운 음성으로 말했다.

"지금은 내가 하자는 대로 하시오. 우리가 이렇게 하여야 하나님의 뜻을 따르는 것이니까요."

그제야 요한은 예수의 요청에 따라 세례를 주었다. 그가 물에서 올라올 때 홀연히 성령이 비둘기 같은 모습을 하고, 눈부신 빛으로 그 사람의 머리 위에 내리면서 하늘에서 소리가 들려왔다.

"이 사람은 사랑하는 나의 아들이요, 내 마음을 기쁘게 하는 아들이다."

이 얼마나 경이로운 장면인가. 요한은 물론 모든 사람이 놀라움을 금할 수 없었다. 그때까지는 요한이 '자신은 그리스도를 맞이할 준비를 하기 위해 온 사람'이라고 외쳤지만 사람들은 실감하지 못하고 있었다. 사람들은 넋을 잃고 그 남자를 주목하였다. 요한이 사람들을 향해 감격에 찬 목소리로 외쳤다.

"여러분, 이분이 바로 내가 말한 그리스도이십니다. 세상 죄를 지고 가실 하나님의 어린 양입니다. 나도 내 뒤에 오실 분이 어떤 사람인지 모르고 있었습니다. 그러나 성령이 비둘기같이 내리는 사람이 바로 그리스도라고 내게 말씀해 주신 적이 있어서 이제 확실히 알게 되었습니다. 나는 물로 세례를 주었으나 이분은 성령으로 세례를 주실 것입니다. 이분이야말로 하나님의 아들이십니다."

사탄의 유혹과 예수의 제자들

세 가지 시험 마 4:11–11 ; 막 1:12–13 ; 눅 4:1–13

세례를 받으신 예수는 성령의 인도에 따라 광야로 갔다.

요단 강 서편의 광야는 황무한 땅이다. 나무도 없는 산이 절벽을 이루다시피 하였고, 들판은 제대로 자라는 풀 한 포기 없이 크고 작은 바위와 돌들이 거친 모습을 드러내고 있다. 전갈이나 독사, 야생의 짐승들이 간혹 모습을 드러내는, 그야말로 황량한 땅이다.

예수는 그곳에서 홀로 금식하며 기도하였다. 금식 기도는 40일 동안 계속되었다.

사탄이 예수 앞에 나타난 것은 금식 기도가 끝난 직후였다. 사탄은 예수의 정체를 누구보다도 잘 알고 있었다. 사탄은 그가 가진 모든 능력과 교활한 수작으로 예수를 유혹하려고 마음먹었다. 예수를 넘어뜨리기만 하면 세상은 영원히 자기의 차지가 될 것이다. 에덴 동산의 아담과 하와가 자신의 유혹에 졌듯이 하나님의 아들이라는 이 예수도 넘어뜨릴 수 있을 것이다. 하지만 사탄은 예수의 정체 또한 너무나 잘 알고 있었다. 그가 하나님의 아들로서 흠잡을 데 없이 완전한 존재이며, 사람들을 죄와 죽음에서 구하려고 이 세상에 왔다는 것도 잘 알고 있었다. 그러니 세상 사람들을 죄와 사망에서 구원하지 못하도록 자신이 막지 않으면, 에덴에서의 성공이 모두 허사가 되고 만다.

사탄은 예수가 몹시 허기진 상태라는 점을 가장 먼저 이용해야겠다고 마음먹었다. 40일 동안 음식을 입에 대지 않았으니, 얼마나 주려 있겠는가? 예수는 아마도, 광야에 굴러다니는 돌멩이만 보아도 빵이 연상되어 군침이 넘어갈 것이다. 사탄은 예수에게 접근하여 속삭였다.

"당신이 정말 하나님 아들이라면, 이 돌들이 빵이 되게 하여 배를 채우구려. 몹시 배가 고플 테니 말이오."

예수는 그를 거들떠보지도 않으며 의연하게 대답하였다.

"하나님은 사람이 빵으로만 사는 것이 아니라고 하셨다. 사람은 하나님의 입에서 나오는 모든 말씀으로 사는 것이다. 사람에게 필요한 것은 무엇보다도 하나님의 말씀이다."

사탄은 처음부터 만만치 않은 상대임을 절감했다. 하지만 포기할 수 없었다. 예수가 하나님의 말씀으로 대응하니 나도 이번에는 하나님의 말씀을 들이대어 보리라. 그는 예수를 예루살렘의 성벽과 성전 벽이 하나로 이루어진 싹대기로 이끌어 갔다.

"당신이 하나님의 아들이라면 뛰어내려 보시오. 성경에는 '주께서 네가 어디를 가든지 천사를 보내어 너를 보호할 것이니, 천사들이 너를 붙잡아 돌부리에도 채이지 않게 할 것이다.'라고 기록되어 있지 않소?"

거기에서부터 까마득히 내려다보이는 기드론 골짜기까지는 수백 미터가 될 것이다.

"성경에는 '주 너의 하나님을 시험하지 말라.'고 기록되어 있소."

예수의 대답에 사탄은 주춤하였으나, 여기서 물러서면 안 된다고 다짐하였다. 제 3의 방법은 더 강렬한 유혹이어야 할 것이다. 그는 예수를 높은 산 정상으로 이끌었다. 그곳에서는 세상의 모든 나라가 한눈에 내려다보였다.

"당신이 알고 있듯이 세상의 모든 나라의 권세와 영광은 나의 것이오. 당신이 만약 나에게

엎드려 절을 한다면, 나는 세상 전부를 당신에게 줄 수 있소."

예수는 더 참을 수 없다는 듯 사탄을 직시하며 단호하게 명령하였다.

"사탄아, 물러가라. 성경에는 '너희 주 하나님을 두려워하고 그분만을 섬기라.'고 이르지 않았느냐?"

사탄은 움찔하더니 슬금슬금 물러갔다. 예수는 지쳐 있었다. 40일을 금식하였으니 몸을 가누기도 어려웠다. 그러나 사탄이 물러가자마자, 하늘에서 천사들이 내려와 예수를 부축하며 도왔다.

다섯 명의 첫 번째 제자들 요 1:35–51

그 무렵에도 요한은 요단 강에서 사람들에게 세례를 주는 일을 계속하고 있었다. 불의를 참지 못하는 그는 당시 갈릴리 지방을 통치하는 헤롯 대왕의 둘째 아들 헤롯 안디바를 향해 거침없이 독설을 퍼붓곤 했다. 군주를 공개적으로 비난하는 것은 죽음을 각오하지 않으면 할 수 없는 일이었다.

"백성의 머리가 되는 왕은 도덕적으로 모범을 보여야 하는데도, 헤롯 안디바 왕은 왕비를 버리고 동생의 아내 헤로디아와 정을 통하고 있습니다. 하루 빨리 죄를 회개해야 합니다. 죄는 왕이라고 해서 비켜가는 것이 아닙니다. 회개하시오. 모두 회개하시오. 이미 그리스도가 이 땅에 오셨으니 지체하지 말고 회개하시오."

사람들은 그의 설교에 자극과 충격을 받는 헤롯 안디바가 그를 해치지나 않을까 걱정했다.

"저 사람을 보라."

갑자기 세례 요한이 손짓을 하였다. 함께 있던 그의 두 제자, 갈릴리 호수의 어부 안드레와 그와 함께 어부 생활을 하는 요한이 스승의 시선을 뒤좇았다. 큰 키에 깡마른 예수가 지나가고 있었다. 스승 요한이 하나님의 아들이라고 소개한 바로 그 사람 예수가 지나가는 중이었다.

"하나님의 어린 양이시다."

세례 요한이 덧붙였다.

"저분을 만나보고 싶습니다."

어부 요한이 말했다.

"저도요."

안드레도 덩달아 나섰다.

"따라가 보거라."

세례 요한은 쾌히 허락해 주었다. 요한과 안드레는 예수를 놓치지 않기 위해 잰 걸음으로 스승 곁을 떠났다. 예수는 그들이 부지런히 자기를 따라오는 것을 보았다. 그래서 잠시 걸음을 멈추고 물었다.

"내게 무엇을 원하시오?"

"선생님의 거처가 어디신지요?"

예수는 그들의 마음을 읽고 있었다.

"따라오도록 하시오."

그날, 예수는 두 사람에게 많은 이야기를 하였다. 모세의 율법과 예언자들의 글에서 곧잘 인용되곤 하는 내용이었지만, 안식일마다 회당에 가서 듣는 교훈이나 해석이 아니었다. 예수의 지혜로운 말 한마디 한마디에 마음이 열렸다. 넘쳐나는 기쁨으로 그들은 시간 가는 줄을 몰랐다. 세례 요한의 공격적이고 도덕적인 설교와 달리, 예수의 말은 맑은 영혼의 소리였다. 그들은 하루를 그곳에서 보냈다. 두 사람은 예수의 제자가 되었다.

안드레는 형 시몬을 찾아 나섰다. 형을 찾아 그가 만난 새 스승 예수를 소개하고 싶었다.

"형님!"

멀리서 시몬을 본 안드레가 달려가 반갑게 소리쳤다.

"형님, 우리가 메시아를 만났어요. 요한과 내가 말예요."

"뭐? 메시아라면 구세주를 만났다는 거냐?"

"그럼요. 형님도 만나 보세요. 그분이 구세주라는 것은 우리에게 세례를 준

요한 선생님도 지적하셨어요."

시몬도 세례 요한의 말을 분명히 들었다. 사람들이 구세주에 대해 수군거리는 소리도 들었다. 민심은 세례 요한에게서 새로 나타난 구세주라는 사람에게 기울고 있었다.

"그렇다면 같이 가 보자."

두 사람은 부지런히 예수의 거처로 갔다. 예수는 기다리기라도 한 듯 베드로를 맞이하며 이렇게 물었다.

"당신이 요한의 아들 시몬이오?"

어부 요한으로부터, 그리고 안드레로부터 그들 집안에 대해 들어서 이미 알고 있었기 때문이었다. 특히 어부 요한은 예수의 어머니인 마리아의 조카여서, 예수와 이종형제이기도 하였다.

"시몬, 당신을 앞으로는 베드로라 부를 것이오."

예수는 시몬의 이름을 바꾸어 주었다.

다음날, 예수는 세 사람의 갈릴리 제자들과 함께 갈릴리로 떠나려고 했다. 그때 역시 갈릴리 사람인 빌립을 만났다. 빌립은 세 제자가 이미 다 알고 있는 동네사람이었다. 예수는 그를 소개 받자 빌립에게 말했다.

"나를 따르도록 하시오."

세 사람은 그동안 있었던 이야기를 네 번째로 제자가 된 빌립에게 자랑하듯 들려주었다. 네 사람은 아주 기분이 좋았다.

"선생님, 제 친구가 근처에 있는데 데려오고 싶습니다. 잠시 기다려 주십시오."

빌립은 그렇게 말한 다음, 부지런히 달려가서 나다나엘을 만났다. 빌립은 흥분해서 말했다.

"나다나엘, 잘 만났어. 널 찾고 있었어."

"왜?"

"굉장한 분을 만났거든. 모세가 율법에 기록하였고 예언자들이 예언서에 기록한 분을 만난 거야. 우리가 기다려 오던 메시아를 만났어. 나사렛에서 오신 예수님이 바로 그분이야."

흥분해서 말이 빨라진 빌립에게 나다나엘은 냉소적인 반응을 보였다.

"괜히 흥분하지 말아라. 나사렛에서 메시아가 오셨다고? 나사렛에서 메시아가 나신다는 예언이 어디 있어? 베들레헴이지."

"여러 말 할 거 없어. 날 따라와 봐. 직접 만나보면 알아. 후회 없을 테니 어서 나를 따라와."

빌립이 앞장서자 나다나엘도 뒤를 따랐다. 빌립이 저렇게 흥분한 사람이라면 어디 얼굴이나 보자는 생각이었다. 빌립은 앞서 가면서 세례 요한이 이미 구세주로 지목한 그 사람이라고 설명해 주었다.

예수는 그를 보자마자 말했다.

"당신은 거짓이 조금도 없는 순수한 이스라엘 사람이오."

나다나엘은 놀라지 않을 수 없었다.

"초면인데요, 저를 어떻게 아십니까?"

"빌립이 당신을 찾아가기 전에 당신은 무화과나무 아래에 있었소. 그렇지 않소? 나는 당신이 어떤 사람인지 이미 알고 있었소."

나다나엘도 빌립도 놀랐다. 나다나엘은 과연, 무화과나무 아래에 앉아 있었기 때문이다.

"선생님…."

나다나엘의 태도가 금세 바뀌었다.

"선생님은 진정 하나님의 아들이십니다. 이스라엘의 왕이십니다."

예수는 그를 바라보며 말했다.

"무화과나무 아래에 앉아 있는 것을 내가 보았다고 해서 나를 믿으시오? 앞으로 더 큰 일을 보게 될 것이오. 하늘이 열리고 하나님의 천사들이 하늘과 나 사이를 오르내리는 것도 보게 될 것이오."

예수가 처음 만난 갈릴리 사람들은 예수의 부름을 받고 온 것이 아니라 그들의 발로, 또는 서로 서로 소개를 받고 찾아온 사람들이다. 그들은 예수의 친구요 제자로 남은 생애를 예수와 함께 하였다.

최초의 기적과 배척당한 예수

기쁨이 더해진 혼인 잔치 요 2:1–11

예수가 몇 안 되는 제자와 함께 광야를 떠나 갈릴리로 돌아온 지 사흘째 되는 날, 나사렛 인근의 마을 가나에서 결혼식이 있었다. 가나는 나사렛에서 가까운 마을이어서 늘 왕래가 빈번하였다. 신랑은 예수의 어머니 마리아의 친척의 아들이었다.

많은 손님이 초대되었다. 오랫동안 집을 떠나 있던 예수도 친구들과 함께 초청되었다. 손님들은 신랑 신부를 축하해 주고, 신랑 집에서 먹고 마시며 즐겼다. 잔치가 며칠씩 계속되는 경우도 흔했다.

신랑 집은 많은 손님들로 붐볐다. 모두들 포도주에 취해 흥겨워했다. 여기저기서 웃음소리가 터져나오고, 음식을 더 주문하는 소리들이 들려왔다. 심부름 하는 하인들도 눈코 뜰 새 없이 바빴다.

"큰일났습니다. 포도주 항아리가 비었습니다."

하인의 보고였다. 아직도 손님이 많고 많은데 포도주가 바닥이 나다니! 주인은 기가 막혀 마리아에게 걱정을 털어놓았다.

"이를 어쩌지? 갑자기 어디서 포도주를 구해 온담…."

마리아도 난감하였다. 잔칫집의 흥겨운 분위기와 밀려오는 손님들의 추세로 미루어 보아 아직도 큰 항아리 몇 단지 정도의 포도주는 필요할 것 같았다. 포도주가 이토록 빨리 바닥날 줄을 몰랐단 말인가.

마리아는 걱정스러운 얼굴로 손님들을 둘러보다가 저쪽에서 아들 예수를 보았다. 저 비범한 아들, 사람의 모습일 뿐 실제로는 하나님의 아들인 예수에 대해 마리아보다 잘 아는 사람은 세상에 없다.

"예수야."

마리아는 은근히 아들을 불렀다.

"이 집에 포도주가 떨어졌단다."

예수는 말뜻을 알아들었다.

"그러나 어머니, 아직은 내 때가 아닙니다."

마리아는 아들의 말을 들으려 하지 않고 하인을 불러 세웠다. 아들이 자기 부탁을 들어줄 것을 믿었기 때문이다.

"이분이 너에게 무슨 말씀을 하시든 시키는 대로 하여라."

예수는 마리아의 얼굴을 바라보다가 하인에게 지시하였다.

"여섯 개의 저 돌항아리마다에 물을 가득 채우게."

물이 두 통씩 들어가는 큰 용량의 돌항아리였다. 항상 맑은 물을 담아두어 손님이 오면 흙먼지 묻은 발과 손을 씻을 수 있게 하는 물항아리였다. 여섯 개의 항아리에 물을 다 채우려면, 최소한 열두 번은 왕복하여야 한다. 하지만 하인들은 알 수 없는 위엄에 눌린 듯 군소리 없이 돌항아리 가득가득 물을 길어다 채웠다.

"이제 이 물을 그릇에 떠서 잔치를 주관하는 사람에게 가져다 주시오."

잔칫집 음식 등을 책임지고 지휘하는 사람이 하인들이 가져온 물을 맛보았을 때, 물은 어느새 포도주로 변해 있었다. 하인들은 그 포도주가 어떻게 생긴 것인지 알고 있었지만, 그 사람은 포도주가 어디서 난 것인지를 알지 못했다.

"아니, 이렇게 맛있는 포도주가 이제야 나오다니!"

그는 의아한 듯 신랑을 찾았다.

"누구나 처음에는 가장 좋은 포도주를 내놓았다가 손님들이 취한 다음에는 값싼 것을 내놓는 법인데, 아직까지도 이렇게 좋은 포도주가 남아 있다니 놀랍군요!"

신랑은 영문을 몰랐지만 기분이 좋았다.

예수의 첫 번째 기적은 결혼식 하객들을 기쁘게 하였다. 제자들은 문득 "더 큰 일을 보게 될 것"이라고 나다나엘에게 하신 예수의 말씀을 떠올렸다.

나사렛 사람들 눅 4:14-30 ; 마 13:53-58 ; 막 6:1-6

예수에 대한 소문은 빠르게 번져 갔다. 요단 강에서 세례를 받은 이들은 이미 예수에 대해 알고 있었지만, 가나의 결혼 잔치에서 있었던 기적은 예수를 더욱 더 유명하게 만들었다. 제자를 데리고 다닌다는 사실도 나사렛 사람들에게는 경이롭게만 여겨졌다. 목수 요셉의 아들이 그토록 놀라운 사람이라니, 나사렛 사람들은 아무래도 믿을 수가 없었다.

안식일이 왔다. 안식일이면 늘 그랬듯이, 예수는 제자들과 함께 회당으로 갔다. 예수가 낯선 제자들과 함께 모습을 드러내자 나사렛 회당은 웅성거렸다. 예수는 다른 회당에서처럼 가죽 두루마리로 된 이사야의 예언서를 펼쳐 한 부분을 읽어 내려갔다.

"주의 영이 나에게 임하셨다. 가난한 자들에게 복음을 전하고자 주께서 내게 기름을 부으셨기 때문이다. 주께서는 나를 보내셔서 포로로 붙잡힌 이들에게는 자유를 선포하게 하시고, 앞 못 보는 이들은 다시 보게 하시고, 억눌린 사람은 다 풀어주게 하시며, 주의 은혜의 해를 선포하게 하셨다…."

예수는 두루마리를 만 다음 시중 드는 사람에게 돌려주고는 자리에 앉았다. 사람들은 예수를 주목하였다. 긴장감이 흘렀다.

"지금 내가 읽은 이 말씀이 여러분 앞에서 성취되었습니다."

그들은 무슨 뜻인지 얼른 간파하지 못했다. 물론 예수의 선언을 그대로 받아들인 사람도 몇 사람은 있었다. 그러나 대부분의 사람들은 예수가 가나의 잔칫집에서 행한 것처럼 어떤 기적을 보여주었으면 하는 기대감을 갖고 있었다.

"예수가 그리스도라는 소리야?"

"그런 것 같군."

"목수 요셉의 아들이 그리스도라고? 그렇다면 기적이라도 보여줘야지…."

그때 예수가 입을 열었다.

"여러분은 '가버나움에서 행했다는 기적을 여기에서도 한번 해보시오'라고 말하고 싶은 표정들이구려."

그들은 잠자코 예수를 주목했다.

"예언자는 자기 고향에서 환영받지 못하는 법입니다. 예언사 엘리야도 긴 가뭄으로 기근이 들었을 때 고향 사람이 아니라 시돈 땅의 사렙다 과부를 도와주었을 뿐입니다. 엘리사 역시 이스라엘에 나병환자가 많았으나 수리아 사람 나아만만을 고쳐 주었을 뿐입니다."

사람들은 모욕을 당한 듯 분노를 느꼈다. 여기저기서 벌떡 일어서더니 약속이라도 한 듯 앞으로 달려나가 난폭하게 예수를 끌어당겼다. 그들은 예수를 밖으로 끌어내더니 벼랑으로 끌고 가서 아래로 밀쳐 떨어뜨리려고 했다. 벼랑에서 떨어진다면, 누구라도 죽고 말 것이다. 험악한 사태였다. 그러나 한동안 끌려가던 예수는 한순간 몸을 돌려 성난 군중들 사이를 헤집고 반대 방향으로 향했다. 아무도 막지 못했다. 그저 넋놓고 지켜볼 뿐이었다.

성전 정화와 거듭남의 진리

예수의 의분義憤 요 2:13-22

유월절이 가까워지자 예루살렘을 향하여 길을 떠나는 이들이 많아졌다. 예수도 제자들과 함께 예루살렘으로 갔다.

유월절이면 예루살렘은 초만원을 이루어 북적거렸다. 축제의 중심 무대는 성전이었다. 유월절이 되면 사람들은 두 가지를 하나님께 바친다. 1년에 한 번 모든 유대인 성인이 성전에 내는 세금과 제사에 쓰이는 희생제물이다.

성전세는 1인당 반 세겔이었다. 세겔화는 로마가 통치하는 세계에서 일상적으로 통용되는 화폐가 아니었기 때문에, 성전에 와서 환전을 해야 했다. 희생제물로는 보통 흠 없는 1년 된 숫양을 바쳤다. 소나 비둘기 역시 흠이 없는 것으로 바쳐야 했다.

성전은 마치 시장터를 방불케 하였다. 환전상들이 진을 쳤고, 장사꾼들의 호객 소리가 어지러울 지경이었다. 환전상들은 엄청난 폭리를 취했다. 양을 사는 사람들에게도 정상 가격보다 훨씬 비싸게 팔았다. 두 가지 모두 바가지 요금이었다. 하지만 멀리서 오는 예배자들은 이것저것 짐이 많았기 때문에 어린 양을 흠없이 데리고 온다는 것이 감당하기 어려운 일이어서, 아무리 비싸도 성전 앞에서 구할 수밖에 없었다.

성전 마당에 들어선 예수는 이런 광경을 묵묵히 바라보았다. 이건 성전이 아니다. 하나님의 집이 아니다. 시장이다. 시장도 정상적으로 거래되는 시장이 아니라 도둑과 강도들의 소굴이다. 예수는 의분이 치밀어 올랐다. 이곳은 내 아버지의 집이 아닌가. 이토록 더럽혀지는 것을 방치할 수는 없는 일이다.

예수는 노끈을 구해다가 긴 채찍을 만들었다. 그는 그것을 손에 들고 소리쳤다. 짐승과 사람의 소리로 어지러운 가운데, 그의 우람한 목소리가 성전 뜰에 울려퍼졌다.

"내 아버지의 집을 장사하는 곳으로 만들지 말라."

예수는 채찍을 휘둘러 환전상의 책상을 엎고, 양과 비둘기와 소들을 밖으로 내쫓았다.

"당신이 무슨 권리로 이러는 거요? 우린 제사장님의 허락을 받았단 말이오."

장사꾼 중 하나가 거세게 항의하였다.

"성전이 당신 아버지의 집이라고 했소? 그렇다면 증거를 보이시오."

여기저기서 호응하는 소리가 들려왔다.

"이 성전을 허물어 버리시오. 내가 사흘 동안에 다시 일으켜 세우겠소. 그것이 증거요."

너무 어처구니없다는 표정으로 누군가가 말했다.

"이보시오 젊은이, 이 성전은 당신도 알겠지만 46년이나 걸려서 지어진 것이오. 사흘 동안에 당신 혼자 다시 세운다고? 하하하."

그는 예수의 말을 오해한 것이다. 예수가 말한 '성전'은 '자기 자신'을 가리킨 말이었다. 그들이 자신을 죽일 것이며, 그러나 사흘 만에 부활할 것임을

예언한 것이었다. 그로부터 2년이 지난 후, 그 일은 실제로 예루살렘에서 일어났다. 사람들은 훗날에야 그의 말뜻을 이해할 수 있었다.

은밀한 면담 요 3:1–21

유월절 축제가 열리는 7일 동안 예수는 제자들과 함께 예루살렘에 머물면서 군중 앞에서 설교를 하고, 많은 병자를 고쳤다. 만지기만 해도 병자가 나았을 뿐만 아니라, 만지지 않고서도 병을 낫게 하셨다. 그리하여 예수가 하나님의 아들임을 믿는 이들이 점점 더 많아졌다.

세례 요한의 제자들 중에도 예수를 찾아오는 사람이 늘었다. 세례 요한이 '나는 땅에서 난 사람이고 예수는 하늘에서 온 사람'이라면서 '그분이 그리스도시다'라고 거듭 말하였기 때문이다.

"나는 그분이 오신다는 것을 알리기 위해 이 세상에 온 것에 지나지 않습니다. 나는 그분이 오신 것을 진심으로 기쁘게 생각합니다. 나는 땅에서 태어났지만 그분은 하늘에서 보내신 분이십니다. 하나님은 그분을 우리들에게 보내어 하나님의 말씀을 우리들에게 전해 주십니다. 아버지이신 하나님은 그분을 사랑하십니다. 하나님의 아들을 믿지 않는 사람은 영원한 생명을 얻을 수 없을 뿐만 아니라 영원히 하나님의 심판을 받아야 합니다."

세례 요한은 그리스도가 세상에 등장한 이상 자기의 역할은 끝났다는 것을 공공연히 선포했다.

예수가 가는 곳마다 사람들이 모였다. 그들은 율법학자들에게서 들을 수 없었던 독특한 설교에 관심을 기울였고, 여러 가지 기적을 체험하거나 볼 수 있었다. 유월절의 예루살렘은 마치 예수를 위한 무대 같았다.

어느 날 밤, 은밀하게 예수를 찾아온 사람이 있었다. 그는 명성이 자자한 율법학자요, 율법을 준수하는 것으로 유명한 바리새파의 니고데모였다.

그는 유대 사회의 저명 인사였다. 최고 재판소인 예루살렘 산헤드린의 70명으로 구성된 재판관 중 한 사람이기도 했다. 지금까지 예수를 따르는 사람들은 일부 예루살렘 시민들과 여러 지방에서 온 평범한 사람들이었다. 유명 인사들은 체면 때문에 마음속으로는 원해도 군중 가운데 나타나기를 꺼려하였다. 그러므로 니고데모 같은 상류층 사람이 예수를 따르기란 어려운 일이었다.

니고데모가 어둠 속에서 낮게 말했다.

"나는 선생님을 하나님께서 보내신 분으로 알고 있습니다. 그렇지 않다면 어떻게 그런 기적들을 일으킬 수 있겠습니까."

예수도 나직하게, 그러나 힘주어 말했다.

"내 말을 잘 들으시오. 하나님 나라는 거듭 태어난 사람만 갈 수 있습니다. 새로 태어나지 않으면 하나님 나라를 볼 수 없습니다."

니고데모는 예수의 말을 알아들을 수가 없었다.

"선생님, 거듭 태어난다는 것이 무슨 뜻입니까? 늙은 사람이 어떻게 다시 태어납니까? 어머니 뱃속에 다시 들어갈 수는 없지 않습니까?"

그러자 예수가 부드럽게 말했다.

"거듭난다는 것은 물과 성령으로 다시 태어나는 것을 말하오. 육체는 육체를 태어나게 하지만, 영은 영을 태어나게 합니다. 그러니 '다시 태어나야 한다'는 내 말을 이상히 여기지 마시오. 당신은 학자이지만 내가 하늘나라 일을 말하고 있으니 어찌 알아듣겠소. 하늘에서 온 사람만 하늘에 대해 말할 수 있소. 하나님이 나를 세상에 보내신 것은 나로 말미암아 세상이 구원을 받게 하려는 것이오. 나를 믿는 자는 심판을 받지 않소."

예수는 자기가 하나님의 아들이며, 나무에 높이 달리게 된다는 것도 말해주었다.

니고데모는 도무지 이해가 되지 않는 내용들을 곱씹으며 무거운 발걸음으로 집으로 돌아갔다.

사마리아 여인과 왕의 신하

사마리아 여인의 기쁨 요 4:3-42

유월절 축제가 끝나자 예수는 갈릴리로 돌아가기로 했다. 갈릴리로 가려면 옛 북왕국 이스라엘의 수도였던 사마리아를 지나가야 했다.

사마리아에는 이스라엘의 조상인 야곱이 판 우물이 있었다. 동네에서 조금 떨어진 곳에 있는 야곱의 우물은, 아직도 귀하게 사용되고 있었다. 예수는 그 우물가에서 쉬고 있었다. 제자들은 먹을 것을 구하려고 마을로 내려갔다.

그때 한 여인이 홀로 물을 길러 왔다. 한낮이라 대개는 집 안이나 나무 그늘에서 더위를 피해 낮잠을 자는 시간이었다. 가장 인적이 없는 한적한 시간대에 여인 혼자 물을 길러 온다는 것은, 그 여인이 마을에서 소외되고 있다는 증거였다. 예수는 물을 긷는 여인에게 말했다.

"나에게 물을 좀 주시오."

여인은 남자를 보자 조금은 불쾌한 표정이었다. 낯선 남자여서가 아니라 그 남자가 사마리아 사람이 아니라는 것을 직감으로 알아차렸기 때문이었다. 산전수전 다 겪으며 살아온 듯한 여인이 심드렁하게 말했다.

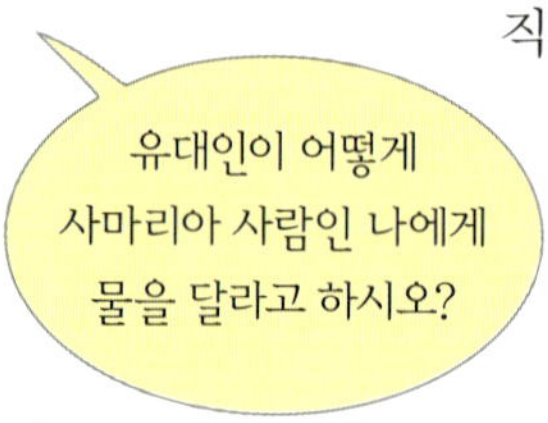

"유대인인 당신이 사마리아 사

람인 내게 어떻게 물을 달라고 하시죠?"

충분히 예상된 반응이었다. 예수는 입가에 웃음을 띠며 대답하였다.

"네게 물을 청하는 이가 누군지를 알았다면 당신은 오히려 나에게 생수를 청했을 것이고, 나는 당신에게 생수를 주었을 것이오."

여자는 의아한 듯 예수를 빤히 바라보며 말했다.

"이 우물은 깊고, 당신에겐 두레박도 없습니다. 어떻게 저에게 생수를 길어 주신다는 말입니까?"

"이 우물물을 마시는 사람은 곧 다시 목이 마를 것입니다. 하지만 내가 주는 물을 마시는 사람은 영원히 목마르지 않을 것이오. 내가 주는 물은 그 사람 안에서 계속 솟아나서 영원한 생명에 이르게 할 것이기 때문이오."

"선생님, 그 물을 제게 주십시오! 그러면 다시는 목마르지도 않고, 물을 길러 여기까지 올 필요도 없게 되지 않겠습니까?"

"가서 당신 남편을 불러 오시오."

"저에게는 남편이 없습니다."

그러자 예수가 여인에게 말했다.

"그건 맞는 말이오. 당신은 남편 다섯이나 있었고, 지금 함께 살고 있는 남자도 사실은 당신 남편이 아닙니다. 그러니 남편이 없다는 당신 말이 맞소."

여인은 놀라지 않을 수 없었다.

"선생님이야말로 예언자이십니다."

처음 만난 사람이 자신의 과거를 소상히 알고 있으니 어찌 놀라지 않을 수 있으랴. 이 사람이 정말 하나님의 예언자라면, 여인에게는 간절히 묻고 싶은 것이 있었다.

"그러니 말씀해 주십시오. 우리는 조상 대대로 저 산에서 예배를 드려 왔습니다. 그런데 유대인들은 반드시 예루살렘에서만 예배를 드려야 된다고 합니다. 어

떤 게 맞습니까?"

"예배는 장소의 문제가 아니오. 하나님은 영이시므로 신령과 진정으로 예배를 드려야 하오. 하나님께서는 그렇게 예배를 드리는 자를 찾고 계시오. 지금이 그렇게 예배드릴 때요."

여인은 이 남자가 대단한 분이라는 것을 알아챌 수 있었다.

"나는 메시아가 오시리라는 것을 알고 있습니다. 그분이 오시면 모든 것을 알게 해주시겠지요?"

"내가 바로…."

예수는 여인을 응시하며 말을 이었다.

"당신과 말하고 있는 내가 바로 그리스도요."

여인은 얼마나 놀랐는지, 물동이를 버려둔 채 마을로 달려갔다. 그리고는 외쳤다.

"내가 살아온 과거사를 다 아는 분이 있습니다. 그분이 바로 그리스도이십니다. 나를 따라오세요. 그리스도를 만나려면 날 따라오세요."

사람들이 여인을 앞세워 우물가로 몰려왔다. 예수는 마을에서 돌아온 제자들과 함께 있다가, 자기를 만나러 온 사람들에게 하나님 나라에 대해 이야기해 주었다. 그들은 자기 동네에 묵으면서 좀더 가르쳐 달라고 간청하였다. 예수는 이틀을 사마리아에 머물며 많은 사람에게 구원의 복음을 전하였다.

교통의 요충지 가버나움 요 4:46-54

나사렛 사람 예수의 이름은 순식간에 번져 나갔다. 예루살렘의 유월절 축제에 왔던 사람 치고 그 이름을 모르는 사람은 거의 없게 되었다. 성전 마당에서의 폭력적인 거친 행동과 누구도 제압할 수 없었던 그 당당한 권위, 율법학자들에게서는 들어볼 수 없었던 신비한 하늘나라 메시지, 그리고 여러 불치병자들의 치료…. 예수의 행적은 단연 화젯거리였다.

그에 대한 소문은 갈릴리 호수 북쪽에 위치한 가버나움에도 파다하였다.

가버나움은 갈릴리 지방에서 가장 큰 성읍이었다. 주민들 대부분은 어업과 농업과 상업에 종사하는 평범한 사람들이었지만, 동서양의 문물이 교차하는 요충지였다.

가버나움에 살고 있는 왕의 고위 신하 중 한 사람의 가정에 불행이 닥쳐왔다. 어린 아들이 병들어 삶과 죽음의 갈림길에 서 있었다. 온갖 약을 다 써 보았지만 병은 낫지 않았다. 아버지의 사랑과 돈과 명예와 권력도 병 앞에서는 속수무책이었다.

사마리아에서 이틀을 묵은 후 갈릴리로 온 예수의 소문이 그 신하의 귀에도 들어갔다. 예수가 가나에 머무르고 계시다는 이야기를 들은 신하는, 한 줄기 희망을 품게 되었다.

'그분을 뵐 수 있다면, 우리 아이의 병이 낫게 될지도 모른다.'

그는 그대로 있을 수가 없었다. 왕의 신하는 체면을 접어두고 길을 재촉하였다. 그분을 만나면, 그분을 만나기만 하면, 내 아들의 병을 고칠 수 있으리라. 나귀를 끄는 하인은 흠뻑 땀에 젖었다. 32km나 되는 길이어서 새벽 동틀 무렵에 길을 떠나 정오 무렵에야 가나에 도착했다.

작은 마을이라서 예수를 찾기란 어렵지 않았다. 그는 자기보다 훨씬 젊은 평민에게, 귀족의 신분과 왕의 신하라는 체면을 생각할 겨를도 없이 호소하였다.

"가버나움에서 왔습니다. 어려운 부탁입니다만, 함께 가버나움에 가셔서 죽어가는 제 아들을 고쳐 주십시오."

예수는 그의 신분을 금방 알아차렸다.

"멀리서 오셨군요. 집으로 돌아가시오. 당신 아들이 살아났습니다."

"살아났다구요? 살아났다고 하셨습니까!?"

믿어지지 않아서가 아니라, 너무나 기쁘고 감격해서 되뇌인 말이었다. 그는 예수의 그 말을 확실히 믿을 수 있었다. 그때가 오후 한 시경이었다.

지체할 필요가 없었다. 죽어가던 아들이 나은 모습을 보고 싶었다. 얼마나 애절하게 아들의 치료를 위해 동분서주하였던가. 용하다는 의원은 아무리 멀어도 다 찾아가 보았고, 좋다는 약은 안 써 본 것이 없었다. 그런데도 전혀 효험이 없었다. 그런데 살아났다고 한다.

가나에서 가버나움은 완만한 내리막길이라서 발걸음이 훨씬 가벼웠다. 기쁜 마음으로 가니, 피로감도 없었다. 나귀도 즐거운 듯 발걸음이 가볍고, 주인을 잘 섬기는 하인들 역시 뛰다시피하였다. 그렇게 절반 넘게 갔을 무렵 마주오던 하인과 만났다.

"주인어른, 도련님께서 완전히 회복되셨다는 소식을 전하려고 이렇게 달려나왔습니다."

"그때가 언제였느냐?"

하인이 신난다는 듯 말했다.

"오후 한 시경입니다."

주인도 함께 갔던 하인도 할 말을 잃었다. 예수가 아들의 병이 나을 것이라고 하던 바로 그 시각이었기 때문이었다.

"기적이다, 기적! 그분은 분명 그리스도이시다!"

주인이 감격하여 외쳤다. 고관의 집안에는 오랜만에 웃음꽃이 피어났다.

가버나움에서 일어난 일

선한 로마군 백부장 눅 7:1-3

가버나움은 갈릴리 호수 근처에 있는 아름다운 마을이었다. 작은 마을이었지만 교통의 요충지여서, 그곳에서 일어난 일은 빠른 속도로 동서남북으로 번져 갔다.

나사렛 사람들은 예수를 믿지 않았지만, 가버나움 사람들은 예수를 환영하였다. 그의 능력과 그의 가르침에 열광하였다. 예수가 있는 곳이면 언제 어디든 사람들이 모여들었다. 병자들도 많이 고쳤다. 그런 소문이 퍼져 나가면서 예수는 아주 바쁜 나날을 보냈다.

정복자 로마의 가버나움 주둔군은 백부장이 지휘하는 부대였다. 100인의 부하를 거느린 가버나움의 백부장은 원래 마음씨가 착했다. 가버나움 사람들과 가급적 친하게 지내려고 회당을 지을 때도 적극 협력하여 칭송을 받았으며, 지도급 인사들인 장로들과도 친분을 유지하고 있었다.

그는 며칠 전 믿어지지 않는 놀라운 소식을 들었다. 헤롯 안디바 왕의 신하 중 한 명의 아들이 죽을 병에 걸렸지만 갑자기 회복되었는데, 그것도 의사나 약으로 고친 게 아니라 나사렛 사람 예수가 하룻길이 족히 되는 저 서쪽의 가나에서 가버나움에 누워 있는 그 아이를 고쳤다는, 거짓말 같은 이야기였다. 그도 그 신하의 아들이 죽어간다는 소식은 알고 있었다. 그러던 차에 가버나움에 온 예수가 여러 병자를 고쳤으며 기막힌 설교를 한다는 소문을 듣게 되었다. 백부장은 큰 호감을 가졌지만, 유대인들이 모이는 일은 로마에 대항하는 투쟁으로 비화될 위험성을 배제할 수 없어 예의 주시하는 중이었다. 그러나 예수에 관한 모든 정보는 그가 경계 대상이 아니라 대단히 존경스러운 훌륭한 인물이라는 쪽으로 기울고 있었다.

그때 백부장의 집에서 일하는 하인이 그가 보는 앞에서 갑자기 쓰러졌다. 로마군 군의軍醫를 불러 진찰하였더니 중풍이라고 했다. 상태가 나빠서 곧 사망하거나, 깨어난다 해도 반신불수가 불가피하다고 했다.

"고칠 수 없다는 소리군."

"그렇습니다, 백부장님."

의사는 자기 탓이라도 되는 듯 미안해하였다.

"그러면…."

백부장은 잠시 망설였다. 가버나움에서 주목받고 있는 예수를 초청하면 어떨까? 예수가 신하의 아들을 살린 것이 사실이라면 죽을지도 모르는 저 하인을 고치는 것도 충분히 가능하지 않을까? 백부장은 그런 생각을 떨쳐버릴 수 없었다. 그는 친분을 맺고 있는 마을의 장로들에게 하인을 보내어 전하게 했다.

"나사렛 사람 예수에게 부탁하여 내 하인을 고쳐 주도록 해주시기 바랍니다."

감동적 믿음 눅 7:4-10 ; 마 8:5-13

그로부터 몇 시간 후 예수가 가버나움에 들어섰다. 사람들이 그의 뒤를 따르고 있었다. 그때 가버나움 사람들에게 잘 알려진 장로 두 사람이 예수에게 다가왔다.

"부탁이 있습니다."

그들은 정중하였고 진지하였다.

"가버나움에 주둔하는 로마군 백부장의 하인이 중풍으로 쓰러졌는데, 위독합니다. 백부장은 선생님이 오셔서 그 하인을 고쳐 주셨으면 합니다."

옆에 있던 다른 장로가 덧붙였다.

"백부장은 우리 민족을 사랑합니다. 그는 우리 회당도 지어 주었습니다. 비록 이방인이지만 그의 간청을 들어줄 만해서 우리가 이렇게 나섰습니다."

"그렇다면 가서 고쳐 주어야지요."

장로들이 길을 안내하려고 앞장섰다. 이방인, 그것도 정복자 로마군 백부장의 부탁을 들어주러 가는 길이라 사람들의 호기심이 자극되었다.

백부장의 집이 저만치 보이는 지점에 이르렀을 때였다. 그 집에서 사람이 달려 나오더니 예수 앞에 하인처럼 겸손한 자세로 섰다.

"백부장님께서는 선생님이 자기 집에 들어오시는 것을 감당할 수 없다고 하십니다. 이스라엘 사람들은 이방인의 집에 들어가지 않는다는 사실을 미처 생각지 못한 불찰을 용서해 달라면서, 그냥 계신 곳에서 말씀만 해주셔도 하인이 나을 것이라고 하였습니다. 자기에게도 부하가 있어서 가라고 하면 가고 오라고 하면 오는데, 선생님께서도 말씀만 하시면 될 거라고 하셨습니다."

예수는 그 심부름꾼을 그윽히 바라보다가 주위 사람들이 다 알아들을 만큼 큰 소리로 말했다.

"내가 이스라엘 사람들 중에서도 이만한 믿음을 본 적이 없소."

감격한 음성이었다.

"가시오. 백부장이 믿은 대로 될 것이라고 전하시오."

심부름꾼이 백부장의 집으로 들어가 예수의 말을 전했을 때, 그 하인은 이미 회복되어 있었다. 예수가 말한 그 시각에 병이 나았던 것이다.

베드로의 집 기적 마 8:14–15 ; 막 1:29–31 ; 눅 4:38–39

어느 안식일, 예수는 가버나움 회당에서 가르친 후 베드로의 장모가 심한 열병으로 고통스러워한다는 말을 듣고 그리로 갔다. 열병은 치사율이 매우 높은 위험한 병이다. 예수는 방에 누워 신음하는 환자의 손을 잡았다. 예수의 사랑과 능력이 그의 손에서 환자에게 전달되었다. 예수가 나이 많은 그 여인을 일으키자 언제 열병이 걸렸었느냐는 듯 자리에 일어나 앉았다. 무서운 열병이 한 순간에 완치된 것이다.

여인은 조금도 불편하거나 아픈 데가 없이 그 길로 주방으로 갔다. 고마운 손님에게 무엇이든 대접하고 싶어서였다.

너의 죄는 용서되었다 마 9:1–8 ; 막 2:1–12 ; 눅 5:17–26

가버나움과 주변 마을에서는 모이기만 하면 예수의 이야기로 꽃을 피웠다. 그들은 예수라는 사람이 말 한 마디로 무슨 병이든 고친다는 사실을 의심할 수 없었다. 어두운 골방에서 은밀하게 꾸며진 이야기가 아니라, 대낮에 허다한 목격자들 앞에서 병이 나은 사람이 많았기 때문이다.

예수가 가버나움의 어느 집 안에 있을 때였다. 친구들이 중증의 중풍병자 하나를 데리고 왔다. 그러나 어찌나 사람이 많은지, 그 집 안에 발을 들여놓을 수가 없었다. 환자를 들것에 얹어 운반해 온 네 친구는 한동안 실망으로 맥이 빠졌다. 예수를 만나기가 하늘의 별따기 아닌가.

"포기할 순 없지. 우리가 얼마나 힘들여 여기까지 왔는데…."

그러자 다른 친구가 나섰다.

"우리가 힘든 게 문제가 아니라 이 친구를 이대로 다시 데리고 가는 게 문제 아냐? 그러니 수단 방법 가리지 말고 예수님께 이 친구를 데려다 주어야 해. 꼭 나아서 가야지."

"맞아. 건강한 몸으로 가야 해. 예수님을 어떻게 만날 건지 방법을 궁리해 보자."

그러나 집 안에 빼곡하게 들어찬 사람들의 틈을 비집고 방으로 들어간다는 것은 불가능한 일이었다.

"저기, 저 지붕으로 올라가는 계단을 이용하자."

한 친구의 제안에 다른 친구가 가닥을 잡았다는 듯 말했다.

"지붕을 뚫어. 나중에 고쳐 주면 되잖아. 먼저 사람이 살고 보아야지."

그곳 지방의 집들은 거의 단층집이었고, 지붕이 평평했다. 더운 여름 밤에는 지붕 위에 올라가 잠을 자기도 했다. 그들은 병자를 들것에 실은 채 조심조심 계단을 올라갔다.

그들은 병자를 내려놓고는 지붕을 뜯기 시작했다. 그리고는 병자가 누워 있는 담요 귀퉁이를 밧줄로 묶고, 밧줄을 조금씩 풀어 병자를 아래로 내려 보내기 시작했다. 그리하여 병자는 예수 바로 앞으로 보내졌다.

예수는 어떻게든지 친구를 구하려고 한 사람들의 우정에 감동을 받았다.

"당신의 죄가 용서되었소."

환자를 향한 예수의 첫마디였다.

그 방 안에 있던 사람들 중에는 바리새인들과 서기관 학자들도 끼여 있었다. 그들은 예수가 마치 하나님처럼 '죄가 용서되었다'고 말한 것을 듣고는 화가 났다. 그들은 수군거렸다.

"죄를 용서하는 것은 하나님만이 할 수 있는 일이 아닌가? 이건 명백한 신성모독이야. 안 그런가?"

"저 사람이 무슨 권리로 저런 말을 하지?"

그들은 나직하게 속삭였을 뿐이었지만, 예수는 그들의 속마음을 다 알고는 부드럽게 말했다.

"내가 저 환자에게 당신의 죄가 용서 받았다고 말하는 것과, 당신의 병이 나았으니 일어나 들것을 챙겨 들고 집으로 가라고 말하는 것 중 어느 것이 쉽겠소?"

강한 거부감으로 수군거리던 사람들은 예수를 빤히 바라볼 뿐 대꾸하지 못하였다.

"당신들은 나에게 죄를 용서할 권한이 없다고 생각하지요? 내게 땅에서 죄를 용서할 권한이 있음을 보여주겠소."

그리고는 중풍병자를 향해 말했다.

"일어나 들것을 챙겨가지고 집으로 가시오."

그러자 옴짝달싹 못하고 누워 있던 중풍환자가 거짓 환자였던 것처럼 자리를 털고 일어나 앉더니, 아무렇지도 않은 듯 자리에서 일어나더니 걸어 나가는 것이었다. 이 광경을 지켜본 사람들은 모두 놀라지 않을 수 없었다. 크게 뜬 눈들이 서로의 얼굴을 바라보다가 두려운 눈빛으로 예수를 주목하였다. 그들의 눈빛은 서로 말하고 있었다.

'저분은 하나님과 똑같아! 틀림없이 그리스도야!'

죄인의 친구요 안식일의 주인

세리稅吏와 죄인의 친구 마 9:9–13 ; 막 2:13–17 ; 눅 5:27–32

예수는 갈릴리 호숫가에서 군중을 향하여 설교한 후, 가버나움 큰 길로 들어섰다. 거기에는 통행세를 징수하는 세관이 있었다. 예수는 갑자기 발걸음을 멈추더니 세관에 앉아 있는 마태를 바라보면서 말했다.

"이제부터는 나를 따르도록 하시오."

친구를 부르듯 다정스러우나 거부할 수 없는 위엄이 서려 있었다. 마태는 자신도 모르게 엉거주춤 일어서더니 이내 그의 사무실을 떠나 예수를 따라나섰다.

마태도 예수를 알고 있었다. 직접 만난 적은 없지만, 가버나움에 살고 있는 베드로와 요한과 안드레 등이 예수의 제자가 되었다는 소식은 이미 들어서 잘 알고 있었다. 숱한 병자를 치유한 것도 이미 알고 있었다. 하지만 마태가 오늘 더욱 더 놀란 것은, 이스라엘의 모든 사람들이 죄인 중에서도 중죄인으로 간주하는 자신을, 세리인 자신을 친구처럼 불러준 점이었다.

마태는 의아했고, 당황했고, 그리고 감동했다. 예수의 뒤를 따르며 마음이 벅차올랐다. 그는 그날부터 들뜬 마음으로 예수를 따랐다.

어느 날, 마태는 예수와 그의 제자들을 집으로 초대하여 식사를 대접하였다. 세리의 집이라는 이유로 초대받은 사람들이 꺼림칙해할 것 같아 망설였으나, 예수는 흔쾌히 허락했다.

그날 예수는 세리들은 물론 죄인으로 취급받는 이방인들과 함께 식사를 함께 했다. 바리새파 사람들은 이것을 알고는 예수의 제자들에게 말했다.

"정말 이해가 안 되네. 당신 선생이라는 사람은 어째서 저런 사람들과 어울리는 거요?"

바리새인들은 세리와 창녀를 세상에서 가장 더러운 죄인으로 간주했다. 예수는 바리새인의 말을 듣고 직접 대답하였다.

"건강한 사람에겐 의사가 필요하지 않소. 의사는 병든 사람에게 필요한 법이오. 나는 의인을 부르러 온 것이 아니라 죄 많은 사람들을 부르려고 온 것이오."

내가 안식일의 주인 마 12:1-14 ; 막 2:23-3:6 ; 눅 6:1-11

날이 갈수록 예수는 바리새인들에게 위험한 존재로 비쳐졌다. 자신이 하나님이라도 되는 양 죄를 용서한다고 말하고, 죄인 중의 죄인인 세리를 제자로 택하고, 심지어는 안식일도 지키지 않는 경우가 적지 않았기 때문이었다. 바리새인들로서는 도저히 받아들일 수 없는 일들이었다.

어느 안식일이었다. 안식일은 금요일 해지는 시각부터 다음날 해지는 시각까지였다. 율법에는 그날을 거룩하게 지키라고 되어 있었다. 일하지 말고 쉬라고 되어 있는 율법에 대해 바리새인들은 시행세칙을 만들어 놓고 지키고 있었다. 사실, 어떻게 하루를 보내는 것이 거룩하게 보내는 것인지, 일을 하지 않는 범위는 어디까지인지 막연한 경우가 적지 않았다. 그래서 하나님이 주신 모법에 사람이 만든 시행세칙을 첨부하여 지켜 온 셈이었다.

안식일에 예수는 제자들과 함께 걷고 있었다. 마침 밀밭 사이를 지나게 되었다. 제자들이 앞장서서 길을 열었다. 그런데 어떤 제자가 밀 이삭을 손으로 잘랐다.

"저건 명백하게 안식일 법을 어긴 거야. 안식일에 곡식을 자르다니…."

"따져야 해. 못 본 체 할 일이 아닌 중대사야."

결국 그들 중 한 명이 예수에게 항의하듯 물었다.

"지금 보셨지요? 당신의 제자가 안식일에 해선 안 되는 일을 하는 걸…."

예수는 고개를 끄떡이고 말했다.

"사람이 안식일을 위하여 있는 게 아니라 안식일이 사람을 위하여 있는 것이오."

바리새인들이 어정쩡하게 바라보고 있을 때 예수가 말을 이었다.

"나는 안식일의 주인이오."

그것은 곧 '내가 하나님'이라는 말이었다.

예수와 일행은 회당으로 들어갔다. 마침 거기 한쪽 손이 오그라든 사람이 있었다. 바리새파 사람들은 예수를 고발할 구실을 찾으려고 이렇게 물었다.

"안식일에 병을 고쳐 주는 것이 타당한 일입니까?"

"여러분에게 만약 양이 한 마리 있는데 안식일에 구덩이에 빠졌다면 어떻게 하겠소? 안식일이라고 해서 양을 내버려 두겠소? 말할 나위도 없이, 양을 구덩이에서 건질 것이오. 사람이 양보다 더 귀하지 않소? 그러니 안식일에 선한 일을 하는 것은 법에 어긋나지 않소."

예수는 이어 손이 오그라든 사람에게 말했다.

"그 오그라든 손을 내미시오."

그는 마음이 편치 않았지만, 손이 낫기를 간절히 바랐으므로 얼른 손을 내밀었다. 그러자 즉시 오그라든 손이 펴졌다.

바리새인들은 더 이상 예수를 용납해서는 안 된다고 생각하였다. 공공연히 율법을 어기는 이런 사람은 차라리 죽여 없애는 것이 낫지 않겠는가? 예수의 인기가 하늘을 치솟듯 높아가는 것과 비례하여 율법도 그만큼 경시되고 파괴되리라. 바리새인들은 그렇게 생각했다.

부름받은 예수의 12 제자들

베드로가 하루에 경험한 두 가지 기적 눅 5:1–11 ; 마 4:18–22 ; 막 1:16–20

갈릴리 호수는 밤이 되면 어부들의 세상이 된다. 낮보다 밤에 고기가 더 잘 잡히기 때문이다.

갈릴리의 어부들은 호수에서 밤을 보낸다. 지난밤에도 베드로와 요한과 야고보 등은 배 두 척을 나란히 띄우고 그 사이에 그물을 내렸다. 하지만 먼 동이 훤히 터올 때까지, 웬일인지 한 마리의 물고기도 잡지 못했다. 그 호수에서 고기잡이로 잔뼈가 굵은 그들로서는 도저히 이해할 수 없는 결과였다.

아침이 되자 극도의 피로감이 엄습해 왔다. 그들은 맥없이 호숫가에 앉아 찢어진 그물을 손질하고 있었다. 누구도 입을 열지 않았다.

그때 예수가 다가왔다. 꽤 많은 사람들이 이른 아침부터 그 뒤를 따르고 있었다.

"베드로, 당신의 배를 좀 빌리겠소. 내가 탈 테니 조금 띄워 주시오."

예수가 배에 오르자 베드로는 묵묵히 호숫가에서 배를 조금 밀어 넣었다. 예수는 뱃머리에 서서 호숫가의 사람들을 향해 설교를 시작하였다. 청중이 시야에 잘 들어오는 구도였다. 베드로 등은 어망의 손질을 대충 마무리한 후, 그 자리에 앉아 예수의 말에 귀를 기울였다. 호수 동편의 언덕 위로 떠오른 해가 눈이 부셨다. 오늘도 건조하고 뜨거운 하루가 될 것이다.

설교를 마친 예수가 다시 베드로를 불렀다. 베드로는 얼른 다가가서 배를 끌어다가 호숫가에 대었다. 예수가 배에서 내리며 귀를 의심케 하는 말을 하였다.

"깊은 데로 가서 오른편에 그물을 내리고 고기를 잡으시오."

당황한 베드로는 예수의 얼굴을 보더니 가까이에 있는 사람들을 둘러보았다. 그들도 예수의 그 말을 들었다. 해가 떠오를 때가 되면 어부들은 그물을 거두게 마련이다. 그런데 이제 와서 깊은 곳으로 가서 그물을 내리라니! 베드로는 누구보다도 갈릴리 호수와 거기 살고 있는 고기들의 종류와 생리를 잘 아는 어부였다.

'선생님이 내륙에서 목수로 살아온 분이니 뭘 모르시는군.'

그는 잠깐이지만 그런 생각을 하였다. 그러면서 예수의 얼굴을 보았다. 그의 말에 불응하면 선생님의 체면이 훼손될 것이다. 하지만 그가 일으킨 기적들이 번개처럼 머리를 스쳐갔다. 그는 전능하신 분이 아닌가.

"예, 선생님. 우리는 밤새도록 수고하였으나 물고기 한 마리 잡지 못하였습니다. 그러나 선생님의 말씀대로 깊은 곳으로 가서 그물을 내리겠습니다."

베드로는 다시 그물을 싣고 깊은 곳을 향해 노를 저었다. 베드로는 적당한 위치에서 배를 멈추고 그물을 던졌다. 원을 그리며 수면에 닿은 그물을 잠시 응시하던 베드로가 그물을 당기기 시작했다. 손바닥으로 감지되고 팔뚝으로 전해지는 힘, 그물에 가득 찬 생명체의 몸부림이 온몸으로 전달되어 왔다. 간신히 그물을 끌어올렸다. 그물이 터질 지경이었다. 호숫가 사람들이 놀라 소리

치며 갈채를 보냈다.

그는 하루에 두 가지 기적을 경험하였다. 밤새도록 그물을 내려도 한 마리의 물고기도 잡지 못한 것이 기적인데, 해가 떠오른 아침에 던진 그물에 그물이 터질 지경으로 많은 고기가 잡힌 것이다.

신바람이 난 베드로는 계속해서 그물을 던졌다. 번번이 그물이 가득 찼다. 마치 물고기 떼가 대기하고 있다가 그물 속으로 몰려 들어오는 것 같았다. 배는 잠깐 사이 물고기로 그득했다. 그는 호숫가를 향해 소리쳤다.

"요한, 배를 가지고 와!"

요한이 동생 야고보와 함께 배를 저어 왔다. 고기잡이는 계속되었다. 사람들은 그 자리에서 떠날 줄을 몰랐고, 두 배는 이내 만선이 되었다.

"주님!"

고기를 잔뜩 싣고 호숫가로 온 베드로는 신이 나기는커녕 오히려 침울해 보였다. 그는 배에서 내리자마자 예수 앞에 무릎을 꿇었다.

"주님, 제게서 떠나 주십시오. 저는 너무나 죄 많은 사람입니다."

베드로의 표정은 두려움으로 뒤덮였다. 예수는 아마도 자신의 깊은 곳에 은폐된 죄도 낱낱이 보고 계시리라.

"베드로, 두려워 마시오. 당신은 사람을 낚는 어부가 될 것이오."

베드로와 요한과 야고보는 만선의 고기를 그대로 둔 채, 발걸음을 옮기는 예수의 뒤를 따랐다.

열두 제자 막 3:13-19 ; 눅 6:12-16

예수를 따르는 무리가 날로 늘어났다. 수많은 환자들을 치유해 주고, 심지어는 예로부터 천형天刑으로 불리는 문둥병자도 그의 능력 앞에서는 순식간에 깨끗해졌다. 귀신들린 사람이 예수 앞에 가면 귀신이 그의 몸에서 나갔고, 자연조차도 그의 명령에는 순종했다. 그의 입에서 흘러나오는, 세상의 학문과 지식을 초월하는 하나님 나라의 메시지는 건조기에 내리는 단비처럼 사람들의 마음을 적셨다.

어느 날 예수는 홀로 산으로 올라가, 아무도 없는 곳에서 밤을 지새우며 기도하였다. 할 일은 많고 시간은 충분치 않았다. 그러므로 따르는 무리 중에서 제자들을 선택하여 자신을 대신하여 일하게 할 필요가 있었다.

날이 밝자 산에서 내려온 예수는 따르는 무리 중에서 자기의 뜻대로 열둘을 선택하였다.

베드로	충동적이고 열정적이며 활동적인 어부. 원래는 시몬이었으나 예수가 바꾸어 준 이름이다.
안드레	베드로의 동생이며 갈릴리 호수의 어부.
요한	세베대와 살로메를 부모로 둔 부유한 집 아들이며 어부. 과격한 성격으로 '보아너게(우레의 아들)'라는 별명도 있다.
야고보	요한의 형제로 어부. 제자 중 똑같은 이름이 한 명 더 있어 '큰 야고보'라고도 한다.
빌립	베드로와 고향 사람.
바돌로매	나다나엘과 동일인.
마태	레위라고도 불린다. 가버나움 세관의 세리 출신.
도마	디두모라고도 불렸다.
야고보	알패오와 마리아의 아들. 세베대의 아들 야고보와 구별하기 위해 '작은 야고보'라고도 한다.
시몬	과격한 극단적인 애국적 국수주의 단체인 열심당 당원.
유다	'다대오'라고 불린 야고보의 아들.
유다	가룟 지방 출신.

산상의 은혜로운 설교

사랑에 근거한 하나님의 법 마 5:1–12 ; 눅 6:20–26

그날은 한결 많은 사람이 예수를 따랐다. 밭에서 일하던 농부도, 집에서 일하던 주부도, 뛰놀던 아이들도 모여들었다. 병자도, 지체장애자도 있었다. 노인도 있고 청년도 있었다. 모두들 예수를 보고 싶어하였다.

예수는 군중들에게 하나님의 사랑을 전해주고 싶었다. 그러나 워낙 사람이 많은 데다가 계속 늘어나고 있어서 마땅한 장소를 잡을 수가 없었다.

예수는 산으로 올라갔다. 높은 곳에서 낮은 쪽을 향하여 말하면 사람들이 모두 그를 지켜볼 수가 있을 것이다. 갈릴리 호수 서북편의 야산에 오르자, 가버나움과 호수가 한눈에 들어왔다. 예수가 높은 곳에 자리를 잡고 서자 군중들은 그 아래쪽에 자리를 잡았다.

"마음이 가난한 사람은 복이 있습니다. 하늘나라가 그들의 것입니다. 슬퍼하는 사람은 복이 있습니다. 그들은 위로를 받을 것입니다. 온유한 사람은 복이 있습니다. 그들은 땅을 차지할 것입니다. 의로움에 주리고 목마른 사람은 복이 있습니다. 그들에게는 흡족할 날이 올 것입니다. 자비를 베푸는 사람은 복이 있습니다. 하나님이 그들에게 자비를 베푸실 것입니다. 마음이 깨끗한 사

람은 복이 있습니다. 그들은 하나님을 뵐 것입니다. 평화를 위하여 일하는 사람은 복이 있습니다. 그들은 하나님의 자녀라 불릴 것입니다. 올바른 일을 하다가 박해받는 사람은 복이 있습니다. 하늘나라가 그들의 것입니다. 나를 따른다는 이유로 모욕당하고 박해받고 터무니없는 말로 비난받는다면 오히려 행복해하고 즐거워하십시오. 그들이 받을 큰 상이 하늘에 마련되어 있습니다. 옛 예언자들도 이같이 박해를 받았다는 것을 생각하십시오."

헤아릴 수 없이 많은 사람들 위로 우람한 그의 목소리가 부드럽게 울려 퍼졌다.

율법의 완전한 해석 마 5:21-48 ; 눅 6:27-36

"살인이 무엇이오? 죽여야만 살인이오? 그렇지 않소. 마음에 미움을 품어도, 죽인다고 욕을 해도, 그것은 이미 살인한 것이오. 간음은 또 뭐지요? 불륜관계만이 간음인가요? 아닙니다. 마음에 음욕을 품은 것만으로도 이미 간음죄를 저지른 것이오. 눈이 죄를 짓게 하면 차라리 뽑아버리고, 손이 죄를 짓게 하면 차라리 그 손을 잘라 버리시오. 온전한 몸으로 지옥에 가는 것보다는 눈이나 손 하나 없는 상태로나마 천국에 가는 것이 훨씬 좋기 때문이오."

청중은 긴장하였다. 모세의 율법과 비교되지 않을 정도로 엄격한 예수의 법, 그것이 하나님의 법이라고 예수는 말하였다.

"나는 모세의 율법과 예언자들이 쓴 책을 없애러 온 것이 아니오. 없애러 온 것이 아니라 완성하러 왔습니다. 내가 진정으로 여러분에게 말합니다. 천지가 없어지더라도 율법은 일점 일획도 없어지지 않고 다 이루어질

것입니다. 아무리 하찮은 계명이라도 어기거나 어기도록 남을 가르치는 사람은, 하늘나라에서 가장 작은 사람이 될 것이오. 그러나 하나님의 율법을 가르치고 그 율법에 순종하는 사람은 하늘나라에서 큰 사람이라고 대접받을 것입니다.

모세의 율법에는 '눈에는 눈으로, 이에는 이로'라고 되어 있습니다. 그러나 내 말을 들으시오. 아무리 악한 사람에게도 보복하지 마시오. 보복은커녕 오른쪽 뺨을 때리면 왼쪽 뺨도 때리게 하시오. 용서하시오. 그것이 사랑이오. 일곱 번씩 일흔 번이라도 용서하시오. 하나님께서 그러기를 원하십니다. 억지로 오리를 가자고 하면 십리를 가 주시오. 달라는 사람에게는 주고, 꾸고자 하는 사람에게는 거절하지 마시오. 원수를 사랑하시오. 왜냐하면 하나님이 그들도 사랑하시기 때문이오. 여러분이 미워하는 사람에게도 하나님은 해를 비춰 주시고, 비를 내려 주시지 않습니까."

잔잔한 파도가 청중의 마음을 흔들고 있었다. 어떤 유명한 율법학자도 이렇게 가르친 적은 없었다.

"나를 사랑하는 사람을 사랑하는 건 누가 못하겠습니까. 그런 일은 하나님도, 율법도 모르는 그런 사람들도 하는 것이오. 하나님의 온전하신 뜻을 따른다면 원수도, 핍박하는 자도 사랑해야 합니다."

구제와 기도의 지침 마 6:1–6

"내가 누구를 도와주었다고 말하지 마시오. 좋은 일 하는 걸 사람들에게 알리지 마시오. 아무도 모르게 해야 하나님의 상을 받게 되오. 나의 오른손이 구제하는 걸 나의 왼손이 모를 정도로 은밀하게 하시오. 하나님은 그 은밀함을 다 보고 계신다는 걸 알아야 합니다. 기도도 마찬가지입니다."

기도는 그들의 생활의 일부다. 하루 세 차례 기도를 하도록 정해져 있고, 그 외에도 문제가 있거나 필요하다면 기도를 하게 되어 있다.

"골방에 들어가 문을 닫고 기도하시오. 은밀하게 기도하시오. 사람들에게 기도하는 모습을 보이려고 할 필요가 없습니다. 기도는 하나님께 하는 것이지 사람들에게 보이기 위한 것이 아니지 않습니까. 이말 저말 많이 하는 기도는 필요치 않습니다. 하나님께서는 기도하기 전에 이미 알고 계시기 때문입니다. 금식기도를 할 때도 마찬가지입니다. 금식을 한다는 티를 내지 마시오. 표가 안 나게 얼굴도 깨끗이 씻고 머리도 잘 다듬으시오. 기도의 응답은 사람이 주는 게 아니라 하나님이 주시는데, 하나님은 은밀한 가운데 보시고 들으십니다."

주의 기도문 마 6:9–13 ; 눅 11:2–4

"이렇게 기도하시오."

예수는 간략하면서도 마땅히 기도할 내용을 제시하였다.

"하늘에 계신 우리 아버지, 아버지의 이름이 거룩히 높임을 받으시며 아버지의 나라가 임하게 하소서. 아버지의 뜻이 하늘에서 이루어진 것같이 땅에서도 이루어지게 하소서. 우리에게 날마다 필요한 양식을 주시고 우리가 우리에게 죄지은 자를 용서하겠으니, 우리의 죄 또한 용서하소서. 우리를 유혹에 빠지지 않게 하시고 악에서 구하소서. 나라와 권세와 영광이 영원토록 아버지의 것입니다. 아멘."

의식주衣食住 문제 마 6:25-34 ; 눅 12:22-34

"사람들은 의식주 문제를 가장 심각하게 생각합니다. 생존 문제이니 그럴 수 있습니다. 그러나 내 말을 들으시오. 목숨이 음식보다 중요한가요? 의복이 몸보다 중요합니까? 저기 날아다니는 새들을 보시오. 파종도 않고 수확도 하지 않고 창고도 없지만 하나님께서 먹이시지 않소. 여러분은 새보다 귀한 존재들입니다. 염려한다고 키가 한 치라도 커지는 법은 없습니다. 입을 것에 대해서도 염려하지 마십시오. 저기 핀 아름다운 백합화를 보시오. 저절로 자라고 피지 않소. 솔로몬 왕을 생각해 보시오. 부귀영화와 권세를 누리면서 이 세상에서 가장 비싼 좋은 옷을 입었으나, 과연 저 아름다운 백합화 한 송이만 한가요? 오늘 피었다가 내일 아궁이에 던져질 꽃들도 하나님께서 이렇게 잘 돌보아 주시는데 하물며 사람에게는 어떻게 하시겠는가 생각해 보시오. 다 믿음이 없는 탓에 근심하고 걱정하는 것입니다. 그러므로 무엇을 입을까 무엇을 먹을까 염려하지 마시오. 하늘에 계신 아버지께서는 여러분에게 무엇이 필요한지 너무나도 잘 알고 계십니다. 하나님의 나라를 어떻게 이룰까, 하나님께서 원하시는 바른 일을 어떻게 실천할까 고민하면서 그분을 생활의 중심에 모시고 사십시오. 그러면 그분은 여러분에게 이 모든 것을 더불어 주실 것이오."

누구에게도 비판할 자격은 없다 마 7:1-5 ; 눅 6:37-42

"누구든지 남에게 비판 받는 건 싫은 일입니다. 그러면서 왜 남을 비판하지요? 비판 받지 않으려면 비판하지 않아야 합니다. 자기 눈에는 들보가 들어 있으면서 남의 눈에 들어 있는 티를 비난하는 건 옳지 않습니다."

기도는 응답된다 마 7:7-11 ; 눅 11:9-13

"아들이 빵을 달라고 하는데 돌을 줄 부모가 어디 있습니까? 생선을 먹고 싶다고 달라는데 뱀을 줄 사람이 어디 있습니까? 아무리 악한 사람이라도 자기 자녀에게는 좋은 것을 주려고 애쓰는데, 하물며 하늘에 계신 아버지께서 구하는 사람에게 어찌 좋은 것을 주시지 않겠습니까? 그러므로 구하시오. 그러면 주십니다. 찾으세요. 찾게 됩니다. 문을 두드리세요. 문이 열립니다."

열매를 보면 나무를 안다 마 7:15-29 ; 눅 6:43-49

"가시나무에서 포도를 딸 수는 없습니다. 엉겅퀴에서는 무화과를 따지 못합니다. 좋은 나무는 좋은 열매를, 나쁜 나무는 나쁜 열매를 맺습니다. 좋은 열매를 맺지 않는 나무는 찍혀져서 불에 던져지고 맙니다. 사람도 이와 같아서 그의 열매를 보고 그가 어떤 사람인지 알 수 있습니다. 입으로만 주여 주여 한다고 천국에 들어가는 것이 아닙니다. 하나님의 뜻대로 사는 사람이 천국에 들어갑니다. 사람들이 나는 주님의 이름으로 귀신을 쫓아냈다거나, 주님의 이름으로 예언자 노릇을 했다거나, 주의 이름으로 많은 권능을 행하였다고 내게 말할지라도, 내가 분명히 말해 둡니다. 나는 그들에게 '나는 당신들을 전혀 알지 못하니, 물러가시오.'라고 말할 것이오."

예수는 오랫동안 쉬지 않고 말했다. 태양이 중천을 훨씬 지나고 있었다.

"결론적으로…"

예수는 청중을 주욱 둘러보며 말을 이었다.

"내가 말한 대로 사는 사람은, 그 집을 반석 위에 지은 지혜로운 사람과 같아서 비바람이 휘몰아쳐도 든든하게 서 있을 것이오. 하지만 내 말을 듣고도 실천하지 않은 사람은 모래 위에 집을 지은 미련한 사람 같아서 조금만 비바람이 쳐도 그 집이 무너질 것이오."

거기 모인 많은 사람들은 예수의 가르침이 머리 지식에서 나온 것이 아니라 하늘에서부터 오는 것임을 한결같이 느끼고 있었다. 율법 교사들이 가르치는 것과는 달리 마음에 큰 울림이 왔기 때문이다.

믿음, 생명, 소망의 사역

버림받은 비천한 나병환자 마 8:2–4 ; 막 1:40–45 ; 눅 5:12–16

산에서 내려오자 여전히 많은 무리가 뒤따랐다. 그런데 한 사람이 유별나게 그 무리에 끼어들지 않고 저만치 거리를 둔 채 따라오고 있었다. 거리가 있는데도 매우 남루하여 한눈에 걸인임을 알아볼 수 있었다. 그가 사람들에 접근하지 않는 것을 보면 아마도 나병환자일 것이다. 나병에 걸리면 가족과 마을에서 격리되어 성 밖의 일정한 장소에서 살아가야 했다. 비천하고 괴로운 인생이었다.

그는 나병환자였지만, 소망을 지니고 있는 환자였다. 예수를 만나기만 하면 이 혹독한 병을 고칠 수 있으리라는 믿음이 있는 사람. 어떻게든지 그를 만나기만 하면, 이 두터운 족쇄를 벗어던질 수 있으리라. 기회를 보아 예수에게 다가갈 작정이었지만, 모두가 그의 접근을 방해할 것이다. 율법에 따르면 그렇게 하는 것이 마땅한 일이었다. 하지만 다시는 이런 기회가 오지 않을 수도 있다. 그는 다짜고짜 예수 앞으로 달려가 길을 막았다. 그리고 엎드려 절하면서 애원하였다.

"주님, 주님이 원하시면 저를 깨끗하게 하실 수 있으십니다. 저를 살려 주십시오."

예수는 거리낌 없이 그 남루한 사람에게 손을 얹어 주었다. 주변 사람들의 눈살이 찌푸려졌다. 그들의 율법은 나병환자에게 손을 대지 못하도록 금하고 있다.

"내가 원하니, 깨끗해지시오."

바로 그 순간이었다. 똑바로 바라볼 수 없을 정도로 혐오감을 일으키던 나병환자의 피부가 새하얗게 변한 것은.

"아무에게도 말하지 말고 제사장에게 가서 보이도록 하시오."

나병의 진단도, 완치 여부를 판단하는 것도 제사장의 몫이었기 때문에 제사장에게 가라고 한 것이다.

죽은 자를 살리다 눅 7:11-17

나사렛에서 남동쪽 9km에 자리한 나인 성은 갈릴리 지방에 속했다. 어느 날 예수가 제자들과 함께 나인 성 성문 가까이 이르렀을 무렵, 성에서 나오는 장례식 행렬과 마주쳤다. 죽은 자의 관을 앞세운 행렬 속에서 가슴이 미어지도록 우는 한 여인이 있었다. 아들 하나를 보고 살아오다가 그 아들을 잃은 과부 어머니의 슬픔이 오죽하랴.

"그만 우시오."

딱하게 여긴 예수가 여인에게 다가가 부드럽게 말했다. 여인이 얼굴을 들었다. 낯선 젊은이가 염려하는 눈빛으로 자기를 보고 있었다. 그 남자의 뒤로는 낯선 사람들이 시야에 들어왔다. 자기에게 말해 준 남자의 뒤를 따르는 사람들이 분명하였다. 일순간 소문으로 들어온 예수라는 사람이 아닐까 하는 생각이 스쳤다. 그러나 말할 기회가 없었다. 예수가 앞으로 몇 걸음 나가서 관 옆에 멈추더니 관 위에 손을 얹었다. 행렬은 그 자리에 멈추어 섰다.

"청년아, 내가 네게 말한다. 일어나라!"

죽은 자를 향한 명령이었다. 사람들은 너무나 의아해서 입도 열지 못한 채 지켜보고 있었다. 그들 역시 저 사람이 온갖 병을 고친다는 나사렛 사람 예수일지도 모른다고 생각했다. 가나에서, 가버나움에서, 예수와 기적은 마치 동의어처럼 번져나갔기 때문이다.

예수의 말이 떨어지자마자 놀라운 일이 벌어졌다. 관 뚜껑을 두드리는 소리가 났고, 관은 즉각 바닥에 내려졌으며, 사람들은 즉시 뚜껑을 열었다. 그 안에 산 자가 있다는 확실한 사실이 밖으로 전달되었기 때문이다.

죽었던 청년이 몸을 일으켰다. 마치 산 사람을 관 속에 넣어 두었던 것 같았다. 청년은 먼저 어머니를 불렀고, 예수는 그 어머니에게 당신 아들이 살아났다는 것을 표정으로 알렸다.

이 광경을 목격한 사람들은 큰 두려움으로 하나님께 영광을 돌리며, 하나님께서 위대한 예언자를 우리에게 보내주셨다고 하였다. 어떤 사람은 '하나님께서 사람의 모습으로 우리 앞에 계신 거야!'라고, 벅찬 감동으로 외쳤다.

죽은 자를 살린 기적으로 인해 예수의 소문은 더 빠르게 더 멀리 확산되었다.

풍랑을 꾸짖으니 마 8:23-27 ; 막 4:35-41 ; 눅 8:22-25

예수는 갈릴리를 무대로 계속 활동했다. 예수가 있는 곳이면 어디든 사람들이 몰려들었다.

예수는 사람들에게 알아듣기 쉽도록 비유를 들어 천국과 하나님에 대해 가르쳤다. 그날도 해가 지려 하는데도 사람들은 흩어져 갈 생각이 없는지 예수 주변에 머물러 있었다.

"저쪽으로 건너가자."

예수가 갈릴리 호수의 남동쪽을 가리켰다. 곧 배가 준비되었고, 예수와 제자들만 배에 올랐다.

그러자 다른 사람들도 몇 척의 배에 타고 예수의 배를 따랐다. 예수는 피곤한지 뱃고물을 베고 누웠고, 물결에 흔들리며 이내 잠이 들었다.

얼마 안 가서 제자들은 긴장하기 시작했다. 어부들도 섞여 있었지만 그들도 불안해 보였다. 배가 지나칠 정도로 흔들렸기 때문이다. 바람이 세차게 불어왔고, 파도가 일렁거렸다. 심상찮은 풍랑이었다. 날은 어두워 가는데 거친 물결이 배를 때리며 안으로 넘쳐 들어와 제자들의 옷을 적셨다. 노를 젓는 제자들은 힘에 부쳐 노에 매달린 모습이고, 겁에 질린 제자들은 이런 비상 사태에서도 여전히 깊은 잠에 빠져 있는 예수가 이해되지 않을 뿐만 아니라 원망스럽기까지 하였다.

갈릴리 호수를 무대로 살아온 어부들도, 이렇게 거친 풍랑은 처음이었다. 호수는 최심부가 60여 m나 되고, 남북의 길이가 21km 정도, 동서의 폭은 가장 넓은 곳이 13km 가까이 되어, 면적이 166km^2에 달한다. 수면은 서쪽의 지중해 해수면보다 210m나 낮았다. 북으로 해발 2,800여 m에 육박하는 헤르몬 산이 발원지인데, 맞은편에는 레바논 산맥이 솟아 있어 그 두 산의 협곡이 갈릴리 호수로 이어져 요단 강과 그 남부의 사해를 지나 멀리 남단의 아카바 만에 이른다. 홍해와 만나는 깊은 골짜기인 셈이다.

특수한 지형과 호수의 위치상 내륙인데도 예고 없이 돌풍이 일어나는 경우가 적지 않았으나 이토록 무서운 바람과 풍랑은 처음이었다. 제자들은 모두 사색이 되었다.

"선생님을 깨워. 다 죽겠어. 배에 물도 들어오고…."

한 제자가 공포에 질려 절규하듯 소리쳤다.

"주님, 우리가 죽겠습니다. 일어나셔서 우리를 구원하소서!"

제자들이 예수를 흔들어 깨웠다. 소란에 잠이 깨어 일어난 예수는 제자들을 둘러보며 말했다.

"왜 이렇게 무서워들 하는가? 아직도 믿음이 없는가?"

예수는 지체하지 않고 바람과 풍랑을 향하여 마치 하인을 꾸짖듯 명령하였다.

"잠잠하라. 고요하라."

그러자 즉시 바람이 잠들고 풍랑은 고요해졌다.

제자들은 눈이 휘둥그레져서 예수를 바라볼 뿐 누구도 감히 입을 열지 못했다. 잠시 후 누군가가 독백하듯 중얼거렸다.

"저분이 누구시기에 바람과 바다도 순종한단 말인가!"

제자들은 예수에게서 풍랑보다 더 큰 두려움을 느꼈다. 예수, 그들의 스승, 저 분은 과연 누구인가. 하나님이 아니고서야 어떻게 바람과 파도에게 잠잠하라고 명령을 할 수 있단 말인가.

귀신과 돼지 마 8:28-34 ; 막 5:1-20 ; 눅 8:26-39

배는 예수가 지시한 대로 호수 건너편인 가다라('거라사'라고도 함)에 닿았다. 예수와 제자들은 배에서 내려 걷다가 얼마 후 걸음을 멈추었다. 옷이 걸레처럼 남루하고 머리는 몇 달씩 감지 않아서 멧돼지 털 같고, 얼굴 역시 전혀 씻지 않은 듯 더럽기 짝이 없는 두 사람이 예수 앞으로 오더니 엎드려 절을 하는 것이었다.

두 사람은 그곳 일대에서 모르는 사람이 없을 정도로 유명했다. 공동묘지에 살면서 큰 소리를 질러대기 일쑤였고, 힘이 장사 이상이어서 아무도 당해낼 수가 없었다. 무서워서 그곳을 지나다닐 수 없는 주민들이 힘이 센 장정들을 보내어 쇠사슬로 묶고 쇠고랑을 채워 보았으나 허사였다. 사납게 몸부림치면서 쇠사슬을 끊었고, 쇠고랑을 깨뜨려 던져버렸다. 더 굵은 쇠사슬을 사용해 보았지만 그것도 허사였다. 엄청난 힘을 누구도 당해낼 수 없었다. 그러한 그들이 예수가 배에서 내리는 모습을 보고는 앞으로 달려와서 그 앞에 무릎을 꿇은 것이다.

"지극히 높으신 하나님의 아들 예수여…."

잔잔한 호수에 파도라도 일으킬 것 같은 큰 목소리에 제자들은 놀라서 움찔했다. 거지 중에서도 상거지 모습에다, 옷 사이로 노출된 피부는 돌 같은 것으로 심하게 자해한 흔적이 뚜렷했다. 누구에게서도 볼 수 없었던 소름끼치는 눈빛, 땅을 흔드는 고함소리 같은 말소리는 모든 사람을 질리게 하였다. 그러나 예수는 태연한 모습으로 명령하였다.

"더러운 귀신아, 이 사람들에게서 나오라."

미친 두 사람의 큰 목소리에 비하면 터무니없이 낮은 목소리였다. 그러나 주변 사람들은 다 들을 수 있을 만큼 단호한 소리였다.

"나와 당신과 무슨 상관이 있습니까? 부탁이니, 하나님 앞에 맹세하고 나를 괴롭히지 마소서."

차라리 애원이었다.

"네 이름이 무엇이냐?"

두 사람 속에 있는 귀신을 향한 물음이었다.

"우리는 군대입니다. 우린 숫자가 많습니다. 제발 여기서 우리를 쫓아내지 마시고 그냥 살게 해주십시오."

그러나 예수의 의지는 단호했다. 그들 속에 떼지어 살고 있는 군대귀신을 그들에게서 쫓아내겠다는 예수의 뜻은 확고했다. 귀신들도 알아챈 듯 다시 애원하였다.

"차라리 우리를 저 돼지에게 들여보내 주십시오."

그리 멀지 않은 산비탈에서 돼지 떼가 풀을 뜯어먹는 모습이 보였다. 2천여 마리쯤은 되었다.

"그렇게 하여라."

예수의 허락이 떨어지는 순간, 기이한 광경이 연출되었다. 떼지어 있던 돼지들이 갑자기 미친 듯이 비탈로 내리달아 호수로 곤두박질치는 것이었다. 돼지들의 몸부림치는 자살이라고나 할까. 순식간에 2천여 마리의 돼지가 갈릴리 호수 남동쪽 수면에 떨어져 죽었다. 그것만 놀라운 것이 아니었다. 떼귀신이 들려 있던 두 사람은

우리가 언제 미쳤었냐는 듯 멀쩡한 모습으로 변하였다.

정말 기절할 듯 놀란 사람들이 또 있었다. 산비탈에서 돼지를 치던 사람들이었다. 돼지 떼가 몰살되는 광경도 놀랍고, 사납게 미친 두 사람이 제정신으로 돌아온 것도 놀랍고, 이렇게 만든 예수라는 사람은 너무나 두려웠다. 그들은 미친 듯이 마을로 달려갔다. 그리고는 그들이 경험한 일들을 소리쳐 알렸다. 사람들은 도무지 믿어지지 않는다는 표정이었지만, 저 호들갑 떠는 증인들의 겁먹은 얼굴과 떨리는 말소리를 들으니 의심할 수가 없었다. 결국 잠깐 사이에 많은 이들이 그들을 따라 현장으로 달려갔다.

그들은 그리로 가면서 의견의 일치를 보았다. 귀신을 쫓아낸 그 사람을 그대로 방치해서는 안 되겠다고. 이미 2천여 마리의 돼지를 잃었는데, 앞으로 또 무슨 일이 생길지 모른다. 그들은 예수 일행을 만나자 정중하게 간청하였다.

"제발 부탁입니다. 우리 고장에서 떠나 주세요."

예수는 대답 없이 돌아섰다. 예수가 다시 배에 오르려 하자 귀신 들렸던 두 사람이 간청하였다.

"우리도 따라가겠습니다. 허락하여 주십시오."

"안 되오."

예수는 배에 올라 말을 이었다.

"당신들은 가족에게 돌아가시오. 가서 주께서 당신들을 불쌍히 여기시어 은혜를 베풀어 주셨다고 이야기해 주시오."

열두 살 소녀의 죽음 마 9:18-26 ; 막 5:21-43 ; 눅 8:40-56

가버나움 회당은 그 고장에 주둔하게 된 로마군 백부장의 적극적인 도움으로 새로 지어진 건물이었다. 회당장은 회당의 대표요 그 고장의 어른이다. 그는 회당에서 예수를 만난 적이 있고, 더구나 손이 오그라든 사람을 고쳐 주는 장면을 직접 목격하였다. 가버나움 회당장 야이로는 그 후에도 끊임없이 예수에 대한 소문을 듣고 있었다. 그는 예수에게 두려움과 존경심을 동시에 품고 있었다. 백부장 하인의 중풍을 치료한 이야기, 헤롯 안디바 왕의 신하의 아들을 치료한 이야기 등은 경이로웠다. 그는 분명 예사 사람이 아니었다.

그는 예수가 돌아오기를 기다리고 있었다. 예수가 하나님이 보내신 위대한 예언자라는 사실은 의심의 여지가 없었다. 어쩌면 사람의 모습으로 오신 하나님, 바로 그분일지도 모른다. 그러나 하나님에 대해 가장 많이, 그리고 깊이 안다는 바리새파의 서기관들이나 율법학자들 대부분이 예수를 율법 파괴자요 이단자인 양 간주하고 있어 회당장의 입장에서는 예수를 공개적으로 지지할 수가 없는 형편이었다. 하지만 그는 어제부터 예수를 간절히 기다리고 있었다. 열두 살짜리 어린 딸이 병들어 누웠는데, 급격히 악화되어 금방이라도 죽을 것 같았다. 그는 예수에게 희망을 걸고, 예수가 나타났다는 소식이 들려오기만을 기다리고 있었다.

"그가 왔습니다."

하인 하나가 마당으로 들어서며 안절부절못하는 회당장에게 보고하였다. 주인이 짧게 되물었다.

"어디냐?"

야이로는 급히 하인을 앞세우고 예수가 있는 곳으로 갔다. 떼귀신을 쫓아낸 거라사에서 돌아온 예수는 호숫가의 군중 앞에 서 있었다. 회당장은 위신이고 체면이고 다 잊은 듯 자기를 알고 있는 많은 사람들 앞에서 예수의 발아래에 엎드렸다.

"제 어린 딸이 죽게 되었습니다. 저의 집으로 가셔서, 딸에게 손을 얹어 주십시오. 제발 거절하지 말아 주십시오."

"일어나시오. 나와 함께 집으로 갑시다."

흔쾌하게 하락한 예수에 앞서서 회당장이 걸음을 재촉하였다. 촌음을 다투는 위기였다. 그러나 많은 사람들 때문에 속도를 낼 수 없었다. 앞과 뒤와 옆으로 온통 사람들이 에워싸고 있어서 쉽사리 전진할 수 없었다.

설상가상으로 예수의 걸음을 멈추게 하는 사건이 일어났다. 12년이나 하혈下血이 계속되어 고통 속에서 살아온 한 여인이 끼어든 것이다. 여인은 병을 고치려고 12년 동안 수많은 의사를 찾아다녔고 좋다는 약을 다 써 보았으나 효과가 없었다. 많지도 않은 재산만 사라졌다. 여인이 군중 속에 끼어들어 허락도 없이 예수의 옷자락에 손을 댄 것이다. 사람이 너무 많아 자기에게 기회가 올 수 없다는 판단도 섰지만, 그보다는 여인만의 부끄러운 병을 고쳐 달라고 말할 용기가 나지 않았다. 그녀는 아무도 모르게 슬쩍 예수의 옷을 만졌다. 그렇게라도 하면 이 몹쓸병이 나을 것이라고 믿었다. 그녀의 확신대로였다. 손을 댄 순간, 여인은 흘러내리던 피가 근원에서부터 말랐다는 사실을 몸으로 느낄 수 있었다.

그 순간 예수가 발걸음을 멈추며 말했다.

"내 옷에 손을 댄 사람이 누구요?"

주변 사람들은 저마다 나는 아니라고 머리를 저었다.

"주님, 지금 이렇게 사람들이 많으니 누구의 손이든 닿을 수 있지 않겠습니까?"

그러나 예수는 주변을 둘러보며 말했다.

"아니오. 지금 내 몸에서 능력이 빠져나갔소."

예수만이 느끼는 감지 능력이었다. 여인이 숨길 수 없음을 알아채고 도둑질하다 들킨 사람처럼 잔뜩 움츠러든 채 예수 앞으로 나와 엎드려 자신이라고 고백하였다. 예수는 그녀를 책망하지 않았다.

"당신의 믿음이 당신을 낫게 하였소. 두려워하지 말고 평안히 가시오. 당신은 건강하게 살아갈 것이오."

시간이 지연되는 게 조바심 난 야이로는 그렇다고 재촉할 수도 없어 지켜볼 수밖에 없었다. 여인이 그곳을 떠나자 그들은 다시 야이로의 집을 향해 움직이기 시작했다. 바로 그때 야이로의 집에서 달려온 하인이 황급히 말했다.

"따님이 죽었습니다. 예수님을 모시고 갈 필요가 없어졌습니다."

"두려워하지 말고 믿기만 하시오."

하인의 소리를 옆에서 들은 예수가 회당장에게 말했다.

"그러면 당신 딸이 살아날 것이오."

예수는 포기하지 않고 회당장의 집으로 향했다. 회당장은 예수의 말에 용기를 얻어 부지런히 발걸음을 옮겼다.

집 앞에 도착하자 이미 죽음의 분위기가 풍겨 나왔다. 동네 사람들이 모여들어 집 안이 붐볐으며, 슬픈 노래가 연주되고 있었다. 곡소리가 흘러나왔다. 의심의 여지없이 초상집, 그대로였다.

집 안으로 들어선 예수가 주위를 둘러보며 말했다.

"울지 마시오. 아이는 죽은 것이 아니라 자는 것이오. 소란을 피우지 마시고, 다들 밖으로 나가시오."

잠든 아이가 깨지 않도록 배려하는 듯한 말투였다. 죽음을 확인한 사람들이 그 소리에 노골적으로 비웃었다. 그러나 예수는 사람들을 다 내보낸 다음 소녀의 부모와 세 제자, 베드로와 요한과 야고보만 데리고 소녀가 앓다가 죽어 있다는 방으로 들어갔다.

침상 위에는 조금 전까지도 심한 고열로 얼굴이 붉게 달아올랐던 소녀가 누가 보아도 창백한 주검으로 누워 있었다. 소녀는 숨을 쉬지 않았다. 두 손은 가슴에 가지런히 포개어져 있었다. 이 명백한 주검 앞에서 예수는 조금도 주저하지 않고 시신의 손을 잡더니 부드럽게 말했다.

"소녀야, 일어나라!"

나인 성 과부의 죽은 아들이 살아났던 것처럼, 소녀의 영혼이 돌아왔다. 마치 푹 자고 깨어난 소녀처럼 맑은 눈으로 사람들을 바라보던 소녀가 일어나 앉았다.

"아이에게 먹을 것을 주시오."

여러 날 동안 제대로 먹지 못해 매우 배가 고플 아이에게 당장 필요한 것은 맛있는 음식이었다.

그날 밤, 회당장 야이로의 집안에는 훈훈한 기운이 감돌았다. 사람들은 죽었다가 살아난 소녀를 에워싸고 주 예수를 찬양하며 이야기꽃을 피웠다.

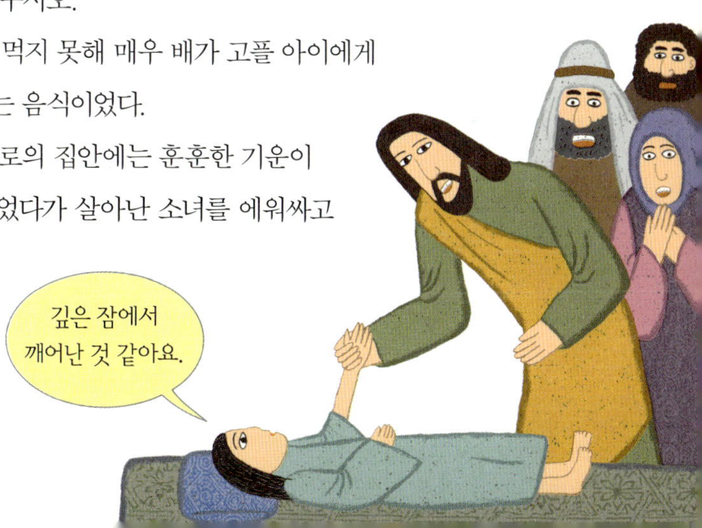

살로메의 춤과 세례 요한의 최후

열두 제자의 파송 마 10:1–15 ; 막 6:7–13 ; 눅 9:1–6

예수는 복음을 널리 전파하기 위해 열두 제자를 전국 각지로 보내기로 하였다. 예수는 그들에게 귀신을 쫓아낼 능력과 병 고치는 능력을 주었다. 이 두 가지 능력을 사용하면서 하늘나라의 복음을 전하면 그 효과가 클 것은 자명한 일이었다. 예수를 따르는 수많은 군중들도 대부분은 예수의 이 두 가지 능력 때문이었다. 그러한 능력은 또한, 천국에 대한 복음이 하나님으로부터 온 것임을 입증하는 방편도 되었다.

제자들에게 두 가지 능력을 주면서, 예수는 세 가지 지침을 주었다. 제자들이 반드시 지켜야 할 행동강령 같은 것이었다.

첫째는 여행을 위하여 아무것도 갖고 다니지 말라는 것이다. 돈도, 빵도, 지팡이도, 갈아입을 두 벌 옷도 금하였다. 병을 고쳐 주면 감사의 사례를 할 사람도 있겠지만, 그런 경우에도 그 돈을 받아서는 안 된다. 돈주머니를 소지해서는 안 된다고 한 것은 그것을 사전에 차단하기 위함이었다. 복음은 금전으로 거래될 수 없다. 복음 사역은 오직 믿음으로 할 것이다.

둘째는 어느 집에 들어가든 그 집에서 자라는 것이다. 집이 누추하다든가 불편하다는 이유로 잘 사는 집으로 옮길 생각을 말라는 지침이다. 어떤 상황이든 만족하고 감사하지 않으면 복음을 전하러 다닐 자격이 없다.

셋째는 어디서든지 복음을 거부하는 사람들을 만나거든 그곳에서 떠나라는 것이다. 성읍이면 그 성읍에서 나가고, 집이면 그 집에서 나가되, 떠날 때문 밖에서 신발에 묻은 흙조차 떨어버리라고 하였다.

길을 떠난 제자들은 능력을 사용하고 지침을 준수하면서, 천국이 가까웠으니 회개하라고 복음을 전하였다. 그들이 가는 곳마다 귀신은 떠나가고 여러 종류의 병자들이 치유되는 기적이 나타났다.

예수와 그 제자들의 능력은 빠른 속도로 더 넓은 지역으로 확산되었다.

잔인한 공주 살로메 마 14:1–12 ; 막 6:14–29

예수와 제자들의 불가사의한 능력은 헤롯 안디바의 귀에도 들어갔다. 그는 아기 예수를 죽이기 위해 베들레헴의 두 살 이하 남자 아기를 모조리 죽이라고 학살 명령을 내렸던 헤롯 대왕의 아들이었다. 헤롯 안디바는 아버지가 죽으면서 나누어 준 한 부분의 영토를 다스리는 분봉왕으로 군림하고 있었다. 갈릴리 지방과 갈릴리 호수 남단의 동편 지역, 즉 요단 강 동편 지역인 데가볼리가 포함된 베레아 지방의 왕이 된 것이다.

그의 궁전은 두 곳에 있었다. 하나는 갈릴리 호수 남서쪽의 디베랴에 있었고, 다른 하나는 데가볼리 지방의 최남단인 사해의 북동쪽 끝부분에 위치한 마케루스에 있었다. 두 도시는 직선거리로 110km쯤 되었다. 그의 신하들은 갈릴리에도 있었고 마케루스에도 있었다. 마케루스는 갈릴리 호숫가에서 일어나는 일들에 대한 정보가 한 박자 늦을 수밖에 없었다.

헤롯 안디바 왕은 예수와 그의 제자들에 대한 이야기를 듣고는 크게 놀랐으며, 몹시 두려워하였다. 왜냐하면 그가 처형한 세례자 요한이 부활한 것처럼 느껴졌기 때문이었다. 죽은 요한이 더욱 더 강한 요한으로 다시 살아난 것만 같았다.

그는 사실 세례자 요한을 죽일 생각까지는 하지 않았다. 보고에 의하면 그는 예언자 같은 사람이었다. 그의 행위는 종교적인 것이었지, 정치와는 상관이 없었다. 그러던 어느 날 대단히 불쾌하고 난처한 보고가 들어왔다. 자신이 왕비를 쫓아 보내고 이복동생 헤롯 빌립의 아내 헤로디아를 빼앗아 왕비로 삼은 것을 요한이 공개적으로 비난했다는 보고였다. 백성에게 영향력이 큰 요한이 군중 앞에서 자신과 헤로디아의 부도덕한 관계를 비판하였으니 보고를 받고도 모른 체할 수가 없었다. 헤롯 안디바는 엘리야 같은 예언자를 박해하고 싶지 않았다. 그런데 정작 화가 나서 참을 수 없는 사람은 안디바와 부부로 지내는, 사실상의 왕비 헤로디아였다.

"요한이라는 그 미친 녀석을 당장 제거하지 않으면 왕실의 존립이 어려워질 겁니다. 왕과 왕비를 공개적으로 비난하는 인간이 버젓이 살아 있다면 왕실의 권위가 유지될 수 없습니다. 왕실을 모욕하면서도 활보하는 자가 있는데 어떤 백성이 왕을 두려워하겠습니까. 당장 처형하셔야 합니다."

왕비 헤로디아의 하늘을 찌를 듯한 분노를 달랠 길 없었다. 헤롯 안디바는 은근히 두려워하면서도 세례자 요한을 체포하여 마케루스 감옥에 가두었다. 헤로디아는 요한을 처형할 것을 재촉했지만, 헤롯 안디바는 죽이고 싶지 않아서 다독거렸다.

"지하 감방에 유폐되었으니 그는 살아 있으나 죽은 자나 마찬가지요. 말할 상대조차 없으니, 저대로 내버려 둡시다."

헤롯은 두어 번 요한을 불러내어 재판의 형식을 빌어 그의 말을 들었다. 그가 내린 결론은, 요한이 소문대로 엘리야 같은 예언자라는 것이었다. 그래서 그는 마음으로 다짐하였다.

'요한을 죽이는 건 안 돼. 난 그를 죽일 수 없어. 그는 틀림없이 하나님의 사람이야.'

그러나 얼마 안 되어 왕은 끔찍한 실수를 저지르고 말았다.

그날은 왕의 생일이었다. 왕은 전례대로 신하들과 천부장 이상의 고급 장교들, 귀족들을 마케루스의 왕궁으로 초대하여 연회를 베풀었다. 특히 아름다운 미모와 매력을 듬뿍 지닌 새 왕비를 환영하고 축하하는 의미도 포함되었으므로 어느 때보다 호화판 잔치를 벌였다. 고급 포도주와 춤추는 무희들로 연회는 시간이 흐를수록 흥을 더해 갔다.

음악과 술과 춤으로 여흥이 무르익었을 때였다. 무희들의 춤이 끝나면서 퇴장한 후 잠시 고요해진 무대에 살로메가 홀로 등장하였다. 새 왕비 헤로디아가 전남편 빌립에게서 낳은 공주였다. 공주의 속살이 보일듯 말듯 넘실거리는 의상과 열정적인 춤은 손님들의 숨을 죽이게 하였다. 청순하면서도 관능적인 몸놀림이 돋보였다. 살로메는 타고난 미모와 매력을 춤으로 마음껏 발산하고 있었다. 헤롯 안디바도 다른 사람들처럼 그녀에게 완전히 반해버리고 말았다. 아내의 전남편의 딸, 다시 말하자면 이복동생의 딸이니 조카딸인데도, 평소 보던 모습과는 너무도 달랐다. 그녀의 매력이 새삼 가슴을 두근거리게 했다. 그는 거나하게 취해 매우 기분이 좋았다. 살로메를 위해서라면 이 나라를 주어도 아까울 게 없다는 생각이 들 정도였다.

거센 풍랑을 연상시키는 듯한 그녀의 격렬한 춤이 끝나자 모두들 넋을 잃은 듯 바라볼 뿐이었다. 살로메는 가쁜 숨을 몰아쉬며 왕 앞에 가까이 다가갔다. 축하의 인사를 위해서였다.

"살로메, 과연 아름답구나. 여기 있는 모든 신하들과 귀족들이 너의 춤에 매료되어 박수치는 것도 잊은 것 같다."

어찌나 격렬한 춤이었던지 숨이 가라앉지 않아 축하의 인사도 못하는 살로메에게 왕은 거듭 치하를 보냈다.

"공주의 춤은 정말 대단하구나. 멋진 춤을 모두에게 선물해 준 공주에게 나도 무엇이든 주고 싶구나. 무엇을 주랴? 원하는 것을 말해 보아라. 그것이 무엇이든, 나라의 절반이라도 떼어 주겠다."

"잠시 시간을 주시면 소원을 말씀드리겠습니다."

"그야 어렵지 않지. 좀 생각해 보고 말해라. 달라는 것은 무엇이든 주마."

살로메는 어머니 헤로디아에게 가서 자문을 구하였다.

"어머니, 무얼 달라고 할까요? 무얼 달라고 하든 다 주실 것 같아요."

헤로디아는 의미 있는 미소를 입가에 보이며 속삭이듯 말했다.

"신하들 앞에서 약속했으니 반드시 네 소원을 들어주실 거다."

"그럴 것 같아요. 어머니, 무엇을 달라고 하죠?"

"왕실을 모독한 그 미친놈의 목을 달라고 하여라."

"세례 요한의 목을요?"

헤로디아는 말없이 고개를 끄떡였다. 살로메는 잠시 섬뜩하다는 생각을 하였으나, 이내 편안한 마음으로 돌아갔다. 내 어머니를 모독한 것은 곧 나를 모독한 것이라는 생각이 들기도 하였다.

살로메는 중얼거리며 다시 왕 앞으로 갔다.

"무엇이든 원하는 것을 주신다고 약속하셨죠?"

"물론이다. 여기 신하들과 귀인들이 다 들으셨다. 염려 말고 소원을 말하라."

"왕실을 모독하여 감옥에 갇힌 요한의 목을 잘라 쟁반에 담아 주십시오."

헤롯은 섬뜩하였다. 그 소리를 들은 모든 사람들이 크게 놀란 눈으로 살로메와 왕, 그리고 방금 그렇게 사주한 그녀의 어미 헤로디아에게 빠르게 옮겨갔다. 너무도 뜻밖이라 믿어지지 않는다는 눈빛들이었다.

왕은 어처구니가 없었다. 아직 미혼인 공주가 희귀한 보석이나 원할 줄 알았는데 예언자의 목을 잘라 달라는 잔인한 주문을 하다니….

그날의 주인공인 왕을 비롯하여 모든 손님들이 일순간에 술이 깬 듯 긴장했다. 식은땀이 등줄기로 흘러내리는 사람도 많았다. 그야말로 태풍 전야의 고요가 엄습하였다. 이제 모든 사람의 시선은 왕의 입술에 집중되었다. 왕은 과연 어처구니없는 그 소원을 들어줄 것인가?

왕은 난처하였다. 이럴 수도 저럴 수도 없는 진퇴양난이었다. 원치 않으면서도 예언자를 죽이는 왕이 되어야 하는가. 모두가 듣는 가운데 공언을 해놓고 그것을 뒤집어 신뢰를 잃는 왕이 되어야 하는가.

헤롯 안디바는 결단을 내렸다. 비웃음을 받는 왕이 될 수는 없었다. 스스로 권위를 무너뜨릴 수는 없는 일이었다. 왕은 근위대장을 불러 요한을 참수하여 그 목을 쟁반에 담아 오라고 명령을 내렸다.

잔치는 막을 내렸다. 신하들은 왕의 눈치만 살피고 있을 뿐이었다. 분위기는 침울했다. 무거운 침묵이 덮여 있었다.

드디어 살로메의, 아니 헤로디아의 소원이 이루어졌다. 병사가 쟁반을 들고 들어왔다. 부릅뜬 눈, 피범벅의 얼굴이 모든 남자를 매료시키고도 남는 살로메의 손에 넘겨졌다.

빵 다섯 덩이와 물고기 두 마리

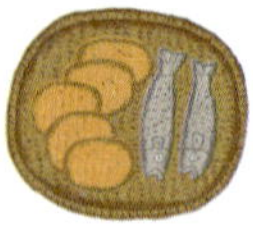

기적적인 군중과 기적적인 음식 마 14:13–14 ; 막 6:30–34 ; 눅 9:10–11 ; 요 6:1–4

예수는 세례 요한의 제자들로부터 슬픈 소식을 들었다. 그의 제자들은 시신을 수습하여 장사지낸 뒤 그 사실을 예수에게 찾아와 보고하였다. 예수는 잠자코 보고를 듣고 있었지만, 자신의 죽음은 그보다 훨씬 참혹할 것이며, 그날이 그리 멀지 않다는 사실을 생각하고 있었다. 그리스도는 죽어야 한다. 이사야의 예언대로, 자신은 멸시를 받아서 사람들에게 버려질 것이다. 채찍에 맞아 찢어질 것이며, 가시와 창에 찔려 물과 피를 다 흘릴 것이다. 하나님께 징계를 받아 버림을 당한 것이라고들 말하리라. 침을 뱉으며 조롱하다가, 흉악한 죄수를 처형하듯 십자가에 못 박아 죽일 것이다.

그 무렵 복음을 전파하기 위해 두 명씩 짝지어 보냈던 제자들이 돌아왔다. 그들은 모두 크게 고무되어 보고하였다. 귀신이 떠나고, 온갖 병이 나았다고. 자신들에게서 예수가 행했던 능력이 나타났으니 흥분하지 않을 수 없는 일이었다. 그들은 경쟁적으로 경험담들을 털어놓았다. 길고 먼 여행에서 돌아온 피로감조차 느껴지지 않았다. 그러나 예수가 보기에 그들에게는 휴식이 필요해 보였다. 그러나 제자들이 돌아왔다는 소문을 들은 사람들이 자꾸만 모여들어 쉬기는커녕 식사를 할 겨를도 없었다.

"한적한 곳으로 가서 쉬도록 하여라."

예수는 제자들과 함께 배를 타고 건너편 벳새다로 노를 젓게 하였다. 하지만 호숫가의 사람들은 배의 방향을 따라 달리거나 잰 걸음으로 이동하고 있었다. 다른 방향으로 가던 사람들도, 심지어 부지런히 나흘을 걸어야 도착할 수 있는 예루살렘으로 향하던 사람들도, 배의 방향으로 따라가는 사람들을 따라 방향을 바꾸는 것이었다. 유월절 축제가 가까워지고 있는 터라 아주 먼 타국에서도 유대인과 유대교로 개종한 이방인들의 순례행렬이 예루살렘을 향하고 있는 때였다.

배의 방향을 따르는 숫자가 갈수록 늘어나고 있었다. 어느덧 호숫가 여기저기에 무리가 이루어졌다. 일하던 사람들도 일손을 놓고 따라나섰다. 아이들도 노인도 나섰다. 마을이 텅 비어가는 것 같았다. 이윽고 거대한 무리가 예수의 일행이 도착하기 전부터 벳새다 들판을 덮고 있었다. 이처럼 엄청난 군중이 동원령이나 홍보조차 없이 모인 예는 역사에 없을 것이다. 그것도 시골 목수 출신의 30대 청년 한 사람을 보기 위하여.

"삼천도 넘겠어."

제자 하나가 놀랍다는 듯 중얼거렸다.

"삼천이 뭐야. 사천은 되겠다."

"지금도 계속 꾸역꾸역 모여들고 있으니 다 모이면 육천이나 칠천도 모일 것 같군."

배에서 내린 제자들은 눈이 휘둥그레져서 사방을 둘러보며 감탄사를 주고받았다.

"아이들도 많이 따라왔군. 다른 게 기적인가. 이런 시골에서 이렇게 많은 군중이 한 자리에 모인다는 게 기적 중의 기적이지!"

"맞아. 호수 주변 마을 사람들 전부를 총동원해도 이보다는 적을 텐데…."

군중들의 숫자에 놀라고 있을 때가 아니었다. 예수는 당장 고통을 참지 못하는 환자부터 고쳐 주기 시작하였다. 그 많은 사람 중 병 없는 사람은 한 명도 없어 보였다. 거의 모두가 아픈 사람들이었다.

한적한 곳에서 쉬기 위해 길을 나섰던 것인데, 쉬기는 애당초 그른 일이었다. 사람들은 전혀 흩어질 기미를 보이지 않았다. 건강한 사람이든 치유된 사람이든, 어떻게든 예수와 가까운 위치를 확보하려고 은근히 밀고 당기는 형국이었다. 병도 병이지만 예수가 아니고는 이 세상 어떠한 학자나 지혜로운 자에게서도 들을 수 없는 놀랍도록 신비롭고 마음이 편해지는 천국 이야기를 듣고 싶었다.

빵 다섯 개와 물고기 두 마리 뿐인데 마 14:15–21 ; 막 6:35–44 ; 눅 9:12–17 ; 요 6:5–15

태양은 이미 중천을 넘었다. 예수는 많은 군중이 다 볼 수 있도록 가장 높은 지대로 올라서서 모두가 들을 수 있도록 목소리를 높였다. 남자 어른만 오천 명이 넘고, 아이들과 여자들을 포함하면 그보다 훨씬 많았지만 모두들 귀 기울여 경청하고 있었다. 제자들은 이제 참을 수 없을 만큼 배가 고파 왔다. 설교를 끝낸 예수에게 한 제자가 다가와 낮게 말했다.

"주님, 날이 저물었으니 이 사람들로 하여금 도시와 마을로 내려가서 음식을 사먹게 하는 게 좋겠습니다. 온종일 아무것도 먹지 않고 있었습니다."

"빌립…."

예수는 가까이 있는 제자의 이름을 불렀다.

"모두들 많이 시장할 텐데 이 많은 사람을 먹일 수 있는 빵을 사올 수 있을까?"

예수는 주변의 가버나움과 이웃 마을들을 다 찾아다녀도 그만한 빵을 구할 수 없다는 점을 누구보다 잘 알고 있었다. 그런데도 그렇게 물었던 것은 빌립의 믿음을 시험해 보고 싶었기 때문이었다. "주님, 어디서 그 많은 빵을 구하겠습니까? 그러나 주님은 이 모두에게 배불리 먹이실 수 있을 것입니다."라는 대답이 나오기를 기다렸던 것이다. 그러나 아니었다. 빌립은 이렇게 대답했다.

"주님, 이 많은 사람에게 조금씩이라도 먹이려면 이백 데나리온어치는 사야 할 것입니다."

2백 데나리온이라면 큰 돈이었다. 한 사람이 하루 종일 일해야 1데나리온을 벌 수 있는 정도였으니, 2백 데나리온이면 반년 이상을 일해야 벌 수 있는 돈이었다. 그만한 돈도 없거니와, 그만한 돈이 있다고 해도 그만큼의 빵을 사는 것은 불가능하다는 소리였다. 제자들은 줄곧 예수와 함께 살면서 수많은 기적을 보아 왔으면서도, 아직도 그가 무슨 일이든 할 수 있다는 것을 믿지 않았던 것이다.

그때 제자들이 생각하고 있는 것이란 고작 사람들을 마을로 내려보내 저마다 먹을 음식을 구하게 한다는 것뿐이었다.

베드로의 아우 안드레가 초라한 광주리 하나를 들고 다가왔다.

"한 소년이 준비해 온 음식입니다. 빵 다섯 덩이와 물고기 두 마리뿐이니, 있으나마나겠지만요."

예수는 잠자코 광주리를 받아들며 말했다.

"사람들을 끼리끼리 모여 앉게 하여라."

그때서야 제자들은 자신들의 스승에게는 불가능한 일이 없다는 것을 떠올렸다. 가나에서 있었던 결혼 잔치에서는 물을 포도주로 변화시킨 일도 있었지 않았던가. 제자들은 서둘러 50명 또는 100명 단위로 앉게 하였다. 그러고 보니 남자 어른만도 5천 명이나 되었다.

예수는 작은 도시락을 두 손에 들고 하늘을 우러러 감사 기도를 하였다.

"자, 이걸 나눠 주어라."

예수가 내어 준 음식은 다섯 덩이의 빵과 두 마리의 생선이 전부였으나 이미 믿음이 생긴 제자들은 지시대로 이행하였다.

예언자 엘리사의 기적이 연상되었다. 한 병뿐인 기름을 빈 항아리에 붓고 부어도 기름은 한 병 그대로 남아 있었다고 했던가. 입가에 미소가 절로 떠올랐을 가난한 과부의 모습이 생생하게 눈앞에 그려졌다. 과부는 마지막 한 병 남은 기름으로 수십 개의 빈 항아리를 가득가득 채웠다.

빵과 물고기는 이 무리 저 무리에게 나누어 주어도 여전히 그대로 있었다. 계속 나누고 또 나누었다. 마침내 5천 명이나 되는 어른들과 많은 아이들이 배불리 먹었다.

"모두 실컷 먹었는데도 음식이 남았습니다."

제자의 말에 예수가 일렀다.

"먹고 남은 것을 모두 거두도록 하여라."

먹고 남은 빵과 물고기를 거두어들이니 큰 광주리로 열두 개 분량이나 되었다. 군중 속에서 시끄러울 정도로 웅성거리는 소리가 났다.

"저분은 분명 하나님께서 보내주신다고 약속하신 예언자야! 지금 우리가 경험하였듯이 엘리야와 엘리사보다 훨씬 뛰어난 능력을 지니셨잖아."

"저분이야말로 우리의 왕이 되셔야 할 분이야. 백성을 배부르게 하는 왕이 최고지 뭐야. 안 그런가?"

"어떤 병이든 다 고치시고, 귀신도 쫓아내시고, 죽은 사람조차 살리시는 저분을 왕으로 세운다면, 로마 제국으로부터 독립을 하는 것은 물론이요 어떤 나라도 우리를 넘보지 못할 걸세."

"예수님을 우리의 왕으로, 우리의 왕으로 …."

점점 목소리가 높아갔다. 누가 선동해서가 아니라 모두들 저런 분이 왕이 되면 잘사는 나라가 될 게 틀림없으며, 100년 가까이 그들을 지배하고 세금을 늑탈해 가는 정복자 로마를 물리치는 것도 문제되지 않는다고 생각하였다. 호수를 뒤엎을 듯한 풍랑도 저분의 잠잠하라는 한마디 명령에 멈추었다고 하니, 저분은 세상 전체를 지배하고도 남을 분이 아니겠는가.

당장에라도 예수를 왕으로 추대할 분위기였다. 예수는 그러나 그 자리를 떠났다. 그의 나라는 이 땅에 속해 있지 않았다.

물 위를 걷는 두 사람

하나님 아들의 사명 마 14:22–23 ; 막 6:45–47

예수는 군중의 기대와 열광을 피해 홀로 산으로 올라가면서, 제자들에게 먼저 배를 타고 가버나움으로 가라고 하였다. 그가 산으로 간 것은 기도하기 위해서였다. 고요한 밤에 한적한 곳에서 아버지 하나님과 은밀하게 대화를 나누기 위해서였다.

이내 날이 저물었다. 사방이 고요한 어둠에 잠겼다. 30대 초반의 젊은 그는, 백성의 기대와 인기가 높아질수록 자신의 생명이 단축된다는 점을 잘 알고 있었다. 유대 사회의 이른바 지도층 인사들은 그의 등장에 불안해질 것이다. 성전 제사를 담당하면서 백성의 대표적 어른으로 자리매김되어 있는 대제사장과 사두개파 사람들, 율법에 관해 사법경찰권을 갖고 있는 바리새파의 학자 등 지도급 인사들은 온갖 기적을 행하며 새로운 교훈으로 백성의 지지와 인기가 점증하는, 혜성처럼 등장한 예수를 향해 시기와 질투의 시선을 보낼 것이다. 그것은 그의 생명을 단축시킬 요인이 될 것이 뻔하다.

물론 죽음이 두려운 것은 아니었다. 그가 온 것은 사실 죽기 위해서였다. 이 백성과 온 인류의 죄를 대신 속죄하기 위해 자기 자신을 제물로 바치기 위해 세상에 온 것이다. 그는 이 땅에 사람의 형상으로 온 하나님의 아들로서 전에도 없었고 후에도 없을 하나님의 구원 프로그램을 하나님의 뜻과 계획에 맞게 이 땅에 펼쳐야 했다. 바로 그것을 위해 조용히 기도하려는 것이었다.

기도하는 동안 어둠이 덮였다. 그러자 고요를 깨고 바람소리가 일었다. 어둠에 잠긴 갈릴리 호수가 격랑으로 춤추게 될 것을 예고하는 바람소리였다.

두려운 풍랑 마 14:24-33 ; 막 6:48-52 ; 요 6:16-21

그 시각, 호수에는 풍랑이 일기 시작했다. 풍랑은 시간이 흐를수록 거세어졌다. 어부들이 고기잡이를 시작한 지 얼마 되지 않았는데, 위험이 닥쳐오고 있었다. 별도 달도 구름에 가려 수면은 짙은 어둠뿐이었다. 그리 멀지 않은 곳이라 천천히 노를 저어 여유롭게 갈 수 있었는데, 사정이 급변했다. 배가 나아갈 줄을 몰랐다. 배가 가고자 하는 방향에서 바람이 불어왔기 때문이다. 배는 요동쳤다.

밤이 깊어갔다. 배는 전진하지 못하고 제자리에 머물다시피 하였다. 아무리 힘껏 노를 저어도 바람과 파도에 막혀 꿈쩍도 하지 않았다. 몇 시간이 흘렀는데도 제자리를 벗어나지 못하니 제자들은 지치고 말았다. 극도의 두려움에 휩싸여 아무도 입을 여는 사람이 없었다. 이제 한두 시간 후면 날이 밝아올 것이다. 그들은 모든 방법과 노력을 포기할 수밖에 없었다. 불보다 무서운 물이 그들을 당장이라도 집어삼킬 듯 무섭게 일렁거렸다.

"저게 뭐야?"

그때였다. 누군가가 공포에 질려 외쳤다. 모두들 두리번거렸다. 무엇을 보았기에 저토록 두려운 목소리인가. 그러나 이내 그들 모두는 겁먹은 표정이 되었다. 지금까지는 풍랑의 두려움이었으나 전혀 새로운 두려움이 엄습해 왔다. 수면 위에 허여멀건 물체 하나가 그들을 향해 움직여 오고 있었다. 가까워질수록 사람의 형체가 드러났다. 어둠의 파도 위를 걸어오는 하얀 물체는 그들 모두에게 유령으로 느껴졌다. 물 위로 걸어오는 유령, 소름끼치는 장면이었다. 유령의 하얀 옷자락이 바람에 휘날렸다. 제자들이 공포에 질린 신음소리를 내질렀다.

"유령이다! 사람 살려!"

"안심하여라. 나다, 나!"

귀에 익은 목소리였다. 스승 예수의 목소리.

모두들 또 한 번 놀라지 않을 수 없었다. 누구보다도 베드로는, 예수의 그 능력을 배우고 싶었다. 자신도 물 위를 걸을 수 있다면! 베드로는 예수를 향해 외쳤다.

"주님, 정말 주님이시라면 나에게 물 위로 걸어오라고 명령하십시오. 물 위로 걸으라고요."

예수가 그렇게 명령하기만 하면 자기도 물 위를 걸을 수 있으리라. 베드로는 그렇게 믿었다.

"물 위를 걸어서 나에게 오너라."

예수는 지체 없이 그의 요구를 들어주었다. 베드로는 기다렸다는 듯 배에서 물 위로 발을 내려놓았다. 가라앉지 않았다. 이럴 수가! 그는 놀라움과 기쁨으로 한 발 두 발 물 위를 걸어 예수에게 다가갔다. 제자들은 모두 넋이 나가 베드로를 바라보고 있었다. 베드로는 자기가 물 위를 걷고 있다는 이 놀라운 신비를 다시 확인이라도 하려는 듯, 가까워지는 예수를 다시 한 번 바라보고 발 아래로 시선을 옮겼다. 그 순간 일렁이는 물결이 그의 시야에 들어왔다. 험한 파도였다. 아이쿠, 내가 지금 물 위에 서 있다니?

다음 순간이었다. 베드로의 발이 물 속으로 빨려 들어가듯 내려앉은 것은. 그는 허우적대며 비명을 질렀다.

"주님, 살려주십시오!"

이미 그의 앞에 다가와 있는 예수가 즉시 손을 내밀어 베드로의 손을 잡아 올렸다. 그 순간 베드로의 두려움이 사라졌다.

"믿음이 적은 자여, 왜 의심하였느냐?"

예수는 그를 책망한 다음, 함께 배 위로 올라갔다. 그들이 배에 오르자 또 한 번의 놀라운 일이 벌어졌다. 그토록 험하던 파도, 나뭇잎처럼 흔들리던 배, 무서운 바람소리가 멈춘 것이다. 순식간에 평안이 엄습하였다. 사방이 고요해졌다. 천지를 지으신 하나님이 아니고서야 누가 이런 일을 할 수 있을까. 제자들은 약속이라도 한 듯 예수 앞에 엎드려 절하였다.

"주님은 진실로 하나님의 아들이십니다!"

누군가가 그렇게 고백하자 모두들 입을 모아 예수야말로 하나님의 아들이라고 고백했다.

하늘에서 내려온 생명의 양식

게네사렛 마을의 축복 마 14:34–36 ; 막 6:53–56

배는 벳새다 근처의 게네사렛에 닿았다. 날은 이미 밝아 있었다. 아름다운 들꽃 향기가 천지에 진동했다. 일찍 들에 나갔던 몇몇 마을 사람들이 예수와 그 일행이 배에서 내려 언덕으로 올라오는 것을 보았다.

"저 사람이 예수잖아? 그 제자들이고…."

누군가가 말했다.

"맞아. 오늘 우리 마을에 행운이 찾아왔네. 아픈 사람들 다 나오라고 해야지."

예수를 만난 적이 있는 한 사람이 마을로 달려갔다. 작은 마을에는 금세 소동이 벌어졌다. 삼삼오오 사람들이 짝을 지어 예수에게 몰려들었다. 병자들은 다 나온 것 같았다. 벙어리, 맹인, 손이나 발을 쓰지 못하는 사람, 병명도 모른 체 자꾸 야위어 가는 사람, 각종 부인병, 아무리 약을 써도 고쳐지지 않은 속병, 지속되는 두통과 편두통, 호흡곤란 증세, 중병에 걸려 들것에 실려 나오거나 업혀 나오는 환자도 있었다. 이른 아침에 등장한 예수로 인하여 게네사렛 마을은 일대 소란이 일어났다.

병자들은 기회를 놓치지 않으려고 앞다투어 예수에게 접근하였다. 예수의 옷자락이라도 만지려고 애걸하는 이들이 적지 않았다. 옷자락을 만진 사람은 즉시 병이 나았다. 호숫가 작은 마을 게네사렛의 아침은 축복이 넘쳐났다.

적과 친구 마 15:1-20 ; 막 7:1-23

예수는 제자들과 함께 주변 마을들을 다니면서, 가는 곳마다 환자들을 치료해 주었다. 예수는 아픈 사람들의 은인이며 다정한 친구였다.

그러나 예수에게는 지지자들과 추종자들이 많았지만 그와 더불어 반대자들도 적지 않았다. 특히 율법준수만이 하나님의 뜻이요 구원의 길이라고 확신하는 바리새인들은, 예수가 안식일에도 병자를 치료한다는 이유로 그를 큰 죄인으로 여기고 있었다. 더구나 예수는 안식일에 회당에서 병을 치료하기까지 하였다. 뿐인가. 예수는 예루살렘 성전에서 하나님을 자기 아버지라고 천명하는가 하면, 감히 사람의 죄를 용서한다고 말하였다. 죄를 용서하는 것은 하나님이나 할 수 있는 일이 아닌가! 예루살렘의 율법학자들은 그런 현지보고를 접할 때마다 서둘러 예수를 제거하지 않으면 안 되겠다는 강박관념에 빠져들고 있었다. 그들에게 예수는 어느덧 공동의 적이 되어 가고 있었다.

예루살렘에서 예수의 비판자들이 갈릴리로 내려왔다. 바리새인들과 율법학자들이었다. 지나치게 과장되거나 날조된 것 같은 그의 능력을 현장에서 확인하고, 그의 잘못된 반反율법적 가르침을 지적해 주기 위해서였다.

중앙에서 조사차 내려온 그들에게 맨 먼저 책잡을 일이 발견되었다. 그들이 정해 놓은 율법의 시행세칙에 따르면, 음식을 먹기 전에는 반드시 손을 씻어야 했다. 그런데 예수의 제자들이 더러운 손을 씻지도 않고 음식을 먹는 현장을 목격한 것이다.

"당신의 제자들이 손을 씻지 않고 음식을 먹고 있소. 명백한 위법이오."

예수는 그들의 지적을 받자 잠시 그들을 바라보다가 입을 열었다.

"손을 씻지 않고 음식을 먹는다고 그 사람이 나빠지는 것은 아니오. 사람이 죄를 짓게 되는 것은 밖에서 몸 안으로 들어가는 것 때문이 아니라, 사람의 마음에서 나오는 것 때문이오. 사람을 죽이고 남의 물건을 훔치고 거짓말하는 것 등은 모두 사람의 마음에서 생겨난 것이오."

음식물은 사람을 악하게 하거나 더럽히지 않으며, 사람을 더럽게 하고 추하게 하는 것은 마음이라는 예수의 말에 바리새인들은 할 말을 잃고 말았다.

하늘에서 내려온 생명의 양식 요 6:22-71

예수는 공격을 받아도 늘 의연했다. 진리를 가르쳤기 때문이다.

"썩는 양식을 위하여 일하지 말고 영원한 생명을 얻게 하는 양식을 위하여 일하시오. 내가 영원한 생명을 얻게 하는 양식을 주겠소. 하나님을 위하여 일하시오."

사람들은 무슨 뜻인지 알아듣지 못한 것 같았다. 사람들을 대변하듯 누군가가 물었다.

"어떻게 하여야 하나님의 일을 합니까?"

"하나님께서 보내신 자를 믿는 것이 하나님의 일을 하는 것이오."

"그렇다면 하나님께서 보내셨다는 증거가 있어야 하지 않겠습니까? 모세는 광야에서 백성들에게 만나를 내려주어서 40년 동안 먹고 살았습니다."

"그것은 모세가 준 양식이 아니라 내 아버지 하나님께서 주신 것이오."

그러자 여럿이 입을 모아 외쳤다.

"우리에게도 그 빵을 주십시오."

"내가 곧 생명의 빵이오. 내게 오는 자는 결코 주리지 않으며 영원히 목마르지 않을 것이오. 그러나 나를 보고도 믿지 않는 사람들이 있소. 내가 하늘에서 내려온 것은 하나님의 뜻을 행하기 위해서요. 내 아버지의 뜻은 아들을 보고 믿는 자마다 영원한 생명을 얻게 하는 데에 있소. 마지막 날에 내가 그들을 다시 살릴 것이오."

예수의 가르침은 한 번도 들어보지 못한 불가사의한 것이었다.

"진실로 진실로 말하건대 누구든지 내 살을 먹지 않고 내 피를 마시지 않는 사람은 그 속에 영원한 생명이 없소. 내 살을 먹고 내 피를 마시는 자는 영원한 생명을 가졌고, 마지막 날에 내가 그들을 다시 살릴 것이오. 내 살은 참된 양식이며 내 피는 참된 음료요. 내 살을 먹고 내 피를 마시는 자는 내 안에 있고, 나도 그 안에 있소."

어떤 사람들은 예수의 가르침이 이해되지 않는다면서 예수의 곁을 떠났다. 예수가 목수의 아들임을 아는 이들은 그가 하늘에서 내려온 생명의 빵이라느니, 내 살을 먹고 내 피를 마셔야 영원한 생명을 얻는다는 말을 이해하기가 쉽지 않았다.

그 후 예수가 제자들에게 물었다.

"너희들도 가려느냐?"

베드로가 대답하였다.

"영원한 생명의 말씀이 주님께 있는데 우리가 어디로 가겠습니까."

예수는 제자들을 둘러보며 천천히 말하였다.

"내가 너희 열둘을 택하였다. 그러나 너희 중에 한 사람은 아니다!"

가룟 사람 유다의 배신을 예고한 지적이었다. 그러나 아무도 그 뜻을 이해하지 못하였다.

믿음의 놀라운 능력

귀신 들린 수로보니게 여인의 딸 마 7:21 ; 막 7:24

갈릴리에서 멀리 서북쪽에 위치한 해안 평야 지대는 고대로부터 유명한 페니키아인들의 땅이다. 페니키아는 기원전 천 년경인 다윗 왕과 솔로몬 왕 시대에도 탁월한 조선술造船術과 항해술航海術로 지중해 세계에 명성이 자자하였다. 그들은 일찍이 오늘날 국제어로 사용되는 영어 알파벳을 고안하였으며, 해상무역으로 경제 부국을 이루었다. 솔로몬 왕도 그들과 조약을 맺어 그들의 도움으로 선박을 만들고 항해술을 배워 홍해에서 인도양으로 진출함으로써 큰 부를 획득한 바 있다.

예수 시대에 그 지방은 남부의 두로와 북부의 시돈으로 나뉘어 있었다. 갈릴리를 떠난 예수는 제자들만 데리고 유대인들이 이방인들이 사는 지역이라 하여 가기를 꺼려하는 두로에 갔다. 적당한 집을 얻어 잠시 쉬려는 것이었다. 마침 제자들과 함께 기거할 만한 집을 얻을 수 있었다. 예수는 이곳에서 장차 자신이 해야 할 일과 제자들이 해야 할 일을 차근차근 가르치고 있었다.

그러나 그곳에도 예수의 소문이 파다한 듯했다. 그곳에도 유대인이 살고 있었고, 유대교로 개종한 이방인도 없지 않았기 때문이었다. 그들도 유월절을 지키기 위하여 예루살렘에 갔고, 팔레스타인 땅을 여행하였다. 그들에게서 귀를 쫑긋 세우게 하는 '기적을 일으키는 나사렛 사람 예수'에 관한 소문이 퍼진 것이다.

"예수라는 사람은 분명 위대한 예언자이거나, 그 이상일 거야. 맹인의 눈을 뜨게 하고, 앉은뱅이를 일으켜 세우고, 귀신 들린 사람에게서 귀신을 내쫓았어. 유대인 사회에서 나사렛 예수를 모르는 사람은 없어. 무슨 병이든 다 고치는 그 사람은 하늘에서 내려온 것이 분명해."

입에서 입으로 전해진 예수의 소문은 잠시 휴식을 취하러 낯선 땅에 온 예수와 그 일행을 가만 놔두지 않았다. 누군가가 예수와 그의 제자들을 알아보았던 것이다.

"나사렛 예수가 여기에 오셨어!"

"모든 병을 고치신다는 그 유대인이?"

"틀림없다니까. 그분이 늘 데리고 다니는 제자들도 내가 똑똑히 봤어."

소문은 빠른 속도로 퍼져나갔다. 이내 사람들이 모여들기 시작하였다. 조용한 휴식은 기대할 수 없게 되었다.

큰 믿음으로 이루어진 소원 마 15:21-28 ; 막 7:25-30

한 여인이 괴로운 얼굴을 하고 예수를 찾아왔다. 여인도 예수의 소문을 들었던 것이다. 여인은 예수의 발 앞에 엎드려 호소하였다. 제자들이 수군거렸다. 누가 보아도 헬라 여인이었기 때문이다. 제자들은 우리 선생님이 저런 이방인도 아브라함의 자손들과 똑같이 대해 주지는 않을 것이라고 생각하고 있었다. 여인은 눈물을 글썽이며 말했다.

"저를 불쌍히 여겨 주십시오. 제게는 딸이 있는데, 흉악한 귀신이 들려 있습니다. 제발…."

제자들과 그 지방 사람들이 둘러서서 예수의 반응을 기다리고 있었다. 그러나 성급한 제자 하나가 먼저 입을 열었다.

"선생님, 이 여인은 그냥 돌려보내시는 게 좋겠습니다."

예수에게서 작은 흠이라도 찾아내려고 혈안이 된 바리새인들을 의식한 발언이었다. 이방인을 구원한 사실이 알려지면 그들은 분명 난처한 문제를 제기할 것이다. 유대인 사회의 경직성을 생각할 때 쓸데없는 일로 피해를 입을 수는 없었다.

여인을 바라보며 예수는 천천히, 잘 알아들을 수 있도록 말하였다.

"나는 이스라엘 백성을 구하러 이 세상에 왔소."

완곡한 거절이었다.

"그러나 선생님…."

여인도 유대인의 전통과 율법을 모르는 바 아니었다. 이방인을 사람으로 취급하지 않는 그들의 우월감을 어찌 모르랴. 그러나 귀신 들려 고통 받고 있는 딸을 이런 기회에 고쳐 주지 않으면 언제 또 기회가 오겠는가? 여인은 무슨 소리를 들어도 물러설 수 없었다.

"저를 도와주십시오. 선생님은 귀신을 쫓아내는 능력이 있으십니다."

"자녀에게 줄 빵을 개에게 줄 수는 없소."

정말 자존심 상하는 모욕이었다. 이스라엘 사람만 사람이고 이방인은 개란 말이 아닌가?

제자들은 만족스러웠다. 동정과 연민에 끌려 이방인을 도와줄지도 모른다는 불안감이 가시지 않던 그들이었다. 이쯤 모욕을 당하면 여인도 물러갈 것이 분명하였다. 그러나 상황은 달리 전개되었다.

"선생님, 옳은 말씀입니다. 하지만 식탁 밑에 있는 개들도 아이들이 흘린 부스러기는 얻어먹지 않습니까?"

포기하고 갈 줄 알았던 여인의 반응에 예수는 적이 놀라는 표정이었다.

"그런 대답을 하다니 놀랍소. 어서 가 보시오. 당신 딸에게서 벌써 귀신이 떠나갔소."

어찌 한시인들 지체하랴. 여인은 감사의 마음을 가슴 가득 안고 집으로 달려갔다. 과연 귀신이 나간 딸은 원래의 아름다운 얼굴로 평안하게 잠들어 있었다.

4천 명을 먹인 일곱 덩이의 빵

사흘을 함께 한 믿음 마 15:29-38 ; 막 8:1-9

예수와 그의 제자들이 두로에서 돌아오자 갈릴리 호수를 둘러싼 여러 마을에서 많은 사람들이 몰려들었다. 그의 가르침이 그리웠음은 물론 그들에게는 병든 사람과 약한 사람이 아직도 많았기 때문이었다.

수많은 병자들과 장애인들이 찾아왔다. 업혀 오는 앉은뱅이, 부축 받으며 오는 절름발이, 맹인과 벙어리와 병자들이 예수를 찾아왔다. 예수는 그들을 모두 고쳐 주었다. 맹인이 눈을 뜨고, 절름발이가 걷고 뛰었다. 앉은뱅이가 기뻐서 춤을 추었다. 사람들은 일찍이 누구도 보지 못했던 치유의 기적을 목격하며 그 신비에 놀라고 기뻐하며 하나님을 찬양하였다.

완만하게 경사진 낮은 산에서 갈릴리 호수가 내려다보였다. 사람들이 계속하여 꾸역꾸역 올라오고 있었다. 온갖 병자들과 장애인들이 어떠한 비용도 지불함이 없이 단번에 무슨 병이든 완치시키는 신비한 의사 예수 앞으로 몰려드는 것은 어쩌면 너무나 당연한 현상일 것이다. 얼마 안 가서 그 야산은 그야말로 인산인해를 이루었다. 치유된 사람들도 떠나려 하지 않았다. 건강한 몸으로 찾아온 사람들도 떠나려 하지 않았다. 그들은 계속해서 신비한 현장에 목격자로 남기를 원하였고, 그것은 그들에게 흥분과 기쁨을 가져다 주었다.

그들은 예수가 무슨 말씀이든 해주기를 바랐다. 유명한 랍비에게서조차 들어본 적이 없는, 가슴을 찌르기도 하고 어루만지기도 하는 그의 말은 그들의 아픈 상처를 말끔히 치유시켜 주곤 하였다. 그의 말은 평안과 위로의 샘물이었고, 물을 포도주로 바꾸었듯이 절망을 희망으로 탈바꿈시켜 주었다.

밤이 와도, 다시 아침이 오고 밤이 와도, 사람들은 줄어들지 않았다. 너무 많은 병자들이 대기하고 있는 데다가 먼 곳에서도 자꾸자꾸 사람들이 모여들어 장사진을 쳤다. 사람이 많다는 것을 알고 아예 빵이며 저린 물고기 등 음식을 싸들고 오는 사람도 많았다. 밤을 새워서라도 병을 고치려는 사람들과 그 일행들은 차가운 밤을 지새울 각오로 겉옷을 챙겨들고 왔다.

이틀째가 되자 그들이 스스로 챙겨온 음식은 다 먹어 치워서 남은 것이 없었다. 이렇게 오래 걸릴 줄은 미처 예상하지 못했지만, 돌아가기가 아쉬웠다. 세상에 태어나 한 번도 사물을 볼 수 없었던 맹인이 흑암의 세계에서 눈을 떠 빛의 세상을 바라본 그 흥분이, 그 흥분을 공유하게 된 사람들은 쉽사리 발걸음이 떨어지지 않았다.

사흘째가 되었을 때 예수는 문득 함께 있는 이 많은 사람들 대부분이 음식을 제대로 먹지 못하고 있는 것을 생각하고는 연민이 생겼다.

"이 많은 사람들이 벌써 사흘 동안이나 나와 함께 지냈는데 먹을 것이 없으니 참 안됐구나. 그들을 굶겨 보낼 수는 없다. 가다가 길에서 쓰러질지도 모르지 않느냐?"

제자들은 난감하였다. 그냥 돌려보내지 않으면 무엇으로 이 많은 사람들을 먹인단 말인가. 그리고 이건 그들의 문제이지, 우리가 책임질 문제는 아니

잖은가.

"선생님, 여기는 마을에서도 꽤 떨어진 곳입니다. 이 많은 사람들을 먹일 만한 빵은 구할 수가 없습니다."

한 제자의 말에 예수가 물었다.

"먹을 것이 얼마나 있느냐?"

"빵 일곱 덩어리와 작은 물고기 몇 마리뿐입니다."

그들은 다섯 덩이의 빵과 두 마리의 물고기로 5천 명이나 먹이고도 듬뿍 남았던 사실을 벌써 망각한 모양이다. 아니면 그런 기적이 연거푸 두 번씩이나 일어나리라고 기대하지 못했든가.

"사람들을 질서 있게 앉히도록 하여라."

예수는 모여 앉은 사람들 앞에서 그 초라한 음식물을 들고 하늘을 향해 기도하였다.

"아버지여, 우리를 이렇게 충분히 먹여 주시니 감사합니다…."

짧지만 믿음과 응답의 감사 기도였다. 그런 다음 예수는 제자들에게 빵을 건네주었다. 그런데 이게 어찌된 일인가. 빵을 나누고 또 나누어도 일곱 덩이에서 조금도 줄지 않았다. 생선 역시 마찬가지였다. 군중들은 모두 배불리 먹고 돌아갔다. 그들이 돌아간 후 남은 음식을 주워 모으니 자그마치 일곱 광주리나 되었다. 먹은 사람은 4천여 명이나 되었다.

수난 예고-그 첫 번째

거절과 응답 마 16:1-4 ; 막 8:11-13, 22-26

예수와 제자들은 그곳을 떠나 배를 타고 갈릴리 호수 서편의 마가단이라는 성읍으로 갔다. 그곳의 바리새인들은 예수를 만나자 대뜸 요구했다.

"당신이 메시아라면 우리가 그렇게 믿을 수 있는 징표를 보여주시오."

엘리야나 엘리사 같은 예언자들이 일으킨 기적보다 더 큰 기적을 요구한 셈이다. 물론 그들은 예수를 메시아로 믿지 않았기 때문에 예수가 그런 징표를 보여줄 수 있으리라고는 생각하지 않았다. 예수는 그들의 마음을 알았으므로 거절한 후, 다시 배에 몸을 실었다. 호수의 북동쪽 벳새다에 닿자 몇 사람이 맹인을 데리고 왔다. 그들은 예수가 손만 대주면 눈을 뜨게 될 것이라고 믿었다. 예수는 맹인을 데리고 한적한 곳으로 가서 그의 눈에 침을 발라 주며 물었다.

"뭔가 보이는 게 있소?"

맹인은 잠시 눈을 껌벅이다가 말했다.

"사람 같은 것이 보입니다."

선명하게 식별되지는 않는 모양이었다. 예수는 다시 그의 눈에 손을 대주었다.

"아! 보입니다, 보여요. 사람들, 저 나무들, 저기 마을의 집들!"

예수는 그를 집으로 돌려보내며

마을에 들어가게 되거든 소문을 내지 말라고 당부하였다.

너희가 나를 아느냐 마 16:13-20 ; 막 8:27-30 ; 눅 9:18-20

예수는 묵묵히 요단 강 상류 쪽으로 발걸음을 옮겼다. 레바논 산과 그 맞은편의 헤르몬 산 사이의 깊은 계곡을 흘러내리는 물은 갈릴리 호수를 이루고, 이 호수에서 나온 물이 계속해서 남쪽으로 곧장 흐르며 요단 강을 이룬다. 레바논 산과 헤르몬 산의 계곡에서부터 요단 강과 사해를 지나 홍해와 접한 아카바 만까지의 5백km에 이르는 낮은 협곡은 지중해 해수면보다 수백미터나 낮은 저지대여서 사해는 더 흘러내리지 못하고 고인 물이 된다. 사해는 건조한 기후로 물의 증발량이 많아서 염도가 높기 때문에 생명이 살지 못해 '죽음의 바다'로 알려져 있다.

갈릴리 호수 북단에서 대략 50여 km 북쪽에는 헤롯 대왕의 아들 중 하나인 헤롯 빌립이 그 지역 총독으로 있을 때 건설한 도시가 있다. 로마 제국의 첫 왕조 가이사랴CAESRE 가문의 이름을 따서 빌립이 세운 도시라고 하여 '가이사랴 빌립보'라고 불렸다. 그곳에 이르렀을 때, 예수는 제자들에게 물었다.

"사람들은 나를 누구라고 하느냐?"

그러자 제자 중 한 명이 대답했다.

"어떤 사람들은 주님을 세례 요한이라고 오해합니다."

그러자 다른 제자가 나섰다.

"예언자 엘리야라고 하는 사람들도 많습니다."

6백여 년 전에 활동한 엘리야는 예언자 중의 예언자라 할 만큼 기적을 많이 일으켰으며, 산 채로 하늘로 들려 올라간 사람이다.

"사람들은 대개 선생님을 예언자라고 합니다."

예수는 잠시 먼 산을 바라보며 침묵하더니, 제자들을 주욱 둘러보며 질문하였다.

"그렇다면 너희들은 내가 누구라고 생각하느냐?"

이에 시몬이 나섰다.

“주님은 살아계신 하나님의 아들이시며, 그리스도이십니다.”

예수는 분명 사람의 모습인데, 어찌 하나님의 아들이며 구세주라는 것일까. 그들이 그동안 들은 하늘나라 메시지와 목격한 기적들을 종합해 보면 예수는 분명 사람이지만 사람이 아니었다. 그분이야말로 구세주요, 하나님의 아들이었다.

시몬의 대답을 들은 예수는 흡족하였다.

“시몬아, 네가 참으로 복되구나. 네가 그렇게 말한 것은 사람의 생각에서 비롯된 것이 아니라 하늘에 계신 내 아버지께서 너에게 알려주신 것이다. 네게 말한다. 너의 이름은 이제부터 ‘반석’을 뜻하는 베드로다. 내가 반석 위에 내 교회를 세우리니, 어떤 죽음의 세력도 그것을 누르지 못할 것이다. 나는 하늘나라의 열쇠를 너에게 주겠다. 무엇이든 네가 땅에서 매면 하늘에서도 매일 것이고, 땅에서 풀면 하늘에서도 풀릴 것이다!”

그러고 나서 예수는 자신이 그리스도라는 것을 다른 사람에게 알리지 말라고 제자들에게 당부하였다.

“아직은 아무에게도 그렇게 말하지 마라.”

함구령을 내린 예수는 한결 이해하기 어려운 말을 하였다.

죽임을 당하리라, 그러나 마 16:21–23 ; 막 8:31–33 ; 눅 9:21–22

"내가 대제사장과 장로들과 서기관들에게 많은 어려움을 당할 것이다. 그들은 나를 죽일 것이다. 그러나 나는 사흘 만에 다시 살아날 것이다."

제자들은 의아하고 당황하여 눈을 휘둥그레 뜨고 예수를 바라보다가 서로의 얼굴을 두리번거렸다. 죽임을 당하지만 사흘 만에 다시 살아나다니…, 그건 무슨 뜻인가.

베드로는 장로들과 서기관들이라는 말을 떠올렸다. 하기야 유대 사회의 원로들은 청년 예수를 노골적으로 싫어한 것이 사실이었다. 그들은 율법학자들을 예수에게 보내어 질문 공세를 퍼붓게 하는 등, 어떻게든 약점을 찾아내려고 시도해 왔다. 그렇다고 그들이, 유대 사회의 최고위층이라 할 수 있는 그들이 단합하여 예수를 죽인단 말인가? 예수가 누구인데 죽인단 말인가. 하나님의 아들이 아닌가. 숱한 기적의 현장을 목격해 온 것으로 보면 그는 이미 죽은 사람조차도 살리는 사람이었다. 그런 그가 죽다니! 하나님의 아들이 죽임을 당하다니!

베드로는 예수의 옷자락을 부여잡으며 말했다.

"주여, 그건 안 될 일입니다. 주님께 그런 일이 일어나서는 안 됩니다."

베드로의 충정을 모를 리 없지만 예수는 단호하게 말하였다.

"베드로, 그대는 하늘의 일은 생각하지 않고 사람의 일만 생각하는구나. 그것은 사탄이나 할 일이다. 그러니 내 뜻을 막지 마라."

예수의 위엄에 눌려 베드로를 비롯한 제자들은 더 이상 입을 열지 못하였다.

그렇다면 예수가 이루려 하는 하나님의 일이 무엇일까? 그것은 구약시대의 많은 예언자들과 세례자 요한 및 예수 자신의 입으로 이미 확고하게 밝혀져 있다. '세상 죄를 지고 가는 하나님의 어린 양'이라는 세례 요한의 지적처럼, 예수는 죄인을 위하여 고난 받으시고 죽으시게 되어 있었다. 그리하여 그 속죄의 피로 세상을 구원하는 것이, 하나님의 뜻이요 예수의 사명이었다.

구름 속에서 들려오는 음성

영광스러운 변모 마 17:1-4 ; 막 9:2-6 ; 눅 9:28-33

그로부터 엿새 후, 일행은 가이사랴 빌립보에 머물고 있었다. 예수는 그들 중 세 명의 제자를 따로 불렀다. 요한과 야고보와 베드로였다. 가버나움의 회당장 야이로의 딸이 죽었을 때도 다른 아홉은 밖에 둔 채 이들 세 제자만 데리고 시신이 있는 방으로 들어가 아이를 살린 적이 있을 만큼 예수는 그들 셋을 각별히 생각했다.

서쪽의 레바논 산 맞은편에 솟아 있는 헤르몬 산은 해발 2,815m나 되는 고산으로 정상에는 늘 흰 눈이 덮여 있다. 예수는 가이사랴 빌립보의 북쪽에 위치한 그 산으로 세 제자만 데리고 올라갔다. 한 봉우리에 도달하자 예수가 발을 멈추었다. 정상은 아직 멀었으나 꽤 높은 곳이었다. 도시가 저 아래 남쪽으로 내려다보였다.

예수는 말이 없었다. 하늘을 향하여 눈을 감은 채 침묵의 기도를 드리는 것 같았다. 세 제자 역시 입을 다문 채, 어떤 이유로 자신들을 여기까지 데리고 오신 것인지, 머릿속으로 헤아리고 있었다. 그런데 이상한 일이 벌어지기 시작했다. 서른을 갓 넘긴 청년 예수, 여기저기 돌아다니며 병자를 고치고 사람들에게 가르침을 펴느라 햇볕에 그을린 얼굴이 어찌된 일인지 하얗게, 아주 깨끗하게 변해가는 것이었다. 태양처럼 눈부신 광채가 뿜어져 나왔다. 옷도 눈부시게 새하얀 빛으로 변했다. 도저히 사람의 모습이라고 할 수가 없었다. 세상에서는 찾아볼 수 없는 거룩한 아름다움이 배어 나왔다.

그것이 전부가 아니었다. 눈 깜짝할 사이에 예수 주위로 두 인물이 나타났다. 한 번도 얼굴을 본 적이 없었지만 너무나 잘 알고 있는 조상들이었다. 그중에서도 가장 유명한 지도자 모세와 수많은 예언자들 중에서도 가장 대표적인 예언자라 할 수 있는 엘리야가 예수의 곁에 서 있는 것이 아닌가. 얼굴을 본 적이 없는 옛 사람들이었지만 제자들은 모세와 엘리야를 대번에 알아볼 수 있었다. 세 사람은 무슨 말인지 알아들을 수 없는 대화를 나누고 있었다. 베드로와 요한과 야고보는 그곳이 천국이라고 착각했을 지경이었다.

"주여!"

황홀경에 빠진 베드로의 목소리가 떨려 나왔다.

"주님, 여기 있으니 정말 좋습니다. 주님이 원하신다면 제가 초막 세 채를 지어서 하나는 주께, 하나는 모세에게, 하나는 엘리야에게 드리겠습니다."

하나님의 목소리 마 7:5–13 ; 막 9:7–13 ; 눅 9:34–36

그의 말이 채 끝나기도 전에 신비로운 장면이 연출되었다. 눈부시게 하얀 구름이 내려오더니 그 세 사람을 감싸듯 가리는 것이었다. 제자들은 두려워서 그 자리에 엎드렸다. 이어, 구름 속에서 우람한 목소리가 들려왔다. 한 번도 들어본 적이 없는 권위와 온유가 넘치는 목소리였다.

"이는 내 사랑하는 아들이요, 내 마음에 드는 아들이다. 너희는 그의 말을 들어라."

제자들은 너무나 두려워서 엎드린 채 얼굴도 들지 못하고 있었다. 잠시 후 예수의 손이 그들의 어깨에 닿으며 그의 익숙한 목소리가 들려왔다.

"일어나라. 두려워하지 마라."

예수의 부드러운 음성에 제자들이 고개를 들어 보니 모세도 엘리야도 구름도 사라지고 없었다. 오직 예수만이 늘 보던 그대로 그들을 지켜보고 있었다. 꿈에서 깬 듯 황홀경에서 벗어난 그들은 예수의 뒤를 따라 산을 내려갔다.

"내가 죽임을 당하고 다시 살아나기 전까지는 오늘 본 일을 누구에게도 말하지 마라."

세 제자는 말하고 싶어도 그 거룩하고 신비한 일들을 표현할 수사력이 없다는 데에 생각이 미쳤다. 한 가지 분명한 것은, 그들의 스승 예수는 그들의 역사 속에서 최고로 존경받는 두 인물인 모세나 엘리야를 능가하는 하나님의 아들임에 틀림없다는 확신이었다.

방법은 한 가지뿐-오직 기도

귀신 들린 아이 마 17:14-20 ; 막 9:14-29 ; 눅 9:37-43

다음날, 산에서 내려온 예수와 세 제자는 다른 아홉 명의 제자들이 많은 사람들과 함께 웅성거리고 있는 것을 보았다. 거기에는 서기관들과 바리새인도 여럿 있었다. 예수가 나타나자 무리의 시선이 쏠리면서 한 남자가 다급하게 다가왔다.

"선생님, 제 외아들이 말을 못합니다. 악한 귀신이 들렸습니다. 시도 때도 없이 귀신이 제 아들에게 들어가 거품을 토하며 고꾸라지게 합니다. 이젠 아이가 아주 파리해져서 제가 선생님께 데리고 왔지만, 선생님의 제자들은 귀신을 쫓아내지 못하였습니다."

예수는 제자들을 바라보며 질책했다.

"내가 얼마나 당신들과 함께 있었는데 이런 일도 못하였단 말이냐! 내가 얼마나 더 오래 참아야 하느냐? 너희에게 믿음이 없기 때문이다. 그 아이를 내게 데려오너라."

아이는 예수를 보자마자 심한 경련을 일으키며 땅에 엎드러져 뒹굴었다. 차마 똑바로 바라보기 민망할 정도로 아이가 힘들어하였다.

"언제부터 이랬소?"

아버지에게 예수가 물었다.

"아주 어렸을 때부터입니다. 귀신이 이 아이를 자주 물과 불 속으로 뛰어들게 하여 죽이려 하였습니다. 선생님, 부탁입니다. 하실 수 있거든 우리를 불쌍히 생각하여 도와주십시오."

예수는 그 말에 약간의 역정을 섞어 책망하였다.

"할 수 있거든이라니 무슨 말이오? 잘 들으시오. 믿는 사람에게는 할 수 없는 일이 없소."

그러자 아이의 아버지가 큰 소리로 말하였다.

"선생님께서는 하실 수 있습니다. 나의 믿음 없음을 불쌍히 여기시어 도와주십시오."

절규에 가까운 호소였다.

사람들이 달려와 에워쌌다. 예수는 아이를 향하여 꾸짖었다. 시선은 아이를 향하고 있었지만, 실은 그 아이를 괴롭히는 아이의 안에 있는 귀신을 꾸짖은 것이다.

"벙어리 되게 하고 귀머거리 되게 한 귀신아, 내가 네게 명하노니 그 아이에게서 나오라. 다시는 그 아이에게 들어가지 말라."

엄한 명령이 떨어지자마자 귀신은 아이의 입을 통해 비명을 지르며 심한 경련을 일으키더니 떠나갔다. 아이는 그 자리에 쓰러졌다. 전혀 움직임이 없었다. 호흡조차 멈추어서 마치 주검을 방불케 하는 모습이었다.

"죽었잖아?"

누군가의 독백이었다.

"죽었어. 저런, 쯧쯧쯧."

주변 사람들이 수군거리며 귀신을 쫓아낸다고 아이를 죽게 한 예수를 찡그린 표정으로 주시하였다. 그러나 아이는 죽은 것이 아니었다. 극도의 긴장과 고통으로 경직되어 있던 아이의 표정이 마치 잠든 것처럼 평화롭게 변한 것이다.

예수는 허리를 굽혀 죽은 듯 누워 움직임이 없는 아이의 손을 잡아 일으켰다. 그러자 아이는 잠에서 깨어나듯 그 자리에 일어섰다. 아버지가 환희에 차서 아들을 와락 끌어안았다.

그날 가이사랴 빌립보의 숙소로 돌아오자마자 제자들이 예수에게 물었다.

"선생님, 우리 아홉 명이 힘을 모아 그 아이에게서 귀신을 쫓아내려고 시도했지만 실패하였습니다. 그 원인을 알고 싶습니다."

예수는 제자들을 둘러보며 힘주어 말하였다.

"이런 부류의 귀신은, 기도로써만 쫓아낼 수 있다. 오직 기도뿐이다."

죽음과 부활, 그 두 번째 예고 마 17:22-23 ; 막 9:30-32 ; 눅 9:44-45

가이사랴 빌립보를 떠나 다시 갈릴리로 향한 예수는 사람들과의 만남을 가급적 피했다. 제자들을 가르치기 위함이었다. 가이사랴 빌립보로 가면서 고난과 죽음과 부활을 예고한 예수는 다시 한 번 그 예고를 되풀이하였다.

"나는 이제 머지않아 예루살렘에서 사람들에게 배반을 당하여 죽게 될 것이다. 그러나 사흘 만에 다시 살아날 것이다."

제자들은 다시 의아해하였다. 누가, 어떤 힘으로, 어떤 방법으로 저 위대한, 무한대의 능력을 발휘하는 우리의 스승님에게 고난을 줄 수 있단 말인가? 도대체 누가 우리 스승님을 죽일 수 있단 말인가? 사흘 만에 다시 살아나신다는 말은 또 무슨 뜻인가? 죽은 사람을 둘이나 살려냈으니 부활할 수 있다고 하더라도, 그렇다면 아예 죽지 않으면 더 좋지 않을까?

그러나 속으로 그렇게 생각할 뿐 누구도 입을 열어 속내를 드러내는 사람은 없었다. 하지만 그들은 엉뚱하게도 다른 이야기들을 주고받느라 바빴다. 앞서 가는 예수가 알아듣지 못하도록 낮은 목소리로, 그러나 열을 내고 이야기를 나누었다.

첫째가 되려면 꼴찌가 되라 마 18:1-5 ; 막 9:33-37 ; 눅 9:46-48

가버나움에 이르자, 예수가 그들에게 물었다.

"오는 길에 무슨 토론들을 그렇게 하였느냐?"

못 들었다고 생각하였는데 다 들은 게 분명했다. 제자들은 누구도 얼른 대답을 하지 못했다. 별로 좋은 내용이 아니었기 때문이다.

"너희들은 너희들 중에서 누가 가장 높은지를 놓고 다투었다. 하지만 첫째가 되려면 스스로 꼴찌가 되어야 한다. 먼저 섬기는 사람이 되어야 한다. 그래야 섬김을 받을 수 있다."

예수는 마침 가까이에 있는 어린아이를 곁에 세운 후 말했다.

"이 아이처럼 되어야 한다. 누구든지 이 아이같이 되지 않으면 천국에 들어가지 못한다. 이 어린아이같이 자기를 낮추지 않으면 천국에서 큰 자가 될 수 없다. 누구든지 내 이름으로 이런 어린아이 하나를 반겨 맞아주면 곧 나를 반겨 맞아준 것이다."

누가 네 이웃이냐

선한 사마리아 사람 눅 10:25–37

어느 날, 율법학자가 예수에게 찾아와 두 가지 질문을 던졌다. 진정으로 해답을 알고 싶은 질문이 아니라, 예수가 어떤 사람인지 떠보려는 의도였다.

"선생님, 영원한 생명을 얻으려면 어떻게 해야 됩니까?"

그의 속내를 꿰뚫은 예수는 서슴없이 대답하였다.

"율법에 있지 않소. 그걸 당신은 어떻게 이해하시오?"

"그거야 뻔합니다. 네 마음을 다하며 목숨을 다하며 뜻을 다하여 네 하나님을 사랑하고 네 이웃을 네 몸처럼 사랑하라 하였습니다."

"그렇소. 그대로 하시오. 그러면 영원한 생명을 얻게 되오."

"그러면…."

그가 두 번째 질문을 던졌다.

"누가 내 이웃인가요?"

예수는 좋은 질문이라고 생각하며 제대로 이해시키기 위해 이야기 하나를 들려주었다.

"어떤 사람이 예루살렘을 떠나 여리고로 가던 길에 강도를 만났소. 그 길은 예루살렘과 여리고를 연결하는 유일한 도로이지만 경사가 심하고 험해서 강도들이 자주 출몰하는 위험한 길이었소. 장정들이 무리를 지어 이동하지 않으면, 언제 어디서 강도를 만날지 모르는 길이었소. 강도를 만난 사람은 거의 죽을 지경으로 폭행을 당하고 가진 것은 다 빼앗겼소. 심지어 옷까지 벗겨 갔소. 피투성이로 길에 버려진 그는, 도움의 손길이 없으면 그날 밤으로 죽을 목숨이었소.

얼마 후, 예루살렘에서 내려오는 제사장이 길을 가다가 그를 보았소. 제사장은 길가에 쓰러져 있는 그를 보자마자 마치 못 볼 것을 보았다는 듯 얼른 고개를 돌려 버렸소. 그는 쓰러져 신음하는 그 사람을 발견하지 못한 것처럼 발걸음을 더욱 재촉하였소.

한참 후, 이번에는 레위 사람이 그곳을 지나갔소. 그는 쓰러진 나그네 옆을 지나다가 잠시 걸음을 멈추고 바라보았소. 죽었는지 살았는지 확인하려는 듯 몇 걸음 다가선 그는 잠시 나그네를 들여다보았을 뿐, 얼른 그 자리를 떠나 버렸소. 섣불리 돕겠다고 나섰다가 성가신 일에 휘말릴지도 모른다는 생각이 들었던 것이오.

출혈이 심한 그 피해자는 돌보는 이 없이 그대로 죽어갈 처지였소. 날이 어둑어둑해질 무렵, 한 나그네가 길을 지나다가 그를 보게 되었소. 그는 예루살렘 북부 지역의 사마리아 사람이었소. 유대인

들이 사람 취급조차 하지 않아 기피하는 그 사마리아 사람은, 어둡기 전에 여관에 닿으려고 길을 서두르고 있었소. 그러던 중 길가에 피투성이가 되어 쓰러져 있는 사람을 발견한 것이오. 나귀에서 내린 그는 흠칫 놀라지 않을 수 없었소. 상처가 심했기 때문이었소. 그는 나그네 곁에 가까이 가서 가슴에 손을 얹어 보았소. 다행히도 심장이 뛰고 있었소. 그는 짐을 풀어 비상용으로 지니고 다니는 포도주를 꺼내어 상처를 닦아주고 올리브기름을 발라 주었소. 그리고는 그 피투성이를 나귀에 싣고 가까운 여관으로 갔소.

사마리아 사람은 나그네를 침대에 누이고 밤새도록 곁에서 보살펴 주었소. 다음날 일찍 여관을 나서면서 그는 주인에게 이틀치 품삯에 해당하는 큰 돈을 주면서 당부하였소. '저 환자를 잘 돌봐 주시오. 비용이 더 들면 내가 돌아올 때 갚아 주겠소.'"

여기까지 이야기한 예수는 질문을 한 율법학자에게 물었다.

"당신 생각에 이들 세 사람 중 누가 강도를 만난 사람의 이웃이오?"

율법학자가 쉽사리 대답하였다.

"그야 당연히 나그네를 보살펴 준 사마리아 사람이지요."

"그렇소. 당신도 그와 같이 행하도록 하시오."

예수를 잡으려는 첫 번째 시도

은밀한 행보 요 7:1-9

유월절은 이스라엘 최대의 명절이다. 그날은, 이스라엘 사람들이 노예 생활을 하던 이집트에서 모세의 인도로 탈출한 것을 기념한 날이다. 이집트를 탈출하기 바로 전날 밤 하나님께서 '이집트 땅을 치실 때', 어린 양을 잡아서 그 피를 문설주와 인방에 바른 이스라엘 사람들의 집에서는 죽임을 당하지 않았던 것을 기억하고 기리기 위한 명절이었다.

유월절에서 약 6개월 후인 가을에는 초막절 축제가 열렸는데, 올리브와 포도와 무화과 등을 수확하게 된 것을 기념하는 명절이었다. 초막절이 되면 유대인들은 모두들 예루살렘에 모여서 명절을 지켰다.

8일간 이어지는 초막절 행사는 첫날과 마지막 날 성회로 모이고, 성전에서는 매일 희생제사가 드려졌다.

갈릴리에 머물고 있던 예수는 가까이에 있던 동생들로부터 예루살렘에 올라가 초막절을 지키자는 제안을 받았다.

"너희들 먼저 가거라. 나는 아직 내 때가 아니라서 올라가지 않겠다."

유대인들은 이미 예수를 잡아 죽이자고 음모를 꾸며 놓고 있었다. 그가 예루살렘에 나타나면 산헤드린 법원의 대제사장은 사람들을 보내 그를 체포하려고 할 것이다. 예수는 그것을 알고 있었다. 그러나 그는 유월절 어린 양으로 이 땅에 왔다. 어린 양을 잡아 그 피를 문설주와 인방에 바른 집에 죽음이 넘어간 것처럼, 세례 요한이 '세상 죄를 지고 가는 하나님의 어린 양'이라고 묘사했듯이 그는 세상의 죄인들을 구원하기 위하여 예루살렘에서 나무에 높이 달려 피 흘리며 죽을 것이다. 다음 유월절은 초막절로부터 대략 반년쯤 후가 된다. 예수가 '내 때가 아직 이르지 않았다'고 한 것에는 이런 뜻이 담겨 있었다.

아우들과 제자들이 예루살렘으로 떠난 후 예수도 조용히 예루살렘으로 향했다. 사람들에게 자신을 드러내지 않으려는 의도였다.

초막절의 예루살렘 요 7:10-31

예루살렘에는 인파가 넘쳐났다. 많은 사람들이 나사렛 사람 예수를 만나고 싶어했다. 지난 2년 동안 예수에 대한 소문을 듣고 그를 만나고 싶어하는 이도 있었고, 그에게 병을 고친 사람도 있었다. 그의 독특하면서도 가슴을 파고드는 설교를 듣기 원하는 사람들도 많았다. 고대하던 예수의 모습이 보이자 않자 여기저기서 수군거리는 소리가 들렸다. 하지만 그중에는 모세의 율법을 지키지 않는다면서, 그를 비난하는 이들도 적지 않았다.

초막절 축제가 이어지는 어느 날, 예수는 성전에 모습을 드러냈다. 그는 하나님 나라에 대한 이야기를 시작했다. 그의 설교는 군중을 압도하였다. 그의 설교를 처음 듣는 사람들 중에는 눈을 크게 뜨고 놀라는 이들이 적지 않았다.

"저 사람은 나사렛 촌뜨기가 아닌가? 더구나 율법을 공부한 적도 없는데 어떻게 저렇게 말을 잘 한단 말인가?"

그런 사람들의 마음속을 들여다본 것처럼 예수가 말했다.

"내 교훈은 내 것이 아니라, 나를 보내신 이의 것이오. 잘 들으시오. 여러분 중에 누구든지 참으로 하나님의 뜻을 행하려는 사람이 있다면, 그는 내 가르침이 하나님으로부터 온 것인지, 단순히 나 자신의 것인지, 알 수 있을 것이오. 누구든지 자기의 생각대로 말하는 사람은 그 자신의 영예를 추구하는 사람이지만, 그러나 자기를 보내신 이의 영예를 위해 일하는 이는 참된 사람이어서 그에게는 거짓된 것이 없소. 그런데도 여러분은 어찌하여 나를 죽이려고 하는 것이오?"

그 말에 사람들이 반박했다.

"당신은 마귀가 들린 모양이오. 누가 당신을 죽이려 한단 말이오?"

예수는 개의치 않고 말을 이어갔다.

"당신들은 내가 누구라는 것을 알고 있소. 내가 어디서 왔는지도 알고 있소. 나를 보내신 이는 진리이며, 나는 그에게서 났고 그는 나를 보내셨소."

누군가가 소리쳤다.

"저분은 그리스도야. 저분이 행한 기적을 능가하는 사람이 세상에 없어. 그 한 가지만 보아도 저분은 틀림없이 그리스도야!"

예수를 체포하라 요 7:32-52

성전에서의 그 장면을 보고받은 대제사장과 바리새인들은 긴급 회동을 갖고 지체 없이 그를 체포하자는 데에 의견이 일치하였다. 이대로 더 방치하면 큰 혼란이 야기됨은 물론 그들의 종교적 기득권마저 크게 훼손될 것이라는 염려가 팽배했기 때문이었다.

대제사장의 명령을 받은 성전 경비병들이 급히 예수에게 달려갔다. 예수는 그들을 보았다. 그러나 아직 때가 이르지 않았음을 아는 예수는 하고 싶은 말을 계속하였다.

"조금 있으면 나는 나를 보내신 이에게 돌아갈 것이오. 그때가 되면 나를 찾아도 만나지 못할 것이고, 내가 있는 곳으로 오지도 못할 것이오."

그러자 군중들은 서로 수군거렸다.

"이 사람은 도대체 어디로 갈 작정이길래 우리가 찾을 수 없을 거라고 하는가? 그리스로 가서 그곳 사람들에게 가르칠 작정인가? 하지만 자기를 찾아도 찾지 못할 것이라니, 그건 또 무슨 뜻인가?"

누군가가 용기를 내어 물었다.

"그게 무슨 뜻인지 말해 주십시오. 도통 알아들을 수가 없습니다."

그런 일이 실제로 일어나기 전까지는 말해 주어도 알아듣지 못할 것이 뻔했다. 예수는 말을 이었다.

"누구든지 목마른 사람은 나에게 와서 마시시오. 나를 믿는 자는 성경에 기록된 것처럼, '그의 배에서 생명수가 강같이 흘러나올 것'이오."

사람들의 의견이 엇갈렸다. 예수를 그리스도라고 하는 사람, 나사렛에서 그리스도가 태어난다는 예언이 없으니 그럴 리 없다는 소리가 뒤섞였다. 그들 가운데 섞여 있던 경비병들은 감히 예수에게 달려들 수가 없었다. 그들은 슬그머니 되돌아갔다.

"어찌하여 그를 체포하지 않았느냐?"

예수가 잡혀오기를 기다리던 대제사장과 바리새인들이 물었다.

"그 사람이 말하는 내용은 지금까지 들어본 적이 없습니다."

예수의 가르침이 그만큼 경이로웠다는 뜻이었다.

"아니, 너희들도 그에게 넘어가 버렸단 말이냐? 우리 바리새파 중에는 그를 믿는 사람이 아무도 없다. 그를 믿는 사람들은, 율법이라고는 씨알머리도 모르는 어리석은 자들이다. 그들은 저주를 받을 것이다."

그때 밤중에 은밀하게 예수를 찾아간 적이 있는 랍비 니고데모가 입을 열었다.

"직접 심문해 보기 전에 죄인으로 단정을 내리는 것이 옳지 않소."

그러자 그들이 빈정거렸다.

"이 답답한 사람아, 성경 어디에 그리스도가 나사렛에 난다고 기록되어 있소? 그 한 가지만 보아도 그는 가짜요. 우리 민족을 미혹하는 자가 틀림없으니 속히 제거해 버려야 할 위험 인물이오."

빛으로 오신 예수

간음한 여인에 대한 예수의 판결 요 8:1-11

다음날 다시 성전으로 들어간 예수는, 그를 보고 모여드는 군중을 향해 설교를 시작하였다. 그러나 오래 가지 못하였다. 산헤드린 법원의 재판관들인 바리새인과 서기관들이 한 여인을 앞세우고 나타났기 때문이다. 모두의 시선이 여인에게 쏠렸다. 수치스런 얼굴을 보이지 않으려는 듯 여인은 잔뜩 고개를 떨구고 있었고, 머리카락은 어지럽게 흩어져 있었다. 그들은 여인을 예수 앞으로 데리고 왔다.

예수는 여인을 잠시 바라보고는, 그를 데리고 온 사람들을 한 번 둘러보았다. 그들의 눈빛이 교활하게 빛났다. 바리새인들 중 한 명이 예수에게 말했다.

"선생이여, 이 여인은 간음하다가 붙잡혔습니다. 모세의 율법에 따르면 이런 여자는 돌로 쳐 죽이게 되어 있습니다. 선생의 의견은 어떻습니까?"

다분히 역겨운 음모가 숨어 있는 말이었다. 율법대로라면 사형을 집행하라는 것인데, 그리하면 사형 선고권과 집행권이 로마 총독의 고유권한이므로 명백한 월권이어서 그에 대한 책임을 물을 수 있어 예수를 총독에게 고소할 수 있다. 아울러 사랑하고 용서하라는 예수 자신의 가르침과도 정면으로 배치된다. 그렇다고 여인을 용서하라고 한다면, 하나님의 율법을 정면으로 거부하는 행위로서 곧 율법을 파기한 자이므로 산헤드린에서 재판을 받아야 마땅하게 된다. 어떤 선택도 예수에게는 올무일 뿐이었다. 예수는 그들이 여인을 미끼로 자기를 체포하려는 것임을 이미 알고 있었다. 그는 그 자리에 쭈그리고 앉았다. 그리고는 한가로운 듯, 아무 생각도 없다는 듯, 대답하고 싶지 않다는 듯, 묵묵히 손가락으로 땅바닥에 글씨를 썼다. 그러나 아는 사람이 없었다.

바리새인들은 자기들의 올무에서 벗어날 방법이 없다는 듯 의기양양한 표정이었다. 예수의 말씀을 경청하던 청중은 모두들 긴장하고 있었다.

마침내 정적을 깨뜨리며 예수가 입을 열었다.

"당신들 가운데 죄 없는 사람이 있으면 먼저 돌로 치시오."

처음엔 그 말의 진의를 간파하지 못한 듯 덤덤한 표정들이었으나, 다음 순간 그들의 표정이 변하였다. 충격을 받은 것이다. 세상에 죄 없는 자가 누가 있단 말인가. 바리새인들 중에, 서기관들 중에, 심지어 대제사장이나 제사장들 중에, 죄 없는 자가 있는가.

먼저 돌을 들어 여인에게 던질 사람이 존재하지 않는다는 그것 자체가 충격이었다. 죄 없는 자가 먼저 돌로 치라는 한마디가 그들 모두의 가슴을 깊이 찔렀다.

아무도 움직이지 않았다. 아무도 입을 열지 않았다. 무거운 정적이 흘렀다. 누구도 앞장서서 돌을 던질 수 없었다. 그런 자신들이 저마다 부끄러웠다. 모두가 하나님 앞에서는 죄인임이 명백히 드러나는 순간이었다. 죄인이 죄인을 규탄할 수는 없는 일이다. 그들은 자신들에게 은밀하게 감추어진 죄로 수치를 느꼈다.

예수는 더 이상 아무 말도 하지 않았다. 이제 판단은 그들의 몫이었다. 예수는 다시 허리를 굽힌 채 손가락으로 땅바닥에 무슨 글씨인가를 썼다. 그들이 양심에 따라 행동하기를 기다리는 듯.

그들은 하나 둘 자리를 뜨기 시작했다. 여인을 데리고 온 서기관과 바리새인들도 예외 없이 자리를 떴다. 예수가 눈을 들어 바라보았을 때는 여인이 홀로 남아 있었다. 겉보기에만 거룩한 죄인들은 사라지고 겉보기에 치욕스런 죄인은 남아 있었다.

"여인이여, 당신을 고소하던 자들이 다 어디로 갔소?"

여인이 간신히 대답하였다.

"다 사라졌습니다."

"나도 당신을 정죄하지 않으니 돌아가시오. 다시는 죄를 짓지 마시오."

나는 세상의 빛 요 8:12-20, 9:1-6

예수는 계속 성전에 머물며 청중들에게 설교를 하였다.

"나는 세상의 빛이오. 그러므로 나를 따르는 사람은 어둠 속에 다니지 않고 생명의 빛을 얻을 것이오."

바리새인들이 침묵할 리가 없다. 유대의 율법은 2명 이상의 증인이 있어야 그 주장이 사실임이 입증된다.

"스스로 빛이라고 한들 빛이 되겠소? 적어도 두 사람이 당신을 빛이라고 하면 혹 모를까."

"내가 나를 증거하고 나를 보내신 아버지도 나를 빛이라고 증거합니다."

"당신의 아버지가 어디 있소?"

"당신들은 나를 알지 못하오. 내 아버지도 알지 못하오. 나를 알면 내 아버지도 알 것이오."

예수는 그들에게 많은 것을 가르쳤으나 제대로 알아듣는 사람이 거의 없었다. 특히 바리새인들은 처음부터 부정적 시각으로 바라보았으므로 말끝마다

시비조로 반응할 뿐이었다.

그러던 어느 날이었다. 그날은 안식일이었다. 예수는 제자들과 길을 걷고 있었다. 그들이 지나가는 곳에 거지가 앉아서 통행인들에게 구걸을 하고 있었다. 예루살렘 사람이라면 구걸하는 그의 모습을 늘 보아온 터였다. 갈릴리에서 온 예수와 그의 제자들도 예루살렘에 올 때면 늘 그 자리에서 그 거지를 보았다. 그는 태어날 때부터 맹인이었다.

"선생님…."

제자 하나가 문득 생각났는지 질문을 했다.

"저 사람이 앞 못 보게 태어난 것이 그 부모의 죄 때문입니까, 아니면 자신의 죄 때문입니까?"

예수는 걸음을 멈추며 대답하였다.

"누구의 죄도 아니오. 저 사람에게서 하나님의 하시는 일을 나타내고자 함이오. 내가 세상에 있는 동안에는 내가 세상의 빛이오."

눈먼 거지 앞으로 다가간 예수는 쭈그리고 앉아 땅에 침을 뱉더니 손끝으로 흙을 이겨서 그의 눈에 발랐다. 눈먼 거지는 예민한 청각으로 상황을 판단할 수 있었다. 자신의 눈에 무언가를 바르는 그가 바로 소문으로만 들어왔던 나사렛 예수라는 것, 앞 못 보는 자의 눈을 뜨게 하고 앉은뱅이를 일으켜 세우고 나병환자를 고쳤다는 그 예수라는 것을 확실히 알고 있었다.

눈을 뜬 맹인 요 9:7–41

"이제 실로암 못에 가서 눈을 씻으시오."

맹인은 달리 생각할 것이 없었다. 예수를 만난 기회가 주어진 것만으로도 감격하였고, 실로암에 가서 눈을 씻으면 어찌 될지 아무 생각도 없었다. 그저 하라는 대로 할 뿐이었다.

그는 하라는 그대로 하였다. 실로암으로 갔고, 그 물로 눈을 씻었다. 그러자 보였다. 세상이 보였다. 흑암의 인생이 놀랍게도 빛의 세계로 바뀌어 그에게 다가왔다.

그가 자기 자리로 돌아오자 지나가던 사람들이 의혹의 눈빛을 하고 다가왔다.

"아니, 저 사람은 여기에 앉아서 구걸하던 그 눈먼 거지가 아닌가?"

"글쎄, 비슷하긴 한데, 그는 앞을 못 보았잖아?."

"비슷한 사람이겠지."

모두들 제멋대로 판단하였다.

"내가 아까 여기를 지나갈 때도 여기 앉아 있던 그 맹인이 분명해."

"그런데 지금은 맹인이 아니잖아?"

"당신이 말해 보시오. 여기에 앉아 있던 맹인인지 아닌지를…."

누군가가 말했다.

"맞습니다. 내가 앞을 봇 보던 그 사람이었어요!"

"거 봐 맞잖아!"

"아니 그럼 어떻게 보게 되었단 말이오? 당신은 태어날 때부터 맹인이라 하지 않았소?"

"맞습니다. 한 번도 세상을 본 적이 없었지요. 그런데 나사렛 예수라고 하는 사람이 지나가다가 진흙을 침으로 이겨서 내 눈에 바르더니 실로암에 가서 씻으라고 했고, 난 시키는 대로 했을 뿐이오. 그랬더니 이렇게 눈이 보이게 되었답니다."

"예수라는 그 사람은 지금 어디 있소?"

자기도 기적을 경험하고 싶어서가 아니라 무슨 꼬투리라도 잡으려는 투였다.

"그걸 내가 어찌 압니까? 내가 씻고 오자 그는 어디로 가 버리고 여기에 없었소."

질문자는 무슨 생각을 하는지 잠시 그대로 서 있다가 다시 물었다.

"우리와 함께 좀 갑시다. 오늘이 안식일인데 병을 고치는 사람이 있다면 당연히 조사할 사안이오. 당신에게 잘못이 있다는 게 아니니까 걱정 말고 좀 갑시다."

그는 잠시 어안이 벙벙하였으나 안식일 문제와 관련되었다고 하니 어쩔 수 없이 그를 따라갔다. 산헤드린 법원의 재판관인 바리새인들은 안식일을 범한 혐의로 예수를 제대로 조사해 보기로 했다. 그들은 맹인이었던 자가 정말로 예수라는 사람에 의해 눈을 뜨게 되었는지 확인하였다.

"그렇다면 나사렛 예수는 안식일을 지키지 않은 이 한 가지 사실만 보아도 하나님께서 보낸 자가 아니잖소?"

그들끼리 설왕설래가 벌어졌다.

"그가 죄인에 불과한 사람이라면 맹인의 눈을 뜨게 한 이런 기적을 어떻게 행한단 말이오?"

예수가 누구냐를 놓고 다투던 그들 중 한 사람이 맹인이었던 사람에게 물었다.

"당신 눈을 뜨게 한 그 사람에 대해 당신은 어떻게 생각하시오?"

"예언자라고 생각합니다."

짧지만 단호한 대답이었다.

"이럴 것이 아니라 저 사람의 부모를 불러다가 물어봅시다. 과연 태어날 때부터 맹인이었는지, 맹인인 체하다가 이런 연극을 꾸민 것은 아닌지 확실히 알아봅시다. 태어날 때부터의 맹인이라면 이렇게 간단하게 다시 눈을 뜰 수 없소."

"그게 좋겠군."

그들은 그의 집으로 사람을 보내어 부모를 불러왔다. 눈을 뜬 아들을 처음

본 부모는 믿어지지 않아서 어리벙벙하였다.

"이 사람이 맹인으로 태어난 당신들의 아들이 맞소?"

"예, 눈이 멀게 태어나 지금까지 맹인으로 살아왔는데 갑자기 이렇게 눈을 뜨다니!"

그들은 할 말을 잃었다.

"어떻게, 언제, 당신 아들이 눈을 떴소?"

"그거야 우리도 모릅니다. 지금 여기서 눈 뜨고 있는 걸 처음 보는걸요. 다 자란 어른이니 그에게 직접 물어보는 게 좋겠습니다. 자기가 겪은 일이니 누구보다 정확하게 알 것이 아닌가요?"

그들은 판단하였다. 저 사람은 맹인이었다. 예수가 그 눈을 뜨게 하였다. 저 사람이 맹인으로 거리에 앉아 구걸하던 모습은 그들도 익히 다 보아온 터다. 그러니 확고하게 해둘 것은 한 가지뿐이다. 그의 눈을 뜨게 한 예수, 그가 하나님이 보낸 예언자도 아니요 그리스도도 아니라는 것, 우리와 같은 사람에 불과하다는 점을 인식시켜 주는 것이다.

"나사렛 예수가 정말 당신 눈을 뜨게 하였소? 어떻게 뜨게 하였소?"

"이미 말씀드렸습니다. 그분의 제자가 되고 싶어서 다시 물으시나요?"

"우리는 모세의 제자다. 그러나 예수는 예언자도 아니고, 정체도 알 수 없다."

"제 생각은 다릅니다. 저는 아직 맹인으로 태어난 사람의 눈을 뜨게 하였다는 이야기는 들어본 적이 없습니다. 이런 일을 하신 그 분은 하나님이 보내신 분임에 틀림없습니다."

"시끄럽소. 죄 많은 몸으로 태어난 주제에 감히 우리에게 훈계를 하다니!"

그들은 그를 밖으로 내쫓았다. 예수는 그 사람이 회당에서 내쫓겼다는 이야기를 들었다. 그 후 그를 만나게 되자, 예수가 물었다.

"당신의 눈을 뜨게 한 그 사람이 하나님께서 왔다고 믿으시오?"

"물론입니다. 그분이 누구십니까? 그분이 누구인지, 제가 믿을 수 있도록 제게 말씀해 주십시오."

"지금 당신과 말하고 있는 내가 바로 그 사람이오."

"주님, 저는 주님을 믿습니다."

그는 그 자리에 엎드려 절하며 고백하였다. 그러자 예수가 말했다.

"나는 세상을 심판하기 위해 왔다. 눈 먼 사람들은 보게 될 것이고, 눈 뜬 사람들은 눈이 멀게 될 것이다."

곁에 서 있던 바리새파 사람들이 물었다.

"뭐라고요? 당신은 지금 우리도 맹인이라고 말하고 있는 거요?"

그들을 향해 예수는 수수께끼 같은 말을 남겼다.

"차라리 너희가 맹인이라면, 죄가 없었을 것이다. 그러나 너희가 지금 볼 수 있다고 주장하니, 너희 죄가 그대로 남아 있다."

두 번째 체포 시도와 친구 나사로의 죽음

수전절修殿節의 예루살렘 요 10:22-39

팔레스타인의 우기雨期는 겨울에 해당되지만 그렇다고 영하의 기온으로 떨어지는 경우는 없다. 수전절은 우기가 시작되고 두어 달 후, 동지冬至 무렵이다.

유대인들의 기나긴 수난의 역사 속에는 한 세기에 불과하지만 독립왕국 시절이 있었다. 기원전 164년 시리아의 지배하에서 신음하던 유대인들이 무력항쟁을 일으켜 이룩한 독립 왕조는 불과 한 세기 만에 로마의 지배하에 들어감으로서 종지부를 찍었다. 그 무력저항에서 이긴 후 유대인들이 맨 먼저 한 일이 더럽혀진 성전의 정화였다. 하나님의 성전이 제우스 신에게 제사를 드리는 장소로 쓰여 더럽혀졌기 때문이다. 성전의 회복을 기리는 뜻깊은 8일간의 절기가 수전절이었다.

수전절에 예수는 성전 안의 솔로몬 행각을 거닐고 있었다. 그러자 예수를 발견한 사람들이 그를 에워쌌다.

"우리에게 분명히 말해 주시오. 당신이 그리스도라면 그리스도라고 말해 주시오."

예수는 연민의 시선으로 그들을 바라보며 말하였다.

"내가 이미 말했는데도 당신들은 믿지 않았소. 내가 내 아버지 하나님의 이름으로 행하는 일들이 내가 누구인지를 증명하는 것 아니겠소."

예수의 말이 이어졌다.

"내 양들은 내 음성을 알아듣습니다. 나는 그들을 알고, 그들은 나를 따릅니다. 나는 그들에게 영원한 생명을 주어 멸망치 않게 합니다. 그들을 내 손에서 빼앗을 자가 없소. 나와 하나님 아버지는 하나이기 때문이오."

다음 순간 누군가가 돌을 들어 예수께 던지려 하였다.

"보시오. 나를 돌로 치려는 까닭이 무엇이오? 내가 그동안 하나님 아버지로 인하여 선한 일만 하였거늘 왜 나를 돌로 치려는 것이오?"

누군가가 거칠게 대꾸하였다.

"당신이 한 선한 일로 당신을 치려는 게 아니오. 당신은 분명 사람이면서 하나님 행세를 하고 있소. 불경스러운 행위를 하기 때문에 치려는 것이오."

예수는 조금도 당황하지 않고 대꾸하였다.

"당신들은 잘 모르는 모양인데, 율법에도 하나님의 말씀을 받은 사람은 신이라 하였소. 하나님께서 세상에 보내신 내가 하나님의 아들이라고 하였다고 하여 불경스럽다고 하시오? 내가 하는 일을 보면 하나님께서 내 안에 계시고 내가 하나님 안에 있음을 알 수 있을 것이오."

그 말에 여러 사람이 예수를 붙잡으려고 하였다.

그러나 예수는 그 곳을 피해 성 밖으로 나갔다.

슬픈 소식 요 11:1-16

예루살렘을 떠난 예수는 여리고를 지나 요한이 사람들에게 세례를 주었던 요단 강 주변에 머물렀다. 그가 머무는 곳에는 어디든 사람들이 모여들었다. 그는 이미 팔레스타인 땅에서 유명한 인물이었다. 로마 제국의 황제의 이름은 몰라도, 당시의 대제사장 가야바의 이름은 몰라도, 나사렛 사람 예수의 이름은 모르는 사람이 없을 정도였다. 많은 사람들이 예수를 하나님이 보내신 가장 위대한 예언자로 믿었다. 어쩌면 하나님과 동등한 존재일 거라고 믿는 사람도 허다했다. 그의 교훈과 능력은 하나님이나 할 수 있는 것이라는 생각이 들었기 때문이다.

예수가 요단 강 건너편으로 간 것은 유대인들이 자신을 잡아 죽이려 한다는 음모를 알아차렸기 때문이었다. 하지만 두려워서 피한 것은 아니었다. 하나님이 정해 놓은 때가 있기 때문이었다. 아직은 죽을 때가 아니었다. 구약시대의 예언자들은 그리스도가 죽는 시기와 방법에 대해 이미 예언한 바 있다. 먼 옛날 이집트를 탈출하던 날 밤을 기념하는 유월절에, 그리스도는 채찍을 맞으면서 도살장에 끌려가는 양처럼 골고다 언덕으로 올라가 처형을 당하게 되어 있었다.

하지만 아직은 그때가 아니었다. 그래서 예수는 멀리 요단 강 근처에서 모여든 사람들에게 가르침을 베풀고 병을 고쳐 주며 지냈다. 그러던 어느 날 예루살렘의 동쪽 올리브 산 너머에 있는 베다니에서 심부름꾼이 헐레벌떡 달려왔다.

"선생님, 저는 베다니에서 마르다와 마리아 자매의 부탁을 받고 달려온 길입니다. 그들의 오빠 나사로가 병들어 누웠습니다. 주님께서 속히 오셔서 고쳐 주십사고 기다리고 있습니다."

하지만 예수는 거의 반응을 보이지 않았다. 심부름꾼이 답답한 듯 다시 입을 열었다.

"나사로는 주님께서 지극히 사랑하시는 사람이 아닙니까? 그 나사로가 죽게 생겼습니다."

그런데도 어찌된 일인지 예수는 잠자코 말이 없다가, 이렇게 말했다.

"그는 죽을병에 걸린 것이 아니오. 하나님의 아들로 영광을 얻게 하려는 것이오."

예수는 묵묵히 하던 일을 계속하였다. 복음을 전하고 병자를 고치며 귀신을 쫓아내는, 요한에게 세례 받은 이후 3년 가까이 해오던 일을 평소처럼 계속할 뿐이었다. 나사로의 일은 아예 듣지 못한 사람처럼 이틀을 보내고 나서야 예수는 문득 생각이 난 듯 제자들에게 말하였다.

"유대로 가자."

제자들은 예루살렘으로 가자는 뜻으로 알아들었다.

"주님, 지금은 예루살렘의 분위기가 험악하지 않습니까? 대제사장과 바리새인들이 선생님을 해치려고 하지 않습니까?"

예수는 빙그레 웃으며 대답하였다.

"내 친구 나사로가 잠들어 있다. 내가 깨우러 가야 한다."

"주님, 잠들었다면 곧 일어날 텐데요 뭐."

제자들은 잠들었다는 말을 액면 그대로 받아들여 그렇게 말한 것이다.

"잠들었다고 한 것은 죽었다는 뜻이다. 내가 거기 있지 않았던 것은, 너희들을 위해 아주 잘 된 일이다. 그래야 너희들이 믿을 수 있게 될 것이기 때문이다. 그에게로 가도록 하자."

그때 제자 도마가 나서서 다른 제자들에게 말했다.

"우리도 주님과 함께 갑시다. 우리도 주님과 함께 죽읍시다."

주님을 위해서라면 목숨이라도 버릴 듯 충성심을 과시하는 것이었다.

거지 바디매오와 세리장 삭개오

운명이 바뀐 눈먼 거지 바디매오 막 10:32-34, 46-52 ; 눅 18:31-43

어느덧 유월절이 다가오고 있었다. 요단 강 동편에 머물다가 잠든 나사로를 깨우러 간다며 예루살렘을 향하여 길을 떠난 예수 일행이 강을 건너자 저 멀리 여리고 성이 시야에 들어왔다.

"이번에 예루살렘에 가면…."

예수는 문득 제자들을 향하여 입을 열었다.

"나는 죽임을 당할 것이다."

충격적인 예수의 발언에 제자들은 걸음을 멈추고 의아한 시선을 스승께 보냈다.

"이미 하나님께서 예언자들을 통하여 예언하신 대로 되는 것이다. 그리스도는 사람들에게 미움과 조롱을 받으며 죽게 될 것이다. 대제사장과 바리새인들이 나를 붙잡아 이방인의 손에 죽게 할 것이다."

제자들은 할 말을 잃었다. 어떻게 그런 일이 주님에게 일어날 수 있단 말인가. 나인 성 과부의 아들과 가버나움 회당장의 딸을 살리신 주님을 누가 어떻게 죽인단 말인가. 온갖 병과 모든 악한 것과 귀신을 쫓아내신 주님을 누가 죽일 수 있단 말인가. 자기들이 죽는다면 이해가 되지만 주님이 죽는다는 말은 전혀 이해할 수 없는 제자들이었다.

"그러나 나는 사흘 만에 다시 살아날 것이다."

더욱 더 이해할 수 없는 말이었다.

얼마 후, 일행은 여리고 성문 가까이에 이르렀다. 유대인 최고의 명절인 유월절을 지키려고 예루살렘으로 가는 예배자들이 쉬어 가는 곳이기도 한 여리고 성은 입구에서부터 북적거렸다. 성문 바로 앞에는 바디매오라는 눈먼 거지가 앉아 있었다. 출입자가 많으면 적선하는 손길도 많아지게 마련이어서 수입이 짭잘한 시기였다. 바디매오는 갑자기 보이지도 않는 눈을 껌벅거리며 긴장하였다. 남달리 청력이 예민한 그는 귀를 쫑긋 세웠다. 무슨 소리를, 그가 가볍게 흘려버릴 수 없는 무슨 소리를 들은 게 분명했다. 그렇다. 그는 분명히 들었다. 여리고 성으로 들어가는 인파 속에서 나사렛 예수의 이름을 들은 것이다. 처음엔 잘못 들었나 싶었는데, 점점 나사렛 사람 예수의 이름을 들먹이는 빈도가 높아졌다. 그는 벌떡 자리에서 일어났다. 그가 풍문으로 알고 있는 나사렛 사람 예수는 앉은뱅이를 일으켜 세우고, 나같은 맹인들의 눈을 뜨게 하고, 문둥병자들을 깨끗하게 치료하신 분이다. 그분은 틀림없이 엘리야와 엘리사를 능가하는 예언자이거나 그 이상일 것이다. 예언자 이상이라면, 잘은 모르지만 그리스도일 것이다. 예언자들이 누누이 강조한 세상을 구하실 그리스도일 것이다.

그는 흥분하였다. 그분을 만나기만 하면 자신도 눈을 뜨게 될 것이다. 그분이라면 눈을 뜨게 하고도 남을 것이다. 그는 그렇게 확신하고 있었다. 드디어 그의 예민한 청각이 허다한 사람들의 웅성거림 속에서 예수를 확인할 수 있었다. 그가 지금 자기 앞을 지나치려 하고 있었다.

"나사렛 예수님, 다윗의 자손 예수님!"

그가 소리쳤다. 절규였다. 사람들의 시선이 온통 그에게 쏠렸다. 그가 더 큰 소리로 외쳤다.

"나를 불쌍히 여겨 주십시오. 다윗의 자손 나사렛 예수님, 저를 불쌍히 여겨 주십시오!"

누군가가 그에게 소리쳤다.

"시끄러워. 좀 조용히 해."

그러나 거지 바디매오는 절호의 기회를 놓칠 수 없다는 듯 더욱 큰 소리로 외쳤다.

"나사렛 예수님, 이 불쌍한 사람을 도와주십시오."

그의 처절한 외침이 군중의 잡음을 뚫고 예수의 귀에 들려왔다. 그는 걸음을 멈추고 소리 나는 쪽을 바라보았다. 시야를 가리고 있던 사람들이 주춤거리며 조금씩 물러섰다. 바디매오가 예수의 시야에 들어왔으나 바디매오의 시야에는 예수가 들어올 리 없다.

"내게 데려오시오."

그 소리를 들은 사람이 바디매오에게 전했다.

"주님이 오라고 하셨어. 어서 가 봐."

그 소리에 눈먼 거지는 용수철이 퉁겨지듯 뛰쳐나갔다. 한걸음에 달려가려고 걸치고 있던 겉옷을 내던졌다. 그 겉옷이야말로 그에게는 가장 귀한 재산이었음에도.

가까이 온 바디매오에게 예수가 낮게 물었다.

"내게 무엇을 원하시오?"

"보기를 원합니다! 눈을 뜨게 해 주십시오."

그 말이 채 끝나자마자 예수가 말했다.

"보시오!"

단호한 명령에 이어 덧붙였다.

"당신의 믿음이 당신을 낫게 하였소."

그러자 즉각 기적이 일어났다. 맹인으로 태어나 한 번도 보지 못하던 암흑세계의 인생에게 광명의 세계가 펼쳐진 것이다. 바디매오는 어찌나 감격스럽고 기쁜지, 적선 받은 돈과 겉옷을 내팽개친 채 덩실거리며 예수의 뒤를 따라갔다.

세리장 삭개오의 회개 눅 19:1–10

여리고 성은 팔레스타인 땅의 남동쪽 요단 강 서안에 가까운 교통의 요충지다. 갈릴리와 요르단에서 예루살렘으로 가는 통로에 위치한 오아시스이기도 하다. 따라서 평소에도 상인들과 여행자의 왕래가 많아서, 다른 성들에 비해 세금 징수액이 훨씬 많았다.

삭개오는 여리고 성의 세리장이었다. 유달리 키가 작은 삭개오는 부자였다. 그는 예수가 온다는 소문을 듣고는 거리로 뛰쳐나갔다. 하지만 거리에는 예수를 먼 발치에서나마 보려는 사람들로 넘쳐났다. 키가 작은 삭개오는 예수의 얼굴을 구경조차 할 수 없었다. 아무리 발돋음을 해도 그의 시야는 트이지 않았다. 문득 '뽕나무'라고도 말하는 돌무화과나무가 시야에 들어왔다. 지금의 방향으로 미루어 보면 저 나무 밑을 통과할 게 분명했다. 그는 그쪽으로 달려가서 돌무화과나무 위로 기어 올라갔다. 체면이고 위험이고 가리지 않았다. 어디에서 그런 열정이 솟아난 것인지 그 자신도 이해되지 않았다. 오직 나사렛 예수, 그 사람을 가까이에서 보고 싶은 열망뿐이었다.

그의 예상은 적중하였다. 잠시 후 예수와 일행이 그가 올라가 있는 나무 아래를 지나갔다. 옷차림새는 수수했지만 예수에게서는 말로 표현할 수 없는 품위와 권위가 풍겨났다. 그러나 삭개오가 정작 놀란 것은, 지나가던 예수가 문득 걸음을 멈추고 자신을 똑바로 응시하였기 때문이다. 그는 나무에서 떨어질 지경으로 놀라면서도 그의 시선을 피하지 않았다.

"삭개오, 얼른 내려오시오. 내가 오늘은 당신 집에서 지내겠소."

믿어지지 않았다. 너무나 큰 행운이었다. 세리라고 하면 유대 사회에서는 죄인의 상징이나 마찬가지였다. 그런 죄인의 집에 저렇게 거룩하신 분이 머무시겠다니, 아무래도 믿어지지 않았다.

삭개오는 미끄러지듯 나무에서 내려와 예수의 앞에 허리를 굽혔다. 너무 기쁘고 감격해서 입이 떨어지지 않았다. 삭개오는 앞장서서 예수 일행을 자기 집으로 모시고 갔다.

이것을 지켜보던 사람들이 수군거렸다.

"아니, 저런 죄인의 집에 묵으시다니!"

"도무지 이해가 안 되는군. 세리의 집이라면 창기의 집과 다를 것이 무어란 말인가."

있을 수 없는 일, 상상도 하지 못할 일이 오늘 여리고에서 벌어질 참이었다. 하지만 예수와 아주 가까운 사람들은 예수의 이런 행동을 충분히 이해할 수 있었다. 그리스도 예수 안에서는 죄인과 의인이 따로 없다는 것을, 귀하고 천한 신분의 차별 또한 없다는 것을, 익히 보아왔기 때문이다.

삭개오의 집은 널찍하고 견고했다. 예수의 일행 수십 명이 편히 쉬어가기에 충분하였다. 집으로 들어서자 삭개오가 말했다.

"주님, 제 소유의 절반을 가난한 사람들에게 나누어 주겠습니다."

그의 말에 주위가 조용해졌다. 재산의 절반이라니, 얼마나 엄청난 금액인가. 하지만 삭개오는 여기에서 멈추지 않았다.

"그리고 제가 그동안 세금을 부당하게 징수한 것이 있을 경우에는 그 네 배로 갚겠습니다."

그렇게 되면 그의 재산이 모두 다 사라질지도 모른다. 하지만 삭개오는 침착하고 진지했다. 순간적인 충동이 아니었다. 예수는 그의 속마음을 알았다.

"오늘 구원이 이 집에 이르렀소. 이 사람도 아브라함의 자손이오."

예수의 낮지만 진지한 말이 삭개오를 감격시켰다.

"내가 늘 말해왔듯이, 내가 이 땅에 온 것은 잃어버린 자를 찾아 구원하려 함이오."

잃은 자를 찾으시는 예수

잃어버린 한 마리의 양을 위하여 눅 15:1–7

하지만 바리새인들과 율법학자들은 예수가 죄 많은 사람들과 어울리는 것을 여전히 못마땅하게 여겼다. 예수는 그들의 마음을 알고, 다음과 같은 이야기를 들려주었다.

"여러분 중에 누가 양 백 마리를 가지고 있는데, 어쩌다가 그 중 한 마리를 잃었다고 해보십시오. 그러면 아흔 아홉 마리를 들판에 그대로 두고 잃은 양 한 마리를 찾으러 나가지 않겠소? 그러다가 잃은 양을 찾게 되면 기쁜 나머지 양을 어깨에 메고 집으로 돌아올 것이오. 그 사람은 아마도 이웃 사람들을 불러 모아 놓고 '여러분도 함께 기뻐해 주십시오. 잃었던 양을 찾았습니다.' 하고 기쁨을 나누지 않을까요? 하늘나라에서는 한 사람의 죄인이 하나님께 돌아오는 것이 착한 사람 아흔아홉 명이 있는 이상으로 기쁜 일이오.

하늘에 계시는 아버지께서는 단 한 사람이라도 잘못을 저지르는 일이 없도록 마음을 쓰십니다."

예수는 이런 이야기로, 하나님은 스스로 올바르다고 생각하는 바리새파 사람보다도 자신들이 죄인임을 알고 스스로를 부끄러워하는 세리와 같은 죄인을 더 사랑하신다는 것을 깨우쳐 주려고 하신 것이다.

돌아온 탕자 눅 15:11-24

예수는 또 이런 이야기를 들려주었다.

"어느 곳에 아들 형제를 둔 사람이 있었소. 하루는 작은 아들이 아버지에게 말했소. '아버지, 저에게 주기로 되어 있는 재산 가운데서 제 몫을 미리 주실 수 없겠습니까?' 아버지는 작은 아들의 독립 정신을 기특하게 여겼는지, 재산을 나누어 주었소. 며칠 후, 작은 아들은 짐을 꾸려 먼 고장으로 떠났소. 그곳에서는 아무렇게나 돈을 써도 나무라는 사람이 없었기 때문에, 사치와 향락을 하는 데에 돈을 마구 써 버렸소. 그래서 아버지로부터 물려받은 재산은 얼마 되지 않아 모두 없어지고 말았지요.

돈이 다 떨어지자 공교롭게도 그 고장에 심한 흉년이 들었소. 부자들만이 돈을 주고 비싼 양식을 사 먹을 수 있을 뿐, 거의 모든 사람들이 굶다시피하고 지내게 되었지요. 작은 아들은 돈 한 푼 없는 거지가 되어서 음식을 사 먹을 수가 없었소. 게다가 돈이 있을 때는 그렇게도 따라다니던 친구들도 돈이 떨어지자 언제 보았느냐는 듯 돌아서고 말았지요. 하는 수 없이 작은 아들은 어떤 사람을 찾아가서 일을 시켜 달라고 부탁했소. 그래서 얻은 일자리가 돼지를 치는 일이었습니다. 그는 너무나도 배가 고파 돼지에게 주는 쥐엄나무 열매로 배를 채웠소. 그제야 그는 제정신이 들어서, '우리 집에 가면 하인들도 지금의 나보다 더 좋은 것을 먹고 있다. 이대로 있다가는 죽고 말 거야. 아무래도 아버지에게로 돌아가야겠다. 그리고 아버지에게 잘못했다고 빌어야지.' 하고 생각했습니다. 그는 다시 자기 집을 향해 길을 떠났소.

한편 아버지는 집을 나간 아들이 마음에 걸려 견딜 수가 없었더랬소. 그래서 날마다 동구 밖에 나가 '오늘은 아들이 돌아올까.' 하고 기다리고 있었지요. 어느 날 그토록 기다리던 아들의 모습이 보이자, 그는 맨발로 달려갔소. 아들이 틀림없다는 것을 알게 되자, 아버지는 아들을 와락 껴안고 입을 맞추었소. 아들이 말했소. '아버지, 저는 나쁜 아들이었습니다. 하나님과 아버지에게 죄를 지었습니다. 이젠 아버지의 아들이라고 할 자격이 없습니다.' 그러나 아버지는 하인들에게 말했소. '자, 어서 가서 제일 좋은 옷을 꺼내어 입히고 반지도 끼워 주어라. 좋은 신도 신겨 주어라. 그리고 가장 살찐 송아지를 잡아 맛있는 요리를 만들고 사람들을 불러 모아 잔치를 벌여라! 죽었던 아들이 살아왔다. 잃었던 아들을 다시 찾은 거야.' 아버지는 아들이 돌아온 것이 마냥 기쁘기만 했소."

아버지의 품으로 돌아가기만 하면 누구나 환영받는다는 예수의 이야기는 사람들의 가슴속에 샘물 같은 기쁨이 솟아나게 하였다.

나사로의 소생과 유대인들의 음모

부패가 시작된 시체의 부활 요 11:17-44

여리고를 떠나 예루살렘을 향해 길을 떠난 예수와 일행은 이틀 만에 베다니 마을에 이르렀다. 예루살렘 동쪽 근처에 있는 베다니는 병이 들었다는 나사로와 그의 누이 마르다와 마리아가 사는 곳이었다. 나사로는 어떻게 되었을까?

나사로는 예수 일행이 요단 강 동편 땅을 떠나던 바로 그날 세상을 떠났다. 마르다와 마리아는 슬픔에 젖어 지냈다. 그녀들은 예수가 그 자리에 있었더라면 나사로가 죽지 않았을 것이라는 확신을 갖고 있었기에 한결 안타까움과 슬픔이 컸다. 급히 사람을 보내어 위독함을 알렸건만 예수는 왜 즉시 오지 않았으며, 왜 아직도 오지 않는 것일까. 섭섭한 마음이 들었다.

"마르다, 나사렛 예수님이 오신다!"

동네 친구의 전갈에, 마르다는 벌떡 일어나 뛰쳐나갔다. 반가움과 슬픔이 동시에 밀려왔다. 원망도 생겼다. 예수와 그 일행은 동네 입구에 이르는 중이었다. 단숨에 달려간 마르다가 설움이 북받쳐 말했다.

"주님, 조금만 일찍 오셨더라면 오빠가 죽지 않았을 것입니다. 하지만 지금이라도 주님께서 하나님께 구하시면 무엇이든지 이루실 수 있다는 것을 알고 있습니다."

예수는 연민의 시선으로 마르다를 이윽히 바라보면서 말하였다.

"네 오빠는 다시 살아날 것이다."

마르다는 더 슬퍼하며 말했다.

"그야 마지막 날 부활 때에는 다시 살아나겠지요."

"네가 아직도 모르느냐? 나는 부활이요 생명이니 나를 믿는 자는 죽어도 살 것이고, 무릇 살아서 나를 믿는 자는 영원히 죽지 아니하리라. 이것을 네가 믿느냐?"

마르다가 서슴없이 대답하였다.

"그럼요. 믿습니다. 주님은 이 세상에 오신 그리스도이시며 하나님의 아들이십니다."

마르다는 갑자기 생각난 듯 마리아를 부르러 가겠다며 오던 길로 급히 달려갔다. 마르다가 마리아와 함께 동네 어귀에 도착하였을 때, 예수와 일행은 그 자리에 그대로 서 있었다. 마리아와 함께 있던 친구들은 마리아가 급히 나가자 무덤으로 가서 울 것이라고 생각하고 위로하기 위해 그의 뒤를 따랐다. 마리아는 예수를 보자 그의 발 앞에 엎드려 울면서 말했다.

"주님이 여기 계셨더라면 내 오라버니가 죽지 않았을 것입니다."

마리아를 따라온 사람들도 마리아와 더불어 슬프게 울었다. 예수는 그들과 같은 마음이 되어 마리아에게 물었다.

"무덤이 어디냐?"

사람들이 앞장서서 예수와 그 일행을 인도했다. 무덤은 멀지 않았다. 마르다와 마리아와 그의 친구들도 모두 뒤따랐다. 무덤 앞에 이르자 예수의 눈에서 눈물이 흘렀다.

"저토록 나사로를 사랑하였건만…."

누군가가 혼잣말을 했다.

"눈먼 바디매오의 눈도 뜨게 하신 분이, 그토록 사랑하는 나사로는 왜 죽게 내버려 두었을까?"

나사로와 예수의 관계를 잘 아는 마을 사람들이 여러 말로 수군거렸다.

당시의 무덤은 대개 동굴이었다. 동굴 앞으로 다가선 예수는 시신을 보호하려고 입구를 막아둔 큰 돌을 가리키며 말하였다.

"저 돌을 치우시오."

곁에 섰던 마르다가 허망한 시선으로 돌을 바라보며 말하였다.

"주님, 오라버니는 죽은 지 벌써 나흘이나 되었습니다. 돌문을 열면 안에서 썩는 냄새가 날 것입니다."

낙심한 마르다에게 예수가 말했다.

"내 말을 믿으면 하나님의 영광을 보리라고 말하지 않았더냐."

마르다는 선뜻 마음이 내키지 않았으나 주님의 말씀이라 거부할 수 없어 동네 사람들에게 돌을 치워 달라고 말하였다. 무덤의 돌문을 치우고 뭘 어쩌겠다는 것인지, 나흘이나 된 시체를 놓고 뭘 어떻게 하겠느냐는 다소 불만스러운 표정도 있었으나, 일단 돌이 치워졌다. 예수는 무덤 가까이로 다가가더니 하늘을 우러러 기도하기 시작하였다.

"아버지, 제 청을 들어주시니 감사합니다. 아버지께서는 언제나 제가 원하는 것을 들어주십니다. 지금은 여기 둘러선 무리를 위하여 청합니다. 아버지께서 나를 보내신 것을 이 사람들로 알게 하여 주십시오."

그런 다음 예수는 무덤을 향하여, 그 검은 구멍을 향하여, 큰 소리로 불렀다.

"나사로야, 나오너라!"

누구이기에 시체를 향하여 나오라고 명령을 내린단 말인가. 한 순간 긴장감이 팽배했다. 나흘 된 시체가 어떻게 걸어 나올 수가 있단 말인가? 그런데도 예수는 터무니없는 그 명령을 조금도 거리끼는 구석이 없이 외치고 있었다. 사람들은 초조한 나머지 무덤과 예수의 얼굴을 번갈아 바라보았다. 바로 그 순간 놀라운 일이 벌어졌다. 무덤에서 시체가 걸어 나오고 있었다. 장사지낸 모습 그대로, 손발이 베로 묶이고, 얼굴에 수건이 싸여 있는 그 모습 그대로. 예수가 둘러서 있는 사람들을 향해 말했다.

"걸어다닐 수 있도록 풀어 주시오."

그러자 사람들이 우르르 달려가서 다투어 가며 그를 감싸고 있는 베를 풀어 주었다.

음모, 또 음모 요 11:45-57

나사로의 죽음을 애도하며 그 누이들을 위로하려고 베다니에 와 있던 많은 유대인들이 예수의 능력을 보고 믿게 되었다. 나사로의 친구들 중에도 이 기적을 보고 예수님이 하나님의 아들이라는 것을 믿게 된 사람이 많았다. 그러나 이런 소문을 들은 바리새인들과 대제사장은 더욱 초조해졌다. 그들은 한 자리에서 모여 의논을 거듭했다.

"예수는 율법을 지키지 않고 있습니다. 특히 안식일 규례를 상습적으로 어겨 왔습니다. 하나님께서 제정하신 안식일을 지키지 않는다는 것은 그가 하나님께로부터 왔다고 할 수 없는 결정적인 증거입니다. 이젠 더 지체하지 맙시다."

"그런데도 예수는 날이 갈수록 인기를 얻어가고 있습니다. 우리가 잠자코 있으면 점점 더 많은 사람들이 예수에게 쏠릴 것입니다."

"이제는 그를 죽이는 도리밖에 없소. 모든 백성이 멸망하기보다는 한 사람을 죽게 하는 편이 나을 것이오."

"최선의 방법은 그 사람을 하루라도 빨리 죽이는 것이오. 그래야 기적도 끝나고 빛도 사라집니다. 이번 유월절 전에 그를 없애야 한다는 게 내 생각입니다."

가급적 빨리, 아니 이번 유월절 전에 예수를 잡아 죽이자는 데 의견이 일치하였다.

다음날부터 성전 경비병들은 예수를 잡기 위해 혈안이 되었다. 예루살렘에는 이미 지방과 외국으로부터 많은 사람들이 모여들고 있어서 붐비기 시작하였다. 어제 베다니에 온 예수와 그 일행도 가까운 어딘가에 있을 것이 분명했다. 그러나 예수는 보이지 않고 그에 관한 소문만 무성했다. 무덤에 장사 지내진 나사로를 다시 살린 이야기가 예루살렘에 도착하는 예배자들을 맞이하는 분위기였다.

하지만 예수는 예루살렘에 있지 않았다. 사마리아가 있는 북쪽으로 20여 km에 위치한 에브라임으로 가서 그곳에서 사람들을 가르쳤다. 죽음을 피해서 간 것은 아니었다. 죽을 때가 아니라서 떠났을 뿐이다. 예수는 이스라엘 백성이 이집트에서 탈출하던 전날 밤 어린 양을 잡아 그 피를 출입문의 위아래와 양쪽 기둥에 바름으로써 죽음의 사자가 그 집을 그냥 지나친 것을 기념하는 유월절에, 만인의 죄를 대속하는 피를 흘리고 죽게 되어 있었다.

옥합을 깨뜨린 마리아

다시 베다니에서 요 12:1-2

유월절을 엿새 앞둔 날 오후, 예루살렘이 한눈에 내려다보이는 올리브 산에 도착한 예수는 방향을 동쪽으로 돌려 나사로가 살고 있는 베다니로 갔다. 예수가 마을에 도착하자 마르다는 예수 일행을 만찬에 초대하였다. 오빠를 무덤에서 살려낸 그분을 위하여 그녀 생애에 가장 호화로운 식탁을 준비하고 싶었다. 식사 한 끼 대접할 여유도 없이 훌쩍 북쪽으로 떠났던 주님이 다시 오시니, 그것만으로도 기쁘기 한량없는 나사로의 가족이었다.

일행이 적지 않았다. 열두 제자가 있고, 예수의 모친 마리아와 막달라 마리아를 비롯한 다수의 여인들이 늘 예수 곁에 있었다. 일행을 다 초청하니 베다니에서 비교적 너른 집이었지만 여유 공간이 없게 되었다. 마르다는 정말 신바람이 났다. 동생 마리아도 음식 만드는 데 기쁨으로 도왔다.

나무 식탁에는 온갖 음식이 즐비하게 놓였다. 예수와 그 일행은 그들의 식사문화에 따라 머리를 식탁으로 향한 채 발은 뒤쪽으로 길게 뻗고 비스듬한 자세로 식사를 하였다. 이렇게 잘 차린 식탁은 흔치 않아서 모두들 즐거움이 컸다.

마리아의 향기 요 12:3–11 ; 마 26:6–13 ; 막 14:3–9

식사가 한창일 때 마르다의 동생 마리아가 옥합을 들고 들어왔다. 작고 아름다운 설화석고 제품인 옥합은 여인들이 향유 등 귀중한 것을 담아 보관하는데 사용한다. 마리아는 옥합을 보물처럼 소중하게 안고 들어오더니 예수의 뒤쪽으로 갔다. 모두의 시선이 그녀에게 집중되었다. 무엇을 하려는지 알 수 없으나 옥합을 들고 있다는 것이 심상치 않았다. 저 옥합을 왜 가지고 왔을까. 만약 옥합에 향유가 가득 들어 있다면, 그 가치는 헤아리기 어려울 것이다. 굳이 값으로 친다면 보통 노동자의 1년치 연봉에 해당하는 300데나리온은 족히 될 것이다. 가난한 사람으로서는 상상도 못할 거액이다.

가룟 유다는 그녀의 옥합을 심상치 않게 주목하였다. 그녀가 예수의 뒤로 가서 쪼그리고 앉을 때 유다는 자기의 예상이 적중할까 봐 걱정스러웠다. 그런데 그렇게 되어가는 모양새였다. 마리아가 그 귀중한 옥합의 꼭지 부분을 깨뜨렸다. 순간 진한 향내가 집 안을 온통 뒤덮었다.

향유가 든 옥합은 그 향유의 가치 때문에 단단히 봉해져 있어서 열고 닫도록 되어 있지 않았다. 그 속의 향유를 사용하려면 옥합의 꼭지 부분을 깨뜨려야 했다. 그런데 마리아가 그 소중한 옥합을 깨뜨렸다.

식사 중이던 일행은 두 가지 이유로 놀랐다. 일단은 처음 맡아보는 진한 향

내에 놀랐다. 천국에 이런 향이 있을까 할 정도로 집안을 진동하는 그 향은 후각뿐만 아니라 마음까지도 취하게 할 지경이었다. 더구나 여인은 그 값진 옥합 속의 향유를 서슴없이, 지극히 조심스럽고 정성스럽게 예수의 뒤에서 그 머리에 부었다. 향유가 예수의 머리를 적시며 흘러내렸다. 마리아는 발까지 흘러내린 향유를 자기의 긴 머리로 닦았다.

식사는 중단되었다. 모두들 넋을 잃은 듯 마리아의 일거수일투족을 한순간도 놓치지 않고 주목하였다. 황홀한 향내만큼이나 감동이 방 안에 가득했다. 그러나 그들 중 오직 한 사람, 예수의 일행에서 재정을 맡아 보는 가룟 출신의 유다만은 표정이 그들 모두와 전혀 달랐다. 불만, 분노, 불쾌감 등이 배합된 씁쓸한 얼굴이었다. 그러나 아무도 그의 표정을 주목하지 않았다. 모두들 마리아와 향유의 냄새에 취해 있었기 때문이다. 유다가 입을 열어 긴장된 정적을 깨뜨리지 않았다면 그들은 그의 존재조차 잊고 있을 것이었다.

"족히 3백 데나리온어치는 될 텐데…, 그걸 팔아서 가난한 사람들을 돕는 데 사용했더라면 얼마나 좋았을까!"

유다의 말에 한두 사람은 공감하는 눈치였다. 듣고 보니 순식간에 사라져버린 거금 3백 데나리온이 아깝다는 생각이 들었기 때문이었다. 그러나 누구도 입을 열지 않았다. 유다를 향했던 시선이 주인공 예수의 얼굴로 집중되었다. 예수는 자신을 위해 값비싼 향유를 아끼지 않은 마리아를 이슥히 바라본 후 입을 열었다.

"마리아는 오늘 내게 좋은 일을 하였소. 가난한 사람들은 항상 당신들 곁에 있겠지만, 나는 가까운 시일 안에 당신들을 떠날 것이오. 이미 예고한 대로 나는 죽으러 가오. 오늘 마리아가 나의 장례를 준비하기 위하여 기름을 부은 것이오."

예수는 다시 마리아를 응시하며 부드럽게 미소 지은 표정으로 말하였다.

"이 세상 어디든지 나의 복음이 전해지는 곳이면 지금 마리아가 내게 한 일도 전해져서 사람들의 기억에 남게 될 것이오."

마리아가 예수에게 향유를 부은 베다니는 예루살렘 동쪽 올리브 산 너머에 위치한 작은 마을로 주목 받을 만한 요소가 거의 없다. 그러나 나사로의 부활 사건이 예루살렘에 알려지면서, 더구나 그 부활이 예수에 의해 일어난 사실이 알려지면서 예루살렘의 유대교 지도자들은 긴장했다. 특히 대제사장을 중심으로 구성된 대법원인 산헤드린과 율법학자 등은 어떻게든지 예수를 제거하지 않으면 안 되겠다는 강박관념을 갖게 되었다. 그들이 보기에는, 일찍이 제거했어야 할 예수를 아직까지 방치해 둠으로써 상황이 갈수록 어렵게 되어가고 있었다.

나사로의 부활 사건으로 인해 나사렛의 예수야말로 메시아임에 틀림없다고 믿는 이들이 많아지고 있었다. 심지어는 제사장들과 바리새인들까지도 적지 않게 베다니를 들락거린다는 소문이었다. 산헤드린 법원은 서둘러 문제의 예수를 제거해야 된다는 데에 공감대가 증폭되었다.

왕의 입성과 성전 정화

주께서 쓰시겠다 하라 마 21:1-11 ; 막 11:1-11 ; 눅 19:28-40

베다니에서 안식일을 보낸 예수는 그 다음날 예루살렘을 향해 제자들과 함께 길을 떠났다. 나사로의 부활 사건이 예루살렘을 충격으로 흔든 그 다음 주 첫날, 예수는 드디어 예루살렘에서 죽기 위한 십자가의 행진을 시작한 것이다. 예수는 두 제자에게 지시를 내렸다.

"저기 벳바게 마을로 가거라. 거기에는 아직 사람이 타지 않은 나귀 새끼가 매어 있을 것이다. 내게로 끌고 오너라. 만일 누가 왜 내 나귀 새끼를 풀어 가느냐고 묻거든 주께서 쓰시겠다고 하였다고 하여라."

두 제자가 마을로 들어가니 과연 어미 나귀 곁에 새끼 나귀가 매여 있었다. 그들은 주님의 말씀대로 나귀새끼를 풀었다. 마침 그때 안에서 나오던 주인 남자가 놀란 얼굴로 물었다.

"당신들은 뭐요? 왜 남의 나귀 새끼를 푸는 것이오?"

필경 도둑으로 오인하였을 것이다. 그러나 두 제자는 차분하게 그에게 말했다.

“주님께서 쓰시겠다고 하십니다. 나사렛 예수께서…”

주인은 그 말에 금방 표정이 변했다. 나사렛 사람 예수를 누가 모르랴. 그분이 쓰시겠다면 무엇인들 아까우랴.

“그렇다면 어서 끌고 가시지요.”

흔쾌히 승낙하였다.

두 제자는 신바람이 났다. 우리 주님이 타시고 예루살렘에 입성하실 모양이니 드디어 때가 온 것이 아닌가.

“이대로 타시게 해서야 되겠는가. 우리 옷이라도 벗어서 안장 대신 깔아야지.”

한 제자가 자기 겉옷을 벗어 나귀 등에 얹었다. 다른 제자도 뒤지지 않으려고 겉옷을 벗어 그 위에 얹었다. 양모로 짠 유대인의 겉옷은 소송대상에서도 제외된 필수품으로, 개인의 재산목록 1호였다. 거의 한 평생을 추울 때는 입고 더울 때는 벗고 잠잘 때는 담요로 쓰는 그 겉옷 한 벌이 주님을 위하여 안장으로 사용되는 것은 큰 기쁨이었다.

예수는 늘 도보로 여행을 해 왔다. 그런데 유월절이 들어 있는 그 주간의 첫날에는 나귀를 탔다. 일찍이 예언자 스가랴가 예언한 대로, 어린 나귀 새끼를 타고 예루살렘성에 입성하는 것이다. 예수는 처음으로 당당하고 권위 있는 모습으로 예루살렘으로 향했다. 자신이 왕임을 선포하듯 당당한 모습이었다.

나귀 탄 예수는 성의 동문으로 향했다. 올리브 산에서 내려가면 만나게 되는 성문이었다. 기원전 164년 정복자 시리아를 예루살렘에서 몰아낸 유다스 마카비우스는 바로 그 성문으로 나귀를 타고 개선했다. 그로부터 2세기가 흐른 기원 30년에 로마의 지배하에 있는 예루살렘으로 예수가 같은 모습으로 나귀를 타고 입성하는 것이다.

유다스 마카비우스는 유대인의 독립왕국을 이루었다. 이 독립왕국은 기원전 63년에 로마의 명장 폼페이우스에 의해 정복당하기까지 유지되었다. 이제 그 영광은 사라졌다. 그런데 유다스 마카비우스를 상기시키는 예수의 예루살렘 입성은, 유월절을 지키려고 예루살렘에 모여든 인파를 자극하기에 충분했다. 유다스 마카비우스가 무력항쟁으로 독립왕국을 이루었다면, 나사렛 예수는 누구도 흉내낼 수 없는 전능자의 능력과 권세로 로마 제국을 물리치고 다시 한 번 독립왕국을 이룰 것이다. 그런 기대감을 갖는 것도 전혀 무리는 아니었다.

그런 기대감 때문인지 나귀 탄 예수를 환영하는 예루살렘 사람들의 반응은 그야말로 열광적이었다. 나사렛의 예수, 그는 이제 유대인의 왕의 모습이었다. 백성들은 그를 왕이라고 생각했다. 그래서 자기들의 옷을 벗어 왕의 행차를 위해 나귀 앞에 깔았으며, 야자나무 가지를 꺾어 환영의 깃발을 대신하여 흔들며 열광하였다.

"다윗의 자손이여, 호산나! 호산나! 다윗의 자손이여! 주의 이름으로 오시는 이여!"

예수가 다윗 왕가의 혈통이며, 다윗같이 위대한 왕이 된다는 노래가 이 입 저 입에서 흘러나왔다. 개선 장군을 맞이하는 듯한 즐거운 소동이 일어난 것이다. 열광하는 군중 속에서 예수를 증오하고 싫어하는 바리새파 사람들은 혀를 끌끌 차며 걱정하고 분노하였다.

"정말 굉장하군. 이젠 우리가 그에게 어떻게 할 수 없겠군. 이 분위기를 봐."

"그렇다고 우리까지 구경꾼이 될 수는 없지."

그들 중 하나가 군중을 헤치고 나귀 탄 예수에게 접근하였다. 그러나 군중의 분위기가 두려워 함부로 말할 처지가 못 되어 조심스럽게 말을 건넸다.

"선생님, 이건 정도가 지나친 것 같습니다. 선생님을 찬송하며 외치는 소리를 제지해야 도리이지 않겠습니까?"

예수가 지체 없이 대답하였다.

"이 사람들이 잠잠하면 돌들이 소리를 지를 것이오."

강도의 굴혈이 된 성전 마 21:12-17 ; 막 11:15-19 ; 눅 19:45-48

개선장군처럼 입성한 예수는 곧장 성전 뜰로 갔다. 성전 뜰 안은 한 마디로 북새통이었다. 성전세를 바치기 위해 환전하는 사람들과 환전상들의 호객소리, 흠 없는 양이나 염소 등 제물을 거래하는 소리, 제물이 될 짐승들의 소리로 성전 뜰은 온통 시장터였다. 흥정하는 소리에 예수는 화가 났다. 환전수수료나 짐승의 값이 정상적인 가격을 훨씬 넘는 바가지였기 때문이다.

"나가시오. 성전 뜰에서 다들 나가시오. 여기는 기도하는 성전이지 장터가 아니오. 어찌하여 거룩한 성전을 강도의 굴혈로 만든단 말이오?"

의분의 목소리가 잡음을 제압하고 성전 뜰을 뒤덮었다. 쩌렁쩌렁한 소리였다. 갈릴리의 야산에서 5천 명이 넘는 사람들을 향해 온종일 설교하신 그 우람한 목소리에 상인들은 주춤하지 않을 수 없었다. 그러나 제사장들의 허락하에 이루어지는 환전이며 거래이기에 누가 나가란다고 나갈 그들이 아니었다. 더군다나 유월절은 상인들이 떼돈을 벌 모처럼의 기회가 아닌가.

"나가라고 하지 않았소? 여기서 장사를 하지 마시오."

그래도 눈치만 보며 거래를 계속하자 예수는 거친 행동을 보였다. 환전상들의 상을 엎고 의자를 둘러엎으며 나가라고 소리쳤다. 그 폭력적인 언행에 압도당한 상인들이 흩어지기 시작했다.

조금 잠잠해지며 질서가 회복되자 이번에는 맹인들과 다리 저는 사람 등 지체부자유자들이 예수에게 왔다. 예수는 병자들을 낫게 하고 귀신을 내쫓으려고 왔노라고 공개적으로 말한 적이 있으므로 그들 모두를 즉석에서 온전하게 치료해 주었다.

소란스러운 입성에서부터 지금까지의 행동을 속수무책으로 지켜보던 대제사장과 서기관 등은 기회를 보아 예수에게 항의해 보았으나 책망조의 답변에 할 말을 잃었다.

예수의 마지막 교훈과 예언

월요일의 충격 마 21:18–22 ; 막 11:12–14, 20–24

소란스러웠던 유월절 주간 첫날을 예루살렘에서 보내고 베다니로 돌아와 하룻밤을 쉰 예수는 다음날 이른 아침 제자들과 함께 다시 예루살렘 성으로 향했다. 예수는 무성한 잎을 자랑하며 서 있는 무화과나무를 보고는 그리로 가서 열매를 따려고 했다. 하지만 무화과나무에는 열매가 하나도 없었다. 예수는 돌아서면서 말했다.

"너는 이제부터 영원토록 열매를 맺지 못하리라."

열매는 없고 잎만 무성했던 그 나무는 곧 말라 죽었다. 제자들이 놀라서 물었다.

"어떻게 해서 무화과나무가 이렇게 금방 말라 버렸습니까?"

"내가 진정으로 말한다. 너희가 믿고 의심하지 않는다면 너희는 이런 일뿐만 아니라 더 큰 일도 해낼 수 있을 것이다. 산을 향해서 '땅에서 들려서 바다로 옮겨가라'고 해도 그대로 될 것이다. 믿고 기도하면, 구하는 것이 무엇이든 다 받을 수 있을 것이다."

성전에 들어서자 기다렸다는 듯 인파가 몰려들어 예수와 그 일행을 에워쌌다. 예수는 자신의 죽음이 임박함을 알았기에 남은 시간 동안 되도록 많은 사람들에게 되도록 많은 것을 가르쳐야 했다.

두 아들의 비유 마 21:28-32

"두 아들을 둔 사람이 있었소. 아버지가 큰아들에게 '얘야, 오늘은 포도원에 가서 일하여라.' 하고 말하였지요. 큰아들은 '싫습니다.'라고 대답했지만, 마음을 바꿔 포도원에 가서 일했소. 아버지는 작은아들에게도 똑같이 말했소. 작은아들은 '예, 아버지.'라고 대답만 하고는 일하러 가지 않았소. 두 아들 중 아버지에게 순종한 아들은 어느 쪽이오?"

이야기를 듣던 무리들이 입을 모아 대답했다.

"물론 큰아들입니다."

예수는 고개를 끄덕이며 그 의미를 이렇게 설명했다.

"내가 진정으로 말합니다. 세리들과 창녀들이 여러분보다 먼저 하나님 나라에 들어갈 것이오. 세례 요한이 바른 길을 보여주었을 때 세리들과 창녀들은 그 말을 들었지만 여러분은 듣지 않았기 때문이오. 여러분은 이것을 보고도 여전히 회개하지 않고, 그를 믿지 않았소."

초대받은 사람들 마 22:1-14 ; 눅 14:15-24

예수는 또 이런 비유를 들려주었다.

"임금님이 왕자의 결혼식에 많은 사람을 초청하였소. 그런데 어찌된 일인지 이 일 저 일로 바쁘다고 핑계를 대고 오지 않는 사람들이 많았소. 왕은 다시 다른 신하들을 보내어 '살진 송아지를 잡는 등 푸짐하게 준비가 되었으니 어서 잔치에 오라.'고 전하게 하였소. 그러나 손님들은 신하들의 말을 듣지 않았소. 어떤 사람은 밭에 일하러 가고, 어떤 사람은 장사하러 갔소. 어떤 사람들은 왕의 신하들을 붙잡아 때리고 죽이기까지 했소. 격분한 왕은 군대를 보내어 그 살인자들을 잡아 죽이고 동네를 불살라 버렸소. 그런 다음 왕은 신하들에게 말했소. '내가 애초에 결혼 잔치에 초대한 사람들은 자격이 없는 자들이었다. 그러니 거리에 나가 아무나 잔치에 오라고 초대하여라.'

신하들은 거리에 나가 좋은 사람이든 나쁜 사람이든 가리지 않고 눈에 띄는 대로 데려왔소. 잔칫집은 손님으로 가득 찼소. 왕은 손님들을 보려고 들어왔다가, 어떤 사람이 예복도 입지 않고 앉아 있는 것을 보았소. 왕이 '이 사람아, 자네는 왜 예복도 입지 않고 여기에 들어왔는가?' 하고 물었으나, 그는 아무 대답도 하지 못했소. 왕은 시종들에게 명령했소. '이자의 손발을 묶어 바깥으로 내쫓아라. 거기서 가슴을 치며 통곡할 것이다.'

이와 같이 부르심을 받은 사람은 많지만, 택함을 받은 사람은 적소."

그렇다면 어떤 사람이 천국 잔치에 참석하여 즐길 수 있을까? 누구나 다 초대를 받았지만, 자기 죄를 회개하지 않으면 안 된다. 죄를 뒤집어쓴 채 천국 잔치를 즐길 수는 없는 일이다.

바리새인들의 음모 마 22:15-22 ; 막 12:13-17 ; 눅 20:20-26

예수의 인기는 하늘을 찌를 듯하였다. 지금까지 유대교의 지도층은 대제사장을 비롯한 서기관과 율법학자들이었다. 백성들로부터 존경을 받아오던 그들은 이제 예수라는 젊은이가 등장함으로써 관심 밖으로 밀려나고 있었다. 예수의 가르침이 기적을 일으키는 능력과 함께 빛을 더하니, 종교 지도자들이 설 자리는 날이 갈수록 좁아져 갔다.

그들이 보기에 예수는 율법을 부정하고 파괴하는 자였지만, 그를 체포하여 벌을 주기에는 시기가 늦은 감이 있었다. 그의 엄청난 인기로 보아 막무가내로 그를 체포한다면 폭동이라도 일어날 기세였다. 명백한 이유가 있어야 했다. 더구나 그를 죽이려면, 그에 합당한 죄목이 있어야 했다. 그렇게 무거운 죄를 다스리는 것은 유대인들의 소관도 아니었다. 로마 총독에게 속한 권한이었다.

안식일에 병자를 고친다거나 자신을 하나님의 아들이라 한다는 이유로는 예수를 죽일 수 없었다. 로마 총독은 누군가가 안식일을 지키거나 말거나, 자신을 하나님이라고 하거나 말거나 아무런 관심이 없었다.

바리새파 사람들은 예수를 함정에 빠뜨려 로마 법을 어기는 발언을 유도하려고 음모를 꾸몄다. 어떻게든지 법을 어기게 해야만 빌라도에게 예수를 고발할 수 있을 것이기 때문이다.

바리새인들은 예수에게 가서 이렇게 물었다.

"선생님은 로마 황제에게 세금을 바치는 것이 옳다고 생각하십니까?"

로마 제국의 지배 하에 있는 나라들은 예외 없이 로마 화폐를 사용하였고, 로마 제국에 세금을 냈다. 하지만 유대인들이 로마에 세금을 바치는 것을 달갑게 여길 리 없었다. 만약 예수가 세금을 내는 것이 좋다고 하면 백성들이 반감을 가질 것이고, 로마에 세금을 내지 말라고 하면 로마에 대한 반역적인 발언을 한 셈이다. 반역은 총독이 사형에 처할 수밖에 없는 큰 죄가 된다.

예수는 바리새인들이 왜 그런 질문을 하는지 단번에 그 의도를 간파하였다. 하지만 제자들과 군중들은 극도로 긴장하였다. 어떻게 대답해도 허점을 노출할 수밖에 없는 미묘한 질문이기 때문이다. 로마에게 역적이 되느냐, 유대인에게 역적이 되느냐의 두 가지 선택밖에 없는 질문인 것 같았다. 숨소리도 들리지 않을 만큼 긴장감이 팽배했다. 그러나 예수는 조금도 흔들림 없이 입을 열었다.

"나를 시험하는군요. 세금 내는 돈을 내게로 가져오시오."

누군가가 로마의 화폐인 데나리온 한 닢을 예수에게 주었다.

"보시오. 이 돈에 새겨진 문자와 그림이 누구의 것이오?"

"로마 글자와 로마 황제의 얼굴이지요."

질문을 한 바리새인이 대답하자, 예수가 말했다.

"그러니 황제의 것은 황제에게 바치고, 하나님의 것은 하나님께 바치면 되는 것이오."

로마에게도 유대인에게도 책잡힐 게 없는 절묘한 답변이었다. 질문자조차 그만 할 말을 잃었다.

가장 큰 계명 마 22:34, 23:12 ; 막 12:28-40 ; 눅 20:41-47

하지만 바리새인들은 포기하지 않았다. 이번에는 예수에게 정면으로 계명에 대해 묻기로 했다. 예수의 가르침이 하나님의 율법을 훼손시킨 경우가 있었기에(물론 그들의 오해요 판단일 뿐이지만), 이번에는 본격적으로 계명을 들이대기로 하였다.

"모세의 율법 중에서는 으뜸가는 계명은 무엇입니까?"

"'네 마음을 다하고 목숨을 다하고 생각을 다하여 주 너의 하나님을 사랑하라.' 이것이 가장 중요하고 으뜸가는 계명이오. 그러나 '네 이웃을 네 몸과 같이 사랑하라.'는 둘째가는 계명도 이에 못지않게 중요합니다. 모든 율법과 예언자들의 말씀은 이 두 계명으로 요약될 수 있소."

질문을 제기한 율법 교사는 예수의 명철한 대답에 할 말을 잃었다. 그러자 이번에는 예수가 바리새인들에게 물었다.

"당신들은 그리스도에 대하여 어떻게 생각하시오?"

바리새인들은 자기들끼리 수군거리더니 대답하였다.

"그리스도는 다윗의 자손에서 태어난다고 예언되었지요."

"다윗이 그리스도를 '나의 주님'이라고 불렀는데, 그리스도가 어떻게 다윗의 자손이 된단 말이오?"

그들은 또다시 할 말을 잃었다. 예수는 이어서 바리새인들의 위선과 가식을 날카롭게 비판하였다. 죽기로 작정하였으니 죽이려는 세력이 두려울 게 없지 않은가. 그는 제자들에게 이렇게 말했다.

"율법 교사들과 바리새파 사람들이 말하는 것은 다 지키되, 그들의 행실은 본받지 마시오. 그들은 말뿐이고 실천은 하지 않는 사람들이오. 그들은 너희에게 무거운 짐을 지라고 강요하면서 자기들은 손가락 하나 까딱하려 하지 않소. 그들은 또, 잔치에 가면 윗자리에만 앉으려 하고 회당에서는 높은 자리만 찾습니다. 길에 나서면 인사받기를 좋아하고, '랍비'라거나 '스승'이라고 불러주기를 바랍니다. 여러분에 가장 큰 자는, 자기를 낮추어 남을 섬기는 사람입니다. 누구든지 자기를 높이는 사람은 낮아지고, 자기를 낮추는 사람은 높임을 받게 될 것이오. 바리새파 사람들과 율법 교사들은 화를 입을 것이오. 그들은 위선자들로서, 하늘나라의 문을 가로막고 서서 자신들도 들어가지 않고 다른 사람들도 못 들어가게 하고 있소. 그들의 겉모습은 깨끗하나 속은 방탕과 탐욕으로 가득하오."

전무후무한 재난의 예고 마 24:1-31 ; 막 13:1-27 ; 눅 21:5-28

성전을 떠나 올리브 산으로 가면서 제자들이 성전의 웅장하고 아름다운 모습을 가리켰다. 늘 보아 온 성전인데 새삼스럽게 느껴지는 모양이었다.

"돌로 쌓은 저 성전이 돌 위에 돌 하나 남지 않고 다 무너뜨려질 것이다."

충격적인 발언이라서 제자들은 어안이 벙벙하였다. 그들은 올리브 산에 오르자 예수에게 물었다. 그런 끔찍한 일이 언제 생기는가를. 도무지 믿어지지 않았기 때문이다. '정말 그런 일이 생긴다면 이 얼마나 끔찍한 재앙이란 말인가? 세상에 무슨 일이 일어나기에 46년째 공사가 계속되고 있는 저 견고한 성전이 박살이 나도록 무너뜨려진다는 것일까?'

"선생님, 언제 그런 일이 생깁니까? 그때 무슨 징조가 있습니까?"

"조심해야 한다. 그때는 자칭 그리스도가 여럿 나타나서 미혹할 것이다. 전쟁도 많이 일어나고. 민족끼리 싸우고 나라끼리 싸울 것이다. 지진과 기근도 심해질 것이다. 그것이 재난의 시작이다. 나를 믿는 사람들에게 핍박이 가해질 것이다. 사랑은 식고, 배신이 자행되며, 고통이 많을 것이다. 그러나 끝까지 견디는 사람은 구원을 얻게 된다. 이 천국 복음이 온 세상에 전파되어야 종말이 올 것이다."

그 무서운 재난을 환히 바라보는 듯 예수는 잠시 입을 다물었다.

"그 재앙의 날, 천지창조 이래 없었던 그 대환난은 그 후로도 없을 것이다. 그날을 감하지 않으면 모든 육체가 구원을 얻지 못할 것이다. 특히 그리스도가 여기 있느니 저기 있느니 해도 믿지 마라. 나의 재림은 번개가 동편에서 서편까지 번쩍임같이 임할 것이다."

재림하실 그리스도는 지구의 동서에서 다 볼 수 있다는 의미였다.

"내가 천사들과 함께 와서 영광의 보좌에 앉을 것이다. 모든 민족을 양과 염소를 분별하는 것같이 하여 양은 오른편에 염소는 왼편으로 가를 것이며, 오른편에 있는 사람들에게는 '내 아버지께 복 받을 자들이여, 하나님께서 너희를 위하여 예비한 나라를 상속하라.' 할 것이고, 왼편에 있는 자들은 '저주를 받은 자들아 나를 떠나 마귀와 그 사자들을 위하여 예비된 영원히 타오르는 불 속으로 들어가라.' 할 것이다. 그들은 영벌에, 의인들은 영생에 들어가는 것이다."

유혈 폭동과 예수 바라바 마 27:15–16 ; 막 15:6–7 ; 눅 23:19

충격으로 일관된 그날이 가고 화요일에도 여전히 예루살렘 성전에서 가르치고 치료하신 예수는, 무슨 까닭일까, 수요일은 베다니에서 온종일 머무르며 휴식을 취하였다.

한편, 언젠가 예루살렘에서는 큰 폭동이 발생하였다. 예수 바라바의 지휘 하에 열심당 행동대원들이 군중을 선동하여 반 로마 무력항쟁을 벌였다. 어쩌면 그 폭동이 유월절 기간에 일어났을 가능성이 크다. 당시 유대인들은 전국 각처는 물론, 바벨론의 정복과 그리스의 알렉산더 대왕의 정복과 이어진 로마의 정복으로, 지중해 세계의 유럽과 아프리카와 이집트와 메소포타미아 등 여러 지역에 흩어져 사는 사람이 많았는데 그런 타국살이 유대인들도 매년 유월절을 맞이하면 그 절기를 지키려고 몰려들어 그야말로 예루살렘은 인산인해를 이루었다. 정복자에게 반기를 들기에 가장 유리한 조건이다.

그 무렵 성전 북쪽에 위치한 안토니아 요새에는 로마군 부대가 주둔해 있었다. 특히 유월절 기간이 되면 저 북서쪽 지중해안에 위치한 로마식 도시 가이사랴에 있는 로마 총독이 그곳 병력을 이끌고 예루살렘의 안토니아 요새에 머문다. 증원군인 셈이다. 그곳 망대에서는 성전이 한눈에 조망된다. 성전 마당의 군중 동태가 파악되며, 유사시 요새에서 성전으로 로마 군대를 진입시키는 통로가 있다.

예수 바라바가 이끄는 유대 열심당 행동대원들의 폭동이 있던 날, 그날의 폭동을 진압시키려고 그 통로로 로마 정예 군대가 성전으로 진입하였다. 피비린내가 진동하였다. 그러나 잘 훈련된, 유럽과 아프리카와 서아시아와 메소포타미아까지 정복한 최강의 로마 군대는 광기어린 열심당 무장 세력을 진압하였다. 그리고 대장 예수 바라바를 생포하여 감옥에 가두어 놓았다.

최후의 만찬과 가롯 유다의 배신

목요일의 유월절 준비 마 26:17–19 ; 막 14:12–16 ; 눅 22:7–13

제자들이 예수에게 물었다.

"유월절 식사를 어디에다 준비할까요?"

15세기 전인 기원전 1446년, 요셉에 의해 이집트로 이주한 야곱의 후손들이 430년 동안 많은 고난을 겪으며 살다가 모세에 의해 해방되기 전날 밤, 특별한 저녁식사를 하였다. 모세의 명령에 따라 모든 유대인 가정에서는 가족 수에 맞게 양을 잡고, 그 고기를 먹었다. 양의 피는 그 집의 문설주와 인방에 발랐다. 그 피를 보고 죽음의 천사가 지나쳐 생명이 안전했었다. 그러나 양의 피를 바르지 않은 집은 왕궁에서부터 초라한 서민의 집을 가리지 않고 예외 없이 그 집의 장남과 가축의 첫 새끼가 죽는 재앙이 임하였다. 그로 인하여 왕은 잔뜩 겁을 먹었으며, 서둘러 야곱의 후손들에게 이 땅에서 떠나라고 하였다. 바로 그 기적의 저녁 식사를 모든 유대인은 15세기가 흐르도록 기념하여 지키고 있다. 목요일이 바로 그날이었다. 그날의 저녁 식탁에는 양고기와, 이집트에서의 고난을 상징하는 쓴 나물과, 발효제를 전혀 사용하지 않은 딱딱한 빵이 주식으로 오른다. 온 가족이 한 자리에 모여 그날의 저녁식사를 재현하는 것이다.

"예루살렘으로 들어가면 물 한 동이를 이고 가는 사람을 만날 것이다. 그를 따라가서 그 집에서 내가 유월절 만찬을 먹겠다고 하여라."

베드로와 요한이 심부름을 갔다. 과연 예수가 말한 그대로였다. 만찬 준비는 순조롭게 이루어졌다.

예수는 그날의 만찬이 자신에게는 지상에서의 마지막 저녁식사가 된다는 것을 알고 있었다. 양을 잡아 피를 바른 그 유월절에 예수는 다시는 죄를 씻기 위하여 양을 잡을 필요가 없어지도록 양을 대신하여 자신이 친히 나무에 달려 피 흘리고 죽도록 예정되어 있음을 알고 있었다. 만인의 죄를 대신 속죄하기 위하여 하나님의 아들이신 예수가, 하나님의 아들이기에 신이신 예수가 세상 죄를 전가받아 대신 죽는 것이다. 부활이 예정되어 있으나 일단 모진 십자가의 고통을 생각하면 소름이 쫙 돋았다.

예수의 몸값 은화 30세겔 마 26:1–5, 14–16 ; 막 14:1–2, 10–11 ; 눅 22:1–6

유월절 만찬이 준비되고 있을 무렵, 예수의 제자 중 한 사람인 가룟 출신의 유다는 산헤드린 법원의 최고 지도자이며 대제사장인 가야바와 만나고 있었다. 산헤드린 법원 재판관들 다수가 함께 있었다. 그들은 예수를 잡다가 큰 소요라도 일어날 게 두려워 이번 유월절에는 예수를 제거하지 말자고 내부적으로 결정된 직후였다. 그들에게 예수의 제자가 직접 찾아온 것은 꿈같은 일이었다. 이게 예삿일이 아니잖은가.

“나는 예수의 측근 중 측근입니다. 나는 산헤드린이 예수를 잡고자 지속적으로 시도해 온 사실을 알고 있습니다.”

“그래서 그를 잡아주기라도 하겠다는 거요?”

성미 급한 바리새인 하나가 그 심상찮은 유다의 눈을 응시하며 다그치듯 물었다.

“그렇소.”

서슴없는 확고한 대답이었다. 대제사장을 비롯한 그들 모두가 뜻밖의 말에 놀랐다. 예수가 대단히 비범한 인물임은 부정할 수 없는데, 그의 몇 안 되는 제자의 한 명이 그 위대한 스승을 배신한다는 이 사실이 얼른 납득되지 않았다.

"사실이냐?"

대제사장 가야바가 직접 물었다.

"예."

"너에겐 지극히 존경스러운 스승일 텐데 배신하는 이유라도 있느냐?"

"말하고 싶지 않습니다…. 그러나 한 가지, 우리 민족의 염원은 로마의 무자비한 압제에서 해방되는 것인데, 나의 선생님은 그런 일에 도무지 관심이 없습니다."

"너의 애국애족 하는 마음이 가상하다. 너도 열심당원이냐?"

"얼마를 주시겠습니까?

유다는 여러 말 하기 싫은 듯 단도직입적으로 나왔다.

"예수를 팔겠다? 값은 흥정꺼리가 아니니다. 몸값을 주마. 은화 30세겔이다."

대제사장이 눈짓하자 회계담당인 듯 한 제사장이 안으로 들어갔다가 은화 30세겔이 든 가죽 주머니를 들고 나왔다. 묵직해 보였다. 은 435g이 든 주머니다.

"실수가 있어서는 안 된다. 너와 계약한 우리는 산헤드린 법원이라는 사실을 잊지 마라."

최후의 만찬 마 26:20-29 ; 막 14:17-25 ; 눅 22:14-23 ; 요 13:1-30

만찬이 시작되었다. 해는 성 넘어 지중해로 기울었고, 천 년의 고도 예루살렘은 땅거미가 내려앉았다. 만찬장은 저택 이층의 큰 방이었고, 긴 식탁의 가운데에 예수가 앉았다. 식탁에는 갓 잡아 불에 구운 양고기와 누룩 없이 만들어 부풀지 않은 빵과 쓴 나물과 붉은 포도주가 차려져 있었다. 식사가 어느 정도 진행된 후에 예수가 느닷없이 이해 못할 말을 하였다.

"내가 고난을 당할 것이다. 그 전에 유월절 식사를 함께 하고 싶었다. 지금 함께 식사하는 내가 선택한 사랑하는 제자 열두 사람 중에서 한 사람이 나를 배반할 것이다."

제자들은 어리둥절하여 서로의 얼굴을 둘러보았다. 당혹, 의아, 긴장, 설마 하는 감정들이 순식간에 그 열둘의 얼굴에 스쳐갔다.

"우리 중에 선생님을 배신하는 자가 있다니!?"

누군가가 중얼거렸다. 믿어지지 않는다는 소리였다.

"주님, 저는 아니지요?"

그러자 모두들 "저도 아니지요?"라고 서둘러 물었다. 확인받고 싶었다. 그때 예수의 곁에 앉아 있는 요한에게 그 옆의 베드로가 낮게 속삭였다.

"여쭈어 봐. 그게 누구냐고…."

베드로의 소리만큼이나 낮게 요한이 물었다.

"누굽니까, 주님? "

예수도 다른 사람이 알아듣지 못할 정도로 낮게 대답하였다.

"내가 빵을 떼어 주는 그 사람이다."

예수는 채 말이 끝나기도 전에 빵을 떼어 가룟 출신의 유다에게 건네주면서 말하였다.

"나를 배반하는 자는 화를 받게 된다. 차라리 세상에 태어나지 않았더라면 좋았을 것이다."

그 말을 유다도 알아들었다. 그러나 이미 사탄이 그 마음을 사로잡고 있어서 양심의 가책도 두려움도 느끼지 못하였다. 오히려 속으로 쾌재를 부르고 있었다. 식사가 끝나면 올리브 산 겟세마네(올리브 기름을 짜는 틀이 있는 곳)로 가서 이 밤을 기도하며 보내야 되겠다고 예수가 분명하게 말하였기 때문이다. 정보는 확보되었다. '오늘 밤에 겟세마네에서 당신이 체포될 것을 나는 알고 있소이다.' 라고, 유다는 말하고 싶었다.

"유다, 당신이 하려고 한 일을 하여라."

모두 알아들을 큰 소리였다. 예수의 그 말을 기다렸다는 듯 유다는 자리를 박차고 일어나 황급히 밖으로 나갔다. 어둠이 그를 덮었다. 그는 총총걸음으로 어둠 속으로 사라졌다.

방 안에 있는 제자들은 대수롭지 않게 여겼다. 재정관리자인 유다에게 선생님이 무슨 일인가를 지시해 두었으리라 생각하였다. 그러나 예수는 이제 마지막 운명의 시간이 카운트다운되었음을 알고 있었다. 불과 몇 시간 후에 가룟 유다의 인도를 받는 대제사장의 부하들이 자기를 잡으러 올 것이다. 올리브 산 겟세마네에서.

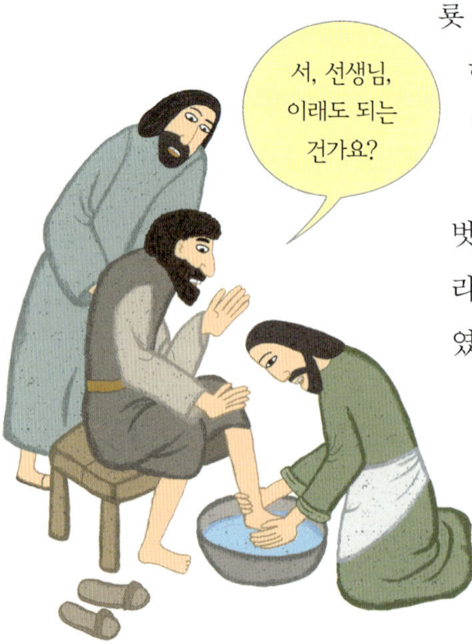

예수는 자리에서 일어섰다. 겉옷을 벗었다. 수건을 달라 하더니 그것을 허리에 둘렀다. 대야에 물을 떠오라고 하였다. 손은 식사 전에 씻는 것인데 새삼스럽게 왜 손을 씻으려 할까. 모두들 지켜볼 뿐이었다. 의미 없는 언행이 없음을 그들은 익히 알고 있기 때문이다.

준비가 완료되자 예수는

놀랍게도 그 대야의 물로 제자들의 발을 차례로 씻겼다. 허리에 두른 수건은 젖은 발을 닦는데 사용하였다. 우리가 선생님의 발을 씻겨야 옳은데 이렇게 예고도 없이, 영문도 모르게 왜 우리의 발을 친히 씻기시는지, 그들은 의아할 뿐이었다. 그러나 누가 감히 존경하는 전능하신 선생님의 하시는 일에 언급할 수 있으랴. 그러나 베드로의 순서가 되자 그는 거부하였다.

"안 됩니다. 선생님이 제 발을 씻기시다니요. 절대로 안 됩니다."

너무 황송해서 거절하였음을 모르는 사람이 없었다.

"베드로, 내가 너를 씻기지 않으면 당신과 나는 상관이 없다."

베드로는 그 말에 얼마나 놀랐는지 냉큼 태도를 바꾸었다. 선생님과의 단절이라니 이 얼마나 끔찍한 일인가.

"주님, 제 발뿐만 아니라 손과 머리도 다 씻겨 주십시오."

"이미 목욕한 사람은 발밖에 씻을 필요가 없다. 온 몸이 깨끗하기 때문이다."

한 번도 경험하지 못한 발 씻는 행사가 끝나자 예수는 다시 자리에 앉아 빵을 들었다.

"자, 이걸 받아 먹어라. 이것은 너희들을 위하여 주는 내 몸이다."

딱딱한 빵 조각을 떼어 열한 제자 모두에게 한 조각씩 나누어 주었다. 우리를 위하여 주는 몸이라? 무슨 뜻인지는 잘 모르지만 하라는 대로 할 뿐이었다.

"자, 이 잔을 받아 마셔라."

빵에 이어 붉은 포도주를 잔에 부어 한 사람씩 받게 하였다.

"이것은 너희들을 위하여 흘리는 내 피다. 너희들과 새로 맺는 피의 계약이다. 내가 다시 올 때까지 이를 기념하여 지키도록 하여라."

가롯 유다의 입맞춤과 베드로의 통곡

피의 기도 마 26:30-56 ; 막 14:26-50 ; 눅 22:31-54 ; 요 18:1-11

만찬장을 떠났을 때는 이미 밤이었다. 예수는 열한 제자와 함께 수없이 오르내린 올리브 산을 향했다.

"오늘 밤 너희들이 다 나를 버릴 것이다. 이미 예언서에 그렇게 되어 있다. 그러나 내가 부활한 후 당신들보다 먼저 갈릴리로 갈 것이다."

베드로가 펄쩍 뛰었다.

"주님, 그렇지 않습니다. 모두 주님을 버리고 갈지라도 저는 끝까지 주님을 따를 겁니다."

베드로를 물끄러미 바라보던 예수가 아무렇지도 않다는 듯 말했다.

"내가 진실로 네게 말하노니 오늘 밤 닭 울기 전에 네가 세 번 나를 부인할 것이다."

"결코 그런 일은 안 생깁니다. 저는 죽어도 주님을 부인하지 않습니다."

다른 제자들도 우리들 역시 주님을 배반하지 않겠다며 다짐하듯 말하였다.

예수는 8명의 제자를 한 곳에 머무르게 하고 거기서 기다리게 한 후 베드로 요한 야고보 등 세 사람만 데리고 조금 더 올라갔다. 가이사랴 빌립보에서 헤르몬 산에 오를 때처럼.

"지금 내 마음이 심히 괴롭다. 너희들은 여기 남아서 나와 함께 기도하도록 하여라."

특별히 세 제자에게 부탁한 예수는 돌을 던지면 떨어질 만한 거리만큼 더 올라가서 무릎 꿇어 기도하기 시작하였다. 올리브 기름을 짜는 겟세마네 동산에는 오래 묵은 올리브 나무들이 즐비하였다.

처절한 고통을 동반한 죽음이 임박한 예수는 몹시 괴로웠다. 그는 알고 있었다. 일찍이 선지자 이사야를 통해 예언된 대로 그리스도의 죽음은 인간이 견디어 낼 고통의 한계를 초월하는 것이다. 무자비하게 39대의 채찍을 맞을 것이다. 가죽이 터지고 살이 찢겨지는, 상반신 전체가 걸레쪽처럼 갈기갈기 찢어지는 채찍질을 당할 것이다. 웬만한 체력은 그 매를 맞다가 죽는다. 이어서 몇 차례의 재판을 받을 것이다. 대제사장이 주관하는 산헤드린의 재판, 로마인 총독 본디오 빌라도의 재판, 그리고 유월절이라 예루살렘의 헤롯 궁에 머물고 있는 갈릴리의 왕 헤롯 안디바에게 끌려갈 것이다. 그는 무거운 통나무 십자가를 어깨에 메고 예루살렘 성 밖에 있는 처형장 골고다 언덕으로 가서 그 십자가에 못 박힐 것이다. 십자가의 고통이 여러 시간 지속될 것이며, 마침내 극심한 갈증과 고통 속에서 죽으리라.

내일 날이 밝으면 자신에게 가해질 그 긴 고통을 바라보는 예수의 기도는 처절함, 그 자체였다.

"아버지, 이 잔을 저에게서 거두어 주십시오. 아버지는 무엇이든지 다 하실 수 있지 않습니까. …그러나 제 뜻대로 마시고 아버지의 뜻대로 하십시오."

얼마나 절박하고 처절한 기도였던지 그의 이마에서 솟는 땀에 모세혈관이 터져 피가 흘러 나왔다. 그의 기도는 시간 가는 줄 모르고 계속되었다. 결코 잠 못 이룰 밤이기에 기도로 지새우는 그 밤은 예수의 짧은 33년 생애에서 가장 긴 밤이며, 가장 처절한 기도였다. 세상 죄를 다 짊어지려면 그만한 고통이 없을 수 없음을 그는 안다. 그 모든 죄를 대신 책임지는 죗값이 어찌 크지 않을 수 있으랴.

잠시 기도를 멈춘 예수는 세 제자가 기도하는 곳으로 가 보았다. 그들은 모두 세상모르고 잠들어 있었다. '나와 함께 깨어 있어 기도하면 좋으련만.'

각별히 사랑하는 세 제자를 깨워 놓고 다시 기도하러 간 예수는 또다시 무릎을 꿇고 간절하게 기도하였다. 가슴이 답답하고 터질 지경이었다. 잠시 일어나 또다시 세 제자에게 간 예수는 그들이 여전히 잠자고 있어서 크게 실망하였다.

"나와 함께 한 시간도 깨어 기도할 수 없더냐? 시험에 들지 않으려면 기도하여라."

다시 기도하던 곳으로 간 예수는 여전히 같은 기도를 되풀이하였다.

"아버지여, 만일 내가 마시지 않고는 이 잔이 내게서 지나갈 수 없거든 아버지의 원대로 되기를 원하나이다."

긴 밤, 고독한 기도는 끝났다. 예수는 다시 세 제자에게 갔다. 여전히 잠들어 있는 그들을 깨웠다.

"이제는 자고 쉬어도 된다. 때가 가까웠다. 내가 죄인의 손에 팔릴 것이다. 자 일어나, 함께 가자. 나를 파는 자가 가까이 왔다."

아니나 다를까, 그 말이 채 끝나기도 전에 횃불을 든 무리들이 저 아래서 다가오고 있었다. 제자들은 모두 예수의 주변으로 모였다. 그들은 저 횃불의 정체가 무엇인지, 이 미명에 왜 산으로 올라오고 있는 것인지 전혀 낌새를 차리지 못하였다. 오직 예수만이 자기를 잡으러 오는 대제사장의 부하들임을 알고 있었다. 그 선두에 가룟 유다가 있으리라.

정말 그랬다. 잠시 후 접근해 온 무리는 50여 명이나 되는, 성전 경비와 대제사장 경호를 맡는 레위인 경비병들이었다. 모두들 몽둥이와 칼로 무장되어 있다. 그들의 맨 앞에 유다가 있었다. 안내역을 맡은 것이다. 아직 어둠이 짙은 미명에 산 속에서 제자들만 있는 상황이야말로 백성들을 자극하지 않고 조용히, 그리고 무난히 예수를 체포할 수 있는 최상의 여건이었다.

"선생님, 안녕하십니까?"

한 발 앞으로 가가선 유다가 미리 '내가 입맞추는 사람을 잡으라.'고 무장한 그들과의 약속대로 예수에게 입맞추었다.

"네가 입맞추는 신호로 나를 넘겨주는구나."

예수는 침착하게 경비병들을 향해 말했다.

"누구를 찾고 있소?"

그들의 대장인 듯한 사람이 말했다.

"당신이 나사렛 사람 예수요?"

"그렇소. 어서 당신들의 일을 하시오."

그러자 대장이 부하들에게 잡으라는 신호를 보냈다. 그 순간 누가 비명을 질렀다. 베드로가 내려친 단검이 누군가의 오른쪽 귀를 벤 것이다.

"칼을 거두어라. 칼을 쓰는 자는 다 칼로 망한다. 내가 아버지께 구하면 열두 군단 병력만큼 천사들을 동원할 수 있다는 것을 모르느냐? 그러나 그렇게 하면 내가 어떻게 잡혀가서 죽는단 말이냐."

베드로를 책망한 예수는 땅에 떨어진 잘려나간 귀를 집어 대제사장의 종 말고에게 다시 붙여 주었다.

"당신들이 강도를 잡듯 칼과 몽둥이를 들고 나를 잡으러 왔소? 내가 날마다 성전에서 가르쳤는데 왜 잡지 않았소? 그러나 내가 이렇게 잡히는 것은 선지자들의 예언대로 되는 것이오."

예수의 능력을 알기에 주춤거리던 무장 경비병들은 그의 무저항을 확인하자 얼른 에워쌌다.

예수가 그들에게 잡히자 베드로는 덜컥 두려움에 휩싸였다. 그는 주춤거리며 뒤로 물러섰다. 다른 제자들이 약속이라도 한 듯 도망치기 시작하였다. 얼마나 급했던지 어떤 제자는 옷이 벗겨진 채 벌거숭이로 뛰어가기도 하였다. 예수는 잡혀갔다. 횃불로 길을 밝히고 예루살렘을 향해 기드론 골짜기로 내려가는 그 일행을 먼 뒤에서 바라보고 있던 베드로가 천천히 뒤를 따르기 시작하였다. 어찌될지 궁금하여 견딜 수 없었다. 전능하신 분이 저렇게 무기력하게 잡혀가다니, 이해가 안 되었다. 베드로의 뒤를 요한이 바짝 붙어 따라갔다.

불의한 법정 마 26:57–68 ; 막 13:53–65 ; 눅 22:63–65 ; 요 18:19–24

한밤중에 긴급 소집된 최고 종교재판소인 산헤드린 법원의 재판관들이 대제사장 가야바의 저택에 모여 있었다. 그들은 초조하게 예수가 잡혀오기를 기다리고 있었다. 사실 대제사장 저택에서의 재판은 불법이다. 산헤드린 법원이 버젓이 있다. 재판은 그 법정에서만 이루어지도록 법이 정하고 있다. 뿐만 아니라 재판은 해뜬 후부터 해지기 전에 이루어지도록 법이 정하고 있다. 따라서 아직 미명인데 재판한다는 것은 불법이다. 법을 가장 잘 아는 법관들이 그럼에도 불구하고 오직 나사렛 예수를 제거하기 위한 목적을 달성하는 데 급급하여 불의한 법정을 날조한 것이다.

50명이나 되는 무장 경비병들에 의해 예수가 잡혀온 불의한 법정은 술렁거렸다. 무한능력의 소지자가 무기력한 죄인의 모습으로 잡혀왔다는 게 무엇보다도 신기하였다. 오십 명의 일원인 말고의 간단한 보고가 그들을 더욱 놀라게 하였다. 무저항의 예수와 귀가 잘렸다가 다시 붙여진 이야기를 덧붙여 보고하였다.

"아주 죽기로 작심한 모양이군."

"삼손처럼 능력이 사라진 건 아닐까."

여기저기서 법관들이 수군거렸다.

"자, 재판을 시작합시다."

마음이 급한 대제사장 가야바가 나섰다.

"먼저 증인의 말을 들어 봅시다."

짜여진 각본대로 두 명의 증인이 등장하였다.

"저 사람이…."

증인이 예수를 힐끗 쳐다보고 말을 이었다.

"분명히 말했습니다. 하나님의 성전을 헐고 사흘 만에 다시 지을 수 있다고 말입니다."

"예, 저도 똑같은 말을 들었습니다."

두 증인의 증언이 일치하면 증거로 채택하도록 되어 있으니 이토록 엄청난 신성모독죄를 저지른 예수는 당연히 사형감이라고 모든 법관들이 동의하는 표정이었다.

"나사렛 예수, 너에게 묻는다. 지금 들은 증언에 대해 할말이 있느냐?"

예수는 아무 소리도 듣지 못한 듯 침묵하였다.

"그렇다면 다시 묻는다. 네가 정말 그리스도냐?"

"당신 입으로 말한 대로요. 내가 훗날 하나님 권능의 보좌 우편에 앉은 것과 구름을 타고 다시 오는 것을 당신들이 목격하게 될 것이오."

"여러분, 더 이상 무슨 증거가 필요하겠소? 어떻게 저렇게 거만하고 어처구니없는 소릴 할 수 있단 말이요."

대제사장은 자기 옷을 찢으며 소리치듯 말했다.

"여러분, 말하시오. 저 자를 어떻게 해야 되겠소?"

"사형에 해당합니다."

"예, 사형입니다. 신성모독이 지나쳤습니다."

여기저기서 동의하는 소리가 터져나왔다. 어떤 법관은 너무 화가 나서 예수의 얼굴에 침을 뱉고, 어떤 이는 뺨을 때렸다. 주먹으로 치는 자도 있다. 예수는 눈을 감은 채 그 수모와 고통을 견디고 있었다.

"네가 그리스도라면 지금 네 빰을 때린 사람을 알아맞혀 보거라."

누군가가 대놓고 조롱하였다.

나는 예수를 모릅니다 마 26:69–75 ; 막 14:66–72 ; 눅 22:56–62 ; 요 18:15–18, 25–27

베드로와 요한은 재판이 열리고 있는 그 저택의 마당에 피워둔 모닥불을 쬐고 있었다. 낯선 사람이 출입할 수 없지만 출입문 경비병들이 요한을 알기 때문에 베드로를 데리고 들어올 수 있었다. 요한은 대제사장 가야바와 아는 사이였다.

가야바의 저택은 여러 개의 횃불로 밝혀져 이 밤에 무슨 중대한 일이 벌어지고 있음을 실감케 하기에 충분하였다. 하기야 인간이 하나님을 재판하는 현장이 아닌가.

모닥불 주위에는 여러 사람이 둘러서 있었다. 경비병도 있어서 베드로는 자기 얼굴을 알아챌까 봐 슬금슬금 눈치를 살피느라 잔뜩 주눅이 들어 있었다.

"저 사람은…."

지나가던 여종이 걸음을 멈추며 베드로를 유심히 바라보았다.

"갈릴리 사람이고 예수와 함께 있던 사람이잖아요?"

베드로는 내심 움찔하였다. 중죄인처럼 수십 명에게 잡혀간 예수의 제자라는 게 노출되면 나도 무사하지 못할 거라는 생각이 스쳤다.

"아니오. 잘 알지도 못하면서 그렇게 말하다니 원…."

베드로는 자기도 모르게 자꾸만 움츠러들어 더욱 얼굴을 숙였다.

"맞네 뭐. 저 사람이 예수와 함께 다니는 걸 내가 본 적이 있어. 예수의 제자라고."

함께 모닥불을 쬐던 다른 종이 자신 있게 말하는 것이었다.

"무슨 소리요? 맹세코 나는 그 사람을 모른단 말이오."

아주 짧은 시간이지만 자연스럽게 자리를 피해야 되겠다고 생각하는 베드로의 귀에 이번에는 모닥불 쬐던 경비병이 말했다.

"당신 말투가 갈릴리 사람이군 그래. 가만 있자, 자세히 보니 아까 산에서 칼을 휘두른 바로 그 사람이구먼. 예수의 충성스러운 제자 맞지?"

다급해진 베드로가 완강하게 부인하였다.

"아니오. 난 그 사람과 전혀 무관하오. 맹세코 그 사람을 알지 못한단 말이오."

그 말이 끝나자마자 닭이 울었다. 베드로는 깜짝 놀랐다. 어젯밤 올리브 산에 올랐을 때 나는 죽어도 주님을 따르겠다고 맹세하자 '닭 울기 전에 네가 세 번 나를 부인하리라.' 하신 말씀이 번개처럼 스쳤다. 그는 견딜 수 없는 격정이 치밀어 올라 급히 밖으로 나갔다. 그는 허둥지둥 달려가다가 힘없이 주저앉았다. 아직도 주변은 어둡고 고요했다. 갈릴리 어부였던 건장한 베드로의 통곡 소리가 그 미명의 적막을 흔들어 깨웠다.

총독의 재판과 사형 선고

가룟 유다의 최후 마 27:3–10 ; 행 1:18–19

날이 밝자 대제사장과 그의 재판관들은 재판의 합법성을 확보하기 위하여 예수를 산헤드린 법정으로 데리고 갔다. 거기서 다시 똑같은 재판을 시작하였다. 겟세마네에서 체포된 직후 전직 대제사장 안나스의 저택으로 끌고 가서 보고를 하고 다시 현직 대재사장 가야바의 저택으로 가서 1차 재판을 한 그들은 산헤드린 법정에서 2차 재판을 한 셈이다. 그러나 1차 재판이나 장소를 옮긴 2차 재판의 내용은 다르지 않았다. 결론은 나사렛 예수를 사형에 처해야 된다는 것이다. 그러나 문제가 있었다. 산헤드린은 유대교의 율법을 범한 사람을 기소하고 재판할 권리를 갖고 있을 뿐이지 죄수에게 사형을 선고하거나 집행할 권리가 없다는 점이다. 그들은 이런 경우에 정복자의 지배하에 있다는 설움을 실감하였다.

"예수를 처형하려면 총독의 판결이 있어야 하오. 그러니 그를 총독의 법정에 세워야 하오."

재판관들의 의견이 일치하였지만 그러나 무슨 죄목으로 고발하여야 사형을 선고할 수 있게 하느냐가 관건이었다.

"로마의 반역자로 몰아가야만 하지요."

"예수에게 그런 죄는 없지 않습니까?"

"반역자로 만들어야지요."

"이를테면…?"

"로마 황제에게 세금 바치는 것을 반대하는 선동을 했다고 하고, 자기가 왕이라고 하였다 합시다. 유대인의 왕이라고 한다면 로마로부터 독립된 왕국을 세운다는 뜻이니 충분히 사형에 해당하는 반역죄가 되지요."

피고 예수가 총독 앞에서 그렇게 진술하느냐, 그렇다고 인정하느냐가 확실치 않지만 밀어붙이기로 하였다. 보아하니 예수는 무한의 능력이 소진된 것처럼 무기력해지지 않았는가. 죽기로 작정하고 죽여 주기를 바라는 사람의 태도가 아닌가. 이해할 수 없으나 그게 사실이다. 그러므로 총독에게 고소하면 뜻을 이룰 수 있다고 그들은 결론 내렸다.

아직 이른 아침이었다. 예수는 중죄인처럼 결박된 채 성전 경비병들에 의해 안토니아 요새의 로마인 총독 본디오 빌라도에게 끌려갔다.

은화 30세겔에 예수를 판 가룟 유다는 당황하였다. 사형이라니, 그건 예상 밖이 아닌가. 지나치지 않은가. 예수가 죽을죄를 지은 게 하나도 없다는 게 그의 확신이다. 그가 3년이나 따라다닌 예수는 위대하며, 선지자들 중에 선지자며, 하나님의 능력을 지녔으며, 사랑을 가르치고 긍휼을 베풀었을 뿐이다. 단지 수요일의 대 로마 항쟁에 개입하여 그 무한의 능력의 일부라도 사용해 주었더라면 하나님 백성의 소원인 독립국가 구현을 가능케 하였을 것이며, 열심당의 희생도 없었을 것이다. 무한의 능력을 민족의 독립에 사용하지 않고 베다니에서 나 몰라라 지낸 것은 민족적 배신감이 일게 하지만, 그를 죽여야 할 이유는 없지 않은가.

산헤드린이 예수의 처형을 결정하고 그 절차를 위해 총독에게 넘겼다는 사실에 가룟 유다는 가슴이 뛰어 견딜 수 없었다. 그는 죽을죄를 짓지 않았음은 물론 죽어서도 안 되고 죽여서도 안 된다. 그가 나 때문에 죽게 되면 나는 어찌한단 말인가. 양심이 터질 것이다. 그는 위대하고 거룩하고 죄 없는 분이다. 그

가 죽다니, 나로 인해 예수 그 스승이 죽게 되면, 아 나는 어찌하나.

그는 머리를 무릎 사이에 묻고 고민고민 하다가 벌떡 일어섰다. 가슴에 품고 있던 거액의 은화를 손에 들고 산헤드린으로 달리다시피 하였다. 대제사장과 법관 몇몇이 아직 그 자리에 남아 있었다. 그들은 허겁지겁 달려 들어오는 가롯 유다를 약간 뜻밖이라는 듯, 그러나 버러지처럼 바라보았다. 가롯 유다는 은화 주머니를 손에 든 채 말했다.

"제가 무죄한 피를 팔고 죄를 범하였습니다."

그들의 경멸에 찬 시선이 부담스러웠다.

"그래서? 그것이 우리와 무슨 상관인가? 네가 죄를 지었으면 네가 당하면 되는 것이 아니냐?"

"이걸 반납하겠습니다."

그는 들고 있던 은화 주머니를 그들에게 던졌다. 그리고 도망치듯 밖으로 나갔다.

"이 돈은 더러운 피 값이라서 성전 금고에 넣을 수 없지 않소?"

대제사장이 말했다.

"그 돈을 어찌해야 좋을지요?"

의견이 분분하였으나 이내 결론이 내려졌다.

"이렇게 합시다. 성 밖의 토기장이 밭을 사서 횡사한 나그네의 묘지로 사용합시다."

누군가의 제안에 모두들 그게 가장 좋겠다고 결정하였다. 그 후로 그 밭은 예루살렘 시민들에게 피밭이라고 불려지게 되었다.

한편 밖으로 도망치듯 나간 가롯 유다는 성 밖으로 단숨에 달려가 나무에 스스로 목을 매었다. 그러나 나뭇가지가 체중을 견디지 못하고 꺾어지는 바람에 그의 몸은 바닥에 떨어지며 엎어졌고, 뾰족한 나무그루터기에 배가 찔려 창자가 터져 나오며 죽었다.

네가 유대인의 왕이냐? 마 27:11-14 ; 막 15:2-5 ; 눅 23:3-5 ; 요 18:28-38

유다가 자살할 무렵 예수는 총독에게 넘겨졌다. 총독은 이른 아침인데 죄수 하나를 데리고 유대인 지도자들이 나타나자 또 무슨 귀찮은 일이 생겼는가 싶어 언짢은 얼굴로 나갔다. 산헤드린의 유력한 인사들은 이방인 지배자의 뜰로 들어서기를 꺼려하여 문 밖에 몰려 있었다. 그들 앞에 몹시 지쳐 보이는 훤칠한 키의 젊은이가 오랏줄에 묶인 죄수의 모습으로 서 있었다. 비록 죄수의 모습이지만 총독은 첫 눈에 그가 비범한 인물임을 간파하였다. 전혀 주눅 들지 않고 당당하며 평온한 그 얼굴은 알 수 없는 위엄을 풍기고 있었다. 총독은 생각했다. 잠에서 깨자 아내가 꿈을 꾸었다며 일러준 말이 있다. '그를 해하지 말아요, 그를 처형하면 안 됩니다.'

그가 이 사람이라고 빌라도는 단정하였다. 이 사람, 곧 전국을 떠돌며 기적을 일으키며 하늘나라에 대해 가르친다는 인기 절정의 갈릴리 사람 예수로구나. 유대인이 많이 모이는 곳에서 반역의 음모가 있을 수 있어 그 중심인물을 줄곧 내사해 온 총독이라서 예수에 대한 보고를 여러 번 들은 바 있다. 그는 사람을 많이 모으는 탁월한 능력이 있으나 로마에 반역하는 정치적 인물은 아니다. 그를 유대인 지도자들은 미워하며 죽이려 한다. 별같이 빛나는 새로운 인물의 등장을 기득권층이 미워하는 것은 당연하지 않은가. 대제사장과 산헤드린이 그 예수를 죽이려고 일찍부터 음모를 꾸미고 있다는 보고도 들은 바 있다. 드디어 그 일이 현실로 다가왔구나. 총독은 오늘 이른 아침부터 대단히 곤혹스러운 하루가 될 것을 충분히 예감하였다. 예수는 악한 사람이 아니며, 정치적 야망이 없으며, 무한의 능력을 지녔으며, 그의 꿈과 길은 평범한 사람들과 현저히 다르다는 것을 총독의 부하들은 낱낱이 조사하여 보고해 왔다. 아주 부담스러운 죄수를

만난 셈이다.

"그를 왜 내게 데리고 왔소?"

백성의 지도자들에게 물었다.

"큰 죄인이 아니면 총독 각하께 고소하지 않습니다."

"당신들의 율법으로 재판하지 그러시오?"

"각하, 이 자는 우리의 율법으로 다스릴 자가 아닙니다. 백성을 미혹하여 선동하고, 황제 폐하께 세금을 내지 말라고 선동하고, 자칭 그리스도라 합니다. 자기가 유대인의 왕이라는 뜻이기도 합니다. 사형에 해당하는 자인데 우리에겐 사형권이 없지 않습니까."

총독은 물끄러미 예수를 바라보았다. 가장 탁월한 사람이 가장 연약한 사람처럼 여기까지 끌려와 서 있는 모습이 이해되지 않았다.

"당신이 유대인의 왕인가?"

무겁게 입을 열었다.

"그 말이 옳소."

예수는 거침없이 대답하였다.

총독이 입을 다물자 고소자들이 아우성쳤다. 반역자, 선동자, 사형에 처할 자….

"저 말이 들리는가? 너를 고소하는 저 소리가. 하고 싶은 말을 하라. 너에게 소명의 기회를 주마."

그러나 예수는 한 번 다문 입을 다시는 열지 않았다. 누가 뭐라 하든 관심 없다는 태도다. 사형을 요구하는 고소자들 앞에서 이렇게 침묵할 수 있는 것을 본 본디오 빌라도는 의아히 여겼다. 아내의 말이 머리를 스쳤다. 이 사람을 어찌 할꼬…. 총독의 고민은 깊어만 갔다. 이 사람은 죽을죄가 없어. 사형은 지극히 부당해. 저 뻔뻔스러운 얼굴들의 시기와 질투와 증오가 사형감이라면 사형감이지. 저 유대인들의 하나님은 저자들을 심판하지 않고 뭘 하는 것일까.

"나는 …."

인내로 예수의 답을 기다리던 총독은 무슨 결심을 하였는지 유대인 고소자들을 향해 큰 소리로 말했다.

"이 자가 갈릴리 사람이라고 알고 있소. 맞소? 그러니 일단 갈릴리의 분봉왕 헤롯 안디바에게 재판하라고 보내는 것이 순서라고 생각하오. 일차적으로 관할지역 왕에게 재판권이 있는 것이오. 마침 헤롯 왕이 성 안에 와 있소이다."

총독은 회심의 미소를 머금었다. 아내의 말대로 예수를 직접 처형해서는 안 된다는 강박관념은 물론, 그가 사형에 처해지는 것은 부당하다고 판단하였기 때문이다.

갈릴리 왕 헤롯 안디바의 재판 눅 23:6-12

33년 전, 베들레헴에서 갓 태어난 영아 예수를 죽이려 했던 헤롯 대왕의 아들 안디바는 아버지가 죽은 후 북부 갈릴리 지방과 요단강 동편의 베레아 지방을 다스리는 왕이 되었다. 그는 예수가 본격적인 활동을 시작한 직후인 3년쯤 전에 예수에게 세례를 준 요한의 목을 자른 장본인이다. 그 후 예수의 소문을 들으면서 혹시 세례자 요한이 다시 살아난 게 아닌가 하고 움츠러든 적도 있었다. 아무튼 그가 아는 정보에 의하면 예수는 특별한 사람이다. 기적의 사람이다. 보지 않고는 도무지 믿을 수 없는 기적들을 무수히 연출한 장본인이다. 희대의 마술사거나 사기꾼일지도 모른다. 총독의 군사들이 그 유명한 예수를 헤롯 궁으로 호송해 왔다는 보고를 들은 헤롯 안디바는 미묘한 전율을 온몸에 느끼면서 벌떡 일어섰다.

"무슨 까닭인가?"

"예 폐하, 총독께서 예수가 갈릴리 사람이므로 마땅히 관할권 왕에게 재판권이 있다고 보내왔습니다."

"본디오 빌라도 총독이? 거 괜찮은 사람이로군. 거만한 이방인으로 알았는데 뭘 알긴 아는군. 좋아. 나도 이제부터 총독을 다시 보아야겠다."

그는 총독에게 호감을 느꼈다.

"죄수를 어떻게 하시겠습니까, 폐하?"

신하의 말에 헤롯 안디바는 흔쾌하게 대답하였다.

"지체할 게 뭔가. 지금 당장 재판하겠다. 나도 그 자를 한 번은 만났으면 했어."

총독과 마찬가지로 헤롯 왕도 아침 식사 전이었다. 이렇게 일찍 죄수를 보냈다면 마땅히 급히 다룰 필요가 있을 거라고 왕은 판단하였거니와, 가급적 빨리 그 이상한 사람을 구경하고 싶었다. 그는 곧장 죄수를 대기시킨 홀로 나갔다. 왕은 죄수를 심문하기는커녕 기적을 일으켜 보라고 요구하였다. 마치 마술사를 대하듯이. 예수는 아예 헤롯을 무시하였다. 그는 침묵으로 일관하였다. 헤롯은 예수의 능력에 약간의 두려움을 갖고 있었으므로 마구 다그치지는 않았다. 그가 알고 있는 예수에 관한 소문을 확인하고 싶을 뿐이었다. 몇 번을 물어도 대답조차 하지 않는 예수를 그는 어찌할 수 없었다. 그래서 그의 죄가 무엇인지 묻기 시작하였다. 그래도 예수는 침묵이었다. 왕은 모욕을 느꼈다.

"지극히 건방지군. 내가 네 왕이라는 사실을 모르느냐?"

"…."

"네가 왕이라고 하였다지? 왕처럼 해줄까?"

재판이 아니라 조롱이었다. 왕은 심술궂게 명령하였다.

"왕이 너무 초라하구나. 이 죄인을 왕처럼 입혀라."

결과를 알기 위해 헤롯 궁까지 따라 온 고소자들이 그를 죽이라고 아우성쳤지만 헤롯은 조롱으로 대신하였다. 그의 신하들도 군병들도 묶여 있는 예수에게 왕이여, 왕이여 하며 조롱하였다.

"죄인을 다시 총독에게 보내라. 그리고 가까운 시일에 만나기를 원한다고 총독에게 전하여라."

총독의 두 번째 재판 마 27:15-26 ; 막 15:6-15 ; 눅 23:13-25 ; 요 18:33, 19:16

지칠 대로 지친 예수가 왕을 상징하는 붉은색 옷을 걸치고 다시 오자 총독은 약간의 연민과 곤혹스러움을 동시에 느꼈다. 유대인들은 한결 큰 소리로 예수를 죽이라고 고함쳐 댔다. 안토니아 요새의 입구에는 그 사이 많은 군중이 모여들어 귀추를 지켜보고 있었다. 특히 열심당 당원들이 잔뜩 모였다. 대제사장도 산헤드린 법관들과 함께 문 밖에 그 모습을 드러내고 있었다. 예상대로 되어가지 않는 상황이 염려스러워 가만히 앉아 있을 수 없었던 것이다. 예수를 죽이라는 아우성은 이제 군중의 구호가 되었다. 시간이 흐를수록 매우 심상치 않은 상태로 발전하고 있었다. 그들의 요구를 수용하지 않으면 저 지도급 인사들이 백성을 자극하고 선동할 것이며, 자칫 유월절 인파가 몰려 있는 예루살렘에서 수요일에 이은 제 2의 폭동이 우려되는 상황이었다. 그렇게 되면 총독의 정치적 생명이 위태로울 수 있다. 총독은 매우 긴장하였다. 저 식민지 백성 한 사람 때문에 황제의 임명을 받아 부임한 총독의 지위가 위태로워진다는 사실을 생각하면 그들의 요구대로 한 사람쯤 죽이라고 판결하면 간단하지 않은가. 갈등이 일었다. 그는 다시 예수를 심문하였다. 그때 부관을 통해 아내의 전갈이 왔다.

"그 사람을 해치지 마세요. 부탁입니다. 어젯밤 그의 꿈을 꾸었습니다. 잊지 마세요."

"다시 묻는다. 네가 유대인의 왕이냐?"

"당신 말 그대로요."

예수의 대답은 분명하였다.

"그럼 네가 무엇을 하였느냐?"

"내 나라는 이 세상에 속하지 않았소. 만일 내 나라가 이 세상에 속하였다면 나의 지지자들이 싸워서라도 나를 여기까지 보내지 않았을 것이오."

"그럼 네가 왕이 아니라는 뜻이냐?"

"당신 말대로 나는 왕이오. 이를 위하여 이 세상에 왔소. 나는 진리에 대해 말하려고 왔소. 무릇 진리에 속한 사람은 내 말을 알아듣소."

"진리? 진리가 무엇인가?"

"…."

총독은 잠시 눈을 감고 있다가 이 죄수는 내가 재판하고 판결할 사람이 아니라는 강한 신념이 생겼다. 그는 일어나서 사람들이 운집해 있는 요새의 문으로 몇 걸음 다가갔다.

"나는 그에게서 아무 죄도 찾지 못하였소. 그래서 제안하거니와 유월절이면 한 사람을 특사로 내보내는 전례에 따라 당신들의 왕을 당신들에게 놓아주는 게 좋겠다고 생각하였소. 그러면 되겠소?"

"안 됩니다. 그를 처형하시오. 바라바를 특사로 풀어 주시오."

아우성이다. 질풍노도 같은 함성이다. 폭동 일보 전이다. 바라바는 살인자요 폭동을 주도한 열심당 지도자다. 가당찮은 요구다.

"도대체 무슨 까닭이오? 저 사람이 무슨 악한 일을 하였소?"

총독도 분노에 찬 소리를 내뱉었다.

"그를 십자가에 못 박아 죽이시오."

"예수를 석방하면 당신은 황제에게 충성하는 신하가 아닙니다. 자기를 왕이라고 하는 자는 황제에게 반역하는 자인데 그를 석방하다니요. 총독께서도 황제에게 반역할 것이오?"

대제사장이 말했다.

"민란이 일어날 수도 있습니다."

그가 덧붙였다.

"내가 당신들의 왕을 십자가에 못 박으라는 거군요."

"우리의 왕은 한 사람뿐입니다. 로마의 황제 가이사 아우구스투스!"

한동안 할 말을 찾지 못하던 총독이 무겁게 입을 열었다.

"나는 이 사람에게서 아무 죄도 찾지 못하였으므로 채찍질하여 놓아주겠소."

총독은 예수를 놓아주려 애썼으나 도저히 방법을 찾을 수 없어 일단 폭동의 주범 예수 바라바를 석방하도록 지시하고 예수를 채찍질하라고 명령하였다.

이 사람을 보라 마 27:21–26 ; 막 15:12–15 ; 눅 23:20–25 ; 요 19:1–16

요새의 뒷마당에는 늘 죄수에게 채찍질할 준비가 되어 있었다. 고통을 가중시키기 위해 끝부분에 뾰족한 뼈조각이나 돌멩이가 달린 세 가닥의 가죽 채찍으로 가슴과 등과 양 허리를 각각 열세 차례씩 모두 서른아홉 번을 때리는 가혹한 형벌은 죄 없는 죄수 예수의 상반신을 갈기갈기 찢었다. 그리스도가 채찍에 맞는다는 이사야의 예언이 이루어진 것이다. 예수는 밤을 새우며 기도하였고, 가야바의 집에서, 산헤드린에서, 그리고 헤롯 왕과 총독에게 두 번 등 다섯 차례의 재판을 받았다. 적어도 열두 시간을 물 한 모금 먹지 않고 시달리며 매를 맞아 일어설 기력조차 없었다. 로마 군인들은 피투성이 예수에게 붉은 겉옷을 걸쳐 주고, 머리에는 가시나무로 만든 관을 씌웠으며, 손에는 갈대 하나를 들려주었다. 왕으로 꾸민 것이다. 그리고 그 앞에 무릎을 꿇고 '유대인의 왕이여, 평안할지어다, 유대인의 왕이여' 하며 조롱하였다. 어떤 병사는 예수의 얼굴에 침을 뱉고, 뺨을 때렸다. 낮은 병사가 왕을 조롱할 수 있는 특별한 기회를 만끽하는 것이리라.

총독은 다시 자기 옷을 걸치고 뜰로 나온 예수를 유대인들에게 가까이 세웠다.

"이 사람을 보시오."

죄 없는 죄인의 그 참혹한 모습으로 유대인의 동정심을 유발하려 하였던가.

"그를 십자가에 못 박게 하소서. 십자가에 못 박게 하소서."

대제사장을 비롯한 유대인들의

거센 함성이 또다시 메아리쳤다.

"그렇다면 당신들이 데려다가 못 박으시오. 나는 그에게서 죄를 찾지 못하였소."

총독도 소리쳤다.

"우리의 법대로 해도 그는 사형이오. 자기가 하나님의 아들이라 하였으니 말입니다."

총독은 예수의 생명을 포기하였다. 그는 대야에 물을 떠오라 하여 유대인들이 지켜보는 앞에서 손을 씻으며 말했다.

"저 사람의 피에 대하여 나는 책임이 없소. 당신들이 책임지시오."

유대인들은 기다렸다는 듯 큰 소리로 반응하였다.

"걱정 마십시오 총독. 그의 피에 대하여는 우리와 우리 자손들이 책임지겠습니다."

골고다의 십자가와 예수의 죽음

금요일, 형장으로 가는 길–비아 돌로로사 눅 23:26–31 ; 막 15:21

마침내 예수의 적들이 승리하였다. 본디오 빌라도는 처형을 허락하였고, 쓰러질 지경으로 지친 33세의 예수는 자기가 못 박힐 십자가를 어깨에 메고 총독의 법정이었던 안토니아 요새의 정문을 나섰다. 유대인 최고의 명절 유월절인 금요일, 아침식사 시간이 지날 무렵이다. 어둠이 짙게 깔린 겟세마네에서 체포되면서부터 올리브 산 위로 아침 해가 솟아올라 천 년의 옛 성 예루살렘을 밝게 비춰주기까지 대략 다섯 시간쯤 흘렀다.

요새 앞에는 예수가 도착할 때부터 사람들이 몰려들어 어수선하였는데, 십자가를 지고 출발할 때쯤은 그야말로 인산인해였다. 그 이름을 모르는 사람이 없는데다가 그의 능력으로 불치병과 지체장애를 치료받은 허다한 사람들의 연민, 죽이지 못해 안달하던 유대 사회의 종교 지도자들과 율법주의자들의 개선장군을 방불케 하는

득의만면, 폭동에 가담하였거나 로마 제국을 증오하는 허다한 무리들의 예수 대신 바라바 석방에 의한 희열, 3년여 예수의 설교를 듣고 감동 받아 믿음으로 따르던 지지자들의 탄식과 눈물의 면면 등 실로 다양한 군중이었다.

로마군 백부장이 지휘하는 잘 훈련된 정예 병사들의 창검이 즐비했지만 거리는 가히 아수라장이었다. 예수는 관례대로 자기의 십자가를 지고 넓지 않은 완만한 경사 길을 무겁게 한 걸음씩 옮겼다. 그러나 이내 힘에 겨워 쓰러지고 말았다. 억지로 일어섰지만 이번에는 십자가에 짓눌리다시피 쓰러졌다. 피땀으로 얼룩진 처절한 예수를 따르던 그의 모친과 막달라 마리아 등 한가족같이 사랑하며 수발해 오던 여인들이 통곡하였다. 더는 일어설 기력조차 없음을 확인한 병사가 멀리 아프리카에서 유월절을 지키기 위해 예루살렘에 왔다가 군중 속에 끼인 시몬이라는 젊은이를 즉석에서 징발하였다.

"네가 저 십자가를 운반하여라."

정복군의 권위와 난폭성은 거절할 용기를 허락하지 않았다. 시몬은 말없이 예수의 십자가를 어깨에 메었다. 그 십자가를 뒤따르던 예수는 여인들을 돌아보며 말했다.

"나를 위하여 울지 마시오. 당신들과 당신들의 자녀들을 위하여 우시오."

그들과 그들의 자녀들이 공존한 시대, 곧 삼사십 년 안에 빌라도 앞에서 우리와 우리의 자손들이 예수의 피에 대한 책임을 지겠다던 대제사장 등 유대 지도자들의 말대로 그들과 그들의 자녀들이 함께 만나게 될 무시무시한 재앙을 예고한 셈이다(그 재앙은 40년 뒤인 기원후 70년에 로마의 장군 티투스 베스파시아누스에 의해 예루살렘이 재함락되는 과정에서 실제로 일어났다).

안토니아 요새에서 형장인 골고다 언덕까지의 그리 멀지 않은 길은 눈물의 길이었다. '비아 돌로로사'는 로마인들의 언어로 '고난의 길'이라는 뜻이다.

세 개의 십자가 마 27:33-44 ; 막 15:22-32 ; 눅 23:32-43 ; 요 19:17-27

예루살렘 성 밖 북쪽에 위치한 '해골'이라는 뜻의 처형장 골고다 언덕에 도착한 것은 늦은 아침이다. 그날 처형되는 죄수는 흉악범 두 명을 포함하여 세 사람이다. 병사들이 열심히 세 군데 나란히 땅을 팠다. 십자가는 바닥에 뉘어졌다. 지체할 이유가 없다. 해지는 시각부터 유대인들이 생명처럼 지키는 안식일이 시작되므로 늦어도 일몰 전에 시신을 처리하지 않으면 안 된다. 못 박힌 십자가에서 사망에 이르기까지는 사람에 따라 차이가 있으나 대략 대여섯 시간은 잡아야 한다. 그러므로 서두르지 않을 수 없다. 아홉 시가 임박하였다.

가혹한 모욕을 주기 위해 죄수들이 발가벗겨졌다. 십자가 하나에 병사 넷이 한 조가 되어 작업하였다. 양쪽 손바닥에 하나씩, 두 발목을 겹쳐 또 하나의 못을 박았다. 죄수들의 절규하는 비명소리가 언덕을 넘어 성 안에까지 들렸다. 듣는 이들도 소름이 끼치는 비명이다. 예수의 십자가 위에 죄 패가 붙었다. 정복자 로마의 문자와 지중해 세계에 널리 통용되는 그리스 문자와 유대인의 고유한 히브리 문자로 쓰인 죄명이다.

"나사렛 예수 유대인의 왕"

실은 대제사장 등 고소자들이 "자칭 유대인의 왕"이라고 써야 된다고 총독에게 요청하였으나 뜻을 이루지 못하였다.

사형을 집행한 네 명의 병사는 예수의 옷을 나누어 가졌다. 보너스인 셈이다. 겉옷은 4등분하였고, 속옷은 자르면 쓸모없게 되므로 제비뽑아 한 병사가 가졌다. 십자가에서는 손과 발에 박힌 못 자국에서 선혈이 흘러내렸다. 예수는 자기를 처형하는 사람들을 내려다보며 기도하였다.

"아버지여, 저들의 죄를 용서하여 주소서. 자기들이 하는 일이 무엇인지 모르고 있습니다."

세 개의 십자가가 나란히 있다. 가운데가 예수다. 통행인들과 구경꾼들 중에서 조롱

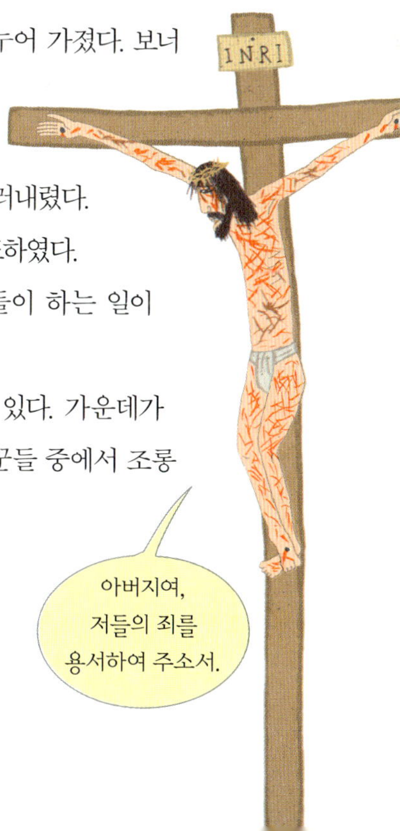

하는 소리가 들려왔다.

"성전을 헐고 사흘 만에 짓겠다는 사람이 왜 저 지경이 되었을까."

"하나님의 아들이라면 왜 저러고 있어? 십자가에서 내려와야지."

대제사장과 서기관들도 조롱하였다.

"남은 구원한 사람이 자기를 구원하지 못하다니 원…."

현장의 병사들도 가세하였다.

"네가 유대인의 왕이거든 너를 구원하라."

나란히 십자가에 못 박힌 흉악범조차 심한 고통으로 이를 악물며 끼어들었다.

"이봐 그리스도, 왜 가만 있는 거야? 죽을 지경이야. 너도 구원하고 우리도 구원해 주면 얼마나 좋겠어."

그 소리에 다른 흉악범이 말했다.

"이봐, 우리가 같은 신세면서 누가 누굴 조롱하는 건가? 우린 우리가 저지른 대가를 받는 거니까 당연하지만 이 사람이 한 일은 옳지 않은 것이 없잖아."

그는 말하기가 힘겨운 듯 잠시 마른 침을 삼키고 말을 이었다.

"예수님, 당신의 나라에 가실 때 나를 기억해 주십시오."

예수가 대답하였다.

"내가 진실로 당신에게 말하거니와 오늘 당신이 나와 함께 낙원에 있을 것이오."

그리고 십자가 밑에서 울고 있는 여인들을 바라보았다. 모친 마리아와 이모 마리아, 일곱 귀신 들렸던 막달라의 마리아가 시야에 들어왔다.

"여자여! 보소서, 아들입니다."

마지막 불러보는 이름일 것이다.

"요한…."

그 곁에 있는 제자 요한을 보며 말을 이었다.

"…이젠 너의 모친이다."

모친을 부탁한다는 소리였다.

대낮의 흑암 세 시간 마 27:45-54 ; 막 15:32-39 ; 눅 23:44-49 ; 요 19:28-30

십자가에서 세 시간이 흐른 정오 무렵, 근육이 극심한 통증으로 마비되다시피 되었을 때 한 번도 경험하지 못한 이상한 일이 벌어졌다. 갑자기 먹구름이 하늘을 온통 가리면서 마치 한밤중을 방불케 하는 짙은 흑암이 대지를 덮었다. 밤이 앞당겨진 듯하였다. 자그마치 세 시간이나 그 흑암은 계속되었다. 땅을 밟고 있는 사람들은 두려움으로 침묵하였다. 하나님이 벌을 내리신다고 느껴졌다.

십자가에서 여섯 시간 쯤 경과된 오후 세 시, 예수의 절규하는 소리가 들려왔다.

"나의 하나님, 나의 하나님, 어찌하여 나를 버리셨나이까."

지상에서 두런두런 이야기하는 소리가 났다.

"내가 목마르다."

예수가 또 말했다.

한 병사가 신 포도주 통에 해융을 적셔 긴 막대기 끝에 달아서 예수의 입에 대 주었다. 예수는 그것으로 목을 축이더니 힘없이 한 마디 했다.

"다 이루었다."

사명 완수의 선포였다. 이어서 하늘을 우러러 마지막 기도를 하였다.

"내 영혼을 아버지 손에 부탁하나이다."

그리고 영혼이 떠나갔다.

때를 같이하여 성전의 지성소로 들어가는 휘장이 위로부터 아래로 갈라졌으며, 갑작스레 땅이 진동하였다. 바위가 터졌다. 예수를 믿다가 죽은 사람들의 무덤이 열리고, 시체들이 부활하였다.

형장에 있던 사람들이 극도의 두려움으로 몸을 떨며 움츠렸다. 사형집행을 책임 맡은 현장 지휘관인 백부장이 주변의 병사들이 알아들을 만한 소리로 말했다.

"저분은 진실로 하나님의 아들이도다!"

무덤에서 부활하신 예수

장례를 위한 헌신 마 27:57–61 ; 막 15:42–47 ; 눅 23:50–56 ; 요 19:31–42

역사적인 그날은 예수의 죽음으로 적막에 싸였다. 그러나 적대 세력들은 아직도 마음이 놓이지 않았다. 혹시 기절 상태로 있다가 시체를 시원한 무덤에 넣으면 소생할 가능성도 배제할 수 없다. 사흘 만에 부활한다고 하였으니 완전한 주검으로 만들어야 한다. 대제사장은 사람을 총독에게 보내, 십자가에 매달린 죄수들의 다리를 꺾어 달라고 하였다. 안식일 시작이 불과 세 시간 남짓 남은 터라 시체를 빨리 치워야 되기 때문이라고 하였다. 그들이 지키는 거룩한 안식일에 시체가 십자가에 그대로 방치되어 있는 것을 그들은 용납할 수 없었다.

병사가 집행에 들어갔다. 두 흉악범을 십자가에서 내려 다리를 꺾었다. 그러나 무슨 생각이 들었는지 예수의 시체는 십자가에 있는 그대로 옆구리를 창으로 찔렀다. 허파가 터졌는지 물과 피가 쏟아져 나왔다. 다시 살아난다는 것은 결코 불가능할 터이다.

산헤드린 법관이기도 한 아리마대 사람 요셉은 부자다. 그는 예수의 죽음을 슬퍼하며 안식일이 되기 전에 장사지내기로 마음먹었다. 그에게는 동지가 있었다. 역시 산헤드린의 법관이며 바리새인 학자 니고데모가 그 사람이다. 일찍이 밤중에 은밀하게 예수를 찾아가 구원의 방법을 신중하게 질문했던 니고데모와 요셉은 산헤드린 안에 있는 예수의 추종자였다.

요셉은 먼저 총독을 찾아가 예수의 시신을 인도해 달라고 요청하였다. 총독은 누군가는 해야 할 일인데 산헤드린의 법관이 하겠다니 의아하였으나 쾌히 승낙하였다. 요셉은 하인들을 데리고 골고다에 가서 시신을 추슬렀다. 니고데모 역시 하인들을 데리고 황급히 합류하였다. 그는 시신에 바를 고급 향유를 충분히 준비해 왔다. 시신을 향유로 닦고 바른 후 요셉이 준비해 온 하얀 세마포로 잘 감쌌다.

시신은 요셉이 죽으면 묻히려고 준비해 둔 그의 가족 무덤으로 운반되었다. 유대인의 장사는 매장이 아니라 굴을 파고 그 안에 안치한 후 큰 돌로 입구를 막는 것이다. 요셉은 아직 시신이 한 구도 들어가지 않은 자신의 새 무덤에 예수를 안치한 후 데려온 하인들을 시켜 큰 돌문을 닫았다. 막달라 마리아를 비롯한 몇몇 여인들이 골고다에서부터 따라와 끝까지 지켜보았다. 그러나 해가 지므로 서둘러 돌아가지 않을 수 없었다. 안식일이 시작된 것이다.

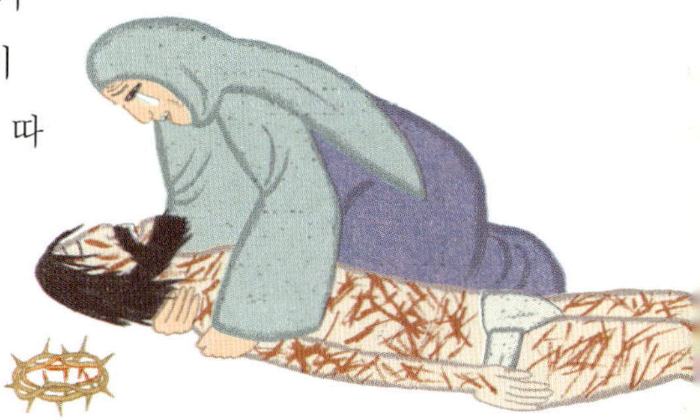

무덤을 지키는 경비병들 마 27:62-66

대제사장은 그래도 마음이 놓이지 않았다. 예수가 공언한 사흘 만의 부활을 너무도 강하게 의식하기 때문이다. 어쩌면 제자들이 몰래 시체를 훔쳐다가 숨겨두고 부활하였다고 선전할지도 모른다. 아니, 예수와 그 제자들이 그렇게 약속해 두었을 수도 있다. 좌시할 수 없었다. 대제사장은 산헤드린 법관 몇을 대동하고 서둘러 총독을 찾아갔다.

"아직도 내게 요구할 게 남아 있소?"

자못 비아냥거림이다. 속국의 백성이 감히 황제의 전권을 위임받은 총독의 무죄선고를 번복하도록 협박하고 강요한 사실을 생각하면 울화가 치밀어 올랐다.

"총독 각하, 죄송합니다. 그러나 이번 일로 우리는 총독 각하에게 친근감을 느낍니다. 예수의 처형은 정말 잘하신 일입니다. 감사드립니다. 그런데…"

총독은 시선을 다른 데 둔 채 못마땅한 표정으로 대제사장의 말을 들었다.

"예수는 자기가 죽으면 사흘 만에 다시 살아난다고 공공연하게 잔뜩 퍼뜨려놨습니다. 물론 죽은 자가 살아나는 일은 없습니다만, 생각해 보면 시체를 훔쳐다 숨기고 부활하였다고 선전할 가능성을 완전히 배제할 수 없다고 생각됩니다. 만약 부활의 소문이 퍼지기라도 하면, 실제로는 속임수일지라도 말입니다, 그의 사형을 선고한 총독 각하도 매우 곤혹스러운 입장이 됩니다. 그래서…"

"그래서요?"

총독의 심기가 편하지 않다는 점은 잘 알고 있으나 대제사장도 그의 태도가 미웠다.

"각하, 병사들을 보내어 예수의 무덤을 경비할 필요가 절실합니다. 사흘 동안 주야로 빈틈없이 지켜야 합니다. 시체가 증발되면 예루살렘이 떠들썩해집니다. 파장이 큽니다."

"무덤을 경비한다? 하하하하, 로마 제국의 패배를 모르는 군대가 시체를 지킨다? 하하하."

공허한 웃음이다. 그러다 웃음을 거두어들였다.

"그건 아니오! 당신네들에게 경비병이 있으니 자체적으로 지키도록 하시오!"

아무튼 그날 병사들이 즉시 무덤으로 출동하였고, 함께 간 제사장들이 돌문을 인봉하였다. 경비병들은 사흘 동안 교대해 가며 24시간 철저히 무덤을 경비하였다.

그날로부터 사흘째의 미명-일요일 마 28:1-10 ; 막 16:1-11 ; 눅 24:1-12 ; 요 20:1-18

한 주간의 첫날, 곧 안식일 후 첫날인 일요일은 예수가 무덤에 들어간 지 사흘째의 날이다. 이른 새벽에 막달라 마리아를 비롯한 여인들이 어둠을 헤치며 예수의 무덤을 향했다. 금요일에 예수가 아리마대 요셉의 무덤에 장사되는 현장을 지켜보고 온 그들은 돌아오자마자 향유를 준비해 두었다. 안식일이 끝나면 즉시 무덤으로 가서 그 시신에 향유를 발라 드리기 위해서다.

"주님의 무덤을 누가 열어 주지? 그 큰 돌문을 어떻게 치워?"

"…."

다른 마리아는 대답하지 못하였다. 장정 대여섯 명이 힘을 써야 움직일 수 있는 큰 돌이기 때문이다. 그들은 묵묵히 걸었다.

무덤의 돌문은 봉인된 채 굳게 닫혀 있었다. 병사들은 졸지 않고 무덤을 지켰다. 어둠과 적막이 사위를 덮었다. 그런데 갑자기 땅이 움직였다. 지진이다. 병사들이 겁에 질려 어찌할 바를 몰랐다. 다음 순간 하늘로부터 천사가 나타났다. 그 모양은 번개 같고 그 옷은 눈부시게 희었다. 병사들이 기절하였다. 천사는 번개처럼 무덤 앞에 내려와 큰 돌문을 옆으로 치웠다.

여인들이 무덤 앞에 도착하였을 때는 이미 돌문이 열려 있었다. 파수병들은 흔적도 없었다. 참 이상한 일이라고 생각하며 무덤 앞에 이른 여인들은 무덤으로 들어갔다. 그 순간 그녀들도 놀라 걸음을 멈추었다. 어두워야 할 무덤 안이 대낮처럼 밝았다. 거기 흰옷 입은 청년 한 사람이 우편에 앉아 있었다. 놀란 여인들에게 그가 말했다.

"놀라지 말라. 너희가 십자가에 못 박히신 나사렛 예수를 찾는구나. 그가 말씀하신 대로 그 분은 다시 살아나셨고 여기 계시지 않는다. 가서 제자들에게 알리거라."

여인들은 황망히 그 자리를 떠났다. 이 경이롭고 환희에 넘치는 소식을 가급적 빨리

베드로 등 제자들에게 알려야 하기 때문이다. 그 여인들은 막달라 마리아와 요안나와 야고보의 모친 마리아 곧 예수의 이모다.

"뭐?! 다시 살아나셨다고?"

베드로는 어찌나 놀랐는지 여인들을 의심하는 눈빛이었다. 그러나 다음 순간 죽으면 사흘 만에 다시 살아나신다고 몇 번 말씀하신 기억이 번개처럼 뇌리를 스쳤다.

"그럼 그렇지. 우리 주님이 죽으시다니…!"

그들은 서둘러 무덤으로 달려갔다. 베드로가 동행하였다. 다른 제자들은 부활 소식이 믿어지지 않아 추이를 지켜보기로 하였다.

무덤은 고요했다. 이미 날은 밝았다. 거기 시체는 없었다. 시신을 쌌던 세마포와 머리를 둘렀던 수선은 잘 개켜져 놓여 있었다. 일행은 부활을 확인하고 황급히 다른 제자들이 있는 집으로 갔다.

그러나 막달라 마리아는 무덤 앞에 선채 얼른 떠날 줄을 몰랐다. 시신이라도 보고 싶은 그녀였다. 눈물이 흘러내렸다.

"어찌하여 울고 있느냐? 누굴 찾느냐?"

뒤에서 들려오는 소리였다. 동산지기인 줄 알았다.

"시신을 당신이 옮기셨나요?"

그녀는 부활이 믿어지지 않는 모양이었다.

"내가 가져갈 테니 어디 두었는지 알려주세요."

"마리아야."

그 익숙한 목소리에 마리아는 깜짝 놀라 그 사람을 똑바로 쳐다보았다. 아, 예수, 나사렛의 예수가 아닌가.

"오, 선생님!"

옷자락을 잡으려 하자 예수가 말했다.

"나를 만지지 말라. 내가 아직 아

버지께로 올라가지 못하였다. 너는 가서 나의 형제들에게 말하라. 내가 내 아버지 곧 너희 아버지, 내 하나님 곧 너희 하나님께로 올라간다 하라."

파다해진 거짓 소문 마 28:11-15

한편 무덤을 지키던 병사들은 지진이 나고 천사가 번개처럼 나타나자 어찌나 놀랐던지 잠시 기절한 듯하더니 이내 일어나 돌문이 열려져 있는 것을 보고 한결 놀랐다. 시신은 사라져 버렸다. 그들은 잠시 서로의 얼굴을 바라보다가 두려움이 엄습해 와 삼십육계 줄행랑을 쳤다. 일단 성 안으로 들어선 그들은 잠시 망연자실하였다. 이 일을 어찌해야 되는가.

"침착하자고. 대제사장에게 먼저 보고하는 편이 좋을 거야. 무슨 수가 있을 거라고."

그들은 곧장 대제사장에게 달려갔다. 대제사장이라면, 예수의 시신이 사라졌다는 소식을 들으면 죽었다가도 벌떡 일어날 중대 사안이다.

"그게 사실인가? 어떻게 그런 일이 생길 수 있나? 경비병이 몇인데 시체를 도난당했단 말인가?"

자초지종도 듣기 전에 대제사장 가야바는 부들부들 떨었다.

"도난이라고 말할 수 없습니다. 지진이 났고, 번개 같은 강한 빛이 나타났고, 흰옷 입은 사람이 나타났습니다. 아마 천사일 겁니다. 우린 놀라 쓰러졌습니다. 그 사이 시체가 증발하였습니다. 그 천사가 데려간 모양입니다. 아니면 소문에 듣던 대로 그 시체가 다시 살아났는지도 모릅니다. 천사가 살렸겠지요. 네, 틀림없을 겁니다."

"…?"

대제사장 가야바는 기가 차서 유구무언이었다. 잠시 생각에 잠겼던 그가 무겁게 입을 열었다.

"일단 여기서 대기하시오. 내 이 문제를 의논해 보아야겠으니."

"대제사장님, 우린 어떻게 됩니까? 총독께서 우릴 감옥에 넣거나 죽일지도 모릅니다."

"기다리시오. 병사들을 다치게 하지는 않을 테니 내가 하라는 대로만 하시오."

대제사장은 급히 성전 경비병들을 산헤드린 법관들 집으로 보내 긴급회의를 소집하였다. 예수의 재판을 위해 깊은 새벽에 대제사장의 집으로 그들을 긴급 소집했던 것처럼.

"중대 사안이 발생하였소. 우려하던 대로 예수의 시체가 사라졌소. 필경 그 제자라는 자들이 도적질해 갔을 게요."

그러기를 바라는지, 아니면 그렇게 되었다고 생각하는 것인지, 그것도 아니면 예수의 말대로 절대 불가능한 부활이 이루어졌으나 그게 사실이라면 엄청난 파장이 일어날 테니 도난당한 것으로 밀고 나갈 수밖에 없어서인지, 대제사장은 모여든 유대사회 최고 유력 인사들에게 자신에 찬 목소리로 말했다.

"틀림없이 그랬을 겁니다."

힘없는 반응이다. 그러면서도 속으로는 가까운 베다니 마을의 나사로가 죽은 지 나흘 만에 예수에 의해 기적적으로 부활한 불과 열흘쯤 전의 경이로운 사건을 상기하였다. 예루살렘의 유력 인사들 중에도 나사로의 부활 사건은 충분히 인지되고 확인된 사건이었기 때문이다.

"서둘러야 하오. 총독이 알아야 할 사안이니 우리가 빨리 결론을 내려야 하오. 생각이 어떻소?"

모두들 깊은 시름에 잠겼다. 경비병들의 보고를 회원들에게 알려준 후라 모두들 긴장과 두려움을 갖고 있었다.

"시체 증발 사건은 총독에게도 치명타일 것이오. 결국은 그가 사형을 선고하였으니까요. 충격도 가장 클 것이오."

"부활이 맞기는 맞는 모양이지만…."

한 제사장이 주저하며 입을 열었다.

"대제사장님 말씀대로 그의 제자들이 시체를 훔쳐갔다고 하는 게 최선일 것 같습니다."

"전적으로 동의합니다. 달리 수습 방안이 없잖습니까?"

바리새인 율법학자가 거들었다.

"달리 묘안이 없습니다."

몇몇이 동의하였다.

"그렇게 매듭지읍시다."

결론에 도달하는 데는 많은 시간이 소요되지 않았다. 그들은 즉시 무덤을 지키던 병사들을 불렀다.

"내가 시키는 대로 하면 문제가 없을 테니 그리 아시오. 잠깐 잠든 사이 시체를 도난당하였다고 보고하시오."

"우리는 그럼…?"

책임을 물을까 두려운 것이다.

"내가 총독을 만나 경비병들에게 조금도 피해가 없도록 손을 쓸 테니 내 말대로만 하시오."

대제사장은 그들에게 상당액의 금품을 나누어 주었다.

그래서 예루살렘에는 예수의 시체가 도난당하였다는 소문이 입에서 입으로 급속히 확산되었다.

부활 후 제자들에게 나타나신 예수

두 제자와 동행한 예수 눅 24:13–49 ; 막 16:12–18 ; 요 20:19–23

바로 그날 아침, 예루살렘에서 20여km쯤 되는 엠마오로 가는 시골에 두 사람이 힘없는 발걸음을 옮기고 있었다.

"너무 기막힌 일이야. 우리 주님에게 그게 무슨 이변이란 말인가."

일행 중 하나인 글로바가 긴 한숨을 토하며 입을 열었다.

"글쎄 말이야. 난 도무지…."

정말 이해가 안 되는 사건이다. 그분이 그렇게 무기력하게 돌아가시다니…. 부패가 시작된 나사로를 무덤에서 살려낸 분이, 갈릴리의 나인 성 밖에서 장사지내러 가던 청년의 시체를 살려 내신 분이, 가버나움 회당장의 죽은 딸을 다시 살려내신 분이, 나병환자를 깨끗하게 하고, 절뚝발이를 고치고, 열병 환자를 살려내고, 심지어 갈릴리 호수의 거센 풍랑을 꾸짖어 잔잔케 하신 분이, 귀신을 쫓아내신 분이, 분명 하나님의 아들이신 그분이 왜 자신을 지키지 않고 무기력하게 십자가에 못 박혀 죽어야 하였는지…. 예수를 알고 그를 따르고 믿던 두 사람으로서는 도무지 이해할 수 없었다.

"무슨 이야기를 하시오?"

한 사나이가 그들 가까이 다가왔다. 세 사람은 나란히 길을 걸었다.

"당신도 예루살렘에서 오는 길인 모양인데 근자에 거기서 일어난 놀라운 사건을 모른단 말인가요?"

글로바가 슬픈 기색으로 말했다.

"그게 무슨 일이오?"

"나사렛 예수를 모르시오? 그분은 전능하신 선지자지요. 그런 분을 대제사장과 산헤드린 법관들이 총독에게 넘겨 사형에 처하게 하였다오. 바로 사흘 전 일이오."

다른 제자가 말을 이었다.

"우리는 그분이 이스라엘을 구원할 분으로 믿었소."

"그런데 오늘 새벽에 우리 일행 중 몇 여인들이 그 분의 무덤을 찾아갔는데 시체가 없어졌다고 하였답니다. 천사가 나타나서 그분이 살아나셨다는 말을 했다더군요. 그 말을 듣고 동료 몇이 현장에 달려가 보았는데 역시 시체가 없었지요."

슬픔, 한숨, 절망감이 그 두 사람의 얼굴을 덮고 있었다.

"당신들이 미련한 거요. 선지자들이 무어라고 기록하였소? 그리스도가 고난을 받고 영광스럽게 된다고 하지 않았소?"

새로 끼어든 행인은 성경에 기록된 그리스도에 관하여 자세히 설명하였다.

어느덧 일행은 엠마오에 도착하였다. 그러나 나그네는 그냥 지나쳐가려 하였다.

"엠마오가 목적지가 아니신가요? 그렇더라도 때가 저물었으니 우리와 함께 하룻밤 묵어 가시지요. 말씀도 더 듣고 싶습니다."

나그네는 그들의 간청을 받아들여 함께 묵기로 하였다. 그날 저녁식탁을 대하자 나그네는 빵을 들고 하나님께 감사와 축복의 기도를 한 후 떼어서 그 두 사람에게 나누어 주었다. 그 순간 글로바와 그의 일행이었던 사람의 눈이 밝아졌다. 두 사람은 비로소 중간에 끼어든 나그네가 오늘 화제의 주인공인 나사렛 사람 예수임을 알아보았다. 어찌나 놀랐는지 두 사람 모두 입을 열지 못하는 사이, 예수의 형체가 보이지 않았다. 순식간에 사라진 것이었다.

"길에서 그리스도에 대하여 말씀하실 때 가슴이 뜨거워졌던 게…."

두 사람은 너무나 감격하여 음식을 먹을 수가 없었다. 다음날 새벽 그들은 길을 떠나 급한 걸음으로 예루살렘으로 되돌아갔다. 그들이 만난 부활하신 예수에 대해 제자들에게 전할 마음으로 흥분하여 발이 땅에 닿는 것을 느끼지 못할 지경이었다.

"주님이 베드로에게도 나타나셨어!"

두 사람이 만난 제자들은 한껏 상기된 얼굴이었다.

"우리도 엠마오로 가다가 부활하신 주님을 길에서 만났어. 그래서 부랴부랴 다시 왔지. 이 기쁜 소식을 전하고 싶어서…."

바로 그때 기척도 없이 예수가 그 모습을 나타냈다.

"너희들에게 평강이 있기를…."

열 명이 그자리에 있었다. 그들은 유령인가 하여 놀랐다.

"어찌하여 두려워하며 어찌하여 마음에 의심하느냐? 내 손과 발을 보고 나인 줄 알아라. 나를 만져 보아라. 영은 살과 뼈가 없으나, 너희들이 보듯이 나는 여기 있지 않느냐."

예수는 그들에게 못 박혔던 손과 발을 내보였다.

"만져 보아라."

기이하다. 기쁘다. 어찌할 바를 몰랐다.

"먹을 것이 있으면 좀 가져오너라."

누군가가 얼른 구운 생선 한 토막을 내오자 예수는 맛있게 그것을 먹었다.

"내가 모세의 율법과 선지자들의 글과 시편에 나를 가리켜 기록된 모든 것이 이루어진다고 한 말대로 된 것이다. 그리스도가 고난을 받고 제 삼일에 죽은 자 가운데서 살아날 것과 또 내 이름으로 죄 사함을 얻게 하는 회개가 예루살렘으로부터 모든 족속에게 전파될 것이 기록되었으니, 너희들은 이 모든 일의 증인이다."

제자 중 한 사람 도마 요 20:24-29

그자리에 도마는 없었다. 나중에 그가 나타나자 흥분한 제자들이 부활하신 예수를 만난 사실을 이야기하였다.

"난 도무지 믿어지지 않네. 내가 그 손의 못 자국을 보며, 내 손을 그 못 자국에 넣어 보며, 내 손으로 창에 찔린 그 옆구리를 만져 보지 않고는 믿지 못하겠네."

그로부터 8일 후, 11명의 제자들이 함께 있었다. 문은 닫혀 있었다. 그런데 문이 열리지도 않은 상태에서 부활하신 예수가 그 집 안에 나타났다.

"너희들에게 평강이 있기를…."

그리고는 도마를 향해 말했다.

"네 손가락을 내밀어 내 손을 만져 보고 옆구리도 만져 보아라. 그리고 믿음이 없는 사람이 되지 말고 믿는 사람이 되어라."

도마는 경외심으로 떨며 말했다.

"나의 주시며 나의 하나님이십니다!"

"너는 나를 보았기에 믿는구나. 보지 않고 믿는 사람들은 복이 있다."

갈릴리 호숫가의 재회

153마리의 기적 요 21:1-14

다수의 제자들이 갈릴리 사람이다. 그 중에서도 베드로와 요한과 야고보는 갈릴리 호수를 어장으로 고기를 잡는 어부였다. 오랜만에 고향으로 돌아온 베드로는 어부였던 요한과 야고보와 함께 고기잡이를 나갔다. 도마와 나다나엘과 또 다른 두 제자가 그들을 따랐다.

호수가 투명하게 맑아서 고기잡기는 밤에만 이루어진다. 그들은 밤새우며 그물을 내렸다. 그런데 기이한 일이 생겼다. 단 한 마리의 고기도 그들의 그물에 걸려들지 않았다.

"정말 이상한 일이군."

베드로가 투덜거렸다.

"생각나는군. 주님을 만나고 얼마 후였어. 우리가 배 두 척으로 밤새도록 그물을 내렸는데 한 마리도 잡지 못했었지."

요한이다. 그때도 요한과 야고보 형제가 베드로와 함께였다.

그날, 날이 밝아 고기잡기를 포기하고 호숫가에 앉아 찢어지고 엉클어진 그물을 정리하고 있을 때 주님이 오셨고, 주님의 명령대로 깊은 데로 가서 그물을 내렸더니 두 배에 만선이 되도록 잡히는 어획고를 올렸다. 기적이었다. 직업 어부인 그들이 그렇게 많은 고기를 잡아 본 적이 없으며, 더구나 날이 밝은 후에 그물을 내린 것도 처음이 아니었던가. 그때를 회상하니 한동안 만나지 못한 예수, 그들의 주님이 그리워졌다. 먼저 갈릴리로 가 있으라던 주님이시다.

날이 밝아왔다. 고기잡기는 틀렸다.

"이것도 기적이지. 어떻게 밤새도록 그물을 내려도 한 마리 안 잡힌담. 끝내자고."

누군가가 투덜거렸다. 그들은 지쳤다. 노를 저어 호숫가로 갔다. 호숫가 저만치 사람 하나가 그들을 바라보고 서 있는 모습이 시야에 들어왔다. 그러나 그가 누군지 알아보지 못하였다. 뭍은 멀지 않았다.

"고기를 잡았소?"

베드로가 맥없이 대답하였다.

"못 잡았소이다."

"그물을 배 오른편에 던지시오. 그럼 잡힐 거요."

베드로는 긴장하였다. 자기에게 저렇게 말씀하실 분이 주님 외에 누가 있으랴. 그는 주저 없이 오른편에 그물을 던졌다. 그러자 대번에 고기떼가 그물에 가득차는 것을 그 손과 팔뚝으로 감지하였다. 그물을 끌어올렸다. 엄청나다. 힘에 부친다. 저분은 전에도 이렇게 많은 고기를 잡게 하신 나의 주님, 나사렛 예수라고, 그는 확신하였다. 동료들과 합세하여 그물을 끌어올린 후 베드로가 동료들에게 소리쳤다.

"주님이시다!"

그들은 배를 뭍에 대자 고기가 가득 담긴 그물을 끌고 주님을 향해 달려가다시피 하였다. 역시 주님이셨다.

"와서 아침 식사를 함께 하도록 하자."

숯불이 피워져 있고 그 위에 생선이 구워지고 있었다. 빵도 준비되어 있었다.

"지금 잡은 생선을 좀 가져오너라."

오랜만에 갈릴리 호숫가에 앉아 일곱 사람이 아침을 먹었다. 잡은 물고기를 세어 보니 153마리나 되었다. 그물이 찢어질 만큼인데 멀쩡하였다.

내 십자가를 지고 요 21:15-23

식사가 끝난 후 주님이 베드로에게 물었다.

"요한의 아들 시몬, 네가 이 사람들보다 나를 더 사랑하느냐?"

베드로가 지체 없이 대답하였다.

"주님, 그럼요. 제가 주를 사랑하는 줄 주님이 아십니다."

"내 어린 양을 먹이라."

이어서 두 번째로 물었다.

"요한의 아들 시몬, 네가 나를 사랑하느냐?"

반복되는 질문에 베드로는 역시 자신 있게 대답하였다.

"주님, 그렇습니다. 제가 주님을 사랑하는 줄 주님이 아십니다."

"내 양을 치라."

이어서 세 번째 똑같은 질문을 하였다.

"요한의 아들 시몬, 네가 나를 사랑하느냐?"

베드로는 왜 이렇게 같은 질문을 계속하는지 이상하게 생각되었으나 서슴없이 똑같은 대답을 하였다.

"주님, 모든 걸 아시지 않습니까. 제가 주님을 사랑함을 주님이 다 아십니다."

"내 양을 먹이라."

이어서 베드로를 응시하며 말했다.

“진실로 진실로 네게 이르노니 젊어서는 네가 스스로 띠를 띠고 원하는 곳으로 다녔지만 늙어서는 네 팔을 벌릴 것이며, 다른 사람이 네게 띠 띠우고 원치 않는 곳으로 데려갈 것이다.”

무슨 뜻일까. 그것은 원치 않는 죽임을 당한다는 예언인 것 같았다. 아마 십자가에 처형된다는 의미인 것 같다. 생각이 이에 미치자, 그의 등골이 오싹해졌다.

“나를 따르라.”

베드로는 문득 함께 있는 요한을 생각하였다. 내가 십자가에 처형당한다면 저 사람은 어떻게 될까.

“주님, 이 사람은 어떻게 되겠습니까?”

요한을 지목하여 물었다.

“그게 네게 무슨 상관이냐? 너는 나를 따르라.”

예수의 승천 昇天

승천의 현장 행 1:3-11

부활하신 주님은 40일 동안에 걸쳐 여러 번 제자들을 만나며 지난 3년여 동안 가르친 내용을 요약한 핵심을 다시 가르쳤다. 이제 그의 부활을 의심하는 제자들은 없다. 뿐만 아니라 예수가 하나님의 아들이며 그리스도라는 사실에 추호의 의심도 없게 되었다. 부활 후 열한 번이나 사람들 앞에 모습을 드러내신 예수는 부활 40일이 되는 날 예루살렘의 동편 올리브 산에 그 모습을 나타냈고, 그 자리에는 열한 사도를 비롯하여 무려 5백여 명의 주를 믿는 사람들이 모였다.

"지금부터 예루살렘을 떠나지 말고 내가 이미 이른 대로 아버지께서 약속하신 성령을 기다리시오. 요한은 물로 세례를 베풀었으나 당신들은 몇 날이 못 되어 성령으로 세례를 받을 것이오."

명백한 고별사임을 그들은 알았다.

"성령이 당신들에게 임하시면 당신들이 권능을 받고 예루살렘과 온 유대와 사마리아와 땅 끝까지 이르러 나의 증인이 될 것이오."

그리고 그들이 보는 앞에서 하늘로 들려 올라가기 시작하였다. 일찍이 아담의 3대손 에녹이 365세에 이 땅에서 죽지 않고 하나님에 의해 하늘로 들려 올라갔음을 그들은 성경을 통해서 익히 알고 있다. 뿐만 아니라 선지자 엘리야와 엘리사가 광야에서 대화하고 있을 때 홀연히 하늘에서 불수레와 불말들이 나타나더니 두 사람 사이를 떼어놓고 이어서 강한 회오리바람이 일며 엘리야가 그 바람을 타고 하늘로 승천한 기록을 그들은 잘 알고 있다. 성경에서 읽은 그런 일이 지금 5백여 명 앞에서 전개되고 있는 것이다. 예수는 홀로 가볍게 하늘로 올라간다. 위에서 어떤 힘이 그를 끌어올리는 것 같다. 그들은 황홀경에 빠졌다. 이런 신비한 현장에 그들이 참여하고 있으니 얼마나 경이로우며 감격한 일인가. 그들의 시선은 한순간도 놓치지 않으려는 듯 점점 높이높이 솟아올라 그 모습이 작아져 가는 주님을 응시하였다. 높이 올라간 예수를 구름이 감쌌다. 이제 그 모습은 보이지 않았다. 그래도 그들의 시선은 주님의 모습이 사라져 간 하늘 그 구름에 고정된 듯 머물러 있었다.

"갈릴리 사람들아…."

그들은 말소리에 놀랐다. 누군가가 입을 열었다. 그 소리 나는 곳을 바라본 사람들은 또 한 번 놀랐다. 흰옷 입은 천사 둘이 그들 곁에 서서 말하는 것이었다.

"어찌하여 서서 하늘을 쳐다보느냐. 너희 가운데서 하늘로 올리우신 이 예수는 하늘로 가심을 본 그대로 다시 오시리라 하였느니라."

승천하신 그 모습 그대로 다시 오실 주님을 또 한 번 목격하게 되기를 간절히 바라는 그들은 그날이 속히 오기를, 속히 오기를, 그리하여 재회의 기쁨을 맛보기를 갈망하며 예루살렘으로 돌아왔다.

가룟 유다를 대신할 새로운 사도 행 1:12–26

예루살렘에서 비교적 부유층이 살고 있는 옛날 다윗의 궁전 주변의 마을에 마리아와 그 아들 마가가 살고 있는 저택이 있다. 그 집 이층의 큰 방을 다락방이라고 한다. 백 수십 명이 들어갈 수 있는 규모다. 열두 제자가 주님과 마지막 저녁식사를 한 뜻깊은 현장이기도 하다. 제자들이 예루살렘에 있을 때 기거하다시피 하는 곳이기도 하다. 올리브 산에서 돌아온 그들은 할 말이 없었다. 다만 그리스도이신 예수께 선택되고, 가까이 따르게 되고, 부활과 승천을 목격하도록 특별히 구별되어 선택된 사실만 생각하여도 가슴이 뜨거워지는 감동이 있는 그들이다. 그들은 다시 오신다는 주님이 속히 오시기만을 조급하게 기다리며 기도하였다. 시간이 흐를수록 기도의 열기가 더해졌다. 죽음과 부활과 승천으로 이어진 지난 40일 동안의 그들의 스승 예수 그리스도를 생각만 하여도 감사와 감격이 더해졌다.

베드로는 생각하였다. 주님이 열둘을 택하여 사도로 세우셨는데, 그 중 하나가 배신자가 되어 목매 죽었으니 우리가 무리들 중에서 한 사람을 선택하여 열둘의 수를 채우는 게 마땅하지 않은가.

"여러분…"

베드로가 일어나 좌중을 둘러보며 입을 열었다. 모인 사람들이 120여 명쯤 되었다.

"가룟 유다를 생각하면 기가 막힙니다. 가룟 유다의 배신과 자살 사건을 모르는 사람이 예루살렘에 없을 정도입니다. 그에 관하여는 일찍이 시편에 예언된 그대로이니 우리는 그의 자리를 대신할 한 사람을 세워야 됩니다. 요단강에서 요한의 세례를 받은 때부터 지금까지 우리와 함께 주님을 따르고 승천하실 때까지 함께했던 사람 가운데서 한 사람을 세워 우리와 함께 주님에 대하여 증인이 될 사람이 있어야 합니다. 여러분이 추천하십시오."

조건이 제시되었다. 주님의 활동 개시 때부터 오늘까지 함께한 사람, 그리하여 주님에 관하여 증거할 사람이어야 한다.

두 사람이 천거되었다. 요셉과 맛디아.

"자, 주님의 뜻을 따라 선택되어야 할 한 사람이 누구인지 우리가 알 수 없으니 함께 기도합시다."

그들은 모두 기도하였다. 이 두 사람 중에 누가 주님의 택한 사도가 되어 사도의 직무와 봉사를 해야 합니까. 주님이 택하여 주십시오.

기도가 끝나자 제비를 뽑았다. 가룟 유다의 자리를 대신할 사도로 맛디아가 선택되었다.

불같이 바람같이 임한 성령

새 역사의 시작 행 2:1

그날, 곧 예수 그리스도가 십자가에 못 박혀 죽은 날로부터 50일째의 날, 그날이 오순절이다. 유월절 축제를 위해 예루살렘에 왔던 많은 유대인들 중 먼 타국에서 온 사람들 대부분은 그대로 머물렀다가 오순절까지 지키고 돌아가는 경우가 허다하였다. 오순절은 밀과 보리 수확의 감사절이기도 하지만 그보다는 모세를 통해 시내 산에서 하나님의 율법을 받은 날로 기념되었다. 즉 유월절이 민족 해방의 날, 그 민족의 새로운 역사가 시작된 가장 뜻깊은 날이라면, 오순절은 그들의 종교가 탄생한 날이 된다. 이스라엘의 3대 명절 중 하나다.

그러나 가나안 땅에 정착 후에도 이스라엘은 빈번한 외세의 침략으로 수탈당하고 포로로 잡혀가고 주권을 상실하는 경우가 많았다. 대표적인 비극이 앗시리아에 의해 기원전 722년에 북왕국 이스라엘이 무너졌는데, 거기에는 열 지파가 속해 있었다. 그들은 대개 앗시리아, 곧 지금의 시리아로 잡혀갔다. 그렇게 조국 땅을 떠나 사는 유대인들을 '디아스포라'라 한다. 유대인은 디아스포라가 많다.

두 번째는 기원전 586년에 남은 두 지파가 형성한 남왕국 유다가 바벨로니아 제국에게 정복당하였다. 당시 노약자를 비롯한 쓸모없는 사람만 남겨두고 거의 모든 사람이 포로로 잡혀갔다. 그들은 70년 동안이나 바벨로니아 땅 메소포타미아에 정착하여 살았다. 그 후 페르시아 제국이 바벨로니아를 정복하고, 점령국 황제 고레스가 포로 귀환칙령을 내려 많은 유대인이 귀국하였으나 그 2세와 3세 등 남은 사람들도 많았다. 그들 역시 유대인 디아스포라다.

세 번째는 기원전 334년, 마케도니아의 알렉산더 대왕의 동방원정 때 정복되어 그가 통치하는 드넓은 제국 곳곳으로 흩어지게 되었으며, 네 번째는 기원전 63년에 로마의 폼페이우스에게 정복되어 지중해 중심의 유럽과 아프리카와 소아시아와 기타 여러 곳으로 흩어지게 되었다. 그 디아스포라들은 일 년에 한 번 유월절을 지키기 위해 먼 길을 여행하여 예루살렘에 오고, 온 김에 아예 50일을 기다려 오순절을 지키고 돌아가는 경우가 많았다.

그리하여 예루살렘에는 아직도 많은 사람이 머물고 있었다. 더구나 성령을 보내줄 때까지 예루살렘을 떠나지 말고 기다리라고 하신 주님의 마지막 말씀에 순종하여 마가의 집 다락방에 모여 오순절까지 열흘 동안을 전혀 기도에만 힘쓴 사람들에게 마침내 그날, 오순절 날이 왔다.

120명에서 그날 하루에 3천 명으로 행 2:1-42

그날도 그들 120명은 기도에 열중하였다. 그야말로 뜨거운 기도가 계속되었다. 그러던 어느 순간 갑자기 강한 바람이 위로부터 불어오는 듯하였고, 이내 뜨거운 불이 그들을 덮는 듯하였다. 한 번도 경험해 보지 못한 그 현상에 그들은 놀랐다. 그러나 그 놀라움은 하나님의 영에게 사로잡힌 놀라움이어서 두려움이 아니라 알 수 없는 기쁨으로 가슴을 뜨겁게 하였다.

참으로 이상한 일이다. 지금까지 그들의 언어로 기도하던 그들의 입에서 그들이 알지 못하며 사용하지 않던 다른 언어들이 기도 소리로 터져 나오는 것이었다. 다른 언어, 여러 나라와 종족의 언어들, 그들 자신도 그게 무슨 뜻인지 전혀 알지 못하는 그런 언어들로 그들의 기도는 계속되었다. 그들의 공간이 엄청나게 시끄러워졌음은 말할 것도 없다.

집 밖에 사람들이 모여들었다. 동시에 120명이 여러 언어로 기도하는 소리가 어찌나 소란스러웠던지 무슨 굉장한 사건이라도 터진 듯하였다. 지나가던 사람들의 발걸음이 그 집 밖에 멈춰섰다. 동네가 들먹거리는 소리였다. 그래서 그 마을 사람들과 그들의 집에서 기거하던 디아스포라들이 모두 뛰쳐나왔다. 아침 아홉 시경이어서 동네와 거리가 고요에 묻혀 있었기에 그들의 소리는 멀리까지 들렸다. 몇몇이 그 집으로 들어갔다. 현장을 확인하지 않고는 안 될 정도의 소란이었기 때문이다.

120명은 자기들에게 대단한 사건이 일어났음을 알았다. 주님이 약속하신 하나님의 영 성령이 그들 각 사람에게 충만하게 임하였음을 그들은 누가 알려주지 않아도 알 수 있었다. 그들은 필설로 표현할 길 없는 넘치는 기쁨을 느꼈고, 그 희열은 사람의 일생에서 경험하기 어려운 것임을, 그들은 모두가 공감하고 있었다. 그들의 얼굴이 빛났다. 그건 빛이었다.

성령의 충만, 그것은 단지 기쁨만이 아니었다. 그들은 그들이 알 수 없는, 그들이 만들 수 없는 담대한 마음이 되었다. 세상에 두려울 것이 없다. 하나님의 영이 함께하시니.

또 다른 마음도 생겼다. 그들의 예수, 죽음에서 부활하신 예수, 그를 믿으면 구원 받는다는 확신이 그들의 혀를 움직이게 하였다. 예수의 구원의 복음을 전하지 않고는 못 견딜 뜨거운 가슴이었다.

"이 사람들이 갈릴리 사람들인데 어떻게 로마 사람의 말을 하지?"

로마에서 로마의 언어를 쓰며 살던 디아스포라가 자기 일행에게 말했다.

"그것도 아주 유창하게 말이야."

그리스에서 온 사람은 그리스 말을, 소아시아에서 온 사람은 그들의 언어인 소아시아 말을 들었다. 이집트에서 온 사람은 그들 말로, 메소포타미아 언어로, 리비아의 언어로, 아라비아 언어로…. 동서남북 어떤 나라들에서 왔든 자기네가 쓰는 말을 그들이 하고 있음은 경이였다.

"이해 못할 일이군. 이해가 안 돼."

"술 취한 거야."

누군가가 말했다. 그것도 독한 술에 취했을 거라고들 수군거렸다. 저 벌겋게 달아오른 얼굴, 저 시끄러운 말소리들, 미친 듯 소리치는 기도 소리와 그 모습은 잔뜩 술에 취한 모습일 수 있었다.

"여러분…."

베드로가 벌떡 일어서며 소리쳤다. 다른 사도들도 일어섰다. 하나님의 성령을 조롱하며 비웃는 것을 용납해서는 안 된다.

"내 말을 잘 들으시오. 지금이 아침 아홉시요. 우리 중 누가 이 시간에 술을 마시며, 취하도록 마신단 말이오. 그런 경우는 우리 민족에게 없소이다. 내가 알아듣게 설명할 테니 잘 들으시오."

베드로는 집 밖의 사람들이 수천에 이른다는 것을 알고 아예 밖으로 드나드는 문을 열고 계단에 섰다. 인산인해였다.

"선지자 요엘이 일찍이 기록하였습니다. 하나님께서 말씀하시기를 말세에 내가 내 영을 모든 사람에게 부어 주리니 너희 자녀들이 예언할 것이며, 젊은 이들은 환상을 보고, 늙은이는 꿈을 꾸리라 하였습니다. 그때에 하나님께서 남종과 여종에게 내 영을 부어 주리라 하셨습니다. 바로 지금 그 예언이 우리에게 이루어졌습니다. 여러분도 아십니다. 큰 권능과 기적과 표적을 베푸신 나사렛 예수님이 바로 우리가 고대하던 그리스도이십니다. 그런데 그분을 십자가에 못 박아 죽였습니다. 여러분도 그분을 죽이는 일에 동참하였습니다. 그러나 하나님께서는 그분을 다시 살리셨습니다. 다윗의 자손에서 그리스도가 태어나신다는 것을 다윗도 기록하였습니다. 부활을 예언하였습니다. 우리는 다시 살아나신 주님을 우리 눈으로 똑똑히 뵈었습니다. 하나님께서 예수를 높이셨고 그분은 약속하셨습니다. 성령을 아버지께 받아서 당신들이 지금 보고 들은 대로 우리에게 부어 주셨습니다. 그러므로 누구든지 주의 이름을 부르는 자는 구원을 얻는다고 하였습니다. 여러분, 여러분이 십자가에 못 박은 예수를 하나님이 주와 그리스도가 되게 하셨습니다."

군중은 두려움을 느꼈다. 당황하였다. 자기들로 빌라도의 법정 앞에서 대제사장이 하는 대로 예수를 십자가에 못 박으라고 외치지 않았던가. 자기들이 그리스도를 죽이는 데 공범 노릇을 하지 않았던가.

"그럼 우리가 어찌해야 됩니까?"

한 사람이 베드로에게 떨리는 음성으로 물었다.

"여러분이 회개하여 각각 예수 그리스도의 이름으로 죄를 용서받으십시오. 그러면 여러분도 성령을 선물로 받을 것입니다. 이것은 하나님의 약속입니다. 여러분과 여러분의 자녀와 먼 곳에 있는 사람들과 주 우리 하나님이 얼마는지 부르시는 사람들에게 하신 약속입니다. 이 패역한 세대에서 구원을 받으십시오."

놀랍게도 즉석에서 회개하는 사람들이 많아졌다. 회개하는 사람에게 제자들이 세례를 주었다. 계획에 없는 큰 행사가 벌어진 셈이다. 소문은 원근각지로 번져 나갔다. 그렇지 않아도 오순절 인파로 들끓는 예루살렘은 그 소문을 듣는 사람이 자꾸만 몰려와서 온종일 쉴 틈도 없이 예수 그리스도를 전하고 세례 주는 일이 계속되었다.

그날 오순절 날, 아침 아홉 시에 불과 120명에게 성령이 임하였는데 해질녘에는 세례 받은 사람이 3천 명에 달하였다.

사도들의 전도와 교회의 부흥

나사렛 예수 그리스도의 이름으로 행 3:1-4:4

어느 날 오후, 베드로와 요한이 오후 세 시 기도 시간에 맞추어 성전으로 올라갔다. 그들이 성전 동쪽에 있는 이방인의 뜰과 여인의 뜰을 연결하는, 금과 구리로 장식되어 아름답기로 유명하여 아예 〈아름다운 문/미문美門〉으로 불리는 그 문을 지나려는 때였다. 늘 거기서 출입자들에게 구걸을 하는 40세쯤 된 낯익은 앉은뱅이 거지를 만났다. 그는 출생 때부터 앉은뱅이로 태어나 40여 년 동안 한 번도 자기 다리로 일어서 보지 못한 불행한 자였다. 그 사람은 날마다 그 가족이나 친구들에 의해 미문으로 운반되어 구걸하므로 그를 모르는 사람이 없다.

"이 가련한 불구자를 그냥 지나치지 마시고 적선하여 주십시오."

그는 늘 그랬다. 베드로와 요한은 자기들에게 손을 내미는 그를 보자 걸음을 멈추었다. 그는 분명히 돈을 주리라 믿는지 기대하는 눈빛이었다. 베드로와 요한이 그를 주목하였다.

"우리를 보시오."

베드로의 말에 그가 주목하였다.

"우리에겐 당신에게 줄 돈이 없소. 그러나 우리에게 있는 것으로 당신에게 주겠소. 곧 나사렛 예수 그리스도의 이름으로 일어나 걸으시오."

말이 끝나는 것과 동시에 베드로가 그의 오른손을 잡아 일으켰다. 그러자 놀라운 일이 일어났다. 그 앉은뱅이의 발과 발목에 힘이 생겼고, 그는 벌떡 일어섰다. 상상을 초월하는 기적을 경험한 그는 걸어 보고 뛰어 보았다. 그래도 믿어지지 않는 듯 확인에 확인을 거듭하느라 또 뛰어 보고 걸어 보았다. 정말 멀쩡하다. 완전하다. 그는 소리쳤다.

"오 하나님 감사합니다! 감사합니다!"

그는 베드로와 요한을 따라 성전으로 들어가며 계속 소리쳤다. 나사렛 예수의 이름으로 내가 고쳐졌다고, 하나님 은혜라고.

그를 아는 모든 사람들이 믿어지지 않는 눈으로 그를 바라보며 다가왔다. 분명 미문의 앉은뱅이다. 그 얼굴이다. 그 행색 그대로다. 그런데 어떻게 저렇게 걷고 뛰는가. 그들은 순식간에 많은 사람에 에워쌌다. 그 중심에 베드로와 요한과 앉은뱅이였던 40세 정도의 그 주인공이 있었다. 사람들이 의아해하며 수군거렸다. 앉은뱅이였던 사람이 베드로와 요한의 옷자락을 붙잡았다. 자기를 고친 사람이 이들이라는 사실을 확인해 주기 위해서다. 워낙 사람이 많이 모이자 그들은 솔로몬 행각으로 이동하였다. 그곳이 사람들에게 말하기 좋아서였다.

"여러분…."

베드로가 다 알아들을 만큼 큰 소리로 말했다.

"이 일을 기이히 여기지 마십시오. 우리 개인의 권능과 경건으로 이 사람을 걷게 한 것처럼 왜 우리를 주목하십니까. 아브라함과 이삭과 야곱의 하나님, 곧 우리 조상의 하나님이 그 종 예수를 영화롭게 하셨습니다. 그런데 여러분이 예수를 빌라도에게 죽여 달라고 넘겨주었으며, 빌라도가 죄 없다고 선고한 것을 여러분이 죽이라고 외쳤습니다.

거룩하고 의로운 분을 부인하고 도리어 살인자를 석방하라고 하였습니다. 생명의 주를 죽게 하였습니다. 그러나 하나님이 죽은 자 가운데서 예수를 다시 살리셨습니다. 우리가 이 일의 증인입니다. 우리가 그 이름을 믿음으로 그 이름이 여러분이 보고 아는 이 사람을 고치셨습니다. 예수를 믿는 그 믿음으로 이 사람이 완전히 나은 것입니다. 그러나 여러분이 몰라서 그랬고 또 산헤드린 법관들도 몰라서 그랬을 것입니다. 그러나 하나님이 모든 선지자들의 입을 통하여 그리스도께서 이런 고난을 받으신다고 미리 말씀하신대로 된 것입니다. 그러므로 여러분이 회개하고 죄 사함을 받으십시오. 그리하면 하나님의 축복이 임할 것입니다. 예수 그리스도는 다시 오십니다."

앉은뱅이가 고쳐진 기적과 함께 베드로의 설교가 계속되자 회개하는 사람이 부쩍부쩍 증가하였다. 소문은 꼬리를 물고 확산되어 더 많은 사람들이 앉은뱅이를 확인도 하고 가슴을 파고드는 베드로의 설교를 듣기 위하여 성전으로 모여들었다. 구원 받는 사람이 급증하여 남자만도 5천여 명에 달하였다.

예수가 섰던 법정에 선 제자들 행 4:5–21

대제사장을 비롯한 산헤드린 법관들은 물론 유대 사회에서 존경 받는 율법학자들과 바리새인들은 곤혹스러웠다. 예수의 부활이 사실이라고 외쳐대는 사도들과 자기들이 죽게 한 예수의 이름으로 세상이 놀랄 만한 기적이 대낮에 성전 문에서 발생한 사건이 도성 전체를 흔들어댔기 때문이다.

"빨리 손을 쓰지 않으면 안 될 상황이군. 예수를 죽이면 다 끝날 줄 알았는데 그 제자들이란 자들이 그 예수가 다시 살아났다고 떠들고 다니니…"

대제사장의 근심어린 말에 제사장 하나가 덧붙였다.

"더구나 예수의 이름으로 미문의 앉은뱅이가 일어나 뛰고 걷는 것을 사람들이 다 확인하고 이미 알고 있습니다. 실로 난감한 일입니다."

"그들의 입부터 막아야 합니다. 죽은 죄수의 이름으로 백성들을 선동하고 있습니다. 서둘러 그들을 법정에 세워서 다시는 그 이름을 입 밖에 내지 못하도록 해야 됩니다."

소문을 듣고 또는 현장을 확인하고 그 분위기를 파악한 법관들이 자꾸 모여들면서 대책회의가 열렸다.

"날이 저물어 가니 오늘은 일단 감옥에 넣고 내일 아침 일찍 재판합시다."

최종 결정이 내려지자 성전 경비병들이 베드로와 요한을 잡아 감옥에 넣었다.

다음날 아침, 산헤드린 법원은 두 사람을 끌어내어 재판을 열었다. 예수가 재판 받은 그 법정에 그의 제자 두 사람이 두어 달 만에 그 자리에 또 섰다. 전직 대제사장과 현직 대제사장을 비롯한 모든 산헤드린 법관들이 모임으로써 법원이 이 두 사람의 문제를 매우 심각하게 우려하고 있음을 반증하였다. 법정에는 앉은뱅이였던 사람도 증인으로 불려와 있었다.

"너희가 무슨 권세와 누구의 이름으로 이런 일을 하였느냐?"

심문이 시작되자 베드로가 성령이 충만하여 담대하게 대답하였다.

"이 사람이 어떻게 구원 얻었느냐고 물으셨습니다. 여러분이 십자가에 못 박아 죽였으나 하나님께서 다시 살리신 나사렛 예수 그리스도의 이름으로 이 사람이 건강하게 되어 여러분 앞에 서 있습니다. 우리의 여호와 하나님은 천하 인간들이 구원 얻을 수 있는 다른 이름을 우리에게 주시지 않았습니다. 그 이름은 오직 나사렛 예수 그리스도뿐입니다."

법관들은 또 한 번 놀랐다. 학식 없는 사람이 이 법정에서 당당하게 기탄없이 말하였기 때문이다. 더구나 확실한 증인이 될 앉은뱅이였으나 멀쩡해진 사람이 그들 눈앞에 있지 않은가.

법관들은 수군거리다가 결정을 내렸다. 일단 두 사람을 법정에서 내보내고 토론하였다.

"저 두 사람을 어떻게 해야 되겠소? 분명한 기적이 나타났소. 예루살렘 사람들이 다 알게 되었고, 우리도 부인할 수 없으니…."

의견이 구구하였다. 그러나 묘안은 떠오르지 않았다. 한동안 갑론을박하던 법관들은 두 사람을 다시 불러 세우고 명령하였다.

"신성한 산헤드린 법정의 판결이다. 이후로 다시는 예수의 이름으로 말하지 말라. 그 이름으로 가르쳐서도 안 된다. 이를 어기면 엄벌에 처할 것이다."

"제가 묻고 싶습니다."

베드로가 말했다.

"하나님 앞에서 사람 말 듣는 것이 하나님 말씀 듣는 것보다 옳은지 판단해 보십시오."

당당함인가 당돌함인가. 법관들은 도리를 찾지 못하다가 다시 한 번 예수의 이름을 들먹이면 엄벌에 처한다고 경고한 후 석방하였다.

부흥하는 교회 행 4:23–37

두 사도가 풀려나 그들의 거처로 가자 많은 사람이 초조하게 기다리고 있었다. 두 사도의 보고를 들은 그들은 합심하여 하나님께 간절하게 기도하였다. 아무리 핍박이 오고 위험이 따라도 담대하게 주 예수의 복음을 전파하게 해 달라는 기도였다. 아울러 앉은뱅이가 일어난 것처럼 예수의 이름으로 표적과 기적이 일어나게 해 달라고 기도하였다. 기도를 마칠 때 그곳이 지진이라도 일어난 듯 진동하더니 무리가 다 성령으로 충만해져서 한결 담대하게 주 예수의 복음을 전파하게 되었다.

그 후 새로운 현상이 일어났다. 믿는 사람들이 한마음 한뜻이 되어 사랑으로 서로 돕는 일이 일어났다. 자기 소유를 자기 것이라 하지 않고 밭과 집을 팔아 사도들 앞에 헌금하였다. 그것을 가난한 사람들에게 나누어 주니 여기가 지상의 낙원이었다. 기쁨과 사랑이 충만한 예루살렘 교회의 모습이었다.

지중해의 섬 구브로(키프로스) 출신의 레위 지파 사람 바나바는 재산가였다. 그는 자기 토지를 팔아 구제를 위하여 헌금하였다. 제자들이 거처로 삼고 있는, 그리고 120명이 모여 기도하다가 성령을 받은 집 주인인 마가의 외삼촌인 그는 일찍부터 예수를 따르던 사람이며, 권위 있고 존경 받는 사람이었다.

부부의 죽음과 사도들의 증언

성령을 속인 죄 행 5:1–11

교회의 분위기는 사랑이라는 가장 아름다운 한 마디로 압축되었다. 모두들 기뻤다. 내 것 네 것이 없다는 이 사실 하나만으로도 살맛나는 세상이 되었다. 성령으로 충만하였기에 가능한 일이었다.

아나니아와 삽비라 부부는 우리도 땅을 좀 팔아서 헌금하자는 데 의견이 일치하였다. 경제적으로 여유가 있는 그들은 바나바처럼 존경 받는 위치에 서고 싶었다. 그래서 주저없이 밭을 팔았다. 거액이었다.

"이 많은 돈을 다 헌금해야 해요?"

아깝다는 생각이 들었다.

"글쎄…, 다 해야 하나?"

남편이 망설이자 아내가 냉큼 말했다.

"우리 쓸 돈 좀 남겨 둡시다. 이건 다 우리 돈이니까 우리 마음대로 할 수 있잖아요?"

"그야 그렇지."

부부는 그 일부를 떼어 집에 두었다. 그들의 돈이니 전부를 헌금하든 일부를 헌금하든 그들이 결정할 문제이다. 그러나 아나니아의 태도는 베드로 앞에서 바르지 못하였다. 거액의 헌금을 들고 온 아나니아가 베드로에게 말했다.

"땅을 좀 팔았습니다. 구제에 써 주십시오."

"이게 전부인가요?"

베드로가 물었다.

"예, 땅 판 돈 전부입니다."

아나니아가 거짓말을 감추려고 자신 있게 대답하였다.

"아나니아…."

베드로의 마음이 기쁘지 않았다. 마땅히 칭찬해 주고 기도해 주어야 하는데 마음이 내키지 않았다. 그는 그게 전부라면 그런가 보다 해야 하는데 그에게 충만하신 성령께서 아나니아가 진실하지 못하다고 깨우쳐 주는 것이었다.

"어찌하여 사탄에게 마음을 빼앗겨 이렇게 거짓말을 하고 있소? 누가 당신에게 땅을 팔아서 헌금하라고 시키지도 않았고, 또 당신 땅을 판 돈이니 그 돈이 전부 당신 것이오. 헌금하지 않고 당신이 다 써도 누가 탓할 사람이 없소. 그런데 어찌하여 거짓말을 하시오? 지금 당신은 내게 거짓말하는 게 아니라 하나님을 속이는 것이오."

베드로가 꾸짖자 아나니아가 말 한 마디 못하고 그자리에 쓰러졌다. 심장이 멈추었다.

"죽었습니다."

함께 있던 사람이 그를 일으키려다가 말했다. 매우 놀란 얼굴이다.

"장사 지내 주시오."

젊은이들이 시신을 싸서 메고 나갔다. 세 시간 쯤 지났을 무렵 죽은 자의 아내가 자못 자랑스러운 듯 당당하게 베드로에게 왔다. 거액을 헌금하였으니 분명 칭찬을 들으리라 생각한 것이다. 그녀는 남편의 죽음을 모르고 있었다.

"당신 남편이 가져온 돈이 땅 판 돈 전부요?"

삽비라가 대답하였다.

"그럼요. 남편이 땅 판 돈 전부를 헌금하였습니다."

"삽비라, 당신 부부가 서로 짜고 하나님의 성령을 시험하려 드시오? 당신 남편을 장사하고 오는 사람들이 문 밖에 이르렀는데 그들이 당신을 메어다 장사할 것이오."

그 말이 끝나자마자 아나니아처럼 삽비라도 그자리에서 죽었다. 마침 들어온 아나니아를 장사하고 온 젊은이들이 쉴 틈도 없이 삽비라의 시체를 메고 나가 그 남편 곁에 묻어 주었다.

부부의 사망 사건은 지상에 처음으로 생긴 예루살렘 교회의 성도들에게 큰 경계와 교훈이 되었다. 하나님은 속일 수 없으며 결코 속지 않으며, 때로 매우 엄격하다는 점을 알았기 때문이다. 하나님에 대한 경외심이 그들을 사로잡았다.

체포된 이유 행 5:12-18

베드로 등 사도들은 산헤드린 법원의 엄한 명령에도 아랑곳없이 날마다 성전의 솔로몬 행각에서 많은 사람들에게 예수 그리스도의 죽으심과 부활과 성령에 대하여 참으로 겁도 없이 담대하게 가르치는 데 열중하였다. 믿는 사람이 날마다 폭증하였다. 뿐만 아니라 예루살렘에서는 날마다 경이로운 일들이 일어났다. 예수의 제자들에 의해 예수가 일으킨 기적들이 재현되고 있었다. 소문이 파다해졌다. 무슨 병이든 제자들이 예수의 이름으로 기도하면 나았으며, 악하고 더러운 귀신 들린 사람들에게서 귀신이 떠나갔다. 예루살렘뿐만 아니라 주변의 성읍들에서도 온갖 환자들과 불구자들이 모여들었다. 워낙 많은 사람이 모여들므로 제자들의 손이 닿기 어려워지자 베드로의 그림자만 스쳐도 무슨 병이든 낫는다는 소문이 돌았다. 중환자들과 움직이지 못하는 불구자들은 베드로가 지나가는 길가에 들것에 실린 채 또는 침구를 깔고 누워 있었다. 매일매일 기적적 치유의 연속이었다.

대제사장과 그 주변 세력은 몹시 당황하는 한편 분노하였다. 그들이 받는 보고에 의하면 예수의 제자들이 모두 예수와 다르지 않다고 한다. 예수의 이름으로 모든 병을 고치고 귀신을 쫓아내고 절름발이가 걷고 뛰며 눈먼 자가 눈을 뜬다. 감히 성전의 솔로몬 행각에서 많은 사람에게 예수의 부활을 주장하는데 이를 믿고 따르는 사람이 급증하고 있다. 그럼에도 유대 사회에서 최고의 권위를 지닌 산헤드린이 조사권과 기소권과 재판권을 지닌 최고 권력 기관이면서 속수무책이라니, 이 얼마나 곤혹스럽고 분통 터질 노릇인가.

대제사장은 회의를 거듭하였다. 방치할 수 없는 사태였다. 예수의 이름을 믿고 따르는 사람이 급증하고 있으니 어떻게든 막아야 한다. 거듭되는 회의 끝에 달리 방법이 없으므로 체포하여 감옥에 가두자는 데 의견이 일치하였다.

무슨 악한 일을 하지 않았는데, 오히려 좋은 일만 하였는데, 그것이 모두 자기들이 죽인 예수의 이름으로 이루어지고 있다는 이유로 어느 날 제자들을 잡아다가 옥에 가두었다. 이번 재판에서는 단호한 조치를 내려 더 이상 예수의 이름이 퍼지지 못하게 하려는 대제사장의 결의가 대단하였다.

기적의 탈옥 행 5:19–26

감옥에 두 번째 잡혀 들어간 베드로와 요한을 비롯, 다른 제자들도 모두 성전 지하 감옥에 넣어졌다. 그러나 그들은 두렵기는커녕 기쁘고 즐거웠다. 왜냐하면 주님이 일찍이 이런 일이 있을 것을 아시고 가르쳐 주신 말씀이 떠올랐기 때문이다. "나를 인하여 핍박을 받으면 기뻐하고 즐거워하라. 하늘에서 상이 크다." 하시지 않았던가. 그들은 감옥에 들어와 있을 망정 서로 위로하고 격려하며 하나님께 감사하였다.

"일어나라."

제자들은 깜깜한 가운데서 들려오는 소리에 놀라 깨어났다.

"성전에 서서 생명의 복음을 백성에게 전하라."

천사였다. 옥문이 열려 있었다. 제자들은 비몽사몽간에 감옥에서 나왔다.

아침이 되자 성전으로 올라갔다. 성전에서 복음을 전하라고 탈옥시켰으니 하라는 대로 할 따름이다. 그들은 다시 잡혀갈 것을 두려워하지 않았다.

한편 산헤드린 법원은 재판관들이 다 모이자 경비병들을 감옥으로 보내 예수의 제자들을 데려오라 하였다. 그런데 잠시 후 허겁지겁 달려온 경비병의 보고에 재판관들은 모두 경악을 금치 못했다.

"옥문이 든든히 잠겨 있고 파수병도 문에 서 있는데 감옥에 있어야 할 죄수들은 한 명도 없습니다."

더 놀랄 일이 잠시 후에 벌어졌다. 성전에서 달려온 사람의 보고 때문이었다.

"감옥에 가두었던 사람들이 성전에서 백성을 가르치고 있습니다."

탈옥하였으면 멀리 도망치든가 꽁꽁 숨어 있어야 하는데 아침부터 공개된 장소인 성전에 나타나 백성들을 가르치다니, 어떻게 이런 일이 있을 수 있단 말인가.

"아무튼 그들을 잡아오거라. 아니 체포하지 말고 대제사장에게 가자고 권해서 데려와라. 그들을 따르는 자들이 많으니 충돌이 생기지 않도록 각별히 유의하라."

현명한 랍비 가말리엘 행 5:27-42

산헤드린 법정이 열렸다. 예수의 제자들을 향해 대제사장이 먼저 입을 열었다. 설명할 수 없는 기적들 앞에서 일말의 두려움이랄까, 주눅 들었다고 할까, 첫 재판 때처럼 거칠지는 않았다.

"예수의 이름으로 가르치지 말라고 이 법원이 판결한 사실이 있는데 너희들은 어찌하여 법원의 판결을 무시하고 그 이름을 전하는가. 우리가 그리스도를 죽였다고 선동하고 다니는 건 우리를 향한 공격이 아닌가?"

베드로가 제자들을 대표하여 대답하였다.

"사람에게 순종하기보다 하나님께 순종하는 것이 옳습니다. 당신들이 십자가에 못 박아 죽인 예수를 우리 조상의 하나님께서 다시 살리셨으며, 그를 믿고 회개케 하여 죄 사함을 얻게 하십니다. 그분이 우리의 구주가 되시고 왕이 되십니다. 우리가 모두 이 일에 증인입니다. 하나님께 순종하는 우리에게 주신 성령 또한 예수가 그리스도임을 가르쳐 주십니다."

대제사장과 재판관들은 몹시 분개하였다. 우리가 죽인 예수를 구세주라고 주장하는가 하면, 이 법원의 준엄한 판결에조차 신경쓰지 않겠다고 밝혔으니 말이다.

"저자들을 모조리 죽여야 합니다. 죽여 마땅합니다. 우리를 모욕하였습니다. 법원의 권위를 부정하였습니다."

흥분한 목소리가 터져 나왔다.

"죽일 죄가 충분합니다."

다른 목소리다. 모두들 당연히 그렇게 해야 된다고 웅성거렸다.

"그렇지 않으면 저자들의 입을 막을 길 없습니다. 모두 없애야만 됩니다."

"아, 여러분…."

그때 한 사람이 자리에서 일어섰다. 그리고 그들과 달리 차분한 목소리로 말했다. 라반 가말리엘이다. 라반은 랍비의 윗 단계 학자로서, 최고의 학문을 지닌 소수의 석학 중 한 사람이며, 유대 사회에서 지극히 존경스러운 사람으로 추앙되는 인물이다. 그가 발언하자 모두 경청하였다.

"일단 예수의 제자들을 밖으로 내보내고 발언하겠습니다."

그의 말대로 경비병들이 제자들을 다른 방으로 격리시켰다.

"여러분, 이런 일은 지극히 신중하게 다루지 않으면 안 됩니다. 여러분도 헤롯 대왕이 죽은 해에 등장한 드다를 기억할 것입니다. 자칭 선지자였고, 4백 명의 추종자가 있었습니다. 굉장한 사람이었는데 그가 죽으니까 다 흩어져서 없어졌습니다. 그리고 로마 황제가 인구조사를 실시한 25년 쯤 전에도 갈릴리에서 유다라는 사람이 나타나서 큰 무리를 거느렸습니다. 유다가 죽자 그들도 다 흩어졌습니다. 죽은 예수를 따르는 제자들도 가만 내버려두고 볼 일입니다. 만일 나사렛 예수가 하나님께로부터 왔다면 우리가 어찌할 수 없는 일이며, 자칫 하나님을 적으로 삼는 것이 됩니다. 그러나 드다와 유다처럼 사람에게서 난 것이라면 곧 없어질 것입니다."

설득력 있는 내용인데다가 라반 가말리엘의 학식과 권위가 워낙 출중하여 감히 반대하는 사람이 없었다. 그래서 제자들을 다시 불러 법정에 세우고 판결하였다.

첫째, 법원이 금지한 행동을 한 죄에 대하여 채찍질하고,

둘째, 앞으로 절대로 예수의 이름으로 가르치지 말 것.

예수를 채찍으로 때린 것처럼 제자들도 40대에서 한 대를 감한 39차례의 채찍질을 당하였다. 가죽이 터지고 찢어지는 가혹한 채찍질이다.

제자들은 석방되었다. 그들은 기뻐하였다. 죽지 않고 석방되어서 기쁜 게 아니라 죄 사함을 주시려고 채찍에 맞고 십자가에 죽으신 예수 그리스도의 이름으로 고난당한 것이 기뻤다. 그 기쁨으로 그들은 산헤드린의 판결을 아랑곳하지 않고 안에서나 밖에서나 예수는 그리스도라고 외치는 데 열심을 냈다.

첫 순교자 스데반 집사

일곱 명의 집사 행 6:1–6

지상 최초의 교회 예루살렘 교회는 죽음도 두려워하지 않는 사도들의 담대한 믿음과 열정과 기적과 표적이 일어나면서 부흥에 부흥을 거듭하였다. 그야말로 급성장이다. 120명이 모여 기도하다가 성령을 받은 후 3천 명으로 늘어나는가 하더니 5천 명으로 증가하고, 그 수는 날로 더하여 갔다.

이러한 급성장은 불협화음을 동반하였다. 가난한 사람이 많던 시절이어서 교회는 구제하는 일이 중요한 업무가 되었으며, 헌금과 분배에는 많은 봉사의 손길이 필요해졌다. 특히 본토 유대인 교인과 이방 사회에서 출생하고 살아오던 사람들, 그 중에서도 헬라 문화권에서 살던 사람들과의 분리와 갈등을 야기하였다. 헬라계 교인들이 불평을 터뜨리는 현상까지 초래되었다.

"우리 헬라계 사람들은 봉사에 힘쓰는데 본토인들은 그렇지 못하니, 이건 불공평한 게 아닌가?"

여기저기서 원망 소리가 터져 나왔다.

사도들은 바빴다. 워낙 수효가 많으니 가르치는 일과 관리하는 일이 겹쳐 기도와 가르치는 일에 열중할 수 없었다. 이 문제를 해결하지 않으면 그야말로 교회는 분열되고 복음은 활력을 잃을 수 있다. 사도들은 이 문제를 해결하기 위하여 예수를 믿는 많은 사람들에게 제안하였다.

"여러분, 우리는 기도와 복음을 전하고 가르치는 일에 전념해야 합니다. 그런데 구제 등 모든 일을 다해야 하는 실정이 아닙니까. 여러분 중에서 성령과 지혜가 충만하고 칭찬받는 일곱 사람을 추천하십시오. 그들에게 구제하는 일을 일임하고 우리 사도들은 우리가 해야 할 일에 전념하겠습니다."

그래서 일곱 사람을 안수하여 세웠다. 스데반, 빌립, 브로고로, 니가노르, 디몬, 바메나, 니골라가 그들이다.

스데반의 전도와 순교 행 6:8–7:60

그 일곱 집사 가운데는 봉사하는 일 외에도 뜨거운 열정으로 복음을 전하는 성령 충만한 집사도 있었다. 빌립과 스데반이 그랬다.

스데반은 틈만 나면 복음을 전하러 다녔다. 사람들이 모이는 장소에 가서 예수 그리스도의 구원의 복음을 담대하게 전하였다. 특히 회당을 순회하며 거기 모인 사람들에게 그리스도의 복음을 전할 때면 큰 기적이 동반하는 능력도 나타났다. 그를 시기하는 사람들이 어느 날 논쟁을 걸어 왔다. 어떻게든 저 입을 막아 보자는 집단행동이었다. 그러나 지혜와 성령으로 충만한 스데반을 꺾을 수 없었다.

"저건 모세와 하나님을 모독하는 소리잖아. 이대로 두면 안 되겠군."

그들은 억지 주장으로 스데반을 궁지에 몰아넣었다. 공격자들의 과장된 주장은 율법 위반자들을 고소하거나 기소할 수 있는 율법학자 등 유대교의 기득권층을 충동하기에 충분하였다.

"저자를 재판에 넘겨야 해."

결론은 산헤드린 법정에 세워 재판하자는 것이었다. 스데반은 모함을 받아 예수와 베드로와 요한 등 사도들이 그랬던 것처럼 유대인의 최고 법원인 산헤드린 법정에 세워졌다. 고소자가 증언하였다.

"나사렛 예수가 이 성전을 헐고 또 모세가 우리에게 준 율법을 고치겠다고 주장하였습니다. 우리가 똑똑히 들었습니다."

대제사장을 비롯한 법관들은 예수에 이어 그 제자들이 얼마나 골칫거리인지 아는 터라 괴롭고 난감하며 분노하였다. 그들이 스데반의 입에서 무슨 소리가 나오는지 주목하였다. 그런데 이상하다. 스데반의 얼굴에서 광채가 나지 않는가.

"여러분, 우리의 오늘이 있기까지는 하나님께서 아브라함을 부르시고 모세를 세우시고 율법을 주시고 선지자들을 보내 하나님의 뜻을 알려 주셨습니다. 그런데 우리 조상들은 하나님의 선지자들을 박해하였습니다. 모세와 다윗과 많은 선지자들이 하나님께서 우리에게 구세주를 보내주신다고 약속하였습니다. 그분이 오셨습니다. 나사렛 예수입니다. 그러나 당신들은 그를 죽였습니다. 우리의 조상들이 했던 것처럼 당신들도 성령을 거슬러 의인을 죽였습니다."

스데반의 법정 발언은 길게 이어졌다. 법관들은 잠자코 듣고 있었다. 그의 말은 다 옳다. 그래서 그들은 더욱 화가 나서 이를 갈았다. 그들과 반대로 스데반은 더욱 성령으로 충만하여 하늘을 우러러 주목하며 그의 눈에 보이는 것을 말하였다.

"보십시오. 하늘이 열리고 하나님의 아들 예수 그리스도가 그 우편에 앉은 것을…."

산헤드린은 발칵 뒤집혔다. 분노와 증오로 들끓는 그들은 길길이 뛰며 고함을 질러댔다.

"저런, 저놈을 당장 죽여 버려야 해!"

"죽여라!"

아우성이 터졌다. 마치 빌라도 앞에서 예수를 죽이라고 함성을 질러 대던 그날 그 현장을 방불케 하는 자리였다.

"끌어내다가 돌로 쳐 죽여라!"

마치 성난 야수처럼 스데반에게 달려든 그들은 지체 없이 그를 끌다시피하여 성 밖으로 나갔다. 누군가가 먼저 돌을 던지자 그들은 기다렸다는 듯 돌멩이 세례를 스데반에게 퍼부어댔다. 흥분한 무리들은 겉옷을 벗어 사울이라는 청년 앞에 두고 맹렬하게 돌을 던졌다.

"주 예수여, 내 영혼을 받아 주십시오!"

스데반이 외쳤다. 그래도 돌은 날아왔다. 그의 몸은 순식간에 피투성이가 되었다. 그가 다시 외쳤다. 십자가에서 예수가 말했던 것처럼.

"주님, 이 죄를 저 사람들에게 돌리지 마십시오."

그리고 눈을 감았다.

확산되는 십자가 복음

빌립의 사마리아 전도 행 8:4-8

스데반의 순교는 예루살렘 교회를 초긴장 상태로 만들었다. 베드로 등 사도들이 두 번이나 산헤드린 법원에 잡혀가 재판을 받았어도 아직 처형된 사람은 없었는데 스데반을 죽인 것이다. 이 사건 이후 대제사장 등 산헤드린과 율법주의자들은 기세등등하여 예수의 이름을 말하지 못하도록 압박하였다. 살벌하였다. 도처에 감시자들이 설치며 복음을 전할 수 없게 만들었다. 이제 복음을 전하려면 죽을 각오가 있어야만 하였다.

산헤드린은 대제사장의 명령으로 교회를 박해하기 시작하였다. 젊은 율법주의자들 중 사명감을 가지고 그 앞잡이 노릇 하는 사람이 늘어갔다. 그들은 율법을 준수하는 것만이 진리라고 확신하였으므로 율법 외적인 어떤 가르침도 용납하지 않았다. 그런 사람들 가운데 대표적으로 열심을 갖고 교회를 박해하는 데 앞장 선 사람이 '사울'이었다. 그는 산헤드린의 재판관이며 존경받는 대학자인 라반 가말리엘의 제자였다. 가말리엘은 베드로 등 제자들이 두 번째 법정에 섰을 때 더 두고 보자며 신중론을 편, 유대 사회에서 가장 존경받고 권위 있는 바로 그 학자다.

지금의 터키 남부 지방의 큰 도시 다소에서 태어나 가말리엘에게서 공부한, 유대 사회에서 장래가 촉망되는 실력파 율법학자의 선두 주자라 할 수 있는 청년 사울은 스데반의 처형장에 참여했던 경험도 있다. 그는 청년이지만 그 이름이 상당히 알려진 학자였다. 그의 신분은 로마 제국의 지배하에서 로마 시민권이라는 특권을 지녔으며, 그는 교회를 핍박하는 데 선봉장 노릇을 자청하였다.

교회는 크게 위축되었다. 이제 예루살렘에서는 예수의 이름을 들먹이는 것조차 위험하였다. 그러나 예루살렘과 사마리아와 땅 끝까지 가서 복음을 전하라던 부활 이후의 예수의 마지막 명령이 그들의 가슴에 뜨겁게 살아 있어 가만히 앉아서 눈치나 살피고 있을 수가 없었다. 첫 순교자 스데반과 함께 예루살렘 교회에서 안수 받은 빌립은 친구의 죽음을 생각하며 복음 일선에 나서겠다는 결의를 품고 북쪽 56km에 있는 옛 북왕국 이스라엘의 수도였던 사마리아로 떠났다. 최초의 선교사인 셈이다.

사마리아 지역과 사마리아 사람은 유대인의 기피 대상이다. 남북으로 왕래할 때도 사마리아를 우회하는 유대인이었다. 그들을 순수한 이스라엘의 혈통으로 간주하지 않기 때문이다. 기원전 722년에 앗시리아 제국에 의해 붕괴된 직후 정복자의 혼혈 정책으로 순수한 이스라엘의 혈통이 유지될 수 없었기 때문이다.

그러나 예수는 제자들을 데리고 사마리아를 찾아간 적이 있다. 예수는 한 우물가에서 사마리아 여인을 만났고, 다섯 번이나 남편을 바꾼 문제의 여인을 구원하였다. 그 여인은 구원의 기쁨을 참을 수 없어 사마리아 한복판에서 그리스도가 우리 마을에 왔다고 외쳤다. 그로 인하여 예수는 여러 날을 그 곳에 머무르며 하늘나라의 복음을 전하였다.

빌립은 사마리아에 들어가자 부지런히 예수 그리스도의 복음을 전하였다. 예수를 기억하는 사람들이 있어 복음은 빠른 속도로 확산되었다. 구원 받는 사람이 날로 증가하였다. 빌립은 회개하고 예수를 영접하는 사람들에게 세례를 주었다. 빌립에 의해 많은 병자들이 치료되는 기적도 일어났다.

마술사 시몬 행 8:9–25

빌립에 의해 구원 받은 사람 가운데 사마리아에서 모르는 사람이 없을 만큼 유명한 마술사가 있었다. 이름은 시몬. 서민에서 부유층, 고위층에 이르기까지 사마리아에서는 시몬을 위대한 인물로 존경하는 경향이 있을 정도로 그 명성이 대단한 사람이었다. 그는 빌립이 병을 낫게 하는 등 자기로서는 불가능한 기적을 많이 일으키는 데 크게 놀랐다. 자기가 최고라고 생각하였는데 빌립의 능력이 한결 뛰어나니 크게 부러워할 수밖에 없었다.

빌립은 혼자 힘으로 그 많은 새신자들을 감당할 수 없어 예루살렘 교회에 소식을 알리고 도움을 요청하였다. 예루살렘 교회는 그 기쁜 소식에 감동되어 즉시 베드로와 요한을 파송하였다.

두 사도에게서 빌립을 능가하는 기이한 능력을 목격한 시몬은 세상에 이런 희한한 일이 있다는 사실에 압도되었다. 유명한 마술사가 놀라고 감동 받을 지경이면 빌립과 베드로와 요한에 의해 일어난 기적이 얼마나 많고 굉장하였는가를 미루어 짐작할 만하다. 베드로와 요한은 빌립에게 세례 받은 사람들이 성령을 받도록 안수하여 기도해 주었으며, 성령이 그들에게 임하였다.

"굉장한 권능입니다!"

놀란 시몬은 베드로와 요한 앞에 거액의 돈을 내놓으며 부탁하였다.

"내게도 그런 권능을 주십시오. 내가 안수하는 사람이 성령받게 해주십시오."

돈으로 하나님의 권능을 사려는 것이었다. 베드로가 시몬을 꾸짖었다.

"당신은 하나님의 선물을 돈으로 사려고 하였으니 당신의 돈과 함께 당신도 망할 것이오. 당신은 하나님 앞에서 바르지 못해 우리가 하는 복음 사역에 끼어들 수 없소. 당신의 악함을 회개하면 혹 용서하여 주실지도 모르오."

시몬은 두려웠다. 놀라운 권능을 지닌 사람이 망한다고 하였으니 망할 것이다. 그러나 회개하면 용서받을 수도 있다고 하였으므로 귀가 번쩍 뜨여 즉시 잘못을 빌었다.

두 사도는 사마리아의 여러 마을을 다니며 복음을 전하다가 예루살렘으로 돌아갔다.

에디오피아 왕국의 재무장관 행 8:26-40

베드로와 요한이 돌아간 후에도 사마리에 남아 전도하던 빌립은 어느 날 천사가 나타나 여기를 떠나 예루살렘에서 가사(지금의 팔레스타인 남서부 가자지구)를 향해 남쪽으로 떠나라는 지시를 받았다. 그는 즉시 순종하여 남쪽으로 길을 떠났다.

먼 길이었다. 예루살렘에서 남쪽으로 가는 길은 네게브 사막으로 이어지는 완만한 내리막길이었다. 작열하는 태양 아래 건조한 고온 지대가 이어졌다. 하지만 빌립은 지시 받은 대로 순종하였다. 마을도 인적도 없는 드넓고 메마른 사막을 걷고 또 걷고 있을 때 두 마리의 말이 끄는 호화롭게 장식된 마차가 역시 남쪽을 향해 빌립이 걷고 있는 쪽으로 오고 있었다. 분명 돈이 많은 귀족이거나 굉장히 높은 신분을 지닌 사람이 타고 있는 것이 분명했다. 뒤에는 흑인 호위병이 따랐다. 그때 성령께서 빌립에게 말씀하셨다. 마차로 가까이 가라는 것이었다. 마차 안에도 흑인이 타고 있었는데, 그 차림새로 미루어 높은 신분이었다. 그 높은 사람은 소리내어 두루마리 책을 읽고 있었다. 빌립은 놀랐다. 흑인이 성경의 이사야서를 읽는 게 분명하였기 때문이다.

"지금 읽고 계신 내용을 이해하시겠습니까?"

그 사람이 말했다.

"가르쳐 주는 사람이 없으니 알 리 없지요."

이렇게 대화가 시작되자 빌립은 그가 방금 들은 내용이 이사야의 예언서 중 그리스도에 관한 대목임을 알아채고 약간의 설명을 해주었다.

"방향이 같은 모양인데 내 마차에 타고 가면서 설명 좀 해주면 좋겠습니다."

빌립은 마차에 탔다. 이런저런 이야기가 오갔다. 흑인은 자기가 아프리카의 나일 강 상류 지역인 구스 땅의 메로에 왕국의 재무장관이라고 신분을 밝혔다. 메로에 왕국은 간다게 왕조가 통치하고 있었다. 메로에 왕국은 왕위가 모계로 계승되어 여왕이 다스렸다. 재무장관인 그는 내시이며, 어떤 경로로 여호와 하나님에 대해 알게 되어 예루살렘 성전으로 하나님을 경배하러 왔다가 이사야서 두루마리 책을 사서 읽으며 돌아가는 중이었다.

"이게 누구를 가리키는 것인지 모르겠군요."

이사야 53장 7절이었다.

"저가 사지死地로 가는 양과 같이 끌리었고 털 깎는 자 앞에 있는 어린양의 잠잠함과 같이 그 입을 열지 아니하였도다…."

빌립은 예언자 이사야가 그리스도의 죽음을 묘사한 대목임을 설명하고 실제로 그 일이 예루살렘에서 일어났으며, 죽은 지 삼일 만에 부활한 예수 그리스도를 가리킨다고 자세하게 설명해 주었다. 이어서 나사렛 예수의 3년여에 걸친 행적과 그의 복음을 상세히 전하였다.

"마침 물이 흐르는군요. 나도 세례를 받고 싶습니다. 마차를 물가에 멈춰라."

마차가 멈추자, 재무장관 내시와 빌립은 물로 내려갔다. 빌립이 세례를 주자 하나님의 영이 빌립을 어디론가 이끌고 갔다. 내시 장관은 구원 받은 기쁜 마음으로 그의 나라를 향해 길을 떠났다. 복음은 이렇게 먼 타국으로 번져 나갔다.

사울의 회심과 개종

기독교 박해의 선봉장 행 9:1-9

예루살렘이 심한 박해로 움츠러들었다. 그 선두에 실력파 학자 사울이 있었다. 기독교 박해가 그에게는 극히 정당한 일이었다. 죽은 예수의 부활 주장은 그에게 날조된 헛소리로 들려왔다. 예수가 그리스도라는 사실을 그는 결코 수용할 수 없었다. 그는 대제사장과 산헤드린의 위임을 받아 예루살렘에서 많은 기독교인들을 체포하였다. 극성스러운 박해자였다.

그는 바리새파 사람으로 율법준수주의자이며, 율법에 대한 해박한 지식을 갖고 있는 학자였기 때문에 예수의 부활을 주장하는 새로운 종교를 거짓 종교로 간주하고 증오하며 말살을 도모하였다.

이제 예루살렘에서는 드러내놓고 복음을 선하는 모습을 볼 수 없게 되었다. 그렇다고 그들이 벙어리가 된 것은 아니다. 그들은 예루살렘 밖으로 복음의 무대를 옮겨갔을 뿐이다.

예루살렘에서 동북쪽으로 사막 건너편 멀리 시리아의 수도 다마스쿠스에 특히 기독교인들이 많다는 정보가 사울의 발걸음을 이끌었다. 그곳 역시 로마 제국의 통치하에 있었으므로 사울은 대제사장의 위임을 받아 대제사장이 써 준 공문과 다수의 성전 경비병을 이끌고 먼 길을 떠났다. 대략 160여km나 되는 여정이라 여러 날이 소요되었다.

이윽고 대 도시 다마스쿠스 성이 시야에 들어왔다. 그는 젊은 피가 솟구치는 열정으로 정오가 가까워 눈부신 태양이 내려 쪼이는데도 그 동안의 피로가 다 풀리는 것 같았다. 그런데 이게 무슨 일인가. 성문에 가까워졌을 무렵 갑자기 그 뜨거운 태양보다 더 눈부신 빛이 마치 서치라이트처럼 사울에게 비췄다. 갑작스러운 강렬한 빛에 압도된 사울은 눈을 뜰 수 없었고, 그 자리에 엎어졌다. 너무나도 놀라운 일이라 분별력을 잃었다. 의식을 잃지 않은 것만도 다행이었다.

"사울아, 사울아, 네가 어찌하여 나를 핍박하느냐?"

그 빛 속에서 우람한 목소리가 들려왔다. 사울은 겁에 질렸다. 그 빛도 예사스럽지 않은데다가 그 음성은 사람의 목소리가 아니었다. 마치 땅을 뒤흔드는 천둥소리처럼 들렸기 때문이다. 실제로 그의 일행들은 나중에 천둥소리를 들었다고 말하였다. 사울은 떨리는 목소리로 간신히 되물었다.

"도대체 누구십니까?"

지체 없이 또 그 목소리가 들려왔다.

"나는 네가 핍박하는 예수다."

사울은 할 말을 잃었다. 아주 짧은 시간이지만 그의 의식세계는 대혼란을 경험하였다. 분명히 십자가에 못 박혀 죽은 예수란 말인가. 그 예수가 정말 살아 있단 말인가. 그 예수가 진정 하나님과 직접 관련된, 아니 하나님 자신인 것으로 느껴지는 것이었다. 자기가 하고 있는 일이 옳은 일이요, 죽은 예수의 부활을 주장하는 헛소리를 잠재우는 게 하나님을 위하는 일이라는 신념을 갖고 있는 사울로서는 뭐가 뭔지 헷갈리는 순간이었다.

사울은 그 목소리의 주인공을 부인할 수 없었다. 이 빛과 하늘에서 들려오는 이 소리는 하나님이 아니고는 할 수 없는 일이 아닌가. 그는 부들부들 떨면서 간신히 입을 열었다.

"제가… 어떻게 해야 합니까?"

"사울아, 일어나 성으로 들어가라. 네가 어떻게 해야 되는지 일러주는 사람을 만날 것이다."

부활의 증인으로 변한 박해자 행 9:10–22

이제 사울은 부활하신 주님을 강하게 의식하는 전혀 딴 사람으로 그 내면세계가 뒤바뀌었다. 그러나 엎드려졌던 자리에서 일어설 때 그는 아무것도 보이지 않는다는 사실을 알았고, 또다시 엄청난 두려움이 엄습해 왔다. 그는 일행의 도움을 받지 않고는 한 걸음도 옮길 수 없었다. 그에게 비췄던 강렬한 빛에 시력을 잃은 것이다.

그로부터 사흘 동안 사울은 다마스쿠스의 직가(곧은 거리)라는 거리에 있는 유다라는 사람의 집에 유하였다. 그는 아무것도 볼 수 없는 상태였고, 두문불출하며 먹고 마시지도 않았다. 말도 하지 않았다. 그는 오직 깊은 사색에 빠져들었다. 율법학자라서 그는 구약성경을 꿰뚫는다. 구약성경의 많은 예언서들이 일관되게 예고한 메시아, 구세주, 그리스도가 곧 나사렛 사람 예수였다는 사실을 깨닫는 데는 사흘이면 충분하였다. 그는 이 놀라운 진리를 알지 못해 예수 믿는 사람들을 박해하는 데 앞장섰던 잘못을 회개하였다. 사도들을 재판할 때 그의 스승인 라반 가말리엘의 말에 '이 사람들을 내버려 둡시다. 이것이 사람에게서 난 것이면 곧 사라질 것이며 하나님께서 난 일이면 우리가 하나님을 대적하는 것입니다. 그러니 좀 두고 봅시다.' 하던 말이 귓가에 쟁쟁하게 들려왔다.

'그래, 나사렛 예수, 그분이 우리의 죄를 대신하여 죽으신 희생양이었어. 그러므로 그분이 부활하셨으며, 그 제자들이 주장하는 대로 하늘로 들려 올라가신 거야. 그러면 그분은 다시 오신다고 예언되어 있으니 그렇게 될 거야. 내가 하나님을 상대로 싸운 격이군. 오, 이 어리석은 자여, 그러나 이제라도 진리를 알게 하시니 감사합니다. 이제 뭐가 뭔지 정확하게 알았습니다. 하나님 감사합니다.'

사울은 회개하고 감사하며 깊은 기도 속으로 빠져들었다.

그때 그 도시에 예수를 믿는 아나니아라는 사람에게 주님이 나타나셨다.

"아나니아야."

아나니아는 지체 없이 그 음성의 주인공을 알아차렸다.

"예! 주님, 말씀하십시오."

"일어나 직가에 있는 유다의 집으로 가라. 거기 다소 사람 사울이 있다. 그가 기도하고 있다. 사울은 네가 안수하여 눈을 뜨는 환상을 보고 있다."

아나니아는 다소 사람 사울의 이름만 들어도 등골에 식은땀이 흘렀다.

"주님, 그 사람에 대해서는 여러 사람에게 충분히 들어서 알고 있습니다. 예루살렘에서 그가 성도에게 얼마나 악랄한 짓을 하였는지 알고 있습니다. 그는 이 도시의 성도들까지 잡아갈 수 있는 권세를 가지고 왔습니다."

그는 두려움으로 말소리조차 떨렸다.

"아나니아, 사울에게 가라. 내가 그를 택하였다. 그가 내 이름을 이방인과 왕들에게 전하게 될 것이다. 그 과정에서 그가 많은 박해를 받게 된다는 것도 알려 주어라."

그는 비로소 주님의 뜻을 알았다. 박해자가 박해 받는 입장으로 변하였구나. 부활의 증인으로 크게 사용되겠구나. 아나니아는 주님의 명령대로 지체

없이 직가로 가서 유다의 집으로 들어갔다.

시력을 잃고 방 안에서 먹지도 마시지도 않으며 기도하고 있던 사울을 본 아나니아는 주님의 분부를 그에게 전하고 그의 눈에 손을 대고 기도하였다.

"사울, 당신이 여기에 오다가 만난 주님이 나를 보내셨소. 당신 눈이 다시 보게 되고 성령으로 충만하게 될 것이오. 이제부터 당신이 보고 들은 것을 전할 주님의 증인이 될 것이오."

안수하여 기도하자 사울의 눈에서 비늘 같은 것이 벗어져 다시 보게 되었다. 사울은 곧 세례를 받았다.

그로부터 다마스쿠스의 성도들과 함께 지내며 식사를 하고 체력이 회복된 사울은 유대인들이 모이는 회당에 가서 그가 경험한 이야기를 들려주었다. 그는 확신에 차서 나사렛 예수가 선지자들이 예언한 그리스도임을 증언하였다. 성경에 해박한 그의 지식과 직접 부활하신 주님을 만나고 그 음성까지 들은 그의 설교는 대단한 설득력을 지녀 많은 사람들이 예수를 믿게 되는 결과를 가져왔다.

심야의 탈출 행 9:23–25

사울은 다마스쿠스에 머물며 열정을 다하여 예수 그리스도의 복음을 전하였다. 그의 변화는 많은 유내인들에게 충격이었으나, 그 결과는 두 방향으로 나타났다. 예수를 믿게 되는 많은 유대인과 그와 반대로 과거의 사울처럼 예수의 부활을 부인하는 유대인들의 사울에 대한 격렬한 증오였다. 문제는 후자가 훨씬 많다는 점이었다. 그들은 사울의 적극적인 활동을 막아야만 한다는 데 공감하였다. 그러나 방법이 없었다. 급기야 그들은 사울을 제거하지 않으면 안 된다는 데 의견이 일치하기에 이르렀다.

"죽여 버립시다. 저런 배신자는 제거해야 합니다. 더 이상 좌시할 수 없습니다."

"그렇소. 그 자는 하루빨리 제거되어야 하오. 그의 영향력이 날로 증대되고 있소이다."

유대인들은 무리 지어 사울의 살해에 가담하였다. 암살 모의가 진행되었다. 그가 성 밖으로 도주하는 것을 잡기 위하여 성문마다 사람들을 보내 지키게 하였다. 이제 사울은 독 안에 든 쥐였다.

"너무 위험해졌습니다. 몸을 피해야 합니다. 탈출 방법을 짜내야 합니다."

성도들은 그들대로 대책을 강구하였다. 예수를 핍박하다가 핍박받는 신세가 된 사울을 구해서 주님이 직접 그를 선택하시고 부활의 증인으로 삼으셨으니 그 사명을 다할 수 있게 도와야만 하였다.

"이 성 안에 오래 머물 수 없습니다. 야밤을 이용하여 성 밖으로 탈출시켜야 합니다."

"어떻게요?"

"성문으로는 나갈 수 없으니 밤중에 성벽 너머로 탈출하는 방법을 찾아야 합니다."

유대인 성도들은 여러 방법을 의논하다가 한밤중에 성벽으로 탈출하는 길을 선택하였다. 그리하여 깊은 밤에 인적이 없는 골목길을 택하여 성벽에 도달하였다. 이미 밖에서 대기하고 있던 사람들과 합세하여 준비해 온 튼튼한 광주리에 굵은 밧줄을 매어 사울을 성 밖으로 탈출시켰다.

예루살렘의 사울 행 9:26-31

그는 다시 먼 길을 지나 그의 활동 무대였던 예루살렘에 도착하였다. 그러나 정작 예루살렘 교회는 그를 두려워하여 기피하는 것이었다. 그가 예루살렘에서 저지른 악랄한 박해를 모르는 사람이 없었기 때문이다. 베드로 등 사도들 역시 다마스쿠스에서 온 전갈을 받았으면서도 사울이 위장 전술로 교회 속으로 들어온 것으로 보았으므로 마음을 열지 않았다.

"나는 부활하신 주님을 직접 만났고 그분이 그리스도임을 믿습니다. 이제부터 박해를 받아 가며 부활의 증인으로 살아갈 것입니다. 나를 믿어 주시고 받아 주십시오."

사울이 아무리 진지하게 이야기해도 미심쩍어하며 경계 대상 1호로 간주하는 분위기였다.

"사울은 이제 우리와 한마음 한뜻입니다."

마가의 외삼촌 바나바가 사울을 변호하고 나섰다. 땅을 팔아 구제헌금을 한 바나바는 예루살렘의 많은 성도들이 존경하는 대표적 인물의 한 사람이었다.

"다마스쿠스로부터 자세한 소식을 전해 들었습니다. 신뢰할 만한 확실한 정보입니다. 사울은 이제 그리스도를 박해하는 사람이 아니라 그 반대입니다. 다마스쿠스의 많은 유대인들이 사울을 통해 구원받았으며, 그들이 위기에 처한 사울을 탈출시켜 우리에게 온 것입니다. 여러분, 나를 믿어 주십시오. 그리고 사울을 믿어 주십시오."

바나바는 그가 들은 대로 사울이 경험한 내용을 상세히 이야기하였다. 바나바를 신뢰하는 예루살렘 교회는 그의 확고한 보증을 믿고 사울을 받아들였다.

그러나 그것으로 사울이 안전해진 것은 아니다. 해박한 지식으로 율법과 예언자들의 말을 인용하며 나사렛 예수가 그리스도임을 가르치는 사울을 좌시할 수 없는 부류가 있었다. 예수 믿는 사람들을 잡아오겠다며 산헤드린의 공문을 들고 갔던 사울이 거꾸로 예수는 부활하였으며 그리스도라고 가르치는 입장이 되었으니 그 파급 효과가 극대화되어 믿는 사람이 날로 증가하였다. 대제사장을 비롯한 율법주의자들과 산헤드린은 어떻게 이런 일이 있을 수 있느냐며 연일 대책회의를 거듭하였다. 그들의 결론도 하나로 모아졌다.

"저대로 떠들게 놔둘 수 없지 않소. 다마스쿠스의 우리 동족들도 그를 죽이려하였으나 도망쳐서 여기까지 왔소이다. 하루속히 그를 죽여 없애지 않으면 아주 심각한 결과가 초래될 터이니 서둘러 그자를 제거해야겠소. 달리 방법이 없소이다."

예루살렘을 떠날 때만 하여도 충성스럽고 든든한 동지였던 사울이 이제는 제거 대상 1호로 지목되어 죽음이 시시각각 임박해지고 있었다. 예루살렘 교회는 다마스커스의 성도들처럼 사울을 피신시키기로 하였다. 그리하여 사울은 몇몇 성도들의 보호를 받으며 예루살렘을 벗어나 멀리 북서쪽의 로마 총독부가 있는 해안 도시 가이사랴를 거쳐 북으로 북으로 이동하였다. 마침내 그는 오래전에 떠나 있던, 가족들이 살고 있는 다소로 갔다. 지금의 터키 남부 지역이다.

아무튼 사울의 변화는 교회에 엄청난 활력을 불어 넣기에 충분하였다. 복음은 예루살렘과 사마리아와 갈릴리 지방으로 번져 나갔고, 교회는 왕성하게 부흥하였다.

능력의 사도 베드로

룻다의 애니아 행 9:32-35

사도들은 매우 바빠졌다. 팔레스타인 땅 도처로 복음이 퍼져 나갔고 부흥되었으므로 처음 복음이 출발한 예루살렘 교회에만 머물 형편이 못되었다. 사도들은 성도들이 있는 곳이면 어디든 찾아가서 가르치고 전도하는 일에 치중하였다. 베드로도 가만히 예루살렘에만 있을 수가 없었다. 예루살렘 교회에는 바나바를 비롯해 안수하여 일꾼으로 세운 여섯 명의 큰 기둥이 세워져 있지만 다른 지역은 지도자들이 약하여 순회하며 돌아보지 않을 수 없었다. 일찍이 사마리아에 갔었던 베드로는 다른 지역들을 순회하며 전도하고 가르치다가 룻다에 이르렀다. 예루살렘에서 북서쪽 40km쯤 되는 샤론 평야 지대의 룻다는 큰 도시는 아니지만 서해안 지대의 요충지였다. 그곳에도 기독교인들이 여럿 살고 있었다.

베드로의 소문은 널리 퍼져나갔다. 예루살렘에서 40여 년 동안 앉은뱅이로 지낸 사람을 일으켜 세웠는가 하면, 그의

그림자만 스쳐도 병이 낫는다고 믿는 사람들이 도처에서 몰려와 베드로가 다니는 길목에 누워 그를 기다리지 않았던가. 얼마나 많은 병자가 나았는지 수를 헤아릴 수 없다. 신문도 방송도 없는 시대였으나 입으로 전해지는 말은 빨랐다.

"애니아를 위해 기도해 주십시오."

룻다의 성도들이 맨 먼저 요청한 것은 8년이나 병상에 누워 지내는 애니아를 고쳐 달라는 호소였다. 예수 그리스도의 이름으로 병이 낫는 것은 주님의 뜻이며 그의 제자들이 할 일이므로 베드로는 그에게 갔다. 파리한 얼굴로 환자는 누워 있었다.

"애니아, 예수 그리스도께서 당신을 낫게 하시니 일어나 자리를 정돈하시오."

성전 미문의 앉은뱅이가 일어난 것처럼 애니아도 그 즉시 몸을 일으켰다. 언제 중풍환자였냐는 듯 애니아는 자기가 8년이나 누워 지낸 병상의 침구를 정돈하였다. 이 놀라운 소문은 빠르게 룻다에 번져 많은 사람이 예수를 믿는 계기가 되었다.

욥바의 다비다 행 9:36-43

룻다의 기적은 거기서 북서쪽으로 16km 정도 거리에 있는 항구 도시 욥바에도 번졌다. 어느 날 욥바에서 두 사람의 성도가 룻다에 있는 베드로를 찾아왔다.

"서둘러 욥바로 함께 가 주십시오. 다비다가 병들어 죽었습니다. 욥바의 가난한 성도를 위해 많은 구제를 하던 착한 성도인데…"

베드로는 죽은 사람을 살린 경험이 없었다. 하지만 예수님이 가버나움 회당장의 딸을 살려내는 현장에 함께 있던 그였다. 뿐만 아니라 나인 성 밖에서는 과부의 아들이 죽어 장사 지내러 가는 것을 살려내신 현장에 그가 있었고, 죽은 지 나흘이 되어 이미 무덤에서 부패가 시작된 베다니의 나사로를 살려내시는 현장에도 그는 함께 있었다. 예수 그리스도의 이름으로 온갖 병을 고친 베드로다.

"갑시다."

지체 없이 길을 떠났다. 욥바는 팔레스타인에서 가장 오래되고 큰 항구 도시였다. 선지자 요나가 배를 타고 스페인으로 도망치려 했던 곳이며, 솔로몬이 성전을 지은 목재가 북쪽 레바논에서 뗏목으로 운반되어 온 항구이기도 하다. 지중해 세계로 뻗어나가는 대항구여서 세계 여러 나라의 배들이 오가는 서해안 최고의 대도시였다.

다비다는 착한 여자로 소문이 자자했다. 예수님의 말씀을 실천하는 아름다운 믿음의 여인이었다. 베드로는 곧장 다비다가 싸늘한 시체로 누워 있는 방으로 안내되었다. 여인들이 여러 명 거기서 슬프게 울고 있었다. 평소 다비다에게 많은 도움을 받은 사람들이었다. 그녀들은 가난한 과부들이었다. 베드로가 나타나자 다비다가 만들어 준 옷을 내보이며 그 죽음을 안타까워하였다.

"알겠습니다. 다들 잠시 나가 계세요."

그들을 내보낸 후 베드로는 무릎을 꿇고 기도하였다. 전능하신 주님께 이 여인을 살려 달라고 간구하였다. 기도를 마치고 시체를 향해 돌아선 베드로가 부드러운 목소리로 말하였다. 명령이었다.

"다비다야, 일어나라."

시체가 눈을 떴다. 그 눈이 베드로를 주목하였다. 이어서 자리에서 몸을 일으켜 앉았다. 베드로가 성전 미문의 앉은뱅이에게 그랬던 것처럼 나비다에게 손을 내밀어 일으켰다.

"다들 들어오시오. 다비다가 살아났습니다."

베드로의 소리에 밖에서 기다리던 여인들이 방으로 들어와 일어나 앉은 다비다를 보고 잠시 어리둥절해하더니 이내 기뻐서 어쩔 줄을 몰라하며 야단법석을 떨었다. 이 놀라운 소문은 잠깐 사이에 욥바에 번졌다. 그로 인하여 예수를 믿는 사람이 부쩍 증가한 것은 말할 나위도 없었다.

도시가 워낙 크므로 베드로는 한동안 욥바에 머물며 그들을 가르쳤다.

이방인에게 복음을

로마군 백부장이 본 계시의 환상 행 10:1–8

욥바에서 해안도로를 따라 곧장 북으로 올라가면 또 하나의 항구 도시를 만난다. 로마의 황제 카이사르의 이름을 따서 만든 가이사랴는 총독부가 있는 로마식 도시였다. 예루살렘에서 북서 102km 지점이다. 가이사랴는 욥바 다음가는 항구도시로서 지리적으로 요충지였다.

팔레스타인의 유대인을 통치하는 로마의 행정수도인 만큼 상당수의 로마군이 주둔해 있었고, 로마인 내지 로마 시민권자들도 많았다. 새로 건설된 도시라서 길이 곧고 반듯하며 깨끗한 도시였다.

로마군 보병의 핵심전력은 100명 단위로 구성된 백인부대다. 그 대장을 백부장이라 한다. 백부장 고넬료는 가이사랴에 오래 있어 유대인의 사정과 형편을 잘 이해했다. 그는 특히 유대인이 믿는 여호와 하나님을 믿고 있었다. 그러다 보니 유대인을 누구보다 이해하고 친절하게 대해 주었다. 그는 유대인들이 하루 세 번 기도하는 시간이면 기도하였고, 가난한 유대인들을 여러모로 구제하며 도우며 살았기에 칭찬 받는 이방인이었다.

그날도 오후 3시 기도 시간이 되자 고넬료는 하나님께 기도하기 시작하였다. 그러자 문득 천사가 들어왔다.

"고넬료야."

용맹무쌍한 로마군 백부장인 그는 느닷없이 나타난 천사에게 잔뜩 겁을 먹었다. 이런 경험이 없었기 때문이다.

"무슨 일이십니까?"

떨리는 목소리로 간신히 물었다.

"너의 기도와 구제를 하나님이 아신다. 너는 지금 사람들을 욥바로 보내라. 거기 베드로라고 하는 시몬이 와 있으니 그를 초청하라. 욥바 해변에 있는 가죽업자 시몬의 집에 묵고 있다."

천사는 금방 사라졌다. 환상이었다. 현실로 착각될 만큼 너무도 생생한 환상이었다. 고넬료는 이 기이한 환상이 하나님의 계시라고 믿었으므로 지체 없이 하나님을 잘 섬기는 부하 병사 한 명과 하인 둘을 불러 욥바로 보냈다.

베드로가 이해할 수 없었던 환상 행 10:10–23

다음날 12시 경이었다. 욥바의 베드로는 시장기가 있어 음식을 먹고 싶었다. 그러나 아직 준비가 덜 되어 그가 묵고 있는 가죽업자 시몬의 집 옥상으로 올라갔다. 마침 기도 시간이었으므로 베드로는 조용한 옥상에서 하나님께 기도하기 시작하였다. 시장해서일까, 베드로의 시야에 하늘로부터 그릇 같은 것이 내려오는 것이 들어왔다. 가까이 보니, 네 귀퉁이를 끈으로 맨 채 하늘에서 내려온 보자기에는 여러 가지 짐승과 파충류와 새들이 들어 있었다. 하늘에서 소리가 들려왔다.

"베드로야, 일어나 잡아 먹어라."

주님의 음성이었다. 베드로는 보자기 속의 여러 생명들을 보면서 대답하였다.

"주님, 이런 것들은 제가 먹지 않는 것입니다. 모세의 율법으로 금한 부정한 것들이 있습니다."

하나님의 금식 목록에 들어 있는 것들을 먹으라고 하니 이해할 수 없었다. 마

치 자기를 시험해 보는 것이 아닌가 하는 생각이 들기도 하였다.

"하나님께서 깨끗하게 한 것을 네가 부정하다고 하느냐?"

두 번째 음성이었다. 그래도 베드로는 먹지 않겠다고 하였다. 그러자 세 번째 똑같은 음성이 들려왔다. 깨끗한 것이니 먹으라는 것이었다. 그는 세 번 다 먹지 않겠다고 대답하였다. 그러자 보자기가 다시 하늘로 올라갔다.

꿈인지 생시인지 알 수 없는 환상이었다. 베드로는 이해할 수 없었다. 배가 고파서 그런 환상을 보았다면 왜 하필 몸을 부정하게 하는 것들을 먹으라는 것인지 그는 전혀 알 수 없었다.

"베드로라고 하는 시몬이 이 집에 계신가요?"

마침 그때 문 밖에서 들려오는 낯선 목소리가 있었다. 자기를 찾는 소리였다. 베드로는 그때 그들의 소리가 아닌 다른 목소리가 내면으로부터 들려오는 것을 들었다. 성령의 소리였다.

"너를 찾는 손님이 왔구나. 의심치 말고 그들과 함께 가라. 내가 보낸 사람들이다."

베드로는 즉시 아래로 내려가 손님들을 맞아들였다. 고넬료가 보냈다는 그들의 말을 듣고서야 베드로는 그 부정한 것들이 이방인을 가리킨다는 사실을 깨달았다. 그렇다면 이방인에게 복음을 전하라는 뜻 아닌가. 유대인만 구원의 대상으로 알았는데, 하나님은 유대인만의 하나님인줄 알았는데, 예수 그리스도는 유대인만의 구세주인 줄로 알았는데….

고넬료가 보낸 사람들과 긴 이야기를 하다 보니 가이사랴까지의 그 먼 길을 떠나기에는 너무 늦었다. 그들은 하루를 묵고 다음날 아침 길을 떠났다. 성령의 인도하심이니 마다할 수 없지 않은가. 욥바의 성도 두 명이 베드로를 수행하였다.

복음의 새 장을 연 이방인의 성령 충만 행 10:24-48

다음날, 고넬료는 친지와 가까운 친구들을 다 불러 모아 놓고 이제나저제나 베드로가 오기를 기다렸다. 어제 아침에 출발하였다면 거의 도착할 시간이 되었기 때문이다. 그는 기다리다 못해 집 밖으로 나갔다.

마침 심부름 간 부하와 두 종이 낯선 세 사람과 함께 가까이 다가오고 있었다. 고넬료는 어찌나 기쁘고 반가운지 베드로가 대문 밖에 도착하기가 바쁘게 땅바닥에 엎드려 큰 절을 올렸다. 마치 신에게 경배하듯이. 베드로는 당황하여 얼른 그를 일으키며 말하였다.

"나도 사람입니다. 이러지 마십시오."

주인의 안내를 받아 집으로 들어간 베드로는 깜짝 놀랐다. 예상 밖으로 사람이 많았기 때문이다. 로마군 장교와 병사들과 그 가족들이었다.

"여러분, 유대인은 외국인과 사귀지 않는다는 것을 아실 것입니다. 그런데 하나님께서 내게 여러분에게 가라고 지시하셨습니다. 여러분이 왜 나를 청하였는지 궁금합니다."

고넬료가 대답하였다.

"나흘 전 오후 3시 기도 시간에 제가 기도하고 있었는데 홀연히 빛난 옷을 입은 한 사람이 내 앞에 나타났습니다. 그 사람은 하나님께서 나의 기도와 구제를 아신다면서 욥바로 사람을 보내어 베드로라 하는 시몬을 청하라 하시면서 머물고 계신 집까지 알려 주셨습니다. 우리는 주님이 당신에게 명하신 말씀을 듣기 원하여 이렇게 다 하나님 앞에 모였습니다."

베드로는 감격하였다. 이방인 중에서도 유대인을 정복하고 지배하는 로마의 군인들과 그 가족들이 유대인 못지않게 하나님을 경외할 뿐만 아니라 하나님께서도 그들을 기뻐하시어 이런 자리를 만들어 주셨으니 유대인과 이방인을 구별할 하등의 이유가 없지 않은가.

"여러분, 내가 이제야 하나님께서 외모로 사람을 보지 않으신다는 사실을 깨달았습니다. 어느 나라 어느 민족이든지 하나님을 경외하면 하나님께서 다 받으신다는 것을 알았습니다."

베드로의 설교가 이어졌다. 세례 요한으로부터 나사렛 예수의 하신 일과 가르치신 내용과 십자가에 죽으시고 부활하셨으며 하늘로 들려 올라가셨으며,

다시 오신다는 복음을 전하였다. 예수 그리스도의 이와 같은 일은 일찍부터 선지자들에 의해 충분히 예언된 것임을 설명하였다.

"예수 그리스도를 믿는 사람은 다 죄 사함을 얻고 구원을 받습니다."

그러자 또 한 번 놀랄 일이 벌어졌다. 성령이 그들 위에 임하는 것이었다. 그들의 입에서 방언이 나오고 기뻐하며 하나님께 영광 돌리는 것이었다. 의심의 여지없이 오순절 날 마가의 다락방에 모인 120명에게 임하였던 성령 충만의 재현이었다. 베드로는 물론 그를 수행해 온 유대인들은 이방인에게도 하나님의 성령이 내리는 것을 보았다. 이 얼마나 놀라운 일인가.

"이 사람들이 우리와 같이 성령을 받았으니 세례를 주어야 하겠소."

베드로는 일행과 함께 그들 모두에게 세례를 주었다. 베드로는 며칠을 더 유하면서 예수 그리스도의 복음을 가르쳤다. 주님의 마지막 말씀이 이명처럼 들려왔다.

"예루살렘과 온 유대와 사마리아와 땅 끝까지 이르러 나의 증인이 되리라."

기독교 복음의 확산

예루살렘 교회의 충격 행 11:1-18

로마인 고넬료와 그 집에 모였던 사람들이 복음을 받아들이고 성령까지 받았다는 놀라운 소식이 예루살렘에 전해지자 사도들을 비롯한 많은 유대인 기독교인들이 크게 놀라며 한편으로는 의문에 빠졌다. 하나님이 이방인도 사랑하신단 말인가. 주님이 이방인에게도 성령을 주신단 말인가. 믿고 싶어도 믿어지지 않았고, 이해되지도 않았다. 하나님은 아브라함의 후손인 이스라엘 사람만의 하나님으로 알고 믿었던 그들이었기 때문이다. 나아가 이방인은 사람 취급도 않던 그들이었다.

베드로가 예루살렘으로 돌아가자 유대 기독교인들의 비난이 쏟아졌다.

"베드로, 당신이 이방인의 집에서 먹고 자고 그랬다는 게 사실입니까?"

"할례도 모르는 이방인들과 어떻게 어울린단 말이오?"

크게 잘못된 일이라는 반응이었다. 노골적으로 비난하는 사람들도 적지 않았다.

"여러분…."

베드로가 입을 열었다. 그는 욥바에서 본 환상과 경험을 사실대로 토로하였다. 이방인의 집에 초청받아 간 것이 그의 생각과 의지와 판단이 아니라 하나님께서 직접 가라고 해서 간 것임을, 아울러 고넬료가 본 환상과 되어진 일들을 소상히 밝혔다.

"여러분, 내가 고넬료의 집에서 주님의 복음을 전할 때에 우리에게 임하였던 성령이 그들 모두에게 똑같이 임하였습니다. 내가 무엇인데 하나님이 하시는 일을 막는단 말입니까. 이 일은 전적으로 하나님께서 하신 일입니다."

베드로의 긴 설명을 듣고 나서야 모두들 다시 한 번 놀라며 수긍하였다. 주님은 이방인도 우리와 똑같이 보시고 구원하신다는 사실을 확인하였으니 이제 복음이 이방인에게도 전해지게 된 것이다.

안디옥 교회의 바나바와 사울 행 11:19-30

한편 스데반의 순교 이후 각지로 흩어져 간 성도들은 그들이 있는 곳에서 복음을 전하였다. 그 결과 많은 사람들이 구원받아 그 수가 폭발적으로 증가하였다. 북으로는 가이사랴 윗 지방인 레바논의 해안 평야 지대, 그 서쪽의 큰 섬 구브로(키프로스)에 이르기까지. 그리고 해안에서 27km 내륙에 위치한 큰 도시 안디옥에도 해안 지대 성도들의 전도로 많은 기독교인들이 생겼다. 특히 안디옥에는 헬라인들도 예수를 믿었다. 그들 전도자들에게 성령이 함께하시며 역사하여 많은 기적들이 나타나곤 하였다.

안디옥의 부흥 소식이 예루살렘에 전해졌다. 문제는 새 신자들을 제대로 가르칠 사람이 없어 한계를 느낀다는 것이었다. 예루살렘 교회는 회의를 열어 착하고 성령이 충만한 바나바를 급히 안디옥으로 파송하였다. 새 신자들을 말씀으로 양육하는 일이 중요하기 때문이다.

바나바로 인해 안디옥에는 허다한 무리가 예수를 믿게 되었다. 어찌나 숫자가 많은지 바나바 홀로 감당하기에는 역부족이 되었다. 손을 잡고 함께 일할 동지가 절실하였다. 바나바는 문득 고향 다소로 피신시킨 사울이 생각났다. 해박한 지식과 부활하신 주님을 직접 만나고 증인으로 부름 받은 사울이야말로 고향에 조용히 틀어박혀 있어서는 안 될 유능한 인물이었다.

"그래, 사울을 데려오자. 그는 앞장서서 하나님 말씀을 가르치는 일을 해야 할 사람이야."

안디옥에서 다소를 가려면 동서로 길게 놓인 타우르스 산맥을 넘어야 한다. 높고 험한 산이라서 여간 힘든 길이 아니었다. 그러나 바나바는 그 험하고 먼 길을 갔다. 오랜만에 상봉한 두 사람은 시간 가는 줄 모르고 이야기의 꽃을 피웠다. 사울은 바나바의 제안을 기꺼이 받아들였다. 그리하여 두 사람은 협력하여 안디옥 교회를 이끌었다. 그들이 1년여를 동거동락하며 함께 힘써 사역한 결과 안디옥 교회는 대부흥을 이루었다. 그곳 사람들은 예수 믿는 사람들을 가리켜 '그리스도인'이라 칭하기 시작하였다. '그리스도를 믿고 따르는 사람'이라는 뜻이다.

예루살렘을 비롯한 본토의 흉년으로 기근이 심해졌다. 그러자 안디옥 교회는 기쁜 마음으로 정성스레 헌금하여 바나바와 사울의 손을 통해 전달함으로써 서로 돕는 미덕을 보이기도 하였다.

헤롯의 박해와 베드로의 탈옥

헤롯 아그립바 1세가 빼어 든 박해의 칼 행 12:1-5

헤롯 대왕은 예수님이 탄생하였을 때 그 아기 예수를 죽이기 위해 베들레헴의 두 살 이하 남자 아기를 모조리 죽인 잔악한 사람이었다. 그는 그 해에 죽었다. 그러자 로마는 그의 자리를 대신할 로마인 총독을 보냈고, 예수님은 본디오 빌라도가 총독으로 재임할 때 처형되었다. 그 후 헤롯 대왕의 손자인 헤롯 아그립바 1세가 유대 땅에 총독이 된 것은 예수님의 처형 사건으로부터 11년이 지난 뒤였다. 헤롯 아그립바 1세는 총독이지만 명칭은 왕이었다. 그의 나이 40세였다.

그는 잔인했다. 병적인 성격이기도 하였다. 그는 유대인을 다스리는 왕이 되어 가이사랴의 총독부에서 권력을 휘두르며 4년을 보냈다. 헤롯 대왕이 다스리던 전 지역을 손 안에 넣었으므로 할아버지처럼 대왕이라도 된 듯 교만해졌다. 한편 그는 유대인의 환심을 사서 평안하게 통치하기 위하여 12사도 중 한 사람인 야고보를 체포하여 목을 베어 죽였다. 10년이 훨씬 지났어도 유대인들 대부분은 예수 믿는 사람들을 증오하였다. 특히 유대 사회의 지도층 인사들, 이를테면 대제사장을 비롯한 산헤드린 법관들과 율법학자 등 영향력을 행사하는 계층들은 예수에 대한 증오를 조금도 누그러뜨리지 않았다. 사도 야고보를 처형하자, 유대인들은 갈채를 보냈다.

헤롯 아그립바 1세는 '바로 이것이구나.' 하고 쾌재를 불렀다. 그래서 이번에는 사도들의 대표요 교회의 중심 인물인 베드로를 체포하여 투옥시켰다. 유월절 축제 기간에는 총독 또는 왕이 가이사랴의 병력을 이끌고 예루살렘의 안토니아 요새에 머물며 치안에 신경을 곤두세우는 기간이었다.

베드로는 유월절에 체포되었다. 헤롯은 그를 유월절이 끝나는 대로 처형할 계획이었다. 유대인들은 본디오 빌라도 총독 시절에 베드로 등을 성전 감옥에 가두었으나 귀신도 모르게 탈옥하였던 일을 왕에게 상기시켜 주었다. 재발을 방지하여 반드시 베드로를 죽게 하려는 의도였다. 그래서 헤롯은 베드로를 특별 관리하도록 엄명하였다.

로마군의 병영인 안토니아 요새는 든든하게 돌담으로 둘러싸였으며, 문들은 철문이었다. 감옥은 천하장사라도 탈출할 수 없도록 이중삼중의 철문으로 잠겨지고, 파수병들은 눈을 부릅뜨고 요소요소마다 지켰다. 더구나 베드로의 탈옥을 막기 위하여 4개조 16명의 병력을 배치하였다. 그 중 두 명의 병사는 베드로의 양 옆에 죄수와 함께 쇠사슬로 묶어 두었고, 두 명의 병사는 그 옥문을 지켰다.

내일이 베드로를 처형할 날이다. 밤이 깊어갔다.

그 밤에 120명이 성령을 받은 마가의 집 이층 방에서는 마가의 어머니 마리아를 비롯한 많은 여인들이 밤을 지새우며 간절히 기도하고 있었다. 내일이면 처형될 교회의 최고 지도자 베드로의 생명을 보호해 달라는 기도였다.

천사가 베드로를 구출함 행 12:6-19

베드로는 두 병사에게 쇠사슬로 묶인 채 잠들어 있었다. 갈릴리 호수에서 함께 고기를 잡던 어부 야고보의 순교를 생각하다가 잠들었다. 복음을 위한 순교는 지상에서 가장 거룩한 죽음이며 명예로운 죽음이 아닌가. 그런 생각을 하니 날이 밝으면 죽을지언정 마음이 평온하였다.

누군가가 베드로의 옆구리를 찼다. 눈을 떴다. 감방 안이 눈부시게 밝았다.

"급히 일어나라."

눈부시게 흰옷을 입은 사람이 그에게 명령하였다. 베드로는 영문도 모르고 일어났다. 그러자 양손에 묶인 쇠사슬이 저절로 풀어졌다.

"어서 띠를 띠고 신발을 단단히 신어라."

베드로는 비몽사몽간에 하라는 대로 하였다.

"겉옷을 입고 따라오라."

천사가 분명한 그 사람이 앞서 나갔다. 철문이 소리 없이 열렸다. 파수병은 눈을 뜨고 있었으나 제지하지 않았다. 둘째문의 파수병도 눈을 뜨고 서 있으면서 천사와 베드로가 나가는 것에 개의치 않았다. 베드로는 참 이상한 일이라고 생각하였다. 아마 꿈속일 것이라고 생각하였다. 두 개의 옥문을 지나 성 안으로 들어가는 마지막 철문 앞에 이르자 그 육중한 문이 소리도 없이 활짝 열렸다. 성 안으로 들어서서 한동안 말없이 걷는데 갑자기 앞서 가던 흰옷 입은 사람이 홀연히 사라졌다. 베드로는 그때서야 이게 꿈도 환상도 아닌 사실임을 확인하였다. 그는 분명 예루살렘 거리에 있었으며, 묶여 있던 쇠사슬은 보이지 않았다.

"오, 하나님께서 천사를 보내시어 나를 구출하셨구나!"

그는 너무도 감격하고 감사하여 빠른 걸음으로 인적이 없는 어두운 밤거리를 지나 교회의 본부격인 마가의 어머니 마리아의 집으로 갔다. 대문은 굳게 잠겼으나 이층방에 불이 켜진 것으로 보아 이 시간에도 사람들이 모여 기도하고 있다는 것을 알 수 있었다.

"문을 열어 주시오."

대문을 두드렸다. 잠시 후 낯익은 하녀 로데가 나왔다.

"누구세요? 이 밤중에…."

"로데, 나다, 나 베드로다."

어찌된 일인지 로데는 문을 열지 않고 다시 집 안으로 달려들어갔다.

"베드로가 오셨습니다!"

여인들에게 하녀가 소리쳤다.

"재가 제정신인가?"

누군가의 말에 하녀는 더 큰소리로 말했다.

"대문 두드린 사람이 다름 아닌 베드로입니다. 참말입니다."

"감옥에 있는 베드로가 어떻게 나오느냐? 베드로의 천사라면 몰라도…."

밖에서는 계속 문 두드리는 소리가 들려왔다. 문을 열라는 베드로의 목소리도 들려왔다.

"정말 베드로의 목소리군요. 우리 나가 봅시다."

여인들이 우르르 밖으로 나갔다. 문을 여니 과연 베드로였다.

집 안에 들어가자 베드로는 탈옥 경위를 말해주고, 이 사실을 다른 사도들에게 알려 주라는 말을 남기고 그 집을 떠났다. 몸을 숨겨야 했기 때문이다.

날이 밝자 안토니아 요새에 큰 소동이 일어났다. 특별히 지키던 죄수가 사라졌기 때문이다. 두 병사와 함께 묶은 쇠사슬은 어떻게 풀렸으며, 한순간도 잠들지 않았던 두 명의 병사 앞을 어떻게 통과하였으며, 굳게 잠긴 철문은 어떻게 열었는가. 도무지 수수께끼였다. 외부로부터 침입자가 있었다는 흔적도 없고 탈옥의 흔적도 없다. 그런데 죄수는 흔적도 없이 사라졌다.

헤롯 아그립바 왕은 노발대발하였다. 4개조 16명의 파수병들을 엄격히 심문하였다. 어디에서도 답은 나오지 않았다. 날이 밝으면 죽이려 하였는데 어디로 사라졌단 말인가. 도무지 설명이 안 되는 기상천외의 사건으로 헤롯 왕을 비롯한 요새의 모든 로마인들은 어안이 벙벙하여 어쩔 줄 몰랐다. 대노한 왕이 소리쳤다.

"베드로를 지키던 병사들을 모조리 죽여라."

헤롯 아그립바 1세의 급사 행 12:20-23

헤롯 아그립바 1세는 가이사랴로 돌아갔다. 그로부터 얼마 안 지나 북부에 있는 두로와 시돈의 신하들이 방문하였다. 두로와 시돈은 북에서 남으로 뻗은 레바논 산맥 서편의 좁은 해안 지대여서 곡물 농사가 없다시피 하여 남부의 팔레스타인에 의존도가 높았다. 따라서 그들은 헤롯 왕에게 아부해야 하는 입장이었다.

헤롯은 날을 잡아 그들을 접견하였다. 금빛 찬란한 의관을 갖추고 그들 앞에 나가 일장의 연설을 하자 그들이 이구동성으로 찬사를 보냈다.

"폐하의 말씀은 사람의 소리가 아니라 신의 소리입니다."

왕은 여호와 하나님을 안다. 증조부 때 유대교로 개종한 이두메인(야곱의 쌍둥이 형 에서의 자손)의 후손이며, 대를 이어 유대 사회에서 왕족의 신분으로 살아온 그는 모세의 율법도 알고 선지자들의 글도 안다. 그럼에도 그는 영광을 하나님께 돌리지 않고 자기를 가리켜 신이라고 하는 소리를 침묵으로 수용하였다. 이에 하나님은 노하셨고, 천사를 보내 급사하게 하였다. 왕의 시의侍醫들은 위장을 비롯한 소화기관에 벌레들이 있어 사망한 것으로 진단하였다.

그의 조부 헤롯 대왕이 아기 예수를 죽이려다가 그 해를 못 넘기고 죽더니, 40여 년 후에 그의 손자가 베드로를 죽이려다가 급사한 것이다.

최초의 복음 선교사들

3인의 선교사 행 13:1-12

예루살렘은 박해가 심해 교회가 위축되었으나 북부의 대도시 안디옥의 교회는 바나바와 바울(사울의 새 이름/성경은 13장에서부터 사울을 바울이라 한다)에 의해 계속 부흥되었다. 예언의 은사를 받은 사람들이 있는가 하면 성경을 잘 가르치는 사람들도 많아졌다. 아프리카에서 온 흑인도 있고, 헤롯 왕과 한 젖을 먹고 자란 마나엔도 있다.

교회가 금식하며 기도할 때였다. 성령께서 바나바와 바울을 따로 세워 선교사로 파송하라고 말씀하셨다. 그리하여 교회는 두 사람에게 안수하고 파송하였다. 교회가 공식적으로 파송한 최초의 선교사다.

공식적인 선교사는 두 사람이었으나, 예루살렘 마리아의 아들 마가는 외삼촌 바나바를 따라 수행원으로 동행하였다.

세 사람은 먼 길을 걸어 해안으로 가서 96km를 배 타고 구브로(키프로스)로 갔다. 바나바가 살던, 동서로 225km나 길게 뻗은 큰 섬이다. 그들은 동쪽에서부터 서쪽으로 종단하며 유대인의 회당에서 복음을 전하였다. 마침내 섬의 서쪽 끝머리에 가까운 행정수도 바보에 이르렀다. 로마의 총독이 있는 곳이었다.

총독은 지혜로운 서기오 바울이고, 그 측근인 바예수라는 사람은 자칭 선지자로 행세하는 점쟁이 박수였다. 총독은 바나바와 바울을 불러 그들이 전하는 복음을 들었다. 그런데 바예수가 총독의 구원을 노골적으로 방해하였다. 자칭 선지자에다가 점쟁이니까 별별 거짓말로 복음의 부당성을 지적한 것이다. 이에 화가 난 바울이 성령이 충만하여 바예수를 지목하며 말하였다.

"당신은 악한 꾀와 악행을 저지르는 마귀의 자식이오. 정의로움의 원수요. 주님의 바른 길을 굽게 하는 짓을 당장 중단하시오. 당신은 한동안 눈먼 채로 지낼 것이오."

그 말이 끝나기가 무섭게 바예수는 앞이 보이지 않아 허둥거렸다. 그 모양을 본 총독 서기오 바울은 예수를 인정하게 되었다.

마가의 귀향과 비시디아 전도 행 13:13–52

선교사 일행은 바보에서 배를 타고 지금의 터키 서남부에 위치한 항구 도시 버가로 갔다. 일행은 육로로 북상하여 비시디아 지방의 안디옥으로 갈 예정이었다. 그런데 마가는 고향이며 어머니가 있는 예루살렘으로 돌아가겠다고 하였다. 오랜 안디옥 생활과 긴 섬을 종단하며 겪은 고생이 그를 지치게 하였는지 모른다. 아니면 시련의 연속인 타국의 내륙 지방 여행이 두려웠을 것이다.

버가 항에서 마가를 배편으로 떠나 보낸 바나바와 바울은 말없이 계획대로 내륙으로 들어갔다. 안디옥이라는 도시는 도처에 여러 개가 있었다. 로마가 정복하기 전 그 지역을 통치하던 셀류쿠스 왕국을 세운 첫 왕의 이름을 기념하는 도시들이다.

비시디아 지방은 고원지대로서 통행이 불편할 정도가 아니라 매우 위험한 곳이었다. 험한 산들을 넘어야 했기 때문이다. 맹수들과 강도들이 들끓는 위험지대를 지나야 한다.

힘들게 비시디아 안디옥에 도착한 바나바와 바울은 여장을 풀고 잠시 쉬며 안식일을 기다렸다. 복음을 전하는 데는 안식일의 회당만큼 좋은 곳이 없다. 유대인들이 다 모이기 때문이다.

안식일이 왔다. 두 사람은 회당으로 갔다. 회당장은 율법과 선지자들의 글을 읽은 후 관례대로 백성에게 말할 기회를 주었다. 바울이 나섰다. 그는 선지자들의 예언대로 구세주가 오셨으나 사람들이 그를 알지 못하여 십자가에 못박아 죽였으며, 하나님께서 다시 살리신 나사렛 예수에 대하여 길게 설명하였다.

"나사렛 예수, 그분이 그리스도입니다. 누구든지 예수 그리스도를 믿으면 죄사함을 받고 구원을 얻습니다. 그를 믿지 않으면 하나님의 심판이 임합니다."

그의 긴 설교는 청중의 마음을 상당히 움직였으므로 폐회하여 돌아갈 때는 다음 안식일에도 다시 와서 더 들려 달라고 요청하는 사람이 여럿이었다. 그들 중 많은 사람이 아예 바나바와 바울을 따라와 장시간 바울의 강론을 경청하였다.

다음 안식일에 다시 바울과 바나바가 회당을 찾았을 때 놀랄 만한 일이 생겼다. 바울의 소문을 들은 사람들이 대거 몰려와 회당이 넘쳐났다. 바울과 바나바는 소신 있게 예수 그리스도의 복음을 전하였다. 받아들이는 사람도 다수였지만 거부감을 갖는 유대인도 적지 않았다. 그들은 예수가 그리스도라는 주장에 동의할 수 없었다. 그래서 몇몇 사람이 일어나 두 사람의 말을 비방도 하고 반박도 하였다. 유대인의 복음 거부에 바울과 바나바는 몹시 마음이 아팠다. 고넬료 등 로마 군인과 그 가족이 복음을 받아들인 사건을 떠올리며 유대인이 거부하면 이방인에게 복음을 전할 수밖에 없음을 그들은 실감하였다.

두 선교사는 그 지방의 주민들을 상대로 복음을 전하였다. 호응이 높았다. 구원 받는 사람이 증가하였다. 그러자 이번에는 복음을 거부하는 유대인들이 그 도시의 실력자들을 선동하여 바울과 바나바를 핍박하기 시작하였다. 핍박은 나날이 심해졌다. 두 선교사는 더 버틸 수 없음을 알고 발의 흙까지 털어버리고 동남쪽에 있는 도시 이고니온으로 선교 무대를 옮겼다.

선교 여행과 예루살렘 회의

이고니온과 루스드라 전도 행 14장

이고니온 전도도 회당 중심이었다. 반응은 비시디아 안디옥과 일반이었다. 순수하게 복음을 믿는 사람들도 많고, 그 반대자들도 많았다. 유대인 사회는 지지자와 반대자로 분리될 지경이었다. 두 선교사는 성령으로 충만하여 담대히 복음을 전하였다. 반대자들은 힘을 모아 두 사도를 돌로 쳐 죽일 기세였다. 두 선교사는 할 수 없이 그곳을 떠나 하룻길쯤 되는 다른 도시 루스드라로 갔다.

역시 회당 집회에서 복음을 전하였다. 모두들 진지하게 들었다. 그자리에 앉은뱅이 한 사람이 있었다. 한 번도 자기 발로 일어서거나 걸어 보지 못한 어른이었다. 그는 설교하는 바울에게서 끝까지 시선을 떼지 않고 경청하였다. 은혜 받는 모습이 역력하였다. 바울은 그에게 구원 받을 믿음이 있음을 알고 큰 소리로 말하였다.

"당신 발로 지금 일어서시오."

청중은 어리둥절하였다. 그들이 다 아는 앉은뱅이에게 지금 일어서라니….

그런데 이게 무슨 일인가. 앉은뱅이가 혼자 일어서는 것이었다. 얼떨결에 일어선 앉은뱅이 자신도 믿어지지 않는지 몇 걸음 움직여 보더니 그자리에서 뛰고 걸었다. 이런 일은 듣지도 보지도 못한 일이었다.

"당신들은 사람의 모습으로 우리 가운데 온 신이 틀림없습니다!"

한 사람이 소리쳤다. 다른 사람이 그 말을 받았다. 바나바는 제우스 신이고 바울은 헤르메스 신이라고 그들은 단정하였다. 그리스의 주신主神과 그 신을 대변하는 신으로 본 것이다. 회당은 순식간에 벌집을 쑤신 듯 뒤집히다시피 하였다. 어떤 사람은 잽싸게 달려나가 제우스 신전의 제사장에게 알렸다. 제우스 신이 사람의 모습으로 왔다고. 제사장은 놀라 허겁지겁 제물로 드릴 소와 화환들을 가지고 두 사람에게 달려와 제사를 드리려 하였다. 놀란 바울과 바나바는 우리도 당신들과 똑같은 사람이라고 설득하여 간신히 제사를 만류하였다.

그 직후 이전에 선교 활동을 하던 안디옥과 이고니온에서 극렬하게 두 선교사를 증오하는 유대인들이 몰려와 바울을 성 밖으로 끌어내어 까닭없이 돌을 던져댔다. 잠깐 사이에 바울의 몸은 돌더미에 묻혔다. 그들은 죽은 줄 알고 돌아갔다.

그러나 한참 후 의식을 회복한 바울은 간신히 돌무덤을 헤집고 나왔다. 두 사람은 다음날 길을 떠나 남쪽의 도시 더베로 가서 전도하였다. 거기서도 많은 사람이 구원을 받았다.

그들은 그들이 거쳐 온 도시들을 되짚어 가며 믿는 사람들을 굳게 세우고 그들을 선교사로 파송한 안디옥 교회로 귀환하였다. 1차 선교 여행은 고난과 위험도 많았으나 대성공이었다.

구원의 은혜에 차별은 없다 행 15:1–35

안디옥 교회에 교리적인 문제가 생겼다. 유대에서 온 사람들이 교회에서 모세의 법대로 할례를 받지 않으면 구원이 없다고 가르친 것이다. 지금까지 바울과 바나바가 가르친 것은 누구든지 예수 그리스도를 믿으면 구원받는다는 것이었다. 할례는 구원과 무관함을 분명히 하였다. 그런데 할례를 받지 않으면 구원 받지 못한다니 교회에 갈등이 생겨 혼란이 일어났다. 교리적인 갈등은 심각한 문제가 아닐 수 없다. 교회가 시끄러울 수밖에 없다. 교회는 바울과 바나바를 예루살렘으로 보내 이 문제에 대한 명쾌한 답을 가져오게 하였다.

예루살렘 교회에서 회의가 열렸다. 사도들과 장로 등 교회의 지도자들이 다 한자리에 모였다. 처음 있는 일이었다. 회의의 주제는 예수를 믿게 된 이방인들의 할례 문제였다.

서로의 주장이 팽팽하게 대립되었다. 할례는 필수적으로 받아야 한다는 주장과 그 반대의 주장으로 옥신각신하였다. 마지막으로 베드로가 일어섰다.

"여러분, 우리나 이방인들이나 우리 주 예수님의 은혜로 구원 받는 줄로 믿습니다."

할례로 구원 받는 것이 아님을 강조한 말이다. 예수님의 육신의 동생인 야고보도 거들었다. 그는 이미 예루살렘 교회에서 주도적인 역할을 하고 있는 지도자였다.

"나도 같은 생각입니다. 이방인 중에서 구원 받는 사람들에게 할례를 요구할 필요가 없습니다."

회의의 결론은 할례가 구원의 조건이 될 수 없다는 것이다. 회의 결과는 곧 문서로 작성되어 교회들로 보내졌다. 바울과 바나바는 안디옥 교회로 돌아가서 회의 결과를 알렸다.

제2차 선교 여행

바울과 바나바의 충돌 행 15:36-41

첫 선교 여행을 다녀온 지 꽤 오래되었다. 그들이 잘 믿고 있는지 궁금하기도 하고 또 새로운 영혼을 구원해야 된다는 마음이 절실하였다.

"바나바, 우리가 전에 선교한 지역으로 가서 형편을 살펴보아야 하지 않겠소?"

바울의 제안에 바나바도 동의하였다.

"내 조카 마가도 데리고 갑시다."

바울은 생각이 달랐다. 지난 번 선교 여행 때 마가가 도중하차한 것을 못마땅하게 생각하는 터였다.

"끝까지 견디지 못하고 중도에서 돌아간 건 힘든 복음 전도자로서 큰 잘못이었다고 생각합니다."

고생도 안 하였고 사회 경험이 미숙하며 나이도 젊어 저지를 수 있는 실수를 용납하지 못하는 바울을 바나바는 이해할 수 없었다. 두 사람은 심하게 다투었다. 그래서 두 사람이 각각 떠나기로 하였다. 바울은 실라를 데리고 육로로 북쪽으로 올라가 지난 번 선교한 지역들을 돌아보기로 하였다. 바나바는 조카 마가를 데리고 첫 선교 여행 때 갔던 대로 배를 타고 키프로스 섬으로 갔다.

유럽 선교에 나선 3인의 선교사 행 16:1–10

바울과 실라는 육로로 북쪽으로 가서 타우르스 산맥을 넘어 1차 선교 때 갔던 더베와 루스드라로 갔다. 바나바와 함께 갔을 때 세운 교회들을 보살피고 가르치기 위해서였다. 루스드라에에서 훌륭한 청년 디모데를 만났다. 그의 부친은 헬라 사람인데 모친은 예수를 잘 믿는 유대인이다. 외조모 역시 독실한 기독교인으로 어려서부터 디모데에게 성경을 가르쳐 바르게 양육하였기에 믿음이 좋은 청년이었다. 바울은 디모데를 아들이라도 되는 듯 사랑하였다. 앞으로 주님의 일에 크게 쓰임 받을 인재임을 확신하였기 때문이다. 바울은 이번 선교 여행에 디모데를 데리고 감으로써 좋은 경험과 훈련을 겸하게 하는 것이 유익하다고 판단하였다.

"디모데, 우리와 함께 가겠느냐? 내 계획은 지난 번 선교지인 이고니온과 비시디아의 안디옥을 거쳐 소아시아 지방으로 가는 것이다. 소아시아 해안을 따라 북으로 올라가서 드로아까지 간 후 거기서 다음 선교지를 생각할 것이다. 멀고 험한 길이 되겠지만 주님은 땅 끝까지, 심지어 이방인에게까지 복음 전할 것을 명하셨다."

디모데는 흔쾌히 일행에 합류할 것을 약속하였다. 그리하여 바울과 실라와 디모데 세 사람은 함께 다음 선교지로 출발하였다.

그들은 비시디아 지방의 안디옥을 거쳐 서쪽으로 서쪽으로 소아시아를 향해 가면서 여러 성읍에서 복음을 전하였다. 믿는 사람이 더하여졌다. 바울 일행은 복음을 전함은 물론 예루살렘 교회의 회의에서 결정된 내용들을 가르쳤다.

참으로 먼 길이었다. 서해안에 도착하자 소아시아 일대의 성읍들에서 전도하며 해안을 따라 북상하였다. 큰 항구 도시 에베소와 서머나 등을 거쳐 아시아로 갈 계획이었다. 그러나 어찌된 일인지 아시아로 가는 길이 열리지 않았다. 성령께서 허락하지 않으셨다. 드디어 드로아에 이르자 거기 머물면서 다음 선교여행을 위하여 기도하였다. 이를테면 지금의 터키 서북부에서 동쪽으로 횡단해 가면 메소포타미아를 지나 지금의 이라크와 이란과 파키스탄을 거쳐 중국 비단장수들이 개척해서 교역로로 활용하는 이른바 실크로드를 따라 중국으로 갈 수 있다. 거대한 아시아 대륙을 선교할 생각이다.

그러던 어느 날 밤이었다. 바울의 환상 중에 마케도니아 사람 하나가 서서 마케도니아로 건너와서 우리를 도와 달라고 호소하는 것이었다.

"하나님께서 우리를 유럽으로 가라고 하시는군. 마케도니아는 동쪽에서 가자면 유럽의 관문인데 일단 첫 성인 빌립보로 가는 것이 하나님의 뜻이야."

그는 일행에게 그가 본 환상을 이야기하고 결론을 내렸다.

마케도니아의 빌립보 행 16:11-12

마케도니아는 드로아에서 바다 건너편 북서쪽에 있는 헬라의 북부가 된다. 지금의 터키 이스탄불에서 조금만 서쪽으로 가면 되는 곳이다. 그들은 배를 타고 유럽 땅으로 갔다. 아시아에서 가자면 유럽의 첫 성인 빌립보에 일행이 도착하자 일단 거기 머물면서 전도하기로 하였다.

빌립보는 알렉산더 대왕의 나라였던 마케도니아 왕국의 수도였다. 알렉산더가 3만 5천 명의 병력을 이끌고 동방원정을 출발한 곳이다. 10년에 걸친 정복 전쟁으로 터키 서부 지역과 팔레스타인과 이집트와 시리아와 메소포타미아의 페르시아와 인도까지 진격했던 알렉산더는 젊은 나이에 일찍 세상을 떠났다. 그러나 그의 부하 장군들에 의해 몇 개로 갈라진 왕국들이 로마가 정복하기까지 2백 수십 년을 통치함으로써 그 넓은 지역을 헬라의 언어와 문화로 뒤덮은 역사를 지니고 있다. 그야말로 유럽의 동부 관문인 빌립보는 로마 제국의 지배 하에 있으나 유럽과 아시아를 동서로 잇는 중요한 교통 요지였으며 활기 넘치는 번화한 도시였다. 많은 로마 군인들과 세계의 상인들이 오가는 길목이다. 거기서 복음을 전하면 그 확산 효과가 극대화될 것이다.

유럽의 첫 교회 탄생 행 16:12-15

빌립보에 여러 날 머물며 살펴보니 아쉬운 게 한 가지 있었다. 지금까지 다닌 도시마다 유대인 디아스포라가 많아 유대인이 안식일에 모이는 회당이 있었는데, 빌립보는 예외였다. 유대인 거주자가 별로 없어 회당이 없었다. 회당 중심의 선교에 차질이 생긴 셈이다.

안식일이 왔다. 회당이 없어 성 밖 강변으로 갔다. 거기서 몇몇 유대인들이 안식일에 기도한다는 미흡한 정보를 얻었기 때문이다. 정말 그랬다. 다만 유대인 여자 몇이 강변에 앉아 기도하고 있었다. 바울 일행이 다가갔다. 인사를 나눈 후 바울이 입을 열어 예수 그리스도의 복음을 전하였다. 여인들 가운데 '루디아'라는 여자가 있었다. 그녀는 바울이 전하는 복음을 마음을 활짝 열고 주의 깊게 듣더니 그대로 믿었다. 그자리에서 그녀와 그 가족이 모두 세례를 받았다. 그녀는 주님의 구원의 은혜에 감사하고 감격하여 바울 일행을 자기 집으로 초대하였다.

"저를 예수 그리스도를 믿는 사람으로 인정하신다면 저의 집을 거처로 삼아 머물러 주시면 감사하겠습니다."

루디아는 부유층이었다. 그녀는 당시 왕족이나 부유한 귀족층이나 입을 수 있는 자주색 염료로 물들인 옷과 옷감을 파는 상인이었다. 자주색 옷과 옷감은 고가품이었다. 따라서 그녀의 고객은 특권층이나 부유층이었다.

귀신들린 점쟁이 행 16:16–19

행인이 많은 빌립보의 거리에서 점을 치며 예언해 주는 여자가 있었다. 많은 사람들이 그 여인의 점괘를 믿었다. 비싼 가격으로 점을 쳐 주는 그 여인은 온종일 거리에 앉아 많은 돈을 벌었다. 그러나 그녀는 늘 가난하였다. 왜냐하면 그녀가 버는 돈을 그녀의 주인에게 다 바쳤기 때문이다. 그 주인은 빌립보에서 막강한 힘을 갖고 있었다.

어느 날 바울의 일행이 기도하는 곳으로 가다가 그 점쟁이를 만났다. 섬생이 여인은 대번에 세 사람이 믿는 예수 그리스도가 얼마나 위대한 신인지 알아차렸다. 그녀가 귀신 들려 있었으므로 하나님의 영을 알아본 것이다.

"이 사람들은 지극히 높으신 하나님의 종들입니다. 여러분에게 구원의 진리를 전하는 사람들입니다."

점쟁이가 점치는 자리에서 일어나 바울 일행을 따라다니며 똑같은 소리를 내질러대는 것이었다. 하나님의 적인 귀신이 주님의 복음을 도울 리 없다. 방해하려는 것이다. 그런데도 그 여인은 바울 일행을 만날 때마다 따라다니며 이 사람들이 믿는 신은 가장 위대하고 높으신 신이라고 외쳐댔다.

바울은 이대로 놔두어서는 안 되겠다고 생각하였다. 더 참을 수가 없었다. 그래서 그날도 따라다니며 외쳐대는 점쟁이 안에 들어 있는 귀신을 향해 꾸짖었다.

"예수 그리스도의 이름으로

내가 네게 명한다. 귀신아, 여인에게서 나오라."

그 말이 끝나자마자 여인에게서 귀신이 떠났다. 그녀는 제정신으로 돌아왔다. 그 일로 새로운 문제가 생겼다. 여인이 다시는 점을 치지 못하게 된 것이다.

"당신들이 뭔데 내 장사를 망쳐?"

점쟁이의 주인이 화가 머리끝까지 나서 바울 일행을 찾아왔다. 그는 점쟁이가 귀신이 들렸든 제정신이든 그게 중요하지 않았다. 돈을 버는 장삿일이 사라진 것이 중요했다. 그러니 화가 날 수밖에 없다. 주인은 동료들을 데리고 와서 소란스럽게 난동을 부렸다. 그래도 직성이 풀리지 않자 바울과 실라를 붙잡아 관가로 데리고 가서 로마인 행정장관에게 고소하였다. 그 부류들이 우르르 몰려 따라갔다. 성난 무리였다.

주 예수를 믿으라 행 16:19-40

"이 사람들은 유대인입니다. 그런데 우리 로마 사람에게 자기네 풍속을 지키라고 강요하는 등 성읍을 시끄럽게 합니다. 이자들을 엄중히 처벌해야 합니다."

그의 일행들이 아우성을 치며 동조하였다. 분위기가 심상치 않았다. 로마인 행정장관은 그 지역의 최고재판관이었으므로 바울과 실라의 옷을 찢어 벗기고 채찍질하도록 명령하였다. 예상하지 못한 가혹한 시련이었다. 거기서 끝나지 않았다. 두 선교사는 그날로 감옥에 투옥되었다.

"이자들을 단단히 지켜라."

감옥의 책임자는 장관의 명령을 받아 깊은 감옥에 그들을 가두고 발에 차꼬(발을 끼워 움직이지 못하게 만든 형틀)를 채웠다. 바울과 실라는 선 채로 움직일 수 없게 되었다. 온몸은 벗겨진 채 채찍으로 맞아 피투성이 되어 고통스러운데 발목엔 차꼬를 채워 세웠으니 그 불편과 아픔이 어느 정도인가.

밤이 깊었다. 누울 수도 앉을 수도 없는 두 사람은 꼼짝없이 선 채로 기도하였다. 아시아로 가려고 하였는데 하나님께서 이곳으로 가라고 지시하여 오지 않았는가. 그런데 이 꼴이 되었고, 내일 또 무슨 일이 생길지 모른다. 언제까지 감옥에 갇혀 있게 될지도 모르고, 그들 마음대로니 아예 처형할지도 모르는 일이다. 땅 끝까지 복음을 전하라는 사명을 받았으니 우리로 그 사명을 다하게 하옵소서…. 그러나 감사한 일이다. 주님을 믿기 때문에 핍박을 받으면 기뻐하고 즐거워하라고 말씀하신 주님이시다. 죄를 지어 들어온 것이 아니고, 주님을 위해 복음을 전하다가 들어왔으니 이렇게 되나 저렇게 되나 감사한 일이고 기쁜 일이다. 기도를 하고 나니 저절로 찬송이 흘러 나왔다. 두 사람은 불편도 고통도 잊고 하나님께 찬송을 불렀다.

그 찬송 소리에 죄수들은 잠이 깨었다. 무슨 생각이 들었을까. 어떤 죄수는 미쳤다 할 것이고, 참 유별난 사람들이라고 생각할 것이며, 이 밤중에 잠도 못 자게 한다고 불평하는 사람도 있을 터이다.

그러나 하나님은 기뻐하셨다. 과연 나의 충실하고 신실한 종들이라고, 그 믿음으로 계속해서 복음을 전하라고 격려하고 칭찬하고 싶으셨을 것이다. 그래서 감옥 터가 뒤흔들리게 하셨다. 지진이 난 것이다.

갑작스러운 심한 진동에 죄수들은 놀라 일어나 어둠 속에서 두려움으로 떨며 우왕좌왕하였다. 굳게 잠긴 감옥 문들이 다 열렸다. 감옥이 무너질지도 모른다. 바울과 실라는 물론 그들처럼 발이 묶인 죄수들의 차꼬가 저절로 풀렸다. 활동이 자유로워졌다.

감옥의 책임자도 놀라 깨었다. 엄중히 감시해야 할 바울과 실라를 비롯해 모든 죄수가 갇혀 있던 옥문이 다 열려 있었다.

"다 도망쳤겠구나!"

그는 덜컥 겁이 났다. 지진도 무서웠지만 그 중요한 죄수들이 탈옥한 게 더 두려웠다. 로마의 군법이 그를 죄수들 대신 처형할 것이다. 그는 앞뒤 분별력을 잃고 칼을 뽑았다. 자결을 결심한 것이다.

"당신 몸을 상하게 하지 마시오. 도망간 죄수는 한 명도 없소."

바울이 그를 향해 큰 소리로 말했다. 그는 또 한 번 놀랐다. 부하에게 허겁지겁 등불을 달라 하여 감옥 안을 들여다보니 중요한 죄수 바울과 실라가 차꼬가 풀린 채 거기 그대로 있는 것이었다. 간수는 그 사람들이 사람으로 보이지 않을 지경이었다. 점쟁이에게 들어가 있던 귀신을 쫓아냈다더니 과연 특별한 사람들이라고 생각하였다. 문이 열리고 차꼬가 풀렸는데도 도망치지 않았다는 한 가지만으로도 그들은 보통 위인이 아니었다. 감옥의 소장 책임자인 그는 냉큼 감방 안으로 들어가 두려움으로 바울 앞에 엎드려 절하였다. 그리고 바울과 실라를 정중하게 자기 집으로 데리고 갔다.

"제가 어떻게 하여야 구원을 얻겠습니까?"

그는 아직도 두려웠다. 이런 훌륭한 분들을 중죄인 취급하여 가혹하게 다루었기 때문이다. 이 두 사람이 자기에게 화를 내기라도 하면 큰 재앙을 받을 것만 같았다. 지진만 해도 심상치 않은 일이라고 생각하였다.

"주 예수를 믿어야 합니다. 그러면 당신과 당신 집이 구원을 얻습니다."

주 예수가 누구인지 그는 알지 못한다. 그래서 바울과 실라는 그와 그 가족들에게 나사렛 예수의 복음을 전하였다.

간수와 그 가족은 복음을 받아들였다. 주인은 바울과 실라의 상처를 닦고 약을 바른 후 세례를 받겠다고 하였다. 그 밤에 그 가족은 물론 그의 하인들까지 모두 세례를 받았다. 이어서 음식을 준비하여 두 사람을 극진히 대접하였다.

아침이 되자 관청에서 바울과 실라를 석방하라는 통보가 왔다. 소장은 자기 일처럼 기뻐서 그 사실을 두 선교사에게 알렸다.

"두 분을 석방하라고 전갈이 왔습니다. 너무 잘 되었습니다. 이젠 자유의 몸입니다. 평안히 가십시오."

"무슨 소리요?"

바울이 의외의 반응을 나타냈다.

"생각해 보시오. 우리는 로마 시민인데 죄목도 없이 사람들 앞에서 채찍질하고 감옥에 가두었다

가 사람을 보내어 슬그머니 나가라고 하다니…, 그럴 수 없소. 그들이 직접 와서 석방해야 하오."

석방 소식을 가져온 관리는 그 말을 듣고 서둘러 관청으로 달려갔다. 큰일이 벌어진 것이다. 로마인이 아니라도 로마의 시민권을 갖고 있으면 로마인과 똑같은 권리와 대우를 받도록 되어 있었다. 로마인이나 그 시민권자를 정당한 재판절차 없이 매질하고 투옥하는 것은 불법이었다. 관리의 보고를 받은 행정장관은 이 일이 상부에 알려지면 큰 징계를 받을 것이 뻔하므로 서둘러 감옥으로 가서 바울과 실라에게 정중하게 사과하고 석방하였다.

두 사람은 곧장 빌립보의 교회로 사용되는 루디아의 집으로 갔다. 많은 사람들이 모여 바울과 실라를 걱정하고 있었다. 바울과 실라는 그들을 권면하고 다른 도시로 떠났다. 빌립보의 교회는 든든히 서 갔다.

헬라의 중심 도시 아테네의 바울

데살로니가의 소동 행 17:1-10

바울과 실라의 빌립보 수난은 교회가 든든히 설 만큼의 시간이 흐른 후에 생긴 일이었다. 그래서 땅 끝까지 선교가 목적인 그들은 빌립보에만 머물 수 없었다. 행정관도 이 도시를 떠나 달라고 간청하였으므로, 세 사람은 서쪽으로 향하였다. 그들은 작은 성읍 암비볼리와 아볼로니아에서 전도하고 거기서 해안도로를 따라 남쪽으로 향하여 마케도니아의 행정수도이며 항구도시인 데살로니가로 갔다. 그곳은 로마에서 아시아로 가는 간선도로가 경유하는 곳이기도 하여 교통이 편리하였으며, 12만 명 가량의 인구가 사는 대도시였다.

바울 일행은 안식일에 유대인의 회당에 가서 예수의 복음을 전하였다. 그런데 놀랍게도 유대인보다 헬라인들이 더 관심을 갖고 복음을 주의 깊게 듣고 믿었다. 심지어 헬라의 귀부인들도 예수를 믿었다. 구원 받는 사람이 날로 증가하여 큰 무리가 되었다.

문제는 유대인들의 반발이었다. 구원 받는 유대인도 많았으나 율법에 얽매인 정통파 유대인들은 바울 일행을 증오하였다. 율법만이 절대적이라고 믿고 있는 그들에게 나사렛 예수가 그리스도요, 그분을 믿어야만 구원 받는다는 복음은 받아들이기 어려웠다. 그런데도 많은 유대인과 헬라인들이 현혹시키는 말에 넘어가서 예수 믿는 사람이 되는 것에 그들은 좌시할 수 없을 만큼 시기심을 느꼈다. 증오는 폭력을 야기한다.

유대인들이 드디어 일을 저질렀다. 그들은 동족을 선동하여 집단을 이루고 바울 일행을 잡으려 하였다. 난폭한 그들의 손에 잡히면 살인적 폭력이 일어날 것이었다. 폭도처럼 거칠어진 그들은 바울 일행이 묵고 있는 야손의 집을 습격하였다.

다행스럽게도 바울 일행은 집 안에 없었다. 화가 난 그들은 집 주인 야손과 그 집에 함께 있던 믿음의 형제들을 끌고 관가로 갔다.

"도시마다 다니며 소란케 하는 자들이 데살로니가에도 왔습니다. 이 자들은 로마의 가이사 황제를 거역하고 예수라는 새로운 왕을 믿어야 된다고 가르쳤습니다. 야손이 그런 자들을 자기 집에 머물게 하였습니다. 이 자들은 모두 그를 추종하는 자들입니다."

야손과 그 집에 있다가 끌려온 그리스도인들을 반역죄라도 지은 듯 떼를 지어 끌고 와서 고소하였다. 관원들은 문제가 단순하지 않으며 자칫 불행한 사건으로 번질지도 모른다고 우려하였다. 그래서 일단 야손과 그 일행을 구금하였다가 폭도들이 돌아간 후 보석금을 받고 석방하였다.

데살로니가는 바울 일행에게 매우 위험한 도시가 되었다. 그리스도인들은 위험을 피해 서쪽으로 80km 거리에 있는 도시 베뢰아로 바울 일행을 야밤을 이용하여 피신시켰다.

베뢰아의 성경공부 행 17:10–15

가는 곳마다 그랬던 것처럼 바울 일행은 베뢰아에서도 유대인의 회당을 찾아 복음을 전하였다. 정통파 유대인들이 예수의 복음을 반대하는 대표적인 이유는 복음이 율법을 파괴하거나 무력화시키는 것으로 오해하는 데 있었다. 실은 그래서 바리새인들과 제사장들이 앞장서서 나사렛 예수를 십자가에 못 박아 죽게 한 것이다.

베뢰아의 유대인들은 순수하였다. 구약의 율법과 예언서들을 중심으로 예수 그리스도의 복음을 가르치면 순수하게 받아들이는 것이었다. 그들은 궁금하면 질문하고 답해 주면 수긍하고 따랐다. 그래서 바울은 날마다 성경을 강론하다시피 하였다. 유대인과 많은 헬라인, 특히 귀부인들이 예수를 믿었다.

순풍에 돛 단 듯 베뢰아에서는 빌립보나 데살로니가에서 생겼던 험악한 일이 일어나지 않았다. 평온한 가운데 교회는 날로 부흥하였다. 그럴 무렵 예상치 못한 일이 벌어졌다.

데살로니가의 극성스러운 유대인들이 바울 일행이 베뢰아에서 예수의 복음을 전한다는 소문을 듣고 폭도처럼 몰려왔다. 그들은 베뢰아의 유대인들을 선동하여 회당을 중심으로 소요가 일어난 듯 시끄럽게 하였다. 도시 전체가 살기등등하였다. 그리스도인들은 위험을 느껴 바울을 배에 태워 베뢰아를 탈출시켰다.

우상의 도시에 복음이 행 17:16-34

바울은 안내자들의 도움으로 무사히 아테네에 도착하였다. 안내자들이 돌아갈 때 실라와 디모데를 속히 아테네로 보내라고 일렀다.

발칸반도에서 가장 큰 도시 아테네는 헬라의 수도이며, 교육과 문화의 중심 도시였다. 특히 아테네라는 도시 이름이 수호여신 아데나에서 유래하였으며, 그 여신에게 제사하는 신전이 아크로폴리스 언덕 위에 도시를 압도하는 웅대한 모습으로 서 있었다. '파르테논' 신전이 그것이다. 그 외에도 헬라에서는 많은 우상을 섬기고 있어 가히 우상의 도시라고 할 만하였다. 그 아름다운 도시를 대리석으로 지은 우상의 신전들이 장악한 형세였다. 바울은 그 크고 아름다운 도시가 우상으로 덮여 있는 모습을 보며 화가 났다.

바울은 일행을 기다리는 동안 안식일에는 유대인의 회당에서, 평일에는 사람이 많이 모이는 시장거리 등에서 만나는 사람들에게 복음을 전하였으며,

많은 토론을 하였다. 바울의 깊은 지식과 이론적인 복음 전도에 많은 사람들이 경탄하며 믿기도 하였으나 철학과 교육과 문화의 도시에 걸맞은 학자들의 반론도 만만치 않아서 열띤 토론이 벌어지기 일쑤였다.

시장 거리는 복잡하고 잡음도 많다. 새로운 학문과 지식에 민감한 아테네 사람들 중에 바울의 논리에 흥미를 가진 철학의 양대 산맥이라 할 수 있는 스토아 학파와 에피쿠로스 학파의 철학자들도 바울에게 흥미를 느끼는가 하면 반감을 갖기도 하였다.

"저 수다쟁이가 하는 소리가 도대체 무엇이지?"

"글쎄, 우리가 모르는 다른 나라의 철학이나 종교인 모양인데…."

"간단히 말하자면 예수라는 사람을 죽였는데 사흘 만에 다시 살아났다는 거야. 그 예수야말로 진짜 신이라고 주장하더군."

"여긴 시끄러우니 아레오바고 언덕으로 데리고 가서 거기서 본격적으로 토론해 보는 게 좋겠군."

많은 사람들이 바울을 데리고 아레오바고 언덕으로 올라갔다. 거기는 철학과 학문의 토론장이나 마찬가지였다. 헬라인뿐만 아니라 아테네에는 많은 외국인이 거주하고 있었다. 새로운 학문이나 종교라면 무척 관심이 많은 그들은 그런 토론장을 찾는 일로 시간을 보내는 사람이 많았다.

"당신이 말하는 새 종교는 도대체 무엇이오? 우리가 듣기에는 아주 이상한 소리 같은데…."

바울은 청중을 돌아보며 담대하게 논리적으로 말했다.

"내가 아테네에 와서 보니 신들이 참 많습니다. 심지어 여러분이 섬기는 신 중에는 '알지 못하는 신'이 있을 정도입니다. 그런 신전을 보았습니다. 다시 말해 많은 신을 섬기는데 혹 빠진 신이 있으면 그 신이 진노할까 봐 '알지 못하는 신'에게도 제사를 지냅니다. 여러분에게 종교성이 많다는 증거입니다. 오늘 내가 여러분이 알지 못하면

서도 섬기는 그 신에 대해 말씀드리겠습니다. 그 신은 우주와 그 가운데 있는 만유를 지으신 하나님입니다. 세상을 창조하시고 섭리하시는 하나님은 사람이 만든 신전에 계시는 신이 아닙니다. 하나님은 금이나 은으로 만들어서 섬길 수 없습니다. 내가 여러분이 알지 못하는 신을 알려 주었으니 이제부터는 하나님을 섬겨야 합니다. 그분은 장차 세계를 심판하십니다. 심판의 권한을 예수 그리스도에게 맡기셨습니다. 예수 그리스도는 인간을 구원하시기 위해 세상에 오셔서, 우리의 죄 때문에 대신 죽으신 분입니다. 그러나 하나님께서 다시 살려 내셨고 하늘에 올라가셨습니다. 그 예수는 이 땅에 다시 오십니다. 그때 죄인을 심판하십니다."

사람들은 죽은 사람이 다시 살았다는 소리에 비웃기도 하였으나, 많은 사람들이 바울의 설교에 흥미를 느껴 좀 더 구체적으로 듣기를 원하였다. 그날의 설교를 듣고 예수를 믿게 된 사람이 여럿인데, 그 중에는 아레오바고의 관리와 여인들도 있었다.

고린도와 에베소 전도

1년 6개월 체류 전도 행 18:1-11

바울은 한동안 아테네에 머물며 열심히 복음을 전하다가 서남쪽의 큰 섬 고린도로 옮겼다. 작지만 강한 나라 스파르타가 있던 오랜 역사를 지닌 고린도는 흥망성쇠의 변천을 겪다가 바울이 활동하던 시대에는 총독부가 있는 행정수도가 되었다. 또한 상업과 무역의 중심지로 번영하여 그 섬 전체의 인구가 60만에 달하였다. 번영의 부작용으로 물질주의와 향락과 우상숭배가 만연되어 있기도 하였다.

그 도시의 정상에 솟아 있는 거대한 아프로디테의 신전에는 1천여 명의 여인들이 있었으며, 신전 매춘이 이루어지는 곳이었다.

바울은 고린도에 온 지 얼마 안 되는 유대인 아굴라와 브리스길라 부부의 집에 머물며 전도하였다. 천막 제조업자인 그들 부부를 도와 바울도 천막 제조 일에 종사하며 전도하였다. 안식일이 되면 바울은 회당으로 가서 예수 그리스도에 대해 가르쳤다. 믿는 사람이 많아졌다.

실라와 디모데가 고린도의 바울과 합류하자 복음전도는 더욱 활기를 얻었다. 그러자 늘 그랬듯 동족인 유대인들의 강한 저항에 직면하게 되었다. 바울은 그들을 향해 당신들이 그리스도를 대적하니 나는 이제부터 이방인에게 가서 복음을 전하겠다고 선포하였다.

그래도 복음의 열매는 많았다. 회당장 그리스보와 그 가정이 구원 받았다.

회당 옆에 사는 디도 유스도도 예수를 믿었다. 바울은 한동안 디도 유스도의 집에 머물렀다.

"두려워 말라."

어느 날 환상 가운데 주님이 나타나서 바울에게 용기를 주었다.

"내가 너와 함께 있으니 그 어떤 사람도 너를 대적하여 해롭게 하지 못하리라. 이 도시에 믿는 사람이 많지 않으냐."

바울 일행은 용기를 얻어 더 열심히 그리스도의 복음을 전하였다.

계속되는 박해 행 18:12-22

유대인 사회에는 바울 일행을 미워하는 사람들이 자꾸만 늘어갔다. 급기야 그들은 무리 지어 바울을 총독 갈리오에게 끌고 갔다.

"이 사람이 우리 율법을 어기면서 다른 종교를 전하니 처벌해 주십시오."

바울이 고소에 대해 자신을 변호하려 하자 총독이 입을 열었다.

"이 사람이 범죄를 해서 고소한다면 내가 재판하겠지만 당신들 종교의 율법에 관한 문제라면 내가 재판할 사안이 아니니 당신들의 율법으로 처리하시오."

한마디로 거부당한 유대인들은 예수 믿는 회당장 소스데네스를 그자리에서 집단으로 구타하였다. 총독은 모른 체하고 안으로 들어갔다.

그 후 얼마를 더 고린도에 머물던 바울은 많은 그리스도인들과 작별하고 지중해 동편의 항구 도시 에베소로 떠났다. 브리스길라와 아굴라 부부가 바울을 따랐다. 에베소에 잠시 머물며 전도하던 바울은 더 머물 것을 권하는 에베소의 유대인들에게 기회가 있으면 다시 오겠다고 약속한 후 선편으로 팔레스타인의 가이사랴를 거쳐 오랜만에 그가 출발한 안디옥 교회로 돌아갔다. 두 번째 선교 여행이 마감된 것이다.

제3차 선교 여행

에베소의 장기 체류 행 18:23–19:12

바울은 안디옥에서 얼마 동안 지낸 다음 다시 선교 여행을 떠났다. 갈라디아와 브루기아 지방을 돌아다니면서 그리스도인들을 격려하다가 에베소로 갔다. 브리스길라와 아굴라 부부는 아직도 에베소에 머물고 있었다. 바울이 그곳에 도착하기 전, 성경 지식이 해박한 알렉산드리아 출신의 유대인 아볼로가 에베소에 와서 복음을 전하고 있었다. 하지만 그는 요한의 세례에 대해서만 알고 있어서 브리스길라와 아굴라는 그를 초대하여, 하나님의 길에 대해 자세히 설명해 주었다. 아볼로는 바울이 도착하기 전 고린도로 떠났다.

이런 연유에서인지 큰 항구 도시 에베소에는 예수 믿는 사람들이 적지 않았다. 바울은 예수 믿는 사람들에게 물었다.

"여러분은 성령을 받았습니까?"

"아닙니다. 우리는 성령이란 것이 있다는 말도 들어보지 못했습니다."

바울이 다시 물었다.

"그렇다면 세례는 어떻게 받았습니까?"

"요한의 세례를 받았습니다."

"요한의 세례는 회개의 세례입니다. 요한은 사람들에게 장차 자기보다 뒤에 오실 분을 믿으라고 했는데, 그분이 바로 예수입니다."

그들은 이 말을 듣고, 주 예수의 이름으로 세례를 받았다. 바울이 안수 기도를 해주니 열두 명이 성령을 받았다. 에베소 교회는 활기 넘치게 부흥하기 시작했다.

바울은 석 달 동안 회당에 들어가서 하나님 나라에 관해 호소력 있는 설교를 했다. 그러나 몇몇 사람은 완고하여 믿으려 하지 않고, 공공연하게 그리스도를 거역하는 말을 떠들어댔다. 그래서 바울은 제자들을 데리고 회당을 떠나 두란노의 강당에서 날마다 토론을 벌였다.

그렇게 2년이 지나자, 아시아 지방에 사는 유대인들과 그리스인 모두가 주님의 말씀을 듣게 되었다. 예수의 복음을 전하는 과정에서 기적도 많이 일어났다. 심지어는 바울의 몸에서 손수건이나 앞치마를 가져다가 병든 사람에게 얹으면 병이 떠나고 악한 귀신이 물러갔다. 사람들은 바울을 두려워하였고, 그가 전하는 예수 그리스도의 복음을 믿었다.

고린도 교회에 보낸 편지 고전 1-16장

바울이 에베소에 머무는 동안 고린도에서 반가운 손님이 찾아왔다. 몇 년 전 바울이 세운 고린도 교회에서 몇몇 신도들이 바다 건너 에베소에까지 바울을 찾아온 것이다. 에게 해를 마주보고 있는 고린도와 에베소는 500km나 떨어져 있었다. 그 먼 길을 마다 않고 바울을 찾아온 이유가 어디에 있는지, 바울은 자못 궁금하지 않을 수 없었다. 하지만 그가 가져온 소식은 참으로 씁쓸한 것이었다.

교회에 심상찮은 내분이 일어나 교인들끼리 편을 갈라 서로 다툴 뿐만 아니라, 음행을 저지른 자들이 부끄러운 줄도 모르고 당당한 모습으로 교회 안에서 버젓이 설치고 있다는 소식이었다. 그뿐인가. 교인들끼리 세상 법정에 소송을 걸어 시비를 가리고 있다고 하였다. 있을 수 없고 있어서도 안 될 일들이 바울이 세운 고린도 교회를 진흙탕으로 만든 것이다. 깊은 고민이 바울을 짓눌렀다.

당시 고린도는 그리스 제일의 상업 도시로, 행정상 로마 제국 내 아가야 도道의 수도였다. 따라서 고린도 교회는 인근의 지역 교회들에게 큰 영향력을 미치는 중요한 위치에 있었다. 그런 고린도 교회가 내분과 음행으로 스스로 무너진다면, 다른 주변 지역의 교회들도 큰 타격을 받을 수밖에 없었다.

사실 바울은 고린도를 떠나올 때부터 걱정을 떨쳐버리지 못하였다. 무역과 상업으로 번창한 부유한 항구 도시 특유의 환락 문화가 휩쓸고 있는 도시인데다가, 온갖 우상숭배가 만연된 소돔 같은 도시의 한복판에 세워진 교회였기 때문이다. 결국은 우려했던 일들이 일어나 교회가 심각한 홍역을 겪고 있다는 가슴 아픈 비보였다.

바울은 고심 끝에 무겁게 입을 열었다.

"내가 편지를 써 주겠소. 그대들은 이 편지를 교회에 전달하여 모두 돌려 읽게 한 다음, 모두들 편지 내용대로 행하게 하시오. 내가 이곳 에베소 교회의 일이 마무리되는 대로 가급적 속히 고린도 교회로 가겠소."

그렇게 하여 쓰여진 편지가 '고린도전서'이다.

나의 형제들이여, 나는 여러분이 다툼을 벌이고 있다는 말을 글로에의 집안 사람들 편에 듣게 되었습니다. 여러분들은 '나는 바울파다', '나는 아볼로파다', '나는 게바파다', '나는 그리스도파다'라고 하면서 편을 가른다고 합니다. 그렇다면 그리스도가 나누어졌다는 말입니까?

(고전 1 : 11-12)

바울은 이렇게 질책하면서도, 서로 옳고 그름을 따지면서 다투는 것이 자기 자신을 귀하게 여기지 못한 데에 그 원인을 있음을 날카롭게 지적한다.

여러분은 여러분 자신이 하나님의 성전인 줄을 알지 못합니까? 여러분 안에 하나님의 성령이 사신다는 것을 알지 못합니까? … 하나님의 성전은 거룩합니다. 여러분이 바로 하나님의 성전입니다.
(고전 3:16–17)

그런 다음 사람의 몸은 하나의 지체로 이루어진 것이 아니라 많은 지체로 이루어져 있으며, 각자 맡은 바 역할이 다를 뿐 본래는 하나라는 것을 역설한다. 모두가 한몸에 속해 있는데, 눈이 손더러 "너는 쓸모가 없어."라고 나무라고, 머리가 발더러 "너는 필요 없어."라고 말한다는 것은 얼마나 우스꽝스러운 일이겠는가? 한 지체가 고통을 당하면 모든 지체들이 함께 고통을 당하고, 한 지체가 영광을 받으면 모든 지체가 함께 즐거워한다면서, 성도 여러분은 각자가 그리스도의 몸의 지체임을 힘주어 강조한다.

바울은 편지의 말미에 훗날 세상 사람들에 의해 널리 애송되는 그 유명한 사랑의 경구를 이렇게 노래한다.

사람들과 천사들의 언어로 방언을 할지라도, 사랑이 없다면, 나는 단지 울리는 징이나 요란한 꽹과리에 지나지 않습니다.
내가 예언의 은사를 받아서 바닥 모를 신비와 모든 지식을 다 통달할지라도, 또 산을 옮길 만한 믿음을 지녔다 한들, 사랑이 없다면, 나는 아무것도 아닙니다.
내가 가진 모든 것을 가난한 이에게 나누어 주고 불 속으로 몸을 던질 수 있다 한들, 사랑이 없다면, 나는 아무것도 얻을 것이 없습니다.
사랑은 오래 참고, 친절합니다. 사랑은 시기하지 않고, 뽐내지 않습니다. 사랑은 교만하지 않습니다.
사랑은 무례하지 않고, 자기의 이익을 구하지 않으며, 쉽게 화내지 않습니다. 사랑은 잘못된 것도 마음에 기록하지 않습니다.
사랑은 불의를 기뻐하지 않으며, 진리와 함께 기뻐합니다.
사랑은 모든 것을 덮어 주고, 언제나 믿습니다. 사랑은 늘 소망을 품고, 모든 것을 견딥니다.

사랑은 실패를 모릅니다. 하지만 예언도 사라지고, 방언도 멈추고, 지식도 언젠가는 다 사라집니다.

우리는 부분적으로 알고 부분적으로 예언하지만, 모든 것이 온전해질 때가 오면, 불완전한 것은 사라질 것입니다.

우리가 어렸을 적에는 말하는 것이나 생각하는 것이나 판단하는 것이나 모두 다 어렸지만, 어른이 되면 어렸을 때의 것들을 등지게 됩니다.

지금은 우리가 거울을 들여다보듯 희미하게 보지만, 그날이 오면 얼굴과 얼굴을 맞대고 분명히 볼 것입니다. 지금은 내가 부분적으로 알지만, 그날이 오면 하나님께서 우리를 아시듯 온전히 알게 될 것입니다.

믿음과 소망과 사랑은 언제까지나 남아 있을 것이지만, 그중에서도 으뜸가는 것은 사랑입니다.

(고전 13:1–13)

고린도 교회에서 온 대표들에게 첫 번째 편지를 써서 들려 보낸 바울은 그것으로 문제가 해결되기를 기도하는 마음이었다. 그러나 한편으로는 불안한 마음을 어쩔 수 없었다. 직접 고린도에 가서 교회를 돌보고 싶었지만, 여러 형편상 그럴 수 없기 때문에 지극히 안타까웠다. 몸은 하나지만 그가 여러 곳에 세운 교회들이 있고, 각각 문제들을 안고 있어서 선뜻 고린도로 떠날 수 없었다. 고심하던 바울은 특별히 아끼는 제자 디도를 불렀다.

"디도, 자네가 나를 대신하여 고린도에 다녀오게나. 교회의 형편을 깊이 관찰하면서 어떻게든 서로가 사랑으로 어려운 상황을 이겨내도록 힘을 불어넣어 주게."

바울의 특사 자격으로 디도가 먼 길을 떠났다. 바울은 그에게서 기쁜 소식이 오기를 기다렸지만, 무한정 기다리고 있을 수가 없었다. 에베소의 상황도 급박하게 돌아가고 있어서 그 역시 에베소를 떠나야 할 형편이 되었기 때문이다.

에베소의 소동 행 19:21–41

에베소에는 거대한 아르테미스 신전이 있었다. 다산多產의 신이라는 그 우상은 어찌나 규모가 큰지 사람이 만든 게 아니라 하늘에서 내려왔다고 할 정도였다. 에베소에 오는 사람은 누구든지 아르테미스 신전을 구경하였고, 은으로 작게 만든 기념품인 아르테미스 신상을 사 갔다. 그런 까닭에 에베소에는 그런 기념품 제조업자와 상인들이 많았다. 하지만 그리스도의 복음이 널리 퍼지면서 그들의 사업에도 지장이 초래되기에 이르렀다.

어느 날, 아르테미스 은상銀像 제조업자로 막강한 영향력을 행사하는 데메드리오가 동업자들을 선동했다.

"여러분, 생각해 보시오. 우리가 아르테미스 신상을 만들어 잘살고 있는데, 바울이라는 유대인이 나타나 사람의 손으로 만든 것은 신이 아니라고 떠들고 다녀 우리 생업이 끝장날 지경에 이르렀소. 어디 그뿐이오? 세상이 다 아는 위대한 아르테미스 신의 위엄도 떨어지고 있소. 우리가 그대로 보고 있을 수는 없는 노릇이 아니오?"

예수를 믿는 사람들이 급격히 증가하면서 기념품 신상의 판매가 막혀 가는 중이라서 무슨 수를 써야겠다고 벼르던 그들인지라, 불에 기름을 부은 격이 되어 소요가 일어났다.

"에베소의 아르테미스 여신 만세!"

그들은 큰 무리를 이루어 에베소 성을 휩쓸고 다니면서 소요를 일으켰다. 그들은 혈안이 되어 바울의 일행인 가이오와 아리스다고를 붙잡아 끌고 원형극장으로 몰려갔다.

바울은 험악한 상황에서도 위험에 빠진 동지를 구하기 위해 공연장으로 달려 들어가려 했다. 어떻게든 그들을 구출해야만 했다. 그러나 바울이 다치기라도 하면 큰일이었기 때문에 믿는 사람들이 모두 그를 말렸다.

한편 공연장에 몰려든 군중의 소요는 멈추지 않았다. 그들 중에는 왜 이렇게 소란스러운 일이 생겼는지 이유도 모르는 사람이 허다하였다. 그저 군중심리로 휩쓸렸기 때문이다. 소요 사태는 두 시간이나 계속되었다.

드디어 에베소 시청의 서기관이 그들 앞에 나타났다. 더 큰일이 벌어지기 전에 어떻게든 소요를 막아야 했기 때문이었다.

"에베소 시민 여러분, 좀 조용히 합시다. 우리 에베소가 위대한 여신 아르테미스를 숭배하는 도시라는 걸 모르는 사람은 없습니다. 이 사람들은 신전에서 절도를 한 것도 아니고 여신의 숭배를 방해한 것도 아닌데 여러분은 이들을 이렇게 붙잡아 놓았습니다. 경솔해서는 안 됩니다. 진정하십시오. 총독도 있고 재판도 할 수 있으니, 법에 따라 고소하는 게 옳습니다. 여러분이 지금처럼 소요를 계속하면, 법에 따라 소요죄로 고발당할 수도 있습니다. 그럴 경우 우리에게는 이런 소동을 벌일 만한 정당한 근거가 전혀 없기 때문에, 변명할 여지가 없게 될 것입니다."

그러자 소요 사태가 진정되었다. 그는 이 말을 한 다음, 군중들을 해산시켰다.

드로아의 기적 행 20:1–12

소요가 진정되자 바울은 에베소를 떠나기로 마음먹었다. 어느덧 3년 가까운 세월을 그곳에서 지낸 셈이었다.

바울은 그리스도인들에게 작별을 고하고 다시 선교의 길에 올랐다. 제2차 선교 여행 때 갔던 마케도니아와 헬라 지역의 여러 도시로 다니며 격려한 다음 늦어도 오순절까지는 예루살렘으로 돌아갈 예정을 세웠다.

바울은 한 도시에 오래 머물지 않았다. 드로아에 도착한 바울은 그곳에 먼저 와 있는 디모데 등 여섯 명과 합류했다. 바울은 안식일 다음날 큰 건물에 모여 예배를 드렸다.

바울은 이튿날 떠날 예정이어서 열정적으로 성경을 가르쳤다. 예수 그리스도에 대해 가르칠 것이 너무나 많았기 때문에 바울은 밤이 깊도록 설교를 계속했다. 많은 사람들이 열심히 듣고 있었다.

그때 청중 가운데 창가에 걸터앉아 졸고 있던 한 청년이 눈 깜짝할 사이에

그만 떨어지고 말았다. 3층에서 떨어졌으므로 바울이 급히 청년에게 갔을 때는 이미 죽어 있었다. 그러나 바울은 그를 끌어안고 사람들에게 말했다.

"걱정하지 마시오. 이 사람은 아직 살아 있소."

청년이 다시 살아났다. 사람들은 놀라워하면서 다시 모여 성찬식을 하였다. 날이 밝자 바울은 그리스도인들과 작별한 후 배를 타고 남쪽으로 해안을 따라 이동하였다. 죽었다가 살아난 청년 때문에 드로아의 그리스도인들은 큰 기쁨과 위로를 받았다.

밀레도의 고별사告別辭 행 20:13-38

항해 나흘 만에 바울 일행은 밀레도에 도착했다. 에베소가 가까운 항구였지만, 바울은 예루살렘으로 갈 길이 촉박하여 에베소에 들를 수가 없었다. 그래서 사람을 보내 에베소 교회의 지도자들을 그리로 오게 하였다. 그들이 도착하자 바울이 말했다.

"여러분은 내가 아시아에 첫발을 들여놓은 그날부터 오늘까지 여러분과 함께 어떻게 지내 왔는지를 잘 알고 계십니다. 나는 눈물을 삼키면서 겸손하게 주님을 섬겨 일해 왔습니다. 유대인들이 나를 해치려고 음모를 꾸민 일이 한두 번이 아니었습니다. 나는 유대인이든 그리스인이든 회개하고 우리 주 예수 그리스도를 믿어야 한다는 한 가지 사실만을 강조했습니다. 이제 나는 거역할 수 없는 성령의 강한 힘에 이끌려 예루살렘으로 갑니다. 거기서 무슨 일이 나를 기다리고 있는지는 잘 모릅니다. 다만 한 가지 내가 아는 것은, 성령께서 내가 가는 도시마다 투옥과 고난이 기다리고 있다는 것을 알려주신다는 사실입니다. 그러나 주 예수께서 내게 맡기신 이 일을 다할 수만 있다면 나는 목숨이 조금도 아깝지 않습니다. 나는 여러분들을 찾아다니면서 하나님 나라를 가르쳐 왔습니다. 그러나 이제 여러분은 내 얼굴을 다시는 보지 못하게 될 것입니다. 내가 떠난 후에 사나운 이리 떼와 같은 거짓 교사들이 나타나서 양 떼들을 마구 해칠 것입니다. 정신 바짝 차리십시오. 내가 여러분과 함께 보낸 3년을 잊지 마십시오. 밤낮으로 여러분을 보살피고 여러분을 위해 내가 흘린 많은 눈물을 기억하십시오. 이제 나는 하나님과 그분의 은혜로운 말씀에 여러분을 맡깁니다. 나는 다른 사람의 금이나 은이나 의복을 탐낸 적이 없습니다. 나는 약한 자를 돕는 일에 늘 본보기가 되려고 애써 왔습니다. '주는 것이 받는 것보다 복이 있다'라고 하신 주님의 말씀을 기억하면서, 힘써 일하며 약자를 도우려고 애썼습니다. 여러분도 내가 가르친 말씀대로 약한 사람들을 도우십시오."

말을 마친 바울은 그 자리에 무릎을 꿇고 그들과 함께 하나님께 기도를 드렸다. 그들은 작별을 슬퍼하면서 바울을 끌어안고 울었다. 바울의 세 차례에 걸친 선교 사역은 이렇게 눈물로 마감되었다.

예루살렘 성전의 소동

예루살렘으로 가는 길 행 21:1-16

바울 일행의 계획에는 없었으나 그들이 탄 배가 두로 항에 멈추었다. 화물을 내리기 위해서였다. 그곳에 7일을 머무는 동안 그곳 그리스도인들과 함께 지냈는데, 그들은 입을 모아 예루살렘에 가지 말라고 간곡하게 만류했다.

하지만 다시 출항한 일행은 돌레마이에 들렀다가 가이사랴로 갔다. 그곳에서는 일곱 집사 중 한 사람인 전도자 빌립의 집에서 며칠을 머물렀다. 빌립에게는 예언하는 네 딸이 있었다. 하루는 유대 지방에서 온 예언자 아가보가 바울의 허리띠를 들고 자기 손발을 묶으면서 말하였다.

"예루살렘에 가면 이 허리띠 임자를 이렇게 결박하여 이방인의 손에 넘길 것입니다."

바울이 체포되어 로마인 총독의 감옥에 투옥된다는 예언을 행동으로 보여 준 것이다. 사람들은 그 말을 듣고 바울에게 예루살렘으로 가지 말라고 간곡히 만류하였다. 그러자 바울이 말했다.

"왜 이렇게 울면서 제 마음을 아프게 하십니까? 저는 주 예수를 위해서라면 예루살렘에서 결박을 당하는 것뿐만 아니라 죽을 각오까지 되어 있습니다."

아무도 바울을 막지 못하였다. 가이사랴를 출발한 바울 일행은 육로로 예루살렘으로 갔다.

바울을 죽이려는 폭동 행 21:17-40

바울은 예루살렘에 도착하자 교회의 최고 지도자로 있는 예수님의 동생 야고보를 찾아가 그동안의 일들을 보고했다. 야고보는 하나님께서 이방인들에게 이루신 일들에 대해 하나님을 찬양하며 바울에게 말했다.

"사랑하는 형제여, 당신도 아시다시피 수만 명의 유대인들이 믿게 되었는데, 그들 모두가 율법을 지키는 데에 열성적인 사람들입니다. 그런데 그들이 듣기로는, 이방인들 중에 섞여 살고 있는 유대인들에게 당신은 아이들에게 할례를 주지 말 것이며 우리 관습을 따를 필요도 없다고 가르치고 있다는 말을 들었습니다. 그러니 우리가 어떻게 하면 좋겠습니까? 그들은 당신이 여기 왔다는 것을 알게 되면 당신을 해치려 할지도 모릅니다. 그러니 당신은 우리가 말하는 대로 따르십시오. 먼저 성전에 가서 정결 의식을 행하여 머리를 깎고, 그 비용을 치러 주십시오. 그러면 당신이 유대의 율법을 지키면서 살아가고 있다는 것을 의심하지 않을 것입니다."

바울은 야고보의 말대로 성전에 올라가 정결 의식을 행했다. 정결 의식이 끝나는 이레가 되는 날이었다. 유대인들이 성전에 있는 바울을 보고 소리쳤다.

"저 사람은 율법을 어기는 자요. 더구나 이방인들을 데리고 성전에 들어가서 이 거룩한 곳을 더럽힌 자요."

바울이 이방인을 데리고 성전에 들어갔다는 것은 사실이 아니었다. 거리에서 이방인과 함께 다니는 모습을 본 그들은 틀림없이 그 이방인을 데리고 성전에 들어왔을 것이라고 오해를 한 것이다.

바울은 이미 유대인들의 표적이었다. 그가 에베소 등지의 소아시아 지방에 오래 머물면서 유대인과 이방인에게 예수의 복음을 전하면서 할례를 받지 않아도 된다고 가르친 것과 이방인도 하나님을 믿을 수 있다고 주장한 내용들을 소문으로 들어 잘 알고 있었기 때문이다. 예루살렘에서 학자로 잘 알려져 있는 데다가 예수 믿는 사람들을 박해하는 데 일등공신이었던 바울이었으므로 그의 놀라운 변화를 배신으로 인식하는 유대인들이 많았다.

누군가의 선동으로 수많은 유대인들이 우르르 몰려들어 바울을 해치려 하였다. 하지만 성전에서 피를 흘릴 수는 없는 일이어서 그들은 바울을 밀어붙이며 밖으로 나갔다. 돌로 쳐 죽일 생각이었다.

"죽여 버려라!"

군중은 폭도로 돌변하였다. 성전 밖 예루살렘 거리가 들끓었다. 성전 북쪽에 바짝 붙어 있는 로마군의 안토니아 요새에서 그 광경을 내려다보고 있던 병사가 사태의 심각성을 느끼고 즉시 상부에 보고하였다. 어떤 이유로든 폭동이 일어나면 로마군은 진압해야 할 책임이 있었다. 천부장은 즉각 병력을 지휘하여 출동하였다. 살인이 저질러질 위험성이 있었기 때문에 군인들은 서둘렀다. 바울을 밀어붙이던 군중은 로마군의 위협적인 개입에 주춤하였다. 천부장은 일단 바울을 두 쇠사슬로 묶으라고 명령하였다. 문제의 핵심 인물이 바울이라는 것은 너무나도 뻔했기 때문이다.

"이 사람은 누구이며 무슨 짓을 하였소?"

천부장의 질문에 폭도들 여럿이 한꺼번에 말하는 데다가 군중의 소음이 섞여들어 무슨 소리인지 전혀 알아들을 수가 없었다. 천부장은 이대로 안 되겠다는 판단에서 바울을 요새로 데리고 가라고 명령했다. 바울이 끌려가는 데도 군중은 그를 죽이라고 고함을 치며 따라왔다. 군사들은 바울의 신변 보호를 위해 그를 떠메고 갔다. 계단을 오를 때, 바울이 천부장에게 그가 알아들을 수 있도록 헬라어로 말했다.

"할 말이 있습니다."

천부장은 놀라워했다.

"헬라어를 할 줄 아시는군요. 그러면 당신이 바로 얼마 전에 반란을 일으키고 폭도 4천 명을 이끌고 광야로 도주했던 그 이집트인이오?"

"아닙니다. 나는 유대인이고, 길리기아 다소의 시민입니다. 저 사람들에게 제가 한마디 할 수 있도록 허락해 주십시오."

"좋소. 여기서 말하도록 하시오."

바울은 그자리에서 군중을 향하여 조용히 달라고 부탁한 후 그들의 언어인 아람어로 말하였다. 군중은 그가 무슨 소리를 하는지 듣기 위해 조용해졌다.

바울의 신앙 간증과 법정 재판

그리스도에 의한 변화의 과정 행 22장

"여러분, 저는 여러분과 똑같은 유대인입니다. 길리기아의 다소 출신으로 예루살렘의 대학자 라반 가말리엘의 제자입니다. 저는 가말리엘 선생 밑에서 유대의 율법과 관습에 대해 철저히 교육을 받았고, 오늘 여러분이 보여주신 것과 똑같이 저도 하나님을 열심히 믿어 왔습니다. 저는 예수 믿는 사람들을 잡아 감옥에 넣기도 하고 죽이기도 하였습니다. 저는 대제사장과 법관들로부터 체포 영장을 받아 예수 믿는 사람들을 잡으러 다마스쿠스에 갔었습니다. 그런데 다마스쿠스에 가까이 이르렀을 때였습니다. 홀연히 하늘에서 밝은 빛이 저를 비추더니, 그 빛 속에서 음성이 들려왔습니다. '사울아, 사울아, 어찌하여 네가 나를 핍박하느냐?' 저는 놀라서 물었습니다. '당신은 누구십니까?' 그러자 빛 속에서 다시 음성이 들려왔습니다. '나는 네가 핍박하는 예수다.' 저와 함께 가던 일행은 그 빛은 보았지만 음성은 듣지 못했다고 합니다. 저는 어찌할 바를 몰라 '내가 무엇을 해야 합니까?' 하고 물었습니다. 그러자 주께서 말씀하셨습니다. '일어나 다마스쿠스로 가라. 거기에 가면 앞으로 네가 해야 할 일을 일러 줄 사람을 만나게 될 것이다.' 저는 그 강렬한 빛 때문에 앞을 볼 수 없게 되어서, 함께 가던 사람들이 제 손을 붙들고 다마스쿠스로 들어가야만 했습니다."

청중은 바울의 신비한 이야기를 듣느라 모두들 침묵하고 있었다.

“다마스쿠스에 들어간 지 사흘째 되던 날, 아나니아라는 사람이 와서 제게 손을 얹고 ‘사울 형제여, 눈을 뜨시오!’ 하고 말했습니다. 그러자 바로 그 순간에 저는 그를 볼 수 있게 되었습니다. 그러자 아나니아가 다시 말했습니다. ‘이제부터 당신은 당신이 보고 들은 것을 사람들에게 말해야 합니다. 하나님이 당신을 선택하셨습니다. 이제 세례를 받고 죄를 씻으시오.’ 그 후 예루살렘으로 돌아와 성전에서 기도하고 있을 때, 하나님께서 제게 말씀하셨습니다. ‘속히 예루살렘을 떠나라. 네가 나를 증거하더라도 그들은 네 증언을 받아들이지 않을 것이다.’ 저는 주께 대답했습니다. ‘주님, 이 사람들은 제가 회당을 돌아다니면서 주님을 믿는 사람들을 잡아다가 감옥에 가두고 매질한 것을 잘 알고 있습니다. 게다가 주님의 증인인 스데반이 피를 흘리고 죽임을 당할 때, 저는 그자리에서 그 일을 승인했고, 그를 돌로 치는 사람들의 겉옷을 지켜주기까지 했었습니다.’ 그러나 주께서는 ‘예루살렘을 떠나라. 나는 너를 멀리 이방 사람들에게 보내겠다.’ 하고 말씀하셨습니다.”

바울의 말을 여기까지 듣고 있던 유대인들은 일제히 소리를 질렀다.

“이런 자를 살려두어서는 안 된다! 죽여야 마땅하다!”

그들은 미친 듯이 고함을 지르고 옷을 벗어 던지며 흙을 움켜쥐고 공중에 던졌다.

분위기가 살벌해지자 천부장은 바울을 요새로 데려가서 채찍질하고 심문하여 유대인들이 분노하는 이유를 밝혀내라고 명령하였다. 병사들은 즉시 바울을 끌고 가 채찍질하기 위해 가죽끈으로 묶었다. 바울이 옆에 있는 백부장에게 말했다.

“로마 시민을 재판도 하지 않고 채찍질할 수 있소? 그것은 불법이 아니오?”

백부장은 당황하여 급히 천부장에게 가서 보고하였다.

“어떻게 해야 할까요? 저 사람이 로마 시민이랍니다.”

“그가 로마 시민이라고?”

천부장이 즉시 바울에게 가서 물었다.

“당신이 정말 로마 시민이오?”

"그렇습니다. 로마 시민입니다."

그러자 파견대장이 말했다.

"나도 시민권을 가지고 있는데, 돈이 꽤 많이 들었소."

바울이 대답했다.

"저는 태어날 때부터 로마 시민입니다."

천부장은 즉시 바울을 묶은 가죽끈을 풀게 하였다. 그는 로마 시민인 바울을 결박하라고 한 것 때문에 자신이 문책을 받을까 봐 겁이 났던 것이다.

다음날, 천부장은 산헤드린 법원에 통보하고 바울을 데리고 가서 그들 앞에 세웠다. 로마 시민이 무슨 일로 유대인들에게 그토록 증오의 대상이 되었는지 사실을 알아보아야 했다.

산헤드린 법정의 바울 행 23:1–11

법정이 열리자 바울이 입을 열었다.

"형제들이여, 나는 지금까지 양심을 따라 하나님을 섬겨 왔습니다…."

그러나 다음 말을 잇기도 전에 대제사장 아나니아가 바울 곁에 서 있는 사람들에게 명령하였다.

"저자의 입을 쳐라."

바울이 즉각 반박하였다.

"나를 때리라니 그게 무슨 소리요? 율법에 따라 재판해야 할 자리에 앉아서 율법을 어기다니오!

당신은 스스로 율법을 어겼소. 그러니 하나님께서 당신을 칠 것이오."

바울 곁에 서 있던 사람들이 바울에게 말했다.

"대제사장을 모욕하다니 그런 언사가 어디 있소?"

바울이 말했다.

"형제들이여, 저는 그가 대제사장인 줄은 몰랐습니다. 성경에 '네 백성의 지도자들을 욕하지 말라.' 하고 씌어 있는 것은 저도 잘 알고 있습니다."

잘못을 시인한 바울은 법관이 바리새인과 사두개인이 주축을 이루고 있음을 잘 아는 터라 지혜롭게 입을 열었다.

"나는 바리새인의 아들이며 바리새인입니다. 내가 이 법정에 선 것은 죽은 자의 부활을 믿는다는 이유에서입니다."

바리새인들은 부활을 믿고 영혼을 믿는다. 그러나 사두개인들은 부활도 영혼도 부인한다. 그래서 바울의 발언은 바리새파와 사두개파 간의 말다툼을 불러 일으켰다.

"부활의 문제라면 저 사람은 죄가 없습니다."

바리새파의 서기관이 소리치자 사두개인 제사장이 받아쳤다.

"그건 말도 안 되는 소리요. 일단 재판을 합시다."

"부활 문제라면 재판의 대상이 아니오."

두 파가 대립하여, 급기야는 고함이 터져 나왔다. 잠깐 사이에 두 파가 극한 대립으로 치달아 마치 싸움판처럼 되었다. 천부장은 이러다가 저 두 파에 의해 바울이 찢겨지지나 않을까 염려되었다. 그는 부하들에게 일러 급히 바울을 호위하여 법정을 나가게 했다.

그날 밤, 꿈속에 주님이 바울 곁에 서시더니 말씀하셨다.

"용기를 내라! 예루살렘에서 네가 나에 대해 증언한 것처럼, 로마에서도 증언해야 한다."

바울은 용기를 얻었다. 언제나 주님이 함께하시며 지켜주실 것이라는 확신이 생겼기 때문이다.

바울 호송 작전 행 23:12-22

유대인들은 포기하지 않았다. 바울이 로마군의 병영에서 보호를 받게 되자 더욱 이를 갈며 죽이고자 작당하였다. 극렬분자 40명이 바울 살해를 위한 조를 짰다. 그들은 대제사장을 찾아가 맹세하였다.

"우리는 바울을 죽이기 전에 아무것도 먹지 않기로 굳게 맹세하였습니다. 그러니 바울에게 더 물을 게 있다고 천부장에게 알려서, 그를 산헤드린 법원으로 데려오게 하십시오. 우리가 매복해 있다가 그를 죽이겠습니다."

그러나 암살조 40명의 매복 정보를 바울의 조카가 미리 알게 되었다. 그는 안토니아 요새로 가서 바울을 면회하여 그 사실을 알렸다. 바울은 백부장에게 부탁하였다.

"이 청년을 천부장에게 데려다 주시오. 중요한 정보를 전할 것이오."

백부장은 바울의 조카를 천부장에게 인도하였다.

"바울이 이 청년을 천부장님께 데려가라고 하였습니다. 무슨 중요한 정보가 있다고 합니다."

천부장은 청년의 손을 잡고 안으로 들어가서 낮은 소리로 물었다.

"중요한 정보라는 게 무엇인가? 바울이 너를 보냈으니 바울과 관계된 것인가?"

"산헤드린 법원이 천부장님께 내일 바울을 다시 보내달라고 요청할 것입니다. 더 조사할 것이 있다고 할 것입니다. 절대로 응해 주지 마십시오. 유대인 40명이 암살조를 만들었습니다. 그들은 바울을 살해하기 전에는 아무것도 먹지 않겠노라고 대제사장에게 맹세하였습니다. 그들이 매복해 있다가 바울을 산헤드린으로 데리고 갈 때 살해할 것입니다. 확실합니다."

천부장은 청년에게 이 정보를 내게 말했다는 사실을 누구에게도 말하지 말라고 당부하고는 돌려보냈다.

총독 벨릭스 앞에 선 바울 행 23:23-35

죄 없는 로마 시민을 유대인들이 그들의 종교와 관련하여 죽이려고 한다는 사실을 알고 있는 천부장은, 바울을 보호하기 위해 특단의 조치를 취하였다. 예루살렘에 머무는 것은 일단 위험하므로 멀리 가이사랴의 총독부로 호송할 계획을 세운 것이다. 그는 백부장 둘을 불러 은밀하게 지시하였다.

"오늘 밤 아홉 시에 가이사랴로 출발할 수 있도록 보병 200명과 창병 200명, 기병 70명을 대기시켜라. 바울을 말에 태워 벨릭스 총독에게 호송할 것이다. 내가 총독 각하께 편지를 써 줄 테니 전하도록 하라."

편지 내용은 이러했다.

예루살렘 안토니아 요새의 천부장 글라우디오 루시아는 총독 벨릭스 각하께 문안드립니다. 호송해 간 바울이라는 사람은 로마 시민입니다. 유대인들이 그를 증오하여 죽이려는 것을 구해서 보호하였습니다. 무슨 일로 유대인들이 그를 살해하려 하는지 알기 위해 그를 법정으로 데리고 갔으나 알고 보니 그들의 율법 문제였습니다. 저의 조사 결과, 바울에게는 죄가 없습니다. 그런데도 유대인들은 40명의 암살조직을 만들어 결사적으로 바울을 살해하려 합니다. 유대인들에게는 바울에 대해 고소할 게 있으면 총독 각하께 하라고 통지하였습니다.

세계 최정예의 로마 군인 470명의 호위를 받으며 예루살렘을 야밤에 떠난 바울 일행은, 그날 밤 안디바드리에 도착했다. 다음날 아침 보병과 창병은 예루살렘으로 돌아가고, 70명의 기병이 바울을 호송하여 가이사랴로 갔다.

총독 벨릭스는 이집트 여왕 클레오파트라의 손녀를 아내로 맞이하였고, 사도 야고보를 죽이고 베드로도 죽이려다 급사한 헤롯 아그립바 1세의 딸 드루실라를 세 번째 부인으로 맞았다. 그는 천부장 글라우디오 루시아의 편지를 읽고 바울을 앞에 세웠다.

"그대는 어디 출신인가?"

"길리기아의 다소에서 태어났습니다."

"예루살렘에서 당신을 고소하는 사람들이 오면 그때 재판을 열도록 하겠다."

총독은 헤롯 궁 안에 바울을 가둬 두고 지키라고 명령을 내렸다.

총독의 재판과 바울의 상소

고소와 변호 행 24:1–23

닷새 후, 바울을 고소하겠다는 무리들이 예루살렘에서 가이사랴로 왔다. 대제사장 아나니아와 장로들, 그리고 더둘로라는 법률가였다. 총독은 바울을 불러들여 재판을 시작하였다. 먼저 더둘로가 바울을 다음과 같이 고소했다.

"벨릭스 총독 각하, 우리 유대인들은 각하 덕분에 오랫동안 평화를 누려 왔습니다. 각하의 탁월한 지도력으로 이 나라의 많은 것들이 크게 개선되었습니다. 우리는 모든 면에서 탁월하신 총독 각하에 대해 늘 깊이 감사드리고 있습니다. 이제 각하를 오래 괴롭히지 않고자 이 사람에 대한 고소의 줄거리만을 간략하게 말씀드리고자 하오니 잠시 들어 주시기 바랍니다. 이 사람은 온 세상을 돌아다니며 유대인들을 충동질하여 반란을 일으키려고 하는 말썽쟁이입니다. 이 사람은 나사렛 예수당의 우두머리로 성전까지 더럽히려고 하였고, 우리가 그를 체포했던 것도 그 때문입니다. 각하께서 친히 이 사람을 심문해 보신다면, 우리의 고소가 정당하다는 것을 아시게 될 것입니다."

더둘로의 말이 끝나자 다른 유대인들은 입을 모아 더둘로의 말이 사실이라고 주장했다. 총독이 바울에게 말할 기회를 주자, 바울이 말했다.

"제가 예루살렘에 간 지 열이틀이 되었는데, 그 동안 저는 성전에서 누구와도 말한 적이 없습니다. 저를 고발한 사람들은 회당이나 성읍의 어느 곳에서도 제가 군중을 선동하는 것을 본 적이 없습니다. 그러니 이 사람들은 저를 고소한 내용에 대해 어느 것도 입증할 수가 없을 것입니다. 그러나 저는 각하 앞에서 이것만은 인정합니다. 저는 이 사람들이 이단이라고 부르는 '예수의 도'를 따르고 있습니다. 그 도에 따라 저는 우리 조상들의 하나님을 섬깁니다. 저는 유대의 율법과 예언서에 기록된 모든 것을 믿습니다. 저는 이 사람들과 마찬가지로 올바른 사람이나 불의한 자들이나 장차 부활하게 될 것을 믿습니다. 이런 까닭에 저는 하나님 앞에서나 사람들 앞에서 언제나 양심에 부끄러움이 없는 생활을 하려고 애쓰고 있습니다. 이 사람들이 저를 미워하여 죽이려고 하는 것은, 제가 죽은 자의 부활을 믿기 때문입니다."

총독도 예수 그리스도의 부활과 그리스도의 추종자들인 그리스도인에 대해 많은 정보를 갖고 있었다. 그러나 그 종교의 핵심 인물을 만난 것은 처음이어서 바울을 통해 자세히 듣고 싶은 마음이 들었다. 총독이 말했다.

"오늘은 이만 하지요. 천부장 글라우디오 루시아가 예루살렘에서 오면 그때 판결할 테니 오늘은 모두 돌아가시오."

총독은 바울을 가두어 두되 누군가 바울을 찾아오면 면회를 허용해 주고, 뒷바라지를 하도록 편의를 봐주라고 일렀다. 가이사랴에는 집사 빌립을 비롯하여 많은 그리스도인이 살고 있었다. 바울이 여러 날 묵은 적도 있었다. 베드로를 통해 성령을 받은 백부장 고넬료와 그의 친지들도 가이사랴에 살고 있었다.

총독 부부에게 전도 행 24:24-27

며칠 후 총독은 바울을 불러냈다. 그 자리에는 사도 야고보를 죽인 헤롯 아그립바 1세의 딸로 총독의 아내가 된 드루실라도 있었다. 그들은 바울에게서 예수 그리스도에 관해 듣고 싶어하였다. 얼마나 좋은 기회인가. 바울은 예수 그리스도의 죽음과 부활과 승천에 대해 이야기해 주었다. 예수님이 가르치신 중요한 교훈도 전했다. 하늘로 올라가신 주께서는 다시 이 땅에 오실 것이며, 그 때에는 온 천하를 심판하실 것이라고도 하였다. 심판한다는 말에 총독은 두려움을 느꼈다.

"오늘은 그만하면 되었으니, 가 보시오. 기회를 봐서 당신을 다시 부르겠소."

그 후에도 벨릭스 총독은 여러 차례 바울을 불러 복음을 들었다. 그러나 복음을 받아들이지도 않았고 그를 석방하지도 않았다. 혹 뇌물이라도 많이 줄까 하고 기대하는 눈치였다. 바울이 마음만 먹으면 가이사랴의 교회가 후원할 테지만, 바울은 전혀 그럴 의사가 없었다. 총독은 그가 총독에서 물러나기까지 2년 동안이나 공연히 바울을 가이사랴에 가두어 두었다.

12대 총독 베스도 행 25:1-12

A.D.60년, 열두 번째 총독 베스도가 벨릭스의 후임으로 가이사랴에 부임하였다. 그는 부임한 지 사흘 만에 예루살렘으로 갔다. 대제사장을 비롯한 고위층 유대인들이 새 총독이 예루살렘으로 오자 즉시 방문하였다. 그들은 바울을 당장 예루살렘으로 보내 달라고 요구했다.

"각하께서 우리에게 호의를 베푸시어 말썽 많은 바울을 예루살렘으로 보내 주십시오. 우리의 산헤드린 법원에서 그를 재판해야 합니다. 그것이 그 죄수 문제를 합리적으로 매듭짓는 것입니다."

그들은 바울이 호송되어 오는 길에 매복해 있다가 그를 죽일 계획이었다. 베스도는 바울에 관한 보고를 이미 상세하게 들은 터여서, 다른 결정을 내렸다.

"바울이 현재 가이사랴에 구금되어 있는 데다가 나 또한 곧 돌아가야 하니 고소할 사람들이 나와 함께 가이사랴에 가도록 합시다. 거기에서 재판하는 게 좋겠소!"

열흘 쯤 그곳에서 지낸 후 총독이 예루살렘을 떠났다. 가이사랴에 도착한 다음 날, 총독은 바울을 법정에 세웠다. 법정에서는 예루살렘에서 함께 온 산헤드린의 고소인들이 열변을 토하며 바울의 죄를 나열하였다. 그러나 그들은 어느 죄목에도 증거를 대지는 못했다. 자신을 변호할 차례가 오자 바울이 말했다.

"저는 유대인의 율법을 어긴 일도 없고, 성전을 모독하거나 더럽힌 적도 없습니다. 로마의 법을 어긴 적도 전혀 없습니다."

그러나 총독은 새 부임지의 대제사장을 비롯한 지도층 인사와 그 백성에게 환심을 사고 싶었다. 그래서 유대인들이 요구한 대로 제안하였다.

"바울, 예루살렘의 산헤드린에 가서 이 사건의 재판을 받는 게 어떻소?"

바울은 그것이 유대인들의 음모라는 것을 직감으로 알 수 있었다. 주님은 그가 로마에 가서 황제에게 재판을 받게 될 것임을 일찍이 알려주셨다. 로마 시민에게는 황제에게 상소하여 재판 받을 특권이 있었다.

"각하께서도 아시는 대로 저는 유대인에게 추호도 죄 지은 게 없습니다. 만일 제가 사형받을 만한 죄를 지었다면 저는 죽음을 피하지 않을 것입니다. 그러나 유대인들이 고발한 내용이 사실이 아니라면, 어느 누구도 저를 이 사람들에게 넘겨주어서는 안 됩니다. 저는 황제에게 상소합니다!"

뜻밖의 상소였다. 황제에게 상소를 한다면, 상황이 전혀 달라진다. 총독은 배석자들과 잠시 의논한 후, 바울의 뜻을 받아들였다.

"좋소. 당신이 황제에게 상소했으니, 당신을 로마의 황제에게로 보내겠소!"

베스도와 아그립바 2세 행 25:13-27

이튿날 헤롯 아그립바 2세가 누이 버니게와 함께 가이사랴의 베스도 총독을 방문하였다. 부임을 축하하기 위해 온 것이었다.

사도 야고보를 처형한 헤롯 아그립바 1세의 아들인 그는, 로마 황제의 명으로 한때 팔레스타인 북부 지역의 분봉왕이었다가 지금은 요단 강 동편 지역의 왕이었다. 그의 누이 버니게의 자매인 드루실라는 베스도의 전임 총독 벨릭스의 세 번째 아내였다.

베스도 총독은 아그립바 2세 남매를 극진히 대접하였다. 대화 중에 2년이나 감옥에 갇혀 지내는 바울이 화제로 떠올랐다.

"벨릭스가 제게 넘겨주고 간 죄수 한 사람이 있습니다. 제가 예루살렘에 갔을 때, 대제사장과 장로들이 그를 고발하면서 처형해 달라고 요구해 왔습니다. 저는 그들에게, 고발자들 앞에서 자기를 변호할 기회도 주지 않은 채 유죄 선고를 내리는 것은 로마의 관례가 아니라고 대답해 주었습니다. 유대인들이 바울을 고소하러 여기까지 따라왔을 때, 저는 그 다음날로 재판을 열고 바울을 법정으로 불러냈습니다. 그러나 그들의 고소 내용이 내 예상과는 전혀 달랐습니다. 그들 자신의 종교적인 문제와 예수라는 죽은 사람에 대한 일이었는데, 바울은 예수가 살아 있다고 주장했습니다. 저는 그런 문제를 어떻게 처리해야 할지 몹시 난처했습니다. 그래서 예루살렘에 가서 재판받을 생각이 없느냐고 물었습니다. 그러자 바울은 황제에게 상소를 했습니다. 저는 황제에게 보낼 준비가 될 때까지 그를 다시 감옥에 가두어 두라고 명령했습니다."

베스도의 말을 들은 아그립바 2세는 바울에게 관심을 보였다.

"그의 말을 내가 직접 들어 보고 싶소."

베스도가 대답했다.

"그럼 내일 그를 만나 들어 보도록 하십시오."

이튿날 아그립바와 버니게는 화려한 옷을 갖춰 입고 그 도시의 유지들과 함께 법정으로 들어갔다. 베스도의 명령으로 바울이 끌려 나왔다. 총독이 바울을 가리키며 말했다.

"아그립바 왕이여, 그리고 함께 자리하신 여러분, 저 사람 바울은 유대인들이 죽여야 된다고 고소하여 여기에 갇혀 지내고 있습니다. 나도 그를 심문해 보았으나 죽일 만한 죄를 발견하지 못하였습니다. 바울이 황제 폐하께 상소하였으므로 나는 그를 로마로 보내기로 결정하였습니다. 그런데 죄수를 황제 폐하께 보내며 죄목도 정하지 못하였으니 상소문에 쓸 만한 내용이 없습니다. 그래서 이 자리에 그를 세웠습니다. 아그립바 왕께서 그를 심문하시게 되면, 황제 앞에 써야 할 내용의 근거가 나올 것이라고 생각합니다. 죄목을 구체적으로 제시하지도 않고 죄수를 황제에게 보낸다는 것은 문제가 있지 않겠습니까?"

바울을 재판하는 헤롯 아그립바 2세 행 26장

전 총독 벨릭스도 바울의 무죄를 알고 있었다. 후임 총독 베스도 역시 바울의 죄목조차 결정하지 못하여 난감해하고 있었다. 그러면 왜 전임 총독은 그가 로마로 돌아가기까지 2년 동안 바울을 억류해 두었을까.

처음에 그는 뇌물을 기대하였지만 시간이 흐르면서 바울을 석방하게 되면 큰 문제가 생길 것이라는 염려와 불안 쪽으로 생각이 바뀌게 되었다. 그를 석방하면 유대인들의 반발을 사서 사사건건 대립과 마찰이 일어날 것이 뻔했다. 유대인들의 반발이 폭동으로 번질 가능성도 있었다. 그렇게 되면 유대 사회의 치안을 책임진 총독의 신분이 유지되기 어렵다. 그런 이유에서 바울을 죄목도 없이 2년 동안이나 붙잡아 두었다가 후임자에게 짐을 떠넘긴 셈이었다.

부임하자마자 바울의 문제가 유대 지도층에 의해 불거지자 베스도 총독은 여간 난감한 게 아니었다. 석방하자니 유대인들과의 충돌이 걱정되었고, 로마 시민으로서 황제의 재판을 받게 해달라는 바울의 요구에 따르자니 죄목도 정하지 못한 채 로마로 보낼 수가 없는 노릇이었다. 베스도에게는 죄 없는 죄수 바울이 골칫거리였다. 그럴 때 헤롯 아그립바 왕이 온 것은 얼마나 다행인가. 그가 무죄판결을 내려 석방한다면 총독에게 화살이 날아올 일은 없어진 셈이다. 유죄판결을 내리면 그 죄목으로 황제에게 상소하면 된다. 베스도 총독이 바울의 문제로부터 자유로워질 수 있는 절호의 기회가 아닐 수 없었다.

"바울, 너 자신을 위하여 하고 싶은 말이 있으면 하라."

헤롯 아그립바가 재판장의 자격으로 말하였다. 바울에 대해 충분한 정보를 갖고 있는 아그립바로서는 심문할 내용이 마땅치 않았기 때문에 먼저 변론의 기회를 준 것이다.

"아그립바 왕이며, 기회를 주셔서 감사합니다. 당신은 유대인의 풍속과 종교에 대해 누구보다 잘 아시므로 너그러이 들어주십시오."

헤롯 왕가는 야곱의 쌍둥이 형 에서의 후손으로 이방인이지만 유대교로 개종한 가문이며, 아그립바의 증조할아버지 시절부터 4대에 걸쳐 유대인과 함께 살아왔고 유대인을 통치해 왔으므로 사실상 유대인이었다. 그러니 로마 출신 총독보다는 바울 자신의 진술을 깊이 이해해 줄 것이라고 전제를 한 것이다.

"저를 고소한 사람들을 비롯하여 많은 유대인들이 저를 잘 알고 있습니다. 저는 바리새파 사람으로 엄격한 율법주의자였고, 율법에 관한 한 유대 사회에서 인정받는 학자였습니다. 나사렛 사람 예수의 처형 사건 이후 저는 그의 부활을 주장하는 사람들을 제거하는 데 앞장섰습니다. 심지어 대제사장의 위임을 받아 시리아의 다마스쿠스에서 예수 믿는 사람들을 잡아오려고 원정길에 오르기도 하였습니다. 다마스쿠스 성이 저만치 보이는 곳에 이르렀을 때였습니다. 정오 무렵이었지요. 태양보다 더 눈부신 빛이 하늘에서 내려오더니 저와 제 일행을 두루 비추었습니다. 저희는 그만 모두 땅에 엎어지고 말았습니다. 바로 그때 저에게는 아람어로 다음과 같은 소리가 들렸습니다. '사울아, 사울아, 왜 네가 나를 박해하느냐? 가시 돋친 채찍에 발길질을 하면 너만 다칠 뿐이다.' 제가 '당신은 누구십니까?' 하고 묻자, 주님이 대답하셨습니다. '나는 네가 박해하는 예수다. 일어나 네 발로 굳게 서라. 내가 네게 나타난 것은 너를 내 종으로 삼아, 네가 나를 본 것과 내가

장차 네게 보여줄 일들에 대해 증인으로 삼기 위해서이다. 내가 너를 네 동족과 이방인들 속에서 건져 내리라. 나는 너를 그들에게 보내어 그들의 눈을 뜨게 하고, 그들을 어둠에서 빛으로, 사탄의 권세에서 하나님께로 돌아오게 하려고 한다. 그들이 죄사함을 받고 나를 믿게 함으로써 거룩하게 된 사람들 가운데에 서게 하려고 한다.' 그 후부터 저는 다마스쿠스와 예루살렘과 유대 온 땅과 이방 땅을 두루 다니며, 회개하고 하나님께 돌아오라고 설교를 했습니다. 유대인들이 성전에서 나를 잡아 죽이려고 한 것도 바로 그런 이유입니다. 저는 하나님의 도우심으로 오늘도 선지자들과 모세가 예언한 그대로 예수 그리스도의 부활과 구원을 전하게 되었습니다."

총독이 큰 소리로 말했다.

"바울, 당신은 미쳤구려! 배운 것이 너무 많다 보니 정신이 돌아 버렸어!"

바울이 대답했다.

"총독 각하, 제가 미친 게 아닙니다. 맑은 정신으로 진실을 말한 것뿐입니다. 아그립바 왕이여, 왕께서는 제가 한 말을 이미 다 알고 계십니다. 이 일은 어느 한구석에서 은밀하게 벌어진 일이 아니라서 천하가 다 알고 있습니다. 왕께서도 선지자들을 믿으시지 않습니까?"

왕이 입을 열었다.

"그대는 그 말 몇 마디로 나를 설득하여 그리스도인이 되게 할 수 있으리라고 생각하오?"

바울이 대답하였다.

"아그립바 왕이여, 저는 전하뿐만 아니라 오늘 제 말을 듣고 있는 모든 분들이, 쇠사슬에 묶인 처지인 것만 제외하고는 저와 같은 사람이 되기를 하나님께 빕니다."

바울에게 무엇을 묻겠으며 무슨 말을 더 듣겠는가? 총독과 왕과 버니게는 자리에서 일어섰다. 재판은 판결 없이 끝났다. 법정에서 나가며 아그립바가 총독에게 말했다.

"바울은 무죄군요."

총독도 동의한다는 듯 침묵이었다.

"바울이 황제에게 상소하지 않았더라면 석방해도 될 걸 그랬습니다."

못내 아쉽다는 투였다.

로마로 가는 바울의 뱃길

험난한 항해 행 27:1-20

총독은 백부장 율리오를 죄수 호송 책임자로 임명했다. 이탈리아로 가는 배에는 바울과 다른 죄수 몇 사람이 동승했다. 바울의 두 번째 선교 여행에 동반자였던 의사 누가도 그 배에 탔다.

지중해는 평소에 편서풍이 분다. 그러나 겨울이 가까워지면 유라굴로라는 태풍이 불어와서 항해하는 뱃사람들을 위협한다. 호송 책임을 맡은 백부장 율리오는 일단 작은 상선을 이용하여 지중해 동해안을 따라 북상하는 배를 탔다. 알렉산드리아로 가서 로마로 가는 큰 곡물 수송선을 타는 것이 가장 안전하고 편하지만 그 배도 일단은 지중해 동해안을 따라 항해하다가 서쪽으로 방향을 바꾸기 때문에 소아시아 연안의 항구에서 그 배로 갈아탈 계획이었다.

다음날 배는 가이사랴 북쪽의 해안 도시 시돈에 정박했다. 시돈은 페니키아의 중요한 항구 도시였다. 백부장 율리오는 바울에게 친절을 베풀어 시돈에 있는 친구들과 만날 수 있도록 허락하였다.

스데반의 순교 이후 그리스도인들은 여러 곳으로 흩어졌으며, 그들이 머문 곳마다 복음이 전해졌다. 시돈에도 교회가 세워져 있었다. 시돈의 교회는 바울 일행을 환대하였다.

다시 출항한 배는 바람 때문에 어려움을 겪으면서 간신히 북서쪽에 있는 항구 도시 무라로 갔다. 지금의 터키 남서쪽에 위치한 무라 항은 알렉산드리아에서 로마로 가는 대형 무역선들의 중요한 경유지였다. 당시 로마의 지배하에 있던 이집트의 알렉산드리아와 로마를 왕래하는 곡물 수송선은 국가가 관리할 만큼 중요하였다.

예정대로 무라 항에서 알렉산드리아를 출항한 곡물 수송선 이탈리아호를 만나 바울 일행이 승선하였다. 승선 인원만도 276명에 달하는 대형 선박이었으므로 웬만한 풍랑쯤은 헤쳐 나아갈 수 있는 배였다. 무라를 출항한 이탈리아호는 북서풍을 만나 많은 어려움을 겪었다. 순풍을 만나면 하룻길인 니도 항에 이르는 데에 여러 날이 소요되었다. 거기서 바람이 멎기를 기다리던 배는 계속되는 북서풍을 뚫고 항해를 계속하였다. 괴로운 항해였다. 배는 남서 방향을 잡고 고난의 항해를 계속하여 그리스의 남단 100km쯤에 있는 큰 섬 크레타의 동부를 지나 섬의 남쪽에 위치한 미항美港에 정박하였다. 미항은 풍광이 미려하여 붙여진 이름이다. 크레타 섬은 동서 250km에 남북 10-50km나 되는 바다 한복판의 큰 섬이어서, 지중해를 항해하는 선박에게 매우 중요한 섬이다.

이탈리아호의 원래 항로는 소아시아 남서에 있는 니도 항에서 크레타 섬의 북쪽 연안을 따라 서쪽 방향으로 운행하는 것이었다. 그런데 이렇게 섬의 동남쪽 해안을 따라 항해한 점으로 보아 이번 항해가 얼마나 힘들었는지 알 만하다.

미항에 정박해 있는 동안 속죄일을 맞이하였다. 유대인의 금식 기간이었다. 이제부터의 문제는 항해 불가능한 때가 왔다는 것이다. 지중해는 9월 14일부터 다음 해 3월까지는 바람 때문에 항해가 위험하다. 특히 11월 11일 이후의 항해는 자살행위나 마찬가지였다. 태풍의 계절이기 때문이었다. 그런데도 선장과 화물 주인은 출항을 준비하는 것이었다. 바울이 그들을 설득하였다.

"지금 출항하는 건 대단히 위험합니다. 배와 화물을 잃어버리기 쉬울 뿐 아니라 목숨마저 위험할 수 있습니다. 겨울 동안에는 여기에 머물렀다가 날씨가 완전히 좋아진 다음에 출항하는 것이 좋을 것 같습니다."

선장과 선주는 백부장 율리오를 설득하였다. 국가가 관리하는 곡물선이어서 결정권은 백부장에게 있었기 때문이다. 백부장은 그들의 말을 듣고 출항을 결행하였다. 미항은 겨울을 나기에는 불편하니, 이왕이면 뵈닉스 항에 가서 머물자고 한 것이다. 뵈닉스는 크레타 섬의 남부에 위치한 항구로 미항에서 서쪽으로 65km에 불과하다. 뵈닉스는 서남쪽과 서북쪽만 트여 있는 곳이어서 겨울을 나기에는 좋은 조건을 갖추고 있었다.

마침 남풍이 순하게 불어왔다.

"자, 이럴 때 출항하면 어렵지 않게 오늘 중으로 뵈닉스에 도착하겠군. 서두릅시다."

선장과 선주는 힘이 나서 백부장에게 말했다.

닻을 감았다. 여러 날 만의 항해였다. 이대로 남풍이 불어주기를 기대하며 해안을 끼고 서쪽을 향해 출항하였다. 그런데 어찌된 일인가. 얼마 못 가서 바울의 충고가 적중하고 말았다. 바람이 갑작스럽게 북동풍으로 바뀌었다. 더구나 거센 소용돌이를 일으키는 광풍이었다. 지중해의 태풍 유라굴로였다.

배는 바람에 밀려 제멋대로 표류하여 통제가 되지 않았다. 당장이라도 파선될 위기였다. 배가 가우다라는 조그마한 섬 뒤로 밀려들자, 선원들은 간신히 거룻배를 갑판 위로 끌어올려 밧줄로 동여맸다. 배가 파선되면 거룻배라도 타야 하기 때문이었다.

죽을 힘을 다한 태풍과의 한판 싸움이 벌어졌다. 주변 어딘가에 있을 바닷속 모래톱에 배가 걸리면 좌초되고 파선될 것이므로 배의 여러 가지 도구들을

바다에 던졌다. 가급적 최대한으로 선체의 중량을 줄여보려는 안간힘이었다.

선원들은 모든 수단과 방법을 다하였다. 하지만 풍랑은 더욱 기승을 부렸다. 다음날이 되자 선원들은 화물을 바다에 버렸다. 사흘째가 되자, 배 안의 여러 기구들마저 다 버렸다. 이제는 더 이상 할 일이 없었다. 낮인데도 먹구름이 뒤덮여 어두웠다. 속수무책으로 죽는 시간을 기다리는 신세가 되고 말았다. 배멀미가 심한 데다가 음식을 장만할 여건이 안 되어 선장을 비롯한 276명이 먹지도 마시지도 못하는 상황이어서 모두들 기진맥진하여 쓰러져 있었다.

위기 속의 위로 행 27:21-32

태양 없는 낮과 별 없는 밤이 계속되었다. 낮에는 태양을 보고 밤에는 별을 보고 항해하던 시절이었으니, 그들은 자신들이 지금 어디에서 표류하고 있는지조차 몰랐다. 거센 바람은 끝없이 휘몰아쳤다.

"여러분, 내 말을 듣고 미항에서 떠나지 않았더라면 이런 위험과 피해를 입지 않았을 것입니다. 그러나 이제 안심하십시오."

풍랑이 조금 덜한 틈을 타서 바울이 사람들 가운데 서서 말하였다.

"배는 못 쓰게 되어도 모두의 생명은 안전할 것입니다. 내가 믿는 하나님께서 어젯밤 천사를 보내어 내게 말씀해 주셨습니다. '두려워하지 말아라, 바울아. 너는 틀림없이 황제 앞에서 재판을 받게 될 것이다. 하나님께서는 은혜롭게도 너와 함께 항해하는 모든 사람의 생명을 너에게 맡겨 주셨다.' 그러니 여러분, 용기를 내십시오. 나는 하나님을 믿습니다. 하나님께서 일러주신 그대로 이루어질 것입니다. 우리는 어떻게든지 섬에 닿게 될 것이오."

표류한 지 14일째 되던 날 밤이었다. 선원들은 한밤중에 배가 육지와 가까워졌다는 것을 알아챘다. 밤이어서 육안으로는 확인되지 않았으나 오랜 경험으로 미루어 그 사실을 알 수 있었다. 선원들은 어둠 속에서 추를 내려 물의 깊이를 측정해 보았다. 해저가 36m쯤 되었다. 조금 지나서 다시 측정해 보니 27m였다. 조금 더 육지 쪽으로 밀려가면 암초에 걸릴 위험이 있었다. 배가 더 이상 움직이지 못하도록 닻을 네 개나 내려 고정시키는 작업을 서둘렀다.

그 틈을 타서 선원들 몇 사람이 거룻배를 내려 도망치려고 하였다. 그렇게 되면 다른 사람들은 육지에 상륙할 수단을 잃고 만다. 거룻배를 이용해 자기들만 살아남겠다는 얄팍한 의도였다. 바울이 이 사실을 알아차리고 백부장과 병사들에게 말했다.

"선원들이 배를 떠나면 당신들은 모두가 죽게 될 것이오."

그러자 병사들이 밧줄을 끊어서 거룻배를 떨어뜨렸다.

파선破船 행 27:33–44

먼 동이 트기 시작했다. 바울이 사람들에게 말했다.

"여러분은 긴장 속에서 마음을 졸이느라 음식을 입에 대지 않은 지가 열나흘이나 됩니다. 이제는 음식을 좀 드시도록 하십시오. 여러분은 머리카락 하나도 잃지 않을 것이오."

바울은 사람들 앞에서 빵을 들고 하나님께 감사의 기도를 올린 후 먹기 시작했다. 그제서야 마음이 놓였는지 모두들 음식을 먹었다. 힘을 얻은 그들은

곡물을 바다에 던졌다. 배가 가벼워져야만 상륙할 수 있기 때문이다. 선원들은 닻을 끊어 버리고 돛을 달아서, 바람을 타고 배가 해안으로 움직이게 하였다. 그러나 두 물길이 합류하는 곳에서 뱃머리가 모래톱에 얹혀 버리고 말았다. 배는 움직이지 않았다. 거센 물결로 배의 후미가 파선되었다.

"죄수들이 헤엄쳐 도망칠 것입니다. 어떻게 할까요? 아예 죽이는 게 좋지 않겠습니까?"

병사들이 제안했지만, 백부장 율리오는 그들의 계획을 만류했다. 바울을 살리고 싶었기 때문이었다.

"자, 이제부터 헤엄칠 수 있는 사람은 먼저 뭍으로 올라가라. 헤엄칠 자신이 없는 사람은 널빤지나 부서진 배 조각에라도 매달려서 어떻게든지 뭍에 올라가라."

그리하여 모두가 무사히 뭍으로 올라갔다.

로마에 간 바울과 그의 편지들

멜리데 섬에서 석 달 행 28:1–10

그들이 상륙한 섬은 멜리데였다. 사람들은 몹시 지쳐 있었다. 추위에 온몸이 오들오들 떨렸다. 더구나 비가 내리고 있었다. 다행스럽게도 섬의 원주민들이 친절하게 대해 주었다. 모닥불을 피워서 옷을 말리도록 도와주었다.

바울이 마른 나뭇가지를 한 아름 안아다가 불 속에 넣었다. 그런데 나뭇가지 속에 있던 독사 한 마리가 뜨거운 불기운에 놀라 튀어나오더니 바울의 손에 달라붙었다.

섬사람들은 독사가 바울에게 달라붙은 것을 보더니 수군거렸다.

"이 사람은 살인자가 틀림없어! 바다에서는 살아났지만 정의의 여신이 결코 살려 두지 않을 거야."

바울은 태연하게 독사를 손에서 떼어서 불 속으로 던졌다. 원주민들은 계속 바울을 주목하였다.

곧 몸이 부어오를 것이며, 독사의 독이 몸에 번져 죽을 것으로 여겼다. 그러나 시간이 흘러도 바울의 몸에서는 아무런 변화도 일어나지 않았다. 원주민들은 이해할 수 없는지 눈을 휘둥그렇게 떴다. 그도 그럴 것이 독사에 물리면 금방 죽는다는 것을 그들은 경험으로 알고 있었기 때문이다. 시간이 흘러도 독사에 물린 티도 안 나는 바울을 지켜보던 원주민들이 수군거리더니 이윽고 확신이라도 든 듯 큰 소리로 말했다.

"저 사람은 신이야. 신이 아니라면 벌써 죽었을 거야."

놀라움과 숭배의 시선이 바울에게 집중되었다.

원주민 추장 보블리오는 그 근처에 토지를 갖고 있었다. 그는 바울과 누가 등 일행을 초대하여 거처를 마련해 주었다. 추장의 부친은 열병에다 이질까지 겹쳐 몹시 신음하며 누워 있었다. 바울이 그 방에 들어가서 기도하고 안수하자 병이 씻은 듯이 나았다. 그러자 그 소문이 원주민들 사이에 빠르게 번졌다. 많은 환자들이 바울을 찾아오기 시작했다. 바울은 그들 모두를 기도와 안수로 고쳐 주었다. 덕분에 원주민들의 대우가 극진하였다.

마침내 로마에 행 28:11-31

섬에서 석 달을 지낸 후, 바울 일행은 알렉산드리아의 배인 디오스구로호를 타고 로마를 향해 떠났다. 추장을 비롯한 주민들은 작별을 아쉬워하며 여행에 필요한 온갖 물건을 배에 실어 주었다.

배는 수라구사에서 사흘, 레기온에서 하루를 묵은 후 이탈리아 반도의 나폴리 만에 있는 항구 보디올에 이르렀다. 거기에는 그리스도인들이 적지 않아서 바울 일행을 반갑게 맞아 주었다. 바울은 그곳에서 이레를 묵은 다음, 육로로 로마를 향했다. 로마까지는 갈 길이 멀었지만, 가는 곳곳마다 그리스도인들이 마중을 나와 바울의 마음을 흐뭇하게 해주었다.

로마가 가까워질수록 바울의 가슴은 뜨거워졌다. 당시, 로마는 세상의 중심지였다. "모든 길은 로마로 통한다."는 말이 있을 정도로 도로가 잘 발달되어 있었지만, 무엇보다도 로마가 지배한 세상에는 국경이 없었고, 여행이 자유로웠다. 사통팔달 통하지 않는 곳이 없는 로마에 복음의 씨앗이 떨어진다면 그 확산 속도는 놀라울 정도가 될 것이었다. 바울은 일찍부터 마음속으로 로마를 주목해 왔고, 로마에 갈 날을 손꼽아 기다려 왔다.

물론 로마에는 바울이 도착하기 전부터 그리스도교가 자리를 잡고 있었다. 오순절 성령 강림의 날 이후, 로마에 살고 있던 유대인들이 유월절에 명절을 지내러 예루살렘에 왔다가 복음을 생생하게 전해 듣고 세례를 받아 신자가 되었던 것이다. 그들이 씨가 되어 로마에 복음을 전했고, 마침내 교회가 탄생했던 것이다.

바울은 땅끝까지 복음을 전해야 한다는 강한 소망을 품고 있었고, 당시의 '땅끝'은 서바나, 곧 스페인이었다. 스페인까지 복음이 구석구석 미치게 하려면 로마 교회가 발판이 되어 주어야 했다. 바울은 세 번째 전도 여행의 끝 무렵, 소아시아의 에베소에서 3년 정도 전도하며 목회를 하다가 마케도니아를 거쳐 그리스의 고린도에서 3개월 정도 머물 당시에 로마 교회에 편지를 썼다. 오늘날 '로마서'로 알려져 있는 이 편지에는 그리스도교 사상의 핵심이 명확하고 체계적인 문장으로 명쾌하게 펼쳐진다.

'바울 복음'이라고 불려질 만큼 그리스도교 복음의 정수가 잘 소개된 이 편지에서 바울은 구원의 길은 "율법을 얼마나 잘 지키느냐에 달려 있는 것이 아니라 예수 그리스도를 믿는 믿음 안에서 하나님과 화목을 이루는 것"에 달려 있다고 설파하였다.

바울은 이 편지를 겐그레아 교회의 신실한 여성도인 뵈뵈를 통해 로마 교회에 전달하게 했지만, 아직껏 로마 교회를 방문하지 못하고 있었다. 그런데 이제 죄수의 신분으로 마침내 대제국의 심장부인 로마에 들어서게 된 것이다.

마침내 로마에 도착하자 죄수들은 모두 감옥에 갇혔다. 하지만 바울은 병사 한 명을 딸려 보내 따로 집을 얻어 지낼 수 있게 해주었다. 사람들을 만나는 것도 허락되었다.

로마에 도착한 지 사흘 후, 바울은 로마에 사는 유대인 사회의 지도자들을 불러 모았다. 그들이 모이자 바울이 말했다.

"나는 죄수의 신분으로 로마에 왔습니다. 내가 율법이나 우리 동족을 배척한 일이 없는데 예루살렘에서 동족들이 나를 총독에게 고소하였습니다. 총독이 나를 재판했지만 죄가 없으므로 석방하려 하였습니다. 하지만 동족들은 이 결정에 반대하고 나를 죽이려고 해서 하는 수 없이 황제에게 상소한 것입니다. 오늘 내가 여러분을 여기 오시라고 한 것은, 이런 사정을 여러분과 더불어 이야기하고 싶었기 때문입니다. 제가 이렇게 쇠사슬에 묶여 있는 것은 이스라엘의 소망 때문입니다."

유대 사회 지도자들은 예루살렘으로부터 바울에 대해 좋든 나쁘든 소식을 들은 게 없다고 하였다. 다만 어디를 가든 유대인이 반대하는 그리스도교에 대해서 알고 싶다고 하였다. 그래서 바울은 날짜를 정하여 자신이 기거하는 숙소로 다시 그들을 초대하였다. 그날이 되자 많은 사람이 바울의 집에 모였다. 바울은 그들에게 하나님 나라를 설명하고 모세의 율법과 예언자들의 글을 통해 언급된 예수에 대해 가르쳤다. 그의 설교는 아침에 시작하여 저녁까지 계속되었다.

일부는 복음을 받아들였지만, 외면하는 사람도 적지 않았다. 바울은 복음을 거부하는 사람들을 향하여 말하였다.

"성령이 선지자 이사야를 통해 말씀한 그대로군요. 이 백성이 듣기는 들어도 도무지 깨닫지 못하며 보기는 보아도 도무지 알지 못한다고 한 그대로입니다. 그러니 복음이 이방인에게 갈 수밖에 없습니다."

바울은 황제의 재판날을 기다리느라 그의 숙소에서 2년이나 기다렸다. 그 2년 동안 바울에게는 적지 않은 일들이 벌어졌다.

그리스도인의 용서와 사랑 몬 1장

어느 날 건강한 젊은이 한 사람이 바울을 찾아왔다.

"저는 오네시모라고 합니다. 선생님께 꼭 고백할 게 있어서 이렇게 찾아왔습니다."

오네시모는 골로새라는 도시에 사는 빌레몬의 노예였다. 어느 날 그는 자유를 찾아서 주인의 집에서 도망쳤다. 몸만 빠져나온 것이 아니라 돈까지 훔쳐서 달아난 것이다. 거대한 도시 로마에서 신분을 감추고 살아왔지만, 하루하루가 바늘방석에 앉은 듯 괴로웠다. 신분이 탄로나면 그는 살아남을 수가 없었다. 그는 로마의 이곳저곳을 떠돌다가 복음 전도자 바울이 로마에 연금되어 있다는 소식을 듣는 순간 광명을 찾은 듯 반가웠다. 왜냐하면 주인 빌레몬이 바울을 지극히 존경할 뿐만 아니라, 오네시모 자신 또한 바울을 늘 흠모하고 있었기 때문이었다. 더구나 빌레몬은 물론 오네시모도 예수 그리스도를 믿고 있었다.

오랜 도피 생활에 지친 그는 이제 새 출발의 기회를 찾기 위해 바울을 찾아온 것이다. 마음 한편에서는 바울이 자기를 빌레몬에게 돌려보낼 가능성을 완전히 배제하지는 못하였다. 하지만 그의 희망은 오직 하나, 바울 선생에게 달려 있었다.

"그랬군. 밖에 함부로 다니는 것은 매우 위험하니, 일단은 내 곁에 머물도록 하시오. 그대의 문제는 차차 풀어나가도록 합시다. 지금 당장 어떻게 해볼 방법이 없지만, 시간을 두고 생각해 봅시다. 내게 있는 동안 두려워하지는 마시오. 내가 당신을 도울 것이오."

오네시모의 사연을 들은 바울은 그를 가까이 두고 지켜보았다. 오네시모는 잘 보이기 위해서가 아니라 마음으로부터 감사하며 바울을 도왔다. 매사에 부지런하고 신실하였다. 주인의 돈을 훔쳐 달아난 쓸모없는 노예의 모습은 어디에서도 보이지 않았다. 그는 충심으로 예수 그리스도를 믿고 있었다.

사실 연금 상태에 있는 바울은 그의 도움이 많이 필요하였다. 그를 늘 곁에 두고 싶었다. 하지만 그럴 수는 없었다. 오네시모의 주인은 법적으로 엄연히 빌레몬이었기 때문에, 오네시모를 그에게 돌려보내는 것이 마땅했다.

다행스럽게도 빌레몬은 바울의 제자였다. 골로새의 부유하고 영향력 있는 인물인 빌레몬은 바울의 제3차 전도 여행 당시에 바울의 복음을 전해 듣고 기독교 신자가 된 사람이다. 바울은 한동안 오네시모를 관찰한 후 붓을 들어 오네시모의 문제로 빌레몬에게 편지를 썼다. 이 편지가 '빌레몬서'다.

> 늙은 몸으로 예수 그리스도를 위해서 감옥에 갇혀 있는 나 바울이 이렇게 그대에게 호소합니다. 내가 여기 쇠사슬에 묶여 있는 동안 나의 아들이 된 오네시모를 따뜻하게 맞아 주시오. 그가 전에는 그대에게 쓸모없는 사람이었지만, 이제는 그대에게나 나에게나 참으로 쓸모 있는 사람이 되었습니다. … 오네시모가 도망을 쳐서 그대를 잠시 떠났던 것은, 결국 그대로 하여금 그를 영원히 데리고 있도록 하기 위해서였을 것입니다. 그는 이제 더 이상 종이 아니라 종 이상입니다. 사랑하는 형제입니다. 그가 나에게 사랑하는 형제이니, 그대에게는 사람으로서나 주 안의 형제로서나 더욱 더 소중한 존재일 것입니다. 그대가 나를 동지라고 생각한다면, 나를 맞듯이 오네시모를 따뜻하게 맞아 주시오. 그가 그대에게 어떤 손해를 끼쳤거나 빚진 것이 있다면, 나에게 책임을 물어 주시오.
>
> (몬 1:9–18)

바울은 두기고 편에 편지를 보내면서 오네시모도 함께 빌레몬에게 보냈다. 빌레몬은 두기고에게서 전해 받은 바울의 편지를 떨리는 감격으로 읽었고, 바울이 부탁한 이상으로 오네시모를 흔쾌히 용서해 주었다. 그리고 그를 다시 옥중의 바울에게 보내어 바울의 시중을 들게 하였다.

옥중에서 써 보낸 4통의 편지 엡 1–6장

로마에 연금당한 채 재판을 기다리는 2년여 동안, 바울은 자신을 방문하는 사람들에게 부지런히 예수 그리스도의 복음을 전하였다. 뿐만 아니라 세 차례의 전도 여행을 통하여 자신이 세운 교회들에게 편지를 써 보냈다. 이때 바울이 교회에 써 보낸 4통의 편지가 이른바 '옥중 서신'으로 지칭되는 에베소서, 빌립보서, 골로새서, 그리고 빌레몬서이다.

에베소는 소아시아(오늘날 터키)의 서쪽 끝에 위치한 주요 항구 도시로, 당시 로마에서 동방으로 가는 바닷길인 에게 해의 중심지였다. 이런 점을 감안하여 바울은 그곳에 오래 머물면서 집중적으로 전도하며 목회하여 교회를 세우고 많은 신자를 얻었다.

바울은 에베소 교회에 보내는 편지에서 유대인이나 이방인이나 다같이 그리스도의 몸인 교회 안에서 하나가 되어야 한다는 것을 역설하였다. 이 편지는 비단 에베소 교회에만 보낸 것이 아니라 소아시아에 있는 여러 교회가 돌려가며 읽도록 쓴 편지라고 할 수 있다.

주님을 섬기다가 감옥에 갇히게 된 제가 여러분께 간청합니다. 여러분이 부름받은 소명에 합당한 삶을 살아가십시오. 겸손하고 온유한 사람이 되십시오, 사랑 안에서 서로를 받아들이시고, 많이 참으십시오. 평화의 띠를 매고 성령의 하나됨을 위해 모든 노력을 다하십시오.

여러분은 예전의 생활 방식과 낡은 자아를 벗어 버리십시오. 그것들은 기만적인 욕망에 의해 썩어지고 말 것들입니다. 이제 여러분은 태도와 생각을 새롭게 하여야 합니다. 새로운 자아의 옷을 입고, 참된 의와 거룩함으로 하나님을 닮은 새 사람이 되십시오.

여러분은 한때 어둠이었으나, 지금은 주 안에서 빛입니다. 그러니 빛의 자녀답게 사십시오. 빛의 열매는 선함과 의로움과 진리입니다.

주 안에서, 또 그분의 강한 능력으로 담대해지십시오. 진리의 허리띠를 띠고, 정의의 가슴판을 달고, 굳게 서십시오. 평화의 복음을 전할 수 있도록 빨리 달릴 수 있는 신을 신어야 합니다. 이 모든 것에 더하여, 믿음의 방패를 들도록 하십시오. 그것으로 악한 자가 쏘는 불화살을 막아 끌 수 있어야 합니다. 구원의 투구를 쓰고, 하나님의 말씀인 성령의 칼을 손에 쥐십시오. 어떤 경우에나 성령 안에서 간구하고 기도하십시오. 항상 깨어서 기도하면서 모든 성도를 위해 간구하기를 게을리 하지 마십시오.

(에베소서에서 발췌)

주 안에서 기뻐하라 빌 1–4장

빌립보는 그리스 북방 마케도니아 지역에서 제일 큰 도시로, 로마와 아시아를 잇는 주요 군사 도로상에 위치하고 있었다. 이처럼 빌립보는 동서를 연결하는 요충지였기에, 선교 전략상 매우 중요한 곳이었다. 바울은 제2차 전도 여행 당시 빌립보를 방문하여 교회를 세웠는데, 이는 유럽에 그리스도의 복음을 전한 이래 최초로 세운 교회였다. 그만큼 바울의 애정과 노력이 깃든 교회였다.

다른 편지들과는 달리, 바울은 이 편지에서는 교리적인 문제를 다루지 않고, 자기 개인의 옥중 신앙 고백을 썼다. 이 편지에서 바울은 '기쁨'이라는 단어를 16회 이상 사용하여 그리스도 안에서 성도가 누리는 참된 기쁨을 표현하였다.

"주 안에서 항상 기뻐하라. 내가 다시 말하노니 기뻐하라."

옥중의 바울은 이 편지를 통해 그리스도 안에서 고난을 기쁨으로 승화시킬 수 있는 위대한 능력의 비결을 확신에 찬 메시지로 전하였다.

여러분을 생각할 때마다 나는 하나님께 감사를 드립니다. 항상 여러분 모두를 위해 기쁨에 넘쳐 기도를 올립니다. 형제들이여, 나에게 일어난 일들이 복음의 전파를 위해 큰 도움이 되었다는 것을 알아주시기 바랍니다. 그리스도의 일로 인해 내가 갇혀 있다는 것이 경비대 전체와 그밖의 모든 사람들이 밝히 알게 되었습니다. 내가 갇혀 있는 것 때문에, 주 안에 있는 대다수 형제들이 용기를 갖고 더욱 더 담대하고 두려움 없이 하나님의 말씀을 전하게 되었습니다.

(빌립보서에서 발췌)

석방과 제4차 전도 여행 딛 1-3장

"바울, 당신에게 반가운 소식을 전하게 되어 나도 기쁘오."

비록 재판을 기다리는 죄수에 준하는 신분이긴 했지만 찾아오는 손님들과 비교적 자유롭게 대화하며 2년여를 지내던 바울은 자신을 지키던 책임자로부터 뜻밖에 기쁜 소식을 듣게 되었다.

"석방이오. 황제께서는 당신을 재판하지 않고 그냥 석방하기로 결정하였소."

2년 가깝도록 지켜보면서 내심 바울을 존경하게 된 간수가 자기 일처럼 기뻐하였다.

유대인들의 고소로 체포되어 가이사랴에서 2년 동안 감옥 생활을 하고, 로마에 호송된 후로는 셋집에 연금되어 또 2년을 지낸 다음 마침내 자유의 몸이 된 것이다. 바울을 고소한 유대인들이 재판에 출석하지 않았기 때문에 그들의 고소가 자동적으로 취하된 것이다.

"사도님, 정말 고생하셨습니다. 이제 몸도 추스릴 겸 편히 쉬십시오. 저희들이 열심히 복음을 전하겠습니다."

오랜 연금 생활로 수척해진 바울의 건강을 염려해서 제자들이 말했다.

"아니다. 아직도 내가 돌보아야 할 교회들이 도처에 있다. 자유의 몸이 되었으니, 다시금 지체없이 전도 여행을 떠나야겠다. 내 마음이 급하다."

바울은 가까운 제자들과 함께 자신의 마지막 전도 여행이 된 이른바 제4차 전도 여행 길에 올랐다. 디모데, 디도, 에라스도, 드로비모 등의 제자들이 바울의 마지막 전도 여행에 동참하였다.

바울 일행은 먼저 마케도니아를 거쳐 드로아로 건너간 후 남쪽으로 방향을 바꾸어 에베소로 갔다. 거기서 자신을 대신해서 에베소 교회를 돌보도록 디모데를 남겨두었다. 그리고 나머지 일행들과 계속해서 남쪽으로 내려가서 밀레도를 거쳐 배를 타고 크레타 섬으로 향했다. 바울이 로마로 호송될 때 경유했던 큰 섬이다. 그곳에서 전도 활동을 한 후 바울은 크레타 교회를 돌보도록 디도를 그곳에 남겨두었다. 이후 남은 일행과 고린도로 향했다.

고린도에 도착한 이후 오랫동안 돌보지 못했던 교회를 가꾸면서 틈틈이 에베소와 크레타 섬에서 교회를 돌보고 있던 디모데와 디도에게 편지를 썼다. 그들의 목회에 요긴하게 도움이 될 여러 지침들과 교훈을 써 보냈다. 이 편지가 목회 서신으로 불리게 된 '디모데전서'와 '디도서'이다.

목회자 지침서 딤전 1–6장

디모데는 바울이 제1차 전도 여행 당시 루스드라에서 제자로 삼은 뒤 줄곧 자신의 전도 여행에 데리고 다니면서 철저하게 신앙훈련을 시킨 믿음의 아들이요 복음의 동역자였다.

디모데는 신앙과 인격과 학식에 있어서는 목회자로서 부족하지 않다고 바울은 판단했다. 단지 나이가 젊은 데다가 다소 소극적인 성격이고 몸이 그다

지 건강하지 못한 것이 흠이었다. 디모데에게 에베소 교회를 맡겨놓은 후에도 바울은 그에 대한 염려가 마음에서 떠나지 않았다. 그래서 디모데에게 편지를 보내어 디모데를 격려하고 그에게 올바른 목회 지침을 제시해 준 것이다.

> 디모데여, 그대는 하나님의 사람이니 모든 악을 피하여 옳고 선한 일에만 힘쓰시오. 의와 경건과 믿음과 사랑과 인내와 온유함을 추구하시오. 믿음을 위해 선한 싸움을 하시오. 하나님께서 그대에게 주신 영원한 생명을 굳게 간직하시오. 하나님께서는 이 영원한 생명을 위해 그대를 부르셨고, 그대는 많은 증인들 앞에서 훌륭하게 믿음을 고백하였습니다. 나는 만물에 생명을 주신 하나님 앞에서, 또 본디오 빌라도에게 조금도 두려움 없이 증언하신 그리스도 예수 앞에서, 그대에게 명합니다. 우리 주 예수 그리스도께서 다시 오실 때까지, 한 점 흠도 없이 이 명을 지키도록 하시오.
>
> (딤전 3:11-16)

신앙의 대선배가 젊은 목회 사역자에게 주는 격려와 충고의 편지인 디모데전서에서 바울은 마치 아버지가 아들에게 하듯이 따스한 관심과 애정으로 목회자로서의 바른 길을 일러주고 있다.

최후의 편지 딤후 1-4장

바울이 로마에서 2년 동안 연금 생활을 한 이후의 여정에 대해서는 성경에 나와 있지 않다. 구금에서 풀려난 후 제4차 전도 여행에 나선 바울은 당시 땅끝으로 알려진 스페인에까지 갔다가 드로아에서 다시 로마 당국에 의해 체포된 것으로 알려져 있다.

A.D. 64년 6월, 로마 시에 큰 불이 일어났다. 7주간 동안 화재가 계속되어 로마의 14개 구역 중 10개 구역이 불에 탈 정도로 엄청난 화재였다. 평소 기독교인들을 눈엣가시처럼 여기고 있던 네로 황제는 기독교인들에게 방화 혐의

를 뒤집어 씌우고 기독교인들을 핍박하기 시작했다. 기독교인들을 붙잡아 기름을 뒤집어 씌워 화형시키는 등, 끔찍한 박해가 행해졌다. 바울은 이 무렵 체포되어 감옥에 갇혔다. 지난번과는 달리, 이번에는 쇠사슬에 묶인 채 어두컴컴한 지하의 토굴 감옥에서 심한 고초를 겪어야 했다.

바울은 그곳에서 평소 사랑하는 믿음의 아들 디모데에게 편지를 썼다. 이것이 '디모데후서'로, 바울이 쓴 보낸 13개의 편지 중 최후의 편지이다.

바울은 편지에서 순교를 목전에 두고 인생을 마감하는 한 인간으로서의 회고를 기록하였다. 그는 역경과 고난 가운데서도 흔들림 없이 복음 사역에 매진할 것이며, 나아가 인내와 경건의 사람으로 복음과 함께 고난 받을 것을 권면하였다.

> 나는 이미 제물처럼 바쳐질 때가 되었습니다. 세상을 떠날 때가 되었습니다. 나는 선한 싸움을 싸웠고, 달려갈 길을 다 끝냈습니다. 나는 믿음을 굳게 지켜왔습니다. 이제는 의의 월계관이 나를 기다리고 있습니다. 정의의 재판장이신 주께서 그날 나에게 그 월계관을 씌워 주실 것입니다. 나에게만이 아니라, 다시 오실 주님을 열망해 온 모든 사람에게 주실 것입니다.
> (딤후 4:6–8)

그리고 얼마 후, 네로의 칼날이 바울의 생명을 앗아갔다. 로마 교외의 오스티안 도로 위에서 참수형을 당한 것이다. 그러나 복음을 위해 생명을 주님께 드린 바울은, 지금도 영원한 생명으로 우리 곁에서 우리와 함께 숨쉬고 있다.

사도 요한이 본 놀라운 환상

주 예수여, 오소서 계 1–7장

거친 바람과 크고 작은 파도가 쉼 없이 밀려와 바위에 부딪혀 산산조각나는 외로운 밧모 섬. 에베소에서 목회를 하며 그 지역 교회들을 감독하던 사도 요한은 그곳에서 남서쪽으로 90km 가량 떨어진 외딴 밧모 섬에 유배를 당했다. 그곳은 로마 정부의 죄수들이 유배되는 유형의 섬이었다.

로마 황제 도미티아누스는 황제 숭배를 강요하는 황제 우상화 정책을 폈고, 우상숭배를 거부하는 그리스도인들은 당연히 로마 제국의 권력과 충돌할 수밖에 없었다. 에게 해 동부 연안 지역의 교회 지도자인 사도 요한은 체포되었고, 곧바로 밧모 섬으로 유배되었다.

어느 주일 아침, 사도 요한이 기도를 하는 중이었다. 갑자기 나팔 소리 같은 큰 소리가 나서 돌아보니, 일곱 개의 금촛대가 요한의 눈에 들어왔다. 일곱 촛대에는 불이 환하게 밝혀져 있었고, 불꽃 가운데에는 사람의 형상을 한 분이 서 있었다. 그분은 발까지 내려오는 긴 옷을 입고 가슴에는 금띠를 두르고 계셨다. 머리는 눈처럼 희고, 눈은 타오르는 불꽃 같았다. 발은 닦아서 광을 낸 놋쇠같이 빛났고, 음성은 파도처럼 우렁찼다. 오른손에는 일곱별을 쥐고, 입에서는 날카로운 양날 칼을 내뿜고 있었으며, 해처럼 빛나는 얼굴을 하고 있었다. 요한은 너무나 놀랍고 두려워 벌벌 떨며 그 사람의 발 앞에서 죽은 듯 엎드려 있었다. 예수 그리스도, 바로 그분임에 틀림없다고 요한은 생각했다.

예수께서는 오른손을 내밀어 요한의 머리에 얹었다.

"두려워하지 말아라. 나는 처음이자 마지막이다. 나는 살아 있는 자다. 내가 죽었으나, 보라, 나는 영원토록 살아 있다. 나는 사망과 지옥의 열쇠를 갖고 있다. 그러므로 너는 네가 본 것과 지금 일어나고 있는 일과 또 앞으로 일어날 일을 기록하여라."

요한은 예수 그리스도가 직접 말씀하시거나 환상으로 보여주신 내용들을 낱낱이 기록하였다. 그가 듣거나 본 것, 그것은 주님의 명령대로 소아시아의 일곱 교회에게 회람용 편지로 보내졌다. 그것이 성경 66권의 마지막 책인 '요한계시록'이다.

요한은 환상 중에 하늘나라에 올라가는 통로를 보았고, 성령에 의해 하늘나라로 인도되었다. 하늘나라의 중앙에 있는 크고 화려한 보좌에는 다이아몬드나 루비처럼 찬란한 빛나는 분이 앉아 계셨고, 보좌 주위로는 에메랄드처럼 빛나는 무지개가 에워싸고 있었다. 요한은 하얀 옷을 입은 스물네 장로가 보좌에 앉으신 분 앞에 엎드려 경배를 드리는 모습을 보았다.

"우리 주 하나님이시여, 주께서는 영광과 존귀와 권능을 받으시기에 합당하신 분이십니다. 주께서 만물을 창조하시고, 만물은 당신의 뜻에 따라 창조되어 존재하게 되었기 때문입니다."

어린 양이 두루마리를 펼쳐감에 따라 장차 인류가 겪어야 할 무서운 고난의 모습이 보였다. 큰 지진이 일어나서 태양은 검은 천처럼 시커멓게 변하고, 달은 핏빛으로 변했다. 하늘에 떠 있던 별들이 설익은 무화과 열매가 거센 바람에 흔들려 떨어질 때처럼 산산이 땅으로 흩어졌다.

하지만 14만 4천 명에 달하는 믿음의 증인들은 어떠한 고난에도 전혀 흔들림이 없었다. 그들은 흰옷을 입고 종려나무 가지를 손에 든 채 보좌와 어린 양 앞에 서서 큰 소리로 외쳤다.

"구원은 보좌에 앉으신 하나님과 어린 양께 달려 있습니다."

그러자 장로 중의 한 사람이 말했다.

"이 사람들은 심한 박해를 당한 뒤에 어린 양의 피로 자기들의 옷을 빨아서 희게 만든 사람들입니다. 그래서 그들은 이렇게 하나님의 보좌 앞에 오게 되었고, 성전에서 밤낮으로 하나님을 섬기고 있습니다. 보좌에 앉으신 분께서는 장막을 넓게 펴서 그들을 보호해 주실 것입니다. 그들은 다시는 주리거나 목마르는 일이 없을 것입니다. 보좌 한가운데에 계시는 어린 양께서 그들의 목자가 되어 그들을 생명수의 샘으로 인도하여 주실 것이기 때문입니다. 하나님께서는 그들의 눈에서 눈물을 씻어 주실 것입니다."

마지막 심판과 새 예루살렘 계 20-22장

요한의 눈앞에는 마지막 심판의 모습이 펼쳐졌다. 죽은 자들이 높은 자나 낮은 자나 할것없이 하나님 앞에 서 있었는데, '생명의 책'이 펼쳐지고, 죽은 자들이 그 책에 기록된 대로 심판을 받았다. 생명책에 이름이 기록되어 있지 않은 사람은 모두 불못에 던져졌다.

그런 다음에는 새 하늘과 새 땅이 나타났다. 요한은 거룩한 도시 새 예루살렘이 하나님께서 계시는 하늘에서 내려오는 것을 보았다. 새 예루살렘은 남편을 위해 단장한 신부처럼 내려왔다.

그때 보좌에서 큰 음성이 들려왔다.

"이제 하나님의 집은 사람들 세상에 있게 된다. 하나님께서 사람들과 함께 계실 것이다. 그들은 하나님의 백성이 될 것이고, 하나님께서는 그들과 함께 지내시며 그들의 하나님이 될 것이다. 하나님께서는 그들의 눈에서 모든 눈물을 닦아 주실 것이다. 이제 다시는 죽음도 슬픔도 울부짖음도 고통도 없을 것이다. 옛 질서는 다 사라져버렸기 때문이다."

보좌에 앉으신 분이 말씀하셨다. "이제 다 이루었다. 나는 알파와 오메가요, 처음과 마지막이다. 목마른 자에게는 아무런 대가도 받지 않고 생명의 샘물을 거저 마시게 하리라. 이겨낸 사람은 이 모든 것을 다 받을 것이다. 나는 그의 하나님이 될 것이고 그는 내 아들이 될 것이다. 그러나 비겁한 자, 믿지 않은 자, 타락한 자, 살인자, 음란한 자, 마술을 행하는 자, 우상 숭배자, 거짓말하는 자 들이 갈 곳은 유황불이 타오르는 연못이다. 이것이 두 번째 사망이다."

요한은 천사에게 이끌려 높은 산으로 올라가서 거룩한 도시 예루살렘을 내려다보았다. 예루살렘은 하나님의 영광에 싸여 보석처럼 빛나고, 벽옥처럼 맑고 투명했다. 그 도시는 수정처럼 투명한 순금으로 만들어져 있었다. 벽옥으로 쌓아 올린 성벽은 각종 보석들로 꾸며진 열두 주춧돌 위에 세워져 있었다. 열두 성문은 각기 한 개의 커다란 진주로 만들어져 있었고, 도시의 큰길은 투명한 유리 같은 순금이었다.

도시에는 태양이나 달도 필요하지 않았다. 하나님의 영광이 그 빛이요, 어린 양이 그 등불이기 때문이었다. 모든 민족들이 그 빛의 인도함을 따라 걷고, 세상의 왕들이 자신들의 영광을 그 도시에 들여올 것이다. 성문은 닫히는 일이 없이 온종일 열려 있을 것이다. 거기에는 밤이 없을 것이기 때문이다.

그런 다음 천사는 생명수가 흐르는 강을 요한에게 보여주었다. 수정처럼 맑은 그 강은 하나님과 어린 양의 보좌에서 흘러 나와서 그 도시의 큰 거리 가운데로 흘러갔다. 강의 양쪽 언덕에는 열두 종류의 열매를 맺는 생명나무가 서 있었는데, 매달마다 열매를 맺었다. 그 나뭇잎은 온 세계의 민족들을 치료하는 약으로 사용되었다.

그곳에서는 더 이상 밤이 존재하지 않았다. 그래서 등불이나 태양빛이 필요하지 않았다. 하나님께서 그들에게 빛이 되어 주시기 때문이다.

그때 주께서 요한에게 말했다.

"보라, 내가 속히 가리라! 나는 모든 사람에게 각기 행한 대로 보상해 주리

라. 나는 알파와 오메가요, 처음과 마지막이요, 시작과 끝이다. 생명나무에 이를 수 있는 권리를 가질 수 있도록, 또 성문을 거쳐 그 도시로 들어갈 수 있도록, 자기 옷을 깨끗이 빤 사람은 복이 있다. 나 예수는 이 모든 것을 교회를 위해 증언할 나의 천사를 너희에게 보냈다. 나는 다윗의 뿌리이자 자손이며, 빛나는 새벽 별이다."

속히 가리라! 예수 그리스도는 세 번이나 연거푸 반복하신다. 아멘! 주 예수여, 속히 오시옵소서.

3일 만에 읽고, 평생 가슴에 남는

재밌는 성경 신약

초판 1쇄 발행 2016년 6월 1일
초판 2쇄 발행 2016년 12월 5일

지은이 김영진
그린이 김천정
펴낸이 김영진
펴낸곳 (유)성서원

주소 경기도 고양시 덕양구 덕은로 60-12 우)412-170
주문 및 문의 전화 02-765-0011~7
팩스 02-743-6811
성서원 북카페 http://cafe.naver.com/biblehouse1972
온라인 서점 www.bibleeshop.com(T.02-597-1599)
홈페이지 www.biblehouse.co.kr
출판 등록일 1997년 7월 8일(제300-1997-79호)

ISBN 978-89-360-2061-3
ISBN 978-89-360-2062-0 (세트)